Fahrzeug-Zulassungsverordnung (FZV) und Straßenverkehrs-Zulassungs-Ordnung (StVZO)

Textsammlung

4. Auflage

SV SAXONIA VERLAG für Recht, Wirtschaft und Kultur GmbH

Redaktion: Rechtsanwalt Frank Unger

Redaktionsschluss: 17. November 2017

©2017 SV SAXONIA VERLAG, Dresden
SV SAXONIA VERLAG für Recht, Wirtschaft und Kultur GmbH
Lingnerallee 3, 01069 Dresden
Tel. (0351) 485260, Fax (0351) 4852661
E-Mail: office@saxonia-verlag.de
Internet: http://www.laenderrecht.de

Druck: PRINT GROUP Sp. z o. o., ul. Księcia Witolda 7, 71-063 Szczecin (Polen)

ISBN: 978-3-946374-29-9
(Vorauflage: ISBN 978-3-944210-52-0)

Alle Rechte vorbehalten.

Inhaltsverzeichnis

01 Straßenverkehrsgesetz (StVG) – Auszüge 5

01a Gesetz zur Bevorrechtigung der Verwendung elektrisch betriebener Fahrzeuge (Elektromobilitätsgesetz – EmoG) 35

02 Verordnung über die Zulassung von Fahrzeugen zum Straßenverkehr (Fahrzeug-Zulassungsverordnung – FZV) 39

03 Straßenverkehrs-Zulassungs-Ordnung (StVZO) 163

04 Verordnung über die Prüfung und Genehmigung der Bauart von Fahrzeugteilen sowie deren Kennzeichnung (Fahrzeugteileverordnung – FzTV) 479

05 Verordnung über die Teilnahme elektronischer Mobilitätshilfen am Verkehr (Mobilitätshilfenverordnung – MobHV) 495

06 Verordnung über die EG-Genehmigung für Kraftfahrzeuge und ihre Anhänger sowie für Systeme, Bauteile und selbstständige technische Einheiten für diese Fahrzeuge (EG-Fahrzeuggenehmigungsverordnung – EG-FGV) 499

07 Gebührenordnung für Maßnahmen im Straßenverkehr (GebOSt) – Auszug 518

08 Übersicht aktueller Ausnahmeverordnungen (mit Fundstellen und letzter Änderung) 544

Straßenverkehrsgesetz
(StVG)
in der Fassung der Bekanntmachung vom 5. März 2003 (BGBl. I S. 310, 919), das zuletzt durch Artikel 6 des Gesetzes vom 14. August 2017 (BGBl. I S. 3202) geändert worden ist

– Fassung ab 24. August 2017 –

I.
VERKEHRSVORSCHRIFTEN

§ 1
Zulassung

(1) ¹Kraftfahrzeuge und ihre Anhänger, die auf öffentlichen Straßen in Betrieb gesetzt werden sollen, müssen von der zuständigen Behörde (Zulassungsbehörde) zum Verkehr zugelassen sein. ²Die Zulassung erfolgt auf Antrag des Verfügungsberechtigten des Fahrzeugs bei Vorliegen einer Betriebserlaubnis, Einzelgenehmigung oder EG-Typgenehmigung durch Zuteilung eines amtlichen Kennzeichens.
(2) Als Kraftfahrzeuge im Sinne dieses Gesetzes gelten Landfahrzeuge, die durch Maschinenkraft bewegt werden, ohne an Bahngleise gebunden zu sein.
(3) ¹Keine Kraftfahrzeuge im Sinne dieses Gesetzes sind Landfahrzeuge, die durch Muskelkraft fortbewegt werden und mit einem elektromotorischen Hilfsantrieb mit einer Nenndauerleistung von höchstens 0,25 kW ausgestattet sind, dessen Unterstützung sich mit zunehmender Fahrzeuggeschwindigkeit progressiv verringert und
1. beim Erreichen einer Geschwindigkeit von 25 km/h oder früher,
2. wenn der Fahrer im Treten einhält, unterbrochen wird. ²Satz 1 gilt auch dann, soweit die in Satz 1 bezeichneten Fahrzeuge zusätzlich über eine elektromotorische Anfahr- oder Schiebehilfe verfügen, die eine Beschleunigung des Fahrzeuges auf eine Geschwindigkeit von bis zu 6 km/h, auch ohne gleichzeitiges Treten des Fahrers, ermöglicht. ³Für Fahrzeuge im Sinne der Sätze 1 und 2 sind die Vorschriften über Fahrräder anzuwenden.

§ 1a
Kraftfahrzeuge mit hoch- oder vollautomatisierter Fahrfunktion

(1) Der Betrieb eines Kraftfahrzeugs mittels hoch- oder vollautomatisierter Fahrfunktion ist zulässig, wenn die Funktion bestimmungsgemäß verwendet wird.
(2) ¹Kraftfahrzeuge mit hoch- oder vollautomatisierter Fahrfunktion im Sinne dieses Gesetzes sind solche, die über eine technische Ausrüstung verfügen,
1. die zur Bewältigung der Fahraufgabe – einschließlich Längs- und Querführung – das jeweilige Kraftfahrzeug nach Aktivierung steuern (Fahrzeugsteuerung) kann,
2. die in der Lage ist, während der hoch- oder vollautomatisierten Fahrzeugsteuerung den an die Fahrzeugführung gerichteten Verkehrsvorschriften zu entsprechen,
3. die jederzeit durch den Fahrzeugführer manuell übersteuerbar oder deaktivierbar ist,
4. die die Erforderlichkeit der eigenhändigen Fahrzeugsteuerung durch den Fahrzeugführer erkennen kann,
5. die dem Fahrzeugführer das Erfordernis der eigenhändigen Fahrzeugsteuerung mit ausreichender Zeitreserve vor der Abgabe der Fahrzeugsteuerung an den Fahrzeugführer optisch, akustisch, taktil oder sonst wahrnehmbar anzeigen kann und
6. die auf eine der Systembeschreibung zuwiderlaufende Verwendung hinweist.

²Der Hersteller eines solchen Kraftfahrzeugs hat in der Systembeschreibung verbindlich zu erklären, dass das Fahrzeug den Voraussetzungen des Satzes 1 entspricht.

(3) Die vorstehenden Absätze sind nur auf solche Fahrzeuge anzuwenden, die nach § 1 Absatz 1 zugelassen sind, den in Absatz 2 Satz 1 enthaltenen Vorgaben entsprechen und deren hoch- oder vollautomatisierte Fahrfunktionen
1. in internationalen, im Geltungsbereich dieses Gesetzes anzuwendenden Vorschriften beschrieben sind und diesen entsprechen oder
2. eine Typgenehmigung gemäß Artikel 20 der Richtlinie 2007/46/EG des Europäischen Parlaments und des Rates vom 5. September 2007 zur Schaffung eines Rahmens für die Genehmigung von Kraftfahrzeugen und Kraftfahrzeuganhängern sowie von Systemen, Bauteilen und selbstständigen technischen Einheiten für diese Fahrzeuge (Rahmenrichtlinie) (ABl. L 263 vom 9.10.2007, S. 1) erteilt bekommen haben.

(4) Fahrzeugführer ist auch derjenige, der eine hoch- oder vollautomatisierte Fahrfunktion im Sinne des Absatzes 2 aktiviert und zur Fahrzeugsteuerung verwendet, auch wenn er im Rahmen der bestimmungsgemäßen Verwendung dieser Funktion das Fahrzeug nicht eigenhändig steuert.

§ 1b
Rechte und Pflichten des Fahrzeugführers bei Nutzung hoch- oder vollautomatisierter Fahrfunktionen

(1) Der Fahrzeugführer darf sich während der Fahrzeugführung mittels hoch- oder vollautomatisierter Fahrfunktionen gemäß § 1a vom Verkehrsgeschehen und der Fahrzeugsteuerung abwenden; dabei muss er derart wahrnehmungsbereit bleiben, dass er seiner Pflicht nach Absatz 2 jederzeit nachkommen kann.

(2) Der Fahrzeugführer ist verpflichtet, die Fahrzeugsteuerung unverzüglich wieder zu übernehmen,
1. wenn das hoch- oder vollautomatisierte System ihn dazu auffordert oder
2. wenn er erkennt oder auf Grund offensichtlicher Umstände erkennen muss, dass die Voraussetzungen für eine bestimmungsgemäße Verwendung der hoch- oder vollautomatisierten Fahrfunktionen nicht mehr vorliegen.

§ 1c
Evaluierung

[1]Das Bundesministerium für Verkehr und digitale Infrastruktur wird die Anwendung der Regelungen in Artikel 1 des Gesetzes vom 16. Juni 2017 (BGBl. I S. 1648) nach Ablauf des Jahres 2019 auf wissenschaftlicher Grundlage evaluieren. [2]Die Bundesregierung unterrichtet den Deutschen Bundestag über die Ergebnisse der Evaluierung.

§ 5
Verlust von Dokumenten und Kennzeichen

[1]Besteht eine Verpflichtung zur Ablieferung oder Vorlage eines Führerscheins, Fahrzeugscheins, Anhängerverzeichnisses, Fahrzeugbriefs, Nachweises über die Zuteilung des amtlichen Kennzeichens oder über die Betriebserlaubnis oder EG-Typgenehmigung, eines ausländischen Führerscheins oder Zulassungsscheins oder eines internationalen Führerscheins oder Zulassungsscheins oder amtlicher Kennzeichen oder Versicherungskennzeichen und behauptet der Verpflichtete, der Ablieferungs- oder Vorlagepflicht deshalb nicht nachkommen zu können, weil ihm der Schein, das Verzeichnis, der Brief, der Nachweis oder die Kennzeichen verloren gegangen oder sonst abhanden gekommen sind, so hat er auf Verlangen der Verwaltungsbehörde eine Versicherung an Eides statt über den Verbleib des Scheins, Verzeichnisses, Briefs, Nachweises oder der Kennzeichen abzugeben. [2]Dies gilt auch, wenn jemand für einen verloren gegangenen oder sonst abhanden gekommenen Schein, Brief oder Nachweis oder ein verloren gegangenes oder sonst abhanden gekommenes Anhängerverzeichnis oder Kennzeichen eine neue Ausfertigung oder ein neues Kennzeichen beantragt.

§ 6
Ausführungsvorschriften

(1) Das Bundesministerium für Verkehr und digitale Infrastruktur wird ermächtigt, Rechtsverordnungen mit Zustimmung des Bundesrates zu erlassen über ...
2. die Zulassung von Fahrzeugen zum Straßenverkehr einschließlich Ausnahmen von der Zulassung, die Beschaffenheit, Ausrüstung und Prüfung der Fahrzeuge, insbesondere über
   a) Voraussetzungen für die Zulassung von Kraftfahrzeugen und deren Anhänger, vor allem über Bau, Beschaffenheit, Abnahme, Ausrüstung und Betrieb, Begutachtung und Prüfung, Betriebserlaubnis und Genehmigung sowie Kennzeichnung der Fahrzeuge und Fahrzeugteile, um deren Verkehrssicherheit zu gewährleisten und um die Insassen und andere Verkehrsteilnehmer bei einem Verkehrsunfall vor Verletzungen zu schützen oder deren Ausmaß oder Folgen zu mildern (Schutz von Verkehrsteilnehmern),
   b) Anforderungen an zulassungsfreie Kraftfahrzeuge und Anhänger, um deren Verkehrssicherheit und den Schutz der Verkehrsteilnehmer zu gewährleisten, Ausnahmen von der Zulassungspflicht für Kraftfahrzeuge und Anhänger nach § 1 Abs. 1 sowie die Kennzeichnung zulassungsfreier Fahrzeuge und Fahrzeugteile zum Nachweis des Zeitpunktes ihrer Abgabe an den Endverbraucher,
   c) Art und Inhalt von Zulassung, Bau, Beschaffenheit, Ausrüstung und Betrieb der Fahrzeuge und Fahrzeugteile, deren Begutachtung und Prüfung, Betriebserlaubnis und Genehmigung sowie Kennzeichnung,
   d) den Nachweis der Zulassung durch Fahrzeugdokumente, die Gestaltung der Muster der Fahrzeugdokumente und deren Herstellung, Lieferung und Ausfertigung sowie die Bestimmung, wer die Herstellung und Lieferung durchführen darf,
   e) das Herstellen, Feilbieten, Veräußern, Erwerben und Verwenden von Fahrzeugteilen, die in einer amtlich genehmigten Bauart ausgeführt sein müssen,
   f) die Allgemeine Betriebserlaubnis oder Bauartgenehmigung, Typgenehmigung oder vergleichbare Gutachten von Fahrzeugen und Fahrzeugteilen einschließlich Art, Inhalt, Nachweis und Kennzeichnung sowie Typbegutachtung und Typprüfung,
   g) die Konformität der Produkte mit dem genehmigten, begutachteten oder geprüften Typ einschließlich der Anforderungen z. B. an Produktionsverfahren, Prüfungen und Zertifizierungen sowie Nachweise hierfür,
   h) das Erfordernis von Qualitätssicherungssystemen einschließlich der Anforderungen, Prüfungen, Zertifizierungen und Nachweise hierfür sowie sonstige Pflichten des Inhabers der Erlaubnis oder Genehmigung,
   i) die Anerkennung von
       aa) Stellen zur Prüfung und Begutachtung von Fahrzeugen und Fahrzeugteilen und
       bb) Stellen zur Prüfung und Zertifizierung von Qualitätssicherungssystemen einschließlich der Voraussetzungen hierfür sowie
   die Änderung und Beendigung von Anerkennung und Zertifizierung einschließlich der hierfür erforderlichen Voraussetzungen für die Änderung und Beendigung und das Verfahren; die Stellen zur Prüfung und Begutachtung von Fahrzeugen und Fahrzeugteilen müssen zur Anerkennung die Gewähr dafür bieten, dass für die beantragte Zuständigkeit die ordnungsgemäße Wahrnehmung der Prüfaufgaben

nach den allgemeinen Kriterien zum Betreiben von Prüflaboratorien und nach den erforderlichen kraftfahrzeugspezifischen Kriterien an Personal- und Sachausstattung erfolgen wird,

j) die Anerkennung ausländischer Erlaubnisse und Genehmigungen sowie ausländischer Begutachtungen, Prüfungen und Kennzeichnungen für Fahrzeuge und Fahrzeugteile,

k) die Änderung und Beendigung von Zulassung und Betrieb, Erlaubnis und Genehmigung sowie Kennzeichnung der Fahrzeuge und Fahrzeugteile,

l) Art, Umfang, Inhalt, Ort und Zeitabstände der regelmäßigen Untersuchungen und Prüfungen, um die Verkehrssicherheit der Fahrzeuge und den Schutz der Verkehrsteilnehmer zu gewährleisten sowie Anforderungen an Untersuchungsstellen und Fachpersonal zur Durchführung von Untersuchungen und Prüfungen, einschließlich den Anforderungen an eine zentrale Stelle, die von Trägern der Technischen Prüfstellen und von amtlich anerkannten Überwachungsorganisationen gebildet und getragen wird, zur Überprüfung der Praxistauglichkeit von Prüfvorgaben oder deren Erarbeitung, sowie Abnahmen von Fahrzeugen und Fahrzeugteilen einschließlich der hierfür notwendigen Räume und Geräte, Schulungen, Schulungsstätten und -institutionen,

m) den Nachweis der regelmäßigen Untersuchungen und Prüfungen sowie Abnahmen von Fahrzeugen und Fahrzeugteilen einschließlich der Bewertung der bei den Untersuchungen und Prüfungen festgestellten Mängel und die Weitergabe der festgestellten Mängel an die jeweiligen Hersteller von Fahrzeugen und Fahrzeugteilen sowie das Kraftfahrt-Bundesamt; dabei ist die Weitergabe personenbezogener Daten nicht zulässig,

n) die Bestätigung der amtlichen Anerkennung von Überwachungsorganisationen, soweit sie vor dem 18. Dezember 2007 anerkannt waren, sowie die Anerkennung von Überwachungsorganisationen zur Vornahme von regelmäßigen Untersuchungen und Prüfungen sowie von Abnahmen, die organisatorischen, personellen und technischen Voraussetzungen für die Anerkennungen einschließlich der Qualifikation und der Anforderungen an das Fachpersonal und die Geräte sowie die mit den Anerkennungen verbundenen Bedingungen und Auflagen, um ordnungsgemäße und gleichmäßige Untersuchungen, Prüfungen und Abnahmen durch leistungsfähige Organisationen sicherzustellen,

o) die notwendige Haftpflichtversicherung anerkannter Überwachungsorganisationen zur Deckung aller im Zusammenhang mit Untersuchungen, Prüfungen und Abnahmen entstehenden Ansprüche sowie die Freistellung des für die Anerkennung und Aufsicht verantwortlichen Landes von Ansprüchen Dritter wegen Schäden, die die Organisation verursacht,

p) die amtliche Anerkennung von Herstellern von Fahrzeugen oder Fahrzeugteilen zur Vornahme der Prüfungen von Geschwindigkeitsbegrenzern, Fahrtschreibern und Kontrollgeräten, die amtliche Anerkennung von Kraftfahrzeugwerkstätten zur Vornahme von regelmäßigen Prüfungen an diesen Einrichtungen, zur Durchführung von Abgasuntersuchungen und Gasanlagenprüfungen an Kraftfahrzeugen und zur Durchführung von Sicherheitsprüfungen an Nutzfahrzeugen sowie die mit den Anerkennungen verbundenen Bedingungen und Auflagen, um ordnungsgemäße und gleichmäßige technische Prüfungen sicherzustellen, die organisatorischen, personellen und technischen Voraussetzungen für die Anerkennung einschließlich der Qualifikation und Anforderungen an das Fachpersonal und die Geräte sowie die Erhebung, Verarbeitung und Nutzung personenbezogener Daten des Inhabers der Anerkennungen, dessen Vertreters und der mit der Vornahme der Prüfungen betrauten Personen durch die für die Anerkennung und Aufsicht zuständigen Behörden, um ordnungsgemäße und gleichmäßige technische Prüfungen sicherzustellen,

q) die notwendige Haftpflichtversicherung amtlich anerkannter Hersteller von Fahrzeugen oder Fahrzeugteilen und von Kraftfahrzeugwerkstätten zur Deckung aller im Zusammenhang mit den Prüfungen nach Buchstabe p entstehenden Ansprüche sowie die Freistellung des für die Anerkennung und Aufsicht verantwortlichen Landes von Ansprüchen Dritter wegen Schäden, die die Werkstatt oder der Hersteller verursacht,

r) Maßnahmen der mit der Durchführung der regelmäßigen Untersuchungen und Prüfungen sowie Abnahmen und Begutachtungen von Fahrzeugen und Fahrzeugteilen befassten Stellen und Personen zur Qualitätssicherung, deren Inhalt einschließlich der hierfür erforderlichen Verarbeitung und Nutzung personenbezogener Daten, um ordnungsgemäße, nach gleichen Maßstäben durchgeführte Untersuchungen, Prüfungen, Abnahmen und Begutachtungen an Fahrzeugen und Fahrzeugteilen zu gewährleisten,

s) die Verantwortung und die Pflichten und Rechte des Halters im Rahmen der Zulassung und des Betriebs der auf ihn zugelassenen Fahrzeuge sowie des Halters nicht zulassungspflichtiger Fahrzeuge,

t) die Zuständigkeit und das Verfahren bei Verwaltungsmaßnahmen nach diesem Gesetz und den auf diesem Gesetz beruhenden Rechtsvorschriften für Zulassung, Begutachtung, Prüfung, Abnahme, regelmäßige Untersuchungen und Prüfungen, Betriebserlaubnis, Genehmigung und Kennzeichnung,

u) Ausnahmen von § 1 Abs. 1 Satz 2 und 3 sowie Ausnahmen von auf Grund dieses Gesetzes erlassenen Rechtsvorschriften und die Zuständigkeiten hierfür,

v) die Zulassung von ausländischen Kraftfahrzeugen und Anhängern, die Voraussetzungen hierfür, die Anerkennung ausländischer Zulassungspapiere und Kennzeichen, Maßnahmen bei Verstößen gegen die auf Grund des Straßenverkehrsgesetzes erlassenen Vorschriften,

w) Maßnahmen und Anforderungen, um eine sichere Teilnahme von nicht motorisierten Fahrzeugen am Straßenverkehr zu gewährleisten,

x) abweichende Voraussetzungen für die Erteilung einer Betriebserlaubnis für Einzelfahrzeuge und Fahrzeugkombinationen des Großraum- und Schwerverkehrs sowie für Arbeitsmaschinen, soweit diese Voraussetzungen durch den Einsatzzweck gerechtfertigt sind und ohne Beeinträchtigung der Fahrzeugsicherheit standardisiert werden können, die Begutachtung der Fahrzeuge und die Bestätigung der Einhaltung der Voraussetzungen durch einen amtlich anerkannten Sachverständigen;

3. die sonstigen zur Erhaltung der Sicherheit und Ordnung auf den öffentlichen Straßen, für Zwecke der Verteidigung, zur Verhütung einer über das verkehrsübliche Maß hinausgehenden Abnutzung der Straßen oder zur Verhütung von Belästigungen erforderlichen Maß-

nahmen über den Straßenverkehr, und zwar hierzu unter anderem

i) über das Verbot zur Verwendung technischer Einrichtungen am oder im Kraftfahrzeug, die dafür bestimmt sind, die Verkehrsüberwachung zu beeinträchtigen;

5a. Bau, Beschaffenheit, Ausrüstung und Betrieb, Begutachtung, Prüfung, Abnahme, Betriebserlaubnis, Genehmigung und Kennzeichnung der Fahrzeuge und Fahrzeugteile sowie über das Verhalten im Straßenverkehr zum Schutz vor den von Fahrzeugen ausgehenden schädlichen Umwelteinwirkungen im Sinne des Bundes-Immissionsschutzgesetzes; dabei können Emissionsgrenzwerte unter Berücksichtigung der technischen Entwicklung auch für einen Zeitpunkt nach Inkrafttreten der Rechtsverordnung festgesetzt werden;

5c. den Nachweis über die Entsorgung oder den sonstigen Verbleib der Fahrzeuge nach ihrer Außerbetriebsetzung, um die umweltverträgliche Entsorgung von Fahrzeugen und Fahrzeugteilen sicherzustellen;

6. Art, Umfang, Inhalt, Zeitabstände und Ort einschließlich der Anforderungen an die hierfür notwendigen Räume und Geräte, Schulungen, Schulungsstätten und -institutionen sowie den Nachweis der regelmäßigen Prüfungen von Fahrzeugen und Fahrzeugteilen einschließlich der Bewertung der bei den Prüfungen festgestellten Mängel sowie die amtliche Anerkennung von Überwachungsorganisationen und Kraftfahrzeugwerkstätten nach Nummer 2 Buchstabe n und p und Maßnahmen zur Qualitätssicherung nach Nummer 2 Buchstabe r zum Schutz vor von Fahrzeugen ausgehenden schädlichen Umwelteinwirkungen im Sinne des Bundes-Immissionsschutzgesetzes;

7. die in den Nummern 1 bis 6 vorgesehenen Maßnahmen, soweit sie zur Erfüllung von Verpflichtungen aus zwischenstaatlichen Vereinbarungen oder von bindenden Beschlüssen der Europäischen Gemeinschaften notwendig sind;

8. die Beschaffenheit, Anbringung und Prüfung sowie die Herstellung, den Vertrieb, die Ausgabe, die Verwahrung und die Einziehung von Kennzeichen (einschließlich solcher Vorprodukte, bei denen nur noch die Beschriftung fehlt) für Fahrzeuge, um die unzulässige Verwendung von Kennzeichen oder die Begehung von Straftaten mit Hilfe von Fahrzeugen oder Kennzeichen zu bekämpfen;

9. die Beschaffenheit, Herstellung, Vertrieb, Verwendung und Verwahrung von Führerscheinen und Fahrzeugpapieren einschließlich ihrer Vordrucke sowie von auf Grund dieses Gesetzes oder der auf ihm beruhenden Rechtsvorschriften zu verwendenden Plaketten, Prüffolien und Stempel, um deren Diebstahl oder deren Missbrauch bei der Begehung von Straftaten zu bekämpfen;

10. Bau, Beschaffenheit, Ausrüstung und Betrieb, Begutachtung, Prüfung, Abnahme und regelmäßige Untersuchungen, Betriebserlaubnis und Genehmigung sowie Kennzeichnung von Fahrzeugen und Fahrzeugteilen, um den Diebstahl der Fahrzeuge zu bekämpfen;

11. die Ermittlung, Auffindung und Sicherstellung von gestohlenen, verloren gegangenen oder sonst abhanden gekommenen Fahrzeugen, Fahrzeugkennzeichen sowie Führerscheinen und Fahrzeugpapieren einschließlich ihrer Vordrucke, soweit nicht die Strafverfolgungsbehörden hierfür zuständig sind;

14. die Beschränkung des Haltens und Parkens zugunsten der Bewohner städtischer Quartiere mit erheblichem Parkraummangel sowie die Schaffung von Parkmöglichkeiten für schwerbehinderte Menschen mit außergewöhnlicher Gehbehinderung, mit beidseitiger Amelie oder Phokomelie oder vergleichbaren Funktionseinschränkungen sowie für blinde Menschen, insbesondere in unmittelbarer Nähe ihrer Wohnung oder Arbeitsstätte;

14a. die Einrichtung und die mit Zustimmung des Verfügungsberechtigten Nutzung von fahrerlosen Parksystemen im niedrigen Geschwindigkeitsbereich auf Parkflächen, die durch bauliche oder sonstige Einrichtungen vom übrigen öffentlichen Straßenraum getrennt sind und nur über besondere Zu- und Abfahrten erreicht und verlassen werden können,
19. Maßnahmen, die zur Umsetzung der Richtlinie 92/59/EWG des Rates vom 29. Juni 1992 über die allgemeine Produktsicherheit (ABl. EG Nr. L 228 S. 24) erforderlich sind;
20. Maßnahmen über die technische Unterwegskontrolle von Nutzfahrzeugen, die am Straßenverkehr teilnehmen, und daran die Mitwirkung amtlich anerkannter Sachverständiger oder Prüfer für den Kraftfahrzeugverkehr einer technischen Prüfstelle, von amtlich anerkannten Überwachungsorganisationen betraute Prüfingenieure sowie die für die Durchführung von Sicherheitsprüfungen anerkannten Kraftfahrzeugwerkstätten.

(2) Rechtsverordnungen nach Absatz 1 Nr. 8, 9, 10, 11 und 12 Buchstabe a werden vom Bundesministerium für Verkehr und digitale Infrastruktur und vom Bundesministerium des Innern erlassen.

(2a) Rechtsverordnungen nach Absatz 1 Nr. 1 Buchstabe f, Nr. 3 Buchstabe d, e, Nr. 5a, 5b, 5c, 6 und 15 sowie solche nach Nr. 7, soweit sie sich auf Maßnahmen nach Nr. 1 Buchstabe f, Nr. 5a, 5b, 5c und 6 beziehen, werden vom Bundesministerium für Verkehr und digitale Infrastruktur und vom Bundesministerium für Umwelt, Naturschutz, Bau und Reaktorsicherheit erlassen.

(3) Abweichend von den Absätzen 1 bis 2a bedürfen Rechtsverordnungen zur Durchführung der Vorschriften über die Beschaffenheit, den Bau, die Ausrüstung und die Prüfung von Fahrzeugen und Fahrzeugteilen sowie Rechtsverordnungen über allgemeine Ausnahmen von den auf diesem Gesetz beruhenden Rechtsvorschriften nicht der Zustimmung des Bundesrates; vor ihrem Erlass sind die zuständigen obersten Landesbehörden zu hören.

(3a) Das Bundesministerium für Verkehr und digitale Infrastruktur wird ermächtigt, durch Rechtsverordnung mit Zustimmung des Bundesrates Vorschriften über das gewerbsmäßige Feilbieten, gewerbsmäßige Veräußern und das gewerbsmäßige Inverkehrbringen von Fahrzeugen, Fahrzeugteilen und Ausrüstungen zu erlassen.

(4) Das Bundesministerium für Verkehr und digitale Infrastruktur wird ermächtigt, durch Rechtsverordnung, die nicht der Zustimmung des Bundesrates bedarf, im Einvernehmen mit den beteiligten Bundesministerien, soweit Verordnungen nach diesem Gesetz geändert oder abgelöst werden, Verweisungen in Gesetzen und Rechtsverordnungen auf die geänderten oder abgelösten Vorschriften durch Verweisungen auf die jeweils inhaltsgleichen neuen Vorschriften zu ersetzen.

(4a) Rechtsverordnungen auf Grund des Absatzes 1 Nummer 1, 2 oder 3 können auch erlassen werden, soweit dies erforderlich ist, um den besonderen Anforderungen der Teilnahme von Kraftfahrzeugen mit hoch- oder vollautomatisierter Fahrfunktion am Straßenverkehr Rechnung zu tragen.

(5) ¹Die Landesregierungen werden ermächtigt, durch Rechtsverordnung besondere Bestimmungen über das Erteilen einschließlich der Einweisung und die Prüfung für Fahrberechtigungen zum Führen von Einsatzfahrzeugen der Freiwilligen Feuerwehren, der nach Landesrecht anerkannten Rettungsdienste, des Technischen Hilfswerks und des Katastrophenschutzes auf öffentlichen Straßen nach § 2 Absatz 10a zu erlassen. ²Bei der näheren Ausgestaltung sind die Besonderheiten der unterschiedlichen Gewichtsklassen der Fahrberechtigung nach § 2 Absatz 10a Satz 1 und 4 zu berücksichtigen. ³Die Landesregierungen können die Ermächtigung nach Satz 1 durch Rechtsverordnung auf die zuständige oberste Landesbehörde übertragen.

(6) Das Bundesministerium für Verkehr und digitale Infrastruktur wird ermächtigt, durch Rechtsverordnung mit Zustimmung des Bundesrates die Landesregierungen zu ermächtigen, Ausnahmen von den auf Grundlage des

§ 6 Absatz 1 Nummer 2 Buchstabe c, d, k, m, r, s, t und v erlassenen Rechtsverordnungen für die Dauer von drei Jahren zur Erprobung eines Zulassungsverfahrens unter Einsatz von Informations- und Kommunikationstechnik durch Rechtsverordnung zu regeln.

(7) [1]Das Bundesministerium für Verkehr und digitale Infrastruktur wird ermächtigt, durch Rechtsverordnung mit Zustimmung des Bundesrates die erforderlichen Vorschriften zu erlassen, um den nach Landesrecht zuständigen Behörden zur Durchführung von Großraum- und Schwertransporten zu ermöglichen,
1. natürlichen oder juristischen Personen des Privatrechts bestimmte Aufgaben zu übertragen (Beleihung) oder
2. natürliche oder juristische Personen des Privatrechts zu beauftragen, bei der Erfüllung bestimmter Aufgaben zu helfen (Verwaltungshilfe).

[2]Personen im Sinne des Satzes 1 müssen fachlich geeignet, zuverlässig, auch hinsichtlich ihrer Finanzen, und im Falle der Beleihung unabhängig von den Interessen der sonstigen Beteiligten sein. [3]In Rechtsverordnungen nach Satz 1 können ferner
1. die Aufgaben und deren Erledigung bestimmt werden,
   a) mit denen Personen beliehen oder
   b) zu deren hilfsweisen Erfüllung Personen beauftragt
   werden können,
2. die näheren Anforderungen an Personen im Sinne des Satzes 1 festgelegt werden, einschließlich deren Überwachung, des Verfahrens und des Zusammenwirkens der zuständigen Behörden bei der Überwachung,
3. die notwendige Haftpflichtversicherung der beliehenen oder beauftragten Person zur Deckung aller im Zusammenhang mit der Wahrnehmung der übertragenen Aufgabe oder der Hilfe zur Erfüllung der Aufgabe entstandenen Schäden sowie die Freistellung der für Übertragung oder Beauftragung und Aufsicht zuständigen Landesbehörde von Ansprüchen Dritter wegen etwaiger Schäden, die die beliehene oder beauftragte Person verursacht, geregelt werden.

[4]Das Bundesministerium für Verkehr und digitale Infrastruktur wird ermächtigt, durch Rechtsverordnung mit Zustimmung des Bundesrates die Ermächtigung nach Satz 1 in Verbindung mit Satz 3 ganz oder teilweise auf die Landesregierungen zu übertragen. [5]Die Landesregierungen können die Ermächtigung auf Grund einer Rechtsverordnung nach Satz 4 durch Rechtsverordnung auf die zuständige oberste Landesbehörde übertragen.

§ 6a
Gebühren

(1) Kosten (Gebühren und Auslagen) werden erhoben
1. für Amtshandlungen, einschließlich Prüfungen und Überprüfungen im Rahmen der Qualitätssicherung, Abnahmen, Begutachtungen, Untersuchungen, Verwarnungen – ausgenommen Verwarnungen im Sinne des Gesetzes über Ordnungswidrigkeiten – und Registerauskünften
   a) nach diesem Gesetz und nach den auf diesem Gesetz beruhenden Rechtsvorschriften,
   b) nach dem Gesetz zu dem Übereinkommen vom 20. März 1958 über die Annahme einheitlicher Bedingungen für die Genehmigung der Ausrüstungsgegenstände und Teile von Kraftfahrzeugen und über die gegenseitige Anerkennung der Genehmigung vom 12. Juni 1965 (BGBl. 1965 II S. 857) in der Fassung des Gesetzes vom 20. Dezember 1968 (BGBl. 1968 II S. 1224) und nach den auf diesem Gesetz beruhenden Rechtsvorschriften, ...
2. für Untersuchungen von Fahrzeugen nach dem Personenbeförderungsgesetz in der im Bundesgesetzblatt Teil III, Gliederungsnummer 9240-1, veröffentlichten bereinigten Fassung, zuletzt geändert durch Artikel 7 des Gesetzes über die unentgeltliche Beförderung Schwerbehinderter im öffentlichen Personenverkehr vom 9. Juli 1979 (BGBl. I S. 989), und nach den auf

diesem Gesetz beruhenden Rechtsvorschriften,
3. für Maßnahmen im Zusammenhang mit der Außerbetriebsetzung von Kraftfahrzeugen und Kraftfahrzeuganhängern.

(2) ¹Das Bundesministerium für Verkehr und digitale Infrastruktur wird ermächtigt, die gebührenpflichtigen Amtshandlungen sowie die Gebührensätze für die einzelnen Amtshandlungen, einschließlich Prüfungen und Überprüfungen im Rahmen der Qualitätssicherung, Abnahmen, Begutachtungen, Untersuchungen, Verwarnungen – ausgenommen Verwarnungen im Sinne des Gesetzes über Ordnungswidrigkeiten – und Registerauskünften im Sinne des Absatzes 1 durch Rechtsverordnung zu bestimmen und dabei feste Sätze, auch in Form von Zeitgebühren, oder Rahmensätze vorzusehen. ²Die Gebührensätze sind so zu bemessen, dass der mit den Amtshandlungen, einschließlich Prüfungen, Abnahmen, Begutachtungen, Untersuchungen, Verwarnungen – ausgenommen Verwarnungen im Sinne des Gesetzes über Ordnungswidrigkeiten – und Registerauskünften verbundene Personal- und Sachaufwand gedeckt wird; der Sachaufwand kann den Aufwand für eine externe Begutachtung umfassen; bei begünstigenden Amtshandlungen kann daneben die Bedeutung, der wirtschaftliche Wert oder der sonstige Nutzen für den Gebührenschuldner angemessen berücksichtigt werden. ³Im Bereich der Gebühren der Landesbehörden übt das Bundesministerium für Verkehr und digitale Infrastruktur die Ermächtigung auf der Grundlage eines Antrags oder einer Stellungnahme von mindestens fünf Ländern beim Bundesministerium für Verkehr und digitale Infrastruktur aus. ⁴Der Antrag oder die Stellungnahme sind mit einer Schätzung des Personal- und Sachaufwands zu begründen. ⁵Das Bundesministerium für Verkehr und digitale Infrastruktur kann die übrigen Länder ebenfalls zur Beibringung einer Schätzung des Personal- und Sachaufwands auffordern.

(3) ¹Im Übrigen findet das Verwaltungskostengesetz in der bis zum 14. August 2013 geltenden Fassung Anwendung. ²In den Rechtsverordnungen nach Absatz 2 können jedoch die Kostenbefreiung, die Kostengläubigerschaft, die Kostenschuldnerschaft, der Umfang der zu erstattenden Auslagen und die Kostenerhebung abweichend von den Vorschriften des Verwaltungskostengesetzes geregelt werden.

(4) In den Rechtsverordnungen nach Absatz 2 kann bestimmt werden, dass die für die einzelnen Amtshandlungen, einschließlich Prüfungen, Abnahmen, Begutachtungen und Untersuchungen, zulässigen Gebühren auch erhoben werden dürfen, wenn die Amtshandlungen aus Gründen, die nicht von der Stelle, die die Amtshandlungen hätte durchführen sollen, zu vertreten sind, und ohne ausreichende Entschuldigung des Bewerbers oder Antragstellers am festgesetzten Termin nicht stattfinden konnten oder abgebrochen werden mussten.

(5) Rechtsverordnungen über Kosten, deren Gläubiger der Bund ist, bedürfen nicht der Zustimmung des Bundesrates.

(8) ¹Die Zulassung eines Fahrzeugs oder die Zuteilung eines Kennzeichens für ein zulassungsfreies Fahrzeug kann durch Rechtsvorschriften davon abhängig gemacht werden, dass die nach Absatz 1 in Verbindung mit einer Rechtsverordnung nach Absatz 2 für die Zulassung des Fahrzeugs oder Zuteilung des Kennzeichens vorgesehenen Gebühren und Auslagen, einschließlich rückständiger Gebühren und Auslagen aus vorausgegangenen Zulassungsvorgängen, entrichtet sind. ²Eine solche Regelung darf
1. für den Fall eines in bundesrechtlichen Vorschriften geregelten internetbasierten Zulassungsverfahrens vom Bundesministerium für Verkehr und digitale Infrastruktur durch Rechtsverordnung mit Zustimmung des Bundesrates,
2. von den Ländern in den übrigen Fällen sowie im Fall der Nummer 1, solange und soweit das Bundesministerium für Verkehr und digitale Infrastruktur von seiner Ermächtigung nach Nummer 1 nicht Gebrauch gemacht hat,

getroffen werden.

§ 6b
Herstellung, Vertrieb und Ausgabe von Kennzeichen

(1) Wer Kennzeichen für Fahrzeuge herstellen, vertreiben oder ausgeben will, hat dies der Zulassungsbehörde vorher anzuzeigen.
(2) *(weggefallen)*
(3) Über die Herstellung, den Vertrieb und die Ausgabe von Kennzeichen sind nach näherer Bestimmung (§ 6 Abs. 1 Nr. 8) Einzelnachweise zu führen, aufzubewahren und zuständigen Personen auf Verlangen zur Prüfung auszuhändigen.
(4) Die Herstellung, der Vertrieb oder die Ausgabe von Kennzeichen ist zu untersagen, wenn diese ohne die vorherige Anzeige hergestellt, vertrieben oder ausgegeben werden.
(5) Die Herstellung, der Vertrieb oder die Ausgabe von Kennzeichen kann untersagt werden, wenn
1. Tatsachen vorliegen, aus denen sich die Unzuverlässigkeit des Verantwortlichen oder der von ihm mit Herstellung, Vertrieb oder Ausgabe von Kennzeichen beauftragten Personen ergibt, oder
2. gegen die Vorschriften über die Führung, Aufbewahrung oder Aushändigung von Nachweisen über die Herstellung, den Vertrieb oder die Ausgabe von Kennzeichen verstoßen wird.

§ 6c
Herstellung, Vertrieb und Ausgabe von Kennzeichenvorprodukten

§ 6b Abs. 1, 3, 4 Nr. 1 sowie Abs. 5 gilt entsprechend für die Herstellung, den Vertrieb oder die Ausgabe von bestimmten – nach näherer Bestimmung durch das Bundesministerium für Verkehr und digitale Infrastruktur festzulegenden (§ 6 Abs. 1 Nr. 8, Abs. 2) – Kennzeichenvorprodukten, bei denen nur noch die Beschriftung fehlt.

§ 6d
Auskunft und Prüfung

(1) Die mit der Herstellung, dem Vertrieb oder der Ausgabe von Kennzeichen befassten Personen haben den zuständigen Behörden oder den von ihnen beauftragten Personen über die Beachtung der in § 6b Abs. 1 bis 3 bezeichneten Pflichten die erforderlichen Auskünfte unverzüglich zu erteilen.
(2) Die mit der Herstellung, dem Vertrieb oder der Ausgabe von Kennzeichenvorprodukten im Sinne des § 6c befassten Personen haben den zuständigen Behörden oder den von ihnen beauftragten Personen über die Beachtung der in § 6b Abs. 1 und 3 bezeichneten Pflichten die erforderlichen Auskünfte unverzüglich zu erteilen.
(3) Die von der zuständigen Behörde beauftragten Personen dürfen im Rahmen der Absätze 1 und 2 Grundstücke, Geschäftsräume, Betriebsräume und Transportmittel der Auskunftspflichtigen während der Betriebs- oder Geschäftszeit zum Zwecke der Prüfung und Besichtigung betreten.

§ 6g
Internetbasierte Zulassungsverfahren bei Kraftfahrzeugen

(1) ¹In Ergänzung der allgemeinen Vorschriften über die Zulassung von Fahrzeugen zum Straßenverkehr, die Zuteilung von Kennzeichen für zulassungsfreie Fahrzeuge und die Außerbetriebsetzung von Fahrzeugen können diese Verwaltungsverfahren nach Maßgabe der nachstehenden Vorschriften internetbasiert durchgeführt werden (internetbasierte Zulassung). ²Für dieses Verwaltungsverfahren ist das Verwaltungsverfahrensgesetz anzuwenden.
(2) ¹Ein Verwaltungsakt kann nach näherer Bestimmung einer Rechtsverordnung nach Absatz 4 Satz 1 Nummer 1 vollständig durch automatische Einrichtungen erlassen werden, wenn
1. die maschinelle Prüfung der Entscheidungsvoraussetzungen auf der Grundlage eines automatisierten Prüfprogrammes erfolgt, das bei der zuständigen Behörde eingerichtet ist und ausschließlich von ihr betrieben wird, und
2. sichergestellt ist, dass das Ergebnis der Prüfung nur die antragsgemäße Beschei-

dung oder die Ablehnung des Antrages sein kann. ²Ein nach Satz 1 erlassener Verwaltungsakt steht einen Monat, beginnend mit dem Tag, an dem der Verwaltungsakt wirksam wird, unter dem Vorbehalt der Nachprüfung. ³Solange der Vorbehalt wirksam ist, kann der Verwaltungsakt jederzeit aufgehoben oder geändert werden.

(3) ¹Nach näherer Bestimmung einer Rechtsverordnung nach Absatz 4 Satz 1 Nummer 3 bis 5 können

1. natürlichen oder juristischen Personen des Privatrechts bestimmte Aufgaben eines internetbasierten Zulassungsverfahrens, ausgenommen die Entscheidung über den Antrag, oder bei der Inbetriebnahme derart zugelassener Fahrzeuge übertragen werden (Beleihung) oder
2. natürliche oder juristische Personen des Privatrechts beauftragt werden, an der Durchführung von Aufgaben im Sinne der Nummer 1 mitzuwirken (Verwaltungshilfe).

²Personen im Sinne des Satzes 1 müssen fachlich geeignet, zuverlässig, auch hinsichtlich ihrer Finanzen, und unabhängig von den Interessen der sonstigen Beteiligten sein.

(4) ¹Das Bundesministerium für Verkehr und digitale Infrastruktur wird ermächtigt, durch Rechtsverordnung mit Zustimmung des Bundesrates

1. die Einzelheiten des Erlasses und der Aufhebung eines Verwaltungsaktes im Sinne des Absatzes 2 zu regeln, insbesondere
   a) die Anforderungen an das Prüfprogramm,
   b) besondere Bestimmungen zur Bekanntgabe, zur Wirksamkeit sowie zur Rücknahme und zum Widerruf des Verwaltungsaktes,
2. das für die Identifizierung von Antragstellern zu wahrende Vertrauensniveau zu regeln,
3. die Aufgaben im Sinne des Absatzes 3 zu bestimmen,
   a) mit denen Personen beliehen oder
   b) an deren Durchführung Verwaltungshelfer beteiligt

werden können, sowie die Art und Weise der Aufgabenerledigung,

4. die näheren Anforderungen an Personen im Sinne des Absatzes 3 zu bestimmen, einschließlich deren Überwachung, des Verfahrens und des Zusammenwirkens der zuständigen Behörden bei der Überwachung,
5. die notwendige Haftpflichtversicherung der beliehenen oder beauftragten Person zur Deckung aller im Zusammenhang mit der Wahrnehmung der übertragenen Aufgabe oder der Hilfe zur Erfüllung der Aufgabe entstandenen Schäden sowie die Freistellung der für Übertragung oder Beauftragung und Aufsicht zuständigen Bundesbehörde oder Landesbehörde von Ansprüchen Dritter wegen etwaiger Schäden, die die beliehene oder beauftragte Person verursacht, zu regeln,
6. bestimmte Aufgaben eines internetbasierten Zulassungsverfahrens dem Kraftfahrt-Bundesamt zu übertragen, soweit die Aufgaben eine bundeseinheitliche Durchführung erfordern, und das Zusammenwirken mit den für die Zulassung zuständigen Behörden zu regeln,
7. besondere Anforderungen an die Inbetriebnahme von Fahrzeugen, die internetbasiert zugelassen sind, zu regeln, insbesondere hinsichtlich
   a) des Verwendens befristet gültiger Kennzeichenschilder einschließlich deren Herstellung, Ausstellung, Anbringung und Gültigkeitsdauer,
   b) des Versandes von Zulassungsunterlagen und der endgültigen Kennzeichenschilder,
8. die Ausstellung befristet gültiger elektronischer Fahrzeugdokumente, insbesondere zum Nachweis der Zulassung, und deren Umwandlung in körperliche Dokumente zu regeln, insbesondere
   a) die Art und Weise der Erstellung, der Verwendung und der Speicherung solcher Dokumente,
   b) die Speicherung der Dokumente in einer Datei, die beim Kraftfahrt-Bundesamt errichtet und von diesem betrieben wird,

9. die Errichtung und den Betrieb einer zentralen Datei beim Kraftfahrt-Bundesamt
   a) mit fahrzeugbezogenen Daten, die für die Prüfung der Zulassungsfähigkeit der Fahrzeuge erforderlich sind, insbesondere mit den Daten der unionsrechtlich vorgeschriebenen Übereinstimmungsbescheinigungen einschließlich der Fahrzeug-Identifizierungsnummer,
   b) mit den Daten der Fahrzeuge, die Auskunft über nach oder auf Grund von Unionsrecht einzuhaltende Fahrzeugeigenschaften geben, sowie die Pflicht zur Übermittlung dieser Daten durch die Hersteller oder Einführer der Fahrzeuge zu regeln,
10. die Durchführung anderer als straßenverkehrsrechtlicher Rechtsvorschriften bei einer internetbasierten Zulassung zu regeln.
²Die in Satz 1 Nummer 9 vorgesehene Datenbank darf weder mit dem Zentralen Fahrzeugregister des Kraftfahrt-Bundesamtes noch mit den örtlichen Fahrzeugregistern der Zulassungsbehörden verknüpft werden.
(5) ¹Für Vorschriften des Verwaltungsverfahrens in den Absätzen 1 bis 3 und in Rechtsverordnungen auf Grund des Absatzes 4 kann durch Rechtsverordnung des Bundesministeriums für Verkehr und digitale Infrastruktur mit Zustimmung des Bundesrates vorgeschrieben werden, dass von diesen Vorschriften durch Landesrecht nicht abgewichen werden kann. ²Die Vorschriften, von denen durch Landesrecht nicht abgewichen werden kann, sind dabei zu nennen.

III.
STRAF- UND BUßGELDVORSCHRIFTEN

§ 22
Kennzeichenmissbrauch

(1) Wer in rechtswidriger Absicht
1. ein Kraftfahrzeug oder einen Kraftfahrzeuganhänger, für die ein amtliches Kennzeichen nicht ausgegeben oder zugelassen worden ist, mit einem Zeichen versieht, das geeignet ist, den Anschein amtlicher Kennzeichnung hervorzurufen,
2. ein Kraftfahrzeug oder einen Kraftfahrzeuganhänger mit einer anderen als der amtlich für das Fahrzeug ausgegebenen oder zugelassenen Kennzeichnung versieht,
3. das an einem Kraftfahrzeug oder einem Kraftfahrzeuganhänger angebrachte amtliche Kennzeichen verändert, beseitigt, verdeckt oder sonst in seiner Erkennbarkeit beeinträchtigt,

wird, wenn die Tat nicht in anderen Vorschriften mit schwererer Strafe bedroht ist, mit Freiheitsstrafe bis zu einem Jahr oder mit Geldstrafe bestraft.
(2) Die gleiche Strafe trifft Personen, welche auf öffentlichen Wegen oder Plätzen von einem Kraftfahrzeug oder einem Kraftfahrzeuganhänger Gebrauch machen, von denen sie wissen, dass die Kennzeichnung in der in Absatz 1 Nr. 1 bis 3 bezeichneten Art gefälscht, verfälscht oder unterdrückt worden ist.

§ 22a
Missbräuchliches Herstellen, Vertreiben oder Ausgeben von Kennzeichen

(1) Mit Freiheitsstrafe bis zu einem Jahr oder mit Geldstrafe wird bestraft, wer
1. Kennzeichen ohne vorherige Anzeige bei der zuständigen Behörde herstellt, vertreibt oder ausgibt, oder
2. *(weggefallen)*
3. Kennzeichen in der Absicht nachmacht, dass sie als amtlich zugelassene Kennzeichen verwendet oder in Verkehr gebracht werden oder ein solches Verwenden oder Inverkehrbringen ermöglicht werde, oder Kennzeichen in dieser Absicht so verfälscht, dass der Anschein der Echtheit hervorgerufen wird, oder
4. nachgemachte oder verfälschte Kennzeichen feilhält oder in den Verkehr bringt.

(2) ¹Nachgemachte oder verfälschte Kennzeichen, auf die sich eine Straftat nach Absatz 1 bezieht, können eingezogen werden. ²§ 74a des Strafgesetzbuchs ist anzuwenden.

§ 22b
Missbrauch von Wegstreckenzählern und Geschwindigkeitsbegrenzern

(1) Mit Freiheitsstrafe bis zu einem Jahr oder mit Geldstrafe wird bestraft, wer
1. die Messung eines Wegstreckenzählers, mit dem ein Kraftfahrzeug ausgerüstet ist, dadurch verfälscht, dass er durch Einwirkung auf das Gerät oder den Messvorgang das Ergebnis der Messung beeinflusst,
2. die bestimmungsgemäße Funktion eines Geschwindigkeitsbegrenzers, mit dem ein Kraftfahrzeug ausgerüstet ist, durch Einwirkung auf diese Einrichtung aufhebt oder beeinträchtigt oder
3. eine Straftat nach Nummer 1 oder 2 vorbereitet, indem er Computerprogramme, deren Zweck die Begehung einer solchen Tat ist, herstellt, sich oder einem anderen verschafft, feilhält oder einem anderen überlässt.

(2) In den Fällen des Absatzes 1 Nr. 3 gilt § 149 Abs. 2 und 3 des Strafgesetzbuches entsprechend.

(3) [1]Gegenstände, auf die sich die Straftat nach Absatz 1 bezieht, können eingezogen werden. [2]§ 74a des Strafgesetzbuches ist anzuwenden.

§ 23
Feilbieten nicht genehmigter Fahrzeuge, Fahrzeugteile und Ausrüstungen

(1) Ordnungswidrig handelt, wer vorsätzlich oder fahrlässig Fahrzeugteile, die in einer vom Kraftfahrt-Bundesamt genehmigten Bauart ausgeführt sein müssen, gewerbsmäßig feilbietet, obwohl sie nicht mit einem amtlich vorgeschriebenen und zugeteilten Prüfzeichen gekennzeichnet sind.

(2) Ordnungswidrig handelt, wer vorsätzlich oder fahrlässig einer Vorschrift einer auf Grund des § 6 Abs. 3a erlassenen Rechtsverordnung oder einer auf Grund einer solchen Rechtsverordnung ergangenen vollziehbaren Anordnung zuwiderhandelt, soweit die Rechtsverordnung für einen bestimmten Tatbestand auf diese Bußgeldvorschrift verweist.

(3) Die Ordnungswidrigkeit kann mit einer Geldbuße bis zu fünftausend Euro geahndet werden.

(4) Fahrzeuge, Fahrzeugteile und Ausrüstungen, auf die sich die Ordnungswidrigkeit bezieht, können eingezogen werden.

§ 24
Verkehrsordnungswidrigkeit

(1) [1]Ordnungswidrig handelt, wer vorsätzlich oder fahrlässig einer Vorschrift einer aufgrund des § 6 Absatz 1, des § 6e Absatz 1 oder des § 6g Absatz 4 erlassenen Rechtsverordnung oder einer aufgrund einer solchen Rechtsverordnung ergangenen Anordnung zuwiderhandelt, soweit die Rechtsverordnung für einen bestimmten Tatbestand auf diese Bußgeldvorschrift verweist. [2]Die Verweisung ist nicht erforderlich, soweit die Vorschrift der Rechtsverordnung vor dem 1. Januar 1969 erlassen worden ist.

(2) Die Ordnungswidrigkeit kann mit einer Geldbuße bis zu zweitausend Euro geahndet werden.

§ 26
Zuständige Verwaltungsbehörde; Verjährung

(1) [1]Bei Ordnungswidrigkeiten nach den §§ 23 bis 24a und 24c ist Verwaltungsbehörde im Sinne des § 36 Abs. 1 Nr. 1 des Gesetzes über Ordnungswidrigkeiten die Behörde oder Dienststelle der Polizei, die von der Landesregierung durch Rechtsverordnung näher bestimmt wird. [2]Die Landesregierung kann die Ermächtigung auf die zuständige oberste Landesbehörde übertragen.

(2) Abweichend von Absatz 1 ist Verwaltungsbehörde im Sinne des § 36 Absatz 1 Nummer 1 des Gesetzes über Ordnungswidrigkeiten bei Ordnungswidrigkeiten nach den §§ 23 und 24 das Kraftfahrt-Bundesamt, soweit es für den Vollzug der bewehrten Vorschriften zuständig ist.

(3) Die Frist der Verfolgungsverjährung beträgt bei Ordnungswidrigkeiten nach § 24 drei Monate, solange wegen der Handlung weder

ein Bußgeldbescheid ergangen noch öffentliche Klage erhoben ist, danach sechs Monate.

§ 26a
Bußgeldkatalog

(1) Das Bundesministerium für Verkehr und digitale Infrastruktur wird ermächtigt, durch Rechtsverordnung mit Zustimmung des Bundesrates Vorschriften zu erlassen über
1. die Erteilung einer Verwarnung (§ 56 des Gesetzes über Ordnungswidrigkeiten) wegen einer Ordnungswidrigkeit nach § 24,
2. Regelsätze für Geldbußen wegen einer Ordnungswidrigkeit nach den §§ 24, 24a und § 24c,
3. die Anordnung des Fahrverbots nach § 25.

(2) Die Vorschriften nach Absatz 1 bestimmen unter Berücksichtigung der Bedeutung der Ordnungswidrigkeit, in welchen Fällen, unter welchen Voraussetzungen und in welcher Höhe das Verwarnungsgeld erhoben, die Geldbuße festgesetzt und für welche Dauer das Fahrverbot angeordnet werden soll.

§ 27
Informationsschreiben

(1) ¹Hat die Verwaltungsbehörde in einem Bußgeldverfahren den Halter oder Eigentümer eines Kraftfahrzeugs auf Grund einer Abfrage im Sinne des Artikels 4 der Richtlinie (EU) 2015/413 des Europäischen Parlaments und des Rates vom 11. März 2015 zur Erleichterung des grenzüberschreitenden Austauschs von Informationen über die Straßenverkehrssicherheit gefährdende Verkehrsdelikte (ABl. L 68 vom 13.3.2015, S. 9) ermittelt, übersendet sie der ermittelten Person ein Informationsschreiben. ²In diesem Schreiben werden die Art des Verstoßes, Zeit und Ort seiner Begehung, das gegebenenfalls verwendete Überwachungsgerät, die anwendbaren Bußgeldvorschriften sowie die für einen solchen Verstoß vorgesehene Sanktion angegeben. ³Das Informationsschreiben ist in der Sprache des Zulassungsdokuments des Kraftfahrzeugs oder in einer der Amtssprachen des Mitgliedstaates zu übermitteln, in dem das Kraftfahrzeug zugelassen ist.

(2) Absatz 1 gilt nicht, wenn die ermittelte Person ihren ordentlichen Wohnsitz im Inland hat.

V.
FAHRZEUGREGISTER

§ 31
Registerführung und Registerbehörden

(1) Die Zulassungsbehörden führen ein Register über die Fahrzeuge, für die ein Kennzeichen ihres Bezirks zugeteilt oder ausgegeben wurde (örtliches Fahrzeugregister der Zulassungsbehörden).
(2) Das Kraftfahrt-Bundesamt führt ein Register über die Fahrzeuge, für die im Geltungsbereich dieses Gesetzes ein Kennzeichen zugeteilt oder ausgegeben wurde oder die nach Maßgabe von Vorschriften auf Grund des § 6 Absatz 1 Nummer 2 regelmäßig untersucht oder geprüft wurden (Zentrales Fahrzeugregister des Kraftfahrt-Bundesamtes).
(3) ¹Soweit die Dienststellen der Bundeswehr, der Polizeien des Bundes und der Länder, der Wasserstraßen- und Schifffahrtsverwaltung des Bundes eigene Register für die jeweils von ihnen zugelassenen Fahrzeuge führen, finden die Vorschriften dieses Abschnitts keine Anwendung. ²Satz 1 gilt entsprechend für Fahrzeuge, die von den Nachfolgeunternehmen der Deutschen Bundespost zugelassen sind.

§ 32
Zweckbestimmung der Fahrzeugregister

(1) Die Fahrzeugregister werden geführt zur Speicherung von Daten
1. für die Zulassung und Überwachung von Fahrzeugen nach diesem Gesetz oder den darauf beruhenden Rechtsvorschriften,
2. für Maßnahmen zur Gewährleistung des Versicherungsschutzes im Rahmen der Kraftfahrzeughaftpflichtversicherung,
3. für Maßnahmen zur Durchführung des Kraftfahrzeugsteuerrechts,
4. für Maßnahmen nach dem Bundesleistungsgesetz, dem Verkehrssicherstellungsgesetz, dem Verkehrsleistungsgesetz

oder den darauf beruhenden Rechtsvorschriften,
5. für Maßnahmen des Katastrophenschutzes nach den hierzu erlassenen Gesetzen der Länder oder den darauf beruhenden Rechtsvorschriften,
6. für Maßnahmen zur Durchführung des Altfahrzeugrechts,
7. für Maßnahmen zur Durchführung des Infrastrukturabgaberechts und
8. für Maßnahmen zur Durchführung der Datenverarbeitung bei Kraftfahrzeugen mit hoch- oder vollautomatisierter Fahrfunktion nach diesem Gesetz oder nach den auf diesem Gesetz beruhenden Rechtsvorschriften.

(2) Die Fahrzeugregister werden außerdem geführt zur Speicherung von Daten für die Erteilung von Auskünften, um
1. Personen in ihrer Eigenschaft als Halter von Fahrzeugen,
2. Fahrzeuge eines Halters oder
3. Fahrzeugdaten
festzustellen oder zu bestimmen.

§ 33
Inhalt der Fahrzeugregister

(1) ¹Im örtlichen und im Zentralen Fahrzeugregister werden, soweit dies zur Erfüllung der in § 32 genannten Aufgaben jeweils erforderlich ist, gespeichert
1. nach näherer Bestimmung durch Rechtsverordnung (§ 47 Nummer 1 und 1a) Daten über Beschaffenheit, Ausrüstung, Identifizierungsmerkmale, Zulassungsmerkmale, Prüfung und Untersuchung einschließlich der durchführenden Stelle und einer Kennung für die Feststellung des für die Durchführung der Prüfung oder Untersuchung Verantwortlichen, Kennzeichnung und Papiere des Fahrzeugs sowie über tatsächliche und rechtliche Verhältnisse in Bezug auf das Fahrzeug, insbesondere auch über die Haftpflichtversicherung, die Kraftfahrzeugbesteuerung des Fahrzeugs und die Verwertung oder Nichtentsorgung des Fahrzeugs als Abfall im Inland (Fahrzeugdaten), sowie
2. Daten über denjenigen, dem ein Kennzeichen für das Fahrzeug zugeteilt oder ausgegeben wird (Halterdaten), und zwar
   a) bei natürlichen Personen:
      Familienname, Geburtsname, Vornamen, vom Halter für die Zuteilung oder die Ausgabe des Kennzeichens angegebener Ordens- oder Künstlername, Tag und Ort der Geburt, Geschlecht, Anschrift; bei Fahrzeugen mit Versicherungskennzeichen entfällt die Speicherung von Geburtsnamen, Ort der Geburt und Geschlecht des Halters,
   b) bei juristischen Personen und Behörden:
      Name oder Bezeichnung und Anschrift und
   c) bei Vereinigungen:
      benannter Vertreter mit den Angaben nach Buchstabe a und gegebenenfalls Name der Vereinigung.

²Im örtlichen und im Zentralen Fahrzeugregister werden zur Erfüllung der in § 32 genannten Aufgaben außerdem Daten über denjenigen gespeichert, an den ein Fahrzeug mit einem amtlichen Kennzeichen veräußert wurde (Halterdaten), und zwar
   a) bei natürlichen Personen:
      Familienname, Vornamen und Anschrift,
   b) bei juristischen Personen und Behörden:
      Name oder Bezeichnung und Anschrift und
   c) bei Vereinigungen:
      benannter Vertreter mit den Angaben nach Buchstabe a und gegebenenfalls Name der Vereinigung.

(2) Im örtlichen und im Zentralen Fahrzeugregister werden über beruflich Selbständige, denen ein amtliches Kennzeichen für ein Fahrzeug zugeteilt wird, für die Aufgaben nach § 32 Abs. 1 Nr. 4 und 5 Berufsdaten gespeichert, und zwar
1. bei natürlichen Personen der Beruf oder das Gewerbe (Wirtschaftszweig) und
2. bei juristischen Personen und Vereinigungen gegebenenfalls das Gewerbe (Wirtschaftszweig).

(3) Im örtlichen und im Zentralen Fahrzeugregister darf die Anordnung einer Fahrtenbuchauflage wegen Zuwiderhandlungen gegen Verkehrsvorschriften gespeichert werden.
(4) Ferner werden für Daten, die nicht übermittelt werden dürfen (§ 41), in den Fahrzeugregistern Übermittlungssperren gespeichert.

§ 34
Erhebung der Daten

(1) ¹Wer die Zuteilung oder die Ausgabe eines Kennzeichens für ein Fahrzeug beantragt, hat der hierfür zuständigen Stelle
1. von den nach § 33 Abs. 1 Satz 1 Nr. 1 zu speichernden Fahrzeugdaten bestimmte Daten nach näherer Regelung durch Rechtsverordnung (§ 47 Nummer 1) und
2. die nach § 33 Abs. 1 Satz 1 Nr. 2 zu speichernden Halterdaten

mitzuteilen und auf Verlangen nachzuweisen. ²Zur Mitteilung und zum Nachweis der Daten über die Haftpflichtversicherung ist auch der jeweilige Versicherer befugt. ³Die Zulassungsbehörde kann durch Einholung von Auskünften aus dem Melderegister die Richtigkeit und Vollständigkeit der vom Antragsteller mitgeteilten Daten überprüfen.
(2) Wer die Zuteilung eines amtlichen Kennzeichens für ein Fahrzeug beantragt, hat der Zulassungsbehörde außerdem die Daten über Beruf oder Gewerbe (Wirtschaftszweig) mitzuteilen, soweit sie nach § 33 Abs. 2 zu speichern sind.
(3) ¹Wird ein Fahrzeug veräußert, für das ein amtliches Kennzeichen zugeteilt ist, so hat der Veräußerer der Zulassungsbehörde, die dieses Kennzeichen zugeteilt hat, die in § 33 Abs. 1 Satz 2 aufgeführten Daten des Erwerbers (Halterdaten) mitzuteilen. ²Die Mitteilung ist nicht erforderlich, wenn der neue Eigentümer bereits seiner Meldepflicht nach Absatz 4 nachgekommen ist.
(4) Der Halter und der Eigentümer, wenn dieser nicht zugleich Halter ist, haben der Zulassungsbehörde jede Änderung der Daten mitzuteilen, die nach Absatz 1 erhoben wurden; dies gilt nicht für die Fahrzeuge, die ein Versicherungskennzeichen führen müssen.

(5) ¹Die Versicherer dürfen der zuständigen Zulassungsbehörde das Nichtbestehen oder die Beendigung des Versicherungsverhältnisses über die vorgeschriebene Haftpflichtversicherung für das betreffende Fahrzeug mitteilen. ²Die Versicherer haben dem Kraftfahrt-Bundesamt im Rahmen der Zulassung von Fahrzeugen mit Versicherungskennzeichen die erforderlichen Fahrzeugdaten nach näherer Bestimmung durch Rechtsverordnung (§ 47 Nummer 2) und die Halterdaten nach § 33 Abs. 1 Satz 1 Nr. 2 mitzuteilen.
(6) ¹Die Technischen Prüfstellen, amtlich anerkannten Überwachungsorganisationen und anerkannten Kraftfahrzeugwerkstätten, soweit diese Werkstätten Sicherheitsprüfungen durchführen, haben dem Kraftfahrt-Bundesamt nach näherer Bestimmung durch Rechtsverordnung auf Grund des § 47 Nummer 1a die nach § 33 Absatz 1 Satz 1 Nummer 1 zu speichernden oder zu einer Änderung oder Löschung einer Eintragung führenden Daten über Prüfungen und Untersuchungen einschließlich der durchführenden Stellen und Kennungen zur Feststellung der für die Durchführung der Prüfung oder Untersuchung Verantwortlichen zu übermitteln. ²Im Fall der anerkannten Kraftfahrzeugwerkstätten erfolgt die Übermittlung über Kopfstellen; im Fall der Technischen Prüfstellen und anerkannten Überwachungsorganisationen kann die Übermittlung über Kopfstellen erfolgen. ³Eine Speicherung der nach Satz 2 zur Übermittlung an das Kraftfahrt-Bundesamt erhaltenen Daten bei den Kopfstellen erfolgt ausschließlich zu diesem Zweck. ⁴Nach erfolgter Übermittlung haben die Kopfstellen die nach Satz 3 gespeicherten Daten unverzüglich, bei elektronischer Speicherung automatisiert, zu löschen.

§ 35
Übermittlung von Fahrzeugdaten und Halterdaten

(1) Die nach § 33 Absatz 1 gespeicherten Fahrzeugdaten und Halterdaten dürfen an Behörden und sonstige öffentliche Stellen im Geltungsbereich dieses Gesetzes sowie im Rahmen einer internetbasierten Zulassung

an Personen im Sinne des § 6g Absatz 3 zur Erfüllung der Aufgaben der Zulassungsbehörde, des Kraftfahrt-Bundesamtes oder der Aufgaben des Empfängers nur übermittelt werden, wenn dies für die Zwecke nach § 32 Absatz 2 jeweils erforderlich ist
1. zur Durchführung der in § 32 Abs. 1 angeführten Aufgaben,
2. zur Verfolgung von Straftaten, zur Vollstreckung oder zum Vollzug von Strafen, von Maßnahmen im Sinne des § 11 Abs. 1 Nr. 8 des Strafgesetzbuchs oder von Erziehungsmaßregeln oder Zuchtmitteln im Sinne des Jugendgerichtsgesetzes,
3. zur Verfolgung von Ordnungswidrigkeiten,
4. zur Abwehr von Gefahren für die öffentliche Sicherheit oder Ordnung,
5. zur Erfüllung der den Verfassungsschutzbehörden, dem Militärischen Abschirmdienst und dem Bundesnachrichtendienst durch Gesetz übertragenen Aufgaben,
6. für Maßnahmen nach dem Abfallbeseitigungsgesetz oder den darauf beruhenden Rechtsvorschriften,
7. für Maßnahmen nach dem Wirtschaftssicherstellungsgesetz oder den darauf beruhenden Rechtsvorschriften,
8. für Maßnahmen nach dem Energiesicherungsgesetz 1975 oder den darauf beruhenden Rechtsvorschriften,
9. für die Erfüllung der gesetzlichen Mitteilungspflichten zur Sicherung des Steueraufkommens nach § 93 der Abgabenordnung,
10. zur Feststellung der Maut für die Benutzung mautpflichtiger Straßen im Sinne des § 1 des Bundesfernstraßenmautgesetzes und zur Verfolgung von Ansprüchen nach diesem Gesetz,
11. zur Ermittlung der Mautgebühr für die Benutzung von Bundesfernstraßen und zur Verfolgung von Ansprüchen nach dem Fernstraßenbauprivatfinanzierungsgesetz vom 30. August 1994 (BGBl. I S. 2243) in der jeweils geltenden Fassung,
12. zur Ermittlung der Mautgebühr für die Benutzung von Straßen nach Landesrecht und zur Verfolgung von Ansprüchen nach den Gesetzen der Länder über den gebührenfinanzierten Neu- und Ausbau von Straßen,
13. zur Überprüfung von Personen, die Sozialhilfe, Leistungen der Grundsicherung für Arbeitsuchende oder Leistungen nach dem Asylbewerberleistungsgesetz beziehen, zur Vermeidung rechtswidriger Inanspruchnahme solcher Leistungen,
14. für die in § 17 des Auslandsunterhaltsgesetzes genannten Zwecke,
15. für die in § 802l der Zivilprozessordnung genannten Zwecke soweit kein Grund zu der Annahme besteht, dass dadurch schutzwürdige Interessen des Betroffenen beeinträchtigt werden,
16. zur Erfüllung der den Behörden der Zollverwaltung in § 2 Absatz 1 des Schwarzarbeitsbekämpfungsgesetzes übertragenen Prüfungsaufgaben oder
17. zur Durchführung eines Vollstreckungsverfahrens an die für die Vollstreckung nach dem Verwaltungs-Vollstreckungsgesetz oder nach den Verwaltungsvollstreckungsgesetzen der Länder zuständige Behörde, wenn
a) der Vollstreckungsschuldner seiner Pflicht, eine Vermögensauskunft zu erteilen, nicht nachkommt oder bei einer Vollstreckung in die in der Vermögensauskunft angeführten Vermögensgegenstände eine vollständige Befriedigung der Forderung, wegen der die Vermögensauskunft verlangt wird, voraussichtlich nicht zu erwarten ist,
b) der Vollstreckungsschuldner als Halter des Fahrzeugs eingetragen ist und
c) kein Grund zu der Annahme besteht, dass dadurch schutzwürdige Interessen des Betroffenen beeinträchtigt werden.

(1a) Die nach § 33 Absatz 1 Nummer 1 gespeicherten Daten über Beschaffenheit, Ausrüstung und Identifizierungsmerkmale von

Fahrzeugen dürfen den Zentralen Leitstellen für Brandschutz, Katastrophenschutz und Rettungsdienst, wenn dies für Zwecke nach § 32 Absatz 2 Nummer 3 erforderlich ist, zur Rettung von Unfallopfern übermittelt werden.
(2) ¹Die nach § 33 Abs. 1 gespeicherten Fahrzeugdaten und Halterdaten dürfen, wenn dies für die Zwecke nach § 32 Abs. 2 jeweils erforderlich ist,
1. an Inhaber von Betriebserlaubnissen für Fahrzeuge oder an Fahrzeughersteller für Rückrufmaßnahmen zur Beseitigung von erheblichen Mängeln für die Verkehrssicherheit oder für die Umwelt an bereits ausgelieferten Fahrzeugen (§ 32 Abs. 1 Nr. 1) sowie bis zum 31. Dezember 1995 für staatlich geförderte Maßnahmen zur Verbesserung des Schutzes vor schädlichen Umwelteinwirkungen durch bereits ausgelieferte Fahrzeuge,
1a. an Fahrzeughersteller und Importeure von Fahrzeugen sowie an deren Rechtsnachfolger zur Überprüfung der Angaben über die Verwertung des Fahrzeugs nach dem Altfahrzeugrecht,
2. an Versicherer zur Gewährleistung des vorgeschriebenen Versicherungsschutzes (§ 32 Abs. 1 Nr. 2) und
3. unmittelbar oder über Kopfstellen an Technische Prüfstellen und amtlich anerkannte Überwachungsorganisationen sowie über Kopfstellen an anerkannte Kraftfahrzeugwerkstätten, soweit diese Werkstätten Sicherheitsprüfungen durchführen, für die Durchführung der regelmäßigen Untersuchungen und Prüfungen, um die Verkehrssicherheit der Fahrzeuge und den Schutz der Verkehrsteilnehmer zu gewährleisten,
übermittelt werden.
²Bei Übermittlungen nach Satz 1 Nummer 3 erfolgt eine Speicherung der Daten bei den Kopfstellen ausschließlich zum Zweck der Übermittlung an Technische Prüfstellen, amtlich anerkannte Überwachungsorganisationen und anerkannte Kraftfahrzeugwerkstätten, soweit diese Werkstätten Sicherheitsprüfungen durchführen. ³Nach erfolgter Übermittlung haben die Kopfstellen die nach Satz 2 gespeicherten Daten unverzüglich, bei elektronischer Speicherung automatisiert, zu löschen.
(2a) Die nach § 33 Absatz 3 gespeicherten Daten über die Fahrtenbuchauflagen dürfen
1. den Zulassungsbehörden in entsprechender Anwendung des Absatzes 5 Nummer 1 zur Überwachung der Fahrtenbuchauflage,
2. dem Kraftfahrt-Bundesamt in entsprechender Anwendung des Absatzes 5 Nummer 1 für die Unterstützung der Zulassungsbehörden im Rahmen der Überwachung der Fahrtenbuchauflage oder
3. den hierfür zuständigen Behörden oder Gerichten zur Verfolgung von Straftaten oder von Ordnungswidrigkeiten nach §§ 24, 24a oder § 24c
jeweils im Einzelfall übermittelt werden.
(3) ¹Die Übermittlung von Fahrzeugdaten und Halterdaten zu anderen Zwecken als der Feststellung oder Bestimmung von Haltern oder Fahrzeugen (§ 32 Abs. 2) ist, unbeschadet der Absätze 4, 4a bis 4c unzulässig, es sei denn, die Daten sind
1. unerlässlich zu
a) Verfolgung von Straftaten oder zur Vollstreckung oder zum Vollzug von Strafen,
b) Abwehr einer im Einzelfall bestehenden Gefahr für die öffentliche Sicherheit,
c) Erfüllung der den Verfassungsschutzbehörden, dem Militärischen Abschirmdienst und dem Bundesnachrichtendienst durch Gesetz übertragenen Aufgaben,
d) Erfüllung der gesetzlichen Mitteilungspflichten zur Sicherung des Steueraufkommens nach § 93 der Abgabenordnung, soweit diese Vorschrift unmittelbar anwendbar ist, oder
e) Erfüllung gesetzlicher Mitteilungspflichten nach § 118 Abs. 4 Satz 4 Nr. 6 des Zwölften Buches Sozialgesetzbuch,
und
2. auf andere Weise nicht oder nicht rechtzeitig oder nur mit unverhältnismäßigem Aufwand zu erlangen.

²Die ersuchende Behörde hat Aufzeichnungen über das Ersuchen mit einem Hinweis auf dessen Anlass zu führen. ³Die Aufzeichnungen sind gesondert aufzubewahren, durch technische und organisatorische Maßnahmen zu sichern und am Ende des Kalenderjahres, das dem Jahr der Erstellung der Aufzeichnung folgt, zu vernichten. ⁴Die Aufzeichnungen dürfen nur zur Kontrolle der Zulässigkeit der Übermittlungen verwertet werden, es sei denn, es liegen Anhaltspunkte dafür vor, dass ihre Verwertung zur Aufklärung oder Verhütung einer schwerwiegenden Straftat gegen Leib, Leben oder Freiheit einer Person führen kann und die Aufklärung oder Verhütung ohne diese Maßnahme aussichtslos oder wesentlich erschwert wäre.

(4) ¹Auf Ersuchen des Bundeskriminalamtes kann das Kraftfahrt-Bundesamt die im Zentralen Fahrzeugregister gespeicherten Halterdaten mit dem polizeilichen Fahndungsbestand der mit Haftbefehl gesuchten Personen abgleichen. ²Die dabei ermittelten Daten gesuchter Personen dürfen dem Bundeskriminalamt übermittelt werden. ³Das Ersuchen des Bundeskriminalamtes erfolgt durch Übersendung eines Datenträgers.

(4a) Auf Ersuchen der Auskunftsstelle nach § 8a des Pflichtversicherungsgesetzes übermitteln die Zulassungsbehörden und das Kraftfahrt-Bundesamt die nach § 33 Abs. 1 gespeicherten Fahrzeugdaten und Halterdaten zu den in § 8a Abs. 1 des Pflichtversicherungsgesetzes genannten Zwecken.

(4b) Zu den in § 7 Absatz 3 des Internationalen Familienrechtsverfahrensgesetzes, § 4 Abs. 3 Satz 2 des Erwachsenenschutzübereinkommens- Ausführungsgesetzes vom 17. März 2007 (BGBl. I S. 314) und den in den §§ 16 und 17 des Auslandsunterhaltsgesetzes vom 23. Mai 2011 (BGBl. I S. 898) bezeichneten Zwecken übermittelt das Kraftfahrt-Bundesamt der in diesen Vorschriften bezeichneten Zentralen Behörde auf Ersuchen die nach § 33 Abs. 1 Satz 1 Nr. 2 gespeicherten Halterdaten.

(4c) Auf Ersuchen übermittelt das Kraftfahrt-Bundesamt

1. dem Gerichtsvollzieher zu den in § 755 der Zivilprozessordnung genannten Zwecken und

2. der für die Vollstreckung nach dem Verwaltungs-Vollstreckungsgesetz oder nach den Verwaltungsvollstreckungsgesetzen der Länder zuständigen Behörde, soweit diese die Angaben nicht durch Anfrage bei der Meldebehörde ermitteln kann, zur Durchführung eines Vollstreckungsverfahrens

die nach § 33 Absatz 1 Satz 1 Nummer 2 gespeicherten Halterdaten, soweit kein Grund zu der Annahme besteht, dass dadurch schutzwürdige Interessen des Betroffenen beeinträchtigt werden.

(5) Die nach § 33 Absatz 1 oder 3 gespeicherten Fahrzeugdaten und Halterdaten dürfen nach näherer Bestimmung durch Rechtsverordnung (§ 47 Nummer 3) regelmäßig übermittelt werden

1. von den Zulassungsbehörden an das Kraftfahrt-Bundesamt für das Zentrale Fahrzeugregister und vom Kraftfahrt-Bundesamt an die Zulassungsbehörden für die örtlichen Fahrzeugregister,

2. von den Zulassungsbehörden an andere Zulassungsbehörden, wenn diese mit dem betreffenden Fahrzeug befasst sind oder befasst waren,

3. von den Zulassungsbehörden an die Versicherer zur Gewährleistung des vorgeschriebenen Versicherungsschutzes (§ 32 Abs. 1 Nr. 2),

4. von den Zulassungsbehörden an die für die Ausübung der Verwaltung der Kraftfahrzeugsteuer zuständigen Behörden zur Durchführung des Kraftfahrzeugsteuerrechts (§ 32 Abs. 1 Nr. 3),

5. von den Zulassungsbehörden und vom Kraftfahrt-Bundesamt für Maßnahmen nach dem Bundesleistungsgesetz, dem Verkehrssicherstellungsgesetz, dem Verkehrsleistungsgesetz oder des Katastrophenschutzes nach den hierzu erlassenen Gesetzen der Länder oder den darauf beruhenden Rechtsvorschriften an die hierfür zuständigen Behörden (§ 32 Abs. 1 Nr. 4 und 5),

6. von den Zulassungsbehörden für Prüfungen nach § 118 Abs. 4 Satz 4 Nr. 6 des Zwölften Buches Sozialgesetzbuch an die

Träger der Sozialhilfe nach dem Zwölften Buch Sozialgesetzbuch.

(6) ¹Das Kraftfahrt-Bundesamt als übermittelnde Behörde hat Aufzeichnungen zu führen, die die übermittelten Daten, den Zeitpunkt der Übermittlung, den Empfänger der Daten und den vom Empfänger angegebenen Zweck enthalten. ²Die Aufzeichnungen dürfen nur zur Kontrolle der Zulässigkeit der Übermittlungen verwertet werden, sind durch technische und organisatorische Maßnahmen gegen Missbrauch zu sichern und am Ende des Kalenderhalbjahres, das dem Halbjahr der Übermittlung folgt, zu löschen oder zu vernichten. ³Bei Übermittlung nach Absatz 5 sind besondere Aufzeichnungen entbehrlich, wenn die Angaben nach Satz 1 aus dem Register oder anderen Unterlagen entnommen werden können. ⁴Die Sätze 1 und 2 gelten auch für die Übermittlungen durch das Kraftfahrt-Bundesamt nach den §§ 37 bis 40.

§ 36
Abruf im automatisierten Verfahren

(1) Die Übermittlung nach § 35 Absatz 1 Nummer 1, soweit es sich um Aufgaben nach § 32 Absatz 1 Nummer 1 handelt, aus dem Zentralen Fahrzeugregister
1. an die Zulassungsbehörden oder
2. im Rahmen einer internetbasierten Zulassung an Personen im Sinne des § 6g Absatz 3

darf durch Abruf im automatisierten Verfahren erfolgen.

(2) ¹Die Übermittlung nach § 35 Abs. 1 Nr. 1 bis 5 [ab 10.01.2021 ersetzt durch: „bis 4" – d. Red.] aus dem Zentralen Fahrzeugregister darf durch Abruf im automatisierten Verfahren erfolgen
1. an die Polizeien des Bundes und der Länder sowie an Dienststellen der Zollverwaltung, soweit sie Befugnisse nach § 10 des Zollverwaltungsgesetzes ausüben oder grenzpolizeiliche Aufgaben wahrnehmen,
   a) zur Kontrolle, ob die Fahrzeuge einschließlich ihrer Ladung und die Fahrzeugpapiere vorschriftsmäßig sind,
   b) zur Verfolgung von Ordnungswidrigkeiten nach §§ 24, 24a oder § 24c,
   c) zur Verfolgung von Straftaten oder zur Vollstreckung oder zum Vollzug von Strafen oder
   d) zur Abwehr von Gefahren für die öffentliche Sicherheit,
1a. an die Verwaltungsbehörden im Sinne des § 26 Abs. 1 für die Verfolgung von Ordnungswidrigkeiten nach §§ 24, 24a oder § 24c,
2. an die Zollfahndungsdienststellen zur Verhütung oder Verfolgung von Steuer- und Wirtschaftsstraftaten sowie an die mit der Steuerfahndung betrauten Dienststellen der Landesfinanzbehörden zur Verhütung oder Verfolgung von Steuerstraftaten,
2a. an die Behörden der Zollverwaltung zur Verfolgung von Straftaten, die mit einem der in § 2 Absatz 1 des Schwarzarbeitsbekämpfungsgesetzes genannten Prüfgegenstände unmittelbar zusammenhängen,
3. *an die Verfassungsschutzbehörden, den Militärischen Abschirmdienst und den Bundesnachrichtendienst zur Erfüllung ihrer durch Gesetz übertragenen Aufgaben und.*¹
4. an die Zentralstelle für Finanztransaktionsuntersuchungen zur Erfüllung ihrer Aufgaben nach dem Geldwäschegesetz.

²Satz 1 gilt entsprechend für den Abruf der örtlich zuständigen Polizeidienststellen der Länder und Verwaltungsbehörden im Sinne des § 26 Abs. 1 aus den jeweiligen örtlichen Fahrzeugregistern.

(2a) Die Übermittlung nach § 35 Absatz 1 Nummer 9 aus dem Zentralen Fahrzeugregister darf durch Abruf im automatisierten Verfahren erfolgen
1. an die mit der Kontrolle und Erhebung der Umsatzsteuer betrauten Dienststellen der Finanzbehörden, soweit ein Abruf im Einzelfall zur Verhinderung einer missbräuchlichen Anwendung der Vorschriften des Umsatzsteuergesetzes beim Han-

---
1 § 36 Absatz 2 Satz 1 Nummer 3 ist mit Wirkung ab 10. Januar 2021 aufgehoben (d. Red.).

del, Erwerb oder bei der Übertragung von Fahrzeugen erforderlich ist,
2. an die mit der Durchführung einer Außenprüfung nach § 193 der Abgabenordnung betrauten Dienststellen der Finanzbehörden, soweit ein Abruf für die Ermittlung der steuerlichen Verhältnisse im Rahmen einer Außenprüfung erforderlich ist und
3. an die mit der Vollstreckung betrauten Dienststellen der Finanzbehörden nach § 249 der Abgabenordnung, soweit ein Abruf für die Vollstreckung von Ansprüchen aus dem Steuerschuldverhältnis erforderlich ist.

(2b) Die Übermittlung nach § 35 Abs. 1 Nr. 11 und 12 aus dem Zentralen Fahrzeugregister darf durch Abruf im automatisierten Verfahren an den Privaten, der mit der Erhebung der Mautgebühr beliehen worden ist, erfolgen.

(2c) Die Übermittlung nach § 35 Abs. 1 Nr. 10 aus dem Zentralen Fahrzeugregister darf durch Abruf im automatisierten Verfahren an das Bundesamt für Güterverkehr und an eine sonstige öffentliche Stelle, die mit der Erhebung der Maut nach dem Bundesfernstraßenmautgesetz beauftragt ist, erfolgen.

(2d) Die Übermittlung nach § 35 Absatz 1 Nummer 14 aus dem Zentralen Fahrzeugregister darf durch Abruf im automatisierten Verfahren an die zentrale Behörde (§ 4 des Auslandsunterhaltsgesetzes) erfolgen.

(2e) Die Übermittlung nach § 35 Absatz 1 Nummer 15 aus dem Zentralen Fahrzeugregister darf durch Abruf im automatisierten Verfahren an den Gerichtsvollzieher erfolgen.

(2f) Die Übermittlung aus dem Zentralen Fahrzeugregister nach § 35 Absatz 2 Satz 1 Nummer 3 darf durch Abruf im automatisierten Verfahren erfolgen.

(2g) Die Übermittlung nach § 35 Absatz 2a darf durch Abruf im automatisierten Verfahren erfolgen.

(2h) Die Übermittlung nach § 35 Absatz 1 Nummer 16 darf durch Abruf im automatisierten Verfahren an die Behörden der Zollverwaltung zur Erfüllung der ihnen in § 2 Absatz 1 des Schwarzarbeitsbekämpfungsgesetzes übertragenen Prüfungsaufgaben erfolgen.

(3) Die Übermittlung nach § 35 Abs. 3 Satz 1 aus dem Zentralen Fahrzeugregister darf ferner durch Abruf im automatisierten Verfahren an die Polizeien des Bundes und der Länder zur Verfolgung von Straftaten oder zur Vollstreckung oder zum Vollzug von Strafen oder zur Abwehr einer im Einzelfall bestehenden Gefahr für die öffentliche Sicherheit, an die Zollfahndungsdienststellen zur Verhütung oder Verfolgung von Steuer- und Wirtschaftsstraftaten sowie an die mit der Steuerfahndung betrauten Dienststellen der Landesfinanzbehörden zur Verhütung oder Verfolgung von Steuerstraftaten *sowie an die Verfassungsschutzbehörden, den Militärischen Abschirmdienst und den Bundesnachrichtendienst zur Erfüllung ihrer durch Gesetz übertragenen Aufgaben*[2] vorgenommen werden.

(3a) Die Übermittlung aus dem Zentralen Fahrzeugregister nach § 35 Abs. 4a darf durch Abruf im automatisierten Verfahren an die Auskunftsstelle nach § 8a des Pflichtversicherungsgesetzes erfolgen.

(3b) [1]Die Übermittlung aus dem Zentralen Fahrzeugregister nach § 35 Absatz 1 Nummer 1 an die für die Ausübung der Verwaltung der Kraftfahrzeugsteuer zuständigen Behörden darf durch Abruf im automatisierten Verfahren erfolgen. [2]Der Abruf ist nur zulässig, wenn die von den Zulassungsbehörden nach § 35 Absatz 5 Nummer 4 übermittelten Datenbestände unrichtig oder unvollständig sind.

(3c) Die Übermittlung aus dem Zentralen Fahrzeugregister nach § 35 Absatz 1a darf an die Zentralen Leitstellen für Brandschutz, Katastrophenschutz und Rettungsdienst zur Vorbereitung der Rettung von Personen aus Fahrzeugen durch Abruf im automatisierten Verfahren erfolgen.

(4) Der Abruf darf sich nur auf ein bestimmtes Fahrzeug oder einen bestimmten Halter richten und in den Fällen der Absätze 1 und 2 Satz 1 Nr. 1 Buchstabe a und b nur unter Verwendung von Fahrzeugdaten durchgeführt werden.

---

[2] Die kursiv gesetzten Wörter in § 36 Absatz 3 sind mit Wirkung ab 10. Januar 2021 aufgehoben (d. Red.).

(5) Die Einrichtung von Anlagen zum Abruf im automatisierten Verfahren ist nur zulässig, wenn nach näherer Bestimmung durch Rechtsverordnung (§ 47 Nummer 4) gewährleistet ist, dass
1. die zum Abruf bereitgehaltenen Daten ihrer Art nach für den Empfänger erforderlich sind und ihre Übermittlung durch automatisierten Abruf unter Berücksichtigung der schutzwürdigen Interessen des Betroffenen und der Aufgabe des Empfängers angemessen ist,
2. dem jeweiligen Stand der Technik entsprechende Maßnahmen zur Sicherstellung von Datenschutz und Datensicherheit getroffen werden, die insbesondere die Vertraulichkeit und Unversehrtheit der Daten gewährleisten; bei der Nutzung allgemein zugänglicher Netze sind Verschlüsselungsverfahren anzuwenden und
3. die Zulässigkeit der Abrufe nach Maßgabe des Absatzes 6 kontrolliert werden kann.

(6) [1]Das Kraftfahrt-Bundesamt oder die Zulassungsbehörde als übermittelnde Stelle hat über die Abrufe Aufzeichnungen zu fertigen, die die bei der Durchführung der Abrufe verwendeten Daten, den Tag und die Uhrzeit der Abrufe, die Kennung der abrufenden Dienststelle und die abgerufenen Daten enthalten müssen. [2]Die protokollierten Daten dürfen nur für Zwecke der Datenschutzkontrolle, der Datensicherung oder zur Sicherstellung eines ordnungsgemäßen Betriebs der Datenverarbeitungsanlage verwendet werden. [3]Die nach Satz 1 protokollierten Daten dürfen auch dazu verwendet werden, der betroffenen Person darüber Auskunft zu erteilen, welche ihrer in Anhang I, Abschnitt I und II der Richtlinie (EU) 2015/413 enthaltenen personenbezogenen Daten an Stellen in anderen Mitgliedstaaten der Europäischen Union zum Zweck der dortigen Verfolgung der in Artikel 2 der Richtlinie (EU) 2015/413 aufgeführten, die Straßenverkehrssicherheit gefährdenden Delikte übermittelt wurden. [4]Das Datum des Ersuchens und die zuständige Stelle nach Satz 1, an die die Übermittlung erfolgte, sind der betroffenen Person ebenfalls mitzuteilen. [5]§ 36a gilt für das Verfahren nach den Sätzen 3 und 4 entsprechend. [6]Liegen Anhaltspunkte dafür vor, dass ohne ihre Verwendung die Verhinderung oder Verfolgung einer schwerwiegenden Straftat gegen Leib, Leben oder Freiheit einer Person aussichtslos oder wesentlich erschwert wäre, dürfen die Daten auch für diesen Zweck verwendet werden, sofern das Ersuchen der Strafverfolgungsbehörde unter Verwendung von Halterdaten einer bestimmten Person oder von Fahrzeugdaten eines bestimmten Fahrzeugs gestellt wird. [7]Die Protokolldaten sind durch geeignete Vorkehrungen gegen zweckfremde Verwendung und gegen sonstigen Missbrauch zu schützen und nach sechs Monaten zu löschen.

(7) [1]Bei Abrufen aus dem Zentralen Fahrzeugregister sind vom Kraftfahrt-Bundesamt weitere Aufzeichnungen zu fertigen, die sich auf den Anlass des Abrufs erstrecken und die Feststellung der für den Abruf verantwortlichen Personen ermöglichen. [2]Das Nähere wird durch Rechtsverordnung (§ 47 Nummer 5) bestimmt. [3]Dies gilt entsprechend für Abrufe aus den örtlichen Fahrzeugregistern.

(8) [1]Soweit örtliche Fahrzeugregister nicht im automatisierten Verfahren geführt werden, ist die Übermittlung der nach § 33 Abs. 1 gespeicherten Fahrzeugdaten und Halterdaten durch Einsichtnahme in das örtliche Fahrzeugregister außerhalb der üblichen Dienstzeiten an die für den betreffenden Zulassungsbezirk zuständige Polizeidienststelle zulässig, wenn
1. dies für die Erfüllung der in Absatz 2 Satz 1 Nr. 1 bezeichneten Aufgaben erforderlich ist und
2. ohne die sofortige Einsichtnahme die Erfüllung dieser Aufgaben gefährdet wäre.

[2]Die Polizeidienststelle hat die Tatsache der Einsichtnahme, deren Datum und Anlass sowie den Namen des Einsichtnehmenden aufzuzeichnen; die Aufzeichnungen sind für die Dauer eines Jahres aufzubewahren und nach Ablauf des betreffenden Kalenderjahres zu vernichten. [3]Die Sätze 1 und 2 finden entsprechende Anwendung auf die Einsichtnahme durch die Zollfahndungsämter zur Erfüllung der in Absatz 2 Satz 1 Nr. 2 bezeichneten Aufgaben.

§ 36a
Automatisiertes Anfrage- und Auskunftsverfahren beim Kraftfahrt-Bundesamt

¹Die Übermittlung der Daten aus dem Zentralen Fahrzeugregister nach den §§ 35 und 37 darf nach näherer Bestimmung durch Rechtsverordnung nach § 47 Nummer 4a auch in einem automatisierten Anfrage- und Auskunftsverfahren erfolgen. ²Für die Einrichtung und Durchführung des Verfahrens gilt § 30b Abs. 1 Satz 2, Abs. 2 und 3 entsprechend.

§ 36b
Abgleich mit den Sachfahndungsdaten des Bundeskriminalamtes

(1) ¹Das Bundeskriminalamt übermittelt regelmäßig dem Kraftfahrt-Bundesamt die im Polizeilichen Informationssystem gespeicherten Daten von Fahrzeugen, Kennzeichen, Fahrzeugpapieren und Führerscheinen, die zur Beweissicherung, Einziehung, Beschlagnahme, Sicherstellung, Eigentumssicherung und Eigentümer- oder Besitzerermittlung ausgeschrieben sind. ²Die Daten dienen zum Abgleich mit den im Zentralen Fahrzeugregister erfassten Fahrzeugen und Fahrzeugpapieren sowie mit den im Zentralen Fahrerlaubnisregister erfassten Führerscheinen.
(2) Die Übermittlung der Daten nach Absatz 1 darf auch im automatisierten Verfahren erfolgen.

§ 37
Übermittlung von Fahrzeugdaten und Halterdaten an Stellen außerhalb des Geltungsbereiches dieses Gesetzes

(1) Die nach § 33 Abs. 1 gespeicherten Fahrzeugdaten und Halterdaten dürfen von den Registerbehörden an die zuständigen Stellen anderer Staaten übermittelt werden, soweit dies
a) für Verwaltungsmaßnahmen auf dem Gebiet des Straßenverkehrs,
b) zur Überwachung des Versicherungsschutzes im Rahmen der Kraftfahrzeughaftpflichtversicherung,
c) zur Verfolgung von Zuwiderhandlungen gegen Rechtsvorschriften auf dem Gebiet des Straßenverkehrs oder
d) zur Verfolgung von Straftaten, die im Zusammenhang mit dem Straßenverkehr oder sonst mit Kraftfahrzeugen, Anhängern, Kennzeichen oder Fahrzeugpapieren, Fahrerlaubnissen oder Führerscheinen stehen,
erforderlich ist.
(1a) Nach Maßgabe völkerrechtlicher Verträge zwischen Mitgliedstaaten der Europäischen Union oder mit den anderen Vertragsstaaten des Abkommens über den Europäischen Wirtschaftsraum, die der Mitwirkung der gesetzgebenden Körperschaften nach Artikel 59 Abs. 2 des Grundgesetzes bedürfen, sowie nach Artikel 12 des Beschlusses des Rates 2008/615/JI vom 23. Juni 2008 (ABl. L 210 vom 6.8.2008, S. 1, dürfen die nach § 33 Abs. 1 gespeicherten Fahrzeugdaten und Halterdaten von den Registerbehörden an die zuständigen Stellen dieser Staaten auch übermittelt werden, soweit dies erforderlich ist
a) zur Verfolgung von Ordnungswidrigkeiten, die nicht von Absatz 1 Buchstabe c erfasst werden,
b) zur Verfolgung von Straftaten, die nicht von Absatz 1 Buchstabe d erfasst werden, oder
c) zur Abwehr von Gefahren für die öffentliche Sicherheit.
(2) Der Empfänger ist darauf hinzuweisen, dass die übermittelten Daten nur zu dem Zweck genutzt werden dürfen, zu dessen Erfüllung sie ihm übermittelt werden.
(3) Die Übermittlung unterbleibt, wenn durch sie schutzwürdige Interessen des Betroffenen beeinträchtigt würden, insbesondere, wenn im Empfängerland ein angemessener Datenschutzstandard nicht gewährleistet ist.

§ 37a
Abruf im automatisierten Verfahren durch Stellen außerhalb des Geltungsbereiches dieses Gesetzes

(1) Durch Abruf im automatisierten Verfahren dürfen aus dem Zentralen Fahrzeugregister für die in § 37 Abs. 1 und 1a genannten Maßnahmen an die hierfür zuständigen öffentlichen Stellen in einem Mitgliedstaat der Europäischen Union oder einem anderen Vertragsstaat des Abkommens über den Europäischen Wirtschaftsraum die zu deren Aufgabenerfüllung erforderlichen Daten nach näherer Bestimmung durch Rechtsverordnung nach § 47 Nummer 5a übermittelt werden.

(2) ¹Der Abruf darf nur unter Verwendung von Fahrzeugdaten, bei Abrufen für die in § 37 Abs. 1a genannten Zwecke nur unter Verwendung der vollständigen Fahrzeug-Identifizierungsnummer oder des vollständigen Kennzeichens, erfolgen und sich nur auf ein bestimmtes Fahrzeug oder einen bestimmten Halter richten.

(3) Der Abruf ist nur zulässig, soweit
1. diese Form der Datenübermittlung unter Berücksichtigung der schutzwürdigen Interessen der Betroffenen wegen der Vielzahl der Übermittlungen oder wegen ihrer besonderen Eilbedürftigkeit angemessen ist und
2. der Empfängerstaat die Richtlinie 95/46/EWG des Europäischen Parlaments und des Rates vom 24. Oktober 1995 (ABl. EG Nr. L 281 S. 31) anwendet.

²§ 36 Abs. 5 und 6 sowie Abs. 7 wegen des Anlasses der Abrufe ist entsprechend anzuwenden.

§ 37b
Übermittlung von Fahrzeug- und Halterdaten nach der Richtlinie (EU) 2015/413

(1) Das Kraftfahrt-Bundesamt unterstützt nach Absatz 2 die in Artikel 4 Absatz 3 der Richtlinie (EU) 2015/413 genannten nationalen Kontaktstellen der anderen Mitgliedstaaten der Europäischen Union bei den Ermittlungen in Bezug auf folgende in den jeweiligen Mitgliedstaaten begangenen, die Straßenverkehrssicherheit gefährdenden Verkehrsdelikte:
1. Geschwindigkeitsübertretungen,
2. Nicht-Anlegen des Sicherheitsgurtes,
3. Überfahren eines roten Lichtzeichens,
4. Trunkenheit im Straßenverkehr,
5. Fahren unter Einfluss von berauschenden Mitteln,
6. Nicht-Tragen eines Schutzhelmes,
7. unbefugte Benutzung eines Fahrstreifens,
8. rechtswidrige Benutzung eines Mobiltelefons oder anderer Kommunikationsgeräte beim Fahren.

(2) Auf Anfrage teilt das Kraftfahrt-Bundesamt der nationalen Kontaktstelle eines anderen Mitgliedstaates der Europäischen Union folgende nach § 33 gespeicherten Daten zu Fahrzeug und Halter mit:
1. amtliches Kennzeichen,
2. Fahrzeug-Identifizierungsnummer,
3. Land der Zulassung,
4. Marke des Fahrzeugs,
5. Handelsbezeichnung,
6. EU-Fahrzeugklasse,
7. Name des Halters,
8. Vorname des Halters,
9. Anschrift des Halters,
10. Geschlecht,
11. Geburtsdatum,
12. Rechtsperson,
13. Geburtsort,

wenn dies im Einzelfall für die Erfüllung einer Aufgabe der nationalen Kontaktstelle des anfragenden Mitgliedstaates der Europäischen Union oder der zuständigen Behörde des anfragenden Mitgliedstaates der Europäischen Union erforderlich ist.

§ 37c
Übermittlung von Fahrzeugdaten und Halterdaten an die Europäische Kommission

Das Kraftfahrt-Bundesamt übermittelt zur Erfüllung der Berichtspflicht nach Artikel 5 Absatz 1 Unterabsatz 4 der Richtlinie 2009/103/EG des Europäischen Parlaments und des Rates vom 16. September 2009 über die Kraftfahrzeug-Haftpflichtversicherung und die Kontrolle der entsprechenden Versicherungspflicht (ABl. L 263 vom 7.10.2009, S. 11) bis zum 31. März eines jeden Jahres an die Europäische Kommission die nach § 33 Absatz 1 gespeicherten Namen oder Bezeichnungen und Anschriften der Fahrzeughalter, die nach § 2 Absatz 1 Nummer 1 bis 5 des Pflichtversicherungsgesetzes von der Versicherungspflicht befreit sind.

§ 38
Übermittlung für die wissenschaftliche Forschung

(1) Die nach § 33 Abs. 1 gespeicherten Fahrzeugdaten und Halterdaten dürfen an Hochschulen, andere Einrichtungen, die wissenschaftliche Forschung betreiben, und öffentliche Stellen übermittelt werden, soweit
1. dies für die Durchführung bestimmter wissenschaftlicher Forschungsarbeiten erforderlich ist,
2. eine Nutzung anonymisierter Daten zu diesem Zweck nicht möglich ist und
3. das öffentliche Interesse an der Forschungsarbeit das schutzwürdige Interesse des Betroffenen an dem Ausschluss der Übermittlung erheblich überwiegt.

(2) Die Übermittlung der Daten erfolgt durch Erteilung von Auskünften, wenn hierdurch der Zweck der Forschungsarbeit erreicht werden kann und die Erteilung keinen unverhältnismäßigen Aufwand erfordert.

(3) ¹Personenbezogene Daten werden nur an solche Personen übermittelt, die Amtsträger oder für den öffentlichen Dienst besonders Verpflichtete sind oder die zur Geheimhaltung verpflichtet worden sind. ²§ 1 Abs. 2, 3 und 4 Nr. 2 des Verpflichtungsgesetzes findet auf die Verpflichtung zur Geheimhaltung entsprechende Anwendung.

(4) ¹Die personenbezogenen Daten dürfen nur für die Forschungsarbeit genutzt werden, für die sie übermittelt worden sind. ²Die Verwendung für andere Forschungsarbeiten oder die Weitergabe richtet sich nach den Absätzen 1 und 2 und bedarf der Zustimmung der Stelle, die die Daten übermittelt hat.

(5) ¹Die Daten sind gegen unbefugte Kenntnisnahme durch Dritte zu schützen. ²Die wissenschaftliche Forschung betreibende Stelle hat dafür zu sorgen, dass die Nutzung der personenbezogenen Daten räumlich und organisatorisch getrennt von der Erfüllung solcher Verwaltungsaufgaben oder Geschäftszwecke erfolgt, für die diese Daten gleichfalls von Bedeutung sein können.

(6) ¹Sobald der Forschungszweck es erlaubt, sind die personenbezogenen Daten zu anonymisieren. ²Solange dies noch nicht möglich ist, sind die Merkmale gesondert aufzubewahren, mit denen Einzelangaben über persönliche oder sachliche Verhältnisse einer bestimmten oder bestimmbaren Person zugeordnet werden können. ³Sie dürfen mit den Einzelangaben nur zusammengeführt werden, soweit der Forschungszweck dies erfordert.

(7) Wer nach den Absätzen 1 und 2 personenbezogene Daten erhalten hat, darf diese nur veröffentlichen, wenn dies für die Darstellung von Forschungsergebnissen über Ereignisse der Zeitgeschichte unerlässlich ist.

(8) Ist der Empfänger eine nichtöffentliche Stelle, gilt § 38 des Bundesdatenschutzgesetzes mit der Maßgabe, dass die Aufsichtsbehörde die Ausführung der Vorschriften über den Datenschutz auch dann überwacht, wenn keine hinreichenden Anhaltspunkte für eine Verletzung dieser Vorschriften vorliegen oder wenn der Empfänger die personenbezogenen Daten nicht in Dateien verarbeitet.

§ 38a
Übermittlung und Nutzung für statistische Zwecke

(1) Die nach § 33 Abs. 1 gespeicherten Fahrzeug- und Halterdaten dürfen zur Vorbereitung und Durchführung von Statistiken, soweit sie durch Rechtsvorschriften angeordnet sind, übermittelt werden, wenn die Vorbereitung und Durchführung des Vorhabens allein mit anonymisierten Daten (§ 45) nicht möglich ist.

(2) Es finden die Vorschriften des Bundesstatistikgesetzes und der Statistikgesetze der Länder Anwendung.

§ 38b
Übermittlung und Nutzung
für planerische Zwecke

(1) Die nach § 33 Abs. 1 gespeicherten Fahrzeug- und Halterdaten dürfen für im öffentlichen Interesse liegende Verkehrsplanungen an öffentliche Stellen übermittelt werden, wenn die Durchführung des Vorhabens allein mit anonymisierten Daten (§ 45) nicht oder nur mit unverhältnismäßigem Aufwand möglich ist und der Betroffene eingewilligt hat oder schutzwürdige Interessen des Betroffenen nicht beeinträchtigt werden.
(2) Der Empfänger der Daten hat sicherzustellen, dass
1. die Kontrolle zur Sicherstellung schutzwürdiger Interessen des Betroffenen jederzeit gewährleistet wird,
2. die Daten nur für das betreffende Vorhaben genutzt werden,
3. zu den Daten nur die Personen Zugang haben, die mit dem betreffenden Vorhaben befasst sind,
4. diese Personen verpflichtet werden, die Daten gegenüber Unbefugten nicht zu offenbaren, und
5. die Daten anonymisiert oder gelöscht werden, sobald der Zweck des Vorhabens dies gestattet.

§ 39
Übermittlung von Fahrzeugdaten
und Halterdaten zur Verfolgung
von Rechtsansprüchen

(1) Von den nach § 33 Abs. 1 gespeicherten Fahrzeugdaten und Halterdaten sind
1. Familienname (bei juristischen Personen, Behörden oder Vereinigungen: Name oder Bezeichnung),
2. Vornamen,
3. Ordens- und Künstlername,
4. Anschrift,
5. Art, Hersteller und Typ des Fahrzeugs,
6. Name und Anschrift des Versicherers,
7. Nummer des Versicherungsscheins, oder, falls diese noch nicht gespeichert ist, Nummer der Versicherungsbestätigung,
8. gegebenenfalls Zeitpunkt der Beendigung des Versicherungsverhältnisses,
9. gegebenenfalls Befreiung von der gesetzlichen Versicherungspflicht,
10. Zeitpunkt der Zuteilung oder Ausgabe des Kennzeichens für den Halter sowie
11. Kraftfahrzeugkennzeichen

durch die Zulassungsbehörde oder durch das Kraftfahrt-Bundesamt zu übermitteln, wenn der Empfänger unter Angabe des betreffenden Kennzeichens oder der betreffenden Fahrzeug-Identifizierungsnummer darlegt, dass er die Daten zur Geltendmachung, Sicherung oder Vollstreckung oder zur Befriedigung oder Abwehr von Rechtsansprüchen im Zusammenhang mit der Teilnahme am Straßenverkehr oder zur Erhebung einer Privatklage wegen im Straßenverkehr begangener Verstöße benötigt (einfache Registerauskunft).
(2) Weitere Fahrzeugdaten und Halterdaten als die nach Absatz 1 zulässigen sind zu übermitteln, wenn der Empfänger unter Angabe von Fahrzeugdaten oder Personalien des Halters glaubhaft macht, dass er
1. die Daten zur Geltendmachung, Sicherung oder Vollstreckung, zur Befriedigung oder Abwehr von Rechtsansprüchen im Zusammenhang mit der Teilnahme am Straßenverkehr, dem Diebstahl, dem sonstigen Abhandenkommen des Fahrzeugs oder zur Erhebung einer Privatklage wegen im Straßenverkehr begangener Verstöße benötigt,
2. *(weggefallen)*
3. die Daten auf andere Weise entweder nicht oder nur mit unverhältnismäßigem Aufwand erlangen könnte.
(3) [1]Die in Absatz 1 Nr. 1 bis 5 und 11 angeführten Halterdaten und Fahrzeugdaten dürfen übermittelt werden, wenn der Empfänger unter Angabe von Fahrzeugdaten oder Personalien des Halters glaubhaft macht, dass er
1. die Daten zur Geltendmachung, Sicherung oder Vollstreckung
   a) von nicht mit der Teilnahme am Straßenverkehr im Zusammenhang stehenden öffentlich-rechtlichen Ansprüchen oder

b) von gemäß § 7 des Unterhaltsvorschussgesetzes, § 33 des Zweiten Buches Sozialgesetzbuch oder § 94 des Zwölften Buches Sozialgesetzbuch übergegangenen Ansprüchen in Höhe von jeweils mindestens 500 Euro benötigt,
2. ohne Kenntnis der Daten zur Geltendmachung, Sicherung oder Vollstreckung des Rechtsanspruchs nicht in der Lage wäre und
3. die Daten auf andere Weise entweder nicht oder nur mit unverhältnismäßigem Aufwand erlangen könnte.
[2]§ 35 Abs. 3 Satz 2 und 3 gilt entsprechend. [3]Die Aufzeichnungen dürfen nur zur Kontrolle der Zulässigkeit der Übermittlungen verwendet werden.

§ 40
Übermittlung sonstiger Daten

[1]Die nach § 33 Abs. 2 gespeicherten Daten über Beruf und Gewerbe (Wirtschaftszweig) dürfen nur für die Zwecke nach § 32 Abs. 1 Nr. 4 und 5 an die hierfür zuständigen Behörden übermittelt werden. [2]Außerdem dürfen diese Daten für Zwecke der Statistik (§ 38a Abs. 1) übermittelt werden; die Zulässigkeit und die Durchführung von statistischen Vorhaben richten sich nach § 38a.

§ 41
Übermittlungssperren

(1) Die Anordnung von Übermittlungssperren in den Fahrzeugregistern ist zulässig, wenn erhebliche öffentliche Interessen gegen die Offenbarung der Halterdaten bestehen.
(2) Außerdem sind Übermittlungssperren auf Antrag des Betroffenen anzuordnen, wenn er glaubhaft macht, dass durch die Übermittlung seine schutzwürdigen Interessen beeinträchtigt würden.
(3) [1]Die Übermittlung trotz bestehender Sperre ist im Einzelfall zulässig, wenn an der Kenntnis der gesperrten Daten ein überwiegendes öffentliches Interesse, insbesondere an der Verfolgung von Straftaten besteht. [2]Über die Aufhebung entscheidet die für die Anordnung der Sperre zuständige Stelle. [3]Will diese an der Sperre festhalten, weil sie das die Sperre begründende öffentliche Interesse (Absatz 1) für überwiegend hält oder weil sie die Beeinträchtigung schutzwürdiger Interessen des Betroffenen (Absatz 2) als vorrangig ansieht, so führt sie die Entscheidung der obersten Landesbehörde herbei. [4]Vor der Übermittlung ist dem Betroffenen Gelegenheit zur Stellungnahme zu geben, es sei denn, die Anhörung würde dem Zweck der Übermittlung zuwiderlaufen.
(4) [1]Die Übermittlung trotz bestehender Sperre ist im Einzelfall außerdem zulässig, wenn die Geltendmachung, Sicherung oder Vollstreckung oder die Befriedigung oder Abwehr von Rechtsansprüchen im Sinne des § 39 Abs. 1 und 2 sonst nicht möglich wäre. [2]Vor der Übermittlung ist dem Betroffenen Gelegenheit zur Stellungnahme zu geben. [3]Absatz 3 Satz 2 und 3 ist entsprechend anzuwenden.

§ 42
Datenvergleich zur
Beseitigung von Fehlern

(1) [1]Bei Zweifeln an der Identität eines eingetragenen Halters mit dem Halter, auf den sich eine neue Mitteilung bezieht, dürfen die Datenbestände des Fahreignungsregisters und des Zentralen Fahrerlaubnisregisters zur Identifizierung dieser Halter genutzt werden. [2]Ist die Feststellung der Identität der betreffenden Halter auf diese Weise nicht möglich, dürfen die auf Anfrage aus den Melderegistern übermittelten Daten zur Behebung der Zweifel genutzt werden. [3]Die Zulässigkeit der Übermittlung durch die Meldebehörden richtet sich nach den Meldegesetzen der Länder. [4]Können die Zweifel an der Identität der betreffenden Halter nicht ausgeräumt werden, werden die Eintragungen über beide Halter mit einem Hinweis auf die Zweifel an deren Identität versehen.
(2) [1]Die nach § 33 im Zentralen Fahrzeugregister gespeicherten Daten dürfen den Zulassungsbehörden übermittelt werden, soweit dies erforderlich ist, um Fehler und Abweichungen in deren Register festzustellen und

zu beseitigen und um diese örtlichen Register zu vervollständigen. ²Die nach § 33 im örtlichen Fahrzeugregister gespeicherten Daten dürfen dem Kraftfahrt-Bundesamt übermittelt werden, soweit dies erforderlich ist, um Fehler und Abweichungen im Zentralen Fahrzeugregister festzustellen und zu beseitigen sowie das Zentrale Fahrzeugregister zu vervollständigen. ³Die Übermittlung nach Satz 1 oder 2 ist nur zulässig, wenn Anlass zu der Annahme besteht, dass die Register unrichtig oder unvollständig sind.

(3) ¹Die nach § 33 im Zentralen Fahrzeugregister oder im zuständigen örtlichen Fahrzeugregister gespeicherten Halter- und Fahrzeugdaten dürfen der für die Ausübung der Verwaltung der Kraftfahrzeugsteuer zuständigen Behörde übermittelt werden, soweit dies für Maßnahmen zur Durchführung des Kraftfahrzeugsteuerrechts erforderlich ist, um Fehler und Abweichungen in den Datenbeständen der für die Ausübung der Verwaltung der Kraftfahrzeugsteuer zuständigen Behörden festzustellen und zu beseitigen und um diese Datenbestände zu vervollständigen. ²Die Übermittlung nach Satz 1 ist nur zulässig, wenn Anlass zu der Annahme besteht, dass die Datenbestände unrichtig oder unvollständig sind.

§ 43
Allgemeine Vorschriften für die Datenübermittlung, Verarbeitung und Nutzung der Daten durch den Empfänger

(1) ¹Übermittlungen von Daten aus den Fahrzeugregistern sind nur auf Ersuchen zulässig, es sei denn, auf Grund besonderer Rechtsvorschrift wird bestimmt, dass die Registerbehörde bestimmte Daten von Amts wegen zu übermitteln hat. ²Die Verantwortung für die Zulässigkeit der Übermittlung trägt die übermittelnde Stelle. ³Erfolgt die Übermittlung auf Ersuchen des Empfängers, trägt dieser die Verantwortung. ⁴In diesem Fall prüft die übermittelnde Stelle nur, ob das Übermittlungsersuchen im Rahmen der Aufgaben des Empfängers liegt, es sei denn, dass besonderer Anlass zur Prüfung der Zulässigkeit der Übermittlung besteht.

(2) ¹Der Empfänger darf die übermittelten Daten nur zu dem Zweck verarbeiten und nutzen, zu dessen Erfüllung sie ihm übermittelt worden sind. ²Der Empfänger darf die übermittelten Daten auch für andere Zwecke verarbeiten und nutzen, soweit sie ihm auch für diese Zwecke hätten übermittelt werden dürfen. ³Ist der Empfänger eine nichtöffentliche Stelle, hat die übermittelnde Stelle ihn darauf hinzuweisen. ⁴Eine Verarbeitung und Nutzung für andere Zwecke durch nichtöffentliche Stellen bedarf der Zustimmung der übermittelnden Stelle.

§ 44
Löschung der Daten
in den Fahrzeugregistern

(1) ¹Die nach § 33 Abs. 1 und 2 gespeicherten Daten sind in den Fahrzeugregistern spätestens zu löschen, wenn sie für die Aufgaben nach § 32 nicht mehr benötigt werden. ²Bis zu diesem Zeitpunkt sind auch alle übrigen zu dem betreffenden Fahrzeug gespeicherten Daten zu löschen.

(2) Die Daten über Fahrtenbuchauflagen (§ 33 Abs. 3) sind nach Wegfall der Auflage zu löschen.

§ 45
Anonymisierte Daten

¹Auf die Erhebung, Verarbeitung und sonstige Nutzung von Daten, die keinen Bezug zu einer bestimmten oder bestimmbaren Person ermöglichen (anonymisierte Daten), finden die Vorschriften dieses Abschnitts keine Anwendung. ²Zu den Daten, die einen Bezug zu einer bestimmten oder bestimmbaren Person ermöglichen, gehören auch das Kennzeichen eines Fahrzeugs, die Fahrzeug-Identifizierungsnummer und die Fahrzeugbriefnummer.

§ 46
(weggefallen)

§ 47
Ermächtigungsgrundlagen, Ausführungsvorschriften

Das Bundesministerium für Verkehr und digitale Infrastruktur wird ermächtigt, Rechtsverordnung mit Zustimmung des Bundesrates zu erlassen
1. darüber,
   a) welche im Einzelnen zu bestimmenden Fahrzeugdaten (§ 33 Abs. 1 Satz 1 Nr. 1) und
   b) welche Halterdaten nach § 33 Abs. 1 Satz 1 Nr. 2 in welchen Fällen der Zuteilung oder Ausgabe des Kennzeichens unter Berücksichtigung der in § 32 genannten Aufgaben

   im örtlichen und im Zentralen Fahrzeugregister jeweils gespeichert (§ 33 Abs. 1) und zur Speicherung erhoben (§ 34 Abs. 1) werden,
1a. darüber, welche im Einzelnen zu bestimmenden Fahrzeugdaten und Daten über Prüfungen und Untersuchungen einschließlich der durchführenden Stellen und Kennungen zur Feststellung der für die Durchführung der Prüfung oder Untersuchung Verantwortlichen die Technischen Prüfstellen, amtlich anerkannten Überwachungsorganisationen und anerkannten Kraftfahrzeugwerkstätten, soweit diese Werkstätten Sicherheitsprüfungen durchführen, zur Speicherung im Zentralen Fahrzeugregister nach § 34 Absatz 6 mitzuteilen haben, und über die Einzelheiten des Mitteilungs- sowie des Auskunftsverfahrens,
2. darüber, welche im Einzelnen zu bestimmenden Fahrzeugdaten die Versicherer zur Speicherung im Zentralen Fahrzeugregister nach § 34 Abs. 5 Satz 2 mitzuteilen haben,
3. über die regelmäßige Übermittlung der Daten nach § 35 Abs. 5, insbesondere über die Art der Übermittlung sowie die Art und den Umfang der zu übermittelnden Daten,
4. über die Art und den Umfang der zu übermittelnden Daten und die Maßnahmen zur Sicherung gegen Missbrauch beim Abruf im automatisierten Verfahren nach § 36 Abs. 5,
4a. über die Art und den Umfang der zu übermittelnden Daten und die Maßnahmen zur Sicherung gegen Missbrauch nach § 36a,
5. über Einzelheiten des Verfahrens nach § 36 Abs. 7 Satz 2,
5a. über die Art und den Umfang der zu übermittelnden Daten, die Bestimmung der Empfänger und den Geschäftsweg bei Übermittlungen nach § 37 Abs. 1 und 1a,
5b. darüber, welche Daten nach § 37a Abs. 1 durch Abruf im automatisierten Verfahren übermittelt werden dürfen,
5c. über die Bestimmung, welche ausländischen öffentlichen Stellen zum Abruf im automatisierten Verfahren nach § 37a Abs. 1 befugt sind,
6. über das Verfahren bei Übermittlungssperren sowie über die Speicherung, Änderung und die Aufhebung der Sperren nach § 33 Abs. 4 und § 41 und
7. über die Löschung der Daten nach § 44, insbesondere über die Voraussetzungen und Fristen für die Löschung.

VIa.
DATENVERARBEITUNG IM KRAFTFAHRZEUG

§ 63a
Datenverarbeitung bei Kraftfahrzeugen mit hoch- oder vollautomatisierter Fahrfunktion

(1) ¹Kraftfahrzeuge gemäß § 1a speichern die durch ein Satellitennavigationssystem ermittelten Positions- und Zeitangaben, wenn ein Wechsel der Fahrzeugsteuerung zwischen Fahrzeugführer und dem hoch- oder vollautomatisierten System erfolgt. ²Eine derartige Speicherung erfolgt auch, wenn der Fahrzeugführer durch das System aufgefordert wird, die Fahrzeugsteuerung zu übernehmen oder eine technische Störung des Systems auftritt.

(2) ¹Die gemäß Absatz 1 gespeicherten Daten dürfen den nach Landesrecht für die Ahndung von Verkehrsverstößen zuständigen

Behörden auf deren Verlangen übermittelt werden. ²Die übermittelten Daten dürfen durch diese gespeichert und genutzt werden. ³Der Umfang der Datenübermittlung ist auf das Maß zu beschränken, das für den Zweck der Feststellung des Absatzes 1 im Zusammenhang mit dem durch diese Behörden geführten Verfahren der eingeleiteten Kontrolle notwendig ist. ⁴Davon unberührt bleiben die allgemeinen Regelungen zur Verarbeitung personenbezogener Daten.

(3) Der Fahrzeughalter hat die Übermittlung der gemäß Absatz 1 gespeicherten Daten an Dritte zu veranlassen, wenn
1. die Daten zur Geltendmachung, Befriedigung oder Abwehr von Rechtsansprüchen im Zusammenhang mit einem in § 7 Absatz 1 geregelten Ereignis erforderlich sind und
2. das entsprechende Kraftfahrzeug mit automatisierter Fahrfunktion an diesem Ereignis beteiligt war. ²Absatz 2 Satz 3 findet entsprechend Anwendung.

(4) Die gemäß Absatz 1 gespeicherten Daten sind nach sechs Monaten zu löschen, es sei denn, das Kraftfahrzeug war an einem in § 7 Absatz 1 geregelten Ereignis beteiligt; in diesem Fall sind die Daten nach drei Jahren zu löschen.

(5) Im Zusammenhang mit einem in § 7 Absatz 1 geregelten Ereignis können die gemäß Absatz 1 gespeicherten Daten in anonymisierter Form zu Zwecken der Unfallforschung an Dritte übermittelt werden.

§ 63b
Ermächtigungsgrundlagen

¹Das Bundesministerium für Verkehr und digitale Infrastruktur wird ermächtigt, im Benehmen mit der Beauftragten für den Datenschutz und die Informationsfreiheit, zur Durchführung von § 63a Rechtsverordnungen
zu erlassen über
1. die technische Ausgestaltung und den Ort des Speichermediums sowie die Art und Weise der Speicherung gemäß § 63a Absatz 1,
2. den Adressaten der Speicherpflicht nach § 63a Absatz 1,
3. Maßnahmen zur Sicherung der gespeicherten Daten gegen unbefugten Zugriff bei Verkauf des Kraftfahrzeugs.

²Rechtsverordnungen nach Satz 1 sind vor Verkündung dem Deutschen Bundestag zur Kenntnis zuzuleiten.

VII.
GEMEINSAME VORSCHRIFTEN, ÜBERGANGSBESTIMMUNGEN

§ 64
Gemeinsame Vorschriften

(1) ...
(2) Unbeschadet anderer landesrechtlicher Regelungen können durch Landesrecht Aufgaben der Zulassung von Kraftfahrzeugen auf die für das Meldewesen zuständigen Behörden übertragen werden, sofern kein neues Kennzeichen erteilt werden muss oder sich die technischen Daten des Fahrzeugs nicht ändern.

§ 66
Verkündung von Rechtsverordnungen

Rechtsverordnungen können abweichend von § 2 Absatz 1 des Verkündungs- und Bekanntmachungsgesetzes im Bundesanzeiger verkündet werden.

Gesetz
zur Bevorrechtigung der Verwendung elektrisch betriebener Fahrzeuge
(Elektromobilitätsgesetz – EmoG)[1]
Vom 5. Juni 2015 (BGBl. I S. 898)

– in Kraft seit 12. Juni 2015 –

§ 1
Anwendungsbereich

[1]Mit diesem Gesetz werden Maßnahmen zur Bevorrechtigung der Teilnahme elektrisch betriebener Fahrzeuge
1. der Klassen M1 und N1 im Sinne des Anhangs II Teil A der Richtlinie 2007/46/EG des Europäischen Parlaments und des Rates vom 5. September 2007 zur Schaffung eines Rahmens für die Genehmigung von Kraftfahrzeugen und Kraftfahrzeuganhängern sowie von Systemen, Bauteilen und selbstständigen technischen Einheiten für diese Fahrzeuge (ABl. L 263 vom 9.10.2007, S. 1), die zuletzt durch die Richtlinie 2013/15/EU (ABl. L 158 vom 10.6.2013, S. 172) geändert worden ist, und
2. der Klassen L3e, L4e, L5e und L7e im Sinne des Anhangs I der Verordnung (EU) Nr. 168/2013 des Europäischen Parlaments und des Rates vom 15. Januar 2013 über die Genehmigung und Marktüberwachung von zwei- oder dreirädrigen und vierrädrigen Fahrzeugen (ABl. L 60 vom 2.3.2013, S. 52)

am Straßenverkehr ermöglicht, um deren Verwendung zur Verringerung insbesondere klima- und umweltschädlicher Auswirkungen des motorisierten Individualverkehrs zu fördern. [2]Satz 1 gilt auch für ein elektrisch betriebenes Fahrzeug der Klasse N2 im Sinne des Anhangs II Teil A der Richtlinie 2007/46/EG, soweit es im Inland mit der Fahrerlaubnis der Klasse B geführt werden darf.

§ 2
Begriffsbestimmungen

Im Sinne dieses Gesetzes sind
1. ein elektrisch betriebenes Fahrzeug: ein reines Batterieelektrofahrzeug, ein von außen aufladbares Hybridelektrofahrzeug oder ein Brennstoffzellenfahrzeug,
2. ein reines Batterieelektrofahrzeug: ein Kraftfahrzeug mit einem Antrieb,
   a) dessen Energiewandler ausschließlich elektrische Maschinen sind und
   b) dessen Energiespeicher zumindest von außerhalb des Fahrzeuges wieder aufladbar sind,
3. ein von außen aufladbares Hybridelektrofahrzeug: ein Kraftfahrzeug mit einem Antrieb, der über mindestens zwei verschiedene Arten von
   a) Energiewandlern, davon mindestens ein Energiewandler als elektrische Antriebsmaschine, und
   b) Energiespeichern, davon mindestens einer von einer außerhalb des Fahrzeuges befindlichen Energiequelle elektrisch wieder aufladbar,
   verfügt,
4. ein Brennstoffzellenfahrzeug: ein Kraftfahrzeug mit einem Antrieb, dessen Energiewandler ausschließlich aus den Brennstoffzellen und mindestens einer elektrischen Antriebsmaschine bestehen,
5. Energiewandler: die Bauteile des Kraftfahrzeugantriebes, die dauerhaft oder zeitweise Energie von einer Form in eine

---
1 Notifiziert gemäß der Richtlinie 98/34/EG des Europäischen Parlaments und des Rates vom 22. Juni 1998 über ein Informationsverfahren auf dem Gebiet der Normen und technischen Vorschriften und der Vorschriften für die Dienste der Informationsgesellschaft (ABl. L 204 vom 21.07.1998, S. 37), zuletzt geändert durch Artikel 26 Absatz 2 der Verordnung (EU) Nr. 1025/2012 des Europäischen Parlaments und des Rates vom 25. Oktober 2012 (ABl. L 316 vom 14.11.2012, S. 12).

andere umwandeln, welche zur Fortbewegung des Kraftfahrzeuges genutzt werden,
6. Energiespeicher: die Bauteile des Kraftfahrzeugantriebes, die die jeweiligen Formen von Energie speichern, welche zur Fortbewegung des Kraftfahrzeuges genutzt werden.

§ 3
Bevorrechtigungen

(1) Wer ein Fahrzeug im Sinne des § 2 führt, kann nach Maßgabe der folgenden Vorschriften Bevorrechtigungen bei der Teilnahme am Straßenverkehr erhalten, soweit dadurch die Sicherheit und Leichtigkeit des Verkehrs nicht beeinträchtigt werden.

(2) Im Falle eines von außen aufladbaren Hybridelektrofahrzeuges dürfen Bevorrechtigungen nur für ein Fahrzeug in Anspruch genommen werden, wenn sich aus der Übereinstimmungsbescheinigung nach Anhang IX der Richtlinie 2007/46/EG oder aus der Übereinstimmungsbescheinigung nach Artikel 38 der Verordnung (EU) Nr. 168/2013 ergibt, dass das Fahrzeug
1. eine Kohlendioxidemission von höchstens 50 Gramm je gefahrenen Kilometer hat oder
2. dessen Reichweite unter ausschließlicher Nutzung der elektrischen Antriebsmaschine mindestens 40 Kilometer beträgt.

(3) Kann das Vorliegen der Anforderungen des Absatzes 2 nicht über die Übereinstimmungsbescheinigung nachgewiesen werden oder gibt es für ein Fahrzeug keine Übereinstimmungsbescheinigung, kann der Nachweis auch in anderer geeigneter Weise erbracht werden.

(4) Bevorrechtigungen sind möglich
1. für das Parken auf öffentlichen Straßen oder Wegen,
2. bei der Nutzung von für besondere Zwecke bestimmten öffentlichen Straßen oder Wegen oder Teilen von diesen,
3. durch das Zulassen von Ausnahmen von Zufahrtbeschränkungen oder Durchfahrtverboten,
4. im Hinblick auf das Erheben von Gebühren für das Parken auf öffentlichen Straßen oder Wegen.

(5) [1]In Rechtsverordnungen nach § 6 Absatz 1 des Straßenverkehrsgesetzes können
1. die Bevorrechtigungen näher bestimmt werden,
2. die Einzelheiten der Anforderungen an deren Inanspruchnahme festgelegt werden,
3. die erforderlichen straßenverkehrsrechtlichen Anordnungen, insbesondere Verkehrszeichen und Verkehrseinrichtungen, bestimmt werden.
[2]Rechtsverordnungen mit Regelungen nach Satz 1 erlässt das Bundesministerium für Verkehr und digitale Infrastruktur gemeinsam mit dem Bundesministerium für Umwelt, Naturschutz, Bau und Reaktorsicherheit. [3]§ 6 Absatz 3 des Straßenverkehrsgesetzes ist auf eine Rechtsverordnung mit Regelungen nach Satz 1 nicht anzuwenden.

(6) In Rechtsverordnungen nach § 6a Absatz 6 Satz 2, auch in Verbindung mit Satz 4, des Straßenverkehrsgesetzes können als Bevorrechtigungen Ermäßigungen der Gebühren oder Befreiungen von der Gebührenpflicht vorgesehen werden.

§ 4
Kennzeichnung

(1) Bevorrechtigungen nach § 3 dürfen nur für Fahrzeuge gewährt werden, die mit einer deutlich sichtbaren Kennzeichnung versehen sind.

(2) [1]In Rechtsverordnungen nach § 6 Absatz 1 Nummer 2 des Straßenverkehrsgesetzes können die Art und Weise der Kennzeichnung im Sinne des Absatzes 1 näher bestimmt werden, insbesondere können
1. die für das Erteilen der Kennzeichnung erforderlichen Angaben,
2. die Art und Weise der Anbringung der Kennzeichnung und
3. das Verfahren für das Erteilen der Kennzeichnung
geregelt werden. [2]In Rechtsverordnungen nach Satz 1 kann die Kennzeichnung im Inland gehaltener Fahrzeuge durch das Zutei-

len eines für den Betrieb des Fahrzeuges auf öffentlichen Straßen erforderlichen Kennzeichens geregelt werden. ³Rechtsverordnungen mit Regelungen nach Satz 1 erlässt das Bundesministerium für Verkehr und digitale Infrastruktur gemeinsam mit dem Bundesministerium für Umwelt, Naturschutz, Bau und Reaktorsicherheit. ⁴§ 6 Absatz 3 des Straßenverkehrsgesetzes ist auf Rechtsverordnungen mit Regelungen nach Satz 1 nicht anzuwenden.

(3) ¹Für individuell zurechenbare öffentliche Leistungen nach Absatz 1 in Verbindung mit Rechtsverordnungen nach Absatz 2 werden Gebühren und Auslagen erhoben. ²§ 6a Absatz 2 bis 5 und 8 des Straßenverkehrsgesetzes gilt entsprechend.

§ 5
Übergangsregelung

(1) Bis zum 1. Januar 2016 tritt an die Stelle des Artikels 38 der Verordnung (EU) Nr. 168/2013 der Artikel 7 der Richtlinie 2002/24/EG des Europäischen Parlaments und des Rates vom 18. März 2002 über die Typgenehmigung für zweirädrige oder dreirädrige Kraftfahrzeuge und zur Aufhebung der Richtlinie 92/61/EWG des Rates (ABl. L 124 vom 9.5.2002, S. 1), die zuletzt durch die Richtlinie 2013/60/EU (ABl. L 329 vom 10.12.2013, S. 15) geändert worden ist.

(2) Abweichend von § 3 Absatz 2 Nummer 2 beträgt bis zum Ablauf des 31. Dezember 2017 die erforderliche Reichweite mindestens 30 Kilometer.

(3) Fahrzeugen, die die Anforderung des Absatzes 2 erfüllen, dürfen auch nach dem 31. Dezember 2017 die Bevorrechtigungen gewährt werden, die Fahrzeugen nach § 3 Absatz 2 gewährt werden können.

§ 6
Verkündung von Rechtsverordnungen

Rechtsverordnungen auf Grund dieses Gesetzes können abweichend von § 2 Absatz 1 des Verkündungs- und Bekanntmachungsgesetzes im Bundesanzeiger verkündet werden.

§ 7
Berichterstattung

Das Bundesministerium für Verkehr und digitale Infrastruktur und das Bundesministerium für Umwelt, Naturschutz, Bau und Reaktorsicherheit veröffentlichen gemeinsam alle drei Jahre, erstmals bis zum 1. Juli 2018, einen Bericht über die Beschaffenheit, die Ausrüstung und den Betrieb elektrisch betriebener Fahrzeuge im Sinne des § 2 Nummer 1, über das Ladeverhalten solcher Fahrzeuge und über die Entwicklung der Ladeinfrastruktur, um Erkenntnisse hinsichtlich der weiteren Verringerung der klima-und umweltschädlichen Auswirkungen des motorisierten Individualverkehrs, insbesondere der Fortschreibung der Umweltkriterien nach § 3 Absatz 2 Nummer 2, zu gewinnen.

§ 8
Inkrafttreten, Außerkrafttreten

(1) Dieses Gesetz tritt am Tag nach der Verkündung in Kraft.
(2) Dieses Gesetz tritt mit Ablauf des 31. Dezember 2026 außer Kraft.

Verordnung
über die Zulassung von Fahrzeugen zum Straßenverkehr (Fahrzeug-Zulassungsverordnung – FZV)[1]
Vom 3. Februar 2011 (BGBl. I S. 139),
die zuletzt durch Artikel 1 der Verordnung vom 31. Juli 2017
(BGBl. I S. 3090) geändert worden ist[2]

– Fassung ab 1. Oktober 2017 –[3]

Das Bundesministerium für Verkehr, Bau und Stadtentwicklung verordnet auf Grund des
- § 6 Absatz 1 Nummer 2 Buchstabe a bis d, f, j bis l, p und s bis v, Nummer 7 und Nummer 12 Buchstabe b und des § 47 des Straßenverkehrsgesetzes in der Fassung der Bekanntmachung vom 5. März 2003 (BGBl. I S. 310, 919), von denen § 6 Absatz 1 Nummer 2 Buchstabe b und p durch Artikel 1 Nummer 2 Buchstabe a des Gesetzes vom 3. Mai 2005 (BGBl. I S. 1221) und § 47 zuletzt durch Artikel 2 Nummer 2 des Gesetzes vom 14. August 2006 (BGBl. I S. 1958) geändert worden sind,
- § 6 Absatz 1 Nummer 5c in Verbindung mit Absatz 2a des Straßenverkehrsgesetzes in der Fassung der Bekanntmachung vom 5. März 2003 (BGBl. I S. 310, 919), von denen § 6 Absatz 2a durch Artikel 2 Nummer 4 des Gesetzes vom 14. August 2006 (BGBl. I S. 1958) geändert worden ist, gemeinsam mit dem Bundesministerium für Umwelt, Naturschutz und Reaktorsicherheit,
- § 6 Absatz 1 Nummer 8 bis 11 in Verbindung mit Absatz 2 des Straßenverkehrsgesetzes in der Fassung der Bekanntmachung vom 5. März 2003 (BGBl. I S. 310, 919), von denen § 6 Absatz 2 durch Artikel 2 Nummer 4 des Gesetzes vom 14. August 2006 (BGBl. I S. 1958) geändert worden ist, gemeinsam mit dem Bundesministerium des Innern und
- § 7 des Pflichtversicherungsgesetzes vom 5. April 1965 (BGBl. I S. 213), der zuletzt durch Artikel 1 Nummer 5 des Gesetzes vom 10. Dezember 2007 (BGBl. I S. 2833) geändert worden ist, im Einvernehmen mit dem Bundesministerium der Justiz und dem Bundesministerium für Wirtschaft und Technologie:

INHALTSÜBERSICHT

ABSCHNITT 1
Allgemeine Regelungen
§ 1 Anwendungsbereich
§ 2 Begriffsbestimmungen
§ 3 Notwendigkeit einer Zulassung
§ 4 Voraussetzungen für eine Inbetriebsetzung zulassungsfreier Fahrzeuge
§ 5 Beschränkung und Untersagung des Betriebs von Fahrzeugen

ABSCHNITT 2
Zulassungsverfahren
§ 6 Antrag auf Zulassung

---

[1] Diese Verordnung dient der Umsetzung der Richtlinie 1999/37/EG des Rates vom 29. April 1999 über Zulassungsdokumente für Fahrzeuge (ABl. L 138 vom 1.6.1999, S. 57), die durch die Richtlinie 2003/127/EG (ABl. L 10 vom 16.1.2004, S. 29) geändert worden ist.

[2] Diese Verordnung dient der Umsetzung der
- Richtlinie 2014/45/EU des Europäischen Parlaments und des Rates vom 3. April 2014 über die regelmäßige technische Überwachung von Kraftfahrzeugen und Kraftfahrzeuganhängern und zur Aufhebung der Richtlinie 2009/40/EG (ABl. L 127 vom 29.4.2014, S. 51)
- Richtlinie 2014/46/EU des Europäischen Parlaments und des Rates vom 3. April 2014 zur Änderung der Richtlinie 1999/37/EG des Rates über Zulassungsdokumente für Fahrzeuge (ABl. L 127 vom 29.4.2014, S. 129).

[3] Zu den Änderungen **mit Wirkung ab 1. Januar 2018** ist sowohl die zum Redaktionsschluss geltende als auch die zukünftige Fassung dargestellt (d. Red.).

§ 7 Zulassung im Inland nach vorheriger Zulassung in einem anderen Staat
§ 8 Zuteilung von Kennzeichen
§ 9 Besondere Kennzeichen
§ 9a Kennzeichnung elektrisch betriebener Fahrzeuge
§ 10 Ausgestaltung und Anbringung der Kennzeichen
§ 11 Zulassungsbescheinigung Teil I
§ 12 Zulassungsbescheinigung Teil II
§ 13 Mitteilungspflichten bei Änderungen
§ 14 Außerbetriebsetzung, Wiederzulassung
§ 15 Verwertungsnachweis

ABSCHNITT 2a
Internetbasierte Zulassung
§15a Zulässigkeit internetbasierter Zulassungsverfahren
§15b Gemeinsame Regelungen für internetbasierte Zulassungsverfahren
§15c Nachweis der Hauptuntersuchungen und Sicherheitsprüfungen nach § 29 der Straßenverkehrs-Zulassungs-Ordnung
§15d Internetbasierte Außerbetriebsetzung
§15e Internetbasierte Wiederzulassung auf denselben Halter im selben Zulassungsbezirk

ABSCHNITT 3
Zeitweilige Teilnahme am Straßenverkehr
§ 16 Prüfungsfahrten, Probefahrten und Überführungsfahrten mit rotem Kennzeichen
§ 16a Probefahrten und Überführungsfahrten mit Kurzzeitkennzeichen
§ 17 Fahrten zur Teilnahme an Veranstaltungen für Oldtimer
§ 18 Fahrten im internationalen Verkehr
§ 19 Fahrten zur dauerhaften Verbringung eines Fahrzeugs in das Ausland

ABSCHNITT 4
Teilnahme ausländischer Fahrzeuge am Straßenverkehr
§ 20 Vorübergehende Teilnahme am Straßenverkehr im Inland
§ 21 Kennzeichen und Unterscheidungszeichen
§ 22 Beschränkung und Untersagung des Betriebs ausländischer Fahrzeuge

ABSCHNITT 5
Überwachung des Versicherungsschutzes der Fahrzeuge
§ 23 Versicherungsnachweis
§ 24 Mitteilungspflichten der Zulassungsbehörde
§ 25 Maßnahmen und Pflichten bei fehlendem Versicherungsschutz
§ 26 Versicherungskennzeichen
§ 27 Ausgestaltung und Anbringung des Versicherungskennzeichens
§ 28 Rote Versicherungskennzeichen
§ 29 Maßnahmen bei vorzeitiger Beendigung des Versicherungsverhältnisses

ABSCHNITT 6
Fahrzeugregister
§ 30 Speicherung der Fahrzeugdaten im Zentralen Fahrzeugregister
§ 31 Speicherung der Fahrzeugdaten im örtlichen Fahrzeugregister
§ 32 Speicherung der Halterdaten in den Fahrzeugregistern
§ 33 Übermittlung von Daten an das Kraftfahrt-Bundesamt
§ 34 Übermittlung und Speicherung der Daten über Hauptuntersuchungen und Sicherheitsprüfungen im Zentralen Fahrzeugregister
§ 35 Übermittlung von Daten an die Versicherer
§ 36 Mitteilungen an die für die Kraftfahrzeugsteuerverwaltung zuständigen Behörden
§ 36a (*aufgehoben*)
§ 37 Übermittlung von Daten an Stellen zur Durchführung des Bundesleistungsgesetzes, des Verkehrssicherstellungsgesetzes, des Verkehrsleistungsgesetzes und von Maßnahmen des Katastrophenschutzes
§ 38 Übermittlungen des Kraftfahrt-Bundesamtes an die Zulassungsbehörden
§ 39 Abruf im automatisierten Verfahren
§ 39a Automatisiertes Anfrage- und Auskunftsverfahren
§ 40 Sicherung des Abrufverfahrens gegen Missbrauch
§ 41 Aufzeichnung der Abrufe im automatisierten Verfahren

§ 42 Abruf im automatisierten Verfahren durch ausländische Stellen
§ 43 Übermittlungssperren
§ 44 Löschung der Daten im Zentralen Fahrzeugregister
§ 45 Löschung der Daten im örtlichen Fahrzeugregister

Abschnitt 7
Durchführungs- und Schlussvorschriften
§ 46 Zuständigkeiten
§ 47 Ausnahmen
§ 48 Ordnungswidrigkeiten
§ 49 Verweis auf technische Regelwerke
§ 50 Übergangs- und Anwendungsbestimmungen
§ 51 Inkrafttreten, Außerkrafttreten

Anlagen
Anlage 1: (aufgehoben)
Anlage 2: Ausgestaltung, Einteilung und Zuteilung der Buchstaben- und Zahlengruppen für die Erkennungsnummern der Kennzeichen
Anlage 3: Unterscheidungszeichen der Fahrzeuge der Bundes- und Landesorgane, der Bundesministerien, der Bundesfinanzverwaltung, der Bundespolizei, der Wasserstraßen- und Schifffahrtsverwaltung des Bundes, der Bundesanstalt Technisches Hilfswerk, der Bundeswehr, des Diplomatischen Corps und bevorrechtigter Internationaler Organisationen
Anlage 3a: Plakettenmuster für elektrisch betriebene Fahrzeuge
Anlage 4: Ausgestaltung der Kennzeichen
Anlage 4a: Stempelplaketten und Plakettenträger
Anlage 5: Zulassungsbescheinigung Teil I
Anlage 6: Zulassungsbescheinigung Teil I für Fahrzeuge der Bundeswehr
Anlage 7: Zulassungsbescheinigung Teil II
Anlage 8: Verwertungsnachweis
Anlage 8a: Verifizierung der Prüfziffer
Anlage 8b: Verifizierung und Verarbeitung der Daten für die internetbasierte Wiederzulassung
Anlage 9: Fahrzeugscheinheft für Fahrzeuge mit rotem Kennzeichen
Anlage 10: Fahrzeugschein für Fahrzeuge mit Kurzzeitkennzeichen
Anlage 10a: Fahrzeugscheinheft für Oldtimerfahrzeuge mit roten Kennzeichen
Anlage 11: Versicherungsbestätigung bei Ausfuhrkennzeichen
Anlage 12: Versicherungskennzeichen für Kleinkrafträder, motorisierte Krankenfahrstühle und vierrädrige Leichtkraftfahrzeuge

ABSCHNITT 1
Allgemeine Regelungen

§ 1
Anwendungsbereich

Diese Verordnung ist anzuwenden auf die Zulassung von Kraftfahrzeugen mit einer bauartbedingten Höchstgeschwindigkeit von mehr als 6 km/h und die Zulassung ihrer Anhänger.

§ 2
Begriffsbestimmungen

Im Sinne dieser Verordnung ist oder sind
1. Kraftfahrzeuge: nicht dauerhaft spurgeführte Landfahrzeuge, die durch Maschinenkraft bewegt werden;
2. Anhänger: zum Anhängen an ein Kraftfahrzeug bestimmte und geeignete Fahrzeuge;
3. Fahrzeuge: Kraftfahrzeuge und ihre Anhänger;
4. EG-Typgenehmigung: die von einem Mitgliedstaat der Europäischen Union in Anwendung
   a) der Richtlinie 2007/46/EG des Europäischen Parlaments und des Rates vom 5. September 2007 zur Schaffung eines Rahmens für die Genehmigung von Kraftfahrzeugen und Kraftfahr-

zeuganhängern sowie von Systemen, Bauteilen und selbständigen technischen Einheiten für diese Fahrzeuge (ABl. L 263 vom 9.10.2007, S. 1) in der jeweils geltenden Fassung,
b) der Richtlinie 2002/24/EG des Europäischen Parlaments und des Rates vom 18. März 2002 über die Typgenehmigung für zweirädrige oder dreirädrige Kraftfahrzeuge und zur Aufhebung der Richtlinie 92/61/EWG des Rates (ABl. L 124 vom 9.5.2002, S. 1) in der jeweils geltenden Fassung oder der Verordnung (EU) Nr. 168/2013 des Europäischen Parlaments und des Rates vom 5. Februar 2013 über die Genehmigung und Marktüberwachung von zwei- oder dreirädrigen und vierrädrigen Fahrzeugen (ABl. L 60 vom 2.3.2013, S. 52) in der jeweils geltenden Fassung und
c) der Richtlinie 2003/37/EG des Europäischen Parlaments und des Rates vom 26. Mai 2003 über die Typgenehmigung für land- oder forstwirtschaftliche Zugmaschinen, ihre Anhänger und die von ihnen gezogenen auswechselbaren Maschinen sowie für Systeme, Bauteile und selbständige technische Einheiten dieser Fahrzeuge und zur Aufhebung der Richtlinie 74/150/EWG (ABl. L 171 vom 9.7.2003, S. 1) in der jeweils geltenden Fassung oder der Verordnung (EU) Nr. 167/2013 des Europäischen Parlaments und des Rates vom 5. Februar 2013 über die Genehmigung und Marktüberwachung von land- und forstwirtschaftlichen Fahrzeugen (ABl. L 60 vom 2.3.2013, S. 1) in der jeweils geltenden Fassung
erteilte Bestätigung, dass der zur Prüfung vorgestellte Typ eines Fahrzeugs, eines Systems, eines Bauteils oder einer selbständigen technischen Einheit die einschlägigen Vorschriften und technischen Anforderungen erfüllt;
5. nationale Typgenehmigung: die behördliche Bestätigung, dass der zur Prüfung vorgestellte Typ eines Fahrzeugs, eines Systems, eines Bauteils oder einer selbstständigen technischen Einheit den geltenden Bauvorschriften entspricht; sie ist eine Betriebserlaubnis im Sinne des Straßenverkehrsgesetzes und eine Allgemeine Betriebserlaubnis im Sinne der Straßenverkehrs-Zulassungs-Ordnung;
6. Einzelgenehmigung: die behördliche Bestätigung, dass das betreffende Fahrzeug, System, Bauteil oder die selbstständige technische Einheit den geltenden Bauvorschriften entspricht; sie ist eine Betriebserlaubnis im Sinne des Straßenverkehrsgesetzes und eine Einzelbetriebserlaubnis im Sinne der Straßenverkehrs-Zulassungs-Ordnung;
7. Übereinstimmungsbescheinigung: die vom Hersteller ausgestellte Bescheinigung, dass ein Fahrzeug, ein System, ein Bauteil oder eine selbstständige technische Einheit zum Zeitpunkt seiner/ihrer Herstellung einem nach der jeweiligen EG-Typgenehmigungsrichtlinie genehmigten Typ entspricht;
8. Datenbestätigung: die vom Inhaber einer nationalen Typgenehmigung für Fahrzeuge ausgestellte Bescheinigung, dass das Fahrzeug zum Zeitpunkt seiner Herstellung dem genehmigten Typ und den ausgewiesenen Angaben über die Beschaffenheit entspricht;
9. Krafträder: zweirädrige Kraftfahrzeuge mit oder ohne Beiwagen, mit einem Hubraum von mehr als $50\,\text{cm}^3$ im Falle von Verbrennungsmotoren, und/oder mit einer bauartbedingten Höchstgeschwindigkeit von mehr als 45 km/h;
10. Leichtkrafträder: Krafträder mit einer Nennleistung von nicht mehr als 11 kW und im Falle von Verbrennungsmotoren mit einem Hubraum von mehr als $50\,\text{cm}^3$, aber nicht mehr als $125\,\text{cm}^3$;
11. Kleinkrafträder: zweirädrige Kraftfahrzeuge oder dreirädrige Kraftfahrzeuge mit einer bauartbedingten Höchstgeschwindigkeit von nicht mehr als 45 km/h und folgenden Eigenschaften:
    a) zweirädrige Kleinkrafträder: mit Verbrennungsmotor, dessen Hubraum nicht mehr als $50\,\text{cm}^3$ be-

trägt, oder mit Elektromotor, dessen maximale Nenndauerleistung nicht mehr als 4 kW beträgt;
b) dreirädrige Kleinkrafträder: mit Fremdzündungsmotor, dessen Hubraum nicht mehr als 50 cm^3 beträgt, mit einem anderen Verbrennungsmotor, dessen maximale Nutzleistung nicht mehr als 4 kW beträgt, oder mit einem Elektromotor, dessen maximale Nenndauerleistung nicht mehr als 4 kW beträgt;
12. vierrädrige Leichtkraftfahrzeuge: vierrädrige Kraftfahrzeuge mit einer Leermasse von nicht mehr als 350 kg, ohne Masse der Batterien bei Elektrofahrzeugen, mit einer bauartbedingten Höchstgeschwindigkeit von nicht mehr als 45 km/h, mit Fremdzündungsmotor, dessen Hubraum nicht mehr als 50 cm^3 beträgt, oder mit einem anderen Verbrennungsmotor, dessen maximale Nennleistung nicht mehr als 4 kW beträgt, oder mit einem Elektromotor, dessen maximale Nennleistung nicht mehr als 4 kW beträgt;
13. motorisierte Krankenfahrstühle: einsitzige, nach der Bauart zum Gebrauch durch körperlich behinderte Personen bestimmte Kraftfahrzeuge mit Elektroantrieb, einer Leermasse von nicht mehr als 300 kg einschließlich Batterien jedoch ohne Fahrer, einer zulässigen Gesamtmasse von nicht mehr als 500 kg, einer bauartbedingten Höchstgeschwindigkeit von nicht mehr als 15 km/h und einer Breite über alles von maximal 110 cm;
14. Zugmaschinen: Kraftfahrzeuge, die nach ihrer Bauart überwiegend zum Ziehen von Anhängern bestimmt und geeignet sind;
15. Sattelzugmaschinen: Zugmaschinen für Sattelanhänger;
16. land- oder forstwirtschaftliche Zugmaschinen: Kraftfahrzeuge, deren Funktion im Wesentlichen in der Erzeugung einer Zugkraft besteht und die besonders zum Ziehen, Schieben, Tragen und zum Antrieb von auswechselbaren Geräten für land- oder forstwirtschaftliche Arbeiten oder zum Ziehen von Anhängern in land- oder forstwirtschaftlichen Betrieben bestimmt und geeignet sind, auch wenn sie zum Transport von Lasten im Zusammenhang mit land- oder forstwirtschaftlichen Arbeiten eingerichtet oder mit Beifahrersitzen ausgestattet sind;
17. selbstfahrende Arbeitsmaschinen: Kraftfahrzeuge, die nach ihrer Bauart und ihren besonderen, mit dem Fahrzeug fest verbundenen Einrichtungen zur Verrichtung von Arbeiten, jedoch nicht zur Beförderung von Personen oder Gütern bestimmt und geeignet sind; *[ab 01.01.2018 angefügt: „unter den Begriff fallen auch selbstfahrende Futtermischwagen mit einer bauartbedingten Höchstgeschwindigkeit von nicht mehr als 25 km/h;]*
18. Stapler: Kraftfahrzeuge, die nach ihrer Bauart für das Aufnehmen, Heben, Bewegen und Positionieren von Lasten bestimmt und geeignet sind;
19. Sattelanhänger: Anhänger, die mit einem Kraftfahrzeug so verbunden sind, dass sie teilweise auf diesem aufliegen und ein wesentlicher Teil ihres Gewichts oder ihrer Ladung von diesem getragen wird;
20. land- oder forstwirtschaftliche Arbeitsgeräte: Geräte zum Einsatz in der Land- und Forstwirtschaft, die dazu bestimmt sind, von einer Zugmaschine gezogen zu werden und die die Funktion der Zugmaschine verändern oder erweitern; sie können auch mit einer Ladeplattform ausgestattet sein, die für die Aufnahme der zur Ausführung der Arbeiten erforderlichen Geräte und Vorrichtungen oder die für die zeitweilige Lagerung der bei der Arbeit erzeugten und benötigten Materialien konstruiert und gebaut ist; unter den Begriff fallen auch Fahrzeuge, die dazu bestimmt sind von einer Zugmaschine gezogen zu werden und dauerhaft mit einem Gerät ausgerüstet oder für die Bearbeitung von Materialien ausgelegt sind, wenn das Verhältnis zwischen der technisch zulässigen Gesamtmasse und der Leermasse dieses Fahrzeugs weniger als 3,0 beträgt;

21. Sitzkarren: einachsige Anhänger, die nach ihrer Bauart nur bestimmt und geeignet sind, einer Person das Führen einer einachsigen Zug- oder Arbeitsmaschine von einem Sitz aus zu ermöglichen;
22. Oldtimer: Fahrzeuge, die vor mindestens 30 Jahren erstmals in Verkehr gekommen sind, weitestgehend dem Originalzustand entsprechen, in einem guten Erhaltungszustand sind und zur Pflege des kraftfahrzeugtechnischen Kulturgutes dienen;
23. Probefahrt: die Fahrt zur Feststellung und zum Nachweis der Gebrauchsfähigkeit des Fahrzeugs;
24. Prüfungsfahrt: die Fahrt zur Durchführung der Prüfung des Fahrzeugs durch einen amtlich anerkannten Sachverständigen oder Prüfer für den Kraftfahrzeugverkehr oder Prüfingenieur einer amtlich anerkannten Überwachungsorganisation einschließlich der Fahrt des Fahrzeugs zum Prüfungsort und zurück;
25. Überführungsfahrt: die Fahrt zur Überführung des Fahrzeugs an einen anderen Ort, auch zur Durchführung von Um- oder Aufbauten.

§ 3
Notwendigkeit einer Zulassung

(1) ¹Fahrzeuge dürfen auf öffentlichen Straßen nur in Betrieb gesetzt werden, wenn sie zum Verkehr zugelassen sind. ²Die Zulassung wird auf Antrag erteilt, wenn das Fahrzeug einem genehmigten Typ entspricht oder eine Einzelgenehmigung erteilt ist und eine dem Pflichtversicherungsgesetz entsprechende Kraftfahrzeug-Haftpflichtversicherung besteht. ³Die Zulassung erfolgt durch Zuteilung eines Kennzeichens, Abstempelung der Kennzeichenschilder und Ausfertigung einer Zulassungsbescheinigung.

(2) ¹Ausgenommen von den Vorschriften über das Zulassungsverfahren sind
1. folgende Kraftfahrzeugarten:
   a) selbstfahrende Arbeitsmaschinen und Stapler,
   b) einachsige Zugmaschinen, wenn sie nur für land- oder forstwirtschaftliche Zwecke verwendet werden,
   c) Leichtkrafträder,
   d) zwei- oder dreirädrige Kleinkrafträder,
   e) motorisierte Krankenfahrstühle,
   f) vierrädrige Leichtkraftfahrzeuge,
   g) Elektronische Mobilitätshilfen im Sinne des § 1 Absatz 1 der Mobilitätshilfenverordnung vom 16. Juli 2009 (BGBl. I S. 2097) in der jeweils geltenden Fassung,
2. folgende Arten von Anhängern:
   a) Anhänger in land- oder forstwirtschaftlichen Betrieben, wenn die Anhänger nur für land- oder forstwirtschaftliche Zwecke verwendet und mit einer Geschwindigkeit von nicht mehr als 25 km/h hinter Zugmaschinen oder selbstfahrenden Arbeitsmaschinen mitgeführt werden,
   b) Wohnwagen und Packwagen im Schaustellergewerbe, die von Zugmaschinen mit einer Geschwindigkeit von nicht mehr als 25 km/h mitgeführt werden,
   c) fahrbare Baududen, die von Kraftfahrzeugen mit einer Geschwindigkeit von nicht mehr als 25 km/h mitgeführt werden,
   d) Arbeitsmaschinen,
   e) Spezialanhänger zur Beförderung von Sportgeräten, Tieren für Sportzwecke oder Rettungsbooten des Rettungsdienstes oder Katastrophenschutzes, wenn die Anhänger ausschließlich für solche Beförderungen verwendet werden,
   f) einachsige Anhänger hinter Krafträdern, Kleinkrafträdern und motorisierten Krankenfahrstühlen,
   g) Anhänger für den Einsatzzweck der Feuerwehren und des Katastrophenschutzes,
   h) land- oder forstwirtschaftliche Arbeitsgeräte,
   i) hinter land- oder forstwirtschaftlichen einachsigen Zug- oder Arbeitsmaschinen mitgeführte Sitzkarren.

²Anhänger im Sinne des Satzes 1 Nummer 2 Buchstabe a bis c sind nur dann von den Vorschriften über das Zulassungsverfahren ausgenommen, wenn sie für eine Höchstgeschwindigkeit von nicht mehr als 25 km/h in der durch § 58 der Straßenverkehrs-Zulassungs-Ordnung vorgeschriebenen Weise gekennzeichnet sind.

(3) Auf Antrag können die nach Absatz 2 von den Vorschriften über das Zulassungsverfahren ausgenommenen Fahrzeuge zugelassen werden.

(4) Der Halter darf die Inbetriebnahme eines nach Absatz 1 zulassungspflichtigen Fahrzeugs nicht anordnen oder zulassen, wenn das Fahrzeug nicht zugelassen ist.

§ 4
Voraussetzungen für eine Inbetriebsetzung zulassungsfreier Fahrzeuge

(1) Die von den Vorschriften über das Zulassungsverfahren ausgenommenen Fahrzeuge nach § 3 Absatz 2 Satz 1 Nummer 1 und 2 Buchstabe a bis g und land- oder forstwirtschaftliche Arbeitsgeräte mit einer zulässigen Gesamtmasse von mehr als 3 t dürfen auf öffentlichen Straßen nur in Betrieb gesetzt werden, wenn sie einem genehmigten Typ entsprechen oder eine Einzelgenehmigung erteilt ist.

(2) ¹Folgende Fahrzeuge nach Absatz 1 dürfen auf öffentlichen Straßen nur in Betrieb gesetzt werden, wenn sie zudem ein Kennzeichen nach § 8 führen:
1. Kraftfahrzeuge nach § 3 Absatz 2 Satz 1 Nummer 1 Buchstabe a und b mit einer bauartbedingten Höchstgeschwindigkeit von mehr als 20 km/h,
2. Kraftfahrzeuge nach § 3 Absatz 2 Satz 1 Nummer 1 Buchstabe c,
3. Anhänger nach § 3 Absatz 2 Satz 1 Nummer 2 Buchstabe d und e, die nicht für eine Höchstgeschwindigkeit von nicht mehr als 25 km/h in der durch § 58 der Straßenverkehrs-Zulassungs-Ordnung vorgeschriebenen Weise gekennzeichnet sind.

²Auf die Zuteilung des Kennzeichens finden die Bestimmungen über die Kennzeichenzuteilung im Zulassungsverfahren mit Ausnahme der Vorschriften über die Zulassungsbescheinigung Teil II entsprechend Anwendung.

(3) ¹Kraftfahrzeuge nach § 3 Absatz 2 Satz 1 Nummer 1 Buchstabe d bis f dürfen auf öffentlichen Straßen nur in Betrieb gesetzt werden, wenn sie zudem ein gültiges Versicherungskennzeichen nach § 26 führen. ²Besteht keine Versicherungspflicht, müssen sie ein Kennzeichen nach § 8 führen. ³Im Falle des Satzes 2 finden auf die Zuteilung des Kennzeichens die Bestimmungen über die Kennzeichenzuteilung im Zulassungsverfahren mit Ausnahme der Vorschriften über die Zulassungsbescheinigung Teil II entsprechend Anwendung.

(4) ¹Kraftfahrzeuge nach § 3 Absatz 2 Satz 1 Nummer 1 Buchstabe a und b mit einer bauartbedingten Höchstgeschwindigkeit von nicht mehr als 20 km/h muss der Halter zum Betrieb auf öffentlichen Straßen zudem mit seinem Vornamen, Namen und Wohnort oder der Bezeichnung seiner Firma und deren Sitz kennzeichnen; die Angaben sind dauerhaft und deutlich lesbar auf der linken Seite des Fahrzeugs anzubringen. ²Motorisierte Krankenfahrstühle nach § 3 Absatz 2 Satz 1 Nummer 1 Buchstabe e müssen zum Betrieb auf öffentlichen Straßen zudem mit einer Kennzeichnungstafel nach der ECE-Regelung Nummer 69 über einheitliche Bedingungen für die Genehmigung von Tafeln zur hinteren Kennzeichnung von bauartbedingt langsam fahrenden Kraftfahrzeugen und ihrer Anhänger (VkBl. 2003 S. 229) gekennzeichnet sein, die an der Fahrzeugrückseite oben anzubringen ist.

(5) ¹Werden Fahrzeuge nach § 3 Absatz 2, für die eine Zulassungsbescheinigung Teil I nicht ausgestellt wurde, auf öffentlichen Straßen geführt oder mitgeführt, ist die Übereinstimmungsbescheinigung, die Datenbestätigung oder die Bescheinigung über die Einzelgenehmigung mitzuführen und zuständigen Personen auf Verlangen zur Prüfung auszuhändigen. ²Bei einachsigen Zugmaschinen nach § 3 Absatz 2 Satz 1 Nummer 1 Buch-

stabe b und Anhängern nach § 3 Absatz 2 Satz 1 Nummer 2 Buchstabe a, c, d, g und h genügt es, wenn im Falle des Satzes 1 die Übereinstimmungsbescheinigung, die Datenbestätigung oder die Bescheinigung über die Einzelgenehmigung nach Satz 1 aufbewahrt und zuständigen Personen auf Verlangen zur Prüfung ausgehändigt wird.

(6) Der Halter darf die Inbetriebnahme eines Fahrzeugs auf öffentlichen Straßen nicht anordnen oder zulassen, wenn das Fahrzeug
1. einem genehmigten Typ nach Absatz 1 nicht entspricht oder eine Einzelgenehmigung nach Absatz 1 nicht erteilt ist oder
2. ein Kennzeichen nach Absatz 2 Satz 1, Absatz 3 Satz 2 oder ein Versicherungskennzeichen nach Absatz 3 Satz 1 nicht führt.

§ 5
Beschränkung und Untersagung des Betriebs von Fahrzeugen

(1) Erweist sich ein Fahrzeug als nicht vorschriftsmäßig nach dieser Verordnung oder der Straßenverkehrs-Zulassungs-Ordnung, kann die die nach Landesrecht zuständige Behörde (Zulassungsbehörde) dem Eigentümer oder Halter eine angemessene Frist zur Beseitigung der Mängel setzen oder den Betrieb des Fahrzeugs auf öffentlichen Straßen beschränken oder untersagen.

(2) ¹Ist der Betrieb eines Fahrzeugs, für das ein Kennzeichen zugeteilt ist, untersagt, hat der Eigentümer oder Halter das Fahrzeug unverzüglich nach Maßgabe des § 14 außer Betrieb setzen zu lassen oder der Zulassungsbehörde nachzuweisen, dass die Gründe für die Beschränkung oder Untersagung des Betriebs nicht oder nicht mehr vorliegen. ²Der Halter darf die Inbetriebnahme eines Fahrzeugs nicht anordnen oder zulassen, wenn der Betrieb des Fahrzeugs nach Absatz 1 untersagt ist oder die Beschränkung nicht eingehalten werden kann.

(3) ¹Besteht Anlass zu der Annahme, dass ein Fahrzeug nicht vorschriftsmäßig nach dieser Verordnung oder der Straßenverkehrs-Zulassungs-Ordnung ist, so kann die Zulassungsbehörde anordnen, dass

1. ein von ihr bestimmter Nachweis über die Vorschriftsmäßigkeit oder ein Gutachten eines amtlich anerkannten Sachverständigen, Prüfers für den Kraftfahrzeugverkehr oder Prüfingenieurs einer amtlich anerkannten Überwachungsorganisation nach Anlage VIIIb der Straßenverkehrs-Zulassungs-Ordnung vorgelegt oder
2. das Fahrzeug vorgeführt

wird. ²Wenn nötig, kann die Zulassungsbehörde mehrere solcher Anordnungen treffen.

ABSCHNITT 2
Zulassungsverfahren

§ 6
Antrag auf Zulassung

(1) ¹Die Zulassung eines Fahrzeugs ist bei der nach § 46 örtlich zuständigen Zulassungsbehörde zu beantragen. ²Im Antrag sind zur Speicherung in den Fahrzeugregistern folgende Halterdaten nach § 33 Absatz 1 Satz 1 Nummer 2 des Straßenverkehrsgesetzes anzugeben und auf Verlangen nachzuweisen:
1. bei natürlichen Personen: Familienname, Geburtsname, Vornamen, vom Halter für die Zuteilung oder die Ausgabe des Kennzeichens angegebener Ordens- oder Künstlername, Datum und Ort der Geburt, Geschlecht und Anschrift des Halters;
2. bei juristischen Personen und Behörden: Name oder Bezeichnung und Anschrift;
3. bei Vereinigungen: benannter Vertreter mit den Angaben entsprechend Nummer 1 und gegebenenfalls Name der Vereinigung.

³Bei beruflich selbstständigen Haltern sind außerdem die Daten nach § 33 Absatz 2 des Straßenverkehrsgesetzes über Beruf oder Gewerbe anzugeben und auf Verlangen nachzuweisen.

(2) ¹Mit dem Antrag ist die Zulassungsbescheinigung Teil II vorzulegen. ²Wenn diese noch nicht vorhanden ist, ist nach § 12 zu beantragen, dass diese ausgefertigt wird.

(3) ¹Bei erstmaliger Zulassung ist der Nachweis, dass das Fahrzeug einem Typ entspricht, für den eine EG-Typgenehmigung vorliegt, durch Vorlage der Übereinstimmungsbescheinigung zu führen. ²Der Nachweis, dass das Fahrzeug einem Typ entspricht, für den eine nationale Typgenehmigung vorliegt, ist durch Vorlage der Zulassungsbescheinigung Teil II, in der eine Typ- sowie Varianten-/Versionsschlüsselnummer nach § 20 Absatz 3a Satz 6 der Straßenverkehrs-Zulassungs-Ordnung eingetragen ist, oder durch die nach § 20 Absatz 3a Satz 1 der Straßenverkehrs-Zulassungs-Ordnung vorgeschriebene Datenbestätigung zu führen. ³Der Nachweis, dass für das Fahrzeug eine Einzelgenehmigung vorliegt, ist durch Vorlage der entsprechenden Bescheinigung zu führen. ⁴Für Fahrzeuge, die von der Zulassungspflicht ausgenommen sind, ist die Übereinstimmungsbescheinigung oder die Datenbestätigung oder die Bescheinigung über die Einzelgenehmigung vorzulegen.

(4) Im Antrag sind zur Speicherung in den Fahrzeugregistern folgende Fahrzeugdaten anzugeben und auf Verlangen nachzuweisen:
1. die Verwendung des Fahrzeugs als Taxi, als Mietwagen, zur Vermietung an Selbstfahrer, im freigestellten Schülerverkehr, als Kraftomnibus oder Oberleitungsomnibus im Linienverkehr oder eine sonstige Verwendung, soweit sie nach § 13 Absatz 2 dieser Verordnung oder einer sonstigen auf § 6 des Straßenverkehrsgesetzes beruhenden Rechtsvorschrift der Zulassungsbehörde anzuzeigen oder in der Zulassungsbescheinigung Teil I einzutragen ist;
2. Name und Anschrift des Verfügungsberechtigten über die Zulassungsbescheinigung Teil II, sofern eine solche ausgefertigt worden ist;
3. folgende Daten zur Kraftfahrzeug-Haftpflichtversicherung:
   a) Name und Anschrift oder Schlüsselnummer des Versicherers,
   b) Nummer des Versicherungsscheins oder der Versicherungsbestätigung und
   c) Beginn des Versicherungsschutzes oder
   d) die Angabe, dass der Halter von der gesetzlichen Versicherungspflicht befreit ist;
4. Name und Anschrift des Empfangsbevollmächtigten im Sinne des § 46 Absatz 2 Satz 2 oder Name und Anschrift des gesetzlichen oder benannten Vertreters.

(5) In Fällen des innergemeinschaftlichen Erwerbs neuer Kraftfahrzeuge im Sinne des § 1b Absatz 2 und 3 des Umsatzsteuergesetzes sind die folgenden Angaben, soweit diese der Zulassungsbehörde nicht bereits vorliegen, zur Übermittlung an die zuständigen Finanzbehörden zu machen und auf Verlangen nachzuweisen:
1. Name und Anschrift des Antragstellers sowie das für ihn nach § 21 der Abgabenordnung zuständige Finanzamt,
2. Name und Anschrift des Lieferers,
3. Tag der ersten Inbetriebnahme,
4. Kilometerstand am Tag der Lieferung,
5. Fahrzeugart, Fahrzeughersteller (Marke), Fahrzeugtyp und Fahrzeug-Identifizierungsnummer und
6. Verwendungszweck.

(6) ¹Sofern das Fahrzeug aus einem Staat, der nicht Mitgliedstaat der Europäischen Union oder nicht anderer Vertragsstaat des Abkommens über den Europäischen Wirtschaftsraum ist, eingeführt oder aus dem Besitz der im Bundesgebiet stationierten ausländischen Streitkräfte, der im Bundesgebiet errichteten internationalen militärischen Hauptquartiere oder ihrer Mitglieder erworben wurde, ist mit dem Antrag der Verzollungsnachweis vorzulegen. ²Wird dieser nicht vorgelegt, hat die Zulassungsbehörde das zuständige Hauptzollamt über die Zulassung zu unterrichten.

(7) Außerdem sind zur Speicherung in den Fahrzeugregistern folgende Fahrzeugdaten anzugeben und auf Verlangen nachzuweisen, sofern sie nicht in den mit dem Antrag vorzulegenden Dokumenten enthalten sind:
1. Fahrzeugklasse und Art des Aufbaus;
2. Marke, Typ, Variante, Version und Handelsbezeichnung des Fahrzeugs sowie, wenn für das Fahrzeug eine EG-Typge-

nehmigung oder eine nationale Typgenehmigung erteilt worden ist, die Nummer und das Datum der Erteilung der Genehmigung, soweit diese Angaben feststellbar sind;
3. Fahrzeug-Identifizierungsnummer;
4. bei Personenkraftwagen: die vom Hersteller auf dem Fahrzeug angebrachte Farbe;
5. Datum der Erstzulassung oder ersten Inbetriebnahme des Fahrzeugs;
6. bei Zuteilung eines neuen Kennzeichens nach Entstempelung oder Abhandenkommen des bisherigen Kennzeichens das bisherige Kennzeichen;
7. zur Beschaffenheit und Ausrüstung des Fahrzeugs:
   a) Kraftstoffart oder Energiequelle,
   b) Höchstgeschwindigkeit in km/h,
   c) Hubraum in cm^3,
   d) technisch zulässige Gesamtmasse in kg, Masse des in Betrieb befindlichen Fahrzeugs (Leermasse) in kg, Stützlast in kg, technisch zulässige Anhängelast – gebremst und ungebremst – in kg, technisch zulässige maximale Achslast/Masse je Achsgruppe in kg und bei Krafträdern das Leistungsgewicht in kW/kg,
   e) Zahl der Achsen und der Antriebsachsen,
   f) Zahl der Sitzplätze einschließlich Fahrersitz und der Stehplätze,
   g) Rauminhalt des Tanks bei Tankfahrzeugen in m^3,
   h) Nennleistung in kW und Nenndrehzahl in min^{-1},
   i) Abgaswert CO_2 in g/km,
   j) Länge, Breite und Höhe jeweils als Maße über alles in mm,
   k) eine Größenbezeichnung der Bereifung je Achse, die in der EG-Typgenehmigung, nationalen Typgenehmigung oder Einzelgenehmigung bezeichnet oder in dem zum Zwecke der Erteilung einer Einzelgenehmigung nach § 21 der Straßenverkehrs-Zulassungs-Ordnung erstellten Gutachten als vorschriftsmäßig bescheinigt wurde, und
   l) Standgeräusch in dB (A) mit Drehzahl bei min^{-1} und Fahrgeräusch in dB (A).

(8) Das Fahrzeug ist vor Erstellung der Zulassungsbescheinigung Teil II gemäß § 12 Absatz 1 Satz 3 und vor der Zulassung von der Zulassungsbehörde zu identifizieren.

§ 7
Zulassung im Inland nach vorheriger Zulassung in einem anderen Staat

(1) ^{1}Bei Fahrzeugen, für die eine EG-Typgenehmigung vorliegt und die bereits in einem anderen Mitgliedstaat der Europäischen Union oder in einem anderen Vertragsstaat des Abkommens über den Europäischen Wirtschaftsraum in Betrieb waren, ist vor der Zulassung eine Untersuchung nach § 29 der Straßenverkehrs-Zulassungs-Ordnung durchzuführen, wenn bei Anwendung der Anlage VIII Abschnitt 2 der Straßenverkehrs-Zulassungs-Ordnung zwischenzeitlich eine Untersuchung hätte stattfinden müssen. ^{2}Satz 1 gilt nicht, wenn eine Untersuchung im Sinne der Richtlinie 2009/40/EG des Europäischen Parlaments und des Rates vom 6. Mai 2009 über die technische Überwachung der Kraftfahrzeuge und Kraftfahrzeuganhänger (Neufassung) (ABl. L 141 vom 6.6.2009, S. 12) in der jeweils geltenden Fassung in einem anderen Mitgliedstaat der Europäischen Union oder in einem anderen Vertragsstaat des Abkommens über den Europäischen Wirtschaftsraum, in dem das Fahrzeug in Betrieb war, nachgewiesen wird. ^{3}Hinsichtlich der Frist für die nächste Hauptuntersuchung gilt Abschnitt 2 der Anlage VIII der Straßenverkehrs-Zulassungs-Ordnung. ^{4}Der Antragsteller hat nachzuweisen, wann das Fahrzeug in einem Mitgliedstaat der Europäischen Union oder in einem anderen Vertragsstaat des Abkommens über den Europäischen Wirtschaftsraum erstmals in Betrieb genommen worden ist. ^{5}Kann dieser Nachweis nicht erbracht werden, ist vor der Zulassung eine Untersuchung nach § 29 der Straßenverkehrs-Zulassungs-Ordnung durchzuführen.

(2) ^{1}Die Zulassungsbehörde hat die ausländische Zulassungsbescheinigung einzuziehen

und mindestens sechs Monate aufzubewahren. ²Sie hat das Kraftfahrt-Bundesamt über die Einziehung umgehend, mindestens jedoch innerhalb eines Monats, elektronisch zu unterrichten. ³Ausführungsregelungen zur Datenübermittlung gibt das Kraftfahrt-Bundesamt in entsprechenden Standards im Verkehrsblatt bekannt. ⁴Auf Verlangen der zuständigen ausländischen Behörde ist die eingezogene Zulassungsbescheinigung über das Kraftfahrt-Bundesamt zurückzusenden. ⁵Sofern die ausländische Zulassungsbescheinigung aus zwei Teilen besteht, kann bei Fehlen des Teils II das Fahrzeug nur zugelassen werden, wenn über das Kraftfahrt-Bundesamt die Bestätigung der zuständigen ausländischen Behörde über die frühere Zulassung eingeholt wurde.

Satz 6 mit Wirkung ab 01.01.2018 angefügt:
⁶*Die Nummer der ausländischen Zulassungsbescheinigung oder die Nummern von deren Teilen I und II sind zur Speicherung im Zentralen Fahrzeugregister mit dem Antrag auf Zulassung nachzuweisen.*

(3) Bei Fahrzeugen, für die eine EG-Typgenehmigung vorliegt und die in einem Staat außerhalb der Europäischen Union oder des Europäischen Wirtschaftsraums in Betrieb waren, ist vor der Zulassung in jedem Fall eine Untersuchung nach § 29 der Straßenverkehrs-Zulassungs-Ordnung durchzuführen.

§ 8
Zuteilung von Kennzeichen

(1) ¹Die *nach Landesrecht zuständige Behörde (Zulassungsbehörde) [kursive Wörter lauten ab 01.01.2018: „Zulassungsbehörde"]* teilt dem Fahrzeug ein Kennzeichen zu, um eine Identifizierung des Halters zu ermöglichen. ²Das Kennzeichen besteht aus einem Unterscheidungszeichen (ein bis drei Buchstaben) für den Verwaltungsbezirk, in dem das Fahrzeug zugelassen ist, und einer auf das einzelne Fahrzeug bezogenen Erkennungsnummer. ³Die Zeichenkombination der Erkennungsnummer sowie die Kombination aus Unterscheidungszeichen und Erkennungsnummer dürfen nicht gegen die guten Sitten verstoßen. ⁴Die Erkennungsnummer bestimmt sich nach Anlage 2. ⁵Das für die Zuteilung vorgesehene Kennzeichen ist dem Antragsteller auf Wunsch vor der Zuteilung mitzuteilen. ⁶Fahrzeuge der Bundes- und Landesorgane, der Bundesministerien, der Bundesfinanzverwaltung, der Bundespolizei, der Wasserstraßen- und Schifffahrtsverwaltung des Bundes, der Bundesanstalt Technisches Hilfswerk, der Bundeswehr, des Diplomatischen Corps und bevorrechtigter Internationaler Organisationen können besondere Kennzeichen nach Anlage 3 erhalten; die Erkennungsnummern dieser Fahrzeuge bestehen nur aus Zahlen; die Zahlen dürfen nicht mehr als sechs Stellen haben.

(1a) ¹Bei der Zulassung von zwei Fahrzeugen auf den gleichen Halter oder der Zuteilung des Kennzeichens für zwei zulassungsfreie kennzeichenpflichtige Fahrzeuge des gleichen Halters wird im Rahmen des Absatzes 1 Satz 1 auf dessen Antrag für diese Fahrzeuge ein Wechselkennzeichen zugeteilt, sofern die Fahrzeuge in die gleiche Fahrzeugklasse M1, L oder O1 gemäß Anlage XXIX der Straßenverkehrs-Zulassungs-Ordnung fallen und Kennzeichenschilder gleicher Anzahl und Abmessungen an den Fahrzeugen verwendet werden können. ²Wechselkennzeichen dürfen nicht als Saisonkennzeichen, rote Kennzeichen, Kurzzeitkennzeichen oder Ausfuhrkennzeichen ausgeführt werden. ³Das Wechselkennzeichen besteht aus einem den Fahrzeugen gemeinsamen Kennzeichenteil und dem jeweiligen fahrzeugbezogenen Teil. ⁴Absatz 1 Satz 2 bis 4 gilt mit der Maßgabe, dass
1. Unterscheidungszeichen und der bis auf die letzte Ziffer gleiche Teil der Erkennungsnummer den gemeinsamen Kennzeichenteil bilden und
2. die letzte Ziffer der Erkennungsnummer den jeweiligen fahrzeugbezogenen Teil bildet.

⁵Ein Wechselkennzeichen darf zur selben Zeit nur an einem der Fahrzeuge geführt werden. ⁶Ein Fahrzeug, für das ein Wechselkennzeichen zugeteilt ist, darf auf öffentlichen Straßen nur

1. in Betrieb gesetzt oder
2. abgestellt

werden, wenn an ihm das Wechselkennzeichen vollständig mit dem gemeinsamen Kennzeichenteil und seinem fahrzeugbezogenen Teil angebracht ist. ⁷Der Halter darf
1. die Inbetriebnahme eines Fahrzeugs oder
2. dessen Abstellen

auf öffentlichen Straßen nur anordnen oder zulassen, wenn die Voraussetzungen nach Satz 6 vorliegen.
⁸§ 16 Absatz 1 bleibt unberührt.

(2) ¹Die Unterscheidungszeichen der Verwaltungsbezirke werden auf Antrag der Länder vom Bundesministerium für Verkehr und digitale Infrastruktur festgelegt oder aufgehoben. ²Die Buchstabenkombination des Unterscheidungszeichens darf nicht gegen die guten Sitten verstoßen. ³Es kann auch die Festlegung von mehr als einem Unterscheidungszeichen für einen Verwaltungsbezirk beantragt werden. ⁴Für die am 1. November 2012 bestehenden Verwaltungsbezirke dürfen nur die Unterscheidungszeichen beantragt werden, die bis zum 25. Oktober 2012 vergeben worden sind. ⁵Die Festlegung und Aufhebung der Unterscheidungszeichen wird im Bundesanzeiger veröffentlicht. ⁶Kennzeichen, deren Unterscheidungszeichen aufgehoben sind, dürfen bis zur Außerbetriebsetzung des betroffenen Fahrzeugs weitergeführt werden.

(3) Die Zulassungsbehörde kann das zugeteilte Kennzeichen von Amts wegen oder auf Antrag ändern und hierzu die Vorführung des Fahrzeugs anordnen.

§ 9
Besondere Kennzeichen

(1) ¹Auf Antrag wird für ein Fahrzeug, für das ein Gutachten nach § 23 der Straßenverkehrs-Zulassungs-Ordnung vorliegt, ein Oldtimerkennzeichen zugeteilt.

Fassung bis 31.12.2017:
²*Dieses Kennzeichen besteht aus einem Unterscheidungszeichen und einer Erkennungsnummer nach § 8 Absatz 1.* ³*Es wird als Oldtimerkennzeichen durch den Kennbuchstaben „H" hinter der Erkennungsnummer ausgewiesen.* ⁴*Die nach Landesrecht zuständige Behörde (Zulassungsbehörde) kann im Einzelfall bei der Berechnung des in § 2 Nummer 22 geforderten Mindestzeitraums bestimmte vor dem Zeitpunkt des erstmaligen Inverkehrbringens liegende Zeiten, in denen das Fahrzeug außerhalb des öffentlichen Straßenverkehrs in Betrieb genommen wurde, anrechnen.*

Fassung ab 01.01.2018:
²*Dieses Kennzeichen besteht aus einem Unterscheidungszeichen und einer Erkennungsnummer nach § 8 Absatz 1.* ³*Es führt als Oldtimerkennzeichen den Kennbuchstaben „H" als amtlichen Zusatz hinter der Erkennungsnummer, der von der Zulassungsbehörde auch in der Zulassungsbescheinigung Teil I und Teil II zu vermerken ist.* ⁴*Die Zulassungsbehörde kann im Einzelfall bei der Berechnung des in § 2 Nummer 22 geforderten Mindestzeitraums bestimmte vor dem Zeitpunkt des erstmaligen Inverkehrbringens liegende Zeiten, in denen das Fahrzeug außerhalb des öffentlichen Straßenverkehrs in Betrieb genommen wurde, anrechnen.*

(2) ¹Bei Fahrzeugen, deren Halter von der Kraftfahrzeugsteuer befreit ist, ist abweichend von § 10 Absatz 1 ein Kennzeichen mit grüner Beschriftung auf weißem Grund zuzuteilen (grünes Kennzeichen); ausgenommen hiervon sind:
1. Fahrzeuge von Behörden,
2. Fahrzeuge des Personals von diplomatischen und konsularischen Vertretungen,
3. Kraftomnibusse und Personenkraftwagen mit acht oder neun Sitzplätzen einschließlich Fahrersitz sowie Anhänger, die hinter diesen Fahrzeugen mitgeführt werden, wenn das Fahrzeug überwiegend im Linienverkehr eingesetzt wird,
4. Leichtkrafträder und Kleinkrafträder,
5. Fahrzeuge von schwerbehinderten Personen im Sinne des § 3a Absatz 1 und 2 des Kraftfahrzeugsteuergesetzes,
6. besonders emissionsreduzierte Kraftfahrzeuge im Sinne des Kraftfahrzeugsteuergesetzes und
7. (aufgehoben)
8. Fahrzeuge mit einem Wechselkennzeichen nach § 8 Absatz 1a.

²Ein grünes Kennzeichen ist auch für Anhänger zuzuteilen, wenn dies für Zwecke der Sonderregelung für Kraftfahrzeuganhänger gemäß § 10 des Kraftfahrzeugsteuergesetzes beantragt wird. ³Die Zuteilung ist in der Zulassungsbescheinigung Teil I zu vermerken.
(3) ¹Auf Antrag wird einem Fahrzeug ein Saisonkennzeichen zugeteilt.

Fassung bis 31.12.2017:
²Es besteht aus einem Unterscheidungszeichen und einer Erkennungsnummer jeweils nach § 8 Absatz 1 sowie der Angabe eines Betriebszeitraums. ³Der Betriebszeitraum wird auf volle Monate bemessen; er muss mindestens zwei Monate und darf höchstens elf Monate umfassen und ist von der Zulassungsbehörde in der Zulassungsbescheinigung Teil I in Klammern hinter dem Kennzeichen zu vermerken. ⁴Auch Oldtimerkennzeichen nach Absatz 1 und grüne Kennzeichen nach Absatz 2 können als Saisonkennzeichen zugeteilt werden.

Fassung ab 01.01.2018:
²Es besteht aus einem Unterscheidungszeichen und einer Erkennungsnummer nach § 8 Absatz 1 und führt die Angabe eines Betriebszeitraums als amtlichen Zusatz hinter der Erkennungsnummer. ³Der Betriebszeitraum wird auf volle Monate bemessen; er muss mindestens zwei Monate und darf höchstens elf Monate umfassen und ist von der Zulassungsbehörde auch in der Zulassungsbescheinigung Teil I und Teil II in Klammern hinter dem Kennzeichen, in den Fällen des § 9 Absatz 1 Satz 2 oder § 9a Absatz 2 Satz 2 hinter dem jeweiligen Kennbuchstaben, zu vermerken. ⁴Auch grüne Kennzeichen nach Absatz 2 können als Saisonkennzeichen zugeteilt werden.

⁵Das Fahrzeug darf auf öffentlichen Straßen nur während des angegebenen Betriebszeitraums
1. in Betrieb genommen oder
2. abgestellt

werden. ⁶Der Halter darf
1. die Inbetriebnahme eines Fahrzeugs oder
2. dessen Abstellen

auf öffentlichen Straßen nur anordnen oder zulassen, wenn die Voraussetzungen nach Satz 5 vorliegen. ⁷Saisonkennzeichen gelten außerhalb des Betriebszeitraums bei Fahrten zur Abmeldung und bei Rückfahrten nach Abstempelung des Kennzeichens als ungestempelte Kennzeichen im Sinne des § 10 Absatz 4. ⁸Die §§ 16 und 16a bleiben unberührt.

§ 9a
Kennzeichnung elektrisch betriebener Fahrzeuge

(1) Auf Antrag wird für ein Fahrzeug im Sinne des § 2 Nummer 1 des Elektromobilitätsgesetzes ein Kennzeichen zugeteilt für elektrisch betriebene Fahrzeuge im Sinne des § 2 Nummer 3 des Elektromobilitätsgesetzes jedoch nur, wenn dieses die Anforderungen des § 3 Absatz 2 in Verbindung mit § 5 Absatz 2 des Elektromobilitätsgesetzes erfüllt.

Fassung bis 31.12.2017:
(2) ¹Das Kennzeichen im Sinne des Absatzes 1 ist das nach § 8 Absatz 1, auch in Verbindung mit § 9 Absatz 2 und 3, zugeteilte Kennzeichen ergänzt um den Kennbuchstaben „E" im Anschluss an die Erkennungsnummer. ²Bei Fahrzeugen, denen ein Kennzeichen mit dem Kennbuchstaben „E" zugeteilt wurde, ist im Zentralen Fahrzeugregister und im örtlichen Fahrzeugregister, unbeschadet des § 30 Absatz 1 Nummer 3 und des § 31 Absatz 1 Nummer 3, ein Hinweis darauf einzutragen. ³Im Falle dass ein Wechselkennzeichen nach § 8 Absatz 1a zugeteilt wird, ist der Kennbuchstabe „E" auf dem fahrzeugbezogenen Teil anzubringen.

Fassung ab 01.01.2018:
(2) ¹Das Kennzeichen nach Absatz 1 ist das nach § 8 Absatz 1, auch in Verbindung mit § 9 Absatz 2 und 3, zugeteilte Kennzeichen. ²Es führt den Kennbuchstaben „E" als amtlichen Zusatz hinter der Erkennungsnummer, der von der Zulassungsbehörde auch in der Zulassungsbescheinigung Teil I und Teil II zu vermerken ist. ³Wird ein Wechselkennzeichen nach § 8 Absatz 1a zugeteilt, ist der Kennbuchstabe „E" auf dem fahrzeugbezogenen Teil anzubringen.

(3) Mit dem Antrag nach Absatz 1 ist nachzuweisen, dass es sich um ein dort bezeichnetes Fahrzeug handelt.
(4) ¹Bei einem Fahrzeug im Sinne des Absatzes 1, das nach den Vorschriften seines Herkunftsstaates, der nicht die Bundesrepublik Deutschland ist, zur Teilnahme am Straßenverkehr berechtigt ist, erfolgt die Kennzeichnung durch eine Plakette nach Anlage 3a, die an der Rückseite des Fahrzeuges gut sichtbar anzubringen ist. ²Die Plakette wird auf Antrag von einer vom Antragsteller aufgesuchten Zulassungsbehörde ausgegeben. ³Mit dem Antrag ist einer der folgenden Nachweise vorzulegen:
1. die Zulassungsbescheinigung Teil I,
2. die Übereinstimmungsbescheinigung oder
3. eine sonstige zum Nachweis geeignete Unterlage.
⁴In die Plakette ist von der Zulassungsbehörde im dafür vorgesehenen Sichtfeld mit lichtechtem Stift das Kennzeichen des jeweiligen Fahrzeuges einzutragen.
(5) Im Ausland erteilte Kennzeichen für elektrisch betriebene Fahrzeuge oder für elektrisch betriebene Fahrzeuge erteilte Plaketten stehen inländischen Kennzeichen oder Plaketten für elektrisch betriebene Fahrzeuge gleich.

§ 10
Ausgestaltung und Anbringung der Kennzeichen

(1) ¹Unterscheidungszeichen und Erkennungsnummern sind mit schwarzer Beschriftung auf weißem schwarz gerandetem Grund auf ein Kennzeichenschild aufzubringen. ²§ 9 Absatz 2, § 16 Absatz 1 und § 17 Absatz 1 bleiben unberührt.
(2) ¹Kennzeichenschilder dürfen nicht spiegeln, verdeckt oder verschmutzt sein; sie dürfen nicht zusätzlich mit Glas, Folien oder ähnlichen Abdeckungen versehen sein, es sei denn, die Abdeckung ist Gegenstand der Genehmigung nach den in Absatz 6 genannten Vorschriften. ²Form, Größe und Ausgestaltung einschließlich Beschriftung müssen den Mustern, Abmessungen und Angaben in Anlage 4 entsprechen. ³Kennzeichenschilder müssen reflektierend sein und dem Normblatt DIN 74069, Ausgabe Mai 2016, Abschnitt 1 bis 8, entsprechen sowie auf der Vorderseite das DIN-Prüf- und Überwachungszeichen mit der zugehörigen Registernummer tragen; hiervon ausgenommen sind Kennzeichenschilder an Fahrzeugen der Bundeswehr gemäß Anlage 4 Abschnitt 3 sowie Kennzeichenschilder an Fahrzeugen der im Bundesgebiet errichteten internationalen militärischen Hauptquartiere.
(3) ¹Das Kennzeichenschild mit zugeteiltem Kennzeichen muss der Zulassungsbehörde zur Abstempelung durch eine Stempelplakette vorgelegt werden. ²Die Stempelplakette enthält das farbige Wappen des Landes, dem die Zulassungsbehörde angehört, die Bezeichnung des Landes und der Zulassungsbehörde und eine eindeutige Druckstücknummer, die für jede Stempelplakette nur einmal vergeben sein darf. ³Die Stempelplakette muss einen verdeckt angebrachten Sicherheitscode bergen, der erst durch Freilegen unumkehrbar sichtbar gemacht werden kann. ⁴Die Stempelplakette muss so beschaffen sein und so befestigt werden, dass sie bei einem Entfernen zerstört wird. ⁵Die Stempelplakette einschließlich Druckstücknummer und Sicherheitscode muss die Anforderungen des Abschnitts B der Anlage 4a erfüllen. ⁶Ist die Stempelplakette auf einem Plakettenträger angebracht, richtet sich die Ausgestaltung des Plakettenträgers nach Abschnitt C der Anlage 4a. ⁷Stempelplakette und Plakettenträger müssen dem Normblatt DIN 74069, Ausgabe Mai 2016, entsprechen.
(4) ¹Fahrten, die im Zusammenhang mit dem Zulassungsverfahren stehen, insbesondere Fahrten zur Anbringung der Stempelplakette sowie Fahrten zur Durchführung einer Hauptuntersuchung oder einer Sicherheitsprüfung dürfen innerhalb des Zulassungsbezirks und eines angrenzenden Bezirks mit ungestempelten Kennzeichen durchgeführt werden, wenn die Zulassungsbehörde vorab ein solches zugeteilt hat oder eine Reservierung nach § 14 Absatz 1 Satz 4 besteht und die Fahrten von der Kraftfahrzeug-Haftpflichtversicherung erfasst sind. ²Rückfahrten nach

Entfernung der Stempelplakette dürfen mit dem bisher zugeteilten Kennzeichen bis zum Ablauf des Tages der Außerbetriebsetzung des Fahrzeugs durchgeführt werden, wenn sie von der Kraftfahrzeug- Haftpflichtversicherung erfasst sind.

(5) [1]Kennzeichen müssen an der Vorder- und Rückseite des Kraftfahrzeugs vorhanden und fest angebracht sein. [2]Bei Wechselkennzeichen im Sinne des § 8 Absatz 1a sind der gemeinsame Kennzeichenteil und der fahrzeugbezogene Teil jeweils fest anzubringen. [3]Bei einachsigen Zugmaschinen genügt die Anbringung an der Vorderseite, bei Anhängern und bei Krafträdern die Anbringung an deren Rückseite.

(6) [1]Die Anbringung und Sichtbarkeit des hinteren Kennzeichens muss entsprechen:
1. bei Fahrzeugen (Kraftfahrzeugen und ihren Anhängern) nach Maßgabe der Richtlinie 2007/46/EG sowie Fahrzeugen, die nach den Baumerkmalen ihres Fahrgestells diesen Fahrzeugen gleichzusetzen sind, den Anforderungen der Verordnung (EU) Nr. 1003/2010 der Kommission vom 8. November 2010 über die Typgenehmigung der Anbringungsstelle und der Anbringung der hinteren amtlichen Kennzeichen an Kraftfahrzeugen und Kraftfahrzeuganhängern und zur Durchführung der Verordnung (EG) Nr. 661/2009 des Europäischen Parlaments und des Rates über die Typgenehmigung von Kraftfahrzeugen, Kraftfahrzeuganhängern und von Systemen, Bauteilen und selbstständigen technischen Einheiten für diese Fahrzeuge hinsichtlich ihrer allgemeinen Sicherheit (ABl. L 291 vom 9.11.2010, S. 22) in der jeweils geltenden Fassung,
2. bei Fahrzeugen (zwei- oder dreirädrige Kraftfahrzeuge) nach Maßgabe der Richtlinie 2002/24/EG sowie Fahrzeugen, die nach den Baumerkmalen ihres Fahrgestells diesen Fahrzeugen gleichzusetzen sind, den Anforderungen der Richtlinie 2009/62/EG des Europäischen Parlaments und des Rates vom 13. Juli 2009 über die Anbringungsstelle des amtlichen Kennzeichens an der Rückseite von zweirädrigen oder dreirädrigen Kraftfahrzeugen (ABl. L 198 vom 30.7.2009, S. 20) in der jeweils geltenden Fassung und
3. bei Fahrzeugen nach Maßgabe der Richtlinie 2003/37/EG sowie Fahrzeugen, die nach den Baumerkmalen ihres Fahrgestells diesen Fahrzeugen gleichzusetzen sind, den Anforderungen der Richtlinie 2009/63/EG des Europäischen Parlaments und des Rates vom 13. Juli 2009 über bestimmte Bestandteile und Merkmale von land- oder forstwirtschaftlichen Zugmaschinen auf Rädern (ABl. L 214 vom 19.8.2009, S. 23) in der jeweils geltenden Fassung,
4. bei allen anderen als den unter den Nummern 1 bis 3 genannten Fahrzeugen wahlweise den Anforderungen von Nummer 1 oder Nummer 3.

[2]Hintere Kennzeichen müssen eine Beleuchtungseinrichtung haben, die den technischen Vorschriften der Richtlinie 76/760/EWG des Rates vom 27. Juli 1976 zur Angleichung der Rechtsvorschriften der Mitgliedstaaten über Beleuchtungseinrichtungen für das hintere Kennzeichen von Kraftfahrzeugen und Kraftfahrzeuganhängern (ABl. L 262 vom 27.9.1976, S. 85) oder der ECE-Regelung Nummer 4 über einheitliche Vorschriften für die Genehmigung der Beleuchtungseinrichtungen für das hintere Kennzeichenschild von Kraftfahrzeugen (mit Ausnahme von Krafträdern) und ihren Anhängern (VkBl. 2004 S. 613) in der jeweils geltenden Fassung entspricht und die das ganze Kennzeichen auf 20 m lesbar macht. [3]Für Krafträder gilt die Richtlinie 97/24/EG des Europäischen Parlaments und des Rates vom 17. Juni 1997 über bestimmte Bauteile und Merkmale von zweirädrigen oder dreirädrigen Kraftfahrzeugen (ABl. L 226 vom 18.8.1997, S. 1) oder die ECE-Regelung Nr. 53 über einheitliche Bedingungen für die Genehmigung von Krafträdern hinsichtlich des Anbaus der Beleuchtungs- und Lichtsignaleinrichtungen (VkBl. 2005 S. 778) in der jeweils geltenden Fassung. [4]Die Beleuchtungseinrichtung darf kein Licht unmittelbar nach hinten austreten lassen.

(7) ¹Das vordere Kennzeichen darf bis zu einem Vertikalwinkel von 30 Grad gegen die Fahrtrichtung geneigt sein; der untere Rand darf nicht weniger als 200 mm über der Fahrbahn liegen und die sonst vorhandene Bodenfreiheit des Fahrzeugs nicht verringern. ²Vorderes und hinteres Kennzeichen müssen in einem Winkelbereich von je 30 Grad beiderseits der Fahrzeuglängsachse stets auf ausreichende Entfernung lesbar sein.

(8) Anhänger nach § 3 Absatz 2 Satz 1 Nummer 2 Buchstabe a bis c, f und g sowie Anhänger nach § 3 Absatz 2 Satz 1 Nummer 2 Buchstabe d und e, die ein eigenes Kennzeichen nach § 4 nicht führen müssen, haben an der Rückseite ein Kennzeichen zu führen, das der Halter des Zugfahrzeugs für eines seiner Zugfahrzeuge verwenden darf; eine Abstempelung ist nicht erforderlich.

(9) ¹Wird das hintere Kennzeichen durch einen Ladungsträger oder mitgeführte Ladung teilweise oder vollständig verdeckt, so muss am Fahrzeug oder am Ladungsträger das Kennzeichen wiederholt werden. ²Eine Abstempelung ist nicht erforderlich. ³Bei Fahrzeugen, an denen nach § 49a Absatz 9 der Straßenverkehrs-Zulassungs-Ordnung Leuchtenträger zulässig sind, darf das hintere Kennzeichen auf dem Leuchtenträger angebracht sein.

(10) ¹Außer dem Kennzeichen darf nur das Unterscheidungszeichen für den Zulassungsstaat nach Artikel 37 in Verbindung mit Anhang 3 des Übereinkommens vom 8. November 1968 über den Straßenverkehr (BGBl. 1977 II S. 809) am Fahrzeug angebracht werden. ²Für die Bundesrepublik Deutschland ist dies der Großbuchstabe „D".

(11) ¹Zeichen und Einrichtungen aller Art, die zu Verwechslungen mit Kennzeichen oder dem Unterscheidungszeichen nach Absatz 10 führen oder deren Wirkung beeinträchtigen können, dürfen an Fahrzeugen nicht angebracht werden. ²Über die Anbringung der Zeichen „CD" für Fahrzeuge von Angehörigen diplomatischer Vertretungen und „CC" für Fahrzeuge von Angehörigen konsularischer Vertretungen entscheidet das Bundesministerium für Verkehr und digitale Infrastruktur. ³Die Zeichen „CD" und „CC" dürfen an einem Fahrzeug auf öffentlichen Straßen nur geführt werden, wenn die Berechtigung in der Zulassungsbescheinigung Teil I eingetragen ist. ⁴Der Halter darf die Inbetriebnahme eines Fahrzeugs auf öffentlichen Straßen nur anordnen oder zulassen, wenn die Voraussetzungen nach Satz 3 vorliegen.

(12) ¹Unbeschadet des Absatzes 4 dürfen Fahrzeuge auf öffentlichen Straßen nur in Betrieb gesetzt werden, wenn das zugeteilte Kennzeichen auf einem Kennzeichenschild nach Absatz 1, 2 Satz 1, 2 und 3 Halbsatz 1, Absatz 5 Satz 1 und 2 sowie Absatz 6 bis 8 und 9 Satz 1 ausgestaltet, angebracht und beleuchtet ist und die Stempelplakette nach Absatz 3 vorhanden ist und keine verwechslungsfähigen oder beeinträchtigenden Zeichen und Einrichtungen nach Absatz 11 Satz 1 am Fahrzeug angebracht sind. ²Der Halter darf die Inbetriebnahme eines Fahrzeugs nicht anordnen oder zulassen, wenn die Voraussetzungen nach Satz 1 nicht vorliegen.

(13) ¹Abweichend von Absatz 2 Satz 1 und Absatz 6 Satz 2 bis 4 dürfen nach § 22a Absatz 1 Nummer 21 der Straßenverkehrs-Zulassungs-Ordnung bauartgenehmigte Beleuchtungseinrichtungen für hintere transparente Kennzeichen oder Beleuchtungseinrichtungen, die mit dem Kennzeichen eine Einheit bilden oder bei der sich das Kennzeichen hinter einer durchsichtigen, lichtleitenden Abschlussscheibe befindet,
1. weißes Licht nach hinten abstrahlen oder
2. mit einer Abschlussscheibe vor dem Kennzeichen versehen sein,

soweit jeweils die Nummern 22 und 22a der Technischen Anforderungen an Fahrzeugteile bei der Bauartprüfung nach § 22a StVZO vom 5. Juli 1973 (VkBl. 1973 S. 558), die zuletzt durch die Bekanntmachung vom 21. Juli 2006 (VkBl. 2006 S. 645) geändert worden sind, eingehalten werden. ²Die bauartgenehmigte Beleuchtungseinrichtung muss mit dem amtlich zugeteilten Prüfzeichen gekennzeichnet sein.

§ 11
Zulassungsbescheinigung Teil I

(1) ¹Die Zulassungsbescheinigung Teil I wird nach den Vorgaben der Anlage 5 ausgefertigt. ²Sie ist mit einer sichtbaren Markierung mit der Aufschrift „Zur Außerbetriebsetzung entfernen" zu versehen. ³Die sichtbare Markierung mit der Aufschrift „Zur Außerbetriebsetzung entfernen" enthält eine Druckstücknummer, die für jede Zulassungsbescheinigung Teil I nur einmal vergeben sein darf. ⁴Die sichtbare Markierung muss ferner die darunterliegende Markierung mit der Aufschrift „Außer Betrieb gesetzt" und einen Sicherheitscode so verdecken, dass die Markierung mit der Aufschrift „Außer Betrieb gesetzt" und der Sicherheitscode nur gleichzeitig mit der Entfernung der Markierung mit der Aufschrift „Zur Außerbetriebsetzung entfernen" unumkehrbar sichtbar gemacht werden können.
(2) ¹Sind für denselben Halter mehrere Anhänger zugelassen, kann zusätzlich zu der Zulassungsbehörde auf Antrag ein Verzeichnis der für den Halter zugelassenen Anhänger ausgestellt werden. ²Aus dem Verzeichnis müssen Name, Vorname und Anschrift des Halters sowie Marke, Fahrzeugklasse und Art des Aufbaus, Leermasse, zulässige Gesamtmasse und bei Sattelanhängern auch die Stützlast, die Fahrzeug-Identifizierungsnummer, das Datum der ersten Zulassung und das Kennzeichen der Anhänger ersichtlich sein.
(3) ¹Das Kraftfahrt-Bundesamt stellt der Zulassungsbehörde Typdaten zur Verfügung, damit diese die Zulassungsbescheinigung Teil I maschinell ausfüllen kann. ²Das Kraftfahrt-Bundesamt hat diese Typdaten zu erstellen, soweit es über die erforderlichen Angaben verfügt und der Aufwand für die Erstellung angemessen ist.
(4) Für Fahrzeuge der Bundeswehr können von der Zentralen Militärkraftfahrtstelle Zulassungsbescheinigungen Teil I nach dem Muster in Anlage 6 ausgefertigt werden.
(5) ¹Die Anerkennung als schadstoffarmes Fahrzeug nach § 47 Absatz 3 der Straßenverkehrs-Zulassungs-Ordnung und Einstufung des Fahrzeugs in eine der Emissionsklassen nach § 48 der Straßenverkehrs-Zulassungs-Ordnung sind unter Angabe des Datums in der Zulassungsbescheinigung Teil I zu vermerken, wenn der Zulassungsbehörde die entsprechenden Voraussetzungen nachgewiesen werden. ²Die Zulassungsbehörde kann in Zweifelsfällen die Vorlage eines Gutachtens eines amtlich anerkannten Sachverständigen für den Kraftfahrzeugverkehr darüber fordern, in welche Emissionsklasse das Fahrzeug einzustufen ist.
(6) Die Zulassungsbescheinigung Teil I oder das entsprechende Anhängerverzeichnis nach Absatz 2 ist vom jeweiligen Fahrer des Kraftfahrzeugs mitzuführen und zuständigen Personen auf Verlangen zur Prüfung auszuhändigen.
(7) Wird nach Ausstellung einer neuen Zulassungsbescheinigung Teil I für eine in Verlust geratene Bescheinigung diese wieder aufgefunden, hat der Halter oder Eigentümer sie unverzüglich der zuständigen Zulassungsbehörde abzuliefern.

§ 12
Zulassungsbescheinigung Teil II

(1) ¹Mit dem Antrag auf Ausfertigung einer Zulassungsbescheinigung Teil II ist der Zulassungsbehörde die Verfügungsberechtigung über das Fahrzeug nachzuweisen. ²In begründeten Einzelfällen kann die Zulassungsbehörde beim Kraftfahrt-Bundesamt anfragen, ob das Fahrzeug im Zentralen Fahrzeugregister eingetragen, ein Suchvermerk vorhanden oder ob bereits eine Zulassungsbescheinigung Teil II ausgegeben worden ist. ³Die Sätze 1 und 2 sind auch anzuwenden, wenn die Ausfüllung eines Vordrucks der Zulassungsbescheinigung Teil II beantragt wird, ohne dass das Fahrzeug zugelassen werden soll. ⁴Für Fahrzeuge, die im Ausland zugelassen sind oder waren, ist das Ausfüllen eines Vordrucks einer Zulassungsbescheinigung Teil II nur im Zusammenhang mit der Zulassung des Fahrzeugs zulässig.

Fassung bis 31.12.2017:
(2) ¹*Die Zulassungsbehörde fertigt die Zulassungsbescheinigung Teil II nach dem Muster in Anlage 7 aus.* ²*Die Ausfüllung einer Zulassungsbescheinigung Teil II sowie deren erstmalige Ausfertigung durch die Zulassungsbehörde ist nur bei Vorlage der Übereinstimmungsbescheinigung, der Datenbestätigung oder der Bescheinigung über die Einzelgenehmigung des Fahrzeugs zulässig.* ³*Wurden die Angaben über die Beschaffenheit des Fahrzeugs und über dessen Übereinstimmung mit dem genehmigten Typ noch nicht durch den Hersteller eingetragen, hat die Zulassungsbehörde diese Eintragungen vorzunehmen.* ⁴*Hierfür werden ihr vom Kraftfahrt-Bundesamt die erforderlichen Typdaten zur Verfügung gestellt, soweit diese dort vorliegen.* ⁵*Die Zulassungsbehörde vermerkt die Ausfertigung der Zulassungsbescheinigung Teil II unter Angabe der betreffenden Nummer auf der Übereinstimmungsbescheinigung oder der Datenbestätigung.*

Fassung ab 01.01.2018:
(2) ¹*Die Zulassungsbescheinigung Teil II wird nach den Vorgaben der Anlage 7 ausgefertigt.* ²*Sie ist mit einer sichtbaren Markierung versehen; neben der sichtbaren Markierung befindet sich der Hinweis „Nur zur Nutzung des Sicherheitscodes in internetbasierten Zulassungsverfahren freigeben.* ³*Dokument nur unbeschädigt gültig".* ⁴*Mit der sichtbaren Markierung werden die darunterliegende Markierung mit der Aufschrift „Dokument nicht mehr gültig" und ein Sicherheitscode der Zulassungsbescheinigung Teil II verdeckt.*
(3) ¹*Die Ausfüllung einer Zulassungsbescheinigung Teil II oder deren erstmalige Ausfertigung durch die Zulassungsbehörde ist nur zulässig bei Vorlage*
1. *der Übereinstimmungsbescheinigung,*
2. *der Datenbestätigung oder*
3. *der Bescheinigung über die Einzelgenehmigung des Fahrzeugs.*
²*Wurden die Angaben über die Beschaffenheit des Fahrzeugs und über dessen Übereinstimmung mit dem genehmigten Typ noch nicht durch den Hersteller eingetragen, hat die Zulassungsbehörde diese Eintragungen vorzunehmen.* ³*Hierfür werden ihr vom Kraftfahrt-Bundesamt die erforderlichen Typdaten zur Verfügung gestellt, soweit diese dort vorliegen.* ⁴*Die Zulassungsbehörde vermerkt die Ausfertigung der Zulassungsbescheinigung Teil II* unter Angabe der betreffenden Nummer auf der Übereinstimmungsbescheinigung oder der Datenbestätigung.

Bisherige Abs. 3–6 sind neue Abs. 4–7 ab 01.01.2018:
(3)/(4) Die Vordrucke der Zulassungsbescheinigung Teil II werden vom Kraftfahrt-Bundesamt
1. auf Antrag an die Zulassungsbehörden oder
2. auf schriftlichen Antrag zum Zwecke der Ausfüllung an
    a) die Inhaber einer EG-Typgenehmigung für Fahrzeuge,
    b) die Inhaber einer nationalen Typgenehmigung für Fahrzeuge oder
    c) die von den Personen nach Nummer 1 oder 2 bevollmächtigten Vertreter
ausgegeben.

(4)/(5) ¹Der Verlust eines Vordrucks der Zulassungsbescheinigung Teil II ist vom jeweiligen Empfänger dem Kraftfahrt-Bundesamt anzuzeigen. ²Der Verlust einer ausgefertigten Zulassungsbescheinigung Teil II ist der zuständigen Zulassungsbehörde anzuzeigen, die das Kraftfahrt-Bundesamt hiervon unterrichtet. ³Das Kraftfahrt-Bundesamt bietet die in Verlust geratene Bescheinigung auf Antrag im Verkehrsblatt mit einer Frist zur Vorlage bei der Zulassungsbehörde auf. ⁴Eine neue Zulassungsbescheinigung Teil II darf erst nach Ablauf der Frist ausgefertigt werden. ⁵Wird die in Verlust geratene Zulassungsbescheinigung Teil II wieder aufgefunden, ist diese unverzüglich bei der Zulassungsbehörde abzuliefern. ⁶*Absatz 6 [ab 01.01.2018: „Absatz 7"] Satz 2 ist entsprechend anzuwenden.*

(5)/(6) ¹Sind in einer Zulassungsbescheinigung Teil II die für die Eintragungen der Zulassung bestimmten Felder ausgefüllt oder ist diese beschädigt, ist eine neue Bescheinigung auszustellen. ²Eine neue Bescheinigung ist ferner auf Antrag stets dann auszustellen, wenn sich die Angaben des Halters geändert haben und diese Angaben ganz oder teilweise einem gesetzlichen Offenbarungsverbot unterliegen. ³Die das Offenbarungsverbot begründenden Tatsachen sind auf Verlangen nachzuweisen. ⁴Die Zulassungsbehörde hat die alte Bescheinigung zu entwerten und sie unter Eintragung

der Nummer der neuen Bescheinigung dem Antragsteller zurückzugeben.
(6)/(7) ¹Die Zulassungsbehörde entscheidet keine privatrechtlichen Sachverhalte. ²Zur Vorlage der Zulassungsbescheinigung Teil II ist neben dem Halter und dem Eigentümer bei Aufforderung durch die Zulassungsbehörde jeder verpflichtet, in dessen Gewahrsam sich die Bescheinigung befindet. ³Die Zulassungsbehörde hat demjenigen, der ihr die Zulassungsbescheinigung Teil II vorgelegt hat oder der von ihm bestimmten Stelle oder Person, diese wieder auszuhändigen.

§ 13
Mitteilungspflichten bei Änderungen

(1) ¹Folgende Änderungen von Fahrzeug- oder Halterdaten sind der Zulassungsbehörde zum Zwecke der Berichtigung der Fahrzeugregister und der Zulassungsbescheinigung unter Vorlage der Zulassungsbescheinigung Teil I, des Anhängerverzeichnisses und bei Änderungen nach Nummer 1 bis 3 auch der Zulassungsbescheinigung Teil II unverzüglich mitzuteilen:
1. Änderungen von Angaben zum Halter, wobei bei alleiniger Änderung der Anschrift die Zulassungsbescheinigung Teil II nicht vorzulegen ist,
2. Änderung der Fahrzeugklasse nach Anlage XXIX der Straßenverkehrs-Zulassungs-Ordnung,
3. Änderung von Hubraum, Nennleistung, Kraftstoffart oder Energiequelle,
4. Erhöhung der bauartbedingten Höchstgeschwindigkeit,
5. Verringerung der bauartbedingten Höchstgeschwindigkeit, wenn diese fahrerlaubnisrelevant oder zulassungsrelevant ist,
6. Änderung der zulässigen Achslasten, der Gesamtmasse, der Stützlast oder der Anhängelast,
7. Erhöhung der Fahrzeugabmessungen, ausgenommen bei Personenkraftwagen und Krafträdern,
8. Änderung der Sitz- oder Stehplatzzahl bei Kraftomnibussen,
9. Änderungen der Abgas- oder Geräuschwerte, sofern sie sich auf die Kraftfahrzeugsteuer oder Verkehrsverbote auswirken,
10. Änderungen, die eine Ausnahmegenehmigung nach § 47 erfordern, und
11. Änderungen, deren unverzügliche Eintragung in die Zulassungsbescheinigung auf Grund eines Vermerks im Sinne des § 19 Absatz 4 Satz 2 der Straßenverkehrs-Zulassungs-Ordnung erforderlich ist.
²Andere Änderungen von Fahrzeug- oder Halterdaten sind der Zulassungsbehörde bei deren nächster Befassung mit der Zulassungsbescheinigung mitzuteilen. ³Verpflichtet zur Mitteilung ist der Halter und, wenn er nicht zugleich der Eigentümer ist, auch dieser. ⁴Die Verpflichtung besteht, bis der Behörde durch einen der Verpflichteten die Änderungen mitgeteilt worden sind. ⁵Kommen die nach Satz 3 Verpflichteten ihrer Mitteilungspflicht nicht nach, kann die Zulassungsbehörde für die Zeit bis zur Erfüllung der Verpflichtung den Betrieb des Fahrzeugs auf öffentlichen Straßen untersagen. ⁶Der Halter darf die Inbetriebnahme eines Fahrzeugs, dessen Betrieb nach Satz 5 untersagt wurde, nicht anordnen oder zulassen.

(1a) Der Mitteilungspflicht nach Absatz 1 Satz 1 Nummer 1 wird auch genügt, wenn diese Änderungen über eine Meldebehörde mitgeteilt werden, sofern bei der Meldebehörde ein solches Verfahren eröffnet ist.

(2) ¹Wer einen Personenkraftwagen verwendet
1. für eine Personenbeförderung, die dem Personenbeförderungsgesetz unterliegt,
2. für eine Beförderung durch oder für Kindergartenträger zwischen Wohnung und Kindergarten oder durch oder für Schulträger zum und vom Unterricht oder
3. für eine Beförderung von behinderten Menschen zu und von ihrer Betreuung dienenden Einrichtungen
hat dies vor Beginn und nach Beendigung der Verwendung der zuständigen Zulassungsbehörde unverzüglich schriftlich oder elektronisch anzuzeigen. ²Wer ein Fahrzeug ohne Gestellung eines Fahrers gewerbsmäßig vermietet (Mietfahrzeug für Selbstfahrer), hat dies nach Beginn des Gewerbebetriebs der zuständigen Zulassungsbehörde unverzüg-

lich schriftlich oder elektronisch anzuzeigen, wenn nicht das Fahrzeug für den Mieter zugelassen wird. ³Zur Eintragung der Verwendung des Fahrzeugs im Sinne des Satzes 1 oder des Satzes 2 ist der Zulassungsbehörde unverzüglich die Zulassungsbescheinigung Teil I vorzulegen.

(3) ¹Verlegt der Halter seinen Wohnsitz oder Sitz in einen anderen Zulassungsbezirk, hat er unverzüglich
1. bei der für den neuen Wohnsitz oder Sitz zuständigen Zulassungsbehörde die Zuteilung eines neuen Kennzeichens, einer neuen Zulassungsbescheinigung Teil I und die Berichtigung der Angaben in der Zulassungsbescheinigung Teil II zu beantragen oder
2. der für den neuen Wohnsitz oder Sitz zuständigen Zulassungsbehörde mitzuteilen, dass das bisherige Kennzeichen weitergeführt werden soll, und die Zulassungsbescheinigung Teil I zur Berichtigung vorzulegen.

²Kommt er diesen Pflichten nicht nach, kann die Zulassungsbehörde für die Zeit bis zur Erfüllung der Pflichten den Betrieb des Fahrzeugs auf öffentlichen Straßen untersagen. ³Der Halter darf die Inbetriebnahme eines Fahrzeugs, dessen Betrieb nach Satz 2 untersagt ist, nicht anordnen oder zulassen. ⁴Im Falle des Satzes 1 Nummer 1 teilt die für den neuen Wohnsitz oder Sitz zuständige Zulassungsbehörde nach Vorlage der Zulassungsbescheinigung und der bisherigen Kennzeichen zur Entstempelung dem Fahrzeug ein neues Kennzeichen zu. ⁵Im Falle des Satzes 1 Nummer 2 berichtigt die für den neuen Wohnsitz oder Sitz zuständige Zulassungsbehörde die Zulassungsbescheinigung Teil I. ⁶Absatz 1 Satz 1 Nummer 1 bleibt unberührt.

(4) ¹Tritt ein Wechsel in der Person des Halters ein, hat der bisherige Halter oder Eigentümer dies unverzüglich der Zulassungsbehörde zum Zweck der Berichtigung des Fahrzeugregisters mitzuteilen; die Mitteilung ist entbehrlich, wenn der Erwerber seiner Pflicht nach Satz 3 bereits nachgekommen ist. ²Die Mitteilung muss das Kennzeichen des Fahrzeugs, Namen, Vornamen und vollständige Anschrift des Erwerbers sowie dessen Bestätigung, dass die Zulassungsbescheinigung übergeben wurde, enthalten. ³Der Erwerber hat unverzüglich bei der für seinen Wohnsitz oder Sitz zuständigen Zulassungsbehörde unter Angabe der Halterdaten nach § 33 Absatz 1 Satz 1 Nummer 2 des Straßenverkehrsgesetzes und unter Vorlage des Versicherungsnachweises nach § 23 die Ausfertigung einer neuen Zulassungsbescheinigung und, sofern dem Fahrzeug bisher ein Kennzeichen von einer anderen Zulassungsbehörde zugeteilt war, die Zuteilung eines neuen Kennzeichens zu beantragen. ⁴Kommt der bisherige Halter oder Eigentümer seiner Mitteilungspflicht nicht nach oder wird das Fahrzeug nicht unverzüglich umgemeldet oder außer Betrieb gesetzt oder erweisen sich die mitgeteilten Daten des neuen Halters oder Eigentümers als nicht zutreffend, kann die Zulassungsbehörde die Zulassungsbescheinigung im Verkehrsblatt mit einer Frist von vier Wochen zur Vorlage bei ihr aufbieten. ⁵Mit erfolglosem Ablauf des Aufgebots endet die Zulassung des Fahrzeugs. ⁶Die Zulassungsbehörde teilt das Ende der Zulassung dem bisherigen Halter oder Eigentümer mit. ⁷Abweichend von Satz 4 kann die Zulassungsbehörde auch eine Anordnung nach Absatz 1 Satz 5 erlassen. ⁸Im Falle einer Anordnung nach Satz 7 gilt Absatz 1 Satz 6 entsprechend.

(5) Die Absätze 1, 3 und 4 gelten nicht für außer Betrieb gesetzte Fahrzeuge.

(6) ¹Wird ein zugelassenes Fahrzeug im Ausland erneut zugelassen und erhält die zuständige Zulassungsbehörde durch das Kraftfahrt-Bundesamt hierüber eine Mitteilung, ist das Fahrzeug durch die Zulassungsbehörde außer Betrieb zu setzen. ²Die Mitteilung erfolgt in elektronischer Form nach den vom Kraftfahrt-Bundesamt herausgegebenen und im Verkehrsblatt veröffentlichten Standards.

§ 14
Außerbetriebsetzung, Wiederzulassung

(1) ¹Soll ein zugelassenes Fahrzeug oder ein zulassungsfreies Fahrzeug, dem ein Kennzeichen zugeteilt ist, außer Betrieb gesetzt werden, hat der Halter oder der Verfügungsberechtigte dies bei der Zulassungsbehörde

1. bei zugelassenen Fahrzeugen unter Vorlage der Zulassungsbescheinigung Teil I und, soweit vorhanden, der Anhängerverzeichnisse,
2. bei zulassungsfreien Fahrzeugen unter Vorlage des Nachweises über die Zuteilung des Kennzeichens oder der Zulassungsbescheinigung Teil I,

zu beantragen und die Kennzeichen zur Entstempelung vorzulegen. ²Bei Wechselkennzeichen ist der fahrzeugbezogene Teil, der die Stempelplakette trägt und, wenn mit diesem Kennzeichen kein weiteres Fahrzeug zugelassen bleibt, auch der gemeinsame Kennzeichenteil zur Entstempelung vorzulegen. ³Die Zulassungsbehörde vermerkt die Außerbetriebsetzung des Fahrzeugs unter Angabe des Datums auf der Zulassungsbescheinigung Teil I und, soweit vorhanden, auf den Anhängerverzeichnissen und händigt die vorgelegten Unterlagen sowie die entstempelten Kennzeichenschilder wieder aus. ³Der Halter kann sich das Kennzeichen zum Zweck der Wiederzulassung des nach den Sätzen 1 bis 3 außer Betrieb gesetzten Fahrzeugs für eine Dauer von längstens zwölf Monaten, gerechnet ab dem Tag der Außerbetriebsetzung, reservieren lassen und erhält dafür eine schriftliche oder elektronische Bestätigung. ⁴Satz 4 gilt nicht, wenn das Kennzeichen nach § 13 Absatz 3 Satz 1 Nummer 2 in einem anderen Zulassungsbezirk weitergeführt wurde und dort außer Betrieb gesetzt wird.

(2) ¹Soll ein nach Absatz 1 Satz 1 bis 3 außer Betrieb gesetztes Fahrzeug wieder zum Verkehr zugelassen oder ein solches zulassungsfreies kennzeichenpflichtiges Fahrzeug wieder in Betrieb genommen werden, ist die Zulassungsbescheinigung Teil I und Teil II vorzulegen, § 6, auch in Verbindung mit § 4 Absatz 2 Satz 2, gilt entsprechend. ²Das Fahrzeug muss vor der Wiederzulassung oder der erneuten Inbetriebnahme einer Hauptuntersuchung nach § 29 der Straßenverkehrs-Zulassungs-Ordnung unterzogen werden, wenn bei Anwendung der Anlage VIII Nummer 2 der Straßenverkehrs-Zulassungs-Ordnung zwischenzeitlich eine Untersuchung hätte stattfinden müssen. ³Satz 2 gilt entsprechend für eine Sicherheitsprüfung nach § 29 der Straßenverkehrs-Zulassungs-Ordnung. ⁴Sind die Fahrzeugdaten und Halterdaten im Zentralen Fahrzeugregister bereits gelöscht worden und kann die Übereinstimmungsbescheinigung, die Datenbestätigung oder die Bescheinigung über die Einzelgenehmigung des unveränderten Fahrzeugs nicht anderweitig erbracht werden, ist § 21 der Straßenverkehrs-Zulassungs-Ordnung entsprechend anzuwenden.

§ 15
Verwertungsnachweis

(1) ¹Ist ein Fahrzeug der Klasse M1, N1 oder L5e einer anerkannten Stelle nach § 4 Absatz 1 der Altfahrzeug-Verordnung zur Verwertung überlassen worden, hat der Halter oder Eigentümer dieses Fahrzeug unter Vorlage eines Verwertungsnachweises nach dem Muster in Anlage 8 zur Speicherung in den Fahrzeugregistern bei der Zulassungsbehörde außer Betrieb setzen zu lassen. ²Die Zulassungsbehörde überprüft die Richtigkeit und Vollständigkeit der Angaben zum Fahrzeug und zum Halter im Verwertungsnachweis und gibt diesen zurück.

(2) ¹Absatz 1 gilt entsprechend, wenn das Fahrzeug zur Entsorgung in einem anderen Mitgliedstaat der Europäischen Union oder einem anderen Vertragsstaat des Abkommens über den Europäischen Wirtschaftsraum verbleibt. ²In diesem Fall tritt an die Stelle des Verwertungsnachweises der nach Artikel 5 Absatz 3 und 5 der Richtlinie 2000/53/EG des Europäischen Parlaments und des Rates vom 18. September 2000 über Altfahrzeuge (ABl. L 269 vom 21.10.2000, S. 34) in Verbindung mit der Entscheidung der Kommission vom 19. Februar 2002 über Mindestanforderungen für den gemäß Artikel 5 Absatz 3 der Richtlinie 2000/53/EG des Europäischen Parlaments und des Rates über Altfahrzeuge ausgestellten Verwertungsnachweis (ABl. L 50 vom 21.2.2002, S. 94) ausgestellte Verwertungsnachweis.

(3) ¹Kommt der Halter oder Eigentümer seinen Verpflichtungen nach Absatz 1 oder 2 nicht nach, hat die Zulassungsbehörde die Zulassungsbescheinigung im Verkehrsblatt

mit einer Frist von vier Wochen zur Vorlage bei ihr aufzubieten. ²Mit erfolglosem Ablauf des Aufgebots endet die Zulassung des Fahrzeugs. ³Die Zulassungsbehörde teilt das Ende der Zulassung dem bisherigen Halter oder Eigentümer mit.

(4) Verbleibt ein Fahrzeug der Klasse M1, N1 oder L5e zur Entsorgung in einem Drittstaat, so hat der Halter oder Eigentümer des Fahrzeugs dies gegenüber der Zulassungsbehörde zu erklären und das Fahrzeug außer Betrieb setzen zu lassen.

(5) Im Übrigen hat der Halter oder Eigentümer des Fahrzeugs gegenüber der Zulassungsbehörde bei einem Antrag auf Außerbetriebsetzung des Fahrzeugs zu erklären, dass das Fahrzeug nicht als Abfall zu entsorgen ist.

(6) Eine Zulassung, Wiederzulassung oder Zuteilung eines Kennzeichens ist abzulehnen, wenn die Zulassungsbehörde Kenntnis davon hat, dass das Fahrzeug
1. einer anerkannten Stelle nach § 4 Absatz 1 der Altfahrzeug-Verordnung zur Verwertung überlassen oder
2. in einem anderen Mitgliedstaat der Europäischen Union oder in einem anderen Vertragsstaat des Abkommens über den Europäischen Wirtschaftsraum als Altfahrzeug gemäß der Richtlinie 2000/53/EG behandelt
wurde.

ABSCHNITT 2A
Internetbasierte Zulassung

§ 15a
Zulässigkeit internetbasierter Zulassungsverfahren

(1) Die Zulassung von Fahrzeugen, einschließlich der Kennzeichenzuteilung für zulassungsfreie Fahrzeuge und ihre Außerbetriebsetzung kann nach Maßgabe dieses Abschnittes internetbasiert durchgeführt werden (internetbasierte Zulassungsverfahren).

(2) ¹Das Kraftfahrt-Bundesamt und die Zulassungsbehörden haben bei internetbasierten Zulassungsverfahren, insbesondere bei der Erstellung, Speicherung und Übermittlung der Druckstücknummern und Sicherheitscodes von Stempelplaketten und der Zulassungsbescheinigung Teil I *[ab 01.01.2018 werden folgende Wörter eingefügt: „sowie des Sicherheitscodes der Zulassungsbescheinigung Teil II"]* dem jeweiligen Stand der Technik entsprechende technische und organisatorische Maßnahmen zur Sicherstellung des Datenschutzes und der Datensicherheit zu treffen, die insbesondere die Vertraulichkeit und Unversehrtheit der Daten gewährleisten. ²Bei der Nutzung öffentlich zugänglicher Netze sind dem Stand der Technik entsprechende sichere Verschlüsselungs- und Authentifizierungsverfahren anzuwenden. ³Die Sätze 1 und 2 gelten hinsichtlich der Erstellung, Speicherung und Übermittlung der Druckstücknummern und Sicherheitscodes von Stempelplaketten und der Zulassungsbescheinigung Teil I *[ab 01.01.2018 werden folgende Wörter eingefügt: „sowie des Sicherheitscodes der Zulassungsbescheinigung Teil II"]* für hiermit von den in Satz 1 genannten Behörden beauftragte Einrichtungen entsprechend.

(3) ¹Soweit für internetbasierte Verfahren auf informationstechnische Systembestandteile zurückgegriffen wird, die einen Zugang zu den beim Kraftfahrt-Bundesamt gespeicherten Daten ermöglichen, sind die vom Kraftfahrt-Bundesamt festgelegten und im Bundesanzeiger sowie nachrichtlich im Verkehrsblatt veröffentlichten Standards für die Datenübermittlung und für die Mindestsicherheitsanforderungen an die beteiligten informationstechnischen Systeme einzuhalten. ²Protokolldaten sind durch geeignete Vorkehrungen gegen zweckfremde Verwendung sowie gegen sonstigen Missbrauch zu schützen und nach sechs Monaten automatisiert zu löschen. ³Ergibt sich in dieser Frist der Bedarf für eine längere Speicherung zum Zwecke der Datenschutzkontrolle oder Datensicherheit, hat die Löschung unverzüglich nach Fortfall dieses Bedarfs zu erfolgen.

(4) Es wird vermutet, dass der Stand der Technik eingehalten ist, soweit die im Bundesanzeiger bekanntgemachten Technischen Richtlinien des Bundesamtes für Sicherheit in der Informationstechnik eingehalten werden.

§ 15b
Gemeinsame Regelungen für internetbasierte Zulassungsverfahren

(1) ¹Ein nach dieser Verordnung erforderlicher Antrag ist, soweit er elektronisch gestellt wird, über das von der Zulassungsbehörde hierfür eingerichtete informationstechnische System (Portal) zu stellen. ²Stellt die antragstellende Person nach Eingabe der erforderlichen Daten in das Portal der Zulassungsbehörde den Antrag, werden die in das Portal eingegebenen und vom Portal erstellten Daten in die Bearbeitung der Zulassungsbehörde übertragen, indem sie aus dem Portal über ein vom Kraftfahrt-Bundesamt eingerichtetes Verfahren elektronisch an die Zulassungsbehörde übermittelt werden. ³Die im Portal zu dem jeweiligen Dialog gespeicherten Daten sind nach ihrer Übermittlung an die Zulassungsbehörde oder nach einem Abbruch des Vorgangs unverzüglich zu löschen.
(2) ¹Nach Maßgabe des § 15a Absatz 3 erfolgen
1. die Datenübermittlung nach Absatz 1 Satz 2 sowie
2. die Datenübermittlung
   a) zur Verifizierung der elektronischen Versicherungsbestätigung,
   b) für die Kraftfahrzeugsteuerrückstandsprüfung und
   c) zur Verifizierung der Bankverbindung.

²Verfahren, die mit der beantragten Amtshandlung in Zusammenhang stehen, ohne hierfür Voraussetzung zu sein, sind nicht an die Standards für die Datenübermittlung, jedoch ungeschmälert an die Standards für die Mindestsicherheitsanforderungen an die beteiligten informationstechnischen Systeme nach § 15a Absatz 3 gebunden. ³Werden im Falle des Satzes 2 die Standards für die Datenübermittlung nach § 15a Absatz 3 nicht beachtet, ist durch die Zulassungsbehörde sicherzustellen, dass diese Verfahren im Zusammenhang mit der elektronischen Antragstellung nach Absatz 1 Satz 1 verwendet werden können.
(3) ¹Ein elektronischer Antrag nach Absatz 1 Satz 1 setzt eine sichere Identifizierung der antragstellenden Person

1. anhand eines elektronischen Identitätsnachweises nach § 18 des Personalausweisgesetzes oder nach § 78 Absatz 5 des Aufenthaltsgesetzes oder
2. anhand sonstiger geeigneter technischer Verfahren mit gleichwertiger Sicherheit für die Identifizierung

voraus. ²Die Gleichwertigkeit der Sicherheit von Verfahren ist gegeben, wenn das Verfahren einem vom Bundesamt für Sicherheit in der Informationstechnik festgestellten und im Bundesanzeiger bekanntgegebenen Verfahren genügt. ³Soweit in einem internetbasierten Zulassungsverfahren die antragstellende Person eine juristische Person oder ein Vertreter einer natürlichen oder juristischen Person sein kann, richtet sich deren Identifizierung nach den jeweiligen landesrechtlichen Bestimmungen über die Teilnahme solcher Personen an elektronischen Verwaltungsverfahren, soweit das zuständige Land deren Teilnahme ermöglicht.
(4) ¹Für die Bearbeitung von Anträgen in internetbasierten Zulassungsverfahren werden
1. die Sicherheitscodes der Stempelplaketten nach § 10 Absatz 3 Satz 3,
2. der Sicherheitscode der Zulassungsbescheinigung Teil I nach § 11 Absatz 1 Satz 4

verarbeitet. ²Ein Kennzeichenschild, bei dessen Stempelplakette der Sicherheitscode sichtbar ist, gilt als ungestempeltes Kennzeichen im Sinne des § 10 Absatz 4 Satz 1 und Absatz 12.
(5) Soweit die Entscheidung über einen Antrag nach Absatz 1 Satz 1 davon abhängt, dass die Frist für die nächste Hauptuntersuchung oder Sicherheitsprüfung nach § 29 der Straßenverkehrs-Zulassungs-Ordnung noch nicht abgelaufen ist, erfolgt deren Nachweis nach Maßgabe des § 15c.
(6) ¹Soweit Amtshandlungen gebührenpflichtig sind, sind die Gebühren durch die antragstellende Person vor der Antragstellung nach Absatz 1 Satz 2 zu entrichten. ²Die Entrichtung der Gebühren ist bei der Antragstellung nachzuweisen.
(7) Die Bekanntgabe der das internetbasierte Zulassungsverfahren abschließenden Zulas-

sungsentscheidung an den Halter bewirkt die Zulassungsbehörde
1. im Falle der internetbasierten Außerbetriebsetzung
   a) durch Versendung einer DE-Mail-Nachricht im Sinne des DE-Mail-Gesetzes, soweit der Halter in seinem elektronischen Antrag ein auf seinen Namen eingerichtetes DE-Mail-Konto benennt und den elektronischen Kommunikationsweg eröffnet,
   b) durch Übermittlung eines qualifiziert gesiegelten Dokumentes im Sinne des Artikels 35 Absatz 2 der Verordnung (EU) Nr. 910/2014 des Europäischen Parlaments und des Rates vom 23. Juli 2014 über elektronische Identifizierung und Vertrauensdienste für elektronische Transaktionen im Binnenmarkt und zur Aufhebung der Richtlinie 1999/93/EG (ABl. L 257 vom 28.8.2014, S. 73, ABl. L 23 vom 29.1.2015, S. 19, ABl. L 155 vom 14.6.2016, S. 44), soweit der Halter den elektronischen Kommunikationsweg eröffnet,
   c) durch sonstige sichere Verfahren, welche die Voraussetzungen des § 3a Absatz 2 Satz 4 Nummer 4 des Verwaltungsverfahrensgesetzes erfüllen, soweit der Halter den elektronischen Kommunikationsweg eröffnet oder
   d) durch Übersendung eines schriftlichen Bescheides,
2. im Falle der internetbasierten Wiederzulassung durch die Übersendung einer schriftlichen Zulassungsentscheidung, der die neu ausgefertigte Zulassungsbescheinigung Teil I, der Plakettenträger und Vorgaben über die zulässigen Abmessungen und die Schriftart der Kennzeichenschilder einschließlich Hinweisen über die Verwendung dieser Unterlagen beigefügt sind.

§ 15c
Nachweis der Hauptuntersuchungen und Sicherheitsprüfungen nach § 29 der Straßenverkehrs-Zulassungs-Ordnung

(1) ¹Der Nachweis der Frist für die nächste Hauptuntersuchung oder Sicherheitsprüfung nach § 29 der Straßenverkehrs-Zulassungs-Ordnung erfolgt in internetbasierten Zulassungsverfahren
1. durch den Abruf des Ablaufs der Frist für die nächste Hauptuntersuchung und Sicherheitsprüfung aus dem Zentralen Fahrzeugregister oder
2. durch Verifizierung der Prüfziffer des Berichts über die letzte Hauptuntersuchung oder des Protokolls der letzten Sicherheitsprüfung.

²Für die Anbringung von Prüfplaketten und Prüfmarken gilt § 29 Absatz 2 der Straßenverkehrs-Zulassungs-Ordnung mit der Maßgabe, dass die Anbringung einer Prüfplakette auf einem Kennzeichenschild und die Anbringung einer Prüfmarke auf einem SP-Schild auch für ein Fahrzeug erfolgen darf, das außer Betrieb gesetzt worden ist, wenn das Fahrzeug wieder zugelassen werden soll und die dafür erforderliche Reservierung des bisherigen Kennzeichens nach § 14 Absatz 1 Satz 4 nachgewiesen wird.

(2) Die für die Durchführung von Hauptuntersuchungen oder Sicherheitsprüfungen nach § 29 der Straßenverkehrs-Zulassungs-Ordnung berechtigten Personen können für die Zwecke internetbasierter Zulassungsverfahren Prüfziffern generieren und auf ihren Untersuchungsberichten oder Prüfprotokollen aufbringen, soweit
1. die jeweilige Technische Prüfstelle,
2. die amtlich anerkannte Überwachungsorganisation,
3. die anerkannte Kraftfahrzeugwerkstatt, soweit sie Sicherheitsprüfungen durchführt, oder
4. jede andere Stelle, der die berechtigte Person angehört,

sicherstellt, dass die Aufbringung der Prüfziffer jeweils unterschiedslos jedermann angeboten wird; die Öffentlichkeit ist vom

Anbieter in geeigneter Weise darüber zu unterrichten.
(3) ¹Die Prüfziffer ist eine nach einem Prüfzifferverfahren generierte Zeichenfolge. ²Für die Generierung dieser Prüfziffer werden folgende Daten aus der jeweiligen Hauptuntersuchung oder Sicherheitsprüfung verwendet:
1. Fahrzeug-Identifizierungsnummer,
2. Monat und Jahr der Erstzulassung,
3. Datum der Hauptuntersuchung oder Sicherheitsprüfung,
4. Monat und Jahr des Ablaufs der Frist für die nächste Hauptuntersuchung oder Sicherheitsprüfung,
5. Entscheidung über die Zuteilung der Prüfplakette nach einer Hauptuntersuchung oder Prüfmarke nach einer Sicherheitsprüfung,
6. Schlüsselnummer der Technischen Prüfstelle, der anerkannten Überwachungsorganisation oder der mit der Datenübermittlung beauftragten Gemeinschaftseinrichtung der anerkannten Kraftfahrzeugwerkstätten.
³Die Generierung der Prüfziffer sowie Maßnahmen zur Sicherung des Verfahrens haben nach Maßgabe der vom Kraftfahrt-Bundesamt festgelegten Standards zu erfolgen.
(4) ¹Zur Verifizierung der Prüfziffer im Sinne des Absatzes 1 Satz 1 Nummer 2 sind folgende Daten in das Portal der Zulassungsbehörde einzugeben:
1. Prüfziffer,
2. Datum der Hauptuntersuchung oder Sicherheitsprüfung,
3. Monat und Jahr des Ablaufs der Frist für die nächste Hauptuntersuchung oder Sicherheitsprüfung,
4. Technische Prüfstelle, anerkannte Überwachungsorganisation oder mit der Datenübermittlung beauftragte Gemeinschaftseinrichtung der anerkannten Kraftfahrzeugwerkstätten.
²Die Verifizierung hat durch das Portal der Zulassungsbehörde nach Maßgabe der Anlage 8a zu erfolgen.
(5) Nach erfolgter Zulassung übermittelt die Zulassungsbehörde folgende Daten zur Speicherung im Zentralen Fahrzeugregister an das Kraftfahrt-Bundesamt:

1. Angabe über die Verwendung des Nachweisverfahrens der Hauptuntersuchung oder Sicherheitsprüfung mittels Prüfziffer nach Absatz 1 Satz 1 Nummer 2,
2. Datum der Hauptuntersuchung oder Sicherheitsprüfung nach Absatz 4 Satz 1 Nummer 2,
3. Monat und Jahr des Ablaufs der Frist für die nächste Hauptuntersuchung oder Sicherheitsprüfung nach Absatz 4 Satz 1 Nummer 3,
4. Schlüsselnummer der Technischen Prüfstelle, anerkannten Überwachungsorganisation oder mit der Datenübermittlung beauftragten Gemeinschaftseinrichtung der anerkannten Kraftfahrzeugwerkstätten nach Absatz 4 Satz 1 Nummer 4.
(6) Erfolgt die nach § 29 der Straßenverkehrs-Zulassungs-Ordnung vorgeschriebene Übermittlung für die nach Absatz 4 nachgewiesene Hauptuntersuchung oder Sicherheitsprüfung nicht rechtzeitig, unterrichtet das Kraftfahrt-Bundesamt die Zulassungsbehörde.

§ 15d
Internetbasierte Außerbetriebsetzung

(1) Der Halter oder der Verfügungsberechtigte eines zugelassenen Fahrzeugs oder eines zulassungsfreien Fahrzeugs, dem ein Kennzeichen zugeteilt ist, kann die Außerbetriebsetzung einschließlich der Kennzeichenreservierung nach § 14 Absatz 1, auch in Verbindung mit § 15 Absatz 1 bis 5, elektronisch beantragen (internetbasierte Außerbetriebsetzung), wenn die abgestempelten Kennzeichenschilder die Anforderungen des § 10 Absatz 3 Satz 2 bis 5 und die Zulassungsbescheinigung Teil I die Anforderungen des § 11 Absatz 1 erfüllen.
(2) ¹Die Vorlage der Zulassungsbescheinigung Teil I und der Kennzeichenschilder nach § 14 Absatz 1 Satz 1 wird ersetzt durch die elektronische Übermittlung
1. des Kennzeichens,
2. der Sicherheitscodes der Stempelplaketten nach § 15b Absatz 4 Satz 1 Nummer 1 und

3. des Sicherheitscodes der Zulassungsbescheinigung Teil I nach § 15b Absatz 4 Satz 1 Nummer 2.
²Bei Wechselkennzeichen nach § 8 Absatz 1a gilt Satz 1 Nummer 2 mit der Maßgabe, dass zusätzlich der Sicherheitscode der Stempelplakette des gemeinsamen Kennzeichenteils übermittelt werden muss, wenn kein weiteres Fahrzeug zugelassen bleibt. ³Um den Sicherheitscode der Stempelplakten als Beleg der Entstempelung sichtbar zu machen, darf die den Sicherheitscode verdeckende Schicht der Stempelplakten auf den Kennzeichenschildern durch den Halter des Fahrzeugs oder den Verfügungsberechtigten entfernt werden. ⁴Um den Sicherheitscode der Zulassungsbescheinigung Teil I als Beleg für das Vermerken der Außerbetriebsetzung auf der Zulassungsbescheinigung Teil I sichtbar zu machen, darf die Markierung mit der Aufschrift „Zur Außerbetriebsetzung entfernen" vom Halter des Fahrzeugs oder vom Verfügungsberechtigten entfernt werden, damit der Schriftzug „Außer Betrieb gesetzt" in der Zulassungsbescheinigung Teil I sichtbar wird.
(3) Die Vorlage eines Verwertungsnachweises nach § 15 Absatz 1 oder 2, soweit ein solcher ausgestellt wurde, wird ersetzt durch die elektronische Übermittlung
1. des Datums der Ausstellung des Verwertungsnachweises und
2. der Betriebsnummer des inländischen Demontagebetriebes oder im Falle des § 15 Absatz 2 des Staates, in dem die Verwertungsanlage ihren Sitz hat.
(4) ¹Ist die elektronische Übermittlung der Angaben nach den Absätzen 2 und 3 vollständig erfolgt und liegen die Voraussetzungen für die Außerbetriebsetzung vor, entscheidet die Zulassungsbehörde antragsgemäß. ²Der Vermerk in der Zulassungsbescheinigung Teil I und die Aushändigung der entstempelten Kennzeichenschilder nach § 14 Absatz 1 Satz 3 wird durch die Verarbeitung der freigelegten Sicherheitscodes nach § 15b Absatz 4 Satz 1 Nummer 1 und 2 ersetzt.
(5) ¹Unabhängig von der Form der Bekanntgabe der Entscheidung der Zulassungsbehörde gilt als Datum der Außerbetriebsetzung der Tag der abschließenden Bearbeitung in der Zulassungsbehörde. ²Das Datum der Außerbetriebsetzung ist dem Halter nach § 15b Absatz 7 Nummer 1 bekannt zu geben. ³Wird der Antrag von einem Verfügungsberechtigten gestellt, soll dieser eine DE-Mail- oder E-Mail-Adresse angeben, an die er nachrichtlich über die Außerbetriebsetzung einschließlich des Datums der Außerbetriebsetzung zu unterrichten ist.

§ 15e
Internetbasierte Wiederzulassung auf denselben Halter im selben Zulassungsbezirk

(1) Der Halter kann die Wiederzulassung nach § 14 Absatz 2 elektronisch beantragen (internet-basierte Wiederzulassung), wenn
1. er eine natürliche Person und Inhaber eines Girokontos ist, von dem die Kraftfahrzeugsteuer eingezogen werden kann,
2. er nicht nach § 2 Absatz 1 des Pflichtversicherungsgesetzes von der Versicherungspflicht befreit ist,
3. das Fahrzeug bei der Außerbetriebsetzung auf ihn zugelassen war,
4. das Fahrzeug nicht nach § 3 Absatz 2 von den Vorschriften über das Zulassungsverfahren ausgenommen ist,
5. das Kennzeichen nach § 14 Absatz 1 Satz 4 reserviert wurde und die Reservierungsfrist nicht abgelaufen ist,
6. das Fahrzeug von der Zulassungsbehörde wieder zugelassen werden soll, die das reservierte Kennzeichen zugeteilt hatte,
7. das Kennzeichen als allgemeines Kennzeichen nach § 8 Absatz 1 Satz 1 bis 4 und Anlage 4 Abschnitt 2 zugeteilt war und als solches wieder zugeteilt werden soll und
8. der Halter den Besitz der zur Außerbetriebsetzung verwendeten Zulassungsbescheinigung Teil I durch Eingabe des dort vermerkten Sicherheitscodes nach § 15b Absatz 4 Satz 1 Nummer 2 nachweisen kann.

(2) ¹Bei der elektronischen Antragstellung nach Absatz 1 hat die antragstellende Person

folgende Daten in das Portal der Zulassungsbehörde einzugeben:
1. das reservierte Kennzeichen, die Fahrzeug-Identifizierungsnummer und den Sicherheitscode der zur Außerbetriebsetzung verwendeten Zulassungsbescheinigung Teil I nach § 15b Absatz 4 Satz 1 Nummer 2,
2. die Nummer der elektronischen Versicherungsbestätigung,
3. die Daten zur Erteilung des SEPA-Lastschrift-Mandats für den Einzug der Kraftfahrzeugsteuer und, soweit vorhanden, ein Merkmal zur beabsichtigten Beantragung einer Kraftfahrzeugsteuervergünstigung,
4. die im Sinne des § 9 Absatz 3 des Infrastrukturabgabengesetzes erforderlichen Daten zum Einzug der Infrastrukturabgabe,
5. den Monat und das Jahr des Ablaufs der Frist für die nächste Hauptuntersuchung und, soweit erforderlich, für die nächste Sicherheitsprüfung sowie, wenn der Nachweis nicht nach § 15c Absatz 1 Satz 1 Nummer 1 elektronisch vorliegt, die weiteren Angaben nach § 15c Absatz 4 Satz 1 und
6. die Angabe, dass für das Fahrzeug kein Verwertungsnachweis ausgestellt worden ist.

²Abweichend von § 14 Absatz 2 Satz 1 muss keine Angabe über die Zulassungsbescheinigung Teil II übermittelt werden.

(3) Die eingegebenen Daten werden durch das Portal der Zulassungsbehörde nach Maßgabe der Anlage 8b automatisiert verifiziert und verarbeitet.

(4) ¹Führt die Verifizierung und Verarbeitung nach Anlage 8b zu einem Ergebnis, das der Wiederzulassung entgegenstünde, ist dies im internetbasierten Dialog der antragstellenden Person anzuzeigen. ²Die antragstellende Person kann in diesem Fall
1. die Angaben nach Absatz 2 bis zu drei Mal korrigieren, worauf jeweils ein erneuter Abgleich erfolgt,
2. den internetbasierten Dialog zur elektronischen Antragstellung abbrechen oder
3. mit den unveränderten Angaben den Antrag elektronisch stellen.

³Die Daten nach Anlage 8b Satz 1 Nummer 5 werden von der Zulassungsbehörde an die für die Ausübung der Verwaltung der Kraftfahrzeugsteuer zuständige Behörde in einem einheitlichen Datensatz nach § 36 Absatz 1 und 3 zusammen mit den Zulassungsdaten weiter übermittelt.

(5) ¹Für die Wiederzulassung gelten § 3 Absatz 1 Satz 3, § 10 Absatz 3 Satz 1 und § 14 Absatz 2 Satz 1 mit folgenden Maßgaben:
1. Die Zuteilung des Kennzeichens nach § 3 Absatz 1 Satz 3 wird durch die Inanspruchnahme des reservierten Kennzeichens und die Ausstellung der neuen Zulassungsbescheinigung Teil I ersetzt.
2. Die Vorlage der Kennzeichenschilder und ihre Abstempelung nach § 10 Absatz 3 Satz 1 werden durch das Aufbringen der Stempelplaketten auf den Plakettenträgern nach § 10 Absatz 3 Satz 6 und deren Übersendung an den Halter ersetzt.
3. Die Vorlage der zur Außerbetriebsetzung verwendeten Zulassungsbescheinigung Teil I nach § 14 Absatz 2 Satz 1 wird durch die Eingabe und Verifizierung des Sicherheitscodes nach Absatz 3 in Verbindung mit § 15b Absatz 4 Satz 1 Nummer 2 ersetzt.
4. Die Zulassungsbehörde lässt das Fahrzeug wieder zu, indem sie die Bekanntgabe der Zulassungsentscheidung nach § 15b Absatz 7 Nummer 2 veranlasst.

²Die Zulassungsbehörde setzt das Datum für die Wirksamkeit der Wiederzulassung auf den dritten Tag, der dem Tag folgt, an dem die Bekanntgabe nach § 15b Absatz 7 Nummer 2 veranlasst wird, fest.

(6) ¹Der Halter ist verpflichtet, einen von der Zulassungsbehörde übersandten Plakettenträger unverzüglich an der dafür vorgesehenen Stelle auf einem vorgabegemäßen Kennzeichenschild fest anzubringen. ²Ein Plakettenträger darf nur auf einem Kennzeichenschild mit dem zugehörigen zugeteilten Kennzeichen angebracht werden. ³Ein Fahrzeug darf auf öffentlichen Straßen nur in Betrieb gesetzt werden, wenn die dafür übersandten Plakettenträger auf den Kennzeichenschildern mit dem zugeteilten Kenn-

zeichen fest angebracht worden sind. ⁴Der Halter darf die Inbetriebnahme des Fahrzeugs nur anordnen oder zulassen, wenn die Voraussetzungen des Satzes 3 vorliegen.

ABSCHNITT 3
Zeitweilige Teilnahme am Straßenverkehr

§ 16
Prüfungsfahrten, Probefahrten und Überführungsfahrten mit rotem Kennzeichen

(1) ¹Ein Fahrzeug darf, wenn es vorbehaltlich der Sätze 3 und 4 nicht zugelassen ist, auch ohne eine EG-Typgenehmigung, nationale Typgenehmigung oder Einzelgenehmigung zu Prüfungs-, Probe- oder Überführungsfahrten in Betrieb gesetzt werden, wenn eine dem Pflichtversicherungsgesetz entsprechende Kraftfahrzeug-Haftpflichtversicherung besteht und das Fahrzeug unbeschadet des § 16a ein Kennzeichen mit roter Beschriftung auf weißem rot gerandetem Grund (rotes Kennzeichen) führt. ²Dies gilt auch für notwendige Fahrten zum Tanken und zur Außenreinigung anlässlich solcher Fahrten nach Satz 1 sowie für notwendige Fahrten zum Zwecke der Reparatur oder Wartung der betreffenden Fahrzeuge. ³Ein Fahrzeug, dem nach § 9 Absatz 3 ein Saisonkennzeichen zugeteilt ist, darf außerhalb des Betriebszeitraums nach den Sätzen 1 und 2 in Betrieb gesetzt werden, wenn das Saisonkennzeichen nicht gleichzeitig geführt wird. ⁴Ein Fahrzeug, dem nach § 8 Absatz 1a ein Wechselkennzeichen zugeteilt ist, darf nach den Sätzen 1 und 2 in Betrieb gesetzt werden, wenn das Wechselkennzeichen weder vollständig noch in Teilen gleichzeitig geführt wird. ⁵§ 31 Absatz 2 der Straßenverkehrs-Zulassungs-Ordnung bleibt unberührt.

(2) ¹Rote Kennzeichen und besondere Fahrzeugscheinhefte für Fahrzeuge mit roten Kennzeichen nach Anlage 9 können durch die örtlich zuständige Zulassungsbehörde zuverlässigen Kraftfahrzeugherstellern, Kraftfahrzeugteileherstellern, Kraftfahrzeugwerkstätten und Kraftfahrzeughändlern befristet oder widerruflich zur wiederkehrenden betrieblichen Verwendung, auch an unterschiedlichen Fahrzeugen, zugeteilt werden. ²Ein rotes Kennzeichen besteht aus einem Unterscheidungszeichen und einer Erkennungsnummer jeweils nach § 8 Absatz 1, jedoch besteht die Erkennungsnummer nur aus Ziffern und beginnt mit „06". ³Für jedes Fahrzeug ist eine gesonderte Seite des Fahrzeugscheinheftes zu dessen Beschreibung zu verwenden; die Angaben zum Fahrzeug sind vollständig und in dauerhafter Schrift vor Antritt der ersten Fahrt einzutragen. ⁴Das Fahrzeugscheinheft ist bei jeder Fahrt mitzuführen und zuständigen Personen auf Verlangen auszuhändigen. ⁵Über jede Prüfungs-, Probe- oder Überführungsfahrt sind fortlaufende Aufzeichnungen zu führen, aus denen das verwendete Kennzeichen, das Datum der Fahrt, deren Beginn und Ende, der Fahrzeugführer mit dessen Anschrift, die Fahrzeugklasse und der Hersteller des Fahrzeugs, die Fahrzeug-Identifizierungsnummer und die Fahrtstrecke ersichtlich sind. ⁶Die Aufzeichnungen sind ein Jahr lang aufzubewahren; sie sind zuständigen Personen auf Verlangen jederzeit zur Prüfung auszuhändigen. ⁷Nach Ablauf der Frist, für die das Kennzeichen zugeteilt worden ist, ist das Kennzeichen mit dem dazugehörigen Fahrzeugscheinheft der Zulassungsbehörde unverzüglich zurückzugeben.

(3) ¹Rote Kennzeichen können durch die örtlich zuständige Zulassungsbehörde auch Technischen Prüfstellen sowie anerkannten Überwachungsorganisationen nach Anlage VIIIb der Straßenverkehrs-Zulassungs-Ordnung für die Durchführung von Prüfungsfahrten im Rahmen der Hauptuntersuchungen, Sicherheitsprüfungen, Begutachtungen nach § 23 der Straßenverkehrs-Zulassungs-Ordnung und Untersuchungen oder Begutachtungen im Rahmen des § 5 widerruflich zur wiederkehrenden betrieblichen Verwendung an unterschiedlichen Fahrzeugen zugeteilt werden. ²Das rote Kennzeichen besteht aus einem Unterscheidungszeichen und einer Erkennungsnummer jeweils nach § 8 Absatz 1, jedoch besteht die

Erkennungsnummer nur aus Ziffern und beginnt mit „05".

(4) Mit dem Antrag auf Zuteilung eines roten Kennzeichens sind vom Antragsteller zum Zwecke der Speicherung in den Fahrzeugregistern seine in § 6 Absatz 1 Satz 2 bezeichneten Daten und die in § 6 Absatz 4 Nummer 3 bezeichneten Daten zur Kraftfahrzeug-Haftpflichtversicherung mitzuteilen und auf Verlangen nachzuweisen.

(5) ¹Rote Kennzeichen sind nach § 10 in Verbindung mit Anlage 4 Abschnitt 1 und 7 auszugestalten und anzubringen. ²Sie brauchen jedoch nicht fest angebracht zu sein. ³Fahrzeuge mit roten Kennzeichen dürfen im Übrigen nur nach Maßgabe des § 10 Absatz 12 Satz 1 in Betrieb genommen werden. ⁴Der Halter darf die Inbetriebnahme eines Fahrzeugs nicht anordnen oder zulassen, wenn die Voraussetzungen nach Satz 1 und 3 nicht vorliegen.

(6) Die §§ 29 und 57b der Straßenverkehrs-Zulassungs-Ordnung finden keine Anwendung.

§ 16a
Probefahrten und Überführungsfahrten mit Kurzzeitkennzeichen

(1) ¹Ein Fahrzeug darf, wenn es vorbehaltlich des Satzes 2 nicht zugelassen ist, zu Probe- oder Überführungsfahrten in Betrieb gesetzt werden, wenn
1. es einem genehmigten Typ entspricht oder eine Einzelgenehmigung erteilt ist,
2. gültige Nachweise über eine bestandene Hauptuntersuchung und Sicherheitsprüfung, soweit diese nach § 29 der Straßenverkehrs-Zulassungs-Ordnung erforderlich sind, vorliegen,
3. eine dem Pflichtversicherungsgesetz entsprechende Kraftfahrzeug-Haftpflichtversicherung besteht und
4. es ein Kurzzeitkennzeichen führt.

²Ein Fahrzeug, dem nach § 9 Absatz 3 ein Saisonkennzeichen zugeteilt ist, darf nach Satz 1 außerhalb des Betriebszeitraums in Betrieb gesetzt werden, wenn das Saisonkennzeichen nicht gleichzeitig geführt wird. ³§ 31 Absatz 2 der Straßenverkehrs-Zulassungs-Ordnung bleibt unberührt. ⁴§ 57b der Straßenverkehrs-Zulassungs-Ordnung ist nicht anzuwenden.

(2) ¹Auf Antrag hat die örtlich zuständige Zulassungsbehörde oder die für den Standort des Fahrzeugs zuständige Zulassungsbehörde ein Kurzzeitkennzeichen nach den Absätzen 3 und 4 zuzuteilen und einen auf den Antragsteller ausgestellten Fahrzeugschein für Fahrzeuge mit Kurzzeitkennzeichen nach Absatz 5 auszufertigen. ²Mit dem Antrag auf Zuteilung eines Kurzzeitkennzeichens hat der Antragsteller
1. die Angaben über den Fahrzeughalter nach § 6 Absatz 1 Satz 2,
2. die Daten zur Kraftfahrzeug-Haftpflichtversicherung nach § 6 Absatz 4 Nummer 3 sowie das Ende des Versicherungsschutzes,
3. die Angaben über einen Empfangsbevollmächtigten nach § 6 Absatz 4 Nummer 4,
4. die Fahrzeugdaten nach § 6 Absatz 7 Nummer 1 und 3,
5. die Daten zur Typgenehmigung oder Einzelgenehmigung unter entsprechender Anwendung des § 6 Absatz 3 und 7 Nummer 2 sowie des § 14 Absatz 2 Satz 4 und
6. den Ablauf der Frist für die nächste Hauptuntersuchung und Sicherheitsprüfung, soweit diese nach § 29 der Straßenverkehrs-Zulassungs-Ordnung erforderlich sind,

zur Speicherung in den Fahrzeugregistern mitzuteilen und auf Verlangen nachzuweisen.

(3) ¹Ein Kurzzeitkennzeichen darf
1. nur für die Durchführung von Fahrten im Sinne des Absatzes 1 unter Beachtung der Beschränkungen nach den Absätzen 6 und 7 und
2. nur an dem Fahrzeug, für das es zugeteilt worden ist,

verwendet werden. ²Kurzzeitkennzeichen sind nach § 10, ausgenommen Absatz 3 Satz 2, 3 und 5 bis 7, in Verbindung mit Anlage 4 Abschnitt 1 und 6 auszugestalten und anzubringen. ³Sie brauchen jedoch nicht fest angebracht zu sein. ⁴Fahrzeuge mit Kurzzeitkennzeichen dürfen im Übrigen nur nach Maßgabe des § 10 Absatz 12 Satz 1 in Betrieb genommen werden. ⁵Der Halter darf die Inbetriebnahme eines Fahrzeugs nur anordnen oder zulassen, wenn die Voraussetzungen nach Satz 1 bis 4 vorliegen.

(4) ¹Das Kurzzeitkennzeichen besteht aus einem Unterscheidungszeichen und einer Erkennungsnummer jeweils nach Maßgabe des § 8 Absatz 1, jedoch besteht die Erkennungsnummer nur aus Ziffern und beginnt mit „03" oder „04". ²Das *Kurzzeitkennzeichen [ab 01.01.2018: „Kennzeichenschild für das Kurzzeitkennzeichen"]* enthält außerdem ein Ablaufdatum, das längstens auf fünf Tage ab der Zuteilung zu bemessen ist. ³Nach Ablauf der Gültigkeit des Kurzzeitkennzeichens darf das Fahrzeug auf öffentlichen Straßen nicht mehr in Betrieb gesetzt werden. ⁴Der Halter darf im Falle des Satzes 3 die Inbetriebnahme des Fahrzeugs nicht anordnen oder zulassen.

(5) ¹Der Fahrzeugschein für Fahrzeuge mit Kurzzeitkennzeichen ist nach dem Muster der Anlage 10 auszufertigen. ²Die Beschränkungen nach den Absätzen 6 und 7 sind im Fahrzeugschein zu vermerken. ³Der Fahrzeugschein ist bei jeder Fahrt mitzuführen und zuständigen Personen auf Verlangen zur Prüfung auszuhändigen.

(6) Liegen die Voraussetzungen nach Absatz 1 Satz 1 Nummer 1 nicht vor, dürfen abweichend von Absatz 1 nur Fahrten, die in unmittelbarem Zusammenhang mit der Erlangung einer neuen Betriebserlaubnis stehen, im Bezirk der Zulassungsbehörde, die für den Standort des Fahrzeugs zuständig ist, oder einem angrenzenden Bezirk und zurück durchgeführt werden.

(7) ¹Liegen die Voraussetzungen nach Absatz 1 Satz 1 Nummer 2 nicht vor oder liegt der Ablauf der Frist für die nächste Hauptuntersuchung oder Sicherheitsprüfung nach § 29 der Straßenverkehrs-Zulassungs-Ordnung vor dem Ablauf der Gültigkeit des Kurzzeitkennzeichens, dürfen abweichend von Absatz 1 ohne einen Nachweis der durchgeführten Hauptuntersuchung und Sicherheitsprüfung nur Fahrten zu einer Untersuchungsstelle im Bezirk der Zulassungsbehörde, die für den Standort des Fahrzeugs zuständig ist, oder einem angrenzenden Bezirk und zurück durchgeführt werden. ²Wird dem Fahrzeug nach Nummer 3.1.4.2, 3.1.4.3 oder 3.2.3.2 der Anlage VIII der Straßenverkehrs-Zulassungs-Ordnung bei der Hauptuntersuchung und Sicherheitsprüfung nach § 29 der Straßenverkehrs-Zulassungs-Ordnung keine Mängelfreiheit bescheinigt, dürfen abweichend von Absatz 1 auch Fahrten zur unmittelbaren Reparatur festgestellter Mängel in einer geeigneten Einrichtung im Bezirk der Zulassungsbehörde, die für den Standort des Fahrzeugs zuständig ist, oder einem angrenzenden Bezirk und zurück durchgeführt werden. ³Auf Fahrzeuge, die nach Nummer 3.1.4.4 oder 3.2.3.3 der Anlage VIII der Straßenverkehrs-Zulassungs-Ordnung als verkehrsunsicher oder verkehrsgefährdend eingestuft wurden, sind die Sätze 1 und 2 nicht anzuwenden.

(8) Absatz 1 Satz 1 Nummer 1 und 2 und die Absätze 6 und 7 gelten nicht für Fahrzeuge, für die eine Übereinstimmungsbescheinigung für unvollständige Fahrzeuge ausgestellt wurde, soweit deren Betriebs- und Verkehrssicherheit durch einen von der Zulassungsbehörde bestimmten Nachweis oder durch ein entsprechendes Gutachten eines amtlich anerkannten Sachverständigen oder Prüfers für den Kraftfahrzeugverkehr oder Prüfingenieurs einer amtlich anerkannten Überwachungsorganisation nach Anlage VII-Ib der Straßenverkehrs-Zulassungs-Ordnung belegt wird.

§ 17
Fahrten zur Teilnahme an Veranstaltungen für Oldtimer

(1) ¹Oldtimer, die an Veranstaltungen teilnehmen, die der Darstellung von Oldtimer-Fahrzeugen und der Pflege des kraftfahrzeugtechnischen Kulturgutes dienen, benötigen hierfür sowie für Anfahrten zu und Abfahrten von solchen Veranstaltungen keine Betriebserlaubnis und keine Zulassung, wenn sie ein rotes Oldtimerkennzeichen führen. ²Dies gilt auch für Probefahrten und Überführungsfahrten sowie für Fahrten zum Zwecke der Reparatur oder Wartung der betreffenden Fahrzeuge. ³§ 31 Absatz 2 der Straßenverkehrs-Zulassungs-Ordnung bleibt unberührt.

(2) ¹Für die Zuteilung und Verwendung der roten Oldtimerkennzeichen findet § 16 Absatz 2 bis 5 entsprechend mit der Maßgabe Anwendung, dass ein Fahrzeugscheinheft für rote Oldtimerkennzeichen nach dem Muster der Anlage 10a ausgegeben wird und dass das Kennzeichen nur an den Fahrzeugen verwendet werden darf, für die es ausgegeben worden ist. ²Das rote Oldtimerkennzeichen besteht aus einem Unterscheidungszeichen und einer Erkennungsnummer jeweils nach § 8 Absatz 1, jedoch besteht die Erkennungsnummer nur aus Ziffern und beginnt mit „07". ³Es ist nach § 10 in Verbindung mit Anlage 4 Abschnitt 1 und 7 auszugestalten und anzubringen. ⁴Fahrzeuge mit rotem Oldtimerkennzeichen dürfen im Übrigen nur nach Maßgabe des § 10 Absatz 12 in Betrieb genommen werden. ⁵Der Halter darf die Inbetriebnahme eines Fahrzeugs nicht anordnen oder zulassen, wenn die Voraussetzungen nach Satz 4 nicht vorliegen.

(3) Unberührt bleiben Erlaubnis- und Genehmigungspflichten, soweit sie sich aus anderen Vorschriften, insbesondere aus § 29 Absatz 2 der Straßenverkehrs-Ordnung, ergeben.

§ 18
Fahrten im internationalen Verkehr

Für Fahrzeuge, für die ein Kennzeichen zugeteilt ist, wird auf Antrag ein Internationaler Zulassungsschein nach Artikel 4 und Anlage B des Internationalen Abkommens vom 24. April 1926 über Kraftfahrzeugverkehr (RGBl. 1930 II S. 1233) ausgestellt.

§ 19
Fahrten zur dauerhaften Verbringung eines Fahrzeugs in das Ausland

(1) Soll ein zulassungspflichtiges nicht zugelassenes Kraftfahrzeug oder ein zulassungsfreies und kennzeichenpflichtiges Kraftfahrzeug, dem kein Kennzeichen zugeteilt ist, mit eigener Triebkraft oder ein Anhänger hinter einem Kraftfahrzeug dauerhaft in einen anderen Staat verbracht werden, sind die Vorschriften dieser Verordnung vorbehaltlich der §§ 16 und 16a, soweit dies von dem ausländischen Staat zugelassen ist, mit folgender Maßgabe anzuwenden:

1. Das Fahrzeug darf nur zugelassen werden, wenn durch Vorlage einer Versicherungsbestätigung im Sinne der Anlage 11 Nummer 3 nachgewiesen ist, dass eine Haftpflichtversicherung nach dem Gesetz über die Haftpflichtversicherung für ausländische Kraftfahrzeuge und Kraftfahrzeuganhänger besteht und wenn der nächste Termin zur Durchführung der Untersuchung nach § 29 der Straßenverkehrs-Zulassungs-Ordnung nach dem Ablauf der Zulassung gemäß Nummer 2 liegt; ansonsten ist eine solche Untersuchung durchzuführen.

2. ¹Die Zulassung ist auf die Dauer der nach Nummer 1 nachgewiesenen Haftpflichtversicherung, längstens auf ein Jahr, zu befristen. ²Unberührt bleibt die Befugnis der Zulassungsbehörde, durch Befristung der Zulassung und durch Auflagen sicherzustellen, dass das Fahrzeug in angemessener Zeit den Geltungsbereich dieser Verordnung verlässt.

3. ¹An die Stelle des Kennzeichens tritt das Ausfuhrkennzeichen.

Fassung bis 31.12.2017:
²Es besteht aus dem Unterscheidungszeichen nach § 8 Absatz 1 Satz 2, einer Erkennungsnummer und dem Ablaufdatum.

Fassung ab 01.01.2018:
²Es besteht aus dem Unterscheidungszeichen nach § 8 Absatz 1 Satz 2 und einer Erkennungsnummer.

³Die Erkennungsnummer besteht aus einer ein- bis vierstelligen Zahl und einem nachfolgenden Buchstaben.

neuer Satz 4 eingefügt ab 01.01.2018:
⁴Das Kennzeichenschild enthält außerdem das Ablaufdatum der Zulassung.

Bish. Sätze 4–6 werden neue Sätze 5–7 ab 01.01.2018:
⁴/⁵Das Kennzeichen ist nach § 10, ausgenommen Absatz 3 Satz 2, 3 und 5 bis 7,

in Verbindung mit Anlage 4 Abschnitt 1 und 8 auszugestalten und anzubringen. ⁵/⁶Fahrzeuge mit Ausfuhrkennzeichen dürfen nur nach Maßgabe des § 10 Absatz 12 in Betrieb gesetzt werden. ⁶/⁷Der Halter darf die Inbetriebnahme eines Fahrzeugs nicht anordnen oder zulassen, wenn die Voraussetzungen nach *Satz 5¹* nicht vorliegen.

4. ¹Die Zulassungsbescheinigung Teil I ist auf die Ausfuhr des Fahrzeugs zu beschränken und mit dem Datum des Ablaufs der Gültigkeitsdauer der Zulassung zu versehen. ²Zusätzlich kann ein Internationaler Zulassungsschein nach Maßgabe des § 18, auf dem das Datum des Ablaufs der Gültigkeitsdauer der Zulassung vermerkt ist, ausgestellt werden. ³Nach Ablauf der Gültigkeitsdauer der Zulassung darf das Fahrzeug auf öffentlichen Straßen nicht mehr in Betrieb gesetzt werden. ⁴Der Halter darf im Falle des Satzes 3 die Inbetriebnahme eines Fahrzeugs nicht anordnen oder zulassen.

(2) Bei der Zuteilung eines Ausfuhrkennzeichens sind der Zulassungsbehörde zur Speicherung in den Fahrzeugregistern neben den in § 6 Absatz 1 Satz 2 bezeichneten Halterdaten die in § 6 Absatz 4 Nummer 3 bezeichneten Daten zur Kraftfahrzeug-Haftpflichtversicherung und das Ende des Versicherungsverhältnisses sowie die zur Ausstellung der Zulassungsbescheinigung erforderlichen Fahrzeugdaten und bei Personenkraftwagen die vom Hersteller aufgebrachte Farbe des Fahrzeugs mitzuteilen und auf Verlangen nachzuweisen.

(3) Der Führer eines Kraftfahrzeugs hat die Zulassungsbescheinigung Teil I nach Absatz 1 Nummer 4 mitzuführen und zuständigen Personen auf Verlangen zur Prüfung auszuhändigen.

(4) ¹Soll ein zugelassenes oder ein zulassungsfreies und kennzeichenpflichtiges Fahrzeug mit einem Ausfuhrkennzeichen in einen anderen Staat verbracht werden, ist die Zuteilung dieses Kennzeichens unter Vorlage der Zulassungsbescheinigung und der nach § 8 zugeteilten Kennzeichen zur Entstempelung zu beantragen. ²Die bisherige Zulassungsbescheinigung Teil I ist einzuziehen. ³Die Zulassungsbescheinigung Teil II ist fortzuschreiben. ⁴§ 12 *Absatz 4 [ab 01.01.2018: „Absatz 5"]* ist entsprechend anzuwenden. ⁵Die Absätze 1 bis 3 sind entsprechend anzuwenden.

ABSCHNITT 4
Teilnahme ausländischer Fahrzeuge am Straßenverkehr

§ 20
Vorübergehende Teilnahme am Straßenverkehr im Inland

(1) ¹In einem anderen Mitgliedstaat der Europäischen Union oder einem anderen Vertragsstaat des Abkommens über den Europäischen Wirtschaftsraum zugelassene Fahrzeuge dürfen vorübergehend am Verkehr im Inland teilnehmen, wenn für sie von einer zuständigen Stelle des anderen Mitgliedstaates oder des anderen Vertragsstaates eine gültige Zulassungsbescheinigung ausgestellt und im Inland kein regelmäßiger Standort begründet ist. ²Die Zulassungsbescheinigung muss mindestens die Angaben enthalten, die im Fahrzeugscheinheft für Fahrzeuge mit rotem Kennzeichen nach Anlage 9 vorgesehen sind. ³Zulassungsbescheinigungen nach Satz 1, die den Anforderungen des Satzes 2 genügen und ausschließlich zum Zwecke der Überführung eines Fahrzeugs ausgestellt werden, werden vom Bundesministerium für Verkehr und digitale Infrastruktur im Verkehrsblatt bekannt gemacht. ³Satz 1 gilt nicht für ein Fahrzeug, das sich zum Zeitpunkt der Zulassung durch den anderen Mitgliedstaat oder anderen Vertragsstaat im Inland befunden hat.

---
1 Diese Angabe bezieht sich nach Ansicht des Red. ab 01.01.2018 sachlich auf *Satz 6*; im Änderungsbefehl Art. 1 Nr. 10 Buchst. a der VO v. 31.07.2017 (BGBl. I S. 3090) fehlt an dieser Stelle jedoch die Folgeänderung zur Einfügung des neuen Satzes 4.
Ausweislich der amtlichen Verordnungsbegründung war nur die Klarstellung bezweckt, dass das Ablaufdatum nicht Teil des Kennzeichens ist (siehe BR-Drs. 408/17, S. 24).

(1a) In einem anderen Mitgliedstaat der Europäischen Union oder einem anderen Vertragsstaat des Abkommens über den Europäischen Wirtschaftsraum zulassungsfreie Anhänger dürfen vorübergehend am Verkehr im Inland teilnehmen, wenn sie von einem Zugfahrzeug gezogen werden, das im selben Mitgliedstaat oder im selben Vertragsstaat zugelassen ist und im Inland kein regelmäßiger Standort begründet ist.

(2) ¹In einem Drittstaat zugelassene Fahrzeuge dürfen vorübergehend am Verkehr im Inland teilnehmen, wenn für sie von einer zuständigen ausländischen Stelle eine gültige Zulassungsbescheinigung oder ein Internationaler Zulassungsschein nach Artikel 4 und Anlage B des Internationalen Abkommens vom 24. April 1926 über Kraftfahrzeugverkehr ausgestellt ist und im Inland kein regelmäßiger Standort begründet ist. ²Die Zulassungsbescheinigung muss mindestens die nach Artikel 35 des Übereinkommens vom 8. November 1968 über den Straßenverkehr erforderlichen Angaben enthalten. ³Satz 1 gilt nicht für ein Fahrzeug, das sich zum Zeitpunkt der Zulassung durch den Drittstaat im Inland befunden hat.

(3) Ausländische Fahrzeuge dürfen vorübergehend am Verkehr im Inland nur teilnehmen, wenn sie betriebs- und verkehrssicher sind.

(4) Ist die Zulassungsbescheinigung nicht in deutscher Sprache abgefasst und entspricht sie nicht der Richtlinie 1999/37/EG oder dem Artikel 35 des Übereinkommens vom 8. November 1968 über den Straßenverkehr, muss sie mit einer von einem Berufskonsularbeamten oder Honorarkonsul der Bundesrepublik Deutschland im Ausstellungsstaat bestätigten Übersetzung oder mit einer Übersetzung durch einen international anerkannten Automobilklub des Ausstellungsstaates oder durch eine vom Bundesministerium für Verkehr und digitale Infrastruktur bestimmte Stelle verbunden sein.

(5) Der Führer des Kraftfahrzeugs hat die ausländische Zulassungsbescheinigung nach Absatz 1 oder 2 sowie die nach Absatz 4 erforderliche Übersetzung oder den Internationalen Zulassungsschein nach Absatz 2 mitzuführen und zuständigen Personen auf Verlangen zur Prüfung auszuhändigen.

(6) ¹Als vorübergehend im Sinne der Absätze 1 und 2 gilt ein Zeitraum bis zu einem Jahr. ²Die Frist beginnt
1. bei Zulassungsbescheinigungen mit dem Tag des Grenzübertritts und
2. bei internationalen Zulassungsscheinen nach dem Internationalen Abkommen vom 24. April 1926 über Kraftfahrzeugverkehr mit dem Ausstellungstag.

§ 21
Kennzeichen und Unterscheidungszeichen

(1) ¹In einem anderen Staat zugelassene Kraftfahrzeuge müssen an der Vorder- und Rückseite ihre heimischen Kennzeichen führen, die Artikel 36 und Anhang 2 des Übereinkommens vom 8. November 1968 über den Straßenverkehr, soweit dieses Abkommen anwendbar ist, sonst Artikel 3 Abschnitt II Nummer 1 des Internationalen Abkommens vom 24. April 1926 über Kraftfahrzeugverkehr entsprechen müssen. ²Krafträder benötigen nur ein Kennzeichen an der Rückseite. ³In einem anderen Staat zugelassene Anhänger oder Anhänger im Sinne des § 20 Absatz 1a müssen an der Rückseite ihr heimisches Kennzeichen nach Satz 1 oder, wenn ein solches nicht zugeteilt oder ausgegeben ist, das Kennzeichen des ziehenden Kraftfahrzeugs führen.

(2) ¹In einem anderen Staat zugelassene Fahrzeuge müssen außerdem das Unterscheidungszeichen des Zulassungsstaates führen, das Artikel 5 und Anlage C des Internationalen Abkommens vom 24. April 1926 über Kraftfahrzeugverkehr oder Artikel 37 in Verbindung mit Anhang 3 des Übereinkommens vom 8. November 1968 über den Straßenverkehr entsprechen muss. ²Bei Fahrzeugen, die in einem anderen Mitgliedstaat der Europäischen Union oder einem anderen Vertragsstaat des Abkommens über den Europäischen Wirtschaftsraum zugelassen sind und entsprechend Artikel 3 in Verbindung mit Anhang der Verordnung (EG) Nr. 2411/1998 des Rates vom 3. November 1998 über die

Anerkennung des Unterscheidungszeichens des Zulassungsmitgliedstaats von Kraftfahrzeugen und Kraftfahrzeuganhängern im innergemeinschaftlichen Verkehr (ABl. L 299 vom 10.11.1998, S. 1) am linken Rand des Kennzeichens das Unterscheidungszeichen des Zulassungsstaates führen, ist die Anbringung eines Unterscheidungszeichens nach Satz 1 nicht erforderlich.

§ 22
Beschränkung und Untersagung des Betriebs ausländischer Fahrzeuge

¹Erweist sich ein ausländisches Fahrzeug als nicht vorschriftsmäßig, ist § 5 anzuwenden; muss der Betrieb des Fahrzeugs untersagt werden, wird die im Ausland ausgestellte Zulassungsbescheinigung oder der Internationale Zulassungsschein an die ausstellende Stelle zurückgesandt. ²Hat der Eigentümer oder Halter des Fahrzeugs keinen Wohn- oder Aufenthaltsort im Inland, ist für Maßnahmen nach Satz 1 jede Verwaltungsbehörde nach § 46 Absatz 1 zuständig.

ABSCHNITT 5
Überwachung des Versicherungsschutzes der Fahrzeuge

§ 23
Versicherungsnachweis

(1) ¹Der Nachweis nach § 3 Absatz 1 Satz 2, § 16 Absatz 1 Satz 1 oder § 16a Absatz 1 Satz 1 Nummer 3, dass eine dem Pflichtversicherungsgesetz entsprechende Kraftfahrzeug-Haftpflichtversicherung besteht, ist bei der Zulassungsbehörde durch eine Versicherungsbestätigung zu erbringen. ²Eine Versicherungsbestätigung ist auch zu erbringen, wenn das Fahrzeug nach Außerbetriebsetzung nach Maßgabe des § 14 Absatz 6 wieder zum Verkehr zugelassen werden soll.
(2) ¹Die Versicherungsbestätigung ist, ausgenommen bei Ausfuhrkennzeichen, vom Versicherer durch eine Gemeinschaftseinrichtung der Versicherer an die Zulassungsbehörde elektronisch zu übermitteln oder zum Abruf im automatisierten Verfahren durch die Zulassungsbehörde bereitzuhalten. ²Das zulässige Datenformat wird vom Kraftfahrt-Bundesamt im Bundesanzeiger sowie zusätzlich im Verkehrsblatt veröffentlicht. ³Die Versicherungsbestätigung muss folgende Daten zur Kraftfahrzeug-Haftpflichtversicherung enthalten:
1. den Namen und die Anschrift oder die Schlüsselnummer des Versicherers,
2. die Nummer des Versicherungsscheins oder der Versicherungsbestätigung und
3. den Namen und die Anschrift des Versicherungsnehmers.

⁴Darüber hinaus darf die Versicherungsbestätigung folgende Daten enthalten, wenn deren Übermittlung an die Zulassungsbehörde zur Überwachung des Versicherungsschutzes der Fahrzeuge im Einzelfall erforderlich ist:
1. den Namen und die Anschrift des Halters, falls dieser nicht mit dem Versicherungsnehmer identisch ist, oder der Hinweis, dass das Fahrzeug auf einen nicht namentlich benannten Halter zugelassen werden darf,
2. den Verwendungszweck nach § 6 Absatz 4 Nummer 1,
3. den Beginn des Versicherungsschutzes, soweit dieser nicht ab dem Tag der Zulassung gewährt werden soll,
4. die Angabe, für welche Kennzeichenarten die Versicherungsbestätigung gelten soll,
5. bei Saisonkennzeichen dessen maximaler Gültigkeitszeitraum,
6. bei Kurzzeitkennzeichen den Gültigkeitszeitraum,
7. bei roten Kennzeichen das Datum des Endes des Versicherungsschutzes,
8. die Fahrzeugbeschreibung,
9. das Kennzeichen des Fahrzeugs und
10. die Angabe, ob der Versicherungsschutz auch für Fahrten mit ungestempelten Kennzeichen und für Rückfahrten nach Entstempelung gelten soll.

(3) ¹Ein Halter, der nach § 2 Absatz 1 Nummer 5 des Pflichtversicherungsgesetzes der Versicherungspflicht nicht unterliegt, hat

den Nachweis darüber durch Vorlage einer Bescheinigung zu erbringen. ²Der Nachweis kann auch entsprechend Absatz 2 Satz 1 elektronisch erfolgen. ³Das zulässige Datenformat wird vom Kraftfahrt-Bundesamt im Bundesanzeiger sowie zusätzlich im Verkehrsblatt veröffentlicht. ⁴Die Bescheinigung muss folgende Daten enthalten:
1. die Angabe, dass der Halter nach § 2 Absatz 1 Nummer 5 des Pflichtversicherungsgesetzes der Versicherungspflicht nicht unterliegt,
2. den Namen und die Anschrift der Einrichtung, die für den Haftpflichtschadenausgleich zuständig ist, sowie den Namen der Deckung erhaltenden juristischen Person,
3. die Art des Fahrzeugs,
4. den Hersteller des Fahrgestells,
5. die Fahrzeug-Identifizierungsnummer und
6. das Kennzeichen des Fahrzeugs, soweit dieses der für den Haftpflichtschadenausgleich zuständigen Einrichtung bekannt ist.

§ 24
Mitteilungspflichten der Zulassungsbehörde

(1) Die Zulassungsbehörde hat den Versicherer zum Zwecke der Gewährleistung des Versicherungsschutzes im Rahmen der Kraftfahrzeug-Haftpflichtversicherung über
1. die Zuteilung des Kennzeichens, bei mit einem Wechselkennzeichen zugelassenen Fahrzeug ein Hinweis darauf,
2. Änderungen der Anschrift des Halters,
3. den Zugang einer Bestätigung über den Abschluss einer neuen Versicherung,
4. den Zugang einer Anzeige über die Außerbetriebsetzung,
5. die Änderung der Fahrzeugklasse,
6. das Ablaufdatum der Reservierung des Kennzeichens bei Außerbetriebsetzung, bei Wechselkennzeichen zusätzlich ein Hinweis auf das dem Wechselkennzeichen zugehörige andere Kennzeichen und

7. die Verwendung des Fahrzeugs nach § 6 Absatz 4 Nummer 1

zu unterrichten und hierfür die in § 35 genannten Daten, soweit erforderlich, zu übermitteln.

(2) Die Mitteilung ist grundsätzlich elektronisch nach Maßgabe des § 35 Absatz 3 und den vom Kraftfahrt-Bundesamt herausgegebenen und im Bundesanzeiger sowie zusätzlich im Verkehrsblatt veröffentlichten Standards zu übermitteln.

§ 25
Maßnahmen und Pflichten bei fehlendem Versicherungsschutz

(1) ¹Der Versicherer kann zur Beendigung seiner Haftung nach § 117 Absatz 2 des Versicherungsvertragsgesetzes der zuständigen Zulassungsbehörde Anzeige erstatten, wenn eine dem Pflichtversicherungsgesetz entsprechende Kraftfahrzeug-Haftpflichtversicherung nicht oder nicht mehr besteht. ²Die Anzeige ist vom Versicherer entsprechend § 23 Absatz 2 Satz 1 zu übermitteln. ³Sie muss folgende Daten enthalten:
1. den Namen und die Anschrift des Versicherers,
2. die Schlüsselnummer des Versicherers,
3. den Namen und die Anschrift des Versicherungsnehmers,
4. das Kennzeichen des Fahrzeugs,
5. die Fahrzeug-Identifizierungsnummer,
6. die Angabe, ob das Versicherungsverhältnis nicht oder nicht mehr besteht.

⁴Darüber hinaus darf die Anzeige folgende Daten enthalten, wenn deren Übermittlung an die Zulassungsbehörde zur Prüfung dieser Anzeige im Einzelfall erforderlich ist:
1. die Nummer des Versicherungsscheines,
2. den Namen und die Anschrift des Halters, falls dieser nicht mit dem Versicherungsnehmer identisch ist,
3. die Kennzeichenart.

⁵Das zulässige Datenformat wird vom Kraftfahrt-Bundesamt im Bundesanzeiger sowie zusätzlich im Verkehrsblatt veröffentlicht. ⁶Eine Anzeige ist zu unterlassen, wenn der Zulassungsbehörde die Versicherungsbestätigung über den Abschluss einer neuen dem

Pflichtversicherungsgesetz entsprechenden Kraftfahrzeug-Haftpflichtversicherung zugegangen ist und dies dem Versicherer nach § 24 Absatz 1 Nummer 3 mitgeteilt worden ist. [7]Eine Versicherungsbestätigung für die Zuteilung eines Kurzzeitkennzeichens gilt gleichzeitig auch als Anzeige zur Beendigung der Haftung. [8]Satz 7 gilt entsprechend, wenn in der Versicherungsbestätigung für die Zuteilung eines roten Kennzeichens ein befristeter Versicherungsschutz ausgewiesen ist oder wenn die Zuteilung des roten Kennzeichens befristet ist.
(2) [1]Die Zulassungsbehörde hat dem Versicherer auf dessen Anzeige nach Absatz 1 Satz 1 das Datum des Eingangs der Anzeige mitzuteilen. [2]§ 24 Absatz 2 gilt entsprechend.
(3) Besteht für ein Fahrzeug, für das ein Kennzeichen zugeteilt ist, keine dem Pflichtversicherungsgesetz entsprechende Kraftfahrzeug-Haftpflichtversicherung, so hat der Halter unverzüglich das Fahrzeug nach Maßgabe des § 14 Absatz 1, auch in Verbindung mit Absatz 2, außer Betrieb setzen zu lassen.
(4) [1]Erfährt die Zulassungsbehörde durch eine Anzeige nach Absatz 1 oder auf andere Weise, dass für das Fahrzeug keine dem Pflichtversicherungsgesetz entsprechende Kraftfahrzeug-Haftpflichtversicherung besteht, so hat sie unverzüglich das Fahrzeug außer Betrieb zu setzen. [2]Eine Anzeige zu einer Versicherung, für die bereits eine Mitteilung nach § 24 Absatz 1 Nummer 3 oder 4 abgesandt wurde, löst keine Maßnahmen der Zulassungsbehörde nach Satz 1 aus.
(5) Die Absätze 3 und 4 gelten nicht für Kurzzeitkennzeichen, bei denen das Ablaufdatum überschritten ist.

§ 26
Versicherungskennzeichen

(1) [1]Durch das Versicherungskennzeichen wird für die Kraftfahrzeuge im Sinne des § 4 Absatz 3 Satz 1 in Verbindung mit § 3 Absatz 2 Satz 1 Nummer 1 Buchstabe d bis f nachgewiesen, dass für das jeweilige Kraftfahrzeug eine dem Pflichtversicherungsgesetz entsprechende Kraftfahrzeug-Haftpflichtversicherung besteht. [2]Nach Abschluss eines Versicherungsvertrages und Zahlung der Prämie überlässt der Versicherer dem Halter auf Antrag das Versicherungskennzeichen zusammen mit einer Bescheinigung hierüber für das jeweilige Verkehrsjahr. [3]Verkehrsjahr ist jeweils der Zeitraum vom 1. März eines Jahres bis zum Ablauf des Monats Februar des nächsten Jahres. [4]Zur Speicherung im Zentralen Fahrzeugregister hat der Antragsteller dem Versicherer die in § 33 Absatz 1 Satz 1 Nummer 2 des Straßenverkehrsgesetzes bezeichneten Halterdaten, die Angaben zu Fahrzeugklasse, Art des Aufbaus und Marke des Fahrzeugs sowie die Fahrzeug-Identifizierungsnummer mitzuteilen und auf Verlangen nachzuweisen. [5]Das Versicherungskennzeichen und die Bescheinigung verlieren ihre Gültigkeit mit Ablauf des Verkehrsjahres. [6]Der Fahrzeugführer hat die Bescheinigung über das Versicherungskennzeichen mitzuführen und zuständigen Personen auf Verlangen zur Prüfung auszuhändigen.
(2) [1]Das Versicherungskennzeichen besteht aus einem Schild, das eine zur eindeutigen Identifizierung des Kraftfahrzeugs geeignete Erkennungsnummer und das Zeichen des zuständigen Verbandes der Kraftfahrtversicherer oder, wenn kein Verband zuständig ist, das Zeichen des Versicherers trägt sowie das Verkehrsjahr angibt, für welches das Versicherungskennzeichen gelten soll. [2]Die Erkennungsnummer setzt sich aus nicht mehr als drei Ziffern und nicht mehr als drei Buchstaben zusammen. [3]Die Ziffern sind in einer Zeile über den Buchstaben anzugeben. [4]Das Verkehrsjahr ist durch die Angabe des Kalenderjahrs zu bezeichnen, in welchem es beginnt. [5]Der zuständige Verband der Kraftfahrtversicherer oder, wenn kein Verband zuständig ist, das Kraftfahrt-Bundesamt teilt mit Genehmigung des Bundesministeriums für Verkehr und digitale Infrastruktur den Versicherern die Erkennungsnummern zu.
(3) [1]Der Versicherer hat dem Kraftfahrt-Bundesamt die Halterdaten nach § 33 Absatz 1 Satz 1 Nummer 2 des Straßenverkehrsgesetzes und die in § 30 Absatz 4 genannten Fahrzeugdaten unverzüglich mitzuteilen. [2]Die Mitteilung kann auch über eine Gemeinschaftseinrichtung der Versicherer erfolgen.

³Ausführungsregeln zur Datenübermittlung gibt das Kraftfahrt-Bundesamt in entsprechenden Standards im Bundesanzeiger sowie zusätzlich im Verkehrsblatt bekannt.

§ 27
Ausgestaltung und Anbringung des Versicherungskennzeichens

(1) ¹Die Beschriftung der Versicherungskennzeichen ist im Verkehrsjahr 2006 blau auf weißem Grund, im Verkehrsjahr 2007 grün auf weißem Grund und im Verkehrsjahr 2008 schwarz auf weißem Grund; die Farben wiederholen sich in den folgenden Verkehrsjahren jeweils in dieser Reihenfolge und Zusammensetzung. ²Der Rand hat dieselbe Farbe wie die Schriftzeichen. ³Versicherungskennzeichen können erhaben sein. ⁴Sie dürfen nicht spiegeln und weder verdeckt noch verschmutzt sein. ⁵Form, Größe und Ausgestaltung des Versicherungskennzeichens müssen dem Muster und den Angaben in Anlage 12 entsprechen.
(2) ¹Versicherungskennzeichen nach Absatz 1 müssen reflektierend sein. ²Die Rückstrahlwerte müssen Abschnitt 5.3.4 des Normblattes DIN 74069, Ausgabe Mai 2016, entsprechen.
(3) ¹Das Versicherungskennzeichen ist an der Rückseite des Kraftfahrzeugs möglichst unter der Schlussleuchte fest anzubringen. ²Das Versicherungskennzeichen darf bis zu einem Vertikalwinkel von 30 Grad in Fahrtrichtung geneigt sein. ³Der untere Rand des Versicherungskennzeichens darf nicht weniger als 200 mm über der Fahrbahn liegen. ⁴Versicherungskennzeichen müssen hinter dem Kraftfahrzeug in einem Winkelbereich von je 45 Grad beiderseits der Fahrzeuglängsachse auf eine Entfernung von mindestens 15 m lesbar sein.
(4) ¹Wird ein Anhänger mitgeführt, so ist die Erkennungsnummer des Versicherungskennzeichens an der Rückseite des Anhängers so zu wiederholen, dass sie in einem Winkelbereich von je 45 Grad beiderseits der Fahrzeuglängsachse bei Tageslicht auf eine Entfernung von mindestens 15 m lesbar ist; die Farben der Schrift und ihres Untergrundes müssen denen des Versicherungskennzeichens des ziehenden Kraftfahrzeugs entsprechen. ²Eine Einrichtung zur Beleuchtung des Versicherungskennzeichens am ziehenden Kraftfahrzeug und der Erkennungsnummer am Anhänger ist zulässig, jedoch nicht erforderlich.
(5) ¹Außer dem Versicherungskennzeichen darf nur das Unterscheidungszeichen des Zulassungsstaates nach Artikel 37 in Verbindung mit Anhang 3 des Übereinkommens vom 8. November 1968 über den Straßenverkehr am Kraftfahrzeug angebracht werden. ²Für die Bundesrepublik Deutschland ist dies der Großbuchstabe „D".
(6) Zeichen und Einrichtungen aller Art, die zu Verwechslungen mit dem Versicherungskennzeichen oder dem Unterscheidungszeichen nach Absatz 5 führen oder seine Wirkung beeinträchtigen können, dürfen an Fahrzeugen nicht angebracht werden.
(7) Kraftfahrzeuge, die nach § 4 Absatz 3 Satz 1 ein Versicherungskennzeichen führen müssen, dürfen auf öffentlichen Straßen nur in Betrieb gesetzt werden, wenn das Versicherungskennzeichen entsprechend den Absätzen 1 bis 3 ausgestaltet und angebracht ist und verwechslungsfähige oder beeinträchtigende Zeichen und Einrichtungen nach Absatz 6 am Fahrzeug nicht angebracht sind.

§ 28
Rote Versicherungskennzeichen

¹Fahrten im Sinne des § 16 Absatz 1 dürfen mit Kraftfahrzeugen im Sinne des § 4 Absatz 3 Satz 1 vorbehaltlich § 4 Absatz 1 auch mit roten Versicherungskennzeichen nach dem Muster in Anlage 12 unternommen werden. ²§ 26 Absatz 2 und 3 ist entsprechend mit der Maßgabe anzuwenden, dass der Buchstabenbereich der Erkennungsnummer mit dem Buchstaben Z beginnt. ³Das Kennzeichen ist nach § 27 in Verbindung mit Anlage 12 auszugestalten und anzubringen. ⁴Es braucht am Kraftfahrzeug nicht fest angebracht zu sein. ⁵Kraftfahrzeuge mit einem roten Versicherungskennzeichen dürfen im Übrigen nur nach Maßgabe des § 27 Absatz 7 in Betrieb gesetzt werden. ⁶Der Versicherer hat dem Kraftfahrt-Bundesamt die Halterdaten nach

§ 33 Absatz 1 Satz 1 Nummer 2 des Straßenverkehrsgesetzes und die in § 30 Absatz 5 genannten Fahrzeugdaten unverzüglich mitzuteilen.

§ 29
Maßnahmen bei vorzeitiger Beendigung des Versicherungsverhältnisses

¹Endet das Versicherungsverhältnis vor dem Ablauf des Verkehrsjahrs, das auf dem Versicherungskennzeichen angegeben ist, hat der Versicherer den Halter zur unverzüglichen Rückgabe des Versicherungskennzeichens und der darüber ausgehändigten Bescheinigung aufzufordern. ²Kommt der Halter der Aufforderung nicht nach, hat der Versicherer hiervon die nach § 46 zuständige Behörde in Kenntnis zu setzen. ³Die Behörde zieht das Versicherungskennzeichen und die Bescheinigung ein.

ABSCHNITT 6
Fahrzeugregister

§ 30
Speicherung der Fahrzeugdaten im Zentralen Fahrzeugregister

(1) Bei Fahrzeugen, denen ein Kennzeichen zugeteilt ist, sind im Zentralen Fahrzeugregister folgende Fahrzeugdaten zu speichern:
1. die der Zulassungsbehörde nach § 6 Absatz 4 Nummer 1, 2 und 4 und Absatz 7 mitzuteilenden Fahrzeugdaten sowie die errechnete Nutzlast des Fahrzeugs (technisch zulässige Gesamtmasse minus Masse des in Betrieb befindlichen Fahrzeugs),
2. weitere Angaben, soweit deren Eintragung in den Fahrzeugdokumenten vorgeschrieben oder zulässig ist,
3. das Unterscheidungszeichen und die Erkennungsnummer des zugeteilten Kennzeichens und das Datum der Zuteilung, bei Zuteilung eines Kennzeichens als Saisonkennzeichen zusätzlich der Betriebszeitraum, bei Zuteilung eines Wechselkennzeichens *[ab 01.01.2018 werden folgende Wörter eingefügt: „, eines Oldtimerkennzeichens oder eines Kennzeichens für elektrisch betriebene Fahrzeuge"]* zusätzlich ein Hinweis darauf,
4. das Unterscheidungszeichen und die Erkennungsnummer von durch Ausnahmegenehmigung zugeteilten weiteren Kennzeichen und das Datum der jeweiligen Zuteilung,
5. Monat und Jahr des auf die Ausfertigung der Zulassungsbescheinigung folgenden Ablaufs der Frist für die nächste Hauptuntersuchung oder Sicherheitsprüfung nach § 29 der Straßenverkehrs-Zulassungs-Ordnung,
5a. bei Verwendung des Nachweisverfahrens der Hauptuntersuchung oder Sicherheitsprüfung mittels Verifizierung der Prüfziffer nach § 15c Absatz 1 Satz 1 Nummer 2 die nach § 15c Absatz 5 von den Zulassungsbehörden übermittelten Daten,
6. bei Zuteilung eines grünen Kennzeichens ein Hinweis darauf sowie das Datum der Zuteilung,
7. das Datum
   a) der Außerbetriebsetzung des Fahrzeugs, bei mit einem Wechselkennzeichen zugelassenen Fahrzeug ein Hinweis darauf, dass es sich um ein Wechselkennzeichen handelt,
   b) der Entstempelung des Kennzeichens, wobei im Falle der internetbasierten Außerbetriebsetzung das Datum der abschließenden Bearbeitung des Antrags auf Außerbetriebsetzung in der Zulassungsbehörde an Stelle des Datums der Entstempelung zu speichern ist, bei mit einem Wechselkennzeichen zugelassenen Fahrzeug auch das Datum der Entstempelung des fahrzeugbezogenen Teils und
   c) des Ablaufs der Reservierung des Kennzeichens,
8. die Art der Typgenehmigung oder Einzelgenehmigung,
9. die Emissionsklasse, in die das Fahrzeug eingestuft ist und die Grundlage dieser Einstufung,
10. die Kennziffer des Zulassungsbezirks einschließlich der Gemeindekennzif-

fer sowie die Kennziffer früherer Zulassungsbezirke,
11. die Nummer *[ab 01.01.2018 werden folgende Wörter eingefügt: „und der Sicherheitscode"]* der Zulassungsbescheinigung Teil II bei Fahrzeugen, für die dieser Teil ausgefertigt wurde, sowie ein Hinweis über den Verbleib der Zulassungsbescheinigung Teil II bei Außerbetriebsetzung des Fahrzeugs,
12. die Nummern früherer Zulassungsbescheinigungen Teil II und Hinweise über deren Verbleib,
13. soweit eine Aufbietung der Zulassungsbescheinigungen Teil II erfolgt ist, ein Hinweis darauf,

Fassung bis 31.12.2017:
14. die von der Zulassungsbehörde aufgebrachte Nummer der Zulassungsbescheinigung Teil I, der Sicherheitscode der Zulassungsbescheinigung Teil I, die Druckstücknummer der Markierung der Zulassungsbescheinigung Teil I,

Fassung ab 01.01.2018:
14. *die von der Zulassungsbehörde aufgebrachte Nummer, die Vordrucknummer, der Sicherheitscode und die Druckstücknummer der Markierung der Zulassungsbescheinigung Teil I,*

14a. die Sicherheitscodes und die Druckstücknummern der Stempelplaketten,
15. das Datum der Aushändigung und Hinweis über die Rückgabe oder Einziehung der Zulassungsbescheinigung Teil I; wobei im Falle der internetbasierten Wiederzulassung das Datum der Aushändigung entfällt,
16. Hinweise über die Ausstellung einer Zulassungsbescheinigung Teil I als Zweitschrift sowie eines Anhängerverzeichnisses und das Datum der Ausstellung,
17. bei Ausstellung eines Internationalen Zulassungsscheins ein Hinweis darauf und das Datum der Ausstellung,
18. eine Vormerkung zur Inanspruchnahme nach dem Bundesleistungsgesetz, dem Verkehrssicherstellungsgesetz oder dem Verkehrsleistungsgesetz,
19. folgende Daten zur Kraftfahrzeug-Haftpflichtversicherung:
    a) die der Zulassungsbehörde nach § 6 Absatz 4 Nummer 3 mitzuteilenden Daten,
    b) das Datum des Eingangs der Versicherungsbestätigung,
    c) Hinweise auf ein Nichtbestehen oder eine Beendigung des Versicherungsverhältnisses, die Anzeige hierüber sowie das Datum des Eingangs der Anzeige bei der Zulassungsbehörde,
    d) bei Maßnahmen der Zulassungsbehörde auf Grund des Nichtbestehens oder der Beendigung des Versicherungsverhältnisses ein Hinweis darauf und
    e) den Namen und die Anschrift oder die Schlüsselnummer der früheren Versicherer und jeweils die Daten zu diesen Versicherungen nach Maßgabe der Buchstaben a bis d,
20. fahrzeugbezogene und halterbezogene Ausnahmegenehmigungen sowie Auflagen oder Hinweise auf solche Genehmigungen und Auflagen,
21. Hinweise über
    a) Fahrzeugmängel,
    b) Maßnahmen zur Mängelbeseitigung,
    c) erhebliche Schäden am Fahrzeug aus einem Verkehrsunfall,
    d) die Eintragung der Außerbetriebsetzung des Fahrzeugs in die Zulassungsbescheinigung Teil I,
    e) die Berechtigung zum Betrieb des Fahrzeugs trotz eines Verkehrsverbots,
    f) Verstöße gegen die Vorschriften über die Kraftfahrzeugsteuer,
22. Hinweise über die Untersagung oder Beschränkung des Betriebs des Fahrzeugs,
23. Angaben zum Ort, an dem das sichergestellte Fahrzeug abgestellt ist,
24. das Datum des Eingangs der Anzeige bei der Zulassungsbehörde über die Veräußerung des Fahrzeugs und das Datum der Veräußerung,

25. bei Verlegung des Wohnsitzes des Halters in den Bezirk einer anderen Zulassungsbehörde und Zuteilung eines neuen Kennzeichens: das neue Kennzeichen dieses Zulassungsbezirks und das Datum der Zuteilung,
26. folgende Daten über frühere Angaben und Ereignisse:
    a) Kennzeichen,
    b) Fahrzeug-Identifizierungsnummern,
    c) Marke und Typ des Fahrzeugs,
    d) Hinweise über Änderungen in der Beschaffenheit und Ausrüstung des Fahrzeugs sowie das jeweilige Datum der Änderung,
    e) Hinweise über den Grund der sonstigen Änderungen und das jeweilige Datum der Änderung,
27. folgende Daten über den Verwertungsnachweis und die Abgabe von Erklärungen nach § 15:
    a) das Datum der Ausstellung des Verwertungsnachweises sowie
       aa) die Betriebsnummer des inländischen Demontagebetriebes oder
       bb) im Falle des § 15 Absatz 2 der Staat, in dem die Verwertungsanlage ihren Sitz hat,
       oder
    b) ein Hinweis auf die Angabe, dass das Fahrzeug zum Zwecke der Entsorgung in einem Drittstaat verbleibt, oder
    c) ein Hinweis auf die Angabe, dass das Fahrzeug nicht als Abfall entsorgt wird,

Nummern 28 und 29 angefügt ab 01.01.2018:
28. *die Nummer der früheren ausländischen Zulassungsbescheinigung oder die Nummern von deren Teilen I und II, soweit diese jeweils vorhanden sind,*
29. *folgende Daten zur Beschaffenheit des Fahrzeugs, sofern das Fahrzeug einem Typ entspricht, für den eine EG-Typgenehmigung vorliegt, die auf Basis der Verordnung (EG) Nr. 715/2007 des Europäischen Parlaments und des Rates vom 20. Juni 2007 über die Typgenehmigung von Kraftfahrzeugen hinsichtlich der Emissionen von leichten Personenkraftwagen und Nutzfahrzeugen (Euro 5 und Euro 6) und über den Zugang zu Reparatur- und Wartungsinformationen für Fahrzeuge (ABl. L 171 vom 29.6.2007, S. 1) in Verbindung mit der Verordnung (EU) 2017/1151 der Kommission vom 1. Juni 2017 zur Ergänzung der Verordnung (EG) Nr. 715/2007 des Europäischen Parlaments und des Rates über die Typgenehmigung von Kraftfahrzeugen hinsichtlich der Emissionen von leichten Personenkraftwagen und Nutzfahrzeugen (Euro 5 und Euro 6) und über den Zugang zu Fahrzeugreparatur- und -wartungsinformationen, zur Änderung der Richtlinie 2007/46/EG des Europäischen Parlaments und des Rates, der Verordnung (EG) Nr. 692/2008 der Kommission sowie der Verordnung (EU) Nr. 1230/2012 der Kommission und zur Aufhebung der Verordnung (EG) Nr. 692/2008 der Kommission (ABl. L 175 vom 7.7.2017, S. 1) erteilt worden ist:*
    a) *Radstand,*
    b) *Spurweite,*
    c) *Elektrischer Energieverbrauch in Wh/km,*
    d) *Code der Ökoinnovation(en),*
    e) *CO_2-Einsparung durch Ökoinnovation(en) in g/km,*
    f) *Prüfmasse des Fahrzeugs in kg nach dem weltweit harmonisierten Prüfverfahren für leichte Nutzfahrzeuge (WLTP Prüfmasse),*
    g) *Abweichungsfaktor und*
    h) *Differenzierungsfaktor.*

(2) Bei der Zuteilung von roten Kennzeichen sind im Zentralen Fahrzeugregister folgende Fahrzeugdaten zu speichern:
1. das Unterscheidungszeichen und die Erkennungsnummer,
2. Hinweis auf die Zuteilung und das Datum der Zuteilung sowie die Dauer der Gültigkeit des Kennzeichens,
3. das Datum der Rückgabe oder Entziehung des Kennzeichens,
4. folgende Daten zur Kraftfahrzeug-Haftpflichtversicherung:
    a) die der Zulassungsbehörde nach § 16 Absatz 4 mitzuteilenden Daten zur

Kraftfahrzeug-Haftpflichtversicherung,
b) die nach Absatz 1 Nummer 19 Buchstabe b bis e zu speichernden Daten.

(2a) Bei der Zuteilung von Kurzzeitkennzeichen sind im Zentralen Fahrzeugregister folgende Fahrzeugdaten zu speichern:
1. die nach § 16a Absatz 2 Satz 2 Nummer 3 bis 6 mitzuteilenden Fahrzeugdaten,
2. das Unterscheidungszeichen und die Erkennungsnummer,
3. Hinweis auf die Zuteilung und das Datum der Zuteilung des Kennzeichens sowie die Dauer der Gültigkeit des Kennzeichens,
4. die nach § 16a Absatz 5 Satz 2 zu vermerkenden Beschränkungen,
5. folgende Daten zur Kraftfahrzeug-Haftpflichtversicherung:
    a) die der Zulassungsbehörde nach § 16a Absatz 2 Satz 2 Nummer 2 mitzuteilenden Daten zur Kraftfahrzeug-Haftpflichtversicherung,
    b) die nach Absatz 1 Nummer 19 Buchstabe b bis e zu speichernden Daten.

(3) Bei Fahrzeugen, denen ein Ausfuhrkennzeichen zugeteilt ist, sind im Zentralen Fahrzeugregister folgende Fahrzeugdaten zu speichern:
1. die der Zulassungsbehörde nach § 19 Absatz 2 mitzuteilenden Fahrzeugdaten,
2. das Unterscheidungszeichen und die Erkennungsnummer sowie
    a) das Datum der Zuteilung des Kennzeichens und
    b) das Datum des Ablaufs der Gültigkeit der Zulassung des Fahrzeugs mit diesem Kennzeichen im Geltungsbereich dieser Verordnung,

Fassung bis 31.12.2017:
3. *die Nummer der Zulassungsbescheinigung Teil II, falls eine solche vorhanden war, und Hinweise zu deren Verbleib,*

Fassung ab 01.01.2018:
3. *die Nummer und der Sicherheitscode der Zulassungsbescheinigung Teil II, falls solche vorhanden waren, und Hinweise zum Verbleib der Zulassungsbescheinigung Teil II,*

4. folgende Daten zur Kraftfahrzeug-Haftpflichtversicherung:
    a) die der Zulassungsbehörde nach § 19 Absatz 2 mitzuteilenden Daten zur Kraftfahrzeug-Haftpflichtversicherung,
    b) die nach Absatz 1 Nummer 19 Buchstabe b bis e zu speichernden Daten.

(4) Bei Fahrzeugen mit Versicherungskennzeichen sind im Zentralen Fahrzeugregister folgende Fahrzeugdaten zu speichern:
1. die dem Versicherer nach § 26 Absatz 1 Satz 4 mitzuteilenden Fahrzeugdaten,
2. die Erkennungsnummer,
3. der Beginn des Versicherungsschutzes,
4. der Zeitpunkt der Beendigung des Versicherungsverhältnisses gemäß § 3 Nummer 5 des Pflichtversicherungsgesetzes,
5. folgende Daten zur Kraftfahrzeug-Haftpflichtversicherung:
    a) den Namen und die Anschrift oder die Schlüsselnummer des Versicherers,
    b) die Nummer des Versicherungsscheins oder der Versicherungsbestätigung.

(5) Bei Ausgabe roter Versicherungskennzeichen sind im Zentralen Fahrzeugregister folgende Fahrzeugdaten zu speichern:
1. die Erkennungsnummer,
2. der Beginn des Versicherungsschutzes,
3. der Zeitpunkt der Beendigung des Versicherungsverhältnisses nach § 3 Nummer 5 des Pflichtversicherungsgesetzes,
4. folgende Daten zur Kraftfahrzeug-Haftpflichtversicherung:
    a) den Namen und die Anschrift oder die Schlüsselnummer des Versicherers,
    b) die Nummer des Versicherungsscheins oder der Versicherungsbestätigung.

(6) Im Zentralen Fahrzeugregister sind auch die durch Ausnahmegenehmigung ohne Zuordnung zu einem bestimmten Fahrzeug zugeteilten Kennzeichen zu speichern sowie jeweils das Datum der Zuteilung und die Stelle, die über die Verwendung bestimmt.

(7) Soweit vom Kraftfahrt-Bundesamt für bestimmte Daten eine Schlüsselnummer festgelegt wird, ist auch diese im Zentralen Fahrzeugregister zu speichern.

(8) Im Zentralen Fahrzeugregister ist ferner das Datum der Änderung der in den Absätzen 1 bis 7 bezeichneten Fahrzeugdaten zu speichern.

(9) ¹Im Zentralen Fahrzeugregister sind Hinweise auf Diebstahl oder sonstiges Abhandenkommen
a) eines Fahrzeugs,
b) eines gestempelten Kennzeichens oder roten Kennzeichens,
c) eines gestempelten Ausfuhrkennzeichens oder Kurzzeitkennzeichens, dessen jeweilige Gültigkeit noch nicht abgelaufen ist,
d) eines gültigen Versicherungskennzeichens,
e) einer ausgefertigten Zulassungsbescheinigung *[ab 01.01.2018 werden folgende Wörter eingefügt: „Teil I oder"]* Teil II
zu speichern. ²Jeweils zusätzlich sind das Datum des Diebstahls oder des sonstigen Abhandenkommens sowie Hinweise darauf zu speichern, dass nach dem abhandengekommenen Gegenstand gefahndet wird und dass im Falle des Verlustes eines Kennzeichens im Sinne des Satzes 1 Buchstabe b bis d dieses nicht vor dessen Wiederauffinden, sonst nicht vor Ablauf von zehn Jahren seit Fahndungsbeginn wieder zugeteilt werden darf. ³Bei Diebstahl oder sonstigem Abhandenkommen von nicht ausgefertigten Zulassungsbescheinigungen (Teil I und Teil II) ist jeweils die Dokumentennummer zu speichern. ⁴Wurde in den Vordruck für die Zulassungsbescheinigung Teil II bereits durch den Hersteller eine Fahrzeug-Identifizierungsnummer eingetragen, ist auch diese zu speichern.

§ 31
Speicherung der Fahrzeugdaten im örtlichen Fahrzeugregister

(1) Bei Fahrzeugen, denen ein Kennzeichen zugeteilt ist, sind im örtlichen Fahrzeugregister folgende Fahrzeugdaten zu speichern:
1. die der Zulassungsbehörde nach § 6 Absatz 4 Nummer 1, 2 und 4 und Absatz 7 mitzuteilenden Fahrzeugdaten,
2. weitere Angaben, soweit deren Eintragung in der Zulassungsbescheinigung vorgeschrieben oder zulässig ist,
3. das Unterscheidungszeichen und die Erkennungsnummer des zugeteilten Kennzeichens und das Datum der Zuteilung, bei Zuteilung eines Kennzeichens als Saisonkennzeichen zusätzlich der Betriebszeitraum, bei Zuteilung eines Wechselkennzeichens *[ab 01.01.2018 werden folgende Wörter eingefügt: „, eines Oldtimerkennzeichens oder eines Kennzeichens für elektrisch betriebene Fahrzeuge"]* zusätzlich ein Hinweis darauf,
4. das Unterscheidungszeichen und die Erkennungsnummer von durch Ausnahmegenehmigung zugeteilten weiteren Kennzeichen sowie das Datum der jeweiligen Zuteilung,
5. Monat und Jahr des auf die Ausfertigung der Zulassungsbescheinigung folgenden Ablaufs der Frist für die nächste Hauptuntersuchung oder Sicherheitsprüfung nach § 29 der Straßenverkehrs-Zulassungs-Ordnung,
6. bei Zuteilung eines grünen Kennzeichens ein Hinweis darauf sowie das Datum der Zuteilung,
7. das Datum
a) der Außerbetriebsetzung des Fahrzeugs, bei mit einem Wechselkennzeichen zugelassenen Fahrzeug ein Hinweis darauf, dass es sich um ein Wechselkennzeichen handelt,
b) der Entstempelung des Kennzeichens, wobei im Falle der internetbasierten Außerbetriebsetzung das Datum der abschließenden Bearbeitung des Antrags auf Außerbetriebsetzung an Stelle des Datums der Entstempelung zu speichern ist, bei mit einem Wechselkennzeichen zugelassenen Fahrzeug auch das Datum der Entstempelung des fahrzeugbezogenen Teils und
c) des Ablaufs der Reservierung des Kennzeichens,
8. die Art der Typgenehmigung oder Einzelgenehmigung,

9. die Emissionsklasse, in die das Fahrzeug eingestuft ist und die Grundlage dieser Einstufung,
10. die Kennziffer des Zulassungsbezirks einschließlich der Gemeindekennziffer,
11. die Nummer der Zulassungsbescheinigung Teil II bei Fahrzeugen, für die dieser Teil ausgefertigt wurde, sowie ein Hinweis über den Verbleib der Zulassungsbescheinigung Teil II bei Außerbetriebsetzung des Fahrzeugs,
12. die Nummer der früheren Zulassungsbescheinigung Teil II und ein Hinweis auf deren Verbleib bei Ausfertigung einer neuen Zulassungsbescheinigung Teil II,
13. soweit eine Aufbietung der Zulassungsbescheinigung Teil II erfolgt ist, ein Hinweis darauf,

Fassung bis 31.12.2017:
14. die von der Zulassungsbehörde aufgebrachte Nummer der Zulassungsbescheinigung Teil I, der Sicherheitscode der Zulassungsbescheinigung Teil I, die Druckstücknummer der Markierung der Zulassungsbescheinigung Teil I,
14a. die Sicherheitscodes und die Druckstücknummern der Stempelplaketten,

Fassung ab 01.01.2018:
14. die von der Zulassungsbehörde aufgebrachte Nummer, die Vordrucknummer und die Druckstücknummer der Markierung der Zulassungsbescheinigung Teil I,
14a. die Druckstücknummern der Stempelplaketten,

15. das Datum der Aushändigung und Rückgabe oder Einziehung der Zulassungsbescheinigung Teil I, wobei im Falle der internetbasierten Wiederzulassung das Datum der Aushändigung entfällt,
16. Hinweise über die Ausstellung einer Zulassungsbescheinigung Teil I als Zweitschrift sowie eines Anhängerverzeichnisses und das Datum der Ausstellung,
17. bei Ausstellung eines Internationalen Zulassungsscheins ein Hinweis darauf und das Datum der Ausstellung,
18. eine Vormerkung zur Inanspruchnahme nach dem Bundesleistungsgesetz, dem Verkehrssicherstellungsgesetz oder dem Verkehrsleistungsgesetz,
19. folgende Daten zur Kraftfahrzeug-Haftpflichtversicherung:
    a) die der Zulassungsbehörde nach § 6 Absatz 4 Nummer 3 mitzuteilenden Daten,
    b) das Datum des Eingangs der Versicherungsbestätigung,
    c) Hinweise auf ein Nichtbestehen oder eine Beendigung des Versicherungsverhältnisses, die Anzeige hierüber sowie das Datum des Eingangs der Anzeige bei der Zulassungsbehörde,
    d) bei Maßnahmen der Zulassungsbehörde auf Grund des Nichtbestehens oder der Beendigung des Versicherungsverhältnisses ein Hinweis darauf und
    e) den Namen und die Anschrift oder die Schlüsselnummer der früheren Versicherer und jeweils die Daten zu diesen Versicherungen nach Maßgabe der Buchstaben a bis d,
20. fahrzeugbezogene und halterbezogene Ausnahmegenehmigungen sowie Auflagen oder Hinweise auf solche Genehmigungen und Auflagen,
21. Hinweise über
    a) Fahrzeugmängel,
    b) Maßnahmen zur Mängelbeseitigung,
    c) erhebliche Schäden am Fahrzeug aus einem Verkehrsunfall,
    d) die Eintragung der Außerbetriebsetzung des Fahrzeugs in die Zulassungsbescheinigung Teil I,
    e) die Berechtigung zum Betrieb des Fahrzeugs trotz eines Verkehrsverbots,
    f) Verstöße gegen die Vorschriften über die Kraftfahrzeugsteuer,
22. Hinweise über die Untersagung oder Beschränkung des Betriebs des Fahrzeugs,
23. Angaben zum Ort, an dem das sichergestellte Fahrzeug abgestellt ist,
24. das Datum des Eingangs der Anzeige bei der Zulassungsbehörde über die Veräu-

ßerung des Fahrzeugs und das Datum der Veräußerung,
25. bei Verlegung des Wohnsitzes des Halters in den Bezirk einer anderen Zulassungsbehörde und Zuteilung eines neuen Kennzeichens: das neue Kennzeichen dieses Zulassungsbezirks und das Datum der Zuteilung,
26. folgende Daten über frühere Angaben und Ereignisse:
    a) bei Zuteilung eines neuen Kennzeichens das bisherige,
    b) bei Änderung der Fahrzeug-Identifizierungsnummer die bisherige,
27. folgende Daten über den Verwertungsnachweis und die Abgabe von Erklärungen nach § 15:
    a) das Datum der Ausstellung des Verwertungsnachweises sowie
        aa) die Betriebsnummer des inländischen Demontagebetriebes oder
        bb) im Falle des § 15 Absatz 2 der Staat, in dem die Verwertungsanlage ihren Sitz hat,
    oder
    b) ein Hinweis auf die Angabe, dass das Fahrzeug zum Zwecke der Entsorgung in einem Drittstaat verbleibt,
    oder
    c) ein Hinweis auf die Angabe, dass das Fahrzeug nicht als Abfall entsorgt wird.

(2) Bei der Zuteilung von roten Kennzeichen sind im örtlichen Fahrzeugregister folgende Fahrzeugdaten zu speichern:
1. Unterscheidungszeichen und Erkennungsnummer,
2. Hinweis auf die Zuteilung und das Datum der Zuteilung sowie die Dauer der Gültigkeit des Kennzeichens,
3. das Datum der Rückgabe oder Entziehung des Kennzeichens,
4. folgende Daten zur Kraftfahrzeug-Haftpflichtversicherung:
    a) die der Zulassungsbehörde nach § 16 Absatz 4 mitzuteilenden Daten zur Kraftfahrzeug-Haftpflichtversicherung,
    b) die nach Absatz 1 Nummer 19 Buchstabe b bis e zu speichernden Daten.

(2a) Bei der Zuteilung von Kurzzeitkennzeichen sind im örtlichen Fahrzeugregister folgende Fahrzeugdaten zu speichern:
1. die nach § 16a Absatz 2 Satz 2 Nummer 3 bis 6 mitzuteilenden Fahrzeugdaten,
2. das Unterscheidungszeichen und die Erkennungsnummer,
3. Hinweis auf die Zuteilung und das Datum der Zuteilung des Kennzeichens sowie die Dauer der Gültigkeit des Kennzeichens,
4. die nach § 16a Absatz 5 Satz 2 zu vermerkenden Beschränkungen,
5. folgende Daten zur Kraftfahrzeug-Haftpflichtversicherung:
    a) die der Zulassungsbehörde nach § 16a Absatz 2 Satz 2 Nummer 2 mitzuteilenden Daten zur Kraftfahrzeug-Haftpflichtversicherung,
    b) die nach Absatz 1 Nummer 19 Buchstabe b bis e zu speichernden Daten.

(3) Bei Fahrzeugen, denen ein Ausfuhrkennzeichen zugeteilt ist, sind im örtlichen Fahrzeugregister folgende Fahrzeugdaten zu speichern:
1. die der Zulassungsbehörde nach § 19 Absatz 2 mitzuteilenden Fahrzeugdaten,
2. Unterscheidungszeichen und Erkennungsnummer sowie
    a) das Datum der Zuteilung des Kennzeichens und
    b) das Datum des Ablaufs der Gültigkeit der Zulassung des Fahrzeugs mit diesem Kennzeichen im Geltungsbereich dieser Verordnung,
3. die Nummer der Zulassungsbescheinigung Teil II, falls eine solche vorhanden war, und Hinweise zu deren Verbleib,
4. folgende Daten zur Kraftfahrzeug-Haftpflichtversicherung:
    a) die der Zulassungsbehörde nach § 19 Absatz 2 mitzuteilenden Daten zur Kraftfahrzeug-Haftpflichtversicherung,
    b) die nach Absatz 1 Nummer 21 Buchstabe b bis e zu speichernden Daten.

(4) Im örtlichen Fahrzeugregister sind auch die durch Ausnahmegenehmigung ohne

Zuordnung zu einem bestimmten Fahrzeug zugeteilten Kennzeichen zu speichern sowie jeweils das Datum der Zuteilung und die Stelle, die über die Verwendung bestimmt.

(5) Soweit vom Kraftfahrt-Bundesamt für bestimmte Daten eine Schlüsselnummer festgelegt wird, ist auch diese im örtlichen Fahrzeugregister zu speichern.

(6) Im örtlichen Fahrzeugregister ist ferner das Datum der Änderung der in den Absätzen 1 bis 5 bezeichneten Fahrzeugdaten zu speichern.

(7) ¹Im örtlichen Fahrzeugregister sind Hinweise über Diebstahl oder sonstiges Abhandenkommen
a) eines Fahrzeugs,
b) eines gestempelten Kennzeichens oder roten Kennzeichens,
c) eines gestempelten Ausfuhrkennzeichens oder Kurzzeitkennzeichens, dessen jeweilige Gültigkeit noch nicht abgelaufen ist,
d) eines gültigen Versicherungskennzeichens und
e) einer ausgefertigten Zulassungsbescheinigung Teil II [ab 01.01.2018: „(Teil I oder Teil II)"]

zu speichern. ²Jeweils zusätzlich sind das Datum des Diebstahls oder des sonstigen Abhandenkommens sowie Hinweise darauf zu speichern, dass nach dem abhandengekommenen Gegenstand gefahndet wird und dass im Falle des Verlustes eines Kennzeichens im Sinne des Satzes 1 Buchstabe b bis d dieses nicht vor dessen Wiederauffinden, sonst nicht vor Ablauf von zehn Jahren seit Fahndungsbeginn wieder zugeteilt werden darf. ³Bei Diebstahl oder sonstigem Abhandenkommen von nicht ausgefertigten Zulassungsbescheinigungen Teil I und Teil II ist jeweils die Dokumentennummer zu speichern. ⁴Wurde in den Vordruck für die Zulassungsbescheinigung Teil II bereits durch den Hersteller eine Fahrzeug-Identifizierungsnummer eingetragen, ist auch diese zu speichern.

(8) Sofern die bisher nicht obligatorisch zu speichernden Daten nach Absatz 1 Nummer 4, 5, 13, 15 bis 17, 20 und 21 bis 27 und Absatz 2 bis 7 noch nicht im örtlichen Fahrzeugregister gespeichert sind, brauchen sie auch weiterhin nicht gespeichert werden.

§ 32
Speicherung der Halterdaten in den Fahrzeugregistern

(1) ¹Die der Zulassungsbehörde nach § 6 Absatz 1 Satz 2 mitzuteilenden Halterdaten und die nach § 13 Absatz 4 Satz 2 mitzuteilenden Daten des Erwerbers sind zu speichern
1. im Zentralen Fahrzeugregister
 a) bei Fahrzeugen, denen ein Kennzeichen nach § 8 zugeteilt ist,
 b) bei Fahrzeugen, denen ein Ausfuhrkennzeichen zugeteilt ist,
 c) bei der Zuteilung von roten Kennzeichen,
 d) bei Fahrzeugen, denen ein Kurzzeitkennzeichen zugeteilt ist und
 e) bei Fahrzeugen mit Versicherungskennzeichen und
2. im örtlichen Fahrzeugregister
 a) bei Fahrzeugen, denen ein Kennzeichen nach § 8 zugeteilt ist,
 b) bei Fahrzeugen, denen ein Ausfuhrkennzeichen zugeteilt ist,
 c) bei der Zuteilung von roten Kennzeichen und
 d) bei Fahrzeugen, denen ein Kurzzeitkennzeichen zugeteilt ist.

²In den Fahrzeugregistern ist ferner das Datum der Änderung der Halterdaten zu speichern.

(2) Im Zentralen und im örtlichen Fahrzeugregister sind über beruflich selbstständige Halter, denen ein Kennzeichen nach § 8 zugeteilt wird, die Daten über Beruf oder Gewerbe zu speichern.

(3) Im Zentralen und im örtlichen Fahrzeugregister sind die Daten der früheren Halter und die Anzahl der früheren Halter eines Fahrzeugs zu speichern.

§ 33
Übermittlung von Daten an das Kraftfahrt-Bundesamt

(1) ¹Die Zulassungsbehörde hat dem Kraftfahrt-Bundesamt zur Speicherung im Zen-

tralen Fahrzeugregister die nach § 30 zu speichernden Fahrzeugdaten sowie die nach § 32 zu speichernden Halterdaten zu übermitteln. ²Außerdem hat die Zulassungsbehörde dem Kraftfahrt-Bundesamt zur Aktualisierung des Zentralen Fahrzeugregisters jede Änderung der Daten und das Datum der Änderung sowie die Löschung der Daten und das Datum der Löschung im örtlichen Fahrzeugregister zu übermitteln.

(2) Nimmt eine andere als die für das Kennzeichen zuständige Zulassungsbehörde die Außerbetriebsetzung des Fahrzeugs vor, so hat sie dem Kraftfahrt-Bundesamt die Außerbetriebsetzung anzuzeigen und außerdem zur Aktualisierung des Zentralen Fahrzeugregisters zu übermitteln:
1. das Datum der Außerbetriebsetzung,
2. das Kennzeichen und einen Hinweis über dessen Entstempelung und bei einem Wechselkennzeichen einen Hinweis darauf, dass es sich um ein Wechselkennzeichen handelt,
3. die Fahrzeug-Identifizierungsnummer,
4. die Marke des Fahrzeugs,
5. die Nummer der Zulassungsbescheinigung Teil II und einen Hinweis über deren Verbleib.

(3) ¹Die Datenübermittlung nach den Absätzen 1 und 2 erfolgt im Wege der Datenfernübertragung durch Direkteinstellung, mindestens jedoch arbeitstäglich im Wege der Dateienübertragung. ²Ausführungsregeln zur Datenübermittlung werden vom Kraftfahrt-Bundesamt im Bundesanzeiger und zusätzlich im Verkehrsblatt veröffentlicht.

§ 34
Übermittlung und Speicherung der Daten über Hauptuntersuchungen und Sicherheitsprüfungen im Zentralen Fahrzeugregister

(1) ¹Folgende Daten über Hauptuntersuchungen und Sicherheitsprüfungen sind im Zentralen Fahrzeugregister zu speichern:
1. Schlüsselnummer der Technischen Prüfstelle, der anerkannten Überwachungsorganisation oder der mit der Datenübermittlung beauftragten Gemeinschaftseinrichtung der anerkannten Kraftfahrzeugwerkstätten,
2. bei Sicherheitsprüfungen, die von einer anerkannten Kraftfahrzeugwerkstatt durchgeführt wurden: die Kontrollnummer der anerkannten Kraftfahrzeugwerkstatt,
3. Fahrzeug-Identifizierungsnummer,
4. Hersteller-Schlüsselnummer,
5. Herstellerbezeichnung,
6. Monat und Jahr der Erstzulassung,
7. Kennzeichen des Fahrzeugs,
8. Nummer des Untersuchungsberichts oder des Prüfprotokolls,
9. Angabe über die Untersuchung als Hauptuntersuchung oder Sicherheitsprüfung,
10. Untersuchungsart als Erst- oder Nachuntersuchung oder Prüfungsart als Erst- oder Nachprüfung,
11. Datum der Durchführung und Uhrzeit des Endes der Hauptuntersuchung oder der Sicherheitsprüfung,
12. Entscheidung über die Zuteilung der Prüfplakette nach einer Hauptuntersuchung oder Prüfmarke nach einer Sicherheitsprüfung,
13. bei bestandener Hauptuntersuchung: Monat und Jahr des Ablaufs der Frist für die nächste Hauptuntersuchung und, soweit erforderlich, für die nächste Sicherheitsprüfung,
14. bei bestandener Sicherheitsprüfung: Monat und Jahr des Ablaufs der Frist für die nächste Sicherheitsprüfung,
15. Ergebnis
    a) der Hauptuntersuchung mit der Angabe „ohne festgestellte Mängel", „geringe Mängel", „erhebliche Mängel" oder „verkehrsunsicher" oder
    b) der Sicherheitsprüfung mit der Angabe „ohne festgestellte Mängel", „Mängel" oder „unmittelbar verkehrsgefährdende Mängel".

²Die Übermittlung der Daten durch die zur Durchführung von Hauptuntersuchungen oder Sicherheitsprüfungen nach § 29 berechtigten Personen an das Kraftfahrt-Bundesamt erfolgt nach Maßgabe des § 15a Absatz 3. ³Soweit nach Satz 1 Nummer 15 als Ergebnis der Hauptuntersuchung die Angabe „verkehrsun-

sicher" oder der Sicherheitsprüfung die Angabe „unmittelbar verkehrsgefährdende Mängel" übermittelt wird und dem Fahrzeug ein Kennzeichen zugeteilt ist, teilt das Kraftfahrt-Bundesamt dies der Zulassungsbehörde mit.

(2) ¹Folgende weitere Daten über Hauptuntersuchungen sind im Zentralen Fahrzeugregister zu speichern, *soweit sie von den zur Durchführung von Hauptuntersuchungen nach § 29 berechtigten Personen übermittelt worden sind*:¹

1. Unterscheidungszeichen des Zulassungsstaates,
2. Fahrzeugklasse oder Fahrzeugart,
3. Fahrzeugtyp einschließlich Schlüsselnummer,
4. Variante und Version oder Ausführung einschließlich ihrer Codes oder Schlüsselnummern,
5. Stand des Wegstreckenzählers bei Kraftfahrzeugen und, soweit vorhanden, bei Anhängern,
6. für das Fahrzeug in Deutschland zulässige Gesamtmasse,
7. Monat und Jahr der dieser Hauptuntersuchung vorangegangenen Hauptuntersuchung,
8. Ort der Hauptuntersuchung oder Schlüsselnummer des Ortes,
9. Art der Untersuchungsstelle als Prüfstelle, Prüfstützpunkt oder Prüfplatz,
10. Bundesland, in dem die Hauptuntersuchung durchgeführt wurde,
11. Dokumentation der gemessenen Bremswerte mit den Angaben zu Referenzwerten, Druckwerten, Betätigungskräften oder, wenn diese nicht vorliegen, die Bremswerte der Betriebs- und Feststellbremse und die daraus ermittelten Abbremsungen,
12. Wiedervorführpflicht, soweit angeordnet,
13. Entgelte und Gebühren,
14. Kennnummer des für die Hauptuntersuchung verantwortlichen amtlich anerkannten Sachverständigen oder Prüfers oder des mit der Hauptuntersuchung betrauten Prüfingenieurs,
15. für Krafträder: Messdrehzahl und Standgeräuschvergleichswert von Standgeräuschmessungen, soweit Messwerte erhoben wurden,
16. im Falle von Mängeln, die vor Abschluss der Untersuchung, längstens jedoch während eines Kalendertages beseitigt wurden: zusätzlich das Ergebnis vor Mängelbeseitigung mit der Angabe „geringe Mängel", „erhebliche Mängel" oder „verkehrsunsicher" sowie die Uhrzeit der Feststellung der Mängelbeseitigung,
17. bei Durchführung der Untersuchung der Umweltverträglichkeit durch eine anerkannte Kraftfahrzeugwerkstatt: Kontrollnummer der anerkannten Kraftfahrzeugwerkstatt sowie das Datum der Untersuchung,
18. bei der Hauptuntersuchung festgestellte Mängel und ihre Einstufung einschließlich der Mängelcodes aus der für die Hauptuntersuchung verwendeten Version des Mangelbaums,
19. Versionsnummer des verwendeten Mangelbaums,
20. Hinweise über sich in der Zukunft durch Verschleiß, Korrosion oder andere Umstände abzeichnende Mängel, soweit vorhanden.

²Die Übermittlung erfolgt nach Maßgabe des § 15a Absatz 3.

§ 35
Übermittlung von Daten an die Versicherer

(1) Die Zulassungsbehörde darf dem Versicherer zur Durchführung des Versicherungsvertrags übermitteln:
1. bei Fahrzeugen, denen ein Kennzeichen zugeteilt ist, folgende Daten:
   a) das Kennzeichen und das Datum der Zuteilung, bei Zuteilung eines Kennzeichens als Saisonkennzeichen zusätzlich den Betriebszeitraum, bei Wechselkennzeichen zusätzlich ein Hinweis auf dessen Zuteilung,
   b) die Fahrzeugklasse, die Art des Aufbaus sowie die Schlüsselnummer des

---

1   In § 34 Abs. 2 Satz 1 sind die kursiven Wörter mit Wirkung ab 20.05.2018 gestrichen (d. Red.).

Herstellers, den Typ, sowie die Variante und die Version des Fahrzeugs,
c) die Fahrzeug-Identifizierungsnummer, die Nennleistung und bei Krafträdern zusätzlich den Hubraum,
d) bei natürlichen Personen den Familiennamen, die Vornamen und die Anschrift des Halters, bei juristischen Personen den Namen oder die Bezeichnung und die Anschrift, bei Vereinigungen den Familiennamen, die Vornamen und die Anschrift des benannten Vertreters sowie erforderlichenfalls den Namen der Vereinigung,
e) einen Hinweis über das Vorliegen eines Versicherer- und Halterwechsels,
f) das Datum des Eingangs einer Anzeige über das Nichtbestehen oder die Beendigung des Versicherungsverhältnisses,
g) einen Hinweis über die Einleitung von Maßnahmen und Angaben zum Verbleib des Fahrzeugs oder Kennzeichens, jedoch nur nach Eingang einer Anzeige im Sinne des Buchstaben f,
h) das Datum der Außerbetriebsetzung des Fahrzeugs und das Ablaufdatum der Reservierung des Kennzeichens bei Außerbetriebsetzung,
i) den Namen und die Anschrift oder Schlüsselnummer des Versicherers,
j) die Nummer des Versicherungsscheins oder der Versicherungsbestätigung,
k) einen Hinweis über den Eingang der Versicherungsbestätigung über eine neue Versicherung,
l) den Beginn des Versicherungsschutzes sowie
m) Verwendung des Fahrzeugs nach § 6 Absatz 4 Nummer 1,
2. bei der Zuteilung von roten Kennzeichen oder Kurzzeitkennzeichen folgende Daten:
a) das Unterscheidungszeichen und die Erkennungsnummer des Kennzeichens sowie das Datum der Zuteilung,
b) die Gültigkeitsdauer des Kennzeichens,
c) den Familiennamen, die Vornamen und die Anschrift des Halters, falls dieser nicht mit dem Versicherungsnehmer identisch ist,
d) die in Nummer 1 Buchstabe e, f, g und h bezeichneten Daten,
e) das Ende des Versicherungsschutzes und
f) bei Kurzzeitkennzeichen auch die Angaben zu Fahrzeug-Identifizierungsnummer, Fahrzeugklasse und Art des Aufbaus,
3. bei Fahrzeugen, denen ein Ausfuhrkennzeichen zugeteilt ist, folgende Daten:
a) das Unterscheidungszeichen und die Erkennungsnummer des Kennzeichens und das Datum der Zuteilung sowie
b) die in Nummer 1 Buchstabe b, c, d und h bezeichneten Daten und das Ende des Versicherungsverhältnisses.
(2) Die Übermittlung der Daten erfolgt aus Anlass:
1. der Zuteilung des Kennzeichens,
2. des Vorliegens einer neuen Versicherungsbestätigung,
3. des Versicherer- oder Halterwechsels,
4. des Wohnsitz- oder Sitzwechsels des Halters, wenn die Zulassungsbehörde die Daten durch Direkteinstellung nach § 33 Absatz 3 ändert, ansonsten nur in den Fällen, in denen der Wechsel in den Bereich einer anderen Zulassungsbehörde erfolgt,
5. der Außerbetriebsetzung des Fahrzeugs sowie
6. des Eingangs einer Anzeige wegen Nichtbestehens oder Beendigung des Versicherungsverhältnisses oder der hierauf beruhenden Maßnahmen.
(3) [1]Die Übermittlung der Daten nach den Absätzen 1 und 2 erfolgt grundsätzlich elektronisch und darf zu den dort genannten Zwecken auch über das Kraftfahrt-Bundesamt durch eine Gemeinschaftseinrichtung der Versicherer erfolgen. [2]Das Kraftfahrt-Bundesamt ist berechtigt, die Daten hierfür zu speichern und trägt die Verantwortung für die Richtigkeit und Vollständigkeit der Übermittlung an die Gemeinschaftseinrichtung. [3]Eine

gesetzliche Verpflichtung des Kraftfahrt-Bundesamtes zur Übermittlung der Daten wird dadurch nicht begründet.

§ 36
Mitteilungen an die für die Kraftfahrzeugsteuerverwaltung zuständigen Behörden

(1) Die *nach Landesrecht für die Zulassung von Fahrzeugen bestimmte Behörde (Zulassungsbehörde) [kursive Wörter lauten ab 01.01.2018: „Zulassungsbehörde"]* teilt der nach § 1 der Kraftfahrzeugsteuer-Durchführungsverordnung für die Ausübung der Verwaltung der Kraftfahrzeugsteuer zuständigen Behörde zur Durchführung des Kraftfahrzeugsteuerrechts mit:
1. bei zulassungspflichtigen Fahrzeugen, denen ein Kennzeichen zugeteilt ist, die in § 6 Absatz 1 Satz 2, Absatz 4 Nummer 2 und Absatz 7 Nummer 1 bis 3, 5, 6, 7 Buchstabe a bis f, h bis j und l, § 30 Absatz 1 Nummer 2, 3, 6, 7 Buchstabe b, Nummer 8 bis 10, 15, 20, 21 Buchstabe f, Nummer 26 Buchstabe a und b, Absatz 3 Nummer 2 Buchstabe b und Absatz 8 sowie die in § 5 Absatz 2 Nummer 3 der Kraftfahrzeugsteuer-Durchführungsverordnung bezeichneten Daten;
2. bei Zuteilung von roten Kennzeichen die nach § 30 Absatz 2 Nummer 1 bis 3 und § 32 Absatz 1 Satz 1 Nummer 2 zu speichernden Daten sowie die Änderung dieser Daten und das Datum der Änderung.

(2) Die Zulassungsbehörde teilt dem zur Durchführung des Umsatzsteuerrechts nach § 21 der Abgabenordnung zuständigen Finanzamt die in § 6 Absatz 5 bezeichneten Daten mit.

(3) ¹Die in den Absätzen 1 und 2 genannten Daten sind nach Maßgabe des § 5 Absatz 3 der Kraftfahrzeugsteuer-Durchführungsverordnung grundsätzlich elektronisch zu übermitteln. ²Die elektronische Übermittlung der Daten erfolgt über das Kraftfahrt-Bundesamt nach Maßgabe der vom Kraftfahrt-Bundesamt im Einvernehmen mit dem Bundesministerium der Finanzen im Bundesanzeiger und zusätzlich im Verkehrsblatt veröffentlichten Standards. ³Das Kraftfahrt-Bundesamt darf die übermittelten Daten ausschließlich zu dem Zweck speichern, um die Übermittlung der Daten an die für die Ausübung der Verwaltung der Kraftfahrzeugsteuer zuständige Behörde nach Absatz 1 zu ermöglichen. ⁴Es ist verpflichtet, die Daten unverzüglich an die genannte Behörde zu übermitteln und im unmittelbaren Anschluss an die Übermittlung zu löschen. ⁵Die Verarbeitung oder Nutzung der Daten zu anderen Zwecken durch das Kraftfahrt-Bundesamt ist nicht zulässig.

§ 36a
(aufgehoben)

§ 37
Übermittlung von Daten an Stellen zur Durchführung des Bundesleistungsgesetzes, des Verkehrssicherstellungsgesetzes, des Verkehrsleistungsgesetzes und von Maßnahmen des Katastrophenschutzes

(1) Die Zulassungsbehörde darf bei Fahrzeugen, denen ein Kennzeichen zugeteilt ist,
1. für die Zwecke des Bundesleistungsgesetzes den nach § 5 des Bundesleistungsgesetzes bestimmten Anforderungsbehörden,
2. für die Zwecke des Verkehrssicherstellungsgesetzes den nach § 19 des Verkehrssicherstellungsgesetzes bestimmten Behörden,
3. für die Zwecke des Verkehrsleistungsgesetzes dem Bundesamt für Güterverkehr sowie
4. für die Zwecke des Katastrophenschutzes den nach den von den Ländern für Maßnahmen des Katastrophenschutzes erlassenen Gesetzen zuständigen Stellen

auf entsprechende Anforderung die nach § 31 Absatz 1 gespeicherten Fahrzeugdaten sowie die nach § 32 Absatz 1 Satz 1 Nummer 2 und Satz 2 gespeicherten Halterdaten übermitteln.

(2) Das Kraftfahrt-Bundesamt darf bei Fahrzeugen, denen ein Kennzeichen zugeteilt ist,

1. für die Zwecke des Bundesleistungsgesetzes den nach § 5 des Bundesleistungsgesetzes bestimmten Anforderungsbehörden und den diesen vorgesetzten Behörden,
2. für die Zwecke des Verkehrssicherstellungsgesetzes den nach § 19 des Verkehrssicherstellungsgesetzes bestimmten Behörden,
3. für die Zwecke des Verkehrsleistungsgesetzes dem Bundesamt für Güterverkehr sowie
4. für die Zwecke des Katastrophenschutzes den nach den von den Ländern für Maßnahmen des Katastrophenschutzes erlassenen Gesetzen zuständigen Stellen und den diesen vorgesetzten Behörden

auf entsprechende Anforderung die nach § 30 Absatz 1 gespeicherten Fahrzeugdaten *[ab 01.01.2018 werden folgende Wörter eingefügt: „, mit Ausnahme der Sicherheitscodes der Zulassungsbescheinigung Teil I und Teil II sowie der Stempelplaketten,"]* sowie die nach § 32 Absatz 1 Satz 1 Nummer 1 und Satz 2 gespeicherten Halterdaten übermitteln.

§ 38
Übermittlungen des Kraftfahrt-Bundesamtes an die Zulassungsbehörden

(1) ¹Ist einem Fahrzeug von einer Zulassungsbehörde ein neues Kennzeichen oder ein Ausfuhrkennzeichen zugeteilt worden, dem bereits von einer anderen Zulassungsbehörde ein Kennzeichen des anderen Zulassungsbezirks zugeteilt worden war, oder wird ein Fahrzeug mit dem Kennzeichen des anderen Zulassungsbezirks bei einer anderen Zulassungsbehörde weitergeführt, übermittelt das Kraftfahrt-Bundesamt der für die Zuteilung des bisherigen Kennzeichens zuständigen Zulassungsbehörde und, sofern das bisherige Kennzeichen im Sinne des § 13 Absatz 3 Satz 1 Nummer 2 oder des § 13 Absatz 4 Satz 4 von einer anderen Zulassungsbehörde weitergeführt wurde, auch dieser anderen Zulassungsbehörde, folgende Daten:
1. die Fahrzeug-Identifizierungsnummer des Fahrzeugs,
2. die Fahrzeugklasse des Fahrzeugs,
3. die Marke des Fahrzeugs,
4. die Nummer der Zulassungsbescheinigung Teil II und
5. die Zuteilung oder Weiterführung des bisherigen Kennzeichens.

²Im Falle des Satzes 1 Nummer 5 wird Folgendes übermittelt:
1. bei der Zuteilung eines neuen Kennzeichens
   a) das bisherige Kennzeichen,
   b) das neue Kennzeichen und
   c) das Datum der Zuteilung des neuen Kennzeichens,
2. bei der Weiterführung des bisherigen Kennzeichens
   a) das Kennzeichen und
   b) das Datum, seit wann das Kennzeichen bei der neu zuständigen Zulassungsbehörde weitergeführt wird.

(2) Ist ein Fahrzeug außer Betrieb gesetzt, so übermittelt das Kraftfahrt-Bundesamt, wenn dieser Umstand im Zentralen Fahrzeugregister vermerkt ist, der zuständigen Zulassungsbehörde zur Aktualisierung des örtlichen Registers diesen Vermerk.

(3) Das Kraftfahrt-Bundesamt übermittelt ferner an die jeweils zuständige Zulassungsbehörde die im Zentralen Fahrzeugregister enthaltenen Angaben über Diebstahl oder sonstiges Abhandenkommen von Fahrzeugen, Kennzeichen *und ausgefertigten Zulassungsbescheinigungen Teil II [kursive Wörter lauten ab 01.01.2018: „, ausgefertigten Zulassungsbescheinigungen Teil II und gespeicherten ausländischen Zulassungsbescheinigungen"]* sowie über das Wiederauffinden solcher Fahrzeuge, Kennzeichen und Zulassungsbescheinigungen, es sei denn, dem Kraftfahrt-Bundesamt ist bekannt, dass die Zulassungsbehörde hierüber unterrichtet ist.

(4) Wird dem Zentralen Fahrzeugregister ein Fahrzeug als zum Verkehr zugelassen gemeldet, dessen Fahrzeug-Identifizierungsnummer, Nummer der Zulassungsbescheinigung Teil II oder Kennzeichen im Zentralen Fahrzeugregister bereits zu einem anderen im Verkehr befindlichen Fahrzeug gespeichert ist, so teilt das Kraftfahrt-Bundesamt diesen Umstand der Zulassungsbehörde, die

das Fahrzeug gemeldet hat, zur Prüfung des Sachverhaltes mit.

(5) Die Datenübermittlungen nach den Absätzen 1 und 2 sind entbehrlich, wenn die Zulassungsbehörde, für die die Daten bestimmt sind, die in § 33 vorgeschriebene Datenübermittlung im Wege der Datenfernübertragung durch Direkteinstellung vornimmt.

§ 39
Abruf im automatisierten Verfahren

(1) Zur Übermittlung durch Abruf im automatisierten Verfahren aus dem Zentralen Fahrzeugregister nach § 36 Absatz 1 des Straßenverkehrsgesetzes dürfen folgende Daten bereitgehalten werden:
1. für Anfragen unter Verwendung des Kennzeichens, der Fahrzeug-Identifizierungsnummer *[ab 01.01.2018 werden folgende Wörter eingefügt: „, der Nummer der Zulassungsbescheinigung (bei Teil I der Vordrucknummer oder der von der Zulassungsbehörde aufgebrachten Nummer), der Nummer einer ausländischen Zulassungsbescheinigung"]* oder des Familiennamens, Vornamens, Ordens- oder Künstlernamens, Geburtsnamens, Datums und Ortes der Geburt oder im Falle einer juristischen Person, Behörde oder Vereinigung des Namens oder der Bezeichnung des Halters erforderlichenfalls in Verbindung mit der Anschrift des Halters *die in § 30 genannten Fahrzeugdaten [kursive Wörter lauten ab 01.01.2018: „die in den §§ 30 und 34 genannten Fahrzeugdaten, mit Ausnahme der Sicherheitscodes der Zulassungsbescheinigung Teil I und Teil II sowie der Stempelplaketten,"]* und die in § 32 genannten Halterdaten,
2. für Anfragen unter Verwendung eines Teils des Kennzeichens:
   a) die mit dem angefragten Teil des Kennzeichens übereinstimmenden Kennzeichen,
   b) Daten über die Fahrzeugklasse, die Marke, die Handelsbezeichnung, den Typ und bei Personenkraftwagen die Farbe des Fahrzeugs sowie das Datum der ersten Zulassung; bei Fahrzeugen mit Versicherungskennzeichen außerdem der Beginn und das Ende des Versicherungsverhältnisses.

(2) Zur Übermittlung durch Abruf im automatisierten Verfahren aus dem Zentralen Fahrzeugregister nach *§ 36 Absatz 2 Satz 1 Nummer 1 und 2, Absatz 2a und 3 [kursive Wörter lauten ab 01.01.2018: „§ 36 Absatz 2 Satz 1 Nummer 1 und 2, Absatz 2a Nummer 1 und Absatz 3"]* des Straßenverkehrsgesetzes dürfen folgende Daten bereitgehalten werden:
1. für Anfragen unter Verwendung des Kennzeichens, der Fahrzeug-Identifizierungsnummer *[ab 01.01.2018 werden folgende Wörter eingefügt: „, der Nummer der Zulassungsbescheinigung (bei Teil I der Vordrucknummer oder der von der Zulassungsbehörde aufgebrachten Nummer), der Nummer einer ausländischen Zulassungsbescheinigung"]* oder des Familiennamens, Vornamens, Ordens- oder Künstlernamens, Geburtsnamens, Datums und Ortes der Geburt oder im Falle einer juristischen Person, Behörde oder Vereinigung des Namens oder der Bezeichnung des Halters erforderlichenfalls in Verbindung mit der Anschrift des Halters:
   a) die in § 30 Absatz 1 Nummer 1 bis 3, 5 bis 17 und 19 Buchstabe c, Nummer 20 und 21 Buchstabe a bis e sowie Nummer 25 bis 27, Absatz 2 Nummer 1 bis 4, Absatz 2a Nummer 1 bis 4, Absatz 3 Nummer 1 bis 4, Absatz 4 Nummer 1 bis 5, Absatz 5 Nummer 1 bis 4 und Absatz 7 bis 9 genannten Fahrzeugdaten *[ab 01.01.2018 werden folgende Wörter eingefügt: „, mit Ausnahme der Sicherheitscodes der Zulassungsbescheinigung Teil I und Teil II sowie der Stempelplaketten,]* und
   b) die in § 32 Absatz 1 und 3 genannten Halterdaten,
2. für Anfragen unter Verwendung eines Teils des Kennzeichens:
   a) die mit dem angefragten Teil des Kennzeichens übereinstimmenden Kennzeichen,
   b) die Fahrzeugklasse, die Marke, die Handelsbezeichnung, den Typ und bei Pkw die Farbe des Fahrzeugs so-

wie das Datum der ersten Zulassung; bei Fahrzeugen mit Versicherungskennzeichen außerdem der Beginn und das Ende des Versicherungsverhältnisses.

(3) Zur Übermittlung durch Abruf im automatisierten Verfahren aus dem Zentralen Fahrzeugregister nach § 36 Absatz 2 Satz 1 Nummer 1a des Straßenverkehrsgesetzes dürfen für Anfragen unter Verwendung des Kennzeichens oder der Fahrzeug-Identifizierungsnummer folgende Daten bereitgehalten werden:
1. das Kennzeichen, das Datum der Zuteilung des Kennzeichens, bei Saisonkennzeichen zusätzlich der Betriebszeitraum und das Datum der Außerbetriebsetzung des Fahrzeugs sowie die nach § 30 Absatz 1 Nummer 1 und 20 und Absatz 3 Nummer 1 zu speichernden Fahrzeugdaten und
2. die in § 32 Absatz 1 und 3 genannten Halterdaten.

(4) ¹Zur Übermittlung durch Abruf im automatisierten Verfahren aus dem Zentralen Fahrzeugregister nach § 36 Absatz 2b des Straßenverkehrsgesetzes dürfen die nach § 32 Absatz 1 in Verbindung mit § 6 Absatz 7 Nummer 1 und 7 Buchstabe c bis e gespeicherten Halterdaten und die nach § 30 Absatz 1 Nummer 9 gespeicherten Fahrzeugdaten bereitgehalten werden, soweit sie für die Ermittlung des Schuldners und der Höhe der Mautgebühr nach dem Fernstraßenbauprivatfinanzierungsgesetz in der Fassung der Bekanntmachung vom 6. Januar 2006 (BGBl. I S. 49) in der jeweils geltenden Fassung erforderlich sind. ²Die Daten nach Satz 1 werden für den mit der Erhebung der Mautgebühr nach dem Fernstraßenbauprivatfinanzierungsgesetz beliehenen Privaten zum Abruf bereitgehalten. ³Gleiches gilt für Daten, soweit sie für die Ermittlung des Schuldners und der Höhe der Mautgebühr nach Gesetzen der Länder über den gebührenfinanzierten Neu- und Ausbau von Straßen erforderlich sind.

(5) ¹Die Übermittlung nach § 36 Absatz 2c des Straßenverkehrsgesetzes von Fahrzeugdaten und Daten von Fahrzeugkombinationen, die für die Erhebung der Maut nach dem Bundesfernstraßenmautgesetz in der jeweils geltenden Fassung maßgeblich sind, ist durch Abruf im automatisierten Verfahren zulässig. ²Satz 1 gilt auch für die in Ziffer 33 des Fahrzeugscheins oder Ziffer 22 der Zulassungsbescheinigung Teil I eingetragenen Fahrzeugdaten und Daten von Fahrzeugkombinationen, die im Zentralen Fahrzeugregister erfasst sind. ³Die Daten nach Satz 1 werden bereitgehalten für das Bundesamt für Güterverkehr und eine sonstige öffentliche Stelle, die mit der Erhebung der Autobahnmaut beauftragt ist.

(5a) ¹Zur Übermittlung durch Abruf im automatisierten Verfahren dürfen aus dem Zentralen Fahrzeugregister nach § 36 Absatz 2d und 2e des Straßenverkehrsgesetzes die in Absatz 2 Nummer 1 Buchstabe a und b genannten Daten für Anfragen unter Verwendung folgender Angaben bereitgehalten werden:
1. im Fall einer natürlichen Person Familienname, Vornamen, Ordens- oder Künstlername, Geburtsname, Datum und Ort der Geburt oder
2. im Fall einer juristischen Person, Behörde oder Vereinigung der Name oder die Bezeichnung des Halters, gegebenenfalls in Verbindung mit der Anschrift des Halters.

²Die in Satz 1 genannten Daten werden bereitgehalten für die zentrale Behörde (§ 4 des Auslandsunterhaltsgesetzes) sowie für den Gerichtsvollzieher.

(6) ¹Zur Übermittlung durch Abruf im automatisierten Verfahren aus dem Zentralen Fahrzeugregister nach § 36 Absatz 3a des Straßenverkehrsgesetzes für Maßnahmen zur Gewährleistung des Versicherungsschutzes im Rahmen der Kraftfahrzeug-Haftpflichtversicherung dürfen die nach § 32 Absatz 1 zu speichernden Halterdaten und die in § 30 Absatz 1 Nummer 19, Absatz 2 Nummer 4, Absatz 3 Nummer 4, Absatz 4 Nummer 5 und Absatz 5 Nummer 4 genannten Daten zur Kraftfahrzeug-Haftpflichtversicherung bereitgehalten werden. ²Die in Satz 1 genannten Daten werden bereitgehalten für die nach § 8a Absatz 1 Satz 1 des Pflichtversicherungsgesetzes eingerichtete Auskunftsstelle.

(6a) Die Übermittlung nach § 36 Absatz 3b des Straßenverkehrsgesetzes von Fahrzeugdaten nach § 30 Absatz 1 Nummer 1 bis 3, 6 bis 10, 15, 20, 21 Buchstabe d und f, Nummer 24, 25, 26 Buchstabe d und e, Absatz 2 Nummer 1 bis 3, Absatz 3 Nummer 2 und Absätze 7 und 8 darf durch Abruf im automatisierten Verfahren erfolgen.

(6b) Die Übermittlung nach § 36 Absatz 3c des Straßenverkehrsgesetzes von Fahrzeugdaten nach § 30 Absatz 1 Nummer 1 bis 3, 6, 20, 26 Buchstabe d und e und Absatz 3 Nummer 1 und 2 darf durch Abruf im automatisierten Verfahren erfolgen.

(7) Zur Übermittlung durch Abruf im automatisierten Verfahren aus den örtlichen Fahrzeugregistern nach § 36 Absatz 2 Satz 2 des Straßenverkehrsgesetzes dürfen folgende Daten bereitgehalten werden:
1. für Anfragen unter Verwendung des Kennzeichens oder der Fahrzeug-Identifizierungsnummer:
   a) die nach § 32 Absatz 1 zu speichernden Halterdaten und
   b) die nach § 31 Absatz 1 Nummer 1, 3, 5 bis 17, 19 bis 27, Absatz 2 Nummer 1 bis 4 und Absatz 3 Nummer 1 bis 4 zu speichernden Fahrzeugdaten;
2. für Anfragen unter Verwendung eines Teils des Kennzeichens: die in Absatz 2 Nummer 2 bezeichneten Daten;
3. für Anfragen unter Verwendung des Familiennamens, Vornamens, Ordens- oder Künstlernamens, Geburtsnamens, Datums und Ortes der Geburt oder im Falle einer juristischen Person, Behörde oder Vereinigung des Namens oder der Bezeichnung des Halters oder unter Verwendung der Anschrift des Halters die in Nummer 1 bezeichneten Daten.

Absatz 8 angefügt mit Wirkung ab 01.01.2018:
(8) [1]Abrufe im automatisierten Verfahren sollen von den abrufberechtigten Stellen über Kopfstellen erfolgen. [2]Die Einzelheiten zur netztechnischen Anbindung werden vom Kraftfahrt-Bundesamt festgelegt und im Bundesanzeiger sowie nachrichtlich im Verkehrsblatt veröffentlicht. [3]Eine Speicherung der Anfrage- und Auskunftsdaten bei den Kopfstellen erfolgt ausschließlich zum Zweck der Weiterübermittlung. [4]Nach erfolgter Weiterübermittlung haben die Kopfstellen diese gespeicherten Daten unverzüglich, bei elektronischer Speicherung automatisiert, zu löschen. [5]§ 40 bleibt unberührt.

§ 39a
Automatisiertes Anfrage- und Auskunftsverfahren

[1]Die technische Abwicklung des automatisierten Anfrage- und Auskunftsverfahrens nach § 36a des Straßenverkehrsgesetzes hat nach einem vom Kraftfahrt-Bundesamt im Bundesanzeiger und nachrichtlich im Verkehrsblatt veröffentlichten Standard zu erfolgen. [2]Vor der Veröffentlichung sind die zuständigen obersten Landesbehörden anzuhören.

§ 40
Sicherung des Abrufverfahrens gegen Missbrauch

(1) [1]Die übermittelnde Stelle darf einen Abruf nach § 36 des Straßenverkehrsgesetzes nur zulassen, wenn dessen Durchführung unter Verwendung
1. einer Kennung des zum Abruf berechtigten Nutzers und
2. eines Passwortes

erfolgt. [2]Nutzer im Sinne des Satzes 1 Nummer 1 kann eine natürliche Person oder eine Dienststelle sein. [3]Bei Abruf über ein sicheres, geschlossenes Netz kann die Kennung nach Satz 1 Nummer 1 auf Antrag des Netzbetreibers als einheitliche Kennung für die an dieses Netz angeschlossenen Nutzer erteilt werden, sofern der Netzbetreiber selbst abrufberechtigt ist. [4]Die Verantwortung für die Sicherheit des Datennetzwerks und die Zulassung ausschließlich berechtigter Nutzer trägt bei Anwendung des Satzes 3 der Netzbetreiber. [5]Ist der Nutzer im Sinne des Satzes 1 Nummer 1 keine natürliche Person, so hat er sicherzustellen, dass zu jedem Abruf die jeweils abrufende natürliche Person festgestellt werden kann. [6]Der Nutzer oder

die abrufende Person haben vor dem ersten Abruf ein eigenes Passwort zu wählen und dieses jeweils spätestens nach einem von der übermittelnden Stelle vorgegebenen Zeitraum zu ändern.
(2) ¹Die übermittelnde Stelle hat durch ein selbsttätiges Verfahren zu gewährleisten, dass keine Abrufe erfolgen können, sobald die Kennung nach Absatz 1 Satz 1 Nummer 1 oder das Passwort mehr als zweimal hintereinander unrichtig übermittelt wurde. ²Die abrufende Stelle hat Maßnahmen zum Schutz gegen unberechtigte Nutzungen des Abrufsystems zu treffen.
(3) ¹Die übermittelnde Stelle hat sicherzustellen, dass die Aufzeichnungen nach § 36 Absatz 6 des Straßenverkehrsgesetzes über die Abrufe selbsttätig erfolgen und dass der Abruf bei nicht ordnungsgemäßer Aufzeichnung unterbrochen wird. ²Der Aufzeichnung unterliegen auch versuchte Abrufe, die unter Verwendung von fehlerhaften Kennungen mehr als einmal vorgenommen werden. ³Satz 1 gilt entsprechend für die weiteren Aufzeichnungen nach § 36 Absatz 7 des Straßenverkehrsgesetzes.
(4) ¹Die Übermittlung durch ein automatisiertes Anfrage- und Auskunftsverfahren beim Kraftfahrt-Bundesamt nach § 36a des Straßenverkehrsgesetzes ist zulässig, wenn sie unter Verwendung einer Kennung der zum Empfang der Daten berechtigten Behörde erfolgt. ²Der Empfänger hat sicherzustellen, dass die übermittelten Daten nur bei den zum Empfang bestimmten Endgeräten empfangen werden. ³Die übermittelnde Stelle hat durch ein selbsttätiges Verfahren zu gewährleisten, dass eine Übermittlung nicht vorgenommen wird, wenn die Kennung nicht oder unrichtig angegeben wurde. ⁴Sie hat versuchte Anfragen ohne Angabe der richtigen Kennung sowie die Angabe einer fehlerhaften Kennung zu protokollieren. ⁵Sie hat ferner im Zusammenwirken mit der anfragenden Stelle jedem Fehlversuch nachzugehen und die Maßnahmen zu ergreifen, die zur Sicherung des ordnungsgemäßen Verfahrens notwendig sind. ⁶Die übermittelnde Stelle hat sicherzustellen, dass die Aufzeichnungen nach § 36a Satz 2 des Straßenverkehrsgesetzes selbsttätig erfolgen und die Übermittlung bei nicht ordnungsgemäßer Aufzeichnung unterbrochen wird.

§ 41
Aufzeichnung der Abrufe im automatisierten Verfahren

(1) ¹Der Anlass des Abrufs ist von der abrufenden Stelle unter Verwendung folgender Schlüsselzahlen zu übermitteln:
1: Zulassung von Fahrzeugen,
2: bei Überwachung des Straßenverkehrs: keine oder nicht vorschriftsmäßige Papiere oder Verdacht auf Fälschung der Papiere oder des Kennzeichens oder sonstige verkehrsrechtliche Beanstandungen oder verkehrsbezogene Anlässe,
3: Nichtbeachten der polizeilichen Anhalteaufforderung oder Verkehrsunfallflucht,
4: Feststellungen bei aufgefundenen oder verkehrsbehindernd abgestellten Fahrzeugen,
5: Verdacht des Diebstahls oder der missbräuchlichen Benutzung eines Fahrzeugs,
6: Grenzkontrolle,
7: Gefahrenabwehr,
8: Verfolgung von Straftaten oder Verkehrsordnungswidrigkeiten,
9: Fahndung, Grenzfahndung, Kontrollstelle und
0: sonstige Anlässe.
²Bei Verwendung der Schlüsselzahlen 8 bis 0 ist ein auf den bestimmten Anlass bezogenes Aktenzeichen oder eine Tagebuchnummer zusätzlich zu übermitteln, falls dies beim Abruf angegeben werden kann. ³Sonst ist jeweils in Kurzform bei der Verwendung der Schlüsselzahl 8 die Art der Straftat oder die Art der Verkehrsordnungswidrigkeit und bei Verwendung der Schlüsselzahlen 9 und 0 die Art der Maßnahme oder des Ereignisses zu bezeichnen.
(2) ¹Zur Feststellung der für den Abruf verantwortlichen Person sind der übermittelnden Stelle die Dienstnummer, Nummer des Dienstausweises, ein Namenskurzzeichen unter Angabe der Organisationseinheit oder

andere Hinweise mitzuteilen, die unter Hinzuziehung von Unterlagen bei der abrufenden Stelle diese Feststellung ermöglichen. ²Als Hinweis im Sinne von Satz 1 gilt insbesondere
1. das nach Absatz 1 Satz 2 übermittelte Aktenzeichen oder die Tagebuchnummer, sofern die Tatsache des Abrufs unter Bezeichnung der hierfür verantwortlichen Person aktenkundig gemacht wird, oder
2. der Funkrufname, sofern dieser zur nachträglichen Feststellung der für den Abruf verantwortlichen Person geeignet ist.

(3) Für die nach § 36 Absatz 7 des Straßenverkehrsgesetzes vorgeschriebenen weiteren Aufzeichnungen gilt § 36 Absatz 6 Satz 2 bis 4 des Straßenverkehrsgesetzes entsprechend.

§ 42
Abruf im automatisierten Verfahren durch ausländische Stellen

¹Zur Übermittlung durch Abruf im automatisierten Verfahren aus dem Zentralen Fahrzeugregister nach § 37a des Straßenverkehrsgesetzes unter Verwendung des Kennzeichens oder der Fahrzeug-Identifizierungsnummer dürfen:
1. für Verwaltungsmaßnahmen nach § 37 Absatz 1 Buchstabe a des Straßenverkehrsgesetzes die in § 39 Absatz 2 Nummer 1 Buchstabe a genannten Daten und
2. für Maßnahmen wegen Zuwiderhandlungen und Straftaten, zur Abwehr von Gefahren für die öffentliche Sicherheit sowie zur Überwachung des Versicherungsschutzes nach § 37 Absatz 1 Buchstabe b bis d und Absatz 1a des Straßenverkehrsgesetzes die in § 39 Absatz 2 Nummer 1 Buchstabe a und b genannten Daten

bereitgehalten werden. ²Die §§ 40 und 41 gelten entsprechend.

§ 43
Übermittlungssperren

(1) ¹Übermittlungssperren gegenüber Dritten nach § 41 des Straßenverkehrsgesetzes dürfen nur durch die für die Zulassungsbehörde zuständige oberste Landesbehörde oder die von ihr bestimmten oder nach Landesrecht zuständigen Stellen angeordnet werden; die Zulassungsbehörde vermerkt die Sperre unverzüglich im örtlichen Fahrzeugregister. ²Das Gleiche gilt für eine Änderung der Sperre. ³Wird die Sperre aufgehoben, ist der Sperrvermerk von der Zulassungsbehörde unverzüglich zu löschen.

(2) ¹Übermittlungssperren gegenüber Dritten sind von der sperrenden Behörde oder der Zulassungsbehörde dem Kraftfahrt-Bundesamt mitzuteilen. ²Das Kraftfahrt-Bundesamt vermerkt die Sperre unverzüglich im Zentralen Fahrzeugregister. ³Die Änderung oder Aufhebung der Sperre ist von der sperrenden Behörde oder der Zulassungsbehörde dem Kraftfahrt-Bundesamt mitzuteilen. ⁴Für die Änderung der Sperre gilt Satz 2 entsprechend. ⁵Wird die Aufhebung der Sperre dem Kraftfahrt-Bundesamt gemeldet, so ist der Sperrvermerk unverzüglich zu löschen.

(3) ¹Übermittlungsersuchen, die sich auf gesperrte Daten beziehen, sind von der Zulassungsbehörde oder vom Kraftfahrt-Bundesamt an die Behörde weiterzuleiten, die die Sperre angeordnet hat. ²Die Zulassungsbehörde erteilt die Auskunft, wenn die für die Anordnung der Sperre zuständige Behörde ihr mitteilt, dass die Sperre für dieses Übermittlungsersuchen aufgehoben wird.

§ 44
Löschung der Daten im Zentralen Fahrzeugregister

(1) Bei Fahrzeugen mit Kennzeichen nach § 8 sind die Daten im Zentralen Fahrzeugregister vorbehaltlich des Absatzes 5 sieben Jahre, nachdem das Fahrzeug außer Betrieb gesetzt wurde, zu löschen.

(2) ¹Die bei der Ausgabe von roten Kennzeichen im Zentralen Fahrzeugregister gespeicherten Daten sind vorbehaltlich des Absatzes 5 sieben Jahre nach Rückgabe oder Entstempelung des Kennzeichens zu löschen. ²Die bei der Ausgabe von Kurzzeitkennzeichen im Zentralen Fahrzeugregister gespeicherten Daten sind sieben Jahre nach Ablauf der Gültigkeit des Kennzeichens zu löschen.

(3) Bei Fahrzeugen mit Ausfuhrkennzeichen sind die Daten im Zentralen Fahrzeugregister vorbehaltlich des Absatzes 5 sieben Jahre nach Ablauf der Gültigkeit der Zulassung zu löschen.
(4) Bei Fahrzeugen mit Versicherungskennzeichen sind die Daten im Zentralen Fahrzeugregister vorbehaltlich des Absatzes 5 sieben Jahre nach dem Ende des Verkehrsjahres zu löschen.
(5) Die Angaben über Diebstahl oder sonstiges Abhandenkommen des Fahrzeugs, des Kennzeichens oder der Zulassungsbescheinigung Teil II sind bei deren Wiederauffinden, sonst nach Ende der Fahndungsmaßnahmen zu löschen.
(6) ¹Die Daten über Kennzeichen nach § 30 Absatz 6 sind im Zentralen Fahrzeugregister spätestens ein Jahr nach Rückgabe oder Entziehung des jeweiligen Kennzeichens zu löschen. ²Bei Diebstahl oder sonstigem Abhandenkommen des Kennzeichens gilt Absatz 5 entsprechend.

§ 45
Löschung der Daten im örtlichen Fahrzeugregister

(1) ¹Bei Fahrzeugen mit Kennzeichen nach § 8 sind die Daten im örtlichen Fahrzeugregister vorbehaltlich des Absatzes 4 spätestens ein Jahr nach Eingang der vom Kraftfahrt-Bundesamt nach § 38 Absatz 1 oder Absatz 2 übersandten Mitteilung zu löschen. ²Die in § 33 Absatz 1 Satz 2 des Straßenverkehrsgesetzes bezeichneten Daten sind nach Zuteilung des Kennzeichens für den neuen Halter, sonst spätestens ein Jahr nach Eingang der vom Kraftfahrt-Bundesamt nach § 38 Absatz 1 oder Absatz 2 übersandten Mitteilung zu löschen.
(2) Die bei der Zuteilung von roten Kennzeichen oder von Kurzzeitkennzeichen im örtlichen Fahrzeugregister gespeicherten Daten sind vorbehaltlich des Absatzes 4 spätestens ein Jahr nach der Rückgabe, der Entziehung oder dem Ablaufdatum des Kennzeichens zu löschen.
(3) Bei Fahrzeugen mit Ausfuhrkennzeichen sind die Daten im örtlichen Fahrzeugregister vorbehaltlich des Absatzes 4 spätestens ein Jahr nach Ablauf der Gültigkeit der Zulassung zu löschen.
(4) Es sind zu löschen
1. die Angaben über Diebstahl oder sonstiges Abhandenkommen des Fahrzeugs, des Kennzeichens oder der Zulassungsbescheinigung Teil II bei deren Wiederauffinden, sonst spätestens nach Ende der Fahndungsmaßnahmen,
2. die Fahrzeug-Identifizierungsnummer, das Kennzeichen, frühere Kennzeichen sowie die in § 31 Absatz 1 Nummer 19 Buchstabe a, b und e, Absatz 2 Nummer 4 Buchstabe a und Absatz 3 Nummer 4 Buchstabe a bezeichneten Daten drei Jahre nachdem die Versicherungsbestätigung, in der diese Daten jeweils enthalten sind, ihre Geltung verloren hat,
3. die Angaben über den früheren Halter nach § 32 Absatz 3 ein Jahr nach Zuteilung des Kennzeichens für den neuen Halter oder bei Diebstahl oder sonstigem Abhandenkommen von Fahrzeug oder Kennzeichen zum gleichen Zeitpunkt wie die Angaben nach Nummer 1.
(5) ¹Die Daten über Kennzeichen nach § 31 Absatz 1 Nummer 4 und Absatz 4 sind im örtlichen Fahrzeugregister spätestens ein Jahr nach Rückgabe oder Entziehung des Kennzeichens zu löschen. ²Bei Diebstahl oder sonstigem Abhandenkommen des Kennzeichens gilt Absatz 4 Nummer 1.
(6) Sofern die Zulassungsbehörde die Datenhaltung des örtlichen Fahrzeugregisters dem Zentralen Fahrzeugregister übertragen hat, ist § 44 anzuwenden.

Abschnitt 7
Durchführungs- und Schlussvorschriften

§ 46
Zuständigkeiten

(1) ¹Diese Verordnung wird von den nach Landesrecht zuständigen unteren Verwaltungsbehörden ausgeführt. ²Die zuständigen obersten Landesbehörden oder die von ihnen bestimmten oder nach Landesrecht zuständigen Stellen können den Verwaltungsbe-

hörden Weisungen auch für den Einzelfall erteilen oder die erforderlichen Maßnahmen selbst treffen.
(2) ¹Örtlich zuständig ist, soweit nichts anderes vorgeschrieben ist, die Behörde des Wohnorts, bei mehreren Wohnungen des Ortes der Hauptwohnung im Sinne des Bundesmeldegesetzes, mangels eines solchen des Aufenthaltsortes des Antragstellers oder Betroffenen, bei juristischen Personen, Gewerbetreibenden und Selbständigen mit festem Betriebssitz oder Behörden die Behörde des Sitzes oder des Ortes der beteiligten Niederlassung oder Dienststelle.

Satz 2 eingefügt ab 01.01.2018:
²Örtlich zuständige Behörde im Sinne des § 25 ist die Behörde, die das Kennzeichen zugeteilt hat, es sei denn, dass im Falle des § 13 Absatz 3 Satz 1 Nummer 2 die für den neuen Wohnsitz oder neuen Sitz zuständige Behörde die Zulassungsbescheinigung Teil I bereits nach § 13 Absatz 3 Satz 4 berichtigt hat.

Bish. Sätze 2–4 werden neue Sätze 3–5 ab 01.01.2018:
²/³Besteht im Inland kein Wohnsitz, kein Sitz, keine Niederlassung oder keine Dienststelle, so ist die Behörde des Wohnorts oder des Aufenthaltsorts eines Empfangsbevollmächtigter zuständig. ³/⁴Anträge können mit Zustimmung der örtlich zuständigen Verwaltungsbehörde von einer gleichgeordneten auswärtigen Behörde, mit Zustimmung der zuständigen obersten Landesbehörden oder der von ihnen bestimmten oder nach Landesrecht zuständigen Stellen auch in einem anderen Land, behandelt und erledigt werden. ⁴/⁵Verlangt die Verkehrssicherheit ein sofortiges Eingreifen, so kann an Stelle der örtlich zuständigen Behörde jede ihr gleichgeordnete Behörde mit derselben Wirkung Maßnahmen auf Grund dieser Verordnung vorläufig treffen.
(3) ¹Die Zuständigkeiten der Verwaltungsbehörden auf Grund dieser Verordnung werden für die Dienstbereiche der Bundeswehr, der Bundespolizei, der Bundesanstalt Technisches Hilfswerk und der Polizeien der Länder durch deren Dienststellen nach Bestimmung der Fachminister wahrgenommen. ²Die Zuständigkeiten der Verwaltungsbehörden in Bezug auf die Kraftfahrzeuge und Anhänger der auf Grund des Nordatlantikvertrags errichteten internationalen militärischen Hauptquartiere, soweit die Fahrzeuge ihren regelmäßigen Standort im Geltungsbereich dieser Verordnung haben, werden durch die Dienststellen der Bundeswehr nach Bestimmung des Bundesministers der Verteidigung wahrgenommen. ³Für den Dienstbereich der Polizeien der Länder kann die Zulassung von Kraftfahrzeugen und ihrer Anhänger nach Bestimmung der Fachminister durch die nach Absatz 1 zuständigen Behörden vorgenommen werden.

§ 47
Ausnahmen

(1) Die zuständigen obersten Landesbehörden oder die von ihnen bestimmten oder nach Landesrecht zuständigen Stellen können Ausnahmen von den Vorschriften der Abschnitte 1 bis 5 dieser Verordnung, jedoch nicht von § 12 Absatz 1 *und 2 [ab 01.01.2018: „und Absatz 3 Satz 1"]* und § 8 Absatz 1a, in bestimmten Einzelfällen oder allgemein für bestimmte einzelne Antragsteller genehmigen; sofern die Ausnahmen erhebliche Auswirkungen auf das Gebiet anderer Länder haben, ergeht die Entscheidung im Einvernehmen mit den zuständigen Behörden dieser Länder.
(2) Der örtliche Geltungsbereich jeder Ausnahme ist festzulegen.
(3) Sind in der Ausnahmegenehmigung Auflagen oder Bedingungen festgesetzt, so ist die Ausnahmegenehmigung vom Fahrzeugführer bei Fahrten mitzuführen und zuständigen Personen auf Verlangen zur Prüfung auszuhändigen.
(4) Die Bundeswehr, die Polizei, die Bundespolizei, die Feuerwehr, das Technische Hilfswerk und die anderen Einheiten und Einrichtungen des Katastrophenschutzes sowie der Zolldienst sind von den Vorschriften dieser Verordnung befreit, soweit dies zur Erfüllung hoheitlicher Aufgaben unter gebührender

Berücksichtigung der öffentlichen Sicherheit und Ordnung dringend geboten ist.

§ 48
Ordnungswidrigkeiten

Ordnungswidrig im Sinne des § 24 des Straßenverkehrsgesetzes handelt, wer vorsätzlich oder fahrlässig
1. entgegen
   a) § 3 Absatz 1 Satz 1, § 4 Absatz 1, § 8 Absatz 1a Satz 6 Nummer 1, § 9 Absatz 3 Satz 5 Nummer 1 oder § 10 Absatz 12 Satz 1,
   b) § 16 Absatz 5 Satz 3 in Verbindung mit § 10 Absatz 12 Satz 1, § 16a Absatz 3 Satz 4 in Verbindung mit § 10 Absatz 12 Satz 1, § 17 Absatz 2 Satz 4 in Verbindung mit § 10 Absatz 12 Satz 1 oder § 19 Absatz 1 Nummer 3 *Satz 5 [ab 01.01.2018: „Satz 6"]* in Verbindung mit § 10 Absatz 12 Satz 1,
   c) § 15e Absatz 6 Satz 3, § 16a Absatz 4 Satz 3, § 19 Absatz 1 Nummer 4 Satz 3 oder § 27 Absatz 7 oder
   d) § 28 Satz 5 in Verbindung mit § 27 Absatz 7,
   ein Fahrzeug in Betrieb setzt,
2. entgegen § 3 Absatz 4, § 4 Absatz 6, § 5 Absatz 2 Satz 2, § 8 Absatz 1a Satz 7 Nummer 1, § 9 Absatz 3 Satz 6 Nummer 1, § 10 Absatz 11 Satz 4 oder Absatz 12 Satz 2, § 13 Absatz 1 Satz 6, auch in Verbindung mit Absatz 4 Satz 8, oder Absatz 3 Satz 3, § 15e Absatz 6 Satz 4, § 16 Absatz 5 Satz 4, § 16a Absatz 3 Satz 5 oder Absatz 4 Satz 4, § 17 Absatz 2 Satz 5 oder § 19 Absatz 1 Nummer 3 *Satz 6 [ab 01.01.2018: „Satz 7"]* oder Nummer 4 Satz 4 die Inbetriebnahme eines Fahrzeugs auf öffentlichen Straßen anordnet oder zulässt,
3. entgegen § 4 Absatz 2 Satz 1 oder Absatz 3 Satz 1 oder 2 ein Kennzeichen an einem Fahrzeug nicht führt,
4. entgegen § 4 Absatz 4 ein Kraftfahrzeug oder einen Krankenfahrstuhl nicht, nicht richtig oder nicht vollständig kennzeichnet,
5. entgegen § 4 Absatz 5 Satz 1, § 11 Absatz 6 oder § 16 Absatz 2 Satz 4, auch in Verbindung mit § 17 Absatz 2 Satz 1, § 16a Absatz 5 Satz 3, § 20 Absatz 5 oder § 26 Absatz 1 Satz 6 ein dort genanntes Dokument nicht mitführt oder auf Verlangen nicht aushändigt,
6. entgegen § 4 Absatz 5 Satz 2 oder § 16 Absatz 2 Satz 6 ein dort genanntes Dokument nicht aufbewahrt oder auf Verlangen nicht aushändigt,
7. einer vollziehbaren Anordnung oder Auflage nach § 5 Absatz 1 oder § 13 Absatz 1 Satz 5, auch in Verbindung mit Absatz 4 Satz 7, oder Absatz 3 Satz 2 zuwiderhandelt,
8. entgegen
   a) § 5 Absatz 2 oder § 25 Absatz 3 oder
   b) § 15 Absatz 1 Satz 1, auch in Verbindung mit Absatz 2 Satz 1,
   ein Fahrzeug nicht oder nicht ordnungsgemäß außer Betrieb setzen lässt,
8a. entgegen § 8 Absatz 1a Satz 5 ein Wechselkennzeichen zur selben Zeit an mehr als einem Fahrzeug führt,
9. entgegen § 8 Absatz 1a Satz 6 Nummer 2 oder § 9 Absatz 3 Satz 5 Nummer 2 ein Fahrzeug abstellt,
9a. das Abstellen eines Fahrzeugs entgegen § 8 Absatz 1a Satz 7 Nummer 2 oder § 9 Absatz 3 Satz 6 Nummer 2 anordnet oder zulässt,
9b. entgegen § 10 Absatz 11 Satz 3 ein Kennzeichen führt,
10. entgegen § 11 Absatz 7 oder § 12 *Absatz 4 [ab 01.01.2018: „Absatz 5"]* Satz 5 eine Bescheinigung nicht abliefert,
11. entgegen § 12 *Absatz 4 [ab 01.01.2018: „Absatz 5"]* Satz 1 oder 2 oder § 13 Absatz 2 Satz 1 oder 2 eine Anzeige nicht, nicht richtig, nicht vollständig oder nicht rechtzeitig erstattet,
12. entgegen § 13 Absatz 1 Satz 1 bis 4, Absatz 3 Satz 1 oder Absatz 4 Satz 1 eine Mitteilung nicht, nicht richtig, nicht vollständig oder nicht rechtzeitig macht,
13. entgegen § 13 Absatz 2 Satz 3 ein dort genanntes Dokument nicht vorlegt,

14. entgegen § 15e Absatz 6 Satz 1 einen Plakettenträger nicht, nicht rechtzeitig oder nicht ordnungsgemäß anbringt,
14a. entgegen § 15e Absatz 6 Satz 2 einen Plakettenträger anbringt,
15. entgegen § 16 Absatz 2 Satz 3 eine Eintragung nicht, nicht richtig, nicht vollständig oder nicht rechtzeitig fertigt,
16. *(aufgehoben)*
17. entgegen § 16 Absatz 2 Satz 5 eine Aufzeichnung nicht, nicht richtig, nicht vollständig oder nicht rechtzeitig fertigt,
18. entgegen § 16 Absatz 2 Satz 7 ein Kennzeichen und ein Fahrzeugscheinheft nicht rechtzeitig der Zulassungsbehörde zurückgibt,
18a. entgegen § 16a Absatz 3 Satz 1 ein Kurzzeitkennzeichen verwendet oder
19. entgegen § 21 Absatz 1 Satz 1 oder Absatz 2 Satz 1 an einem in einem anderen Staat zugelassenen Kraftfahrzeug oder Anhänger ein Kennzeichen oder ein Unterscheidungszeichen nicht oder nicht wie dort vorgeschrieben führt.

§ 49
Verweis auf technische Regelwerke

(1) ¹DIN-Normen, EN-Normen oder ISO-Normen, auf die in dieser Verordnung verwiesen wird, sind im Beuth Verlag GmbH, Berlin, erschienen. ²Sie sind beim Deutschen Patent- und Markenamt in München archivmäßig gesichert niedergelegt.

(2) ¹RAL-Farben, auf die in dieser Verordnung Bezug genommen wird, sind dem Farbregister RAL 840-HR entnommen. ²Das Farbregister wird vom RAL Deutsches Institut für Gütesicherung und Kennzeichnung e. V., Siegburger Straße 39, 53757 St. Augustin, herausgegeben und ist dort erhältlich.

§ 50
Übergangs- und Anwendungsbestimmungen

(1) Fahrzeuge, die nach § 18 Absatz 2 der Straßenverkehrs-Zulassungs-Ordnung in der bis zum 28. Februar 2007 geltenden Fassung der Zulassungspflicht oder dem Zulassungsverfahren nicht unterworfen waren und die vor dem 1. März 2007 erstmals in Verkehr kamen, bleiben weiterhin zulassungsfrei, war für diese Fahrzeuge auch keine Betriebserlaubnis erforderlich, bedürfen sie keiner Genehmigung nach § 2 Nummer 4 bis 6.

(2) Kennzeichen, die vor dem 1. März 2007 nach Maßgabe der Straßenverkehrs-Zulassungs-Ordnung zugeteilt worden sind, bleiben gültig.

(2a) ¹Unterscheidungszeichen nach Maßgabe der Anlage 1 Nummer 1 in der bis zum 31. Oktober 2012 geltenden Fassung dieser Verordnung gelten als beantragt und festgelegt im Sinne des § 8 Absatz 2 Satz 1 und 5. ²Abweichend von § 8 Absatz 2 Satz 4 darf ein neues Unterscheidungszeichen auf Antrag für einen am 1. November 2012 bestehenden Verwaltungsbezirk festgelegt werden, wenn für diesen bis zum Ablauf des 25. Oktober 2012 noch kein den gesamten Verwaltungsbezirk umfassendes Unterscheidungszeichen vergeben worden ist. ³Unterscheidungszeichen nach Maßgabe der Anlage 1 Nummer 2 in der bis zum 31. Oktober 2012 geltenden Fassung dieser Verordnung gelten als aufgehoben im Sinne des § 8 Absatz 2 Satz 1 und 5.

(3) Folgende Fahrzeugdokumente gelten als Fahrzeugdokumente im Sinne dieser Verordnung fort:
1. vor dem 1. März 2007 ausgefertigte Fahrzeugscheine und Anhängerscheine, die
   a) den Mustern 2, 2a, 2b, 3 und 3a der Straßenverkehrs-Zulassungs-Ordnung in der im Bundesgesetzblatt Teil III, Gliederungsnummer 9232-1, veröffentlichten bereinigten Fassung,
   b) den Mustern 2a, 2b und 3 der Straßenverkehrs-Zulassungs-Ordnung in der Fassung der Verordnung vom 21. Juli 1969 (BGBl. I S. 845),
   c) den Mustern 2a und 2b der Straßenverkehrs-Zulassungs-Ordnung in der Fassung der Bekanntmachung vom 15. November 1974 (BGBl. I S. 3193) und
   d) den Mustern 2a und 2b der Straßenverkehrs-Zulassungs-Ordnung in der Fassung der Bekanntmachung vom

28. September 1988 (BGBl. I S. 1793) entsprechen;
2. Fahrzeugbriefe, die durch eine Zulassungsbehörde bis zum 30. September 2005 ausgefertigt worden sind; ein Umtausch in eine Zulassungsbescheinigung Teil II ist erforderlich, wenn der Fahrzeugschein nach bisher gültigen Mustern durch eine Zulassungsbescheinigung Teil I ersetzt wird;
3. Fahrzeugscheine, die durch die Bundeswehr bis zum 30. September 2005 ausgefertigt worden sind;
4. Zulassungsbescheinigungen Teil I (Fahrzeugscheine), die dem Muster 2a der Straßenverkehrs-Zulassungs-Ordnung in der Fassung der Verordnung vom 24. September 2004 (BGBl. I S. 2374) entsprechen und ab 1. Oktober 2005 *[eingefügt ab 01.01.2018: „bis 31. März 2008"]* ausgefertigt worden sind;
5. Zulassungsbescheinigungen Teil II (Fahrzeugbriefe), die dem Muster 2b der Straßenverkehrs-Zulassungs-Ordnung in der Fassung der Verordnung vom 24. September 2004 (BGBl. I S. 2374) entsprechen und ab 1. Oktober 2005 *[eingefügt ab 01.01.2018: „bis 31. März 2008"]* ausgefertigt worden sind;
6. Zulassungsbescheinigungen Teil I (Fahrzeugscheine) der Bundeswehr, die dem Muster 2c der Straßenverkehrs-Zulassungs-Ordnung in der Fassung der Verordnung vom 24. September 2004 (BGBl. I S. 2374) entsprechen und ab 1. Oktober 2005 *[eingefügt ab 01.01.2018: „bis 31. März 2008"]* ausgefertigt worden sind;

Nrn. 7 und 7a bis 31.12.2017:[1]
7. *Zulassungsbescheinigungen Teil I, die den Mustern in Anlage 5 und Anlage 6 in der bis zum 1. April 2015 geltenden Fassung dieser Verordnung entsprechen;*
7a. *Zulassungsbescheinigungen Teil II, die dem Muster in Anlage 7 in der bis zum 1. April 2015 geltenden Fassung dieser Verordnung entsprechen;*

Nr. 7 ab 01.01.2018:
7. *Zulassungsbescheinigungen Teil I, die den Mustern in Anlage 5 und Anlage 6 in der bis zum 31. Oktober 2012 geltenden Fassung dieser Verordnung entsprechen und bis zum 30. Juni 2013 ausgefertigt worden sind;*
8. Fahrzeugscheine und Fahrzeugscheinhefte für Fahrzeuge mit roten Oldtimerkennzeichen nach § 17, die in der bis zum 31. Oktober 2012 geltenden Fassung dieser Verordnung ausgefertigt worden sind;
9. Zulassungsbescheinigungen Teil I, die dem Muster in Anlage 5 in der bis zum 1. Januar 2015 geltenden Fassung dieser Verordnung entsprechen;

neue Nrn. 10 und 11 ab 01.01.2018:[1]
10. *Zulassungsbescheinigungen Teil I, die den Mustern in Anlage 5 und Anlage 6 in der bis zum 31. März 2015 geltenden Fassung dieser Verordnung entsprechen;*
11. *Zulassungsbescheinigungen Teil II, die dem Muster in Anlage 7 in der bis zum 31. März 2015 geltenden Fassung dieser Verordnung entsprechen;*

bish. Nrn. 10 und 11 (angefügt ab 01.10.2017):[2]
10. *Zulassungsbescheinigungen Teil I, die dem Muster in Anlage 5 in der bis zum 30. September 2017 geltenden Fassung dieser Verordnung entsprechen und bis zum 19. Mai 2018 ausgefertigt worden sind,*
11. *Fahrzeugscheine für Fahrzeuge mit Kurzzeitkennzeichen, die dem Muster in Anlage 10*

---

[1] Die bisherigen Nrn. 7 und 7a werden Nrn. 10 und 11 aufgrund Art. 1 Nr. 20 Buchst. c der VO v. 31.07.2017 (BGBl. I S. 3090). Zum Verbleib der bisherigen Nrn. 10 und 11 fehlt im Änderungsbefehl – sicherlich versehentlich – schlicht eine Anordnung. Die amtliche Begründung führt nämlich nur aus (s. BR-Drs. 408/17, S. 30):
„Die ab 01.04.2014 eingefügten Nummern 7 und 7a werden der chronologischen Systematik entsprechend zu den Nummern 10 und 11 verschoben. Zugleich wird in diesen Nummern redaktionelles Versehen in der Datumsangabe behoben."

[2] Die bisherigen Nrn. 10 und 11 sind erst durch Art. 1 der VO v. 23.03.2017 (BGBl. I S. 522) angefügt worden. Nach Ansicht des Red. ist durch den Änd.-Verordnungsgeber keine Aufhebung ab 01.01.2018 beabsichtigt (vgl. oben Fn. 1).

in der bis zum 30. September 2017 geltenden Fassung dieser Verordnung entsprechen und bis zum 19. Mai 2018 ausgefertigt worden sind.

Nr. 12 angefügt ab 01.01.2018:
12. *Zulassungsbescheinigungen Teil II, die dem Muster der Anlage 7 in der bis zum 31. Dezember 2017 geltenden Fassung dieser Verordnung entsprechen; Vordrucke für Zulassungsbescheinigungen, die diesem Muster entsprechen, dürfen noch bis zum 31. März 2018 aufgebraucht werden.*

(4) Stempelplaketten, mit denen Kennzeichenschilder vor dem 1. Januar 2015 abgestempelt worden sind, bleiben gültig.

(5) ¹Die Vorschriften über die Speicherung der Daten nach § 30 Absatz 1 Nummer 1 in Verbindung mit § 6 Absatz 4 Nummer 1 und 2, nach § 30 Absatz 1 Nummer 1 in Verbindung mit § 6 Absatz 7 Nummer 2 hinsichtlich der Nummer und des Datums der Erteilung der Genehmigung, nach § 30 Absatz 1 Nummer 1 in Verbindung mit § 6 Absatz 7 Nummer 7 Buchstabe d hinsichtlich der zulässigen Anhängelast und des Leistungsgewichts bei Krafträdern, Buchstabe h hinsichtlich der Nenndrehzahl sowie Buchstabe i bis l, der Daten nach § 30 Absatz 1 Nummer 2 und 5 sowie Nummer 6 hinsichtlich des Datums der Zuteilung, Nummer 7 Buchstabe b, Nummer 15 bis 17 und 19 Buchstabe b und d sowie Nummer 20 bis 24 und der auf das Kurzzeitkennzeichen bezogenen Daten nach § 30 Absatz 2 jeweils im Zentralen Fahrzeugregister sind ab dem 1. September 2008 anzuwenden. ²Eine Nacherfassung dieser Daten für Fahrzeuge, die zu diesem Zeitpunkt bereits im Verkehr waren, erfolgt nicht.

(6) Die Vorschriften über die Übermittlung der in Absatz 5 genannten Daten an das Zentrale Fahrzeugregister sind ab dem 1. September 2008 anzuwenden.

(7) § 47 Absatz 1 Nummer 2 ist ab dem 1. September 2008 anzuwenden.

(8) und (9) *(aufgehoben)*

(10) § 9a und Anlage 3a sind mit Ablauf des 31. Dezember 2026 nicht mehr anzuwenden.

§ 51
(Inkrafttreten, Außerkrafttreten)

Anlage 1
(aufgehoben)

Anlage 2
(zu § 8 Absatz 1 Satz 4)

Ausgestaltung, Einteilung und Zuteilung der Buchstaben- und Zahlengruppen für die Erkennungsnummern der Kennzeichen

1. Zuteilung von Buchstaben
   Mit Ausnahme der Umlaute Ä, Ö und Ü können alle übrigen Buchstaben des Alphabets jeweils entweder allein oder als Kombination von zwei Buchstaben in der Erkennungsnummer zugeteilt werden.
2. Einteilung der Erkennungsnummern; Zuteilung kurzer Erkennungsnummern

a) A 1 – A 999 bis Z 1 – Z 999
b) AA 1 – AA 99 bis ZZ 1 – ZZ 99
c) AA 100 – AA 999 bis ZZ 100 – ZZ 999
d) A 1000 – A 9999 bis Z 1000 – Z 9999
e) AA 1000 – AA 9999 bis ZZ 1000 – ZZ 9999.

Anlage 3
(zu § 8 Absatz 1 Satz 6)

Unterscheidungszeichen der Fahrzeuge der Bundes- und Landesorgane, der Bundesministerien, der Bundesfinanzverwaltung, der Bundespolizei, der Wasserstraßen- und Schifffahrtsverwaltung des Bundes, der Bundesanstalt Technisches Hilfswerk, der Bundeswehr, des Diplomatischen Corps und bevorrechtigter Internationaler Organisationen

1. **Unterscheidungszeichen Bund**

BD Dienstfahrzeuge des Bundestages, des Bundesrates, des Bundespräsidialamtes, der Bundesregierung, der Bundesministerien, der Bundesfinanzverwaltung und des Bundesverfassungsgerichts (Zulassungsbehörde Berlin; Zulassungsbehörde Bonn, Stadt; für BD 16 Kfz-Zulassungsstelle bei der „Generalzolldirektion" – Dienstort Offenbach)

BG Dienstfahrzeuge der Bundespolizei (Kfz-Zulassungsstelle beim „Beschaffungsamt des Bundesministeriums des Innern" in Bonn als zentrale Zulassungsbehörde) (noch gültig, wird nicht mehr zugeteilt)

BP Dienstfahrzeuge der Bundespolizei (Kfz-Zulassungsstelle beim „Beschaffungsamt des Bundesministeriums des Innern" in Bonn als zentrale Zulassungsbehörde)

BW Bundes-Wasserstraßen- und Schifffahrtsverwaltung (Generaldirektion Wasserstraßen und Schifffahrt)

THW Dienstfahrzeuge der Bundesanstalt Technisches Hilfswerk (Kfz-Zulassungsstelle beim „Beschaffungsamt des Bundesministeriums des Innern" in Bonn als zentrale Zulassungsbehörde)

Y Dienstfahrzeuge der Bundeswehr (Zentrale Militärkraftfahrtstelle – ZMK, Hardter Straße 9, 41179 Mönchengladbach/Rheindahlen)

X Dienstfahrzeuge der auf Grund des Nordatlantikvertrages errichteten internationalen militärischen Hauptquartiere, die ihren regelmäßigen Standort im Inland haben (Zentrale Militärkraftfahrtstelle – ZMK, Hardter

Fahrzeug-Zulassungsverordnung   Anlage 3 – FZV | 02

Straße 9, 41179 Mönchengladbach/ Rheindahlen)

2. **Unterscheidungszeichen Länder**

B Berlin Senat und Abgeordnetenhaus (Zulassungsbehörde Berlin)
BBL Brandenburg Landesregierung, Landtag und Polizei (Zulassungsbehörde Potsdam, Stadt; für die Polizei Innenministerium Zentraldienst der Polizei Brandenburg)
BWL Baden-Württemberg Landesregierung, Landtag und Polizei (Zulassungsbehörde Stuttgart, Stadt; für die Polizei Innenministerium Baden-Württemberg – Landespolizeipräsidium)
BYL Bayern Landesregierung und Landtag (Zulassungsbehörde München, Stadt)
HB Freie Hansestadt Bremen Senat und Bürgerschaft (Zulassungsbehörde Bremen, Stadt)
HEL Hessen Landesregierung und Landtag (Zulassungsbehörde Wiesbaden, Stadt)
HH Freie und Hansestadt Hamburg Senat und Bürgerschaft (Zulassungsbehörde Hamburg, Stadt)
LSA Sachsen-Anhalt Landesregierung, Landtag und Polizei (Zulassungsbehörde Magdeburg, Stadt)
LSN Sachsen Landesregierung und Landtag (Zulassungsbehörde Dresden, Stadt)
MVL Mecklenburg-Vorpommern Landesregierung (einschließlich Landespolizei) und Landtag (Zulassungsbehörde Schwerin, Stadt)
NL Niedersachsen Landesregierung und Landtag (Zulassungsbehörde Hannover, Stadt)
NRW Nordrhein-Westfalen Landesregierung, Landtag und Polizei (Zulassungsbehörde Düsseldorf, Stadt; für die Polizei Landesamt für Zentrale Polizeiliche Dienste des Landes NRW, Duisburg)
RPL Rheinland-Pfalz Landesregierung, Landtag und Polizei (Zulassungsbehörde Mainz, Stadt)
SAL Saarland Landesregierung, Landtag und Polizei (Zulassungsbehörde Stadt Saarbrücken, Stadt und Regionalverband; für die Polizei Landespolizeipräsidium – Direktion LPP 4 Zentrale Dienste – LPP 4.8 Kraftfahrzeugtechnik)
SH Schleswig-Holstein Landesregierung, Landtag und Polizei (Zulassungsbehörde Kiel, Stadt)
THL Thüringen Landesregierung und Landtag (Zulassungsbehörde Erfurt, Stadt)

3. **Unterscheidungszeichen des Diplomatischen Corps und bevorrechtigter Internationaler Organisationen**

0; B oder BN:

Diplomatischen Vertretungen oder Internationalen Organisationen und in Abhängigkeit vom Status der bevorrechtigten Person (Zulassungsbehörde Berlin, Zulassungsbehörde Bonn, Stadt)

Unterscheidungszeichen des Verwaltungsbezirkes am Sitz des Konsulats:

Berufskonsularische Vertretungen und in Abhängigkeit vom Status der bevorrechtigten Person (Zulassungsbehörde am Sitz des Konsulats)

4. **Sonderkennzeichen für Dienstkraftwagen des Präsidenten des Deutschen Bundestages**

1-1 Dienstkraftwagen des Präsidenten des Deutschen Bundestages (Zulassungsbehörde Berlin)

Anlage 3a
(zu § 9a Absatz 4)

Plakettenmuster für elektrisch betriebene Fahrzeuge

Durchmesser 80 mm, schwarz umrandet (RAL 9005), Strichdicke der Umrandung 1,5 mm,

Schrift:

E, Höhe 35 mm, DIN 1451, Mittelschrift 138 pt (RAL 9005),

Kippfarbe als sichtbares Echtheitsmerkmal,

Schriftfeld (60 x 20 mm, RAL 9010 reinweiß, schwarz umrandet, Konturlinie 0,5 mm) zum Eintrag des Fahrzeugkennzeichens mittels lichtechtem Stift

Individualisierungsmerkmal Durchmesser 20 mm,

Plakettenfarbe:

blau RAL 5017 Verkehrsblau nach Register RAL 840-HR,

Siegelfeld:

rund, 2/3 Kreis, reinweiß RAL 9010, schwarz umrandet, Konturlinie 0,5 mm, Siegeldruck rund, Durchmesser 20 mm.

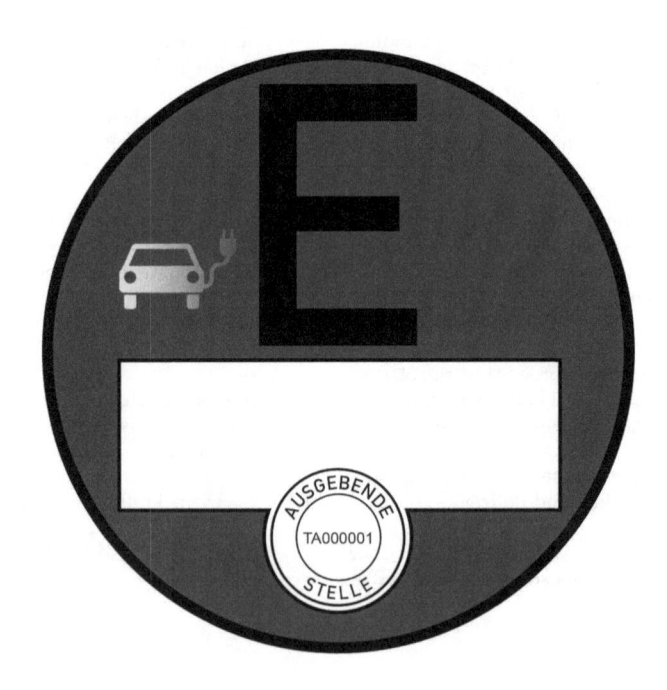

Anlage 4
(zu § 10 Absatz 2, § 16 Absatz 5 Satz 1, § 16a Absatz 3 Satz 2, § 17 Absatz 2, § 19 Absatz 1 Nummer 3)

Ausgestaltung der Kennzeichen

Abschnitt 1
Gemeinsame Vorschriften

1. **Abmessungen**
   Die Maße der Kennzeichenschilder betragen für:
   a) einzeilige Kennzeichen: Größtmaß der Breite: 520 mm, Höhe: 110 mm
   b) zweizeilige Kennzeichen: Größtmaß der Breite: 340 mm, bei zwei- und dreirädrigen Kraftfahrzeugen 280 mm, Höhe: 200 mm
   c) Kraftradkennzeichen:
      Mindest-/Größtmaß der Breite: 180mm/220mm, Höhe: 200 mm
   d) verkleinerte zweizeilige Kennzeichen: Größtmaß der Breite: 255 mm, Höhe: 130 mm.
   Verkleinerte zweizeilige Kennzeichen dürfen nur für Leichtkrafträder sowie für Fahrzeuge nach § 10 Absatz 6 Nummer 3 zugeteilt werden.
2. **Schrift**
2.1 Beschriftung (fälschungserschwerende Schrift – FE-Schrift –)
   Die Beschriftung muss den Schriftmustern „Schrift für Kfz-Kennzeichen" entsprechen. Die Schriftmuster können bei der Bundesanstalt für Straßenwesen, Postfach 10 01 50, 51401 Bergisch Gladbach, bezogen werden. Der waagerechte Abstand der Beschriftung einschließlich der Plaketten zum schwarzen, grünen oder roten Rand, zum Euro-Feld oder zum Feld, in dem der Betriebszeitraum oder das Ablaufdatum angegeben ist, muss auf beiden Seiten gleich sein. Bei der Fertigung der Kennzeichen dürfen die nachstehenden Toleranzen nicht über- oder unterschritten werden.
2.1.1 einzeilige und zweizeilige Kennzeichen:
   a) Schrifthöhe + 2,0 mm bis – 1,0 mm,
   b) Strichbreite der Beschriftung ± 1,0 mm,
   c) Strichbreite des Randes + 2,0 mm bis – 1,0 mm
2.1.2 Kraftradkennzeichen und verkleinerte zweizeilige Kennzeichen:
   a) Schrifthöhe + 1,0 mm bis – 0,5 mm,
   b) Strichbreite der Beschriftung ± 0,5 mm,
   c) Strichbreite des Randes + 1,0 mm bis – 0,5 mm

2.2 Schriftarten

2.2.1 Mittelschrift 75 mm

AÄBCDEFGIJH
KLMNOÖPQRST
UÜVWXYZ – 123
4567890

A 47,5 **8** 44,5 75

2.2.2 Engschrift 75 mm

AÄBCDEFGHI
JKLMNOÖPQR
STUÜVWXYZ
1234567890

A 40,5 **8** 38,5 75

2.2.3 verkleinerte Mittelschrift 49 mm (nur für verkleinerte zweizeilige Kennzeichen und Kraftradkennzeichen)

AÄBCDEFGHIJ
KLMNOÖPQRST
UÜVWXYZ
1234567890

A 8 49
31 29

2.3 abweichende Schrift für Kennzeichen der Bundeswehr sowie für Versicherungskennzeichen:
Die Beschriftung erfolgt nach dem anliegenden Schriftmuster der Normvorschrift DIN 1451 (nach dem Hilfsnetz hergestellt), und zwar grundsätzlich für Buchstaben und Zahlen in fetter Mittelschrift. Reicht die vorgesehene Höchstlänge des Kennzeichens hierfür nicht aus oder lässt die etwa vorgeschriebene oder die vom Hersteller vorgesehene Anbringungsstelle für Kennzeichen dies nicht zu, so darf fette Engschrift verwendet werden. Bei Umlauten darf die vorgesehene Schrifthöhe nicht überschritten werden. Der waagerechte Abstand der Beschriftung einschließlich Plaketten zum schwarzen, blauen oder grünen Rand muss auf beiden Seiten gleich sein.

2.3.1 fette Mittelschrift
DIN 1451

1234567890 AÖÜ
ABCDEFGHIJKLM
NOPQRSTUVWXYZ

2.3.2 fette Engschrift
DIN 1451

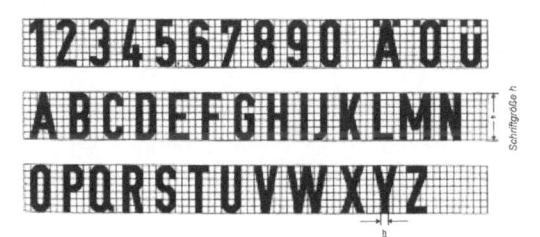

1234567890 AÖÜ
ABCDEFGHIJKLMN
OPQRSTUVWXYZ

3. Euro-Feld

Zwischen Euro-Feld und schwarzem Rand ist eine Lichtkante bis höchstens 2,0 mm zulässig.
Ausgestaltung des Sternenkranzes:
Die Geometrie des Sternenkranzes ergibt sich aus folgender Abbildung:

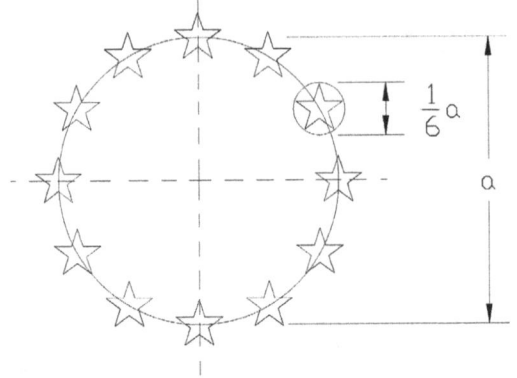

Der Durchmesser des Sternenkranzes entspricht dem Sechsfachen des Durchmessers des einzelnen Sterns. Die Ausführung des Erkennungsbuchstabens „D" erfolgt nach DIN 1451 Teil 2.

3.1 einzeiliges Kennzeichen

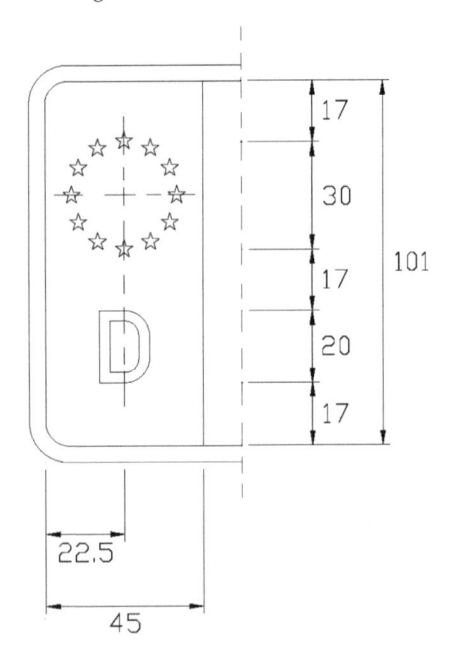

Fahrzeug-Zulassungsverordnung   Anlage 4 – FZV | 02

3.2 zweizeiliges Kennzeichen und Kraftradkennzeichen

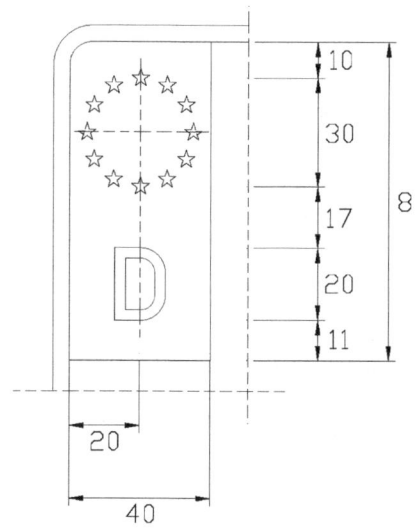

3.3 verkleinertes zweizeiliges Kennzeichen

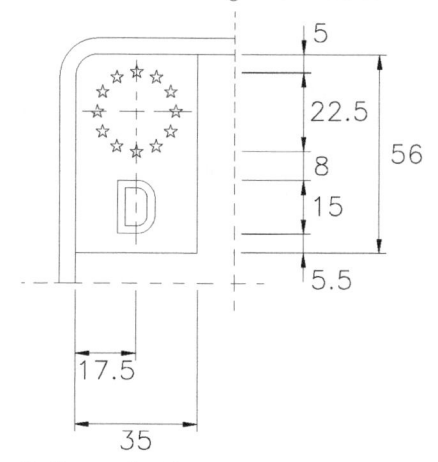

4. **Ergänzungsbestimmungen**
Mehr als acht Stellen (Buchstaben und Ziffern) auf einem Kennzeichen sind unzulässig. Für einzeilige Kennzeichen oder zweizeilige Kennzeichen nach Nummer 1 Satz 1 Buchstabe b ist die Mittelschrift zu verwenden, es sei denn, die etwa vorgeschriebene oder die vom Hersteller vorgesehene Anbringungsstelle für Kennzeichen lässt dies nicht zu. In diesem Fall darf für die Buchstaben zur Unterscheidung des Verwaltungsbezirks und/oder für die Buchstaben der Erkennungsnummer und/oder die Zahlen der Erkennungsnummer jeweils die Engschrift verwendet werden. Das Kennzeichen darf nicht größer sein als die etwa vorgeschriebene oder die vom Hersteller vorgesehene Anbringungsstelle

dies zulässt. In keinem Fall dürfen die zu den einzelnen Kennzeichenarten angegebenen Größtmaße überschritten werden. Ist es der Zulassungsbehörde nicht möglich, für ein Fahrzeug ein Kennzeichen zuzuteilen, das an der am Fahrzeug vorgesehenen Stelle angebracht werden kann, so hat der Halter Veränderungen am Fahrzeug vorzunehmen, die die Anbringung eines vorschriftsmäßigen Kennzeichens ermöglichen, sofern die Veränderungen nicht unverhältnismäßigen Aufwand erfordern; in Zweifelsfällen kann die Zulassungsbehörde die Vorlage eines Gutachtens eines amtlich anerkannten Sachverständigen für den Kraftfahrzeugverkehr verlangen. Stellt ein amtlich anerkannter Sachverständiger für den Kraftfahrzeugverkehr fest, dass an einem Kraftfahrzeug die Anbringung eines vorschriftsmäßigen hinteren Kennzeichens nach Nummer 1 Satz 1 Buchstabe a, b oder c einen unverhältnismäßigen Aufwand erfordert oder technisch nicht möglich ist, kann die Zulassungsbehörde eine Ausnahme zum Führen eines verkleinerten zweizeiligen Kennzeichens nach Nummer 1 Satz 1 Buchstabe d genehmigen; dies gilt nicht, wenn durch nachträgliche Änderungen oder den Anbau von Zubehör die Anbringung eines vorschriftsmäßigen Kennzeichens nicht mehr möglich ist.

5. **Anerkennung von Prüfungen aus anderen Mitgliedstaaten der Europäischen Union und des Europäischen Wirtschaftsraumes**
Es werden auch Prüfungen der Kennzeichenschilder anerkannt, die von den zuständigen Prüfstellen anderer Mitgliedstaaten der Europäischen Union oder anderer Vertragsstaaten des Abkommens über den Europäischen Wirtschaftsraum entsprechend § 10 Absatz 2 Satz 3 durchgeführt und bescheinigt werden.

6. **Plaketten**
In den auf den Kennzeichen vorgesehenen Feldern sind Plaketten anzubringen
a) (weggefallen)
b) nach § 29 Absatz 2 der Straßenverkehrs-Zulassungs-Ordnung auf dem hinteren Kennzeichen oben,
c) nach § 10 Absatz 3 auf dem vorderen und hinteren Kennzeichen jeweils unten.
Bei zweizeiligen Kennzeichen dürfen die Plaketten unter dem Euro-Feld angebracht werden. Auf dem Kraftradkennzeichen sind die Plaketten nach Satz 1 Buchstabe b in der Mitte links, auch unter dem Euro-Feld, und nach Satz 1 Buchstabe c in der Mitte rechts anzubringen. Auf verkleinerten zweizeiligen Kennzeichen dürfen die Plaketten nach Satz 1 Buchstabe c auch oben zwischen dem Unterscheidungszeichen und der Plakette nach Satz 1 Buchstabe b angebracht werden.

Fahrzeug-Zulassungsverordnung   Anlage 4 – FZV | 02

Abschnitt 2
Allgemeine Kennzeichen

1. einzeiliges Kennzeichen

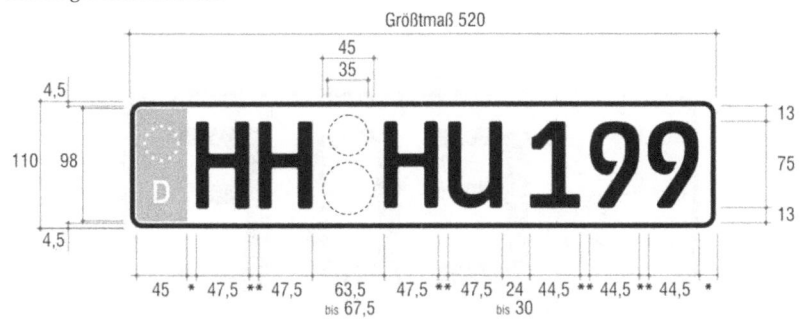

    * Mindestmaß 8 mm
    ** 8 mm bis 10 mm

2. zweizeiliges Kennzeichen

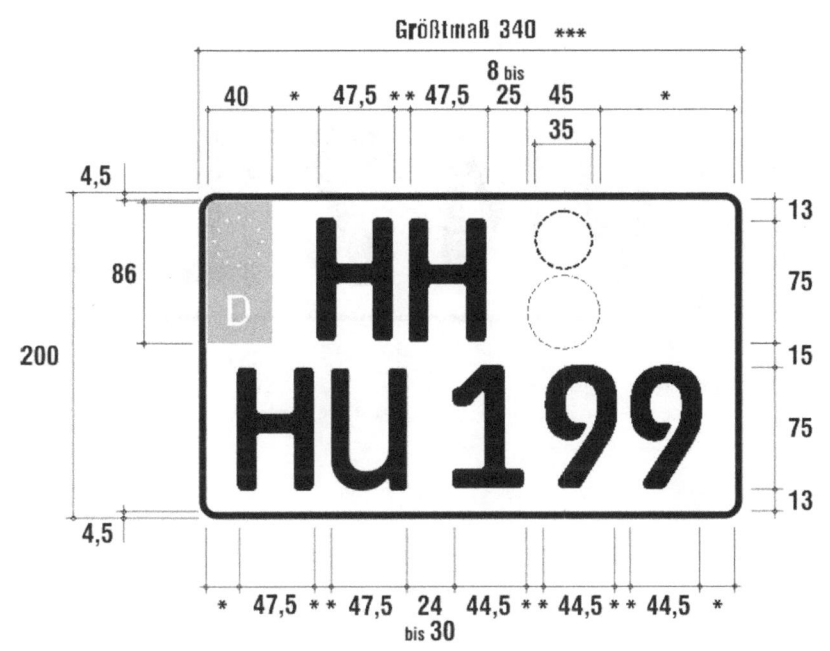

    * Mindestmaß 8 mm
    ** 8 mm bis 10 mm
    *** bei zwei- und dreirädrigen Kraftfahrzeugen 280 mm

2a. Kraftradkennzeichen

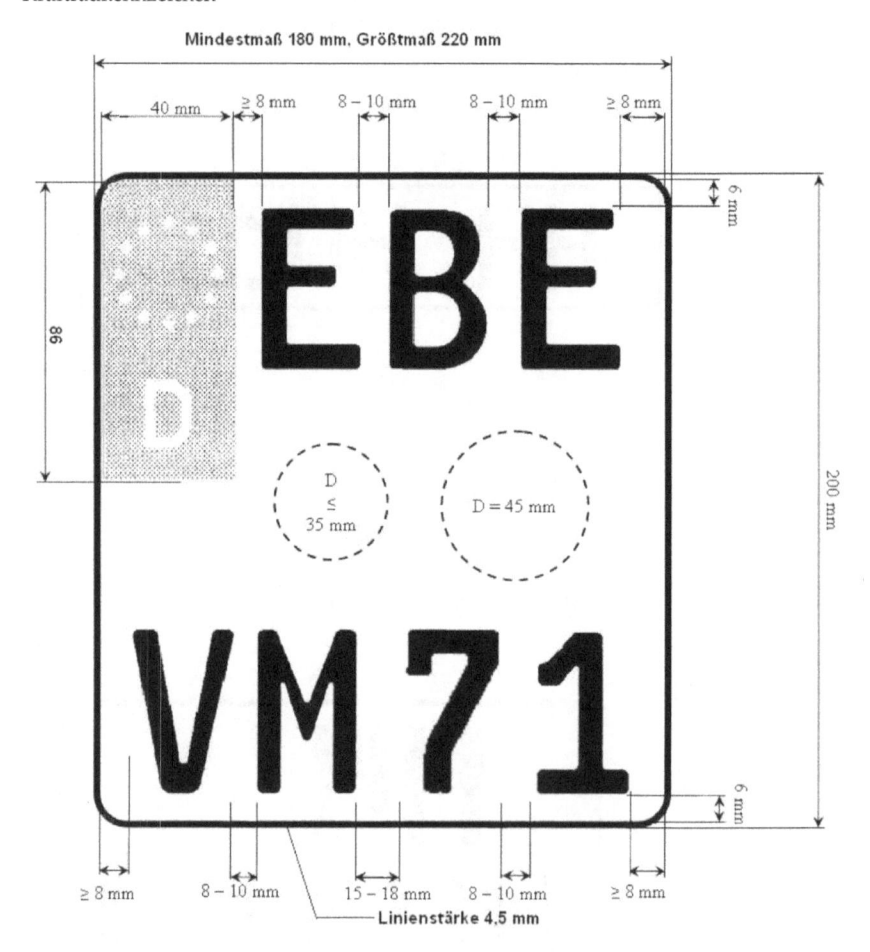

Fahrzeug-Zulassungsverordnung Anlage 4 – FZV | 02

3. verkleinertes zweizeiliges Kennzeichen

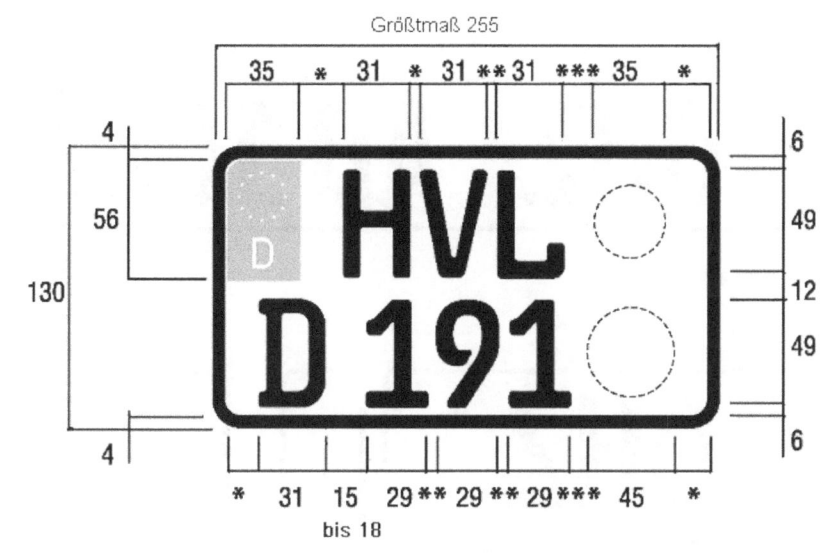

* Mindestmaß 8 mm
** 8 mm bis 10 mm
*** 5 mm bis 20 mm

Abschnitt 2a
Wechselkennzeichen

Kennzeichen nach Abschnitt 2 Nummer 1, 2 und 2a, Abschnitt 4 Nummer 1, 2 und 2a und Abschnitt 5a Nummer 1 können als Wechselkennzeichen ausgeführt sein. Die Wechselkennzeichen bestehen nach Maßgabe des § 8 Absatz 1a aus dem gemeinsamen Kennzeichenteil und dem fahrzeugbezogenen Teil. Auf dem gemeinsamen Kennzeichenteil ist oberhalb der Stempelplakette, bei Kraftradkennzeichen rechts neben der Stempelplakette die Kennzeichnung „W" (Schrifthöhe 20 mm, Schriftbreite 25 mm) anzubringen. Auf dem fahrzeugbezogenen Teil ist unter der letzten Ziffer der Erkennungsnummer die Beschriftung des gemeinsamen Kennzeichenteils in schwarzer Schrift mit einer sich bei Ablösung selbstzerstörenden Sicherheitsfolie aufzuführen.

02 | FZV – Anlage 4

Fahrzeug-Zulassungsverordnung

1. einzeiliges Kennzeichen

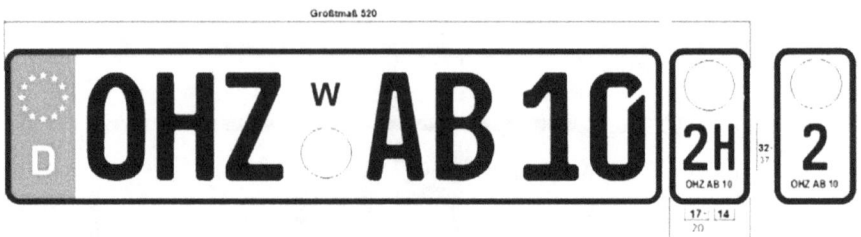

2. zweizeiliges Kennzeichen

3. Kraftradkennzeichen

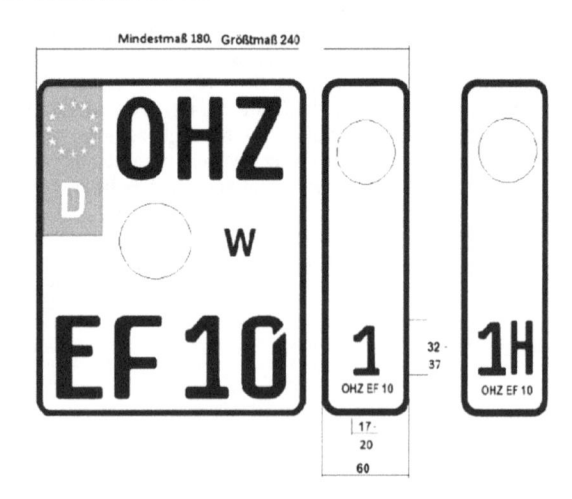

Fahrzeug-Zulassungsverordnung Anlage 4 – FZV | 02

4. **Ergänzungsbestimmungen**
Mehr als acht Stellen (Buchstaben des Unterscheidungszeichens sowie Buchstaben und Ziffern der Erkennungsnummer – ohne Kennzeichnung „W") auf dem gemeinsamen Kennzeichenteil und dem fahrzeugbezogenen Teil zusammen sind unzulässig. Abschnitt 4 Nummer 4 Satz 1 bis 4 gilt für Oldtimerkennzeichen als Wechselkennzeichen und in Verbindung mit Abschnitt 5a Nummer 1 auch für Kennzeichen für Elektrofahrzeuge als Wechselkennzeichen entsprechend. Bei Oldtimerkennzeichen ist der Kennbuchstabe „H" und bei Kennzeichen für Elektrofahrzeuge der Kennbuchstabe „E" jeweils der letzten Ziffer der Erkennungsnummer auf dem fahrzeugbezogenen Teil des Wechselkennzeichens anzufügen. Die Plakette nach Abschnitt 1 Nummer 6 Satz 1 Buchstabe b ist auf dem fahrzeugbezogenen Teil des hinteren Kennzeichens oben anzubringen. Die Plakette nach Abschnitt 1 Nummer 6 Satz 1 Buchstabe c ist auf dem vorderen und hinteren gemeinsamen Kennzeichenteil jeweils unten sowie auf dem fahrzeugbezogenen Teil des vorderen Kennzeichens, bei Fahrzeugen der Klasse L, die kein vorderes Kennzeichen führen müssen, auf dem fahrzeugbezogenen Teil des hinteren Kennzeichens unten anzubringen.

Abschnitt 3
Kennzeichen der Bundeswehr

1. Leichtkrafträder und Kleinkrafträder
1.1 Leichtkrafträder und Kleinkrafträder

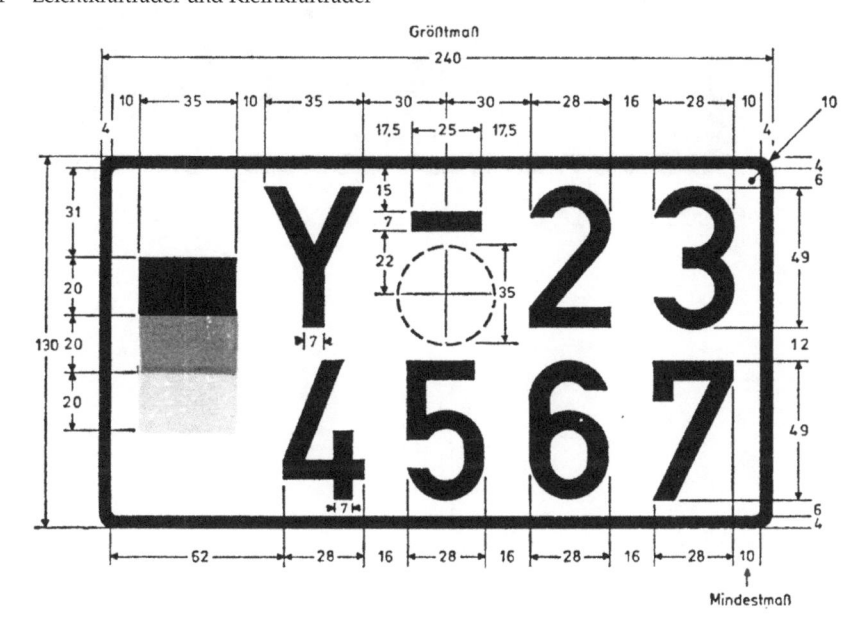

1.2 Kleinkrafträder

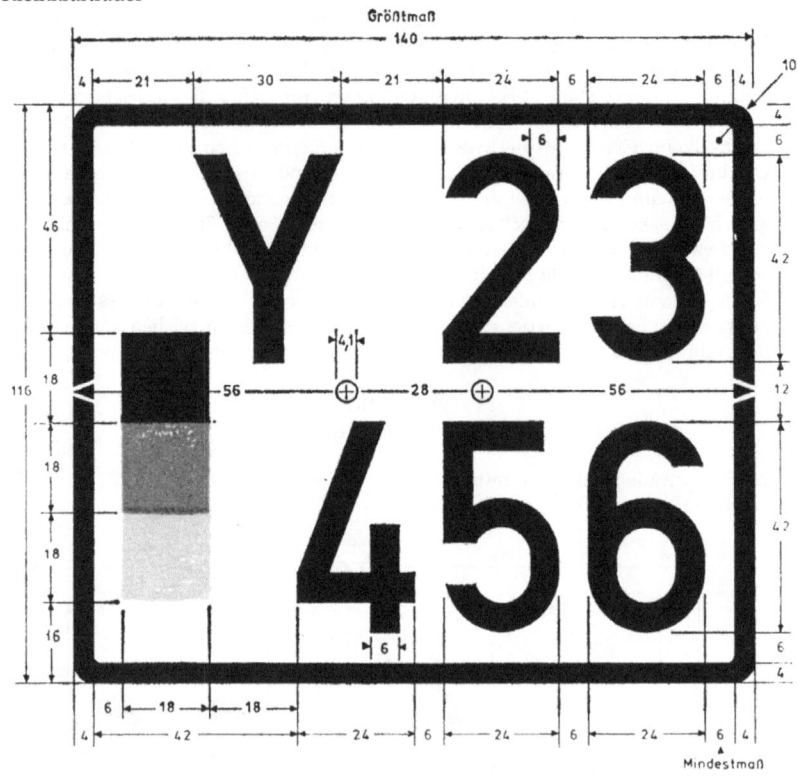

Fahrzeug-Zulassungsverordnung Anlage 4 – FZV | 02

2. andere Krafträder

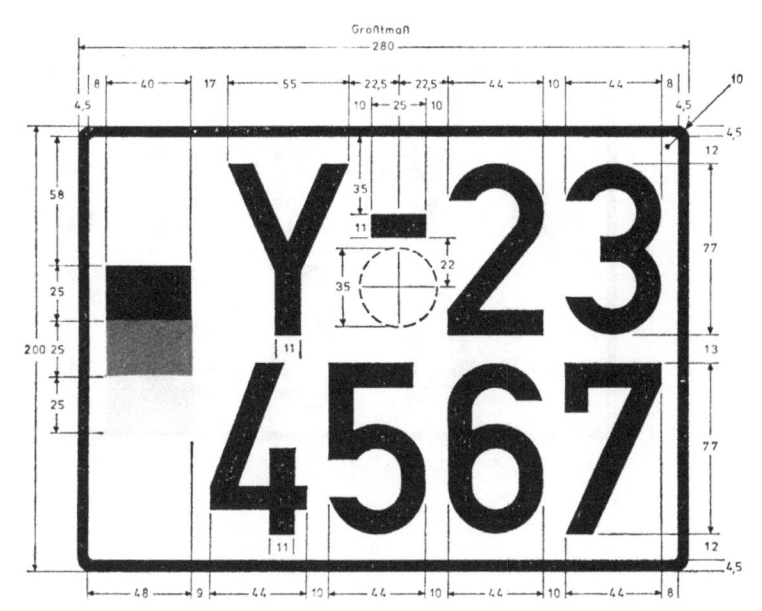

3. andere Kraftfahrzeuge und Anhänger – einzeilig

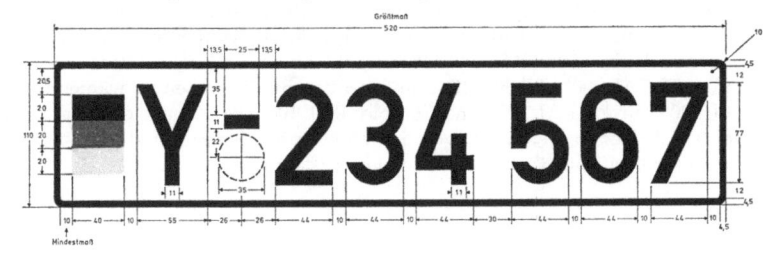

4. andere Kraftfahrzeuge und Anhänger – zweizeilig

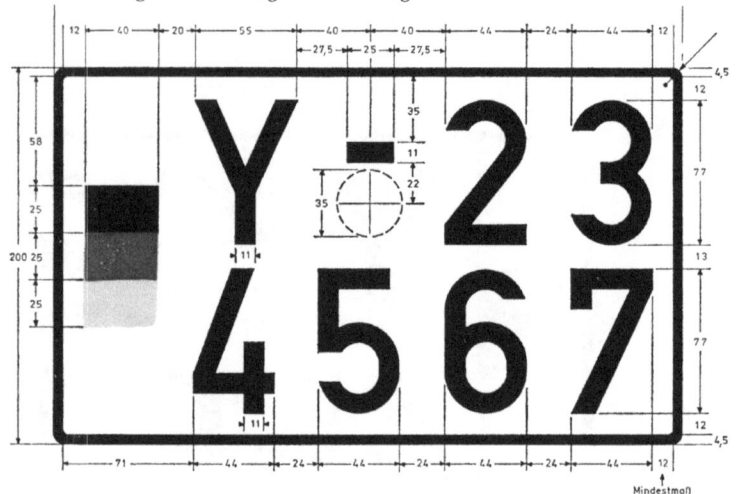

5. Ergänzungsbestimmungen
Wird die Ziffer „1" verwendet oder enthält eine Zeile weniger Ziffern als die entsprechende Zeile des Musters, so vergrößern sich die Abstände zwischen den Ziffern der Zeile gleichmäßig. Die Farbtöne des Untergrundes, des Randes und der Beschriftung sind dem Farbregister RAL 840 HR zu entnehmen, und zwar für schwarz RAL 9005 und weiß RAL 9001. Als Farbtöne sind bei den Bundesfarben zu wählen für schwarz: RAL 9005, für rot: RAL 3002 und für gold: RAL 1006. Bei Kennzeichen nach Nummer 3 werden die letzten drei Ziffern von den vorhergehenden Ziffern durch einen Gruppenabstand in dreifacher Größe des normalen Abstandes getrennt.

Fahrzeug-Zulassungsverordnung Anlage 4 – FZV | 02

Abschnitt 4
Oldtimerkennzeichen

1. einzeiliges Kennzeichen

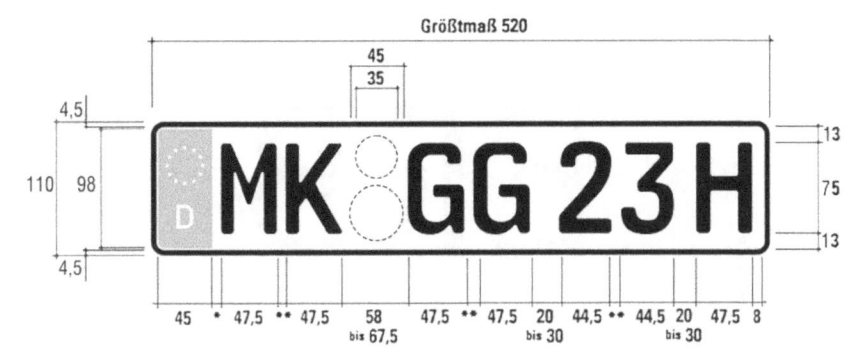

* Mindestmaß 8 mm
** 8 mm bis 10 mm

2. zweizeiliges Kennzeichen

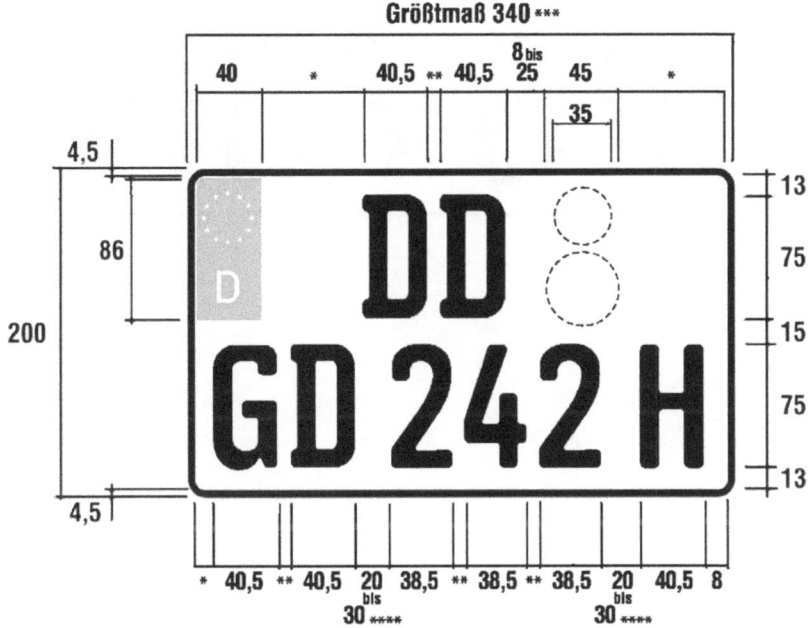

* Mindestmaß 8 mm
** 8 mm bis 10 mm
*** bei zwei- und dreirädrigen Kraftfahrzeugen 280 mm
**** bei zwei- und dreirädrigen Kraftfahrzeugen 15 mm bis 30 mm

2a. Kraftradkennzeichen

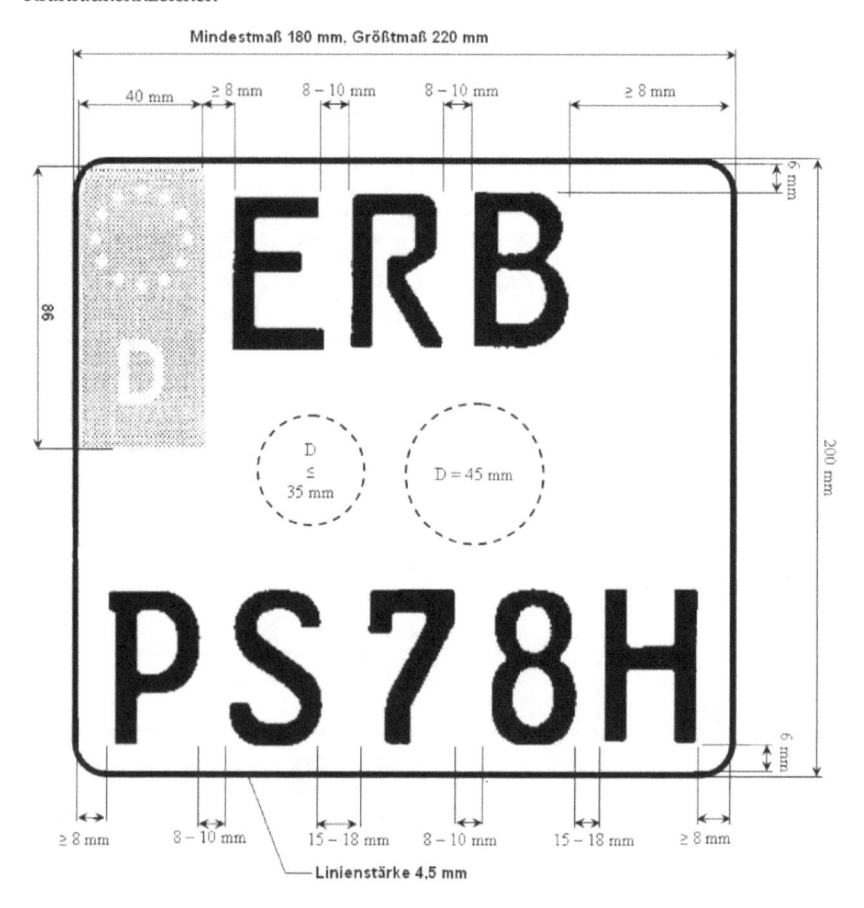

Fahrzeug-Zulassungsverordnung Anlage 4 – FZV | 02

3. verkleinertes zweizeiliges Kennzeichen

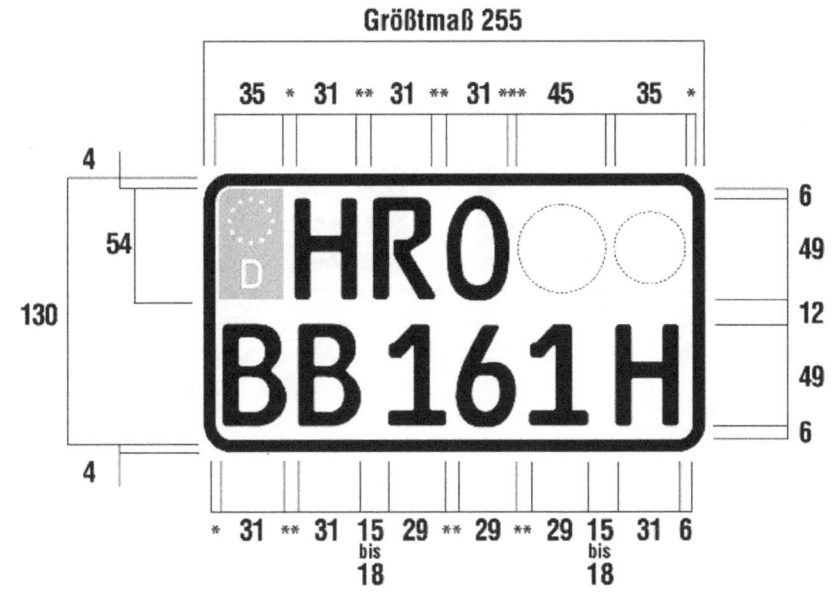

* Mindestmaß 6 mm
** 8 mm bis 10 mm
*** 5 mm bis 20 mm

4. Ergänzungsbestimmungen
Der Kennbuchstabe „H" ist der Erkennungsnummer ohne Leerzeichen in gleicher Schriftart anzufügen. Mehr als
a) sieben Stellen (Buchstaben des Unterscheidungszeichens sowie Buchstaben und Ziffern der Erkennungsnummer – ohne Kennbuchstaben „H") auf einem Kennzeichen nach Nummer 1,
b) fünf Stellen in der Erkennungsnummer (Buchstaben und Ziffern – ohne Kennbuchstaben „H") auf einem Kennzeichen nach Nummer 2 mit einem Größtmaß von 340 mm oder auf einem Kennzeichen nach Nummer 3 oder
c) vier Stellen in der Erkennungsnummer (Buchstaben und Ziffern – ohne Kennbuchstaben „H") auf einem Kennzeichen nach Nummer 2 mit einem Größtmaß von 280 mm oder einem Kennzeichen nach Nummer 2a sind unzulässig.
Für Kennzeichen nach den Nummern 1 und 2 ist die Mittelschrift zu verwenden, es sei denn, die etwa vorgeschriebene oder die vom Hersteller vorgesehene Anbringungsstelle für Kennzeichen lässt dies nicht zu. In diesem Fall darf für die Buchstaben zur Unterscheidung des Verwaltungsbezirks und für die Buchstaben der Erkennungsnummer und die Zahlen der Erkennungsnummer jeweils die Engschrift verwendet werden. Für Oldtimerkennzeichen als Saisonkennzeichen gilt Abschnitt 5a Nummer 2 bis 6 entsprechend.

Abschnitt 5
Saisonkennzeichen

1. einzeiliges Kennzeichen

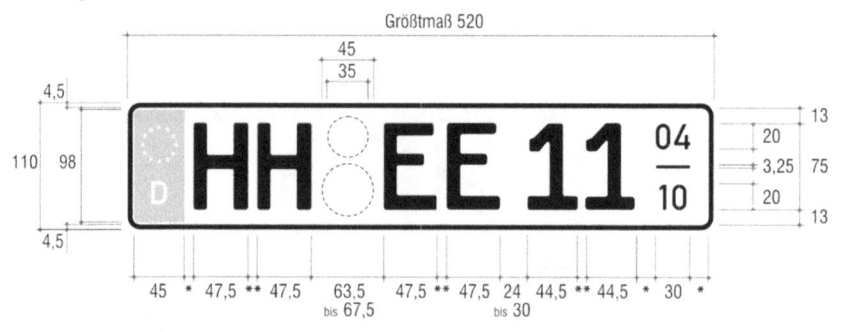

*   Mindestmaß 8 mm
** 8 mm bis 10 mm

2. zweizeiliges Kennzeichen

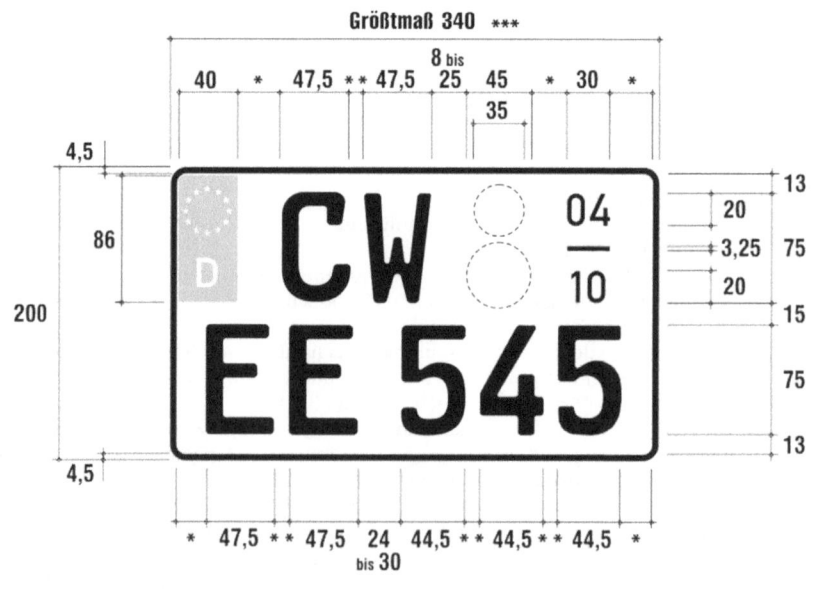

*   Mindestmaß 8 mm
**   8 mm bis 10 mm
*** bei zwei- und dreirädrigen Kraftfahrzeugen 280 mm

Fahrzeug-Zulassungsverordnung Anlage 4 – FZV | 02

2a. Kraftradkennzeichen

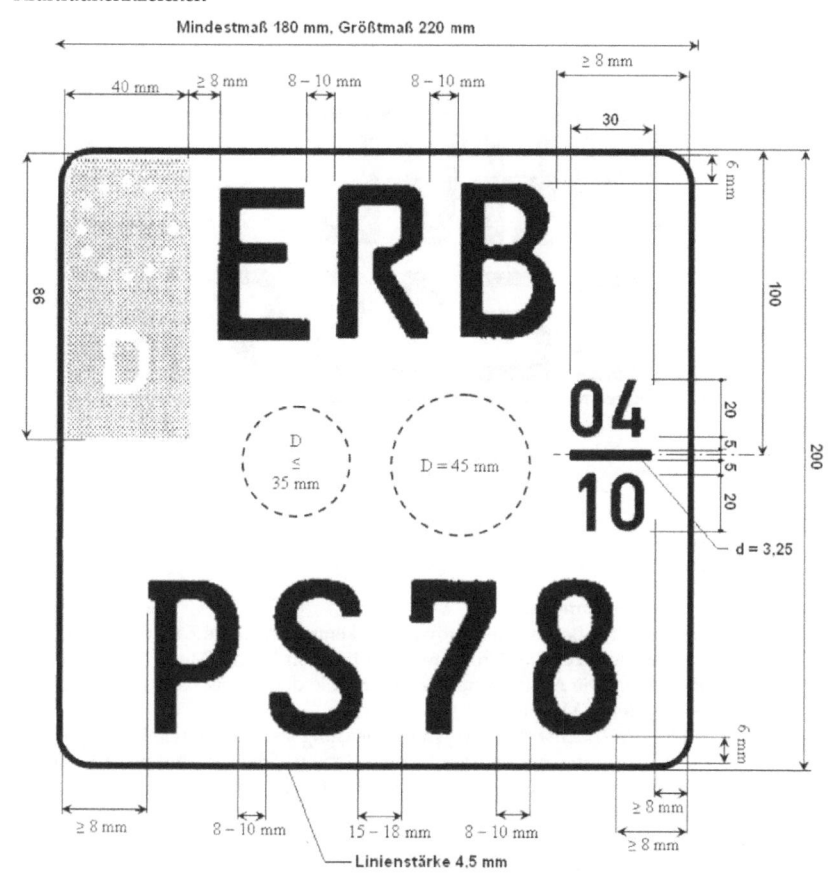

3. verkleinertes zweizeiliges Kennzeichen

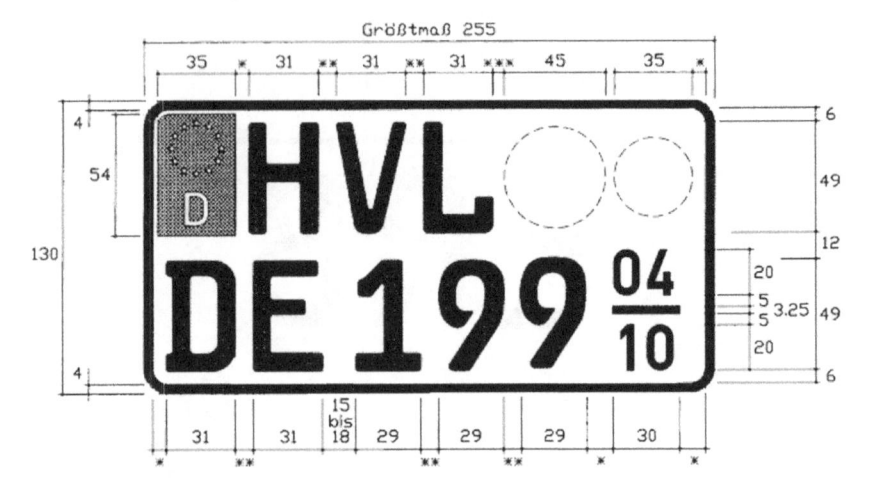

```
*    Mindestmaß 8 mm
**   8 mm bis 10 mm
***  5 mm bis 20 mm
```

4. Ergänzungsbestimmungen:
   In dem Feld, das den Betriebszeitraum angibt, kennzeichnet die Zahl über dem Bindestrich den Monat des Beginns, die Zahl unter dem Bindestrich den Monat der Beendigung des Betriebszeitraums. Die Ausführung der Ziffern, die den Betriebszeitraum angeben, erfolgt nach DIN 1451 Teil 2. Mehr als
   a) sieben Stellen (Buchstaben des Unterscheidungszeichens sowie Buchstaben und Ziffern der Erkennungsnummer) auf einem Kennzeichen nach Nummer 1 oder
   b) fünf Stellen in der Erkennungsnummer (Buchstaben und Ziffern) auf einem Kennzeichen nach Nummer 2, 2a oder 3
   sind unzulässig.
   Auf einem Kennzeichen nach Nummer 3 dürfen die Plaketten entsprechend Abschnitt 4 Nummer 4 Satz 5 angebracht werden.

Fahrzeug-Zulassungsverordnung Anlage 4 – FZV | 02

Abschnitt 5a
Kennzeichen für Elektrofahrzeuge

1. Die Kennzeichen sind entsprechend Abschnitt 4, jedoch mit dem Kennbuchstaben „E" auszuführen.
2. einzeiliges Saisonkennzeichen

* Mindestmaß 8 mm
** 8 mm bis 10 mm

Die übrigen Abmessungen entsprechen denen der Saisonkennzeichen gemäß Abschnitt 5 Nummer 1.

3. zweizeiliges Saisonkennzeichen

* Mindestmaß 8 mm
** 8 mm bis 10 mm
*** 20 bis 30 mm, bei zwei- und dreirädrigen Kraftfahrzeugen 15 mm bis 30 mm
**** bei zwei- und dreirädrigen Kraftfahrzeugen 280 mm

Die übrigen Abmessungen entsprechen denen der Saisonkennzeichen gemäß Abschnitt 5 Nummer 2.

4. Kraftradkennzeichen als Saisonkennzeichen

* 8 mm bis 10 mm
** 14 bis 18 mm

Die übrigen Abmessungen entsprechen denen der Saisonkennzeichen gemäß Abschnitt 5 Nummer 2a.

5. verkleinertes zweizeiliges Saisonkennzeichen

* 8 mm bis 10 mm
** 15 mm bis 18 mm
*** Mindestmaß 8 mm

Die übrigen Abmessungen entsprechen denen der Saisonkennzeichen gemäß Abschnitt 5 Nummer 3.

6. Ergänzungsbestimmungen
Der Kennbuchstabe „E" ist der Erkennungsnummer ohne Leerzeichen in gleicher Schriftart anzufügen.
Mehr als
a) sechs Stellen (Buchstaben des Unterscheidungszeichens sowie Buchstaben und Ziffern der Erkennungsnummer – ohne Kennbuchstabe „E") auf einem Kennzeichen nach Nummer 2,
b) fünf Stellen in der Erkennungsnummer (Buchstaben und Ziffern – ohne Kennbuchstabe „E") auf einem Kennzeichen nach Nummer 3 mit einem Größtmaß von 340 mm oder
c) vier Stellen in der Erkennungsnummer (Buchstaben und Ziffern – ohne Kennbuchstabe „E") auf einem Kennzeichen nach Nummer 3 mit einem Größtmaß von 280 mm oder einem Kennzeichen nach den Nummern 4 oder 5

sind unzulässig. Für Kennzeichen nach den Nummern 2 bis 5 gilt Abschnitt 5 Nummer 4 Satz 1 und 2 entsprechend.

Abschnitt 6
Kurzzeitkennzeichen

1. einzeiliges Kennzeichen

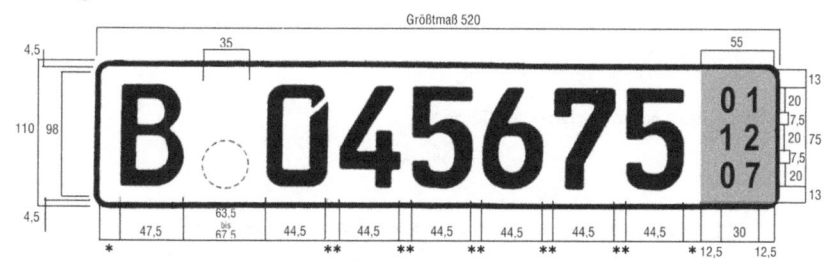

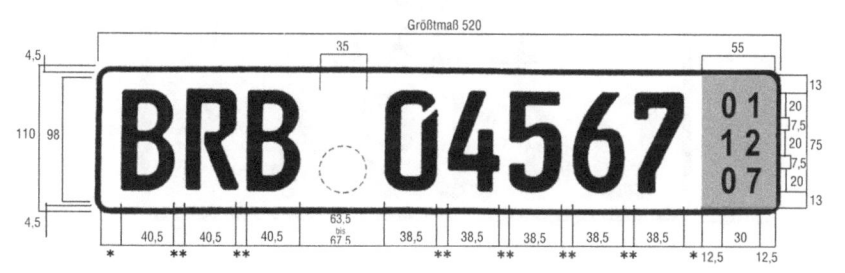

* Mindestmaß 8 mm
** 8 mm bis 10 mm

2. zweizeiliges Kennzeichen

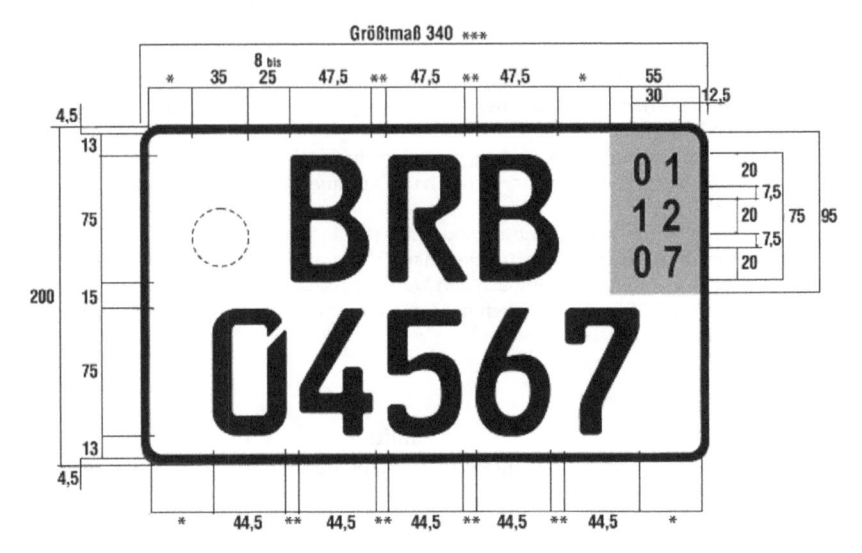

* Mindestmaß 8 mm
** 8 mm bis 10 mm
*** bei zwei- und dreirädrigen Kraftfahrzeugen 280 mm

3. zweizeiliges Kennzeichen (verkleinert)

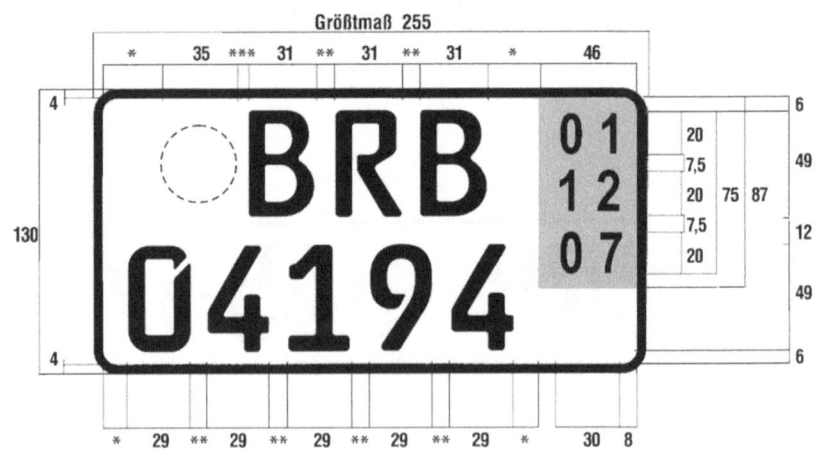

* Mindestmaß 6 mm
** 8 mm bis 10 mm
*** 5 mm bis 20 mm

4. Ergänzungsbestimmungen
Die Ausführung der Ziffern, die das Ablaufdatum angeben, erfolgt nach DIN 1451 Teil 2. Für Kennzeichen nach den Nummern 1 und 2 ist die Mittelschrift zu verwenden, es sei denn, die etwa vorgeschriebene oder die vom Hersteller vorgesehene Anbringungsstelle für Kennzeichen lässt dies nicht zu. In diesem Fall darf für die Buchstaben zur Unterscheidung des Verwaltungsbezirks und die Zahlen der Erkennungsnummer jeweils die Engschrift verwendet werden. § 10 Absatz 3 Satz 1 und 4 ist mit folgenden Maßgaben anzuwenden:
a) Es sind Stempelplaketten mit dem Dienststempel der Zulassungsbehörde mit einem Durchmesser von 35 mm mit blauem Untergrund (nach DIN 6171-1, blau – Euro-Feld) zu verwenden.
b) Die Plaketten sind wie folgt anzubringen:
  aa) bei den Kennzeichen nach Nummer 1 zwischen dem Unterscheidungszeichen und der Erkennungsnummer jeweils unten;
  bb) bei den Kennzeichen nach den Nummern 2 und 3 neben dem Unterscheidungszeichen jeweils oben links; bei Kennzeichen nach Nummer 2 mit dreistelligen Unterscheidungszeichen dürfen die Plaketten neben der Erkennungsnummer unter dem Feld, das das Ablaufdatum angibt, angebracht werden.
c) Die Vorschrift bezüglich der Plakette nach Abschnitt 1 Nummer 6 Satz 1 Buchstabe b ist nicht anzuwenden.
In dem Feld, das das Ablaufdatum angibt, kennzeichnet die obere Zahl den Tag, die mittlere Zahl den Monat und die untere Zahl das Jahr des Ablaufdatums. Die Farbe dieses Feldes ist gelb mit schwarzer Beschriftung.

5. Ergänzungen zum Normblatt DIN 74069, Ausgabe Mai 2016
Auf die Prüfung nach den Abschnitten 6 und 7 des Normblattes DIN 74069, Ausgabe Mai 2016, wird verzichtet. Die Registernummer, die der Hersteller des Kennzeichens bei der turnusmäßigen Prüfung seiner Erzeugnisse von der Überwachungsstelle erhalten hat, muss verwendet werden.

**Abschnitt 7
Rote Kennzeichen zur
wiederkehrenden Verwendung
und rote Oldtimerkennzeichen**

Die Kennzeichen sind entsprechend Abschnitt 2, jedoch in roter Schrift und rotem Rand auszuführen. Die Vorschrift bezüglich der Plakette nach Abschnitt 1 Nummer 6 Satz 1 Buchstabe b ist nicht anzuwenden.

02 | FZV – Anlage 4   Fahrzeug-Zulassungsverordnung

Abschnitt 8
Ausfuhrkennzeichen

1. einzeiliges Kennzeichen

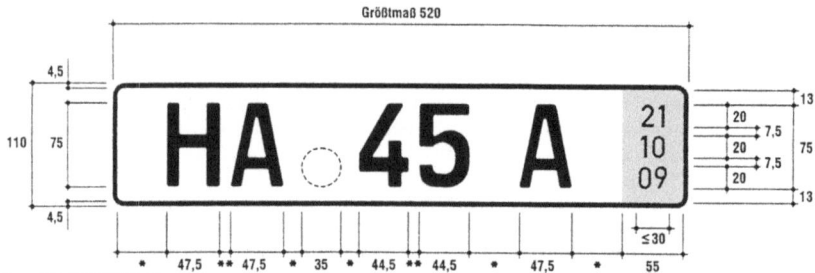

*   Mindestmaß 8 mm
** 8 mm bis 10 mm

2. zweizeiliges Kennzeichen

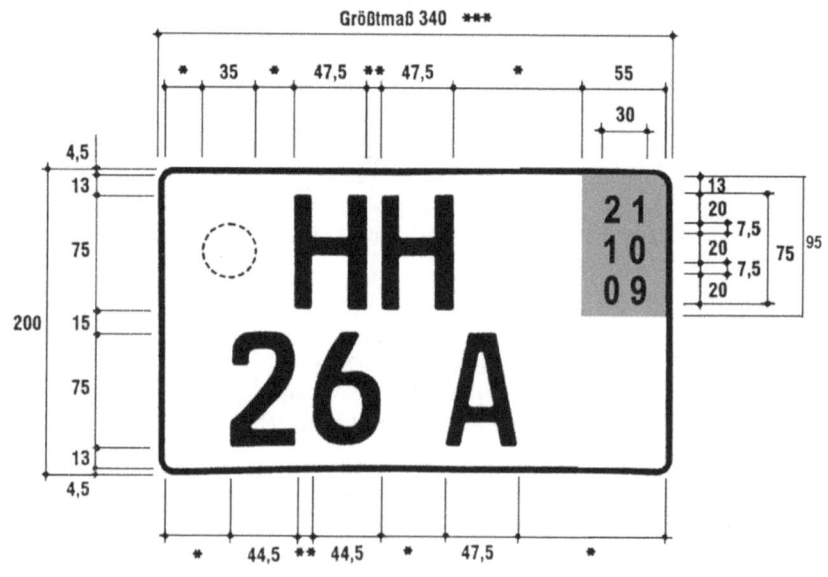

*   Mindestmaß 8 mm
**   8 mm bis 10 mm
*** bei zwei- und dreirädrigen Kraftfahrzeugen 280 mm

Fahrzeug-Zulassungsverordnung Anlage 4 – FZV | 02

3. Ergänzungsbestimmungen:
Die Vorschriften bezüglich der verkleinerten Mittelschrift (Abschnitt 1 Nummer 2.2.3), des Euro-Feldes (Abschnitt 1 Nummer 3) sowie der Plakette (Abschnitt 1 Satz 1 Nummer 6 Satz 1 Buchstabe b) sind nicht anzuwenden. Das Feld mit dem Ablaufdatum besteht aus einem roten Untergrund mit schwarzer Beschriftung. Die obere Zahl kennzeichnet den Tag, die mittlere Zahl den Monat und die untere Zahl das Jahr, in welchem die Gültigkeit der Zulassung im Geltungsbereich dieser Verordnung endet. Der rote Untergrund darf nicht retroreflektierend sein. Zur Abstempelung des Kennzeichens sind Stempelplaketten nach § 10 Absatz 3 Satz 1 und 4, jedoch mit dem Dienstsiegel der Zulassungsbehörde mit einem Durchmesser von 35 mm mit rotem Untergrund (RAL 2002) zu verwenden.

Anlage 4a
(zu § 10 Absatz 3 Satz 2 bis 7)

Stempelplaketten und Plakettenträger

Abschnitt A
Vorbemerkungen

1. **Objektsicherung und Fertigungskontrolle**
Die Herstellung, die Lagerung und der Versand von sicherheitsrelevanten Rohmaterialien, Stempelplaketten und Plakettenträgern müssen so erfolgen, dass ein Verlust oder ein unberechtigter Zugriff ausgeschlossen ist. Zu diesem Zweck müssen Hersteller Systeme der Objektsicherung und Fertigungskontrolle unterhalten, die folgenden Anforderungen genügen müssen:
   a) Für die Räume, in denen die Stempelplaketten und Plakettenträger gelagert werden, ist ein erhöhter mechanischer Einbruchschutz vorzusehen. Die Widerstandszeitwerte für Mauerwerk, Türen und Fenster sind so zu wählen, dass auch beim Einsatz üblicher maschinenbewegter Werkzeuge ausreichend Zeit für ein polizeiliches Einschreiten bleibt. Es ist eine Einbruchmeldeanlage nach dem neuesten Stand der Technik sowie ein Zugangskontrollsystem mit Dokumentationseinrichtung vorzusehen. Die Entnahme und Einlagerung ist jeweils von zwei Beschäftigten zu quittieren. Durch organisatorische Maßnahmen ist sicherzustellen, dass nicht nur die gefertigten Stempelplaketten und Plakettenträger, sondern außerhalb der Arbeitszeit auch alle Halb- und Zwischenerzeugnisse in diesem gesicherten Lager verwahrt werden.
   b) Die Herstellung, der Druck, die Zählung und die Verpackung der Stempelplaketten und Plakettenträger dürfen nur in Räumlichkeiten mit eingeschränkter Zugangsberechtigung erfolgen. Es ist ein Zugangskontrollsystem mit Dokumentationseinrichtung zu installieren.
   c) Mit der Lagerung und Verarbeitung dürfen nur Personen betraut werden, die eine besondere Verpflichtungserklärung im sorgfältigen und kontrollierten Umgang mit den Produkten abgegeben haben.
   d) Es ist ein Registrierungssystem einzurichten, das eine lückenlose Verfolgung jeder einzelnen Stempelplakette anhand der angebrachten Druckstücknummerierung sicherstellt.
   e) Zudem ist ein Registrierungssystem einzurichten, das eine lückenlose Verfolgung jedes einzelnen Plakettenträgers sicherstellt.
   f) Die Bestellung und der Versand der Stempelplaketten und der Plakettenträger an die Zulassungsbehörden müssen so erfolgen, dass jederzeit ein Ermitteln des Verbleibs möglich ist und die Besteller und Empfänger innerhalb der Zulassungsbehörde registriert sind.
   g) Es dürfen keine Tatsachen vorliegen, die den Gewerbetreibenden, die vertretungsberechtigten oder mit der Leitung des Betriebes oder einer Zweigniederlassung beauftragten Personen sowie die mit der Lagerung und Verarbeitung von Stempelplaketten und Plakettenträgern betrauten Personen für die Herstellung und Lieferung von Stempelplaketten und Plakettenträgern als unzuverlässig erscheinen lassen. Unzuverlässig im Sinne des Satzes 1 ist eine Person insbesondere dann, wenn sie wiederholt die Pflichten gröblich verletzt hat, die ihr nach dieser Verordnung obliegen.

Die Unternehmen haben eine Sicherheitserklärung abzugeben, in der sie die Einhaltung der vorgenannten Anforderungen gegenüber dem Kraftfahrt-Bundesamt bestätigen. Das Kraftfahrt-Bundesamt bewertet die Einhaltung und erteilt dem Unternehmen die

Befugnis, Stempelplaketten und Plakettenträger an die Zulassungsbehörden zu liefern. Ein Widerruf erfolgt, wenn das Unternehmen gegen einzelne Sicherheitsbestimmungen verstößt; die verwaltungsverfahrensrechtlichen Vorschriften über Rücknahme und Widerruf bleiben im Übrigen unberührt. Für die Bewertung und die Überwachung haben die Unternehmen den mit der Überwachung betrauten Mitarbeitern des Kraftfahrt-Bundesamtes während der Geschäfts- und Betriebszeiten Zutritt zu ihren Grundstücken, Geschäftsräumen und Betriebsstätten zu gewähren und dort Besichtigungen, Prüfungen und Einsicht in die vorgeschriebenen Aufzeichnungen zu ermöglichen.

2. Technische Anforderungen an Stempelplaketten und Plakettenträger
Die Stempelplakette und der Plakettenträger müssen den Anforderungen der DIN 74069, Ausgabe Mai 2016, entsprechen.

Abschnitt B
Stempelplaketten

1. **Ausgestaltung der Stempelplaketten**
   a) Druckstücknummer der Stempelplakette
   Die Druckstücknummer ist in maschinenlesbarer und unmittelbar lesbarer Form darzustellen. Der maschinenlesbaren Form genügt ein DataMatrix-Code (5 x 5 mm). Die Druckstücknummer der Stempelplakette besteht aus acht Zeichen und ist als Klarschriftnummer mit der Schrift Arial-Bold 4 Punkt – schwarz – rechts neben dem Wappen oder senkrecht links neben dem Wappen in der Schrift Arial-Bold 6 Punkt – schwarz – jeweils 11 mm mittig zentriert auf der waagerechten Durchmesserlinie vom äußeren Rand darzustellen. Der Abstand des DataMatrix-Codes und die Anordnung der Klarschriftnummer über dieser Codierung beträgt zum Randstrich 6 mm. Verwendung finden als Zeichen Großbuchstaben des deutschen Alphabets von A bis Z, ohne Umlaute und Sonderzeichen, und Ziffern von 0 bis 9. Das erste Zeichen ist ein Großbuchstabe, über den die die Stempelplakette herstellende Institution eineindeutig ableitbar ist. Die Zeichen zwei bis sieben sind fortlaufend aufsteigend zu verteilen. Das achte Zeichen ist eine Prüfziffer, berechnet aus den Zeichen eins bis sieben. Die Berechnung der Prüfziffer erfolgt nach einem Verfahren, welches nach dem Modulus klassifiziert, der der jeweiligen Berechnungsmethode zugrunde liegt. Eine weitere Unterscheidung ist nach den Gewichtungsfolgen und den Modifikationen möglich.

   b) Sicherheitscode der Stempelplakette
   Der Sicherheitscode muss nach Freilegung unmittelbar und deutlich lesbar sein sowie zusätzlich in maschinenlesbarer Form dargestellt werden und darf weder aus der Druckstücknummer hervorgehen noch aus dieser ableitbar sein. Der maschinenlesbaren Form genügt ein DataMatrix-Code. Der DataMatrix-Code hat eine Mindestgröße von 6 x 6 mm. Als Schriftart ist Arial-Bold 9 Punkt – schwarz – zu verwenden. Der Sicherheitscode der Stempelplakette besteht aus drei Zeichen. Verwendung finden als Zeichen Groß- und Kleinbuchstaben des deutschen Alphabets von A bis Z und a bis z – ohne die Zeichen I, i, l, O und o –, ohne Umlaute und Sonderzeichen, und Ziffern von 0 bis 9. Die Zeichen sind unter Ausschöpfung aller Kombinationen zufällig zu verteilen.

2. Schematische Abbildungen der Stempelplakette

a) Die schematische Darstellung der Stempelplakette enthält das farbige Wappen des Landes, die Bezeichnung des Landes, die Bezeichnung der Zulassungsbehörde und die Druckstücknummer:

aa) Die Maße der Stempelplakette und des Druckes ergeben sich wie folgt:

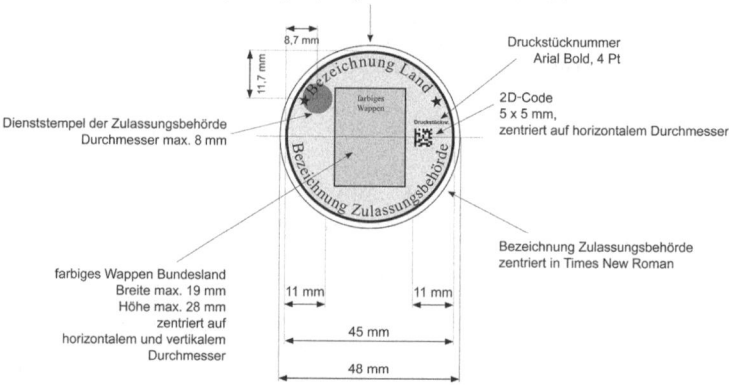

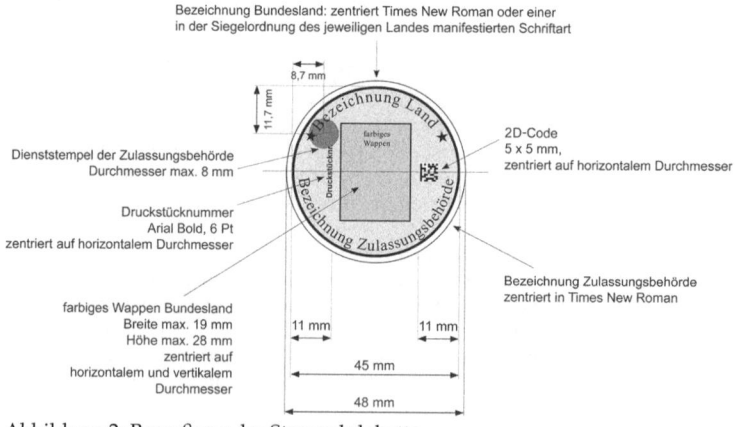

Abbildung 1: Bemaßung der Stempelplakette

oder wahlweise nach Maßgabe der Nummer 1 Buchstabe a dieses Abschnitts wie folgt:

Abbildung 2: Bemaßung der Stempelplakette

bb) Das farbige Wappen des Landes ist bis maximal 28 x 19 mm (Höhe x Breite) darzustellen. Die Bezeichnung des Landes ist zentriert über dem Wappen in der Schrift Times New Roman oder in einer in der Siegelordnung des jeweiligen Landes manifestierten Schriftart darzustellen. Der Abstand zum umlaufenden schwarzen Randstrich beträgt 1 mm. Die Bezeichnung der Zulassungsbehörde ist in der

Schrift Times New Roman unter dem Wappen zentriert anzuordnen. Der Abstand zum umlaufenden schwarzen Randstrich beträgt 1 mm, Randstrich 0,7 mm.

cc) Hintergrund
Der Hintergrund ist in der Farbe silbergrau auszuführen und beinhaltet ein fälschungserschwerendes Muster, eine Herstellerkennzeichnung und einen Dienststempel der Zulassungsbehörde mit einem maximalen Durchmesser von 8 mm in der Bemaßung als Alleinstellungsmerkmal nach den landesrechtlichen Vorschriften. Das Layout ist herstellerindividuell. Das Farbklima ist herstellerindividuell insoweit, als das Muster, die Herstellerkennzeichnung und der Dienststempel in einem zum silbergrauen Hintergrund der Plakette eindeutig unterscheidbaren helleren Silbergrau oder Grau ausgeführt sein müssen. DIN 5340 (Bezugssehweite) ist zu berücksichtigen.

b) Stempelplakette mit sichtbarem Sicherheitscode
aa) Der DataMatrix-Code hat eine Mindestgröße von 6 x 6 mm. Als Schriftart für den Sicherheitscode ist für die Klarschriftnummer Arial-Bold mindestens 9 Punkt – schwarz – zu verwenden. Die Anordnung kann über, unter oder neben dem DataMatrix-Code auf einer eigenen Fläche zusammen mit der Klarschriftnummerierung erfolgen. Die beschriebene Fläche kann eine produktionsabhängige Bemessung und Kantenradien aufweisen und ist als Schicht unter dem Wappen angeordnet.
bb) Die Stempelplakette hat folgende Sicherheitsmerkmale zu erfüllen:
aaa) Bei physischer Manipulation muss mindestens 1/3 der Druckbildinformationen auf der Stempelplakette irreversibel zerstört werden oder durch andere geeignete technische Maßnahmen die Freilegungsmerkmale entsprechend unumkehrbar sichtbar werden. Näheres ist in der DIN 5340 (Bezugssehweite) geregelt.
bbb) Herstellerspezifische UV-Kennzeichnung mit UV-Chargennummer als zwei nicht sichtbare, echtheitserkennbare Merkmale.

Abschnitt C
Plakettenträger

1. **Sicherheitsmerkmale**
   a) Der Plakettenträger ist transparent.
   b) Als Sicherheitsmerkmale sind das „Kennzeichen" und die letzten sechs Ziffern der Fahrzeug-Identifizierungsnummer in unmittelbar dauerhaft lesbarer Form als Klarschriftnummer mit der Schrift – schwarz – Arial Narrow 6 Punkt auf dem Plakettenträger darzustellen.
   c) Ein herstellerspezifisches Sicherheitsmerkmal wird in sichtbarer Form auf dem Plakettenträger dargestellt und ist so zu wählen, dass die automatische Erfassung des Kennzeichens nicht erschwert wird.
   d) Der Plakettenträger hat als zusätzliches Sicherheitsmerkmal ein irreversibles herstellerspezifisches Zerstörungsbild bei physischer Manipulation zu erfüllen. Der Plakettenträger muss bei physischer Manipulation mindestens 1/3 der Druckbildinformationen auf der Stempelplakette oder HU-Plakette irreversibel zerstören oder durch andere geeignete technische Maßnahmen die Freilegungsmerkmale entsprechend unumkehrbar sichtbar machen.

e) Eine auf dem Plakettenträger aufgebrachte Stempelplakette bzw. eine HU-Plakette muss beim Ausstanzen oder Ausschneiden vom Plakettenträger eine Kennzeichnung aufweisen, anhand derer erkennbar ist, dass diese bereits auf einem Plakettenträger verklebt war und daher nicht ohne ihn verwendet werden kann.

2. **Schematische Abbildungen der Plakettenträger**
   a) Plakettenträger für die Stempelplakette
   Die schematische Darstellung des Plakettenträgers enthält die Stempelplakette nach Abschnitt B und die auf dem Plakettenträger aufgebrachten Merkmale „Kennzeichen", „verkürzte Fahrzeug-Identifizierungsnummer" und das herstellerspezifische Sicherheitsmerkmal.
   aa) Die Maße des Plakettenträgers ergeben sich wie folgt:

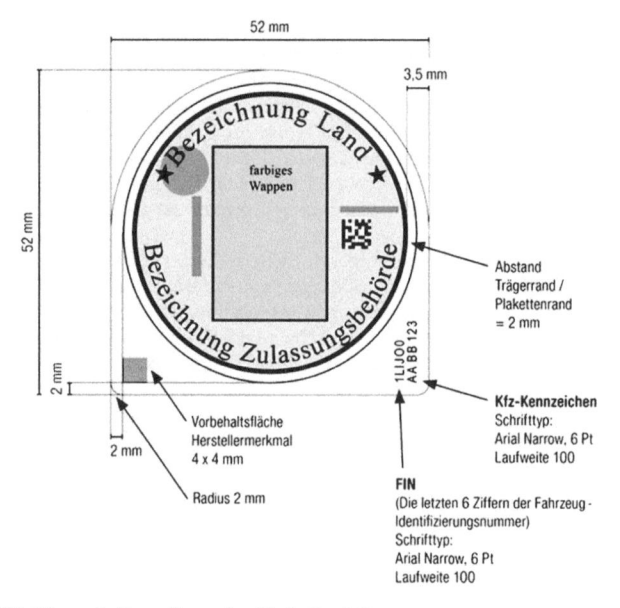

Abbildung 3: Bemaßung des Plakettenträgers

   bb) Der Abstand zwischen dem umlaufenden schwarzen Randstrich der Stempelplakette und dem umlaufenden äußeren Rand des Plakettenträgers in der oberen Hälfte des Plakettenträgers beträgt maximal 3,5 mm.
   cc) Das Kennzeichen ist in der rechten unteren Ecke des Plakettenträgers senkrecht – beginnend 2 mm vom äußeren unteren Rand und 2 mm vom äußeren rechten Rand des Plakettenträgers – darzustellen.
   dd) Die verkürzte Fahrzeug-Identifizierungsnummer ist in der rechten unteren Ecke des Plakettenträgers senkrecht – beginnend 2 mm vom äußeren unteren Rand und links neben dem Kennzeichen – darzustellen.
   ee) Das herstellerspezifische Sicherheitsmerkmal ist in der linken unteren Ecke des Plakettenträgers so darzustellen, dass es in einer Vorbehaltsfläche von 4 x 4 mm auf den Schnittpunkten der Rechteckdiagonalen zu platzieren ist.

Fahrzeug-Zulassungsverordnung   Anlage 4a – FZV | 02

ff) Plakettenträger mit beispielhaftem Zerstörungsbild:

Abbildung 4: Plakettenträger mit Zerstörungsbild

b) Plakettenträger für die HU-Plakette
Die schematische Darstellung des HU-Plakettenträgers enthält die HU-Plakette nach Anlage IX der Straßenverkehrs-Zulassungs-Ordnung (zu § 29 Absatz 2, 3, 5 bis 8) und die auf dem Plakettenträger aufgebrachten Merkmale „Kennzeichen" und „verkürzte Fahrzeug-Identifizierungsnummer" und das herstellerspezifische Merkmal.
aa) Die Maße des HU-Plakettenträgers ergeben sich wie folgt:

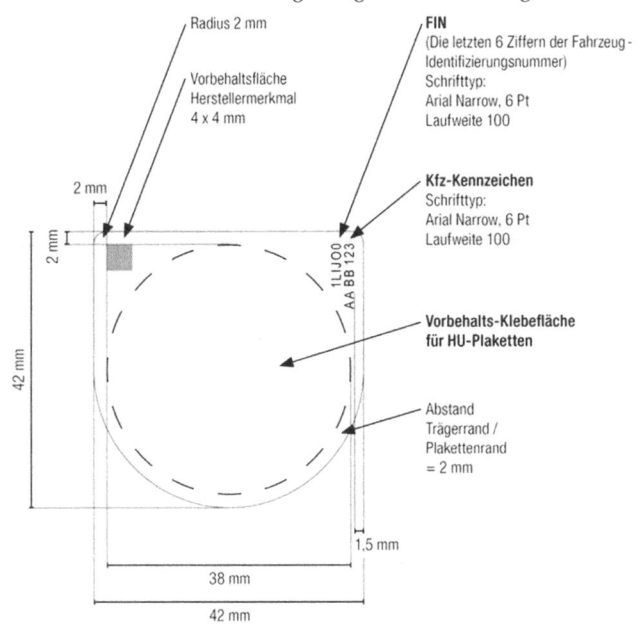

Abbildung 5: Bemaßung des HU-Plakettenträgers

bb) Das Kennzeichen ist in der rechten oberen Ecke des Plakettenträgers senkrecht – endend 2 mm vom äußeren oberen Rand und 1,5 mm vom äußeren rechten Rand des Plakettenträgers – darzustellen.

cc) Die verkürzte Fahrzeug-Identifizierungsnummer ist in der rechten oberen Ecke des Plakettenträgers senkrecht – endend 2 mm vom äußeren oberen Rand und links vom eingedruckten „Kennzeichen" nach Doppelbuchstabe bb vom äußeren rechten Rand des Plakettenträgers – darzustellen.

dd) Das herstellerspezifische Sicherheitsmerkmal ist in der linken oberen Ecke des Plakettenträgers so darzustellen, dass es in einer Vorbehaltsfläche von 4 x 4 mm auf den Schnittpunkten der Rechteckdiagonalen zu platzieren ist.

ee) Plakettenträger mit beispielhaftem Zerstörungsbild:

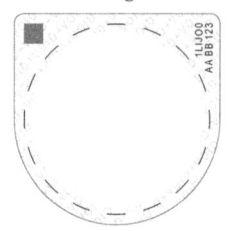

Abbildung 6: HU-Plakettenträger mit Zerstörungsbild

Anlage 5
(zu § 11 Absatz 1)

Zulassungsbescheinigung Teil I

Vorbemerkungen

1. Ausgestaltung der Zulassungsbescheinigung Teil I:
   Trägermaterial: Neobond (150 g/m²), Farbe weiß
   Format: Breite 210 mm, Höhe 105 mm, zweimal faltbar auf DIN A7, zweiseitig bedruckt.
   In das Trägermaterial eingearbeitet sind die folgenden fälschungserschwerenden Sicherheitsmerkmale:
   – Wasserzeichen (Motiv: „Stilisierter Adler" – gesetzlich geschützt für die Bundesdruckerei),
   – Melierfasern, teilweise fluoreszierend,
   – Planchetten, fluoreszierend,
   – Sicherheitsreagenzien als Schutz gegen chemische Rasurmanipulationen.

2. Sicherheitsmerkmale:
   Der Druck auf dem Trägermaterial weist folgende fälschungserschwerende Sicherheitsmerkmale auf:
   – mehrfarbiger Guillochenschutzunterdruck (zweistufig verarbeitet) mit Irisverlauf und integrierten Mikroschriften auf beiden Seiten,
   – Fluoreszenzaufdruck vorderseitig (Motiv: Bundesadler mit zweigeteilter Linienstruktur), unsichtbar (unter UV-Licht fluoreszierend),
   – Textfarbe dunkelgrün (unter UV-Licht grün fluoreszierend), Integration von Mikroschriftelementen im Formulartext,
   – optisch-variables Element in Form eines Kinegrams (Motiv: „Sonne 40" – gesetzlich geschützt für die Bundesdruckerei) auf der Rückseite des Dokuments einschließlich eines maschinell prüfbaren Merkmals; das Kinegramm wird durch die Vordrucknummerierung teilweise überdruckt. Die Vordrucknummerierung wird dunkelblau (unter UV-Licht gelb-grün fluoreszierend) aufgebracht,
   – fortlaufende Nummer auf der Vorderseite, die durch die Zulassungsbehörde bei der Ausstellung eingetragen wird, wobei die Einmaligkeit der Nummer sicherzustellen ist.

3. Objektsicherung und Fertigungskontrolle:
   Die Herstellung, die Lagerung und der Versand von Rohmaterialien und Vordrucken muss so erfolgen, dass ein Verlust oder ein unberechtigter Zugriff ausgeschlossen ist. Zu diesem Zweck müssen Papierhersteller, Druckereien und Verlage Systeme der Objektsicherung und Fertigungskontrolle unterhalten, die folgenden Anforderungen genügen müssen:
   a) Für die Räume, in denen die Vordrucke gelagert werden, ist ein erhöhter mechanischer Einbruchschutz vorzusehen. Die Widerstandszeitwerte für Mauerwerk, Türen und Fenster sind so zu wählen, dass auch beim Einsatz üblicher maschinenbewegter Werkzeuge ausreichend Zeit für ein polizeiliches Einschreiten bleibt. Es ist eine Einbruchmeldeanlage nach neuester Richtlinie vorzusehen sowie ein Zugangskontrollsystem mit Dokumentationseinrichtung. Die Entnahme und Einlagerung ist jeweils von zwei Beschäftigten zu quittieren. Durch organisatorische Maßnahmen ist sicherzustellen, dass nicht nur die von der Bundesdruckerei angelieferten Vordrucke, sondern außerhalb der Arbeitszeit auch alle Halb- und Zwischenerzeugnisse in diesem gesicherten Lager verwahrt werden.

b) Die Verarbeitung der Vordrucke in der Druckerei (Herstellung der Eindrucke, schneiden, zählen und verpacken) darf nur in Räumlichkeiten mit eingeschränkter Zugangsberechtigung erfolgen. Es ist ein Zugangskontrollsystem mit Dokumentationseinrichtung zu installieren.
c) Mit der Lagerung und Verarbeitung dürfen nur zuverlässige Personen betraut werden, die eine besondere Verpflichtungserklärung im sorgfältigen und kontrollierten Umgang mit den Vordrucken abgegeben haben.
d) Es ist ein Registrierungssystem einzurichten, das eine lückenlose Verfolgung und Verbleibskontrolle jedes einzelnen Vordrucks anhand der von der Bundesdruckerei angebrachten Nummerierung sicherstellt.
e) Der Versand der Vordrucke an die Zulassungsbehörden muss so erfolgen, dass jederzeit eine Verbleibsermittlung möglich ist und der Empfänger innerhalb der Zulassungsbehörde registriert wird.

Die Unternehmen geben eine Sicherheitserklärung ab, in der sie die Einhaltung der vorgenannten Anforderungen gegenüber dem Kraftfahrt-Bundesamt bestätigen. Das Kraftfahrt-Bundesamt ermächtigt nach Prüfung die Bundesdruckerei, diesen Unternehmen Vordrucke der Zulassungsbescheinigung Teil I zu liefern. Ein Widerruf erfolgt, wenn die Unternehmen gegen einzelne Sicherheitsbestimmungen verstoßen.

4. Markierung:
   a) Der Sicherheitscode nach § 11 Absatz 1 Satz 4 ist innerhalb der in der Abbildung der Zulassungsbescheinigung Teil I dargestellten Passmarken anzubringen und durch fälschungserschwerende Sicherheitsabdeckungen zu verbergen. Auf der Sicherheitsabdeckung soll folgender Hinweis stehen:
   „Nur zur Außerbetriebsetzung Abdeckung entfernen (Dokument nur unbeschädigt gültig)".
   b) Die Druckstücknummer ist nach Nummer 5 darzustellen.
   c) Schematische Abbildungen:
   Die Sicherheitsabdeckung muss gemäß nachfolgender Abbildung nach vorgegebenen Maßen und farblicher Darstellung gestaltet sein:
   aa) Format:
   aaa) Breite 30 mm, Höhe 20 mm, Eckradien 1 mm oder
   bbb) Breite von 35 mm, Höhe von 25 mm, Eckradien 1 mm.
   bb) Farbe:
   Mittiges Beschriftungsfeld silbergrau mit 4 mm umlaufendem, farbigem Rand (Verkehrsgrün, RAL 6024).
   cc) Zusätzlich muss ein herstellerspezifisches, unsichtbares Kennzeichen in der Nähe der Druckstücknummer angebracht werden. Die fälschungserschwerende Sicherheitsabdeckung soll gewährleisten, dass die Druckstücknummer und der 2D-Code im Beschriftungsfeld beim Freilegen oder einer Manipulation unwiderruflich zerstört werden. Durch das Entfernen der Abdeckung ist
   aaa) ein irreversibles 2-farbiges Farbmuster (Schraffur Verkehrsblau RAL 5017/ Verkehrsweiß RAL 9016, 45 Grad nach rechts geneigt, Strichstärke 1 mm) oder
   bbb) ein irreversibles 1-farbiges Farbmuster (Verkehrsgrün, RAL 6024)
   freigelegt und die Manipulation oder gewollte Öffnung erkennbar.

Fahrzeug-Zulassungsverordnung　　　　　　　　　　Anlage 5 – FZV | 02

Abbildung zur sichtbaren Markierung:

> Nur zur Außerbetriebssetzung
> Abdeckung entfernen
> (Dokument nur
> unbeschädigt gültig)
>
> T0000001

Abbildung zur Markierung mit Sicherheitscode nach Sichtbarmachung:

> Außer Betrieb gesetzt!
>
> 1e34z67

5. Druckstücknummer der Zulassungsbescheinigung Teil I:
   Die Druckstücknummer ist in maschinenlesbarer und unmittelbar lesbarer Form darzustellen. Der maschinenlesbaren Form genügt ein 2D-Code in Form des DataMatrix-Codes. Die Zusammensetzung der Druckstücknummer erfolgt entsprechend der Vorgaben aus Anlage 4a Nummer 1. Der 2D-Code hat eine Mindestgröße von 5 x 5 mm. Als Schriftart ist Arial-Bold mindestens 4 Punkt – schwarz – und für die Klarschriftnummer die Schriftart Arial-Bold mindestens 7 Punkt – schwarz – zu verwenden.

6. Sicherheitscode der Zulassungsbescheinigung Teil I:
   Der Sicherheitscode muss unmittelbar lesbar sein und ist zusätzlich in maschinenlesbarer Form darzustellen. Der maschinenlesbaren Form genügt ein 2D-Code in Form des DataMatrix-Codes und der Sicherheitscode darf weder aus der Druckstücknummer hervorgehen noch aus dieser ableitbar sein. Der Sicherheitscode der Zulassungsbescheinigung Teil I besteht aus sieben Zeichen. Im Übrigen erfolgt die Zusammensetzung des Sicherheitscodes entsprechend der Vorgaben aus Anlage 4a Nummer 2. Der 2D-Code hat eine Mindestgröße von 5 x 5 mm. Für die Klarschriftnummer ist die Schriftart Arial-Bold mindestens 8 Punkt – schwarz – zu verwenden, für die Schrift „Außer Betrieb gesetzt" Arial-Bold 5 Punkt – schwarz –. Der Sicherheitscode kann nicht durch Durchleuchten erkannt werden.

Fahrzeug-Zulassungsverordnung

Anlage 5 – FZV | 02

Zulassungsbescheinigung Teil I
(Fahrzeugschein)

Europäische Gemeinschaft (D) **Bundesrepublik Deutschland**

Свидетельство за регистрация - Част I / Permiso de circulación, Parte I / Osvědčení o registraci - Část I / Registreringsattest, Del I / Registrierbescheinigung, Teil I / Άδεια κυκλοφορίας/Πιστοποιητικό Εγγραφής, Μέρος I / Registration certificate, Part I / Certificat d'immatriculation, Partie I / Carta di circolazione, Parte I / Registrācijas apliecība, I. daļa / Registracijos liudijimas, I dalis / Forgalmi engedély, I. Rész / Ċertifikat ta' Reġistrazzjoni, L-I Parti / Kentekenbewijs, Deel I / Dowód Rejestracyjny, Część I / Certificado de matrícula, Parte I / Certificat de înmatriculare Partea I / Osvedčenie o evidencii, Časť I / Prometno dovoljenje, Del I / Rekisteröintitodistus, Osa I / Registreringsbevis, Del I

A Amtliches Kennzeichen

C.1.1 Name oder Firmenname

C.1.2 Vorname(n)

C.1.3 Anschrift

X Nächste HU
(Monat und Jahr):   I Datum:

C.4c Der Inhaber der Zulassungsbescheinigung wird nicht als Eigentümer des Fahrzeugs ausgewiesen.

141

(Raum für weitere amtlich zugelassene Eintragungen)

X Weitere HU:

Zur Beachtung!

Die Angaben müssen ständig den tatsächlichen Verhältnissen entsprechen. Änderungen sind der zuständigen Zulassungsbehörde nach Maßgabe der für die Fahrzeugzulassung geltenden Rechtsvorschriften anzuzeigen.

Bei Veräußerung des Fahrzeugs sind dem Erwerber gegen Empfangsbescheinigung die Zulassungsbescheinigung Teil I und Teil II auszuhändigen. Die Empfangsbescheinigung muss den Namen und die Anschrift des Erwerbers vollständig enthalten und ist vom Veräußerer unverzüglich der Zulassungsbehörde vorzulegen.

Unterlassung der vorgeschriebenen Meldepflichten (Abmeldung, Umschreibung bei Erwerb oder Umzug in einen anderen Zulassungsbezirk, Meldung anderer Veränderungen) kann durch Geldbußen geahndet werden.

Definition der Felder:

Feld	Bezeichnung
B	Datum der Erstzulassung des Fahrzeugs
D.1	Marke
D.2	Typ/Variante/Version
D.3	Handelsbezeichnung(en)
E	Fahrzeug-Identifizierungsnummer
F.1	Technisch zulässige Gesamtmasse in kg
F.2	Im Zulassungsmitgliedstaat zulässige Gesamtmasse in kg
G	Masse des in Betrieb befindlichen Fahrzeugs in kg (Leermasse)
H	Gültigkeitsdauer
I	Datum dieser Zulassung
J	Fahrzeugklasse
K	Nummer der EG-Typgenehmigung oder ABE
L	Anzahl der Achsen
O.1	Technisch zulässige Anhängelast gebremst in kg
O.2	Technisch zulässige Anhängelast ungebremst in kg
P.1	Hubraum in cm^3
P.2/P.4	Nennleistung in kW/Nenndrehzahl bei min^{-1}
P.3	Kraftstoffart oder Energiequelle
Q	Leistungsgewicht in kW/Kg (nur bei Krafträdern)
R	Farbe des Fahrzeugs
S.1	Sitzplätze einschließlich Fahrersitz
S.2	Stehplätze
T	Höchstgeschwindigkeit in km/h
U.1	Standgeräusch in dB (A)
U.2	Drehzahl in min^{-1} zu U.1
U.3	Fahrgeräusch in dB (A)
V.7	CO_2(in g/km) kombinierter Wert
V.9	Für die EG-Typgenehmigung maßgebliche Schadstoffklasse
(2.1)	Hersteller-Kurzbezeichnung
(2.2)	Code zu (2)
(3)	Prüfziffer zur Fahrzeug-Identifizierungsnummer
(4)	Art des Aufbaus
(5)	Bezeichnung der Fahrzeugklasse und des Aufbaus
(6)	Datum zu K
(7)	Technisch zulässige maximale Achslast/Masse je Achsgruppe in kg
	(7.1) Achse 1 bis (7.3) Achse 3
(8)	Zulässige maximale Achslast im Zulassungsmitgliedstaat in kg
	(8.1) Achse 1 bis (8.3) Achse 3
(9)	Anzahl der Antriebsachsen
(10)	Code zu P.3
(11)	Code zu R
(12)	Rauminhalt des Tanks bei Tankfahrzeugen in m^3
(13)	Stützlast in kg
(14)	Bezeichnung der nationalen Emissionsklasse
(14.1)	Code zu V.9 oder (14)
(15)	Bereifung
	(15.1) auf Achse 1 bis (15.3) auf Achse 3
(16)	Nummer der Zulassungsbescheinigung Teil II
(17)	Merkmal zur Betriebserlaubnis
(18)	Länge in mm
(19)	Breite in mm ohne Spiegel und Anbauteile
(20)	Höhe in mm
(21)	Sonstige Vermerke
(22)	Bemerkungen und Ausnahmen

Hinweis zu Feld (15.1) bis (15.3):
Andere als die angegebenen Bereifungen können im Rahmen der gültigen Typ- oder Einzelgenehmigung am Fahrzeug angebracht werden. Ein zusätzliches Gutachten über die Änderung oder Neuausstellung der Zulassungsbescheinigung Teil I ist hierfür nicht erforderlich.

ZB I

Unterschrift

Fahrzeug-Zulassungsverordnung Anlage 6 – FZV | 02

Anlage 6
(zu § 11 Absatz 4)

Zulassungsbescheinigung Teil I für Fahrzeuge der Bundeswehr

Vorbemerkungen
Format: Breite 210 mm, Höhe 8 1/3 Zoll (207 mm)
Es gelten die Nummern 1 und 2 der Vorbemerkungen der Anlage 5

143

02 | FZV – Anlage 6

Fahrzeug-Zulassungsverordnung

(Raum für weitere amtlich zugelassene Eintragungen)

Definition der Felder:

Feld	Bezeichnung
B	Datum der Erstzulassung des Fahrzeugs
D.1	Marke
D.2	Typ/Variante/Version
D.3	Handelsbezeichnung(en)
E	Fahrzeug-Identifizierungsnummer
F.1	Technisch zulässige Gesamtmasse in kg
F.2	Im Zulassungsmitgliedstaat zulässige Gesamtmasse in kg
G	Masse des in Betrieb befindlichen Fahrzeugs in kg (Leermasse)
H	Gültigkeitsdauer
I	Datum dieser Zulassung
J	Fahrzeugklasse
K	Nummer der EG-Typgenehmigung oder ABE
L	Anzahl der Achsen
O.1	Technisch zulässige Anhängelast gebremst in kg
O.2	Technisch zulässige Anhängelast ungebremst in kg
P.1	Hubraum in cm³
P.2/P.4	Nennleistung in kW/Nenndrehzahl bei min⁻¹
P.3	Kraftstoffart oder Energiequelle
Q	Leistungsgewicht in kW/kg (nur bei Krafträdern)
R	Farbe des Fahrzeugs
S.1	Sitzplätze einschließlich Fahrersitz
S.2	Stehplätze
T	Höchstgeschwindigkeit in km/h
U.1	Standgeräusch in dB (A)
U.2	Drehzahl in min⁻¹ zu U.1
U.3	Fahrgeräusch in dB (A)
V.7	CO₂ (in g/km) kombinierter Wert
V.9	Für die EG-Typgenehmigung maßgebliche Schadstoffklasse
(2)	Hersteller-Kurzbezeichnung
(2.1)	Code zu (2)
(2.2)	Code zu D.2 mit Prüfziffer
(3)	Prüfziffer zur Fahrzeug-Identifizierungsnummer
(4)	Art des Aufbaus
(5)	Bezeichnung der Fahrzeugklasse und des Aufbaus
(6)	Datum zu K
(7)	Technisch zulässige maximale Achslast/Masse je Achsgruppe in kg
	(7.1) Achse 1 bis (7.3) Achse 3
(8)	Zulässige maximale Achslast im Zulassungsmitgliedstaat in kg
	(8.1) Achse 1 bis (8.3) Achse 3
(9)	Anzahl der Antriebsachsen
(10)	Code zu P.3
(11)	Code zu H
(12)	Rauminhalt des Tanks bei Tankfahrzeugen in m³
(13)	Stützlast in kg
(14)	Bezeichnung der nationalen Emissionsklasse
(14.1)	Code zu V.9 oder (14)

Feld	Bezeichnung
(15)	Bereifung
(15.1)	auf Achse 1 bis (15.3) auf Achse 3
(16)	Nummer der Zulassungsbescheinigung Teil II
(17)	Merkmal zur Betriebserlaubnis
(18)	Länge in mm
(19)	Breite in mm ohne Spiegel und Anbauteile
(20)	Höhe in mm
(21)	Sonstige Vermerke
(22)	Bemerkungen und Ausnahmen
(90)	Mustergutachten Bw
(91)	Versorgungsnummer Fahrzeug
(92)	Nutzlast in kg
(93)	Besonders zugelassene Plätze
(94)	Einsatzmasse in kg
(95)	Zweileitungsbremse in bar
(96)	Anhängekupplung DIN 740.. – Form und Größe
(97)	Anhängekupplung Prüfzeichen
(98)	Versorgungsnummer des Rüstsatzes
(99)	zulässige Zuggesamtmasse in kg

Hinweis zu Feld (15.1) bis (15.3):
Andere als die angegebenen Bereifungen können im Rahmen der gültigen Typ- oder Einzelgenehmigung am Fahrzeug angebracht werden. Ein zusätzliches Gutachten und die Änderung der Neuausstellung der Zulassungsbescheinigung Teil I ist hierfür nicht erforderlich.

H [Datum]

☐ Außerbetriebsetzung

Zentrale Militärkraftfahrtstelle

i.A. Unterschrift

ZBI 000000000

Zulassungsrechtliche Veränderungsmeldung für das umseitig beschriebene Fahrzeug

Dienststelle (Postanschrift)	Veränderungsgründe gemäß ZDv 43/2, Kapitel 2	Anmerkungen
	Lieferung aus dem Depotbestand	
	Rücklieferung in den Depotbestand	
	Rückführung aus der Haupt-/Depotinstandsetzung	
Dienststellennummer mit Prüfziffer	Materialausgleich/Versetzung	
	Kommandierung/Leihabgabe	
	Aufhebung der Kommandierung/Leihabgabe	
	Verlegung und/oder Umbenennung der Dienststelle	
An Zentrale Militärkraftfahrtstelle Hardter Straße 9 41179 Mönchengladbach	Stilllegung wegen Langzeitlagerung	
	Reaktivierung nach Langzeitlagerung	
	Stilllegung wegen Nutzung als Ausbildungsgerät	
Nebenstehend angekreuzte Veränderung(en) wird (werden) gemeldet.	Reaktivierung nach der Nutzung als Ausbildungsgerät	
Datum der Meldung Datum der Veränderung	Aussonderung/Abgabe aus dem Bereich der Bundeswehr	Bearbeitungsvermerke der ZMK
	Technische Änderung (zusätzliche Angaben unter „Anmerkungen")	
Unterschrift, Name, Dienstgrad, Dienststellung	Sonstiges (zusätzl. Angaben unter „Anmerkungen")	

144

Fahrzeug-Zulassungsverordnung Anlage 7 – FZV | 02

Anlage 7
(zu § 12 Absatz 2)

Zulassungsbescheinigung Teil II

Vorbemerkungen
1. Ausgestaltung der Zulassungsbescheinigung Teil II
   Trägermaterial: Neobond (150 g/m²), Farbe weiß
   Format: Breite 210 mm, Höhe 12 Zoll (304,8 mm), einseitig bedruckt
   In das Trägermaterial eingearbeitet sind die folgenden fälschungserschwerenden Sicherheitsmerkmale:
   – Wasserzeichen (Motiv: „Stilisierter Adler" – gesetzlich geschützt für die Bundesdruckerei),
   – Melierfasern, teilweise fluoreszierend,
   – Planchetten, fluoreszierend,
   – Sicherheitsreagenzien als Schutz gegen chemische Rasurmanipulationen.

2. Sicherheitsmerkmale:
   Der Druck auf dem Trägermaterial weist folgende fälschungserschwerende Sicherheitsmerkmale auf:
   – mehrfarbiger Guillochenschutzunterdruck (zweifarbig verarbeitet) mit Irisverlauf und integrierten Mikroschriften auf der Vorderseite,
   – Rückseite einfarbig eingefärbt,
   – Fluoreszenzaufdruck vorderseitig (Motiv: Bundesadler mit zweigeteilter Linienstruktur), unsichtbar (unter UV-Licht fluoreszierend),
   – Textfarbe dunkelgrün (unter UV-Licht grün fluoreszierend), Integration von Mikroschriftelementen im Formulartext,
   – Vordrucknummerierung dunkelblau (unter UV-Licht gelb-grün fluoreszierend).

ab 01.01.2018 werden die folgenden Punkte 3 und 4 angefügt:
3. *Markierung*
   a) *Die sichtbare Markierung stellt eine fälschungserschwerende Sicherheitsabdeckung des darunterliegenden Sicherheitscodes der Zulassungsbescheinigung Teil II und des Hinweises „Dokument nicht mehr gültig" dar. Die Sicherheitsabdeckung wird auf die Zulassungsbescheinigung Teil II in dem freien Feld unter dem Feld „Datum (I)" angebracht. Rechts daneben wird folgender Hinweis vorgedruckt: „Nur zur Nutzung des Sicherheitscodes in internetbasierten Zulassungsverfahren freilegen. Dokument nur unbeschädigt gültig." Für die Schrift „Dokument nicht mehr gültig" ist die Schriftart Arial-Bold, mindestens 7 Punkt – schwarz – zu verwenden.*
   b) *Schematische Abbildungen:*
      Die sichtbare Markierung muss gemäß nachfolgender Abbildung nach vorgegebenen Maßen und farblicher Darstellung gestaltet sein:
      aa) *Format:*
          Breite 37 mm, Höhe 28 mm, Eckradien 1 mm.
      bb) *Farbe:*
          Umlaufender farbiger Rand (Verkehrsgrün, RAL 6024), 3 mm (links, rechts) bzw. 4 mm (oben, unten).
      cc) *Zusätzlich muss ein herstellerspezifisches Sicherheitsmerkmal mit sichtbaren und unsichtbaren Elementen angebracht werden. Die fälschungserschwerende Sicherheitsabdeckung muss so beschaffen sein, dass sie beim Freilegen oder bei einer Manipulation unwiderruflich zerstört wird. Bei Versuchen, die komplette Markierung vom Dokument zu*

entfernen, wird ein irreversibles einfarbiges Farbmuster, 45 Grad Winkelung, Strichstärke 2 mm (Verkehrsgrün, RAL 6024) freigelegt und die Manipulation erkennbar.

Abbildung der sichtbaren Markierung:*

Abbildung der freigelegten Markierung mit Sicherheitscode der Zulassungsbescheinigung Teil II:*

Abbildung der manipulierten Markierung:*

* *Die Markierung wird auf der Zulassungsbescheinigung Teil II um 90 Grad gedreht angebracht.*

4. Sicherheitscode der Zulassungsbescheinigung Teil II:
Der Sicherheitscode muss unmittelbar lesbar sein und ist zusätzlich in maschinenlesbarer Form darzustellen. Der maschinenlesbaren Form genügt ein 2D-Code in Form des DataMatrix-Codes. Der Sicherheitscode der Zulassungsbescheinigung Teil II besteht aus zwölf alphanumerischen Zeichen. Verwendung finden als Zeichen Groß- und Kleinbuchstaben des deutschen Alphabets von A bis Z, ohne Umlaute und Sonderzeichen, sowie Ziffern von 0 bis 9. Das erste Zeichen ermöglicht die Unterscheidung der jeweiligen Funktion der Nachweisnummer. Die Zeichen zwei bis elf sind unter Ausschöpfung aller Kombinationen zufällig zu verteilen. Das zwölfte Zeichen ist eine Prüfziffer, berechnet aus den Zeichen eins bis elf. Die Berechnung der Prüfziffer erfolgt nach dem Modulus-11-Verfahren. Der 2D-Code hat eine Mindestgröße von 5 x 5 mm. Für die Klarschriftnummer ist die Schriftart OCR-B mindestens 8 Punkt – schwarz – zu verwenden. Der Sicherheitscode darf nicht bei vorder- oder rückseitiger Durchleuchtung erkannt werden.

Fahrzeug-Zulassungsverordnung   Anlage 7 – FZV | 02

Fassung bis 31.12.2017:

Europäische Gemeinschaft
Bundesrepublik Deutschland   (D)
Zulassungsbescheinigung Teil II
(Fahrzeugbrief)

Свидетелство за регистрация – Част II / Permiso de circulación. Parte II / Osvědčení o registraci – Část II / Registreringsattest. Del II / Regitreerimistunnistus. Osa II / Άδεια κυκλοφορίας Πιστοποιητικό Εγγραφής, Μέρος II / Registration certificate. Part II / Certificat d'immatriculation. Partie II / Prometna dozvola II / Carta di circolazione. Parte II / Reģistrācijas apliecība. II. daļa / Registracijos liudijimas. II dalis / Forgalmi engedély. II. Rész / Certifikat ta' Reġistrazzjoni. It-II Parti / Kentekenbewijs. Deel II / Dowód Rejestracyjny. Część II / Certificado de matrícula. Parte II / Certificat de înmatriculare Partea II / Osvedčenie o evidencii. Časť II / Prometno dovoljenje. Del II / Rekisteröintitodistus. Osa II / Registreringsbeviset. Del II

Diese Bescheinigung n i c h t im Fahrzeug aufbewahren!

A	Amtliches Kennzeichen			
B	Datum der Erstzulassung des Fahrzeugs	(1) Anzahl der Vorhalter		(1) Anzahl der Vorhalter
C.3.1 / C.6.1	Name oder Firmenname			
C.3.2 / C.6.2	Vorname(n)			
C.3.3 / C.6.3	Anschrift zum Zeitpunkt der Ausstellung der Bescheinigung			
C.4c	Der Inhaber der Zulassungsbescheinigung wird nicht als Eigentümer des Fahrzeugs ausgewiesen.			
I	Datum		I	Datum

[Vollständige Bezeichnung und Sitz der Zulassungsbehörde]   *[Vollständige Bezeichnung und Sitz der Zulassungsbehörde]*

AA000000
(Nummer der Zulassungsbescheinigung)   (Fahrzeug-Identifizierungsnummer als Barcode)

D.1	Marke				
	Typ				(23) Raum für interne Vermerke des Herstellers
D.2	Variante				
	Version				
D.3	Handelsbezeichnung(en)				
(2)	Hersteller-Kurzbezeichnung				
(2.1)	Code zu (2)	(2.2)	Code zu D.2 mit Präfix		
E	Fahrzeug-Identifizierungsnummer			(3)	Prüfziffer zur Fahrzeug-Identifizierungsnr.
J	Fahrzeugklasse	(4)	Art des Aufbaus		
(5)	Bezeichnung der Fahrzeugklasse und des Aufbaus				(24) Diese Bescheinigung wurde für das nebenstehend beschriebene Fahrzeug ausgegeben durch (Zulassungsbehörde bzw. Genehmigungsinhaber):
R	Farbe des Fahrzeugs			(11) Code zu R	
P.1	Hubraum in cm³	P.2 Nennleistung in kW P.4 Nenndrehzahl bei min⁻¹			
P.3	Kraftstoffart oder Energiequelle		(10) Code zu P.3	Datum:	
K	Nummer der EG-Typ-genehmigung oder ABE	(6)	Datum zu K	Unterschrift:	
(17)	Merkmal zur Betriebserlaubnis				
(25)	Zusätzliche Vermerke der Zulassungsbehörde:				

02 | FZV – Anlage 7   Fahrzeug-Zulassungsverordnung

Fassung ab 01.01.2018:
Abbildung der Zulassungsbescheinigung Teil II mit sichtbarer Markierung

Fahrzeug-Zulassungsverordnung Anlage 7 – FZV | 02

Abbildung der Zulassungsbescheinigung Teil II mit freigelegter Markierung

Anlage 8
(zu § 15)

Verwertungsnachweis

Abschnitt 1
Vorbemerkungen zur Herstellung des Vordrucks „Verwertungsnachweis"

1. Allgemeines
   Der Verwertungsnachweis besteht aus einem Satz mit vier Ausfertigungen (Blättern).
   Jedes Blatt besteht aus zwei Seiten.
   Die erste Ausfertigung (Blatt 1) der Seiten 1 bis 2 des Vordrucks enthält in der Kopfzeile folgende Bezeichnung: „Diese Ausfertigung (rosa) ist für den Fahrzeughalter/-eigentümer bestimmt."
   Blatt 2 enthält entsprechend folgende Bezeichnung: „Diese Ausfertigung (altgold) ist für den Demontagebetrieb bestimmt. "
   Blatt 3 enthält entsprechend folgende Bezeichnung: „Diese Ausfertigung (blau) ist für die Schredderanlage bestimmt. "
   Blatt 4 enthält entsprechend folgende Bezeichnung: „Diese Ausfertigung (weiß) ist für die Annahme-/Rücknahmestelle bestimmt. "

2. Format
   Ein Muster des Vordrucks ist in Abschnitt 2 verkleinert wiedergegeben. Zur ordnungsgemäßen Verwendung ist der Vordruck im Verhältnis 84:100 zu vergrößern. Das Format DIN A4 ist durch gestrichelte Linien kenntlich gemacht.

3. Passergenauigkeit
   Sämtliche Blätter sind mit einem Passer für computergestützte Ausfüll- und Lesevorgänge zu versehen. Zwischen dem oberen Papierrand und der oberen Begrenzung des Passers ist ein zweifacher 1/6-Zoll-Abstand zu wählen. Zwischen dem linken Papierrand und der seitlichen Begrenzung des Passers beträgt der Abstand 8/10 Zoll.
   Der senkrechte Abstand zwischen der Passermarke und den Eintragungsfeldern ist in der Maßeinheit 1/6 Zoll (2/6 Zoll durchgängige Zeilenschaltung) auszuführen. In der Waagerechten ist der Abstand zwischen der Passermarke und dem Beginn der Eintragungsfelder in der Maßeinheit 1/10 Zoll (Bewegungsschrift) auszuführen. Die Kämme sind auf 2/10 Zoll auszurichten, damit auch eine handschriftliche Eintragung gewährleistet ist.

4. Maschinenlesbarkeit
   Der Vordruck ist maschinenlesbar zu gestalten. Die folgenden Gestaltungsempfehlungen sind zu beachten, wenn Vordrucke als allgemeines Schriftgut zur optischen Belegerfassung vorgesehen sind. Sie finden mit Ausnahme der Nummer 4.2 Satz 2 und 3 keine Anwendung, wenn der Verwertungsnachweis mit Ausnahme von Unterschrift und Stempel vollständig computergestützt erstellt wird.

4.1 Farben
   Bei Vordrucken zur optischen Belegerfassung muss sich der Aufdruck (Text, Linien, Raster) farblich vom Ausfülltext unterscheiden. Ziffern, Zahlen, Nummern und der Passer sollten bei maschinenlesbaren Vordrucken in Blindfarbe gedruckt sein. Bis auf die Ausfertigung „weiß" sind deshalb die Blätter in der unten angegebenen Blindfarbe zu drucken (RAL-Werte nach Euro-Skala):

Fahrzeug-Zulassungsverordnung

Blatt 1 (Ausfertigung für den Halter)	rosa	100 % Yellow und 85 % Magenta
Blatt 2 (Ausfertigung für den Demontagebetrieb)	altgold	100 % Yellow und 45 % Magenta
Blatt 3 (Ausfertigung für die Schredderanlage)	blau	55 % Magenta und 100 % Cyan
Blatt 4 (Ausfertigung für die Annahme-/Rücknahmestelle)	weiß.	

4.2 Schriften
Beim handschriftlichen Ausfüllen sollten neben den Ziffern nur Großbuchstaben verwendet werden. Für Schreibmaschinen- und Druckschrift sind mindestens Schrifthöhen mit einer Versalhöhe von ca. 2,1 mm bis 3,2 mm, für Handblockschrift von ca. 5 mm einzuhalten. Alle Schriften, außer Kursiv- und Serifenschriften, sind geeignet für die optische Zeichenerkennung. Die Begrenzungslinien für Eintragungsfelder, Linien, Schriften und die Rasterflächen sind in den oben genannten Farben als sogenannte Blindfarbe ohne Verunreinigungen auszuführen. Die Rasterflächen dürfen 60 % vom Volltonwert nicht überschreiten. Die maschinell zu lesenden Bereiche müssen weiß sein.

5. Leimung
Wird eine Verleimung der Vordrucksätze vorgenommen, so hat diese am Kopf zu erfolgen. Trennleisten mit Mikroperforation sind zulässig.

6. Papierqualität
Die jeweiligen Oberblätter (Blatt 1) sind auf Papier zu drucken mit einem Gewicht von 80 g/m². Die jeweiligen Mittelblätter (Blätter 2 und 3) sind auf einem Papier mit 53 g/m² zu drucken. Die jeweiligen Unterblätter (Blatt 4) sind auf Papier mit 80 g/m² zu drucken.

Abschnitt 2
Muster

Passer für EDV   Seite ① von ②   Verwertungsnachweis (VN)

Verwertungsnachweis

Auszufüllen vom Demontagebetrieb
Datum

Betriebsnummer [1]   Kfz-Kennzeichen   lfd. Nr.

Blatt 1:
Diese Ausfertigung (rosa) ist für den Fahrzeughalter/-eigentümer bestimmt.   Zutreffendes bitte ankreuzen ☒ oder ausfüllen!

1	Angaben zum Fahrzeughalter/-eigentümer	Auszufüllen v. Annahme-/Rücknahmestelle bzw. Demontagebetrieb

1.1 Name, Vorname, Geburtsdatum / Firma / Körperschaft

1.2 Straße   Hausnr.

1.3 PLZ   Ort

1.4 Staatsangehörigkeit

1.5 Angaben zum Fahrzeughalter/-eigentümer ganz oder teilweise nicht verfügbar ☐

2	Angaben zum Fahrzeug	Auszufüllen v. Annahme-/Rücknahmestelle bzw. Demontagebetrieb

2.1 Fahrzeugklasse   Fahrzeugmarke   Fahrzeugmodell

2.2 Fahrzeug-Ident.-Nr.   letztes amtliches Kennzeichen

2.3 Tag der ersten Zulassung   Fahrzeugleergewicht gemäß § 2 Abs. 1 Nr. 23 AltfahrzeugV   Unterscheidungszeichen

2.4 Angaben zum Fahrzeug ganz oder teilweise nicht verfügbar ☐

3	Angaben zur Annahme-/Rücknahmestelle	Angaben entfallen, wenn das Fahrzeug unmittelbar bei einem Demontagebetrieb abgegeben wird.	Auszufüllen v. Annahme-/Rücknahmestelle

3.1 Name

3.2 Straße   Hausnr.

3.3 PLZ   Ort

3.4 Telefon   Fax

3.5 Anerkannt von: Name

3.6 Straße   Hausnr.

3.7 PLZ   Ort

3.8 Telefon   Fax

3.9 Datum der letztmaligen Bescheinigung   Ablaufdatum der Bescheinigung

3.10 Zeigt die Annahme-/Rücknahmestelle der Zulassungsbehörde an, dass das Fahrzeug endgültig aus dem Verkehr gezogen wird?

☐ ja   ☐ nein

Erfolgt die Anzeige durch die Annahme-/Rücknahmestelle, verpflichtet sich der Unterzeichner, dies innerhalb einer Woche durchzuführen und den Verwertungsnachweis danach unverzüglich dem Fahrzeughalter/-eigentümer zu übersenden.

Ort, Datum   Stempel, Unterschrift

[1] von der zuständigen Behörde erteilte Nummer gemäß § 28 der Nachweisverordnung

Wenn handschriftlich ausgefüllt wird, neben Ziffern bitte nur Großbuchstaben verwenden!

BARCODEFELD 75 x 15 mm

Fahrzeug-Zulassungsverordnung   Anlage 8 – FZV | 02

☐ Passer für EDV   Seite ②von②   Verwertungsnachweis (VN)

Verwertungsnachweis   Auszufüllen vom Demontagebetrieb
                               Datum   lfd. Nr.

                               Betriebsnummer [1]   Kfz-Kennzeichen

Blatt 1:
Diese Ausfertigung (rosa) ist für den Fahrzeughalter/-eigentümer bestimmt.   Zutreffendes bitte ankreuzen ☒ oder ausfüllen!

| 4 | Angaben zum Demontagebetrieb | Auszufüllen vom Demontagebetrieb |

4.1 Name

4.2 Straße   Hausnr.

4.3 Land [2]   PLZ   Ort

4.4 Telefon   Fax

4.5 Anerkannt durch Sachverständigen: Name

4.6 Straße   Hausnr.

4.7 Land [2]   PLZ   Ort

4.8 Telefon   Fax

4.9 Datum der letztmaligen Bescheinigung   Ablaufdatum der Bescheinigung

4.10 Für den Demontagebetrieb zuständige Genehmigungsbehörde

4.11 Straße   Hausnr.

4.12 PLZ   Ort

4.13 Zeigt der Demontagebetrieb der Zulassungsbehörde an, dass das Fahrzeug endgültig aus dem Verkehr gezogen wird?

☐ ja   ☐ nein

Erfolgt die Anzeige durch den Demontagebetrieb, verpflichtet sich der Unterzeichner, dies innerhalb einer Woche durchzuführen und den Verwertungsnachweis danach unverzüglich dem Fahrzeughalter/-eigentümer zu übersenden.

Ort, Datum   Stempel, Unterschrift

| 5 | Angaben zum Verbleib des Fahrzeugs | Auszufüllen vom Letzthalter |

Ich bestätige, das Kraftfahrzeug dem o. a. Betrieb nach § 4 Abs. 1 AltfahrzeugV überlassen zu haben.

Ort, Datum   Stempel, Unterschrift

| 6 | Vorlage des Verwertungsnachweises | Auszufüllen von Zulassungsbehörde |

6.1 Der Nachweis wurde vorgelegt vom/von:

☐ Fahrzeughalter   ☐ Fahrzeugeigentümer   ☐ Annahme-/Rücknahmestelle   ☐ Demontagebetrieb

6.2 Die Angaben zum Fahrzeug und Fahrzeughalter/-eigentümer treffen zu/treffen nicht zu.

Ort, Datum   Stempel, Unterschrift

[1] von der zuständigen Behörde erteilte Nummer gemäß § 28 der Nachweisverordnung

[2] Unterscheidungszeichen im internationalen Kfz-Verkehr, z.B. NL, F, B, A

Wenn handschriftlich ausgefüllt wird, neben Ziffern bitte nur Großbuchstaben verwenden!

BARCODEFELD 75 x 15 mm

Anlage 8a
(zu § 15c Absatz 4)

Verifizierung der Prüfziffer

Die Verifizierung der Prüfziffer des Untersuchungsberichts oder Prüfprotokolls für den Nachweis einer Hauptuntersuchung oder Sicherheitsprüfung nach § 29 der Straßenverkehrs-Zulassungs-Ordnung in internetbasierten Zulassungsverfahren nach § 15c Absatz 1 Satz 1 Nummer 2 erfolgt durch das Portal der Zulassungsbehörde in folgender Art und Weise:

1. Im Portal ist ein Datensatz zu erzeugen, in dem die in § 15c Absatz 4 Satz 1 Nummer 2 bis 4 genannten Daten zusammengefasst und folgende Daten automatisiert hinzugefügt werden:
    a) Antragsnummer, die aus der statistischen Kennziffer der Zulassungsbehörde einschließlich ihrer Zusatzziffer und dem Antragsdatum generiert wird,
    b) Fahrzeug-Identifizierungsnummer,
    c) Monat und Jahr der Erstzulassung,
    d) Zuteilung der Prüfplakette nach einer Hauptuntersuchung oder Prüfmarke nach einer Sicherheitsprüfung,
    e) Schlüsselnummer der Technischen Prüfstelle, der anerkannten Überwachungsorganisation oder der mit der Datenübermittlung beauftragten Gemeinschaftseinrichtung der anerkannten Kraftfahrzeugwerkstätten.

2. Aus dem nach Nummer 1 erzeugten Datensatz wird durch das Kraftfahrt-Bundesamt eine Prüfziffer nach dem Verfahren des § 15c Absatz 3 errechnet.

3. Die nach Nummer 2 errechnete Prüfziffer wird mit der nach § 15c Absatz 4 Satz 1 Nummer 1 übermittelten Prüfziffer abgeglichen. Stimmen beide Prüfziffern vollständig überein, gilt der vorgeschriebene Nachweis als erbracht.

Anlage 8b
(zu § 15e Absatz 3)

Verifizierung und Verarbeitung der Daten für die internetbasierte Wiederzulassung

1. Das reservierte Kennzeichen, die Fahrzeug-Identifizierungsnummer und der Sicherheitscode nach § 15b Absatz 4 Satz 1 Nummer 2 werden mit den im Zentralen Fahrzeugregister gespeicherten Daten abgeglichen. Die zuständige Zulassungsbehörde wird festgestellt und die in § 30 und § 32 genannten Daten werden dem Portal aus dem Zentralen Fahrzeugregister übermittelt.
2. Die nach § 15e Absatz 2 und § 15b Absatz 3 in das Portal eingegebenen Daten werden mit den nach Nummer 1 übermittelten Daten aus dem Zentralen Fahrzeugregister abgeglichen.
3. Die Nummer der elektronischen Versicherungsbestätigung wird mit der von der Gemeinschaftseinrichtung der Versicherer betriebenen Datenbank abgeglichen und von dort werden die Daten nach § 23 Absatz 2 an das Portal übermittelt.
4. Die Daten für die Erteilung des SEPA-Lastschrift-Mandats zum Einzug der Kraftfahrzeugsteuer werden über das Verfahren der für die Ausübung der Verwaltung der Kraftfahrzeugsteuer zuständigen Behörde verifiziert.
5. Das Portal erzeugt den für den Einzug der Kraftfahrzeugsteuer erforderlichen Datensatz. Der antragstellenden Person wird durch das Portal die Möglichkeit gegeben, eine Bestätigung über die Erteilung des SEPA-Lastschrift-Mandats zu erstellen und diese zu speichern oder auszudrucken.
6. Für den Nachweis des Ablaufs der Frist für die nächste Hauptuntersuchung und Sicherheitsprüfung nach § 29 der Straßenverkehrs-Zulassungs-Ordnung gilt § 15c.
7. Mit den Daten über die antragstellende Person nach § 15b Absatz 3 wird vom Portal eine automatisierte Abfrage bei der für die Ausübung der Verwaltung der Kraftfahrzeugsteuer zuständigen Behörde über Kraftfahrzeugsteuerrückstände im Sinne von § 13 Absatz 2 des Kraftfahrzeugsteuergesetzes durchgeführt.
8. Mit den Daten über die antragstellende Person nach § 15b Absatz 3 kann vom Portal eine automatisierte Abfrage bei der Datenbank, die die nach Landesrecht zuständige Behörde über Rückstände aus Gebühren oder Auslagen aus vorangegangenen Zulassungsvorgängen führt, durchgeführt werden, soweit dies landesrechtlich im Rahmen des § 6a Absatz 8 des Straßenverkehrsgesetzes vorgesehen ist.

Die verifizierten und erstellten Daten werden den Antragsdaten im Portal hinzugefügt.

Anlage 9
(zu § 16 Absatz 2 Satz 1)

Fahrzeugscheinheft für Fahrzeuge mit rotem Kennzeichen

Breite 74 mm, Höhe 105 mm, Farbe hellrot, schwarzer Druck (Typendruck). Mehrseitig, auf Seite 3 und den folgenden Seiten derselbe Vordruck wie auf Seite 2. Mit Ausnahme von Seite 1 darf jede Seite Angaben über nur ein Fahrzeug enthalten. Geringfügige Abweichungen vom vorgeschriebenen Muster sind zulässig, insbesondere können zusätzliche Hinweise zur Verwendung aufgedruckt werden.

Seite 1

Fahrzeugscheinheft
für Fahrzeuge mit rotem Kennzeichen

gültig vom   bis
....
....

Das vorstehende rote Kennzeichen ist

Vorname, Name, Firma

Postleitzahl, Wohnort/Firmensitz, Straße und Hausnummer

für die nachfolgend beschriebenen Fahrzeuge zu Prüfungs-, Probe- und Überführungsfahrten zugeteilt worden.
Dieses Heft gilt nur, wenn die nachfolgende Beschreibung für das jeweilige Fahrzeug vom Inhaber in dauerhafter Schrift ausgefüllt und unterschrieben ist.

Ort, Datum

Name der Zulassungsbehörde

Unterschrift

Seite 2

1	Fahrzeugklasse und Art des Aufbaus
2	Hersteller-Kurzbezeichnung (Marke)
3	Fahrzeug-Identifizierungsnummer
4	Hubraum in cm³ Nennleistung in kW Leermasse in kg (nur bei Krafträdern)
5	Datum der Erstzulassung des Fahrzeugs (soweit nicht bekannt Baujahr)
6	Zulässige Gesamtmasse in kg
7	Zulässige max. Achslast in kg Achse 1 Achse 4 Achse 2 Achse 5 Achse 3
8	Höchstgeschwindigkeit in km/h

Ort, Datum

Unterschrift des Inhabers und Bestätigung der Vorschriftsmäßigkeit des Fahrzeugs

Fahrzeug-Zulassungsverordnung Anlage 10 – FZV | 02

Anlage 10
(§ 16a Absatz 5 Satz 1)

Fahrzeugschein für Fahrzeuge mit Kurzzeitkennzeichen

Für die Ausgestaltung, die Sicherheitsmerkmale, die Objektsicherung und die Fertigungskontrolle ist Anlage 5 Nummern 1 bis 3 entsprechend anzuwenden.

Vorderseite

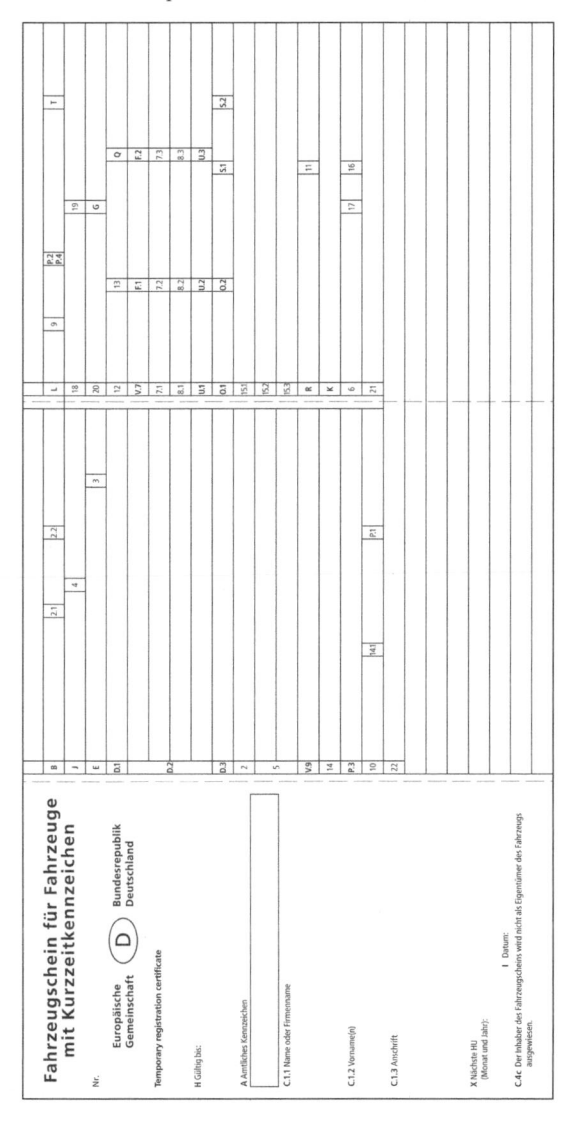

Rückseite

(Raum für weitere amtlich zugelassene Eintragungen)

X Weitere HU:

Unterschrift

Zur Beachtung!
Die Angaben müssen ständig den tatsächlichen Verhältnissen entsprechen. Änderungen sind der zuständigen Zulassungsbehörde nach Maßgabe der für die Fahrzeugzulassung geltenden Rechtsvorschriften anzuzeigen.

Definition der Felder:

Feld	Bezeichnung
B	Datum der Erstzulassung des Fahrzeugs
D.1	Marke
D.2	Typ/Variante/Version
D.3	Handelsbezeichnung(en)
E	Fahrzeug-Identifizierungsnummer
F.1	Technisch zulässige Gesamtmasse in kg
F.2	Im Zulassungsmitgliedstaat zulässige Gesamtmasse in kg
G	Masse des in Betrieb befindlichen Fahrzeugs in kg (Leermasse)
H	Gültigkeitsdauer
I	Datum dieser Zulassung
J	Fahrzeugklasse
K	Nummer der EG-Typgenehmigung oder ABE
L	Anzahl der Achsen
O.1	Technisch zulässige Anhängelast gebremst in kg
O.2	Technisch zulässige Anhängelast ungebremst in kg
P.1	Hubraum in cm^3
P.2/P.4	Nennleistung in kW/Nenndrehzahl bei min^{-1}
P.3	Kraftstoffart oder Energiequelle
Q	Leistungsgewicht in kW/kg (nur bei Krafträdern)
R	Farbe des Fahrzeugs
S.1	Sitzplätze einschließlich Fahrersitz
S.2	Stehplätze
T	Höchstgeschwindigkeit in km/h
U.1	Standgeräusch in dB (A)
U.2	Drehzahl in min^{-1} zu U.1
U.3	Fahrgeräusch in dB (A)
V.7	CO_2 (in g/km) kombinierter Wert
V.9	Für die EG-Typgenehmigung maßgebliche Schadstoffklasse
(2)	Hersteller-Kurzbezeichnung
(2.1)	Code zu (2)
(2.2)	Code zu D.2 mit Prüfziffer
(3)	Prüfziffer zur Fahrzeug-Identifizierungsnummer
(4)	Art des Aufbaus
(5)	Bezeichnung der Fahrzeugklasse und des Aufbaus
(6)	Datum zu K
(7)	Technisch zulässige maximale Achslast/Masse je Achsgruppe in kg
(8)	(7.1) Achse 1 bis (7.3) Achse 3 Zulässige maximale Achslast im Zulassungsmitgliedstaat in kg
(9)	(8.1) Achse 1 bis (8.3) Achse 3 Anzahl der Antriebsachsen
(10)	Code zu P.3
(11)	Code zu R
(12)	Rauminhalt des Tanks bei Tankfahrzeugen in m^3
(13)	Stützlast in kg
(14)	Bezeichnung der nationalen Emissionsklasse
(14.1)	Code zu V.9 oder (14)
(15)	Bereifung (15.1) auf Achse 1 bis (15.3) auf Achse 3
(16)	Nummer der Zulassungsbescheinigung Teil II
(17)	Merkmal zur Betriebserlaubnis
(18)	Länge in mm
(19)	Breite in mm ohne Spiegel und Anbauteile
(20)	Höhe in mm
(21)	Sonstige Vermerke
(22)	Bemerkungen und Ausnahmen

Hinweis zu Feld (15.1) bis (15.3):
Andere als die angegebenen Bereifungen können im Rahmen der gültigen Typ- oder Einzelgenehmigung am Fahrzeug angebracht werden. Ein zusätzliches Gutachten und die Änderung oder Neuausstellung des Fahrzeugscheins ist hierfür nicht erforderlich.

BUNDESDRUCKEREI 2016

Anlage 10a
(zu § 17 Absatz 2 Satz 1)

Fahrzeugscheinheft für Oldtimerfahrzeuge mit roten Kennzeichen

Seite 1

Fahrzeugscheinheft
für Oldtimerfahrzeuge mit roten Kennzeichen nach
§ 17 FZV

Das vorstehende Kennzeichen ist

Vorname, Name, Firma

Straße und Hausnummer

Postleitzahl, Wohnort/Firmensitz

für die in der Auflistung beschriebenen ___ Fahrzeuge zu den in den nachfolgenden Hinweisen genannten Zwecken zugeteilt worden.

Ort, Datum

Name der Zulassungsbehörde

Unterschrift

Seiten 2 ff.

lfd Nr.	Fahr-zeug-klasse	Fahrzeug-hersteller	FIN	Hub-raum	Erst-zulassung	Zul. Gesamt-masse in kg	Zul. max. Achslast in kg			max. km/h
							Vorne	Mitte	Hinten	

letzte Seite

Hinweise
Rote Kennzeichen zur wiederkehrenden Verwendung für Oldtimer-Fahrzeuge

Zwecke

Das rote Kennzeichen zur wiederkehrenden Verwendung wurde aufgrund der Vorschriften des § 17 der Fahrzeug-Zulassungsverordnung (FZV) zugeteilt für:

a) Probefahrten:
   Fahrten zur Feststellung und zum Nachweis der Gebrauchsfähigkeit des Fahrzeugs
b) Überführungsfahrten:
   Fahrten, die in der Hauptsache der Überführung des Fahrzeugs an einen anderen Ort dienen
c) An- und Abfahrten sowie Teilnahme an Veranstaltungen, die der Darstellung von Oldtimer-Fahrzeugen und der Pflege des kraftfahrzeugtechnischen Kulturgutes dienen
d) Fahrten zum Zwecke der Wartung und der Reparatur des Fahrzeugs

Anlage 11
(zu § 23 Absatz 3)

Versicherungsbestätigung bei Ausfuhrkennzeichen

Bestätigung über eine dem Gesetz über die Haftpflichtversicherung für ausländische Kraftfahrzeuge und Kraftfahrzeuganhänger entsprechende Haftpflichtversicherung:
Format DIN A6, Farbe: Untergrund gelb, Druck schwarz, drei Ausfertigungen

Die Bestätigung enthält die Daten zur Kraftfahrzeug-Haftpflichtversicherung, zum Kennzeichen, zur Fahrzeugbeschreibung und zum Versicherungsnehmer sowie zusätzlich das Datum des Endes des Versicherungsschutzes.

Anlage 12
(zu § 27 Absatz 1 Satz 4)

Versicherungskennzeichen für Kleinkrafträder, motorisierte Krankenfahrstühle und vierrädrige Leichtkraftfahrzeuge

1. Versicherungskennzeichen

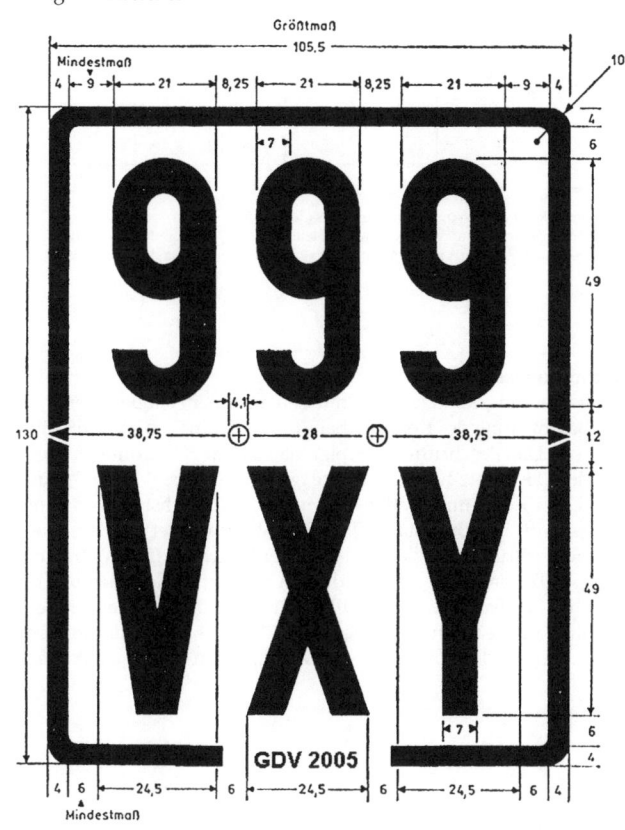

Enthält eine Zeile nur eine oder zwei Ziffern oder einen oder zwei Buchstaben, so sind Zahlen und Buchstaben in der Mitte der Zeile anzubringen. Der Abstand vom Rand ist entsprechend zu vergrößern; die übrigen Abstände dürfen nur bis zum angegebenen Höchstmaß vergrößert werden.

2. Schrift
Schriftart und -größe nach DIN 1451 (Anlage 4 Abschnitt 1 Nummer 2.3.1 und 2.3.2).

3. Maße

Art der Beschriftung	Schrifthöhe	Strichstärke	Waagerechter Abstand der Buchstaben oder Ziffern voneinander[1]	Waagerechter Abstand der Beschriftung vom schwarzen, blauen oder grünen Rand[2] mindestens	Senkrechter Abstand der Ziffern und Buchstaben voneinander	Senkrechter Abstand der Beschriftung vom schwarzen, blauen oder grünen Rand	Länge des Trennungsstrichs	Breite des schwarzen, blauen oder grünen Randes	Höhe des Kennzeichens einschließlich schwarzem, blauem oder grünem Rand	Breite des Kennzeichens einschließlich schwarzem, blauem oder grünem Rand
	mm	mm	mm	mm	mm	mm	mm	mm	mm	mm
a) des Kennzeichens	49	7	Ziffern: 8 bis 15 Buchstaben: 5 bis 15	Ziffern: 9 Buchstaben: 6	12	6	–	4	130	105,5
b) des unteren Randes	4	0,57	1[3]	2	–	–	2	–	–	–

1 Der Abstand der Buchstaben oder Ziffern untereinander muss gleich sein.
2 Der waagerechte Abstand der Beschriftung vom schwarzen, blauen oder grünen Rand muss auf beiden Seiten gleich sein.
3 Zwischen den Buchstaben- und Zahlengruppen (Jahreszahl) ist ein Gruppenabstand in dreifacher Größe des normalen Abstandes freizulassen.

4. Ergänzungsbestimmungen
Die Ecken des Versicherungskennzeichens müssen mit einem Halbmesser von 10 mm abgerundet sein. Die Beschriftung des Kennzeichens darf nicht mehr als 1,5 mm über die Grundfläche hervortreten. Die Beschriftung erfolgt nach dem Schriftmuster der Normschrift DIN 1451 (nach dem Hilfsnetz hergestellt; Anlage 4 Buchstabe B Ziffer 3), und zwar in fetter Mittelschrift, beim Zusammentreffen von mehr als 2 Buchstaben oder mehr als 2 Ziffern in fetter Engschrift. Der Buchstabe Q darf nicht verwendet werden. Die Farbtöne des Randes und der Beschriftung sind dem Farbregister RAL 840 HR zu entnehmen, und zwar für schwarz RAL 9005, blau RAL 5012 und grün RAL 6010; der Farbton des Untergrundes des Kennzeichens ist weiß (ws) nach DIN 6171 Teil 1: 03.89, Tabelle 3. Bei Verwendung von Stahlblech muss die Blechstärke mindestens 0,35 mm, bei Aluminiumblech mindestens 0,50 mm betragen. Wird anderes Material verwendet, so muss es eine entsprechende Festigkeit besitzen.

Straßenverkehrs-Zulassungs-Ordnung
(StVZO)
Vom 26. April 2012 (BGBl. I S. 679),
die zuletzt durch Verordnung vom 20. Oktober 2017
(BGBl. I S. 3723) geändert worden ist

– Fassung ab 1. Dezember 2017 –

Auf Grund
- des § 6 Absatz 1 Nummer 2 Buchstabe a bis c, e bis x und Absatz 3a des Straßenverkehrsgesetzes in der Fassung der Bekanntmachung vom 5. März 2003 (BGBl. I S. 310, 919), von denen § 6 Absatz 1 Nummer 2 Buchstabe b durch Artikel 1 Nummer 2 Buchstabe a Doppelbuchstabe aa des Gesetzes vom 3. Mai 2005 (BGBl. I S. 1221), § 6 Absatz 1 Nummer 2 Buchstabe i, l und m durch Artikel 1 Nummer 2 Buchstabe a Doppelbuchstabe aa, bb und cc des Gesetzes vom 20. Juni 2011 (BGBl. I S. 1124), § 6 Absatz 1 Nummer 2 Buchstaben durch Artikel 5 Nummer 1 des Gesetzes vom 10. Dezember 2007 (BGBl. I S. 2833), § 6 Absatz 1 Nummer 2 Buchstabe p und w durch Artikel 1 Nummer 2 Buchstabe a Doppelbuchstabe bb und cc des Gesetzes vom 3. Mai 2005 (BGBl. I S. 1221) geändert und § 6 Absatz 1 Nummer 2 Buchstabe x durch Artikel 1 Nummer 2 Buchstabe a Doppelbuchstabe cc des Gesetzes vom 3. Mai 2005 (BGBl. I S. 1221) und § 6 Absatz 3a durch Artikel 1 Nummer 1 des Gesetzes vom 22. Dezember 2008 (BGBl. I S. 2965) eingefügt worden ist, verordnet das Bundesministerium für Verkehr, Bau und Stadtentwicklung,
- des § 6 Absatz 1 Nummer 5a, 6 und 7 in Verbindung mit Absatz 2a des Straßenverkehrsgesetzes in der Fassung der Bekanntmachung vom 5. März 2003 (BGBl. I S. 310, 919), von denen § 6 Absatz 2a durch Artikel 2 Nummer 4 des Gesetzes vom 14. August 2006 (BGBl. I S. 1958) geändert worden ist, verordnen das Bundesministerium für Verkehr, Bau und Stadtentwicklung und das Bundesministerium für Umwelt, Naturschutz und Reaktorsicherheit,
- des § 6 Absatz 1 Nummer 9 und 10 in Verbindung mit Absatz 2 des Straßenverkehrsgesetzes in der Fassung der Bekanntmachung vom 5. März 2003 (BGBl. I S. 310, 919) verordnen das Bundesministerium für Verkehr, Bau und Stadtentwicklung und das Bundesministerium des Innern,
- des § 38 Absatz 2 in Verbindung mit § 51 und des § 39 Satz 1 des Bundes-Immissionsschutzgesetzes in der Fassung der Bekanntmachung vom 26. September 2002 (BGBl. I S. 3830), von denen § 38 Absatz 2 Satz 1 durch Artikel 60 Nummer 1 der Verordnung vom 31. Oktober 2006 (BGBl. I S. 2407) und § 39 Satz 1 zuletzt durch Artikel 1 Nummer 5 des Gesetzes vom 26. November 2010 (BGBl. I S. 1728) geändert worden ist, verordnen das Bundesministerium für Verkehr, Bau und Stadtentwicklung und das Bundesministerium für Umwelt, Naturschutz und Reaktorsicherheit, hinsichtlich des § 38 Absatz 2 Satz 1 nach Anhörung der beteiligten Kreise:

INHALTSÜBERSICHT

A. Personen
§§ 1 bis 15 l *(aufgehoben)*

B. Fahrzeuge

I. Zulassung von Fahrzeugen im Allgemeinen

§ 16   Grundregel der Zulassung

§ 17	Einschränkung und Entziehung der Zulassung	§ 31c	Überprüfung von Fahrzeuggewichten
		§ 31d	Gewichte, Abmessungen und Beschaffenheit ausländischer Fahrzeuge
II.	**Betriebserlaubnis und Bauartgenehmigung**	§ 31e	Geräuscharme ausländische Kraftfahrzeuge
§ 18	*(aufgehoben)*		
§ 19	Erteilung und Wirksamkeit der Betriebserlaubnis	**2.**	**Kraftfahrzeuge und ihre Anhänger**
§ 20	Allgemeine Betriebserlaubnis für Typen	§ 32	Abmessungen von Fahrzeugen und Fahrzeugkombinationen
§ 21	Betriebserlaubnis für Einzelfahrzeuge	§ 32a	Mitführen von Anhängern
		§ 32b	Unterfahrschutz
§ 21a	Anerkennung von Genehmigungen und Prüfzeichen auf Grund internationaler Vereinbarungen und von Rechtsakten der Europäischen Gemeinschaften	§ 32c	Seitliche Schutzvorrichtungen
		§ 32d	Kurvenlaufeigenschaften
		§ 33	Schleppen von Fahrzeugen
		§ 34	Achslast und Gesamtgewicht
		§ 34a	Besetzung, Beladung und Kennzeichnung von Kraftomnibussen
§ 21b	Anerkennung von Prüfungen auf Grund von Rechtsakten der Europäischen Gemeinschaften	§ 34b	Laufrollenlast und Gesamtgewicht von Gleiskettenfahrzeugen
§ 21c	*(aufgehoben)*	§ 35	Motorleistung
§ 22	Betriebserlaubnis für Fahrzeugteile	§ 35a	Sitze, Sicherheitsgurte, Rückhaltesysteme, Rückhalteeinrichtungen für Kinder, Rollstuhlnutzer und Rollstühle
§ 22a	Bauartgenehmigung für Fahrzeugteile		
§ 23	Gutachten für die Einstufung eines Fahrzeugs als Oldtimer	§ 35b	Einrichtungen zum sicheren Führen der Fahrzeuge
§§ 24 bis 28 *(aufgehoben)*		§ 35c	Heizung und Lüftung
§ 29	Untersuchung der Kraftfahrzeuge und Anhänger	§ 35d	Einrichtungen zum Auf- und Absteigen an Fahrzeugen
§ 29a	Datenübermittlung	§ 35e	Türen
		§ 35f	Notausstiege in Kraftomnibussen
III.	**Bau- und Betriebsvorschriften**	§ 35g	Feuerlöscher in Kraftomnibussen
		§ 35h	Erste-Hilfe-Material in Kraftfahrzeugen
1.	**Allgemeine Vorschriften**		
§ 30	Beschaffenheit der Fahrzeuge	§ 35i	Gänge, Anordnung von Fahrgastsitzen und Beförderung von Fahrgästen in Kraftomnibussen
§ 30a	Durch die Bauart bestimmte Höchstgeschwindigkeit sowie maximales Drehmoment und maximale Nutzleistung des Motors		
		§ 35j	Brennverhalten der Innenausstattung bestimmter Kraftomnibusse
§ 30b	Berechnung des Hubraums	§ 36	Bereifung und Laufflächen
§ 30c	Vorstehende Außenkanten, Frontschutzsysteme	§ 36a	Radabdeckungen, Ersatzräder
		§ 37	Gleitschutzeinrichtungen und Schneeketten
§ 30d	Kraftomnibusse		
§ 31	Verantwortung für den Betrieb der Fahrzeuge	§ 38	Lenkeinrichtung
		§ 38a	Sicherungseinrichtungen gegen unbefugte Benutzung von Kraftfahrzeugen
§ 31a	Fahrtenbuch		
§ 31b	Überprüfung mitzuführender Gegenstände	§ 38b	Fahrzeug-Alarmsysteme

§	
§ 39	Rückwärtsgang
§ 39a	Betätigungseinrichtungen, Kontrollleuchten und Anzeiger
§ 40	Scheiben, Scheibenwischer, Scheibenwascher, Entfrostungs- und Trocknungsanlagen für Scheiben
§ 41	Bremsen und Unterlegkeile
§ 41a	Druckgasanlagen und Druckbehälter
§ 41b	Automatischer Blockierverhinderer
§ 42	Anhängelast hinter Kraftfahrzeugen und Leergewicht
§ 43	Einrichtungen zur Verbindung von Fahrzeugen
§ 44	Stützeinrichtung und Stützlast
§ 45	Kraftstoffbehälter
§ 46	Kraftstoffleitungen
§ 47	Abgase
§ 47a	(aufgehoben)
§ 47b	(aufgehoben)
§ 47c	Ableitung von Abgasen
§ 47d	Kohlendioxidemissionen, Kraftstoffverbrauch, Reichweite, Stromverbrauch
§ 47e	Genehmigung, Nachrüstung und Nachfüllen von Klimaanlagen
§ 47f	Kraftstoffe, emissionsbedeutsame Betriebsstoffe und Systeme zur Verringerung der Stickoxid-Emissionen
§ 48	Emissionsklassen für Kraftfahrzeuge
§ 49	Geräuschentwicklung und Schalldämpferanlage
§ 49a	Lichttechnische Einrichtungen, allgemeine Grundsätze
§ 50	Scheinwerfer für Fern- und Abblendlicht
§ 51	Begrenzungsleuchten, vordere Rückstrahler, Spurhalteleuchten
§ 51a	Seitliche Kenntlichmachung
§ 51b	Umrissleuchten
§ 51c	Parkleuchten, Park-Warntafeln
§ 52	Zusätzliche Scheinwerfer und Leuchten
§ 52a	Rückfahrscheinwerfer
§ 53	Schlussleuchten, Bremsleuchten, Rückstrahler
§ 53a	Warndreieck, Warnleuchte, Warnblinkanlage, Warnweste
§ 53b	Ausrüstung und Kenntlichmachung von Anbaugeräten und Hubladebühnen
§ 53c	Tarnleuchten
§ 53d	Nebelschlussleuchten
§ 54	Fahrtrichtungsanzeiger
§ 54a	Innenbeleuchtung in Kraftomnibussen
§ 54b	Windsichere Handlampe
§ 55	Einrichtungen für Schallzeichen
§ 55a	Elektromagnetische Verträglichkeit
§ 56	Spiegel und andere Einrichtungen für indirekte Sicht
§ 57	Geschwindigkeitsmessgerät und Wegstreckenzähler
§ 57a	Fahrtschreiber und Kontrollgerät
§ 57b	Prüfung der Fahrtschreiber und Kontrollgeräte
§ 57c	Ausrüstung von Kraftfahrzeugen mit Geschwindigkeitsbegrenzern und ihre Benutzung
§ 57d	Einbau und Prüfung von Geschwindigkeitsbegrenzern
§ 58	Geschwindigkeitsschilder
§ 59	Fabrikschilder, sonstige Schilder, Fahrzeug-Identifizierungsnummer
§ 59a	Nachweis der Übereinstimmung mit der Richtlinie 96/53/EG
§ 60	(aufgehoben)
§ 60a	(aufgehoben)
§ 61	Halteeinrichtungen für Beifahrer sowie Fußstützen und Ständer von zweirädrigen Kraftfahrzeugen
§ 61a	Besondere Vorschriften für Anhänger hinter Fahrrädern mit Hilfsmotor
§ 62	Elektrische Einrichtungen von elektrisch angetriebenen Kraftfahrzeugen

3. **Andere Straßenfahrzeuge**

§	
§ 63	Anwendung der für Kraftfahrzeuge geltenden Vorschriften
§ 63a	Beschreibung von Fahrrädern
§ 64	Lenkeinrichtung, sonstige Ausrüstung und Bespannung
§ 64a	Einrichtungen für Schallzeichen
§ 64b	Kennzeichnung
§ 65	Bremsen
§ 66	Rückspiegel
§ 66a	Lichttechnische Einrichtungen

§ 67 Lichttechnische Einrichtungen an Fahrrädern
§ 67a Lichttechnische Einrichtungen an Fahrradanhängern

C. Durchführungs-, Bußgeld- und Schlussvorschriften

§ 68 Zuständigkeiten
§ 69 *(aufgehoben)*
§ 69a Ordnungswidrigkeiten
§ 69b *(aufgehoben)*
§ 70 Ausnahmen
§ 71 Auflagen bei Ausnahmegenehmigungen
§ 72 Übergangsbestimmungen
§ 73 Technische Festlegungen

Anlagen

Anlage I *(aufgehoben)*
Anlage II *(aufgehoben)*
Anlage III *(aufgehoben)*
Anlage IV *(aufgehoben)*
Anlage V *(aufgehoben)*
Anlage Va *(aufgehoben)*
Anlage Vb *(aufgehoben)*
Anlage Vc *(aufgehoben)*
Anlage Vd *(aufgehoben)*
Anlage VI *(aufgehoben)*
Anlage VII *(aufgehoben)*
Anlage VIII Untersuchung der Fahrzeuge
Anlage VIIIa Durchführung der Hauptuntersuchung
Anlage VIIIb Anerkennung der Überwachungsorganisationen
Anlage VIIIc Anerkennung von Kraftfahrzeugwerkstätten zur Durchführung von Sicherheitsprüfungen und/oder Untersuchungen der Abgase sowie Schulung der verantwortlichen Personen und Fachkräfte
Anlage VIIId Untersuchungsstellen zur Durchführung von Hauptuntersuchungen, Sicherheitsprüfungen, Untersuchungen der Abgase und wiederkehrenden Gasanlagenprüfungen
Anlage VIIIe Bereitstellung von Vorgaben für die Durchführung von Hauptuntersuchungen und Sicherheitsprüfungen; Auswertung von Erkenntnissen
Anlage IX Prüfplakette für die Untersuchung von Kraftfahrzeugen und Anhängern
Anlage IXa *(aufgehoben)*
Anlage IXb Prüfmarke und SP-Schild für die Durchführung von Sicherheitsprüfungen
Anlage X Fahrgasttüren, Notausstiege, Gänge und Anordnung von Fahrgastsitzen in Kraftomnibussen
Anlage XI *(aufgehoben)*
Anlage XIa *(aufgehoben)*
Anlage XIb *(aufgehoben)*
Anlage XII Bedingungen für die Gleichwertigkeit von Luftfederungen und bestimmten anderen Federungssystemen an der (den) Antriebsachse(n) des Fahrzeugs
Anlage XIII Zulässige Zahl von Sitzplätzen und Stehplätzen in Kraftomnibussen
Anlage XIV Emissionsklassen für Kraftfahrzeuge
Anlage XV Zeichen „Geräuscharmes Kraftfahrzeug"
Anlage XVI Maßnahmen gegen die Emission verunreinigender Stoffe aus Dieselmotoren zum Antrieb von land- oder forstwirtschaftlichen Zugmaschinen
Anlage XVII Gassystemeinbauprüfungen und sonstige Gasanlagenprüfungen
Anlage XVIIa Anerkennung von Kraftfahrzeugwerkstätten zur Durchführung von Gassystemeinbauprüfungen oder von wiederkehrenden und sonstigen Gasanlagenprüfungen sowie Schulung der verantwortlichen Personen und Fachkräfte

Anlage XVIII	Prüfung der Fahrtschreiber und Kontrollgeräte
Anlage XVIIIa	Durchführung der Prüfungen von Fahrtschreibern und Kontrollgeräten
Anlage XVIIIb	Prüfstellen für die Durchführung von Prüfungen der Fahrtschreiber und Kontrollgeräte
Anlage XVIIIc	Anerkennung von Fahrtschreiber- oder Kontrollgeräteherstellern und von Fahrzeugherstellern oder Fahrzeugimporteuren zur Durchführung von Prüfungen
Anlage XVIIId	Anerkennung von Kraftfahrzeugwerkstätten zur Durchführung von Prüfungen sowie Schulung der mit der Prüfung beauftragten Fachkräfte
Anlage XIX	Teilegutachten
Anlage XX	*(aufgehoben)*
Anlage XXI	Kriterien für lärmarme Kraftfahrzeuge
Anlage XXII	*(aufgehoben)*
Anlage XXIII	Maßnahmen gegen die Verunreinigung der Luft durch Gase und Partikel von Kraftfahrzeugen mit Fremdzündungsmotoren und Selbstzündungsmotoren (Definition schadstoffarmer Personenkraftwagen)
Anlage XXIV	Maßnahmen gegen die Verunreinigung der Luft durch Gase von Kraftfahrzeugen mit Fremd- und Selbstzündungsmotoren (Definition bedingt schadstoffarmer Personenkraftwagen)
Anlage XXV	Maßnahmen gegen die Verunreinigung der Luft durch Gase von Kraftfahrzeugen mit Fremd- oder Selbstzündungsmotoren (Definition schadstoffarmer Personenkraftwagen gemäß Europa-Norm)
Anlage XXVI	Maßnahmen gegen die Verunreinigung der Luft durch Partikel von Kraftfahrzeugen mit Selbstzündungsmotor
Anlage XXVII	Maßnahmen gegen die Verunreinigung der Luft durch Partikel von Nutzfahrzeugen sowie von mobilen Maschinen und Geräten mit Selbstzündungsmotor
Anlage XXVIII	Beispiel für einen Warnhinweis vor der Verwendung einer nach hinten gerichteten Rückhalteeinrichtung für Kinder auf Beifahrerplätzen mit Airbag
Anlage XXIX	EG-Fahrzeugklassen

Anhang
Muster
Muster 1 bis 2c *(aufgehoben)*
Muster 2d   Datenbestätigung
Muster 3 bis 13 *(aufgehoben)*

A.
PERSONEN
(aufgehoben)

§§ 1 bis 15l
(aufgehoben)

B.
FAHRZEUGE

I.
ZULASSUNG VON FAHRZEUGEN IM ALLGEMEINEN

§ 16
Grundregel der Zulassung

(1) Zum Verkehr auf öffentlichen Straßen sind alle Fahrzeuge zugelassen, die den Vorschriften dieser Verordnung und der Straßenverkehrs-Ordnung entsprechen, soweit nicht für die Zulassung einzelner Fahrzeugarten ein Erlaubnisverfahren vorgeschrieben ist.
(2) Schiebe- und Greifreifenrollstühle, Rodelschlitten, Kinderwagen, Roller, Kinderfahrräder und ähnliche nicht motorbetriebene oder

mit einem Hilfsantrieb ausgerüstete ähnliche Fortbewegungsmittel mit einer bauartbedingten Höchstgeschwindigkeit von nicht mehr als 6 km/h sind nicht Fahrzeuge im Sinne dieser Verordnung.

§ 17
Einschränkung und Entziehung der Zulassung

(1) Erweist sich ein Fahrzeug, das nicht in den Anwendungsbereich der Fahrzeug-Zulassungsverordnung fällt, als nicht vorschriftsmäßig, so kann die Verwaltungsbehörde dem Eigentümer oder Halter eine angemessene Frist zur Behebung der Mängel setzen und nötigenfalls den Betrieb des Fahrzeugs im öffentlichen Verkehr untersagen oder beschränken; der Betroffene hat das Verbot oder die Beschränkung zu beachten.
(2) *(aufgehoben)*
(3) Besteht Anlass zur Annahme, dass das Fahrzeug den Vorschriften dieser Verordnung nicht entspricht, so kann die Verwaltungsbehörde zur Vorbereitung einer Entscheidung nach Absatz 1 je nach den Umständen
1. die Beibringung eines Sachverständigengutachtens darüber, ob das Fahrzeug den Vorschriften dieser Verordnung entspricht, oder
2. die Vorführung des Fahrzeugs
anordnen und wenn nötig mehrere solcher Anordnungen treffen.

II.
BETRIEBSERLAUBNIS UND BAUARTGENEHMIGUNG

§ 18
(aufgehoben)

§ 19
Erteilung und Wirksamkeit der Betriebserlaubnis

(1) [1]Die Betriebserlaubnis ist zu erteilen, wenn das Fahrzeug den Vorschriften dieser Verordnung, den zu ihrer Ausführung erlassenen Anweisungen des Bundesministeriums für Verkehr und digitale Infrastruktur und den Vorschriften der Verordnung (EWG) Nr. 3821/85 des Rates vom 20. Dezember 1985 über das Kontrollgerät im Straßenverkehr (ABl. L 370 vom 31.12.1985, S. 8), die zuletzt durch die Verordnung (EU) Nr. 1266/2009 (ABl. L 339 vom 22.12.2009, S. 3) geändert worden ist, entspricht. [2]Die Betriebserlaubnis ist ferner zu erteilen, wenn das Fahrzeug anstelle der Vorschriften dieser Verordnung die Einzelrichtlinien in ihrer jeweils geltenden Fassung erfüllt, die
1. in Anhang IV der Richtlinie 2007/46/EG des Europäischen Parlaments und des Rates vom 5. September 2007 zur Schaffung eines Rahmens für die Genehmigung von Kraftfahrzeugen und Kraftfahrzeuganhängern sowie von Systemen, Bauteilen und selbstständigen technischen Einheiten für diese Fahrzeuge (Rahmenrichtlinie) (ABl. L 263 vom 9.10.2007, S. 1), die zuletzt durch die Verordnung (EU) Nr. 371/2010 (ABl. L 110 vom 1.5.2010, S. 1) geändert worden ist, oder
2. in Anhang II Kapitel B der Richtlinie 2003/37/EG des Europäischen Parlaments und des Rates vom 26. Mai 2003 über die Typgenehmigung für land- oder forstwirtschaftliche Zugmaschinen, ihre Anhänger und die von ihnen gezogenen auswechselbaren Maschinen sowie für Systeme, Bauteile und selbstständige technische Einheiten dieser Fahrzeuge und zur Aufhebung der Richtlinie 74/150/EWG (ABl. L 171 vom 9.7.2003, S. 1), die zuletzt durch die Richtlinie 2010/62/EU (ABl. L 238 vom 9.9.2010, S. 7) geändert worden ist, oder
3. in Anhang I der Richtlinie 2002/24/EG des Europäischen Parlaments und des Rates vom 18. März 2002 über die Typgenehmigung für zweirädrige oder dreirädrige Kraftfahrzeuge und zur Aufhebung der Richtlinie 92/61/EWG des Rates (ABl. L 124 vom 9.5.2002, S. 1), die zuletzt durch die Verordnung (EG) Nr. 1137/2008 (ABl. L 311 vom 21.11.2008, S. 1) geändert worden ist,

in seiner jeweils geltenden Fassung genannt sind. [3]Die jeweilige Liste der in Anhang IV der Richtlinie 2007/46/EG, in Anhang II der

Richtlinie 2003/37/EG und in Anhang I der Richtlinie 2002/24/EG genannten Einzelrichtlinien wird unter Angabe der Kurzbezeichnungen und der ersten Fundstelle aus dem Amtsblatt der Europäischen Gemeinschaften vom Bundesministerium für Verkehr und digitale Infrastruktur im Verkehrsblatt bekannt gemacht und fortgeschrieben. ⁴Die in Satz 2 genannten Einzelrichtlinien sind jeweils ab dem Zeitpunkt anzuwenden, zu dem sie in Kraft treten und nach Satz 3 bekannt gemacht worden sind. ⁵Soweit in einer Einzelrichtlinie ihre verbindliche Anwendung vorgeschrieben ist, ist nur diese Einzelrichtlinie maßgeblich. ⁶Gehört ein Fahrzeug zu einem genehmigten Typ oder liegt eine Einzelbetriebserlaubnis nach dieser Verordnung oder eine Einzelgenehmigung nach § 13 der EG-Fahrzeuggenehmigungsverordnung vor, ist die Erteilung einer neuen Betriebserlaubnis nur zulässig, wenn die Betriebserlaubnis nach Absatz 2 Satz 2 erloschen ist.

(2) ¹Die Betriebserlaubnis des Fahrzeugs bleibt, wenn sie nicht ausdrücklich entzogen wird, bis zu seiner endgültigen Außerbetriebsetzung wirksam. ²Sie erlischt, wenn Änderungen vorgenommen werden, durch die
1. die in der Betriebserlaubnis genehmigte Fahrzeugart geändert wird,
2. eine Gefährdung von Verkehrsteilnehmern zu erwarten ist oder
3. das Abgas- oder Geräuschverhalten verschlechtert wird.

³Sie erlischt ferner für Fahrzeuge der Bundeswehr, für die § 20 Absatz 3b oder § 21 Satz 5 angewendet worden ist, sobald die Fahrzeuge nicht mehr für die Bundeswehr zugelassen sind. ⁴Für die Erteilung einer neuen Betriebserlaubnis gilt § 21 entsprechend. ⁵Besteht Anlass zur Annahme, dass die Betriebserlaubnis erloschen ist, kann die Verwaltungsbehörde zur Vorbereitung einer Entscheidung
1. die Beibringung eines Gutachtens eines amtlich anerkannten Sachverständigen, Prüfers für den Kraftfahrzeugverkehr oder eines Prüfingenieurs darüber, ob das Fahrzeug den Vorschriften dieser Verordnung entspricht, oder
2. die Vorführung des Fahrzeugs

anordnen und wenn nötig mehrere solcher Anordnungen treffen; auch darf eine Prüfplakette nach Anlage IX nicht zugeteilt werden.

(2a) ¹Die Betriebserlaubnis für Fahrzeuge, die nach ihrer Bauart speziell für militärische oder polizeiliche Zwecke sowie für Zwecke des Brandschutzes und des Katastrophenschutzes bestimmt sind, bleibt nur so lange wirksam, wie die Fahrzeuge für die Bundeswehr, die Bundespolizei, die Polizei, die Feuerwehr oder den Katastrophenschutz zugelassen und eingesetzt werden. ²Für Fahrzeuge nach Satz 1 darf eine Betriebserlaubnis nach § 21 nur der Bundeswehr, der Bundespolizei, der Polizei, der Feuerwehr oder dem Katastrophenschutz erteilt werden; dies gilt auch, wenn die für die militärischen oder die polizeilichen Zwecke sowie die Zwecke des Brandschutzes und des Katastrophenschutzes vorhandene Ausstattung oder Ausrüstung entfernt, verändert oder unwirksam gemacht worden ist. ³Ausnahmen von Satz 2 für bestimmte Einsatzzwecke können gemäß § 70 genehmigt werden.

(3) ¹Abweichend von Absatz 2 Satz 2 erlischt die Betriebserlaubnis des Fahrzeugs jedoch nicht, wenn bei Änderungen durch Ein- oder Anbau von Teilen
1. für diese Teile
   a) eine Betriebserlaubnis nach § 22 oder eine Bauartgenehmigung nach § 22a erteilt worden ist oder
   b) der nachträgliche Ein- oder Anbau im Rahmen einer Betriebserlaubnis oder eines Nachtrags dazu für das Fahrzeug nach § 20 oder § 21 genehmigt worden ist
   und die Wirksamkeit der Betriebserlaubnis, der Bauartgenehmigung oder der Genehmigung nicht von der Abnahme des Ein- oder Anbaus abhängig gemacht worden ist oder
2. für diese Teile
   a) eine EWG-Betriebserlaubnis, eine EWG-Bauartgenehmigung oder eine EG-Typgenehmigung nach Europäischem Gemeinschaftsrecht oder
   b) eine Genehmigung nach Regelungen in der jeweiligen Fassung entsprechend dem Übereinkommen

vom 20. März 1958 über die Annahme einheitlicher Bedingungen für die Genehmigung der Ausrüstungsgegenstände und Teile von Kraftfahrzeugen und über die gegenseitige Anerkennung der Genehmigung (BGBl. 1965 II S. 857, 858), soweit diese von der Bundesrepublik Deutschland angewendet werden,
erteilt worden ist und eventuelle Einschränkungen oder Einbauanweisungen beachtet sind oder
3. die Wirksamkeit der Betriebserlaubnis, der Bauartgenehmigung oder der Genehmigung dieser Teile nach Nummer 1 Buchstabe a oder b von einer Abnahme des Ein- oder Anbaus abhängig gemacht ist und die Abnahme unverzüglich durchgeführt und nach § 22 Absatz 1 Satz 5, auch in Verbindung mit § 22a Absatz 1a, bestätigt worden ist oder
4. für diese Teile
   a) die Identität mit einem Teil gegeben ist, für das ein Gutachten eines Technischen Dienstes nach Anlage XIX über die Vorschriftsmäßigkeit eines Fahrzeugs bei bestimmungsgemäßem Ein- oder Anbau dieser Teile (Teilegutachten) vorliegt,
   b) der im Gutachten angegebene Verwendungsbereich eingehalten wird und
   c) die Abnahme des Ein- oder Anbaus unverzüglich durch einen amtlich anerkannten Sachverständigen oder Prüfer für den Kraftfahrzeugverkehr oder durch einen Kraftfahrzeugsachverständigen oder Angestellten nach Nummer 4 der Anlage VIIIb durchgeführt und der ordnungsgemäße Ein- oder Anbau entsprechend § 22 Absatz 1 Satz 5 bestätigt worden ist; § 22 Absatz 1 Satz 2 und Absatz 2 Satz 3 gilt entsprechend.

²Werden bei Teilen nach Nummer 1 oder 2 in der Betriebserlaubnis, der Bauartgenehmigung oder der Genehmigung aufgeführte Einschränkungen oder Einbauanweisungen nicht eingehalten, erlischt die Betriebserlaubnis des Fahrzeugs.

(4) Der Führer des Fahrzeugs hat in den Fällen
1. des Absatzes 3 Nummer 1 den Abdruck oder die Ablichtung der betreffenden Betriebserlaubnis, Bauartgenehmigung, Genehmigung im Rahmen der Betriebserlaubnis oder eines Nachtrags dazu oder eines Auszugs dieser Erlaubnis oder Genehmigung, der die für die Verwendung wesentlichen Angaben enthält, und
2. des Absatzes 3 Nummer 3 und 4 einen Nachweis nach einem vom Bundesministerium für Verkehr und digitale Infrastruktur im Verkehrsblatt bekannt gemachten Muster über die Erlaubnis, die Genehmigung oder das Teilegutachten mit der Bestätigung des ordnungsgemäßen Ein- oder Anbaus sowie den zu beachtenden Beschränkungen oder Auflagen mitzuführen und zuständigen Personen auf Verlangen auszuhändigen. ²Satz 1 gilt nicht, wenn die Zulassungsbescheinigung Teil I, das Anhängerverzeichnis nach § 11 Absatz 1 Satz 2 der Fahrzeug-Zulassungsverordnung oder ein nach § 4 Absatz 5 der Fahrzeug-Zulassungsverordnung mitzuführender oder aufzubewahrender Nachweis einen entsprechenden Eintrag einschließlich zu beachtender Beschränkungen oder Auflagen enthält; anstelle der zu beachtenden Beschränkungen oder Auflagen kann auch ein Vermerk enthalten sein, dass diese in einer mitzuführenden Erlaubnis, Genehmigung oder einem mitzuführenden Nachweis aufgeführt sind. ³Die Pflicht zur Mitteilung von Änderungen nach § 13 der Fahrzeug-Zulassungsverordnung bleibt unberührt.

(5) ¹Ist die Betriebserlaubnis nach Absatz 2 Satz 2 oder Absatz 3 Satz 2 erloschen, so darf das Fahrzeug nicht auf öffentlichen Straßen in Betrieb genommen werden oder dessen Inbetriebnahme durch den Halter angeordnet oder zugelassen werden. ²Ausnahmen von Satz 1 sind nur nach Maßgabe der Sätze 3 bis 6 zulässig. ³Ist die Betriebserlaubnis nach Absatz 2 Satz 2 erloschen, dürfen nur solche Fahrten durchgeführt werden, die in unmittelbarem Zusammenhang mit der Erlangung

einer neuen Betriebserlaubnis stehen. ⁴Am Fahrzeug sind die bisherigen Kennzeichen oder rote Kennzeichen zu führen. ⁵Die Sätze 3 und 4 gelten auch für Fahrten, die der amtlich anerkannte Sachverständige für den Kraftfahrzeugverkehr im Rahmen der Erstellung des Gutachtens durchführt. ⁶Kurzzeitkennzeichen dürfen nur nach Maßgabe des § 16a Absatz 6 der Fahrzeug-Zulassungsverordnung verwendet werden.

(6) ¹Werden an Fahrzeugen von Fahrzeugherstellern, die Inhaber einer Betriebserlaubnis für Typen sind, im Sinne des Absatzes 2 Teile verändert, so bleibt die Betriebserlaubnis wirksam, solange die Fahrzeuge ausschließlich zur Erprobung verwendet werden; insoweit ist auch keine Mitteilung an die Zulassungsbehörde erforderlich. ²Satz 1 gilt nur, wenn die Zulassungsbehörde im Fahrzeugschein bestätigt hat, dass ihr das Fahrzeug als Erprobungsfahrzeug gemeldet worden ist.

(7) Die Absätze 2 bis 6 gelten entsprechend für die EG-Typgenehmigung.

§ 20
Allgemeine Betriebserlaubnis für Typen

(1) ¹Für reihenweise zu fertigende oder gefertigte Fahrzeuge kann die Betriebserlaubnis dem Hersteller nach einer auf seine Kosten vorgenommenen Prüfung allgemein erteilt werden (Allgemeine Betriebserlaubnis), wenn er die Gewähr für zuverlässige Ausübung der dadurch verliehenen Befugnisse bietet. ²Bei Herstellung eines Fahrzeugtyps durch mehrere Beteiligte kann die Allgemeine Betriebserlaubnis diesen gemeinsam erteilt werden. ³Für die Fahrzeuge, die außerhalb des Geltungsbereichs dieser Verordnung hergestellt worden sind, kann die Allgemeine Betriebserlaubnis erteilt werden
1. dem Hersteller oder seinem Beauftragten, wenn die Fahrzeuge in einem Staat hergestellt worden sind, in dem der Vertrag zur Gründung der Europäischen Wirtschaftsgemeinschaft oder das Abkommen über den Europäischen Wirtschaftsraum gilt,
2. dem Beauftragten des Herstellers, wenn die Fahrzeuge zwar in einem Staat hergestellt worden sind, in dem der Vertrag zur Gründung der Europäischen Wirtschaftsgemeinschaft oder das Abkommen über den Europäischen Wirtschaftsraum nicht gilt, sie aber in den Geltungsbereich dieser Verordnung aus einem Staat eingeführt worden sind, in dem der Vertrag zur Gründung der Europäischen Wirtschaftsgemeinschaft oder das Abkommen über den Europäischen Wirtschaftsraum gilt,
3. in den anderen Fällen dem Händler, der seine Berechtigung zum alleinigen Vertrieb der Fahrzeuge im Geltungsbereich dieser Verordnung nachweist.

⁴In den Fällen des Satzes 3 Nummer 2 muss der Beauftragte des Herstellers in einem Staat ansässig sein, in dem der Vertrag zur Gründung der Europäischen Wirtschaftsgemeinschaft oder das Abkommen über den Europäischen Wirtschaftsraum gilt. ⁵In den Fällen des Satzes 3 Nummer 3 muss der Händler im Geltungsbereich dieser Verordnung ansässig sein.

(2) ¹Über den Antrag auf Erteilung der Allgemeinen Betriebserlaubnis entscheidet das Kraftfahrt-Bundesamt. ²Das Kraftfahrt-Bundesamt kann einen amtlich anerkannten Sachverständigen für den Kraftfahrzeugverkehr oder eine andere Stelle mit der Begutachtung beauftragen. ³Es bestimmt, welche Unterlagen für den Antrag beizubringen sind.

(2a) Umfasst der Antrag auf Erteilung einer Allgemeinen Betriebserlaubnis auch die Genehmigung für eine wahlweise Ausrüstung, so kann das Kraftfahrt-Bundesamt auf Antrag in die Allgemeine Betriebserlaubnis aufnehmen, welche Teile auch nachträglich an- oder eingebaut werden dürfen (§ 19 Absatz 3 Nummer 1 Buchstabe b und Nummer 3); § 22 Absatz 3 ist anzuwenden.

(3) ¹Der Inhaber einer Allgemeinen Betriebserlaubnis für Fahrzeuge hat für jedes dem Typ entsprechende, zulassungspflichtige Fahrzeug einen Fahrzeugbrief auszufüllen. ²Die Vordrucke für die Briefe werden vom Kraftfahrt-Bundesamt ausgegeben. ³In dem Brief sind die Angaben über das Fahrzeug von dem Inhaber der Allgemeinen Betriebs-

erlaubnis für das Fahrzeug einzutragen oder, wenn mehrere Hersteller beteiligt sind, von jedem Beteiligten für die von ihm hergestellten Teile, sofern nicht ein Beteiligter die Ausfüllung des Briefs übernimmt; war die Erteilung der Betriebserlaubnis von der Genehmigung einer Ausnahme abhängig, so müssen die Ausnahme und die genehmigende Behörde im Brief bezeichnet werden. [4]Der Brief ist von dem Inhaber der Allgemeinen Betriebserlaubnis unter Angabe der Firmenbezeichnung und des Datums mit seiner Unterschrift zu versehen; eine Nachbildung der eigenhändigen Unterschrift durch Druck oder Stempel ist zulässig.

(3a) [1]Der Inhaber einer Allgemeinen Betriebserlaubnis für Fahrzeuge ist verpflichtet, für jedes dem Typ entsprechende zulassungspflichtige Fahrzeug eine Datenbestätigung nach Muster 2d auszufüllen. [2]In die Datenbestätigung sind vom Inhaber der Allgemeinen Betriebserlaubnis die Angaben über die Beschaffenheit des Fahrzeugs einzutragen oder, wenn mehrere Hersteller beteiligt sind, von jedem Beteiligten die Angaben für die von ihm hergestellten Teile, sofern nicht ein Beteiligter die Ausfüllung der Datenbestätigung übernimmt. [3]Die Richtigkeit der Angaben über die Beschaffenheit des Fahrzeugs und über dessen Übereinstimmung mit dem genehmigten Typ hat der für die Ausfüllung der Datenbestätigung jeweils Verantwortliche unter Angabe des Datums zu bescheinigen. [4]Gehört das Fahrzeug zu einer in Anlage XXIX benannten EG-Fahrzeugklasse, kann zusätzlich die Bezeichnung der Fahrzeugklasse eingetragen werden. [5]Die Datenbestätigung ist für die Zulassung dem Fahrzeug mitzugeben. [6]Hat der Inhaber einer Allgemeinen Betriebserlaubnis auch einen Fahrzeugbrief nach Absatz 3 Satz 1 ausgefüllt, ist dieser der Datenbestätigung beizufügen. [7]Die Datenbestätigung nach Satz 1 ist entbehrlich, wenn
1. das Kraftfahrt-Bundesamt für den Fahrzeugtyp Typdaten zur Verfügung gestellt hat und
2. der Inhaber einer Allgemeinen Betriebserlaubnis durch Eintragung der vom Kraftfahrt-Bundesamt für den Abruf der Typdaten zugeteilten Typ- sowie Varianten-/Versionsschlüsselnummer im Fahrzeugbrief bestätigt hat, dass das im Fahrzeugbrief genannte Fahrzeug mit den Typdaten, die dieser Schlüsselnummer entsprechen, übereinstimmt.

(3b) Für Fahrzeuge, die für die Bundeswehr zugelassen werden sollen, braucht die Datenbestätigung abweichend von Absatz 3a Satz 1 nur für eine Fahrzeugserie ausgestellt zu werden, wenn der Inhaber der Allgemeinen Betriebserlaubnis die Fahrzeug-Identifizierungsnummer jedes einzelnen Fahrzeugs der Fahrzeugserie der Zentralen Militärkraftfahrtstelle mitteilt.

(4) Abweichungen von den technischen Angaben, die das Kraftfahrt-Bundesamt bei Erteilung der Allgemeinen Betriebserlaubnis durch schriftlichen oder elektronischen Bescheid für den genehmigten Typ festgelegt hat, sind dem Inhaber der Allgemeinen Betriebserlaubnis nur gestattet, wenn diese durch einen entsprechenden Nachtrag ergänzt worden ist oder wenn das Kraftfahrt-Bundesamt auf Anfrage erklärt hat, dass für die vorgesehene Änderung eine Nachtragserlaubnis nicht erforderlich ist.

(5) [1]Die Allgemeine Betriebserlaubnis erlischt nach Ablauf einer etwa festgesetzten Frist, bei Widerruf durch das Kraftfahrt-Bundesamt und wenn der genehmigte Typ den Rechtsvorschriften nicht mehr entspricht. [2]Der Widerruf kann ausgesprochen werden, wenn der Inhaber der Allgemeinen Betriebserlaubnis gegen die mit dieser verbundenen Pflichten verstößt oder sich als unzuverlässig erweist oder wenn sich herausstellt, dass der genehmigte Fahrzeugtyp den Erfordernissen der Verkehrssicherheit nicht entspricht.

(6) [1]Das Kraftfahrt-Bundesamt kann jederzeit bei Herstellern oder deren Beauftragten oder bei Händlern die Erfüllung der mit der Allgemeinen Betriebserlaubnis verbundenen Pflichten nachprüfen oder nachprüfen lassen. [2]In den Fällen des Absatzes 1 Satz 3 Nummer 1 und 2 kann das Kraftfahrt-Bundesamt die Erteilung der Allgemeinen Betriebserlaubnis davon abhängig machen, dass der Hersteller oder sein Beauftragter sich verpflichtet, die zur Nachprüfung nach Satz 1

notwendigen Maßnahmen zu ermöglichen. ³Die Kosten der Nachprüfung trägt der Inhaber der Allgemeinen Betriebserlaubnis, wenn ihm ein Verstoß gegen die mit der Erlaubnis verbundenen Pflichten nachgewiesen wird.

§ 21
Betriebserlaubnis für Einzelfahrzeuge

(1) ¹Gehört ein Fahrzeug nicht zu einem genehmigten Typ, so hat der Verfügungsberechtigte die Betriebserlaubnis bei der nach Landesrecht zuständigen Behörde zu beantragen. ²Mit dem Antrag auf Erteilung der Betriebserlaubnis ist der nach Landesrecht zuständigen Behörde das Gutachten eines amtlich anerkannten Sachverständigen für den Kraftfahrzeugverkehr vorzulegen. ³Das Gutachten muss die technische Beschreibung des Fahrzeugs in dem Umfang enthalten, der für die Ausfertigung der Zulassungsbescheinigung Teil I und Teil II erforderlich ist. ⁴Dem Gutachten ist eine Anlage beizufügen, in der die technischen Vorschriften angegeben sind, auf deren Grundlage dem Fahrzeug eine Betriebserlaubnis erteilt werden kann. ⁵In den Fällen des § 19 Absatz 2 sind in dieser Anlage zusätzlich die Änderungen darzustellen, die zum Erlöschen der früheren Betriebserlaubnis geführt haben. ⁶In dem Gutachten bescheinigt die oder der amtlich anerkannte Sachverständige für den Kraftfahrzeugverkehr, dass sie oder er das Fahrzeug im Gutachten richtig beschrieben hat und dass das Fahrzeug gemäß § 19 Absatz 1 vorschriftsmäßig ist; die Angaben aus dem Gutachten überträgt die Genehmigungsbehörde in die Zulassungsbescheinigung Teil I und, soweit vorgesehen, in die Zulassungsbescheinigung Teil II.

(1a) Gehört ein Fahrzeug zu einem genehmigten Typ oder liegt eine Einzelbetriebserlaubnis nach dieser Verordnung oder eine Einzelgenehmigung nach § 13 der EG-Fahrzeuggenehmigungsverordnung vor, ist eine Begutachtung nur zulässig, wenn die Betriebserlaubnis nach § 19 Absatz 2 erloschen ist.

(2) ¹Für die im Gutachten zusammengefassten Ergebnisse müssen Prüfprotokolle vorliegen, aus denen hervorgeht, dass die notwendigen Prüfungen durchgeführt und die geforderten Ergebnisse erreicht wurden. ²Auf Anforderung sind die Prüfprotokolle der Genehmigungs- oder der zuständigen Aufsichtsbehörde vorzulegen. ³Die Aufbewahrungsfrist für die Gutachten und Prüfprotokolle beträgt zehn Jahre.

(3) ¹Der Leiter der Technischen Prüfstelle ist für die Sicherstellung der gleichmäßigen Qualität aller Tätigkeiten des befugten Personenkreises verantwortlich. ²Er hat der zuständigen Aufsichtsbehörde jährlich sowie zusätzlich auf konkrete Anforderung hin einen Qualitätssicherungsbericht vorzulegen. ³Der Bericht muss in transparenter Form Aufschluss über die durchgeführten Qualitätskontrollen und die eingeleiteten Qualitätsmaßnahmen geben, sofern diese aufgrund eines Verstoßes erforderlich waren. ⁴Der Leiter der Technischen Prüfstelle hat sicherzustellen, dass fehlerhafte Begutachtungen aufgrund derer ein Fahrzeug in Verkehr gebracht wurde oder werden soll, von denen ein erhebliches Risiko für die Verkehrssicherheit, die öffentliche Gesundheit oder die Umwelt ausgeht, nach Feststellung unverzüglich der zuständigen Genehmigungsbehörde und der zuständigen Aufsichtsbehörde gemeldet werden.

(4) ¹Bei zulassungspflichtigen Fahrzeugen ist der Behörde mit dem Antrag eine Zulassungsbescheinigung Teil II vorzulegen. ²Wenn diese noch nicht vorhanden ist, ist nach § 12 der Fahrzeug-Zulassungsverordnung zu beantragen, dass diese ausgefertigt wird.

(5) Ist für die Erteilung einer Genehmigung für Fahrzeuge zusätzlich die Erteilung einer Ausnahmegenehmigung nach § 70 erforderlich, hat die begutachtende Stelle diese im Gutachten zu benennen und stichhaltig zu begründen.

(6) Abweichend von Absatz 4 Satz 1 bedarf es für Fahrzeuge, die für die Bundeswehr zugelassen werden, nicht der Vorlage einer Zulassungsbescheinigung Teil II, wenn ein amtlich anerkannter Sachverständiger für den Kraftfahrzeugverkehr eine Datenbestätigung entsprechend Muster 2d ausgestellt hat.

§ 21a
Anerkennung von Genehmigungen und Prüfzeichen auf Grund internationaler Vereinbarungen und von Rechtsakten der Europäischen Gemeinschaften

(1) [1]Im Verfahren auf Erteilung der Betriebserlaubnis werden Genehmigungen und Prüfzeichen anerkannt, die ein ausländischer Staat für Ausrüstungsgegenstände oder Fahrzeugteile oder in Bezug auf solche Gegenstände oder Teile für bestimmte Fahrzeugtypen unter Beachtung der mit der Bundesrepublik Deutschland vereinbarten Bedingungen erteilt hat. [2]Dasselbe gilt für Genehmigungen und Prüfzeichen, die das Kraftfahrt-Bundesamt für solche Gegenstände oder Teile oder in Bezug auf diese für bestimmte Fahrzeugtypen erteilt, wenn das Genehmigungsverfahren unter Beachtung der von der Bundesrepublik Deutschland mit ausländischen Staaten vereinbarten Bedingungen durchgeführt worden ist. [3]§ 22a bleibt unberührt.

(1a) Absatz 1 gilt entsprechend für Genehmigungen und Prüfzeichen, die auf Grund von Rechtsakten der Europäischen Gemeinschaften erteilt werden oder anzuerkennen sind.

(2) [1]Das Prüfzeichen nach Absatz 1 besteht aus einem Kreis, in dessen Innerem sich der Buchstabe „E" und die Kennzahl des Staates befinden, der die Genehmigung erteilt hat, sowie aus der Genehmigungsnummer in der Nähe dieses Kreises, gegebenenfalls aus der Nummer der internationalen Vereinbarung mit dem Buchstaben „R" und gegebenenfalls aus zusätzlichen Zeichen. [2]Das Prüfzeichen nach Absatz 1a besteht aus einem Rechteck, in dessen Innerem sich der Buchstabe „e" und die Kennzahl oder die Kennbuchstaben des Staates befinden, der die Genehmigung erteilt hat, aus der Bauartgenehmigungsnummer in der Nähe dieses Rechtecks sowie gegebenenfalls aus zusätzlichen Zeichen. [3]Die Kennzahl für die Bundesrepublik Deutschland ist in allen Fällen „1".

(3) [1]Mit einem Prüfzeichen der in den Absätzen 1 bis 2 erwähnten Art darf ein Ausrüstungsgegenstand oder ein Fahrzeugteil nur gekennzeichnet sein, wenn er die Genehmigung in jeder Hinsicht entspricht. [2]Zeichen, die zu Verwechslungen mit einem solchen Prüfzeichen Anlass geben können, dürfen an Ausrüstungsgegenständen oder Fahrzeugteilen nicht angebracht sein.

§ 21b
Anerkennung von Prüfungen auf Grund von Rechtsakten der Europäischen Gemeinschaften

Im Verfahren auf Erteilung der Betriebserlaubnis werden Prüfungen anerkannt, die auf Grund harmonisierter Vorschriften nach § 19 Absatz 1 Satz 2 durchgeführt und bescheinigt worden sind.

§ 21c
(aufgehoben)

§ 22
Betriebserlaubnis für Fahrzeugteile

(1) [1]Die Betriebserlaubnis kann auch gesondert für Teile von Fahrzeugen erteilt werden, wenn der Teil eine technische Einheit bildet, die im Erlaubnisverfahren selbstständig behandelt werden kann. [2]Dürfen die Teile nur an Fahrzeugen bestimmter Art, eines bestimmten Typs oder nur bei einer bestimmten Art des Ein- oder Anbaus verwendet werden, ist die Betriebserlaubnis dahingehend zu beschränken. [3]Die Wirksamkeit der Betriebserlaubnis kann davon abhängig gemacht werden, dass der Ein- oder Anbau abgenommen worden ist. [4]Die Abnahme ist von einem amtlich anerkannten Sachverständigen oder Prüfer für den Kraftfahrzeugverkehr oder von einem Kraftfahrzeugsachverständigen oder Angestellten nach Nummer 4 der Anlage VIIIb durchführen zu lassen. [5]In den Fällen des Satzes 3 ist durch die abnehmende Stelle nach Satz 4 auf dem Nachweis (§ 19 Absatz 4 Satz 1) darüber der ordnungsgemäße Ein- oder Anbau unter Angabe des Fahrzeugherstellers und -typs sowie der Fahrzeug-Identifizierungsnummer zu bestätigen.

(2) [1]Für das Verfahren gelten die Vorschriften über die Erteilung der Betriebserlaubnis für Fahrzeuge entsprechend. [2]Bei reihenweise zu

fertigenden oder gefertigten Teilen ist sinngemäß nach § 20 zu verfahren; der Inhaber einer Allgemeinen Betriebserlaubnis für Fahrzeugteile hat durch Anbringung des ihm vorgeschriebenen Typzeichens auf jedem dem Typ entsprechenden Teil dessen Übereinstimmung mit dem genehmigten Typ zu bestätigen. ³Außerdem hat er jedem gefertigten Teil einen Abdruck oder eine Ablichtung der Betriebserlaubnis oder den Auszug davon und gegebenenfalls den Nachweis darüber (§ 19 Absatz 4 Satz 1) beizufügen. ⁴Bei Fahrzeugteilen, die nicht zu einem genehmigten Typ gehören, ist nach § 21 zu verfahren; das Gutachten des amtlich anerkannten Sachverständigen für den Kraftfahrzeugverkehr ist, falls es sich nicht gegen die Erteilung der Betriebserlaubnis ausspricht, in den Fahrzeugschein einzutragen, wenn der Teil an einem bestimmten zulassungspflichtigen Fahrzeug an- oder eingebaut werden soll. ⁵Unter dem Gutachten hat die Zulassungsbehörde gegebenenfalls einzutragen: „Betriebserlaubnis erteilt". ⁶Der gleiche Vermerk ist unter kurzer Bezeichnung des genehmigten Teils in dem nach § 4 Absatz 5 der Fahrzeug-Zulassungsverordnung mitzuführenden oder aufzubewahrenden Nachweis und in dem Anhängerverzeichnis, sofern ein solches ausgestellt worden ist, einzutragen.

(3) ¹Anstelle einer Betriebserlaubnis nach Absatz 1 können auch Teile zum nachträglichen An- oder Einbau (§ 19 Absatz 3 Nummer 1 Buchstabe b oder Nummer 3) im Rahmen einer Allgemeinen Betriebserlaubnis für ein Fahrzeug oder eines Nachtrags dazu (§ 20) genehmigt werden; die Absätze 1, 2 Satz 2 und 3 gelten entsprechend. ²Der Nachtrag kann sich insoweit auch auf Fahrzeuge erstrecken, die vor Genehmigung des Nachtrags hergestellt worden sind.

§ 22a
Bauartgenehmigung für Fahrzeugteile

(1) Die nachstehend aufgeführten Einrichtungen, gleichgültig ob sie an zulassungspflichtigen oder an zulassungsfreien Fahrzeugen verwendet werden, müssen in einer amtlich genehmigten Bauart ausgeführt sein:
1. Heizungen in Kraftfahrzeugen, ausgenommen elektrische Heizungen sowie Warmwasserheizungen, bei denen als Wärmequelle das Kühlwasser des Motors verwendet wird (§ 35c Absatz 1);
1a. Luftreifen (§ 36 Absatz 2);
2. Gleitschutzeinrichtungen (§ 37 Absatz 1 Satz 2);
3. Scheiben aus Sicherheitsglas (§ 40) und Folien für Scheiben aus Sicherheitsglas;
4. Frontschutzsysteme (§ 30c Absatz 4);
5. Auflaufbremsen (§ 41 Absatz 10), ausgenommen ihre Übertragungseinrichtungen und Auflaufbremsen, die nach den im Anhang zu § 41 Absatz 18 genannten Bestimmungen über Bremsanlagen geprüft sind und deren Übereinstimmung in der vorgesehenen Form bescheinigt ist;
6. Einrichtungen zur Verbindung von Fahrzeugen (§ 43 Absatz 1), mit Ausnahme von
   a) Einrichtungen, die aus technischen Gründen nicht selbstständig im Genehmigungsverfahren behandelt werden können (zum Beispiel Deichseln an einachsigen Anhängern, wenn sie Teil des Rahmens und nicht verstellbar sind),
   b) Ackerschienen (Anhängeschienen), ihrer Befestigungseinrichtung und dem Dreipunktanbau an land- oder forstwirtschaftlichen Zug- oder Arbeitsmaschinen,
   c) Zugeinrichtungen an land- oder forstwirtschaftlichen Arbeitsgeräten, die hinter Kraftfahrzeugen mitgeführt werden und nur im Fahren eine ihrem Zweck entsprechende Arbeit leisten können, wenn sie zur Verbindung mit den unter Buchstabe b genannten Einrichtungen bestimmt sind,
   d) Abschlepp- und Rangiereinrichtungen einschließlich Abschleppstangen und Abschleppseilen,
   e) Langbäumen,

f) Verbindungseinrichtungen an Anbaugeräten, die an land- oder forstwirtschaftlichen Zugmaschinen angebracht werden;
7. Scheinwerfer für Fernlicht und für Abblendlicht sowie für Fern- und Abblendlicht (§ 50);
8. Begrenzungsleuchten (§ 51 Absatz 1 und 2, § 53b Absatz 1);
8a. Spurhalteleuchten (§ 51 Absatz 4);
8b. Seitenmarkierungsleuchten (§ 51a Absatz 6);
9. Parkleuchten, Park-Warntafeln (§ 51c);
9a. Umrissleuchten (§ 51b);
10. Nebelscheinwerfer (§ 52 Absatz 1);
11. Kennleuchten für blaues Blinklicht (§ 52 Absatz 3);
11a. nach vorn wirkende Kennleuchten für rotes Blinklicht mit nur einer Hauptausstrahlrichtung (Anhaltesignal) (§ 52 Absatz 3a);
12. Kennleuchten für gelbes Blinklicht (§ 52 Absatz 4);
12a. Rückfahrscheinwerfer (§ 52a);
13. Schlussleuchten (§ 53 Absatz 1 und 6, § 53b);
14. Bremsleuchten (§ 53 Absatz 2);
15. Rückstrahler (§ 51 Absatz 2, § 51a Absatz 1, § 53 Absatz 4, 6 und 7, § 53b, § 66a Absatz 4 dieser Verordnung, § 22 Absatz 4 der Straßenverkehrs-Ordnung);
16. Warndreiecke und Warnleuchten (§ 53a Absatz 1 und 3);
16a. Nebelschlussleuchten (§ 53d);
17. Fahrtrichtungsanzeiger (Blinkleuchten) (§ 53b Absatz 5, § 54);
17a. Tragbare Blinkleuchten und rot-weiße Warnmarkierungen für Hubladebühnen (§ 53b Absatz 5);
18. Lichtquellen für bauartgenehmigungspflichtige lichttechnische Einrichtungen, soweit die Lichtquellen nicht fester Bestandteil der Einrichtungen sind (§ 49a Absatz 6, § 67 Absatz 6 dieser Verordnung, § 22 Absatz 4 und 5 der Straßenverkehrs-Ordnung);
19. Warneinrichtungen mit einer Folge von Klängen verschiedener Grundfrequenz – Einsatzhorn – (§ 55 Absatz 3);
19a. Warneinrichtungen mit einer Folge von Klängen verschiedener Grundfrequenz (Anhaltehorn) (§ 55 Absatz 3a);
20. Fahrtschreiber (§ 57a);
21. Beleuchtungseinrichtungen für Kennzeichen (§ 10 der Fahrzeug-Zulassungsverordnung);
21a. Beleuchtungseinrichtungen für transparente amtliche Kennzeichen (§ 10 Fahrzeugzulassungs-Verordnung);
22. Lichtmaschinen, Scheinwerfer für Abblendlicht, auch mit Fernlichtfunktion, auch mit Tagfahrlichtfunktion, Schlussleuchten, auch mit Bremslichtfunktion, Fahrtrichtungsanzeiger, rote, gelbe und weiße Rückstrahler, Pedalrückstrahler und retroreflektierende Streifen an Reifen, Felgen oder in den Speichen, weiß retroreflektierende Speichen oder Speichenhülsen für Fahrräder und Fahrradanhänger (§ 67 Absatz 1 bis 5, § 67a Absatz 1);
23. (aufgehoben)
24. (aufgehoben)
25. Sicherheitsgurte und andere Rückhaltesysteme in Kraftfahrzeugen;
26. Leuchten zur Sicherung hinausragender Ladung (§ 22 Absatz 4 und 5 der Straßenverkehrs-Ordnung);
27. Rückhalteeinrichtungen für Kinder in Kraftfahrzeugen (§ 35a Absatz 12 dieser Verordnung sowie § 21 Absatz 1a der Straßenverkehrs-Ordnung).

(1a) § 22 Absatz 1 Satz 2 bis 5 ist entsprechend anzuwenden.

(2) ¹Fahrzeugteile, die in einer amtlich genehmigten Bauart ausgeführt sein müssen, dürfen zur Verwendung im Geltungsbereich dieser Verordnung nur feilgeboten, veräußert, erworben oder verwendet werden, wenn sie mit einem amtlich vorgeschriebenen und zugeteilten Prüfzeichen gekennzeichnet sind. ²Die Ausgestaltung der Prüfzeichen und das Verfahren bestimmt das Bundesministerium für Verkehr und digitale Infrastruktur; insoweit gilt die Fahrzeugteileverordnung vom 12. August 1998 (BGBl. I S. 2142).

(3) Die Absätze 1 und 2 sind nicht anzuwenden auf

1. Einrichtungen, die zur Erprobung im Straßenverkehr verwendet werden, wenn der Führer des Fahrzeugs eine entsprechende amtliche Bescheinigung mit sich führt und zuständigen Personen auf Verlangen zur Prüfung aushändigt,
2. Einrichtungen – ausgenommen lichttechnische Einrichtungen für Fahrräder und Lichtquellen für Scheinwerfer –, die in den Geltungsbereich dieser Verordnung verbracht worden sind, an Fahrzeugen verwendet werden, die außerhalb des Geltungsbereichs dieser Verordnung gebaut worden sind, und in ihrer Wirkung etwa den nach Absatz 1 geprüften Einrichtungen gleicher Art entsprechen und als solche erkennbar sind,
3. Einrichtungen, die an Fahrzeugen verwendet werden, deren Zulassung auf Grund eines Verwaltungsverfahrens erfolgt, in welchem ein Mitgliedstaat der Europäischen Union bestätigt, dass der Typ eines Fahrzeugs, eines Systems, eines Bauteils oder einer selbstständigen technischen Einheit die einschlägigen technischen Anforderungen der Richtlinie 70/156/EWG des Rates vom 6. Februar 1970 zur Angleichung der Rechtsvorschriften der Mitgliedstaaten über die Betriebserlaubnis für Kraftfahrzeuge und Kraftfahrzeuganhänger (ABl. L 42 vom 23.2.1970, S. 1), die zuletzt durch die Richtlinie 2004/104/EG (ABl. L 337 vom 13.11.2004, S. 13) geändert worden ist, der Richtlinie 92/61/EWG des Rates vom 30. Juni 1992 über die Betriebserlaubnis für zweirädrige oder dreirädrige Kraftfahrzeuge (ABl. L 225 vom 10.8.1992, S. 72), die durch die Richtlinie 2000/7/EG (ABl. L 106 vom 3.5.2000, S. 1) geändert worden ist, oder der Richtlinie 2007/46/EG oder der Richtlinie 2002/24/EG oder der Richtlinie 2003/37/EG in ihrer jeweils geltenden Fassung oder einer Einzelrichtlinie erfüllt.

(4) [1]Absatz 2 ist nicht anzuwenden auf Einrichtungen, für die eine Einzelgenehmigung im Sinne der Fahrzeugteileverordnung erteilt worden ist. [2]Werden solche Einrichtungen im Verkehr verwendet, so ist die Urkunde über die Genehmigung mitzuführen und zuständigen Personen auf Verlangen zur Prüfung auszuhändigen; dies gilt nicht, wenn die Genehmigung aus dem Fahrzeugschein, aus dem Nachweis nach § 4 Absatz 5 der Fahrzeug-Zulassungsverordnung oder aus dem statt der Zulassungsbescheinigung Teil II mitgeführten Anhängerverzeichnis hervorgeht.

(5) [1]Mit einem amtlich zugeteilten Prüfzeichen der in Absatz 2 erwähnten Art darf ein Fahrzeugteil nur gekennzeichnet sein, wenn es der Bauartgenehmigung in jeder Hinsicht entspricht. [2]Zeichen, die zu Verwechslungen mit einem amtlich zugeteilten Prüfzeichen Anlass geben können, dürfen an den Fahrzeugteilen nicht angebracht sein.

(6) Die Absätze 2 und 5 gelten entsprechend für Einrichtungen, die einer EWG-Bauartgenehmigung bedürfen.

§ 23
Gutachten für die Einstufung eines Fahrzeugs als Oldtimer

[1]Zur Einstufung eines Fahrzeugs als Oldtimer im Sinne des § 2 Nummer 22 der Fahrzeug-Zulassungsverordnung ist ein Gutachten eines amtlich anerkannten Sachverständigen oder Prüfers oder Prüfingenieurs erforderlich. [2]Die Begutachtung ist nach einer im Verkehrsblatt nach Zustimmung der zuständigen obersten Landesbehörden bekannt gemachten Richtlinie durchzuführen und das Gutachten nach einem in der Richtlinie festgelegten Muster auszufertigen. [3]Im Rahmen der Begutachtung ist auch eine Untersuchung im Umfang einer Hauptuntersuchung nach § 29 durchzuführen, es sei denn, dass mit der Begutachtung gleichzeitig ein Gutachten nach § 21 erstellt wird. [4]Für das Erteilen der Prüfplakette gilt § 29 Absatz 3.

§§ 24 bis 28
(aufgehoben)

§ 29
Untersuchung der Kraftfahrzeuge und Anhänger[1]

(1) [1]Die Halter von zulassungspflichtigen Fahrzeugen im Sinne des § 3 Absatz 1 der Fahrzeug-Zulassungsverordnung und kennzeichenpflichtigen Fahrzeugen nach § 4 Absatz 2 und 3 Satz 2 der Fahrzeug-Zulassungsverordnung haben ihre Fahrzeuge auf ihre Kosten nach Maßgabe der Anlage VIII in Verbindung mit Anlage VIIIa in regelmäßigen Zeitabständen untersuchen zu lassen. [2]Ausgenommen sind
1. Fahrzeuge mit rotem Kennzeichen nach den §§ 16 und 17 der Fahrzeug-Zulassungsverordnung,
2. Fahrzeuge der Bundeswehr und der Bundespolizei.

[3]Über die Untersuchung der Fahrzeuge der Feuerwehren und des Katastrophenschutzes entscheiden die zuständigen obersten Landesbehörden im Einzelfall oder allgemein.

(2) [1]Der Halter hat den Monat, in dem das Fahrzeug spätestens zur
1. Hauptuntersuchung vorgeführt werden muss, durch eine Prüfplakette nach Anlage IX auf dem Kennzeichen nachzuweisen, es sei denn, es handelt sich um ein Kurzzeitkennzeichen oder Ausfuhrkennzeichen,
2. Sicherheitsprüfung vorgeführt werden muss, durch eine Prüfmarke in Verbindung mit einem SP-Schild nach Anlage IXb nachzuweisen.

[2]Prüfplaketten sind von der nach Landesrecht zuständigen Behörde oder den zur Durchführung von Hauptuntersuchungen berechtigten Personen zuzuteilen und auf dem hinteren amtlichen Kennzeichen dauerhaft und gegen Missbrauch gesichert anzubringen. [3]Prüfplaketten in Verbindung mit Plakettenträgern sind von der nach Landesrecht zuständigen Behörde zuzuteilen und von dem Halter oder seinem Beauftragten auf dem hinteren amtlichen Kennzeichen dauerhaft und gegen Missbrauch gesichert anzubringen. [4]Abgelaufene Prüfplaketten sowie gegebenenfalls vorhandene Plakettenträger sind vor Anbringung neuer Prüfplaketten oder neuer Prüfplaketten in Verbindung mit Plakettenträgern zu entfernen. [5]Prüfmarken sind von der nach Landesrecht zuständigen Behörde zuzuteilen und von dem Halter oder seinem Beauftragten auf dem SP-Schild nach den Vorschriften der Anlage IXb anzubringen oder von den zur Durchführung von Hauptuntersuchungen oder Sicherheitsprüfungen berechtigten Personen zuzuteilen und von diesen nach den Vorschriften der Anlage IXb auf dem SP-Schild anzubringen. [6]SP-Schilder dürfen von der nach Landesrecht zuständigen Behörde, von den zur Durchführung von Hauptuntersuchungen berechtigten Personen, dem Fahrzeughersteller, dem Halter oder seinem Beauftragten nach den Vorschriften der Anlage IXb angebracht werden.

(3) [1]Eine Prüfplakette darf nur dann zugeteilt und angebracht werden, wenn die Vorschriften der Anlage VIII eingehalten sind. [2]Durch die nach durchgeführter Hauptuntersuchung zugeteilte und angebrachte Prüfplakette wird bescheinigt, dass das Fahrzeug zum Zeitpunkt dieser Untersuchung vorschriftsmäßig nach Nummer 1.2 der Anlage VIII ist. [3]Weist das Fahrzeug lediglich geringe Mängel auf, so kann abweichend von Satz 1 die Prüfplakette zugeteilt und angebracht werden, wenn die unverzügliche Beseitigung der Mängel zu erwarten ist.

(4) [1]Eine Prüfmarke darf zugeteilt und angebracht werden, wenn das Fahrzeug nach Abschluss der Sicherheitsprüfung nach Maßgabe der Nummer 1.3 der Anlage VIII keine Mängel aufweist. [2]Die Vorschriften von Nummer 2.6 der Anlage VIII bleiben unberührt.

(5) Der Halter hat dafür zu sorgen, dass sich die nach Absatz 3 angebrachte Prüfplakette und die nach Absatz 4 angebrachte Prüfmarke und das SP-Schild in ordnungsgemäßem Zustand befinden; sie dürfen weder verdeckt noch verschmutzt sein.

(6) Monat und Jahr des Ablaufs der Frist für die nächste

---

1 Anm. d. Red.:
Beachte die Übergangsbestimmung nach § 72 Absatz 2 Nummer 1.

1. Hauptuntersuchung müssen von demjenigen, der die Prüfplakette zugeteilt und angebracht hat,
   a) bei den im üblichen Zulassungsverfahren behandelten Fahrzeugen in der Zulassungsbescheinigung Teil I oder
   b) bei anderen Fahrzeugen auf dem nach § 4 Absatz 5 der Fahrzeug-Zulassungsverordnung mitzuführenden oder aufzubewahrenden Nachweis in Verbindung mit dem Prüfstempel der untersuchenden Stelle oder dem HU-Code und der Kennnummer der untersuchenden Person oder Stelle,
2. Sicherheitsprüfung müssen von demjenigen, der die Prüfmarke zugeteilt hat, im Prüfprotokoll

vermerkt werden.

(7) ¹Die Prüfplakette und die Prüfmarke werden mit Ablauf des jeweils angegebenen Monats ungültig. ²Ihre Gültigkeit verlängert sich um einen Monat, wenn bei der Durchführung der Hauptuntersuchung oder Sicherheitsprüfung Mängel festgestellt werden, die vor der Zuteilung einer neuen Prüfplakette oder Prüfmarke zu beheben sind. ³Satz 2 gilt auch, wenn bei geringen Mängeln keine Prüfplakette nach Absatz 3 Satz 2 zugeteilt wird, und für Prüfmarken in den Fällen der Anlage VIII Nummer 2.4 Satz 6. ⁴Befindet sich an einem Fahrzeug, das mit einer Prüfplakette oder einer Prüfmarke in Verbindung mit einem SP-Schild versehen sein muss, keine gültige Prüfplakette oder keine gültige Prüfmarke, so kann die nach Landesrecht zuständige Behörde für die Zeit bis zur Anbringung der vorgenannten Nachweise den Betrieb des Fahrzeugs im öffentlichen Verkehr untersagen oder beschränken. ⁵Die betroffene Person hat das Verbot oder die Beschränkung zu beachten.

(8) Einrichtungen aller Art, die zu Verwechslungen mit der in Anlage IX beschriebenen Prüfplakette oder der in Anlage IXb beschriebenen Prüfmarke in Verbindung mit dem SP-Schild Anlass geben können, dürfen an Kraftfahrzeugen und ihren Anhängern nicht angebracht sein.

(9) Der für die Durchführung von Hauptuntersuchungen oder Sicherheitsprüfungen Verantwortliche hat für Hauptuntersuchungen einen Untersuchungsbericht und für Sicherheitsprüfungen ein Prüfprotokoll nach Maßgabe der Anlage VIII zu erstellen und dem Fahrzeughalter oder seinem Beauftragten auszuhändigen.

(10) ¹Der Halter hat den Untersuchungsbericht mindestens bis zur nächsten Hauptuntersuchung und das Prüfprotokoll mindestens bis zur nächsten Sicherheitsprüfung aufzubewahren. ²Der Halter oder sein Beauftragter hat den Untersuchungsbericht, bei Fahrzeugen nach Absatz 11 zusammen mit dem Prüfprotokoll und dem Prüfbuch, zuständigen Personen und der nach Landesrecht zuständigen Behörde auf deren Anforderung hin auszuhändigen. ³Kann der letzte Untersuchungsbericht oder das letzte Prüfprotokoll nicht ausgehändigt werden, hat der Halter auf seine Kosten Zweitschriften von den prüfenden Stellen zu beschaffen oder eine Hauptuntersuchung oder eine Sicherheitsprüfung durchführen zu lassen. ⁴Die Sätze 2 und 3 gelten nicht für den Untersuchungsbericht bei der Fahrzeugzulassung, wenn die Fälligkeit der nächsten Hauptuntersuchung für die Zulassungsbehörde aus einem anderen amtlichen Dokument ersichtlich ist.

(11) ¹Halter von Fahrzeugen, an denen nach Nummer 2.1 der Anlage VIII Sicherheitsprüfungen durchzuführen sind, haben ab dem Tag der Zulassung Prüfbücher nach einem im Verkehrsblatt mit Zustimmung der zuständigen obersten Landesbehörden bekannt gemachten Muster zu führen. ²Untersuchungsberichte und Prüfprotokolle müssen mindestens für die Dauer ihrer Aufbewahrungspflicht nach Absatz 10 in den Prüfbüchern abgeheftet werden.

(12) Der für die Durchführung von Hauptuntersuchungen oder Sicherheitsprüfungen Verantwortliche hat ihre Durchführung unter Angabe des Datums, bei Kraftfahrzeugen zusätzlich unter Angabe des Kilometerstandes, im Prüfbuch einzutragen.

(13) Prüfbücher sind bis zur endgültigen Außerbetriebsetzung des jeweiligen Fahrzeugs

von dem Halter des Fahrzeugs aufzubewahren.

§ 29a
Datenübermittlung

[1]Die zur Durchführung von Hauptuntersuchungen oder Sicherheitsprüfungen nach § 29 berechtigten Personen sind verpflichtet, nach Abschluss einer Hauptuntersuchung oder einer Sicherheitsprüfung die in § 34 Absatz 1 der Fahrzeug-Zulassungsverordnung genannten Daten an das Kraftfahrt-Bundesamt zur Speicherung im Zentralen Fahrzeugregister zu übermitteln. [2]Darüber hinaus *dürfen [ab 20. Mai 2018: müssen]* die zur Durchführung von Hauptuntersuchungen nach § 29 berechtigten Personen nach Abschluss einer Hauptuntersuchung die in § 34 Absatz 2 der Fahrzeug-Zulassungsverordnung genannten Daten an das Kraftfahrt-Bundesamt zur Speicherung im Zentralen Fahrzeugregister übermitteln. [3]Die jeweilige Übermittlung hat
1. bei verkehrsunsicheren Fahrzeugen nach Anlage VIII Nummer 3.1.4.4 oder 3.2.3.3 am selben Tag,
2. sonst unverzüglich, spätestens aber innerhalb von zwei Wochen nach Abschluss der Hauptuntersuchung oder Sicherheitsprüfung

zu erfolgen.

III.
BAU- UND BETRIEBSVORSCHRIFTEN

1.
Allgemeine Vorschriften

§ 30
Beschaffenheit der Fahrzeuge

(1) Fahrzeuge müssen so gebaut und ausgerüstet sein, dass
1. ihr verkehrsüblicher Betrieb niemanden schädigt oder mehr als unvermeidbar gefährdet, behindert oder belästigt,
2. die Insassen insbesondere bei Unfällen vor Verletzungen möglichst geschützt sind und das Ausmaß und die Folgen von Verletzungen möglichst gering bleiben.

(2) Fahrzeuge müssen in straßenschonender Bauweise hergestellt sein und in dieser erhalten werden.

(3) Für die Verkehrs- oder Betriebssicherheit wichtige Fahrzeugteile, die besonders leicht abgenutzt oder beschädigt werden können, müssen einfach zu überprüfen und leicht auswechselbar sein.

(4) [1]Anstelle der Vorschriften dieser Verordnung können die Einzelrichtlinien in ihrer jeweils geltenden Fassung angewendet werden, die
1. in Anhang IV der Richtlinie 2007/46/EG oder
2. in Anhang II Kapitel B der Richtlinie 2003/37/EG oder
3. in Anhang I der Richtlinie 2002/24/EG

in seiner jeweils geltenden Fassung genannt sind. [2]Die jeweilige Liste der in Anhang IV der Richtlinie 2007/46/EG, in Anhang II der Typgenehmigungsrichtlinie 2003/37/EG und in Anhang I der Richtlinie 2002/24/EG genannten Einzelrichtlinien wird unter Angabe der Kurzbezeichnungen und der ersten Fundstelle aus dem Amtsblatt der Europäischen Gemeinschaften vom Bundesministerium für Verkehr und digitale Infrastruktur im Verkehrsblatt bekannt gemacht und fortgeschrieben. [3]Die in Satz 1 genannten Einzelrichtlinien sind jeweils ab dem Zeitpunkt anzuwenden, zu dem sie in Kraft treten und nach Satz 2 bekannt gemacht worden sind. [4]Soweit in einer Einzelrichtlinie ihre verbindliche Anwendung vorgeschrieben ist, ist nur diese Einzelrichtlinie maßgeblich.

§ 30a
Durch die Bauart bestimmte Höchstgeschwindigkeit sowie maximales Drehmoment und maximale Nutzleistung des Motors

(1) [1]Kraftfahrzeuge müssen entsprechend dem Stand der Technik so gebaut und ausgerüstet sein, dass technische Veränderungen, die zu einer Änderung der durch die Bauart bestimmten Höchstgeschwindigkeit (Geschwindigkeit, die von einem Kraftfahrzeug

nach seiner vom Hersteller konstruktiv vorgegebenen Bauart oder infolge der Wirksamkeit zusätzlicher technischer Maßnahmen auf ebener Bahn bei bestimmungsgemäßer Benutzung nicht überschritten werden kann) führen, wesentlich erschwert sind. ²Sofern dies nicht möglich ist, müssen Veränderungen leicht erkennbar gemacht werden.

(1a) Zweirädrige Kleinkrafträder und Krafträder müssen hinsichtlich der Maßnahmen gegen unbefugte Eingriffe den Vorschriften von Kapitel 7 der Richtlinie 97/24/EG des Europäischen Parlaments und des Rates vom 17. Juni 1997 über bestimmte Bauteile und Merkmale von zweirädrigen oder dreirädrigen Kraftfahrzeugen (ABl. L 226 vom 18.8.1997, S. 1), die zuletzt durch die Richtlinie 2009/108/EG (ABl. L 213 vom 18.8.2009, S. 10) geändert worden ist, jeweils in der aus dem Anhang zu dieser Vorschrift ersichtlichen Fassung, entsprechen.

(2) ¹Anhänger müssen für eine Geschwindigkeit von mindestens 100 km/h gebaut und ausgerüstet sein. ²Sind sie für eine niedrigere Geschwindigkeit gebaut oder ausgerüstet, müssen sie entsprechend § 58 für diese Geschwindigkeit gekennzeichnet sein.

(3) Bei Kraftfahrzeugen nach Artikel 1 der Richtlinie 2002/24/EG sind zur Ermittlung der durch die Bauart bestimmten Höchstgeschwindigkeit sowie zur Ermittlung des maximalen Drehmoments und der maximalen Nutzleistung des Motors die im Anhang zu dieser Vorschrift genannten Bestimmungen anzuwenden.

§ 30b
Berechnung des Hubraums

Der Hubraum ist wie folgt zu berechnen:
1. Für pi wird der Wert von 3,1416 eingesetzt.
2. Die Werte für Bohrung und Hub werden in Millimeter eingesetzt, wobei auf die erste Dezimalstelle hinter dem Komma auf- oder abzurunden ist.
3. Der Hubraum ist auf volle Kubikzentimeter auf- oder abzurunden.
4. Folgt der zu rundenden Stelle eine der Ziffern 0 bis 4, so ist abzurunden, folgt eine der Ziffern 5 bis 9, so ist aufzurunden.

§ 30c
Vorstehende Außenkanten, Frontschutzsysteme

(1) Am Umriss der Fahrzeuge dürfen keine Teile so hervorragen, dass sie den Verkehr mehr als unvermeidbar gefährden.

(2) Vorstehende Außenkanten von Personenkraftwagen müssen den im Anhang zu dieser Vorschrift genannten Bestimmungen entsprechen.

(3) Vorstehende Außenkanten von zweirädrigen oder dreirädrigen Kraftfahrzeugen nach § 30a Absatz 3 müssen den im Anhang zu dieser Vorschrift genannten Bestimmungen entsprechen.

(4) An Personenkraftwagen, Lastkraftwagen, Zugmaschinen und Sattelzugmaschinen mit mindestens vier Rädern, einer durch die Bauart bestimmten Höchstgeschwindigkeit von mehr als 25 km/h und einer zulässigen Gesamtmasse von nicht mehr als 3,5 t angebrachte Frontschutzsysteme müssen den im Anhang zu dieser Vorschrift genannten Bestimmungen entsprechen.

§ 30d
Kraftomnibusse

(1) Kraftomnibusse sind Kraftfahrzeuge zur Personenbeförderung mit mehr als acht Sitzplätzen außer dem Fahrersitz.

(2) Kraftomnibusaufbauten, die als selbstständige technische Einheiten die gesamte innere und äußere Spezialausrüstung dieser Kraftfahrzeugart umfassen, gelten als Kraftomnibusse nach Absatz 1.

(3) Kraftomnibusse müssen den im Anhang zu dieser Vorschrift genannten Bestimmungen entsprechen.

(4) ¹Kraftomnibusse mit Stehplätzen, die die Beförderung von Fahrgästen auf Strecken mit zahlreichen Haltestellen ermöglichen und mehr als 22 Fahrgastplätze haben, müssen zusätzlich den Vorschriften über technische Einrichtungen für die Beförderung von Personen mit eingeschränkter Mobilität nach

den im Anhang zu dieser Vorschrift genannten Bestimmungen entsprechen. ²Dies gilt für andere Kraftomnibusse, die mit technischen Einrichtungen für die Beförderung von Personen mit eingeschränkter Mobilität ausgestattet sind, entsprechend.

§ 31
Verantwortung für den Betrieb der Fahrzeuge

(1) Wer ein Fahrzeug oder einen Zug miteinander verbundener Fahrzeuge führt, muss zur selbstständigen Leitung geeignet sein.

(2) Der Halter darf die Inbetriebnahme nicht anordnen oder zulassen, wenn ihm bekannt ist oder bekannt sein muss, dass der Führer nicht zur selbstständigen Leitung geeignet oder das Fahrzeug, der Zug, das Gespann, die Ladung oder die Besetzung nicht vorschriftsmäßig ist oder dass die Verkehrssicherheit des Fahrzeugs durch die Ladung oder die Besetzung leidet.

§ 31a
Fahrtenbuch

(1) ¹Die nach Landesrecht zuständige Behörde kann gegenüber einem Fahrzeughalter für ein oder mehrere auf ihn zugelassene oder künftig zuzulassende Fahrzeuge die Führung eines Fahrtenbuchs anordnen, wenn die Feststellung eines Fahrzeugführers nach einer Zuwiderhandlung gegen Verkehrsvorschriften nicht möglich war. ²Die Verwaltungsbehörde kann ein oder mehrere Ersatzfahrzeuge bestimmen.

(2) Der Fahrzeughalter oder sein Beauftragter hat in dem Fahrtenbuch für ein bestimmtes Fahrzeug und für jede einzelne Fahrt
1. vor deren Beginn
   a) Name, Vorname und Anschrift des Fahrzeugführers,
   b) amtliches Kennzeichen des Fahrzeugs,
   c) Datum und Uhrzeit des Beginns der Fahrt und
2. nach deren Beendigung unverzüglich Datum und Uhrzeit mit Unterschrift einzutragen.

(3) Der Fahrzeughalter hat
a) der das Fahrtenbuch anordnenden oder der von ihr bestimmten Stelle oder
b) sonst zuständigen Personen
das Fahrtenbuch auf Verlangen jederzeit an dem von der anordnenden Stelle festgelegten Ort zur Prüfung auszuhändigen und es sechs Monate nach Ablauf der Zeit, für die es geführt werden muss, aufzubewahren.

§ 31b
Überprüfung mitzuführender Gegenstände

Führer von Fahrzeugen sind verpflichtet, zuständigen Personen auf Verlangen folgende mitzuführende Gegenstände vorzuzeigen und zur Prüfung des vorschriftsmäßigen Zustands auszuhändigen:
1. Feuerlöscher (§ 35g Absatz 1),
2. Erste-Hilfe-Material (§ 35h Absatz 1, 3 und 4),
3. Unterlegkeile (§ 41 Absatz 14),
4. Warndreiecke und Warnleuchten (§ 53a Absatz 2),
4a. Warnweste (§ 53a Absatz 2),
5. tragbare Blinkleuchten (§ 53b Absatz 5) und windsichere Handlampen (§ 54b),
6. Leuchten und Rückstrahler (§ 53b Absatz 1 Satz 4 Halbsatz 2 und Absatz 2 Satz 4 Halbsatz 2).

§ 31c
Überprüfung von Fahrzeuggewichten

¹Kann der Führer eines Fahrzeugs auf Verlangen einer zuständigen Person die Einhaltung der für das Fahrzeug zugelassenen Achslasten und Gesamtgewichte nicht glaubhaft machen, so ist er verpflichtet, sie nach Weisung dieser Person auf einer Waage oder einem Achslastmesser (Radlastmesser) feststellen zu lassen. ²Nach der Wägung ist dem Führer eine Bescheinigung über das Ergebnis der Wägung zu erteilen. ³Die Kosten der Wägung fallen dem Halter des Fahrzeugs zur Last, wenn ein beanstandetes Übergewicht festgestellt wird. ⁴Die prüfende Person kann von dem Führer des Fahrzeugs eine der Überlastung entsprechende Um- oder

Entladung fordern; dieser Auflage hat der Fahrzeugführer nachzukommen; die Kosten hierfür hat der Halter zu tragen.

§ 31d
Gewichte, Abmessungen und Beschaffenheit ausländischer Fahrzeuge

(1) Ausländische Kraftfahrzeuge und ihre Anhänger müssen in Gewicht und Abmessungen den §§ 32 und 34 entsprechen.

(2) Ausländische Kraftfahrzeuge müssen an Sitzen, für die das Recht des Zulassungsstaates Sicherheitsgurte vorschreibt, über diese Sicherheitsgurte verfügen.

(3) [1]Ausländische Kraftfahrzeuge, deren Zulassungsbescheinigung oder Internationaler Zulassungsschein von einem Mitgliedstaat der Europäischen Union oder von einem anderen Vertragsstaat des Abkommens über den Europäischen Wirtschaftsraum ausgestellt worden ist und die in der Richtlinie 92/6/EWG des Rates vom 10. Februar 1992 über Einbau und Benutzung von Geschwindigkeitsbegrenzern für bestimmte Kraftfahrzeugklassen in der Gemeinschaft (ABl. L 57 vom 2.3.1992, S. 27), die durch die Richtlinie 2002/85/EG (ABl. L 327 vom 4.12.2002, S. 8) geändert worden ist, genannt sind, müssen mit Geschwindigkeitsbegrenzern nach Maßgabe des Rechts des Zulassungsstaates ausgestattet sein. [2]Die Geschwindigkeitsbegrenzer müssen benutzt werden.

(4) Die Luftreifen ausländischer Kraftfahrzeuge und Anhänger, deren Zulassungsbescheinigung oder Internationaler Zulassungsschein von einem Mitgliedstaat der Europäischen Union oder von einem anderen Vertragsstaat des Abkommens über den Europäischen Wirtschaftsraum ausgestellt worden ist und die in der Richtlinie 89/459/EWG des Rates vom 18. Juli 1989 zur Angleichung der Rechtsvorschriften der Mitgliedstaaten über die Profiltiefe der Reifen an bestimmten Klassen von Kraftfahrzeugen und deren Anhängern (ABl. L 226 vom 3.8.1989, S. 4) genannt sind, müssen beim Hauptprofil der Lauffläche eine Profiltiefe von mindestens 1,6 Millimeter aufweisen; als Hauptprofil gelten dabei die breiten Profilrillen im mittleren Bereich der Lauffläche, der etwa drei Viertel der Laufflächenbreite einnimmt.

§ 31e
Geräuscharme ausländische Kraftfahrzeuge

[1]Ausländische Kraftfahrzeuge, die zur Geräuschklasse G 1 im Sinne der Nummer 3.2.1 der Anlage XIV gehören, gelten als geräuscharm; sie dürfen mit dem Zeichen „Geräuscharmes Kraftfahrzeug" gemäß Anlage XV gekennzeichnet sein. [2]Für andere ausländische Fahrzeuge gilt § 49 Absatz 3 Satz 2 und 3 entsprechend.

2.
Kraftfahrzeuge und ihre Anhänger

§ 32
Abmessungen von Fahrzeugen und Fahrzeugkombinationen

(1) [1]Bei Kraftfahrzeugen und Anhängern einschließlich mitgeführter austauschbarer Ladungsträger (§ 42 Absatz 3) darf die höchstzulässige Breite über alles – ausgenommen bei Schneeräumgeräten und Winterdienstfahrzeugen – folgende Maße nicht überschreiten:
1. allgemein 2,55 m,
2. bei land- oder forstwirtschaftlichen Arbeitsgeräten und bei Zugmaschinen und Sonderfahrzeugen mit auswechselbaren land- oder forstwirtschaftlichen Anbaugeräten sowie bei Fahrzeugen mit angebauten Geräten für die Straßenunterhaltung 3,00 m,
3. bei Anhängern hinter Krafträdern 1,00 m,
4. bei festen oder abnehmbaren Aufbauten von klimatisierten Fahrzeugen, die für die Beförderung von Gütern in temperaturgeführtem Zustand ausgerüstet sind und deren Seitenwände einschließlich Wärmedämmung mindestens 45 mm dick sind 2,60 m,
5. bei Personenkraftwagen.
[2]Die Fahrzeugbreite ist nach der ISO-Norm 612-1978, Definition Nummer 6.2 zu ermitteln. [3]Abweichend von dieser Norm sind bei

der Messung der Fahrzeugbreite die folgenden Einrichtungen nicht zu berücksichtigen:
1. Befestigungs- und Schutzeinrichtungen für Zollplomben,
2. Einrichtungen zur Sicherung der Plane und Schutzvorrichtungen hierfür,
3. vorstehende flexible Teile eines Spritzschutzsystems im Sinne der Richtlinie 91/226/EWG des Rates vom 27. März 1991 zur Angleichung der Rechtsvorschriften der Mitgliedstaaten über Spritzschutzsysteme an bestimmten Klassen von Kraftfahrzeugen und Kraftfahrzeuganhängern (ABl. L 103 vom 23.4.1991, S. 5), die zuletzt durch die Richtlinie 2010/19/EU (ABl. L 72 vom 20.3.2010, S. 17) geändert worden ist,
4. lichttechnische Einrichtungen,
5. Ladebrücken in Fahrtstellung, Hubladebühnen und vergleichbare Einrichtungen in Fahrtstellung, sofern sie nicht mehr als 10 mm seitlich über das Fahrzeug hinausragen und die nach vorne oder nach hinten liegenden Ecken der Ladebrücken mit einem Radius von mindestens 5 mm abgerundet sind; die Kanten sind mit einem Radius von mindestens 2,5 mm abzurunden,
6. Spiegel und andere Systeme für indirekte Sicht,
7. Reifenschadenanzeiger,
8. Reifendruckanzeiger,
9. ausziehbare oder ausklappbare Stufen in Fahrtstellung und
10. die über dem Aufstandspunkt befindliche Ausbauchung der Reifenwände.
[4]Gemessen wird bei geschlossenen Türen und Fenstern und bei Geradeausstellung der Räder.
(2) [1]Bei Kraftfahrzeugen, Fahrzeugkombinationen und Anhängern einschließlich mitgeführter austauschbarer Ladungsträger (§ 42 Absatz 3) darf die höchstzulässige Höhe über alles folgendes Maß nicht überschreiten: 4,00 m.
[2]Die Fahrzeughöhe ist nach der ISO-Norm 612-1978, Definition Nummer 6.3 zu ermitteln. [3]Abweichend von dieser Norm sind bei der Messung der Fahrzeughöhe die folgenden Einrichtungen nicht zu berücksichtigen:

1. nachgiebige Antennen und
2. Scheren- oder Stangenstromabnehmer in gehobener Stellung.

[4]Bei Fahrzeugen mit Achshubeinrichtung ist die Auswirkung dieser Einrichtung zu berücksichtigen.

(3) Bei Kraftfahrzeugen und Anhängern einschließlich mitgeführter austauschbarer Ladungsträger und aller im Betrieb mitgeführter Ausrüstungsteile (§ 42 Absatz 3) darf die höchstzulässige Länge über alles folgende Maße nicht überschreiten:
1. bei Kraftfahrzeugen und Anhängern – ausgenommen Kraftomnibusse und Sattelanhänger – 12,00 m,
2. bei zweiachsigen Kraftomnibussen – einschließlich abnehmbarer Zubehörteile – 13,50 m,
3. bei Kraftomnibussen mit mehr als zwei Achsen – einschließlich abnehmbarer Zubehörteile – 15,00 m,
4. bei Kraftomnibussen, die als Gelenkfahrzeug ausgebildet sind (Kraftfahrzeuge, deren Nutzfläche durch ein Gelenk unterteilt ist, bei denen der angelenkte Teil jedoch kein selbstständiges Fahrzeug darstellt) 18,75 m.

(4) Bei Fahrzeugkombinationen einschließlich mitgeführter austauschbarer Ladungsträger und aller im Betrieb mitgeführter Ausrüstungsteile (§ 42 Absatz 3) darf die höchstzulässige Länge, unter Beachtung der Vorschriften in Absatz 3 Nummer 1, folgende Maße nicht überschreiten:
1. bei Sattelkraftfahrzeugen (Sattelzugmaschine mit Sattelanhänger) und Fahrzeugkombinationen (Zügen) nach Art eines Sattelkraftfahrzeugs – ausgenommen Sattelkraftfahrzeugen nach Nummer 2 – 15,50 m,
2. bei Sattelkraftfahrzeugen (Sattelzugmaschine mit Sattelanhänger), wenn die höchstzulässigen Teillängen des Sattelanhängers
   a) Achse Zugsattelzapfen bis zur hinteren Begrenzung 12,00 m und
   b) vorderer Überhangradius 2,04 m nicht überschritten werden, 16,50 m,
3. bei Zügen, ausgenommen Züge nach Nummer 4:

a) Kraftfahrzeuge außer Zugmaschinen mit Anhängern 18,00 m,
b) Zugmaschinen mit Anhängern 18,75 m,
4. bei Zügen, die aus einem Lastkraftwagen und einem Anhänger zur Güterbeförderung bestehen, 18,75 m. ²Dabei dürfen die höchstzulässigen Teillängen folgende Maße nicht überschreiten:
 a) größter Abstand zwischen dem vordersten äußeren Punkt der Ladefläche hinter dem Führerhaus des Lastkraftwagens und dem hintersten äußeren Punkt der Ladefläche des Anhängers der Fahrzeugkombination, abzüglich des Abstands zwischen der hinteren Begrenzung des Kraftfahrzeugs und der vorderen Begrenzung des Anhängers 15,65 m und
 b) größter Abstand zwischen dem vordersten äußeren Punkt der Ladefläche hinter dem Führerhaus des Lastkraftwagens und dem hintersten äußeren Punkt der Ladefläche des Anhängers der Fahrzeugkombination 16,40 m.
³Bei Fahrzeugen mit Aufbau – bei Lastkraftwagen jedoch ohne Führerhaus – gelten die Teillängen einschließlich Aufbau.

(4a) Bei Fahrzeugkombinationen, die aus einem Kraftomnibus und einem Anhänger bestehen, beträgt die höchstzulässige Länge, unter Beachtung der Vorschriften in Absatz 3 Nummer 1 bis 3 18,75 m.

(5) ¹Die Länge oder Teillänge eines Einzelfahrzeugs oder einer Fahrzeugkombination – mit Ausnahme der in Absatz 7 genannten Fahrzeugkombinationen und deren Einzelfahrzeuge – ist die Länge, die bei voll nach vorn oder hinten ausgezogenen, ausgeschobenen oder ausgeklappten Ladestützen, Ladepritschen, Aufbauwänden oder Teilen davon einschließlich aller im Betrieb mitgeführter Ausrüstungsteile (§ 42 Absatz 3) gemessen wird; dabei müssen bei Fahrzeugkombinationen die Längsmittellinien des Kraftfahrzeugs und seines Anhängers bzw. seiner Anhänger eine gerade Linie bilden. ²Bei Fahrzeugkombinationen mit nicht selbsttätig längenveränderlichen Zugeinrichtungen ist dabei die Position zugrunde zu legen, in der § 32d (Kurvenlaufeigenschaften) ohne weiteres Tätigwerden des Fahrzeugführers oder anderer Personen erfüllt ist. ³Soweit selbsttätig längenveränderliche Zugeinrichtungen verwendet werden, müssen diese nach Beendigung der Kurvenfahrt die Ausgangslänge ohne Zeitverzug wiederherstellen.

(6) ¹Die Längen und Teillängen eines Einzelfahrzeugs oder einer Fahrzeugkombination sind nach der ISO-Norm 612-1978, Definition Nummer 6.1 zu ermitteln. ²Abweichend von dieser Norm sind bei der Messung der Länge oder Teillänge die folgenden Einrichtungen nicht zu berücksichtigen:
1. Wischer- und Wäschereinrichtungen,
2. vordere und hintere Kennzeichenschilder,
3. Befestigungs- und Schutzeinrichtungen für Zollplomben,
4. Einrichtungen zur Sicherung der Plane und ihre Schutzvorrichtungen,
5. lichttechnische Einrichtungen,
6. Spiegel und andere Systeme für indirekte Sicht,
7. Sichthilfen,
8. Luftansaugleitungen,
9. Längsanschläge für Wechselaufbauten,
10. Trittstufen und Handgriffe,
11. Stoßfängergummis und ähnliche Vorrichtungen,
12. Hubladebühnen, Ladebrücken und vergleichbare Einrichtungen in Fahrtstellung,
13. Verbindungseinrichtungen bei Kraftfahrzeugen,
14. bei anderen Fahrzeugen als Sattelkraftfahrzeugen Kühl- und andere Nebenaggregate, die sich vor der Ladefläche befinden,
15. Stangenstromabnehmer von Elektrofahrzeugen sowie
16. äußere Sonnenblenden.

³Dies gilt jedoch nur, wenn durch die genannten Einrichtungen die Ladefläche weder direkt noch indirekt verlängert wird. ⁴Einrichtungen, die bei Fahrzeugkombinati-

onen hinten am Zugfahrzeug oder vorn am Anhänger angebracht sind, sind dagegen bei den Längen oder Teillängen von Fahrzeugkombinationen mit zu berücksichtigen; sie dürfen diesen Längen nicht zugeschlagen werden.
(7) ¹Bei Fahrzeugkombinationen nach Art von Zügen zum Transport von Fahrzeugen gelten hinsichtlich der Länge die Vorschriften des Absatzes 4 Nummer 4, bei Sattelkraftfahrzeugen zum Transport von Fahrzeugen gelten die Vorschriften des Absatzes 4 Nummer 2. ²Längenüberschreitungen durch Ladestützen zur zusätzlichen Sicherung und Stabilisierung des zulässigen Überhangs von Ladungen bleiben bei diesen Fahrzeugkombinationen und Sattelkraftfahrzeugen unberücksichtigt, sofern die Ladung auch über die Ladestützen hinausragt. ³Bei der Ermittlung der Teillängen bleiben Überfahrbrücken zwischen Lastkraftwagen und Anhänger in Fahrtstellung unberücksichtigt.
(8) Auf die in den Absätzen 1 bis 4 genannten Maße dürfen keine Toleranzen gewährt werden.
(9) Abweichend von den Absätzen 1 bis 8 dürfen Kraftfahrzeuge nach § 30a Absatz 3 folgende Maße nicht überschreiten:
1. Breite:
   a) bei Krafträdern sowie dreirädrigen und vierrädrigen Kraftfahrzeugen 2,00 m,
   b) bei zweirädrigen Kleinkrafträdern und Fahrrädern mit Hilfsmotor jedoch 1,00 m,
2. Höhe: 2,50 m,
3. Länge: 4,00 m.

§ 32a
Mitführen von Anhängern

¹Hinter Kraftfahrzeugen darf nur ein Anhänger, jedoch nicht zur Personenbeförderung (Omnibusanhänger), mitgeführt werden. ²Es dürfen jedoch hinter Zugmaschinen zwei Anhänger mitgeführt werden, wenn die für Züge mit einem Anhänger zulässige Länge nicht überschritten wird. ³Hinter Sattelkraftfahrzeugen darf kein Anhänger mitgeführt werden. ⁴Hinter Kraftomnibussen darf nur ein lediglich für die Gepäckbeförderung bestimmter Anhänger mitgeführt werden.

§ 32b
Unterfahrschutz

(1) Kraftfahrzeuge, Anhänger und Fahrzeuge mit austauschbaren Ladungsträgern mit einer durch die Bauart bestimmten Höchstgeschwindigkeit von mehr als 25 km/h, bei denen der Abstand von der hinteren Begrenzung bis zur letzten Hinterachse mehr als 1 000 mm beträgt und bei denen in unbeladenem Zustand entweder das hintere Fahrgestell in seiner ganzen Breite oder die Hauptteile der Karosserie eine lichte Höhe von mehr als 550 mm über der Fahrbahn haben, müssen mit einem hinteren Unterfahrschutz ausgerüstet sein.
(2) Der hintere Unterfahrschutz muss der Richtlinie 70/221/EWG des Rates vom 20. März 1970 zur Angleichung der Rechtsvorschriften der Mitgliedstaaten über die Behälter für flüssigen Kraftstoff und den Unterfahrschutz von Kraftfahrzeugen und Kraftfahrzeuganhängern (ABl. L 76 vom 6.4.1970, S. 23), die zuletzt durch die Richtlinie 2006/96/EG (ABl. L 363 vom 20.12.2006, S. 81) geändert worden ist, in der nach § 30 Absatz 4 Satz 3 jeweils anzuwendenden Fassung entsprechen.
(3) Die Absätze 1 und 2 gelten nicht für
1. land- oder forstwirtschaftliche Zugmaschinen,
2. Arbeitsmaschinen und Stapler,
3. Sattelzugmaschinen,
4. zweirädrige Anhänger, die zum Transport von Langmaterial bestimmt sind,
5. Fahrzeuge, bei denen das Vorhandensein eines hinteren Unterfahrschutzes mit dem Verwendungszweck des Fahrzeugs unvereinbar ist.

(4) Kraftfahrzeuge zur Güterbeförderung mit mindestens vier Rädern und mit einer durch die Bauart bestimmten Höchstgeschwindigkeit von mehr als 25 km/h und einer zulässigen Gesamtmasse von mehr als 3,5 t müssen mit einem vorderen Unterfahrschutz ausgerüstet sein, der den im Anhang zu dieser Vorschrift genannten Bestimmungen entspricht.

(5) Absatz 4 gilt nicht für
1. Geländefahrzeuge,
2. Fahrzeuge, deren Verwendungszweck mit den Bestimmungen für den vorderen Unterfahrschutz nicht vereinbar ist.

§ 32c
Seitliche Schutzvorrichtungen

(1) Seitliche Schutzvorrichtungen sind Einrichtungen, die verhindern sollen, dass Fußgänger, Rad- oder Kraftradfahrer seitlich unter das Fahrzeug geraten und dann von den Rädern überrollt werden können.

(2) Lastkraftwagen, Zugmaschinen und Kraftfahrzeuge, die hinsichtlich der Baumerkmale ihres Fahrgestells den Lastkraftwagen oder Zugmaschinen gleichzusetzen sind, mit einer durch die Bauart bestimmten Höchstgeschwindigkeit von mehr als 25 km/h und ihre Anhänger müssen, wenn ihr zulässiges Gesamtgewicht jeweils mehr als 3,5 t beträgt, an beiden Längsseiten mit seitlichen Schutzvorrichtungen ausgerüstet sein.

(3) Absatz 2 gilt nicht für
1. land- oder forstwirtschaftliche Zugmaschinen und ihre Anhänger,
2. Sattelzugmaschinen,
3. Anhänger, die besonders für den Transport sehr langer Ladungen, die sich nicht in der Länge teilen lassen, gebaut sind,
4. Fahrzeuge, die für Sonderzwecke gebaut und bei denen seitliche Schutzvorrichtungen mit dem Verwendungszweck des Fahrzeugs unvereinbar sind.

(4) Die seitlichen Schutzvorrichtungen müssen den im Anhang zu dieser Vorschrift genannten Bestimmungen entsprechen.

§ 32d
Kurvenlaufeigenschaften

(1) [1]Kraftfahrzeuge und Fahrzeugkombinationen müssen so gebaut und eingerichtet sein, dass einschließlich mitgeführter austauschbarer Ladungsträger (§ 42 Absatz 3) die bei einer Kreisfahrt von 360 Grad überstrichene Ringfläche mit einem äußeren Radius von 12,50 m keine größere Breite als 7,20 m hat. [2]Dabei muss die vordere – bei hinterradgelenkten Fahrzeugen die hintere – äußerste Begrenzung des Kraftfahrzeugs auf dem Kreis von 12,50 m Radius geführt werden.

(2) [1]Beim Einfahren aus der tangierenden Geraden in den Kreis nach Absatz 1 darf kein Teil des Kraftfahrzeugs oder der Fahrzeugkombination diese Gerade um mehr als 0,8 m nach außen überschneiden. [2]Abweichend davon dürfen selbstfahrende Mähdrescher beim Einfahren aus der tangierenden Geraden in den Kreis diese Gerade um bis zu 1,60 m nach außen überschreiten.

(3) [1]Bei Kraftomnibussen ist bei stehendem Fahrzeug auf dem Boden eine Linie entlang der senkrechten Ebene zu ziehen, die die zur Außenseite des Kreises gerichtete Fahrzeugseite tangiert. [2]Bei Kraftomnibussen, die als Gelenkfahrzeug ausgebildet sind, müssen die zwei starren Teile parallel zu dieser Ebene ausgerichtet sein. [3]Fährt das Fahrzeug aus einer Geradeausbewegung in die in Absatz 1 beschriebene Kreisringfläche ein, so darf kein Teil mehr als 0,60 m über die senkrechte Ebene hinausragen.

§ 33
Schleppen von Fahrzeugen[1]

Fahrzeuge, die nach ihrer Bauart zum Betrieb als Kraftfahrzeug bestimmt sind, dürfen nicht als Anhänger betrieben werden.

§ 34
Achslast und Gesamtgewicht

(1) Die Achslast ist die Gesamtlast, die von den Rädern einer Achse oder einer Achsgruppe auf die Fahrbahn übertragen wird.

(2) [1]Die technisch zulässige Achslast ist die Achslast, die unter Berücksichtigung der Werkstoffbeanspruchung und nachstehender Vorschriften nicht überschritten werden darf:
– § 36 (Bereifung und Laufflächen);
– § 41 Absatz 11 (Bremsen an einachsigen Anhängern und zweiachsigen Anhängern

---
1 Anm. d. Red.:
Beachte die Übergangsbestimmung nach § 72 Absatz 2 Nummer 1a.

mit einem Achsabstand von weniger als 1,0 m).

²Das technisch zulässige Gesamtgewicht ist das Gewicht, das unter Berücksichtigung der Werkstoffbeanspruchung und nachstehender Vorschriften nicht überschritten werden darf:
- § 35 (Motorleistung);
- § 41 Absatz 10 und 18 (Auflaufbremse);
- § 41 Absatz 15 und 18 (Dauerbremse).

(3) ¹Die zulässige Achslast ist die Achslast, die unter Berücksichtigung der Bestimmungen des Absatzes 2 Satz 1 und des Absatzes 4 nicht überschritten werden darf. ²Das zulässige Gesamtgewicht ist das Gewicht, das unter Berücksichtigung der Bestimmungen des Absatzes 2 Satz 2 und der Absätze 5 und 6 nicht überschritten werden darf. ³Die zulässige Achslast und das zulässige Gesamtgewicht sind beim Betrieb des Fahrzeugs und der Fahrzeugkombination einzuhalten.

(4) ¹Bei Kraftfahrzeugen und Anhängern mit Luftreifen oder den in § 36 Absatz 8 für zulässig erklärten Gummireifen – ausgenommen Straßenwalzen – darf die zulässige Achslast folgende Werte nicht übersteigen:
1. Einzelachslast
   a) Einzelachsen   10,00 t
   b) Einzelachsen (angetrieben)   11,50 t;
2. Doppelachslast von Kraftfahrzeugen unter Beachtung der Vorschriften für die Einzelachslast
   a) Achsabstand weniger als 1,0 m   11,50 t
   b) Achsabstand 1,0 m bis weniger als 1,3 m   16,00 t
   c) Achsabstand 1,3 m bis weniger als 1,8 m   18,00 t
   d) Achsabstand 1,3 m bis weniger als 1,8 m, wenn die Antriebsachse mit Doppelbereifung oder einer als gleichwertig anerkannten Federung nach Anlage XII ausgerüstet ist oder jede Antriebsachse mit Doppelbereifung ausgerüstet ist und dabei die höchstzulässige Achslast von 9,50 t je Achse nicht überschritten wird,   19,00 t;
3. Doppelachslast von Anhängern unter Beachtung der Vorschriften für die Einzelachslast

   a) Achsabstand weniger als 1,0 m   11,00 t
   b) Achsabstand 1,0 m bis weniger als 1,3 m   16,00 t
   c) Achsabstand 1,3 m bis weniger als 1,8 m   18,00 t
   d) Achsabstand 1,8 m oder mehr   20,00 t;
4. Dreifachachslast unter Beachtung der Vorschriften für die Doppelachslast
   a) Achsabstände nicht mehr als 1,3 m   21,00 t
   b) Achsabstände mehr als 1,3 m und nicht mehr als 1,4 m   24,00 t.

²Sind Fahrzeuge mit anderen Reifen als den in Satz 1 genannten versehen, so darf die Achslast höchstens 4,00 t betragen.

(5) Bei Kraftfahrzeugen und Anhängern – ausgenommen Sattelanhänger und Starrdeichselanhänger (einschließlich Zentralachsanhänger) – mit Luftreifen oder den in § 36 Absatz 8 für zulässig erklärten Gummireifen darf das zulässige Gesamtgewicht unter Beachtung der Vorschriften für die Achslasten folgende Werte nicht übersteigen:
1. Fahrzeuge mit nicht mehr als zwei Achsen
   a) Kraftfahrzeuge – ausgenommen Kraftomnibusse – und Anhänger jeweils   18,00 t
   b) Kraftomnibusse   19,50 t;
2. Fahrzeuge mit mehr als zwei Achsen – ausgenommen Kraftfahrzeuge nach Nummern 3 und 4 –
   a) Kraftfahrzeuge   25,00 t
   b) Kraftfahrzeuge mit einer Doppelachslast nach Absatz 4 Nummer 2 Buchstabe d   26,00 t
   c) Anhänger   24,00 t
   d) Kraftomnibusse, die als Gelenkfahrzeuge gebaut sind   28,00 t;
3. Kraftfahrzeuge mit mehr als drei Achsen – ausgenommen Kraftfahrzeuge nach Nummer 4 –
   a) Kraftfahrzeuge mit zwei Doppelachsen, deren Mitten mindestens 4,0 m voneinander entfernt sind   32,00 t
   b) Kraftfahrzeuge mit zwei gelenkten Achsen und mit einer Doppelachslast nach Absatz 4 Nummer 2 Buchstabe d und deren höchstzulässige Belastung, bezogen auf den Abstand zwischen den Mitten der vorders-

ten und der hintersten Achse, 5,00 t je Meter nicht übersteigen darf, nicht mehr als 32,00 t;
4. Kraftfahrzeuge mit mehr als vier Achsen unter Beachtung der Vorschriften in Nummer 3 32,00 t.

(5a) Abweichend von Absatz 5 gelten für die zulässigen Gewichte von Kraftfahrzeugen nach § 30a Absatz 3 die im Anhang zu dieser Vorschrift genannten Bestimmungen.

(6) Bei Fahrzeugkombinationen (Züge und Sattelkraftfahrzeuge) darf das zulässige Gesamtgewicht unter Beachtung der Vorschriften für Achslasten, Anhängelasten und Einzelfahrzeuge folgende Werte nicht übersteigen:
1. Fahrzeugkombinationen mit weniger als vier Achsen 28,00 t;
2. Züge mit vier Achsen zweiachsiges Kraftfahrzeug mit zweiachsigem Anhänger 36,00 t;
3. zweiachsige Sattelzugmaschine mit zweiachsigem Sattelanhänger
   a) bei einem Achsabstand des Sattelanhängers von 1,3 m und mehr 36,00 t
   b) bei einem Achsabstand des Sattelanhängers von mehr als 1,8 m, wenn die Antriebsachse mit Doppelbereifung und Luftfederung oder einer als gleichwertig anerkannten Federung nach Anlage XII ausgerüstet ist, 38,00 t;
4. andere Fahrzeugkombinationen mit vier Achsen
   a) mit Kraftfahrzeug nach Absatz 5 Nummer 2 Buchstabe a 35,00 t
   b) mit Kraftfahrzeug nach Absatz 5 Nummer 2 Buchstabe b 36,00 t;
5. Fahrzeugkombinationen mit mehr als vier Achsen 40,00 t;
6. Sattelkraftfahrzeug, bestehend aus dreiachsiger Sattelzugmaschine mit zwei- oder dreiachsigem Sattelanhänger, das im kombinierten Verkehr im Sinne der Richtlinie 92/106/EWG des Rates vom 7. Dezember 1992 über die Festlegung gemeinsamer Regeln für bestimmte Beförderungen im kombinierten Güterverkehr zwischen Mitgliedstaaten (ABl. L 368 vom 17.12.1992, S. 38), die durch die Richtlinie 2006/103/EG (ABl. L 363 vom 20.12.2006, S. 344) geändert worden ist, einen ISO-Container von 40 Fuß befördert 44,00 t.

(7) [1]Das nach Absatz 6 zulässige Gesamtgewicht errechnet sich
1. bei Zügen aus der Summe der zulässigen Gesamtgewichte des ziehenden Fahrzeugs und des Anhängers,
2. bei Zügen mit Starrdeichselanhängern (einschließlich Zentralachsanhängern) aus der Summe der zulässigen Gesamtgewichte des ziehenden Fahrzeugs und des Starrdeichselanhängers, vermindert um den jeweils höheren Wert
   a) der zulässigen Stützlast des ziehenden Fahrzeugs oder
   b) der zulässigen Stützlast des Starrdeichselanhängers,
   bei gleichen Werten um diesen Wert,
3. bei Sattelkraftfahrzeugen aus der Summe der zulässigen Gesamtgewichte der Sattelzugmaschine und des Sattelanhängers, vermindert um den jeweils höheren Wert
   a) der zulässigen Sattellast der Sattelzugmaschine oder
   b) der zulässigen Aufliegelast des Sattelanhängers,
   bei gleichen Werten um diesen Wert.
[2]Ergibt sich danach ein höherer Wert als
28,00 t (Absatz 6 Nummer 1),
36,00 t (Absatz 6 Nummer 2 und 3 Buchstabe a und Nummer 4 Buchstabe b),
38,00 t (Absatz 6 Nummer 3 Buchstabe b),
35,00 t (Absatz 6 Nummer 4 Buchstabe a),
40,00 t (Absatz 6 Nummer 5) oder
44,00 t (Absatz 6 Nummer 6),
so gelten als zulässiges Gesamtgewicht 28,00 t, 36,00 t, 38,00 t, 35,00 t, 40,00 t bzw. 44,00 t.

(8) Bei Lastkraftwagen, Sattelkraftfahrzeugen und Lastkraftwagenzügen darf das Gewicht auf der oder den Antriebsachsen im grenzüberschreitenden Verkehr nicht weniger als 25 Prozent des Gesamtgewichts des Fahrzeugs oder der Fahrzeugkombination betragen.

(9) [1]Der Abstand zwischen dem Mittelpunkt der letzten Achse eines Kraftfahrzeugs und

dem Mittelpunkt der ersten Achse seines Anhängers muss mindestens 3,0 m, bei Sattelkraftfahrzeugen und bei land- und forstwirtschaftlichen Zügen sowie bei Zügen, die aus einem Zugfahrzeug und Anhänger-Arbeitsmaschinen bestehen, mindestens 2,5 m betragen. ²Dies gilt nicht für Züge, bei denen das zulässige Gesamtgewicht des Zugfahrzeugs nicht mehr als 7,50 t oder das des Anhängers nicht mehr als 3,50 t beträgt.
(10) *(aufgehoben)*
(11) Für Hubachsen oder Lastverlagerungsachsen sind die im Anhang zu dieser Vorschrift genannten Bestimmungen anzuwenden.

§ 34a
Besetzung, Beladung und Kennzeichnung von Kraftomnibussen

(1) In Kraftomnibussen dürfen nicht mehr Personen und Gepäck befördert werden, als in der Zulassungsbescheinigung Teil I Sitz- und Stehplätze eingetragen sind und die jeweilige Summe der im Fahrzeug angeschriebenen Fahrgastplätze sowie die Angaben für die Höchstmasse des Gepäcks ausweisen.
(2) ¹Auf Antrag des Verfügungsberechtigten oder auf Grund anderer Vorschriften können abweichend von den nach Absatz 1 jeweils zulässigen Platzzahlen auf die Einsatzart der Kraftomnibusse abgestimmte verminderte Platzzahlen festgelegt werden. ²Die verminderten Platzzahlen sind in der Zulassungsbescheinigung Teil I einzutragen und im Fahrzeug an gut sichtbarer Stelle in gut sichtbarer Schrift anzuschreiben.

§ 34b
Laufrollenlast und Gesamtgewicht von Gleiskettenfahrzeugen

(1) ¹Bei Fahrzeugen, die ganz oder teilweise auf endlosen Ketten oder Bändern laufen (Gleiskettenfahrzeuge), darf die Last einer Laufrolle auf ebener Fahrbahn 2,00 t nicht übersteigen. ²Gefederte Laufrollen müssen bei Fahrzeugen mit einem Gesamtgewicht von mehr als 8 t so angebracht sein, dass die Last einer um 60 mm angehobenen Laufrolle bei stehendem Fahrzeug nicht mehr als doppelt so groß ist wie die auf ebener Fahrbahn zulässige Laufrollenlast. ³Bei Fahrzeugen mit ungefederten Laufrollen und Gleisketten, die außen vollständig aus Gummiband bestehen, darf der Druck der Auflagefläche der Gleiskette auf die ebene Fahrbahn 0,8 N/mm² nicht übersteigen. ⁴Als Auflagefläche gilt nur derjenige Teil einer Gleiskette, der tatsächlich auf einer ebenen Fahrbahn aufliegt. ⁵Die Laufrollen von Gleiskettenfahrzeugen können sowohl einzeln als auch über das gesamte Laufwerk abgefedert werden. ⁶Das Gesamtgewicht von Gleiskettenfahrzeugen darf 32,00 t nicht übersteigen.
(2) Gleiskettenfahrzeuge dürfen die Fahrbahn zwischen der ersten und letzten Laufrolle höchstens mit 9,00 t je Meter belasten.

§ 35
Motorleistung

Bei Lastkraftwagen sowie Kraftomnibussen einschließlich Gepäckanhänger, bei Sattelkraftfahrzeugen und Lastkraftwagenzügen muss eine Motorleistung von mindestens 5,0 kW, bei Zugmaschinen und Zugmaschinenzügen – ausgenommen für land- oder forstwirtschaftliche Zwecke – von mindestens 2,2 kW je Tonne des zulässigen Gesamtgewichts des Kraftfahrzeugs und der jeweiligen Anhängelast vorhanden sein; dies gilt nicht für die mit elektrischer Energie angetriebenen Fahrzeuge sowie für Kraftfahrzeuge – auch mit Anhänger – mit einer durch die Bauart bestimmten Höchstgeschwindigkeit von nicht mehr als 25 km/h.

§ 35a
Sitze, Sicherheitsgurte, Rückhaltesysteme, Rückhalteeinrichtungen für Kinder, Rollstuhlnutzer und Rollstühle[1]

(1) Der Sitz des Fahrzeugführers und sein Betätigungsraum sowie die Einrichtungen zum

---

[1] Anm. d. Red. zu § 35a Absatz 2, 3, 4 und 5a:
Beachte die Übergangsbestimmung nach § 72 Absatz 2 Nummer 1b.

Führen des Fahrzeugs müssen so angeordnet und beschaffen sein, dass das Fahrzeug – auch bei angelegtem Sicherheitsgurt oder Verwendung eines anderen Rückhaltesystems – sicher geführt werden kann.

(2) Personenkraftwagen, Kraftomnibusse und zur Güterbeförderung bestimmte Kraftfahrzeuge mit einer durch die Bauart bestimmten Höchstgeschwindigkeit von mehr als 25 km/h müssen entsprechend den im Anhang zu dieser Vorschrift genannten Bestimmungen mit Sitzverankerungen, Sitzen und, soweit ihre zulässige Gesamtmasse nicht mehr als 3,5 t beträgt, an den vorderen Außensitzen zusätzlich mit Kopfstützen ausgerüstet sein.

(3) Die in Absatz 2 genannten Kraftfahrzeuge müssen mit Verankerungen zum Anbringen von Sicherheitsgurten ausgerüstet sein, die den im Anhang zu dieser Vorschrift genannten Bestimmungen entsprechen.

(4) Außerdem müssen die in Absatz 2 genannten Kraftfahrzeuge mit Sicherheitsgurten oder Rückhaltesystemen ausgerüstet sein, die den im Anhang zu dieser Vorschrift genannten Bestimmungen entsprechen.

(4a) [1]Personenkraftwagen, in denen Rollstuhlnutzer in einem Rollstuhl sitzend befördert werden, müssen mit Rollstuhlstellplätzen ausgerüstet sein. [2]Jeder Rollstuhlstellplatz muss mit einem Rollstuhl-Rückhaltesystem und einem Rollstuhlnutzer-Rückhaltesystem ausgerüstet sein. [3]Rollstuhl-Rückhaltesysteme und Rollstuhlnutzer-Rückhaltesysteme, ihre Verankerungen und Sicherheitsgurte müssen den im Anhang zu dieser Vorschrift genannten Bestimmungen entsprechen. Werden vorgeschriebene Rollstuhl-Rückhaltesysteme und Rollstuhlnutzer-Rückhaltesysteme beim Betrieb des Fahrzeugs genutzt, sind diese in der vom Hersteller des Rollstuhl-Rückhaltesystems, Rollstuhlnutzer-Rückhaltesystems sowie des Rollstuhls vorgesehenen Weise zu betreiben. [4]Die im Anhang genannten Bestimmungen gelten nur für diejenigen Rollstuhlstellplätze, die nicht anstelle des Sitzplatzes für den Fahrzeugführer angeordnet sind. [5]Ist wahlweise anstelle des Rollstuhlstellplatzes der Einbau eines oder mehrerer Sitze vorgesehen, gelten die Anforderungen der Absätze 1 bis 4 und 5 bis 10 für diese Sitze unverändert. [6]Für Rollstuhl-Rückhaltesysteme und Rollstuhlnutzer-Rückhaltesysteme kann die DIN-Norm 75078-2:2015-04 als Alternative zu den im Anhang zu dieser Vorschrift genannten Bestimmungen angewendet werden.

(4b) [1]Der Fahrzeughalter hat der Zulassungsbehörde unverzüglich über den vorschriftsgemäßen Einbau oder die vorschriftsgemäße Änderung eines Rollstuhlstellplatzes, Rollstuhl-Rückhaltesystems, Rollstuhlnutzer-Rückhaltesystems sowie deren Verankerungen und Sicherheitsgurte ein Gutachten gemäß § 19 Absatz 2 Satz 5 Nummer 1 in Verbindung mit § 21 Absatz 1 oder einen Nachweis gemäß § 19 Absatz 3 Nummer 1 bis 4 vorzulegen. [2]Auf der Grundlage des Gutachtens oder des Nachweises vermerkt die Zulassungsbehörde in der Zulassungsbescheinigung Teil I das Datum des Einbaus oder der letzten Änderung.

(5) [1]Die Absätze 2 bis 4 gelten für Kraftfahrzeuge mit einer durch die Bauart bestimmten Höchstgeschwindigkeit von mehr als 25 km/h, die hinsichtlich des Insassenraumes und des Fahrgestells den Baumerkmalen der in Absatz 2 genannten Kraftfahrzeuge gleichzusetzen sind, entsprechend. [2]Bei Wohnmobilen mit einer zulässigen Gesamtmasse von mehr als 2,5 t genügt für die hinteren Sitze die Ausrüstung mit Verankerungen zur Anbringung von Beckengurten und mit Beckengurten.

(5a) [1]Die Absätze 2 bis 4 gelten nur für diejenigen Sitze, die zum üblichen Gebrauch während der Fahrt bestimmt sind. [2]Sitze, die nicht benutzt werden dürfen, während das Fahrzeug im öffentlichen Straßenverkehr betrieben wird, sind durch ein Bilderschriftzeichen oder ein Schild mit entsprechendem Text zu kennzeichnen.

(6) [1]Die Absätze 3 und 4 gelten nicht für Kraftomnibusse, die sowohl für den Einsatz im Nahverkehr als auch für stehende Fahrgäste gebaut sind. [2]Dies sind Kraftomnibusse ohne besonderen Gepäckraum sowie Kraftomnibusse mit zugelassenen Stehplätzen im Gang und auf einer Fläche, die größer oder gleich der Fläche für zwei Doppelsitze ist.

(7) Sicherheitsgurte und Rückhaltesysteme müssen so eingebaut sein, dass ihr einwandfreies Funktionieren bei vorschriftsmäßigem Gebrauch und auch bei Benutzung aller ausgewiesenen Sitzplätze gewährleistet ist und sie die Gefahr von Verletzungen bei Unfällen verringern.
(8) [1]Auf Beifahrerplätzen, vor denen ein betriebsbereiter Airbag eingebaut ist, dürfen nach hinten gerichtete Rückhalteeinrichtungen für Kinder nicht angebracht sein. [2]Diese Beifahrerplätze müssen mit einem Warnhinweis vor der Verwendung einer nach hinten gerichteten Rückhalteeinrichtung für Kinder auf diesem Platz versehen sein. [3]Der Warnhinweis in Form eines Piktogramms kann auch einen erläuternden Text enthalten. [4]Er muss dauerhaft angebracht und so angeordnet sein, dass er für eine Person, die eine nach hinten gerichtete Rückhalteeinrichtung für Kinder einbauen will, deutlich sichtbar ist. [5]Anlage XXVIII zeigt ein Beispiel für ein Piktogramm. [6]Falls der Warnhinweis bei geschlossener Tür nicht sichtbar ist, soll ein dauerhafter Hinweis auf das Vorhandensein eines Beifahrerairbags vom Beifahrerplatz aus gut zu sehen sein.
(9) [1]Krafträder, auf denen ein Beifahrer befördert wird, müssen mit einem Sitz für den Beifahrer ausgerüstet sein. [2]Dies gilt nicht bei der Mitnahme eines Kindes unter sieben Jahren, wenn für das Kind ein besonderer Sitz vorhanden und durch Radverkleidungen oder gleich wirksame Einrichtungen dafür gesorgt ist, dass die Füße des Kindes nicht in die Speichen geraten können.
(10) [1]Sitze, ihre Lehnen und ihre Befestigungen an einem Fahrzeugen, die nicht unter die Vorschriften der Absätze 2 und 5 fallen, müssen sicheren Halt bieten und allen im Betrieb auftretenden Beanspruchungen standhalten. [2]Klappbare Sitze und Rückenlehnen, hinter denen sich weitere Sitze befinden und die auch hinten nicht durch eine Wand von anderen Sitzen getrennt sind, müssen sich in normaler Fahr- oder Gebrauchsstellung selbsttätig verriegeln. [3]Die Entriegelungseinrichtung muss von dem dahinterliegenden Sitz aus leicht zugänglich und bei geöffneter Tür auch von außen einfach zu betätigen sein.

[4]Rückenlehnen müssen so beschaffen sein, dass für die Insassen Verletzungen nicht zu erwarten sind.
(11) Abweichend von den Absätzen 2 bis 5 gelten für Verankerungen der Sicherheitsgurte und Sicherheitsgurte von dreirädrigen oder vierrädrigen Kraftfahrzeugen nach § 30a Absatz 3 die im Anhang zu dieser Vorschrift genannten Bestimmungen.
(12) In Kraftfahrzeugen integrierte Rückhalteeinrichtungen für Kinder müssen den im Anhang zu dieser Vorschrift genannten Bestimmungen entsprechen.
(13) Rückhalteeinrichtungen für Kinder bis zu einem Lebensalter von 15 Monaten, die der im Anhang zu dieser Vorschrift genannten Bestimmung entsprechen, dürfen entsprechend ihrem Verwendungszweck nur nach hinten oder seitlich gerichtet angebracht sein.

§ 35b
Einrichtungen zum sicheren Führen der Fahrzeuge

(1) Die Einrichtungen zum Führen der Fahrzeuge müssen leicht und sicher zu bedienen sein.
(2) Für den Fahrzeugführer muss ein ausreichendes Sichtfeld unter allen Betriebs- und Witterungsverhältnissen gewährleistet sein.

§ 35c
Heizung und Lüftung

(1) Geschlossene Führerräume in Kraftfahrzeugen mit einer durch die Bauart bestimmten Höchstgeschwindigkeit von mehr als 25 km/h müssen ausreichend beheizt und belüftet werden können.
(2)[1] Für Heizanlagen in Fahrzeugen der Klassen M, N und O und ihren Einbau gelten die im Anhang zu dieser Vorschrift genannten Bestimmungen.
(3) Während der Fahrt dürfen mit Flüssiggas (LPG) betriebene Heizanlagen in Kraftfahr-

---

1 Anm. d. Red.:
Beachte die Übergangsbestimmung nach § 72 Absatz 2 Nummer 1c.

zeugen und Anhängern, deren Verbrennungsheizgeräte und Gasversorgungssysteme ausschließlich für den Betrieb bei stillstehendem Fahrzeug bestimmt sind, nicht in Betrieb sein und die Ventile der Flüssiggasflaschen müssen geschlossen sein.

§ 35d
Einrichtungen zum Auf- und Absteigen an Fahrzeugen

Die Beschaffenheit der Fahrzeuge muss sicheres Auf- und Absteigen ermöglichen.

§ 35e
Türen

(1) Türen und Türverschlüsse müssen so beschaffen sein, dass beim Schließen störende Geräusche vermeidbar sind.
(2) Türverschlüsse müssen so beschaffen sein, dass ein unbeabsichtigtes Öffnen der Türen nicht zu erwarten ist.
(3) [1]Die Türbänder (Scharniere) von Drehtüren – ausgenommen Falttüren – an den Längsseiten von Kraftfahrzeugen mit einer durch die Bauart bestimmten Höchstgeschwindigkeit von mehr als 25 km/h müssen auf der in der Fahrtrichtung vorn liegenden Seite der Türen angebracht sein. [2]Dies gilt bei Doppeltüren für den Türflügel, der zuerst geöffnet wird; der andere Türflügel muss für sich verriegelt werden können. [3]Türen müssen bei Gefahr von jedem erwachsenen Fahrgast geöffnet werden können.
(4) Türen müssen während der Fahrt geschlossen sein.

§ 35f
Notausstiege in Kraftomnibussen

[1]Notausstiege in Kraftomnibussen sind innen und außen am Fahrzeug zu kennzeichnen. [2]Notausstiege und hand- oder fremdkraftbetätigte Betriebstüren müssen sich in Notfällen bei stillstehendem oder mit einer Geschwindigkeit von maximal 5 km/h fahrendem Kraftomnibus jederzeit öffnen lassen; ihre Zugänglichkeit ist beim Betrieb der Fahrzeuge sicherzustellen. [3]Besondere Einrichtungen zum Öffnen der Notausstiege und der Betriebstüren in Notfällen (Notbetätigungseinrichtungen) müssen als solche gekennzeichnet und ständig betriebsbereit sein; an diesen Einrichtungen oder in ihrer Nähe sind eindeutige Bedienungsanweisungen anzubringen.

§ 35g
Feuerlöscher in Kraftomnibussen

(1) [1]In Kraftomnibussen muss mindestens ein Feuerlöscher, in Doppeldeckfahrzeugen müssen mindestens zwei Feuerlöscher mit einer Füllmasse von jeweils 6 kg in betriebsfertigem Zustand mitgeführt werden. [2]Zulässig sind nur Feuerlöscher, die mindestens für die Brandklassen
A: Brennbare feste Stoffe (flammen- und glutbildend),
B: Brennbare flüssige Stoffe (flammenbildend) und
C: Brennbare gasförmige Stoffe (flammenbildend)
amtlich zugelassen sind.
(2) Ein Feuerlöscher ist in unmittelbarer Nähe des Fahrersitzes und in Doppeldeckfahrzeugen der zweite Feuerlöscher auf der oberen Fahrgastebene unterzubringen.
(3) Das Fahrpersonal muss mit der Handhabung der Löscher vertraut sein; hierfür ist neben dem Fahrpersonal auch der Halter des Fahrzeugs verantwortlich.
(4) [1]Die Fahrzeughalter müssen die Feuerlöscher durch fachkundige Prüfer mindestens einmal innerhalb von zwölf Monaten auf Gebrauchsfähigkeit prüfen lassen. [2]Beim Prüfen, Nachfüllen und bei Instandsetzung der Feuerlöscher müssen die Leistungswerte und technischen Merkmale, die dem jeweiligen Typ zugrunde liegen, gewährleistet bleiben. [3]Auf einem am Feuerlöscher befestigten Schild müssen der Name des Prüfers und der Tag der Prüfung angegeben sein.

§ 35h
Erste-Hilfe-Material in Kraftfahrzeugen

(1) In Kraftomnibussen sind Verbandkästen, die selbst und deren Inhalt an Erste-Hilfe-

Material dem Normblatt DIN 13164, Ausgabe Januar 1998 oder Ausgabe Januar 2014 entsprechen, mitzuführen, und zwar mindestens
1. ein Verbandkasten in Kraftomnibussen mit nicht mehr als 22 Fahrgastplätzen,
2. zwei Verbandkästen in anderen Kraftomnibussen.

(2) Verbandkästen in Kraftomnibussen müssen an den dafür vorgesehenen Stellen untergebracht sein; die Unterbringungsstellen sind deutlich zu kennzeichnen.

(3) [1]In anderen als den in Absatz 1 genannten Kraftfahrzeugen mit einer durch die Bauart bestimmten Höchstgeschwindigkeit von mehr als 6 km/h mit Ausnahme von Krankenfahrstühlen, Krafträdern, Zug- oder Arbeitsmaschinen in land- oder forstwirtschaftlichen Betrieben sowie anderen Zug- oder Arbeitsmaschinen, wenn sie einachsig sind, ist Erste-Hilfe-Material mitzuführen, das nach Art, Menge und Beschaffenheit mindestens dem Normblatt DIN 13164, Ausgabe Januar 1998 oder Ausgabe Januar 2014 entspricht. [2]Das Erste-Hilfe-Material ist in einem Behältnis verpackt zu halten, das so beschaffen sein muss, dass es den Inhalt vor Staub und Feuchtigkeit sowie vor Kraft- und Schmierstoffen ausreichend schützt.

(4) Abweichend von den Absätzen 1 und 3 darf auch anderes Erste-Hilfe-Material mitgeführt werden, das bei gleicher Art, Menge und Beschaffenheit mindestens denselben Zweck zur Erste-Hilfe-Leistung erfüllt.

§ 35i
Gänge, Anordnung von Fahrgastsitzen und Beförderung von Fahrgästen in Kraftomnibussen

(1) [1]In Kraftomnibussen müssen die Fahrgastsitze so angeordnet sein, dass der Gang in Längsrichtung frei bleibt. [2]Im Übrigen müssen die Anordnung der Fahrgastsitze und ihre Mindestabmessungen sowie die Mindestabmessungen der für Fahrgäste zugänglichen Bereiche der Anlage X entsprechen.

(2) [1]In Kraftomnibussen dürfen Fahrgäste nicht liegend befördert werden. [2]Dies gilt nicht für Kinder in Kinderwagen.

§ 35j
Brennverhalten der Innenausstattung bestimmter Kraftomnibusse

Die Innenausstattung von Kraftomnibussen, die weder für Stehplätze ausgelegt noch für die Benutzung im städtischen Verkehr bestimmt und mit mehr als 22 Sitzplätzen ausgestattet sind, muss den im Anhang zu dieser Vorschrift genannten Bestimmungen über das Brennverhalten entsprechen.

§ 36
Bereifung und Laufflächen

(1) [1]Maße und Bauart der Reifen von Fahrzeugen müssen den Betriebsbedingungen, besonders der Belastung und der durch die Bauart bestimmten Höchstgeschwindigkeit des Fahrzeugs, entsprechen. Sind land- oder forstwirtschaftliche Kraftfahrzeuge und Kraftfahrzeuge des Straßenunterhaltungsdienstes mit Reifen ausgerüstet, die nur eine niedrigere Höchstgeschwindigkeit zulassen, müssen diese Fahrzeuge entsprechend § 58 für diese Geschwindigkeit gekennzeichnet sein. [2]Reifen oder andere Laufflächen dürfen keine Unebenheiten haben, die eine feste Fahrbahn beschädigen können. [3]Eiserne Reifen müssen abgerundete Kanten haben und daran verwendete Nägel müssen eingelassen sein.

(2) Lufreifen, auf die sich die im Anhang zu dieser Vorschrift genannten Bestimmungen beziehen, müssen diesen Bestimmungen entsprechen.

(3) [1]Die Räder der Kraftfahrzeuge und Anhänger müssen mit Luftreifen versehen sein, soweit nicht nachstehend andere Bereifungen zugelassen sind. [2]Als Luftreifen gelten Reifen, deren Arbeitsvermögen überwiegend durch den Überdruck des eingeschlossenen Luftinhalts bestimmt wird. [3]Luftreifen an Kraftfahrzeugen und Anhängern müssen am ganzen Umfang und auf der ganzen Breite der Lauffläche mit Profilrillen oder Einschnitten versehen sein. [4]Das Hauptprofil muss am ganzen Umfang eine Profiltiefe von mindestens 1,6 mm aufweisen; als Hauptprofil gelten dabei die breiten Profilrillen im mittleren

Bereich der Lauffläche, der etwa 3/4 der Laufflächenbreite einnimmt. ⁵Jedoch genügt bei Fahrrädern mit Hilfsmotor, Kleinkrafträdern und Leichtkrafträdern eine Profiltiefe von mindestens 1 mm.
(4) Reifen für winterliche Wetterverhältnisse sind Luftreifen im Sinne des Absatzes 2,
1. durch deren Laufflächenprofil, Laufflächenmischung oder Bauart vor allem die Fahreigenschaften bei Schnee gegenüber normalen Reifen hinsichtlich ihrer Eigenschaft beim Anfahren, bei der Stabilisierung der Fahrzeugbewegung und beim Abbremsen des Fahrzeugs verbessert werden, und
2. die mit dem Alpine-Symbol 🔺 (Bergpiktogramm mit Schneeflocke) nach der Regelung Nr. 117 der Wirtschaftskommission der Vereinten Nationen für Europa (UNECE) – Einheitliche Bedingungen für die Genehmigung der Reifen hinsichtlich der Rollgeräuschemissionen und der Haftung auf nassen Oberflächen und/oder des Rollwiderstandes (ABl. L 218 vom 12.8.2016, S. 1) gekennzeichnet sind.
(4a)¹ ¹Abweichend von § 36 Absatz 4 gelten bis zum Ablauf des 30. September 2024 als Reifen für winterliche Wetterverhältnisse auch Luftreifen im Sinne des Absatzes 2, die
1. die in Anhang II Nummer 2.2 der Richtlinie 92/23/EWG des Rates vom 31. März 1992 über Reifen von Kraftfahrzeugen und Kraftfahrzeuganhängern und über ihre Montage (ABl. L 129 vom 14.5.1992, S. 95), die zuletzt durch die Richtlinie 2005/11/EG (ABl. L 46 vom 17.2.2005, S. 42) geändert worden ist, beschriebenen Eigenschaften erfüllen (M+S Reifen) und
2. nicht nach dem 31. Dezember 2017 hergestellt worden sind.
²Im Falle des Satzes 1 Nummer 2 maßgeblich ist das am Reifen angegebene Herstellungsdatum.
(5) Bei Verwendung von Reifen im Sinne des Absatzes 4 oder Geländereifen für den gewerblichen Einsatz mit der Kennzeichnung „POR", deren zulässige Höchstgeschwindigkeit unter der durch die Bauart bestimmten Höchstgeschwindigkeit des Fahrzeugs liegt, ist die Anforderung des Absatzes 1 Satz 1 hinsichtlich der Höchstgeschwindigkeit erfüllt, wenn
1. die für die Reifen zulässige Höchstgeschwindigkeit
   a) für die Dauer der Verwendung der Reifen an dem Fahrzeug durch ein Schild oder einen Aufkleber oder
   b) durch eine Anzeige im Fahrzeug, zumindest rechtzeitig vor Erreichen der für die verwendeten Reifen zulässigen Höchstgeschwindigkeit,
   im Blickfeld des Fahrzeugführers angegeben oder angezeigt wird und
2. diese Geschwindigkeit im Betrieb nicht überschritten wird.
(6) ¹An Kraftfahrzeugen – ausgenommen Personenkraftwagen – mit einem zulässigen Gesamtgewicht von mehr als 3,5 t und einer durch die Bauart bestimmten Höchstgeschwindigkeit von mehr als 40 km/h und an ihren Anhängern dürfen die Räder einer Achse entweder nur mit Diagonal- oder nur mit Radialreifen ausgerüstet sein. ²Personenkraftwagen sowie andere Kraftfahrzeuge mit einem zulässigen Gesamtgewicht von nicht mehr als 3,5 t und einer durch die Bauart bestimmten Höchstgeschwindigkeit von mehr als 40 km/h und ihre Anhänger dürfen entweder nur mit Diagonal- oder nur mit Radialreifen ausgerüstet sein; im Zug gilt dies nur für das jeweilige Einzelfahrzeug. ³Die Sätze 1 und 2 gelten nicht für die nach § 58 für eine Höchstgeschwindigkeit von nicht mehr als 25 km/h gekennzeichneten Anhänger hinter Kraftfahrzeugen, die mit einer Geschwindigkeit von nicht mehr als 25 km/h gefahren werden (Betriebsvorschrift). ⁴Satz 2 gilt nicht für Krafträder – ausgenommen Leichtkrafträder, Kleinkrafträder und Fahrräder mit Hilfsmotor.
(7) ¹Reifenhersteller und Reifenerneuerer müssen Luftreifen für Fahrzeuge mit einer durch die Bauart bestimmten Höchstgeschwindigkeit von mehr als 40 km/h mit ihrer Fabrik- oder Handelsmarke sowie mit Angaben kennzeichnen, aus denen Reifengröße,

---

1 Anm. d. Red.:
   Beachte die Übergangsbestimmung nach § 72 Absatz 2 Nummer 1d.

Reifenbauart, Tragfähigkeit, Geschwindigkeitskategorie, Herstellungs- bzw. Reifenerneuerungsdatum hervorgehen. ²Die Art und Weise der Angaben werden im Verkehrsblatt bekannt gegeben.

(8) ¹Statt Luftreifen sind für Fahrzeuge mit Geschwindigkeiten von nicht mehr als 25 km/h (für Kraftfahrzeuge ohne gefederte Triebachse jedoch nur bei Höchstgeschwindigkeiten von nicht mehr als 16 km/h) Gummireifen zulässig, die folgenden Anforderungen genügen: Auf beiden Seiten des Reifens muss eine 10 mm breite, hervorstehende und deutlich erkennbare Rippe die Grenze angeben, bis zu welcher der Reifen abgefahren werden darf; die Rippe darf nur durch Angaben über den Hersteller, die Größe und dergleichen sowie durch Aussparungen des Reifens unterbrochen sein. ²Der Reifen muss an der Abfahrgrenze noch ein Arbeitsvermögen von mindestens 60 J haben. ³Die Flächenpressung des Reifens darf unter der höchstzulässigen statischen Belastung 0,8 N/qmm nicht übersteigen. ⁴Der Reifen muss zwischen Rippe und Stahlband beiderseits die Aufschrift tragen: „60 J". ⁵Das Arbeitsvermögen von 60 J ist noch vorhanden, wenn die Eindrückung der Gummibereifung eines Rades mit Einzel- oder Doppelreifen beim Aufbringen einer Mehrlast von 1 000 kg auf die bereits mit der höchstzulässigen statischen Belastung beschwerte Bereifung um einen Mindestbetrag zunimmt, der sich nach folgender Formel errechnet:

$$f = \frac{6\,000}{P+500};$$

dabei bedeutet f den Mindestbetrag der Zunahme des Eindrucks in Millimetern und P die höchstzulässige statische Belastung in Kilogramm. ⁶Die höchstzulässige statische Belastung darf 100 N/mm der Grundflächenbreite des Reifens nicht übersteigen; sie darf jedoch 125 N/mm betragen, wenn die Fahrzeuge eine Höchstgeschwindigkeit von 8 km/h nicht überschreiten und entsprechende Geschwindigkeitsschilder (§ 58) angebracht sind. ⁷Die Flächenpressung ist unter der höchstzulässigen statischen Belastung ohne Berücksichtigung der Aussparung auf der Lauffläche zu ermitteln. ⁸Die Vorschriften über das Arbeitsvermögen gelten nicht für Gummireifen an Elektrokarren mit gefederter Triebachse und einer durch die Bauart bestimmten Höchstgeschwindigkeit von nicht mehr als 20 km/h sowie deren Anhänger.

(9) Eiserne Reifen mit einem Auflagedruck von nicht mehr als 125 N/mm Reifenbreite sind zulässig

1. für Zugmaschinen in land- oder forstwirtschaftlichen Betrieben, deren zulässiges Gesamtgewicht 4 t und deren durch die Bauart bestimmte Höchstgeschwindigkeit 8 km/h nicht übersteigt,
2. für Arbeitsmaschinen und Stapler (§ 3 Absatz 2 Satz 1 Nummer 1 Buchstabe a der Fahrzeug-Zulassungsverordnung), deren durch die Bauart bestimmte Höchstgeschwindigkeit 8 km/h nicht übersteigt, und für Fahrzeuge, die von ihnen mitgeführt werden,
3. hinter Zugmaschinen mit einer Geschwindigkeit von nicht mehr als 8 km/h (Betriebsvorschrift)
   a) für Möbelwagen,
   b) für Wohn- und Schaustellerwagen, wenn sie nur zwischen dem Festplatz oder Abstellplatz und dem nächstgelegenen Bahnhof oder zwischen dem Festplatz und einem in der Nähe gelegenen Abstellplatz befördert werden,
   c) für Unterkunftswagen der Bauarbeiter, wenn sie von oder nach einer Baustelle befördert werden und nicht gleichzeitig zu einem erheblichen Teil der Beförderung von Gütern dienen,
   d) für die beim Wegebau und bei der Wegeunterhaltung verwendeten fahrbaren Geräte und Maschinen bei der Beförderung von oder nach einer Baustelle,
   e) für land- oder forstwirtschaftliche Arbeitsgeräte und für Fahrzeuge zur Beförderung von land- oder forstwirtschaftlichen Bedarfsgütern, Arbeitsgeräten oder Erzeugnissen.

(10) ¹Bei Gleiskettenfahrzeugen (§ 34b Absatz 1 Satz 1) darf die Kette oder das Band (Gleiskette) keine schädlichen Kratzbewegungen gegen die Fahrbahn ausführen. ²Die

Kanten der Bodenplatten und ihrer Rippen müssen rund sein. ³Die Rundungen metallischer Bodenplatten und Rippen müssen an den Längsseiten der Gleisketten einen Halbmesser von mindestens 60 mm haben. ⁴Der Druck der durch gefederte Laufrollen belasteten Auflagefläche von Gleisketten auf die ebene Fahrbahn darf 1,5 N/mm², bei Fahrzeugen mit ungefederten Laufrollen und Gleisketten, die außen vollständig aus Gummiband bestehen, 0,8 N/qmm nicht übersteigen. ⁵Als Auflagefläche gilt nur derjenige Teil einer Gleiskette, der tatsächlich auf einer ebenen Fahrbahn aufliegt. ⁶Im Hinblick auf die Beschaffenheit der Laufflächen und der Federung wird für Gleiskettenfahrzeuge und Züge, in denen Gleiskettenfahrzeuge mitgeführt werden,
1. allgemein die Geschwindigkeit auf 8 km/h,
2. wenn die Laufrollen der Gleisketten mit 40 mm hohen Gummireifen versehen sind oder die Auflageflächen der Gleisketten ein Gummipolster haben, die Geschwindigkeit auf 16 km/h,
3. wenn die Laufrollen ungefedert sind und die Gleisketten außen vollständig aus Gummiband bestehen, die Geschwindigkeit auf 30 km/h

beschränkt; sind die Laufflächen von Gleisketten gummigepolstert oder bestehen die Gleisketten außen vollständig aus Gummiband und sind die Laufrollen mit 40 mm hohen Gummireifen versehen oder besonders abgefedert, so ist die Geschwindigkeit nicht beschränkt.

§ 36a
Radabdeckungen, Ersatzräder

(1) Die Räder von Kraftfahrzeugen und ihren Anhängern müssen mit hinreichend wirkenden Abdeckungen (Kotflügel, Schmutzfänger oder Radeinbauten) versehen sein.
(2) Absatz 1 gilt nicht für
1. Kraftfahrzeuge mit einer durch die Bauart bestimmten Höchstgeschwindigkeit von nicht mehr als 25 km/h,
2. die Hinterräder von Sattelzugmaschinen, wenn, ein Sattelanhänger mitgeführt

wird, dessen Aufbau die Räder überdeckt und die Anbringung einer vollen Radabdeckung nicht zulässt; in diesem Falle genügen Abdeckungen vor und hinter dem Rad, die bis zur Höhe der Radoberkante reichen,
3. eisenbereifte Fahrzeuge,
4. Anhänger zur Beförderung von Eisenbahnwagen auf der Straße (Straßenroller),
5. Anhänger, die in der durch § 58 vorgeschriebenen Weise für eine Höchstgeschwindigkeit von nicht mehr als 25 km/h gekennzeichnet sind,
6. land- oder forstwirtschaftliche Arbeitsgeräte,
7. die hinter land- oder forstwirtschaftlichen einachsigen Zug- oder Arbeitsmaschinen mitgeführten Sitzkarren (§ 3 Absatz 2 Satz 1 Nummer 2 Buchstabe i der Fahrzeug-Zulassungsverordnung),
8. die Vorderräder von mehrachsigen Anhängern für die Beförderung von Langholz.

(3) ¹Für außen an Fahrzeugen mitgeführte Ersatzräder müssen Halterungen vorhanden sein, die die Ersatzräder sicher aufnehmen und allen betriebsüblichen Beanspruchungen standhalten können. ²Die Ersatzräder müssen gegen Verlieren durch zwei voneinander unabhängige Einrichtungen gesichert sein. ³Die Einrichtungen müssen so beschaffen sein, dass eine von ihnen wirksam bleibt, wenn die andere – insbesondere durch Bruch, Versagen oder Bedienungsfehler – ausfällt.

§ 37
Gleitschutzeinrichtungen und Schneeketten

(1) ¹Einrichtungen, die die Greifwirkung der Räder bei Fahrten außerhalb befestigter Straßen erhöhen sollen (so genannte Bodengreifer und ähnliche Einrichtungen), müssen beim Befahren befestigter Straßen abgenommen werden, sofern nicht durch Auflegen von Schutzreifen oder durch Umklappen der Greifer oder durch Anwendung anderer Mittel nachteilige Wirkungen auf die Fahrbahn vermieden werden. ²Satz 1 gilt nicht, wenn zum Befahren befestigter Straßen Gleit-

schutzeinrichtungen verwendet werden, die so beschaffen und angebracht sind, dass sie die Fahrbahn nicht beschädigen können; die Verwendung kann durch die Bauartgenehmigung (§ 22a) auf Straßen mit bestimmten Decken und auf bestimmte Zeiten beschränkt werden.

(2) ¹Einrichtungen, die das sichere Fahren auf schneebedeckter oder vereister Fahrbahn ermöglichen sollen (Schneeketten), müssen so beschaffen und angebracht sein, dass sie die Fahrbahn nicht beschädigen können. ²Schneeketten aus Metall dürfen nur bei elastischer Bereifung (§ 36 Absatz 3 und 8) verwendet werden. ³Schneeketten müssen die Lauffläche des Reifens so umspannen, dass bei jeder Stellung des Rades ein Teil der Kette die ebene Fahrbahn berührt. ⁴Die die Fahrbahn berührenden Teile der Ketten müssen kurze Glieder haben, deren Teilung etwa das Drei- bis Vierfache der Drahtstärke betragen muss. ⁵Schneeketten müssen sich leicht auflegen und abnehmen lassen und leicht nachgespannt werden können.

§ 38
Lenkeinrichtung

(1) ¹Die Lenkeinrichtung muss leichtes und sicheres Lenken des Fahrzeugs gewährleisten; sie ist, wenn nötig, mit einer Lenkhilfe zu versehen. ²Bei Versagen der Lenkhilfe muss die Lenkbarkeit des Fahrzeugs erhalten bleiben.

(2) Personenkraftwagen, Kraftomnibusse, Lastkraftwagen und Sattelzugmaschinen, mit mindestens vier Rädern und einer durch die Bauart bestimmten Höchstgeschwindigkeit von mehr als 25 km/h, sowie ihre Anhänger müssen den im Anhang zu dieser Vorschrift genannten Bestimmungen entsprechen.

(3) ¹Land- oder forstwirtschaftliche Zugmaschinen auf Rädern mit einer durch die Bauart bestimmten Höchstgeschwindigkeit von nicht mehr als 40 km/h dürfen abweichend von Absatz 1 den im Anhang zu dieser Vorschrift genannten Bestimmungen entsprechen. ²Land- oder forstwirtschaftliche Zugmaschinen mit einer durch die Bauart bestimmten Höchstgeschwindigkeit von mehr als 40 km/h dürfen abweichend von Absatz 1 den Vorschriften über Lenkanlagen entsprechen, die nach Absatz 2 für Lastkraftwagen anzuwenden sind.

(4) ¹Selbstfahrende Arbeitsmaschinen und Stapler mit einer durch die Bauart bestimmten Höchstgeschwindigkeit von nicht mehr als 40 km/h dürfen abweichend von Absatz 1 entsprechend den Baumerkmalen ihres Fahrgestells entweder den Vorschriften, die nach Absatz 2 für Lastkraftwagen oder nach Absatz 3 Satz 1 für land- oder forstwirtschaftliche Zugmaschinen angewendet werden dürfen, entsprechen. ²Selbstfahrende Arbeitsmaschinen und Stapler mit einer durch die Bauart bestimmten Höchstgeschwindigkeit von mehr als 40 km/h dürfen abweichend von Absatz 1 den Vorschriften, die nach Absatz 2 für Lastkraftwagen anzuwenden sind, entsprechen.

§ 38a
Sicherungseinrichtungen gegen unbefugte Benutzung von Kraftfahrzeugen

(1) ¹Personenkraftwagen sowie Lastkraftwagen, Zugmaschinen und Sattelzugmaschinen mit einem zulässigen Gesamtgewicht von nicht mehr als 3,5 t – ausgenommen land- oder forstwirtschaftliche Zugmaschinen und Dreirad-Kraftfahrzeuge – müssen mit einer Sicherungseinrichtung gegen unbefugte Benutzung, Personenkraftwagen zusätzlich mit einer Wegfahrsperre ausgerüstet sein. ²Die Sicherungseinrichtung gegen unbefugte Benutzung und die Wegfahrsperre müssen den im Anhang zu dieser Vorschrift genannten Bestimmungen entsprechen.

(2) Krafträder und Dreirad-Kraftfahrzeuge mit einem Hubraum von mehr als 50 ccm oder einer durch die Bauart bestimmten Höchstgeschwindigkeit von mehr als 45 km/h, ausgenommen Kleinkrafträder und Fahrräder mit Hilfsmotor (§ 3 Absatz 2 Satz 1 Nummer 1 Buchstabe d der Fahrzeug-Zulassungsverordnung), müssen mit einer Sicherungseinrichtung gegen unbefugte Benutzung ausgerüstet sein, die den im Anhang zu dieser Vorschrift genannten Bestimmungen entspricht.

(3) Sicherungseinrichtungen gegen unbefugte Benutzung und Wegfahrsperren an Kraftfahrzeugen, für die sie nicht vorgeschrieben sind, müssen den vorstehenden Vorschriften entsprechen.

§ 38b
Fahrzeug-Alarmsysteme

¹In Personenkraftwagen sowie in Lastkraftwagen, Zugmaschinen und Sattelzugmaschinen mit einem zulässigen Gesamtgewicht von nicht mehr als 2,00 t eingebaute Fahrzeug-Alarmsysteme müssen den im Anhang zu dieser Vorschrift genannten Bestimmungen entsprechen. ²Fahrzeug-Alarmsysteme in anderen Kraftfahrzeugen müssen sinngemäß den vorstehenden Vorschriften entsprechen.

§ 39
Rückwärtsgang

Kraftfahrzeuge – ausgenommen einachsige Zug- oder Arbeitsmaschinen mit einem zulässigen Gesamtgewicht von nicht mehr als 400 kg sowie Krafträder mit oder ohne Beiwagen – müssen vom Führersitz aus zum Rückwärtsfahren gebracht werden können.

§ 39a
Betätigungseinrichtungen, Kontrollleuchten und Anzeiger

(1) Die in Personenkraftwagen und Kraftomnibussen sowie Lastkraftwagen, Zugmaschinen und Sattelzugmaschinen – ausgenommen land- oder forstwirtschaftliche Zugmaschinen – eingebauten Betätigungseinrichtungen, Kontrollleuchten und Anzeiger müssen eine Kennzeichnung haben, die den im Anhang zu dieser Vorschrift genannten Bestimmungen entspricht.
(2) Die in Kraftfahrzeuge nach § 30a Absatz 3 eingebauten Betätigungseinrichtungen, Kontrollleuchten und Anzeiger müssen eine Kennzeichnung haben, die den im Anhang zu dieser Vorschrift genannten Bestimmungen entspricht.
(3) Land- oder forstwirtschaftliche Zugmaschinen müssen Betätigungseinrichtungen haben, deren Einbau, Position, Funktionsweise und Kennzeichnung den im Anhang zu dieser Vorschrift genannten Bestimmungen entspricht.

§ 40
Scheiben, Scheibenwischer, Scheibenwascher, Entfrostungs- und Trocknungsanlagen für Scheiben

(1) ¹Sämtliche Scheiben – ausgenommen Spiegel sowie Abdeckscheiben von lichttechnischen Einrichtungen und Instrumenten – müssen aus Sicherheitsglas bestehen. ²Als Sicherheitsglas gilt Glas oder ein glasähnlicher Stoff, deren Bruchstücke keine ernstlichen Verletzungen verursachen können. ³Scheiben aus Sicherheitsglas, die für die Sicht des Fahrzeugführers von Bedeutung sind, müssen klar, lichtdurchlässig und verzerrungsfrei sein.
(2) ¹Windschutzscheiben müssen mit selbsttätig wirkenden Scheibenwischern versehen sein. ²Der Wirkungsbereich der Scheibenwischer ist so zu bemessen, dass ein ausreichendes Blickfeld für den Führer des Fahrzeugs geschaffen wird.
(3) Dreirädrige Kleinkrafträder und dreirädrige oder vierrädrige Kraftfahrzeuge mit Führerhaus nach § 30a Absatz 3 müssen mit Scheiben, Scheibenwischer, Scheibenwascher, Entfrostungs- und Trocknungsanlagen ausgerüstet sein, die den im Anhang zu dieser Vorschrift genannten Bestimmungen entsprechen.

§ 41
Bremsen und Unterlegkeile

(1) ¹Kraftfahrzeuge müssen zwei voneinander unabhängige Bremsanlagen haben oder eine Bremsanlage mit zwei voneinander unabhängigen Bedienungseinrichtungen, von denen jede auch dann wirken kann, wenn die andere versagt. ²Die voneinander unabhängigen Bedienungseinrichtungen müssen durch getrennte Übertragungsmittel auf verschiedene Bremsflächen wirken, die jedoch in oder auf derselben Bremstrommel liegen können. ³Können mehr als zwei Räder gebremst

werden, so dürfen gemeinsame Bremsflächen und (ganz oder teilweise) gemeinsame mechanische Übertragungseinrichtungen benutzt werden; diese müssen jedoch so gebaut sein, dass beim Bruch eines Teils noch mindestens zwei Räder, die nicht auf derselben Seite liegen, gebremst werden können. [4]Alle Bremsflächen müssen auf zwangsläufig mit den Rädern verbundene, nicht auskuppelbare Teile wirken. [5]Ein Teil der Bremsflächen muss unmittelbar auf die Räder wirken oder auf Bestandteile, die mit den Rädern ohne Zwischenschaltung von Ketten oder Getriebeteilen verbunden sind. [6]Dies gilt nicht, wenn die Getriebeteile (nicht Ketten) so beschaffen sind, dass ihr Versagen nicht anzunehmen ist und für jedes in Frage kommende Rad eine besondere Bremsfläche vorhanden ist. [7]Die Bremsen müssen leicht nachstellbar sein oder eine selbsttätige Nachstelleinrichtung haben.

(1a) Absatz 1 Satz 2 bis 6 gilt nicht für Bremsanlagen von Kraftfahrzeugen, bei denen die Bremswirkung ganz oder teilweise durch die Druckdifferenz im hydrostatischen Kreislauf (hydrostatische Bremswirkung) erzeugt wird.

(2) [1]Bei einachsigen Zug- oder Arbeitsmaschinen genügt eine Bremse (Betriebsbremse), die so beschaffen sein muss, dass beim Bruch eines Teils der Bremsanlage noch mindestens ein Rad gebremst werden kann. [2]Beträgt das zulässige Gesamtgewicht nicht mehr als 250 kg und wird das Fahrzeug von Fußgängern an Holmen geführt, so ist keine Bremsanlage erforderlich; werden solche Fahrzeuge mit einer weiteren Achse verbunden und vom Sitz aus gefahren, so genügt eine an der Zug- oder Arbeitsmaschine oder an dem einachsigen Anhänger befindliche Bremse nach § 65, sofern die durch die Bauart bestimmte Höchstgeschwindigkeit 20 km/h nicht übersteigt.

(3) [1]Bei Gleiskettenfahrzeugen, bei denen nur die beiden Antriebsräder der Laufketten gebremst werden, dürfen gemeinsame Bremsflächen für die Betriebsbremse und für die Feststellbremse benutzt werden, wenn mindestens 70 Prozent des Gesamtgewichts des Fahrzeugs auf dem Kettenlaufwerk ruht und die Bremsen so beschaffen sind, dass der Zustand der Bremsbeläge von außen leicht überprüft werden kann. [2]Hierbei dürfen auch die Bremsnocken, die Nockenwellen mit Hebel oder ähnliche Übertragungsteile für beide Bremsen gemeinsam benutzt werden.

(4) Bei Kraftfahrzeugen – ausgenommen Krafträder – muss mit der einen Bremse (Betriebsbremse) eine mittlere Vollverzögerung von mindestens $5,0 \text{ m/s}^2$ erreicht werden; bei Kraftfahrzeugen mit einer durch die Bauart bestimmten Höchstgeschwindigkeit von nicht mehr als 25 km/h genügt jedoch eine mittlere Vollverzögerung von $3,5 \text{ m/s}^2$.

(4a) Bei Kraftfahrzeugen – ausgenommen Kraftfahrzeuge nach § 30a Absatz 3 – muss es bei Ausfall eines Teils der Bremsanlage möglich sein, mit dem verbleibenden funktionsfähigen Teil der Bremsanlage oder mit der anderen Bremsanlage des Kraftfahrzeugs nach Absatz 1 Satz 1 mindestens 44 Prozent der in Absatz 4 vorgeschriebenen Bremswirkung zu erreichen, ohne dass das Kraftfahrzeug seine Spur verlässt.

(5) [1]Bei Kraftfahrzeugen – ausgenommen Krafträder – muss die Bedienungseinrichtung einer der beiden Bremsanlagen feststellbar sein; bei Krankenfahrstühlen und bei Fahrzeugen, die die Baumerkmale von Krankenfahrstühlen aufweisen, deren Geschwindigkeit aber 30 km/h übersteigt, darf jedoch die Betriebsbremse anstatt der anderen Bremse feststellbar sein. [2]Die festgestellte Bremse muss ausschließlich durch mechanische Mittel und ohne Zuhilfenahme der Bremswirkung des Motors das Fahrzeug auf der größten von ihm befahrbaren Steigung am Abrollen verhindern können. [3]Mit der Feststellbremse muss eine mittlere Verzögerung von mindestens $1,5 \text{ m/s}^2$ erreicht werden.

(6) *(aufgehoben)*

(7) Bei Kraftfahrzeugen, die mit gespeicherter elektrischer Energie angetrieben werden, kann eine der beiden Bremsanlagen eine elektrische Widerstands- oder Kurzschlussbremse sein; in diesem Fall findet Absatz 1 Satz 5 keine Anwendung.

(8) [1]Betriebsfußbremsen an Zugmaschinen – ausgenommen an Gleiskettenfahrzeugen –, die zur Unterstützung des Lenkens als Einzelradbremsen ausgebildet sind, müssen auf

öffentlichen Straßen so gekoppelt sein, dass eine gleichmäßige Bremswirkung gewährleistet ist, sofern sie nicht mit einem besonderen Bremshebel gemeinsam betätigt werden können. ²Eine unterschiedliche Abnutzung der Bremsen muss durch eine leicht bedienbare Nachstelleinrichtung ausgleichbar sein oder sich selbsttätig ausgleichen.

(9) ¹Zwei- oder mehrachsige Anhänger – ausgenommen zweiachsige Anhänger mit einem Achsabstand von weniger als 1,0 m – müssen eine ausreichende, leicht nachstellbare oder sich selbsttätig nachstellende Bremsanlage haben; mit ihr muss eine mittlere Vollverzögerung von mindestens 5,0 m/s² – bei Sattelanhängern von mindestens 4,5 m/s² – erreicht werden. ²Bei Anhängern hinter Kraftfahrzeugen mit einer Geschwindigkeit von nicht mehr als 25 km/h (Betriebsvorschrift) genügt eine eigene mittlere Vollverzögerung von 3,5 m/s², wenn die Anhänger für eine Höchstgeschwindigkeit von nicht mehr als 25 km/h gekennzeichnet sind (§ 58). ³Die Bremse muss feststellbar sein. ⁴Die festgestellte Bremse muss ausschließlich durch mechanische Mittel den vollbelasteten Anhänger auch bei einer Steigung von 18 Prozent und in einem Gefälle von 18 Prozent auf trockener Straße am Abrollen verhindern können. ⁵Die Betriebsbremsanlagen von Kraftfahrzeug und Anhänger müssen vom Führersitz aus mit einer einzigen Betätigungseinrichtung abstufbar bedient werden können oder die Betriebsbremsanlage des Anhängers muss selbsttätig wirken; die Bremsanlage des Anhängers muss diesen, wenn dieser sich vom ziehenden Fahrzeug trennt, auch bei einer Steigung von 18 Prozent und in einem Gefälle von 18 Prozent selbsttätig zum Stehen bringen. ⁶Anhänger hinter Kraftfahrzeugen mit einer durch die Bauart bestimmten Höchstgeschwindigkeit von mehr als 25 km/h müssen eine auf alle Räder wirkende Bremsanlage haben; dies gilt nicht für die nach § 58 für eine Höchstgeschwindigkeit von nicht mehr als 25 km/h gekennzeichneten Anhänger hinter Fahrzeugen, die mit einer Geschwindigkeit von nicht mehr als 25 km/h gefahren werden.

(10) ¹Auflaufbremsen sind nur bei Anhängern zulässig mit einem zulässigen Gesamtgewicht von nicht mehr als
1. 8,00 t und einer durch die Bauart bestimmten Höchstgeschwindigkeit von nicht mehr als 25 km/h,
2. 8,00 t und einer durch die Bauart bestimmten Höchstgeschwindigkeit von nicht mehr als 40 km/h, wenn die Bremse auf alle Räder wirkt,
3. 3,50 t, wenn die Bremse auf alle Räder wirkt.

²Bei Sattelanhängern sind Auflaufbremsen nicht zulässig. ³In einem Zug darf nur ein Anhänger mit Auflaufbremse mitgeführt werden; jedoch sind hinter Zugmaschinen zwei Anhänger mit Auflaufbremse zulässig, wenn
1. beide Anhänger mit Geschwindigkeitsschildern nach § 58 für eine Höchstgeschwindigkeit von nicht mehr als 25 km/h gekennzeichnet sind,
2. der Zug mit einer Geschwindigkeit von nicht mehr als 25 km/h gefahren wird,
3. nicht das Mitführen von mehr als einem Anhänger durch andere Vorschriften untersagt ist.

(11) ¹An einachsigen Anhängern und zweiachsigen Anhängern mit einem Achsabstand von weniger als 1,0 m ist eine eigene Bremse nicht erforderlich, wenn der Zug die für das ziehende Fahrzeug vorgeschriebene Bremsverzögerung erreicht und die Achslast des Anhängers die Hälfte des Leergewichts des ziehenden Fahrzeugs, jedoch 0,75 t nicht übersteigt. ²Beträgt jedoch bei diesen Anhängern die durch die Bauart bestimmte Höchstgeschwindigkeit nicht mehr als 30 km/h, so darf unter den in Satz 1 festgelegten Bedingungen die Achslast mehr als 0,75 t, aber nicht mehr als 3,0 t betragen. ³Soweit Anhänger nach Satz 1 mit einer eigenen Bremse ausgerüstet sein müssen, gelten die Vorschriften des Absatzes 9 entsprechend; bei Sattelanhängern muss die Wirkung der Betriebsbremse dem von der Achse oder der Achsgruppe (§ 34 Absatz 1) getragenen Anteil des zulässigen Gesamtgewichts des Sattelanhängers entsprechen.

(12) ¹Die vorgeschriebenen Bremsverzögerungen müssen auf ebener, trockener Straße

mit gewöhnlichem Kraftaufwand bei voll belastetem Fahrzeug, erwärmten Bremstrommeln und, außer bei der im Absatz 5 vorgeschriebenen Bremse, auch bei Höchstgeschwindigkeit erreicht werden, ohne dass das Fahrzeug seine Spur verlässt. [2]Die in den Absätzen 4, 6 und 7 vorgeschriebenen Verzögerungen müssen auch beim Mitführen von Anhängern erreicht werden. [3]Die mittlere Vollverzögerung wird entweder
1. nach Abschnitt 1.1.2 des Anhangs II der Richtlinie 71/320/EWG des Rates vom 26. Juli 1971 zur Angleichung der Rechtsvorschriften der Mitgliedstaaten über die Bremsanlagen bestimmter Klassen von Kraftfahrzeugen und deren Anhängern (ABl. L 202 vom 6.9.1971, S. 37), die zuletzt durch die Richtlinie 2006/96/EG (ABl. L 363 vom 20.12.2006, S. 81) geändert worden ist, oder
2. aus der Geschwindigkeit v_1 und dem Bremsweg s_1 ermittelt, wobei v_1 die Geschwindigkeit ist, die das Fahrzeug bei der Abbremsung nach einer Ansprech- und Schwellzeit von höchstens 0,6 s hat, und s_1 der Weg ist, den das Fahrzeug ab der Geschwindigkeit v_1 bis zum Stillstand des Fahrzeugs zurücklegt.

[4]Von dem in den Sätzen 1 bis 3 vorgeschriebenen Verfahren kann, insbesondere bei Nachprüfungen nach § 29, abgewichen werden, wenn Zustand und Wirkung der Bremsanlage auf andere Weise feststellbar sind. [5]Bei der Prüfung neu zuzulassender Fahrzeuge muss eine dem betriebsüblichen Nachlassen der Bremswirkung entsprechend höhere Verzögerung erreicht werden; außerdem muss eine ausreichende, dem jeweiligen Stand der Technik entsprechende Dauerleistung der Bremsen für längere Talfahrten gewährleistet sein.

(13) [1]Von den vorstehenden Vorschriften über Bremsen sind befreit
1. Zugmaschinen in land- oder forstwirtschaftlichen Betrieben, wenn ihr zulässiges Gesamtgewicht nicht mehr als 4 t und ihre durch die Bauart bestimmte Höchstgeschwindigkeit nicht mehr als 8 km/h beträgt,
2. selbstfahrende Arbeitsmaschinen und Stapler mit einer durch die Bauart bestimmten Höchstgeschwindigkeit von nicht mehr als 8 km/h und von ihnen mitgeführte Fahrzeuge,
3. hinter Zugmaschinen, die mit einer Geschwindigkeit von nicht mehr als 8 km/h gefahren werden, mitgeführte
   a) Möbelwagen,
   b) Wohn- und Schaustellerwagen, wenn sie nur zwischen dem Festplatz oder Abstellplatz und dem nächstgelegenen Bahnhof oder zwischen dem Festplatz und einem in der Nähe gelegenen Abstellplatz befördert werden,
   c) Unterkunftswagen der Bauarbeiter, wenn sie von oder nach einer Baustelle befördert werden und nicht gleichzeitig zu einem erheblichen Teil der Beförderung von Gütern dienen,
   d) beim Wegebau und bei der Wegeunterhaltung verwendete fahrbare Geräte und Maschinen bei der Beförderung von oder nach einer Baustelle,
   e) land- oder forstwirtschaftliche Arbeitsgeräte,
   f) Fahrzeuge zur Beförderung von land- oder forstwirtschaftlichen Bedarfsgütern, Geräten oder Erzeugnissen, wenn die Fahrzeuge eisenbereift oder in der durch § 58 vorgeschriebenen Weise für eine Geschwindigkeit von nicht mehr als 8 km/h gekennzeichnet sind,
4. motorisierte Krankenfahrstühle.

[2]Die Fahrzeuge müssen jedoch eine ausreichende Bremse haben, die während der Fahrt leicht bedient werden kann und feststellbar ist. [3]Ungefederte land- oder forstwirtschaftliche Arbeitsmaschinen, deren Leergewicht das Leergewicht des ziehenden Fahrzeugs nicht übersteigt, jedoch höchstens 3 t erreicht, brauchen keine eigene Bremse zu haben.

(14) [1]Die nachstehend genannten Kraftfahrzeuge und Anhänger müssen mit Unterlegkeilen ausgerüstet sein. [2]Erforderlich sind mindestens
1. ein Unterlegkeil bei
   a) Kraftfahrzeugen – ausgenommen Gleiskettenfahrzeuge – mit einem zu-

lässigen Gesamtgewicht von mehr als 4 t,
b) zweiachsigen Anhängern – ausgenommen Sattel- und Starrdeichselanhänger (einschließlich Zentralachsanhänger) – mit einem zulässigen Gesamtgewicht von mehr als 750 kg,
2. zwei Unterlegkeile bei
a) drei- und mehrachsigen Fahrzeugen,
b) Sattelanhängern,
c) Starrdeichselanhängern (einschließlich Zentralachsanhängern) mit einem zulässigen Gesamtgewicht von mehr als 750 kg.
³Unterlegkeile müssen sicher zu handhaben und ausreichend wirksam sein. ⁴Sie müssen im oder am Fahrzeug leicht zugänglich mit Halterungen angebracht sein, die ein Verlieren und Klappern ausschließen. ⁵Haken oder Ketten dürfen als Halterungen nicht verwendet werden.

(15) ¹Kraftomnibusse mit einem zulässigen Gesamtgewicht von mehr als 5,5 t sowie andere Kraftfahrzeuge mit einem zulässigen Gesamtgewicht von mehr als 9 t müssen außer mit den Bremsen nach den vorstehenden Vorschriften mit einer Dauerbremse ausgerüstet sein. ²Als Dauerbremsen gelten Motorbremsen oder in der Bremswirkung gleichartige Einrichtungen. ³Die Dauerbremse muss mindestens eine Leistung aufweisen, die der Bremsbeanspruchung beim Befahren eines Gefälles von 7 Prozent und 6 km Länge durch das voll beladene Fahrzeug mit einer Geschwindigkeit von 30 km/h entspricht. ⁴Bei Anhängern mit einem zulässigen Gesamtgewicht von mehr als 9 t muss die Betriebsbremse den Anforderungen des Satzes 3 entsprechen, bei Sattelanhängern nur dann, wenn das um die zulässige Aufliegelast verringerte zulässige Gesamtgewicht mehr als 9 t beträgt. ⁵Die Sätze 1 bis 4 gelten nicht für
1. Fahrzeuge mit einer durch die Bauart bestimmten Höchstgeschwindigkeit von nicht mehr als 25 km/h und
2. Fahrzeuge, die nach § 58 für eine Höchstgeschwindigkeit von nicht mehr als 25 km/h gekennzeichnet sind und die mit einer Geschwindigkeit von nicht mehr als 25 km/h betrieben werden.

(16) ¹Druckluftbremsen und hydraulische Bremsen von Kraftomnibussen müssen auch bei Undichtigkeit an einer Stelle mindestens zwei Räder bremsen können, die nicht auf derselben Seite liegen. ²Bei Druckluftbremsen von Kraftomnibussen muss das unzulässige Absinken des Drucks im Druckluftbehälter dem Führer durch eine optisch oder akustisch wirkende Warneinrichtung deutlich angezeigt werden.

(17) Beim Mitführen von Anhängern mit Druckluftbremsanlage müssen die Vorratsbehälter des Anhängers auch während der Betätigung der Betriebsbremsanlage nachgefüllt werden können (Zweileitungsbremsanlage mit Steuerung durch Druckanstieg), wenn die durch die Bauart bestimmte Höchstgeschwindigkeit mehr als 25 km/h beträgt.

(18) ¹Abweichend von den Absätzen 1 bis 11, 12 Satz 1, 2, 3 und 5, den Absätzen 13 und 15 bis 17 müssen Personenkraftwagen, Kraftnibusse, Lastkraftwagen, Zugmaschinen – ausgenommen land- oder forstwirtschaftliche Zugmaschinen – und Sattelzugmaschinen mit mindestens vier Rädern und einer durch die Bauart bestimmten Höchstgeschwindigkeit von mehr als 25 km/h sowie ihre Anhänger – ausgenommen Anhänger nach Absatz 10 Satz 1 Nummer 1 und 2 oder Absatz 11 Satz 2, Muldenkipper, Stapler, Elektrokarren, Autoschütter – den im Anhang zu dieser Vorschrift genannten Bestimmungen über Bremsanlagen entsprechen. ²Andere Fahrzeuge, die hinsichtlich ihrer Baumerkmale des Fahrgestells den vorgenannten Fahrzeugen gleichzusetzen sind, müssen den im Anhang zu dieser Vorschrift genannten Bestimmungen über Bremsanlagen entsprechen. ³Austauschbremsbeläge für die in den Sätzen 1 und 2 genannten Fahrzeuge mit einem zulässigen Gesamtgewicht von nicht mehr als 3,5 t müssen den im Anhang zu dieser Vorschrift genannten Bestimmungen entsprechen.

(19) Abweichend von den Absätzen 1 bis 11, 12 Satz 1, 2, 3 und 5, den Absätzen 13, 17 und 18 müssen Kraftfahrzeuge nach § 30a Absatz 3 den im Anhang zu dieser Vorschrift genannten Bestimmungen über Bremsanlagen entsprechen.

(20) [1]Abweichend von den Absätzen 1 bis 11, 12 Satz 1, 2, 3 und 5, den Absätzen 13, 17 bis 19 müssen land- oder forstwirtschaftliche Zugmaschinen mit einer durch die Bauart bestimmten Höchstgeschwindigkeit von nicht mehr als 40 km/h den im Anhang zu dieser Vorschrift genannten Bestimmungen über Bremsanlagen entsprechen. [2]Selbstfahrende Arbeitsmaschinen und Stapler mit einer durch die Bauart bestimmten Höchstgeschwindigkeit von nicht mehr als 40 km/h dürfen den Vorschriften über Bremsanlagen nach Satz 1 entsprechen.

§ 41a
Druckgasanlagen und Druckbehälter

(1) Kraftfahrzeugtypen, die mit speziellen Ausrüstungen oder Bauteilen für die Verwendung von
1. verflüssigtem Gas (LPG) oder
2. komprimiertem Erdgas (CNG)

in ihrem Antriebssystem ausgestattet sind, müssen hinsichtlich des Einbaus dieser Ausrüstungen oder Bauteile nach den im Anhang zu dieser Vorschrift genannten Bestimmungen genehmigt sein.

(2) Spezielle Nachrüstsysteme für die Verwendung von
1. verflüssigtem Gas (LPG) oder
2. komprimiertem Erdgas (CNG)

im Antriebssystem eines Kraftfahrzeugs müssen hinsichtlich ihrer Ausführung nach der im Anhang zu dieser Vorschrift genannten Bestimmung genehmigt sein.

(3) [1]Spezielle Bauteile für die Verwendung von
1. verflüssigtem Gas (LPG) oder
2. komprimiertem Erdgas (CNG)

im Antriebssystem eines Kraftfahrzeugs müssen hinsichtlich ihrer Ausführung nach der im Anhang zu dieser Vorschrift genannten Bestimmung genehmigt sein. [2]Ferner müssen für den Einbau die Bedingungen der im Anhang zu dieser Vorschrift genannten Bestimmung erfüllt werden.

(4) [1]Hersteller von Bauteilen für Ausrüstungen nach Absatz 1 oder Nachrüstsystemen nach Absatz 2 oder von speziellen Bauteilen nach Absatz 3 müssen diesen die notwendigen Informationsunterlagen, entsprechend den im Anhang zu dieser Vorschrift genannten Bestimmungen, für den Einbau, die sichere Verwendung während der vorgesehenen Betriebsdauer und die empfohlenen Wartungen beifügen. [2]Den für den Einbau, den Betrieb und die Prüfungen verantwortlichen Personen sind diese Unterlagen bei Bedarf zur Verfügung zu stellen.

(5) [1]Halter, deren Kraftfahrzeuge mit Ausrüstungen nach Absatz 2 oder Absatz 3 ausgestattet worden sind, haben nach dem Einbau eine Gasanlagenprüfung (Gassystemeinbauprüfung) nach Anlage XVII durchführen zu lassen. [2]Gassystemeinbauprüfungen dürfen nur durchgeführt werden von
1. verantwortlichen Personen in hierfür anerkannten Kraftfahrzeugwerkstätten, sofern das Gassystem in der jeweiligen Kraftfahrzeugwerkstatt eingebaut wurde,
2. amtlich anerkannten Sachverständigen oder Prüfern für den Kraftfahrzeugverkehr,
3. Prüfingenieuren im Sinne der Anlage VIIIb Nummer 3.9.

[3]Nach der Gassystemeinbauprüfung haben Halter von Kraftfahrzeugen mit Ausrüstungen nach Absatz 3 eine Begutachtung nach § 21 zur Erlangung einer neuen Betriebserlaubnis durchführen zu lassen.

(6) [1]Halter, deren Kraftfahrzeuge mit Ausrüstungen nach den Absätzen 1 bis 3 ausgestattet sind, haben bei jeder Reparatur der Gasanlage im Niederdruckbereich eine Dichtigkeits- und Funktionsprüfung durchzuführen. [2]Bei umfangreicheren Reparaturen an der Gasanlage sowie bei einer Beeinträchtigung durch einen Brand oder einen Unfall ist eine Gasanlagenprüfung nach Anlage XVII durchzuführen. [3]Die Gasanlagenprüfungen sowie Dichtigkeits- und Funktionsprüfungen dürfen nur durchgeführt werden von
1. verantwortlichen Personen in hierfür anerkannten Kraftfahrzeugwerkstätten oder Fachkräften unter deren Aufsicht,
2. amtlich anerkannten Sachverständigen oder Prüfern für den Kraftfahrzeugverkehr,

3. Prüfingenieuren im Sinne der Anlage VII-Ib Nummer 3.9.

(7) ¹Die Anerkennung der Kraftfahrzeugwerkstätten für die Durchführung der Gassystemeinbauprüfungen nach Absatz 5, der Gasanlagenprüfungen nach Absatz 6 und der Untersuchungen nach Anlage VIII Nummer 3.1.1.2 hat nach Anlage XVIIa zu erfolgen. ²Die Schulung der in Absatz 5 Satz 2 Nummer 2 und 3 sowie Absatz 6 Satz 3 Nummer 2 und 3 genannten Personen hat in entsprechender Anwendung der Nummern 2.5, 7.3 und 7.4 der Anlage XVIIa zu erfolgen, wobei der Umfang der erstmaligen Schulung dem einer Wiederholungsschulung entsprechen kann.

(8) ¹Druckbehälter für Druckluftbremsanlagen und Nebenaggregate müssen die im Anhang zu dieser Vorschrift genannten Bestimmungen erfüllen. ²Sie dürfen auch aus anderen Werkstoffen als Stahl und Aluminium hergestellt werden, wenn sie den im Anhang zu dieser Vorschrift genannten Bestimmungen entsprechen und für sie die gleiche Sicherheit und Gebrauchstüchtigkeit nachgewiesen ist. ³Druckbehälter sind entsprechend des Anhangs zu kennzeichnen.

§ 41b
Automatischer Blockierverhinderer

(1) Ein automatischer Blockierverhinderer ist der Teil einer Betriebsbremsanlage, der selbsttätig den Schlupf in der Drehrichtung des Rads an einem oder mehreren Rädern des Fahrzeugs während der Bremsung regelt.

(2) ¹Folgende Fahrzeuge mit einer durch die Bauart bestimmten Höchstgeschwindigkeit von mehr als 60 km/h müssen mit einem automatischen Blockierverhinderer ausgerüstet sein:
1. Lastkraftwagen und Sattelzugmaschinen mit einem zulässigen Gesamtgewicht von mehr als 3,5 t,
2. Anhänger mit einem zulässigen Gesamtgewicht von mehr als 3,5 t; dies gilt für Sattelanhänger nur dann, wenn das um die Aufliegelast verringerte zulässige Gesamtgewicht 3,5 t übersteigt,
3. Kraftomnibusse,
4. Zugmaschinen mit einem zulässigen Gesamtgewicht von mehr als 3,5 t.

²Andere Fahrzeuge, die hinsichtlich ihrer Baumerkmale des Fahrgestells den in den Nummern 1 bis 4 genannten Fahrzeugen gleichzusetzen sind, müssen ebenfalls mit einem automatischen Blockierverhinderer ausgerüstet sein.

(3) Fahrzeuge mit einem automatischen Blockierverhinderer müssen den im Anhang zu dieser Vorschrift genannten Bestimmungen entsprechen.

(4) Anhänger mit einem automatischen Blockierverhinderer, aber ohne automatischlastabhängige Bremskraftregeleinrichtung dürfen nur mit Kraftfahrzeugen verbunden werden, die die Funktion des automatischen Blockierverhinderers im Anhänger sicherstellen.

(5) Absatz 2 gilt nicht für Anhänger mit Auflaufbremse sowie für Kraftfahrzeuge mit mehr als vier Achsen.

§ 42
Anhängelast hinter Kraftfahrzeugen und Leergewicht

(1) ¹Die gezogene Anhängelast darf bei
1. Personenkraftwagen, ausgenommen solcher nach Nummer 2, und Lastkraftwagen, ausgenommen solcher nach Nummer 3, weder das zulässige Gesamtgewicht,
2. Personenkraftwagen, die gemäß der Definition in Anhang II der Richtlinie 70/156/EWG Geländefahrzeuge sind, weder das 1,5fache des zulässigen Gesamtgewichts,
3. Lastkraftwagen in Zügen mit durchgehender Bremsanlage weder das 1,5fache des zulässigen Gesamtgewichts
des ziehenden Fahrzeugs noch den etwa vom Hersteller des ziehenden Fahrzeugs angegebenen oder amtlich als zulässig erklärten Wert übersteigen. ²Bei Personenkraftwagen nach Nummer 1 oder 2 darf das tatsächliche Gesamtgewicht des Anhängers (Achslast zuzüglich Stützlast) jedoch in keinem Fall mehr als 3 500 kg betragen. ³Die Anhängelast bei Kraftfahrzeugen nach § 30a Absatz 3

und bei motorisierten Krankenfahrstühlen darf höchstens 50 Prozent der Leermasse des Fahrzeugs betragen.
(2) ¹Hinter Krafträdern und Personenkraftwagen dürfen Anhänger ohne ausreichende eigene Bremse nur mitgeführt werden, wenn das ziehende Fahrzeug Allradbremse und der Anhänger nur eine Achse hat; Krafträder gelten trotz getrennter Bedienungseinrichtungen für die Vorderrad- und Hinterradbremse als Fahrzeuge mit Allradbremse, Krafträder mit Beiwagen jedoch nur dann, wenn auch das Beiwagenrad eine Bremse hat. ²Werden einachsige Anhänger ohne bauartbedingt ausreichende eigene Bremse mitgeführt, so darf die Anhängelast höchstens die Hälfte des um 75 kg erhöhten Leergewichts des ziehenden Fahrzeugs, aber nicht mehr als 750 kg betragen.
(2a) Die Absätze 1 und 2 gelten nicht für das Abschleppen von betriebsunfähigen Fahrzeugen.
(3) ¹Das Leergewicht ist das Gewicht des betriebsfertigen Fahrzeugs ohne austauschbare Ladungsträger (Behälter, die dazu bestimmt und geeignet sind, Ladungen aufzunehmen und auf oder an verschiedenen Trägerfahrzeugen verwendet zu werden, wie Container, Wechselbehälter), aber mit zu 90 Prozent gefüllten eingebauten Kraftstoffbehältern und zu 100 Prozent gefüllten Systemen für andere Flüssigkeiten (ausgenommen Systeme für gebrauchtes Wasser) einschließlich des Gewichts aller im Betrieb mitgeführten Ausrüstungsteile (zum Beispiel Ersatzräder und -bereifung, Ersatzteile, Werkzeug, Wagenheber, Feuerlöscher, Aufsteckwände, Planengestell mit Planenbügeln und Planenlatten oder Planenstangen, Plane, Gleitschutzeinrichtungen, Belastungsgewichte), bei anderen Kraftfahrzeugen als Kraftfahrzeugen nach § 30a Absatz 3 zuzüglich 75 kg als Fahrergewicht. ²Austauschbare Ladungsträger, die Fahrzeuge miteinander verbinden oder Zugkräfte übertragen, sind Fahrzeugteile.

§ 43
Einrichtungen zur Verbindung von Fahrzeugen

(1) ¹Einrichtungen zur Verbindung von Fahrzeugen müssen so ausgebildet und befestigt sein, dass die nach dem Stand der Technik erreichbare Sicherheit – auch bei der Bedienung der Kupplung – gewährleistet ist. ²Die Zuggabel von Mehrachsanhängern muss bodenfrei sein. ³Die Zugöse dieser Anhänger muss jeweils in Höhe des Kupplungsmauls einstellbar sein; dies gilt bei anderen Kupplungsarten sinngemäß. ⁴Die Sätze 2 und 3 gelten nicht für Anhänger hinter Elektrokarren mit einer durch die Bauart bestimmten Höchstgeschwindigkeit von nicht mehr als 25 km/h, wenn das zulässige Gesamtgewicht des Anhängers nicht mehr als 2 t beträgt.
(2) ¹Mehrspurige Kraftfahrzeuge mit mehr als einer Achse müssen vorn, Personenkraftwagen – ausgenommen solche, für die nach der Betriebserlaubnis eine Anhängelast nicht zulässig ist – auch hinten, eine ausreichend bemessene und leicht zugängliche Einrichtung zum Befestigen einer Abschleppstange oder eines Abschleppseils haben. ²An selbstfahrenden Arbeitsmaschinen und Staplern darf diese Einrichtung hinten angeordnet sein.
(3) ¹Bei Verwendung von Abschleppstangen oder Abschleppseilen darf der lichte Abstand vom ziehenden zum gezogenen Fahrzeug nicht mehr als 5 m betragen. ²Abschleppstangen und Abschleppseile sind ausreichend erkennbar zu machen, zum Beispiel durch einen roten Lappen.
(4) ¹Anhängekupplungen müssen selbsttätig wirken. ²Nicht selbsttätige Anhängekupplungen sind jedoch zulässig,
1. an Zugmaschinen und an selbstfahrenden Arbeitsmaschinen und Staplern, wenn der Führer den Kupplungsvorgang von seinem Sitz aus beobachten kann,
2. an Krafträdern und Personenkraftwagen,
3. an Anhängern hinter Zugmaschinen in land- oder forstwirtschaftlichen Betrieben,
4. zur Verbindung von anderen Kraftfahrzeugen mit einachsigen Anhängern oder zweiachsigen Anhängern mit einem

Achsabstand von weniger als 1,0 m mit einem zulässigen Gesamtgewicht von nicht mehr als 3,5 t.
³In jedem Fall muss die Herstellung einer betriebssicheren Verbindung leicht und gefahrlos möglich sein.
(5) Einrichtungen zur Verbindung von Fahrzeugen an zweirädrigen oder dreirädrigen Kraftfahrzeugen nach § 30a Absatz 3 und ihre Anbringung an diesen Kraftfahrzeugen müssen den im Anhang zu dieser Vorschrift genannten Bestimmungen entsprechen.

§ 44
Stützeinrichtung und Stützlast

(1) ¹An Sattelanhängern muss eine Stützeinrichtung vorhanden sein oder angebracht werden können. ²Wenn Sattelanhänger so ausgerüstet sind, dass die Verbindung der Kupplungsteile sowie der elektrischen Anschlüsse und der Bremsanschlüsse selbsttätig erfolgen kann, müssen die Anhänger eine Stützeinrichtung haben, die sich nach dem Ankuppeln des Anhängers selbsttätig vom Boden abhebt.
(2) ¹Starrdeichselanhänger (einschließlich Zentralachsanhänger) müssen eine der Höhe nach einstellbare Stützeinrichtung haben, wenn die Stützlast bei gleichmäßiger Lastverteilung mehr als 50 kg beträgt. ²Dies gilt jedoch nicht für Starrdeichselanhänger hinter Kraftfahrzeugen mit einem zum Anheben der Deichsel geeigneten Kraftheber. ³Stützeinrichtungen müssen unverlierbar untergebracht sein.
(3) ¹Bei Starrdeichselanhängern (einschließlich Zentralachsanhängern) mit einem zulässigen Gesamtgewicht von nicht mehr als 3,5 t darf die vom ziehenden Fahrzeug aufzunehmende Mindeststützlast nicht weniger als 4 Prozent des tatsächlichen Gesamtgewichts des Anhängers betragen; sie braucht jedoch nicht mehr als 25 kg zu betragen. ²Die technisch zulässige Stützlast des Zugfahrzeugs ist vom Hersteller festzulegen; sie darf – ausgenommen bei Krafträdern – nicht geringer als 25 kg sein. ³Bei Starrdeichselanhängern (einschließlich Zentralachsanhängern) mit einem zulässigen Gesamtgewicht von mehr als 3,5 t darf die vom ziehenden Fahrzeug aufzunehmende Mindeststützlast nicht weniger als 4 Prozent des tatsächlichen Gesamtgewichts des Anhängers betragen, sie braucht jedoch nicht mehr als 500 kg zu betragen. ⁴Die maximal zulässige Stützlast darf bei diesen Anhängern – ausgenommen bei Starrdeichselanhängern (einschließlich Zentralachsanhängern), die für eine Höchstgeschwindigkeit von nicht mehr als 40 km/h gekennzeichnet sind (§ 58) und land- oder forstwirtschaftlichen Arbeitsgeräten – höchstens 15 Prozent des tatsächlichen Gesamtgewichts des Starrdeichselanhängers (einschließlich Zentralachsanhängers), aber nicht mehr als 2,00 t betragen. ⁵Bei allen Starrdeichselanhängern (einschließlich Zentralachsanhängern) darf weder die für die Anhängekupplung oder die Zugeinrichtung noch die vom Hersteller des ziehenden Fahrzeugs angegebene Stützlast überschritten werden.

§ 45
Kraftstoffbehälter

(1) ¹Kraftstoffbehälter müssen korrosionsfest sein. ²Sie müssen bei doppeltem Betriebsüberdruck, mindestens aber bei einem Überdruck von 0,3 bar, dicht sein. ³Weichgelötete Behälter müssen auch nach dem Ausschmelzen des Lotes zusammenhalten. ⁴Auftretender Überdruck oder den Betriebsdruck übersteigender Druck muss sich durch geeignete Einrichtungen (Öffnungen, Sicherheitsventile und dergleichen) selbsttätig ausgleichen. ⁵Entlüftungsöffnungen sind gegen Hindurchschlagen von Flammen zu sichern. ⁶Am Behälter weich angelötete Teile müssen zugleich vernietet, angeschraubt oder in anderer Weise sicher befestigt sein. ⁷Kraftstoff darf aus dem Füllverschluss oder den zum Ausgleich von Überdruck bestimmten Einrichtungen auch bei Schräglage, Kurvenfahrt oder Stößen nicht ausfließen.
(1a)¹ Für den Einbau von Kraftstoffbehältern in Kraftfahrzeugen, ausgenommen solche

---
1 Anm. d. Red.:
  Beachte die Übergangsbestimmung nach § 72 Absatz 2 Nummer 1e.

nach § 30a Absatz 3, sind die im Anhang zu dieser Vorschrift genannten Bestimmungen anzuwenden.
(2) ¹Kraftstoffbehälter für Vergaserkraftstoff dürfen nicht unmittelbar hinter der Frontverkleidung des Fahrzeugs liegen; sie müssen so vom Motor getrennt sein, dass auch bei Unfällen eine Entzündung des Kraftstoffs nicht zu erwarten ist. ²Dies gilt nicht für Krafträder und für Zugmaschinen mit offenem Führersitz.
(3) ¹Bei Kraftomnibussen dürfen Kraftstoffbehälter nicht im Fahrgast- oder Führerraum liegen. ²Sie müssen so angebracht sein, dass bei einem Brand die Ausstiege nicht unmittelbar gefährdet sind. ³Bei Kraftomnibussen müssen Behälter für Vergaserkraftstoff hinten oder seitlich unter dem Fußboden in einem Abstand von mindestens 500 mm von den Türöffnungen untergebracht sein. ⁴Kann dieses Maß nicht eingehalten werden, so ist ein entsprechender Teil des Behälters mit Ausnahme der Unterseite durch eine Blechwand abzuschirmen.
(4) Für Kraftstoffbehälter in Kraftfahrzeugen nach § 30a Absatz 3 und deren Einbau sowie für den Einbau der Kraftstoffzufuhrleitungen in diesen Kraftfahrzeugen gelten die im Anhang zu dieser Vorschrift genannten Bestimmungen.

§ 46
Kraftstoffleitungen

(1) Kraftstoffleitungen sind so auszuführen, dass Verwindungen des Fahrzeugs, Bewegungen des Motors und dergleichen keinen nachteiligen Einfluss auf die Haltbarkeit ausüben.
(2) ¹Rohrverbindungen sind durch Verschraubung ohne Lötung oder mit hart aufgelötetem Nippel herzustellen. ²In die Kraftstoffleitung muss eine vom Führersitz aus während der Fahrt leicht zu bedienende Absperreinrichtung eingebaut sein; sie kann fehlen, wenn die Fördereinrichtung für den Kraftstoff den Zufluss zu dem Vergaser oder zur Einspritzpumpe bei stehendem Motor unterbricht oder wenn das Fahrzeug ausschließlich mit Dieselkraftstoff betrieben wird. ³Als Kraftstoffleitungen können fugenlose, elastische Metallschläuche oder kraftstofffeste andere Schläuche aus schwer brennbaren Stoffen eingebaut werden; sie müssen gegen mechanische Beschädigungen geschützt sein.
(3) Kraftstoffleitungen, Vergaser und alle anderen kraftstoffführenden Teile sind gegen betriebstörende Wärme zu schützen und so anzuordnen, dass abtropfender oder verdunstender Kraftstoff sich weder ansammeln noch an heißen Teilen oder an elektrischen Geräten entzünden kann.
(4) ¹Bei Kraftomnibussen dürfen Kraftstoffleitungen nicht im Fahrgast- oder Führerraum liegen. ²Bei diesen Fahrzeugen darf der Kraftstoff nicht durch Schwerkraft gefördert werden.

§ 47
Abgase

(1) Kraftfahrzeuge mit Fremdzündungsmotor oder Selbstzündungsmotor mit mindestens vier Rädern, einer zulässigen Gesamtmasse von mindestens 400 kg und einer bauartbedingten Höchstgeschwindigkeit von mindestens 50 km/h – mit Ausnahme von land- oder forstwirtschaftlichen Zug- und Arbeitsmaschinen sowie anderen Arbeitsmaschinen und Staplern –, soweit sie in den Anwendungsbereich der Richtlinie 70/220/ EWG des Rates vom 20. März 1970 zur Angleichung der Rechtsvorschriften der Mitgliedstaaten über Maßnahmen gegen die Verunreinigung der Luft durch Emissionen von Kraftfahrzeugmotoren (ABl. L 76 vom 6.4.1970, S. 1), die zuletzt durch die Richtlinie 2006/96//EG (ABl. L 363 vom 20.12.2006, S. 81) geändert worden ist, fallen, müssen hinsichtlich ihres Abgasverhaltens und der Anforderungen in Bezug auf die Kraftstoffe den Vorschriften dieser Richtlinie entsprechen.
(1a)¹ Kraftfahrzeuge, im Sinne des Artikels 2 Absatz 1 der Verordnung (EG) Nr. 715/2007 des Europäischen Parlaments und des Ra-

---

1 Anm. d. Red.:
Beachte die Übergangsbestimmung nach § 72 Absatz 2 Nummer 2.

tes vom 20. Juni 2007 über die Typgenehmigung von Kraftfahrzeugen hinsichtlich der Emissionen von leichten Personenkraftwagen und Nutzfahrzeugen (Euro 5 und Euro 6) und über den Zugang zu Reparatur- und Wartungsinformationen für Fahrzeuge (ABl. L 171 vom 29.6.2007, S. 1), müssen hinsichtlich ihres Abgasverhaltens in den Fällen des § 13 der EG-Fahrzeuggenehmigungsverordnung oder des § 21 den Vorschriften dieser Verordnung und der Verordnung (EG) Nr. 692/2008 der Kommission vom 18. Juli 2008 zur Durchführung und Änderung der Verordnung (EG) Nr. 715/2007 des Europäischen Parlaments und des Rates vom 20. Juni 2007 über die Typgenehmigung von Kraftfahrzeugen hinsichtlich der Emissionen von leichten Personenkraftwagen und Nutzfahrzeugen (Euro 5 und Euro 6) und über den Zugang zu Reparatur- und Wartungsinformationen für Fahrzeuge (ABl. L 199 vom 28.7.2008, S. 1), geändert durch die im Anhang zu dieser Vorschrift genannten Bestimmungen, entsprechen.

(2) [1]Kraftfahrzeuge mit Selbstzündungsmotor mit oder ohne Aufbau, mit mindestens vier Rädern und einer bauartbedingten Höchstgeschwindigkeit von mehr als 25 km/h – mit Ausnahme von landwirtschaftlichen Zug- und Arbeitsmaschinen sowie anderen Arbeitsmaschinen und Staplern – soweit sie in den Anwendungsbereich der Richtlinie 72/306/EWG des Rates vom 2. August 1972 zur Angleichung der Rechtsvorschriften der Mitgliedstaaten über Maßnahmen gegen die Emission verunreinigender Stoffe aus Dieselmotoren zum Antrieb von Fahrzeugen (ABl. L 190 vom 20.8.1972, S. 1), die zuletzt durch die Richtlinie 2005/21/EG (ABl. L 61 vom 8.3.2005, S. 25) geändert worden ist, fallen, müssen hinsichtlich der Emission verunreinigender Stoffe dieser Richtlinie entsprechen. [2]Kraftfahrzeuge mit Selbstzündungsmotor, auf die sich die Anlage XVI bezieht, müssen hinsichtlich der Emission verunreinigender Stoffe (feste Bestandteile – Dieselrauch) im Abgas der Anlage XVI oder der Richtlinie 72/306/EWG entsprechen.

(3) Personenkraftwagen sowie Wohnmobile mit Fremd- oder Selbstzündungsmotoren, die den Vorschriften
1. der Anlage XXIII oder
2. des Anhangs III A der Richtlinie 70/220/ EWG in der Fassung der Richtlinie 88/76/EWG (ABl. L 36 vom 9.2.1988, S. 1) oder späteren Änderungen dieses Anhangs in der Richtlinie 88/436/EWG (ABl. L 214 vom 6.8.1988, S. 1), berichtigt durch die Berichtigung der Richtlinie 88/436/EWG (ABl. L 303 vom 8.11.1988, S. 36), oder der Richtlinie 89/491/EWG (ABl. L 238 vom 15.8.1989, S. 43) oder
3. der Richtlinie 70/220/EWG in der Fassung der Richtlinie 91/441/EWG (ABl. L 242 vom 30.8.1991, S. 1) – ausgenommen die Fahrzeuge, die die Übergangsbestimmungen des Anhangs I Nummer 8.1 oder 8.3 in Anspruch nehmen – oder
4. der Richtlinie 70/220/EWG in der Fassung der Richtlinie 93/59/EWG (ABl. L 186 vom 28.7.1993, S. 21) – ausgenommen die Fahrzeuge, die weniger strengen Grenzwertanforderungen der Klasse II oder III des Anhangs I in den Nummern 5.3.1.4 und 7.1.1.1 oder die Übergangsbestimmungen des Anhangs I Nummer 8.3 in Anspruch nehmen – oder
5. der Richtlinie 70/220/EWG in der Fassung der Richtlinie 94/12/EG (ABl. L 100 vom 19.4.1994, S. 42) – und die Grenzwerte der Fahrzeugklasse M in Anhang I Nummer 5.3.1.4 einhalten – oder
6. der Richtlinie 96/69/EG des Europäischen Parlaments und des Rates vom 8. Oktober 1996 zur Änderung der Richtlinie 70/220/EWG zur Angleichung der Rechtsvorschriften der Mitgliedstaaten über Maßnahmen gegen die Verunreinigung der Luft durch Emissionen von Kraftfahrzeugen (ABl. L 282 vom 1.11.1996, S. 64) oder
7. der Richtlinie 98/77/EG der Kommission vom 2. Oktober 1998 zur Anpassung der Richtlinie 70/220/EWG des Rates zur Angleichung der Rechtsvorschriften der Mitgliedstaaten über Maßnahmen gegen die Verunreinigung der Luft durch

Emissionen von Kraftfahrzeugen an den technischen Fortschritt (ABl. L 286 vom 23.10.1998, S. 34) oder
8. der Richtlinie 98/69/EG des Europäischen Parlaments und des Rates vom 13. Oktober 1998 über Maßnahmen gegen die Verunreinigung der Luft durch Emissionen von Kraftfahrzeugen und zur Änderung der Richtlinie 70/220/EWG des Rates (ABl. L 350 vom 28.12.1998, S. 1) oder
9. der Richtlinie 1999/102/EG der Kommission vom 15. Dezember 1999 zur Anpassung der Richtlinie 70/220/EWG des Rates über Maßnahmen gegen die Verunreinigung der Luft durch Emissionen von Kraftfahrzeugen an den technischen Fortschritt (ABl. L 334 vom 28.12.1999, S. 43) oder
10. der Richtlinie 2001/1/EG des Europäischen Parlaments und des Rates vom 22. Januar 2001 zur Änderung der Richtlinie 70/220/EWG des Rates über Maßnahmen gegen die Verunreinigung der Luft durch Emissionen von Kraftfahrzeugen (ABl. L 35 vom 6.2.2001, S. 34) oder
11. der Richtlinie 2001/100/EG des Europäischen Parlaments und des Rates vom 7. Dezember 2001 zur Änderung der Richtlinie 70/220/EWG des Rates zur Angleichung der Rechtsvorschriften der Mitgliedstaaten gegen die Verunreinigung der Luft durch Emissionen von Kraftfahrzeugen (ABl. L 16 vom 18.1.2002, S. 32) oder
12. der Richtlinie 2002/80/EG der Kommission vom 3. Oktober 2002 zur Anpassung der Richtlinie 70/220/EWG des Rates über Maßnahmen gegen die Verunreinigung der Luft durch Emissionen von Kraftfahrzeugen an den technischen Fortschritt (ABl. L 291 vom 28.10.2002, S. 20) oder
13. der Richtlinie 2003/76/EG der Kommission vom 11. August 2003 zur Änderung der Richtlinie 70/220/EWG des Rates über Maßnahmen gegen die Verunreinigung der Luft durch Emissionen von Kraftfahrzeugen (ABl. L 206 vom 15.8.2003, S. 29) oder

14. der Verordnung (EG) Nr. 715/2007 und der Verordnung (EG) Nr. 692/2008 entsprechen, gelten als schadstoffarm.

(3a) Personenkraftwagen und Wohnmobile mit Selbstzündungsmotor gelten als besonders partikelreduziert, wenn sie den Anforderungen einer der in Anlage XXVI Nummer 2 festgelegten Minderungsstufen oder den Anforderungen der Verordnung (EG) Nr. 715/2007 und der Verordnung (EG) Nr. 692/2008 der Kommission vom 18. Juli 2008 entsprechen.

(4) [1]Personenkraftwagen sowie Wohnmobile mit einer zulässigen Gesamtmasse von nicht mehr als 2 800 kg mit Fremd- oder Selbstzündungsmotoren, die den Vorschriften der Anlage XXIV entsprechen, gelten als bedingt schadstoffarm. [2]Eine erstmalige Anerkennung als bedingt schadstoffarm ist ab 1. November 1993 nicht mehr zulässig.

(5) Personenkraftwagen und Wohnmobile mit Fremd- oder Selbstzündungsmotoren,
1. die den Vorschriften der Anlage XXV oder
2. mit einem Hubraum von weniger als 1 400 Kubikzentimetern, die der Richtlinie 70/220/EWG in der Fassung der Richtlinie 89/458/EWG des Rates vom 18. Juli 1989 (ABl. L 226 vom 3.8.1989, S. 1)

entsprechen, gelten als schadstoffarm.

(6) Fahrzeuge oder Motoren für Fahrzeuge, die in den Anwendungsbereich der Richtlinie 88/77/EWG des Rates vom 3. Dezember 1987 zur Angleichung der Rechtsvorschriften der Mitgliedstaaten über Maßnahmen gegen die Emission gasförmiger Schadstoffe und luftverunreinigender Partikel aus Selbstzündungsmotoren zum Antrieb von Fahrzeugen und die Emission gasförmiger Schadstoffe aus mit Erdgas oder Flüssiggas betriebenen Fremdzündungsmotoren zum Antrieb von Fahrzeugen (ABl. L 36 vom 9.2.1988, S. 33), die zuletzt durch die Richtlinie 2001/27/EG (ABl. L 107 vom 18.4.2001, S. 10) geändert worden ist, fallen, müssen hinsichtlich ihres Abgasverhaltens den Vorschriften dieser Richtlinie entsprechen.

(6a)[1] Fahrzeuge oder Motoren für Fahrzeuge, die in den Anwendungsbereich der Richtlinie 2005/55/EG des Europäischen Parlaments und des Rates vom 28. September 2005 zur Angleichung der Rechtsvorschriften der Mitgliedstaaten über Maßnahmen gegen die Emission gasförmiger Schadstoffe und luftverunreinigender Partikel aus Selbstzündungsmotoren zum Antrieb von Fahrzeugen und die Emission gasförmiger Schadstoffe aus mit Flüssiggas oder Erdgas betriebenen Fremdzündungsmotoren zum Antrieb von Fahrzeugen (ABl. L 275 vom 20.10.2005, S. 1) fallen, müssen hinsichtlich ihres Abgasverhaltens den Vorschriften dieser Richtlinie und der Richtlinie 2005/78/EG der Kommission vom 14. November 2005 zur Durchführung der Richtlinie 2005/55/EG des Europäischen Parlaments und des Rates zur Angleichung der Rechtsvorschriften der Mitgliedstaaten über Maßnahmen gegen die Emission gasförmiger Schadstoffe und luftverunreinigender Partikel aus Selbstzündungsmotoren zum Antrieb von Fahrzeugen und die Emission gasförmiger Schadstoffe aus mit Flüssiggas oder Erdgas betriebenen Fremdzündungsmotoren zum Antrieb von Fahrzeugen und zur Änderung ihrer Anhänge I, II, III, IV und VI (ABl. L 313 vom 29.11.2005, S. 1), geändert durch die im Anhang zu dieser Vorschrift genannten Bestimmungen, entsprechen.

(6b)[2] Fahrzeuge oder Motoren für Fahrzeuge, die in den Anwendungsbereich der Verordnung (EG) Nr. 595/2009 des Europäischen Parlaments und des Rates vom 18. Juni 2009 über die Typgenehmigung von Kraftfahrzeugen und Motoren hinsichtlich der Emissionen von schweren Nutzfahrzeugen (Euro VI) und über den Zugang zu Fahrzeugreparatur- und -wartungsinformationen, zur Änderung der Verordnung (EG) Nr. 715/2007 und der Richtlinie 2007/46/EG sowie zur Aufhebung der Richtlinien 80/1269/EWG, 2005/55/EG und 2005/78/EG (ABl. L 188 vom 18.7.2009, S. 1) fallen und Kraftfahrzeuge, die hinsichtlich der Baumerkmale ihres Fahrgestells diesen Fahrzeugen gleichzusetzen sind, müssen hinsichtlich ihres Abgasverhaltens den Vorschriften dieser Verordnung und der Verordnung (EU) Nr. 582/2011 der Kommission vom 25. Mai 2011 zur Durchführung und Änderung der Verordnung (EG) Nr. 595/2009 des Europäischen Parlaments und des Rates hinsichtlich der Emissionen von schweren Nutzfahrzeugen (Euro VI) und zur Änderung der Anhänge I und III der Richtlinie 2007/46/EG des Europäischen Parlaments und des Rates (ABl. L 167 vom 25.6.2011, S. 1), jeweils geändert durch die im Anhang zu dieser Vorschrift genannten Bestimmungen, entsprechen.

(7) Krafträder, auf die sich die Regelung Nummer 40 – Einheitliche Vorschriften für die Genehmigung der Krafträder hinsichtlich der Emission luftverunreinigender Gase aus Motoren mit Fremdzündung – des Übereinkommens über die Annahme einheitlicher Bedingungen für die Genehmigung der Ausrüstungsgegenstände und Teile von Kraftfahrzeugen und über die gegenseitige Anerkennung der Genehmigung, in Kraft gesetzt durch die Verordnung vom 14. September 1983 (BGBl. 1983 II S. 584), bezieht, müssen hinsichtlich ihres Abgasverhaltens den Vorschriften der Regelung Nr. 40, zuletzt geändert durch Verordnung zur Änderung 1 und zum Korrigendum 3 der ECE-Regelung Nr. 40 über einheitliche Vorschriften für die Genehmigung der Krafträder hinsichtlich der Emission luftverunreinigender Gase aus Motoren mit Fremdzündung vom 29. Dezember 1992 (BGBl. 1993 II S. 110), entsprechen; dies gilt auch für Krafträder mit einer Leermasse von mehr als 400 kg.

(8) Andere Krafträder als die in Absatz 7 genannten müssen hinsichtlich ihres Abgasverhaltens von Vorschriften der Regelung Nummer 47 – Einheitliche Vorschriften für die Genehmigung der Fahrräder mit Hilfsmotor hinsichtlich der Emission luftverunreinigender Gase aus Motoren mit Fremdzündung – des Übereinkommens über die Annahme einheitlicher Bedingungen für die Genehmigung der Ausrüstungsgegenstände und Teile von Kraftfahrzeugen und über die gegenseitige

---

1 Anm. d. Red.: Beachte die Übergangsbestimmung nach § 72 Absatz 2 Nummer 3.
2 Anm. d. Red.: Beachte die Übergangsbestimmung nach § 72 Absatz 2 Nummer 3a.

Anerkennung der Genehmigung, in Kraft gesetzt durch die Verordnung vom 26. Oktober 1981 (BGBl. 1981 II S. 930), entsprechen.
(8a) Kraftfahrzeuge, die in den Anwendungsbereich der Richtlinie 97/24/EG fallen, müssen hinsichtlich ihres Abgasverhaltens den Vorschriften dieser Richtlinie entsprechen.
(8b) Kraftfahrzeuge, die in den Anwendungsbereich der Achtundzwanzigsten Verordnung zur Durchführung des Bundes-Immissionsschutzgesetzes vom 11. November 1998 (BGBl. I S. 3411) fallen, müssen mit Motoren ausgerüstet sein, die hinsichtlich ihres Abgasverhaltens den Vorschriften der Achtundzwanzigsten Verordnung zur Durchführung des Bundes-Immissions-schutzgesetzes vom 11. November 1998 entsprechen.
(8c)[1] Zugmaschinen oder Motoren für Zugmaschinen, die in den Anwendungsbereich der Richtlinie 2000/25/EG des Europäischen Parlaments und des Rates vom 22. Mai 2000 über Maßnahmen zur Bekämpfung der Emission gasförmiger Schadstoffe und luftverunreinigender Partikel aus Motoren, die für den Antrieb von land- und forstwirtschaftlichen Zugmaschinen bestimmt sind, und zur Änderung der Richtlinie 74/150/EWG des Rates (ABl. L 173 vom 12.7.2000, S. 1) fallen, müssen hinsichtlich ihres Abgasverhaltens den Vorschriften dieser Richtlinie entsprechen.
(9) [1]Technischer Dienst und Prüfstelle im Sinne der genannten Regelwerke ist die Abgasprüfstelle der TÜV-Nord Mobilität GmbH & Co.KG, Adlerstraße 7, 45307 Essen. [2]Es können auch andere Technische Prüfstellen für den Kraftfahrzeugverkehr oder von der obersten Landesbehörde anerkannte Stellen prüfen, sofern diese über die erforderlichen eigenen Mess- und Prüfeinrichtungen verfügen. [3]Der Technische Dienst ist über alle Prüfungen zu unterrichten. [4]In Zweifelsfällen ist er zu beteiligen; bei allen Fragen der Anwendung ist er federführend. [5]Die Prüfstellen haben die verwendeten Mess- und Prüfeinrichtungen hinsichtlich der Messergebnisse und der Messgenauigkeit mit dem Technischen Dienst regelmäßig abzugleichen.

§§ 47a und 47b
(aufgehoben)

§ 47c
Ableitung von Abgasen

[1]Die Mündungen von Auspuffrohren dürfen nur nach oben, nach hinten, nach hinten unten oder nach hinten links bis zu einem Winkel von 45 Grad zur Fahrzeuglängsachse gerichtet sein; sie müssen so angebracht sein, dass das Eindringen von Abgasen in das Fahrzeuginnere nicht zu erwarten ist. [2]Auspuffrohre dürfen weder über die seitliche noch über die hintere Begrenzung der Fahrzeuge hinausragen.

§ 47d
Kohlendioxidemissionen, Kraftstoffverbrauch, Reichweite, Stromverbrauch[2]

(1) Für Kraftfahrzeuge, die in den Anwendungsbereich der Richtlinie 80/1268/EWG des Rates vom 16. Dezember 1980 zur Angleichung der Rechtsvorschriften der Mitgliedstaaten über den Kraftstoffverbrauch von Kraftfahrzeugen (ABl. L 375 vom 31.12.1980, S. 36), geändert durch die im Anhang zu dieser Vorschrift genannten Bestimmungen sowie in den Anwendungsbereich der Verordnung (EG) Nr. 715/2007, die durch die Verordnung (EG) Nr. 692/2008 geändert worden ist, fallen, sind die Werte für die Kohlendioxidemissionen, den Kraftstoffverbrauch, die Reichweite und den Stromverbrauch gemäß den Anforderungen dieser Vorschriften zu ermitteln.
(2) Bei Nichtvorliegen einer EG-Übereinstimmungsbescheinigung nach Anhang IX der Richtlinie 70/156/EWG sowie Anhang IX der Richtlinie 2007/46/EG sind die gemäß den Anforderungen dieser Vorschriften er-

---

1 Anm. d. Red.:
 Beachte die Übergangsbestimmung nach § 72 Absatz 2 Nummer 4.

2 Anm. d. Red.:
 Beachte die Übergangsbestimmung nach § 72 Absatz 2 Nummer 5.

mittelten Werte in einer dem Fahrzeughalter beim Kauf des Fahrzeugs zu übergebenden Bescheinigung anzugeben.

§ 47e
Genehmigung, Nachrüstung und Nachfüllen von Klimaanlagen[1]

Kraftfahrzeuge mit Klimaanlage, die in den Anwendungsbereich der Richtlinie 2006/40/EG des Europäischen Parlaments und des Rates vom 17. Mai 2006 über Emissionen aus Klimaanlagen in Kraftfahrzeugen und zur Änderung der Richtlinie 70/156/EWG (ABl. L 161 vom 14.6.2006, S. 12) und der Verordnung (EG) Nr. 706/2007 der Kommission vom 21. Juni 2007 zur Festlegung von Verwaltungsvorschriften für die EG-Typgenehmigung von Kraftfahrzeugen und eines harmonisierten Verfahrens für die Messung von Leckagen aus bestimmten Klimaanlagen nach der Richtlinie 2006/40/EG des Europäischen Parlaments und des Rates (ABl. L 161 vom 22.6.2007, S. 33) fallen, haben mit Wirkung vom 1. Juni 2012 den Vorschriften dieser Verordnung zu entsprechen.

§ 47f
Kraftstoffe, emissionsbedeutsame Betriebsstoffe und Systeme zur Verringerung der Stickoxid-Emissionen

(1) [1]Ein Kraftfahrzeug darf nur mit den vom Hersteller in der Betriebsanleitung oder in anderen für den Fahrzeughalter bestimmten Unterlagen angegebenen Qualitäten von flüssigen, gasförmigen oder festen Kraftstoffen betrieben werden. [2]Abweichend von Satz 1 darf ein Kraftfahrzeug mit anderen Qualitäten von flüssigen, gasförmigen oder festen Kraftstoffen nur betrieben werden, sofern die Einhaltung der Anforderungen des § 38 Absatz 1 des Bundes-Immissionsschutzgesetzes an das Fahrzeug sichergestellt ist.
(2) [1]Absatz 1 gilt auch für ergänzende Betriebsstoffe, die zur Einhaltung von Emissionsvorschriften erforderlich sind. [2]Die Manipulation eines Systems zur Verringerung der Stickoxid-Emissionen und der Betrieb eines Kraftfahrzeugs und seiner Komponenten ohne ein sich verbrauchendes Reagens oder mit einem ungeeigneten sich verbrauchenden Reagens ist verboten, sofern das Fahrzeug über ein Emissionsminderungssystem verfügt, das die Nutzung eines sich verbrauchenden Reagens erfordert.

§ 48
Emissionsklassen für Kraftfahrzeuge

(1) Kraftfahrzeuge, für die nachgewiesen wird, dass die Emissionen gasförmiger Schadstoffe und luftverunreinigender Partikel oder die Geräuschemissionen den Anforderungen der in der Anlage XIV genannten Emissionsklassen entsprechen, werden nach Maßgabe der Anlage XIV in Emissionsklassen eingestuft.
(2) Partikelminderungssysteme, die für eine Nachrüstung von mit Selbstzündungsmotor angetriebenen Nutzfahrzeugen oder mobilen Maschinen und Geräten vorgesehen sind, müssen den Anforderungen der Anlage XXVI oder XXVII entsprechen und nach Maßgabe der jeweiligen Anlage geprüft, genehmigt und eingebaut werden.

§ 49
Geräuschentwicklung und Schalldämpferanlage

(1) Kraftfahrzeuge und ihre Anhänger müssen so beschaffen sein, dass die Geräuschentwicklung das nach dem jeweiligen Stand der Technik unvermeidbare Maß nicht übersteigt.
(2) [1]Kraftfahrzeuge, für die Vorschriften über den zulässigen Geräuschpegel und die Schalldämpferanlage in den nachfolgend genannten Richtlinien der Europäischen Gemeinschaften festgelegt sind, müssen diesen Vorschriften entsprechen:
1. Richtlinie 70/157/EWG des Rates vom 6. Februar 1970 zur Angleichung der Rechtsvorschriften der Mitgliedstaaten über den zulässigen Geräuschpegel und die Auspuffvorrichtung von Kraftfahr-

---
1 Anm. d. Red.:
Beachte die Übergangsbestimmung nach § 72 Absatz 2 Nummer 6.

zeugen (ABl. L 42 vom 23.2.1970, S. 16), geändert durch die im Anhang zu dieser Vorschrift genannten Bestimmungen,
2. Richtlinie 74/151/EWG des Rates vom 4. März 1974 zur Angleichung der Rechtsvorschriften der Mitgliedstaaten über bestimmte Bestandteile und Merkmale von land- oder forstwirtschaftlichen Zugmaschinen auf Rädern (ABl. L 84 vom 28.3.1974, S. 25), geändert durch die im Anhang zu dieser Vorschrift genannten Bestimmungen,
3. *(aufgehoben)*
4. Richtlinie 97/24/EG, jeweils in der aus dem Anhang zu dieser Vorschrift ersichtlichen Fassung.

²Land- oder forstwirtschaftliche Zugmaschinen mit einer durch die Bauart bestimmten Höchstgeschwindigkeit von mehr als 30 km/h und selbstfahrende Arbeitsmaschinen und Stapler entsprechen der Vorschrift nach Absatz 1 auch, wenn sie den Vorschriften der Richtlinie nach Nummer 2 genügen. ³Fahrzeuge entsprechen den Vorschriften der Richtlinie nach Nummer 2 auch, wenn sie den Vorschriften der Richtlinie nach Nummer 1 genügen.

(2a) ¹Auspuffanlagen für Krafträder sowie Austauschauspuffanlagen und Einzelteile dieser Anlagen als unabhängige technische Einheit für Krafträder dürfen im Geltungsbereich dieser Verordnung nur verwendet werden oder zur Verwendung feilgeboten oder veräußert werden, wenn sie
1. mit dem EWG-Betriebserlaubniszeichen gemäß Anhang II Nummer 3.1.3 der Richtlinie 78/1015/EWG des Rates vom 23. November 1978 zur Angleichung der Rechtsvorschriften der Mitgliedstaaten über den zulässigen Geräuschpegel und die Auspuffanlage von Krafträdern (ABl. L 349 vom 13.12.1978, S. 21), die zuletzt durch die Richtlinie 89/235/EWG (ABl. L 98 vom 11.4.1989, S. 1) geändert worden ist, oder
2. mit dem Genehmigungszeichen gemäß Kapitel 9 Anhang VI Nummer 1.3 der Richtlinie 97/24/EG oder
3. mit dem Markenzeichen „e" und dem Kennzeichen des Landes, das die Bauartgenehmigung erteilt hat gemäß Kapitel 9 Anhang III Nummer 2.3.2.2 der Richtlinie 97/24/EG

gekennzeichnet sind. ²Satz 1 gilt nicht für
1. Auspuffanlagen und Austauschauspuffanlagen, die ausschließlich im Rennsport verwendet werden,
2. Auspuffanlagen und Austauschauspuffanlagen für Krafträder mit einer durch die Bauart bestimmten Höchstgeschwindigkeit von nicht mehr als 50 km/h.

(3) ¹Kraftfahrzeuge, die gemäß Anlage XIV zur Geräuschklasse G 1 gehören, gelten als geräuscharm; sie dürfen mit dem Zeichen „Geräuscharmes Kraftfahrzeug" gemäß Anlage XV gekennzeichnet sein. ²Andere Fahrzeuge dürfen mit diesem Zeichen nicht gekennzeichnet werden. ³An Fahrzeugen dürfen keine Zeichen angebracht werden, die mit dem Zeichen nach Satz 1 verwechselt werden können.

(4) ¹Besteht Anlass zu der Annahme, dass ein Fahrzeug den Anforderungen der Absätze 1 bis 2 nicht entspricht, so ist der Führer des Fahrzeugs auf Weisung einer zuständigen Person verpflichtet, den Schallpegel im Nahfeld feststellen zu lassen. ²Liegt die Messstelle nicht in der Fahrtrichtung des Fahrzeugs, so besteht die Verpflichtung nur, wenn der zurückzulegende Umweg nicht mehr als 6 km beträgt. ³Nach der Messung ist dem Führer eine Bescheinigung über das Ergebnis der Messung zu erteilen. ⁴Die Kosten der Messung fallen dem Halter des Fahrzeugs zur Last, wenn eine zu beanstandende Überschreitung des für das Fahrzeug zulässigen Geräuschpegels festgestellt wird.

(5) ¹Technischer Dienst und Prüfstelle im Sinne der in den Absätzen 2 und 3 genannten Regelwerke ist das Institut für Fahrzeugtechnik beim Technischen Überwachungs-Verein Bayern Sachsen e. V., Westendstr. 199, 80686 München. ²Es können auch andere Technische Prüfstellen für den Kraftfahrzeugverkehr oder von der obersten Landesbehörde anerkannte Stellen prüfen. ³Der Technische Dienst ist über alle Prüfungen zu unterrichten. ⁴In Zweifelsfällen ist er zu beteiligen; bei

allen Fragen der Anwendung ist er federführend.

§ 49a
Lichttechnische Einrichtungen, allgemeine Grundsätze[1]

(1) [1]An Kraftfahrzeugen und ihren Anhängern dürfen nur die vorgeschriebenen und die für zulässig erklärten lichttechnischen Einrichtungen angebracht sein. [2]Als lichttechnische Einrichtungen gelten auch Leuchtstoffe und rückstrahlende Mittel. [3]Die lichttechnischen Einrichtungen müssen vorschriftsmäßig und fest angebracht sowie ständig betriebsfertig sein. [4]Lichttechnische Einrichtungen an Kraftfahrzeugen und Anhängern, auf die sich die Richtlinie 76/756/EWG des Rates vom 27. Juli 1976 zur Angleichung der Rechtsvorschriften der Mitgliedstaaten über den Anbau der Beleuchtungs- und Lichtsignaleinrichtungen für Kraftfahrzeuge und Kraftfahrzeuganhänger (ABl. L 262 vom 27.9.1976, S. 1), die zuletzt durch die Richtlinie 2008/89/EG (ABl. L 257 vom 24.9.2008, S. 14) geändert worden ist, bezieht, müssen den technischen Vorschriften der Absätze 2, 5 und 6 und der Anhänge 3 bis 11 der ECE-Regelung Nr. 48 der Wirtschaftskommission der Vereinten Nationen für Europa (UN/ECE) – Einheitliche Bedingungen für die Genehmigung der Fahrzeuge hinsichtlich des Anbaus der Beleuchtungs- und Lichtsignaleinrichtungen (ABl. L 323 vom 6.12.2011, S. 46) entsprechen.

(2) Scheinwerfer dürfen abdeckbar oder versenkbar sein, wenn ihre ständige Betriebsfertigkeit dadurch nicht beeinträchtigt wird.

(3) Lichttechnische Einrichtungen müssen so beschaffen und angebracht sein, dass sie sich gegenseitig in ihrer Wirkung nicht mehr als unvermeidbar beeinträchtigen, auch wenn sie in einem Gerät vereinigt sind.

(4) [1]Sind lichttechnische Einrichtungen gleicher Art paarweise angebracht, so müssen sie in gleicher Höhe über der Fahrbahn und symmetrisch zur Längsmittelebene des Fahrzeugs angebracht sein (bestimmt durch die äußere geometrische Form und nicht durch den Rand ihrer leuchtenden Fläche), ausgenommen bei Fahrzeugen mit unsymmetrischer äußerer Form und bei Krafträdern mit Beiwagen. [2]Sie müssen gleichfarbig sein, gleich stark und – mit Ausnahme der Parkleuchten und der Fahrtrichtungsanzeiger – gleichzeitig leuchten. [3]Die Vorschriften über die Anbringungshöhe der lichttechnischen Einrichtungen über der Fahrbahn gelten für das unbeladene Fahrzeug.

(5) [1]Alle nach vorn wirkenden lichttechnischen Einrichtungen dürfen nur zusammen mit den Schlussleuchten und der Beleuchtungseinrichtung für amtliche Kennzeichen oder transparente amtliche Kennzeichen einschaltbar sein. [2]Dies gilt nicht für
1. Parkleuchten,
2. Fahrtrichtungsanzeiger,
3. die Abgabe von Leuchtzeichen (§ 16 Absatz 1 der Straßenverkehrs-Ordnung),
4. Arbeitsscheinwerfer an
   a) land- oder forstwirtschaftlichen Zugmaschinen,
   b) land- oder forstwirtschaftlichen Arbeitsmaschinen sowie
   c) Kraftfahrzeugen der Militärpolizei, der Polizei des Bundes und der Länder, des Bundeskriminalamtes und des Zollfahndungsdienstes,
5. Tagfahrleuchten, die den im Anhang zu dieser Vorschrift genannten Bestimmungen entsprechen.

(6) In den Scheinwerfern und Leuchten dürfen nur die nach ihrer Bauart dafür bestimmten Lichtquellen verwendet werden.

(7) Für vorgeschriebene oder für zulässig erklärte Warnanstriche, Warnschilder und dergleichen an Kraftfahrzeugen und Anhängern dürfen Leuchtstoffe und rückstrahlende Mittel verwendet werden.

(8) Für alle am Kraftfahrzeug oder Zug angebrachten Scheinwerfer und Signalleuchten muss eine ausreichende elektrische Energieversorgung unter allen üblichen Betriebsbedingungen ständig sichergestellt sein.

(9) [1]Schlussleuchten, Nebelschlussleuchten, Spurhalteleuchten, Umrissleuchten, Bremsleuchten, hintere Fahrtrichtungsanzeiger,

---
1 Anm. d. Red. zu § 49a Absatz 1 Satz 4:
Beachte die Übergangsbestimmung nach § 72 Absatz 2 Nummer 6a.

hintere nach der Seite wirkende gelbe nicht dreieckige Rückstrahler und reflektierende Mittel, hintere Seitenmarkierungsleuchten, Rückfahrscheinwerfer und Kennzeichen mit Beleuchtungseinrichtungen sowie zwei zusätzliche dreieckige Rückstrahler – für Anhänger nach § 53 Absatz 7 zwei zusätzliche Rückstrahler, wie sie für Kraftfahrzeuge vorgeschrieben sind – dürfen auf einem abnehmbaren Schild oder Gestell (Leuchtenträger) angebracht sein bei
1. Anhängern in land- oder forstwirtschaftlichen Betrieben,
2. Anhängern zur Beförderung von Eisenbahnwagen auf der Straße (Straßenroller),
3. Anhängern zur Beförderung von Booten,
4. Turmdrehkränen,
5. Förderbändern und Lastenaufzügen,
6. Abschleppachsen,
7. abgeschleppten Fahrzeugen,
8. Fahrgestellen, die zur Anbringung des Aufbaus überführt werden,
9. fahrbaren Baubuden,
10. Wohnwagen und Packwagen im Schaustellergewerbe nach § 3 Absatz 2 Satz 1 Nummer 2 Buchstabe b der Fahrzeug-Zulassungsverordnung,
11. angehängten Arbeitsgeräten für die Straßenunterhaltung,
12. Nachläufern zum Transport von Langmaterial.

²Der Leuchtenträger muss rechtwinklig zur Fahrbahn und zur Längsmittelebene des Fahrzeugs angebracht sein; er darf nicht pendeln können.

(9a) ¹Zusätzliche Rückfahrscheinwerfer (§ 52a Absatz 2), Schlussleuchten (§ 53 Absatz 1), Bremsleuchten (§ 53 Absatz 2), Rückstrahler (§ 53 Absatz 4), Nebelschlussleuchten (§ 53d Absatz 2) und Fahrtrichtungsanzeiger (§ 54 Absatz 1) sind an Fahrzeugen oder Ladungsträgern nach Anzahl und Art wie die entsprechenden vorgeschriebenen lichttechnischen Einrichtungen fest anzubringen, wenn Ladungsträger oder mitgeführte Ladung auch nur teilweise in die in Absatz 1 Satz 4 geforderten Winkel der vorhandenen vorgeschriebenen Leuchten am Kraftfahrzeug oder Anhänger hineinragen. ²Die elektrische Schaltung der Nebelschlussleuchten ist so auszuführen, dass am Fahrzeug vorhandene Nebelschlussleuchten abgeschaltet werden. ³Die jeweilige Ab- und Wiedereinschaltung der Nebelschlussleuchten muss selbsttätig durch Aufstecken oder Abziehen des Steckers für die zusätzlichen Nebelschlussleuchten erfolgen.

(10) ¹Bei den in Absatz 9 Nummer 1 und § 53 Absatz 7 genannten Anhängern sowie den in § 53b Absatz 4 genannten Anbaugeräten darf der Leuchtenträger aus zwei oder – in den Fällen des § 53 Absatz 5 – aus drei Einheiten bestehen, wenn diese Einheiten und die Halterungen an den Fahrzeugen so beschaffen sind, dass eine unsachgemäße Anbringung nicht möglich ist. ²An diesen Einheiten dürfen auch nach vorn wirkende Begrenzungsleuchten angebracht sein.

(11) Für die Bestimmung der „leuchtenden Fläche", der „Lichtaustrittsfläche" und der „Winkel der geometrischen Sichtbarkeit" gelten die Begriffsbestimmungen in Anhang I der Richtlinie 76/756/EWG.

§ 50
Scheinwerfer für Fern- und Abblendlicht

(1) Für die Beleuchtung der Fahrbahn darf nur weißes Licht verwendet werden.

(2) ¹Kraftfahrzeuge müssen mit zwei nach vorn wirkenden Scheinwerfern ausgerüstet sein, Krafträder – auch mit Beiwagen – mit einem Scheinwerfer. ²An mehrspurigen Kraftfahrzeugen, deren Breite 1 000 mm nicht übersteigt, sowie an Krankenfahrstühlen und an Fahrzeugen, die die Baumerkmale von Krankenfahrstühlen haben, deren Geschwindigkeit aber 30 km/h übersteigt, genügt ein Scheinwerfer. ³Bei Kraftfahrzeugen mit einer durch die Bauart bestimmten Höchstgeschwindigkeit von nicht mehr als 8 km/h genügen Leuchten ohne Scheinwerferwirkung. ⁴Für einachsige Zug- oder Arbeitsmaschinen, die von Fußgängern an Holmen geführt werden, gilt § 17 Absatz 5 der Straßenverkehrs-Ordnung. ⁵Bei einachsigen Zugmaschinen, hinter denen ein einachsiger Anhänger mitgeführt wird, dürfen die Scheinwerfer statt an der Zugmaschine am

Anhänger angebracht sein. ⁶Kraftfahrzeuge des Straßendienstes, die von den öffentlichen Verwaltungen oder in deren Auftrag verwendet werden und deren zeitweise vorgebaute Arbeitsgeräte die vorschriftsmäßig angebrachten Scheinwerfer verdecken, dürfen mit zwei zusätzlichen Scheinwerfern für Fern- und Abblendlicht oder zusätzlich mit Scheinwerfern nach Absatz 4 ausgerüstet sein, die höher als 1 000 mm (Absatz 3) über der Fahrbahn angebracht sein dürfen; es darf jeweils nur ein Scheinwerferpaar einschaltbar sein. ⁷Die höher angebrachten Scheinwerfer dürfen nur dann eingeschaltet werden, wenn die unteren Scheinwerfer verdeckt sind.

(3) ¹Scheinwerfer müssen einstellbar und so befestigt sein, dass sie sich nicht unbeabsichtigt verstellen können. ²Bei Scheinwerfern für Abblendlicht darf der niedrigste Punkt der Spiegelkante nicht unter 500 mm und der höchste Punkt der leuchtenden Fläche nicht höher als 1 200 mm über der Fahrbahn liegen. ³Satz 2 gilt nicht für
1. Fahrzeuge des Straßendienstes, die von den öffentlichen Verwaltungen oder in deren Auftrag verwendet werden,
2. selbstfahrende Arbeitsmaschinen, Stapler und land- oder forstwirtschaftliche Zugmaschinen, deren Bauart eine vorschriftsmäßige Anbringung der Scheinwerfer nicht zulässt. ²Ist der höchste Punkt der leuchtenden Fläche jedoch höher als 1 500 mm über der Fahrbahn, dann dürfen sie bei eingeschalteten Scheinwerfern nur mit einer Geschwindigkeit von nicht mehr als 30 km/h gefahren werden.

(4) Für das Fernlicht und für das Abblendlicht dürfen besondere Scheinwerfer vorhanden sein; sie dürfen so geschaltet sein, dass bei Fernlicht die Abblendscheinwerfer mitbrennen.

(5) ¹Die Scheinwerfer müssen bei Dunkelheit die Fahrbahn so beleuchten (Fernlicht), dass die Beleuchtungsstärke in einer Entfernung von 100 m in der Längsachse des Fahrzeugs in Höhe der Scheinwerfermitten mindestens beträgt
1. 0,25 lx bei Krafträdern mit einem Hubraum von nicht mehr als 100 cm³,
2. 0,50 lx bei Krafträdern mit einem Hubraum über 100 cm³,
3. 1,00 lx bei anderen Kraftfahrzeugen.

²Die Einschaltung des Fernlichts muss durch eine blau leuchtende Lampe im Blickfeld des Fahrzeugführers angezeigt werden; bei Krafträdern und Zugmaschinen mit offenem Führersitz kann die Einschaltung des Fernlichts durch die Stellung des Schalthebels angezeigt werden. ³Kraftfahrzeuge mit einer durch die Bauart bestimmten Höchstgeschwindigkeit von nicht mehr als 30 km/h brauchen nur mit Scheinwerfern ausgerüstet zu sein, die den Vorschriften des Absatzes 6 Satz 2 und 3 entsprechen.

(6) ¹Paarweise verwendete Scheinwerfer für Fern- und Abblendlicht müssen so eingerichtet sein, dass sie nur gleichzeitig und gleichmäßig abgeblendet werden können. ²Die Blendung gilt als behoben (Abblendlicht), wenn die Beleuchtungsstärke in einer Entfernung von 25 m vor jedem einzelnen Scheinwerfer auf einer Ebene senkrecht zur Fahrbahn in Höhe der Scheinwerfermitte und darüber nicht mehr als 1 lx beträgt. ³Liegt der höchste Punkt der leuchtenden Fläche der Scheinwerfer (Absatz 3 Satz 2) mehr als 1 200 mm über der Fahrbahn, so darf die Beleuchtungsstärke unter den gleichen Bedingungen oberhalb einer Höhe von 1 000 mm 1 lx nicht übersteigen. ⁴Bei Scheinwerfern, deren Anbringungshöhe 1 400 mm übersteigt, darf die Hell-Dunkel-Grenze 15 m vor dem Scheinwerfer nur halb so hoch liegen wie die Scheinwerfermitte. ⁵Bei Scheinwerfern für asymmetrisches Abblendlicht darf die 1-Lux-Grenze von den der Scheinwerfermitte entsprechenden Punkt unter einem Winkel von 15 Grad nach rechts ansteigen, sofern nicht in internationalen Vereinbarungen oder Rechtsakten nach § 21a etwas anderes bestimmt ist. ⁶Die Scheinwerfer müssen die Fahrbahn so beleuchten, dass die Beleuchtungsstärke in einer Entfernung von 25 m vor den Scheinwerfern senkrecht zum auffallenden Licht in 150 mm Höhe über der Fahrbahn mindestens die in Absatz 5 angegebenen Werte erreicht.

(6a) ¹Die Absätze 2 bis 6 gelten nicht für Mofas. ²Diese Fahrzeuge müssen mit einem Scheinwerfer für Dauerabblendlicht ausgerüstet sein, dessen Beleuchtungsstärke in einer Entfernung von 25 m vor dem Scheinwerfer auf einer Ebene senkrecht zur Fahrbahn in Höhe der Scheinwerfermitte und darüber nicht mehr als 1 lx beträgt. ³Der Scheinwerfer muss am Fahrzeug einstellbar und so befestigt sein, dass er sich nicht unbeabsichtigt verstellen kann. ⁴Die Nennleistung der Glühlampe im Scheinwerfer muss 15 W betragen. ⁵Die Sätze 1 bis 3 gelten auch für Kleinkrafträder und andere Fahrräder mit Hilfsmotor, wenn eine ausreichende elektrische Energieversorgung der Beleuchtungs- und Lichtsignaleinrichtungen nur bei Verwendung von Scheinwerfern für Dauerabblendlicht nach den Sätzen 2 und 4 sichergestellt ist.

(7) Die Beleuchtungsstärke ist bei stehendem Motor, vollgeladener Batterie und bei richtig eingestellten Scheinwerfern zu messen.

(8) Mehrspurige Kraftfahrzeuge, ausgenommen land- oder forstwirtschaftliche Zugmaschinen, Arbeitsmaschinen und Stapler, müssen so beschaffen sein, dass die Ausrichtung des Abblendlichtbündels von Scheinwerfern, die nicht höher als 1200 mm über der Fahrbahn (Absatz 3) angebracht sind, den im Anhang zu dieser Vorschrift genannten Bestimmungen entspricht.

(9) Scheinwerfer für Fernlicht dürfen nur gleichzeitig oder paarweise einschaltbar sein; beim Abblenden müssen alle gleichzeitig erlöschen.

(10) Kraftfahrzeuge mit Scheinwerfern für Fern- und Abblendlicht, die mit Gasentladungslampen ausgestattet sind, müssen mit
1. einer automatischen Leuchtweiteregelung im Sinne des Absatzes 8,
2. einer Scheinwerferreinigungsanlage und
3. einem System, das das ständige Eingeschaltetsein des Abblendlichtes auch bei Fernlicht sicherstellt,
ausgerüstet sein.

§ 51
Begrenzungsleuchten, vordere Rückstrahler, Spurhalteleuchten

(1) ¹Kraftfahrzeuge – ausgenommen Krafträder ohne Beiwagen und Kraftfahrzeuge mit einer Breite von weniger als 1000 mm – müssen zur Kenntlichmachung ihrer seitlichen Begrenzung nach vorn mit zwei Begrenzungsleuchten ausgerüstet sein, bei denen der äußerste Punkt der leuchtenden Fläche nicht mehr als 400 mm von der breitesten Stelle des Fahrzeugumrisses entfernt sein darf. ²Zulässig sind zwei zusätzliche Begrenzungsleuchten, die Bestandteil der Scheinwerfer sein müssen. ³Beträgt der Abstand des äußersten Punktes der leuchtenden Fläche der Scheinwerfer von den breitesten Stellen des Fahrzeugumrisses nicht mehr als 400 mm, so genügen in die Scheinwerfer eingebaute Begrenzungsleuchten. ⁴Das Licht der Begrenzungsleuchten muss weiß sein; es darf nicht blenden. ⁵Die Begrenzungsleuchten müssen auch bei Fernlicht und Abblendlicht ständig leuchten. ⁶Bei Krafträdern mit Beiwagen muss eine Begrenzungsleuchte auf der äußeren Seite des Beiwagens angebracht sein. ⁷Krafträder ohne Beiwagen dürfen im Scheinwerfer eine Leuchte nach Art der Begrenzungsleuchten führen; Satz 5 ist nicht anzuwenden. ⁸Begrenzungsleuchten an einachsigen Zug- oder Arbeitsmaschinen sind nicht erforderlich, wenn sie von Fußgängern an Holmen geführt werden oder ihre durch die Bauart bestimmte Höchstgeschwindigkeit 30 km/h nicht übersteigt und der Abstand des äußersten Punktes der leuchtenden Fläche der Scheinwerfer von der breitesten Stelle des Fahrzeugumrisses nicht mehr als 400 mm beträgt.

(2) ¹Anhänger, deren äußerster Punkt des Fahrzeugumrisses mehr als 400 mm über den äußersten Punkt der leuchtenden Fläche der Begrenzungsleuchten des Zugfahrzeugs hinausragt, müssen an der Vorderseite durch zwei Begrenzungsleuchten kenntlich gemacht werden. ²Andere Anhänger dürfen an der Vorderseite mit zwei Begrenzungsleuchten ausgerüstet sein. ³An allen Anhängern dürfen an der Vorderseite zwei nicht dreieckige weiße Rückstrahler angebracht sein. ⁴Der äußerste Punkt der leuchtenden Fläche der Begrenzungsleuchten und der äußerste Punkt der leuchtenden Fläche der Rückstrahler dürfen nicht mehr als 150 mm, bei land- oder forstwirtschaftlichen Anhängern nicht mehr als 400 mm, vom äußersten Punkt des

Fahrzeugumrisses des Anhängers entfernt sein.

(3) ¹Der niedrigste Punkt der leuchtenden Fläche der Begrenzungsleuchten darf nicht weniger als 350 mm und ihr höchster Punkt der leuchtenden Fläche nicht mehr als 1500 mm über der Fahrbahn liegen. ²Lässt die Bauart des Fahrzeugs eine solche Anbringung nicht zu, so dürfen die Begrenzungsleuchten höher angebracht sein, jedoch nicht höher als 2100 mm. ³Bei den vorderen Rückstrahlern darf der niedrigste Punkt der leuchtenden Fläche nicht weniger als 350 mm und ihr höchster Punkt der leuchtenden Fläche nicht mehr als 900 mm über der Fahrbahn liegen. ⁴Lässt die Bauart des Fahrzeugs eine solche Anbringung nicht zu, so dürfen die Rückstrahler höher angebracht sein, jedoch nicht höher als 1500 mm.

(4) An Anhängern darf am hinteren Ende der beiden Längsseiten je eine nach vorn wirkende Leuchte für weißes Licht (Spurhalteleuchte) angebracht sein.

§ 51a
Seitliche Kenntlichmachung

(1) ¹Kraftfahrzeuge – ausgenommen Personenkraftwagen – mit einer Länge von mehr als 6 m sowie Anhänger müssen an den Längsseiten mit nach der Seite wirkenden gelben, nicht dreieckigen Rückstrahlern ausgerüstet sein. ²Mindestens je einer dieser Rückstrahler muss im mittleren Drittel des Fahrzeugs angeordnet sein; der am weitesten vorn angebrachte Rückstrahler darf nicht mehr als 3 m vom vordersten Punkt des Fahrzeugs, bei Anhängern vom vordersten Punkt der Zugeinrichtung entfernt sein. ³Zwischen zwei aufeinanderfolgenden Rückstrahlern darf der Abstand nicht mehr als 3 m betragen. ⁴Der am weitesten hinten angebrachte Rückstrahler darf nicht mehr als 1 m vom hintersten Punkt des Fahrzeugs entfernt sein. ⁵Die Höhe über der Fahrbahn (höchster Punkt der leuchtenden Fläche) darf nicht mehr als 900 mm betragen. ⁶Lässt die Bauart des Fahrzeugs das nicht zu, so dürfen die Rückstrahler höher angebracht sein, jedoch nicht höher als 1500 mm. ⁷Krankenfahrstühle müssen an den Längsseiten mit mindestens je einem gelben Rückstrahler ausgerüstet sein, der nicht höher als 600 mm, jedoch so tief wie möglich angebracht sein muss. ⁸Diese Rückstrahler dürfen auch an den Speichen der Räder angebracht sein.

(2) Die nach Absatz 1 anzubringenden Rückstrahler dürfen abnehmbar sein
1. an Fahrzeugen, deren Bauart eine dauernde feste Anbringung nicht zulässt,
2. an land- oder forstwirtschaftlichen Bodenbearbeitungsgeräten, die hinter Kraftfahrzeugen mitgeführt werden und
3. an Fahrgestellen, die zur Vervollständigung überführt werden.

(3) ¹Die seitliche Kenntlichmachung von Fahrzeugen, für die sie nicht vorgeschrieben ist, muss Absatz 1 entsprechen. ²Jedoch genügt je ein Rückstrahler im vorderen und im hinteren Drittel.

(4) ¹Retroreflektierende gelbe waagerechte Streifen, die unterbrochen sein können, an den Längsseiten von Fahrzeugen sind zulässig. ²Sie dürfen nicht die Form von Schriftzügen oder Emblemen haben. ³§ 53 Absatz 10 Nummer 3 ist anzuwenden.

(5) Ringförmig zusammenhängende retroreflektierende weiße Streifen an den Reifen von Krafträdern und Krankenfahrstühlen sind zulässig.

(6) ¹Fahrzeuge mit einer Länge von mehr als 6,0 m – ausgenommen Fahrgestelle mit Führerhaus, land- oder forstwirtschaftliche Zug- und Arbeitsmaschinen und deren Anhänger sowie Arbeitsmaschinen und Stapler, die hinsichtlich der Baumerkmale ihres Fahrgestells nicht den Lastkraftwagen und Zugmaschinen gleichzusetzen sind, – müssen an den Längsseiten mit nach der Seite wirkenden gelben Seitenmarkierungsleuchten nach der Richtlinie 76/756/EWG ausgerüstet sein. ²Für andere mehrspurige Fahrzeuge ist die entsprechende Anbringung von Seitenmarkierungsleuchten zulässig. ³Ist die hintere Seitenmarkierungsleuchte mit der Schlussleuchte, Umrissleuchte, Nebelschlussleuchte oder Bremsleuchte zusammengebaut, kombiniert oder ineinandergebaut und bildet sie den Teil einer gemeinsam leuchtenden Fläche mit dem Rückstrahler, so darf sie auch rot sein.

(7) ¹Zusätzlich zu den nach Absatz 1 vorgeschriebenen Einrichtungen sind Fahrzeugkombinationen mit Nachläufern zum Transport von Langmaterial über ihre gesamte Länge (einschließlich Ladung) durch gelbes retroreflektierendes Material, das mindestens dem Typ 2 des Normblattes DIN 67 520 Teil 2, Ausgabe Juni 1994, entsprechen muss, seitlich kenntlich zu machen in Form von Streifen, Bändern, Schlauch- oder Kabelumhüllungen oder in ähnlicher Ausführung. ²Kurze Unterbrechungen, die durch die Art der Ladung oder die Konstruktion der Fahrzeuge bedingt sind, sind zulässig. ³Die Einrichtungen sind so tief anzubringen, wie es die konstruktive Beschaffenheit der Fahrzeuge und der Ladung zulässt. ⁴Abweichend von Absatz 6 sind an Nachläufern von Fahrzeugkombinationen zum Transport von Langmaterial an den Längsseiten soweit wie möglich vorne und hinten jeweils eine Seitenmarkierungsleuchte anzubringen.

§ 51b
Umrissleuchten

(1) ¹Umrissleuchten sind Leuchten, die die Breite über alles eines Fahrzeugs deutlich anzeigen. ²Sie sollen bei bestimmten Fahrzeugen die Begrenzungs- und Schlussleuchten ergänzen und die Aufmerksamkeit auf besondere Fahrzeugumrisse lenken.
(2) ¹Fahrzeuge mit einer Breite von mehr als 2,10 m müssen und Fahrzeuge mit einer Breite von mehr als 1,80 m aber nicht mehr als 2,10 m dürfen auf jeder Seite mit einer nach vorn wirkenden weißen und einer nach hinten wirkenden roten Umrissleuchte ausgerüstet sein. ²Die Leuchten einer Fahrzeugseite dürfen zu einer Leuchte zusammengefasst sein. ³In allen Fällen muss der Abstand zwischen den leuchtenden Flächen dieser Leuchten und der Begrenzungsleuchte oder Schlussleuchte auf der gleichen Fahrzeugseite mehr als 200 mm betragen.
(3) ¹Umrissleuchten müssen entsprechend den im Anhang zu dieser Vorschrift genannten Bestimmungen an den Fahrzeugen angebracht sein. ²Für Arbeitsmaschinen und Stapler gelten die Anbauvorschriften für Anhänger und Sattelanhänger.
(4) Umrissleuchten sind nicht erforderlich an
1. land- oder forstwirtschaftlichen Zug- und Arbeitsmaschinen und ihren Anhängern und
2. allen Anbaugeräten und Anhängegeräten hinter land- oder forstwirtschaftlichen Zugmaschinen.

(5) Werden Umrissleuchten an Fahrzeugen angebracht, für die sie nicht vorgeschrieben sind, müssen sie den Vorschriften der Absätze 1 bis 3 entsprechen.
(6) Umrissleuchten dürfen nicht an Fahrzeugen und Anbaugeräten angebracht werden, deren Breite über alles nicht mehr als 1,80 m beträgt.

§ 51c
Parkleuchten, Park-Warntafeln

(1) Parkleuchten und Park-Warntafeln zeigen die seitliche Begrenzung eines geparkten Fahrzeugs an.
(2) ¹An Kraftfahrzeugen, Anhängern und Zügen dürfen angebracht sein:
1. eine nach vorn wirkende Parkleuchte für weißes Licht und eine nach hinten wirkende Parkleuchte für rotes Licht für jede Fahrzeugseite oder
2. eine Begrenzungsleuchte und eine Schlussleuchte oder
3. eine abnehmbare Parkleuchte für weißes Licht für die Vorderseite und eine abnehmbare Parkleuchte für rotes Licht für die Rückseite oder
4. je eine Park-Warntafel für die Vorderseite und die Rückseite des Fahrzeugs oder Zuges mit je 100 mm breiten unter 45 Grad nach außen und unten verlaufenden roten und weißen Streifen.

²An Fahrzeugen, die nicht breiter als 2 000 mm und nicht länger als 6 000 mm sind, dürfen sowohl die Parkleuchten nach Nummer 1 einer jeden Fahrzeugseite als auch die nach Nummer 3 zu einem Gerät vereinigt sein.
(3) ¹Die Leuchten nach Absatz 2 Satz 1 Nummer 1 und 3 und Satz 2 müssen so am Fahrzeug angebracht sein, dass der unterste Punkt der leuchtenden Fläche mehr als 350 mm und

der höchste Punkt der leuchtenden Fläche nicht mehr als 1 500 mm von der Fahrbahn entfernt sind. ²Der äußerste Punkt der leuchtenden Fläche der Leuchten darf vom äußersten Punkt des Fahrzeugumrisses nicht mehr als 400 mm entfernt sein.
(4) Die Leuchten nach Absatz 2 Satz 1 Nummer 3 müssen während des Betriebs am Bordnetz anschließbar oder mit aufladbaren Stromquellen ausgerüstet sein, die im Fahrbetrieb ständig am Bordnetz angeschlossen sein müssen.
(5) ¹Park-Warntafeln, deren wirksame Teile nur bei parkenden Fahrzeugen sichtbar sein dürfen, müssen auf der dem Verkehr zugewandten Seite des Fahrzeugs oder Zuges möglichst niedrig und nicht höher als 1 000 mm (höchster Punkt der leuchtenden Fläche) so angebracht sein, dass sie mit dem Umriss des Fahrzeugs, Zuges oder der Ladung abschließen. ²Abweichungen von nicht mehr als 100 mm nach innen sind zulässig. ³Rückstrahler und amtliche Kennzeichen dürfen durch Park-Warntafeln nicht verdeckt werden.

§ 52
Zusätzliche Scheinwerfer und Leuchten

(1) ¹Außer mit den in § 50 vorgeschriebenen Scheinwerfern zur Beleuchtung der Fahrbahn dürfen mehrspurige Kraftfahrzeuge mit zwei Nebelscheinwerfern für weißes oder hellgelbes Licht ausgerüstet sein, Krafträder, auch mit Beiwagen, mit nur einem Nebelscheinwerfer. ²Sie dürfen nicht höher als die am Fahrzeug befindlichen Scheinwerfer für Abblendlicht angebracht sein. ³Sind mehrspurige Kraftfahrzeuge mit Nebelscheinwerfern ausgerüstet, bei denen der äußere Rand der Lichtaustrittsfläche mehr als 400 mm von der breitesten Stelle des Fahrzeugumrisses entfernt ist, so müssen die Nebelscheinwerfer so geschaltet sein, dass sie nur zusammen mit dem Abblendlicht brennen können. ⁴Nebelscheinwerfer müssen einstellbar und dafür geeigneten Teilen der Fahrzeuge so befestigt sein, dass sie sich nicht unbeabsichtigt verstellen können. ⁵Sie müssen so eingestellt sein, dass eine Blendung anderer Verkehrsteilnehmer nicht zu erwarten ist. ⁶Die Blendung gilt als behoben, wenn die Beleuchtungsstärke in einer Entfernung von 25 m vor jedem einzelnen Nebelscheinwerfer auf einer Ebene senkrecht zur Fahrbahn in Höhe der Scheinwerfermitte und darüber bei Nennspannung an den Klemmen der Scheinwerferlampe nicht mehr als 1 lx beträgt.
(2) ¹Ein Suchscheinwerfer für weißes Licht ist zulässig. ²Die Leistungsaufnahme darf nicht mehr als 35 W betragen. ³Er darf nur zugleich mit den Schlussleuchten und der Kennzeichenbeleuchtung einschaltbar sein.
(3) ¹Mit einer oder mehreren Kennleuchten für blaues Blinklicht – Rundumlicht – dürfen ausgerüstet sein:
1. Kraftfahrzeuge, die dem Vollzugsdienst der Polizei, der Militärpolizei, der Bundespolizei, des Zolldienstes, des Bundesamtes für Güterverkehr oder der Bundesstelle für Flugunfalluntersuchung dienen, insbesondere Kommando-, Streifen-, Mannschaftstransport-, Verkehrsunfall-, Mordkommissionsfahrzeuge,
2. Einsatz- und Kommando-Kraftfahrzeuge der Feuerwehren und der anderen Einheiten und Einrichtungen des Katastrophenschutzes und des Rettungsdienstes,
3. Kraftfahrzeuge, die nach dem Fahrzeugschein als Unfallhilfswagen öffentlicher Verkehrsbetriebe mit spurgeführten Fahrzeugen, einschließlich Oberleitungsomnibussen, anerkannt sind,
4. Kraftfahrzeuge des Rettungsdienstes, die für Krankentransport oder Notfallrettung besonders eingerichtet und nach dem Fahrzeugschein als Krankenkraftwagen anerkannt sind.

²Kennleuchten für blaues Blinklicht mit einer Hauptabstrahlrichtung nach vorne oder nach hinten sind an Kraftfahrzeugen nach Satz 1 zulässig, jedoch bei mehrspurigen Fahrzeugen nur in Verbindung mit Kennleuchten für blaues Blinklicht – Rundumlicht –.
(3a) ¹Kraftfahrzeuge des Vollzugsdienstes der Militärpolizei, der Polizeien des Bundes und der Länder sowie des Zollfahndungsdienstes dürfen folgende Kennleuchten und Signalgeber haben:
1. Anhaltesignal,

2. nach vorn wirkende Signalgeber für rote Lichtschrift sowie
3. nach hinten wirkende Signalgeber für rote oder gelbe Lichtschrift.

²Kraftfahrzeuge des Vollzugsdienstes des Bundesamtes für Güterverkehr dürfen mit einem nach hinten wirkenden Signalgeber für rote Lichtschrift ausgerüstet sein. ³Die Kennleuchten für rotes Blinklicht und blaues Blinklicht dürfen nicht gemeinsam betrieben werden können. ⁴Ergänzend zu den Signalgebern dürfen fluoreszierende oder retroreflektierende Folien verwendet werden.

(4) Mit einer oder, wenn die horizontale und vertikale Sichtbarkeit (geometrische Sichtbarkeit) es erfordert, mehreren Kennleuchten für gelbes Blinklicht – Rundumlicht – dürfen ausgerüstet sein:
1. Fahrzeuge, die dem Bau, der Unterhaltung oder Reinigung von Straßen oder von Anlagen im Straßenraum oder die der Müllabfuhr dienen und durch rot-weiße Warnmarkierungen (Sicherheitskennzeichnung), die dem Normblatt DIN 30710, Ausgabe März 1990, entsprechen müssen, gekennzeichnet sind,
2. Kraftfahrzeuge, die nach ihrer Bauart oder Einrichtung zur Pannenhilfe geeignet und nach dem Fahrzeugschein als Pannenhilfsfahrzeug anerkannt sind. ²Die Zulassungsbehörde kann zur Vorbereitung ihrer Entscheidung die Beibringung des Gutachtens eines amtlich anerkannten Sachverständigen oder Prüfers für den Kraftfahrzeugverkehr darüber anordnen, ob das Kraftfahrzeug nach seiner Bauart oder Einrichtung zur Pannenhilfe geeignet ist. ³Die Anerkennung ist nur zulässig für Fahrzeuge von Betrieben, die gewerblich oder innerbetrieblich Pannenhilfe leisten, von Automobilclubs und von Verbänden des Verkehrsgewerbes und der Autoversicherer,
3. Fahrzeuge mit ungewöhnlicher Breite oder Länge oder mit ungewöhnlich breiter oder langer Ladung, sofern die genehmigende Behörde die Führung der Kennleuchten vorgeschrieben hat,
4. Fahrzeuge, die aufgrund ihrer Ausrüstung als Schwer- oder Großraumtransport-Begleitfahrzeuge ausgerüstet und nach dem Fahrzeugschein anerkannt sind. ²Andere Begleitfahrzeuge dürfen mit abnehmbaren Kennleuchten ausgerüstet sein, sofern die genehmigende Behörde die Führung der Kennleuchten vorgeschrieben hat.

(5) ¹Krankenkraftwagen (Absatz 3 Nummer 4) dürfen mit einer nur nach vorn wirkenden besonderen Beleuchtungseinrichtung (zum Beispiel Rot-Kreuz-Leuchte) ausgerüstet sein, um den Verwendungszweck des Fahrzeugs kenntlich zu machen. ²Die Beleuchtungseinrichtung darf keine Scheinwerferwirkung haben.

(6) ¹An Kraftfahrzeugen, in denen ein Arzt zur Hilfeleistung in Notfällen unterwegs ist, darf während des Einsatzes ein nach vorn und nach hinten wirkendes Schild mit der in schwarzer Farbe auf gelbem Grund versehenen Aufschrift „Arzt Notfalleinsatz" auf dem Dach angebracht sein, das gelbes Blinklicht ausstrahlt; dies gilt nur, wenn der Arzt zum Führen des Schildes berechtigt ist. ²Die Berechtigung zum Führen des Schildes erteilt auf Antrag die Zulassungsbehörde; sie entscheidet nach Anhörung der zuständigen Ärztekammer. ³Der Berechtigte erhält hierüber eine Bescheinigung, die während der Einsatzfahrt mitzuführen und zuständigen Personen auf Verlangen zur Prüfung auszuhändigen ist.

(7) ¹Mehrspurige Fahrzeuge dürfen mit einer oder mehreren Leuchten zur Beleuchtung von Arbeitsgeräten und Arbeitsstellen (Arbeitsscheinwerfer) ausgerüstet sein. ²Arbeitsscheinwerfer dürfen nicht während der Fahrt benutzt werden. ³An Fahrzeugen, die dem Bau, der Unterhaltung oder der Reinigung von Straßen oder Anlagen im Straßenraum oder der Müllabfuhr dienen, dürfen Arbeitsscheinwerfer abweichend von Satz 2 auch während der Fahrt eingeschaltet sein, wenn die Fahrt zum Arbeitsvorgang gehört. ⁴Arbeitsscheinwerfer dürfen nur dann eingeschaltet werden, wenn sie andere Verkehrsteilnehmer nicht blenden.

(8) Türsicherungsleuchten für rotes Licht, die beim Öffnen der Fahrzeugtüren nach rückwärts leuchten, sind zulässig; für den glei-

chen Zweck dürfen auch rote rückstrahlende Mittel verwendet werden.
(9) ¹Vorzeltleuchten an Wohnwagen und Wohnmobilen sind zulässig. ²Sie dürfen nicht während der Fahrt benutzt und nur dann eingeschaltet werden, wenn nicht zu erwarten ist, dass sie Verkehrsteilnehmer auf öffentlichen Straßen blenden.
(10) Kraftfahrzeuge nach Absatz 3 Nummer 4 dürfen mit horizontal umlaufenden Streifen in leuchtrot nach DIN 6164, Teil 1, Ausgabe Februar 1980, ausgerüstet sein.
(11) ¹Kraftfahrzeuge nach Absatz 3 Satz 1 Nummer 1, 2 und 4 dürfen zusätzlich zu Kennleuchten für blaues Blinklicht – Rundumlicht – und Kennleuchten für blaues Blinklicht mit einer Hauptabstrahlrichtung nach vorne mit einem Heckwarnsystem bestehend aus höchstens drei Paar horizontal nach hinten wirkenden Leuchten für gelbes Blinklicht ausgerüstet sein. ²Die Kennleuchten für gelbes Blinklicht mit einer Hauptabstrahlrichtung müssen
1. nach der Kategorie X der Nummer 1.1.2 der ECE-Regelung Nr. 65 über einheitliche Bedingungen für die Genehmigung von Kennleuchten für Blinklicht für Kraftfahrzeuge und ihre Anhänger (BGBl. 1994 II S. 108) bauartgenehmigt sein,
2. synchron blinken und
3. im oberen Bereich des Fahrzeughecks symmetrisch zur Fahrzeuglängsachse angebracht werden. ²Die Bezugsachse der Leuchten muss parallel zur Standfläche des Fahrzeugs auf der Fahrbahn verlaufen.
³Das Heckwarnsystem muss unabhängig von der übrigen Fahrzeugbeleuchtung eingeschaltet werden können und darf nur im Stand oder bei Schrittgeschwindigkeit betrieben werden. ⁴Der Betrieb des Heckwarnsystems ist durch eine Kontrollleuchte im Fahrerhaus anzuzeigen. ⁵Es ist ein deutlich sichtbarer Hinweis anzubringen, dass das Heckwarnsystem nur zur Absicherung der Einsatzstelle verwendet werden und das Einschalten nur im Stand oder bei Schrittgeschwindigkeit erfolgen darf.

§ 52a
Rückfahrscheinwerfer

(1) Der Rückfahrscheinwerfer ist eine Leuchte, die die Fahrbahn hinter und gegebenenfalls neben dem Fahrzeug ausleuchtet und anderen Verkehrsteilnehmern anzeigt, dass das Fahrzeug rückwärts fährt oder zu fahren beginnt.
(2) ¹Kraftfahrzeuge müssen hinten mit einem oder zwei Rückfahrscheinwerfern für weißes Licht ausgerüstet sein. ²An Anhängern sind hinten ein oder zwei Rückfahrscheinwerfer zulässig. ³Der niedrigste Punkt der leuchtenden Fläche darf nicht weniger als 250 mm und der höchste Punkt der leuchtenden Fläche nicht mehr als 1 200 mm über der Fahrbahn liegen.
(3) ¹An mehrspurigen Kraftfahrzeugen mit einem zulässigen Gesamtgewicht von mehr als 3,5 t darf auf jeder Längsseite ein Rückfahrscheinwerfer angebaut sein. ²Der höchste Punkt der leuchtenden Fläche darf nicht mehr als 1 200 mm über der Fahrbahn liegen. ³Diese Rückfahrscheinwerfer dürfen seitlich nicht mehr als 50 mm über den Fahrzeugumriss hinausragen.
(4) ¹Rückfahrscheinwerfer dürfen nur bei eingelegtem Rückwärtsgang leuchten können, wenn die Einrichtung zum Anlassen oder Stillsetzen des Motors sich in der Stellung befindet, in der der Motor arbeiten kann. ²Ist eine der beiden Voraussetzungen nicht gegeben, so dürfen sie nicht eingeschaltet werden können oder eingeschaltet bleiben.
(5) Rückfahrscheinwerfer müssen, soweit nicht über eine Bauartgenehmigung eine andere Ausrichtung vorgeschrieben ist, so geneigt sein, dass sie die Fahrbahn auf nicht mehr als 10 m hinter der Leuchte beleuchten.
(6) Rückfahrscheinwerfer sind nicht erforderlich an
1. Krafträdern,
2. land- oder forstwirtschaftlichen Zug- oder Arbeitsmaschinen,
3. einachsigen Zugmaschinen,
4. Arbeitsmaschinen und Staplern,
5. Krankenfahrstühlen.
(7) Werden Rückfahrscheinwerfer an Fahrzeugen angebracht, für die sie nicht vorge-

schrieben sind, müssen sie den Vorschriften der Absätze 2, 4 und 5 entsprechen.

§ 53
Schlussleuchten, Bremsleuchten, Rückstrahler

(1) [1]Kraftfahrzeuge und ihre Anhänger müssen hinten mit zwei ausreichend wirkenden Schlussleuchten für rotes Licht ausgerüstet sein. [2]Krafträder ohne Beiwagen brauchen nur eine Schlussleuchte zu haben. [3]Der niedrigste Punkt der leuchtenden Fläche der Schlussleuchten darf nicht tiefer als 350 mm, bei Krafträdern nicht tiefer als 250 mm, und der höchste Punkt der leuchtenden Fläche nicht höher als 1 500 mm, bei Arbeitsmaschinen, Staplern und land- oder forstwirtschaftlichen Zugmaschinen nicht höher als 1 900 mm über der Fahrbahn liegen. [4]Wenn die Form des Aufbaus die Einhaltung dieser Maße nicht zulässt, darf der höchste Punkt der leuchtenden Fläche nicht höher als 2 100 mm über der Fahrbahn liegen. [5]Die Schlussleuchten müssen möglichst weit voneinander angebracht, der äußerste Punkt der leuchtenden Fläche darf nicht mehr als 400 mm von der breitesten Stelle des Fahrzeugumrisses entfernt sein. [6]Mehrspurige Kraftfahrzeuge und ihre Anhänger dürfen mit zwei zusätzlichen Schlussleuchten ausgerüstet sein. [7]Vorgeschriebene Schlussleuchten dürfen an einer gemeinsamen Sicherung nicht angeschlossen sein.

(2) [1]Kraftfahrzeuge und ihre Anhänger müssen hinten mit zwei ausreichend wirkenden Bremsleuchten für rotes Licht ausgerüstet sein, die nach rückwärts die Betätigung der Betriebsbremse, bei Fahrzeugen nach § 41 Absatz 7 der mechanischen Bremse, anzeigen. [2]Die Bremsleuchten dürfen auch bei Betätigen eines Retarders oder einer ähnlichen Einrichtung aufleuchten. [3]Bremsleuchten, die in der Nähe der Schlussleuchten angebracht oder damit zusammengebaut sind, müssen stärker als diese leuchten. [4]Bremsleuchten sind nicht erforderlich an:
1. Krafträdern mit oder ohne Beiwagen mit einer durch die Bauart bestimmten Höchstgeschwindigkeit von nicht mehr als 50 km/h,
2. Krankenfahrstühlen,
3. Anhängern hinter Fahrzeugen nach den Nummern 1 und 2 und
4. Fahrzeugen mit hydrostatischem Fahrantrieb, der als Betriebsbremse anerkannt ist.

[5]Bremsleuchten an Fahrzeugen, für die sie nicht vorgeschrieben sind, müssen den Vorschriften dieses Absatzes entsprechen. [6]An Krafträdern ohne Beiwagen ist nur eine Bremsleuchte zulässig. [7]Der niedrigste Punkt der leuchtenden Fläche der Bremsleuchten darf nicht tiefer als 350 mm und der höchste Punkt der leuchtenden Fläche nicht höher als 1 500 mm über der Fahrbahn liegen. [8]An Fahrzeugen des Straßendienstes, die von öffentlichen Verwaltungen oder in deren Auftrag verwendet werden, darf der höchste Punkt der leuchtenden Fläche der Bremsleuchten höher als 1 500 mm über der Fahrbahn liegen. [9]An Arbeitsmaschinen, Staplern und land- oder forstwirtschaftlichen Zugmaschinen darf der höchste Punkt der leuchtenden Fläche nicht höher als 1 900 mm und, wenn die Form des Aufbaus die Einhaltung dieses Maßes nicht zulässt, nicht höher als 2 100 mm über der Fahrbahn liegen. [10]Mehrspurige Kraftfahrzeuge und ihre Anhänger dürfen mit zwei zusätzlichen, höher als 1 000 mm über der Fahrbahn liegenden, innen oder außen am Fahrzeug fest angebrachten Bremsleuchten ausgerüstet sein, die abweichend von Satz 6 auch höher als 1 500 mm über der Fahrbahn angebracht sein dürfen. [11]Sie müssen so weit wie möglich voneinander entfernt angebracht sein.

(3) *(aufgehoben)*

(4) [1]Kraftfahrzeuge müssen an der Rückseite mit zwei roten Rückstrahlern ausgerüstet sein. [2]Anhänger müssen mit zwei dreieckigen roten Rückstrahlern ausgerüstet sein; die Seitenlänge solcher Rückstrahler muss mindestens 150 mm betragen, die Spitze des Dreiecks muss nach oben zeigen. [3]Der äußerste Punkt der leuchtenden Fläche der Rückstrahler darf nicht mehr als 400 mm vom äußersten Punkt des Fahrzeugumrisses und ihr höchster Punkt der leuchtenden Fläche nicht mehr als 900 mm von der Fahrbahn entfernt sein. [4]Ist wegen der Bauart des Fahrzeugs eine

solche Anbringung der Rückstrahler nicht möglich, so sind zwei zusätzliche Rückstrahler erforderlich, wobei ein Paar Rückstrahler so niedrig wie möglich und nicht mehr als 400 mm von der breitesten Stelle des Fahrzeugumrisses entfernt und das andere Paar möglichst weit auseinander und höchstens 900 mm über der Fahrbahn angebracht sein muss. [5]Krafträder ohne Beiwagen brauchen nur mit einem Rückstrahler ausgerüstet zu sein. [6]An den hinter Kraftfahrzeugen mitgeführten Schneeräumgeräten mit einer Breite von mehr als 3 m muss in der Mitte zwischen den beiden anderen Rückstrahlern ein zusätzlicher dreieckiger Rückstrahler angebracht sein. [7]Fahrräder mit Hilfsmotor dürfen mit Pedalrückstrahlern (§ 67 Absatz 6) ausgerüstet sein. [8]Dreieckige Rückstrahler sind an Kraftfahrzeugen nicht zulässig.

(5) [1]Vorgeschriebene Schlussleuchten, Bremsleuchten und Rückstrahler müssen am äußersten Ende des Fahrzeugs angebracht sein. [2]Ist dies wegen der Bauart des Fahrzeugs nicht möglich, und beträgt der Abstand des äußersten Endes des Fahrzeugs von den zur Längsachse des Fahrzeugs senkrecht liegenden Ebenen, an denen sich die Schlussleuchten, die Bremsleuchten oder die Rückstrahler befinden, mehr als 1 000 mm, so muss je eine der genannten Einrichtungen zusätzlich möglichst weit hinten und möglichst in der nach den Absätzen 1, 2 und 4 vorgeschriebenen Höhe etwa in der Mittellinie der Fahrzeugspur angebracht sein. [3]Nach hinten hinausragende fahrbare Anhängeleitern, Förderbänder und Kräne sind außerdem am Tage wie eine Ladung nach § 22 Absatz 4 der Straßenverkehrs-Ordnung kenntlich zu machen.

(6) [1]Die Absätze 1 und 2 gelten nicht für einachsige Zug- oder Arbeitsmaschinen. [2]Sind einachsige Zug- oder Arbeitsmaschinen mit einem Anhänger verbunden, so müssen an der Rückseite des Anhängers die für Kraftfahrzeuge vorgeschriebenen Schlussleuchten angebracht sein. [3]An einspurigen Anhängern hinter einachsigen Zug- oder Arbeitsmaschinen und hinter Krafträdern – auch mit Beiwagen – genügen für die rückwärtige Sicherung eine Schlussleuchte und ein dreieckiger Rückstrahler.

(7) Abweichend von Absatz 4 Satz 2 dürfen
1. land- oder forstwirtschaftliche Arbeitsgeräte, die hinter Kraftfahrzeugen mitgeführt werden und nur im Fahren eine ihrem Zweck entsprechende Arbeit leisten können,
2. eisenbereifte Anhänger, die nur für land- oder forstwirtschaftliche Zwecke verwendet werden,

mit Rückstrahlern ausgerüstet sein, wie sie nach Absatz 4 Satz 1 und 8 für Kraftfahrzeuge vorgeschrieben sind.

(7a) Anhänger, die nur für land- oder forstwirtschaftliche Zwecke eingesetzt werden, können neben den Rückstrahlern nach Absatz 4 Satz 2 auch Rückstrahler führen, wie sie für Kraftfahrzeuge vorgeschrieben sind.

(7b) Rückstrahler an hinter Kraftfahrzeugen mitgeführten land- oder forstwirtschaftlichen Bodenbearbeitungsgeräten dürfen abnehmbar sein.

(8) [1]Mit Abschleppwagen oder Abschleppachsen abgeschleppte Fahrzeuge müssen Schlussleuchten, Bremsleuchten, Rückstrahler und Fahrtrichtungsanzeiger haben. [2]Diese Beleuchtungseinrichtungen dürfen an einem Leuchtenträger (§ 49a Absatz 9) angebracht sein; sie müssen vom abschleppenden Fahrzeug aus betätigt werden können.

(9) [1]Schlussleuchten, Bremsleuchten und rote Rückstrahler – ausgenommen zusätzliche Bremsleuchten und zusätzliche Schlussleuchten – dürfen nicht an beweglichen Fahrzeugteilen angebracht werden. [2]Das gilt nicht für lichttechnische Einrichtungen, die nach § 49a Absatz 9 und 10 abnehmbar sein dürfen.

(10)[1] [1]Die Kennzeichnung von
1. Kraftfahrzeugen, deren durch die Bauart bestimmte Höchstgeschwindigkeit nicht mehr als 30 km/h beträgt, und ihren Anhängern mit einer dreieckigen Tafel mit abgeflachten Ecken, die der im Anhang zu dieser Vorschrift genannten Bestimmung entspricht,
2. schweren und langen Kraftfahrzeugen und Anhängern mit rechteckigen Tafeln,

---

1 Anm. d. Red.:
Beachte die Übergangsbestimmung nach § 72 Absatz 2 Nummer 6b und 6c.

die der im Anhang zu dieser Vorschrift genannten Bestimmung entsprechen,
3. Fahrzeugen der Klassen M2, M3, O2 und Fahrgestellen mit Fahrerhaus, unvollständigen Fahrzeugen, Sattelzugmaschinen und Fahrzeuge der Klasse N2 mit einer Höchstmasse von nicht mehr als 7,5 t sowie Fahrzeuge der Klassen N, O3 und O4 mit einer Breite von nicht mehr als 2100 mm oder mit einer Länge von nicht mehr als 6000 mm mit weißen oder gelben auffälligen Markierungen an der Seite, mit roten oder gelben auffälligen Markierungen hinten, die den im Anhang zu dieser Vorschrift genannten Bestimmungen entsprechen, und
4. Kraftfahrzeugen, die nach § 52 Absatz 3 mit Kennleuchten für blaues Blinklicht in Form eines Rundumlichts ausgerüstet sind, mit retroreflektierenden Materialien, die den im Anhang zu dieser Vorschrift genannten Bestimmungen entsprechen,

ist zulässig. ²An Fahrzeugen der Klassen N2, N3, O3 und O4, die in Satz 1 Nummer 3 nicht genannt sind, müssen seitlich weiße oder gelbe, hinten rote oder gelbe auffällige Markierungen, die den im Anhang zu dieser Vorschrift genannten Bestimmungen entsprechen, angebracht werden. ³Bei den in Satz 1 Nummer 3 und Satz 2 genannten Fahrzeugen ist in Verbindung mit der Konturmarkierung Werbung auch aus andersfarbigen retroreflektierenden Materialien auf den Seitenflächen der Fahrzeuge zulässig, die den im Anhang zu dieser Vorschrift genannten Bestimmungen entspricht.

§ 53a
Warndreieck, Warnleuchte, Warnblinkanlage, Warnweste

(1) ¹Warndreiecke und Warnleuchten müssen tragbar, standsicher und so beschaffen sein, dass sie bei Gebrauch auf ausreichende Entfernung erkennbar sind. ²Warndreiecke müssen rückstrahlend sein; Warnleuchten müssen gelbes Blinklicht abstrahlen, von der Lichtanlage des Fahrzeugs unabhängig sein und eine ausreichende Brenndauer haben. ³Warnwesten müssen der Norm DIN EN 471:2003+A1:2007, Ausgabe März 2008 oder der Norm EN ISO 20471:2013 entsprechen. ⁴Die Warneinrichtungen müssen in betriebsfertigem Zustand sein.

(2) In Kraftfahrzeugen mit Ausnahme von Krankenfahrstühlen, Krafträdern und einachsigen Zug- oder Arbeitsmaschinen müssen mindestens folgende Warneinrichtungen mitgeführt werden:
1. in Personenkraftwagen, land- oder forstwirtschaftlichen Zug- oder Arbeitsmaschinen sowie in anderen Kraftfahrzeugen mit einem zulässigen Gesamtgewicht von nicht mehr als 3,5 t:
ein Warndreieck;
2. in Kraftfahrzeugen mit einem zulässigen Gesamtgewicht von mehr als 3,5 t:
ein Warndreieck und getrennt davon eine Warnleuchte. ²Als Warnleuchte darf auch eine tragbare Blinkleuchte nach § 53b Absatz 5 Satz 7 mitgeführt werden;
3.¹ in Personenkraftwagen, Lastkraftwagen, Zug- und Sattelzugmaschinen sowie Kraftomnibussen:
eine Warnweste.

(3) ¹Warnleuchten, die mitgeführt werden, ohne dass sie nach Absatz 2 vorgeschrieben sind, dürfen abweichend von Absatz 1 von der Lichtanlage des Fahrzeugs abhängig, im Fahrzeug fest angebracht oder so beschaffen sein, dass sie bei Bedarf innen oder außen am Fahrzeug angebracht werden können. ²Sie müssen der Nummer 20 der Technischen Anforderungen an Fahrzeugteile bei der Bauartprüfung nach § 22a der Straßenverkehrs-Zulassungs-Ordnung (Verkehrsblatt 1973 S. 558) entsprechen.

(4) ¹Fahrzeuge (ausgenommen Kraftfahrzeuge nach § 30a Absatz 3 mit Ausnahme von dreirädrigen Kraftfahrzeugen), die mit Fahrtrichtungsanzeigern ausgerüstet sein müssen, müssen zusätzlich eine Warnblinkanlage haben. ²Sie muss wie folgt beschaffen sein:
1. Für die Schaltung muss im Kraftfahrzeug ein besonderer Schalter vorhanden sein.

---

1 Anm.d.Red.:
Beachte die Übergangsbestimmung nach § 72 Absatz 2 Nummer 6d.

2. Nach dem Einschalten müssen alle am Fahrzeug oder Zug vorhandenen Blinkleuchten gleichzeitig mit einer Frequenz von 1,5 Hz ± 0,5 Hz (90 Impulse ± 30 Impulse in der Minute) gelbes Blinklicht abstrahlen.
3. Dem Fahrzeugführer muss durch eine auffällige Kontrollleuchte nach § 39a angezeigt werden, dass das Warnblinklicht eingeschaltet ist.

(5) Warnblinkanlagen an Fahrzeugen, für die sie nicht vorgeschrieben sind, müssen den Vorschriften des Absatzes 4 entsprechen.

§ 53b
Ausrüstung und Kenntlichmachung von Anbaugeräten und Hubladebühnen

(1) [1]Anbaugeräte, die seitlich mehr als 400 mm über den äußersten Punkt der leuchtenden Flächen der Begrenzungs- oder der Schlussleuchten des Fahrzeugs hinausragen, müssen mit Begrenzungsleuchten (§ 51 Absatz 1), Schlussleuchten (§ 53 Absatz 1) und Rückstrahlern (§ 53 Absatz 4) ausgerüstet sein. [2]Die Leuchten müssen so angebracht sein, dass der äußerste Punkt ihrer leuchtenden Fläche nicht mehr als 400 mm von der äußersten Begrenzung des Anbaugeräts und der höchste Punkt der leuchtenden Fläche nicht mehr als 1500 mm von der Fahrbahn entfernt sind. [3]Der äußerste Punkt der leuchtenden Fläche der Rückstrahler darf nicht mehr als 400 mm von der äußersten Begrenzung des Anbaugeräts, der höchste Punkt der leuchtenden Fläche nicht mehr als 900 mm von der Fahrbahn entfernt sein. [4]Die Leuchten und die Rückstrahler dürfen außerhalb der Zeit, in der Beleuchtung nötig ist (§ 17 Absatz 1 der Straßenverkehrs-Ordnung), abgenommen sein; sie müssen im oder am Fahrzeug mitgeführt werden.

(2) [1]Anbaugeräte, deren äußerstes Ende mehr als 1000 mm über die Schlussleuchten des Fahrzeugs nach hinten hinausragt, müssen mit einer Schlussleuchte (§ 53 Absatz 1) und einem Rückstrahler (§ 53 Absatz 4) ausgerüstet sein. [2]Schlussleuchte und Rückstrahler müssen möglichst am äußersten Ende des Anbaugeräts und möglichst in der Fahrzeuglängsmittelebene angebracht sein. [3]Der höchste Punkt der leuchtenden Fläche der Schlussleuchte darf nicht mehr als 1500 mm und der des Rückstrahlers nicht mehr als 900 mm von der Fahrbahn entfernt sein. [4]Schlussleuchte und Rückstrahler dürfen außerhalb der Zeit, in der Beleuchtung nötig ist (§ 17 Absatz 1 der Straßenverkehrs-Ordnung), abgenommen sein; sie müssen im oder am Fahrzeug mitgeführt werden.

(3) [1]Anbaugeräte nach Absatz 1 müssen ständig nach vorn und hinten, Anbaugeräte nach Absatz 2 müssen ständig nach hinten durch Park-Warntafeln nach § 51c oder durch Folien oder Tafeln nach DIN 11030, Ausgabe September 1994, kenntlich gemacht werden. [2]Diese Tafeln, deren Streifen nach außen und nach unten verlaufen müssen, brauchen nicht fest am Anbaugerät angebracht zu sein.

(4) Ist beim Mitführen von Anbaugeräten eine Beeinträchtigung der Wirkung lichttechnischer Einrichtungen nicht vermeidbar, so müssen während der Dauer der Beeinträchtigung zusätzlich angebrachte lichttechnische Einrichtungen (zum Beispiel auf einem Leuchtenträger nach § 49a Absatz 9 oder 10) gleicher Art ihre Funktion übernehmen.

(5) [1]Hubladebühnen und ähnliche Einrichtungen, außer solchen an Kraftomnibussen, müssen während ihres Betriebs durch zwei Blinkleuchten für gelbes Licht mit einer Lichtstärke von nicht weniger als 50 cd und nicht mehr als 200 cd und mit gut sichtbaren rot-weißen Warnmarkierungen kenntlich gemacht werden. [2]Die Blinkleuchten und die Warnmarkierungen müssen – bezogen auf die Arbeitsstellung der Einrichtung – möglichst am hinteren Ende und soweit außen wie möglich angebracht sein. [3]Die Blinkleuchten müssen in Arbeitsstellung der Einrichtung mindestens in den Winkelbereichen sichtbar sein, die für hinten an Fahrzeugen angeordnete Fahrtrichtungsanzeiger in § 49a Absatz 1 Satz 4 gefordert werden. [4]Die Blinkleuchten müssen eine flache Abböschung haben. [5]Die Blinkleuchten müssen während des Betriebs der Einrichtung selbsttätig und unabhängig von der übrigen Fahrzeugbeleuchtung Warnblinklicht abstrahlen. [6]Die rot-weißen Warnmarkierungen müssen retroreflektierend sein

und brauchen nur nach hinten zu wirken. ⁷Bei Fahrzeugen, bei denen fest angebaute Blinkleuchten mit dem Verwendungszweck oder der Bauweise der Hubladebühne unvereinbar sind und bei Fahrzeugen, bei denen eine Nachrüstung mit zumutbarem Aufwand nicht möglich ist, muss mindestens eine tragbare Blinkleuchte als Sicherungseinrichtung von Hubladebühnen oder ähnlichen Einrichtungen mitgeführt, aufgestellt und zweckentsprechend betrieben werden.

§ 53c
Tarnleuchten

(1) Fahrzeuge der Bundeswehr, der Bundespolizei, der Polizei und des Katastrophenschutzes dürfen zusätzlich mit den zum Tarnlichtkreis gehörenden Leuchten – Tarnscheinwerfer, Tarnschlussleuchten, Abstandsleuchten und Tarnbremsleuchten – versehen sein.
(2) Die Tarnleuchten dürfen nur einschaltbar sein, wenn die übrige Fahrzeugbeleuchtung abgeschaltet ist.

§ 53d
Nebelschlussleuchten

(1) Die Nebelschlussleuchte ist eine Leuchte, die rotes Licht abstrahlt und das Fahrzeug bei dichtem Nebel von hinten besser erkennbar macht.
(2) Mehrspurige Kraftfahrzeuge, deren durch die Bauart bestimmte Höchstgeschwindigkeit mehr als 60 km/h beträgt, und ihre Anhänger müssen hinten mit einer oder zwei, andere Kraftfahrzeuge und Anhänger dürfen hinten mit einer Nebelschlussleuchte, ausgerüstet sein.
(3) ¹Der niedrigste Punkt der leuchtenden Fläche darf nicht weniger als 250 mm und der höchste Punkt nicht mehr als 1 000 mm über der Fahrbahn liegen. ²In allen Fällen muss der Abstand zwischen den leuchtenden Flächen der Nebelschlussleuchte und der Bremsleuchte mehr als 100 mm betragen. ³Ist nur eine Nebelschlussleuchte angebracht, so muss sie in der Mitte oder links davon angeordnet sein.

(4) ¹Nebelschlussleuchten müssen so geschaltet sein, dass sie nur dann leuchten können, wenn die Scheinwerfer für Fernlicht, für Abblendlicht oder die Nebelscheinwerfer oder eine Kombination dieser Scheinwerfer eingeschaltet sind. ²Sind Nebelscheinwerfer vorhanden, so müssen die Nebelschlussleuchten unabhängig von diesen ausgeschaltet werden können. ³Sind die Nebelschlussleuchten eingeschaltet, darf die Betätigung des Schalters für Fernlicht oder Abblendlicht die Nebelschlussleuchten nicht ausschalten.
(5) Eingeschaltete Nebelschlussleuchten müssen dem Fahrzeugführer durch eine Kontrollleuchte für gelbes Licht, die in seinem Blickfeld gut sichtbar angeordnet sein muss, angezeigt werden.
(6) ¹In einem Zug brauchen nur die Nebelschlussleuchten am letzten Anhänger zu leuchten. ²Die Abschaltung der Nebelschlussleuchten am Zugfahrzeug oder am ersten Anhänger ist aber nur dann zulässig, wenn die jeweilige Ab- bzw. Wiedereinschaltung selbsttätig durch Aufstecken bzw. Abziehen des Steckers für die Anhängerbeleuchtung erfolgt.

§ 54
Fahrtrichtungsanzeiger

(1) ¹Kraftfahrzeuge und ihre Anhänger müssen mit Fahrtrichtungsanzeigern ausgerüstet sein. ²Die Fahrtrichtungsanzeiger müssen nach dem Einschalten mit einer Frequenz von 1,5 Hz ± 0,5 Hz (90 Impulse ± 30 Impulse in der Minute) zwischen hell und dunkel sowie auf derselben Fahrzeugseite – ausgenommen an Krafträdern mit Wechselstromlichtanlage – in gleicher Phase blinken. ³Sie müssen so angebracht und beschaffen sein, dass die Anzeige der beabsichtigten Richtungsänderung unter allen Beleuchtungs- und Betriebsverhältnissen von anderen Verkehrsteilnehmern, für die ihre Erkennbarkeit von Bedeutung ist, deutlich wahrgenommen werden kann. ⁴Fahrtrichtungsanzeiger brauchen ihre Funktion nicht zu erfüllen, solange sie Warnblinklicht abstrahlen.
(1a) ¹Die nach hinten wirkenden Fahrtrichtungsanzeiger dürfen nicht an beweglichen

Fahrzeugteilen angebracht werden. ²Die nach vorn wirkenden Fahrtrichtungsanzeiger und die zusätzlichen seitlichen Fahrtrichtungsanzeiger dürfen an beweglichen Fahrzeugteilen angebaut sein, wenn diese Teile nur eine Normallage (Betriebsstellung) haben. ³Die Sätze 1 und 2 gelten nicht für Fahrtrichtungsanzeiger, die nach § 49a Absatz 9 und 10 abnehmbar sein dürfen.

(2) ¹Sind Fahrtrichtungsanzeiger nicht im Blickfeld des Führers angebracht, so muss ihre Wirksamkeit dem Führer sinnfällig angezeigt werden; dies gilt nicht für Fahrtrichtungsanzeiger an Krafträdern und für seitliche Zusatzblinkleuchten. ²Fahrtrichtungsanzeiger dürfen die Sicht des Fahrzeugführers nicht behindern.

(3) Als Fahrtrichtungsanzeiger sind nur Blinkleuchten für gelbes Licht zulässig.

(4) Erforderlich als Fahrtrichtungsanzeiger sind
1. an mehrspurigen Kraftfahrzeugen paarweise angebrachte Blinkleuchten an der Vorderseite und an der Rückseite. ²Statt der Blinkleuchten an der Vorderseite dürfen Fahrtrichtungsanzeiger am vorderen Teil der beiden Längsseiten angebracht sein. ³An Fahrzeugen mit einer Länge von nicht mehr als 4 m und einer Breite von nicht mehr als 1,60 m genügen Fahrtrichtungsanzeiger an den beiden Längsseiten. ⁴An Fahrzeugen, bei denen der Abstand zwischen den einander zugekehrten äußeren Rändern der Lichtaustrittsflächen der Blinkleuchten an der Vorderseite und an der Rückseite mehr als 6 m beträgt, müssen zusätzliche Fahrtrichtungsanzeiger an den beiden Längsseiten angebracht sein,
2. an Krafträdern paarweise angebrachte Blinkleuchten an der Vorderseite und an der Rückseite. ²Der Abstand des inneren Randes der Lichtaustrittsfläche der Blinkleuchten muss von der durch die Längsachse des Kraftrades verlaufenden senkrechten Ebene bei den an der Rückseite angebrachten Blinkleuchten mindestens 120 mm, bei den an der Vorderseite angebrachten Blinkleuchten mindestens 170 mm und vom Rand der Lichtaustrittsfläche des Scheinwerfers mindestens 100 mm betragen. ³Der untere Rand der Lichtaustrittsfläche von Blinkleuchten an Krafträdern muss mindestens 350 mm über der Fahrbahn liegen. ⁴Wird ein Beiwagen mitgeführt, so müssen die für die betreffende Seite vorgesehenen Blinkleuchten an der Außenseite des Beiwagens angebracht sein,
3. an Anhängern paarweise angebrachte Blinkleuchten an der Rückseite. ²Beim Mitführen von zwei Anhängern genügen Blinkleuchten am letzten Anhänger, wenn die Anhänger hinter einer Zugmaschine mit einer durch die Bauart bestimmten Höchstgeschwindigkeit von nicht mehr als 25 km/h mitgeführt werden oder wenn sie für eine Höchstgeschwindigkeit von nicht mehr als 25 km/h in der durch § 58 vorgeschriebenen Weise gekennzeichnet sind,
4. an Kraftomnibussen, die für die Schülerbeförderung besonders eingesetzt sind, an der Rückseite zwei zusätzliche Blinkleuchten, die so hoch und so weit außen wie möglich angeordnet sein müssen,
5. an mehrspurigen Kraftfahrzeugen und Sattelanhängern – ausgenommen Arbeitsmaschinen, Stapler und land- oder forstwirtschaftliche Zugmaschinen und deren Anhänger – mit einem zulässigen Gesamtgewicht von mehr als 3,5 t an den Längsseiten im vorderen Drittel zusätzliche Blinkleuchten, deren Lichtstärke nach hinten mindestens 50 cd und höchstens 200 cd beträgt. ²Für diese Fahrzeuge ist die Anbringung zusätzlicher Fahrtrichtungsanzeiger nach Nummer 1 nicht erforderlich.

(5) Fahrtrichtungsanzeiger sind nicht erforderlich an
1. einachsigen Zugmaschinen,
2. einachsigen Arbeitsmaschinen,
3. offenen Krankenfahrstühlen,
4. Leichtkrafträdern, Kleinkrafträdern und Fahrrädern mit Hilfsmotor,
5. folgenden Arten von Anhängern:

a) eisenbereiften Anhängern, die nur für land- oder forstwirtschaftliche Zwecke verwendet werden;
b) angehängten land- oder forstwirtschaftlichen Arbeitsgeräten, soweit sie die Blinkleuchten des ziehenden Fahrzeugs nicht verdecken;
c) einachsigen Anhängern hinter Krafträdern;
d) Sitzkarren (§ 3 Absatz 2 Satz 1 Nummer 2 Buchstabe i der Fahrzeug-Zulassungsverordnung).

(6) Fahrtrichtungsanzeiger an Fahrzeugen, für die sie nicht vorgeschrieben sind, müssen den vorstehenden Vorschriften entsprechen.

§ 54a
Innenbeleuchtung in Kraftomnibussen

(1) Kraftomnibusse müssen eine Innenbeleuchtung haben; diese darf die Sicht des Fahrzeugführers nicht beeinträchtigen.
(2) Die für Fahrgäste bestimmten Ein- und Ausstiege müssen ausreichend ausgeleuchtet sein, solange die jeweilige Fahrgasttür nicht geschlossen ist.

§ 54b
Windsichere Handlampe

In Kraftomnibussen muss außer den nach § 53a Absatz 1 erforderlichen Warneinrichtungen eine von der Lichtanlage des Fahrzeugs unabhängige windsichere Handlampe mitgeführt werden.

§ 55
Einrichtungen für Schallzeichen

(1) ^{1}Kraftfahrzeuge müssen mindestens eine Einrichtung für Schallzeichen haben, deren Klang gefährdete Verkehrsteilnehmer auf das Herannahen eines Kraftfahrzeugs aufmerksam macht, ohne sie zu erschrecken und andere mehr als unvermeidbar zu belästigen. ^{2}Ist mehr als eine Einrichtung für Schallzeichen angebracht, so muss sichergestellt sein, dass jeweils nur eine Einrichtung betätigt werden kann. ^{3}Die Umschaltung auf die eine oder andere Einrichtung darf die Abgabe einer Folge von Klängen verschiedener Grundfrequenzen nicht ermöglichen.
(2) ^{1}Als Einrichtungen für Schallzeichen dürfen Hupen und Hörner angebracht sein, die einen Klang mit gleichbleibenden Grundfrequenzen (auch harmonischen Akkord) erzeugen, der frei von Nebengeräuschen ist. ^{2}Die Lautstärke darf in 7 m Entfernung von dem Anbringungsort der Schallquelle am Fahrzeug und in einem Höhenbereich von 500 mm bis 1500 mm über der Fahrbahn an keiner Stelle 105 dB(A) übersteigen. ^{3}Die Messungen sind auf einem freien Platz mit möglichst glatter Oberfläche bei Windstille durchzuführen; Hindernisse (Bäume, Sträucher u. a.), die durch Widerhall oder Dämpfung stören können, müssen von der Schallquelle mindestens doppelt so weit entfernt sein wie der Schallempfänger.
(2a) Abweichend von den Absätzen 1 und 2 müssen Kraftfahrzeuge nach § 30a Absatz 3 Einrichtungen für Schallzeichen haben, die den im Anhang zu dieser Vorschrift genannten Bestimmungen entsprechen.
(3) ^{1}Kraftfahrzeuge, die auf Grund des § 52 Absatz 3 Kennleuchten für blaues Blinklicht führen, müssen mit mindestens einer Warneinrichtung mit einer Folge von Klängen verschiedener Grundfrequenz (Einsatzhorn) ausgerüstet sein. ^{2}Ist mehr als ein Einsatzhorn angebracht, so muss sichergestellt sein, dass jeweils nur eines betätigt werden kann.
(3a) ^{1}Kraftfahrzeuge, die auf Grund des § 52 Absatz 3a mit Anhaltesignal und mit Signalgebern für rote Lichtschrift ausgerüstet sind, dürfen neben der in Absatz 3 vorgeschriebenen Warneinrichtung, dem Einsatzhorn, mit einer zusätzlichen Warneinrichtung, dem Anhaltehorn, ausgerüstet sein. ^{2}Es muss sichergestellt sein, dass das Anhaltehorn nur in Verbindung mit dem Anhaltesignal und dem Signalgeber für rote Lichtschrift aktiviert werden kann. ^{3}Es darf nicht möglich sein, die Warneinrichtungen gemeinsam zu betreiben.
(4) ^{1}Ausschließlich die in den Absätzen 1 bis 3a beschriebenen Einrichtungen für Schallzeichen sowie Sirenen dürfen an Kraftfahrzeugen, mit Ausnahme von Kraftfahrzeugen nach Absatz 3a Satz 1, angebracht sein. ^{2}Nur die in Satz 1 der Absätze 3 und 3a

genannten Kraftfahrzeuge dürfen mit dem Einsatzhorn oder zusätzlich mit dem Anhaltehorn ausgerüstet sein.

(5) Absatz 1 gilt nicht für eisenbereifte Kraftfahrzeuge mit einer durch die Bauart bestimmten Höchstgeschwindigkeit von nicht mehr als 8 km/h und für einachsige Zug- oder Arbeitsmaschinen, die von Fußgängern an Holmen geführt werden.

(6) [1]Mofas müssen mit mindestens einer helltönenden Glocke ausgerüstet sein. [2]Radlaufglocken und andere Einrichtungen für Schallzeichen sind nicht zulässig.

§ 55a
Elektromagnetische Verträglichkeit

(1) [1]Personenkraftwagen, Kraftomnibusse, Lastkraftwagen, Zugmaschinen und Sattelzugmaschinen mit mindestens vier Rädern und einer durch die Bauart bestimmten Höchstgeschwindigkeit von mehr als 25 km/h – ausgenommen land- oder forstwirtschaftliche Zugmaschinen, Muldenkipper, Flurförderzeuge, Elektrokarren und Autoschütter – sowie ihre Anhänger müssen den im Anhang zu dieser Vorschrift genannten Bestimmungen über die elektromagnetische Verträglichkeit entsprechen. [2]Satz 1 gilt entsprechend für andere Fahrzeuge, die hinsichtlich ihrer Baumerkmale des Fahrgestells und ihrer elektrischen Ausrüstung den genannten Fahrzeugen gleichzusetzen sind, sowie für Bauteile und selbstständige technische Einheiten, die zum Einbau in den genannten Fahrzeugen bestimmt sind.

(2) Kraftfahrzeuge nach § 30a Absatz 3 sowie zum Einbau in diese Fahrzeuge bestimmte selbstständige technische Einheiten müssen den im Anhang zu dieser Vorschrift genannten Bestimmungen über die elektromagnetische Verträglichkeit entsprechen.

§ 56
Spiegel und andere Einrichtungen für indirekte Sicht

(1) Kraftfahrzeuge müssen nach Maßgabe der Absätze 2 bis 3 Spiegel oder andere Einrichtungen für indirekte Sicht haben, die so beschaffen und angebracht sind, dass der Fahrzeugführer nach rückwärts, zur Seite und unmittelbar vor dem Fahrzeug – auch beim Mitführen von Anhängern – alle für ihn wesentlichen Verkehrsvorgänge beobachten kann.

(2) Es sind erforderlich
1. bei Personenkraftwagen sowie Lastkraftwagen, Zugmaschinen und Sattelzugmaschinen mit einer zulässigen Gesamtmasse von nicht mehr als 3,5 t Spiegel oder andere Einrichtungen für indirekte Sicht, die in den im Anhang zu dieser Vorschrift genannten Bestimmungen für diese Fahrzeuge als vorgeschrieben bezeichnet sind; die vorgeschriebenen sowie vorhandene gemäß Anhang III Nummer 2.1.1 der im Anhang zu dieser Vorschrift genannten Richtlinie zulässige Spiegel oder andere Einrichtungen für indirekte Sicht müssen den im Anhang zu dieser Vorschrift genannten Bestimmungen entsprechen;
2. bei Lastkraftwagen, Zugmaschinen, Sattelzugmaschinen und Fahrzeugen mit besonderer Zweckbestimmung nach Anhang II Buchstabe A Nummer 5.6 und 5.7 der Richtlinie 70/156/EWG mit einer zulässigen Gesamtmasse von mehr als 3,5 t sowie bei Kraftomnibussen Spiegel oder andere Einrichtungen für indirekte Sicht, die in den im Anhang zu dieser Vorschrift genannten Bestimmungen für diese Fahrzeuge als vorgeschrieben bezeichnet sind; die vorgeschriebenen sowie vorhandenen gemäß Anhang III Nummer 2.1.1 der im Anhang zu dieser Vorschrift genannten Richtlinie zulässigen Spiegel oder andere Einrichtungen für indirekte Sicht müssen den im Anhang zu dieser Vorschrift genannten Bestimmungen entsprechen;
3. bei Lastkraftwagen, Zugmaschinen, Sattelzugmaschinen, selbstfahrenden Arbeitsmaschinen, die den Baumerkmalen von Lastkraftwagen hinsichtlich des Fahrgestells entsprechen, und Fahrzeugen mit besonderer Zweckbestimmung nach Anhang II Buchstabe A Nummer 5.7 und 5.8 der Richtlinie 2007/46/EG mit einer zulässigen Gesamtmasse

von mehr als 3,5 t, die ab dem 1. Januar 2000 bis zum 25. Januar 2007 erstmals in den Verkehr gekommen sind, Spiegel oder andere Einrichtungen für indirekte Sicht, die in den im Anhang zu dieser Vorschrift genannten Bestimmungen für diese Fahrzeuge als vorgeschrieben bezeichnet sind; diese Spiegel oder andere Einrichtungen für indirekte Sicht müssen den im Anhang zu dieser Vorschrift oder im Anhang zu den Nummern 1 und 2 genannten Bestimmungen entsprechen;
4. bei land- oder forstwirtschaftlichen Zugmaschinen mit einer durch die Bauart bestimmten Höchstgeschwindigkeit von nicht mehr als 40 km/h Spiegel, die den im Anhang zu dieser Vorschrift genannten Bestimmungen entsprechen müssen,
5. bei Kraftfahrzeugen nach Artikel 1 der Richtlinie 2002/24/EG Spiegel, die den im Anhang zu dieser Vorschrift genannten Bestimmungen entsprechen müssen.

(2a) Bei land- oder forstwirtschaftlichen Zugmaschinen mit einer durch die Bauart bestimmten Höchstgeschwindigkeit von mehr als 40 km/h sowie bei Arbeitsmaschinen und Staplern ist § 56 Absatz 2 in der am 29. März 2005 geltenden Fassung anzuwenden.

(3) Nicht erforderlich sind Spiegel bei einachsigen Zugmaschinen, einachsigen Arbeitsmaschinen, offenen Elektrokarren mit einer durch die Bauart bestimmten Höchstgeschwindigkeit von nicht mehr als 25 km/h sowie mehrspurigen Kraftfahrzeugen mit einer durch die Bauart bestimmten Höchstgeschwindigkeit von nicht mehr als 25 km/h und mit offenem Führerplatz, der auch beim Mitführen von unbeladenen oder beladenen Anhängern nach rückwärts Sicht bietet.

§ 57
Geschwindigkeitsmessgerät und Wegstreckenzähler

(1) [1]Kraftfahrzeuge müssen mit einem im unmittelbaren Sichtfeld des Fahrzeugführers liegenden Geschwindigkeitsmessgerät ausgerüstet sein. [2]Dies gilt nicht für
1. mehrspurige Kraftfahrzeuge mit einer durch die Bauart bestimmten Höchstgeschwindigkeit von nicht mehr als 30 km/h sowie
2. mit Fahrtschreiber oder Kontrollgerät (§ 57a) ausgerüstete Kraftfahrzeuge, wenn die Geschwindigkeitsanzeige im unmittelbaren Sichtfeld des Fahrzeugführers liegt.

(2) [1]Bei Geschwindigkeitsmessgeräten muss die Geschwindigkeit in Kilometer je Stunde angezeigt werden. [2]Das Geschwindigkeitsmessgerät muss den im Anhang zu dieser Vorschrift genannten Bestimmungen entsprechen.

(3) [1]Das Geschwindigkeitsmessgerät darf mit einem Wegstreckenzähler verbunden sein, der die zurückgelegte Strecke in Kilometern anzeigt. [2]Die vom Wegstreckenzähler angezeigte Wegstrecke darf von der tatsächlich zurückgelegten Wegstrecke ± 4 Prozent abweichen.

§ 57a
Fahrtschreiber und Kontrollgerät

(1)[1] [1]Mit einem nach dem Mess- und Eichgesetz in Verkehr gebrachten Fahrtschreiber sind auszurüsten
1. *Kraftfahrzeuge mit einem zulässigen Gesamtgewicht von 7,5 t und darüber,*
2. *Zugmaschinen mit einer Motorleistung von 40 kW und darüber, die nicht ausschließlich für land- oder forstwirtschaftliche Zwecke eingesetzt werden,*
3. *zur Beförderung von Personen bestimmte Kraftfahrzeuge mit mehr als acht Fahrgastplätzen.*

[2]Dies gilt nicht für
1. *Kraftfahrzeuge mit einer durch die Bauart bestimmten Höchstgeschwindigkeit von nicht mehr als 40 km/h,*
2. *Kraftfahrzeuge der Bundeswehr, es sei denn, dass es sich um Kraftfahrzeuge der Bundeswehrverwaltung oder um Kraftomnibusse handelt,*

---

1 Anm. d. Red.:
 Beachte die Übergangsbestimmung nach § 72 Absatz 2 Nummer 6e.

3. Kraftfahrzeuge der Feuerwehren und der anderen Einheiten und Einrichtungen des Katastrophenschutzes,
4. Fahrzeuge, die in § 18 Absatz 1 der Fahrpersonalverordnung vom 27. Juni 2005 (BGBl. I S. 1882), die zuletzt durch die Artikel 1, 4 und 5 der Verordnung vom 22. Januar 2008 (BGBl. I S. 54) geändert worden ist, genannt sind,
5. Fahrzeuge, die in Artikel 3 Buchstabe d bis g und i der Verordnung (EG) Nr. 561/2006 des Europäischen Parlaments und des Rates vom 15. März 2006 (ABl. L 102 vom 11.4.2006, S. 1), die durch die Verordnung (EG) Nr. 1073/2009 (ABl. L 300 vom 14.11.2009, S. 88) geändert worden ist, genannt sind.

(1a) Der Fahrtschreiber sowie alle lösbaren Verbindungen der Übertragungseinrichtungen müssen plombiert sein.

(2) ¹Der Fahrtschreiber muss vom Beginn bis zum Ende jeder Fahrt ununterbrochen in Betrieb sein und auch die Haltezeiten aufzeichnen. ²Die Schaublätter – bei mehreren miteinander verbundenen Schaublättern (Schaublattbündel) das erste Blatt – sind vor Antritt der Fahrt mit dem Namen der Führer sowie dem Ausgangspunkt und Datum der ersten Fahrt zu bezeichnen; ferner ist der Stand des Wegstreckenzählers am Beginn und am Ende der Fahrt oder beim Einlegen und bei der Entnahme des Schaublatts vom Kraftfahrzeughalter oder dessen Beauftragten einzutragen; andere, durch Rechtsvorschriften weder geforderte noch erlaubte Vermerke auf der Vorderseite des Schaublatts sind unzulässig. ³Es dürfen nur Schaublätter mit Prüfzeichen verwendet werden, die für den verwendeten Fahrtschreibertyp zugeteilt sind. ⁴Die Schaublätter sind zuständigen Personen auf Verlangen jederzeit vorzulegen; der Kraftfahrzeughalter hat sie ein Jahr lang aufzubewahren. ⁵Auf jeder Fahrt muss mindestens ein Ersatzschaublatt mitgeführt werden.

(3) ¹Die Absätze 1 bis 2 gelten nicht, wenn das Fahrzeug an Stelle eines vorgeschriebenen Fahrtschreibers mit einem Kontrollgerät im Sinne des Anhangs I oder des Anhangs I B der Verordnung (EWG) Nr. 3821/85 ausgerüstet ist. ²In diesem Fall ist das Kontrollgerät nach Maßgabe des Absatzes 2 zu betreiben; bei Verwendung eines Kontrollgerätes nach Anhang I B der Verordnung (EWG) Nr. 3821/85 muss die Fahrerkarte nicht gesteckt werden. ³Im Falle des Einsatzes von Kraftomnibussen im Linienverkehr bis 50 Kilometer kann anstelle des Namens der Führer das amtliche Kennzeichen oder die Betriebsnummer des jeweiligen Fahrzeugs auf den Ausdrucken und Schaublättern eingetragen werden. ⁴Die Daten des Massespeichers sind vom Kraftfahrzeughalter alle drei Monate herunterzuladen; § 2 Absatz 5 der Fahrpersonalverordnung gilt entsprechend. ⁵Wird bei Fahrzeugen zur Güterbeförderung mit einer zulässigen Gesamtmasse von mindestens 12 t oder bei Fahrzeugen zur Personenbeförderung mit mehr als acht Sitzplätzen außer dem Fahrersitz und einer zulässigen Gesamtmasse von mehr als 10 t, die ab dem 1. Januar 1996 erstmals zum Verkehr zugelassen wurden und bei denen die Übermittlung der Signale an das Kontrollgerät ausschließlich elektrisch erfolgt, das Kontrollgerät ausgetauscht, so muss dieses durch ein Gerät nach Anhang I B der Verordnung (EWG) Nr. 3821/85 ersetzt werden. ⁶Ein Austausch des Kontrollgerätes im Sinne des Satzes 5 liegt nur dann vor, wenn das gesamte System bestehend aus Registriereinheit und Geschwindigkeitsgeber getauscht wird.

(4) Weitergehende Anforderungen in Sondervorschriften bleiben unberührt.

§ 57b
Prüfung der Fahrtschreiber und Kontrollgeräte

(1) ¹Halter, deren Kraftfahrzeuge mit einem Fahrtschreiber nach § 57a Absatz 1 oder mit einem Kontrollgerät nach der Verordnung (EWG) Nr. 3821/85 ausgerüstet sein müssen, haben auf ihre Kosten die Fahrtschreiber oder die Kontrollgeräte nach Maßgabe des Absatzes 2 und der Anlagen XVIII und XVIIIa darauf prüfen zu lassen, dass Einbau, Zustand, Messgenauigkeit und Arbeitsweise vorschriftsmäßig sind. ²Bestehen keine Bedenken gegen die Vorschriftsmäßigkeit, so hat der Hersteller oder die Werkstatt auf oder neben dem Fahrtschreiber oder dem Kontrollgerät

gut sichtbar und dauerhaft ein Einbauschild anzubringen. ³Das Einbauschild muss plombiert sein, es sei denn, dass es sich nicht ohne Vernichtung der Angaben entfernen lässt. ⁴Der Halter hat dafür zu sorgen, dass das Einbauschild die vorgeschriebenen Angaben enthält, plombiert sowie vorschriftsmäßig angebracht und weder verdeckt noch verschmutzt ist.
(2) ¹Die Prüfungen sind mindestens einmal innerhalb von zwei Jahren seit der letzten Prüfung durchzuführen. ²Dabei endet die Frist für die Überprüfung erst mit Ablauf des Monats, in dem vor zwei Jahren die letzte Überprüfung erfolgte. ³Außerdem müssen die Prüfungen nach jedem Einbau, jeder Reparatur der Fahrtschreiber- oder Kontrollgeräteanlage, jeder Änderung der Wegdrehzahl oder Wegimpulszahl und nach jeder Änderung des wirksamen Reifenumfanges des Kraftfahrzeugs sowie bei Kontrollgeräten nach Anhang I B der Verordnung (EWG) Nr. 3821/85 auch dann, wenn die UTC-Zeit von der korrekten Zeit um mehr als 20 Minuten abweicht oder wenn sich das amtliche Kennzeichen des Kraftfahrzeuges geändert hat, durchgeführt werden.
(3) ¹Die Prüfungen dürfen nur durch einen nach Maßgabe der Anlage XVIIIc hierfür amtlich anerkannten Fahrtschreiber- oder Kontrollgerätehersteller durch von diesen beauftragte Kraftfahrzeugwerkstätten und durch nach Maßgabe der Anlage XVIIId anerkannte Kraftfahrzeugwerkstätten durchgeführt werden. ²Die Prüfungen dürfen nur an Prüfstellen vorgenommen werden, die den in Anlage XVIIIb festgelegten Anforderungen entsprechen.
(4) ¹Wird der Fahrtschreiber oder das Kontrollgerät vom Fahrzeughersteller eingebaut, so hat dieser, sofern er hierfür nach Anlage XVIIIc amtlich anerkannt ist, die Einbauprüfung nach Maßgabe der Anlage XVIIIa durchzuführen und das Gerät zu kalibrieren. ²Die Einbauprüfung und Kalibrierung kann abweichend von Satz 1 auch durch einen hierfür anerkannten Fahzeugimporteur durchgeführt werden. ³Die Einbauprüfung darf nur an einer Prüfstelle durchgeführt

werden, die den in Anlage XVIIIb festgelegten Anforderungen entspricht.

§ 57c
Ausrüstung von Kraftfahrzeugen mit Geschwindigkeitsbegrenzern und ihre Benutzung

(1) Geschwindigkeitsbegrenzer sind Einrichtungen, die im Kraftfahrzeug in erster Linie durch die Steuerung der Kraftstoffzufuhr zum Motor die Fahrzeughöchstgeschwindigkeit auf den eingestellten Wert beschränken.
(2) ¹Alle Kraftomnibusse sowie Lastkraftwagen, Zugmaschinen und Sattelzugmaschinen mit einer zulässigen Gesamtmasse von jeweils mehr als 3,5 t müssen mit einem Geschwindigkeitsbegrenzer ausgerüstet sein. ²Der Geschwindigkeitsbegrenzer ist bei
1. Kraftomnibussen auf eine Höchstgeschwindigkeit einschließlich aller Toleranzen von 100 km/h (V_{set} + Toleranzen ≤ 100 km/h),
2. Lastkraftwagen, Zugmaschinen und Sattelzugmaschinen auf eine Höchstgeschwindigkeit – einschließlich aller Toleranzen – von 90 km/h (v_{set} + Toleranzen ≤ 90 km/h) einzustellen.
(3) Mit einem Geschwindigkeitsbegrenzer brauchen nicht ausgerüstet zu sein:
1. Kraftfahrzeuge, deren durch die Bauart bestimmte tatsächliche Höchstgeschwindigkeit nicht höher als die jeweils in Absatz 2 Satz 2 in Verbindung mit Absatz 4 genannte Geschwindigkeit ist,
2. Kraftfahrzeuge der Bundeswehr, der Bundespolizei, der Einheiten und Einrichtungen des Katastrophenschutzes, der Feuerwehren, der Rettungsdienste und der Polizei,
3. Kraftfahrzeuge, die für wissenschaftliche Versuchszwecke auf der Straße oder zur Erprobung im Sinne des § 19 Absatz 6 eingesetzt werden, und
4. Kraftfahrzeuge, die ausschließlich für öffentliche Dienstleistungen innerhalb geschlossener Ortschaften eingesetzt werden oder die überführt werden (zum Beispiel vom Aufbauhersteller zum Be-

trieb oder für Wartungs- und Reparaturarbeiten).

(4) Die Geschwindigkeitsbegrenzer müssen den im Anhang zu dieser Vorschrift genannten Bestimmungen über Geschwindigkeitsbegrenzer entsprechen.

(5) Der Geschwindigkeitsbegrenzer muss so beschaffen sein, dass er nicht ausgeschaltet werden kann.

§ 57d
Einbau und Prüfung von Geschwindigkeitsbegrenzern

(1) [1]Geschwindigkeitsbegrenzer dürfen in Kraftfahrzeuge nur eingebaut und geprüft werden von hierfür amtlich anerkannten
1. Fahrzeugherstellern,
2. Herstellern von Geschwindigkeitsbegrenzern oder
3. Beauftragten der Hersteller

sowie durch von diesen ermächtigten Werkstätten. [2]Darüber hinaus dürfen die in § 57b Absatz 3 genannten Stellen diese Prüfungen durchführen.

(2) [1]Halter, deren Kraftfahrzeuge mit einem Geschwindigkeitsbegrenzer nach § 57c Absatz 2 ausgerüstet sind, haben auf ihre Kosten die Geschwindigkeitsbegrenzer nach jedem Einbau, jeder Reparatur, jeder Änderung der Wegdrehzahl oder des wirksamen Reifenumfanges des Kraftfahrzeugs oder der Kraftstoff-Zuführungseinrichtung durch einen Berechtigten nach Absatz 1 prüfen und bescheinigen zu lassen, dass Einbau, Zustand und Arbeitsweise vorschriftsmäßig sind. [2]Die Bescheinigung über die Prüfung muss mindestens folgende Angaben enthalten:
1. Name, Anschrift oder Firmenzeichen der Berechtigten nach Absatz 1,
2. die eingestellte Geschwindigkeit v_{set},
3. Wegdrehzahl des Kraftfahrzeugs,
4. wirksamer Reifenumfang des Kraftfahrzeugs,
5. Datum der Prüfung und
6. die letzten acht Zeichen der Fahrzeug-Identifizierungsnummer des Kraftfahrzeugs.

[3]Der Fahrzeugführer hat die Bescheinigung über die Prüfung des Geschwindigkeitsbegrenzers mitzuführen und auf Verlangen zuständigen Personen zur Prüfung auszuhändigen. [4]Die Sätze 1 und 3 gelten nicht für Fahrzeuge mit roten Kennzeichen oder mit Kurzzeitkennzeichen.

(3) Wird der Geschwindigkeitsbegrenzer von einem Fahrzeughersteller eingebaut, der Inhaber einer Allgemeinen Betriebserlaubnis nach § 20 ist, kann dieser die nach Absatz 2 erforderliche Bescheinigung ausstellen.

(4) Für die Anerkennung der Fahrzeughersteller, der Hersteller von Geschwindigkeitsbegrenzern oder von Beauftragten der Hersteller sind die oberste Landesbehörde, die von ihr bestimmten oder die nach Landesrecht zuständigen Stellen zuständig.

(5) Die Anerkennung kann Fahrzeugherstellern, Herstellern von Geschwindigkeitsbegrenzern oder Beauftragten der Hersteller erteilt werden:
1. zur Vornahme des Einbaus und der Prüfung nach Absatz 2,
2. zur Ermächtigung von Werkstätten, die den Einbau und die Prüfungen vornehmen.

(6) Die Anerkennung wird erteilt, wenn
1. der Antragsteller, bei juristischen Personen die nach Gesetz oder Satzung zur Vertretung berufenen Personen, die Gewähr für zuverlässige Ausübung der dadurch verliehenen Befugnisse bietet,
2. der Antragsteller, falls er die Prüfungen selbst vornimmt, nachweist, dass er über die erforderlichen Fachkräfte sowie über die notwendigen, dem Stand der Technik entsprechenden Prüfgeräte und sonstigen Einrichtungen und Ausstattungen verfügt,
3. der Antragsteller, falls er die Prüfungen und den Einbau durch von ihm ermächtigte Werkstätten vornehmen lässt, nachweist, dass er durch entsprechende Überwachungs- und Weisungsbefugnisse sichergestellt hat, dass bei den Werkstätten die Voraussetzungen nach Nummer 2 vorliegen und die Durchführung des Einbaus und der Prüfungen ordnungsgemäß erfolgt.

(7) Wird die Anerkennung nach Absatz 5 Nummer 2 ausgesprochen, so haben der Fahr-

zeughersteller, der Hersteller von Geschwindigkeitsbegrenzern oder die Beauftragten der Hersteller der Anerkennungsbehörde und den zuständigen obersten Landesbehörden die ermächtigten Werkstätten mitzuteilen.
(8) Die Anerkennung ist nicht übertragbar; sie kann mit Nebenbestimmungen verbunden werden, die sicherstellen, dass der Einbau und die Prüfungen ordnungsgemäß durchgeführt werden.
(9) ¹Die oberste Landesbehörde, die von ihr bestimmten oder die nach Landesrecht zuständigen Stellen üben die Aufsicht über die Inhaber der Anerkennung aus. ²Die Aufsichtsbehörde kann selbst prüfen oder durch von ihr bestimmte Sachverständige prüfen lassen, ob insbesondere die Voraussetzungen für die Anerkennung gegeben sind, ob der Einbau und die Prüfungen ordnungsgemäß durchgeführt und ob die sich sonst aus der Anerkennung oder den Nebenbestimmungen ergebenden Pflichten erfüllt werden.

§ 58
Geschwindigkeitsschilder

(1) Ein Geschwindigkeitsschild gibt die zulässige Höchstgeschwindigkeit des betreffenden Fahrzeugs in Kilometer je Stunde an.
(2) ¹Das Schild muss kreisrund mit einem Durchmesser von 200 mm sein und einen schwarzen Rand haben. ²Die Ziffern sind auf weißem Grund in schwarzer fetter Engschrift entsprechend Anlage V Seite 4 in einer Schriftgröße von 120 mm auszuführen.
(2a) ¹Geschwindigkeitsschilder dürfen retroreflektierend sein. ²Retroreflektierende Geschwindigkeitsschilder müssen dem Normblatt DIN 74069, Ausgabe Mai 1989, entsprechen, sowie auf der Vorderseite das DIN-Prüf- und Überwachungszeichen mit der zugehörigen Registernummer tragen.
(3) Mit Geschwindigkeitsschildern müssen gekennzeichnet sein
1. mehrspurige Kraftfahrzeuge mit einer durch die Bauart bestimmten Höchstgeschwindigkeit von nicht mehr als 60 km/h,

2. Anhänger mit einer durch die Bauart bestimmten Höchstgeschwindigkeit von weniger als 100 km/h,
3. Anhänger mit einer eigenen mittleren Bremsverzögerung von weniger als 2,5 m/s².
(4) ¹Absatz 3 gilt nicht für
1. die in § 36 Absatz 10 Satz 6 zweiter Halbsatz bezeichneten Gleiskettenfahrzeuge,
2. land- oder forstwirtschaftliche Zugmaschinen mit einer durch die Bauart bestimmten Höchstgeschwindigkeit von nicht mehr als 32 km/h,
3. land- oder forstwirtschaftliche Arbeitsgeräte, die hinter Kraftfahrzeugen mitgeführt werden.
²Die Vorschrift des § 36 Absatz 1 Satz 2 bleibt unberührt.
(5) ¹Die Geschwindigkeitsschilder müssen an beiden Längsseiten und an der Rückseite des Fahrzeugs angebracht werden. ²An land- oder forstwirtschaftlichen Zugmaschinen und ihren Anhängern genügt ein Geschwindigkeitsschild an der Fahrzeugrückseite; wird es wegen der Art des Fahrzeugs oder seiner Verwendung zeitweise verdeckt oder abgenommen, so muss ein Geschwindigkeitsschild an der rechten Längsseite vorhanden sein.

§ 59
Fabrikschilder, sonstige Schilder, Fahrzeug-Identifizierungsnummer

(1) ¹An allen Kraftfahrzeugen und Anhängern muss an zugänglicher Stelle am vorderen Teil der rechten Seite gut lesbar und dauerhaft ein Fabrikschild mit folgenden Angaben angebracht sein:
1. Hersteller des Fahrzeugs;
2. Fahrzeugtyp;
3. Baujahr (nicht bei zulassungspflichtigen Fahrzeugen);
4. Fahrzeug-Identifizierungsnummer;
5. zulässiges Gesamtgewicht;
6. zulässige Achslasten (nicht bei Krafträdern).
²Dies gilt nicht für die in § 53 Absatz 7 bezeichneten Anhänger.
(1a) Abweichend von Absatz 1 ist an Personenkraftwagen, Kraftomnibussen, Last-

kraftwagen und Sattelzugmaschinen mit mindestens vier Rädern und einer durch die Bauart bestimmten Höchstgeschwindigkeit von mehr als 25 km/h sowie ihren Anhängern zur Güterbeförderung ein Schild gemäß den im Anhang zu dieser Vorschrift genannten Bestimmungen anzubringen; an anderen Fahrzeugen – ausgenommen Kraftfahrzeuge nach § 30a Absatz 3 – darf das Schild angebracht sein.

(1b) Abweichend von Absatz 1 ist an zweirädrigen oder dreirädrigen Kraftfahrzeugen nach § 30a Absatz 3 ein Schild entsprechend den im Anhang zu dieser Vorschrift genannten Bestimmungen anzubringen.

(2) [1]Die Fahrzeug-Identifizierungsnummer nach der Norm DIN ISO 3779, Ausgabe Februar 1977, oder nach der Richtlinie 76/114/EWG des Rates vom 18. Dezember 1975 zur Angleichung der Rechtsvorschriften der Mitgliedstaaten über Schilder, vorgeschriebene Angaben, deren Lage und Anbringungsart an Kraftfahrzeugen und Kraftfahrzeuganhängern (ABl. L 24 vom 30.1.1976, S. 1), die zuletzt durch die Richtlinie 2006/96/EG (ABl. L 363 vom 20.12.2006, S. 81) geändert worden ist, muss 17 Stellen haben; andere Fahrzeug-Identifizierungsnummern dürfen nicht mehr als 14 Stellen haben. [2]Sie muss unbeschadet des Absatzes 1 an zugänglicher Stelle am vorderen Teil der rechten Seite des Fahrzeugs gut lesbar am Rahmen oder an einem ihn ersetzenden Teil eingeschlagen oder eingeprägt sein. [3]Wird nach dem Austausch des Rahmens oder des ihn ersetzenden Teils der ausgebaute Rahmen oder Teil wieder verwendet, so ist
1. die eingeschlagene oder eingeprägte Fahrzeug-Identifizierungsnummer dauerhaft so zu durchkreuzen, dass sie lesbar bleibt,
2. die Fahrzeug-Identifizierungsnummer des Fahrzeugs, an dem der Rahmen oder Teil wieder verwendet wird, neben der durchkreuzten Nummer einzuschlagen oder einzuprägen und
3. die durchkreuzte Nummer der Zulassungsbehörde zum Vermerk auf dem Brief und der Karteikarte des Fahrzeugs zu melden, an dem der Rahmen oder Teil wieder verwendet wird.

[4]Satz 3 Nummer 3 ist entsprechend anzuwenden, wenn nach dem Austausch die Fahrzeug-Identifizierungsnummer in einen Rahmen oder einen ihn ersetzenden Teil eingeschlagen oder eingeprägt wird, der noch keine Fahrzeug-Identifizierungsnummer trägt.

(3) [1]Ist eine Fahrzeug-Identifizierungsnummer nicht vorhanden oder lässt sie sich nicht mit Sicherheit feststellen, so kann die Zulassungsbehörde eine Nummer zuteilen. [2]Absatz 2 gilt für diese Nummer entsprechend.

§ 59a
Nachweis der Übereinstimmung mit der Richtlinie 96/53/EG

(1) [1]Fahrzeuge, die in Artikel 1 der Richtlinie 96/53/EG des Rates vom 25. Juli 1996 zur Festlegung der höchstzulässigen Abmessungen für bestimmte Straßenfahrzeuge im innerstaatlichen und grenzüberschreitenden Verkehr in der Gemeinschaft sowie zur Festlegung der höchstzulässigen Gewichte im grenzüberschreitenden Verkehr (ABl. L 235 vom 17.9.1996, S. 59), die durch die Richtlinie 2002/7/EG (ABl. L 67 vom 9.3.2002, S. 47) geändert worden ist, genannt sind und mit dieser Richtlinie übereinstimmen, müssen mit einem Nachweis dieser Übereinstimmung versehen sein. [2]Der Nachweis muss den im Anhang zu dieser Vorschrift genannten Bestimmungen entsprechen.

(2) Die auf dem Nachweis der Übereinstimmung angeführten Werte müssen mit den am einzelnen Fahrzeug tatsächlich gemessenen übereinstimmen.

§§ 60 und 60a
(aufgehoben)

§ 61
Halteeinrichtungen für Beifahrer sowie Fußstützen und Ständer von zweirädrigen Kraftfahrzeugen

(1) Zweirädrige Kraftfahrzeuge, auf denen ein Beifahrer befördert werden darf, müssen mit einem Haltesystem für den Beifahrer ausge-

rüstet sein, das den im Anhang zu dieser Vorschrift genannten Bestimmungen entspricht.

(2) Zweirädrige Kraftfahrzeuge müssen für den Fahrer und den Beifahrer beiderseits mit Fußstützen ausgerüstet sein.

(3) Jedes zweirädrige Kraftfahrzeug muss mindestens mit einem Ständer ausgerüstet sein, der den im Anhang zu dieser Vorschrift genannten Bestimmungen entspricht.

§ 61a
Besondere Vorschriften für Anhänger hinter Fahrrädern mit Hilfsmotor

[1]Anhänger hinter Fahrrädern mit Hilfsmotor werden bei Anwendung der Bau- und Betriebsvorschriften wie Anhänger hinter Fahrrädern behandelt, wenn
1. die durch die Bauart bestimmte Höchstgeschwindigkeit des ziehenden Fahrzeugs 25 km/h nicht überschreitet oder
2. die Anhänger vor dem 1. April 1961 erstmals in den Verkehr gekommen sind.

[2]Auf andere Anhänger hinter Fahrrädern mit Hilfsmotor sind die Vorschriften über Anhänger hinter Kleinkrafträdern anzuwenden.

§ 62
Elektrische Einrichtungen von elektrisch angetriebenen Kraftfahrzeugen

Elektrische Einrichtungen von elektrisch angetriebenen Kraftfahrzeugen müssen so beschaffen sein, dass bei verkehrsüblichem Betrieb der Fahrzeuge durch elektrische Einwirkung weder Personen verletzt noch Sachen beschädigt werden können.

3.
Andere Straßenfahrzeuge

§ 63
Anwendung der für Kraftfahrzeuge geltenden Vorschriften

[1]Die Vorschriften über Abmessungen, Achslast, Gesamtgewicht und Bereifung von Kraftfahrzeugen und ihren Anhängern (§§ 32, 34, 36 Absatz 1) gelten für andere Straßenfahrzeuge entsprechend. [2]Für die Nachprüfung der Achslasten gilt § 31c mit der Abweichung, dass der Umweg zur Waage nicht mehr als 2 km betragen darf.

§ 63a
Beschreibung von Fahrrädern

(1) Ein Fahrrad ist ein Fahrzeug mit mindestens zwei Rädern, das ausschließlich durch die Muskelkraft auf ihm befindlicher Personen mit Hilfe von Pedalen oder Handkurbeln angetrieben wird.

(2) [1]Als Fahrrad gilt auch ein Fahrzeug im Sinne des Absatzes 1, das mit einer elektrischen Trethilfe ausgerüstet ist, die mit einem elektromotorischen Hilfsantrieb mit einer größten Nenndauerleistung von 0,25 kW ausgestattet ist, dessen Unterstützung sich mit zunehmender Fahrzeuggeschwindigkeit progressiv verringert und beim Erreichen einer Geschwindigkeit von 25 km/h oder wenn der Fahrer mit dem Treten oder Kurbeln einhält, unterbrochen wird. [2]Die Anforderungen des Satzes 1 sind auch dann erfüllt, wenn das Fahrrad über einen Hilfsantrieb im Sinne des Satzes 1 verfügt, der eine Beschleunigung des Fahrzeugs auf eine Geschwindigkeit von bis zu 6 km/h, auch ohne gleichzeitiges Treten oder Kurbeln des Fahrers, ermöglicht (Anfahr- oder Schiebehilfe).

§ 64
Lenkeinrichtung, sonstige Ausrüstung und Bespannung

(1) [1]Fahrzeuge müssen leicht lenkbar sein. [2]§ 35a Absatz 10 Satz 1 und 4 und § 35d Absatz 1 sind entsprechend anzuwenden, soweit nicht die Beschaffenheit der zu befördernden Güter eine derartige Ausrüstung der Fahrzeuge ausschließt.

(2) [1]Die Bespannung zweispänniger Fuhrwerke, die (nur) eine Deichsel (in der Mitte) haben, mit nur einem Zugtier ist unzulässig, wenn die sichere und schnelle Einwirkung des Gespannführers auf die Lenkung des Fuhrwerks nicht gewährleistet ist; dies kann durch Anspannung mit Kumtgeschirr oder mit Sielen mit Schwanzriemen oder Hinterzeug, durch Straffung der Steuerkette und

ähnliche Mittel erreicht werden. [2]Unzulässig ist die Anspannung an den Enden der beiden Ortscheite (Schwengel) der Bracke (Waage) oder nur an einem Ortscheit der Bracke, wenn diese nicht mit einer Kette oder dergleichen festgelegt ist. [3]Bei Pferden ist die Verwendung sogenannter Zupfleinen (Stoßzügel) unzulässig.

§ 64a
Einrichtungen für Schallzeichen

[1]Fahrräder und Schlitten müssen mit mindestens einer helltönenden Glocke ausgerüstet sein; ausgenommen sind Handschlitten. [2]Andere Einrichtungen für Schallzeichen dürfen an diesen Fahrzeugen nicht angebracht sein. [3]An Fahrrädern sind auch Radlaufglocken nicht zulässig.

§ 64b
Kennzeichnung

An jedem Gespannfahrzeug – ausgenommen Kutschwagen, Personenschlitten und fahrbare land- oder forstwirtschaftliche Arbeitsgeräte – müssen auf der linken Seite Vorname, Zuname und Wohnort (Firma und Sitz) des Besitzers in unverwischbarer Schrift deutlich angegeben sein.

§ 65
Bremsen

(1) [1]Alle Fahrzeuge müssen eine ausreichende Bremse haben, die während der Fahrt leicht bedient werden kann und ihre Wirkung erreicht, ohne die Fahrbahn zu beschädigen. [2]Fahrräder müssen zwei voneinander unabhängige Bremsen haben. [3]Bei Handwagen und Schlitten sowie bei land- oder forstschaftlichen Arbeitsmaschinen, die nur im Fahren Arbeit leisten können (zum Beispiel Pflüge, Drillmaschinen, Mähmaschinen), ist eine Bremse nicht erforderlich.
(2) Als ausreichende Bremse gilt jede am Fahrzeug fest angebrachte Einrichtung, welche die Geschwindigkeit des Fahrzeugs zu vermindern und das Fahrzeug festzustellen vermag.

(3) Sperrhölzer, Hemmschuhe und Ketten dürfen nur als zusätzliche Hilfsmittel und nur dann verwendet werden, wenn das Fahrzeug mit einer gewöhnlichen Bremse nicht ausreichend gebremst werden kann.

§ 66
Rückspiegel

[1]Lastfahrzeuge müssen einen Spiegel für die Beobachtung der Fahrbahn nach rückwärts haben. [2]Dies gilt nicht, wenn eine zweckentsprechende Anbringung des Rückspiegels an einem Fahrzeug technisch nicht möglich ist, ferner nicht für land- oder forstwirtschaftliche Maschinen.

§ 66a
Lichttechnische Einrichtungen

(1) [1]Während der Dämmerung, der Dunkelheit oder wenn die Sichtverhältnisse es sonst erfordern, müssen die Fahrzeuge
1. nach vorn mindestens eine Leuchte mit weißem Licht,
2. nach hinten mindestens eine Leuchte mit rotem Licht in nicht mehr als 1 500 mm Höhe über der Fahrbahn

führen; an Krankenfahrstühlen müssen diese Leuchten zu jeder Zeit fest angebracht sein. [2]Beim Mitführen von Anhängern genügt es, wenn der Zug wie ein Fahrzeug beleuchtet wird; jedoch muss die seitliche Begrenzung von Anhängern, die mehr als 400 mm über die Leuchten des vorderen Fahrzeugs hinausragen, durch mindestens eine Leuchte mit weißem Licht kenntlich gemacht werden. [3]Für Handfahrzeuge gilt § 17 Absatz 5 der Straßenverkehrs-Ordnung.
(2) [1]Die Leuchten müssen möglichst weit links und dürfen nicht mehr als 400 mm von der breitesten Stelle des Fahrzeugumrisses entfernt angebracht sein. [2]Paarweise verwendete Leuchten müssen gleich stark leuchten, nicht mehr als 400 mm von der breitesten Stelle des Fahrzeugumrisses entfernt und in gleicher Höhe angebracht sein.
(3) Bei bespannten land- oder forstwirtschaftlichen Fahrzeugen, die mit Heu, Stroh oder anderen leicht brennbaren Gütern beladen

sind, genügt eine nach vorn und hinten gut sichtbare Leuchte mit weißem Licht, die auf der linken Seite anzubringen oder von Hand mitzuführen ist.

(4) [1]Alle Fahrzeuge müssen an der Rückseite mit zwei roten Rückstrahlern ausgerüstet sein. [2]Diese dürfen nicht mehr als 400 mm (äußerster Punkt der leuchtenden Fläche) von der breitesten Stelle des Fahrzeugumrisses entfernt sowie höchstens 900 mm (höchster Punkt der leuchtenden Fläche) über der Fahrbahn in gleicher Höhe angebracht sein. [3]Die Längsseiten der Fahrzeuge müssen mit mindestens je einem gelben Rückstrahler ausgerüstet sein, die nicht höher als 600 mm, jedoch so tief wie möglich angebracht sein müssen.

(5) Zusätzliche nach der Seite wirkende gelbe rückstrahlende Mittel sind zulässig.

(6) Leuchten und Rückstrahler dürfen nicht verdeckt oder verschmutzt sein; die Leuchten dürfen nicht blenden.

§ 67
Lichttechnische Einrichtungen an Fahrrädern

(1) [1]Fahrräder dürfen nur dann im öffentlichen Straßenverkehr in Betrieb genommen werden, wenn sie mit den vorgeschriebenen und bauartgenehmigten lichttechnischen Einrichtungen ausgerüstet sind. [2]Für abnehmbare Scheinwerfer und Leuchten gilt Absatz 2 Satz 4. [3]Fahrräder müssen für den Betrieb des Scheinwerfers und der Schlussleuchte mit einer Lichtmaschine, einer Batterie oder einem wieder aufladbaren Energiespeicher oder einer Kombination daraus als Energiequelle ausgerüstet sein. [4]Alle lichttechnischen Einrichtungen, mit Ausnahme von Batterien und wieder aufladbaren Energiespeichern, müssen den Anforderungen des § 22a genügen. [5]Die Nennspannung der Energiequelle muss verträglich mit der Spannung der verwendeten aktiven lichttechnischen Einrichtungen sein.

(2) [1]Als lichttechnische Einrichtungen gelten auch Leuchtstoffe und rückstrahlende Mittel. [2]Die lichttechnischen Einrichtungen müssen vorschriftsmäßig im Sinne dieser Verordnung und während ihres Betriebs fest angebracht, gegen unabsichtliches Verstellen unter normalen Betriebsbedingungen gesichert sowie ständig einsatzbereit sein. [3]Lichttechnische Einrichtungen dürfen nicht verdeckt sein. [4]Scheinwerfer, Leuchten und deren Energiequelle dürfen abnehmbar sein, müssen jedoch während der Dämmerung, bei Dunkelheit oder wenn die Sichtverhältnisse es sonst erfordern, angebracht werden. [5]Lichttechnische Einrichtungen dürfen zusammengebaut, ineinander gebaut oder kombiniert sein, mit Ausnahme von Fahrtrichtungsanzeigern. [6]Lichttechnische Einrichtungen dürfen sich in ihrer Wirkung gegenseitig nicht beeinflussen. [7]Fahrräder mit einer Breite über 1 000 mm müssen nach vorne und hinten gerichtete, paarweise horizontal angebrachte Rückstrahler sowie mindestens zwei weiße Scheinwerfer und zwei rote Schlussleuchten aufweisen, die mit einem seitlichen Abstand von maximal 200 mm paarweise zur Außenkante angebracht sein müssen. [7]Abweichend davon müssen Fahrräder, die breiter als 1 800 mm sind, den Anbauvorschriften der Regelung Nr. 48 der Wirtschaftskommission der Vereinten Nationen für Europa über einheitliche Bedingungen für die Genehmigung von Fahrzeugen hinsichtlich des Anbaus der Beleuchtungs- und Lichtsignaleinrichtungen (ABl. L 265 vom 30.9.2016, S. 125) für Personenkraftwagen entsprechen.

(3) [1]Fahrräder müssen mit einem oder zwei nach vorn wirkenden Scheinwerfern für weißes Abblendlicht ausgerüstet sein. [2]Der Scheinwerfer muss so eingestellt sein, dass er andere Verkehrsteilnehmer nicht blendet. [3]Blinkende Scheinwerfer sind unzulässig. [4]Fahrräder müssen mit mindestens einem nach vorn wirkenden weißen Rückstrahler ausgerüstet sein. [5]Scheinwerfer dürfen zusätzlich mit Tagfahrlicht- und Fernlichtfunktion für weißes Licht mit einer maximalen Lichtstärke und Lichtverteilung der Tagfahrlichtfunktion nach der Regelung Nr. 87 der Wirtschaftskommission der Vereinten Nationen für Europa (UN/ECE) – Einheitliche Bedingungen für die Genehmigung von Leuchten für Tagfahrlicht für Kraftfahrzeuge (ABl. L 164 vom 30.6.2010, S. 46) ausgerüstet

sein. ⁶Die Umschaltung zwischen den Lichtfunktionen muss automatisch erfolgen oder von Hand mit Bedienteilen entsprechend der Lageanordnung nach der Regelung Nr. 60 der Wirtschaftskommission der Vereinten Nationen für Europa (UNECE) – Einheitliche Vorschriften für die Genehmigung zweirädriger Krafträder und Fahrräder mit Hilfsmotor hinsichtlich der vom Fahrzeugführer betätigten Bedienteile und der Kennzeichnung von Bedienteilen, Kontrollleuchten und Anzeigevorrichtungen (ABl. L 297 vom 15.10.2014, S. 23).

(4) ¹Fahrräder müssen an der Rückseite mit mindestens
1. einer Schlussleuchte für rotes Licht,
2. einem roten nicht dreieckigen Rückstrahler der Kategorie „Z" ausgerüstet sein.

²Schlussleuchte und Rückstrahler dürfen in einem Gerät verbaut sein. Schlussleuchten dürfen zusätzlich mit einer Bremslichtfunktion für rotes Licht mit einer Lichtstärke und Lichtverteilung der Bremslichtfunktion entsprechend der Regelung Nr. 50 der Wirtschaftskommission der Vereinten Nationen für Europa (UNECE) – Einheitliche Bedingungen für die Genehmigung von Begrenzungsleuchten, Schlussleuchten, Bremsleuchten, Fahrtrichtungsanzeigern und Beleuchtungseinrichtungen für das hintere Kennzeichenschild für Fahrzeuge der Klasse L (ABl. L 97 vom 29.3.2014, S. 1) ausgerüstet sein. ³Blinkende Schlussleuchten sind unzulässig.

(5) ¹Fahrradpedale müssen mit nach vorn und nach hinten wirkenden gelben Rückstrahlern ausgerüstet sein. ²Die Längsseiten eines Fahrrades müssen nach jeder Seite mit
1. ringförmig zusammenhängenden retroreflektierenden weißen Streifen an den Reifen oder Felgen oder in den Speichen des Vorderrades und des Hinterrades oder
2. Speichen an jedem Rad, alle Speichen entweder vollständig weiß retroreflektierend oder mit Speichenhülsen an jeder Speiche, oder
3. mindestens zwei um 180 Grad versetzt angebrachten, nach der Seite wirkenden gelben Speichenrückstrahlern an den Speichen des Vorderrades und des Hinterrades kenntlich gemacht sein.

³Zusätzlich zu der Mindestausrüstung mit einer der Absicherungsarten dürfen Sicherungsmittel aus den anderen Absicherungsarten angebracht sein. ⁴Werden mehr als zwei Speichenrückstrahler an einem Rad angebracht, so sind sie am Radumfang gleichmäßig zu verteilen. Zusätzliche nach der Seite wirkende bauartgenehmigte gelbe rückstrahlende Mittel sind zulässig. ⁵Nach vorne und nach hinten wirkende Fahrtrichtungsanzeiger, genehmigt nach der Regelung Nr. 50 der Wirtschaftskommission der Vereinten Nationen für Europa (UNECE) – Einheitliche Bedingungen für die Genehmigung von Begrenzungsleuchten, Schlussleuchten, Bremsleuchten, Fahrtrichtungsanzeigern und Beleuchtungseinrichtungen für das hintere Kennzeichenschild für Fahrzeuge der Klasse L (ABl. L 97 vom 29.3.2014, S. 1) und angebaut nach der Regelung Nr. 74 der Wirtschaftskommission der Vereinten Nationen für Europa (UN/ECE) – Einheitliche Bedingungen für die Genehmigung von Fahrzeugen der Klasse L 1 hinsichtlich des Anbaus der Beleuchtungs- und Lichtsignaleinrichtungen (ABl. L 166 vom 18.6.2013, S. 88) sowie Anordnung der Bedienteile nach der Regelung Nr. 60 der Wirtschaftskommission der Vereinten Nationen für Europa (UNECE) – Einheitliche Vorschriften für die Genehmigung zweirädriger Krafträder und Fahrräder mit Hilfsmotor hinsichtlich der vom Fahrzeugführer betätigten Bedienteile und der Kennzeichnung von Bedienteilen, Kontrollleuchten und Anzeigevorrichtungen (ABl. L 297 vom 15.10.2014, S. 23), sind nur bei mehrspurigen Fahrrädern oder solchen mit einem Aufbau, der Handzeichen des Fahrers ganz oder teilweise verdeckt, zulässig.

(6) ¹Schlussleuchte und Scheinwerfer dürfen nur gemeinsam einzuschalten sein, wenn sie mit Hilfe einer Lichtmaschine betrieben werden. ²Bei eingeschalteter Standlichtfunktion darf auch die Schlussleuchte allein leuchten. ³In den Scheinwerfern und Leuchten dürfen nur die nach ihrer Bauart dafür bestimmten Leuchtmittel verwendet werden.

(7) ¹Bei Fahrrädern mit elektrischer Tretunterstützung kann die Versorgung der Beleuchtungsanlage über eine Kopplung an den Energiespeicher für den Antrieb erfolgen, wenn
1. nach entladungsbedingter Abschaltung des Unterstützungsantriebs noch eine ununterbrochene Stromversorgung der Beleuchtungsanlage über mindestens zwei Stunden gewährleistet ist oder
2. der Antriebsmotor als Lichtmaschine übergangsweise benutzt werden kann, um auch weiterhin die Lichtanlage mit Strom zu versorgen.
²Satz 1 gilt nicht für Fahrräder mit elektrischer Tretunterstützung, die vor dem 1. Januar 2019 in Verkehr gebracht werden.
(8) Für lichttechnische Einrichtungen am Fahrrad gelten folgende Anbauhöhen

Lichttechnische Einrichtung	Minimale Höhe [mm]	Maximale Höhe [mm]
Scheinwerfer für Abblendlicht	400	1 200
Rückstrahler vorne	400	1 200
Hinten: Schlussleuchte, Rückstrahler	250	1 200.

§ 67a
Lichttechnische Einrichtungen an Fahrradanhängern

(1) ¹An Fahrradanhängern dürfen nur die vorgeschriebenen und bauartgenehmigten lichttechnischen Einrichtungen angebracht sein. ²Lichttechnische Einrichtungen dürfen nicht verdeckt sein.
(2) Fahrradanhänger müssen mindestens mit folgenden lichttechnischen Einrichtungen ausgerüstet sein:
1. nach vorn wirkend:
   a) bei einer Breite des Anhängers von mehr als 600 mm mit zwei paarweise angebauten weißen Rückstrahlern mit einem maximalen Abstand von 200 mm zur Außenkante,
   b) bei einer Breite des Anhängers von mehr als 1 000 mm zusätzlich mit einer Leuchte für weißes Licht auf der linken Seite,
2. nach hinten wirkend:
   a) mit einer Schlussleuchte für rotes Licht auf der linken Seite, falls mehr als 50 Prozent der sichtbaren leuchtenden Fläche der Schlussleuchte des Fahrrads durch den Anhänger verdeckt wird oder falls der Anhänger mehr als 600 mm breit ist und
   b) mit zwei roten Rückstrahlern der Kategorie „Z" mit einem maximalen Abstand von 200 mm zur Außenkante,
3. nach beiden Seiten wirkend:
   a) mit ringförmig zusammenhängenden retroreflektierenden weißen Streifen an Reifen oder Felgen oder Rädern oder
   b) mit weiß retroreflektierenden Speichen (jede Speiche) oder Speichenhülsen (an jeder Speiche) an jedem Rad oder
   c) mit mindestens zwei um 180 Grad versetzt angebrachten, nach der Seite wirkenden gelben Speichenrückstrahlern an den Speichen jedes Rades.
(3) Anhänger, die nicht breiter als 1 000 mm sind, dürfen mit einer Leuchte für weißes Licht nach vorne ausgerüstet werden.
(4) Unabhängig von der Breite dürfen Anhänger mit
1. einer weiteren Leuchte für rotes Licht nach hinten auf der rechten Seite oder
2. Fahrtrichtungsanzeigern, genehmigt nach der Regelung Nr. 50 der Wirtschaftskommission der Vereinten Nationen für Europa (UNECE) – Einheitliche Bedingungen für die Genehmigung von Begrenzungsleuchten, Schlussleuchten, Bremsleuchten, Fahrtrichtungsanzeigern und Beleuchtungseinrichtungen für das hintere Kennzeichenschild für Fahrzeuge der Klasse L (ABl. L 97 vom 29.3.2014, S. 1) und angebaut nach der Regelung Nr. 74 der Wirtschaftskommission der Vereinten Nationen für Europa (UN/

ECE) – Einheitliche Bedingungen für die Genehmigung von Fahrzeugen der Klasse L 1 hinsichtlich des Anbaus der Beleuchtungs- und Lichtsignaleinrichtungen (ABl. L 166 vom 18.6.2013, S. 88), oder
3. zwei weiteren zusätzlichen roten nicht dreieckigen Rückstrahlern nach hinten wirkend mit einem maximalen Abstand von 200 mm zur Außenkante
ausgerüstet werden.
(5) Lichttechnische Einrichtungen dürfen zusammengebaut, ineinander gebaut oder kombiniert sein, mit Ausnahme von Fahrtrichtungsanzeigern.
(6) Absatz 2 gilt nicht für Fahrradanhänger, die vor dem 1. Januar 2018 in Verkehr gebracht werden.

C. DURCHFÜHRUNGS-, BUSSGELD- UND SCHLUSSVORSCHRIFTEN

§ 68
Zuständigkeiten

(1) Diese Verordnung wird von den nach Landesrecht zuständigen Behörden ausgeführt.
(2) ¹Örtlich zuständig ist, soweit nichts anderes vorgeschrieben ist, die Behörde des Wohnorts, mangels eines solchen des Aufenthaltsorts des Antragstellers oder Betroffenen, bei juristischen Personen, Handelsunternehmen oder Behörden die Behörde des Sitzes oder des Orts der beteiligten Niederlassung oder Dienststelle. ²Anträge können mit Zustimmung der örtlich zuständigen Behörde von einer gleichgeordneten auswärtigen Behörde behandelt und erledigt werden. ³Die Verfügungen der Behörde (Sätze 1 und 2) sind im Inland wirksam. ⁴Verlangt die Verkehrssicherheit ein sofortiges Eingreifen, so kann anstelle der örtlich zuständigen Behörde jede ihr gleichgeordnete Behörde mit derselben Wirkung Maßnahmen auf Grund dieser Verordnung vorläufig treffen.
(3) ¹Die Zuständigkeiten der Verwaltungsbehörden und höheren Verwaltungsbehörden auf Grund dieser Verordnung, werden für die Dienstbereiche der Bundeswehr, der Bundespolizei, der Bundesanstalt Technisches Hilfswerk und der Polizei durch deren Dienststellen nach Bestimmung der Fachminister wahrgenommen. ²Für den Dienstbereich der Polizei kann die Zulassung von Kraftfahrzeugen und ihrer Anhänger nach Bestimmung der Fachminister durch die nach Absatz 1 zuständigen Behörden vorgenommen werden.

§ 69
(aufgehoben)

§ 69a
Ordnungswidrigkeiten

(1) Ordnungswidrig im Sinne des § 62 Absatz 1 Nummer 7 des Bundes-Immissionsschutzgesetzes handelt, wer vorsätzlich oder fahrlässig entgegen § 47f Absatz 1, auch in Verbindung mit Absatz 2 Satz 1, oder entgegen § 47f Absatz 2 Satz 2 ein Kraftfahrzeug betreibt.
(2) Ordnungswidrig im Sinne des § 24 des Straßenverkehrsgesetzes handelt, wer vorsätzlich oder fahrlässig
1. entgegen § 17 Absatz 1 einem Verbot, ein Fahrzeug in Betrieb zu setzen, zuwiderhandelt oder Beschränkungen nicht beachtet,
1a. entgegen § 19 Absatz 5 Satz 1 ein Fahrzeug in Betrieb nimmt oder als Halter dessen Inbetriebnahme anordnet oder zulässt,
2. einer vollziehbaren Anordnung oder Auflage nach § 29 Absatz 7 Satz 5 in Verbindung mit Satz 4 zuwiderhandelt,
3. bis 6. *(aufgehoben)*
7. entgegen § 22a Absatz 2 Satz 1 oder Absatz 6 ein Fahrzeugteil ohne amtlich vorgeschriebenes und zugeteiltes Prüfzeichen zur Verwendung feilbietet, veräußert, erwirbt oder verwendet, sofern nicht schon eine Ordnungswidrigkeit nach § 23 des Straßenverkehrsgesetzes vorliegt,
8. gegen eine Vorschrift des § 21a Absatz 3 Satz 1 oder § 22a Absatz 5 Satz 1 oder Absatz 6 über die Kennzeichnung von Ausrüstungsgegenständen oder Fahrzeugteilen mit Prüfzeichen oder gegen ein Verbot nach § 21a Absatz 3 Satz 2 oder

§ 22a Absatz 5 Satz 2 oder Absatz 6 über die Anbringung von verwechslungsfähigen Zeichen verstößt,
9. gegen eine Vorschrift über Mitführung und Aushändigung
   a) bis f) *(aufgehoben)*
   g) eines Abdrucks oder einer Ablichtung einer Erlaubnis, Genehmigung, eines Auszugs einer Erlaubnis oder Genehmigung, eines Teilegutachtens oder eines Nachweises nach § 19 Absatz 4 Satz 1,
   h) *(aufgehoben)*
   i) der Urkunde über die Einzelgenehmigung nach § 22a Absatz 4 Satz 2
   verstößt,
10. bis 13b. *(aufgehoben)*
14. einer Vorschrift des § 29 Absatz 1 Satz 1 in Verbindung mit den Nummern 2.1, 2.2, 2.6, 2.7 Satz 2 oder 3, den Nummern 3.1.1, 3.1.2 oder 3.2.2 der Anlage VIII über Hauptuntersuchungen oder Sicherheitsprüfungen zuwiderhandelt,
15. einer Vorschrift des § 29 Absatz 2 Satz 1 über Prüfplaketten oder Prüfmarken in Verbindung mit einem SP-Schild, des § 29 Absatz 5 über den ordnungsgemäßen Zustand der Prüfplaketten oder der Prüfmarken in Verbindung mit einem SP-Schild, des § 29 Absatz 7 Satz 5 über das Betriebsverbot oder die Betriebsbeschränkung oder des § 29 Absatz 8 über das Verbot des Anbringens verwechslungsfähiger Zeichen zuwiderhandelt,
16. einer Vorschrift des § 29 Absatz 10 Satz 1 oder 2 über die Aufbewahrungs- und Aushändigungspflicht für Untersuchungsberichte oder Prüfprotokolle zuwiderhandelt,
17. einer Vorschrift des § 29 Absatz 11 oder 13 über das Führen oder Aufbewahren von Prüfbüchern zuwiderhandelt,
18. einer Vorschrift des § 29 Absatz 1 Satz 1 in Verbindung mit Nummer 3.1.4.2 Satz 2 Halbsatz 2 der Anlage VIII über die Behebung der geringen Mängel oder Nummer 3.1.4.3 Satz 2 Halbsatz 2 über die Behebung der erheblichen Mängel oder die Wiedervorführung zur Nachprüfung der Mängelbeseitigung zuwiderhandelt,
19. entgegen § 29 Absatz 1 Satz 1 in Verbindung mit Nummer 4.3 Satz 5 der Anlage VIII, Nummer 8.1.1 Satz 2 oder Nummer 8.2.1 Satz 2 der Anlage VIIIc die Maßnahmen nicht duldet oder die vorgeschriebenen Aufzeichnungen nicht vorlegt.

(3) Ordnungswidrig im Sinne des § 24 des Straßenverkehrsgesetzes handelt ferner, wer vorsätzlich oder fahrlässig ein Kraftfahrzeug oder ein Kraftfahrzeug mit Anhänger (Fahrzeugkombination) unter Verstoß gegen eine der folgenden Vorschriften in Betrieb nimmt:
1. des § 30 über allgemeine Beschaffenheit von Fahrzeugen;
1a. des § 30c Absatz 1 und 4 über vorstehende Außenkanten, Frontschutzsysteme;
1b. des § 30d Absatz 3 über die Bestimmungen für Kraftomnibusse oder des § 30d Absatz 4 über die technischen Einrichtungen für die Beförderung von Personen mit eingeschränkter Mobilität in Kraftomnibussen;
1c. des § 31d Absatz 2 über die Ausrüstung ausländischer Kraftfahrzeuge mit Sicherheitsgurten, des § 31d Absatz 3 über die Ausrüstung ausländischer Kraftfahrzeuge mit Geschwindigkeitsbegrenzern oder deren Benutzung oder des § 31d Absatz 4 Satz 1 über die Profiltiefe der Reifen ausländischer Kraftfahrzeuge;
2. des § 32 Absatz 1 bis 4 oder 9, auch in Verbindung mit § 31d Absatz 1, über Abmessungen von Fahrzeugen und Fahrzeugkombinationen;
3. der §§ 32a, 42 Absatz 2 Satz 1 über das Mitführen von Anhängern, des § 33 über das Schleppen von Fahrzeugen, des § 43 Absatz 1 Satz 1 bis 3, Absatz 2 Satz 1, Absatz 3, 4 Satz 1 oder 3 über Einrichtungen zur Verbindung von Fahrzeugen oder des § 44 Absatz 1, 2 Satz 1 oder Absatz 3 über Stützeinrichtungen und Stützlast von Fahrzeugen;
3a. des § 32b Absatz 1, 2 oder 4 über Unterfahrschutz;
3b. des § 32c Absatz 2 über seitliche Schutzvorrichtungen;
3c. des § 32d Absatz 1 oder 2 Satz 1 über Kurvenlaufeigenschaften;

4. des § 34 Absatz 3 Satz 3 über die zulässige Achslast oder das zulässige Gesamtgewicht bei Fahrzeugen oder Fahrzeugkombinationen, des § 34 Absatz 8 über das Gewicht auf einer oder mehreren Antriebsachsen, des § 34 Absatz 9 Satz 1 über den Achsabstand, des § 34 Absatz 11 über Hubachsen oder Lastverlagerungsachsen, jeweils auch in Verbindung mit § 31d Absatz 1, des § 34b über die Laufrollenlast oder das Gesamtgewicht von Gleiskettenfahrzeugen oder des § 42 Absatz 1 oder Absatz 2 Satz 2 über die zulässige Anhängelast;
5. des § 34a Absatz 1 über die Besetzung, Beladung und Kennzeichnung von Kraftomnibussen;
6. des § 35 über die Motorleistung;
7. des § 35a Absatz 1 über Anordnung oder Beschaffenheit des Sitzes des Fahrzeugführers, des Betätigungsraums oder der Einrichtungen zum Führen des Fahrzeugs für den Fahrer, der Absätze 2, 3, 4, 5 Satz 1 oder Absatz 7 über Sitze und deren Verankerungen, Kopfstützen, Sicherheitsgurte und deren Verankerungen oder über Rückhaltesysteme, des Absatzes 4a über Rollstuhlstellplätze, Rollstuhl-Rückhaltesysteme, Rollstuhlnutzer-Rückhaltesysteme, Verankerungen und Sicherheitsgurte, des Absatzes 8 Satz 1 über die Anbringung von nach hinten gerichteten Rückhalteeinrichtungen für Kinder auf Beifahrersitzen, vor denen ein betriebsbereiter Airbag eingebaut ist, oder Satz 2 oder 4 über die Warnung vor der Verwendung von nach hinten gerichteten Rückhalteeinrichtungen für Kinder auf Beifahrersitzen mit Airbag, des Absatzes 9 Satz 1 über einen Sitz für den Beifahrer auf Krafträdern oder des Absatzes 10 über die Beschaffenheit von Sitzen, ihrer Lehnen und ihrer Befestigungen sowie der selbsttätigen Verriegelung von klappbaren Sitzen und Rückenlehnen und der Zugänglichkeit der Entriegelungseinrichtung oder des Absatzes 11 über Verankerungen der Sicherheitsgurte und Sicherheitsgurte von dreirädrigen oder vierrädrigen Kraftfahrzeugen oder des Absatzes 13 über die Pflicht zur nach hinten oder seitlich gerichteten Anbringung von Rückhalteeinrichtungen für Kinder bis zu einem Alter von 15 Monaten;
7a. des § 35b Absatz 1 über die Beschaffenheit der Einrichtungen zum Führen von Fahrzeugen oder des § 35b Absatz 2 über das Sichtfeld des Fahrzeugführers;
7b. des § 35c über Heizung und Belüftung, des § 35d über Einrichtungen zum Auf- und Absteigen an Fahrzeugen, des § 35e Absatz 1 bis 3 über Türen oder des § 35f über Notausstiege in Kraftomnibussen;
7c. des § 35g Absatz 1 oder 2 über Feuerlöscher in Kraftomnibussen oder des § 35h Absatz 1 bis 3 über Erste-Hilfe-Material in Kraftfahrzeugen;
7d. des § 35i Absatz 1 Satz 1 oder 2, dieser in Verbindung mit Nummer 2 Satz 2, 4, 8 oder 9, Nummer 3.1 Satz 1, Nummer 3.2 Satz 1 oder 2, Nummer 3.3, 3.4 Satz 1 oder 2 oder Nummer 3.5 Satz 2, 3 oder 4 der Anlage X, über Gänge oder die Anordnung von Fahrgastsitzen in Kraftomnibussen oder des § 35i Absatz 2 Satz 1 über die Beförderung liegender Fahrgäste ohne geeignete Rückhalteeinrichtungen;
8. des § 36 Absatz 1 Satz 1 oder 3 bis 4, Absatz 3 Satz 1 oder 3 bis 5, Absatz 5 Satz 1 oder Absatz 6 oder 2 über Bereifung, des § 36 Absatz 10 Satz 1 bis 4 über Gleisketten von Gleiskettenfahrzeugen oder Satz 6 über deren zulässige Höchstgeschwindigkeit, des § 36a Absatz 1 über Radabdeckungen oder Absatz 3 über die Sicherung von außen am Fahrzeug mitgeführten Ersatzrädern oder des § 37 Absatz 1 Satz 1 über Gleitschutzeinrichtungen oder Absatz 2 über Schneeketten;
9. des § 38 über Lenkeinrichtungen;
10. des § 38a über die Sicherung von Kraftfahrzeugen gegen unbefugte Benutzung;
10a. des § 38b über Fahrzeug-Alarmsysteme;
11. des § 39 über Einrichtungen zum Rückwärtsfahren;
11a. des § 39a über Betätigungseinrichtungen, Kontrollleuchten und Anzeiger;

12. des § 40 Absatz 1 über die Beschaffenheit von Scheiben, des § 40 Absatz 2 über Anordnung und Beschaffenheit von Scheibenwischern oder des § 40 Absatz 3 über Scheiben, Scheibenwischer, Scheibenwascher, Entfrostungs- und Trocknungsanlagen von dreirädrigen Kleinkrafträdern und dreirädrigen und vierrädrigen Kraftfahrzeugen mit Führerhaus;
13. des § 41 Absatz 1 bis 13, 15 Satz 1, 3 oder 4, Absatz 16 oder 17 über Bremsen oder des § 41 Absatz 14 über Ausrüstung mit Unterlegkeilen, ihre Beschaffenheit und Anbringung;
13a. des § 41a Absatz 8 über die Sicherheit und Kennzeichnung von Druckbehältern;
13b. des § 41b Absatz 2 über die Ausrüstung mit automatischen Blockierverhinderern oder des § 41b Absatz 4 über die Verbindung von Anhängern mit einem automatischen Blockierverhinderer mit Kraftfahrzeugen;
14. des § 45 Absatz 1 oder 2 Satz 1 über Kraftstoffbehälter oder des § 46 über Kraftstoffleitungen;
15. des § 47c über die Ableitung von Abgasen;
16. *(aufgehoben)*
17. des § 49 Absatz 1 über die Geräuschentwicklung;
18. des § 49a Absatz 1 bis 4, 5 Satz 1, Absatz 6, 8, 9 Satz 2, Absatz 9a oder 10 Satz 1 über die allgemeinen Bestimmungen für lichttechnische Einrichtungen;
18a. des § 50 Absatz 1, 2 Satz 1, 6 Halbsatz 2 oder Satz 7, Absatz 3 Satz 1 oder 2, Absatz 5, 6 Satz 1, 3, 4 oder 6, Absatz 6a Satz 2 bis 5 oder Absatz 9 über Scheinwerfer für Fern- oder Abblendlicht oder Absatz 10 über Scheinwerfer mit Gasentladungslampen;
18b. des § 51 Absatz 1 Satz 1, 4 bis 6, Absatz 2 Satz 1, 4 oder Absatz 3 über Begrenzungsleuchten oder vordere Rückstrahler;
18c. des § 51a Absatz 1 Satz 1 bis 7, Absatz 3 Satz 1, Absatz 4 Satz 2, Absatz 6 Satz 1 oder Absatz 7 Satz 1 oder 3 über die seitliche Kenntlichmachung von Fahrzeugen oder des § 51b Absatz 2 Satz 1 oder 3, Absatz 5 oder 6 über Umrissleuchten;
18d. des § 51c Absatz 3 bis 5 Satz 1 oder 3 über Parkleuchten oder Park-Warntafeln;
18e. des § 52 Absatz 1 Satz 2 bis 5 über Nebelscheinwerfer, des § 52 Absatz 2 Satz 2 oder 3 über Suchscheinwerfer, des § 52 Absatz 5 Satz 2 über besondere Beleuchtungseinrichtungen an Krankenkraftwagen, des § 52 Absatz 7 Satz 2 oder 4 über Arbeitsscheinwerfer oder des § 52 Absatz 9 Satz 2 über Vorzeltleuchten an Wohnwagen oder Wohnmobilen;
18f. des § 52a Absatz 2 Satz 1 oder 3, Absatz 4, 5 oder 7 über Rückfahrscheinwerfer;
18g. des § 53 Absatz 1 Satz 1, 3 bis 5 oder 7 über Schlussleuchten, des § 53 Absatz 2 Satz 1, 5 oder 6 über Bremsleuchten, des § 53 Absatz 4 Satz 1 bis 4 oder 6 über Rückstrahler, des § 53 Absatz 5 Satz 1 oder 2 über die Anbringung von Schlussleuchten, Bremsleuchten und Rückstrahlern, des § 53 Absatz 5 Satz 3 über die Kenntlichmachung von nach hinten hinausragenden Geräten, des § 53 Absatz 6 Satz 2 über Schlussleuchten an Anhängern hinter einachsigen Zug- oder Arbeitsmaschinen, des § 53 Absatz 8 über Schlussleuchten, Bremsleuchten, Rückstrahler und Fahrtrichtungsanzeiger an abgeschleppten betriebsunfähigen Fahrzeugen oder des § 53 Absatz 9 Satz 1 über das Verbot der Anbringung von Schlussleuchten, Bremsleuchten oder Rückstrahlern an beweglichen Fahrzeugteilen;
19. des § 53a Absatz 1, 2 Satz 1, Absatz 3 Satz 2, Absatz 4 oder 5 über Warndreiecke, Warnleuchten, Warnblinkanlagen und Warnwesten oder des § 54b über die zusätzliche Mitführung einer Handlampe in Kraftomnibussen;
19a. des § 53b Absatz 1 Satz 1 bis 3, 4 Halbsatz 2, Absatz 2 Satz 1 bis 3, 4 Halbsatz 2, Absatz 3 Satz 1, Absatz 4 oder 5 über die Ausrüstung oder Kenntlichmachung von Anbaugeräten oder Hubladebühnen;

19b. des § 53c Absatz 2 über Tarnleuchten;
19c. des § 53d Absatz 2 bis 5 über Nebelschlussleuchten;
20. des § 54 Absatz 1 Satz 1 bis 3, Absatz 1a Satz 1, Absatz 2, 3, 4 Nummer 1 Satz 1, 4, Nummer 2, 3 Satz 1, Nummer 4 oder Absatz 6 über Fahrtrichtungsanzeiger;
21. des § 54a über die Innenbeleuchtung in Kraftomnibussen;
22. des § 55 Absatz 1 bis 4 über Einrichtungen für Schallzeichen;
23. des § 55a über die Elektromagnetische Verträglichkeit;
24. des § 56 Absatz 1 in Verbindung mit Absatz 2 über Spiegel oder andere Einrichtungen für indirekte Sicht;
25. des § 57 Absatz 1 Satz 1 oder Absatz 2 Satz 1 über das Geschwindigkeitsmessgerät, des § 57a Absatz 1 Satz 1, Absatz 1a oder 2 Satz 1 über Fahrtschreiber;
25a. des § 57a Absatz 3 Satz 2 über das Betreiben des Kontrollgeräts;
25b. des § 57c Absatz 2 oder 5 über die Ausrüstung oder Benutzung der Geschwindigkeitsbegrenzer;
26. des § 58 Absatz 2 oder 5 Satz 1, jeweils auch in Verbindung mit § 36 Absatz 1 Satz 2, oder Absatz 3 oder 5 Satz 2 Halbsatz 2 über Geschwindigkeitsschilder an Kraftfahrzeugen oder Anhängern oder des § 59 Absatz 1 Satz 1, Absatz 1a, 1b, 2 oder 3 Satz 2 über Fabrikschilder oder Fahrzeug-Identifizierungsnummern;
26a. des § 59a über den Nachweis der Übereinstimmung mit der Richtlinie 96/53/EG;
27. des § 61 Absatz 1 über Halteeinrichtungen für Beifahrer oder Absatz 3 über Ständer von zweirädrigen Kraftfahrzeugen;
27a. des § 61a über Anhänger hinter Fahrrädern mit Hilfsmotor oder
28. des § 62 über die Beschaffenheit von elektrischen Einrichtungen der elektrisch angetriebenen Kraftfahrzeuge.

(4) Ordnungswidrig im Sinne des § 24 des Straßenverkehrsgesetzes handelt ferner, wer vorsätzlich oder fahrlässig ein anderes Straßenfahrzeug als ein Kraftfahrzeug oder einen Kraftfahrzeuganhänger oder wer vorsätzlich oder fahrlässig eine Kombination solcher Fahrzeuge unter Verstoß gegen eine der folgenden Vorschriften in Betrieb nimmt:
1. des § 30 über allgemeine Beschaffenheit von Fahrzeugen;
2. des § 63 über Abmessungen, Achslast, Gesamtgewicht und Bereifung sowie die Wiegepflicht;
3. des § 64 Absatz 1 über Lenkeinrichtungen, Anordnung und Beschaffenheit der Sitze, Einrichtungen zum Auf- und Absteigen oder des § 64 Absatz 2 über die Bespannung von Fuhrwerken;
4. des § 64a über Schallzeichen an Fahrrädern oder Schlitten;
5. des § 64b über die Kennzeichnung von Gespannfahrzeugen;
6. des § 65 Absatz 1 über Bremsen oder des § 65 Absatz 3 über Bremshilfsmittel;
7. des § 66 über Rückspiegel;
7a. des § 66a über lichttechnische Einrichtungen;
8. des § 67 über lichttechnische Einrichtungen an Fahrrädern oder
9. des § 67a über lichttechnische Einrichtungen an Fahrradanhängern.

(5) Ordnungswidrig im Sinne des § 24 des Straßenverkehrsgesetzes handelt schließlich, wer vorsätzlich oder fahrlässig
1. als Inhaber einer Allgemeinen Betriebserlaubnis für Fahrzeuge gegen eine Vorschrift des § 20 Absatz 3 Satz 3 über die Ausfüllung von Fahrzeugbriefen verstößt,
2. entgegen § 31 Absatz 1 ein Fahrzeug oder einen Zug miteinander verbundener Fahrzeuge führt, ohne zur selbstständigen Leitung geeignet zu sein,
3. entgegen § 31 Absatz 2 als Halter eines Fahrzeugs die Inbetriebnahme anordnet oder zulässt, obwohl ihm bekannt ist oder bekannt sein muss, dass der Führer nicht zur selbstständigen Leitung geeignet oder das Fahrzeug, der Zug, das Gespann, die Ladung oder die Besetzung nicht vorschriftsmäßig ist oder dass die Verkehrssicherheit des Fahrzeugs durch die Ladung oder die Besetzung leidet,
4. entgegen § 31a Absatz 2 als Halter oder dessen Beauftragter im Fahrtenbuch

nicht vor Beginn der betreffenden Fahrt die erforderlichen Angaben einträgt oder nicht unverzüglich nach Beendigung der betreffenden Fahrt Datum und Uhrzeit der Beendigung mit seiner Unterschrift einträgt,
4a. entgegen § 31a Absatz 3 ein Fahrtenbuch nicht aushändigt oder nicht aufbewahrt,
4b. entgegen § 31b mitzuführende Gegenstände nicht vorzeigt oder zur Prüfung nicht aushändigt,
4c. gegen eine Vorschrift des § 31c Satz 1 oder 4 Halbsatz 2 über Pflichten zur Feststellung der zugelassenen Achslasten oder über das Um- oder Entladen bei Überlastung verstößt,
4d. als Fahrpersonal oder Halter gegen eine Vorschrift des § 35g Absatz 3 über das Vertrautsein mit der Handhabung von Feuerlöschern oder als Halter gegen eine Vorschrift des § 35g Absatz 4 über die Prüfung von Feuerlöschern verstößt,
5. entgegen § 36 Absatz 7 Satz 1 einen Luftreifen nicht, nicht vollständig oder nicht in der vorgeschriebenen Weise kennzeichnet,
5a. entgegen § 41a Absatz 5 Satz 1 eine Gassystemeinbauprüfung, entgegen Absatz 5 Satz 3 eine Begutachtung oder entgegen Absatz 6 Satz 2 eine Gasanlagenprüfung nicht durchführen lässt,
5b. und c. *(aufgehoben)*
5d. entgegen § 49 Absatz 2a Satz 1 Auspuffanlagen, Austauschauspuffanlagen oder Einzelteile dieser Austauschauspuffanlagen als unabhängige technische Einheiten für Krafträder verwendet oder zur Verwendung feilbietet oder veräußert oder entgegen § 49 Absatz 4 Satz 1 den Schallpegel im Nahfeld nicht feststellen lässt,
5e. entgegen § 49 Absatz 3 Satz 2, auch in Verbindung mit § 31e Satz 2, ein Fahrzeug kennzeichnet oder entgegen § 49 Absatz 3 Satz 3, auch in Verbindung mit § 31e Satz 2, ein Zeichen anbringt,
5f. entgegen § 52 Absatz 6 Satz 3 die Bescheinigung nicht mitführt oder zur Prüfung nicht aushändigt,

6. als Halter oder dessen Beauftragter gegen eine Vorschrift des § 57a Absatz 2 Satz 2 Halbsatz 2 oder 3 oder Satz 3 über die Ausfüllung und Verwendung von Schaublättern oder als Halter gegen eine Vorschrift des § 57a Absatz 2 Satz 4 über die Vorlage und Aufbewahrung von Schaublättern verstößt,
6a. als Halter gegen eine Vorschrift des § 57a Absatz 3 Satz 2 in Verbindung mit Artikel 14 der Verordnung (EWG) Nr. 3821/85 über die Aushändigung, Aufbewahrung oder Vorlage von Schaublättern verstößt,
6b. als Halter gegen eine Vorschrift des § 57b Absatz 1 Satz 1 über die Pflicht, Fahrtschreiber oder Kontrollgeräte prüfen zu lassen, oder des § 57b Absatz 1 Satz 4 über die Pflichten bezüglich des Einbauschildes verstößt,
6c. als Kraftfahrzeugführer entgegen § 57a Absatz 2 Satz 2 Halbsatz 1 Schaublätter vor Antritt der Fahrt nicht bezeichnet oder entgegen Halbsatz 3 mit Vermerken versieht, entgegen Satz 3 andere Schaublätter verwendet, entgegen Satz 4 Halbsatz 1 Schaublätter nicht vorlegt oder entgegen Satz 5 ein Ersatzschaublatt nicht mitführt,
6d. als Halter entgegen § 57d Absatz 2 Satz 1 den Geschwindigkeitsbegrenzer nicht prüfen lässt,
6e. als Fahrzeugführer entgegen § 57d Absatz 2 Satz 3 eine Bescheinigung über die Prüfung des Geschwindigkeitsbegrenzers nicht mitführt oder nicht aushändigt,
7. gegen die Vorschrift des § 70 Absatz 3a über die Mitführung oder Aufbewahrung sowie die Aushändigung von Urkunden über Ausnahmegenehmigungen verstößt oder
8. entgegen § 71 vollziehbaren Auflagen nicht nachkommt, unter denen eine Ausnahmegenehmigung erteilt worden ist.

§ 69b

(aufgehoben)

§ 70
Ausnahmen

(1) Ausnahmen können genehmigen
1. die höheren Verwaltungsbehörden in bestimmten Einzelfällen oder allgemein für bestimmte einzelne Antragsteller von den Vorschriften der §§ 32, 32d, 33, 34 und 36, auch in Verbindung mit § 63, ferner der §§ 52 und 65, bei Elektrokarren und ihren Anhängern auch von den Vorschriften des § 41 Absatz 9 und der §§ 53, 58 und 59,
2. die zuständigen obersten Landesbehörden oder die von ihnen bestimmten oder nach Landesrecht zuständigen Stellen von allen Vorschriften dieser Verordnung in bestimmten Einzelfällen oder allgemein für bestimmte einzelne Antragsteller; sofern die Ausnahmen erhebliche Auswirkungen auf das Gebiet anderer Länder haben, ergeht die Entscheidung im Einvernehmen mit den zuständigen Behörden dieser Länder,
3. das Bundesministerium für Verkehr und digitale Infrastruktur von allen Vorschriften dieser Verordnung, sofern nicht die Landesbehörden nach den Nummern 1 und 2 zuständig sind – allgemeine Ausnahmen ordnet es durch Rechtsverordnung ohne Zustimmung des Bundesrates nach Anhören der zuständigen obersten Landesbehörden an –,
4. das Kraftfahrt-Bundesamt mit Ermächtigung des Bundesministeriums für Verkehr und digitale Infrastruktur bei Erteilung oder in Ergänzung einer Allgemeinen Betriebserlaubnis oder Bauartgenehmigung,
5. das Kraftfahrt-Bundesamt für solche Lagerfahrzeuge, für die durch Inkrafttreten neuer oder geänderter Vorschriften die Allgemeine Betriebserlaubnis nicht mehr gilt. ²In diesem Fall hat der Inhaber der Allgemeinen Betriebserlaubnis beim Kraftfahrt-Bundesamt einen Antrag unter Beifügung folgender Angaben zu stellen:
    a) Nummer der Allgemeinen Betriebserlaubnis mit Angabe des Typs und der betroffenen Ausführung(en),
    b) genaue Beschreibung der Abweichungen von den neuen oder geänderten Vorschriften,
    c) Gründe, aus denen ersichtlich ist, warum die Lagerfahrzeuge die neuen oder geänderten Vorschriften nicht erfüllen können,
    d) Anzahl der betroffenen Fahrzeuge mit Angabe der Fahrzeugidentifizierungs-Nummern oder -Bereiche, gegebenenfalls mit Nennung der Typ- und/oder Ausführungs-Schlüsselnummern,
    e) Bestätigung, dass die Lagerfahrzeuge die bis zum Inkrafttreten der neuen oder geänderten Vorschriften geltenden Vorschriften vollständig erfüllen,
    f) Bestätigung, dass die unter Buchstabe d aufgeführten Fahrzeuge sich in Deutschland oder in einem dem Kraftfahrt-Bundesamt im Rahmen des Typgenehmigungsverfahrens benannten Lager befinden.

(1a) Genehmigen die zuständigen obersten Landesbehörden oder die von ihnen bestimmten Stellen Ausnahmen von den Vorschriften der §§ 32, 32d Absatz 1 oder § 34 für Fahrzeuge oder Fahrzeugkombinationen, die auf neuen Technologien oder Konzepten beruhen und während eines Versuchszeitraums in bestimmten örtlichen Bereichen eingesetzt werden, so unterrichten diese Stellen das Bundesministerium für Verkehr und digitale Infrastruktur im Hinblick auf Artikel 4 Absatz 5 Satz 2 der Richtlinie 96/53/EG mit einer Abschrift der Ausnahmegenehmigung.

(2) Vor der Genehmigung einer Ausnahme von den §§ 32, 32d, 33, 34 und 36 und einer allgemeinen Ausnahme von § 65 sind die obersten Straßenbaubehörden der Länder und, wo noch nötig, die Träger der Straßenbaulast zu hören.

(3) Der örtliche Geltungsbereich jeder Ausnahme ist festzulegen.

(3a) ¹Durch Verwaltungsakt für ein Fahrzeug genehmigte Ausnahmen von den Bau- oder Betriebsvorschriften sind vom Fahrzeugführer durch eine Urkunde nachzuweisen, die bei Fahrten mitzuführen und zuständigen Personen auf Verlangen zur Prüfung auszu-

händigen ist. ²Bei einachsigen Zugmaschinen und Anhängern in land- oder forstwirtschaftlichen Betrieben sowie land- oder forstwirtschaftlichen Arbeitsgeräten und hinter land- oder forstwirtschaftlichen einachsigen Zug- oder Arbeitsmaschinen mitgeführten Sitzkarren, wenn sie nur für land- oder forstwirtschaftliche Zwecke verwendet werden, und von der Zulassungspflicht befreiten Elektrokarren genügt es, dass der Halter eine solche Urkunde aufbewahrt; er hat sie zuständigen Personen auf Verlangen zur Prüfung auszuhändigen.
(4) ¹Die Bundeswehr, die Polizei, die Bundespolizei, die Feuerwehr und die anderen Einheiten und Einrichtungen des Katastrophenschutzes sowie der Zolldienst sind von den Vorschriften dieser Verordnung befreit, soweit dies zur Erfüllung hoheitlicher Aufgaben unter gebührender Berücksichtigung der öffentlichen Sicherheit und Ordnung dringend geboten ist. ²Abweichungen von den Vorschriften über die Ausrüstung mit Kennleuchten, über Warneinrichtungen mit einer Folge von Klängen verschiedener Grundfrequenz (Einsatzhorn) und über Sirenen sind nicht zulässig.
(5) ¹Die Landesregierungen werden ermächtigt, durch Rechtsverordnung zu bestimmen, dass abweichend von Absatz 1 Nummer 1 anstelle der höheren Verwaltungsbehörden und abweichend von Absatz 2 anstelle der obersten Straßenbaubehörden andere Behörden zuständig sind. ²Sie können diese Ermächtigung auf oberste Landesbehörden übertragen.

§ 71
Auflagen bei Ausnahmegenehmigungen

Die Genehmigung von Ausnahmen von den Vorschriften dieser Verordnung kann mit Auflagen verbunden werden; der Betroffene hat den Auflagen nachzukommen.

§ 72
Übergangsbestimmungen

(1) Für Fahrzeuge sowie für Systeme, Bauteile und selbstständige technische Einheiten für diese Fahrzeuge, die vor dem 5. Mai 2012 erstmals in den Verkehr gekommen sind, gelten die zum Zeitpunkt ihrer Zulassung geltenden Vorschriften einschließlich der für diese Fahrzeuge erlassenen Nachrüstvorschriften fort.
(2) Zu den nachstehend bezeichneten Vorschriften gelten folgende Bestimmungen:
1. § 29 (Untersuchung der Kraftfahrzeuge und Anhänger)
   ist anzuwenden ab dem 1. Juli 2012. ²Bis zu diesem Datum gilt § 29 in der vor dem 1. Juli 2012 geltenden Fassung. ³Anlässlich von Hauptuntersuchungen sind die auf den vorderen Kennzeichen nach den bis einschließlich 31. Dezember 2009 geltenden Vorschriften des § 47a Absatz 3 und 5 angebrachten Plaketten von den die Hauptuntersuchung durchführenden Personen zu entfernen.
1a. § 33 (Schleppen von Fahrzeugen)
   Vor dem 1. August 2013 erteilte Ausnahmegenehmigungen gelten bis zu ihrer Befristung weiter.
1b. § 35a Absatz 2, 3, 4 und 5a (Sitzverankerungen, Sitze, Kopfstützen, Verankerungen für Sicherheitsgurte sowie Sicherheitsgurte oder Rückhaltesysteme)
   Für Kraftfahrzeuge, die vor dem 1. November 2013 eine nationale Typgenehmigung oder Einzelgenehmigung erhalten haben und vor dem 1. Januar 2014 erstmals in den Verkehr kommen, bleibt § 35a Absatz 2, 3 und 4 in der bisher geltenden Fassung anwendbar. § 35a Absatz 4a in Verbindung mit Absatz 4b ist ab dem 1. September 2016 für alle Personenkraftwagen anzuwenden, bei denen ein Einbau, Umbau oder eine Nachrüstung mit Rollstuhlstellplätzen, Rollstuhl-Rückhaltesystemen oder Rollstuhlnutzer-Rückhaltesystemen erfolgt.
   § 35a Absatz 4a Satz 7 in Verbindung mit Absatz 4b ist bis einschließlich 31. August 2017 abweichend erfüllt, wenn ersatzweise zur DIN-Norm 75078-2:2015-04 die DIN-Norm 75078-2:1999 angewendet wird.
1c. § 35c Absatz 2 (Heizanlagen in Fahrzeugen der Klassen M, N und O)

gilt spätestens für Fahrzeuge und ihre Heizanlagen, die ab dem 1. August 2013 genehmigt werden. ²Für Fahrzeuge und ihre Heizanlagen, die vor dem 1. August 2013 genehmigt wurden, bleibt § 35c in der bisher geltenden Fassung anwendbar.
1d. § 36 Absatz 4a tritt am 1. Oktober 2024 außer Kraft.
1e. § 45 Absatz 1a (Einbau des Kraftstoffbehälters) gilt nicht für den serienmäßigen Einbau in reihenweise gefertigte Fahrzeuge, für die eine Allgemeine Betriebserlaubnis erteilt worden ist und die vor dem 1. Januar 1990 erstmals in den Verkehr gekommen sind.
2. § 47 Absatz 1a (Abgasemissionen von leichten Personenkraftwagen und Nutzfahrzeugen (Euro 5 und Euro 6)) ist hinsichtlich der Vorschriften der Verordnungen (EG) Nr. 715/2007 und der Verordnung (EG) Nr. 692/2008 für erstmals in den Verkehr kommende Fahrzeuge mit einer Einzelgenehmigung ab dem 1. Juni 2012 entsprechend der in der Verordnung (EG) Nr. 692/2008 in Anhang I, Anlage 6, Tabelle 1, Spalte 7 („Einführungszeitpunkt Neufahrzeuge") genannten Termine anzuwenden.
3. § 47 Absatz 6a (Abgasemissionen schwerer Nutzfahrzeuge nach Richtlinie 2005/55/EG) ist hinsichtlich der Vorschriften der Richtlinien 2005/55/EG und 2005/78/EG für erstmals in den Verkehr kommende Fahrzeuge mit einer Einzelgenehmigung ab dem 1. Juni 2012 entsprechend den in Artikel 2 Absatz 6 und 8 genannten Terminen anzuwenden. ²Des Weiteren gelten für diese Fahrzeuge:
   a) Die Anforderungen zur Gewährleistung der vollen Wirkung der Vorkehrungen für die Minderung der NO_x-Emissionen, gemäß der Nummern 6.5.3, 6.5.4 und 6.5.5 der Richtlinie 2006/51/EG, sind ab dem 1. Juni 2012 für von diesem Tage an erstmals in den Verkehr kommende Fahrzeuge anzuwenden.
   b) Die Änderungen der Richtlinie 2008/74/EG sind ab dem 1. Juni 2012 für von diesem Tage an erstmals in den Verkehr kommende Fahrzeuge anzuwenden.
3a. § 47 Absatz 6b (Abgasemissionen schwerer Nutzfahrzeuge, Euro VI) ist hinsichtlich der Vorschriften der Verordnung (EG) Nr. 595/2009 und der Verordnung (EU) Nr. 582/2011 für erstmals in den Verkehr kommende Fahrzeuge mit einer Einzelgenehmigung ab dem 1. Dezember 2017 anzuwenden. Des Weiteren gelten für diese Fahrzeuge hinsichtlich der Überwachungsanforderungen für Reagensqualität und -verbrauch sowie der OBD-Schwellenwerte für NO_x und Partikel die in der Verordnung (EU) Nr. 582/2011, Anhang I, Anlage 9, Tabelle 1, unter „Letztes Zulassungsdatum" genannten Termine.
4. § 47 Absatz 8c (Abgasemissionen von land- oder forstwirtschaftlichen Zugmaschinen) ist für Fahrzeuge, die mit einer Einzelgenehmigung erstmals in den Verkehr kommen, wie folgt anzuwenden:
   a) Spätestens ab den in Artikel 4 Absatz 3 der Richtlinie 2000/25/EG genannten Terminen. ²Bei Fahrzeugen, die mit Motoren ausgerüstet sind, deren Herstellungsdatum vor den in Artikel 4 Absatz 3 der Richtlinie 2000/25/EG genannten Terminen liegt, wird für jede Kategorie der Zeitpunkt für erstmals in den Verkehr kommende Fahrzeuge um zwei Jahre verlängert. ³Diese Verlängerung der Termine gilt für Fahrzeuge mit einer Einzelgenehmigung, Allgemeinen Betriebserlaubnis oder EG-Typgenehmigung.
   b) Spätestens ab dem 1. Juni 2012 entsprechend der in Artikel 4 Absatz 2 und 3 der Richtlinie 2000/25/EG in der Fassung der Richtlinie 2005/13/EG genannten Termine. ²Die in Artikel 4 Absatz 5 und 6 der Richtlinie 2000/25/EG in der Fassung der Richtlinie 2005/13/EG genannten

Verlängerungen der Termine um zwei Jahre gelten für Fahrzeuge mit einer Einzelgenehmigung, Allgemeinen Betriebserlaubnis oder EG-Typgenehmigung. ²Für land- und forstwirtschaftliche Zugmaschinen, die vor den genannten Terminen erstmals in den Verkehr kamen, bleibt § 47 Absatz 8c in der vor dem 1. Juni 2012 geltenden Fassung anwendbar.

5. § 47d (Kohlendioxidemissionen, Kraftstoffverbrauch, Reichweite, Stromverbrauch)
ist für Fahrzeuge, die mit einer Einzelgenehmigung erstmals in den Verkehr kommen, anzuwenden. ²Für Fahrzeuge, die vor dem 1. Juni 2012 erstmals in den Verkehr gekommen sind, ist § 47d einschließlich der Übergangsbestimmungen in § 72 Absatz 2 in der vor dem 1. Juni 2012 geltenden Fassung anzuwenden. ³Die Vorschriften der Richtlinie 2004/3/EG treten am 17. Mai 2012 in Kraft. ⁴Die Vorschriften der Richtlinie 80/1268/EWG, geändert durch die im Anhang zu dieser Vorschrift genannten Bestimmungen der Buchstaben a bis e, treten mit Wirkung vom 2. Januar 2013 außer Kraft.

6. § 47e (Genehmigung, Nachrüstung und Nachfüllen von Klimaanlagen)
ist wie folgt anzuwenden:
a) In Fahrzeuge, für die eine Typgenehmigung ab dem 1. Januar 2011 erteilt wurde, darf ab dem 1. Juni 2012 eine Klimaanlage, die darauf ausgelegt ist, fluorierte Treibhausgase mit einem global warming potential-Wert (GWP-Wert)¹ über 150 zu enthalten, nicht mehr nachträglich eingebaut werden.
b) Klimaanlagen, die in Fahrzeuge eingebaut sind, für die ab dem 1. Januar 2011 eine Typgenehmigung erteilt wurde, dürfen nicht mit fluorierten Treibhausgasen mit einem GWP-Wert von über 150 befüllt werden. ²Mit Wirkung vom 1. Januar 2017 dürfen Klimaanlagen in sämtlichen Fahrzeugen nicht mehr mit fluorierten Treibhausgasen mit einem GWP-Wert über 150 befüllt werden; hiervon ausgenommen ist das Nachfüllen von diese Gase enthaltenden Klimaanlagen, die vor diesem Zeitpunkt in Fahrzeuge eingebaut worden sind.
c) Fahrzeuge mit einer Einzelgenehmigung, die ab dem 1. Januar 2017 erstmals in den Verkehr gebracht werden sollen, ist die Zulassung zu verweigern, wenn deren Klimaanlagen mit einem fluorierten Treibhausgas mit einem GWP-Wert über 150 befüllt sind. ²Bei Fahrzeugen mit einer Einzelgenehmigung, die vor dem 1. Januar 2017 erstmals in den Verkehr kommen sollen und deren Klimaanlagen mit einem fluorierten Treibhausgas mit einem GWP-Wert über 150 befüllt sind, findet der Nachweis der Leckagerate gemäß Artikel 7 der Verordnung (EG) Nr. 706/2007 keine Anwendung.

6a. § 49a Absatz 1 Satz 4 (geometrische Sichtbarkeit)
tritt in Kraft am 1. November 2013 für die von diesem Tage an erstmals in den Verkehr kommenden Fahrzeuge. ²Fahrzeuge, die vor diesem Termin erstmals in den Verkehr gekommen sind, dürfen § 49a Absatz 1 Satz 4 in der vor dem 1. August 2013 geltenden Fassung entsprechen.

6b. § 53 Absatz 10 Satz 1 Nummer 3 (Kennzeichnung von Fahrzeugen mit Konturmarkierungen)
Auf Fahrzeuge, die bis zum 1. November 2013 gekennzeichnet werden, bleibt § 53 Absatz 10 Satz 1 Nummer 3 in der bisher geltenden Fassung anwendbar.

6c. § 53 Absatz 10 Satz 2 (auffällige Markierungen)
Für Fahrzeuge, die vor dem 10. Juli 2011 erstmals in den Verkehr gekommen sind, kann Absatz 10 Satz 1 Nummer 3 mit der zugehörigen Übergangsvorschrift angewendet werden.

6d. § 53a Absatz 2 Nummer 3 (Warnwesten)
ist spätestens ab dem 1. Juli 2014 anzuwenden.

6e. § 57a Absatz 1 (Fahrtschreiber) tritt außer Kraft am 1. Januar 2013 für erstmals in den Verkehr kommende Kraftfahrzeuge.
7. Anlage VIII (Untersuchung der Fahrzeuge) ist ab dem 1. Juli 2012 anzuwenden. ²Abweichend von Satz 1
   a) können Fahrzeughalter, die bis zum 1. Juni 1998 nach Nummer 4.1 in Verbindung mit Nummer 6 der Anlage VIII in der vor diesem Zeitpunkt geltenden Fassung
      aa) von der Pflicht zur Vorführung ihrer Fahrzeuge zu Hauptuntersuchungen bei einem Sachverständigen oder Prüfer befreit waren und diese selbst durchführten, auch weiterhin entsprechend diesen Vorschriften Hauptuntersuchungen an ihren Fahrzeugen im eigenen Betrieb durchführen. ²Für das Anerkennungsverfahren und die Aufsicht gilt Nummer 6 der Anlage VIII in der vor dem 1. Juni 1998 geltenden Fassung, oder
      bb) Zwischenuntersuchungen und Bremsensonderuntersuchungen bis zum 1. Dezember 1999 und ab diesem Datum Sicherheitsprüfungen an ihren Fahrzeugen im eigenen Betrieb durchführen, wenn sie hierfür nach Anlage VIIIc anerkannt sind,
   b) können Untersuchungen durch Kraftfahrzeugwerkstätten, die bis zum 1. Juni 1998 nach den Vorschriften von Nummer 4.3 in Verbindung mit Nummer 6 der Anlage VIII in der vor diesem Zeitpunkt geltenden Fassung anerkannt waren, auch weiterhin entsprechend diesen Vorschriften durchgeführt werden. ²Für das Anerkennungsverfahren und die Aufsicht gilt Nummer 6 der Anlage VIII in der vor dem 1. Juni 1998 geltenden Fassung,
   c) ist bei der Durchführung der Sicherheitsprüfungen an Fahrzeugen, die ab dem 1. April 2006 erstmals in den Verkehr kamen, ab dem 1. Juli 2012 die Einhaltung der Vorgaben in der Form von Systemdaten und
      aa) für Fahrzeuge der Klasse M_2, M_3, N_2 und N_3 entsprechend Anlage XXIX, die ab dem 1. Januar 2014 erstmals in den Verkehr kommen und
      bb) für Fahrzeuge der Klasse O_4 entsprechend Anlage XXIX, die ab dem 1. Januar 2015 erstmals in den Verkehr kommen,
   die Einhaltung der Vorgaben nach Nummer 2 Anlage VIIIe zu prüfen.
8. Anlage VIIIa (Durchführung der Hauptuntersuchung) ist ab dem 1. Juli 2012 anzuwenden. ²Ausgenommen von den Vorschriften der Nummer 1 Satz 4 und der Nummer 2 und 3 gilt für Fahrzeuge, die
   a) vor dem 1. April 2006 erstmals in den Verkehr kamen, Anlage VIIIa in der bis zu diesem Datum geltenden Fassung,
   b) vom 1. April 2006 bis zum 30. Juni 2012 erstmals in den Verkehr kommen, Anlage VIIIa in der vor dem 1. Juli 2012 geltenden Fassung.
   ³Abweichend von Satz 1 sind die Vorschriften
   a) von Nummer 4.3 und 4.4 für Fahrzeuge der Klasse M_1 und N_1 sowie von Nummer 4.1 für Fahrzeuge der Klasse M_2, M_3, N_2 und N_3 entsprechend Anlage XXIX, die ab dem 1. Januar 2013 erstmals in den Verkehr kommen, ab diesem Datum,
   b) von Nummer 4.2 für Fahrzeuge der Klasse M_1 und N_1 sowie von Nummer 4.3 und 4.4 für Fahrzeuge der Klasse M_2, M_3, N_2 und N_3 entsprechend Anlage XXIX, die ab dem 1. Januar 2014 erstmals in den Verkehr kommen, ab diesem Datum und
   c) von Nummer 4.2 für Fahrzeuge der Klasse M_2, M_3, N_2 und N_3 sowie von den Nummern 4.1 bis 4.4 für Fahrzeuge der Klasse O entsprechend Anlage XXIX, die ab dem 1. Januar 2015

erstmals in den Verkehr kommen, ab diesem Datum jeweils spätestens anzuwenden.
9. Anlage VIIId (Untersuchungsstellen zur Durchführung von Hauptuntersuchungen, Sicherheitsprüfungen, Untersuchungen der Abgase und wiederkehrenden Gasanlagenprüfungen) ist ab dem 1. Juli 2012 anzuwenden. ²Bis zu diesem Datum gilt Anlage VIIId in der vor dem 1. Juli 2012 geltenden Fassung. ³Abweichend von Satz 1 ist eine Ausstattung mit Einrichtung zur Prüfung über die elektronische Fahrzeugschnittstelle nach Nummer 25 der Tabelle zu Nummer 3 der Anlage VIIId ab dem 1. Januar 2013 vorzunehmen.
10. Anlage VIIIe (Bereitstellung von Vorgaben für die Durchführung von Hauptuntersuchungen und Sicherheitsprüfungen; Auswertung von Erkenntnissen) ist ab dem 1. Juli 2012 anzuwenden.

§ 73
Technische Festlegungen

¹Soweit in dieser Verordnung auf DIN- oder ISO-Normen Bezug genommen wird, sind diese im Beuth Verlag GmbH, Burggrafenstraße 6, 10787 Berlin, VDE-Bestimmungen auch im VDE-Verlag, Bismarckstr. 33, 10625 Berlin, erschienen. ²Sie sind beim Deutschen Patent-und Markenamt in München archivmäßig gesichert niedergelegt.

Straßenverkehrs-Zulassungs-Ordnung　　　　　　　　　Anlage VIII – StVZO | 03

Anlagen I, II, III, IV, V, Va, Vb, Vc, Vd, VI, VII
(aufgehoben)

Anlage VIII
(§ 29 Absatz 1 bis 4, 7, 9, 11 und 13)[1]
Untersuchung der Fahrzeuge

1　Art und Gegenstand der Hauptuntersuchungen und Sicherheitsprüfungen, Ausnahmen
1.1　Die untersuchungspflichtigen Kraftfahrzeuge und Anhänger unterliegen Hauptuntersuchungen und Sicherheitsprüfungen nach Maßgabe der folgenden Vorschriften.
1.2　Hauptuntersuchungen
1.2.1　Bei einer Hauptuntersuchung werden die Fahrzeuge nach Maßgabe der Vorschriften der Anlage VIIIa sowie den im Verkehrsblatt im Benehmen mit den zuständigen obersten Landesbehörden dazu bekannt gemachten Richtlinien auf ihre Verkehrssicherheit, ihre Umweltverträglichkeit sowie auf Einhaltung der für sie geltenden Bau- und Wirkvorschriften untersucht.
1.2.1.1　Bei der Untersuchung der Umweltverträglichkeit von Kraftfahrzeugen, die mit Fremdzündungsmotor oder Selbstzündungsmotor angetrieben werden, sind die Abgase

　　a)　nach Nummer 6.8.2.2 der Anlage VIIIa bei Kraftfahrzeugen, die mit einem On-Board-Diagnosesystem ausgerüstet sind, das den im Anhang zu § 47 genannten Bestimmungen entspricht,

　　　　oder

　　b)　nach Nummer 6.8.2.1 der Anlage VIIIa bei Kraftfahrzeugen, die nicht mit einem Diagnosesystem nach Buchstabe a ausgerüstet sind,

　　zu untersuchen.
1.2.1.2　Vom Untersuchungspunkt Motormanagement-/Abgasreinigungssystem der Anlage VIIIa Nummer 6.8.2 sind ausgenommen:
1.2.1.2.1　Kraftfahrzeuge mit
1.2.1.2.1.1　Fremdzündungsmotor, die eine bauartbedingte Höchstgeschwindigkeit von weniger als 50 km/h haben oder die vor dem 1. Juli 1969 erstmals in den Verkehr gekommen sind oder die drei Räder und eine zulässige Gesamtmasse von weniger als 400 kg haben,
1.2.1.2.1.2　Kompressionszündungsmotor, die weniger als vier Räder oder eine bauartbedingte Höchstgeschwindigkeit von nicht mehr als 25 km/h haben oder die vor dem 1. Januar 1977 erstmals in den Verkehr gekommen sind,
1.2.1.2.2　Krafträder sowie dreirädrige und vierrädrige Kraftfahrzeuge der Klassen L3e, L4e, L5e und L7e nach Abschnitt 2 der Anlage XXIX, die vor dem 1. Januar 1989 in den Verkehr gekommen sind,
1.2.1.2.3　land- und forstwirtschaftliche Zugmaschinen,
1.2.1.2.4　selbstfahrende Arbeitsmaschinen, die nicht den Baumerkmalen von Lastkraftwagen hinsichtlich des Antriebsmotors und des Fahrgestells entsprechen, und Stapler.
1.3　Sicherheitsprüfungen
1.3.1　Die Sicherheitsprüfung hat eine Sicht-, Wirkungs- und Funktionsprüfung des Fahrgestells und Fahrwerks, der Verbindungseinrichtung, Lenkung, Reifen, Räder und Bremsanlage des Fahrzeugs nach der hierzu im Verkehrsblatt mit Zustimmung der obersten Landesbehörden bekannt gemachten Richtlinie zu umfassen.

2　Zeitabstände der Hauptuntersuchungen und Sicherheitsprüfungen
2.1　Die Fahrzeuge sind mindestens in folgenden regelmäßigen Zeitabständen einer Hauptuntersuchung und einer Sicherheitsprüfung zu unterziehen; die Zeitabstände für Sicherheitsprüfungen beziehen sich hierbei auf die zuletzt durchgeführte Hauptuntersuchung:

1　Anm. d. Red.:
　Beachte die Übergangsbestimmung nach § 72 Absatz 2 Nummer 7.

	Art des Fahrzeugs	Art der Untersuchung und Zeitabstand	
		Hauptuntersuchung Monate	Sicherheitsprüfung Monate
2.1.1	Krafträder	24	–
2.1.2	Personenkraftwagen sowie Krankenkraftwagen und Behinderten-Transportfahrzeuge mit nicht mehr als acht Fahrgastplätzen		
2.1.2.1	Personenkraftwagen allgemein		
2.1.2.1.1	bei erstmals in den Verkehr gekommenen Personenkraftwagen für die erste oder bei Personenkraftwagen nach Nummer 2.2 bei Wechsel des Halters innerhalb der ersten sieben Monate nach Erstzulassung und durchgeführter Hauptuntersuchung für die zweite Hauptuntersuchung	36	–
2.1.2.1.2	für die weiteren Hauptuntersuchungen	24	–
2.1.2.2	Personenkraftwagen zur Personenbeförderung nach dem Personenbeförderungsgesetz oder nach § 1 Nummer 4 Buchstabe d, g und i der Freistellungs-Verordnung	12	
2.1.2.3	Krankenkraftwagen und Behinderten-Transportfahrzeuge mit nicht mehr als acht Fahrgastplätzen	12	
2.1.3	Kraftomnibusse und andere Kraftfahrzeuge mit mehr als acht Fahrgastplätzen		
2.1.3.1	bei erstmals in den Verkehr gekommenen Fahrzeugen in den ersten zwölf Monaten	12	–
2.1.3.2	für die weiteren Untersuchungen von zwölf bis 36 Monate vom Tag der Erstzulassung an	12	6
2.1.3.3	für die weiteren Untersuchungen	12	3/6/9
2.1.4	Kraftfahrzeuge, die zur Güterbeförderung bestimmt sind, selbstfahrende Arbeitsmaschinen, Zugmaschinen sowie Kraftfahrzeuge, die nicht unter 2.1.1 bis 2.1.3 oder 2.1.6 fallen		
2.1.4.1	mit einer bauartbestimmten Höchstgeschwindigkeit von nicht mehr als 40 km/h oder einer zulässigen Gesamtmasse $\leq 3{,}5$ t	24	–
2.1.4.2	mit einer zulässigen Gesamtmasse $> 3{,}5$ t $\leq 7{,}5$ t	12	
2.1.4.3	mit einer zulässigen Gesamtmasse $> 7{,}5$ t ≤ 12 t		
2.1.4.3.1	bei erstmals in den Verkehr gekommenen Fahrzeugen in den ersten 36 Monaten	12	–
2.1.4.3.2	für die weiteren Untersuchungen	12	6
2.1.4.4	mit einer zulässigen Gesamtmasse > 12 t		
2.1.4.4.1	bei erstmals in den Verkehr gekommenen Fahrzeugen in den ersten 24 Monaten	12	–
2.1.4.4.2	für die weiteren Untersuchungen	12	6
2.1.5	Anhänger, einschließlich angehängte Arbeitsmaschinen und Wohnanhänger		
2.1.5.1	mit einer zulässigen Gesamtmasse $\leq 0{,}75$ t oder ohne eigene Bremsanlage		
2.1.5.1.1	bei erstmals in den Verkehr gekommenen Fahrzeugen für die erste Hauptuntersuchung	36	–
2.1.5.1.2	für die weiteren Hauptuntersuchungen	24	–
2.1.5.2	die entsprechend § 58 für eine zulässige Höchstgeschwindigkeit von nicht mehr als 40 km/h gekennzeichnet sind oder mit einer zulässigen Gesamtmasse $> 0{,}75$ t $\leq 3{,}5$ t	24	–
2.1.5.3	mit einer zulässigen Gesamtmasse $> 3{,}5$ t ≤ 10 t	12	
2.1.5.4	mit einer zulässigen Gesamtmasse > 10 t		
2.1.5.4.1	bei erstmals in den Verkehr gekommenen Fahrzeugen in den ersten 24 Monaten	12	–
2.1.5.4.2	für die weiteren Untersuchungen	12	6
2.1.6	Wohnmobile		
2.1.6.1	mit einer zulässigen Gesamtmasse $\leq 3{,}5$ t		
2.1.6.1.1	bei erstmals in den Verkehr gekommenen Fahrzeugen für die erste Hauptuntersuchung	36	–

Straßenverkehrs-Zulassungs-Ordnung Anlage VIII – StVZO | 03

Art des Fahrzeugs		Art der Untersuchung und Zeitabstand	
		Hauptuntersuchung Monate	Sicherheitsprüfung Monate
2.1.6.1.2	für die weiteren Hauptuntersuchungen	24	–
2.1.6.2	mit einer zulässigen Gesamtmasse > 3,5 t ≤ 7,5 t		
2.1.6.2.1	bei erstmals in den Verkehr gekommenen Fahrzeugen in den ersten 72 Monaten	24	–
2.1.6.2.2	für die weiteren Hauptuntersuchungen	12	–
2.1.6.3	mit einer zulässigen Gesamtmasse > 7,5 t	12	–

2.2 Wenn untersuchungspflichtige Fahrzeuge ohne Gestellung eines Fahrers gewerbsmäßig vermietet werden, ohne dass sie für den Mieter zugelassen sind, beträgt die Frist für die Hauptuntersuchung in allen Fällen zwölf Monate; davon ausgenommen beträgt die Frist für die Hauptuntersuchung an Personenkraftwagen nach Nummer 2.1.2.1 und an Lastkraftwagen mit einer zulässigen Gesamtmasse ≤ 3,5 t nach Nummer 2.1.4.1 24 Monate, wenn diese für eine Mindestdauer von 36 Monaten von einem Mieter gemietet werden. An Kraftfahrzeugen nach Nummer 2.1.3 sind Sicherheitsprüfungen in Zeitabständen von drei, sechs und neun Monaten und an Kraftfahrzeugen, selbstfahrenden Arbeitsmaschinen, Zugmaschinen und Wohnmobilen nach den Nummern 2.1.4.3, 2.1.4.4 und 2.1.6.3 sowie Anhängern, einschließlich angehängten Arbeitsmaschinen nach Nummer 2.1.5.4, in einem Abstand von sechs Monaten nach der letzten Hauptuntersuchung durchführen zu lassen.

2.3 Die Frist für die nächste Hauptuntersuchung beginnt mit dem Monat und Jahr der letzten Hauptuntersuchung. Bei Fahrzeugen, die erstmals in den Verkehr kommen, beginnt die Frist für die nächste Hauptuntersuchung mit dem Monat und Jahr der Zuteilung eines amtlichen Kennzeichens, jedoch nicht bei der Zuteilung eines Kurzzeitkennzeichens. Bei Fahrzeugen, die wieder zum Verkehr zugelassen werden oder die vorher außerhalb des Geltungsbereichs dieser Verordnung zum Verkehr zugelassen waren, beginnt die Frist mit dem Monat und Jahr der Begutachtung nach § 21 oder einer Hauptuntersuchung nach (§ 14 Absatz 2 Fahrzeug-Zulassungsverordnung). Sie endet mit Ablauf des durch die Prüfplakette nachgewiesenen Monats und Jahres. Bei Fahrzeugen mit einer EG-Typgenehmigung, die vorher außerhalb des Geltungsbereichs dieser Verordnung zum Verkehr zugelassen waren, ist § 7 Absatz 1 der Fahrzeug-Zulassungsverordnung anzuwenden.

2.4 Die Frist für die Durchführung der Sicherheitsprüfung beginnt mit dem Monat und Jahr der letzten Hauptuntersuchung. Die Sicherheitsprüfung darf in dem unmittelbar vor dem durch die Prüfmarke in Verbindung mit dem SP-Schild ausgewiesenen Monat durchgeführt werden, ohne dass sich die nach Nummer 2.1 oder Nummer 2.2 vorgeschriebenen Zeitabstände für die nächste vorgeschriebene Sicherheitsprüfung ändern. Bei Fahrzeugen, die wieder zum Verkehr zugelassen werden oder die vorher außerhalb des Geltungsbereichs dieser Verordnung zum Verkehr zugelassen waren, beginnt die Frist mit dem Monat und Jahr der Begutachtung nach § 21. Bei Fahrzeugen mit einer EG-Typgenehmigung, die außerhalb des Geltungsbereichs dieser Verordnung zum Verkehr zugelassen waren, ist § 7 Absatz 1 der Fahrzeug-Zulassungsverordnung entsprechend anzuwenden. Die Frist endet mit Ablauf des durch die Prüfmarke in Verbindung mit dem SP-Schild nachgewiesenen Monats und Jahres. Diese Frist darf um höchstens einen Monat überschritten werden, wenn die mit der Prüfung beauftragte Stelle trotz rechtzeitig erteilten Auftrags die Sicherheitsprüfung nicht bis zum Ablauf der Frist nach Satz 5 durchführen konnte und dies in dem Prüfprotokoll bestätigt. Wird die Frist zur Durchführung einer Sicherheitsprüfung überschritten und liegt keine Bestätigung nach Satz 6 vor, ist eine Hauptuntersuchung verbunden mit einer Sicherheitsprüfung im Umfang von Nummer 2.3 der Anlage VIIIa durchzuführen.

2.5 Wird bei einer Hauptuntersuchung festgestellt, dass der durch die Prüfmarke in Verbindung mit dem SP-Schild ausgewiesene Monat zur Vorführung des Fahrzeugs zur Sicherheitsprüfung nicht den Fristen der Nummern 2.1 und 2.2 in Verbindung mit Nummer 2.4 entspricht, ist eine neue Prüfmarke zuzuteilen und dies im Untersuchungsbericht zu vermerken.

2.6 Wäre eine Hauptuntersuchung oder Sicherheitsprüfung bei Fahrzeugen, für die ein Saisonkennzeichen zugeteilt ist, außerhalb des Betriebszeitraums durchzuführen, so ist die Hauptuntersuchung oder Sicherheitsprüfung in dem ersten Monat des nächsten Betriebszeitraums durchzuführen oder zu lassen. Wären außerhalb des Betriebszeitraums sowohl eine neue Hauptuntersuchung als auch eine Sicherheitsprüfung durchzuführen, so ist eine Hauptuntersuchung verbunden mit einer Sicherheitsprüfung im Umfang von Nummer 2.3 der Anlage VIIIa durchführen zu lassen.

2.7 Die Untersuchungspflicht ruht während der Zeit, in der Fahrzeuge durch einen entsprechenden Vermerk der Zulassungsbehörde in der Zulassungsbescheinigung Teil I und durch Entstempelung des Kennzeichens außer Betrieb gesetzt worden sind. War vor oder in dieser Zeit eine Hauptuntersuchung oder eine Sicherheitsprüfung durchzuführen, so ist die Hauptuntersuchung oder Sicherheitsprüfung bei Wiederinbetriebnahme des Fahrzeugs durchführen zu lassen. Waren in dieser Zeit sowohl eine Hauptuntersuchung als auch eine Sicherheitsprüfung durchzuführen, so ist eine Hauptuntersuchung verbunden mit einer Sicherheitsprüfung im Umfang von Nummer 2.3 der Anlage VIIIa durchführen zu lassen.

3 Durchführung der Hauptuntersuchungen und Sicherheitsprüfungen, Nachweise

3.1 Hauptuntersuchungen

3.1.1 Hauptuntersuchungen sind von einem amtlich anerkannten Sachverständigen oder Prüfer für den Kraftfahrzeugverkehr (im Folgenden als aaSoP bezeichnet) oder von einer amtlich anerkannten Überwachungsorganisation nach Anlage VIIIb durch einen von ihr betrauten Prüfingenieur (im Folgenden als PI bezeichnet) durchführen zu lassen.

3.1.1.1 Die Untersuchung des Motormanagement-/Abgasreinigungssystems der Kraftfahrzeuge nach Nummer 1.2.1.1 in Verbindung mit Nummer 6.8.2 der Anlage VIIIa kann als eigenständiger Teil der Hauptuntersuchungen von einer dafür nach Nummer 1 der Anlage VIIIc anerkannten Kraftfahrzeugwerkstatt durchgeführt werden; die Durchführung ist auf einem mit fälschungserschwerenden Merkmalen zu versehenden Nachweis, der dem vom Bundesministerium für Verkehr und digitale Infrastruktur mit Zustimmung der obersten Landesbehörden im Verkehrsblatt bekannt gemachten Muster entspricht, zu bescheinigen. Diese Untersuchung darf frühestens zwei Monate vor der Durchführung der Hauptuntersuchung durchgeführt werden. Der Nachweis ist dem aaSoP oder PI auszuhändigen, der die Kontrollnummer der in Satz 1 genannten Kraftfahrzeugwerkstatt sowie gegebenenfalls die Mängelnummer nach Nummer 3.1.4.6 in den Untersuchungsbericht überträgt und die von ihr im Nachweis aufgeführten Mängel bei der Hauptuntersuchung berücksichtigt.

3.1.1.2 Die Untersuchung der Gasanlagen für Antriebssysteme von Kraftfahrzeugen nach Nummer 1.2.1 in Verbindung mit Anlage VIIIa Nummer 6.8.5 kann als eigenständiger Teil der Hauptuntersuchung von einer dafür nach Anlage XVIIa anerkannten Kraftfahrzeugwerkstatt durchgeführt werden (wiederkehrende Gasanlagenprüfung). Die Durchführung ist auf einem Nachweis nach Nummer 2.4 der Anlage XVII zu bescheinigen. Die Untersuchung darf höchstens zwölf Monate vor dem durch die Prüfplakette angegebenen Monat für die nächste vorgeschriebene Hauptuntersuchung durchgeführt werden. Wurde innerhalb dieses Zeitraums eine Gassystemeinbauprüfung nach § 41a Absatz 5 oder eine Gasanlagenprüfung nach § 41a Absatz 6 durchgeführt, tritt diese an die Stelle der Untersuchung nach Satz 1. Der Nachweis über die durchgeführte Untersuchung oder Prüfung ist dem aaSoP oder PI auszuhändigen, der die Kontrollnummer der in Satz 1 genannten Kraftfahrzeugwerkstatt in den Untersuchungsbericht überträgt und die von ihr im Nachweis aufgeführten Mängel bei der Hauptuntersuchung berücksichtigt.

3.1.2 Der Halter oder sein Beauftragter haben das Fahrzeug spätestens bis zum Ablauf des Monats, der durch die Prüfplakette nach Maßgabe des § 29 Absatz 2 und die Eintragungen im Fahrzeugschein oder im Nachweis nach § 4 Absatz 5 der Fahrzeug-Zulassungsverordnung sowie im Untersuchungsbericht nachgewiesen ist, beim aaSoP oder PI zur Hauptuntersuchung vorzuführen.

3.1.3 Kann bei der Vorführung zur Hauptuntersuchung eine nach Nummer 2.1 vorgeschriebene Sicherheitsprüfung nicht nachgewiesen werden, ist eine Hauptuntersuchung verbunden mit einer Sicherheitsprüfung im Umfang von Nummer 2.3 der Anlage VIIIa durchzuführen.

3.1.4 Stellt der aaSoP oder PI bei der Hauptuntersuchung oder bei einer Nachprüfung nach Nummer 3.1.4.3 Satz 2

3.1.4.1 keine Mängel fest, so hat er für das Fahrzeug eine Prüfplakette nach § 29 Absatz 3 zuzuteilen,

3.1.4.2 geringe Mängel fest, so sind diese im Untersuchungsbericht einzutragen. Er kann für das Fahrzeug, außer bei Untersuchungen nach Nummer 3.1.3, eine Prüfplakette nach Maßgabe des § 29 Absatz 3 Satz 2 zuteilen, der Halter hat die Mängel unverzüglich, spätestens jedoch innerhalb eines Monats, beheben zu lassen,

3.1.4.3 erhebliche Mängel fest, so sind diese im Untersuchungsbericht einzutragen. Er darf für das Fahrzeug keine Prüfplakette zuteilen; der Halter hat alle Mängel unverzüglich beheben zu lassen und das Fahrzeug zur Nachprüfung der Mängelbeseitigung unter Vorlage des Untersuchungsberichts spätestens bis zum Ablauf von einem Monat nach dem Tag der Hauptuntersuchung wieder vorzuführen. Sind bei der Nachprüfung nicht alle Mängel behoben oder werden zusätzliche Mängel festgestellt, darf die Prüfplakette nicht zugeteilt werden und das Fahrzeug ist innerhalb der in Satz 2 genannten Frist erneut zur Nachprüfung vorzuführen; der aaSoP oder PI hat die nicht behobenen oder die zusätzlich festgestellten Mängel im Untersuchungsbericht zu vermerken. Wird bei der Nachprüfung der Untersuchungsbericht nicht vorgelegt oder wird das Fahrzeug später als ein Monat nach dem Tag der Hauptuntersuchung

| Straßenverkehrs-Zulassungs-Ordnung | Anlage VIII – StVZO | 03 |

wieder vorgeführt, so hat der aaSoP oder PI statt der Nachprüfung der Mängelbeseitigung eine neue Hauptuntersuchung durchzuführen. Dabei ist eine bis zu zwei Monate zuvor durchgeführte Abgasuntersuchung nach Nummer 6.8.2 der Anlage VIIIa zu berücksichtigen.

3.1.4.4 Mängel fest, die das Fahrzeug verkehrsunsicher machen, so sind diese im Untersuchungsbericht einzutragen; er hat die vorhandene Prüfplakette zu entfernen und unverzüglich die Zulassungsbehörde zu benachrichtigen; § 5 Absatz 3 der Fahrzeug-Zulassungsverordnung ist anzuwenden,

3.1.4.5 Mängel fest, die vor Abschluss der Untersuchung, längstens während eines Kalendertages beseitigt werden, so sind diese unter Angabe der Uhrzeit ebenfalls im Untersuchungsbericht einzutragen. Die sofortige Mängelbeseitigung ist durch die Bezeichnung der Mängel in Verbindung mit einer eindeutigen Bestätigung der untersuchenden Person unter Angabe der Uhrzeit zu bescheinigen. Die Vorschriften über die Zuteilung einer Prüfplakette nach § 29 Absatz 3 bleiben hiervon unberührt.

3.1.4.6 Mängel nicht selbst fest, sondern werden in nach Nummer 1 der Anlage VIIIc anerkannten Kraftfahrzeugwerkstätten bei der Durchführung der Untersuchung des Motormanagement-/Abgasreinigungssystems im Rahmen des eigenständigen Teils der Hauptuntersuchung nach Nummer 3.1.1.1 Mängel festgestellt, die vor Abschluss der Untersuchung des Motormanagement-/Abgasreinigungssystems, längstens innerhalb eines Kalendertages beseitigt werden, so sind diese in Form einer Mängelnummer auf dem Nachweis einzutragen und vom aaSoP oder PI im Untersuchungsbericht zu übernehmen. Die sofortige Mängelbeseitigung ist in Verbindung mit einer eindeutigen Bestätigung der verantwortlichen Person zu bescheinigen. Die Vorschriften über die Zuteilung einer Prüfplakette nach § 29 Absatz 3 bleiben hiervon unberührt.

3.1.5 Untersuchungsberichte über Hauptuntersuchungen sind fälschungserschwerend auszuführen oder müssen einen HU-Code aufweisen.

3.1.5.1 Die Untersuchungsberichte müssen mindestens folgende Angaben enthalten:

3.1.5.1.1 die Untersuchungsart,

3.1.5.1.2 das Kennzeichen des untersuchten Fahrzeugs und das Länderkennzeichen „D",

3.1.5.1.3 den Monat und das Jahr, in dem das Fahrzeug erstmalig in den Verkehr gekommen ist,

3.1.5.1.4 den Hersteller des Fahrzeugs einschließlich seines Codes oder seiner Schlüsselnummer,

3.1.5.1.5 die Fahrzeugklasse oder die Fahrzeugart sowie den Fahrzeugtyp, die zulässige Gesamtmasse und die Variante und Version oder die Ausführung einschließlich ihrer Codes oder Schlüsselnummern,

3.1.5.1.6 die vollständige Fahrzeug-Identifizierungsnummer,

3.1.5.1.7 den Monat und das Jahr der zuletzt durchgeführten Hauptuntersuchung,

3.1.5.1.8 den Stand des Wegstreckenzählers bei Kraftfahrzeugen,

3.1.5.1.9 das Datum und den Ort der Durchführung der Hauptuntersuchung,

3.1.5.1.10 die Uhrzeit des Endes der Untersuchung sowie bei Untersuchungen nach Nummer 3.1.4.5 die Uhrzeit der Feststellung der Mängelbeseitigung,

3.1.5.1.11 den Namen und die Anschrift der untersuchenden Stelle,

3.1.5.1.12 die Unterschrift mit Prüfstempel und Kennnummer des für die Untersuchung Verantwortlichen sowie die Angaben nach Nummer 3.5 der Anlage VIIId,

3.1.5.1.13 den Monat und das Jahr des Ablaufs der Frist für die nächste Hauptuntersuchung und Sicherheitsprüfung,

3.1.5.1.14 anlässlich der Hauptuntersuchung festgestellte Mängel und ihre Einstufung,

3.1.5.1.15 Dokumentation der gemessenen Bezugswerte (Referenzwerte, Druckwerte, Betätigungskräfte) oder, wenn diese nicht vorliegen, die Bremswerte der Betriebs- und Feststellbremse und die daraus ermittelten Abbremsungen,

3.1.5.1.16 die Entscheidung über die Zuteilung der Prüfplakette,

3.1.5.1.17 die Anordnung der Wiedervorführpflicht,

3.1.5.1.18 Entgelte/Gebühren,

3.1.5.1.19 die Kontrollnummer der anerkannten Kraftfahrzeugwerkstatt, wenn diese die Untersuchung nach Nummer 1.2.1.1 durchgeführt hat und das Datum der Untersuchung,

3.1.5.1.20 für Krafträder: Messdrehzahl und Standgeräuschvergleichswert von Standgeräuschmessungen.

3.1.5.2 Folgende Daten müssen gelöscht werden, es sei denn, dass der Löschung gesetzliche Aufbewahrungsvorschriften entgegenstehen:

3.1.5.2.1 Zweitschriften der Untersuchungsberichte nach § 29 Absatz 10 Satz 3 auch bei elektronischer Speicherung nach der in Nummer 3.1.5.2.2 Satz 2 genannten Zeitdauer oder

3.1.5.2.2 die unter den Nummern 3.1.5.1.2, 3.1.5.1.6 und 3.1.5.1.12 aufgeführten Daten unverzüglich nach der Speicherung der Zweitschriften der Untersuchungsberichte. Die Zeitdauer umfasst den für das Fahrzeug vorgeschriebenen Zeitabstand der Hauptuntersuchungen, gerechnet vom Monat der Ausstellung des Untersuchungsberichts, verlängert um drei Monate.

3.1.5.3 Dem Untersuchungsbericht ist der Nachweis über die Durchführung der Untersuchung der Abgase nach Nummer 3.1.1.1 beizufügen oder es sind alle erforderlichen Angaben einschließlich des angewendeten Prüfverfahrens in den Untersuchungsbericht zu übernehmen.

3.1.6 Im Untersuchungsbericht können auch Hinweise der aaSoP oder PI aufgenommen werden, durch die auf sich in der Zukunft abzeichnende Mängel durch Verschleiß, Korrosion oder andere Umstände hingewiesen wird. Darüber hinausgehende Angaben sind zulässig.

3.2 Sicherheitsprüfungen

3.2.1 Sicherheitsprüfungen sind von hierfür nach Anlage VIIIc anerkannten Kraftfahrzeugwerkstätten oder von aaSoP oder PI durchführen zu lassen.

3.2.2 Der Halter hat das Fahrzeug nach Maßgabe der Nummern 2.1 und 2.2 in Verbindung mit Nummer 2.4 spätestens bis zum Ablauf der dort angegebenen Fristen in einer hierfür anerkannten Kraftfahrzeugwerkstatt oder beim aaSoP oder PI zur Sicherheitsprüfung vorzuführen.

3.2.3 Werden bei der Sicherheitsprüfung oder bei der Nachprüfung nach Nummer 3.2.3.2 Satz 2 am Fahrzeug

3.2.3.1 keine Mängel festgestellt, so ist dies im Prüfprotokoll zu bescheinigen und eine Prüfmarke nach Maßgabe der Anlage IXb zuzuteilen,

3.2.3.2 Mängel festgestellt, so sind diese im Prüfprotokoll einzutragen. Der Halter hat die Mängel unverzüglich beheben zu lassen und das Fahrzeug zur Nachprüfung der Mängelbeseitigung unter Vorlage des Prüfprotokolls spätestens bis zum Ablauf von einem Monat nach dem Tag der Sicherheitsprüfung einer anerkannten Kraftfahrzeugwerkstatt oder einem aaSoP oder PI vorzuführen; Nummer 3.1.4.3 Satz 3 ist entsprechend anzuwenden, wenn Mängel nicht behoben sind oder zusätzlich festgestellt werden. Wird das Fahrzeug später als in dem vorgeschriebenen Zeitraum zur Nachprüfung wieder vorgeführt, so ist statt der Nachprüfung der Mängelbeseitigung eine neue Sicherheitsprüfung durchzuführen. Die Behebung der Mängel ist im Prüfprotokoll zu bescheinigen und eine Prüfmarke nach Maßgabe der Anlage IXb zuzuteilen.

3.2.3.2.1 Mängel festgestellt, jedoch sofort behoben, so sind diese auch im Prüfprotokoll einzutragen, ihre sofortige Behebung ist zu bescheinigen und eine Prüfmarke nach Maßgabe der Anlage IXb zuzuteilen,

3.2.3.3 Mängel festgestellt, die zu einer unmittelbaren Verkehrsgefährdung führen können, so hat

3.2.3.3.1 die anerkannte Kraftfahrzeugwerkstatt nach Nummer 3.2.3.2.1 zu verfahren oder die Prüfmarke zu entfernen und die Zulassungsbehörde unverzüglich zu benachrichtigen; § 5 Absatz 3 der Fahrzeug-Zulassungsverordnung ist anzuwenden,

3.2.3.3.2 der aaSoP oder PI die vorhandene Prüfmarke und Prüfplakette zu entfernen, wenn nicht nach Nummer 3.2.3.2.1 verfahren wird, und unverzüglich die Zulassungsbehörde zu benachrichtigen; § 5 Absatz 3 der Fahrzeug-Zulassungsverordnung ist anzuwenden.

3.2.4 Eine Hauptuntersuchung, die zum Zeitpunkt einer Sicherheitsprüfung durchgeführt wird, kann die Sicherheitsprüfung nicht ersetzen.

3.2.5 Prüfprotokolle über Sicherheitsprüfungen sind nach einem vom Bundesministerium für Verkehr und digitale Infrastruktur im Benehmen mit den obersten Landesbehörden im Verkehrsblatt bekannt gemachten Muster fälschungserschwerend auszuführen.

3.2.5.1 Die Prüfprotokolle müssen mindestens folgende Angaben enthalten:

3.2.5.1.1 die Prüfungsart,

3.2.5.1.2 das Kennzeichen des untersuchten Fahrzeugs,

3.2.5.1.3 Monat und Jahr, in dem das Fahrzeug erstmalig in den Verkehr gekommen ist,

3.2.5.1.4 den Hersteller des Fahrzeugs einschließlich seines Codes oder seiner Schlüsselnummer,

3.2.5.1.5 die Fahrzeugklasse oder Fahrzeugart sowie den Fahrzeugtyp und die Variante und Version oder die Ausführung einschließlich ihrer Codes oder Schlüsselnummern,

3.2.5.1.6 die vollständige Fahrzeug-Identifizierungsnummer,

3.2.5.1.7 den Monat und das Jahr der zuletzt durchgeführten Hauptuntersuchung,

Straßenverkehrs-Zulassungs-Ordnung   Anlage VIII – StVZO | 03

3.2.5.1.8 den Stand des Wegstreckenzählers bei Kraftfahrzeugen,

3.2.5.1.9 das Datum und die Uhrzeit der Sicherheitsprüfung,

3.2.5.1.10 den Namen, die Anschrift und den Prüfort oder die Kontrollnummer der prüfenden Stelle,

3.2.5.1.11 die Unterschrift des für die Prüfung Verantwortlichen der anerkannten Werkstatt oder die Unterschrift mit Prüfstempel und Kennnummer des für die Prüfung verantwortlichen aaSoP oder PI sowie die Angaben nach Nummer 3.5 der Anlage VIIId,

3.2.5.1.12 den Monat und das Jahr des Ablaufs der Frist für die nächste Sicherheitsprüfung,

3.2.5.1.13 Entgelte, Gebühren,

3.2.5.2.14 anlässlich der Sicherheitsprüfung festgestellte Mängel,

3.2.5.2.15 Dokumentation der gemessenen Bezugswerte (Referenzwerte, Druckwerte, Betätigungskräfte) oder, wenn diese nicht vorliegen, die Bremswerte der Betriebs- und Feststellbremse und die daraus ermittelten Abbremsungen,

3.2.5.1.16 die Entscheidung über die Zuteilung der Prüfmarke,

3.2.5.1.17 die Anordnung der Wiedervorführpflicht.

3.2.5.2 Folgende Daten müssen gelöscht werden, es sei denn, dass der Löschung gesetzliche Aufbewahrungsfristen entgegenstehen:

3.2.5.2.1 Zweitschriften der Prüfprotokolle nach § 29 Absatz 10 Satz 3 auch bei elektronischer Speicherung nach der in Nummer 3.2.5.2.2 Satz 2 genannten Zeitdauer oder

3.2.5.2.2 die unter den Nummern 3.2.5.1.2, 3.2.5.1.6 und 3.2.5.1.11 aufgeführten Daten unverzüglich nach der Speicherung der Zweitschriften der Prüfprotokolle. Die Zeitdauer umfasst den für das Fahrzeug vorgeschriebenen Zeitabstand der Sicherheitsprüfungen, gerechnet vom Monat der Ausstellung des Prüfprotokolls, verlängert um drei Monate.

4   **Untersuchungsstellen zur Durchführung von Hauptuntersuchungen und Untersuchungen der Abgase sowie Sicherheitsprüfungen und wiederkehrenden Gasanlagenprüfungen**

4.1   Hauptuntersuchungen und Untersuchungen der Abgase der Kraftfahrzeuge nach Nummer 3.1.1.1 sowie Sicherheitsprüfungen und wiederkehrende Gasanlagenprüfungen dürfen von den hierzu berechtigten Personen nur an den Untersuchungsstellen durchgeführt werden, die die Vorschriften der Anlage VIIId erfüllen. Die Untersuchungsstellen der Technischen Prüfstellen und der amtlich anerkannten Überwachungsorganisationen sind der zuständigen obersten Landesbehörde oder den von ihr bestimmten oder nach Landesrecht zuständigen Stellen unter Angabe der Ausstattungsmerkmale gemäß Anlage VIIId sowie der zu untersuchenden und prüfenden Fahrzeugarten zu melden. Darüber hinaus sind die Prüfstellen und auf Anforderung die anderen Untersuchungsstellen zur Anerkennung zu melden.

4.2   Die Hauptuntersuchungen durch aaSoP der Technischen Prüfstellen sollen in der Regel in deren Prüfstellen nach Nummer 2.1 der Anlage VIIId, die Hauptuntersuchungen durch die amtlich anerkannten Überwachungsorganisationen sollen in der Regel in Prüfstützpunkten nach Nummer 2.2 der Anlage VIIId oder auf Prüfplätzen nach Nummer 2.3 der Anlage VIIId durchgeführt werden.

4.3   Die zuständige oberste Landesbehörde oder die von ihr bestimmten oder nach Landesrecht zuständigen Stellen oder die zuständige Anerkennungsstelle können selbst prüfen oder durch von ihr bestimmte sachverständige Personen oder Stellen prüfen lassen, ob die für die Untersuchungsstellen geltenden Vorschriften eingehalten sind. Technische Prüfstellen und amtlich anerkannte Überwachungsorganisationen müssen die erstmalige Überprüfung jeweils für ihren Bereich selbst durchführen, wenn die nach § 10 Absatz 1 des Kraftfahrsachverständigengesetzes zuständige Stelle oder die nach Nummer 1 der Anlage VIIIb zuständige Anerkennungsstelle sie dazu beauftragt hat; Nummer 4.1 bleibt unberührt. Die regelmäßig wiederkehrende Prüfung von Prüfstützpunkten nach Nummer 2.2 der Anlage VIIId erfolgt hierbei mindestens alle drei Jahre durch die in Nummer 1.1 Satz 1 der Anlage VIIIc genannten Stellen. Die mit der Prüfung beauftragten Personen sind befugt, Grundstücke und Geschäftsräume, die zur gemeldeten Untersuchungsstelle gehören, während der Geschäfts- und Betriebszeiten zu betreten, dort Prüfungen und Besichtigungen vorzunehmen und die vorgeschriebenen Aufzeichnungen einzusehen. Der Inhaber der Untersuchungsstelle hat diese Maßnahmen zu dulden, soweit erforderlich die beauftragten Personen dabei zu unterstützen und auf Verlangen die vorgeschriebenen Aufzeichnungen vorzulegen. Der Inhaber der Untersuchungsstelle hat die Kosten der Prüfung zu tragen.

4.4   Die nach Nummer 4.3 Satz 3 zuständigen Stellen führen einen Nachweis über die durchgeführten Überprüfungen der Prüfstützpunkte und teilen die Ergebnisse, insbesondere Abweichungen von Nummer 3 der Anlage VIIId, den dort tätigen Technischen Prüfstellen und Überwachungsorganisationen mit.

Anlage VIIIa[1]
(§ 29 Absatz 1 und 3, Anlage VIII Nummer 1.2)

Durchführung der Hauptuntersuchung

1 Durchführung und Gegenstand der Hauptuntersuchung

Bei der Durchführung der Hauptuntersuchung (HU) hat der amtlich anerkannte Sachverständige oder Prüfer für den Kraftfahrzeugverkehr (im Folgenden als aaSoP bezeichnet) oder der von einer amtlich anerkannten Überwachungsorganisation betraute Prüfingenieur (im Folgenden als PI bezeichnet) die Einhaltung

1. der für diese Untersuchung geltenden Vorschriften des § 29 und der Anlage VIII sowie
2. der dazu im Verkehrsblatt vom Bundesministerium für Verkehr und digitale Infrastruktur im Benehmen mit den zuständigen obersten Landesbehörden bekannt gemachten Richtlinien

oder, soweit solche nicht vorliegen,

3. diesbezüglicher Vorgaben nach Nummer 2 der Anlage VIIIe für die Pflicht- und Ergänzungsuntersuchungen

zu überprüfen.

Zusätzlich müssen bei der Durchführung der HU Prüfhinweise befolgt werden, die vom „Arbeitskreis Erfahrungsaustausch in der technischen Fahrzeugüberwachung nach § 19 Absatz 3 und § 29 StVZO" (AKE) erarbeitet, bereitgestellt und den betroffenen Fahrzeugherstellern oder -importeuren mitgeteilt wurden.

Die Durchführung der HU erstreckt sich auf das Fahrzeug mit den unter den Nummern 6.1 bis 6.10 aufgeführten Bauteilen und Systemen. Bei Fahrzeugen mit eigener Bremsanlage hat die HU zum Beginn zur Konditionierung und Prüfung der Fahrzeuge eine kurze Fahrt mit einer Geschwindigkeit von mindestens 8 km/h zu beinhalten.

2 Umfang der Hauptuntersuchung

Die Entscheidung, ob zusätzlich zur Pflichtuntersuchung auch eine Ergänzungsuntersuchung durchzuführen ist, liegt im pflichtgemäßen Ermessen des aaSoP oder PI; jedoch muss unter Beachtung von Nummer 1

2.1 die Hauptuntersuchung mindestens die unter der Nummer 6.1 bis 6.10 vorgeschriebene Pflichtuntersuchungen umfassen. Wurde die Untersuchung

2.1.1 des Motormanagement-/Abgasreinigungssystems nach Nummer 3.1.1.1 der Anlage VIII

oder

2.1.2 der Gasanlagen im Antriebssystem nach Nummer 3.1.1.2 der Anlage VIII

jeweils als eigenständiger Teil durchgeführt, verringert sich für den aaSoP oder PI der Umfang der von ihm durchzuführenden Pflichtuntersuchungen um diese eigenständigen Teile.

2.2 der aaSoP oder PI zusätzlich Ergänzungsuntersuchungen durchführen, wenn auf Grund des Zustandes oder des Alters des Fahrzeugs, Bauteils oder Systems die Vermutung besteht, dass bei den entsprechenden Untersuchungspunkten eine über die Pflichtuntersuchung hinausgehende vertiefte Untersuchung erforderlich ist. Dabei sind die unter den Nummern 6.1 bis 6.10 jeweils zu treffenden Ergänzungsuntersuchungen dann zu erweitern, wenn dies zur Feststellung der Verkehrssicherheit, Umweltverträglichkeit und Vorschriftsmäßigkeit des Fahrzeugs erforderlich ist, sowie bei Überschreitungen des Vorführtermins zur HU um mehr als zwei Monate. Dies gilt in gleicher Weise, wenn unzulässige technische Änderungen am Fahrzeug, an Bauteilen oder Systemen vermutet werden.

2.3 an einem Fahrzeug, für das eine vorgeschriebene Sicherheitsprüfung (SP) nicht nachgewiesen werden kann, zusätzlich eine SP durchgeführt werden. Der Umfang der HU mindert sich dabei um die Prüfpunkte der zusätzlich durchgeführten SP. In diesem Fall ist vom aaSoP oder PI zusätzlich das Prüfprotokoll über die SP zu erstellen. Die Vorschriften der Nummer 3.2.2 der Anlage VIII gelten entsprechend.

3 Beurteilung der bei Hauptuntersuchungen festgestellten Mängel und deren Weitergabe

3.1 Werden bei HU an Fahrzeugen Mängel nach Nummer 3.1.4 der Anlage VIII festgestellt, sind diese vom aaSoP oder PI zu beurteilen. Dies gilt auch, wenn die Untersuchung des Motormanagement-/Abgasreinigungssystems als eigenständiger Teil nach Maßgabe von Nummer 3.1.1.1 der Anlage VIII durch-

---

1 Anm. d. Red.:
Beachte die Übergangsbestimmungen nach § 72 Absatz 2 Nummer 8.

Straßenverkehrs-Zulassungs-Ordnung Anlage VIIIa – StVZO | 03

geführt wurde. Die Beurteilung und die Zuordnung der Mängel müssen nach der hierzu im Verkehrsblatt vom Bundesministerium für Verkehr und digitale Infrastruktur im Benehmen mit den zuständigen obersten Landesbehörden bekannt gemachten Richtlinie vorgenommen werden. Die Anwendung der Richtlinie einschließlich der ordnungsgemäßen Beurteilung der Fahrzeuge durch die aaSoP/PI haben die Technischen Prüfstellen und Überwachungsorganisationen sicherzustellen.

3.2 Die bei den HU festgestellten Mängel und/oder festgestellte Ausbauten von sicherheits- oder umweltrelevanten Fahrzeugeinrichtungen sowie Rückrüstungen oder Hochrüstungen der Fahrzeuge bezogen auf einen zum Zeitpunkt des erstmals in den Verkehr kommenden Vorschriftenstandes sind von den Technischen Prüfstellen und amtlich anerkannten Überwachungsorganisationen der Zentralen Stelle nach Anlage VIIIe und einer hierzu im Verkehrsblatt vom Bundesministerium für Verkehr und digitale Infrastruktur im Benehmen mit den zuständigen obersten Landesbehörden bekannt gemachten Richtlinie mindestens halbjährlich zu melden.

4 Untersuchungskriterien

Das Fahrzeug ist hinsichtlich der Ausführung, des Zustandes, der Funktion und der Wirkung seiner Bauteile und Systeme zu untersuchen.

4.1 Die Untersuchung der Ausführung hat visuell und/oder elektronisch – auch über die elektronische Fahrzeugschnittstelle – auf

4.1.1 eine vorgegebene Gestaltung,

4.1.2 eine vorgegebene Anbringung/Anzahl,

4.1.3 eine vorgegebene Schaltung (Verbauprüfung),

4.1.4 eine erforderliche Kennzeichnung (Identifizierung)

zu erfolgen.

4.2 Die Untersuchung des Zustandes hat visuell und/oder manuell und/oder elektronisch ⊠ auch über die elektronische Fahrzeugschnittstelle ⊠ auf

4.2.1 Beschädigung, Korrosion und Alterung,

4.2.2 übermäßigen Verschleiß und übermäßiges Spiel,

4.2.3 sachgemäße Befestigung, Sicherung, Montage und Verlegung,

4.2.4 Freigängigkeit und Leichtgängigkeit

zu erfolgen.

4.3 Die Untersuchung der Funktion hat visuell und/oder manuell und/oder elektronisch – auch über die elektronische Fahrzeugschnittstelle – zu erfolgen. Dabei ist zu prüfen, ob nach der Betätigung von Pedalen, Hebeln, Schaltern oder sonstigen Bedienungseinrichtungen, die einen Vorgang auslösen, dieser Vorgang zeitlich und funktionell richtig abläuft.

4.4 Die Untersuchung der Wirkung ist eine messtechnische Untersuchung – die auch Rechenvorgänge impliziert – eines Bauteils oder Systems auf Einhalten oder Erreichen von vorgegebenen Grenzwerten; sie kann auch über die elektronische Fahrzeugschnittstelle erfolgen.

5 Anforderungen an die Durchführung der Untersuchung

Die Durchführung der Untersuchung hat zerstörungsfrei und ohne Ausbau von Fahrzeugeinrichtungen und -teilen zu erfolgen.

Bei Untersuchungen über die elektronische Fahrzeugschnittstelle ist sicherzustellen, dass

5.1 keine der im elektronischen Ergebnisspeicher abgelegten Einträge geändert oder gelöscht,

5.2 keine neuen Einträge im elektronischen Ergebnisspeicher vorgenommen,

5.3 die implementierten Diagnosefunktionen nicht beeinträchtigt

und

5.4 keine sonstigen negativen Beeinträchtigungen der Fahrzeuge oder Fahrzeugeinrichtungen durch die Untersuchung vorgenommen

werden können.

6 Untersuchung

Untersuchungspunkt (Bauteil, System)	Untersuchungskriterium	
	Pflichtuntersuchungen	Ergänzungsuntersuchungen (Beispiele)

6.1 Bremsanlage

Gesamtanlage	• Einhaltung von Vorgaben
	• Betriebsbremswirkung
	• Feststellbremswirkung
	• Gleichmäßigkeit
	• Funktion der Dauerbremsanlage
	  – *Auffälligkeiten*
	• Abstufbarkeit/Zeitverhalten
	  – *Auffälligkeiten*
	• Löseverhalten
		• Hilfsbremswirkung
		• Funktion des automatischen Blockierverhinderers
		• Dichtheit

Einrichtungen zur Energiebeschaffung	• Füllzeit – *Auffälligkeiten*	
Einrichtungen zur Energiebevorratung	• Zustand – *Auffälligkeiten* • Funktion der Entwässerungseinrichtung	• Zustand • Ausführung
Betätigungs- und Übertragungseinrichtungen	• Zustand – *Auffälligkeiten*	
Auflaufeinrichtung	• Zustand – *Auffälligkeiten* • Funktion	• Zustand • Ausführung
Steuer- und Regeleinrichtungen (Ventile)	• Zustand – *Auffälligkeiten bei Druckluftbremsanlagen:* • Einstellung und Funktion des automatisch lastabhängigen Bremskraftreglers • Funktion der Abreißsicherung • Funktion der selbsttätigen Bremsung • Funktion des Löseventils am Anhänger • Funktion der Drucksicherung (bei nicht SP-pflichtigen Fahrzeugen)	• Zustand • Ausführung • Funktion des Bremskraftverstärkers • Funktion der Drucksicherung
Radbremse/Zuspanneinrichtung	• Zustand – *Auffälligkeiten* • Funktion	• Zustand • Funktion der Nachstelleinrichtung • Einstellung • Ausführung
Prüfeinrichtungen und Prüfanschlüsse	• Zustand – *Auffälligkeiten*	
Kontroll- und Warneinrichtungen	• Funktion	

6.2 Lenkanlage

Gesamtanlage	• Einhaltung von Vorgaben	

Betätigungseinrichtungen	• Zustand
	  – *Auffälligkeiten*
	• Ausführung
	  – *Zulässigkeit*
	• Funktion der Lenkanlage
		• Zustand
		• Lenkkräfte
		  – *Auffälligkeit, Zulässigkeit*

Übertragungseinrichtungen	• Zustand – *Auffälligkeiten*	• Zustand • Einstellung
Lenkhilfe	• Funktion	• Zustand • Dichtheit
Lenkungsdämpfer	• Zustand	

Straßenverkehrs-Zulassungs-Ordnung — Anlage VIIIa – StVZO | 03

Untersuchungspunkt (Bauteil, System)	Untersuchungskriterium	
	Pflichtuntersuchungen	Ergänzungsuntersuchungen (Beispiele)

6.3 Sichtverhältnisse

Gesamtsystem	• Einhaltung von Vorgaben	
Scheiben	• Zustand – Auffälligkeiten • Beeinträchtigung des Sichtfeldes	• Zustand • Ausführung – Zulässigkeit
Rückspiegel	• Zustand – Auffälligkeiten • Ausführung, Anzahl – Zulässigkeit	• Zustand • Beeinträchtigung der Sicht
Scheibenwischer	• Zustand – Auffälligkeiten • Funktion	• Zustand
Scheibenwaschanlage	• Funktion	

6.4 Lichttechnische Einrichtungen und andere Teile der elektrischen Anlage

Gesamtsystem	• Einhaltung von Vorgaben	

6.4.1 Aktive lichttechnische Einrichtungen

Scheinwerfer und Leuchten	• Zustand – Auffälligkeiten • Ausführung – Zulässigkeit • Anzahl – Zulässigkeit • Funktion • Einstellung der Scheinwerfer	• Zustand • Prüfzeichen • Blinkfrequenz von Fahrtrichtungsanzeiger und Warnblinkanlage • Anbaumaße und Sichtwinkel – Zulässigkeit

6.4.2 Passive lichttechnische Einrichtungen

Rückstrahler und retroreflektierende Einrichtungen	• Zustand – Auffälligkeiten • Ausführung – Zulässigkeit • Anzahl – Zulässigkeit	• Zustand • Prüfzeichen • Anbaumaße und Sichtwinkel – Zulässigkeit

6.4.3 Andere Teile der elektrischen Anlage

elektrische Leitungen	• Zustand – Auffälligkeiten	• Zustand • Verlegung, Absicherung
Batterien	• Zustand – Auffälligkeiten	• Zustand
elektrische Verbindungseinrichtungen	• Zustand – Auffälligkeiten • Ausführung – Zulässigkeit • Anzahl – Zulässigkeit	• Zustand • Funktion (Kontaktbelegung)
Kontroll- und Warneinrichtungen	• Funktion	
andere Teile	• ZustandAuffälligkeiten	• Zustand

Untersuchungspunkt (Bauteil, System)	Untersuchungskriterium	
	Pflichtuntersuchungen	Ergänzungsuntersuchungen (Beispiele)

6.5 Achsen, Räder, Reifen, Aufhängungen

Untersuchungspunkt	Pflichtuntersuchungen	Ergänzungsuntersuchungen
Gesamtsystem	• Einhaltung von Vorgaben	
Achsen	• Zustand – *Auffälligkeiten*	• Zustand • Art und Qualität der Reparaturausführung
Aufhängung	• Zustand – *Auffälligkeiten* • Ausführung – *Zulässigkeit* (Kraftrad)	• Zustand
Federn, Stabilisator	• Zustand – *Auffälligkeiten*	• Zustand • Ausführung – *Zulässigkeit*
pneumatische und hydropneumatische Federung	• Zustand – *Auffälligkeiten*	• Zustand • Funktion und Einstellung der Ventile
Schwingungsdämpfer/Achsdämpfung	• Zustand – *Auffälligkeiten* • Ausführung – *Zulässigkeit*	• Zustand
Räder	• Zustand – *Auffälligkeiten* • Ausführung – *Zulässigkeit*	• Zustand
Reifen	• Zustand – *Auffälligkeiten* • Ausführung – *Zulässigkeit*	• Zustand

6.6 Fahrgestell, Rahmen, Aufbau; daran befestigte Teile

Untersuchungspunkt	Pflichtuntersuchungen	Ergänzungsuntersuchungen
Gesamtsystem	• Einhaltung von Vorgaben	
Rahmen/tragende Teile	• Zustand – *Auffälligkeiten*	• Zustand
Aufbau	• Zustand – *Auffälligkeiten* • Ausführung – *Zulässigkeit*	• Zustand
Unterfahrschutz/seitliche Schutzvorrichtung	• Zustand – *Auffälligkeiten* • Ausführung – *Zulässigkeit*	• Zustand
mechanische Verbindungseinrichtungen	• Zustand – *Auffälligkeiten*	• Zustand • Ausführung – *Zulässigkeit* • Funktion
Stützeinrichtungen	• Zustand – *Auffälligkeiten*	• Zustand • Funktion
Reserveradhalterung	• Zustand – *Auffälligkeiten* • Ausführung – *Zulässigkeit*	• Zustand • Funktion
Heizung (nicht elektrisch und nicht mit Motorkühlmittel als Wärmequelle)	• Zustand – *Auffälligkeiten* • Ausführung	• Zustand • Prüf- bzw. Austauschfristen • Funktion

Straßenverkehrs-Zulassungs-Ordnung　　　　　　　　　　Anlage VIIIa – StVZO | 03

Untersuchungspunkt (Bauteil, System)	Untersuchungskriterium	
	Pflichtuntersuchungen	Ergänzungsuntersuchungen (Beispiele)

Kraftradverkleidung	• Zustand
	  – Auffälligkeiten
	• Ausführung
	  – Zulässigkeit
		• Zustand

andere Teile	• Zustand
	  – Auffälligkeiten
		• Zustand
		• Ausführung
		  – Zulässigkeit

Antrieb	• Zustand – Auffälligkeiten	• Zustand

6.7　　Sonstige Ausstattungen
6.7.1　Ausstattungen für aktive und passive Sicherheit

Sicherheitsgurte oder andere Rückhaltesysteme	• Einhaltung von Vorgaben
	• Zustand
	  – Auffälligkeiten
	• Anzahl, Anbringung
	  – Zulässigkeit
		• Ausführung
		  – Zulässigkeit
		• Funktion

Airbag	• Einhaltung von Vorgaben	• Einhaltung der vom Hersteller vorgegebenen Austauschfrist
Überrollschutz	• Einhaltung von Vorgaben	
fahrdynamische Systeme mit Eingriff in die Brems-/Lenkanlage	• Einhaltung von Vorgaben	
sonstige Ausstattungen	• Einhaltung von Vorgaben	

6.7.2　Weitere Ausstattungen

Sicherung gegen unbefugte Benutzung/Diebstahlsicherung/ Alarmanlage	• Ausführung – Zulässigkeit • Funktion	• Zustand

Unterlegkeile	• Zustand
	  – Auffälligkeiten
	• Ausführung, Anzahl, Anbringung
	  – Zulässigkeit
		• Zustand

Einrichtungen für Schallzeichen	• Ausführung – Zulässigkeit • Funktion	• Zustand
Warndreieck/Warnleuchte/ Warnweste, Verbandskasten	• Ausführung – Zulässigkeit	• Zustand
Geschwindigkeitsmessgerät	• Ausführung – Zulässigkeit • Funktion	• Genauigkeit
Fahrtschreiber/Kontrollgerät	• Vorhandensein von Einbauschild und Verplombung • Einhaltung der Prüffrist	• Zustand • Funktion
Geschwindigkeitsbegrenzer	• Einhaltung von Vorgaben • Ausführung, Einbau – Zulässigkeit • Vorhandensein von Prüfbescheinigung bzw. Verplombung • Funktion, falls durchführbar	• Zustand • Manipulationssicherheit • Funktion

Geschwindigkeitsschild(er)	• Zustand
	  – Auffälligkeiten
	• Ausführung, Anzahl, Anbringung
	  – Zulässigkeit
		• Zustand

weitere sicherheitsrelevante Ausstattungen	• Einhaltung von Vorgaben	

Untersuchungspunkt (Bauteil, System)	Untersuchungskriterium	
	Pflichtuntersuchungen	Ergänzungsuntersuchungen (Beispiele)

6.8 Umweltbelastung
6.8.1 Geräusche
6.8.1.1 Fahrzeuge allgemein

Schalldämpferanlage	• Zustand – *Auffälligkeiten* • Ausführung – *Zulässigkeit* • Geräuschentwicklung – *Auffälligkeiten*	• Zustand • Messung Standgeräusch
Motor/Antrieb/Aufbau/Kapselung	• Geräuschentwicklung – *Auffälligkeiten*	• Zustand • Messung Fahrgeräusch

6.8.1.2 Krafträder

Schalldämpferanlage	• Zustand – *Auffälligkeiten* • Ausführung – *Zulässigkeit, Kennzeichnung der Auspuffanlage* • Geräuschentwicklung – *Auffälligkeiten*	• Zustand • Messung Standgeräusch bei nicht nachgewiesener Zulässigkeit • Messung Standgeräusch
Motor/Antrieb/Aufbau/Kapselung	• Geräuschentwicklung – *Auffälligkeiten*	• Zustand • Messung Fahrgeräusch

6.8.2 Abgase
6.8.2.1 Kraftfahrzeuge ohne On-Board-Diagnosesystem (Anlage VIII Nummer 1.2.1.1 Buchstabe b)

schadstoffrelevante Bauteile/Abgasanlage	• Zustand – *Auffälligkeiten* • Ausführung – *Zulässigkeit*	
Abgasreinigungssystem	• Abgasverhalten – *Zulässigkeit*	

6.8.2.2 Kraftfahrzeuge mit On-Board-Diagnosesystem (Anlage VIII Nummer 1.2.1.1 Buchstabe a)

schadstoffrelevante Bauteile/Abgasanlage	• Zustand – *Auffälligkeiten* • Ausführung – *Zulässigkeit*	
Motormanagement-/Abgasreinigungssysteme	• Abgasverhalten – *Zulässigkeit* • OBD-Daten (Modus 01) – *Zulässigkeit*	• OBD-Fehlercodes (Modus 03) – *Zulässigkeit*

6.8.3 Elektromagnetische Verträglichkeit

Zündanlage/andere elektrische und elektronische Einrichtungen	• Zustand – *Auffälligkeiten*	

Straßenverkehrs-Zulassungs-Ordnung Anlage VIIIa – StVZO | 03

Untersuchungspunkt (Bauteil, System)	Untersuchungskriterium	
	Pflichtuntersuchungen	Ergänzungsuntersuchungen (Beispiele)

6.8.4 Verlust von Flüssigkeiten

Motor/Antrieb/Lenkanlage/Tank/ Kraftstoffleitungen/Bremsanlage/ Klimaanlage/Batterie	• Zustand – Auffälligkeiten • Ausführung – Zulässigkeit	• Zustand • Dichtheit

6.8.5 Gasanlagen im Antriebssystem von Kraftfahrzeugen

gesamte Gasanlage	• Zustand – Auffälligkeiten • Ausführung – Zulässigkeit • Dichtheit	• Zustand • Kennzeichnungen der Bauteile

6.8.6 Wasserstoffanlagen im Antriebssystem von Kraftfahrzeugen

gesamte Wasserstoffanlage	• Einhaltung von Vorgaben	

6.8.7 Elektrischer Antrieb von Kraftfahrzeugen

gesamter elektrischer Antrieb	• Einhaltung von Vorgaben	

6.8.8 Hybridantrieb von Kraftfahrzeugen

gesamter Antrieb	• Einhaltung von Vorgaben	

6.9 Zusätzliche Untersuchungen an Kraftfahrzeugen, die zur gewerblichen Personenbeförderung eingesetzt sind

einzelne Systeme	• Einhaltung von Vorgaben	

6.9.1 Kraftfahrzeuge zur Personenbeförderung mit mehr als acht Fahrgastsitzplätzen

Gesamtsystem	• Einhaltung von Vorgaben	
Ein-, Aus- und Notausstiege	• Zustand – Auffälligkeiten • Ausführung, Anzahl – Zulässigkeit • Funktion der Reversiereinrichtung	• Zustand • Funktion
Hebeeinrichtungen/Hublifte, fremdkraftbetätigte Rampen	• Zustand – Auffälligkeiten • Funktion	• Zustand • Funktion
Bodenbelag und Trittstufen	• Zustand – Auffälligkeiten • Ausführung	• Zustand
Platz für Fahrer und Begleitpersonal	• Zustand – Auffälligkeiten • Ausführung	
Sitz-/Steh-/Liegeplätze, Durchgänge	• Zustand – Auffälligkeiten • Ausführung, Anzahl – Zulässigkeit	• Zustand • Übereinstimmung mit Angaben auf Schild
Festhalteeinrichtungen, Rückhalteeinrichtungen	• Zustand – Auffälligkeiten • Ausführung, Anzahl, Anbringung – Zulässigkeit • Funktion	• Ausführung – Zulässigkeit

Untersuchungspunkt (Bauteil, System)	Untersuchungskriterium	
	Pflichtuntersuchungen	Ergänzungsuntersuchungen (Beispiele)
Fahrgastverständigungssystem	• Funktion	• Zustand
Innenbeleuchtung	• Funktion	• Zustand
Ziel-/Streckenschild, Liniennummer	• Ausführung	• Funktion der Beleuchtungseinrichtung • Zustand
Unternehmeranschrift	• Ausführung	
Feuerlöscher	• Einhaltung der Prüffrist	• Zustand
Brand-/Rauchmelder	• Funktion	• Zustand
Verbandkästen einschließlich Inhalt und Unterbringung	• Zustand – Auffälligkeiten • Ausführung	• Zustand

6.9.2 Taxi

Untersuchungspunkt	Pflichtuntersuchungen	Ergänzungsuntersuchungen
Gesamtsystem	• Einhaltung von Vorgaben	
Taxischild/Beleuchtungseinrichtung	• Ausführung	• Zustand • Funktion
Fahrzeugfarbe	• Ausführung – Zulässigkeit	
Unternehmeranschrift	• Ausführung	
Fahrpreisanzeiger	• Ausführung • Verplombung	• Zustand
Alarmeinrichtung	• Ausführung – Zulässigkeit • Funktion	• Zustand

6.9.3 Krankenkraftwagen

Untersuchungspunkt	Pflichtuntersuchungen	Ergänzungsuntersuchungen
Kennzeichnung	• Ausführung, Anbringung – Zulässigkeit	• Zustand
Inneneinrichtung	• Ausführung	• Zustand

6.10 Identifizierung und Einstufung des Fahrzeugs

Untersuchungspunkt	Pflichtuntersuchungen	Ergänzungsuntersuchungen
Fahrzeug-Identifizierungsnummer	• Zustand – Auffälligkeiten • Ausführung – Übereinstimmung mit den Fahrzeugdokumenten	• Zustand
Fabrikschild	• Ausführung, Anbringung – Zulässigkeit	• Übereinstimmung mit den Fahrzeugdokumenten
Nachweis der Übereinstimmung mit der Richtlinie 96/53/EG	• Zustand – Auffälligkeiten • Ausführung – Auffälligkeiten	• Übereinstimmung mit den tatsächlichen Maßen
amtliches Kennzeichen (vorne und hinten)	• Zustand • Ausführung	
Fahrzeugdokumente	• Übereinstimmung der Angaben mit den tatsächlichen Verhältnissen	

Anlage VIIIb
(Anlage VIII Nummer 3.1 und 3.2)

Anerkennung von Überwachungsorganisationen

1   Allgemeines

Die Anerkennung von Überwachungsorganisationen zur Durchführung von Hauptuntersuchungen, Abgasuntersuchungen und Sicherheitsprüfungen (im Folgenden als HU und SP bezeichnet) sowie Abnahmen (§ 19 Absatz 3 Satz 1 Nummer 3 oder 4) obliegt der zuständigen obersten Landesbehörde oder den von ihr bestimmten oder nach Landesrecht zuständigen Stellen (Anerkennungsbehörden).

2   Voraussetzungen für die Anerkennung

Die Anerkennung kann erteilt werden, wenn

2.1   die Überwachungsorganisation eine geeignete Stelle im Anerkennungsgebiet unterhält, die die für alle von der Anerkennungs- und Aufsichtsbehörde zu überwachenden Vorgänge notwendigen Unterlagen bereithält und bei der der technische Leiter oder sein Vertreter nach Nummer 5 im Geltungsbereich dieser Verordnung erreichbar ist,

2.1a   die Prüfingenieure, die in der Überwachungsorganisation tätig werden sollen, von keiner anderen Überwachungsorganisation betraut sind,

2.1b   sie für die gesamte Überwachungsorganisation ein Qualitätsmanagementsystem unterhält, das mindestens den Anforderungen der DIN EN ISO/IEC 17020:2012 entspricht, deren Erfüllung gegenüber der Deutschen Akkreditierungsstelle nachzuweisen ist; die Anerkennungsbehörde kann bis zum 31. Dezember 2020 von den Nummern 6.2.6 und 6.2.7 DIN EN ISO/IEC 17020:2012 abweichende Anforderungen zulassen, die durch das Bundesministerium für Verkehr und digitale Infrastruktur im Benehmen mit den zuständigen obersten Landesbehörden bestimmt und im Verkehrsblatt öffentlich bekannt gemacht werden; soweit eine Überwachungsorganisation von diesen abweichenden Anforderungen Gebrauch macht, weist sie die Einhaltung dieser abweichenden sowie der sonstigen sich aus DIN EN ISO/IEC 17020:2012 ergebenden Anforderungen gegenüber der Deutschen Akkreditierungsstelle nach; die Deutsche Akkreditierungsstelle bestätigt der Überwachungsorganisation die Erfüllung der Anforderungen durch eine Bescheinigung,

2.2   die nach Gesetz, Vertrag oder Satzung zur Vertretung der Überwachungsorganisation berufenen Personen persönlich zuverlässig sind,

2.3   auf Grund der personellen und sachlichen Ausstattung zu erwarten ist, dass die Überwachungsorganisation die HU und SP sowie die Abnahmen ordnungsgemäß, gleichmäßig nach Maßgabe der geltenden Vorschriften und Vorgaben durchführen wird, und sie sich verpflichtet, Sammlung, Auswertung und Austausch der Ergebnisse und Prüferfahrungen sowie qualitätssichernde Maßnahmen innerhalb der Überwachungsorganisation sicherzustellen und gemeinsam mit anderen Überwachungsorganisationen und den Technischen Prüfstellen die gewonnenen Erkenntnisse regelmäßig im „Arbeitskreis Erfahrungsaustausch in der technischen Fahrzeugüberwachung nach § 19 Absatz 3 und § 29 StVZO (AKE)" nach der vom Bundesministerium für Verkehr und digitale Infrastruktur in Benehmen mit den zuständigen obersten Landesbehörden bekannt gemachten Richtlinien auszutauschen,

2.4   die Überwachungsorganisation durch Einrichtung eines innerbetrieblichen Revisionsdienstes sicherstellt, dass die Ergebnisse für die Innenrevision und die Aufsichtsbehörde so gesammelt und ausgewertet werden, dass jederzeit die Untersuchungs- und Prüfqualität für einen beliebigen Zeitraum innerhalb der letzten drei Jahre nachvollzogen werden kann, und dass die Ergebnisse mit denjenigen anderer Überwachungsorganisationen und denen der Technischen Prüfstellen einwandfrei vergleichbar sind,

2.5   die Überwachungsorganisation sicherstellt, dass die mit der Durchführung der HU und SP sowie der Abnahmen betrauten Personen an mindestens fünf Tagen pro Jahr an regelmäßigen Fortbildungen teilnehmen, die den Anforderungen des vom Bundesministerium für Verkehr und digitale Infrastruktur mit Zustimmung der obersten Landesbehörden im Verkehrsblatt bekannt gegebenen Aus- und Fortbildungsplans entsprechen,

2.6   für die mit der Durchführung der HU und SP sowie der Abnahmen betrauten Personen eine ausreichende Haftpflichtversicherung zur Deckung aller im Zusammenhang mit den HU und SP sowie der Abnahmen entstehenden Ansprüche besteht und aufrechterhalten wird und die Überwachungsorganisation das Land, in dem sie tätig wird, von allen Ansprüchen Dritter wegen Schäden freistellt, die durch Vertretung der Überwachungsorganisation berufenen Personen, den technischen Leiter, dessen Vertreter oder die mit der Durchführung der HU und SP sowie der Abnahmen betrauten Personen in Ausübung

	der ihnen übertragenen Aufgaben verursacht werden, und dafür den Abschluss einer entsprechenden Versicherung nachweist und aufrechterhält,
2.6a	die Überwachungsorganisation mindestens über eine auch zur Fortbildung und zum Erfahrungsaustausch geeignete Prüfstelle im jeweiligen Anerkennungsgebiet verfügt; mit Zustimmung der zuständigen Anerkennungsbehörde kann darauf in ihrem Anerkennungsgebiet verzichtet werden, und
2.7	dadurch das Prüfangebot durch das Netz der Technischen Prüfstellen zu angemessenen Bedingungen für die Fahrzeughalter (zum Beispiel hinsichtlich der Anfahrtswege und der Gebühren) nicht gefährdet ist; Nummer 2.1.2 der Anlage VIIId ist zu berücksichtigen.

3   Anforderungen an Prüfingenieure (PI)

Die Überwachungsorganisation darf ihr angehörende Personen mit der Durchführung der HU und SP betrauen, wenn diese

3.1	mindestens 23 Jahre alt sind,
3.2	geistig und körperlich geeignet sowie zuverlässig sind,
3.3	die Fahrerlaubnis für Kraftfahrzeuge sämtlicher Klassen, außer Klassen D und D1, besitzen und gegen sie kein Fahrverbot nach § 25 des Straßenverkehrsgesetzes oder § 44 des Strafgesetzbuchs besteht oder der Führerschein nach § 94 der Strafprozessordnung in Verwahrung genommen, sichergestellt oder beschlagnahmt ist,
3.4	als Vorbildung ein Studium des Maschinenbaufachs, des Kraftfahrzeugbaufachs oder der Elektrotechnik an einer im Geltungsbereich dieser Verordnung gelegenen oder an einer als gleichwertig anerkannten Hochschule oder öffentlichen oder staatlich anerkannten Fachhochschule erfolgreich abgeschlossen haben,
3.5	an einer mindestens sechs Monate dauernden Ausbildung teilgenommen haben, die den Anforderungen des Aus- und Fortbildungsplans entspricht, der vom Bundesministerium für Verkehr und digitale Infrastruktur mit Zustimmung der obersten Landesbehörden im Verkehrsblatt bekannt gegeben wird; die Dauer der Ausbildung kann bis auf drei Monate verkürzt werden, wenn eine mindestens dreijährige hauptberufliche Tätigkeit als Kraftfahrzeugsachverständiger nachgewiesen wird,
3.6	ihre fachliche Eignung durch eine Prüfung entsprechend den Vorschriften der §§ 2 bis 14 der Verordnung zur Durchführung des Kraftfahrsachverständigengesetzes vom 24. Mai 1972 (BGBl. I S. 854), die zuletzt durch Artikel 2 der Verordnung vom 7. Januar 2011 (BGBl. I S. 3) geändert worden ist, in der jeweils geltenden Fassung nachgewiesen haben; § 2 Absatz 1 Satz 2 letzter Halbsatz des Kraftfahrsachverständigengesetzes gilt entsprechend; die Anmeldung zur Prüfung kann nur durch die Überwachungsorganisation erfolgen, die sie nach Nummer 3.5 ausgebildet hat oder sie mit der Durchführung der HU, SP und Abnahmen nach Bestehen der Prüfungen betrauen will; abweichend von § 2 Absatz 3 Nummer 3 der genannten Verordnung kann anstelle des Leiters einer Technischen Prüfstelle für den Kraftfahrzeugverkehr der technische Leiter einer Überwachungsorganisation in den Prüfungsausschuss berufen werden,
3.6a	von keiner anderen Überwachungsorganisation betraut sind,
3.6b	hauptberuflich als Kraftfahrzeugsachverständige tätig sind,
3.7	und wenn die nach Nummer 1 zuständige Anerkennungsbehörde zugestimmt hat. Die §§ 9 bis 17 des Berufsqualifikationsfeststellungsgesetzes sind entsprechend anzuwenden.
3.8	(aufgehoben)
3.9	Die mit der Durchführung der HU und SP betrauten Personen werden im Sinne dieser Verordnung als Prüfingenieure bezeichnet.
3.10	Erfüllen die mit der Durchführung von HU oder SP betrauten Personen mehr als zwei Jahre nicht mehr die Anerkennungsvoraussetzungen oder gehören mehr als zwei Jahre keiner Technischen Prüfstelle oder Überwachungsorganisation an, so ist eine Ausbildung nach Nummer 3.5 und eine Prüfung nach Nummer 3.6 abzulegen.

4   Abnahmen nach § 19 Absatz 3 Nummer 3 und 4

4.1	Die Überwachungsorganisation darf Personen, die nach Nummer 3 mit der Durchführung der HU und SP betraut werden, außerdem mit der Durchführung von Abnahmen nach § 19 Absatz 3 Satz 1 Nummer 3 und 4 betrauen, wenn
4.1.1	sie für diese Abnahmen an einer mindestens zwei Monate dauernden besonderen Ausbildung teilgenommen,

Straßenverkehrs-Zulassungs-Ordnung Anlage VIIIb – StVZO | 03

4.1.2 sie die fachliche Eignung für die Durchführung von Abnahmen im Rahmen der Prüfung nach Nummer 3.6 nachgewiesen haben, und

4.1.3 wenn die nach Nummer 1 zuständige Anerkennungsbehörde zugestimmt hat.

5 Technischer Leiter und Vertreter

Die Überwachungsorganisation hat einen technischen Leiter und einen Vertreter des technischen Leiters zu bestellen, die den Anforderungen nach den Nummern 3 und 4 genügen müssen. Der technische Leiter hat sicherzustellen, dass die HU und SP sowie die Abnahmen ordnungsgemäß und gleichmäßig durchgeführt werden; er darf hierzu an die mit der Durchführung der HU und SP sowie der Abnahmen betrauten Personen fachliche Weisungen erteilen. Die Aufsichtsbehörde darf dem technischen Leiter fachliche Weisungen erteilen. Die Bestellungen bedürfen der Bestätigung durch die Aufsichtsbehörde. Sie können widerrufen werden, wenn der technische Leiter oder sein Vertreter die von der Aufsichtsbehörde erteilten fachlichen Weisungen nicht beachtet oder sonst keine Gewähr mehr dafür bietet, dass er seine Aufgaben ordnungsgemäß erfüllen wird. Der technische Leiter und sein Vertreter dürfen im Rahmen ihrer Bestellung auch HU, SP und Abnahmen durchführen. Er hat der Aufsichtsbehörde jährlich und zusätzlich auf konkrete Anforderung hin einen Bericht über die Einhaltung der qualitätssichernden Maßnahmen vorzulegen. Der Bericht muss Aufschluss über die durchgeführten Qualitätskontrollen und die eingeleiteten Maßnahmen geben, sofern diese auf Grund eines Verstoßes erforderlich waren.

6 Weitere Anforderungen an die Überwachungsorganisation

6.1 Die HU und SP sowie die Abnahmen sind im Namen und für Rechnung der Überwachungsorganisation durchzuführen. Der PI darf von Zahl und Ergebnis der durchgeführten HU und SP sowie Abnahmen nicht wirtschaftlich abhängig sein. Der Nachweis über das Abrechnungs- und das Vergütungssystem der Überwachungsorganisation ist der Aufsichtsbehörde auf Verlangen mitzuteilen.

6.2 Die von den Fahrzeughaltern zu entrichtenden Entgelte für die HU, SP und Abnahmen sind von der Überwachungsorganisation in eigener Verantwortung für den Bereich der jeweils örtlich zuständigen Technischen Prüfstelle einheitlich festzulegen. Wird eine HU in Verbindung mit einem vorliegenden Nachweis über eine durchgeführte Untersuchung nach Nummer 3.1.1.1 der Anlage VIII durch eine anerkannte Kraftfahrzeugwerkstatt durchgeführt, ist dafür ein eigenständiges Entgelt entsprechend Satz 1 festzulegen. Die Entgelte sind der zuständigen Aufsichtsbehörde rechtzeitig vor ihrer Einführung mitzuteilen.

6.3 Die nach Nummer 6.2 festgelegten Entgelte sind von der Überwachungsorganisation in ihren Prüfstellen und, soweit die HU und SP sowie die Abnahmen in einem Prüfstützpunkt vorgenommen werden, in diesem nach Maßgabe der Preisangabenverordnung in der jeweils geltenden Fassung, bekannt zu machen. Ein vereinbartes Entgelt für die Untersuchung nach Nummer 3.1.1.1 der Anlage VIII durch die anerkannte Kraftfahrzeugwerkstatt ist von ihr gesondert bekannt zu machen und zusätzlich zum Entgelt nach Nummer 6.2 Satz 3 vom Fahrzeughalter zu erheben. Eine eventuell nach Nummer 6.4 vereinbarte Vergütung für die Gestattung von HU, SP und Abnahmen in den Räumen des Prüfstützpunktes sowie für die Benutzung von Einrichtungen und Geräten oder die Inanspruchnahme von Personal ist gesondert bekannt zu machen und muss zusätzlich zu dem Entgelt nach Nummer 6.2 von den Fahrzeughaltern erhoben werden. Das Entgelt nach Nummer 6.2 einschließlich Umsatzsteuer ist auf allen Ausfertigungen der Untersuchungs- und Abnahmeberichte sowie der Prüfprotokolle anzugeben.

6.4 Über die Gestattung von HU, SP und Abnahmen in den Prüfstützpunkten und Prüfplätzen einschließlich der Bekanntgabe der Entgelte nach Nummer 6.3 sowie über die Benutzung von deren Einrichtungen und Geräten oder über die Inanspruchnahme von deren Personal sind von der Überwachungsorganisation mit den Inhabern der Prüfstützpunkte und Prüfplätze Verträge abzuschließen. Aus diesen Verträgen muss sich ergeben, ob für die Gestattung von HU, SP und Abnahmen in den Räumen des Prüfstützpunktes sowie für die Benutzung von Einrichtungen und Geräten oder für die Inanspruchnahme von Personal vom Inhaber eine Vergütung und gegebenenfalls in welcher Höhe erhoben wird; für Prüfplätze gilt Nummer 6.3 Satz 2 hinsichtlich der Vereinbarung einer solchen Vergütung entsprechend. Diese Verträge sind der Aufsichtsbehörde auf Verlangen vorzulegen.

6.5 Im Rahmen der Innenrevision hat die Überwachungsorganisation insbesondere sicherzustellen, dass die Qualität von HU, SP und Abnahmen durch eine zu hohe Zahl von Einzelprüfungen nicht beeinträchtigt wird.

6.6 Zur Vermeidung von Interessenkollisionen dürfen die Überwachungsorganisationen, ihre Inhaber, ihre Gesellschafter oder die nach Gesetz, Vertrag oder Satzung zur Vertretung der Überwachungsorganisation berufenen Personen sowie die mit der Durchführung von HU, SP oder Abnahmen betrauten PI weder direkt noch indirekt mit Herstellung, Handel, Leasing, Wartung und Reparatur von Fahrzeugen und Fahrzeugteilen befasst sein.

6.7 Die von der Überwachungsorganisation zur Durchführung von HU und SP erhobenen personenbezogenen Daten dürfen nur zum Zwecke des Nachweises einer ordnungsgemäßen Untersuchung und Prüfung im Sinne der Nummer 2.4 verarbeitet oder genutzt werden. Eine Verarbeitung oder Nutzung für andere Zwecke ist nur mit schriftlicher Einwilligung des Betroffenen zulässig. Wird die Einwilligungserklärung zusammen mit anderen Erklärungen abgegeben, ist sie besonders hervorzuheben. Der Betroffene ist bei der Erteilung der Einwilligung darauf hinzuweisen, dass er sie jederzeit mit Wirkung für die Zukunft widerrufen kann.

7 **Übergangsvorschriften**

Soweit Überwachungsorganisationen bis zum 1. Oktober 2008 zur Durchführung von HU, SP und Abnahmen nach § 19 Absatz 3 Satz 1 Nummer 3 und 4 anerkannt sind, bleiben diese Anerkennungen bestehen. Die Nummern 2 bis 6 sind entsprechend anzuwenden; Nummer 6.6 gilt in der bis zum 1. Oktober 2008 geltenden Fassung entsprechend. Für bis zum 1. Oktober 2008 anerkannte Überwachungsorganisationen findet Nummer 2.1b ab dem 1. April 2011 Anwendung.

8 Die Anerkennung einer Überwachungsorganisation erfolgt unter dem Vorbehalt des Widerrufs und der nachträglichen Aufnahme, Änderung oder Ergänzung einer Auflage. Sie kann von der zuständigen Anerkennungsbehörde insbesondere widerrufen werden, wenn die Überwachungsorganisation ihre Pflichten nicht ordnungsgemäß wahrnimmt. Sie ist zu widerrufen, wenn die Anerkennungsbehörde auf Grund nachträglich eingetretener Tatsachen berechtigt wäre, die Anerkennung nicht zu erlassen.

9 **Aufsicht über anerkannte Überwachungsorganisationen**

9.1 Die oberste Landesbehörde oder die von ihr bestimmten oder nach Landesrecht zuständigen Stellen üben die Aufsicht über die Inhaber der Anerkennungen aus. Die Aufsichtsbehörde oder die zuständigen Stellen können selbst prüfen oder durch von ihnen bestimmte Beauftragte prüfen lassen, ob insbesondere

9.1.1 die Voraussetzungen für die Anerkennung noch gegeben sind,

9.1.2 die HU und SP sowie die Abnahmen ordnungsgemäß durchgeführt und die sich sonst aus der Anerkennung oder aus Auflagen ergebenden Pflichten erfüllt werden,

9.1.3 ob und in welchem Umfang von der Anerkennung Gebrauch gemacht worden ist.

9.2 Die mit der Prüfung beauftragten Personen sind befugt, Grundstücke und Geschäftsräume des Inhabers der Anerkennung während der Geschäfts- und Betriebszeiten zu betreten, dort Prüfungen und Besichtigungen vorzunehmen und die vorgeschriebenen Aufzeichnungen einzusehen. Der Inhaber der Anerkennung hat sicherzustellen, dass die mit der Aufsicht beauftragten Personen sämtliche Untersuchungsstellen betreten dürfen. Der Inhaber der Anerkennung hat diese Maßnahmen zu ermöglichen; er hat die Kosten der Prüfung zu tragen.

9.3 Die Überwachungsorganisation hat auf Verlangen der Aufsichtsbehörde für das betreffende Anerkennungsgebiet einen Beauftragten zu bestellen. Dieser ist Ansprechpartner der Anerkennungsbehörde und Aufsichtsbehörde. Er muss Erklärungen mit Wirkung für und gegen die Überwachungsorganisation abgeben und entgegennehmen können. Er muss weiter die Möglichkeit haben, Angaben, Aufzeichnungen und Nachweise über die von der Überwachungsorganisation im Anerkennungsgebiet durchgeführten HU, SP und Abnahmen zu machen und der Aufsichtsbehörde auf Verlangen vorzulegen. Mit Zustimmung der zuständigen Anerkennungsbehörde kann der Beauftragte auch für den Bereich mehrerer Anerkennungsgebiete ganz oder teilweise bestellt werden.

Straßenverkehrs-Zulassungs-Ordnung Anlage VIIIc – StVZO | 03

Anlage VIIIc
(Anlage VIII Nummer 3.1.1.1 und 3.2)

Anerkennung von Kraftfahrzeugwerkstätten zur Durchführung von Sicherheitsprüfungen und/oder Untersuchungen der Abgase sowie Schulung der verantwortlichen Personen und Fachkräfte

1 Allgemeines

1.1 Die Anerkennung von Kraftfahrzeugwerkstätten zur Durchführung von Sicherheitsprüfungen (im Folgenden als SP bezeichnet) und/oder Untersuchungen der Abgase (im Folgenden als AU bezeichnet) und/oder Untersuchungen der Abgase an Krafträdern (im Folgenden als AUK bezeichnet) obliegt der zuständigen obersten Landesbehörde oder den von ihr bestimmten oder nach Landesrecht zuständigen Stellen (Anerkennungsstellen). Diese können die Befugnis auf die örtlich und fachlich zuständigen Kraftfahrzeuginnungen übertragen.

1.2 Für das Verfahren der Anerkennung und des Widerrufs von Kraftfahrzeugwerkstätten zur Durchführung von SP und/oder AU und/oder AUK wird vom Bundesministerium für Verkehr und digitale Infrastruktur mit Zustimmung der zuständigen obersten Landesbehörden eine Richtlinie im Verkehrsblatt bekannt gemacht.

1.3 Für die nach Nummer 2.6 vorgeschriebenen Schulungen und Wiederholungsschulungen wird vom Bundesministerium für Verkehr und digitale Infrastruktur mit Zustimmung der zuständigen obersten Landesbehörden eine Richtlinie im Verkehrsblatt bekannt gemacht.

2 Allgemeine Voraussetzungen für die Anerkennung von Kraftfahrzeugwerkstätten

Die Anerkennung wird erteilt, wenn

2.1 der Antragsteller, bei juristischen Personen die nach Gesetz oder Satzung zur Vertretung berufenen Personen sowie die für die SP und/oder die AU und/oder die AUK verantwortlichen Personen persönlich zuverlässig sind. Der Antragsteller, die zur Vertretung berufenen Personen sowie verantwortliche Personen für die Durchführung der SP und/oder AU und/oder AUK müssen ein Führungszeugnis sowie für die Durchführung der SP zusätzlich einen Auszug aus dem Fahreignungsregister vorlegen.

2.2 der Antragsteller durch Vorlage einer Bescheinigung der örtlich zuständigen Handwerkskammer die Eintragung in der Handwerksrolle nachweist, dass er selbst oder eine in der Betriebsstätte fest angestellte Person die Voraussetzungen nach der Handwerksordnung zur selbstständigen gewerblichen Verrichtung solcher Arbeiten erfüllt, die zur Behebung der bei der SP und/oder AU und/oder AUK festgestellten Mängel erforderlich sind,

2.3 der Antragsteller nachweist, dass er eine oder mehrere für die Durchführung der SP und/oder der AU und/oder der AUK verantwortliche(n) Person(en) bestellt. Zur Unterzeichnung der Prüfprotokolle und/oder Nachweise ist (sind) nur die verantwortliche(n) Person(en) berechtigt; Prüfprotokolle und/oder Nachweise sind unmittelbar nach Durchführung der SP und/oder der AU und/oder der AUK zu unterzeichnen. Zusätzlich sind die Nachweise mit einem Nachweis-Siegel und einer Prägenummer zu versehen. Die Durchführung der SP und/oder der AU und/oder der AUK kann auch von Fachkräften unter der Aufsicht der verantwortlichen Personen erfolgen. Die verantwortliche(n) Person(en) und Fachkräfte müssen vom Antragsteller namentlich benannt werden,

2.4 der Antragsteller nachweist, dass die für die Durchführung der SP und/oder der AU und/oder der AUK verantwortliche(n) Person(en) und die Fachkräfte über eine entsprechende Vorbildung und ausreichende Erfahrungen auf dem Gebiet der Kraftfahrzeugtechnik verfügen. Für die Durchführung

2.4.1 der Sicherheitsprüfung (SP) müssen Nachweise erbracht werden,

2.4.1.1 dass Fachkräfte eine Abschlussprüfung im anerkannten Ausbildungsberuf

2.4.1.1.1 Kraftfahrzeugmechaniker,

2.4.1.1.2 Kraftfahrzeugelektriker,

2.4.1.1.3 Automobilmechaniker,

2.4.1.1.4 Kraftfahrzeug-Mechatroniker,

2.4.1.1.5 Mechaniker für Karosserieinstandhaltungstechnik,

2.4.1.1.6 Karosserie- und Fahrzeugbauer,

2.4.1.1.7 Karosserie- und Fahrzeugbaumechaniker,

2.4.1.1.8 Metallbauer, Fachrichtung Fahrzeugbau,

2.4.1.1.9 Metallbauer, Fachrichtung Nutzfahrzeugbau,

2.4.1.1.10	Landmaschinenmechaniker,
2.4.1.1.11	Mechaniker für Land- und Baumaschinentechnik,
2.4.1.2	dass verantwortliche Personen eine Meisterprüfung im
2.4.1.2.1	Kraftfahrzeugmechaniker-Handwerk,
2.4.1.2.2	Kraftfahrzeugelektriker-Handwerk,
2.4.1.2.3	Kraftfahrzeugtechniker-Handwerk,
2.4.1.2.4	Karosserie- und Fahrzeugbauer-Handwerk,
2.4.1.2.5	Metallbauer-Handwerk, Schwerpunkt Nutzfahrzeugbau,
2.4.1.2.6	Landmaschinenmechaniker-Handwerk
	erfolgreich bestanden haben;
2.4.2	der Untersuchung der Abgase (AU) müssen Nachweise erbracht werden,
2.4.2.1	dass Fachkräfte eine Abschlussprüfung im anerkannten Ausbildungsberuf
2.4.2.1.1	Kraftfahrzeugmechaniker,
2.4.2.1.2	Kraftfahrzeugelektriker,
2.4.2.1.3	Kraftfahrzeug-Mechatroniker,
2.4.2.1.4	Automobilmechaniker,
2.4.2.2	dass verantwortliche Personen eine Meisterprüfung im
2.4.2.2.1	Kraftfahrzeugmechaniker-Handwerk,
2.4.2.2.2	Kraftfahrzeugelektriker-Handwerk,
2.4.2.2.3	Kraftfahrzeugtechniker-Handwerk, Schwerpunkt Fahrzeugsystemtechnik
	erfolgreich bestanden haben;
2.4.3	der Untersuchung der Abgase an Krafträdern müssen Nachweise erbracht werden,
2.4.3.1	dass Fachkräfte eine Abschlussprüfung im anerkannten Ausbildungsberuf
2.4.3.1.1	Kraftfahrzeugmechaniker,
2.4.3.1.2	Kraftfahrzeugelektriker,
2.4.3.1.3	Kraftfahrzeug-Mechatroniker,
2.4.3.1.4	Zweiradmechaniker,
2.4.3.1.5	Zweiradmechaniker, Fachrichtung Motorrad-Technik,
2.4.3.2	dass verantwortliche Personen eine Meisterprüfung im
2.4.3.2.1	Kraftfahrzeugmechaniker-Handwerk,
2.4.3.2.2	Kraftfahrzeugelektriker-Handwerk,
2.4.3.2.3	Kraftfahrzeugtechniker-Handwerk, Schwerpunkt Fahrzeugsystemtechnik,
2.4.3.2.4	Zweiradmechaniker-Handwerk
	erfolgreich bestanden haben;
2.5	der Antragsteller nachweist, dass die für die Durchführung der SP und/oder AU und/oder AUK verantwortliche(n) Person(en) und die Fachkräfte eine Meisterprüfung oder eine Abschlussprüfung im anerkannten Ausbildungsberuf für die unter Nummer 2.4 genannten Berufe erfolgreich bestanden haben. Diesen Prüfungsabschlüssen steht gleich der Dipl.-Ing., Dipl.-Ing. (FH), Ing. (grad.), Bachelor, Master oder der staatlich geprüfte Techniker jeweils der Fachrichtung Maschinenbau, Fahrzeugtechnik, Elektrotechnik oder Luft- und Raumfahrttechnik/Luftfahrzeugtechnik, sofern der Betreffende nachweislich im Kraftfahrzeugbereich (Untersuchung, Prüfung, Wartung oder Reparatur) tätig ist und eine mindestens dreijährige Tätigkeit oder eine Abschlussprüfung in den unter Nummer 2.4.1.2, Nummer 2.4.2.1 oder Nummer 2.4.3.1 genannten Ausbildungsberufen nachgewiesen werden kann.
2.6	der Antragsteller oder die für die Durchführung der SP und/oder der AU und/oder der AUK verantwortliche(n) Person(en) und die Fachkräfte darüber hinaus eine dem jeweiligen Stand der Technik der zu prüfenden Fahrzeuge entsprechende Schulung nach Nummer 7 erfolgreich abgeschlossen haben. Die Frist für die Wiederholungsschulungen beträgt maximal 36 Monate, beginnend mit dem Monat und Jahr, in dem erfolgreich eine Abschlussprüfung nach einer erstmaligen Schulung oder einer

Straßenverkehrs-Zulassungs-Ordnung   Anlage VIIIc – StVZO | 03

Wiederholungsschulung abgelegt wurde. Wird die Frist um mehr als zwei Monate überschritten, ist statt einer Wiederholungsschulung eine erstmalige Schulung durchzuführen,

2.7 der Antragsteller nachweist, dass alle von ihm benannten Untersuchungsstellen den Anforderungen der Anlage VIIId entsprechen,

2.8 der Antragsteller nachweist, dass für alle von ihm benannten Untersuchungsstellen Dokumentationen der Betriebsorganisationen erstellt sind, die interne Regeln enthalten, nach denen eine ordnungsgemäße Durchführung der SP und/oder der AU und/oder der AUK sichergestellt ist. Die Dokumentationen müssen mindestens den Anforderungen der nach Nummer 1.2 bekannt gemachten Richtlinie entsprechen,

2.9 der Antragsteller bestätigt, dass für die mit der Durchführung der SP und/oder der AU und/oder der AUK betrauten verantwortliche(n) Person(en) und Fachkräfte eine ausreichende Haftpflichtversicherung zur Deckung aller im Zusammenhang mit den SP und/oder den AU und/oder den AUK entstehenden Ansprüchen besteht, dies auf Verlangen nachweist und erklärt, dass er diese Versicherung aufrechterhalten wird,

2.10 der Antragsteller sowie die im Anerkennungsverfahren beteiligten Stellen nach Nummer 1.1 Satz 2 das Land, in dem er tätig wird und für das der Antragsteller anerkannt ist, von allen Ansprüchen Dritter wegen Schäden freistellt, die im Zusammenhang mit den SP und/oder den AU und/oder den AUK von ihm oder den von ihm beauftragten verantwortlichen Personen und Fachkräften verursacht werden, und dafür den Abschluss einer entsprechenden Versicherung bestätigt, dies auf Verlangen nachweist und erklärt, dass er diese Versicherung aufrechterhalten wird.

3 Nebenbestimmungen

3.1 Die Anerkennung kann mit Nebenbestimmungen verbunden werden, die erforderlich sind, um sicherzustellen, dass die SP und/oder die AU und/oder die AUK ordnungsgemäß durchgeführt werden. Die Anerkennung ist nicht übertragbar.

3.2 Die Anerkennung ist auf die jeweiligen Untersuchungs-/Prüfungsarten sowie auf bestimmte Arten, Fabrikate oder Typen von Fahrzeugen zu beschränken, wenn die Voraussetzungen nach Nummer 2 nur für diese Arten, Fabrikate oder Typen nachgewiesen sind.

4 Rücknahme der Anerkennung

Die Anerkennung ist zurückzunehmen, wenn bei ihrer Erteilung eine der Voraussetzungen nach Nummer 2 nicht vorgelegen hat. Von der Rücknahme kann abgesehen werden, wenn der Mangel nicht mehr besteht.

5 Widerruf der Anerkennung

Die Anerkennung ist zu widerrufen, wenn nachträglich eine der Voraussetzungen nach Nummer 2 weggefallen ist. Sie ist teilweise oder völlig zu widerrufen, wenn gröblich gegen die Vorschriften zur Durchführung der SP und/oder der AU und/oder der AUK verstoßen wurde, wenn die SP und/oder die AU und/oder die AUK nicht ordnungsgemäß durchgeführt wurden oder wenn gegen die Auflagen der Anerkennung gröblich verstoßen wurde. Sie kann widerrufen werden, wenn von ihr innerhalb von mindestens sechs Monaten kein Gebrauch gemacht worden ist oder der Antragsteller auf die Anerkennung verzichtet. Ist die Anerkennung zeitlich befristet und wird keine Verlängerung der Geltungsdauer beantragt, erlischt sie mit deren Ablauf.

6 Aufsicht über anerkannte Kraftfahrzeugwerkstätten

6.1 Die Anerkennungsstelle übt die Aufsicht aus. Sie kann selbst prüfen oder prüfen lassen,

6.1.1 ob die SP und/oder die AU und/oder die AUK ordnungsgemäß durchgeführt, dokumentiert und nachgewiesen sind sowie die sich sonst aus der Anerkennung ergebenden Pflichten erfüllt werden,

6.1.2 in welchem Umfang von der Anerkennung Gebrauch gemacht worden ist.

6.2 Nummer 8.1.1 findet Anwendung.

7 Schulung der verantwortlichen Personen und Fachkräfte

7.1 Die Schulung nach Nummer 2.6 kann durchgeführt werden

7.1.1 für SP durch Hersteller von SP-pflichtigen Kraftfahrzeugen oder Kraftfahrzeugimporteure, wenn sie SP-pflichtige Kraftfahrzeuge importieren und wenn sie eine eigene Kundendienstorganisation haben sowie Hersteller von Bremsanlagen für SP-pflichtige Kraftfahrzeuge und Anhänger, sowie von diesen ermächtigte geeignete Stellen,

7.1.2	für AU durch Hersteller von AU-pflichtigen Kraftfahrzeugen oder Kraftfahrzeugimporteure, wenn sie AU-pflichtige Kraftfahrzeuge importieren und wenn sie eine eigene Kundendienstorganisation haben sowie Kraftfahrzeugmotorenhersteller, Hersteller von Gemischaufbereitungssystemen mit eigener Kundendienstorganisation, sofern sie Erstausrüstung liefern, sowie von diesen ermächtigte geeignete Stellen,
7.1.3	für AUK durch Hersteller von AUK-pflichtigen Kraftfahrzeugen oder Kraftfahrzeugimporteure, wenn sie AUK-pflichtige Kraftfahrzeuge importieren und wenn sie eine eigene Kundendienstorganisation haben, sowie von diesen ermächtigte geeignete Stellen,
7.1.4	vom Bundesinnungsverband des Kraftfahrzeughandwerks ermächtigte Stellen.
7.2	Schulungsstätten sind entsprechend der örtlichen Zuständigkeit den zuständigen obersten Landesbehörden oder den von ihnen bestimmten oder nach Landesrecht zuständigen Stellen sowie dem Bundesinnungsverband des Kraftfahrzeughandwerks in 53040 Bonn, Postfach 15 01 62, unaufgefordert zu melden; dies gilt entsprechend für die Einstellung der Schulungstätigkeit. Der Bundesinnungsverband des Kraftfahrzeughandwerks erfasst zentral die Schulungsstätten und übersendet den zuständigen obersten Landesbehörden und dem Bundesministerium für Verkehr und digitale Infrastruktur jeweils zu Beginn eines Jahres eine aktuelle Zusammenfassung aller Schulungsstätten, aufgegliedert nach SP-, AU- und AUK-Schulungsstätten.
7.3	Die Schulungen, die vorgeschriebenen Wiederholungsschulungen, die Schulungsinhalte sowie die Schulungsstätten müssen der nach Nummer 1.3 bekannt gemachten Richtlinie entsprechen.

8 Aufsicht über das Anerkennungsverfahren und die Schulungen

8.1	Die Aufsicht über die Anerkennungsstellen und das Anerkennungsverfahren obliegt der zuständigen obersten Landesbehörde, den von ihr bestimmten oder nach Landesrecht zuständigen Stellen jeweils für ihren Zuständigkeitsbereich. Die Aufsichtsbehörde kann selbst prüfen oder durch die von ihr bestimmten oder nach Landesrecht zuständigen Stellen prüfen lassen, ob die Voraussetzungen für die Anerkennung noch gegeben sind und die sich sonst aus der Anerkennung oder den Nebenbestimmungen ergebenden Pflichten erfüllt werden. Diese Prüfung ist mindestens alle drei Jahre durchzuführen.
8.1.1	Die mit der Prüfung beauftragten Personen sind befugt, Grundstücke und Geschäftsräume des Inhabers der Anerkennung während der Geschäfts- und Betriebszeiten zu betreten, dort Prüfungen und Besichtigungen vorzunehmen und die vorgeschriebenen Aufzeichnungen einzusehen. Der Inhaber der Anerkennung hat diese Maßnahmen zu dulden, soweit erforderlich die beauftragten Personen dabei zu unterstützen und auf Verlangen die vorgeschriebenen Aufzeichnungen vorzulegen. Er hat die Kosten der Prüfung zu tragen.
8.2	Die Aufsicht über die Schulungen obliegt der zuständigen obersten Landesbehörde, den von ihr bestimmten oder nach Landesrecht zuständigen Stellen jeweils für ihren Zuständigkeitsbereich. Die Aufsichtsbehörde kann selbst prüfen oder durch die von ihr bestimmten oder nach Landesrecht zuständigen Stellen prüfen lassen, ob die für die Schulungsstätten geltenden Vorschriften eingehalten sind und die sich sonst aus der Ermächtigung oder den Nebenbestimmungen ergebenden Pflichten erfüllt werden. Sie können die Befugnis zur Prüfung auf den Bundesinnungsverband des Kraftfahrzeughandwerks übertragen. Diese Prüfung ist mindestens alle drei Jahre durchzuführen.
8.2.1	Die mit der Prüfung beauftragten Personen sind befugt, Grundstücke und Geschäftsräume der Schulungsstätten während der Geschäfts- und Betriebszeiten zu betreten, dort Prüfungen und Besichtigungen vorzunehmen und die vorgeschriebenen Aufzeichnungen einzusehen. Der Inhaber oder der Leiter der Schulungsstätte hat diese Maßnahmen zu dulden, soweit erforderlich die beauftragten Personen dabei zu unterstützen und auf Verlangen die vorgeschriebenen Aufzeichnungen vorzulegen. Die Schulungsstätte hat die Kosten der Prüfung zu tragen.

9 Schlussbestimmungen

9.1	Veränderungen bei anerkannten Kraftfahrzeugwerkstätten, die ihre Anerkennung beeinflussen können, sind von ihr der Anerkennungsstelle unaufgefordert mitzuteilen. Zuwiderhandlungen können zum Widerruf der Anerkennung führen.
9.2	Veränderungen bei Schulungsstätten, die Einfluss auf die Schulung haben, sind den in Nummer 7.2 genannten Stellen unaufgefordert zu melden. Bei Zuwiderhandlungen können die in Nummer 8.2 genannten Stellen die Durchführungen von Schulungen untersagen.

Anlage VIIId
(Anlage VIII Nummer 4)[1]

Untersuchungsstellen zur Durchführung von Hauptuntersuchungen, Sicherheitsprüfungen, Untersuchungen der Abgase und wiederkehrenden Gasanlagenprüfungen

1	**Zweck und Anwendungsbereich**
1.1	Hauptuntersuchungen, Sicherheitsprüfungen, Untersuchungen der Abgase, Untersuchungen der Abgase von Krafträdern und wiederkehrende Gasanlagenprüfungen (im Folgenden als HU, SP, AU, AUK und GWP bezeichnet) sind unter gleichen Voraussetzungen und nach gleichen technischen Standards durchzuführen.
1.2	Die nachstehenden Vorschriften gelten für Untersuchungsstellen, an denen HU und/oder SP und/oder AU und/oder AUK und/oder GWP durchgeführt werden.
2	**Untersuchungsstellen**
	An Untersuchungsstellen werden HU und/oder SP und/oder AU und/oder AUK und/oder GWP durchgeführt. Sie werden wie folgt unterteilt:
2.1	Prüfstellen
2.1.1	Prüfstellen allgemein
	An Prüfstellen werden regelmäßig HU, SP, AU, AUK und GWP von amtlich anerkannten Sachverständigen oder Prüfern oder Prüfingenieuren, im Folgenden als aaSoP oder PI bezeichnet, durchgeführt. Prüfstellen müssen sich während der Durchführung der Untersuchungen und Prüfungen in der ausschließlichen Verfügungsgewalt der Technischen Prüfstellen oder amtlich anerkannten Überwachungsorganisationen befinden.
2.1.2	Prüfstellen von Technischen Prüfstellen
2.1.2.1	Die Technischen Prüfstellen unterhalten zur Gewährleistung eines flächendeckenden Untersuchungsangebots ihre Prüfstellen an so vielen Orten, dass die Mittelpunkte der im Einzugsbereich liegenden Ortschaften nicht mehr als 25 km Luftlinie von den Prüfstellen entfernt sind. In besonderen Fällen können die in Nummer 4.1 der Anlage VIII genannte(n) Stelle(n) Abweichungen zulassen oder einen kürzeren Abstand festlegen.
2.2	Prüfstützpunkte
	An Prüfstützpunkten werden unter Inanspruchnahme der technischen Einrichtungen einer in die Handwerksrolle eingetragenen Kraftfahrzeugwerkstatt oder eines entsprechenden Fachbetriebs, dazu zählen auch Kraftfahrzeugwerkstätten zur Betreuung eines Fuhrparks, der entsprechend Nummer 2.2 der Anlage VIIIc geeignet und rechtlich befugt ist, festgestellte Mängel nach Maßgabe von Nummer 3.1.4.5 der Anlage VIII zu beheben, HU und/oder SP und/oder AU und/oder AUK und/oder GWP durchgeführt.
2.3	Prüfplätze
	Auf Prüfplätzen dürfen nur Fahrzeuge des eigenen Fuhrparks, dazu zählen alle Fahrzeuge eines Halters oder Betreibers, oder land- und forstwirtschaftliche Fahrzeuge mit $V_{max/zul} \leq$ 40 km/h untersucht und/oder geprüft werden.
2.4	Anerkannte Kraftfahrzeugwerkstätten zur Durchführung von SP und/oder AU und/oder AUK und/oder GWP
	SP und/oder AU und/oder AUK und/oder GWP dürfen durch dafür anerkannte Kraftfahrzeugwerkstätten in den im Anerkennungsbescheid bezeichneten Betriebsstätten oder Zweigstellen durchgeführt werden.
3	**Ausstattung und bauliche Gegebenheiten von Untersuchungsstellen, Mess- und Prüfgeräte**
3.1	Die Mindestanforderungen an Untersuchungsstellen ergeben sich aus der Tabelle am Ende dieser Anlage.
3.2	Die Einhaltung der für die eingesetzten Mess-/Prüfgeräte geltenden Vorschriften oder Herstellervorgaben für die Kalibrierung sind von der Inhaberin oder vom Inhaber oder von der Nutzerin oder vom Nutzer

---

1 Anm. d. Red.:
Beachte die Übergangsbestimmung nach § 72 Absatz 2 Nummer 9.

der Untersuchungsstelle sicherzustellen. Werden die Vorschriften nicht eingehalten, ist die Durchführung von HU, SP, AU, AUK und GWP bis zur Wiederherstellung des ordnungsgemäßen Zustandes unzulässig.

3.3 Die Messgeräte nach den Nummern 20, 21 und 22 der Tabelle müssen über Einrichtungen verfügen oder mit Einrichtungen verbunden sein, die die zur Identifizierung erforderlichen Daten der zu untersuchenden Kraftfahrzeuge nach den Nummern 6.8.2.1 und 6.8.2.2 der Anlage VIIIa einschließlich der ermittelten Messwerte aufnehmen, speichern und bei Untersuchungen nach Nummer 3.1.1.1 der Anlage VIII in Form eines Nachweises ausdrucken. Die eingesetzte Softwareversion der Messgeräte muss zu Prüfungszwecken angezeigt werden können.

3.4 Die zulässigen Softwareversionen für Messgeräte nach Nummer 3.3 und das Datum, ab dem diese Softwareversionen spätestens anzuwenden sind, sowie Richtlinien über Anforderungen an Mess- und Prüfgeräte, für die keine eichrechtlichen Vorschriften bestehen, werden vom Bundesministerium für Verkehr und digitale Infrastruktur mit Zustimmung der zuständigen obersten Landesbehörden im Verkehrsblatt veröffentlicht.

3.5 Die erforderlichen Vorgaben nach Anlage VIIIe für Einrichtungen nach Nummer 25 der Tabelle müssen dem jeweils aktuellen Stand entsprechen. Die Vorgaben müssen spätestens sechs Wochen nach Bereitstellung durch die Zentrale Stelle bei den Untersuchungen und Prüfungen angewendet werden. Es ist sicherzustellen, dass die jeweils angewendete Software der Einrichtung nach Nummer 25 der Tabelle mit dem letzten Aktualisierungsstand gekennzeichnet und auf dem Untersuchungsbericht und Prüfprotokoll (§ 29 Absatz 9) angegeben wird.

4 Abweichungen

4.1 An Prüfstützpunkten und Prüfplätzen ist eine ständige Ausstattung mit den nach Nummer 3.1 vorgeschriebenen und in der Tabelle unter den Nummern 5, 6, 10, 12 bis 15 und 17 bis 26 aufgeführten Prüfgeräten dann entbehrlich, wenn sichergestellt ist, dass die für die jeweiligen Untersuchungen/Prüfungen notwendigen Geräte von den durchführenden Personen mitgeführt und bei HU, SP, AU, AUK und GWP eingesetzt werden.

4.2 Von der nach Nummer 3.1 vorgeschriebenen Ausstattung mit Mess- und Prüfgeräten sind Abweichungen an Untersuchungsstellen zulässig, wenn an diesen nur bestimmte Fahrzeugarten untersucht oder geprüft werden. Die zulässigen Abweichungen ergeben sich aus der Tabelle am Ende dieser Anlage; sie sind der zuständigen Anerkennungsstelle nach Nummer 4 der Anlage VIII oder Nummer 1.1 der Anlage VIIIc zu melden.

5 Schlussbestimmungen

Veränderungen bei Untersuchungsstellen, welche ihre Anerkennung beeinflussen können, sind der Anerkennungsstelle nach Nummer 4.1 der Anlage VIII oder Nummer 1.1 der Anlage VIIIc unaufgefordert mitzuteilen. Bei Zuwiderhandlung gegen die Nummern 1 bis 4 kann die Untersuchungs- und/oder Prüftätigkeit in den betreffenden Untersuchungsstellen untersagt werden.

Straßenverkehrs-Zulassungs-Ordnung Anlage VIIId – StVZO | 03

Ausstattung und bauliche Gegebenheiten
von Untersuchungsstellen, Mess- und Prüfgeräte zu Nummer 3

Untersuchungsstellen/ Anforderungen	1	2	3	4	5	6	7
	Prüfstellen	Prüfstützpunkte	Prüfplätze	\multicolumn{4}{}{Anerkannte Kraftfahrzeugwerkstätten zur Durchführung von}
				SP	AU	AUK	GWP
1. Grundstück	Lage und Größe müssen ordnungsgemäße HU/AU/SP an zu erwartender Zahl von Fahrzeugen gewährleisten.	Muss so beschaffen sein, dass Störungen im öffentlichen Verkehrsraum durch den Betrieb nicht entstehen.	Geeigneter Platz zur Durchführung einer HU/AU/SP an mindestens einem Fahrzeug muss vorhanden sein.	Mindestgröße ergibt sich aus 2.	Mindestgröße ergibt sich aus 2.	Mindestgröße ergibt sich aus 2.	Mindestgröße ergibt sich aus 2.
2. Bauliche Anforderungen	Prüfhalle muss fest eingebaute Prüfeinrichtungen überdecken. Ihre Abmessungen richten sich nach der Anzahl der Prüfgassen und deren Ausrüstung. Die Länge und Höhe wird durch den Einbau der jeweiligen Prüfgeräte und die Abmessungen der zu untersuchenden Fahrzeuge bestimmt.	Ausreichend bemessene Halle oder überdachter Platz in Abhängigkeit von den zu untersuchenden Fahrzeuge (z. B. nur Fahrzeuge bis zu einer bestimmten zul. Gesamtmasse).	–	Ausreichend bemessene Halle oder überdachter Platz, wo ein Lastkraftwagenzug geprüft werden kann.	Ausreichend bemessene Halle oder geschlossener Prüfraum. Die Größe richtet sich nach der Art der zu untersuchenden Kraftfahrzeuge entsprechend der Anerkennung (z. B. nur Fahrzeuge bis zu einer bestimmten zul. Gesamtmasse).	Geeigneter und geschlossener Prüfraum, wo mindestens ein Kraftrad untersucht werden kann.	Ausreichend bemessene Halle oder überdachter Platz in Abhängigkeit von den zu untersuchenden Fahrzeuge (z. B. nur Fahrzeuge bis zu einer bestimmten zul. Gesamtmasse).
3. Grube, Hebebühnen oder Rampe mit ausreichender Länge und Beleuchtungsmöglichkeit sowie mit Einrichtung zum Freiheben der Achsen oder Spieldetektoren	X	X Jedoch entbehrlich, sofern nur Krafträder untersucht werden.	X Jedoch entbehrlich, sofern nur Kraftfahrzeuge oder Fahrzeuge mit $V_{max/zul}$ ≤ 40 km/h untersucht werden.	X	–	–	X Jedoch ohne Einrichtung zum Freiheben der Achsen oder Spieldetektoren
4. Ortsfester Bremsprüfstand	X	X[1]	X[1]	X[1]	–	–	–
5. Schreibendes Bremsmessgerät	X[2]	X[2]	X[2]	X[2]	–	–	–
6. Prüfgerät zur Funktionsprüfung von Druckluftbremsanlagen	X[3]	X[3]	X[3]	X[3]	–	–	–

	1	2	3	4	5	6	7
Untersuchungsstellen/ Anforderungen	Prüfstellen	Prüfstützpunkte	Prüfplätze	SP	Anerkannte Kraftfahrzeugwerkstätten zur Durchführung von		
					AU	AUK	GWP
7. Druckluftbeschaffungsanlage ausreichender Größe und Leistung	–	–	–	X	–	–	–
8. Füll- und Entlüftergerät sowie Pedalstütze (Prüfung) für Hydraulikbremsanlagen	–	–	–	X[4]	–	–	–
9. Mess- und Prüfgeräte							
9.1 zur Prüfung einzelner Bremsaggregate und Bremsventile	–	–	–	X[5]	–	–	–
9.2 zur Prüfung des Luftpressers	–	–	–	X[5]	–	–	–
10. Bandmaß oder anderes Längenmessmittel (≥ 20 m), Zeitmesser	X	X	X	Nur Zeitmesser	–	–	–
11. Scheinwerfereinstellprüfgerät und ebene Fläche für die Aufstellung des Fahrzeugs	X	X	X[6]	–	–	–	–
12. Prüfgerät für die elektrischen Verbindungseinrichtungen zwischen Kraftfahrzeug und Anhänger	X	X	X	–	–	–	–
13. Lehren für die Überprüfung von Zugösen und Bolzen der Anhängerkupplung, Zugsattelzapfen, Sattelkupplungen, Kupplungskugeln	X[7] X[7] X[7] X	X[7] X[7] X[7] X	X[7] X[7] X[7] X	X[7] X[7] X[7] X	–	–	–
14. Messgeräte zur Messung der Spitzenkraft nach Anhang V der Richtlinie 2001/85/EG	X[8]	X[8]	X[8]	X[8]	–	–	–

Straßenverkehrs-Zulassungs-Ordnung   Anlage VIIId – StVZO | 03

	1	2	3	4	5	6	7
Untersuchungsstellen/ Anforderungen	Prüfstellen	Prüfstützpunkte	Prüfplätze		Anerkannte Kraftfahrzeugwerkstätten zur Durchführung von		
				SP	AU	AUK	GWP
15. Prüfgerät zur Funktionsprüfung von Geschwindigkeitsbegrenzern	X[9)]	X[9)]	X[9)]	–	–	–	–
16. Ausstattung mit Spezialwerkzeugen nach Art der zu erledigenden Montagearbeiten	–	–	–	X	–	–	–
17. Messgerät zur Ermittlung der Temperatur des Motors	X	X	X	–	X	X	–
18. Geräte zur Prüfung von Schließwinkeln, Zündzeitpunkt und Motordrehzahl	X[10)]	X[10)]	X[10)]	–	X[10)]	X[11)]	–
19. CO-Abgasmessgerät oder Abgasmessgerät für Fremdzündungsmotoren	X[10)]	X[10)]	X[10)]	–	X[10)]	X	–
20. Abgasmessgerät für Fremdzündungsmotoren	X	X	X[12)]	–	X[13)]	–	–
21. Abgasmessgerät für Kompressionszündungsmotoren	X	X	X[12)]	–	X[14)]	X[15)]	–
22. Prüf- und Diagnosegerät zur Prüfung von OBD-Kfz	X	X	X[12)]	–	X	–	–
23. Messgerät für Geräuschmessung	X	X	X	–	–	–	–
24. Prüfmittel für die Gasanlagenprüfung: Lecksuchspray für die zu prüfenden Betriebsgase (LPG, CNG) zum Auffinden von Gasundichtigkeiten	X[16)]	X[16)]	X[16)]	–	–	–	X

283

	Untersuchungsstellen/ Anforderungen	1 Prüfstellen	2 Prüfstützpunkte	3 Prüfplätze	4 SP	5 AU	6 AUK	7 GWP
						Anerkannte Kraftfahrzeugwerkstätten zur Durchführung von		
25.	Einrichtungen für die Systemdatenprüfung und/oder Prüfungen über die elektronische Fahrzeugschnittstelle	X	X	X	X[17]	–	–	–
26.	Fußkraftmessgerät (Bremsanlagen)	X[19]	X[18]	X[18]	X[18]	–	–	–

Abweichungen nach 4.2:

1) Ausstattung nicht erforderlich, wenn ausschließlich Fahrzeuge mit $V_{max/zul.} \leq 40$ km/h geprüft werden oder die nicht auf Bremsenprüfstand geprüft werden können.
2) Ausstattung nicht erforderlich, wenn ausschließlich Fahrzeuge untersucht werden, bei denen für die Bremsprüfung ein schreibendes Bremsmessgerät nicht erforderlich ist oder Einrichtungen nach 25 vorhanden sind.
3) Ausstattung nur erforderlich, wenn Fahrzeuge mit Druckluftbremsanlagen untersucht und geprüft werden.
4) Ausstattung nur erforderlich, wenn Fahrzeuge mit Hydraulikbremsanlagen geprüft werden; Beschränkung in Anerkennung aufnehmen.
5) Entfällt, wenn die aufgeführten Teile nicht instand gesetzt, sondern nur ausgetauscht werden.
6) Ausstattung entbehrlich, wenn nur Kraftfahrzeuge mit $V_{max/zul.} \leq 40$ km/h untersucht werden und eine senkrechte Prüffläche und ebene Fläche für die Aufstellung des Fahrzeugs vorhanden ist.
7) Ausstattung nur erforderlich, wenn Lastkraftwagen, Sattelzugmaschinen, Zugmaschinen, selbstfahrende Arbeitsmaschinen, Kraftomnibusse, Anhänger und Sattelanhänger untersucht und geprüft werden.
8) Ausstattung nur erforderlich, wenn Kraftomnibusse mit mehr als 22 Fahrgastplätzen untersucht und geprüft werden.
9) Ausstattung nur erforderlich, wenn Kraftfahrzeuge untersucht werden, die nicht mit Geschwindigkeitsbegrenzern ausgerüstet sind.
10) Jedoch entbehrlich, sofern nur Kraftfahrzeuge untersucht werden, die unter den Anwendungsbereich der Nummer 1.2.1.1 Buchstabe a der Anlage VIII fallen.
11) Geräte zur Prüfung von Schließwinkel und Zündzeitpunkt entbehrlich; bordeigene Drehzahlmessgeräte an Krafträdern sind zulässig.
12) Jedoch entbehrlich, sofern nur Kraftfahrzeuge mit $V_{max/zul.} \leq 40$ km/h oder die nach Nummer 1.2.1.2 Anlage VIII von der Durchführung der AU befreit sind untersucht werden.
13) Jedoch entbehrlich, sofern nur Kraftfahrzeuge untersucht werden, die mit Kompressionszündungsmotor angetrieben werden.
14) Jedoch entbehrlich, sofern nur Kraftfahrzeuge untersucht werden, die mit Fremdzündungsmotor angetrieben werden.
15) Jedoch entbehrlich, sofern nur Krafträder untersucht werden, die mit Fremdzündungsmotor angetrieben werden.
16) Ausstattung nur erforderlich, wenn GWP durchgeführt werden.
17) Ausstattung nur für die Prüfung über die elektronische Schnittstelle erforderlich.
18) Ausstattung nur erforderlich, wenn Einrichtungen nach 25 nicht vorhanden sind.
19) Ausstattung erforderlich für Prüfstellen der Technischen Prüfstellen."

Anlage VIIIe[1]
(zu Anlage VIIIa Nummer 1 und 3 sowie Anlage VIIIb Nummer 2.3)

Bereitstellung von Vorgaben für die Durchführung von Hauptuntersuchungen und Sicherheitsprüfungen; Auswertung von Erkenntnissen

1 Zweck und Anwendungsbereich

Vorgaben im Sinne dieser Anlage sind Systemdaten oder Prüfdaten nach Nummer 1, Ziffer 3 der Anlage VIIIa für die ordnungsgemäße Durchführung von Hauptuntersuchungen (HU) und Sicherheitsprüfungen (SP).

2 Erstellung, Aufbereitung und Überprüfung von Vorgaben

2.1 Vorgaben werden von den Herstellern und Importeuren von Fahrzeugen, Fahrzeugsystemen oder -bauteilen speziell für die wiederkehrende Fahrzeugüberwachung angegeben und von der Zentralen Stelle nach Nummer 4 auf der Grundlage der bei der Homologation oder der Vorlage der Genehmigungsunterlagen oder nach deren Genehmigung entsprechend den Vorschriften der Verordnungen (EG) Nr. 715/2007 und (EG) Nr. 692/2008, jeweils geändert durch die Verordnung (EG) Nr. 566/2011 sowie der Verordnung (EG) Nr. 595/2009 mitzuteilenden technischen Informationen erarbeitet.

Die von den Herstellern und Importeuren angegebenen Vorgaben werden an die Zentrale Stelle übermittelt und von dieser für die Durchführung von HU und SP aufbereitet. Die Angabe der Systeme und die Art der Weitergabe der Vorgaben müssen der dazu im Verkehrsblatt vom Bundesministerium für Verkehr und digitale Infrastruktur im Benehmen mit den zuständigen obersten Landesbehörden bekannt gemachten Richtlinie entsprechen.

2.2 Liegen keine oder unzureichende Vorgaben vor, werden diese im Benehmen mit den Herstellern oder Importeuren von der Zentralen Stelle erarbeitet und aufbereitet. Keine ausreichenden Vorgaben liegen immer dann vor, wenn damit auf Grund vorliegender Erkenntnisse oder Prüferfahrungen eine Aussage nach den Nummern 1.2.1 und 1.3.1 der Anlage VIII über die Verkehrssicherheit, Umweltverträglichkeit oder Vorschriftsmäßigkeit des Fahrzeugs nicht möglich ist.

2.3 Wird bei der Durchführung der HU oder SP an einem Fahrzeug festgestellt, dass eine Untersuchung nach den Vorgaben (Nummer 2.1 oder 2.2) nicht praktikabel ist, sind diese vom „Arbeitskreis Erfahrungsaustausch in der technischen Fahrzeugüberwachung nach § 19 Absatz 3 und § 29 StVZO" (AKE) zu prüfen, zu ändern und den Herstellern oder Importeuren im Rahmen des Benehmensprozesses über die Zentrale Stelle mitzuteilen.

3 Weitergabe von Vorgaben

3.1 Die von der Zentralen Stelle vorgehaltenen Vorgaben nach Nummer 2 werden auf Anfrage den Technischen Prüfstellen und amtlich anerkannten Überwachungsorganisationen gegen eine in der Gebührenordnung für Maßnahmen im Straßenverkehr geregelte Gebühr oder Entgelt in gleicher Höhe zur Verfügung gestellt.

3.2 Die Zentrale Stelle leitet dem Bundesinnungsverband des Kraftfahrzeughandwerks die für die Durchführung von SP notwendigen Vorgaben zu, die dieser den nach Anlage VIIIc zur Durchführung von SP anerkannten Kraftfahrzeugwerkstätten zur Verfügung stellt. Die Weitergabe der Vorgaben an die nach Anlage VIIIc anerkannten Kraftfahrzeugwerkstätten muss entsprechend den Bestimmungen der in Nummer 2.1 genannten Richtlinien erfolgen.

3.3 Andere Stellen mit amtlicher Anerkennung, die ebenfalls zur Durchführung von HU und/oder SP anerkannt sind oder Untersuchungen nach der Richtlinie 2009/40/EG des Europäischen Parlaments und des Rates vom 6. Mai 2009 über die technische Überwachung der Kraftfahrzeuge und Kraftfahrzeuganhänger (ABl. L 141 vom 6.6.2009, S. 12), die durch die Richtlinie 2010/48/EU (ABl. L 173 vom 8.7.2010, S. 47) geändert worden ist, durchführen, erhalten die Vorgaben ebenfalls auf Anfrage zu einem nicht diskriminierenden Entgelt. Dies gilt in gleicher Weise für die Lieferung von Vorgaben an anerkannte Prüfstützpunkte zur Vorbereitung der Fahrzeuge auf die HU und erforderliche Nachuntersuchungen.

4 Zentrale Stelle zur Erstellung, Aufbereitung, Überprüfung und Weitergabe von Vorgaben

4.1 Die Technischen Prüfstellen sowie die amtlich anerkannten Überwachungsorganisationen tragen und betreiben zu diesem Zwecke die in der Bundesrepublik Deutschland ansässige Zentrale Stelle. Die Geschäftsordnung der Zentralen Stelle ist dem Bundesministerium für Verkehr und digitale Infrastruktur zur Prüfung

---

1 Anm. d. Red.: Beachte die Übergangsbestimmungen nach § 72 SAbsatz 2 Nummer 10.

vorzulegen und unterliegt hinsichtlich der Regelungen betreffs des Kontrollbeirats nach Nummer 6 seiner Zustimmung. Die Zustimmung bedarf des Benehmens der zuständigen obersten Landesbehörden.

4.2 Die Zentrale Stelle darf keinen auf Gewinn abzielenden Geschäftsbetrieb ausüben. Erzielte Gewinne dürfen nur zweckgebunden und für die Weiterentwicklung der regelmäßigen technischen Überwachung der Fahrzeuge verwendet werden.

5 Aufsicht über die Zentrale Stelle

Die zuständigen obersten Landesbehörden oder die von ihnen bestimmten oder nach Landesrecht zuständigen Stellen üben die Aufsicht über die Zentrale Stelle aus. Die Aufsichtsbehörden können selbst prüfen oder den Kontrollbeirat nach Nummer 6 prüfen lassen, ob insbesondere

5.1 die nach dieser Anlage geforderten Voraussetzungen erfüllt sind,

5.2 die der Zentralen Stelle gesetzlich übertragenen Aufgaben ordnungsgemäß und vorschriftsmäßig erfüllt und dass die datenschutzrechtlichen Vorschriften eingehalten werden.

Die mit der Prüfung beauftragten Personen sind befugt, Grundstücke und Geschäftsräume der Zentralen Stelle während der Geschäfts- und Betriebszeiten zu betreten, dort Prüfungen und Besichtigungen vorzunehmen und Aufzeichnungen einzusehen.

Die Zentrale Stelle hat die Maßnahmen zu ermöglichen; sie hat die Kosten der Prüfung zu tragen. Die Zentrale Stelle hat auf Verlangen der Aufsichtsbehörden einen Beauftragten zu bestellen. Dieser ist Ansprechpartner der Aufsichtsbehörden. Er muss Erklärungen mit Wirkung für und gegen die Zentrale Stelle abgeben und entgegennehmen können. Er muss weiter die Möglichkeit haben, auf Verlangen Angaben, Aufzeichnungen und Nachweise der Zentralen Stelle den mit der Prüfung beauftragten Personen vorzulegen.

6 Kontrolle über die Zentrale Stelle

Von der Zentralen Stelle wird zur Kontrolle über die ordnungsgemäße Weitergabe der Vorgaben und Verwaltung der eingegangenen Gebühren oder Entgelte sowie Ausgaben ein Kontrollbeirat eingesetzt. Der Kontrollbeirat setzt sich zusammen aus:

6.1 einem Vertreter des Bundesministeriums für Verkehr und digitale Infrastruktur,

6.2 dem Vorsitzenden des AKE

und

6.3 zwei Vertretern der Länder, die von den zuständigen obersten Landesbehörden dazu bestimmt werden.

7 Entwicklung von Vorgaben

7.1 Technischer Beirat

Für die Weiterentwicklung der regelmäßigen Untersuchung der Fahrzeuge und die Entwicklung von Vorgaben zur Anpassung insbesondere an den technischen Fortschritt sowie im Hinblick auf eine effiziente und qualitativ hochwertige Durchführung von HU und SP wird von der Zentralen Stelle ein Technischer Beirat eingesetzt. Der Technische Beirat hat eine beratende Funktion.

7.2 Forschung

Zur Überprüfung vorhandener oder zur Erarbeitung neuer Vorgaben kann nach Anhörung des Technischen Beirats und/oder des AKE die Zentrale Stelle durch externe Einrichtungen Forschungsvorhaben durchführen lassen oder selbst durchführen. Derartige Vorhaben bedürfen der Zustimmung durch den Kontrollbeirat.

8 Zweck und Inhalt der Datenübermittlungen, Einschränkungen und Bedingungen

8.1 Übermittlung der Vorgaben an die Zentrale Stelle

Die Hersteller und Importeure von Fahrzeugen, Fahrzeugsystemen oder -bauteilen übermitteln die Vorgaben nach Nummer 2 unter Angabe der vollständigen Fahrzeug-Identifizierungsnummer an die Zentrale Stelle.

8.2 Bereitstellung von Vorgaben, Prüfhinweisen und Angaben über Hoch- und Rückrüstungen der Fahrzeuge durch die Zentrale Stelle

Die Zentrale Stelle bereitet die Vorgaben, Prüfhinweise und Angaben über Hoch- und Rückrüstungen der Fahrzeuge mit dem Bezug zur vollständigen Fahrzeug-Identifizierungsnummer aktuell für die Anwendung bei der regelmäßigen technischen Überwachung der Fahrzeuge auf und übermittelt diese auf Anfrage an die in Nummer 3 genannten Stellen.

8.3 Übermittlung der Feststellungen bei der technischen Überwachung der Fahrzeuge an die Zentrale Stelle

Die Technischen Prüfstellen und amtlich anerkannten Überwachungsorganisationen übermitteln die nach Nummer 3.2 der Anlage VIIIa getroffenen Feststellungen mit dem Bezug zur vollständigen Fahrzeug-Identifizierungsnummer, jedoch ohne Angaben zum Fahrzeughalter, zum Kennzeichen der Fahrzeuge und zur untersuchenden Person halbjährlich an die Zentrale Stelle, die diese auswertet und erforderlichenfalls die nach Nummer 8.2 bereitzustellenden Angaben aktualisiert.

8.4 Übermittlung bestimmter Angaben an das Kraftfahrt-Bundesamt und Bereitstellung der Angaben für andere Stellen

8.4.1 Angaben zur Erstellung einer Fahrleistungsstatistik

8.4.1.1 Zur Erstellung einer Fahrleistungsstatistik für Deutschland übermittelt die Zentrale Stelle die bei den HU festgestellten und nachfolgend aufgeführten Daten der einzelnen Fahrzeuge halbjährlich dem Kraftfahrt-Bundesamt:

8.4.1.1.1 vierstellige KBA-Herstellerschlüsselnummer,

8.4.1.1.2 dreistellige KBA-Typschlüsselnummer,

8.4.1.1.3 drei- oder fünfstellige Versionsvariantenschlüsselnummer,

8.4.1.1.4 vierstellige Fahrzeugklasse und -aufbauart,

8.4.1.1.5 Monat und Jahr der Erstzulassung,

8.4.1.1.6 Monat und Jahr der HU,

8.4.1.1.7 Stand des Wegstreckenzählers bei Kraftfahrzeugen und, soweit vorhanden, bei Anhängern.

8.4.1.2 Soweit technische Daten zum vorgeführten Fahrzeug aus den Schlüsselnummern nicht abgeleitet werden können, dürfen durch die Zentrale Stelle folgende zusätzliche Angaben übermittelt werden:

8.4.1.2.1 zulässige Gesamtmasse (kg),

8.4.1.2.2 Nennleistung (kW),

8.4.1.2.3 Hubvolumen (cm3),

8.4.1.2.4 Höchstgeschwindigkeit (km/h),

8.4.1.2.5 Energie- und Antriebsart,

8.4.1.2.6 Emissionsklasse.

Darüber hinaus übermittelt die Zentrale Stelle an das Kraftfahrt-Bundesamt zu jedem einzelnen Fahrzeug die seit der vorangegangenen HU verstrichene Zeit in Tagen sowie die in dieser Zeit gefahrenen Kilometer.

8.4.2 Angaben zur Erstellung einer Mängelstatistik und Veröffentlichung der Statistik

Zur Erstellung einer Statistik über die bei den HU festgestellten Mängel nach Nummer 3.1.4 der Anlage VIII übermittelt die Zentrale Stelle dem Kraftfahrt-Bundesamt halbjährlich zusätzlich zu den Angaben nach Nummer 8.4.1 die Mängelfeststellungen bezogen auf die in den Nummern 6.1 bis 6.10 der Anlage VIIIa aufgeführten Hauptgruppen der in den Fahrzeugen verbauten Bauteile und Systeme in nicht personenbezogener Form.

Zusätzlich übermittelt die Zentrale Stelle die Bezeichnungen der Untersuchungsstellen nach Nummer 2 der Anlage VIIId, in denen die HU durchgeführt wurden, sowie die Namen der Bundesländer, in denen die Untersuchungsstellen ihren Sitz haben. Das Kraftfahrt-Bundesamt erstellt aus den vorstehenden Angaben eine Statistik mit der Zuordnung zu den in den Nummern 2.1.1 bis 2.1.6 der Anlage VIII genannten Fahrzeugarten und veröffentlicht diese in nicht personenbezogener Form jährlich.

8.4.3 Übermittlung an andere Stellen

Das Kraftfahrt-Bundesamt übermittelt die nach Nummer 8.4.2 zu erstellende Statistik in nicht personenbezogener Form

8.4.3.1 halbjährlich dem „Arbeitskreis Erfahrungsaustausch in der technischen Fahrzeugüberwachung nach § 19 Absatz 3 und § 29 StVZO" (AKE), der diese auswertet und erforderlichenfalls Vorschläge zur Änderung der maßgeblichen Vorschriften erarbeitet,

8.4.3.2 auf Anfrage dem Bundesministerium für Verkehr und digitale Infrastruktur zur Fortschreibung der maßgeblichen Vorschriften und halbjährlich den zuständigen obersten Landesbehörden zur Wahrnehmung ihrer Aufsichtspflichten über Technische Prüfstellen und amtlich anerkannte Überwachungsorganisationen.

8.5 Übermittlung von Angaben zur Entwicklung von Fahrzeugen

Die bei der regelmäßigen technischen Überwachung festgestellten Mängel sowie Hoch- und Rückrüstungen an den Fahrzeugen sind für die Neuentwicklung und für Verbesserungen im Verkehr befindlicher Fahrzeuge zu nutzen. Dazu übermittelt die Zentrale Stelle den Herstellern und Importeuren von Fahrzeugen, Fahrzeugsystemen oder -bauteilen diese Erkenntnisse jeweils für ihre Produkte auf Anfrage. Sofern diese Angaben mit dem Bezug auf die Fahrzeug-Identifizierungsnummer übermittelt werden, muss die Zentrale Stelle durch geeignete Maßnahmen sicherstellen, dass die Fahrzeug-Identifizierungsnummer um mindestens 3 Ziffern am Ende gekürzt ist.

8.6 Übermittlung von Angaben zum Zweck der Unfallforschung

Für die Überprüfung der Ausstattung mit elektronisch gesteuerten sicherheitsrelevanten Fahrzeugsystemen verunfallter und stark beschädigter Fahrzeuge am Unfallort kann die Zentrale Stelle auf Anfrage der Bundesanstalt für Straßenwesen Angaben nach Nummer 8.2 für einzelne Fahrzeuge übermitteln. Die Anfragen dürfen nur den Bezug zur Fahrzeug-Identifizierungsnummer, zur vierstelligen KBA-Herstellerschlüsselnummer und zur dreistelligen KBA-Typschlüsselnummer enthalten.

8.7 Verhinderung des Missbrauchs personenbezogener Daten

Die in den Nummern 8.1 bis 8.6 vorgegebenen Daten dürfen nur ihrer Zweckbestimmung entsprechend und nur an die jeweils genannten Stellen übermittelt werden. Bei der Übermittlung von Daten, die im Bezug zur ungekürzten Fahrzeug-Identifizierungsnummer stehen, ist von den übermittelnden und empfangenden Stellen durch geeignete Maßnahmen sicherzustellen, dass

8.7.1 ein Zugriff unberechtigter Personen auf diese Daten nicht erfolgen kann,

8.7.2 sowohl die Daten als auch deren Übermittlung gegen Missbrauch geschützt sind.

8.8 Erläuterungen

Erläuterungen zur einheitlichen Anwendung der Vorschriften werden in einer Richtlinie vom Bundesministerium für Verkehr und digitale Infrastruktur im Benehmen mit den zuständigen obersten Landesbehörden bekannt gegeben.

Anlage IX
(zu § 29 Absatz 2, 3, 5 bis 8)

Prüfplakette für die Untersuchung von Kraftfahrzeugen und Anhängern

Vorgeschriebene Abmessungen der Prüfplakette:

Durchmesser	35 mm
Schrifthöhe der Ziffern bei den Monatszahlen	4 mm
Schrifthöhe der Ziffern bei der Jahreszahl	5 mm
Höhe des ebenen Strichs über und unter den Zahlen 1 bis 12	3 mm
Strichdicke	0,7 mm

Ergänzungsbestimmungen

1. Die Prüfplakette muss so beschaffen sein, dass sie für die Dauer ihrer Gültigkeit den Beanspruchungen beim Betrieb des Fahrzeugs standhält. Die Beschriftung der Prüfplakette – ausgenommen die Umrandung sowie die schwarzen Felder des Abschnitts zwischen den Zahlen 11 bis 1 – muss nach ihrer Anbringung mindestens 0,10 mm erhaben sein; sie ist nach dem Schriftmuster der Normschrift DIN 1451 in Schwarz auf farbigem Grund auszuführen. Die Farbe des Untergrunds ist nach dem Kalenderjahr zu bestimmen, in dem das Fahrzeug zur nächsten Hauptuntersuchung vorgeführt werden muss (Durchführungsjahr). Sie ist für das Durchführungsjahr

2008	blau
2009	gelb
2010	braun
2011	rosa
2012	grün
2013	orange

    Die Farben wiederholen sich für die folgenden Durchführungsjahre jeweils in dieser Reihenfolge. Die Farbtöne der Beschriftung und des Untergrunds sind dem Farbregister RAL 840 HR, herausgegeben vom RAL Deutsches Institut für Gütesicherung und Kennzeichnung e. V., Siegburger Straße 39, 53757 St. Augustin, zu entnehmen, und zwar ist als Farbton zu wählen für

schwarz	RAL 9005
braun	RAL 8004
rosa	RAL 3015
grün	RAL 6018
gelb	RAL 1012
blau	RAL 5015
orange	RAL 2000

2. Die Jahreszahl wird durch die letzten beiden Ziffern des Durchführungsjahres im Mittelkreis angegeben; sie ist in Engschrift auszuführen.

3. Die einstelligen Monatszahlen am Rand der Plakette sind in Mittelschrift, die zweistelligen in Engschrift auszuführen.

4. Das Plakettenfeld muss in zwölf gleiche Teile (Zahlen 1 bis 12 entgegen dem Uhrzeigersinn dargestellt) geteilt sein. Der Abschnitt (60°) ist durch die Zahlen 11, 12 und 1 unterbrochen. Die oberste Zahl bezeichnet den Durchführungsmonat des Jahres, dessen letzten beiden Ziffern sich im Mittelkreis befinden.

5. (weggefallen)

Anlage IXa
(aufgehoben)

Anlage IXb
(§ 29 Absatz 2 bis 8)

**Prüfmarke und SP-Schild
für die Durchführung von Sicherheitsprüfungen**

1 Vorgeschriebene Beschaffenheit
1.1 Muster

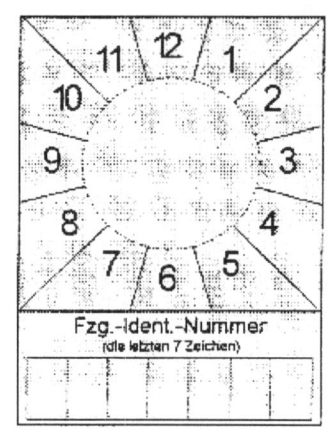

SP-Schild    Prüfmarke

1.2 Abmessungen und Gestaltung
1.2.1 Prüfmarke
1.2.1.1 Allgemeines

Material:	Folie oder Festkörper aus Kunststoff
Kantenlänge der Prüfmarke:	24,5 mm x 24,5 mm
Strichfarben:	schwarz
Schriftart:	Helvetica medium
Schriftfarbe:	schwarz.

1.2.1.2 Grundkörper von Prüfmarken, die als Festkörper ausgebildet sind

Durchmesser:	35 mm
Höhe:	3 mm
Farbe:	grau
Umrandung:	keine.

1.2.1.3 Fläche des Pfeiles:

Kantenlänge des Pfeilschaftes:	17,3 mm x 17,3 mm
Kantenlänge der Pfeilspitze:	Basislinie: 17,3 mm
	Seitenlinien: 12,2 mm
Farbe:	jeweils entsprechend dem Kalenderjahr, in dem die nächste Sicherheitsprüfung durchgeführt werden muss (Durchführungsjahr).
	Sie ist für das Durchführungsjahr
	1999 – rosa
	2000 – grün
	2001 – orange
	2002 – blau
	2003 – gelb
	2004 – braun.
	Die Farben wiederholen sich für die folgenden Kalenderjahre jeweils in dieser Reihenfolge.

Straßenverkehrs-Zulassungs-Ordnung   Anlage IXb – StVZO | 03

	Strichstärke der Umrandung:	0,7 mm
	Anordnung Text „SP":	vertikal zentriert, Buchstabenunterkante 10 mm unter der Pfeilspitze
	Schrifthöhe Text „SP":	4 mm
	Anordnung Jahreszahl:	vertikal und horizontal zentriert
	Schrifthöhe Jahreszahl:	5 mm.
1.2.1.4	Restfläche:	
	Farbe:	grau
	Umrandung:	keine.
1.2.2	SP-Schild	
1.2.2.1	Allgemeines	
	Material:	Folie, Kunststoff oder Metall
	Kantenlänge (Höhe x Breite):	80 mm x 60 mm
	Grundfarbe:	grau
	Strichfarben:	schwarz
	Schriftfarben:	schwarz.
1.2.2.2	Quadrat Monatsangabe	
	Kantenlänge:	60 mm
	Anordnung der Monatszahlen:	1 bis 12 jeweils um 30 Grad im Uhrzeigersinn versetzt, an einem fiktiven Kreisring von 40 mm Durchmesser außen angesetzt
	Schriftart:	Helvetica medium, zweistellige Zahlen in Engschrift
	Schrifthöhe:	5 mm
	Linien zwischen den Monatszahlen:	sechs jeweils fiktiv durch den Mittelpunkt des Quadrates verlaufende, um 30 Grad versetzte Linien
	Strichstärke:	0,5 mm.
1.2.2.3	Kreisfläche	
	Beschaffenheit:	Damit die Prüfmarke von dem SP-Schild abgelöst werden kann, ohne dieses zu zerstören, sollte die Kreisfläche mindestens 1 mm positiv erhaben sein.
	Anordnung Mittelpunkt:	auf den Mittelpunkt des Quadrates (Monatsangabe) zentriert
	Innendurchmesser:	35 mm
	Umrandung:	keine
	Grundfarbe:	grau.
1.2.2.4	Feld, „Fzg.-Ident.-Nummer"	
	Anordnung:	je 2 mm Abstand zur seitlichen und unteren Außenkante
	Kantenlänge (Höhe x Breite):	12 mm x 56 mm
	Einzelfelder (Höhe x Breite):	7 Felder, 12 mm x 8 mm
	Strichstärke:	0,5 mm
	Schrift:	Helvetica medium
	Schrifthöhe („Fzg.- Ident.-Nummer"):	3 mm
	Schrifthöhe („die letzten 7 Zeichen"):	2 mm.
	Bei Ausführung des SP-Schildes als Folie muss das Feld nach der Beschriftung mit einer zusätzlichen Schutzfolie gesichert werden.	
1.2.3	Farbtöne der Beschriftung und des Untergrundes	
	Farbregister RAL 840 HR, herausgegeben vom RAL Deutsches Institut für Gütesicherung und Kennzeichnung e. V., Siegburger Straße 39, 53757 St. Augustin.	
	Als Farbton ist zu verwenden:	schwarz – RAL 9005
		braun – RAL 8004
		rosa – RAL 3015
		grün – RAL 6018
		gelb – RAL 1012
		blau – RAL 5015
		orange – RAL 2000
		grau – RAL 7035.

1.2.4 Dauerbeanspruchung

Prüfmarke und SP-Schild müssen so beschaffen sein, dass sie für die Dauer ihrer Gültigkeit den Beanspruchungen beim Betrieb des Fahrzeugs standhalten.

2 Ergänzungsbestimmungen

2.1 Fälschungssicherheit

Damit Fälschungen erschwert und nachweisbar werden, sind durch den Hersteller bestimmte Merkmale und zusätzlich eine Herstellerkennzeichnung einzubringen, die über die gesamte Lebensdauer der Prüfmarke wirksam und erkennbar bleiben.

2.1.1 Prüfmarken in Folienausführung

Es sind unsichtbare Schriftmerkmale und zusätzlich eine Herstellerkennzeichnung, die ohne Hilfsmittel nicht erkennbar sind, einzuarbeiten. Die Erkennbarkeit muss durch die Verwendung von mit Black-light-Röhren (300 – 400 nm) ausgerüsteten Prüflampen gegeben sein. Die verwendeten Schriften der Kennzeichnung müssen in nicht fälschbarer Microschrift ausgeführt sein. In die Kennzeichnung sind der Hersteller und das Produktjahr in Form einer Zahlenkombination einzubringen. Die Zeichen haben eine maximale Höhe von 2 mm und eine maximale Strichstärke von 0,75 mm. Es sind Flächensymbole einzuarbeiten.

2.1.2 Prüfmarken in Festkörperausführung

Die Umrandung des Pfeiles, der Text „SP" und die Jahreszahl müssen mindestens 0,3 mm positiv erhaben sein. Auf der Rückseite der Prüfmarke muss eine zusätzliche Kennzeichnung aufgebracht werden. In die Kennzeichnung sind der Hersteller und das Produktjahr in Form einer Zahlenkombination einzubringen.

Dies gilt nicht, wenn die Prüfmarken die Anforderungen nach Nummer 2.1.1 erfüllen.

2.2 Übertragungssicherheit

2.2.1 Allgemeines

Bei Prüfmarken oder SP-Schildern aus Folie muss zur Gewährleistung der Übertragungssicherheit der Untergrund vor dem Aufbringen frei von Staub, Fett, Klebern, Folien oder sonstigen Rückständen sein.

2.2.2 Entfernung von Prüfmarken

Es muss gewährleistet sein, dass sich Prüfmarken bei ordnungsgemäßer Anbringung nicht unzerstört entfernen lassen. Der Zerstörungsgrad der Prüfmarken muss so groß sein, dass eine Wiederverwendung auch unter Korrekturen nicht möglich ist. Es darf nicht möglich sein, aus zwei abgelösten (entfernten) Prüfmarken eine Ähnlichkeitsfälschung herzustellen.

2.3 Echtheitserkennbarkeit im Anlieferungszustand

Die Verarbeiter von Prüfmarken (Zulassungsbehörden, Technische Prüfstellen, Überwachungsorganisationen, anerkannte Kfz-Werkstätten) müssen im Anlieferungszustand die systembedingte Echtheit erkennen können. Dies wird durch ein genau definiertes und gekennzeichnetes Schutzpapier auf der Rückseite der Prüfmarken oder durch die auf der Rückseite der Prüfmarke für die Festkörper aufgebrachten fälschungserschwerenden Schriftmerkmale nach Nummer 2.1.2 Absatz 1 sichergestellt.

In der Sichtfläche der Prüfmarke ist eine nicht aufdringliche und das Gesamtbild nicht störende fälschungserschwerende Produktkennzeichnung eingebracht.

Die Prüfmarken sind in übersichtlich zählbaren Behältnissen verpackt.

2.4 Anbringung der Prüfmarken und SP-Schilder

Die individuelle Beschriftung des SP-Schildes mit der Fahrzeug-Identifizierungsnummer erfolgt mit einem dokumentenechten Permanentschreiber. Diese Beschriftung ist durch eine Schutzfolie zu sichern. Beim Ablösen der Schutzfolie muss sich das Feld „Fzg.-Ident.-Nummer" so zerstören, dass eine Wiederverwendung auch unter Korrekturen nicht möglich ist. Bei Ausführung des SP-Schildes als Festkörper aus Kunststoff oder Metall können die Zeichen auch positiv oder negativ erhaben aufgebracht werden; eine zusätzliche Schutzfolie ist dann entbehrlich.

Das SP-Schild ist gut sichtbar am Fahrzeugheck in Fahrtrichtung hinten links anzubringen. Die Anbringungshöhe ist so zu wählen, dass sich die Oberkante des SP-Schildes mindestens 300 mm und maximal 1 800 mm über der Fahrbahn befindet. Die rechte Kante des SP-Schildes darf nicht mehr als 800 mm vom äußersten Punkt des hinteren Fahrzeugumrisses entfernt sein. Davon kann nur abgewichen werden, wenn die Bauart des Fahrzeugs diese Anbringung nicht zulässt.

2.5 Bezug von Prüfmarken

Die Hersteller von Prüfmarken beliefern ausschließlich die Zulassungsbehörden, die Technischen Prüfstellen, die Überwachungsorganisationen und die für die Anerkennung von Werkstätten zur Durchführung von Sicherheitsprüfungen zuständigen Stellen. Die Anerkennungsstellen nach Nummer 1.1 Anlage VIIIc beliefern die zur Durchführung von Sicherheitsprüfungen anerkannten Werkstätten. Die zuständige oberste Landesbehörde oder die von ihr bestimmten oder nach Landesrecht zuständigen Stellen können Abweichendes bestimmen.

Anlage X
(zu § 35e Absatz 4, §§ 35f, 35i)

Fahrgasttüren, Notausstiege, Gänge und Anordnung von Fahrgastsitzen in Kraftomnibussen

1 Einteilung der Kraftomnibusse
Es werden unterschieden
1.1 Kraftomnibusse mit Stehplätzen
1.1.1 mit mehr als 16 Fahrgastplätzen
1.1.2 mit bis zu 16 Fahrgastplätzen
1.2 Kraftomnibusse ohne Stehplätze
1.2.1 mit mehr als 16 Fahrgastplätzen
1.2.2 mit bis zu 16 Fahrgastplätzen

2 Gänge und Innenraumhöhe über Plattformen
Gang ist der Bereich im Innenraum von Kraftomnibussen, der mehr als 400 mm von den Fahrgasttüren entfernt ist. Er muss den Fahrgästen den Zugang zu jedem Sitz/jeder Sitzreihe ermöglichen.
Der Gang umfasst nicht den bis zu 300 mm tiefen Raum vor einem Sitz/einer Sitzreihe, der für die Füße der sitzenden Fahrgäste bestimmt ist, sowie den Raum vor der letzten Sitzreihe oder Sitzbank, der nur von denjenigen Fahrgästen benutzt wird, die diese Sitze einnehmen.

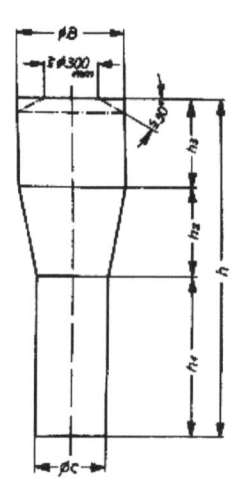

Der Gang muss so ausgelegt sein, dass der freie Durchlass der nebenstehend abgebildeten Messvorrichtung möglich ist.
Sitze im Bereich der vorderen Fahrgasttüren (§ 35b Abs. 2) dürfen zur Prüfung weggeklappt werden, soweit dies einfach und ohne großen Kraftaufwand möglich und die Betätigungsart klar ersichtlich ist.
Die Messvorrichtung muss bei der Prüfung senkrecht geführt werden.

Straßenverkehrs-Zulassungs-Ordnung Anlage X – StVZO | 03

Die Abmessungen der Messvorrichtung sind der Tabelle zu entnehmen. Die Innenraumhöhe über Plattformen muss der für den Gang geforderten Mindesthöhe (Gesamthöhe der Messvorrichtung) entsprechen.

Abmessungen der Messvorrichtung [mm]		Kraftomnibusse mit Stehplätzen		Kraftomnibusse ohne Stehplätze	
		mit mehr als 16 Fahrgastplätzen (vgl. 1.1.1)	mit bis zu 16 Fahrgastplätzen (vgl. 1.1.2)	mit mehr als 16 Fahrgastplätzen (vgl. 1.2.1)	mit bis zu 16 Fahrgastplätzen (vgl. 1.2.2)
Höhe des unteren Zylinders	h_1	900	900	900	900
Höhe des Kegelstumpfes	h_2	500	500	500 (350)[3]	300
Höhe des oberen Zylinders	h_3	500 (400)[2]	500	400	300
Durchmesser des unteren Zylinders	C	350	350	300 (220)[4]	300
Durchmesser des oberen Zylinders	B[1]	550	550	450	450
Gesamthöhe der Messvorrichtung	h	1 900 (1 800)[2]	1 900	1 800 (1 650)[3]	1 500

Erläuterungen:

[1] Der Durchmesser der Abschrägung am oberen Ende des Zylinders muss mindestens 300 mm betragen, die Abschrägung darf 30° nicht überschreiten.

[2] Reduzierung möglich bei Kraftomnibussen mit Heckmotor für den Teil des Gangs hinter der Hinterachse bzw. hinter einer hinter dieser Achse befindlichen Fahrgasttür und bei Eineinhalbdeck- und Doppeldeck-Kraftomnibussen für den zweistöckigen Fahrzeugteil.

[3] Reduzierung möglich bei Eineinhalbdeck- und Doppeldeck-Kraftomnibussen für den Gang zur Heckbank des Unterdecks und im Oberdeck.

[4] 220 mm bei seitlich bewegbaren Sitzen.
Bei ausgefahrenen Sitzen muss ein Fußraum mit den lichten Maßen von 350 mm in der Breite und 200 mm in der Höhe vorhanden sein. Die Sitze müssen sich auch in belastetem Zustand von einer erwachsenen Person mit vertretbarem Kraftaufwand verstellen lassen.

Bei Gelenk-Kraftomnibussen muss die Messvorrichtung auch den Gelenkabschnitt in allen möglichen Betriebsstellungen der Fahrzeuge unbehindert passieren können.

3 Fahrgastsitze

3.1 Sitzmaße

Die Abmessungen für jeden Sitzplatz müssen den in der nachfolgenden Aufstellung und in der Skizze zusammengefassten Abmessungen entsprechen. Alle Maße beziehen sich auf unbelastete Sitz- und Lehnenpolster.

Breite des Sitzpolsters auf jeder Seite – gemessen ab einer durch die Mitte des betreffenden Sitzes verlaufenden Vertikalebene	F ≥	200 mm für Einzelsitze und für Sitzbänke für zwei oder mehr Fahrgäste
Breite des verfügbaren Raumes – gemessen in einer Horizontalebene entlang der Rückenlehne des Sitzes in einer Höhe zwischen 270 und 650 mm über dem Sitzpolster	G ≥ G ≥	250 mm für Einzelsitze 225 mm für Sitzbänke für zwei oder mehr Fahrgäste
Höhe des Sitzpolsters bezogen auf den Boden unter den Füßen des Fahrgastes – gemessen vom Boden bis zu einer horizontalen Ebene, die die Oberfläche des höchsten Punktes des Sitzpolsters berührt	I =	400 ... 500 mm bei Radkästen ist eine Verringerung bis auf 350 mm möglich.
Tiefe des Sitzpolsters – Abstand zwischen zwei Vertikalebenen, die die Vorderkante des Sitzpolsters berühren, gemessen in einer horizontalen Ebene, die die Oberfläche des höchsten Punktes des Sitzpolsters berührt	K ≥	350 mm

295

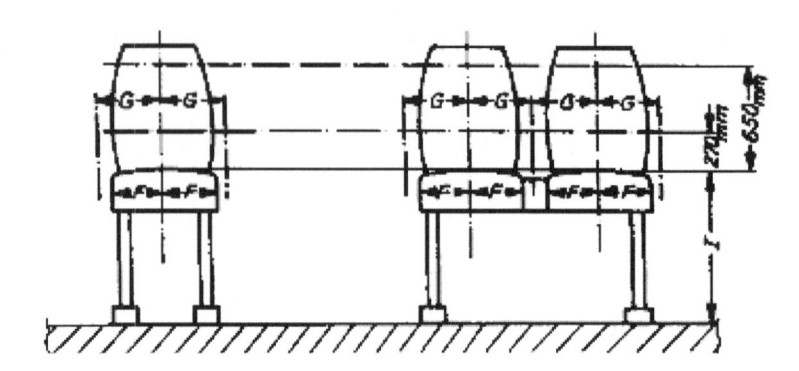

Einzelsitz

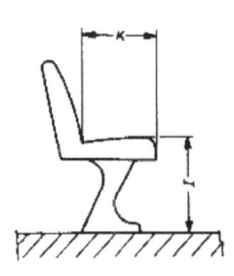

Durchgehender Sitz
(Sitzbänke für zwei oder mehr Fahrgäste)
Die Rückenlehnen dürfen auch einteilig ausgeführt sein.

Tiefe des Sitzpolsters (K)
Höhe des Sitzpolsters (I)

3.2 Freiraum

Um dem Fahrgast die nötige Bewegungsfreiheit zu gewährleisten, muss der Bereich über dem unbelasteten Sitzpolster eine freie Höhe von 900 mm aufweisen. Außerdem muss der Abstand gemessen vom Boden

a) im Bereich oberhalb der Sitzfläche,

b) im Bereich oberhalb der Rückenlehne und

c) im Bereich oberhalb des Fußraums des sitzenden Fahrgastes (bis 300 mm vor der Vorderkante des Sitzes)

mindestens 1 350 mm betragen.

In den Bereich oberhalb des Fußraums darf die Rückenlehne eines Sitzes hineinragen.

Geringfügige Einschränkungen des Freiraums (zum Beispiel für Leitungskanäle) sind zulässig.

3.3 Zwischenabstand der Sitze

Unbelastete Sitz- und Lehnenpolster müssen den nachfolgend angegebenen Maßen entsprechen; dabei muss in einer durch die Mitte des einzelnen Sitzplatzes verlaufenden Vertikalebene gemessen werden.

gleichgerichtete Sitze: Abstand zwischen der Vorderseite der Rückenlehne eines Sitzes und der Rückseite der Rückenlehne davor – gemessen in der Horizontalen und in jeder Höhe zwischen der Oberfläche des Sitzpolsters und einer Höhe von 620 mm über dem Boden	H_1 ≥	650 mm
quergestellte, einander gegenüber angeordnete Sitze: Abstand zwischen den Vorderseiten der Rückenlehnen – gemessen in Querrichtung im höchsten Punkt der Sitzpolster	H_2 ≥	1 300 mm

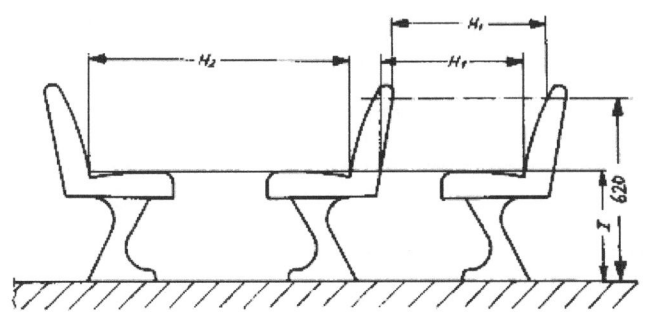

Straßenverkehrs-Zulassungs-Ordnung Anlage X – StVZO | 03

3.4 Sitze hinter Trennwänden

Bei Sitzen hinter einer festen Trennwand muss zwischen dieser und der Vorderseite der Rückenlehne – gemessen in einer horizontalen Ebene, die die Oberfläche des nächsten Punktes des Sitzpolsters berührt – ein freier Abstand von mindestens 630 mm vorhanden sein.

Im Bereich vom Boden bis zu einer Ebene, die 150 mm höher ist, muss der Abstand zwischen der Trennwand und dem Sitz mindestens 350 mm betragen (siehe Abbildung). Dieser Freiraum kann durch Einrichtung einer Nische in der Trennwand oder durch Rückwärtsverlagerung des Unterteils des Sitzes oder durch eine Kombination dieser beiden Möglichkeiten geschaffen werden. Wird ein Freiraum unter dem Sitz vorgesehen, so soll dieser aufwärts über die 150-mm-Ebene hinaus entlang der den vorderen Rand des Sitzaufbaus berührenden und unmittelbar unterhalb der Vorderkante des Sitzpolsters verlaufenden geneigten Ebene weitergeführt werden.

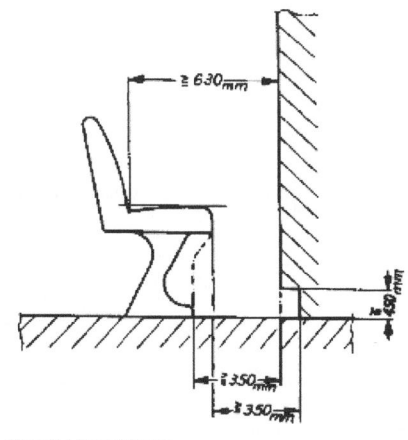

3.5 Sitze in Längsrichtung

Sitze in Längsrichtung sind zulässig. Für die Sitze, wie Sitz- und Lehnenpolster, sind dieselben Mindestabmessungen, wie in Nummer 3.1 angegeben und dargestellt anzuwenden. Der Freiraum über den Sitzen ist gemäß Nummer 3.2 einzuhalten.

Am Beginn und Ende von Sitzbänken sowie nach jeweils zwei Sitzen müssen Armlehnen oder sonstige Halteeinrichtungen angebracht werden, die keine scharfen Kanten aufweisen und abgepolstert sind.

4 Abmessungen der Fahrgasttüren und des Bereichs bis zum Beginn des Gangs

4.1 Die Fahrgasttüren müssen die nachfolgend angegebenen Mindestabmessungen haben.

Geringfügige Abrundungen oder Einschränkungen an den oberen Ecken sind zulässig.

4.1.1 Lichte Weite

a) 650 mm bei Einzeltüren,

b) 1 200 mm bei Doppeltüren.

Diese Abmessungen dürfen um bis zu 100 mm in Höhe von Handgriffen oder Handläufen unterschritten werden. Bei Kraftomnibussen mit bis zu 16 Fahrgastplätzen ist eine Verminderung um bis zu 250 mm zulässig an Stellen, bei denen Radkästen in den Freiraum eindringen oder der Türantrieb angeordnet ist.

4.1.2 Lichte Höhe

a) 1 800 mm bei Kraftomnibussen mit Stehplätzen,

b) 1 650 mm bei Kraftomnibussen ohne Stehplätze mit mehr als 16 Fahrgastplätzen,

c) 1 500 mm bei Kraftomnibussen ohne Stehplätze mit bis zu 16 Fahrgastplätzen.

4.2 Der Bereich ab der Seitenwand, in die die Fahrgasttüren eingebaut sind, ist bis zu 400 mm nach innen (Beginn des Gangs) so zu gestalten, dass der freie Durchlass der nachfolgend dargestellten Messvorrichtungen möglich ist.

4.2.1 Messvorrichtung für Kraftomnibusse mit Stehplätzen und für Kraftomnibusse ohne Stehplätze mit mehr als 16 Fahrgastplätzen (Maße in mm)

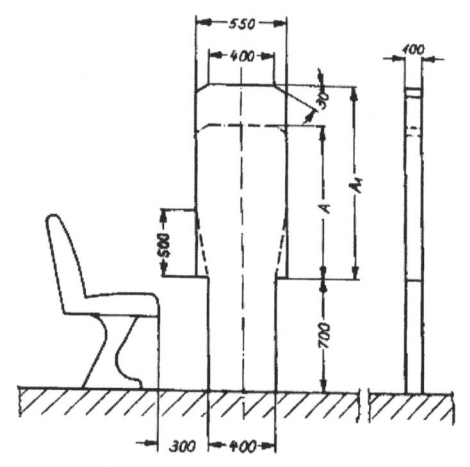

Im Falle der Benutzung der Messvorrichtung mit A = 1 100 mm und A_1 = 1 200 mm bei Kraftomnibussen nach Nummer 1.1 und 1.2.1 kann alternativ ein konischer Übergang mit 500 mm Höhe und der Breite 400 mm auf 550 mm gewählt werden.

Maße für A und A_1 [mm]	Kraftomnibusse mit Stehplätzen (vgl. 1.1.1 und 1.1.2)	Kraftomnibusse ohne Stehplätze mit mehr als 16 Fahrgastplätzen (vgl. 1.2.1)
A	1 100	950
A_1[1])	1 200[2])	1 100

[1]) Maß A_1 400 mm hinter der Türöffnung (siehe 4.3).

[2]) Reduzierung auf 1 100 mm bei Eineinhalbdeck- und Doppeldeck-Kraftomnibussen für den zweistöckigen Fahrzeugteil möglich.

Straßenverkehrs-Zulassungs-Ordnung Anlage X – StVZO | 03

4.2.2 Messvorrichtung für Kraftomnibusse ohne Stehplätze mit bis zu 16 Fahrgastplätzen (Maße in mm)

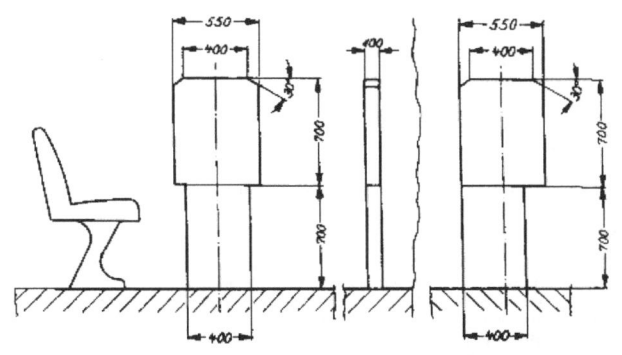

Verschieben der unteren Platte nach rechts oder links innerhalb der Außenkanten der oberen Platte möglich

Beispiel für eine verschobene untere Platte: es ist die bei Verschiebung nach links maximal zulässige Stellung dargestellt

4.3 Die jeweilige Messvorrichtung muss aufrecht stehend von der Ausgangsposition aus parallel zur Türöffnung geführt werden, bis die erste Stufe erreicht ist. Die Ausgangsposition ist die Stelle, wo die dem Fahrzeuginneren zugewandte Seite der Messvorrichtung die äußerste Kante der Tür berührt. Danach ist sie rechtwinklig zur wahrscheinlichen Bewegungsrichtung einer den Einstieg benutzenden Person zu bewegen. Wenn die Mittellinie der Messvorrichtung 400 mm von der Ausgangsposition zurückgelegt hat, ist bei Kraftomnibussen mit Stehplätzen und bei Kraftomnibussen ohne Stehplätze mit mehr als 16 Fahrgastplätzen die Höhe der oberen Platte vom Maß A auf das Maß A_1 zu vergrößern. Bei Kraftomnibussen ohne Stehplätze mit bis zu 16 Fahrgastplätzen ist $A_1 = A$ (= 700 mm).

Wenn die Messvorrichtung mehr als 400 mm zurücklegen muss, um den Fußboden (Gang) zu erreichen, ist sie so lange weiter vertikal und rechtwinklig zur wahrscheinlichen Bewegungsrichtung einer den Einstieg benutzenden Person fortzubewegen, bis die Messvorrichtung den Fußboden (Gang) berührt.

Ob die Bedingungen des Zugangs von der senkrechten Ebene der Messvorrichtung zum Gang hin eingehalten werden, ist mit Hilfe der für den Gang maßgebenden zylindrischen Messvorrichtung (siehe Nummer 2) zu prüfen. Dabei ist die Ausgangsposition für die zylindrische Messvorrichtung die Stelle, wo sie die Messvorrichtung nach Nummer 4 berührt.

Der freie Durchgangsspielraum für die Messvorrichtung darf den Bereich bis 300 mm vor einem Sitz und bis zur Höhe des höchsten Punktes des Sitzpolsters nicht beanspruchen.

Sitze im Bereich der vorderen Fahrgasttüren (§ 35b Absatz 2) dürfen zur Prüfung weggeklappt werden, soweit dies einfach und ohne großen Kraftaufwand möglich und die Betätigungsart klar ersichtlich ist.

5 Notausstiege
5.1 Notausstiege können sein:
5.1.1 Notfenster, ein von den Fahrgästen nur im Notfall als Ausstieg zu benutzendes Fenster, das nicht unbedingt verglast sein muss;
5.1.2 Notluke, eine Dachöffnung, die nur im Notfall dazu bestimmt ist, von den Fahrgästen als Ausstieg benutzt zu werden;
5.1.3 Nottür, eine Tür, die zusätzlich zu den Fahrgasttüren und einer Fahrzeugführertür vorhanden ist, von den Fahrgästen aber nur ausnahmsweise und insbesondere im Notfall als Ausstieg benutzt werden soll.
5.2 Mindestanzahl der Notausstiege
5.2.1 In Kraftomnibussen müssen Notausstiege vorhanden sein, deren Mindestanzahl nachstehender Tabelle zu entnehmen ist:

	Notfenster oder Nottür je Fahrzeuglängsseite	Notluke	Notfenster oder Nottür an der Fahrzeugvorder- oder -rückseite
Kraftomnibusse mit bis zu 16 Fahrgastplätzen	1	1	oder 1
Kraftomnibusse mit bis zu 22 Fahrgastplätzen	2	1	1

299

	Notfenster oder Nottür je Fahrzeuglängsseite	Notluke	Notfenster oder Nottür an der Fahrzeugvorder- oder -rückseite
Kraftomnibusse mit bis zu 35 Fahrgastplätzen	2	1	1
Kraftomnibusse mit bis zu 50 Fahrgastplätzen	3	1	1
Kraftomnibusse mit bis zu 80 Fahrgastplätzen	3	2	2
Kraftomnibusse mit mehr als 80 Fahrgastplätzen	4	2	2

Alle weiteren Fenster und Türen (ausgenommen die Fahrgast- und Fahrzeugführertüren), die die Voraussetzungen für Notausstiege erfüllen, gelten ebenfalls als Notausstiege und sind gemäß § 35f Absatz 2 deutlich zu kennzeichnen.

5.2.2 Sonderbestimmungen

5.2.2.1 Bei Kraftomnibussen, die als Gelenkfahrzeug gebaut sind, ist jedes starre Teil des Fahrzeugs im Hinblick auf die Mindestanzahl der vorzusehenden Notausstiege als ein Einzelfahrzeug anzusehen; dabei ist die Anzahl der Fahrgastplätze vor und hinter dem Gelenk zugrunde zu legen. Für die Mindestanzahl der Notfenster und der Nottüren in der Fahrzeugvorder- oder -rückseite ist die Gesamtzahl der Fahrgastplätze des Kraftomnibusses maßgebend.

5.2.2.2 Bei Kraftomnibussen, die als sogenannte Eineinhalbdeck-Kraftomnibusse oder Doppeldeck-Kraftomnibusse gebaut sind (Beförderung der Fahrgäste auf zwei Ebenen), ist jedes Fahrzeugdeck im Hinblick auf die Mindestanzahl der vorzusehenden Notausstiege als ein Einzelfahrzeug anzusehen; dabei ist die Anzahl der Fahrgastplätze je Fahrzeugdeck zugrunde zu legen.

Für die Mindestanzahl der Notluken im Fahrzeugdach ist die Gesamtzahl der Fahrgastplätze des Kraftomnibusses maßgebend.

5.2.2.3 Können bei Kraftomnibussen nach Nummer 5.2.2.2 Notfenster oder Nottüren an der Fahrzeugvorder- oder -rückseite des Unterdecks aus konstruktiven Gründen nicht angebracht werden, sind für die Fahrgäste im Unterdeck ersatzweise andere Fluchtmöglichkeiten für den Notfall vorzusehen (zum Beispiel Luken im Zwischendeck, ausreichend bemessene Zugänge vom Unterdeck zum Oberdeck).

5.3 Mindestabmessungen der Notausstiege

5.3.1 Die verschiedenen Arten der Notausstiege müssen folgende Mindestabmessungen haben:

	Höhe	Breite	Fläche	Bemerkungen
Notfenster	–	–	0,4 m²	In die Öffnung muss ein Rechteck von 0,5 m Höhe und 0,7 m Breite hineinpassen*)
Notluke	–	–	0,4 m²	
Nottür	1,25 m	0,55 m	–	–

*) Für ein Notfenster in der Fahrzeugrückseite gelten die Bedingungen als erfüllt, wenn Öffnungen von 0,35 m Höhe und 1,55 m Breite bei Ausrundungsradien von 25 cm vorhanden sind.

5.3.2 Notfenster mit einer Fläche von 0,8 m², in die ein Rechteck von 0,5 m Höhe und 1,4 m Breite hineinpasst, gelten im Sinne von Nummer 5.2.1 als zwei Notausstiege.

5.4 Anordnung und Zugänglichkeit der Notausstiege

5.4.1 Notfenster und Notluken sind in Längsrichtung der Kraftomnibusse gleichmäßig zu verteilen; ihre Anordnung ist auf die Lage der Fahrgastplätze abzustimmen.

5.4.2 Notfenster, Notluken und Nottüren müssen gut zugänglich sein. Der direkte Raum vor ihnen darf nur so weit eingeschränkt sein, dass für erwachsene Fahrgäste der ungehinderte Zugang zu den Notausstiegen gewährleistet ist.

5.5 Bauliche Anforderungen an Notausstiege

5.5.1 Notfenster

5.5.1.1 Notfenster müssen sich leicht und schnell öffnen, zerstören oder entfernen lassen.

5.5.1.2 Bei Notfenstern, die durch Zerschlagen der Scheiben (auch Doppelscheiben) geöffnet werden, müssen die Scheiben aus Einscheiben-Sicherheitsglas (vorgespanntes Glas) hergestellt sein. Für jedes dieser Notfenster muss eine Einschlagvorrichtung (zum Beispiel Nothammer) vorhanden sein.

5.5.1.3 Notfenster mit Scharnieren oder mit Auswerfeinrichtung müssen sich nach außen öffnen lassen.

5.5.2 Notluken

5.5.2.1 Notluken müssen sich von innen und von außen leicht und schnell öffnen oder entfernen lassen.

| 5.5.2.2 | Notluken aus Einscheiben-Sicherheitsglas (vorgespanntes Glas) sind zulässig; in diesem Fall muss für jede der Notluken innen im Fahrzeug eine Einschlagvorrichtung (zum Beispiel Nothammer) vorhanden sein.
| 5.5.3 | Nottüren
| 5.5.3.1 | Nottüren dürfen weder als fremdkraftbetätigte Türen noch als Schiebetüren ausgeführt sein.
| 5.5.3.2 | Die Nottüren müssen sich nach außen öffnen lassen und so beschaffen sein, dass selbst bei Verformung des Fahrzeugaufbaus durch einen Aufprall – ausgenommen einen Aufprall auf die Nottüren – nur eine geringe Gefahr des Verklemmens besteht.
| 5.5.3.3 | Die Nottüren müssen sich von innen und von außen leicht öffnen lassen.
| 5.5.3.4 | Dem Fahrzeugführer muss sinnfällig angezeigt werden, wenn Nottüren, die außerhalb seines direkten Einflussbereichs und Sichtfeldes liegen, geöffnet oder nicht vollständig geschlossen sind.
| 5.5.4 | Eine Verriegelung der Notfenster, Notluken und Nottüren (zum Beispiel für das Parken) ist zulässig; es muss dann jedoch sichergestellt sein, dass sie stets von innen durch den normalen Öffnungsmechanismus zu öffnen sind.

Anlage XI
(zu § 47a)

(weggefallen)

Anlage XIa
(zu § 47a)

(weggefallen)

Anlage XIb
(zu § 47a Absatz 2 und § 47b Absatz 2)

(weggefallen)

Anlage XII
(§ 34 Absatz 4 Nummer 2 Buchstabe d, Absatz 5 Nummer 2 Buchstabe b und Nummer 3 Buchstabe b, Absatz 6 Nummer 3 Buchstabe b)

**Bedingungen für
die Gleichwertigkeit von Luftfederungen
und bestimmten anderen Federungssystemen an der (den) Antriebsachse(n) des Fahrzeugs**

1 Definition der Luftfederung

Ein Federungssystem gilt als luftgefedert, wenn die Federwirkung zu mindestens 75 Prozent durch pneumatische Vorrichtungen erzeugt wird.

2 Gleichwertigkeit mit der Luftfederung

Ein Federungssystem wird als der Luftfederung gleichwertig anerkannt, wenn es folgende Voraussetzungen erfüllt:

2.1 Während des kurzzeitigen freien niederfrequenten vertikalen Schwingungsvorgangs der gefederten Masse senkrecht über der Antriebsachse oder einer Achsgruppe dürfen die gemessene Frequenz und Dämpfung der Federung unter Höchstlast die unter den Nummern 2.2 bis 2.5 festgelegten Grenzwerte nicht überschreiten.

2.2 Jede Achse muss mit hydraulischen Dämpfern ausgerüstet sein. Bei Doppelachsen müssen die hydraulischen Dämpfer so angebracht sein, dass die Schwingung der Achsgruppe auf ein Mindestmaß reduziert wird.

2.3 Das mittlere Dämpfungsverhältnis D muss über 20 Prozent der kritischen Dämpfung der Federung im Normalzustand, das heißt mit funktionstüchtigen hydraulischen Dämpfern, betragen.

2.4 Wenn alle hydraulischen Dämpfer entfernt oder außer Funktion gesetzt sind, darf das Dämpfungsverhältnis der Federung nicht mehr als 50 Prozent des mittleren Dämpfungsverhältnisses D betragen.

2.5 Die Frequenz der gefederten Masse über der Antriebsachse oder der Achsgruppe während eines kurzzeitigen freien vertikalen Schwingungsvorgangs darf 2,0 Hz nicht überschreiten.

2.6 Unter Nummer 3 werden die Frequenz und die Dämpfung der Federung definiert. Unter Nummer 4 werden die Prüfverfahren zur Ermittlung der Frequenz- und der Dämpfungswerte beschrieben.

3 Definition von Frequenz und Dämpfung

In dieser Definition wird von einer gefederten Masse M Kilogramm (kg) über einer Antriebsachse oder einer Achsgruppe ausgegangen. Die Achse oder die Achsgruppe hat einen vertikalen Gesamtdruck zwischen Straßenoberfläche und gefederter Masse von K Newton/Meter (N/m) und einen Gesamtdämpfungskoeffizienten von C Newton pro Meter und Sekunde (N/ms). Z ist der Weg der gefederten Masse in vertikaler Richtung. Die Bewegungsgleichung für die freie Schwingung der gefederten Masse lautet:

$$M \frac{d^2 Z}{dt^2} + C \frac{dZ}{dt} + KZ = 0$$

Die Frequenz der Schwingung der gefederten Masse F rad/s ist:

$$F = \sqrt{\frac{K}{M} - \frac{C^2}{4M^2}}$$

Die Dämpfung ist kritisch, wenn $C = C_o$ ist, wobei

$$C_o = 2\sqrt{KM}$$

ist.

Das Dämpfungsverhältnis als Bruchteil des kritischen Wertes ist C/C_o.

Die kurzzeitige freie vertikale Schwingung der gefederten Masse ergibt die in Abbildung 2 dargestellte gedämpfte Sinuskurve. Die Frequenz lässt sich durch Messung der für sämtliche zu beobachtenden Schwingungszyklen benötigten Zeit ermitteln. Die Dämpfung wird durch Messung der aufeinanderfolgenden Schwingungspeaks, die in derselben Richtung auftreten, ermittelt. Wenn die Amplitudenpeaks des ersten und des zweiten Schwingungszyklus A_1 und A_2 sind, beträgt das Dämpfungsverhältnis D

$$D = \frac{C}{C_o} = \frac{1}{2\pi} \ln \frac{A_1}{A_2}$$

Dabei ist ln der natürliche Logarithmus des Amplitudenverhältnisses.

4 Prüfverfahren

Um im Test das Dämpfungsverhältnis D, das Dämpfungsverhältnis bei entfernten hydraulischen Dämpfern sowie die Frequenz F der Federung bestimmen zu können, muss das beladene Fahrzeug entweder

a) mit geringer Geschwindigkeit (5 km/h ± 1 km/h) über eine Schwelle von 80 mm Höhe mit dem in Abbildung 1 gezeigten Profil gefahren werden; auf Frequenz und Dämpfung ist die kurzzeitige Schwingung zu untersuchen, die sich ergibt, nachdem die Räder an der Antriebsachse die Schwelle wieder verlassen haben; oder

b) am Fahrgestell heruntergezogen werden, so dass die Antriebsachslast das Anderthalbfache des höchsten statischen Wertes beträgt. Danach wird die auf das Fahrzeug wirkende Zugkraft plötzlich aufgehoben und die daraus resultierende Schwingung untersucht; oder

c) am Fahrgestell hochgezogen werden, so dass die gefederte Masse um 80 mm über die Antriebsachse angehoben wird. Danach wird die auf das Fahrzeug wirkende Zugkraft plötzlich aufgehoben und die daraus resultierende Schwingung untersucht; oder

d) anderen Verfahren unterzogen werden, sofern ihre Gleichwertigkeit vom Hersteller gegenüber der zuständigen technischen Behörde zufriedenstellend nachgewiesen wurde.

Das Fahrzeug sollte zwischen Antriebsachse und Fahrgestell senkrecht über der Achse mit einem Schwingungsschreiber versehen werden. Anhand der Zeitspanne zwischen der ersten und der zweiten Kompressionsspitze lassen sich einerseits die Frequenz F und andererseits das Amplitudenverhältnis und damit dann die Dämpfung ermitteln. Bei Doppelantriebsachsen sollten Schwingungsschreiber zwischen jeder Antriebsachse und dem Fahrgestell senkrecht über diesen Achsen angebracht werden.

Abbildung 1
Schwelle für Federprüfungen

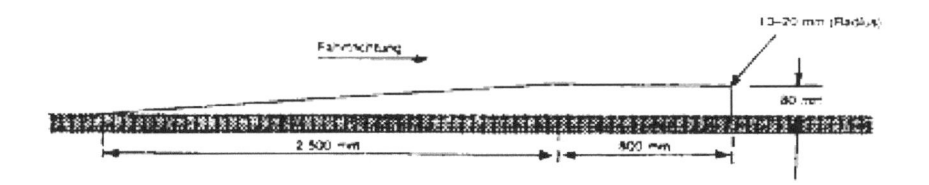

Abbildung 2
Gedämpfte Sinuskurve bei einer kurzzeitigen freien Schwingung

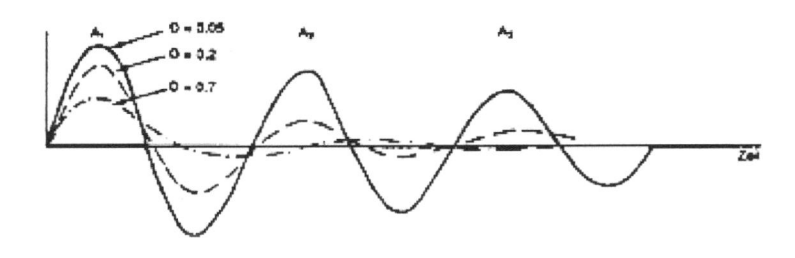

Anlage XIII
(§ 34a Absatz 3)

Zulässige Zahl von Sitzplätzen und Stehplätzen in Kraftomnibussen

(1) Anwendungsbereich

Diese Anlage gilt für Kraftomnibusse, wenn sie nicht im Gelegenheitsverkehr nach § 46 des Personenbeförderungsgesetzes eingesetzt sind.

(2) Berechnung der zulässigen Zahl von Sitzplätzen und Stehplätzen

a) Bei der Berechnung der zulässigen Zahl der Plätze sind unter Berücksichtigung des Leergewichts, des zulässigen Gesamtgewichts und der zulässigen Achslasten des Fahrzeugs folgende Durchschnittswerte anzusetzen:

1. 68 kg als Personengewicht,
2. 544 kg/qm als spezifischer Belastungswert für Stehplatzflächen,
3. 100 kg/cbm als spezifischer Belastungswert für Gepäckräume,
4. 75 kg/qm als spezifischer Belastungswert für Dachgepäckflächen.

b) Das für die Gepäckbeförderung zu berücksichtigende Gewicht kann sowohl ganz als auch in einem im Fahrzeugschein festgelegten Anteil zusätzlich zu der nach Abschnitt a zulässigen Zahl der Plätze für die Personenbeförderung nutzbar gemacht werden, wenn der entsprechende Gepäckraum beim Betrieb der Kraftomnibusse nicht für die Gepäckbeförderung genutzt wird.

Anlage XIV
(zu § 48)

Emissionsklassen für Kraftfahrzeuge

1 Anwendungsbereich

Diese Anlage gilt für alle zur Teilnahme am Straßenverkehr bestimmten Kraftfahrzeuge. Sie gilt nicht für Personenkraftwagen im Sinne der EG-Fahrzeugklasse M_1 nach Anlage XXIX.

2 Begriffsbestimmungen

2.1 Schadstoffklassen

Die Emissionen der gasförmigen Schadstoffe Kohlenmonoxid, Kohlenwasserstoffe und Stickoxide sowie die luftverunreinigenden Partikel sind Grundlage für die Schadstoffklassen.

2.2 Geräuschklassen

Die Geräuschemissionen sind Grundlage für die Geräuschklassen.

2.3 EEV Klassen

Optionale Emissionsanforderungen sind Grundlage für die EEV Klassen.

2.4 Partikelminderungsklassen

Die Emission der luftverunreinigenden Partikel ist Grundlage für die Partikelminderungsklassen.

3 Emissionsklassen

3.1 Schadstoffklassen

3.1.1 Schadstoffklasse S 1

Zur Schadstoffklasse S 1 gehören Kraftfahrzeuge, die

1. in den Anwendungsbereich der Richtlinie 88/77/EWG des Rates vom 3. Dezember 1987 (ABl. L 36 vom 9.2.1988, S. 33) in der Fassung der Richtlinie 91/542/EWG des Rates vom 1. Oktober 1991 (ABl. L 295 vom 25.10.1991, S. 1) fallen, den Vorschriften der Richtlinie entsprechen und die bei den Emissionen der gasförmigen Schadstoffe und luftverunreinigenden Partikel die in Zeile A der Tabelle im Abschnitt 8.3.1.1 des Anhangs I der Richtlinie genannten Grenzwerte nicht überschreiten oder

2. in den Anwendungsbereich der Richtlinie 70/220/EWG in der Fassung der Richtlinie 93/59/EWG (ABl. L 186 vom 28.7.1993, S. 21) fallen, den Vorschriften der Richtlinie entsprechen und die im Anhang I im Abschnitt 5.3.1 der Richtlinie genannte Prüfung Typ I (Prüfung der durchschnittlichen Auspuffemissionen nach einem Kaltstart) nachweisen oder

3. in den Anwendungsbereich der Richtlinie 70/220/EWG in der Fassung der Richtlinie 94/12/EG (ABl. L 100 vom 19.4.1994, S. 42) fallen, den Vorschriften der Richtlinie entsprechen und die bei den Emissionen der gasförmigen Schadstoffe und luftverunreinigenden Partikel die für die Gruppen I, II und III vorgeschriebenen Grenzwerte der Tabelle im Abschnitt 5.3.1.4 des Anhangs I der Richtlinie nicht überschreiten oder

4. in den Anwendungsbereich der Richtlinie 70/220/EWG in der Fassung der Richtlinie 96/44/EG (ABl. L 210 vom 20.8.1996, S. 25) fallen, den Vorschriften der Richtlinie entsprechen und die bei den Emissionen der gasförmigen Schadstoffe und luftverunreinigenden Partikel die für die Gruppen I, II und III vorgeschriebenen Grenzwerte der Tabelle im Abschnitt 5.3.1.4 des Anhangs I der Richtlinie nicht überschreiten oder

5. in den Anwendungsbereich der Richtlinie 70/220/EWG in der Fassung der Richtlinie 96/69/EG fallen, den Vorschriften der Richtlinie entsprechen und die bei den Emissionen der gasförmigen Schadstoffe und luftverunreinigenden Partikel die für die Gruppen II und III vorgeschriebenen Grenzwerte der Tabelle im Abschnitt 5.3.1.4 des Anhangs I der Richtlinie nicht überschreiten oder

6. in den Anwendungsbereich der Richtlinie 70/220/EWG in der Fassung der Richtlinie 98/77/EG fallen, den Vorschriften der Richtlinie entsprechen und die bei den Emissionen der gasförmigen Schadstoffe und luftverunreinigenden Partikel die für die Gruppen II und III vorgeschriebenen Grenzwerte der Tabelle im Abschnitt 5.3.1.4 des Anhangs I der Richtlinie nicht überschreiten oder

7. mit Motoren ausgerüstet sind, die der Richtlinie 97/68/EG des Europäischen Parlaments und des Rates vom 16. Dezember 1997 zur Angleichung der Rechtsvorschriften der Mitgliedstaaten über Maßnahmen zur Bekämpfung der Emission von gasförmigen Schadstoffen und luftver-

unreinigenden Partikeln aus Verbrennungsmotoren für mobile Maschinen und Geräte (ABl. L 59 vom 27.2.1998, S. 1) entsprechen und die bei den Emissionen der gasförmigen Schadstoffe und luftverunreinigenden Partikel die in der Tabelle im Abschnitt 4.2.1 des Anhangs I der Richtlinie genannten Grenzwerte nicht überschreiten oder

8. mit Motoren ausgerüstet sind, die der ECE-Regelung Nummer 96, in Kraft gesetzt durch die Verordnung vom 11. Oktober 1996 (BGBl. 1996 II S. 2555), zuletzt geändert durch die Änderung 1 – Verordnung vom 16. Oktober 1998 – (BGBl. 1998 II S. 2738) über einheitliche Bedingungen für die Genehmigung der Motoren mit Selbstzündung für land- und forstwirtschaftliche Zugmaschinen hinsichtlich der Emissionen von Schadstoffen aus dem Motor entsprechen oder

9. mit Motoren ausgerüstet sind, die der Richtlinie 2000/25/EG entsprechen und die bei den Emissionen die in der Tabelle im Abschnitt 4.2.1 des Anhangs I der Richtlinie 97/68/EG genannten Grenzwerte nicht überschreiten.

Der Anwendungsbereich und die Anforderungen der in Nummer 1 genannten Richtlinie können auf alle Kraftfahrzeuge nach Nummer 1 (Anwendungsbereich) ausgedehnt werden.

3.1.2 Schadstoffklasse S 2

Zur Schadstoffklasse S 2 gehören Kraftfahrzeuge, die

1. in den Anwendungsbereich der Richtlinie 88/77/EWG in der Fassung der Richtlinie 91/542/EWG (ABl. L 295 vom 25.10.1991, S. 1) fallen, den Vorschriften der Richtlinie entsprechen und die bei den Emissionen der gasförmigen Schadstoffe und luftverunreinigenden Partikel die in Zeile B der Tabelle im Abschnitt 8.3.1.1 des Anhangs I der Richtlinie genannten Grenzwerte nicht überschreiten oder

2. in den Anwendungsbereich der Richtlinie 96/1/EG des Europäischen Parlaments und des Rates vom 22. Januar 1996 zur Änderung der Richtlinie 88/77/EWG zur Angleichung der Rechtsvorschriften der Mitgliedstaaten über Maßnahmen gegen die Emission gasförmiger Schadstoffe und luftverunreinigender Partikel aus Dieselmotoren zum Antrieb von Fahrzeugen (ABl. L 40 vom 12.2.1996, S. 1) fallen, den Vorschriften der Richtlinie entsprechen und die bei den Emissionen der gasförmigen Schadstoffe und luftverunreinigenden Partikel die in Zeile B der Tabelle im Abschnitt 6.2.1 des Anhangs I der Richtlinie nicht überschreiten oder

3. in den Anwendungsbereich der Richtlinie 70/220/EWG in der Fassung der Richtlinie 94/12/EG (ABl. L 100 vom 19.4.1994, S. 42) fallen, den Vorschriften der Richtlinie entsprechen und die bei den Emissionen der gasförmigen Schadstoffe und luftverunreinigenden Partikel die für die Klasse M mit einer zulässigen Gesamtmasse von nicht mehr als 2 500 kg vorgeschriebenen Grenzwerte der Tabelle im Abschnitt 5.3.1.4 des Anhangs I der Richtlinie nicht überschreiten oder

4. in den Anwendungsbereich der Richtlinie 70/220/EWG in der Fassung der Richtlinie 96/44/EG (ABl. L 210 vom 20.8.1996, S. 25) fallen, den Vorschriften der Richtlinie entsprechen und die bei den Emissionen der gasförmigen Schadstoffe und luftverunreinigenden Partikel die für die Klasse M mit einer zulässigen Gesamtmasse von nicht mehr als 2 500 kg vorgeschriebenen Grenzwerte der Tabelle im Abschnitt 5.3.1.4 des Anhangs I der Richtlinie nicht überschreiten oder

5. in den Anwendungsbereich der Richtlinie 70/220/EWG in der Fassung der Richtlinie 96/69/EG fallen, den Vorschriften der Richtlinie entsprechen und die bei den Emissionen der gasförmigen Schadstoffe und luftverunreinigenden Partikel die für die Gruppe I vorgeschriebenen Grenzwerte der Tabelle im Abschnitt 5.3.1.4 des Anhangs I der Richtlinie nicht überschreiten oder

6. in den Anwendungsbereich der Richtlinie 70/220/EWG in der Fassung der Richtlinie 98/77/EG fallen, den Vorschriften der Richtlinie entsprechen und die bei den Emissionen der gasförmigen Schadstoffe und luftverunreinigenden Partikel die für die Gruppe I vorgeschriebenen Grenzwerte der Tabelle im Abschnitt 5.3.1.4 des Anhangs I der Richtlinie nicht überschreiten oder

7. in den Anwendungsbereich der Richtlinie 70/220/EWG in der Fassung der Richtlinie 98/69/EG fallen, den Vorschriften der Richtlinie entsprechen und bei den Emissionen der gasförmigen Schadstoffe und luftverunreinigenden Partikel die für die Gruppen II und III vorgeschriebenen Grenzwerte unter A (2000) der Tabelle im Abschnitt 5.3.1.4 des Anhangs I der Richtlinie nicht überschreiten oder

8. mit Motoren ausgerüstet sind, die der Richtlinie 97/68/EG entsprechen und die bei den Emissionen der gasförmigen Schadstoffe und luftverunreinigenden Partikel die in der Tabelle im Abschnitt 4.2.3 des Anhangs I der Richtlinie genannten Grenzwerte nicht überschreiten oder

9. in den Anwendungsbereich der Richtlinie 70/220/EWG in der Fassung der Richtlinie 1999/102/EG fallen, den Vorschriften der Richtlinie entsprechen und bei den Emissionen der gasförmigen Schadstoffe und luftverunreinigenden Partikel die für die Gruppen II und III vorgeschriebenen Grenzwerte unter A (2 000) der Tabelle im Abschnitt 5.3.1.4 des Anhangs I der Richtlinie nicht überschreiten oder

10. in den Anwendungsbereich der Richtlinie 70/220/EWG in der Fassung der Richtlinie 2001/1/EG fallen, den Vorschriften der Richtlinie entsprechen und bei den Emissionen der gasförmigen Schadstoffe und luftverunreinigenden Partikel die für die Gruppen II und III vorgeschriebenen Grenzwerte unter A (2 000) der Tabelle im Abschnitt 5.3.1.4 des Anhangs I der Richtlinie nicht überschreiten oder

11. in den Anwendungsbereich der Richtlinie 70/220/EWG in der Fassung der Richtlinie 2001/100/EG fallen, den Vorschriften der Richtlinie entsprechen und bei den Emissionen der gasförmigen Schadstoffe und luftverunreinigenden Partikel die für die Gruppen II und III vorgeschriebenen Grenzwerte unter A (2 000) der Tabelle im Abschnitt 5.3.1.4 des Anhangs I der Richtlinie nicht überschreiten oder

12. mit Motoren ausgerüstet sind, die der Richtlinie 2000/25/EG entsprechen und die bei den Emissionen die in der Tabelle im Abschnitt 4.2.3 des Anhangs I der Richtlinie 97/68/EG genannten Grenzwerte nicht überschreiten.

Der Anwendungsbereich und die Anforderungen der in Nummer 1 genannten Richtlinie können auf alle Kraftfahrzeuge nach Nummer 1 (Anwendungsbereich) ausgedehnt werden.

Fahrzeuge, die die Anforderungen der Schadstoffklasse S 2 erfüllen, erfüllen auch die Anforderungen der Schadstoffklasse S 1.

3.1.3 Schadstoffklasse S 3

Zur Schadstoffklasse S 3 gehören Fahrzeuge, die

1. in den Anwendungsbereich der Richtlinie 70/220/EWG in der Fassung der Richtlinie 98/69/EG fallen, den Vorschriften der Richtlinie entsprechen und bei den Emissionen der gasförmigen Schadstoffe und luftverunreinigenden Partikel die für die Gruppe I vorgeschriebenen Grenzwerte unter A (2 000) der Tabelle im Abschnitt 5.3.1.4 des Anhangs I der Richtlinie nicht überschreiten oder

2. in den Anwendungsbereich der Richtlinie 70/220/EWG in der Fassung der Richtlinie 98/69/EG fallen, den Vorschriften der Richtlinie entsprechen und bei den Emissionen der gasförmigen Schadstoffe und luftverunreinigenden Partikel die für die Gruppen II und III vorgeschriebenen Grenzwerte unter B (2 005) der Tabelle im Abschnitt 5.3.1.4 des Anhangs I der Richtlinie nicht überschreiten oder

3. in den Anwendungsbereich der Richtlinie 70/220/EWG in der Fassung der Richtlinie 1999/102/EG fallen, den Vorschriften der Richtlinie entsprechen und bei den Emissionen der gasförmigen Schadstoffe und luftverunreinigenden Partikel die für die Gruppe I vorgeschriebenen Grenzwerte unter A (2 000) der Tabelle im Abschnitt 5.3.1.4 des Anhangs I der Richtlinie nicht überschreiten oder

4. in den Anwendungsbereich der Richtlinie 70/220/EWG in der Fassung der Richtlinie 1999/102/EG fallen, den Vorschriften der Richtlinie entsprechen und bei den Emissionen der gasförmigen Schadstoffe und luftverunreinigenden Partikel die für die Gruppen II und III vorgeschriebenen Grenzwerte unter B (2 005) der Tabelle im Abschnitt 5.3.1.4 des Anhangs I der Richtlinie nicht überschreiten oder

5. in den Anwendungsbereich der Richtlinie 70/220/EWG in der Fassung der Richtlinie 2001/1/EG fallen, den Vorschriften der Richtlinie entsprechen und bei den Emissionen der gasförmigen Schadstoffe und luftverunreinigenden Partikel die für die Gruppe I vorgeschriebenen Grenzwerte unter A (2 000) der Tabelle im Abschnitt 5.3.1.4 des Anhangs I der Richtlinie nicht überschreiten oder

6. in den Anwendungsbereich der Richtlinie 70/220/EWG in der Fassung der Richtlinie 2001/1/EG fallen, den Vorschriften der Richtlinie entsprechen und bei den Emissionen der gasförmigen Schadstoffe und luftverunreinigenden Partikel die für die Gruppen II und III vorgeschriebenen Grenzwerte unter B (2 005) der Tabelle im Abschnitt 5.3.1.4 des Anhangs I der Richtlinie nicht überschreiten oder

7. in den Anwendungsbereich der Richtlinie 70/220/EWG in der Fassung der Richtlinie 2001/100/EG fallen, den Vorschriften der Richtlinie entsprechen und bei den Emissionen der gasförmigen Schadstoffe und luftverunreinigenden Partikel die für die Gruppe I vorgeschriebenen Grenzwerte

unter A (2 000) der Tabelle im Abschnitt 5.3.1.4 des Anhangs I der Richtlinie nicht überschreiten oder

8. in den Anwendungsbereich der Richtlinie 70/220/EWG in der Fassung der Richtlinie 2001/100/ EG fallen, den Vorschriften der Richtlinie entsprechen und bei den Emissionen der gasförmigen Schadstoffe und luftverunreinigenden Partikel die für die Gruppen II und III vorgeschriebenen Grenzwerte unter B (2 005) der Tabelle im Abschnitt 5.3.1.4 des Anhangs I der Richtlinie nicht überschreiten oder

9. in den Anwendungsbereich der Richtlinie 88/77/EWG in der Fassung der Richtlinie 1999/96/EG (ABl. L 44 vom 16.2.2000, S. 1) fallen, den Vorschriften der Richtlinie entsprechen und die bei den Emissionen der gasförmigen Schadstoffe und luftverunreinigenden Partikel die unter A (2 000) der Tabellen 1 und 2 im Abschnitt 6.2.1 des Anhangs I der Richtlinie genannten Grenzwerte nicht überschreiten oder

10. in den Anwendungsbereich der Richtlinie 88/77/EWG in der Fassung der Richtlinie 2001/27/EG (ABl. L 107 vom 18.4.2001, S. 10) fallen, den Vorschriften der Richtlinie entsprechen und die bei den Emissionen der gasförmigen Schadstoffe und luftverunreinigenden Partikel die unter A (2 000) der Tabellen 1 und 2 im Abschnitt 6.2.1 des Anhangs I der Richtlinie genannten Grenzwerte nicht überschreiten oder

11. in den Anwendungsbereich der Richtlinie 2005/55/EG oder deren jeweils danach geänderten und im Amtsblatt der Europäischen Gemeinschaften veröffentlichten Fassungen fallen, den Vorschriften der Richtlinie entsprechen und bei den Emissionen der gasförmigen Schadstoffe und luftverunreinigenden Partikel die unter A (2000) der Tabellen 1 und 2 im Abschnitt 6.2.1 des Anhangs I der Richtlinie genannten Grenzwerte nicht überschreiten.

Fahrzeuge, die die Anforderungen der Schadstoffklasse S 3 erfüllen, erfüllen auch die Anforderungen der Schadstoffklasse S 2.

3.1.4 Schadstoffklasse S 4

Zur Schadstoffklasse S 4 gehören Fahrzeuge, die

1. in den Anwendungsbereich der Richtlinie 70/220/EWG in der Fassung der Richtlinie 98/69/EG fallen, den Vorschriften der Richtlinie entsprechen und die bei den Emissionen der gasförmigen Schadstoffe und luftverunreinigenden Partikel die für die Gruppe I vorgeschriebenen Grenzwerte unter B (2 005) der Tabelle im Abschnitt 5.3.1.4 des Anhangs I der Richtlinie nicht überschreiten oder

2. in den Anwendungsbereich der Richtlinie 70/220/EWG in der Fassung der Richtlinie 1999/102/ EG fallen, den Vorschriften der Richtlinie entsprechen und bei den Emissionen der gasförmigen Schadstoffe und luftverunreinigenden Partikel die für die Gruppe I vorgeschriebenen Grenzwerte unter B (2 005) der Tabelle im Abschnitt 5.3.1.4 des Anhangs I der Richtlinie nicht überschreiten oder

3. in den Anwendungsbereich der Richtlinie 70/220/EWG in der Fassung der Richtlinie 2001/1/ EG fallen, den Vorschriften der Richtlinie entsprechen und bei den Emissionen der gasförmigen Schadstoffe und luftverunreinigenden Partikel die für die Gruppe I vorgeschriebenen Grenzwerte unter B (2 005) der Tabelle im Abschnitt 5.3.1.4 des Anhangs I der Richtlinie nicht überschreiten oder

4. in den Anwendungsbereich der Richtlinie 70/220/EWG in der Fassung der Richtlinie 2001/100/ EG fallen, den Vorschriften der Richtlinie entsprechen und bei den Emissionen der gasförmigen Schadstoffe und luftverunreinigenden Partikel die für die Gruppe I vorgeschriebenen Grenzwerte unter B (2 005) der Tabelle im Abschnitt 5.3.1.4 des Anhangs I der Richtlinie nicht überschreiten oder

5. in den Anwendungsbereich der Richtlinie 88/77/EWG in der Fassung der Richtlinie 1999/96/EG (ABl. L 44 vom 16.2.2000, S. 1) fallen, den Vorschriften der Richtlinie entsprechen und die bei den Emissionen der gasförmigen Schadstoffe und luftverunreinigenden Partikel die unter B 1 (2 005) der Tabellen 1 und 2 im Abschnitt 6.2.1 des Anhangs I der Richtlinie genannten Grenzwerte nicht überschreiten oder

6. in den Anwendungsbereich der Richtlinie 88/77/EWG in der Fassung der Richtlinie 2001/27/EG (ABl. L 107 vom 18.4.2001, S. 10) fallen, den Vorschriften der Richtlinie entsprechen und die bei den Emissionen der gasförmigen Schadstoffe und luftverunreinigenden Partikel die unter B 1 (2 005) der Tabellen 1 und 2 im Abschnitt 6.2.1 des Anhangs I der Richtlinie genannten Grenzwerte nicht überschreiten oder

Straßenverkehrs-Zulassungs-Ordnung　　　　　　　　　　　　　　Anlage XIV – StVZO | 03

7. in den Anwendungsbereich der Richtlinie 2005/55/EG oder deren jeweils danach geänderten und im Amtsblatt der Europäischen Gemeinschaften veröffentlichten Fassungen fallen, den Vorschriften der Richtlinie entsprechen und bei den Emissionen der gasförmigen Schadstoffe und luftverunreinigenden Partikel die unter B 1 (2005) der Tabellen 1 und 2 im Abschnitt 6.2.1 des Anhangs I der Richtlinie genannten Grenzwerte nicht überschreiten.

Fahrzeuge, die die Anforderungen der Schadstoffklasse S 4 erfüllen, erfüllen auch die Anforderungen der Schadstoffklasse S 3.

3.1.5　Schadstoffklasse S 5

Zur Schadstoffklasse S 5 gehören Fahrzeuge, die

1. in den Anwendungsbereich der Richtlinie 88/77/EWG in der Fassung der Richtlinie 1999/96/EG fallen, den Vorschriften der Richtlinie entsprechen und die bei den Emissionen der gasförmigen Schadstoffe und luftverunreinigenden Partikel die unter B 2 (2 008) der Tabellen 1 und 2 im Abschnitt 6.2.1 des Anhangs I der Richtlinie genannten Grenzwerte nicht überschreiten oder

2. in den Anwendungsbereich der Richtlinie 88/77/EWG in der Fassung der Richtlinie 2001/27/EG fallen, den Vorschriften der Richtlinie entsprechen und die bei den Emissionen der gasförmigen Schadstoffe und luftverunreinigenden Partikel die unter B 2 (2 008) der Tabellen 1 und 2 im Abschnitt 6.2.1 des Anhangs I der Richtlinie genannten Grenzwerte nicht überschreiten oder

3. in den Anwendungsbereich der Richtlinie 2005/55/EG oder deren jeweils danach geänderten und im Amtsblatt der Europäischen Gemeinschaften veröffentlichten Fassungen fallen, den Vorschriften der Richtlinie entsprechen und bei den Emissionen der gasförmigen Schadstoffe und luftverunreinigenden Partikel die unter B 2 (2008) der Tabellen 1 und 2 im Abschnitt 6.2.1 des Anhangs I der Richtlinie genannten Grenzwerte nicht überschreiten oder

4. in den Anwendungsbereich der Verordnung (EG) Nr. 715/2007 fallen, den Vorschriften der Verordnung entsprechen und bei den Emissionen der gasförmigen Schadstoffe und luftverunreinigenden Partikel die in der Tabelle 1 im Anhang I der Verordnung genannten Grenzwerte nicht überschreiten.

Fahrzeuge, die die Anforderungen der Schadstoffklasse S 5 erfüllen, erfüllen auch die Anforderungen der Schadstoffklasse S 4.

3.1.6　Schadstoffklasse S 6

Zur Schadstoffklasse S 6 gehören Fahrzeuge, die

1. in den Anwendungsbereich der Verordnung (EG) Nr. 715/2007 des Europäischen Parlaments und des Rates vom 20. Juni 2007 über die Typgenehmigung von Kraftfahrzeugen hinsichtlich der Emissionen von leichten Personenkraftwagen und Nutzfahrzeugen (Euro 5 und Euro 6) und über den Zugang zu Reparatur- und Wartungsinformationen für Fahrzeuge (ABl. L 171 vom 29.6.2007, S. 1) und der Verordnung (EG) Nr. 692/2008 der Kommission vom 18. Juli 2008 zur Durchführung und Änderung der Verordnung (EG) Nr. 715/2007 (ABl. L 199 vom 28.7.2008, S. 1) fallen, den Vorschriften der Verordnung entsprechen und bei den Emissionen der gasförmigen Schadstoffe und luftverunreinigenden Partikel die in der Tabelle 2 im Anhang I der Verordnung genannten Grenzwerte nicht überschreiten oder

2. in den Anwendungsbereich der Verordnung (EG) Nr. 595/2009 des Europäischen Parlaments und des Rates vom 18. Juni 2009 über die Typgenehmigung von Kraftfahrzeugen und Motoren hinsichtlich der Emissionen von schweren Nutzfahrzeugen (Euro VI) und über den Zugang zu Fahrzeugreparatur- und -wartungsinformationen, zur Änderung der Verordnung (EG) Nr. 715/2007 und der Richtlinie 2007/46/EG sowie zur Aufhebung der Richtlinien 80/1269/EWG, 2005/55/EG und 2005/76/EG (ABl. L 188 vom 18.7.2009, S. 1) fallen, den Vorschriften der Verordnung entsprechen und bei den Emissionen der gasförmigen Schadstoffe und luftverunreinigenden Partikel die im Anhang I der Verordnung genannten Grenzwerte nicht überschreiten.

Fahrzeuge, die die Anforderungen der Schadstoffklasse S 6 erfüllen, erfüllen auch die Anforderungen der Schadstoffklasse S 5.

3.2　Geräuschklassen

3.2.1　Geräuschklasse G 1

Zur Geräuschklasse G 1 gehören Kraftfahrzeuge, die

1. der Richtlinie 92/97/EWG des Rates vom 10. November 1992 zur Änderung der Richtlinie 70/157/EWG zur Angleichung der Rechtsvorschriften der Mitgliedstaaten über den zulässigen Geräuschpegel und die Auspuffvorrichtung von Kraftfahrzeugen (ABl. L 371 vom 19.12.1992, S. 1) oder

2. der Richtlinie 96/20/EG der Kommission vom 27. März 1996 zur Anpassung der Richtlinie 70/157/EWG des Rates über den zulässigen Geräuschpegel und die Auspuffvorrichtung von Kraftfahrzeugen an den technischen Fortschritt (ABl. L 92 vom 13.4.1996, S. 23) oder

3. der Richtlinie 1999/101/EG der Kommission vom 15. Dezember 1999 zur Anpassung der Richtlinie 70/157/EWG des Rates über den zulässigen Geräuschpegel und die Auspuffvorrichtung von Kraftfahrzeugen an den technischen Fortschritt (ABl. L 334 vom 28.12.1999, S. 41) oder

4. der Anlage XXI

entsprechen.

Der Anwendungsbereich und die Anforderungen der vorgenannten Richtlinie können auf alle Kraftfahrzeuge nach Nummer 1 ausgedehnt werden.

3.3 EEV Klassen

3.3.1 EEV Klasse 1

Zur EEV Klasse 1 gehören Kraftfahrzeuge, die

1. in den Anwendungsbereich der Richtlinie 88/77/EWG in der Fassung der Richtlinie 1999/96/EG fallen, den Vorschriften der Richtlinie entsprechen und die bei den Emissionen der gasförmigen Schadstoffe und luftverunreinigenden Partikel die unter C (EEV) der Tabellen 1 und 2 im Abschnitt 6.2.1 des Anhangs I der Richtlinie genannten Grenzwerte nicht überschreiten oder

2. in den Anwendungsbereich der Richtlinie 88/77/EWG in der Fassung der Richtlinie 2001/27/EG fallen, den Vorschriften der Richtlinie entsprechen und die bei den Emissionen der gasförmigen Schadstoffe und luftverunreinigenden Partikel die unter C (EEV) der Tabellen 1 und 2 im Abschnitt 6.2.1 des Anhangs I der Richtlinie genannten Grenzwerte nicht überschreiten oder

3. in den Anwendungsbereich der Richtlinie 2005/55/EG oder deren jeweils danach geänderten und im Amtsblatt der Europäischen Gemeinschaften veröffentlichten Fassungen fallen, den Vorschriften der Richtlinie entsprechen und bei den Emissionen der gasförmigen Schadstoffe und luftverunreinigenden Partikel die unter C (EEV) der Tabellen 1 und 2 im Abschnitt 6.2.1 des Anhangs I der Richtlinie genannten Grenzwerte nicht überschreiten.

Fahrzeuge, die die Anforderungen der Klasse EEV 1 erfüllen, erfüllen auch die Anforderungen der Schadstoffklasse S 5.

3.4 Partikelminderungsklassen

3.4.1 Partikelminderungsklasse PMK 01

Zur Partikelminderungsklasse PMK 01 gehören Kraftfahrzeuge, die zur Schadstoffklasse S 1 Nummer 2, 3 oder 4 gehören, nicht bereits die Grenzwerte für die Gruppe I der Tabelle im Abschnitt 5.3.1.4 des Anhangs I der dort genannten Richtlinie einhalten und mit einem im Sinne der Nummer 6.2 der Anlage XXVI genehmigten Partikelminderungssystem ausgerüstet worden sind, das sicherstellt, dass der Grenzwert für die Partikelmasse von 0,170 g/km nicht überschritten wird.

3.4.2 Partikelminderungsklasse PMK 0

Zur Partikelminderungsklasse PMK 0 gehören Kraftfahrzeuge, die zur

1. Schadstoffklasse S 1 Nummer 1 gehören und mit einem nach Nummer 8 der Anlage XXVII genehmigten Partikelminderungssystem ausgerüstet worden sind, das sicherstellt, dass der Grenzwert für die Partikelmasse von 0,150 g/kWh bei der ESC-Prüfung nach Nummer 1.3.1 Anhang III der Richtlinie 2005/55/EG in der Fassung der Richtlinie 2005/78/EG (ABl. L 313 vom 29.11.2005, S. 1) nicht überschritten wird oder

2. Schadstoffklasse S 1 Nummer 2, 3, 4, 5 oder 6 gehören und mit einem im Sinne von Nummer 6.2 der Anlage XXVI genehmigten Partikelminderungssystem ausgerüstet worden sind, das sicherstellt, dass der Grenzwert für die Partikelmasse von 0,100 g/km nicht überschritten wird oder

3. Schadstoffklasse S 1 Nummer 7, 8 oder 9 gehören und mit einem nach Nummer 8 der Anlage XXVII genehmigten Partikelminderungssystem ausgerüstet worden sind, das sicherstellt, dass der Grenzwert für die Partikelmasse von 0,200 g/kWh bei der NRSC-Prüfung nach Nummer 3 Anhang III der Richtlinie 97/68/EG in der Fassung der Richtlinie 2004/26/EG (ABl. L 225 vom 25.6.2004, S. 3) nicht überschritten wird oder

4. Schadstoffklasse S 2

gehören.

Straßenverkehrs-Zulassungs-Ordnung Anlage XIV – StVZO | 03

3.4.3 Partikelminderungsklasse PMK 1

Zur Partikelminderungsklasse PMK 1 gehören Kraftfahrzeuge, die zur

1. Schadstoffklasse S 1 Nummer 1 oder Schadstoffklasse S 2 Nummer 1 oder 2 gehören und mit einem nach Nummer 8 der Anlage XXVII genehmigten Partikelminderungssystem ausgerüstet worden sind, das sicherstellt, dass der Grenzwert für die Partikelmasse von 0,100 g/kWh bei der ESC-Prüfung nach Nummer 1.3.1 Anhang III der Richtlinie 2005/55/EG in der Fassung der Richtlinie 2005/78/EG (ABl. L 313 vom 29.11.2005, S. 1) nicht überschritten wird oder

2. Schadstoffklasse S 1 Nummer 2, 3, 4, 5, 6 oder Schadstoffklasse S 2 Nummer 3, 4, 5, 6, 7, 9, 10 oder 11 gehören und mit einem im Sinne von Nummer 6.2 der Anlage XXVI genehmigten Partikelminderungssystem ausgerüstet worden sind, das sicherstellt, dass der Grenzwert für die Partikelmasse von 0,050 g/km nicht überschritten wird oder

3. Schadstoffklasse S 1 Nummer 7, 8, 9 oder Schadstoffklasse S 2 Nummer 8 oder 12 gehören und mit einem nach Nummer 8 der Anlage XXVII genehmigten Partikelminderungssystem ausgerüstet worden sind, das sicherstellt, dass der Grenzwert für die Partikelmasse von 0,100 g/kWh bei der NRSC-Prüfung nach Nummer 3 Anhang III der Richtlinie 97/68/EG in der Fassung der Richtlinie 2004/26/EG (ABl. L 225 vom 25.6.2004, S. 3) nicht überschritten wird oder

4. Schadstoffklasse S 3

gehören.

3.4.4 Partikelminderungsklasse PMK 2

Zur Partikelminderungsklasse PMK 2 gehören Kraftfahrzeuge, die zur

1. Schadstoffklasse S 1 Nummer 1, Schadstoffklasse S 2 Nummer 1 oder 2 oder Schadstoffklasse S 3 Nummer 9 oder 10 gehören und mit einem nach Nummer 8 der Anlage XXVII genehmigten Partikelminderungssystem ausgerüstet worden sind, das sicherstellt, dass der Grenzwert für die Partikelmasse von 0,020 g/kWh bei der ESC-Prüfung nach Nummer 1.3.1 und 0,030 g/kWh bei der ETC-Prüfung nach Nummer 1.3.3 Anhang III der Richtlinie 2005/55/EG in der Fassung der Richtlinie 2005/78/EG nicht überschritten wird oder

2. Schadstoffklasse S 1 Nummer 2, 3, 4, 5, 6, Schadstoffklasse S 2 Nummer 3, 4, 5, 6, 7, 9, 10 oder 11 oder Schadstoffklasse S 3 Nummer 1, 2, 3, 4, 5, 6, 7 oder 8 gehören und mit einem im Sinne von Nummer 6.2 der Anlage XXVI genehmigten Partikelminderungssystem ausgerüstet worden sind, das sicherstellt, dass der Grenzwert für die Partikelmasse von 0,025 g/km nicht überschritten wird oder

3. Schadstoffklasse S 1 Nummer 7, 8, 9 oder Schadstoffklasse S 2 Nummer 8 oder 12 gehören und mit einem nach Nummer 8 der Anlage XXVII genehmigten Partikelminderungssystem ausgerüstet worden sind, das sicherstellt, dass der Grenzwert für die Partikelmasse von 0,025 g/kWh bei der NRTC-Prüfung nach Nummer 4 Anhang III der Richtlinie 97/68/EG in der Fassung der Richtlinie 2004/26/EG nicht überschritten wird oder

4. Schadstoffklasse S 4 oder S 5

gehören.

3.4.5 Partikelminderungsklasse PMK 3

Zur Partikelminderungsklasse PMK 3 gehören Kraftfahrzeuge, die zur

1. Schadstoffklasse S 2 Nummer 3, 4, 5, 6, 7, 9, 10 oder 11 oder Schadstoffklasse S 3 Nummer 1, 2, 3, 4, 5, 6, 7 oder 8 oder Schadstoffklasse S 4 Nummer 1, 2, 3 oder 4 gehören und mit einem im Sinne von Nummer 6.2 der Anlage XXVI genehmigten Partikelminderungssystem ausgerüstet worden sind, das sicherstellt, dass der Grenzwert für die Partikelmasse von 0,0125 g/km nicht überschritten wird oder

2. EEV Klasse 1

gehören.

3.4.6 Partikelminderungsklasse PMK 4

Zur Partikelminderungsklasse PMK 4 gehören Kraftfahrzeuge, die zur Schadstoffklasse S 2 Nummer 3, 4, 5, 6, 7, 9, 10 oder 11 oder Schadstoffklasse S 3 Nummer 1, 2, 3, 4, 5, 6, 7 oder 8 oder Schadstoffklasse S 4 Nummer 1, 2, 3 oder 4 gehören und mit einem im Sinne von Nummer 6 der Anlage XXVI genehmigten Partikelminderungssystem ausgerüstet worden sind, das sicherstellt, dass der Grenzwert für die Partikelmasse von 0,005 g/km nicht überschritten wird.

Anlage XV
(zu § 49 Absatz 3)

Zeichen „Geräuscharmes Kraftfahrzeug"

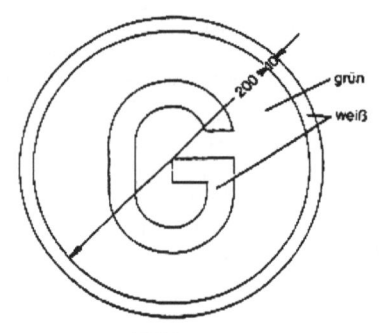

Maße in mm

Buchstabe „G" hinsichtlich Schriftart und -größe gemäß DIN 1451, Teil 2, Ausgabe Februar 1986 (Bezugsquelle siehe § 73). Schriftgröße h = 125 mm. Die Farbtöne sind dem Farbtonregister RAL 840 HR des RAL Deutsches Institut für Gütersicherung und Kennzeichnung e. V., Siegburger Straße 39, 53757 St. Augustin, zu entnehmen, und zwar ist als Farbton zu wählen für weiß: RAL 9001 und für grün: RAL 6001. Die Farben dürfen nicht retroreflektierend sein.

Ergänzungsbestimmung:

Das Zeichen ist an der Fahrzeugvorderseite sichtbar und fest anzubringen; es darf zusätzlich auch an der Fahrzeugrückseite angebracht sein.

Anlage XVI
(zu § 47 Absatz 2 Satz 2)

Maßnahmen
gegen die Emission verunreinigender Stoffe aus
Dieselmotoren zum Antrieb von land- oder forstwirtschaftlichen Zugmaschinen

Allgemeines

1	**Anwendungsbereich**
	Diese Anlage gilt, soweit in den Anhängen I bis X nichts anderes bestimmt ist, für land- oder forstwirtschaftliche Zugmaschinen mit Dieselmotor (Kompressionszündungsmotor). Im Sinne dieser Anlage sind land- oder forstwirtschaftliche Zugmaschinen alle Kraftfahrzeuge auf Rädern oder Raupenketten mit wenigstens zwei Achsen, deren Funktion im Wesentlichen in der Zugleistung besteht und die besonders zum Ziehen, Schieben, Tragen oder zur Betätigung bestimmter Geräte, Maschinen oder Anhänger eingerichtet sind, die zur Verwendung in land- oder forstwirtschaftlichen Betrieben bestimmt sind.
(2)	(weggefallen)
3	**Anwendung der Vorschriften auf land- oder forstwirtschaftliche luftbereifte Zugmaschinen mit zwei Achsen und einer bauartbedingten Höchstgeschwindigkeit zwischen 6 km/h und 25 km/h im Rahmen der Richtlinien der Europäischen Gemeinschaften**
3.1	Bei Anträgen auf Genehmigung auf Grund von Richtlinien der Europäischen Gemeinschaften hat das Kraftfahrt-Bundesamt das Formblatt nach Anhang X auszufüllen und je eine Abschrift dem Hersteller oder seinem Beauftragten und den zuständigen Verwaltungen der anderen Mitgliedstaaten der Europäischen Gemeinschaften zu übersenden.
3.2	Wird die Übereinstimmung eines Fahrzeugtyps mit den Anforderungen dieser Anlage durch die Vorlage eines Formblatts nach Anhang X, das von einem Mitgliedstaat der Europäischen Gemeinschaften ausgefertigt wurde, nachgewiesen, so wird der Fahrzeugtyp gemäß § 21a Absatz 1a als bedingungsgemäß anerkannt.

Anhang I[1])

**Begriffsbestimmungen, Antrag auf Erteilung einer EWG-Betriebserlaubnis,
Kennzeichen für den korrigierten Wert des Absorptionskoeffizienten,
Vorschriften und Prüfung, Übereinstimmung der Produktion**

1	(weggefallen)
2	**Begriffsbestimmungen**
2.1	(weggefallen)
2.2	„Zugmaschinentyp hinsichtlich der Begrenzung der Emission verunreinigender Stoffe aus dem Motor" bezeichnet Zugmaschinen, die untereinander keine wesentlichen Unterschiede aufweisen; solche Unterschiede können insbesondere die Merkmale der Zugmaschine und des Motors nach Anhang II sein.
2.3	„Dieselmotor" bezeichnet einen Motor, der nach dem Prinzip der Kompressionszündung arbeitet.
2.4	„Kaltstarteinrichtung" bezeichnet eine Einrichtung, die nach ihrer Einschaltung die dem Motor zugeführte Kraftstoffmenge vorübergehend vergrößert und die dazu dient, das Anlassen des Motors zu erleichtern.
2.5	„Trübungsmessgerät" bezeichnet ein Gerät, das dazu dient, die Absorptionskoeffizienten der von den Zugmaschinen emittierten Auspuffgase stetig zu messen.
3	**Antrag auf Erteilung der EWG-Betriebserlaubnis**
3.1	Der Antrag auf Erteilung einer Betriebserlaubnis ist vom Zugmaschinenhersteller oder seinem Beauftragten einzureichen.
3.2	Dem Antrag sind folgende Unterlagen in dreifacher Ausfertigung beizufügen.
3.2.1	Beschreibung der Motorbauart, die alle Angaben nach Anhang II enthält.
3.2.2	Zeichnungen des Brennraums und des Kolbenbodens.

---

[1]) Der Wortlaut der Anhänge entspricht dem der Regelung Nr. 24 der UN-Wirtschaftskommission für Europa; insbesondere ist die Gliederung in Punkte die Gleiche; entspricht einem Punkt der Regelung Nr. 24 kein solcher in der vorliegenden Richtlinie, so wird seine Zahl in Klammern zum Vermerk aufgeführt.

| 3.3 | Ein Motor und seine Ausrüstungsteile nach Anhang II für den Einbau in die zu genehmigende Zugmaschine sind der für die Durchführung der Prüfungen nach Punkt 5 zuständigen Behörde zur Verfügung zu stellen. Auf Antrag des Herstellers kann die Prüfung jedoch, wenn die für die Durchführung der Prüfungen zuständige Behörde dies zulässt, an einer Zugmaschine durchgeführt werden, die für den zu genehmigenden Zugmaschinentyp repräsentativ ist. |

3.A EWG-Betriebserlaubnis

Dem Formblatt für die Erteilung der EWG-Betriebserlaubnis ist ein Formblatt nach dem Muster des Anhangs X beizufügen.

4 Kennzeichen für den korrigierten Wert des Absorptionskoeffizienten

4.1 (weggefallen)

4.2 (weggefallen)

4.3 (weggefallen)

4.4 An jeder Zugmaschine, die einem nach dieser Richtlinie genehmigten Typ entspricht, ist sichtbar und an gut zugänglicher Stelle, die im Anhang zum EWG-Betriebserlaubnisbogen nach Anhang X anzugeben ist, ein rechteckiges Kennzeichen mit dem korrigierten Wert des Absorptionskoeffizienten anzubringen, der bei der Erteilung der Betriebserlaubnis während der Prüfung bei freier Beschleunigung erhalten wurde, angegeben in m^{-1}, und der bei der Genehmigung nach dem in Nummer 3.2 des Anhangs IV beschriebenen Verfahren festgestellt wurde.

4.5 Das Kennzeichen muss deutlich lesbar und unverwischbar sein.

4.6 Anhang IX enthält ein Muster dieses Kennzeichens.

5 Vorschriften und Prüfungen

5.1 Allgemeines

Die Teile, die einen Einfluss auf die Emission verunreinigender Stoffe haben können, müssen so entworfen, gebaut und angebracht sein, dass die Zugmaschine unter normalen Betriebsbedingungen trotz der Schwingungen, denen sie ausgesetzt ist, den technischen Vorschriften dieser Richtlinie entspricht.

5.2 Vorschriften über die Kaltstarteinrichtungen

5.2.1 Die Kaltstarteinrichtung muss so beschaffen sein, dass sie weder eingeschaltet werden noch in Betrieb bleiben kann, wenn der Motor unter normalen Betriebsbedingungen läuft.

5.2.2 Nummer 5.2.1 gilt nicht, wenn mindestens eine der folgenden Bedingungen erfüllt wird:

5.2.2.1 Wenn bei eingeschalteter Kaltstarteinrichtung der Absorptionskoeffizient durch die Motorabgase bei gleichbleibenden Drehzahlen – gemessen nach dem Verfahren des Anhangs III – die in Anhang VI angegebenen Grenzwerte nicht überschreitet.

5.2.2.2 Wenn die dauernde Einschaltung der Kaltstarteinrichtung innerhalb einer angemessenen Frist den Stillstand des Motors zur Folge hat.

5.3 Vorschriften über die Emission verunreinigender Stoffe

5.3.1 Die Messung der Emission verunreinigender Stoffe aus einer Zugmaschine des Typs, der zur Erteilung der EWG-Betriebserlaubnis vorgeführt wurde, ist nach den beiden Verfahren der Anhänge III und IV durchzuführen, wobei der eine Anhang die Prüfungen bei gleichbleibenden Drehzahlen und der andere die Prüfungen bei freier Beschleunigung betrifft[2]).

5.3.2 Der nach dem Verfahren des Anhangs III gemessene Wert der Emission verunreinigender Stoffe darf die in Anhang VI angegebenen Grenzwerte nicht überschreiten.

5.3.3 Für Motoren mit Abgasturboladern darf der bei freier Beschleunigung gemessene Wert des Absorptionskoeffizienten höchstens gleich dem Größtwert sein, der nach Anhang VI für den Nennwert des Luftdurchsatzes vorgesehen ist, dem höchsten bei den Prüfungen bei gleichbleibenden Drehzahlen gemessenen Absorptionskoeffizienten, erhöht um 0,5 m^{-1}, entspricht.

5.4 Gleichwertige Messgeräte sind zulässig. Wird ein anderes Gerät als ein Gerät nach Anhang VII benützt, so ist seine Gleichwertigkeit für den betreffenden Motor nachzuweisen.

6 (weggefallen)

7 Übereinstimmung der Produktion

7.1 Jede Zugmaschine der Serie muss dem genehmigten Zugmaschinentyp hinsichtlich der Bauteile entsprechen, die einen Einfluss auf die Emission verunreinigender Stoffe aus dem Motor haben können.

7.2 (weggefallen)

---

[2]) Die Prüfung bei freier Beschleunigung wird insbesondere durchgeführt, um einen Bezugswert für diejenigen Behörden zu erhalten, dieses Verfahren für die Nachprüfung der in Betrieb befindlichen Fahrzeuge benützen.

7.3 Im Allgemeinen ist die Übereinstimmung der Produktion hinsichtlich der Begrenzung der Emission verunreinigender Stoffe aus dem Dieselmotor auf Grund der Beschreibung im Anhang zum EWG-Betriebserlaubnisbogen nach Anhang X zu überprüfen.

7.3.1 Bei der Nachprüfung einer aus der Serie entnommenen Zugmaschine ist wie folgt zu verfahren:

7.3.1.1 Eine noch nicht eingefahrene Zugmaschine ist der Prüfung in freier Beschleunigung nach Anhang IV zu unterziehen. Die Zugmaschine gilt als mit dem genehmigten Typ übereinstimmend, wenn der festgestellte Wert des Absorptionskoeffizienten den im Kennzeichen angegebenen Wert um nicht mehr als 0,5 m^{-1} überschreitet.

7.3.1.2 Wenn der bei der Prüfung nach Nummer 7.3.1.1 festgestellte Wert den im Kennzeichen angegebenen Wert um mehr als 0,5 m^{-1} überschreitet, ist eine Zugmaschine des betreffenden Typs oder deren Motor einer Prüfung bei verschiedenen gleichbleibenden Drehzahlen nach Anhang III zu unterziehen. Der Emissionswert darf die Grenzwerte nach Anhang VI nicht überschreiten.

Anhang II

Hauptmerkmale der Zugmaschine und des Motors und Angaben über die Durchführung der Prüfungen[1])

1 Beschreibung des Motors

1.1 Marke: ....

1.2 Typ: ....

1.3 Arbeitsweise: Viertakt/Zweitakt[2])

1.4 Bohrung: .... mm

1.5 Hub: .... mm

1.6 Zahl der Zylinder: ....

1.7 Hubraum: .... cm^3

1.8 Kompressionsverhältnis[3]): ....

1.9 Art der Kühlung: ....

1.10 Aufladung mit/ohne[2]) Beschreibung des Systems: ....

1.11 Luftfilter: Zeichnungen oder Marken und Typen: ....

2 Zusätzliche Einrichtungen zur Verminderung der Abgastrübung
(falls vorhanden und nicht unter einem anderen Punkt erfasst)
Beschreibung und Skizzen: ....

3 Kraftstoff-Speisesystem

3.1 Beschreibung und Skizzen der Ansaugleitungen nebst Zubehör (Vorwärmer, Ansaugschalldämpfer usw.): ....

3.2 Kraftstoffzufuhr: ....

3.2.1 Kraftstoffpumpe: ....

Druck[3]) .... oder charakteristisches Diagramm[3]) ....

3.2.2 Einspritzvorrichtung: ....

3.2.2.1 Pumpe

3.2.2.1.1 Marke(n): ....

3.2.2.1.2 Typ(en): ....

---

[1]) Für nicht herkömmliche Motoren oder Systeme sind vom Hersteller entsprechende Angaben zu machen.
[2]) Nichtzutreffendes streichen.
[3]) Toleranz angeben.

3.2.2.1.3	Einspritzmenge: .... mm³ je Hub bei .... U/min der Pumpe¹) bei Vollförderung oder charakteristisches Diagramm²)¹): .... Angabe des verwendeten Verfahrens: am Motor/auf dem Pumpenprüfstand²)	
3.2.2.1.4	Einspritzzeitpunkt:	
3.2.2.1.4.1	Verstellkurve des Spritzverstellers:	
3.2.2.1.4.2	Einstellung des Einspritzzeitpunkts:	
3.2.2.2	Einspritzleitungen	
3.2.2.2.1	Länge:	
3.2.2.2.2	Lichter Durchmesser:	
3.2.2.3	Einspritzdüse(n):	
3.2.2.3.1	Marke(n):	
3.2.2.3.2	Typ(en):	
3.2.2.3.3	Einspritzdruck: .... bar¹) oder Einspritzdiagramm²)¹):	
3.2.2.4	Regler	
3.2.2.4.1	Marke(n):	
3.2.2.4.2	Typ(en):	
3.2.2.4.3	Drehzahl bei Beginn der Abregelung bei Last: .... U/min	
3.2.2.4.4	Größte Drehzahl ohne Last: .... U/min	
3.2.2.4.5	Leerlaufdrehzahl: .... U/min	
3.3	Kaltstarteinrichtung	
3.3.1	Marke(n):	
3.3.2	Typ(en):	
3.3.3	Beschreibung:	
4	**Ventile**	
4.1	Maximale Ventilhübe und Öffnungs- sowie Schließwinkel, bezogen auf die Totpunkte:	
4.2	Prüf- und/oder Einstellspiel²):	
5	**Auspuffanlage**	
5.1	Beschreibung und Skizzen:	
5.2	Mittlerer Gegendruck bei größter Leistung: .... mm WS/Pascal (Pa)	
6	**Kraftübertragung**	
6.1	Trägheitsmoment des Motorschwungrades:	
6.2	Zusätzliches Trägheitsmoment, wenn das Getriebe sich in Leerlaufstellung befindet:	
7	**Zusätzliche Angaben über die Prüfbedingungen**	
7.1	Verwendetes Schmiermittel	
7.1.1	Marke(n):	

---

¹) Für nicht herkömmliche Motoren oder Systeme sind vom Hersteller entsprechende Angaben zu machen.
²) Nichtzutreffendes streichen.

7.1.2	Typ(en): ....
	(Wenn dem Kraftstoff ein Schmiermittel zugesetzt ist, muss der Prozentanteil des Öls angegeben werden)
8	**Kenndaten des Motors**
8.1	Drehzahl im Leerlauf: .... U/min[1])
8.2	Drehzahl bei Höchstleistung: .... U/min[1])
8.3	Leistung an den sechs Messpunkten nach Punkt 2.1 des Anhangs III
8.3.1	Leistung des Motors auf dem Prüfstand:
	(nach BSI-CUNA-DIN-GOST-IGM-ISO-SAE- usw. Norm)
8.3.2	Leistung an den Rädern der Zugmaschine

Drehzahl (n) U/min	Leistung kW
1.	....
2.	....
3.	....
4.	....
5.	....
6.	....

Anhang III

Prüfung bei gleichbleibenden Drehzahlen

1 Einleitung

1.1 Dieser Anhang beschreibt das Verfahren für die Durchführung der Prüfung des Motors bei verschiedenen gleichbleibenden Drehzahlen bei 80 Prozent der Volllast.

1.2 Die Prüfung kann entweder an einer Zugmaschine oder an einem Motor vorgenommen werden.

2 Messverfahren

2.1 Die Trübung der Abgase ist bei gleichbleibender Drehzahl bei 80 Prozent der Volllast des Motors zu messen. Es sind sechs Messungen vorzunehmen, die gleichmäßig zwischen der Höchstleistungsdrehzahl des Motors und der größeren der folgenden Motordrehzahlen aufzuteilen sind:
– 55 Prozent der Höchstleistungsdrehzahl,
– 1 000 U/min.

Die äußeren Messpunkte müssen an den Enden des vorstehend angegebenen Messbereichs liegen.

2.2 Für Dieselmotoren mit Ladeluftgebläse, das beliebig eingeschaltet werden kann, und bei denen die Einschaltung des Ladeluftgebläses selbsttätig eine Erhöhung der Einspritzmenge mit sich bringt, sind die Messungen mit und ohne Aufladung durchzuführen.

Für jede Drehzahl gilt der jeweils erhaltene größere Wert als Messwert.

3 Prüfbedingungen

3.1 Zugmaschinen oder Motor

3.1.1 Der Motor oder die Zugmaschine ist in gutem mechanischen Zustand vorzuführen. Der Motor muss eingelaufen sein.

3.1.2 Der Motor ist mit der Ausrüstung nach Anhang II zu prüfen.

3.1.3 Der Motor muss nach den Angaben des Herstellers und nach Anhang II eingestellt sein.

3.1.4 Die Auspuffanlage darf kein Leck aufweisen, das eine Verdünnung der Abgase zur Folge hat.

3.1.5 Der Motor muss sich unter den nach Angaben des Herstellers normalen Betriebsbedingungen befinden. Insbesondere müssen das Kühlwasser und das Öl die vom Hersteller angegebene normale Temperatur haben.

---
[1]) Toleranz angeben.

3.2 **Kraftstoff**
Als Kraftstoff ist der Bezugskraftstoff nach den technischen Daten des Anhangs V zu benützen.

3.3 **Prüfraum**

3.3.1 Die absolute Temperatur T in Kelvin des Prüfraums und der atmosphärische Druck H in Torr sind festzustellen. Dann ist der Faktor F zu ermitteln, der wie folgt bestimmt ist:

$$F = \left(\frac{750}{H_i}\right)^{0,65} \times \left(\frac{T}{298}\right)^{0,5}$$

3.3.2 Eine Prüfung ist nur anzuerkennen, wenn $0{,}98 \leq F \leq 1{,}02$ ist.

3.4 **Entnahme- und Messgeräte**
Der Absorptionskoeffizient der Abgase ist mit einem Trübungsmessgerät zu bestimmen, das den Vorschriften des Anhangs VII entspricht und das nach Anhang VIII aufgebaut ist.

4 Grenzwerte

4.1 Für jede der sechs Drehzahlen, bei denen Messungen der Absorptionskoeffizienten nach Nummer 2.1 vorgenommen werden, wird der Nennwert des Luftdurchsatzes G in Liter/Sekunde nach den folgenden Formeln berechnet:

– für Zweitaktmotoren $G = \dfrac{V_n}{60}$

– für Viertaktmotoren $G = \dfrac{V_n}{120}$

V: Hubraum des Motors in Liter,
n: Drehzahl in Umdrehungen/Minute.

4.2 Für jede Drehzahl darf der Absorptionskoeffizient der Abgase den Grenzwert nach der Tabelle in Anhang VI nicht überschreiten. Entspricht der Luftdurchsatzwert keinem der in dieser Tabelle angegebenen Werte, so gilt der durch lineare Interpolation ermittelte Grenzwert.

Anhang IV

Prüfung bei freier Beschleunigung

1 Prüfbedingungen

1.1 Die Prüfung ist an einer Zugmaschine oder an einem Motor vorzunehmen, der der Prüfung nach Anhang III unterzogen wurde.

1.1.1 Wird die Prüfung an einem Motor auf dem Prüfstand durchgeführt, so hat sie möglichst bald nach der Prüfung der Trübung bei gleichbleibenden Drehzahlen zu erfolgen. Insbesondere müssen das Kühlwasser und das Öl die vom Hersteller angegebene normale Temperatur haben.

1.1.2 Wird die Prüfung an einer stillstehenden Zugmaschine durchgeführt, so ist der Motor zuvor durch eine Straßenfahrt auf normale Betriebsbedingungen zu bringen. Die Prüfung hat möglichst bald nach Beendigung der Straßenfahrt zu erfolgen.

1.2 Der Brennraum darf nicht durch einen länger dauernden Leerlauf vor der Prüfung abgekühlt oder verschmutzt werden.

1.3 Es gelten die Prüfbedingungen nach den Nummern 3.1, 3.2 und 3.3 des Anhangs III.

1.4 Für die Entnahme- und Messgeräte gelten die Bedingungen nach Nummer 3.4 des Anhangs III.

2 Durchführung der Prüfungen

2.1 Wird die Prüfung auf einem Prüfstand vorgenommen, so ist der Motor von der Bremse zu lösen; diese ist entweder durch die sich drehenden Teile des Getriebes in Leerlaufstellung oder durch eine Schwungmasse, die diesen Teilen möglichst genau entspricht, zu ersetzen.

2.2 Wird die Prüfung an einer Zugmaschine durchgeführt, so muss sich das Getriebe in Leerlaufstellung befinden und die Kupplung eingerückt sein.

2.3 Bei Leerlauf des Motors ist das Fahrpedal schnell und stoßfrei so durchzutreten, dass die größte Fördermenge der Einspritzpumpe erzielt wird. Diese Stellung ist beizubehalten, bis die größte Drehzahl des Motors erreicht wird und der Regler abregelt. Sobald diese Drehzahl erreicht ist, wird das Gaspedal losgelassen, bis der Motor wieder auf Leerlauf geht und das Trübungsmessgerät sich wieder im entsprechenden Zustand befindet.

Straßenverkehrs-Zulassungs-Ordnung   Anlage XVI – StVZO | 03

2.4 Der Vorgang nach Nummer 2.3 ist mindestens sechsmal zu wiederholen um die Auspuffanlage zu reinigen und um gegebenenfalls die Geräte nachstellen zu können. Die Höchstwerte der Trübung sind bei jeder der aufeinanderfolgenden Beschleunigungen festzuhalten, bis man konstante Werte erhält. Die Werte, die während des Leerlaufs des Motors nach jeder Beschleunigung auftreten, sind nicht zu berücksichtigen. Die abgelesenen Werte gelten als konstant, wenn vier aufeinanderfolgende Werte innerhalb einer Bandbreite von 0,25 m^{-1} liegen und dabei keine stetige Abnahme festzustellen ist. Der festzuhaltende Absorptionskoeffizient X_M ist das arithmetische Mittel dieser vier Werte.

2.5 Für Motoren mit Ladeluftgebläse gelten folgende besondere Vorschriften:

2.5.1 Für Motoren mit Ladeluftgebläse, das mit dem Motor mechanisch gekuppelt oder von diesem mechanisch angetrieben wird und das auskuppelbar ist, sind zwei vollständige Messreihen mit vorhergehenden Beschleunigungen durchzuführen, wobei das Ladeluftgebläse einmal eingekuppelt und das andere Mal ausgekuppelt ist. Als Messergebnis ist der höhere Wert der beiden Messreihen festzuhalten.

2.5.2 Für Motoren mit Ladeluftgebläse, die durch Nebenschluss (Bypass) vom Führersitz aus abgeschaltet werden können, ist die Prüfung mit und ohne Nebenschluss durchzuführen. Als Messergebnis ist der höhere Wert der beiden Messreihen festzuhalten.

3 Ermittlung des korrigierten Werts des Absorptionskoeffizienten

3.1 Bezeichnungen

X_M Wert des Absorptionskoeffizienten, gemessen bei freier Beschleunigung nach Nummer 2.4;

X_L korrigierter Wert des Absorptionskoeffizienten bei freier Beschleunigung;

S_M Wert des Absorptionskoeffizienten, gemessen bei gleichbleibender Drehzahl (Nummer 2.1 des Anhangs III), der dem bei gleichem Luftdurchsatz vorgeschriebenen Grenzwert am nächsten kommt;

S_L Wert des Absorptionskoeffizienten, der nach Nummer 4.2 des Anhangs III für den Luftdurchsatz vorgeschrieben ist, der dem am Messpunkt entspricht, der zum Wert S_M führte;

L   effektive Länge des Lichtstrahls im Trübungsmessgerät.

3.2 Sind die Absorptionskoeffizienten in m^{-1} und die effektive Länge des Lichtstrahls in Meter ausgedrückt, so ist der korrigierte Wert X_L der kleinere der beiden nachfolgenden Ausdrücke:

$$X'_L = \frac{S_L}{S_M} \times X_M \text{ oder } X''_L = X_M + 0,5$$

Anhang V

Technische Daten des Bezugskraftstoffs für die Prüfung zur Erteilung der Betriebserlaubnis und für die Nachprüfung der Übereinstimmung der Produktion

	Grenzwerte und Einheiten	Verfahren
Dichte 15/4 °C	0,830 ± 0,005	ASTM D 1 298-67
Siedeverlauf 50 % 90 % Siedeende	 min. 245 °C 330 ± 10 °C max. 370 °C	ASTM D 86-67
Cetanzahl	54 ± 3	ASTM D 976-66
kinematische Viskosität bei 100 °F	3 ± 0,5 cSt	ASTM D 445-65
Schwefelgehalt	0,4 ± 0,1 Gew. %	ASTM D 129-64
Flammpunkt	min. 55 °C	ASTM D 93-71
Trübungspunkt	max. −7 °C	ASTM D 2 500-66
Anilinpunkt	69 °C ± 5 °C	ASTM D 611-64
Kohlenstoffanteil für 10 % Rückstand	max. 0,2 Gew. %	ASTM D 524-64
Aschegehalt	max. 0,01 Gew. %	ASTM D 482-63
Wassergehalt	max. 0,05 Gew. %	ASTM D 95-70
Kupferlamellenkorrosion bei 100 °C	max. 1	ASTM D 130-68
unterer Heizwert	$\left\{ \begin{array}{l} 10\ 250 \pm 100\ \text{kcal/kg} \\ 18\ 450 \pm 180\ \text{BTU/lb} \end{array} \right\}$	ASTM D 2-68 (Ap. VI)
Säurezahl	null mg KOH/g	ASTM D 974-64

Anmerkung: Der Kraftstoff darf nur durch direkte Destillation gewonnen werden; er braucht nicht entschwefelt zu sein; er darf keinerlei Zusatzstoffe enthalten.

Anhang VI
Grenzwerte für die Prüfung bei gleichbleibenden Drehzahlen

Nennwerte des Luftdurchsatzes G Liter/Sekunde	Absorptionskoeffizient k m^{-1}
≤ 42	2,26
45	2,19
50	2,08
55	1,985
60	1,90
65	1,84
70	1,775
75	1,72
80	1,665
85	1,62
90	1,575
95	1,535
100	1,495
105	1,465
110	1,425
115	1,395
120	1,37
125	1,345
130	1,32
135	1,30
140	1,27
145	1,25
150	1,225
155	1,205
160	1,19
165	1,17
170	1,155
175	1,14
180	1,125
185	1,11
190	1,095
195	1,08
≥ 200	1,065

Anmerkung: Die vorstehenden Werte sind auf 0,01 oder 0,005 gerundet; dies bedeutet jedoch nicht, dass die Messungen mit dieser Genauigkeit durchgeführt werden müssen.

Anhang VII
Eigenschaften der Trübungsmessgeräte

1 Anwendungsbereich

In diesem Anhang sind die Bedingungen festgelegt, denen die Trübungsmessgeräte entsprechen müssen, die für Prüfungen nach den Anhängen III und IV benutzt werden.

2 Grundsätzliche Vorschriften für die Trübungsmessgeräte

2.1 Das zu messende Gas muss sich in einer Kammer befinden, deren Innenflächen nicht reflektierend sind.

2.2 Die effektive Länge der Lichtabsorptionsstrecke ist unter Berücksichtigung des möglichen Einflusses von Schutzeinrichtungen für die Lichtquelle und für die Fotozelle zu bestimmen. Diese effektive Länge ist auf dem Gerät anzugeben.

2.3 Die Anzeigeeinrichtung des Trübungsmessgeräts muss zwei Skalen haben. Die eine muss absolute Einheiten der Lichtabsorption von 0 bis ∞ (m^{-1}) aufweisen, die andere muss linear von 0 bis 100 geteilt sein; beide Skalen müssen sich von dem Wert 0 für den gesamten Lichtstrom bis zu dem Größtwert der Skalen für die vollständige Lichtundurchlässigkeit erstrecken.

3 Bauvorschriften

3.1 Allgemeines

Trübungsmessgeräte müssen so beschaffen sein, dass die Rauchkammer mit Rauch gleichmäßiger Trübung gefüllt ist, wenn sie bei gleichbleibenden Drehzahlen betrieben werden.

3.2 Rauchkammer und Gehäuse des Trübungsmessgeräts

3.2.1 Das auf die Fotozelle fallende Streulicht, das von inneren Reflektionen oder von Lichtstreuung herrührt, muss auf ein Mindestmaß beschränkt sein (zum Beispiel durch eine mattschwarze Oberfläche der inneren Flächen und eine geeignete allgemeine Anordnung).

3.2.2 Die optischen Eigenschaften müssen gewährleisten, dass der Wert für Streuung und Reflektion zusammen eine Einheit der linearen Skala nicht überschreitet, wenn die Rauchkammer durch Rauch mit einem Absorptionskoeffizienten von etwa 1,7 m^{-1} gefüllt ist.

3.3 Lichtquelle

Die Lichtquelle muss aus einer Glühlampe bestehen, deren Farbtemperatur zwischen 2 800 und 3 250 K liegt.

3.4 Empfänger

3.4.1 Der Empfänger muss aus einer Fotozelle bestehen, deren spektrale Empfindlichkeit der Hellempfindlichkeitskurve des menschlichen Auges angepasst ist (Höchstempfindlichkeit im Bereich 550/570 nm, weniger als 4 Prozent dieser Höchstempfindlichkeit unter 430 nm und über 680 nm).

3.4.2 Der elektrische Kreis einschließlich der Anzeigeeinrichtung muss so beschaffen sein, dass der von der Fotozelle gelieferte Strom eine lineare Funktion der Stärke des empfangenen Lichts innerhalb des Betriebstemperaturbereichs der Fotozelle ist.

3.5 Skalen

3.5.1 Der Absorptionskoeffizient k ist aus der Formel $\Phi = \Phi_o \cdot e^{-kL}$ zu berechnen, wobei L die effektive Länge der Lichtabsorptionsstrecke, Φ_o der eintretende Lichtstrom und Φ der austretende Lichtstrom sind. Kann die effektive Länge L eines Trübungsmessgerätetyps nicht unmittelbar von dessen Geometrie her bestimmt werden, so ist die effektive Länge L

– entweder nach dem in Nummer 4 beschriebenen Verfahren

– oder durch Vergleich mit einem anderen Trübungsmessgerätetyp, dessen effektive Länge bekannt ist, zu bestimmen.

3.5.2 Der Zusammenhang zwischen der linearen Skala mit der Teilung 0 bis 100 und dem Absorptionskoeffizienten k ist durch die Formel

$$k = -\frac{1}{L}\log_e\left(1 - \frac{N}{100}\right)$$

gegeben. Dabei bedeutet N einen Ablesewert auf der linearen Skala und k den entsprechenden Wert des Absorptionskoeffizienten.

3.5.3 Die Anzeigeeinrichtung des Trübungsmessgeräts muss es ermöglichen, einen Absorptionskoeffizienten von 1,7 m^{-1} mit einer Genauigkeit von 0,025 m^{-1} abzulesen.

3.6 Einstellung und Prüfung des Messgeräts

3.6.1 Der elektrische Kreis der Fotozelle und der Anzeigeeinrichtung muss einstellbar sein, um den Zeiger auf 0 bringen zu können, wenn der Lichtstrom durch die mit reiner Luft gefüllte Rauchkammer oder eine Kammer mit gleichen Eigenschaften geht.

Straßenverkehrs-Zulassungs-Ordnung   Anlage XVI – StVZO | 03

3.6.2 Bei ausgeschalteter Lampe und offenem oder kurzgeschlossenem elektrischem Kreis muss die Anzeige auf der Skala für den Absorptionskoeffizienten ∞ betragen, und nach Wiedereinschalten des Kreises muss die Anzeige bei ∞ bleiben.

3.6.3 Es ist die folgende Nachprüfung durchzuführen: In die Rauchkammer wird ein Filter eingeführt, der ein Gas mit einem bekannten Absorptionskoeffizienten k darstellt, der, nach Nummer 3.5.1 gemessen, zwischen 1,6 m^{-1} und 1,8 m^{-1} beträgt. Der Wert k muss mit einer Genauigkeit von 0,025 m^{-1} bekannt sein. Die Nachprüfung besteht darin, festzustellen, ob dieser Wert um nicht mehr als 0,05 m^{-1} von dem vom Anzeigegerät abgelesenen Wert abweicht, wenn der Filter zwischen Lichtquelle und Fotozelle gebracht wird.

3.7 Ansprechzeit des Trübungsmessgeräts

3.7.1 Die Ansprechzeit des elektrischen Messkreises, angegeben als die Zeit, innerhalb derer der Zeiger 90 Prozent des Skalenendwerts erreicht, wenn ein vollständig lichtundurchlässiger Schirm vor die Fotozelle gebracht wird, muss zwischen 0,9 und 1,1 Sekunden liegen.

3.7.2 Die Dämpfung des elektrischen Messkreises muss so sein, dass das erste Überschwingen über die schließlich konstante Anzeige nach jeder plötzlichen Änderung des Eingangswerts (zum Beispiel Einbringen des Prüffilters) nicht mehr als 4 Prozent dieses Werts in Einheiten der linearen Skala beträgt.

3.7.3 Die Ansprechzeit des Trübungsmessgeräts, bedingt durch physikalische Erscheinungen in der Rauchkammer, ist die Zeit, die zwischen dem Beginn des Eintritts der Gase in das Messgerät und der vollständigen Füllung der Rauchkammer vergeht; sie darf 0,4 Sekunden nicht überschreiten.

3.7.4 Diese Vorschriften gelten nur für Trübungsmessgeräte, die für Trübungsmessungen bei freier Beschleunigung benützt werden.

3.8 Druck des zu messenden Gases und der Spülluft

3.8.1 Der Druck der Abgase in der Rauchkammer darf vom Umgebungsdruck um nicht mehr als 735 Pa abweichen.

3.8.2 Die Druckschwankungen des zu messenden Gases und der Spülluft dürfen keine größere Veränderung des Absorptionskoeffizienten als 0,05 m^{-1} bei einem zu messenden Gas hervorrufen, das einen Absorptionskoeffizienten von 1,7 m^{-1} hat.

3.8.3 Das Trübungsmessgerät muss mit geeigneten Einrichtungen für die Messung des Drucks in der Rauchkammer versehen sein.

3.8.4 Die Grenzen der zulässigen Druckschwankungen des Gases und der Spülluft in der Rauchkammer sind vom Hersteller des Geräts anzugeben.

3.9 Temperatur des zu messenden Gases

3.9.1 Die Temperatur des zu messenden Gases muss an jedem Punkt der Rauchkammer zwischen 70 °C und einer vom Hersteller des Trübungsmessgeräts angegebenen Höchsttemperatur liegen, sodass die Ablesungen in diesem Temperaturbereich um nicht mehr als 0,1 m^{-1} schwanken, wenn die Kammer mit einem Gas gefüllt ist, das einen Absorptionskoeffizienten von 1,7 m^{-1} hat.

3.9.2 Das Trübungsmessgerät muss mit geeigneten Einrichtungen für die Temperaturmessung in der Rauchkammer versehen sein.

4 **Effektive Länge „L" des Trübungsmessgeräts**

4.1 Allgemeines

4.1.1 In einigen Trübungsmessgerätetypen weisen die Gase zwischen der Lichtquelle und der Fotozelle oder zwischen den transparenten Teilen, die die Lichtquelle und die Fotozelle schützen, keine gleichmäßige Trübung auf. In solchen Fällen ist die tatsächliche Länge L jene einer Gassäule mit einheitlicher Trübung, die zu der gleichen Lichtabsorption führt wie jene, die festgestellt wird, wenn das Gas normal durch das Trübungsmessgerät geht.

4.1.2 Die effektive Länge der Lichtabsorptionsstrecke erhält man, indem man die Anzeige N des normal arbeitenden Trübungsmessgeräts mit der Anzeige N_0 des Trübungsmessgeräts vergleicht, das derart geändert ist, dass das Prüfgas eine genau definierte Länge L_0 füllt.

4.1.3 Für die Berichtigung des Nullpunkts sind rasch aufeinander folgende Vergleichsanzeigen zu verwenden.

4.2 Verfahren für die Ermittlung der effektiven Länge L

4.2.1 Die Prüfgase müssen Abgase mit konstanter Trübung oder absorbierende Gase sein, deren Dichte nahezu jener der Abgase entspricht.

4.2.2 Bei dem Trübungsmessgerät ist eine Säule der Länge L_0 genau zu bestimmen, die einheitlich mit Prüfgas gefüllt werden kann und deren Grundflächen nahezu senkrecht zur Richtung der Lichtstrahlen sind. Diese Länge L_0 sollte nicht erheblich von der angenommenen effektiven Länge des Trübungsmessgeräts abweichen.

4.2.3 Die Durchschnittstemperatur der Prüfgase in der Rauchkammer ist zu messen.

4.2.4 Falls erforderlich, darf ein zur Dämpfung der Schwingungen genügend großes Beruhigungsgefäß kompakter Bauweise in die Entnahmeleitungen so nahe wie möglich bei der Entnahmesonde eingebaut werden. Auch eine Kühleinrichtung ist zulässig. Durch den Einbau des Beruhigungsgefäßes und des Kühlers darf die Zusammensetzung der Abgase nicht wesentlich beeinflusst werden.

4.2.5 Die Prüfung zur Bestimmung der effektiven Länge besteht darin, dass man eine Probe der Prüfgase zunächst durch das normal arbeitende Trübungsmessgerät und anschließend durch das gleiche Gerät führt, das nach Nummer 4.1.2 geändert wurde.

4.2.5.1 Die von dem Trübungsmessgerät abgegebenen Werte sind während der Prüfung mit einem schreibenden Gerät aufzuzeichnen, dessen Ansprechzeit höchstens gleich derjenigen des Trübungsmessgeräts ist.

4.2.5.2 Bei normal arbeitenden Trübungsmessgeräten gibt die lineare Skala den Wert N an, und die Anzeige der mittleren Temperatur der Gase ist T in Kelvin.

4.2.5.3 Bei bekannter Länge L_0, gefüllt mit demselben Prüfgas, gibt die lineare Skala den Wert N_0 an, und die Anzeige der mittleren Temperatur der Gase ist T_0 in Kelvin.

4.2.6 Die effektive Länge wird dann

$$L = L_0 \frac{T}{T_0} \frac{\log\left(1 - \frac{N}{100}\right)}{\log\left(1 - \frac{N_0}{100}\right)}$$

4.2.7 Die Prüfung muss mit mindestens vier Prüfgasen so wiederholt werden, dass sie zu Werten führt, die auf der linearen Skala in regelmäßigen Abständen zwischen 20 und 80 liegen.

4.2.8 Die effektive Länge L des Trübungsmessgeräts ist das arithmetische Mittel der effektiven Längen, die nach Nummer 4.2.6 mit einem jeden der Prüfgase erhalten werden.

Anhang VIII

Aufbau und Verwendung des Trübungsmessgeräts

1 Geltungsbereich

In diesem Anhang sind der Aufbau und die Verwendung der Trübungsmessgeräte festgelegt, die für Prüfungen nach den Anhängen III und IV benützt werden.

2 Teilstrom-Trübungsmessgerät

2.1. Aufbau für die Prüfungen bei gleichbleibenden Drehzahlen

2.1.1 Das Verhältnis des Querschnitts der Sonde zum Querschnitt des Auspuffrohrs muss mindestens 0,05 betragen. Der im Auspuffrohr am Eingang der Sonde gemessene Gegendruck darf nicht mehr als 735 Pa betragen.

2.1.2 Die Sonde muss aus einem Rohr bestehen, bei dem ein Ende nach vorn offen ist und das in der Achse des Auspuffrohrs oder des möglicherweise erforderlichen Verlängerungsrohrs liegt. Sie muss sich an einer Stelle befinden, an der die Verteilung des Rauches annähernd gleichmäßig ist. Dazu muss die Sonde möglichst nahe am Ende des Auspuffrohrs oder gegebenenfalls in einem Verlängerungsrohr so angebracht werden, dass das Ende der Sonde in einem gradlinigen Teil liegt, der – wenn D der Durchmesser des Auspuffrohrendes ist – eine Länge von mindestens 6 D in Strömungsrichtung vor dem Entnahmepunkt und 3 D hinter diesem Punkt hat. Wird ein Verlängerungsrohr verwendet, so darf an der Verbindungsstelle keine Fremdluft eintreten.

2.1.3 Der Druck im Auspuffrohr und der Druckabfall in den Entnahmeleitungen müssen so sein, dass die Sonde eine Probe entnimmt, die einer Probe bei isokinetischer Entnahme im wesentlichen gleichwertig ist.

2.1.4 Falls erforderlich, darf ein zur Dämpfung der Schwingungen genügend großes Beruhigungsgefäß kompakter Bauweise in die Entnahmeleitung eingebaut werden, das so nahe wie möglich bei der Entnahmesonde eingebaut werden soll. Auch eine Kühleinrichtung ist zulässig. Durch den Einbau des Beruhigungsgefäßes und des Kühlers darf die Zusammensetzung der Abgase nicht wesentlich beeinflusst werden.

2.1.5 Eine Drosselklappe oder ein anderes Mittel zur Druckerhöhung des entnommenen Gases kann in das Auspuffrohr in einem Abstand von mindestens 3 D in Strömungsrichtung hinter der Entnahmesonde eingebaut werden.

2.1.6 Die Leitungen zwischen der Sonde, der Kühleinrichtung, dem Beruhigungsgefäß (falls erforderlich) und dem Trübungsmessgerät müssen so kurz wie möglich sein und die Bedingungen für den Druck und die Temperatur nach Nummer 3.8 und Nummer 3.9 des Anhangs VII erfüllen. Die Leitung muss vom Entnahmepunkt zum Trübungsmessgerät ansteigend verlegt sein; scharfe Knicke, an denen sich Ruß ansammeln könnte, sind zu vermeiden. Wenn im Trübungsmessgerät kein Nebenschlussventil (Bypass-Ventil) enthalten ist, muss ein solches davor eingebaut werden.

2.1.7 Während der Prüfung ist sicherzustellen, dass die Vorschriften des Anhangs VII Nummer 3.8 über den Druck und die Vorschriften des Anhangs VII Nummer 3.9 über die Temperatur in der Messkammer eingehalten sind.

Straßenverkehrs-Zulassungs-Ordnung   Anlage XVI – StVZO | 03

2.2 **Aufbau für die Prüfungen bei freier Beschleunigung**

2.2.1 Das Verhältnis des Querschnitts der Sonde zum Querschnitt des Auspuffrohrs muss mindestens 0,05 betragen. Der im Auspuffrohr am Eingang der Sonde gemessene Gegendruck darf nicht mehr als 735 Pa betragen.

2.2.2 Die Sonde muss aus einem Rohr bestehen, bei dem ein Ende nach vorn offen ist und das in der Achse des Auspuffrohrs oder des möglicherweise erforderlichen Verlängerungsrohrs liegt. Sie muss sich in einer Stelle befinden, an der die Verteilung des Rauchs annähernd gleichmäßig ist. Dazu muss die Sonde möglichst nahe am Ende des Auspuffrohrs oder gegebenenfalls in einem Verlängerungsrohr so angebracht werden, dass das Ende der Sonde in einem gradlinigen Teil liegt, der – wenn D der Durchmesser des Auspuffrohrendes ist – eine Länge von mindestens 6 D in Strömungsrichtung vor dem Entnahmepunkt und 3 D hinter diesem Punkt hat. Wird ein Verlängerungsrohr verwendet, so darf an der Verbindungsstelle keine Fremdluft eintreten.

2.2.3 Bei der Probeentnahme muss der Druck der Probe am Trübungsmessgerät bei allen Motordrehzahlen innerhalb der Grenzwerte nach Nummer 3.8.2 des Anhangs VII liegen. Dies ist durch Feststellung des Drucks der Probe bei Leerlauf sowie bei Höchstdrehzahl im unbelasteten Zustand zu prüfen. Je nach den Eigenschaften des Trübungsmessgeräts kann der Druck der Probe durch einen Druckminderer oder eine Drosselklappe im Auspuffrohr oder im Verlängerungsrohr geregelt werden. Unabhängig vom Verfahren darf der im Auspuffrohr am Eingang der Sonde gemessene Gegendruck nicht mehr als 735 Pa betragen.

2.2.4 Die Verbindungsleitungen zum Trübungsmessgerät müssen so kurz wie möglich sein. Die Leitung muss vom Entnahmepunkt zum Trübungsmessgerät ansteigend verlegt sein; scharfe Knicke, an denen sich Ruß ansammeln könnte, sind zu vermeiden. Dem Trübungsmessgerät darf ein Nebenschlussventil (Bypass-Ventil) vorgeschaltet werden, um es vom Abgasstrom trennen zu können, wenn nicht gemessen wird.

3 Vollstrom-Trübungsmessgerät

Für die Prüfungen bei gleichbleibenden Drehzahlen sowie bei freier Beschleunigung gilt lediglich:

3.1 Die Verbindungsleitungen zwischen dem Auspuff und dem Trübungsmessgerät dürfen keine Fremdluft einlassen.

3.2 Die Verbindungsleitungen zum Trübungsmessgerät müssen, wie bei den Teilstrom-Trübungsmessgeräten, so kurz wie möglich sein. Die Leitungen müssen vom Auspuff bis zum Trübungsmessgerät ansteigend verlegt sein; scharfe Knicke, an denen sich Ruß ansammeln könnte, sind zu vermeiden. Dem Trübungsmessgerät darf ein Nebenschlussventil (Bypass-Ventil) vorgeschaltet werden, um es vom Abgasstrom trennen zu können, wenn nicht gemessen wird.

3.3 Vor dem Trübungsmessgerät ist eine Kühleinrichtung zulässig.

Anhang IX
Muster des Kennzeichens
für den korrigierten Wert des Absorptionskoeffizienten

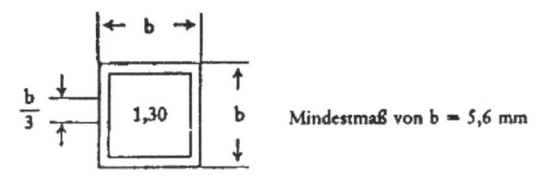

Mindestmaß von $b = 5,6$ mm

Das gezeigte Kennzeichen bedeutet, dass der korrigierte Wert des Absorptionskoeffizienten 1,30 m^{-1} beträgt.

Anhang X

> Name der Behörde

**Anhang zum EWG-Betriebserlaubnisbogen
hinsichtlich der Emission verunreinigender Stoffe aus Dieselmotoren**

(Artikel 4 Absatz 2 und Artikel 10 der Richtlinie 74/150/EWG des Rates vom 4. März 1974 zur Angleichung der Rechtsvorschriften der Mitgliedstaaten über die Betriebserlaubnis für land- oder forstwirtschaftliche Zugmaschinen auf Rädern)

Nummer der EWG-Betriebserlaubnis für den Zugmaschinentyp[1]): ....
Nummer der Genehmigung[1]): ....

1. Fabrikmarke (Firmenbezeichnung): ....
2. Typ und Handelsbezeichnung: ....
   ....
3. Name und Anschrift des Herstellers: ....
4. Gegebenenfalls Name und Anschrift des Beauftragten des Herstellers: ....
   ....
5. Emissionswerte
5.1 bei gleichbleibenden Drehzahlen

Drehzahl U/min	Nennwert des Luftdurchsatzes G (l/s)	Grenzwerte der Absorption (m^{-1})	Gemessener Absorptionswert (m^{-1})
1.	....	....	....
2.	....	....	....
3.	....	....	....
4.	....	....	....
5.	....	....	....
6.	....	....	....

5.2 bei freier Beschleunigung
5.2.1 gemessener Absorptionswert: .... m^{-1}
5.2.2 korrigierter Absorptionswert: .... m^{-1}
6. Marke und Typ des Trübungsmessgeräts: ....
7. Motor zur Erteilung der Betriebserlaubnis vorgeführt am: ....
8. Prüfstelle: ....
9. Datum des von der Prüfstelle ausgefertigten Prüfprotokolls: ....
10. Nummer des von der Prüfstelle ausgefertigten Prüfprotokolls: ....
11. Die Betriebserlaubnis hinsichtlich der Emission verunreinigender Stoffe aus dem Motor wird erteilt/versagt[1])

---

[1]) Nichtzutreffendes streichen.

12. Anbringungsstelle des Kennzeichens für den korrigierten Wert des Absorptionskoeffizienten am Fahrzeug: ....
13. Ort: ....
14. Datum: ....
15. Unterschrift: ....
16. Folgende Unterlagen sind beigefügt, die die vorgenannte Nummer der EWG-Betriebserlaubnis oder der Genehmigung tragen:
    1 Ausfertigung des Anhangs II, vollständig ausgefüllt, mit den angegebenen Zeichnungen und Skizzen.
    .... Fotografie(n) des Motors.

Anlage XVII
(zu § 41a Absatz 5 und 6)

Gassystemeinbauprüfungen und sonstige Gasanlagenprüfungen

1 Art und Gegenstand der Prüfung

Gasanlagenprüfungen nach dem Einbau (Gassystemeinbauprüfungen) und sonstige Gasanlagenprüfungen im Sinne des § 41a Absatz 6 sind nach Maßgabe der folgenden Bestimmungen durchzuführen. Der ordnungsgemäße Zustand der Gasanlagen ist dabei nach Maßgabe der vom Bundesministerium für Verkehr und digitale Infrastruktur im Verkehrsblatt mit Zustimmung der obersten Landesbehörden bekannt gemachten Richtlinien zu untersuchen.

2 Durchführung der Prüfungen, Nachweise

2.1 Die Prüfungen sind von hierfür nach Anlage XVIIa anerkannten Kraftfahrzeugwerkstätten oder amtlich anerkannten Sachverständigen oder Prüfern für den Kraftfahrzeugverkehr (im Folgenden als aaSoP bezeichnet) oder den von einer amtlich anerkannten Überwachungsorganisation betrauten Prüfingenieuren (im Folgenden als PI bezeichnet) durchzuführen.

2.2 Der Halter hat das Kraftfahrzeug zur Durchführung der Prüfung in einer hierfür anerkannten Kraftfahrzeugwerkstatt oder bei einem aaSoP oder PI vorzuführen.

2.3 Werden bei der Prüfung der Gasanlage

2.3.1 keine Mängel festgestellt, so ist dies in einem Nachweis zu bescheinigen,

2.3.2 Mängel festgestellt, so sind diese in einen Nachweis einzutragen. Der Halter hat die Mängel unverzüglich beheben zu lassen und das Kraftfahrzeug spätestens nach einem Monat zu einer erneuten Prüfung unter Vorlage des Nachweises vorzuführen.

2.4 Nachweise über Prüfungen sind nach einem vom Bundesministerium für Verkehr und digitale Infrastruktur mit Zustimmung der obersten Landesbehörden im Verkehrsblatt bekannt gemachten Muster fälschungserschwerend auszuführen oder mit fälschungserschwerenden Merkmalen (Nachweis-Siegel mit Prägenummer) zu versehen und müssen mindestens folgende Angaben enthalten:

a) Art der Prüfung,

b) Jahr, in dem das Fahrzeug erstmals in den Verkehr gekommen ist,

c) Hersteller des Fahrzeugs einschließlich seiner Schlüsselnummer,

d) Fahrzeugart und Fahrzeugtyp einschließlich Schlüsselnummern,

e) Fahrzeug-Identifizierungsnummer (mindestens die letzten 7 Zeichen),

f) Datum der Durchführung der Prüfung,

g) Name, Anschrift und Prüfort der prüfenden Stelle,

h) Ergebnisse der Einzelprüfungen,

i) Ergebnis der Gesamtprüfung,

j) bei Gassystemeinbauprüfungen zusätzlich die in den Fahrzeugdokumenten zu ändernden Angaben als Empfehlung für die Zulassungsbehörde,

k) Unterschrift der für die Prüfung verantwortlichen Person, Kontrollnummer der Kraftfahrzeugwerkstatt und, soweit vorhanden, Nachweis-Siegel mit Prägenummer oder Unterschrift mit Prüfstempel und Kennnummer des für die Prüfung verantwortlichen aaSoP oder PI mit Angaben über die bei der Prüfung festgestellten Mängel,

l) Anordnung der Wiedervorfuhrpflicht.

2.5 Der Nachweis ist unmittelbar nach Durchführung der Prüfung zu unterzeichnen. Er ist dem Fahrzeughalter auszuhändigen.

3 Untersuchungsstelle zur Durchführung von Prüfungen

3.1 Die Prüfungen dürfen nur an Untersuchungsstellen durchgeführt werden, die den in Anlage VIIId Nummer 3 genannten Anforderungen entsprechen.

3.2 Die zuständige oberste Landesbehörde oder die von ihr bestimmten oder nach Landesrecht zuständigen Stellen oder die zuständige Anerkennungsstelle können selbst überprüfen oder durch von ihr bestimmte sachverständige Personen oder Stellen überprüfen lassen, ob die für die Untersuchungsstellen geltenden Vorschriften eingehalten sind. Die mit den Prüfungen beauftragten Personen sind befugt, Grundstücke und Geschäftsräume, die zur Untersuchungsstelle gehören, während der Geschäfts- und Betriebszeiten zu betreten, dort Überprüfungen und Besichtigungen vorzunehmen. Der Inhaber der Untersuchungsstelle oder der Nutzer der Untersuchungsstelle hat diese Maßnahmen zu dulden und, soweit erforderlich, die beauftragten Personen zu unterstützen. Der Inhaber oder der Nutzer hat die Kosten der Überprüfung zu tragen.

Anlage XVIIa
(zu § 41a Absatz 7 und Anlage VIII Nummer 3.1.1.2)

Anerkennung von Kraftfahrzeugwerkstätten zur Durchführung von Gassystemeinbauprüfungen oder von wiederkehrenden und sonstigen Gasanlagenprüfungen sowie Schulung der verantwortlichen Personen und Fachkräfte

1 Allgemeines

1.1 Die Anerkennung von Kraftfahrzeugwerkstätten zur Durchführung von Gassystemeinbauprüfungen oder wiederkehrenden Gasanlagenprüfungen und sonstigen Gasanlagenprüfungen im Sinne des § 41a Absatz 6 obliegt der zuständigen obersten Landesbehörde oder den von ihr bestimmten oder nach Landesrecht zuständigen Stellen (Anerkennungsstellen). Diese können die Befugnis auf die örtlich und fachlich zuständigen Kraftfahrzeuginnungen übertragen.

1.2 Auf das Verfahren der Anerkennung von Kraftfahrzeugwerkstätten zur Durchführung von Gassystemeinbauprüfungen oder wiederkehrenden und sonstigen Gasanlagenprüfungen und auf die Dokumentation der durchgeführten Prüfungen findet die vom Bundesministerium für Verkehr und digitale Infrastruktur mit Zustimmung der zuständigen obersten Landesbehörden im Verkehrsblatt bekannt gemachte Richtlinie Anwendung.

2 Allgemeine Voraussetzungen für die Anerkennung von Kraftfahrzeugwerkstätten

Die Anerkennung wird erteilt, wenn

2.1 der Antragsteller, bei juristischen Personen die nach Gesetz oder Satzung zur Vertretung berufenen Personen sowie die für die Durchführung von Prüfungen verantwortlichen Personen persönlich zuverlässig sind. Ein Führungszeugnis und ein Auszug aus dem Fahreignungsregister sind jeweils vorzulegen,

2.2 der Antragsteller durch Vorlage einer Bescheinigung der örtlich zuständigen Handwerkskammer mit seiner Eintragung in der Handwerksrolle nachweist, dass er selbst oder eine in der Betriebsstätte fest angestellte Person die Voraussetzungen nach der Handwerksordnung zur selbstständigen gewerblichen Verrichtung solcher Arbeiten erfüllt, die zur Behebung der bei Prüfungen festgestellten Mängel erforderlich sind,

2.3 der Antragsteller nachweist, dass er eine oder mehrere für die Durchführung von Prüfungen verantwortliche Personen bestellt hat. Die Durchführung der Prüfung kann auch von Fachkräften unter der Aufsicht einer verantwortlichen Person erfolgen. Die verantwortlichen Personen und Fachkräfte müssen vom Antragsteller namentlich benannt werden,

2.4 der Antragsteller nachweist, dass die für die Durchführung von Prüfungen verantwortlichen Personen und die Fachkräfte über eine entsprechende Vorbildung und ausreichende Erfahrungen auf dem Gebiet der Kraftfahrzeugtechnik verfügen. Dazu müssen Nachweise darüber erbracht werden, dass

2.4.1 Fachkräfte eine Abschlussprüfung im anerkannten Ausbildungsberuf

    a) Kraftfahrzeugmechaniker,

    b) Kraftfahrzeugelektriker,

    c) Automobilmechaniker,

    d) Kraftfahrzeug-Mechatroniker,

    e) Mechaniker für Karosserieinstandhaltungstechnik,

    f) Karosserie- und Fahrzeugbauer,

    g) Karosserie- und Fahrzeugbaumechaniker

erfolgreich abgeschlossen haben,

2.4.2 verantwortliche Personen eine Meisterprüfung im

    a) Kraftfahrzeugmechaniker-Handwerk,

    b) Kraftfahrzeugelektriker-Handwerk,

    c) Kraftfahrzeugtechniker-Handwerk,

    d) Karosserie- und Fahrzeugbauer-Handwerk

erfolgreich bestanden haben. Diesen Prüfungsabschlüssen stehen gleich die Dipl.-Ing., Dipl.-Ing. (FH), Ing. (grad.) oder der staatlich geprüfte Techniker der Fachrichtung Maschinenbau, Fahrzeugtechnik, Elektrotechnik oder Luft- und Raumfahrttechnik/Luftfahrzeugtechnik, sofern der Betreffende nachweislich im Kraftfahrzeugbereich (Untersuchung, Prüfung, Wartung oder Reparatur) tätig ist und eine mindestens dreijährige Tätigkeit oder eine Abschlussprüfung in den unter Nummer 2.4.1 genannten Ausbildungsberufen nachgewiesen werden kann,

2.5 der Antragsteller oder die für die Durchführung von Prüfungen verantwortlichen Personen und die Fachkräfte darüber hinaus an einer dem jeweiligen Stand der Technik der zu prüfenden Gasanlagen entsprechenden Schulung nach Nummer 7 teilgenommen und diese mit einer erfolgreichen Prüfung abgeschlossen haben,

2.6 der Antragsteller nachweist, dass er über mindestens eine Untersuchungsstelle verfügt, die die in Anlage VIIId Nummer 3 genannten Anforderungen erfüllt,

2.7 der Antragsteller nachweist, dass für jede von ihm benannte Untersuchungsstelle eine Dokumentation der Betriebsorganisation erstellt wird, die interne Regeln enthält, nach denen eine ordnungsgemäße Durchführung und Nachweisführung der Prüfungen sichergestellt ist. Die Dokumentation muss mindestens der nach Nummer 1.2 bekannt gemachten Richtlinie entsprechen,

2.8 der Antragsteller bestätigt, dass für die mit der Durchführung der Prüfung betrauten verantwortlichen Personen und Fachkräfte eine ausreichende Haftpflichtversicherung zur Deckung aller im Zusammenhang mit den Prüfungen entstehenden Ansprüchen besteht, dies auf Verlangen nachweist und erklärt, dass er diese Versicherung aufrechterhalten wird,

2.9 der Antragsteller sowie die im Anerkennungsverfahren beteiligten Stellen nach Nummer 1.1 Satz 2 das Land, in dem sie tätig werden und für das der Antragsteller anerkannt wird, von allen Ansprüchen Dritter wegen Schäden freistellt, die im Zusammenhang mit den Prüfungen von ihm oder den von ihm beauftragten verantwortlichen Personen und Fachkräften verursacht werden, und dafür den Abschluss einer entsprechenden Versicherung bestätigt, dies auf Verlangen nachweist und erklärt, dass er diese Versicherung aufrechterhalten wird.

3 Nebenbestimmungen

3.1 Die Anerkennung kann mit Nebenbestimmungen verbunden werden, die erforderlich sind, um sicherzustellen, dass die Prüfungen ordnungsgemäß durchgeführt werden. Die Anerkennung ist nicht übertragbar.

3.2 Die Anerkennung ist auf bestimmte Arten von Gasanlagen zu beschränken, wenn die Voraussetzungen nach Nummer 2 nur für diese Arten nachgewiesen sind.

4 Rücknahme der Anerkennung

Die Anerkennung ist zurückzunehmen, wenn bei ihrer Erteilung eine der Voraussetzungen nach Nummer 2 nicht vorgelegen hat. Von der Rücknahme kann abgesehen werden, wenn der Mangel nicht mehr besteht.

5 Widerruf der Anerkennung

Die Anerkennung ist zu widerrufen, wenn nachträglich eine der Voraussetzungen nach Nummer 2 weggefallen ist. Sie ist teilweise oder völlig zu widerrufen, wenn gröblich gegen die Vorschriften zur Durchführung der Prüfungen verstoßen wurde, wenn die Prüfungen nicht ordnungsgemäß durchgeführt wurden oder wenn gegen die Auflagen der Anerkennung gröblich verstoßen wurde. Sie kann widerrufen werden, wenn von ihr innerhalb von mindestens sechs Monaten kein Gebrauch gemacht worden ist.

6 Aufsicht über anerkannte Kraftfahrzeugwerkstätten

6.1 Die Anerkennungsstelle übt die Aufsicht über die anerkannten Kraftfahrzeugwerkstätten aus. Sie kann selbst überprüfen oder überprüfen lassen,

6.1.1 ob die Prüfungen ordnungsgemäß durchgeführt, dokumentiert und nachgewiesen werden und ob die sich sonst aus der Anerkennung ergebenden Pflichten erfüllt werden,

6.1.2 in welchem Umfang von der Anerkennung Gebrauch gemacht worden ist.

6.2 Nummer 8.1 ist entsprechend anzuwenden.

7 Schulung der verantwortlichen Personen und Fachkräfte

7.1 Zur Durchführung der Schulungen nach Nummer 2.5 sind berechtigt:

a) Kraftfahrzeughersteller,

b) Kraftfahrzeugimporteure, die entweder selbst Inhaber einer allgemeinen Betriebserlaubnis für Kraftfahrzeugtypen oder durch Vertrag mit einem ausländischen Kraftfahrzeughersteller alleinvertriebsberechtigt im Geltungsbereich der Straßenverkehrs-Zulassungs-Ordnung sind, sofern sie eine eigene Kundendienstorganisation haben,

c) geeignete Stellen, die von einem der vorgenannten Kraftfahrzeughersteller oder Kraftfahrzeugimporteure beauftragt worden sind,

- d) Hersteller von Gasanlagen, die Inhaber einer Teilegenehmigung für mindestens eine Gesamtanlage sind,
- e) Importeure von Gasanlagen, die entweder selbst Inhaber einer Teilegenehmigung für mindestens eine Gesamtanlage sind oder die durch Vertrag mit einem ausländischen Hersteller von Gasanlagen, der Inhaber einer Teilegenehmigung für mindestens eine Gesamtanlage ist, alleinvertriebsberechtigt im Geltungsbereich der Straßenverkehrs-Zulassungs-Ordnung sind, sofern sie eine eigene Kundendienstorganisation haben,
- f) Stellen, die vom Bundesinnungsverband des Kraftfahrzeughandwerks in 53040 Bonn, Postfach 15 01 62, zur Durchführung von Schulungen ermächtigt worden sind, und
- g) Stellen, die von der zuständigen obersten Landesbehörde oder der von ihr bestimmten oder nach Landesrecht zuständigen Stelle zur Durchführung von Schulungen anerkannt worden sind.

7.2 Die Schulungsstätten sind den zuständigen obersten Landesbehörden oder den von ihnen bestimmten oder nach Landesrecht zuständigen Stellen sowie dem Bundesinnungsverband des Kraftfahrzeughandwerks in 53040 Bonn, Postfach 15 01 62, unaufgefordert zu melden; dies gilt entsprechend für die Einstellung der Schulungstätigkeit. Der Bundesinnungsverband des Kraftfahrzeughandwerks erfasst zentral die Schulungsstätten und übersendet den zuständigen obersten Landesbehörden und dem Bundesministerium für Verkehr und digitale Infrastruktur jeweils zu Beginn eines Jahres eine aktuelle Zusammenfassung aller Schulungsstätten.

7.3 Die Schulung muss jeweils innerhalb von drei Jahren wiederholt und erneut mit einer erfolgreichen Prüfung abgeschlossen werden. Die Frist beginnt jeweils mit dem Monat und Jahr, in dem erfolgreich eine Prüfung nach einer erstmaligen Schulung oder einer Wiederholungsschulung abgelegt wurde. Nach Ablauf der Frist ist erneut eine erstmalige Schulung und Prüfung abzulegen.

7.4 Die Schulungen und Wiederholungsschulungen, Schulungsinhalte sowie Schulungsstätten müssen die Anforderungen der vom Bundesministerium für Verkehr und digitale Infrastruktur mit Zustimmung der zuständigen obersten Landesbehörden im Verkehrsblatt bekannt gemachten Richtlinie erfüllen.

8 Aufsicht über das Anerkennungsverfahren und die Schulungen

8.1 Die Aufsicht über die Anerkennungsstellen und das Anerkennungsverfahren obliegt der zuständigen obersten Landesbehörde oder den von ihr bestimmten oder nach Landesrecht zuständigen Stellen. Die Aufsichtsbehörde kann selbst überprüfen oder durch die Anerkennungsstelle überprüfen lassen, ob die Voraussetzungen für die Anerkennung noch gegeben sind und die sich sonst aus der Anerkennung oder den Nebenbestimmungen ergebenden Pflichten erfüllt werden. Diese Überprüfung ist mindestens alle drei Jahre durchzuführen.

8.2 Die Aufsicht über die Schulungen obliegt der zuständigen obersten Landesbehörde oder den von ihr bestimmten oder den nach Landesrecht zuständigen Stellen. Die Aufsichtsbehörde kann selbst überprüfen oder durch die von ihr bestimmten oder nach Landesrecht zuständigen Stellen überprüfen lassen, ob die für die Schulungsstätten geltenden Vorschriften eingehalten werden und die sich sonst aus der Ermächtigung oder den Nebenbestimmungen ergebenden Pflichten erfüllt werden. Sie können die Befugnis zur Überprüfung auf den Bundesinnungsverband des Kraftfahrzeughandwerks übertragen. Diese Überprüfung ist mindestens alle drei Jahre durchzuführen.

8.3 Die mit der Überprüfung beauftragten Personen sind befugt, Grundstücke und Geschäftsräume

- a) des Inhabers der Anerkennung oder
- b) der Schulungsstätte

während der Geschäfts- und Betriebszeiten zu betreten, dort Überprüfungen und Besichtigungen vorzunehmen und die vorgeschriebenen Aufzeichnungen einzusehen. Der Inhaber der Anerkennung oder der Inhaber oder Leiter der Schulungsstätte hat diese Maßnahmen zu dulden, soweit erforderlich die beauftragten Personen dabei zu unterstützen und auf Verlangen die vorgeschriebenen Aufzeichnungen vorzulegen. Der Inhaber der Anerkennung oder die Schulungsstätte hat die Kosten der Überprüfung zu tragen.

9 Schlussbestimmungen

9.1 Veränderungen bei anerkannten Kraftfahrzeugwerkstätten, die ihre Anerkennung beeinflussen können, sind von ihr der Anerkennungsstelle unaufgefordert mitzuteilen. Zuwiderhandlungen können zum Widerruf der Anerkennung nach Nummer 1 führen.

9.2 Veränderungen bei Schulungsstätten, die Einfluss auf die Schulung haben, sind den in Nummer 7.2 genannten Stellen unaufgefordert zu melden. Bei Zuwiderhandlungen können die in Nummer 8.2 genannten Stellen die Durchführung von Schulungen untersagen.

Anlage XVIII
(zu § 57b Absatz 1)

Prüfung der Fahrtschreiber und Kontrollgeräte

1 Voraussetzungen für die Prüfung von Fahrtschreibern und Kontrollgeräten

1.1 Fahrtschreiber und Kontrollgeräte müssen nach Maßgabe des Herstellers eingebaut sein. Fahrtschreiber und Kontrollgeräte müssen im Kraftfahrzeug so angebracht sein, dass für den Fahrer alle notwendigen Funktionen vom Fahrersitz aus zugänglich sind.

1.2 Zum Zwecke des Einbaus müssen Kontrollgeräte nach Anhang I B der Verordnung (EWG) Nr. 3821/85 in nicht aktiviertem Zustand geliefert worden sein, wobei alle in Kapitel III Abschnitt 20 des Anhangs I B der Verordnung (EWG) Nr. 3821/85 aufgeführten Kalibrierungsparameter auf geeignete und gültige Standardwerte eingestellt sein müssen. Liegt kein bestimmter Wert vor, müssen Buchstaben-Parameter auf „?" und numerische Parameter auf „0" gesetzt sein. Das Kontrollgerät muss vor der Aktivierung kalibrierfähig sein.

1.3 Während des Einbaus müssen alle bekannten Parameter voreingestellt worden sein.

1.4 Das eingebaute Kontrollgerät muss spätestens am endgültigen Einbaustandort aktiviert worden sein.

1.5 Gegebenenfalls erforderliche Koppelungen zwischen dem Weg- und/oder Geschwindigkeitsgeber und der Fahrzeugeinheit müssen automatisch während der Aktivierung des Kontrollgeräts stattfinden. Die Aktivierung des Kontrollgeräts wird durch das erstmalige Einstecken einer Werkstattkarte in eine der beiden Kartenschnittstellen automatisch ausgelöst.

1.6 Nach dem Einbau muss eine Kalibrierung erfolgt sein. Bei der Erstkalibrierung, die innerhalb von zwei Wochen nach dem Einbau oder nach der Zuteilung des amtlichen Kennzeichens für das Kraftfahrzeug erfolgt sein muss, je nachdem, welches Ereignis zuletzt eintritt, muss das amtliche Kennzeichen des Kraftfahrzeugs eingegeben worden sein.

2 Datensicherung bei Reparatur oder Austausch des Kontrollgeräts nach Anhang I B der Verordnung (EWG) Nr. 3821/85

Wird im Rahmen einer Prüfung ein defektes digitales Kontrollgerät repariert oder ausgetauscht, so hat das Unternehmen, das die Prüfung durchführt, die im Speicher des defekten Geräts befindlichen Daten auf einen Datenträger zu kopieren und hierüber eine Bescheinigung nach dem Muster im Anhang zu dieser Anlage auszustellen. Die kopierten Daten sind bis zur Weitergabe an den Berechtigten, längstens jedoch für die Dauer von zwei Jahren zu speichern und nach der Weitergabe oder nach Fristablauf unverzüglich zu löschen. Ist ein Kopieren der Daten nicht möglich, so ist hierüber ebenfalls eine Bescheinigung nach dem Muster im Anhang zu dieser Anlage auszustellen. Das Unternehmen hat eine Kopie der nach Satz 1 oder Satz 3 ausgestellten Bescheinigungen für die Dauer eines Jahres in Papierform aufzubewahren.

3 Art und Gegenstand der Prüfung

Bei Kraftfahrzeugen, die mit Fahrtschreibern oder Kontrollgeräten nach § 57b Absatz 1 ausgerüstet sind, ist bei der Einbauprüfung und allen weiteren Prüfungen der Fahrtschreiber und Kontrollgeräte die Einhaltung der Bestimmungen der Verordnung (EWG) Nr. 3821/85 festzustellen.

4 Durchführung der Prüfung, Nachweise

4.1 Prüfungen nach § 57b Absatz 1 sind nach Maßgabe der Anlage XVIIIa durchzuführen.

4.2 Das nach Abschluss der Prüfung anzubringende Einbauschild muss folgende Angaben enthalten:

a) Name, Anschrift oder Firmenzeichen des anerkannten Fahrtschreiber- oder Kontrollgeräteherstellers oder der von diesem beauftragten Kraftfahrzeugwerkstatt oder Name, Anschrift oder Firmenzeichen des anerkannten Fahrzeugherstellers, des anerkannten Fahrzeugimporteurs oder der anerkannten Kraftfahrzeugwerkstatt,

b) Wegimpulszahl des Kraftfahrzeugs in der Form „w = ... Imp/km" bei elektronischem Fahrtschreiber oder Kontrollgerät,

Wegdrehzahl des Kraftfahrzeugs in der Form „w = ... U/km" bei mechanischem Fahrtschreiber oder Kontrollgerät,

c) Konstante des Kontrollgeräts in der Form „k = ... Imp/km",

d) tatsächlicher Reifenumfang in der Form „L = ... mm",

e) Reifengröße,

Straßenverkehrs-Zulassungs-Ordnung	Anlage XVIII – StVZO | 03

- f) Datum der Bestimmung der Wegimpulszahl des Kraftfahrzeugs und der Messung des tatsächlichen Reifenumfangs,
- g) Fahrzeug-Identifizierungsnummer 17-stellig (bei Kontrollgeräten nach Anhang I der Verordnung (EWG) Nr. 3821/85 genügen die letzten acht Zeichen), und bei Verwendung eines Adapters zusätzlich folgende Angaben,
- h) Fahrzeugteil, in das der Adapter eingebaut wird,
- i) Fahrzeugteil, in das der Weg- oder Geschwindigkeitsgeber eingebaut wird, wenn er nicht an das Getriebe angeschlossen ist,
- j) Farbe des Kabels zwischen dem Adapter und dem Fahrzeugteil, das seine Eingangsimpulse bereitstellt, und
- k) Seriennummer des eingebetteten Weg- oder Geschwindigkeitsgebers des Adapters.

4.3 Über jede durchgeführte Prüfung ist ein Nachweis zu führen. In dem Nachweis sind anzugeben:
- a) bei Prüfungen nach § 57b Absatz 1 Halter, Hersteller, Fahrzeug-Identifizierungsnummer (bei Kontrollgeräten nach Anhang I der Verordnung (EWG) Nr. 3821/85 genügen die letzten acht Zeichen) sowie amtliches Kennzeichen des betreffenden Kraftfahrzeugs, das Ergebnis der Prüfung und das Datum der Anbringung des Einbauschilds,
- b) bei Einbauprüfungen im Sinne des § 57b Absatz 4 die Fahrzeug-Identifizierungsnummer (bei Kontrollgeräten nach Anhang I der Verordnung (EWG) Nr. 3821/85 genügen die letzten acht Zeichen) des betreffenden Kraftfahrzeugs, das Ergebnis der Prüfung und das Datum der Anbringung des Einbauschilds.

Der Prüfnachweis ist von dem Unternehmen, das die Prüfung durchgeführt hat, drei Jahre lang aufzubewahren und zuständigen Personen auf Verlangen zur Prüfung vorzulegen.

5 Plombierung

5.1 Folgende Geräteteile müssen plombiert werden:
- a) jeder Anschluss, sofern es bei einer Trennung der Verbindung zu nicht nachweisbaren Änderungen oder nicht feststellbaren Datenverlusten kommen würde, und
- b) das Einbauschild, es sei denn, es ist so angebracht, dass es sich nicht ohne Vernichtung der Angaben entfernen lässt.

5.2 Die genannten Plombierungen dürfen entfernt werden:
- a) in Notfällen,
- b) um einen Geschwindigkeitsbegrenzer oder ein anderes der Sicherheit im Straßenverkehr dienendes Gerät einzubauen, zu justieren oder zu reparieren, sofern das Kontrollgerät auch dann noch zuverlässig und ordnungsgemäß arbeitet und von einem anerkannten Fahrtschreiber- oder Kontrollgerätehersteller, einer von diesem beauftragten Werkstatt oder von einer anerkannten Werkstatt unmittelbar nach dem Einbau des Geschwindigkeitsbegrenzers oder des anderen der Sicherheit im Straßenverkehr dienenden Geräts, spätestens jedoch sieben Tage nach der Entfernung, wieder plombiert wird,
- c) zur Prüfung der Funktion des Geschwindigkeitsbegrenzers im Rahmen der Hauptuntersuchung nach § 29 durch den amtlich anerkannten Sachverständigen oder Prüfer oder Prüfingenieur; die Plombierung ist durch den amtlich anerkannten Sachverständigen oder Prüfer oder Prüfingenieur unmittelbar nach Abschluss der Funktionsprüfung des Geschwindigkeitsbegrenzers wieder herzustellen.

5.3 Jede Verletzung der Plombierung muss Gegenstand einer schriftlichen Begründung sein. Die Begründung ist für die Dauer von drei Jahren aufzubewahren und den zuständigen Personen auf Verlangen zur Prüfung vorzulegen.

Anhang (zu Anlage XVIII)

Muster
für eine Bescheinigung über das Herunterladen von Daten/ über die Unmöglichkeit des Herunterladens von Daten

Vorbemerkung

Wird bei einem Kraftfahrzeug das Kontrollgerät ausgetauscht oder besteht die Möglichkeit, dass nach einer Reparatur nicht mehr auf die im Massenspeicher gespeicherten Daten zugegriffen werden kann, ist das betroffene Transportunternehmen davon in Kenntnis zu setzen, dass die im Kontrollgerät gespeicherten Daten entweder heruntergeladen worden sind und diesem Unternehmen auf Verlangen zur Verfügung gestellt werden, oder dass die im Kontrollgerät gespeicherten Daten nicht heruntergeladen werden konnten. Dies hat durch die Ausstellung einer Bescheinigung nach dem beigefügten Muster zu erfolgen. Bescheinigungen können in „Heftform" und nach Bedarf in zwei- oder dreifacher Ausfertigung erstellt werden. Sie sind in der Überschrift mit der Länderkennzahl 1 für Deutschland und einer fortlaufenden Nummerierung zu versehen, die durch Schrägstrich von der Länderkennzahl abzugrenzen ist. Das Original ist zusammen mit der Rechnung für die ausgeführten Arbeiten dem Fahrer auszuhändigen oder kann dem Transportunternehmen per Post zugeleitet werden. Eine Ausfertigung verbleibt im Heft und wird bei dem Unternehmen, das die Bescheinigung ausgestellt hat, zur Prüfung durch die zuständige Behörde verwahrt.

Die Bescheinigung ist zu unterschreiben und mit einem Firmenstempel zu versehen.

Muster
Bescheinigung Nummer: 1/XXXX
Kontrollgerät nach Anhang I B der Verordnung (EWG) Nr. 3821/85
Bescheinigung über das Herunterladen von Daten/ über die Unmöglichkeit des Herunterladens von Daten*)

1 Das Kontrollgerät, das nachfolgend unter Nummer 2 beschrieben ist und im Fahrzeug mit dem amtlichen Kennzeichen: .... eingebaut war/ist*), wurde ausgetauscht/repariert*) am: (Datum) ....

Angaben zum Kontrollgerät

2 Hersteller: ....

Modell: .... Seriennummer: ....

3 Die im Kontrollgerät gespeicherten Daten*)

   a) **wurden heruntergeladen** und können zur Verfügung gestellt werden (siehe nachfolgende Bemerkungen)

   b) **konnten nicht heruntergeladen werden** und sind daher nicht verfügbar,

   – weil ....

   – folgende Versuche zur Reparatur des Kontrollgeräts, die ein Herunterladen der Daten ermöglichen sollten, wurden unternommen: ....

Bemerkungen

(a) Heruntergeladene Daten können nur dem betroffenen Transportunternehmen zur Verfügung gestellt werden, das heißt dem Unternehmen, das sich mittels einer Unternehmenskarte in das Kontrollgerät eingeloggt hat.

(b) Nur Daten, die sich auf das betroffene Transportunternehmen beziehen, können diesem Unternehmen zur Verfügung gestellt werden.

(c) Für den Zugriff auf die Daten ist ein Berechtigungsnachweis erforderlich.

(d) Die Daten werden nur auf Antrag übermittelt. Der Antrag ist schriftlich an die unten genannte Adresse des Unternehmens zu richten, damit die Daten zur Übermittlung bereithält. In dem Antrag ist anzugeben, wie die Daten übermittelt werden sollen (zum Beispiel per Einschreiben, E-Mail usw.).

(e) Die Daten werden nur für einen Zeitraum von zwei Jahren ab dem unter Nummer 1 genannten Tag aufbewahrt und nach Ablauf dieses Zeitraums vernichtet.

(f) Für die Übermittlung der Daten wird ein Entgelt in Höhe von Euro .... erhoben.

Unternehmen, das die Daten zur Übermittlung bereithält:

Datum, Unterschrift, Firmenstempel

---

*) Nichtzutreffendes streichen.

Anlage XVIIIa
(zu § 57b Absatz 1)

Durchführung der Prüfungen von Fahrtschreibern und Kontrollgeräten

1   Allgemeines

Prüfungen der Fahrtschreiber und Kontrollgeräte sind nach den Vorschriften dieser Anlage unter Beachtung der gegebenenfalls dazu im Verkehrsblatt – Amtsblatt des Bundesministeriums für Verkehr und digitale Infrastruktur der Bundesrepublik Deutschland – veröffentlichten Richtlinien durchzuführen.

2   Prüfungsfälle

2.1   Prüfungen von Fahrtschreibern und Kontrollgeräten nach § 57b sind durchzuführen

a) nach dem Einbau,

b) mindestens einmal innerhalb von zwei Jahren nach der letzten Prüfung,

c) nach jeder Reparatur an der Fahrtschreiber- oder Kontrollgeräteanlage,

d) nach jeder Änderung der Wegdrehzahl/Wegimpulszahl des Kraftfahrzeugs und

e) nach jeder Änderung des wirksamen Reifenumfangs des Kraftfahrzeugs, die sich aus der Änderung der Reifengröße ergibt.

2.2   An Kontrollgeräten nach Anhang I B der Verordnung (EWG) Nr. 3821/85 sind zusätzlich Prüfungen durchzuführen

a) nach jeder Änderung des amtlichen Kennzeichens des Kraftfahrzeugs oder

b) wenn die UTC-Zeit von der korrekten Zeit um mehr als 20 Minuten abweicht.

3   Durchführung der Prüfung

3.1   Einbauprüfungen, Nachprüfungen und Reparaturen von Fahrtschreibern und Kontrollgeräten nach Anhang I der Verordnung (EWG) Nr. 3821/85

3.1.1   Einbau, Funktionsprobe und Nachprüfung (bei Prüfungen nach Nummer 2.1).

3.1.1.1   Der Fahrtschreiber oder das Kontrollgerät ist in das Fahrzeug einzubauen sowie mechanisch und elektrisch anzuschließen.

3.1.1.2   Es ist eine Funktionsprobefahrt durchzuführen (entfällt bei Rollenprüfstand).

3.1.1.3   Die Anlage ist an den lösbaren mechanischen oder elektrischen Verbindungen mit Plombenzeichen zu plombieren.

3.1.1.4   Bei Nachprüfungen des eingebauten Fahrtschreibers oder Kontrollgeräts in den Fällen der Nummer 2.1 Buchstabe b bis e wird die angeglichene Wegdrehzahl geprüft und im Einbauschild unter w eingetragen; bei Fahrtschreibern oder Kontrollgeräten mit elektronischer Angleichung der Gerätekonstante an die Wegimpulszahl des Fahrzeugs wird die Wegimpulszahl geprüft und im Einbauschild unter w eingetragen.

3.1.2   Angleichung des Fahrtschreibers oder des Kontrollgeräts an das Kraftfahrzeug

3.1.2.1   Die Gerätekonstante auf dem Einbauschild ist festzustellen.

3.1.2.2   Das Wegdrehzahl- oder Wegimpulsmessgerät ist am Fahrzeug anzuschließen, danach ist das Fahrzeug abzurollen.

3.1.2.3   Die Wegdrehzahl/Wegimpulszahl w ist auf einer geeigneten ebenen Prüfstrecke von mindestens 40 m festzustellen; ersatzweise kann eine 20 m lange Messstrecke bei Verwendung eines elektronischen Wegimpulszahlmessgeräts gewählt werden.

3.1.2.4   Die Messung der Wegdrehzahl/Wegimpulszahl w kann auch auf einem für diese Zwecke geeigneten Rollenprüfstand durchgeführt werden (w = Anzahl der Umdrehungen oder Impulse des Geräteanschlusses am Fahrzeug bezogen auf eine Wegstrecke von 1 km).

3.1.2.5   Bei Fahrtschreibern und Kontrollgeräten mit mechanischer Angleichung ist die Wegdrehzahl w an Gerätekonstante k innerhalb ± 2 % so anzugleichen, dass das Gerät im eingebauten Zustand die Fehlergrenze nach Anhang I Kapitel III Buchstabe f Nummer 2 der Verordnung (EWG) Nr. 3821/85 einhalten kann. Die Angleichung ist mittels Zwischengetriebe vorzunehmen und auf Einhaltung der Fehlergrenzen zu überprüfen. Bei Fahrtschreibern oder Kontrollgeräten mit elektronischer Angleichung der Gerätekonstante an die Wegimpulszahl des Fahrzeugs sind ebenfalls die Fehlergrenzen nach Anhang I Kapitel III Buchstabe f Nummer 2 der Verordnung (EWG) Nr. 3821/85 einzuhalten.

3.1.2.6 Die Messung des Fahrzeugs ist wie folgt vorzunehmen:
a) mit unbeladenem Fahrzeug in fahrbereitem Zustand nur mit einem Fahrer besetzt,
b) mit verkehrssicheren Fahrzeugreifen und dem vom Fahrzeughersteller empfohlenen Innendruck,
c) durch nachfolgend beschriebene Bewegung des Fahrzeugs:

Das Fahrzeug muss sich mit eigener Motorkraft geradlinig auf ebenem Gelände und mit einer Geschwindigkeit von 50 ± 5 km/h fortbewegen. Die Messstrecke muss mindestens 1 000 m betragen.

Die Prüfung kann auch mit anderen Methoden, wie zum Beispiel auf einem Prüfstand durchgeführt werden, sofern eine vergleichbare Genauigkeit gewährleistet ist.

3.1.2.7 Der nach Nummer 3.1.2.6 Buchstabe a und b zu berücksichtigende Normalzustand des Fahrzeugs kann aus anderen betrieblichen Zuständen des Fahrzeugs durch Korrektur der zugehörigen Messwerte rechnerisch angenähert sein (vgl. die Korrekturwerte bzw. die Korrekturtabellen der Fahrtschreiberhersteller).

3.1.2.8 Die Antriebswelle ist auf gute Verlegung und einwandfreien Lauf zu prüfen.

3.1.3 Untersuchung des Fahrtschreibers oder des Kontrollgeräts auf Eigenfehler (bei Prüfungen nach Nummer 2.1 Buchstabe a bis c)

3.1.3.1 Das Schaublatt ist mit den Fahrzeugdaten und Datum auszufüllen und in den Fahrtschreiber oder in das Kontrollgerät einzulegen.

3.1.3.2 Der Fahrtschreiber oder das Kontrollgerät ist als separate Komponente mit einem Prüfgerät zu kontrollieren; dabei dürfen die Abweichungen höchstens betragen:
a) zurückgelegte Wegstrecke:
± 1 %, bezogen auf 1 000 m,
b) Geschwindigkeit:
± 3 km/h (gilt bis Messbereich 125 km/h),
c) Zeit:
± 2 Minuten pro Tag oder
± 10 Minuten nach sieben Tagen.

3.1.3.3 Es ist ein Prüfdiagramm wie folgt zu erstellen:
a) Es sind drei Messpunkte nach Geschwindigkeitsanzeige anzufahren (zum Beispiel 40, 80, 120 für Messbereich 125 km/h).
b) Leitliniendiagramm
Es ist kurzzeitig bis zum Endpunkt hochzufahren und das Prüfgerät ist nach ca. 60 Sekunden auszuschalten = zeitlose Abfalllinie.
c) Es ist wieder bis zum Endpunkt hochzufahren und danach in drei Stufen mit jeweils 60 Sekunden Verharrung auf jeden Messpunkt abwärts zu schreiben.
d) Das Prüfschaublatt ist durch ein Auswertegerät mit Lupe zu kontrollieren.
Bei nichtauswertbarem Aufschrieb muss der Fahrtschreiber oder das Kontrollgerät instand gesetzt werden; anschließend ist die Überprüfung nach Nummer 3.1.3 zu wiederholen.

3.1.3.4 Die Prüfung nach Nummer 3.1.3 entfällt beim Einbau, wenn die Prüfung bereits vom Gerätehersteller vorgenommen wurde und nicht länger als ein Jahr zurückliegt.

3.2 Einbauprüfungen, Nachprüfungen und Reparaturen von Kontrollgeräten nach Anhang I B der Verordnung (EWG) Nr. 3821/85

3.2.1 Bei neuen oder reparierten Kontrollgeräten wird die ordnungsgemäße Arbeitsweise und die Genauigkeit der Anzeigen und Aufzeichnungen innerhalb der in den Nummern 3.2.5.1 und 3.2.5.2 festgelegten Fehlergrenzen durch die vom Hersteller oder der Werkstatt vorgenommene Plombierung bestätigt und muss beim Einbau oder der Eingabe des Fahrzeugkennzeichens nicht nochmals überprüft werden, sondern es sind lediglich die Prüfungen nach Nummer 3.2.3 Buchstabe c bis f durchzuführen.

3.2.2 Einbauprüfung
Beim Einbau in ein Fahrzeug muss die Gesamtanlage (einschließlich Kontrollgerät) den Vorschriften über die in den Nummern 3.2.5.1 und 3.2.5.2 festgelegten Fehlergrenzen entsprechen.

Straßenverkehrs-Zulassungs-Ordnung　　　　　　　　　　　Anlage XVIIIa – StVZO | 03

3.2.3 Regelmäßige Nachprüfung

Regelmäßige Nachprüfungen müssen bei jedem der unter Nummer 2 aufgeführten Prüfungsfälle erfolgen. Überprüft werden mindestens:

a) die ordnungsgemäße Arbeitsweise des Kontrollgeräts einschließlich der Datenspeicherung auf den Kontrollgerätkarten,

b) die Einhaltung der in den Nummern 3.2.5.1 und 3.2.5.2 aufgeführten Fehlergrenzen des Geräts in eingebautem Zustand,

c) das Vorhandensein des Prüfzeichens auf dem Kontrollgerät,

d) das Vorhandensein des Einbauschilds,

e) die Unversehrtheit der Plombierung des Geräts und der anderen Einbauteile,

f) die Reifengröße und der tatsächliche Reifenumfang.

Bestandteil der Überprüfung muss eine Kalibrierung nach Nummer 3.3 sein.

3.2.4 Messung der Anzeigefehler

Die Messung der Anzeigefehler beim Einbau und während der Benutzung wird unter folgenden Bedingungen, die als normale Prüfbedingungen anzusehen sind, durchgeführt:

a) unbeladenes Fahrzeug in fahrbereitem Zustand,

b) Reifendrücke gemäß Angaben des Herstellers,

c) Reifenabnutzung innerhalb der zulässigen Grenzen der Straßenverkehrs-Zulassungs-Ordnung,

d) Bewegung des Fahrzeugs:

Das Fahrzeug muss sich mit eigener Motorkraft geradlinig auf ebenem Gelände und mit einer Geschwindigkeit von 50 ± 5 km/h fortbewegen. Die Messstrecke muss mindestens 1 000 m betragen.

Die Prüfung kann auch mit anderen Methoden, wie zum Beispiel auf einem Prüfstand durchgeführt werden, sofern eine vergleichbare Genauigkeit gewährleistet ist.

3.2.5 Fehlergrenzen

3.2.5.1 Messung der zurückgelegten Wegstrecke

3.2.5.1.1 Die Messung kann erfolgen:

a) als Kumulierung der Vorwärts- und der Rückwärtsfahrt oder

b) nur beim Vorwärtsfahren.

3.2.5.1.2 Das Kontrollgerät muss Wegstrecken von 0 bis 9 999 999,9 km messen können.

3.2.5.1.3 Die simuliert gemessene Wegstrecke muss innerhalb folgender Fehlergrenzen liegen (Strecken von mindestens 1 000 m):

a) ± 1 Prozent vor dem Einbau,

b) ± 2 Prozent beim Einbau und bei den regelmäßigen Nachprüfungen,

c) ± 4 Prozent während des Betriebs.

3.2.5.1.4 Die Wegstreckenmessung hat auf mindestens 0,1 km genau zu erfolgen.

3.2.5.2 Geschwindigkeitsmessung

3.2.5.2.1 Das Kontrollgerät muss Geschwindigkeiten von 0 bis 220 km/h messen können.

3.2.5.2.2 Zur Gewährleistung einer zulässigen Fehlergrenze der angezeigten Geschwindigkeit im Betrieb von ± 6 km/h und unter der Berücksichtigung

a) einer Fehlergrenze von ± 2 km/h für Eingangsabweichung (Reifenabweichung),

b) einer Fehlergrenze von ± 1 km/h beim Einbau oder der regelmäßigen Nachprüfung

darf das Kontrollgerät bei Geschwindigkeiten zwischen 20 und 180 km/h und bei Wegimpulszahlen des Fahrzeugs zwischen 4 000 bis 25 000 Imp/km die Geschwindigkeit innerhalb einer Fehlergrenze von ± 1 km/h (bei konstanter Geschwindigkeit) messen. Auf Grund der Auflösung der Datenspeicherung ergibt sich eine weitere zulässige Fehlergrenze von 0,5 km/h für die im Kontrollgerät gespeicherte Geschwindigkeit.

3.2.5.2.3 Die Geschwindigkeitsmessung muss auf mindestens 1 km/h genau erfolgen.

3.2.6 Die Prüfabläufe und die Erstellung des Prüfdiagramms müssen nach den Vorgaben des Kontrollgeräteherstellers erfolgen.

337

3.3 Kalibrierung Bei der Kalibrierung müssen folgende Vorgänge ausgeführt werden:

a) Koppelung des Weg- und/oder Geschwindigkeitsgebers mit der Fahrzeugeinheit,

b) digitale Angleichung der Konstante des Kontrollgeräts (k) an die Wegimpulszahl (w) des Fahrzeugs (Kraftfahrzeuge mit mehreren Hinterachsuntersetzungen müssen mit einer Umschalteinrichtung ausgerüstet sein, durch die die verschiedenen Untersetzungsverhältnisse automatisch auf die Wegimpulszahl gebracht werden, für die das Gerät abgestimmt wurde),

c) Kontrolle und gegebenenfalls Einstellung der aktuellen Uhrzeit (UTC-Zeit), gegebenenfalls die Einstellung des aktuellen Kilometerstands (Gerätetausch),

d) Aktualisierung der im Massenspeicher gespeicherten Kenndaten des Weg- und/oder Geschwindigkeitsgebers,

e) Aktualisierung oder Bestätigung der anderen dem Kontrollgerät bekannten Parameter wie:

aa) Fahrzeugkennung:

aaa) Fahrzeugkennzeichen,

bbb) Fahrzeug-Identifizierungsnummer,

ccc) zulassender Mitgliedstaat (Country Code);

bb) Fahrzeugmerkmale:

aaa) Wegimpulszahl (w),

bbb) Konstante (k),

ccc) Reifenumfang (L),

ddd) Reifengröße,

eee) UTC-Zeit,

fff) aktueller Kilometerstand,

ggg) Wert der gesetzlich vorgeschriebenen Abregelgeschwindigkeit des Fahrzeugs.

Nach der Kalibrierung muss ein Ausdruck der technischen Daten am Kontrollgerät sowie ein Download der Werkstattkartendaten erstellt werden. Das Kalibrierungsprotokoll muss zusammen mit dem Prüfnachweis für drei Jahre aufbewahrt werden.

Anlage XVIIIb
(zu § 57b Absatz 3 und 4)

Prüfstellen für die Durchführung
von Prüfungen der Fahrtschreiber und Kontrollgeräte

1 Allgemeines

1.1 Prüfungen der Fahrtschreiber und Kontrollgeräte sind unter gleichen Voraussetzungen und nach gleichen technischen Standards durchzuführen.

1.2 Prüfungen der Fahrtschreiber und Kontrollgeräte dürfen nur an Stellen durchgeführt werden, an denen die in dieser Anlage beschriebenen Einrichtungen, Ausstattungen und Unterlagen für die Durchführung der Prüfungen vorhanden sind (Prüfstellen).

1.3 Die Einhaltung der für die eingesetzten Mess-/Prüfgeräte geltenden Vorschriften ist von dem Betreiber der Prüfungsstelle sicherzustellen. Werden die Vorschriften nicht eingehalten, ist die Durchführung von Prüfungen der Fahrtschreiber und Kontrollgeräte bis zur Wiederherstellung des ordnungsgemäßen Zustands unzulässig.

2 Einrichtungen und Ausstattungen

In Abhängigkeit von den durchzuführenden Prüfungen der Fahrtschreiber und Kontrollgeräte müssen ständig vorhanden sein:

2.1 Grundausstattung:
   a) Grube, Hebebühne oder Rampe,
   b) geeigneter Rollenprüfstand oder entsprechend genaue Messeinrichtung,
   c) geeignete Prüfgeräte für Geschwindigkeits- und Wegstreckenmessungen sowie für den entsprechenden Aufschrieb,
   d) geeignetes Wegdrehzahlmessgerät,
   e) Auswertegerät mit Lupe für Schaublattprüfungen,
   f) Uhrenprüfgerät,
   g) Prüfschablonen,
   h) Plombiereinrichtung und Plombierungszeichen,
   i) Reifenfüllanlage mit geeichtem Reifenluftdruckmessgerät,
   j) Werkzeuge und weitere Messgeräte nach Weisung des Fahrtschreiber- oder Kontrollgeräteherstellers.

2.2 Zusatzausstattung für Prüfungen an Kontrollgeräten nach Anhang I B der Verordnung (EWG) Nr. 3821/85:
   a) eine Werkstattkarte nach Anhang I B der Verordnung (EWG) Nr. 3821/85,
   b) eine Einrichtung zum Herunterladen der Kontrollgerätedaten und beim Gerätetausch zur Weitergabe der Massenspeicherdaten an den Fahrzeughalter,
   c) ein geeignetes Prüfgerät zur Programmierung der Geräteparameter nach Anhang I B der Verordnung (EWG) Nr. 3821/85,
   d) eine Einrichtung für die elektronische Archivierung und Sicherung der Prüfungsdaten zu den durchgeführten Prüfungen.

   Die gespeicherten Prüfungsdaten, die Plombiereinrichtungen, die Werkstattkarten sowie die Formulare zur Bestätigung über die Unmöglichkeit des Herunterladens der Daten sind durch geeignete Maßnahmen gegen unberechtigten Zugriff und Diebstahl zu schützen.

2.3 Zur laufenden Unterrichtung der für die Durchführung der Prüfung eingesetzten verantwortlichen Fachkräfte sind die nachfolgend aufgeführten Unterlagen bereit und auf dem aktuellen Stand zu halten:
   a) die für die Durchführung von Prüfungen der Fahrtschreiber und Kontrollgeräte einschlägigen Vorschriften der Straßenverkehrs-Zulassungs-Ordnung in der jeweils aktuellen Fassung,
   b) die im Verkehrsblatt – Amtsblatt des Bundesministeriums für Verkehr und digitale Infrastruktur der Bundesrepublik Deutschland – veröffentlichten Richtlinien, die für die Durchführung der Prüfung erforderlich sind,
   c) Technische Daten und Prüfanleitungen der in Frage kommenden Fahrtschreiber und Kontrollgeräte und
   d) eine Übersicht über die erfolgte Schulung der zur Prüfung eingesetzten Fachkräfte unter Angabe der Art der Schulung und des Datums, bis zu dem die Schulung der jeweiligen Fachkraft spätestens erneut durchgeführt werden muss.

Anlage XVIIIc
(zu § 57b Absatz 3 und 4)

Anerkennung von Fahrtschreiber- oder Kontrollgeräteherstellern und von Fahrzeugherstellern oder Fahrzeugimporteuren zur Durchführung von Prüfungen

1 Allgemeines

1.1 Die Anerkennung von Fahrtschreiber- oder Kontrollgeräteherstellern für die Durchführung von Prüfungen allgemein sowie von Fahrzeugherstellern oder Fahrzeugimporteuren zur Durchführung von Einbauprüfungen der Fahrtschreiber und Kontrollgeräte obliegt der obersten Landesbehörde oder den von ihr bestimmten oder nach Landesrecht zuständigen Stellen.

1.2 Die Anerkennung kann erteilt werden
 a) zur Vornahme der Prüfungen durch den Antragsteller selbst,
 b) für Kontrollgerätehersteller auch zur Beauftragung von Kraftfahrzeugwerkstätten, die die Prüfungen vornehmen.

 Lässt der Antragsteller die Prüfungen durch von ihm beauftragte Kraftfahrzeugwerkstätten vornehmen, muss er nachweisen, dass an durch entsprechende Überwachungs- und Weisungsbefugnisse sichergestellt hat, dass bei den Werkstätten die Voraussetzungen der Anlage XVIIIb und der Anlage XVIIId Nummer 2 und 3 vorliegen und die Durchführung der Prüfungen ordnungsgemäß erfolgt. Eine Kraftfahrzeugwerkstatt, die bereits für die Prüfung von Kontrollgeräten und Fahrtschreibern nach Anhang I der Verordnung (EWG) Nr. 3821/85 ermächtigt ist, kann, sofern sie die notwendigen Bedingungen an Ausrüstung, Schulung und Sicherheit erfüllt, zur Durchführung der Prüfungen von Kontrollgeräten nach Anhang I B der Verordnung (EWG) Nr. 3821/85 vom bisherigen Fahrtschreiber- oder Kontrollgerätehersteller beauftragt werden. Sofern eine Kraftfahrzeugwerkstatt eine Erweiterung beantragt, ist diese nur zu erteilen, wenn die Voraussetzungen für eine Prüfberechtigung für Kontrollgeräte nach Anhang I und Anhang I B der Verordnung (EWG) Nr. 3821/85 erfüllt sind. Der Hersteller darf keine Werkstatt beauftragen, die bereits selbst von einer Anerkennungsstelle nach Anlage XVIIId anerkannt ist oder deren Anerkennung wegen Missachtung einschlägiger Vorschriften dauerhaft entzogen wurde.

1.3 Für die Anerkennung muss der Fahrtschreiber- oder Kontrollgerätehersteller nachweisen, dass er Inhaber einer allgemeinen Bauartgenehmigung für Fahrtschreiber nach § 22a dieser Verordnung oder einer EG-Bauartgenehmigung für Kontrollgeräte nach der Verordnung (EWG) Nr. 3821/85 ist.

1.4 Fahrzeugimporteure können wie Fahrzeughersteller im Sinne dieser Anlage für die Einbauprüfung anerkannt werden, wenn sie an Fahrzeugen, die außerhalb des Geltungsbereichs der Straßenverkehrs-Zulassungs-Ordnung hergestellt worden sind, für den jeweiligen Fahrzeughersteller die Einbauprüfung vornehmen.

2 Allgemeine Voraussetzungen

2.1 Voraussetzung für eine Anerkennung ist, dass der Antragsteller, bei juristischen Personen die nach Gesetz oder Satzung zur Vertretung befugten Personen sowie die für die Durchführung von Prüfungen der Fahrtschreiber und Kontrollgeräte verantwortlichen Fachkräfte persönlich zuverlässig sind. Ein Führungszeugnis und ein Auszug aus dem Fahreignungsregister sind jeweils vorzulegen.

2.2 Die Anerkennung zur Durchführung der Prüfungen durch den Antragsteller kann erteilt werden, wenn er nachweist, dass er die Anforderungen der Anlage XVIIId, ausgenommen Nummer 2.2, erfüllt und über mindestens eine Prüfstelle nach Anlage XVIIIb verfügt.

3 Nebenbestimmungen

Die Anerkennung kann mit Auflagen verbunden werden, die erforderlich sind, um sicherzustellen, dass die Prüfungen ordnungsgemäß durchgeführt werden und dass die Sicherheit nach Maßgabe der Anlage I B des Anhangs I der Verordnung (EWG) Nr. 3821/85 gewährleistet ist.

4 Rücknahme der Anerkennung

Die Anerkennung ist zurückzunehmen, wenn bei ihrer Erteilung eine der in Nummer 2 genannten Voraussetzungen nicht vorgelegen hat. Von der Rücknahme kann abgesehen werden, wenn der Mangel nicht mehr besteht.

5 Widerruf der Anerkennung

Die Anerkennung ist zu widerrufen, wenn nachträglich eine der in Nummer 2 genannten Voraussetzungen weggefallen ist. Sie ist auch dann zu widerrufen, wenn der Antragsteller vorsätzlich oder grob fahrlässig gegen die Vorschriften zur Durchführung der Prüfungen verstoßen hat, wenn die Prüfungen nicht ordnungsgemäß durchgeführt wurden, die Sicherheit nach Anlage 10 des Anhangs I B der Verordnung

(EWG) Nr. 3821/85 nicht gewährleistet ist oder wenn die mit der Anerkennung verbundenen Auflagen nicht eingehalten worden sind. Die Anerkennung kann widerrufen werden, wenn von ihr innerhalb von sechs Monaten kein Gebrauch gemacht worden ist.

6 Aufsicht

6.1 Die Anerkennungsstelle übt die Aufsicht über die anerkannten Unternehmen aus. Mindestens alle 2 Jahre prüft sie oder lässt prüfen,

a) ob die sich aus der Anerkennung ergebenden Pflichten, insbesondere hinsichtlich der getroffenen Sicher-heitsmaßnahmen und des Umganges mit Werkstattkarten, erfüllt werden,

b) ob die durchgeführten Prüfungen, Kalibrierungen und Einbauten der Fahrtschreiber und Kontrollgeräte durch den Antragsteller ordnungsgemäß durchgeführt, dokumentiert und nachgewiesen worden sind und

c) in welchem Umfang von der Anerkennung Gebrauch gemacht worden ist.

Bei mindestens 10 Prozent der anerkannten Unternehmen müssen die Prüfungen unangekündigt durchgeführt werden. Die Prüfungen sind zu dokumentieren.

6.2 Die mit der Prüfung beauftragten Personen sind befugt, Grundstücke und Geschäftsräume des Inhabers der Anerkennung während der Geschäfts- und Betriebszeiten zu betreten, dort Prüfungen und Besichtigungen vorzunehmen und die vorgeschriebenen Aufzeichnungen einzusehen. Der Inhaber der Anerkennung hat diese Maßnahmen zu dulden, soweit erforderlich die beauftragten Personen dabei zu unterstützen und auf Verlangen die vorgeschriebenen Aufzeichnungen vorzulegen. Er hat die Kosten der Prüfung zu tragen.

7 Schlussbestimmungen

Die zur Durchführung der Prüfung anerkannten Fahrtschreiber- oder Kontrollgerätehersteller sowie die anerkannten Fahrzeughersteller und Importeure haben alle Veränderungen, die ihre Anerkennung beeinflussen können, der Anerkennungsstelle unverzüglich und unaufgefordert mitzuteilen.

Anlage XVIIId
(zu § 57b Absatz 3 und 4)

Anerkennung von Kraftfahrzeugwerkstätten zur Durchführung von Prüfungen sowie Schulung der mit der Prüfung beauftragten Fachkräfte

1 Allgemeines

1.1 Die Anerkennung von Kraftfahrzeugwerkstätten zur Durchführung von Prüfungen der Fahrtschreiber und Kontrollgeräte obliegt der zuständigen obersten Landesbehörde oder den von ihr bestimmten oder nach Landesrecht zuständigen Stellen (Anerkennungsstelle). Diese können die Befugnis auf die örtlich und fachlich zuständigen Kraftfahrzeuginnungen übertragen. Die Anerkennungsstelle darf keine Werkstatt anerkennen, die bereits von einem anerkannten Fahrtschreiber- oder Kontrollgeräthersteller nach Anlage XVIIIc beauftragt ist oder deren Anerkennung wegen Missachtung einschlägiger Vorschriften dauerhaft entzogen wurde.

1.2 Für die nach Nummer 2.5 vorgeschriebenen Schulungen und Wiederholungsschulungen und für das Verfahren der Anerkennung von Kraftfahrzeugwerkstätten wird eine Richtlinie im Verkehrsblatt – Amtsblatt des Bundesministeriums für Verkehr und digitale Infrastruktur der Bundesrepublik Deutschland – veröffentlicht.

1.3 Die Anerkennung nach Nummer 1.1 und die Erfüllung der in Nummer 2 bestimmten persönlichen Voraussetzungen sind Grundlage für die Zuteilung der Werkstattkarten. Die Werkstattkarte wird jeweils mit den Daten der Kraftfahrzeugwerkstatt sowie der für die Durchführung der Prüfung verantwortlichen Fachkraft personalisiert. Bei Wegfall der Prüfberechtigung der Kraftfahrzeugwerkstatt oder einer verantwortlichen Fachkraft oder beim Ausscheiden einer verantwortlichen Fachkraft aus dem Unternehmen sowie bei Nichteinhaltung der in Nummer 2.5 festgelegten Nachschulungsfrist sind die betroffenen Werkstattkarten durch die Kraftfahrzeugwerkstatt an die ausgebende Stelle zurückzugeben.

2 Persönliche Voraussetzungen für die Anerkennung von Kraftfahrzeugwerkstätten

2.1 Der Antragsteller, bei juristischen Personen, die nach Gesetz oder Satzungen zur Vertretung berufenen Personen, sowie die für die Durchführung von Prüfungen der Fahrtschreiber und Kontrollgeräte verantwortlichen Fachkräfte müssen persönlich zuverlässig sein und ein Führungszeugnis und einen Auszug aus dem Fahreignungsregister vorlegen.

2.2 Der Antragsteller muss durch die Vorlage einer Bescheinigung der örtlich zuständigen Handwerkskammer die Eintragung in die Handwerksrolle nachweisen, dass er selbst oder der Betriebsleiter somit die Voraussetzungen nach der Handwerksordnung zur selbstständigen gewerblichen Verrichtung solcher Arbeiten erfüllt, die zur Behebung der bei der Durchführung von Prüfungen der Fahrtschreiber und Kontrollgeräte festgestellten Mängel erforderlich sind.

2.3 Der Antragsteller muss nachweisen, dass er für die Durchführung von Prüfungen der Fahrtschreiber und Kontrollgeräte verantwortliche Fachkräfte beschäftigt. Diese müssen vom Antragsteller namentlich benannt werden.

2.4 Der Antragsteller muss nachweisen, dass die für die Durchführung von Prüfungen der Fahrtschreiber und Kontrollgeräte verantwortlichen Fachkräfte über eine entsprechende Vorbildung und ausreichende Erfahrungen auf dem Gebiet der Kraftfahrzeugtechnik verfügen, wobei die verantwortlichen Fachkräfte

    a) eine erfolgreiche Abschlussprüfung in einem der folgenden Ausbildungsberufe nachweisen müssen:

        aa) Kraftfahrzeugmechaniker,

        bb) Kraftfahrzeugelektriker,

        cc) Automobilmechaniker,

        dd) Kfz-Mechatroniker,

        ee) Mechaniker für Karosserieinstandhaltungstechnik,

        ff) Karosserie- und Fahrzeugbauer,

        gg) Karosserie- und Fahrzeugbaumechaniker,

        hh) Metallbauer, Fachrichtung Fahrzeugbau,

        ii) Metallbauer, Fachrichtung Nutzfahrzeugbau,

        jj) Landmaschinenmechaniker,

        kk) Land- und Baumaschinenmechaniker oder

    b) eine erfolgreiche Meisterprüfung in einem der folgenden Berufe nachweisen müssen:

        aa) Kraftfahrzeugmechaniker-Handwerk,

Straßenverkehrs-Zulassungs-Ordnung Anlage XVIIId – StVZO | 03

        bb) Kraftfahrzeugelektriker-Handwerk,
        cc) Kraftfahrzeugtechniker-Handwerk,
        dd) Karosserie- und Fahrzeugbauer-Handwerk,
        ee) Metallbauer-Handwerk (Fachrichtung Fahrzeugbau),
        ff) Metallbauer-Handwerk (Schwerpunkt Nutzfahrzeugbau),
        gg) Landmaschinenmechaniker-Handwerk oder
   c) als Dipl.-Ing., Dipl.-Ing. (FH) oder Ing. (grad.) der Fachrichtung Maschinenbau, Fahrzeugtechnik, Elektrotechnik oder Luft- und Raumfahrttechnik/Luftfahrzeugtechnik nachweisen müssen:
        aa) eine mindestens dreijährige Tätigkeit im Kraftfahrzeugbereich (Untersuchung, Prüfung, Wartung und Reparatur) oder
        bb) eine Abschlussprüfung in den vorgenannten Ausbildungsberufen.

2.5   Die für die Durchführung von Prüfungen der Fahrtschreiber und Kontrollgeräte verantwortlichen Fachkräfte müssen darüber hinaus eine dem jeweiligen Stand der Technik der zu prüfenden Fahrtschreiber und Kontrollgeräte entsprechende Schulung nach Maßgabe der Nummer 8 erfolgreich abgeschlossen haben, wobei die Frist für die Wiederholungsschulungen maximal 36 Monate beträgt, beginnend mit dem Monat und Jahr, in dem erfolgreich eine Abschlussprüfung nach einer erstmaligen Schulung oder einer Wiederholungsschulung abgelegt wurde. Wird die Frist um mehr als zwei Monate überschritten, ist statt einer Wiederholungsschulung eine erstmalige Schulung durchzuführen.

2.6   Der Antragsteller muss nachweisen, dass die von ihm benannte Prüfstelle den Anforderungen der Anlage XVIIIb entspricht.

2.7   Die Anerkennung ist nicht übertragbar.

3   Handhabung der Werkstattkarte

3.1   Die Kraftfahrzeugwerkstatt und die zur Führung der Geschäfte bestimmte Person sind für die ordnungsgemäße Nutzung der Werkstattkarte verantwortlich. Sie hat die verantwortlichen Fachkräfte hierüber jährlich zu belehren. Die Belehrung ist schriftlich festzuhalten.

3.2   Die Kraftfahrzeugwerkstatt hat sicherzustellen, dass die Werkstattkarte nicht missbräuchlich oder durch unbefugte Personen verwendet wird. Sie darf nur von der verantwortlichen Fachkraft, auf die sie ausgestellt ist, verwendet werden. Sie ist innerhalb der Werkstatt sicher und gegen unbefugte Zugriffe geschützt aufzubewahren und darf außerhalb der Werkstatt nur zum ordnungsgemäßen Gebrauch mitgeführt werden, soweit dies in konkreten Einzelfällen notwendig ist. Verlust oder Diebstahl der Werkstattkarte sind der ausgebenden Behörde oder Stelle unverzüglich anzuzeigen. Gleiches gilt, wenn die verantwortliche Fachkraft unter Mitnahme der Werkstattkarte ihr Arbeitsverhältnis auflöst und die Kraftfahrzeugwerkstatt die Karte nicht beschaffen kann. Die Kraftfahrzeugwerkstatt hat nachzuweisen, dass es ihr nicht möglich ist, die Werkstattkarte zurückzuerlangen.

3.3   Die Kraftfahrzeugwerkstatt führt zu Kontrollzwecken einen kontinuierlichen Nachweis über die jeweilige Verwendung der ihren verantwortlichen Fachkräften erteilten Werkstattkarten. Zu diesem Zweck sind die im Speicherchip der Werkstattkarten vorhandenen Daten regelmäßig auf einen Datenträger zu kopieren. Die Daten sind mindestens drei Jahre zu speichern.

4   Nebenbestimmungen

Die Anerkennung kann mit Auflagen verbunden werden, die erforderlich sind, um sicherzustellen, dass die Prüfungen ordnungsgemäß durchgeführt werden und dass die Sicherheit nach Maßgabe der Anlage 10 des Anhangs I B der Verordnung (EWG) Nr. 3821/85 gewährleistet ist.

5   Rücknahme der Anerkennung

Die Anerkennung ist zurückzunehmen, wenn bei ihrer Erteilung eine der in Nummer 2 genannten Voraussetzungen nicht vorgelegen hat. Von der Rücknahme kann abgesehen werden, wenn der Mangel nicht mehr besteht.

6   Widerruf der Anerkennung

Die Anerkennung ist zu widerrufen, wenn eine der in Nummer 2 genannten Voraussetzungen weggefallen ist. Sie ist auch dann zu widerrufen, wenn die Kraftfahrzeugwerkstatt vorsätzlich oder grob fahrlässig gegen die Vorschriften zur Durchführung der Prüfungen verstoßen hat, wenn die Prüfungen nicht ordnungsgemäß durchgeführt wurden, die Sicherheit nach Anlage 10 des Anhangs I B der Verordnung (EWG) Nr. 3821/85 nicht gewährleistet ist oder wenn die mit der Anerkennung verbundenen Auflagen nicht eingehalten worden sind. Die Anerkennung kann widerrufen werden, wenn von ihr innerhalb sechs Monaten kein Gebrauch gemacht worden ist.

7 Aufsicht

7.1 Die Anerkennungsstelle übt die Aufsicht über die anerkannten Kraftfahrzeugwerkstätten aus. Mindestens alle 2 Jahre prüft sie oder lässt prüfen,

a) ob die sich aus der Anerkennung ergebenden Pflichten, insbesondere hinsichtlich der getroffenen Sicherheitsmaßnahmen und des Umganges mit Werkstattkarten, erfüllt werden,

b) ob die durchgeführten Prüfungen, Kalibrierungen und Einbauten der Fahrtschreiber und Kontrollgeräte durch den Antragsteller ordnungsgemäß durchgeführt, dokumentiert und nachgewiesen worden sind,

c) in welchem Umfang von der Anerkennung Gebrauch gemacht worden ist und

d) ob die in Nummer 8 vorgeschriebenen Schulungen durchgeführt werden.

Bei mindestens 10 Prozent der anerkannten Kraftfahrzeugwerkstätten müssen die Prüfungen unangekündigt durchgeführt werden. Die Prüfungen sind zu dokumentieren.

7.2 Die mit der Prüfung beauftragten Personen sind befugt, Grundstücke und Geschäftsräume des Inhabers der Anerkennung während der Geschäfts- und Betriebszeiten zu betreten, dort Prüfungen und Besichtigungen vorzunehmen und die vorgeschriebenen Aufzeichnungen einzusehen. Der Inhaber der Anerkennung hat diese Maßnahmen zu dulden, soweit erforderlich die beauftragten Personen dabei zu unterstützen und auf Verlangen die vorgeschriebenen Aufzeichnungen vorzulegen. Er hat die Kosten der Prüfung zu tragen.

8 Schulung der verantwortlichen Fachkräfte

8.1 Die Schulung nach Nummer 2.5 kann durchgeführt werden durch

a) Hersteller für Fahrtschreiber oder Kontrollgeräte,

b) von einem Hersteller für Fahrtschreiber oder Kontrollgeräte autorisierte und für solche Schulungen geeignete Stellen oder

c) vom Bundesinnungsverband des Kraftfahrzeughandwerks autorisierte und für solche Schulungen geeignete Bildungsstätten des Handwerks.

8.2 Schulungsstätten sind den örtlich zuständigen obersten Landesbehörden oder den von ihnen bestimmten oder nach Landesrecht zuständigen Stellen unaufgefordert zu melden; dies gilt auch für die Einstellung der Schulungstätigkeit.

8.3 Die Schulungen, die vorgeschriebenen Wiederholungsschulungen, die Schulungsinhalte sowie die Schulung der Schulungsstätten müssen der nach Nummer 1.2 bekannt gemachten Richtlinie entsprechen. Die Schulungen müssen geräte- und herstellerübergreifend durchgeführt werden.

8.4 Die in den Schulungen für Geräte nach Anhang I B der Verordnung (EWG) Nr. 3821/85 verwendeten Kontrollgeräte und Karten sind mit speziellen Test-Keys auszurüsten, um Sicherheitsrisiken wie beispielsweise einen Diebstahl und eine damit verbundene unbefugte Weiterverwendung von Schulungskarten auszuschließen.

9 Aufsicht über das Anerkennungsverfahren und die Schulungen

9.1 Die Aufsicht über die Anerkennungsstellen und das Anerkennungsverfahren obliegt der zuständigen obersten Landesbehörde oder den von ihr bestimmten oder nach Landesrecht zuständigen Stellen. Nummer 7.2 ist entsprechend anzuwenden.

9.2 Die Aufsicht über die Schulungen obliegt der zuständigen obersten Landesbehörde oder den von ihr bestimmten oder nach Landesrecht zuständigen Stellen.

Die mit der Prüfung beauftragten Personen sind befugt, Grundstücke und Geschäftsräume der Schulungsstätten während der Geschäfts- und Betriebszeiten zu betreten, dort Prüfungen und Besichtigungen vorzunehmen und die vorgeschriebenen Aufzeichnungen einzusehen. Der Inhaber oder Leiter der Schulungsstätte hat diese Maßnahmen zu dulden, soweit erforderlich die beauftragten Personen dabei zu unterstützen und auf Verlangen die vorgeschriebenen Aufzeichnungen vorzulegen. Die Schulungsstätte hat die Kosten der Prüfung zu tragen.

10 Schlussbestimmungen

10.1 Veränderungen bei anerkannten Kraftfahrzeugwerkstätten, die ihre Anerkennung beeinflussen können, sind von ihnen der Anerkennungsstelle unaufgefordert mitzuteilen.

10.2 Veränderungen bei Schulungsstätten, die Einfluss auf die Durchführung der Schulungen haben können, sind nach Nummer 8.2 zuständigen Stellen unaufgefordert zu melden.

Anlage XIX
(§ 19 Absatz 3 Nummer 4)

Teilegutachten

1 Teilegutachten/Technischer Dienst oder Prüfstelle

1.1 Ein Teilegutachten ist das Gutachten eines Technischen Dienstes oder einer Prüfstelle über die Vorschriftsmäßigkeit eines Fahrzeugs bei bestimmungsgemäßem Ein- oder Anbau der begutachteten Teile. Ein Teilegutachten muss den Verwendungsbereich der begutachteten Teile und notwendige Hinweise für die Abnahme des Anbaus durch den amtlich anerkannten Sachverständigen oder Prüfer für den Kraftfahrzeugverkehr oder durch einen Kraftfahrzeugsachverständigen oder Angestellten nach Nummer 4 der Anlage VIIIb sowie Auflagen und Einschränkungen enthalten.

1.2 Technischer Dienst oder Prüfstelle ist ein entsprechend der Norm DIN EN 45 001 (Ausgabe Mai 1990) anerkanntes oder nach den Normen DIN EN 45 001 (Ausgabe Mai 1990) und DIN EN 45 002 (Ausgabe Mai 1990) akkreditiertes Prüflaboratorium. Sie können Teilegutachten nach Abschnitt 1.1 auf Grund von Prüfungen und Prüfungsarten erstellen, für die sie akkreditiert oder anerkannt sind.

1.3 Die Technischen Dienste und Prüfstellen haben bei der Erstellung von Teilegutachten den im Verkehrsblatt mit Zustimmung der zuständigen obersten Landesbehörden bekannt gemachten „Beispielkatalog über Änderungen an Fahrzeugen und ihre Auswirkungen auf die Betriebserlaubnis von Fahrzeugen" zugrunde zu legen.

1.4 Die Technischen Dienste und Prüfstellen haben die von ihnen erstellten Teilegutachten dem Kraftfahrt-Bundesamt nach dessen Vorgaben für eine zentrale Erfassung zur Verfügung zu stellen.

2 Qualitätssicherungssystem

2.1 Die Gültigkeit und die Erstellung eines Teilegutachtens nach Nummer 1.1 setzen den Nachweis des Herstellers dieser Teile darüber voraus, dass er in Bezug auf die Produktion dieser Teile in seiner Fertigung ein Qualitätssicherungssystem unterhält, das der harmonisierten Norm DIN EN ISO 9002 (Ausgabe August 1994) oder einem gleichwertigen Standard entspricht. Das Teilegutachten muss auf das Vorliegen eines entsprechenden Nachweises hinweisen. Als Hersteller im Sinne des Satzes 1 gilt die Person oder Stelle, die gegenüber dem jeweiligen Technischen Dienst für alle Belange des Teilegutachtens gemäß § 19 in Verbindung mit Anlage XIX sowie für die Sicherstellung der Übereinstimmung der Produktion verantwortlich ist.

2.2 Der unter Nummer 2.1 genannte Nachweis kann dadurch erbracht werden, dass dieses Qualitätssicherungssystem durch eine benannte Stelle gemäß dem Modul D (QS-Produktion) des Beschlusses des Rates vom 13. Dezember 1990 über die in den technischen Harmonisierungsrichtlinien zu verwendenden Module für die verschiedenen Phasen der Konformitätsbewertungsverfahren (90/683/EWG) (ABl. L 429 vom 31.12.1990, S. 13) zertifiziert ist und überwacht wird.

Stellen, die die Einrichtung und die Anwendung von Qualitätssicherungssystemen nach 2.1 zertifizieren und überwachen, müssen gemäß den Normen EN 45 012 (Ausgabe September 1989) und EN 45 002 (Ausgabe Mai 1990) akkreditiert sein (Zertifizierungsstelle für Qualitätssicherungssysteme).

Unberührt bleibt die Akkreditierung von Zertifizierungsstellen, die durch einen anderen Mitgliedstaat erteilt ist.

Anlage XX

(weggefallen)

Anlage XXI
(§ 49 Absatz 3)

Kriterien für lärmarme Kraftfahrzeuge

1   Allgemeines

Lärmarme Kraftfahrzeuge sind Fahrzeuge, bei denen alle lärmrelevanten Einzelquellen dem Stand moderner Lärmminderungstechnik entsprechen.

2   Lastkraftwagen

2.1   Geräuschgrenzwerte

Der Stand moderner Lärmminderungstechnik ist für Lastkraftwagen mit einem zulässigen Gesamtgewicht von mehr als 2,8 t dann gegeben, wenn folgende nach Leistungsklassen unterschiedliche Grenzwerte eingehalten oder unterschritten werden:

Tabelle 1

	Motorleistung		
	weniger als 75 kW	von 75 kW bis weniger als 150 kW	150 kW oder mehr
Fahrgeräusch	77 dB(A)	78 dB(A)	80 dB(A)
Motorbremsgeräusch[1]	77 dB(A)	78 dB(A)	80 dB(A)
Druckluftgeräusch[1]	72 dB(A)	72 dB(A)	72 dB(A)
Rundumgeräusch[2]	77 dB(A)	78 dB(A)	80 dB(A)

[1]) Sofern entsprechende Bremseinrichtungen vorhanden sind.
[2]) Entfällt bei elektrischem Antrieb.

Während einer Einführungszeit bis zum 31. Dezember 1987 gelten auch Fahrzeuge als lärmarm, deren Geräuschemissionen die Werte der Tabelle 1 um bis zu 2 dB(A) überschreiten.

Lastkraftwagen mit lärmrelevanten Zusatzaggregaten wie zum Beispiel Pumpen, Standheizung, Klimaanlagen, Mülltrommeln gelten nur dann als lärmarm, wenn durch eine Zusatzprüfung festgestellt wird, dass auch diese Lärmquellen dem Stand moderner Lärmminderungstechnik entsprechen. Dies gilt in der Regel als erfüllt, wenn das Geräusch der Zusatzaggregate in deren lautestem Betriebszustand nicht lauter als 65 dB(A) in 7 m Abstand ist und keinen ton- oder impulshaltigen Geräuschcharakter aufweist. Für Zusatzaggregate kann der Stand moderner Lärmminderungstechnik durch Einzelrichtlinien festgelegt werden.

2.2   Geräuschmessverfahren

2.2.1   Fahrgeräusch

Das Fahrgeräusch wird auf der Messstrecke nach Abbildung 1 bei beschleunigter Vorbeifahrt in 7,5 m seitlicher Entfernung von der Fahrspurmitte nach der in § 49 Absatz 2 Nummer 1 genannten Richtlinie mit folgender Abweichung ermittelt:

Ein nach der in § 49 Absatz 2 Nummer 1 genannten Richtlinie notwendiges Hochschalten der Gänge aus X/2 ist in dem Gang zu beenden, in dem die höchstzulässige Motordrehzahl (zum Beispiel Abregeldrehzahl) erstmals bei Überfahren der Linie BB' nicht mehr erreicht wird.

2.2.2   Motorbremsgeräusch

Die Messung wird auf der Messstrecke nach Abbildung 1 beidseitig am beladenen Fahrzeug vorgenommen. Dabei ist diejenige Getriebestufe einzulegen, in der die Geschwindigkeit des Fahrzeugs bei Nennleistungsdrehzahl des Motors am nächsten bei 40 km/h liegt. Aus der der Nennleistungsdrehzahl entsprechenden Geschwindigkeit heraus wird die Motorbremse bei Überqueren der Linie AA' voll eingeschaltet und der höchste A-Schallpegel an den Messorten während der Vorbeifahrt zwischen den Linien AA' und BB' gemessen.

Abbildung 1
Markierung der Messstrecke für das Messen des Fahrgeräuschs

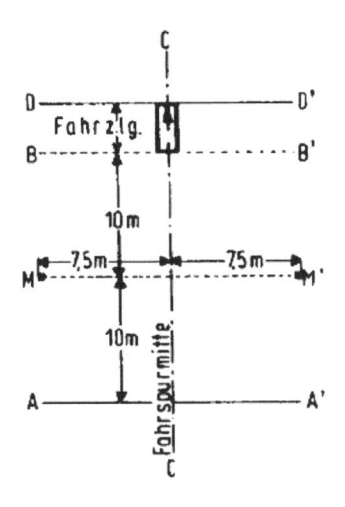

2.2.3 Rundumgeräusch
Die Messung erfolgt am stehenden Fahrzeug gemäß Abbildung 2 an acht Messpunkten in 7 m Entfernung vom Fahrzeugumriss und in 1,2 m Höhe.
Vor der Messung ist der Motor auf normale Betriebstemperatur zu bringen.
Die Messung soll bei folgender Betriebsbedingung ausgeführt werden:
Der Gasfußhebel ist stoßweise so weit zu betätigen, dass die Abregeldrehzahl jeweils kurz erreicht wird (Beschleunigungsstoß).
Für jeden der acht Messpunkte wird der höchste hierbei auftretende A-Schallpegel ermittelt.
Lässt sich aus motortechnischen Gründen keine bestimmte Abregeldrehzahl erreichen, ist die Messung wie folgt durchzuführen.
Die Drehzahl wird zunächst auf 3/4 der Nennleistungsdrehzahl konstant gehalten und dann so schnell wie möglich auf Leerlaufdrehzahl abgesenkt.
Für jeden der acht Messpunkte wird der höchste A-Schallpegel ermittelt, der während einer kurzen Einhaltung der oben angegebenen konstanten Drehzahl und der Zeit für den Drehzahlabfall auftritt. Bei Anwendung dieses Messverfahrens sind die Grenzwerte für das Rundumgeräusch gegenüber den Werten aus der Tabelle 1 um 5 dB(A) niedriger anzusetzen.

Abbildung 2
Lage der Messpunkte für das Messen des Rundumgeräuschs

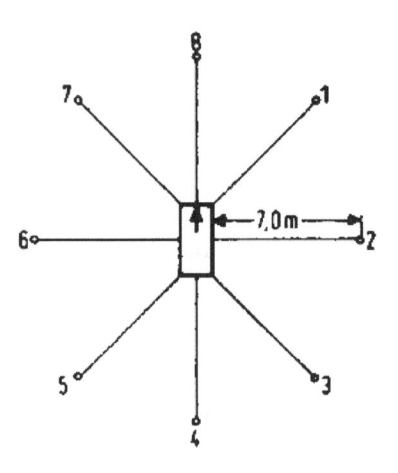

2.2.4 Druckluftgeräusche

Die Messung erfolgt am stehenden Fahrzeug in den Messpunkten 2 und 6 gemäß Abbildung 2.

Ermittelt werden die höchsten A-Schallpegel des Druckregler-Abblasgeräuschs und des Entlüftungsgeräuschs nach Betätigen der Betriebs- und Feststellbremse.

Das Druckregler-Abblasgeräusch wird bei Leerlauf des Motors ermittelt.

Das Entlüftungsgeräusch wird beim Betätigen der Betriebs- und Feststellbremse ermittelt, wobei vor jeder Messung die Druckluftanlage auf den höchsten Betriebsdruck zu bringen ist und der Motor abgestellt wird.

2.2.5 Auswertung der Ergebnisse

Die Messungen werden für alle Messpunkte zweimal ausgeführt.

Zur Berücksichtigung der Ungenauigkeiten der Messgeräte gilt der am Gerät abgelesene, um 1 dB(A) verringerte Wert als Messergebnis. Die Messergebnisse werden als gültig angesehen, wenn der Unterschied der am gleichen Messpunkt vorgenommenen Messungen 2 dB(A) nicht übersteigt. Als Prüfergebnis gilt das höchste Messergebnis aller unter Nummer 2.2.1 bis 2.2.4 jeweils beschriebenen Messpunkte. Übersteigt dieser Wert den zulässigen Grenzwert um 1 dB(A), so sind für den entsprechenden Messpunkt zwei weitere Messungen durchzuführen. Hierbei müssen drei der vier Messergebnisse innerhalb der vorgeschriebenen Grenzwerte liegen.

2.2.6 Sonstiges

Hinsichtlich der Messgeräte und aller akustischen Randbedingungen bei der Messung gelten die Vorschriften der in § 49 Absatz 2 Nummer 1 genannten Richtlinie.

Anlage XXII

(weggefallen)

Anlage XXIII
(zu § 47)

**Maßnahmen
gegen die Verunreinigung der Luft
durch Gase und Partikel von Kraftfahrzeugen
mit Fremdzündungsmotoren und Selbstzündungsmotoren**

(Definition schadstoffarmer Personenkraftwagen)

0	Inhaltsübersicht		2.2	Beschreibung des Fahrzeugs, Hauptmerkmale des Motors, der emissionsmindernden und -relevanten Bauteile des Fahrzeugtyps, für den die Betriebserlaubnis beantragt wird
1	**Vorschriften zur Erlangung der Betriebserlaubnis**			
1.1	Anwendungsbereich			
1.2	Begriffsbestimmungen		2.3	Wartungsplan für die emissionsmindernden und -relevanten Bauteile
1.3	Anforderungen			
1.4	Antrag auf Erteilung der Betriebserlaubnis		3	**Durchführung der Prüfungen der gas- und partikelförmigen luftverunreinigenden Emissionen**
1.5	Genehmigungsverfahren			
1.6	Änderungen an genehmigten Fahrzeugtypen und des Wartungsplans		3.1	Einleitung
			3.2	Übersicht über die Prüfungen
1.7	Prüfungen		3.2.1	Vorbereitung
1.8	Überprüfung der Einhaltung der Vorschriften in der Produktion und während der Fahrzeuglebensdauer		3.2.2	Prüfung der Abgasemissionen
			3.2.3	Prüfung der Verdunstungsemissionen
1.9	(weggefallen)		3.3	Prüffahrzeug und Kraftstoff
1.10	Genehmigungsbehörde		3.3.1	Prüffahrzeug
1.11	Mitteilung über die Prüfung		3.3.2	Zusätzliche Vorrichtungen am Prüffahrzeug
1.12	Anerkennung von Prüfungen in anderen Staaten		3.3.3	Kraftstoff
2	**Kriterien für die Ausdehnung der Betriebserlaubnis, Beschreibung des Fahrzeugs, Hauptmerkmale des Motors, Wartungsplan**		3.4	Prüfeinrichtungen
			3.4.1	Fahrleistungsprüfstand
2.1	Kriterien für die Ausdehnung der Betriebserlaubnis		3.4.2	Abgas- und Partikelentnahmeeinrichtung

3.4.3	Einrichtung zur Ermittlung der Verdunstungsemissionen	3.9.3		Überprüfung der Gesamtschwungmassen des Fahrleistungsprüfstands bei elektrischer Simulation
3.4.4	Analysegeräte	3.9.3.1		Allgemeines
3.4.5	Volumenmessung	3.9.3.2		Prinzip
3.4.6	Gase	3.9.3.3		Vorschriften
3.4.7	Zusätzliche Messgeräte	3.9.3.4		Kontrollverfahren
3.4.8	Abgasentnahmesystem	3.9.3.5		Technische Anmerkung
3.5	Vorbereitung der Prüfungen	3.10		Beschreibung der Gas- und Partikelentnahmesysteme
3.5.1	Anpassung der äquivalenten Schwungmassen an die translatorisch bewegten Massen des Fahrzeugs	3.10.1		Einleitung
3.5.2	Einstellung der Bremse auf dem Prüfstand	3.10.2		Kriterien für das System mit variabler Verdünnung beim Messen gas- und partikelförmiger Luftverunreinigungen im Abgas
3.5.3	Vorbereitung der Messeinrichtungen			
3.5.4	Vorbereitung des Fahrzeugs	3.10.3		Beschreibung der Systeme
3.6	Emissionsprüfungen	3.10.4		Ermittlung der Massenemissionen
3.6.1	Allgemeine Vorschriften	3.11		Kalibrierverfahren für die Geräte
3.6.2	Fahrzeuge mit Fremdzündungsmotoren	3.11.1		Erstellung der Kalibrierkurve des Analysators
3.6.2.1	Allgemeines zum Prüfablauf	3.11.2		Überprüfung der Wirksamkeit des NO_x-Konverters
3.6.2.2	Prüfung der Tankatmungsverluste	3.11.3		Kalibrierung des Entnahmesystems mit konstantem Volumen (CVS-System)
3.6.2.3	Prüfung der Abgasemissionen			
3.6.2.4	Prüfung der Verdunstungsemissionen beim Heißabstellen	3.11.4		Überprüfung des Gesamtsystems
		3.12		Kalibrierung der Messkammer und Berechnung der Verdunstungsemissionen
3.6.3	Fahrzeuge mit Selbstzündungsmotoren	3.12.1		Kalibrierung der gasdichten Kammer zur Ermittlung der Verdunstungsemissionen
3.6.3.1	Allgemeines zum Prüfablauf			
3.6.3.2	Prüfung der Abgasemissionen	3.12.2		Berechnung der Verdunstungsemissionen
3.6.4	Prüfung gemäß § 47a	3.13		Berechnung der emittierten Mengen gas- und partikelförmiger Luftverunreinigungen
3.7	Gas-, Partikelentnahme, Analyse			
3.7.1	Probenahme	3.13.1		Allgemeines
3.7.2	Analyse	3.13.2		Volumenbestimmungen
3.7.3	Bestimmung der Menge der emittierten luftverunreinigenden Gase und Partikel	3.13.3		Berechnung der korrigierten Konzentration luftverunreinigender Gase im Auffangbeutel
		3.13.4		Berechnung des Feuchtekorrekturfaktors für NO
3.8	Fahrkurven zur Bestimmung der durchschnittlichen Emissionsmengen	3.13.5		Bestimmung der mittleren CH-Konzentration bei Selbstzündungsmotoren
3.8.1	Allgemeines			
3.8.2	Zulässige Abweichungen	4		**Ermittlung des Verschlechterungsfaktors und des Verschlechterungswerts**
3.8.3	Verwendung des Getriebes	4.1		Allgemeines
3.8.4	Weitere Hinweise zum Durchfahren der Fahrkurven	4.2		Durchführung der Dauerlaufprüfung
3.9	Fahrleistungsprüfstand	4.3		Berechnung
3.9.1	Verfahren zur Kalibrierung des Fahrleistungsprüfstands	4.4		Schlussbericht
		5		**Prüfkraftstoffspezifikation**
3.9.1.1	Allgemeines	5.1		Technische Daten des Prüfkraftstoffes für die Prüfung der Fahrzeuge mit Fremdzündungsmotor
3.9.1.2	Kalibrierung der Leistungsanzeige in Abhängigkeit von der aufgenommenen Leistung			
		5.2		Technische Daten des Prüfkraftstoffs für die Prüfung der Fahrzeuge mit Selbstzündungsmotor
3.9.2	Fahrwiderstand eines Fahrzeugs			
3.9.2.1	Allgemeines	5.3		Prüfkraftstoff für die Prüfung von Flüssiggasfahrzeugen mit Fremdzündungsmotor
3.9.2.2	Beschreibung der Fahrbahn			
3.9.2.3	Metereologische Bedingungen	6		**Formblatt: Mitteilung über die Betriebserlaubnis**
3.9.2.4	Zustand und Vorbereitung des Prüffahrzeugs			
3.9.2.5	Messverfahren für die Energieänderung beim Auslaufversuch	Anhang I		Fahrzeugbeschreibung gemäß Anlage XXIII
3.9.2.6	Messverfahren für das Drehmoment bei konstanter Geschwindigkeit	Anhang II		Hauptmerkmale des Motors und Angaben über die Durchführung der Prüfungen gemäß Anlage XXIII

Straßenverkehrs-Zulassungs-Ordnung   Anlage XXIII – StVZO | 03

1 Vorschriften zur Erlangung der Betriebserlaubnis

1.1 Anwendungsbereich

Diese Anlage regelt die zulässigen Emissionen luftverunreinigender Gase und Partikel von

1. Personenkraftwagen sowie
2. Wohnmobilen mit einer zulässigen Gesamtmasse von nicht mehr als 2 800 kg mit Fremdzündungsmotoren (Ottomotoren) und Selbstzündungsmotoren (Dieselmotoren), mit mindestens vier Rädern, einer zulässigen Gesamtmasse von mindestens 400 kg und einer bauartbedingten Höchstgeschwindigkeit von mindestens 50 km/h.

1.2 Begriffsbestimmungen

a) Abgasemissionen: Luftverunreinigende Stoffe, die vom Motor über die Auslassöffnung durch die Auspuffanlage in die Atmosphäre abgegeben werden.

b) Bezugsmasse: Leermasse zuzüglich 136 kg.

c) Emissionsmindernde Bauteile: Bauteile, die zum Zwecke der Emissionsminderung luftverunreinigender Gase und Partikel in das Fahrzeug eingebaut werden.

d) Emissionsrelevante Bauteile: Bauteile des Fahrzeugs, die direkten oder indirekten Einfluss auf die Abgas-, Verdunstungs- und Kurbelgehäuseemissionen haben.

e) Fahrzeuglebensdauer im Sinne dieser Anlage ist eine Fahrstrecke von 80 000 km oder eine Nutzungszeit von fünf Jahren.

f) Fahrzeugtyp umfasst Fahrzeuge, die sich in ihrer Konstruktion und Bauweise nicht wesentlich unterscheiden.

g) Gesamtmasse ist die vom Hersteller vorgeschriebene höchstzulässige Masse des Fahrzeugs.

h) Kraftstoffsystem ist die Gesamtheit aller kraftstoffführenden Teile wie Kraftstofftank(s), Kraftstoffpumpe, Kraftstoffleitungen, Vergaser oder Einspritzanlagen. Es umfasst alle dazugehörenden Öffnungen sowie alle Komponenten zur Verhinderung oder Verminderung der Verdunstungsemissionen.

i) Kurbelgehäuse ist die Gesamtheit aller Räume, die im Motor oder außerhalb des Motors vorhanden sind und die durch innere und äußere Verbindungen an den Ölsumpf angeschlossen sind.

j) Kurbelgehäuseemissionen sind Gase oder Dämpfe, die aus irgendeinem Teil des Kurbelgehäuses in die Atmosphäre entweichen können.

k) Leermasse ist die Masse des fahrbereiten Fahrzeugs ohne Fahrer, Passagiere oder Ladung, mit vollem Kraftstofftank und sonstigen vollen Betriebsstoff-Vorratsbehältern, mit serienmäßigem Bordwerkzeug und mit serienmäßigem Reserverad.

l) Luftverunreinigende Gase sind Kohlenmonoxid (CO), Summe der Kohlenwasserstoffe (CH; ausgedrückt als $CH_{1,85}$) und Summe der Stickoxide (NO_x; ausgedrückt als NO_2).

m) Luftverunreinigende Partikel sind Abgasbestandteile, die bei einer Temperatur von höchstens 52 °C im verdünnten Abgas mit Filtern entsprechend Nummer 3 abgeschieden werden.

n) Tankatmungsverluste: Verdunstungsemissionen aus dem (den) Kraftstofftank(s), die durch die Schwankungen der Umgebungstemperaturen entstehen.

o) Verdunstungsemissionen: Verdunstungsemissionen bezeichnen die von einem Kraftfahrzeug an die Atmosphäre abgegebenen Kohlenwasserstoffe, die keine Abgas- und Kurbelgehäuseemissionen sind. Sie ergeben sich aus der Addition von Tankatmungsverlusten, Emissionen während der Heißabstellphase und Emissionen während des Fahrzeugbetriebs (Fahrkurve l).

p) Verschlechterungsfaktor (dimensionslos) für die Abgasemissionen:

f_v = Abgasemissionen bei 80 000 km dividiert durch die Abgasemissionen bei 6 400 km.

q) Verschlechterungswert (in g/Test) für die Verdunstungsemissionen:

f_D = Verdunstungsemissionswert bei 80 000 km minus dem Verdunstungswert bei 6 400 km.

1.3 Anforderungen

Der Hersteller hat durch geeignete Maßnahmen sicherzustellen, dass die Fahrzeuge während ihrer gesamten Lebensdauer möglichst niedrige Emissionen luftverunreinigender Gase und Partikel haben. Die Wirksamkeit der Minderungsmaßnahmen muss im gesamten Geschwindigkeitsbereich sichergestellt sein. Der Hersteller hat nachzuweisen und sicherzustellen, dass die in Nummer 1.7 aufgeführten Grenzwerte für luftverunreinigende Gase und Partikel über eine Fahrstrecke von 80 000 km oder eine Betriebsdauer von fünf Jahren (je nachdem, was zuerst erreicht wird) bei ordnungsgemäßer Wartung, die dem mit dem Antrag auf Erteilung der Betriebserlaubnis vorzulegenden Wartungsplan entsprechen soll, und bei Betrieb des Fahrzeugs mit unverbleitem Kraftstoff eingehalten werden.

Die Funktionsfähigkeit der emissionsmindernden und emissionsrelevanten Bauteile muss während der Fahrzeuglebensdauer und in den auftretenden Geschwindigkeitsbereichen durch die in den Nummern 1.7 und 1.8 näher beschriebenen Einzelprüfungen nachgewiesen werden:

1. Prüfung der gas- und partikelförmigen Emissionen von Prüffahrzeugen entsprechend Nummer 1.7 (Typprüfung) durch den Technischen Dienst. Dies wird ergänzt durch die nach Nummer 1.4.2 ermittelten Verschlechterungsfaktoren.

2. Regelmäßige Kontrolle der Einhaltung der Vorschriften in der Produktion entsprechend Nummer 1.8.2.1 (Serienprüfung) durch den Hersteller, ergänzt durch stichprobenartig von der Genehmigungsbehörde angeordnete Serienprüfungen nach Nummer 1.8.2.2 durch den Technischen Dienst.

1.4 Antrag auf Erteilung der Betriebserlaubnis

1.4.1 Dem Antrag auf Erteilung der Betriebserlaubnis für Abgas- und Verdunstungsemissionsverhalten sind vom Hersteller oder seinem Beauftragten die in Nummer 2.2 aufgeführten Unterlagen und Erklärungen beizufügen.

Die für einen Fahrzeugtyp erteilte Betriebserlaubnis für Abgas- und Verdunstungsemissionsverhalten kann auf Antrag des Herstellers auf andere Fahrzeugtypen ausgedehnt werden. Der Hersteller legt der Genehmigungsbehörde die zur Beurteilung erforderlichen Unterlagen vor. Die Behörde entscheidet darüber auf der Grundlage der in Nummer 2.1 beschriebenen Kriterien.

1.4.2 Der Hersteller hat alle Prüfdaten der Genehmigungsbehörde vorzulegen, die gemäß den in Nummer 4 beschriebenen Prüfvorschriften über die Lebensdauer des Fahrzeugs ermittelt wurden. Durch diese Daten soll der Hersteller nachweisen, dass die emissionsmindernden und -relevanten Bauteile der Prüffahrzeuge ihre Funktion zur Einhaltung der geltenden Abgasgrenzwerte über die Lebensdauer der Fahrzeuge beibehalten. Wird ein Dauerlauf (Nummer 4) durchgeführt, müssen alle Wartungsarbeiten dokumentiert und vorgelegt werden.

Der Hersteller hat ferner nachzuweisen, dass die Einrichtungen zur Minderung der Verdunstungsemissionen in einer Weise ausgeführt sind, dass dadurch die geltenden Verdunstungsemissionsgrenzwerte über die Lebensdauer des Fahrzeugs eingehalten werden.

Auf Antrag des Herstellers kann die Genehmigungsbehörde auf den Nachweis der Einhaltung der Emissionsgrenzwerte im Rahmen eines Dauerlaufs verzichten, wenn der Hersteller glaubhaft macht, dass das Prüffahrzeug die geltenden Grenzwerte für luftverunreinigende Gase und Partikel über die Lebensdauer einhält. Bei Nichtvorlage des im Dauerlauf ermittelten jeweiligen Verschlechterungsfaktors ist für die Entscheidung über die Einhaltung der Grenzwerte ein Verschlechterungsfaktor bei den Abgasemissionen von 1,3 und ein Verschlechterungswert bei den Verdunstungsemissionen von 0,3 g/Test heranzuziehen.

Bei einer Jahresproduktion von weniger als 10 000 Fahrzeugen je Fahrzeugtyp einschließlich der Fahrzeugtypen, auf die die Genehmigung ausgedehnt ist, gelten folgende Verschlechterungsfaktoren bzw. -werte, sofern keine im Dauerlauf ermittelten Verschlechterungsfaktoren vorgelegt werden:

Abgasreinigungssystem	Verschlechterungsfaktor				wert
	CH	CO	NO$_x$	Partikel	Verdunstungsemission
1. Fremdzündungsmotor mit Oxidationskatalysator	1,3	1,2	1,0	–	0,0
2. Fremdzündungsmotor ohne Katalysator	1,3	1,2	1,0	–	0,0
3. Fremdzündungsmotor mit Dreiwegekatalysator	1,3	1,2	1,1	–	0,0
4. Dieselmotoren	1,0	1,1	1,0	1,2	–

1.4.3 Die Genehmigungsbehörde prüft vor Einleitung des nachstehend unter den Nummern 1.5 bis 1.7 beschriebenen Genehmigungsverfahrens die Vollständigkeit und Plausibilität der vom Hersteller vorgelegten Anmeldeunterlagen.

1.5 Genehmigungsverfahren

Die Genehmigungsbehörde wählt die Prüffahrzeuge anhand der mit dem Antrag eingereichten Unterlagen aus.

Die ausgewählten Prüffahrzeuge sind dem Technischen Dienst vorzuführen, der mit der Durchführung der in Nummer 3 beschriebenen Prüfungen beauftragt ist. Die Prüfungen finden beim Technischen Dienst statt. Auf Antrag des Herstellers können die Prüfungen beim Hersteller durchgeführt werden, falls die bei ihm erzielten Prüfergebnisse keine systematischen Abweichungen von denen des Technischen Dienstes zeigen.

Die Merkmale, nach denen die Ausdehnung der Betriebserlaubnis für Abgas- und Verdunstungsemissionsverhalten auf weitere Fahrzeugtypen vorgenommen wird, sind in Nummer 2.1 beschrieben. In diesem Fall werden von der Genehmigungsbehörde zwei Prüffahrzeuge nach folgenden Kriterien ausgewählt:

a) Prüffahrzeug:
Fahrzeugtyp, der die höchsten Emissionen erwarten lässt.

b) Prüffahrzeug:
Nicht notwendig für die Ermittlung der Verdunstungsemissionen. Fahrzeugtyp, der die höchste Prüfmasse aufweist.

Besitzen davon mehrere Fahrzeugtypen eine gleiche Prüfmasse, wird unter diesen Fahrzeugtypen ein Prüffahrzeug ausgewählt, das auf der Straße bei 80 km/h den höchsten Fahrwiderstand aufweist. Weisen davon mehrere Fahrzeugtypen gleichen Fahrwiderstand auf, dann wird unter diesen Fahrzeugtypen ein Prüffahrzeug ausgewählt, das den größten Hubraum aufweist. Weisen davon wiederum mehrere Fahrzeugtypen den gleichen Hubraum auf, dann wird unter diesen Fahrzeugtypen ein Prüffahrzeug ausgewählt, das das höchste Gesamtübersetzungsverhältnis des Antriebsstrangs aufweist. Lässt der so ausgewählte Fahrzeugtyp gleichzeitig die höchsten Emissionen erwarten, und ist er damit bereits als erstes Prüffahrzeug bestimmt, dann wird bei der Auswahl des zweiten Prüffahrzeugs weiter entsprechend des obigen Kriterienkatalogs verfahren.

Ist auch danach das ausgewählte zweite Prüffahrzeug mit dem ersten Prüffahrzeug identisch, wählt die Genehmigungsbehörde ein anderes Prüffahrzeug aus.

Falls die so ausgewählten Prüffahrzeuge das Abgasemissionsverhalten der beantragten Fahrzeugtypen nicht ausreichend repräsentieren, kann die Genehmigungsbehörde ein weiteres Prüffahrzeug auswählen.

Die Prüfung der Abgasemissionen im Rahmen des Verfahrens zur Erteilung einer Betriebserlaubnis umfasst Fahrtests der Fahrkurven I und II auf dem Fahrleistungsprüfstand. Dabei ist die Masse der in den Abgasen enthaltenen gas- und partikelförmigen Luftverunreinigungen zu ermitteln. Anschließend wird die Prüfung gemäß § 47a durchgeführt.

Die Prüfung der Verdunstungsemissionen im Rahmen des Verfahrens zur Erteilung einer Betriebserlaubnis wird bei Fahrzeugen mit Fremdzündung durchgeführt. Dabei werden die Tankatmungsverluste und die Verdunstungsemissionen während des Heißabstellens ermittelt.

Zeigen die an einem Prüffahrzeug gewonnenen Prüfergebnisse, dass die unter Nummer 1.7 genannten Grenzwerte für luftverunreinigende Gase und Partikel nicht eingehalten werden, kann der Hersteller eine Wiederholung der nicht bestandenen Prüfung für das Prüffahrzeug beantragen. In diesem Falle werden für die Erteilung der Betriebserlaubnis lediglich die Ergebnisse der Wiederholungsprüfung herangezogen.

Die bei den Prüfungen ermittelten Werte für die Abgas- und Verdunstungsemissionen sind der Genehmigungsbehörde mitzuteilen.

Die Genehmigungsbehörde entscheidet anhand der vom Technischen Dienst gemessenen Emissionswerte unter Berücksichtigung der Verschlechterungsfaktoren und -werte, ob die unter Nummer 1.7 genannten Grenzwerte für luftverunreinigende Gase und Partikel eingehalten werden. Dazu werden die gemessenen Abgas- und Partikelemissionswerte mit den jeweiligen Verschlechterungsfaktoren multipliziert; zu dem gemessenen Verdunstungsemissionswert wird der Verschlechterungswert addiert.

1.6 Änderungen an genehmigten Fahrzeugtypen und des Wartungsplans

Beabsichtigt der Hersteller emissionsrelevante oder -mindernde Bauteile zu ändern, so hat er dies der Genehmigungsbehörde mitzuteilen. Die Behörde entscheidet, ob eine erneute Prüfung erforderlich ist. Beabsichtigte Änderungen des Wartungsplans emissionsrelevanter und -mindernder Bauteile sind ebenfalls der Genehmigungsbehörde zur Genehmigung vorzulegen.

1.7 Prüfungen

1.7.1 Die Prüfungen sind nach Abschnitt 3 durchzuführen. Fahrzeuge, für die gemäß Nummer 1.5 eine Betriebserlaubnis beantragt wird, müssen über ihre Lebensdauer folgende Grenzwerte für die Emissionen der gasförmigen Luftverunreinigungen Kohlenmonoxid, Kohlenwasserstoffe und Stickoxide einhalten:

1.7.1.1 Fahrkurve I nach Nummer 3.8

Kohlenmonoxid (CO): 2,1 g/km

Kohlenwasserstoffe (CH): 0,25 g/km

Stickoxide (NO_x): 0,62 g/km

1.7.1.2 Fahrkurve II nach Nummer 3.8

Die Wirksamkeit der Minderungsmaßnahme muss bei höheren Geschwindigkeiten erhalten bleiben. Dies gilt auch als nachgewiesen, wenn beim Test nach Fahrkurve II folgende Grenzwerte eingehalten werden*):

Stickoxide (NO_x): 0,76 g/km

1.7.2 Fahrzeuge mit Selbstzündungsmotor müssen über ihre Lebensdauer zusätzlich Grenzwerte für die Emissionen der partikelförmigen Luftverunreinigungen einhalten.

Fahrkurve I nach Nummer 3.8

Partikel: 0,124 g/km

---

*) Kriterien für einen gleichwertigen Nachweis werden nach Zustimmung der Länder im Verkehrsblatt veröffentlicht.

1.7.3 Fahrzeuge mit Fremdzündungsmotor müssen über ihre Lebensdauer zusätzlich folgenden Grenzwert für Verdunstungsemissionen einhalten.

Verdunstungstest nach Nummer 3
Kohlenwasserstoff (CH): 2,0 g/Test

1.7.4 Emissionen gasförmiger Luftverunreinigungen aus dem Kurbelgehäuse von Fahrzeugen mit Fremdzündung (Ottomotoren).

Aus dem Entlüftungssystem des Kurbelgehäuses dürfen keine Emissionen gasförmiger Luftverunreinigungen (Kohlenwasserstoffe) entweichen.

1.8 Überprüfung der Einhaltung der Vorschriften in der Produktion und während der Fahrzeuglebensdauer

1.8.1 Allgemeines

Die in Nummer 1.7 aufgeführten Grenzwerte für luftverunreinigende Gase und Partikel müssen über die Fahrzeuglebensdauer bei ordnungsgemäßer Wartung und bei Betrieb des Fahrzeugs mit unverbleitem Kraftstoff eingehalten werden. Die Funktionsfähigkeit der emissionsmindernden und emissionsrelevanten Bauteile muss während der Fahrzeuglebensdauer gegeben sein. Die Einhaltung dieser Bestimmungen ist bei der Durchführung der nachfolgend beschriebenen Serienprüfungen und bei einer Überprüfung des Emissionsverhaltens im Verkehr befindlicher Fahrzeuge nachzuweisen und sicherzustellen.

1.8.2 Übereinstimmung der Produktion (Serienprüfung)

1.8.2.1 Serienprüfung durch den Hersteller

Der Hersteller entnimmt in eigener Verantwortung nach statistischen Auswahlkriterien eine Stichprobe der produzierten Fahrzeuge eines Fahrzeugtyps in folgendem Umfang:

Bei einer Jahresproduktion pro Fahrzeugtyp von

a) ≥ 20 000   – 1 Promille der Produktion

b) ≥ 2 000 < 20 000   – fünf Fahrzeuge pro Quartal

c) < 2 000   – vier Fahrzeuge pro Jahr.

Bei einer Jahresproduktion von weniger als 100 Fahrzeugen je Fahrzeugtyp entfällt der Nachweis der Serienprüfung durch den Hersteller.

Die aus der Produktion entnommenen Fahrzeuge sind der Prüfung der Abgasemissionen nach den Fahrkurven I und II sowie nach § 47a zu unterziehen.

Die Emissionen gas- und partikelförmiger Luftverunreinigungen dürfen die Grenzwerte nach Nummer 1.7 unter Berücksichtigung der Verschlechterungsfaktoren und -werte nicht überschreiten.

Die Serienproduktion gilt als vorschriftsmäßig, wenn

a) mehr als 70 Prozent der Fahrzeuge der Stichprobe unterhalb der zulässigen Grenzwerte unter Berücksichtigung der Verschlechterungsfaktoren und -werte liegen und

b) die geprüfte Stichprobe folgende Bedingungen erfüllt:

$\bar{x} + k \cdot S \leq L$

$\bar{x}$: jeweiliges arithmetisches Mittel der Emissionen gas- und partikelförmiger Luftverunreinigungen

L : zulässiger Grenzwert unter Berücksichtigung der jeweiligen Verschlechterungsfaktoren und -werte

S : Standardabweichung $S^2 = \sum_{i=1}^{n} \frac{(x_i - \bar{x})^2}{n-1}$

n : Zahl der Prüfungen

k : statistischer Faktor, der von n abhängt und in der folgenden Tabelle angegeben ist

x_i : Messwert der Emissionen gasförmiger Luftverunreinigungen

n	2	3	4	5	6	7
k	0,973	0,613	0,489	0,421	0,376	0,342
n	8	9	10	11	12	13
k	0,317	0,296	0,279	0,265	0,253	0,242
n	14	15	16	17	18	19
k	0,233	0,224	0,216	0,210	0,203	0,198

wenn n ≥ 20, $k = \dfrac{0,860}{\sqrt{n}}$

Der Hersteller muss bei der von ihm durchgeführten Prüfung auf Übereinstimmung der Produktion (Serienprüfung) der Genehmigungsbehörde folgende Daten auf Verlangen vorlegen:

a) Zahl der produzierten Fahrzeuge eines Fahrzeugtyps
b) Zahl der geprüften Fahrzeuge eines Fahrzeugtyps
c) Bezeichnung und Beschreibung der geprüften Fahrzeuge
d) vollständige Auflistung der Emissionsergebnisse der einzelnen geprüften Fahrzeuge und der verwendeten Prüfeinrichtungen.

Die vorgelegten Dokumente sind mit Datum, Ort der Prüfung und Kilometerstand des Prüffahrzeugs durch den vom Hersteller benannten verantwortlichen Prüfstandsleiter zu kennzeichnen. Der Hersteller versichert, dass die übermittelten Emissionswerte nach seinem besten Wissen das mittlere Emissionsverhalten der Serie repräsentieren.

1.8.2.2 Serienprüfung durch den Technischen Dienst

Die Genehmigungsbehörde kann in begründeten Fällen gleichermaßen Stichprobenprüfungen zur Überwachung des Emissionsverhaltens der Fahrzeuge aus der Produktion durch den Technischen Dienst durchführen lassen. Die Prüfungen werden beim Technischen Dienst durchgeführt.

Das (die) aus der Serie entnommene(n) Fahrzeug(e) ist (sind) der Prüfung der Abgasemissionen nach Fahrkurve I und II sowie nach § 47a zu unterziehen.

Die Genehmigungsbehörde kann zusätzlich die Prüfung der Verdunstungsemissionen nach Nummer 3.6.2 vornehmen lassen.

Werden die genannten Grenzwerte von diesem (diesen) Fahrzeug(en) der ersten Stichprobe nicht eingehalten, so steht es dem Hersteller frei, Stichprobenmessungen an weiteren aus der Produktion entnommenen Fahrzeugen zu verlangen, wobei die Stichprobe das (die) ursprünglich geprüfte(n) Fahrzeug(e) enthalten muss. Die Fahrzeuge sind den gleichen Prüfungen zu unterziehen. Die Größe der Stichprobe bestimmt der Hersteller. Die Auswahl der Fahrzeuge erfolgt durch die Genehmigungsbehörde. Der Hersteller hat in diesem Fall der Kosten für die erweiterte Prüfung zu tragen.

Die Serienprüfung gilt als vorschriftsmäßig, wenn die geprüfte Stichprobe die in Nummer 1.8.2.1 genannten Bedingungen erfüllt.

1.9 (weggefallen)

1.10 Genehmigungsbehörde

Genehmigungsbehörde im Sinne dieser Anlage ist das Kraftfahrt-Bundesamt, Fördestraße 16, 24944 Flensburg. Dies gilt nicht für das Verfahren nach § 21. Das Kraftfahrt-Bundesamt kann Aufgaben im Rahmen des Genehmigungsverfahrens auf den Technischen Dienst übertragen.

1.11 Mitteilung über die Prüfung

Nach der Prüfung hat das Kraftfahrt-Bundesamt (Genehmigungsbehörde) das Formblatt über die Mitteilung nach Abschnitt 6 auszufüllen. Es hat eine Abschrift dieser Mitteilung dem Hersteller oder seinem Beauftragten zu übersenden.

Die Angaben der Mitteilung nach Abschnitt 6 können von der Genehmigungsbehörde veröffentlicht werden.

1.12 Anerkennung von Prüfungen in anderen Staaten

Prüfungen, denen ein Fahrzeugtyp in einem anderen Staat unterzogen worden ist, werden anerkannt, wenn der Hersteller oder sein Beauftragter die Durchführung gleichwertiger Prüfungen nachweist und diese bei einer Genehmigungsbehörde oder einer amtlichen Prüfstelle durchgeführt wurden. Der Nachweis muss durch die Vorlage der in dem anderen Staat erteilten Betriebserlaubnis sowie der zugehörigen vollständigen Antragsunterlagen, die der Genehmigungsbehörde des anderen Staates vorzulegen waren, erfolgen; zu fremdsprachlichen Unterlagen sind deutsche Übersetzungen beizufügen. Über die Anerkennung der Gleichwertigkeit der Prüfungen in einem anderen Staat entscheidet die Genehmigungsbehörde in Absprache mit dem Technischen Dienst.

2 Kriterien für die Ausdehnung der Betriebserlaubnis, Beschreibung des Fahrzeugs, Hauptmerkmale des Motors, Wartungsplan

2.1 Kriterien für die Ausdehnung der Betriebserlaubnis

2.1.1 Fahrzeuge mit gleichartiger Abgasemissionscharakteristik müssen in folgenden konstruktiven Merkmalen übereinstimmen:

a) Abstand von Mittelpunkt zu Mittelpunkt der Zylinderbohrungen
b) Anordnung, Zahl der Zylinder und Ausführung des Zylinderblocks (zum Beispiel luft- oder wassergekühlt, 4-Zylinder-Reihenmotor, V 6-Motor usw.)
c) Lage der Ein- und Auslassventile (oder -öffnungen)
d) Luftansaugverfahren (zum Beispiel Abgaslader)
e) Typ des Ladeluftkühlers

f) Brennverfahren

g) Art des Abgasnachbehandlungssystems

h) Zündanlage

i) Gemischaufbereitungssystem

Die Kriterien können nach folgenden Merkmalen weiter spezifiziert werden, wenn Genehmigungsbehörde oder Hersteller dies für erforderlich halten:

a) Bohrung und Hub

b) Oberflächen-Volumenverhältnis des Brennraums (bei Kolbenstellung oberer Totpunkt)

c) Ansaugsystem und Abgaskrümmer

d) Größe der Einlass- und Auslassventile

e) Kraftstoffsystem

f) Steuerzeiten der Nockenwelle

g) Zündungs- und Einspritzeinstellwerte

2.1.2 Fahrzeuge mit gleichartiger Verdunstungsemissionscharakteristik müssen in folgenden konstruktiven Merkmalen übereinstimmen:

a) Kraftstoffrückhaltevorrichtung

(zum Beispiel Adsorptionsfalle, Luftfilter, Kurbelgehäuse)

b) Kraftstofftank (zum Beispiel Werkstoff und Form)

c) Kraftstoffleitung und Fördersystem

d) Gemischaufbereitung

2.2 Beschreibung des Fahrzeugs, Hauptmerkmale des Motors, der emissionsmindernden und -relevanten Bauteile des Fahrzeugtyps, für den die Betriebserlaubnis beantragt wird

2.2.1 Fahrzeugbeschreibung, Hauptmerkmale des Motors und Angaben über die Durchführung der Prüfung sind gemäß den Anhängen I und II vorzulegen.

2.2.2 Zusätzliche Angaben, soweit nicht in Anhang I oder II beschrieben:

2.2.2.1 Auflistung und Beschreibung aller Einstellgrößen von Bauteilen, die die Emissionen beeinflussen.

Angaben der vom Hersteller empfohlenen Einstellwerte und der zulässigen Toleranzen von Bauteilen, die die Emissionen beeinflussen.

Beschreibung der Feststellvorrichtungen, die den vom Hersteller empfohlenen Einstellbereich festlegen und eine unbefugte Verstellung verhindern.

Angaben zur Einstellung der Feststellvorrichtungen und zu den dazugehörenden Toleranzen.

2.2.2.2 Nachweis, wie die unbefugte Verstellung emissionsrelevanter Einstellgrößen bei den im Verkehr befindlichen Fahrzeugen wirksam verhindert wird.

2.2.2.3 Nachweis, wie durch geeignete konstruktive Maßnahmen die Fahrzeuge mit Ottomotoren ausschließlich mit unverbleitem Kraftstoff betankt werden können. Dieser Nachweis gilt als erbracht, wenn der Tankeinfüllstutzen so konstruiert ist, dass das Fahrzeug nur mit einem Zapfhahn mit einem äußeren Durchmesser der Endöffnung von nicht mehr als 2,134 cm und einem geraden Mundstück von mindestens 6,34 cm Länge betankt werden kann.

2.2.3 Wartungsplan mit detaillierter Beschreibung und Auflistung der regelmäßig durchzuführenden Wartungsarbeiten an den emissionsrelevanten und emissionsmindernden Bauteilen.

2.2.4 Muster eines Wartungsbuchs, das zum Lieferumfang des Fahrzeugs zählt, und mit dem die ordnungsgemäßen Wartungsarbeiten der emissionsrelevanten und -mindernden Bauteile durch Werkstatt und Fahrzeughalter dokumentiert werden kann. Das Wartungsbuch soll auch den Wartungsplan enthalten. Der Nachweis über die Durchführung der ordnungsgemäßen Wartungsarbeiten kann auch anderweitig geführt werden.

2.3 Wartungsplan für die emissionsmindernden und -relevanten Bauteile

Die ordnungsgemäße Durchführung der Wartungsarbeiten in den vorgesehenen Intervallen ist die Voraussetzung für die Gewährleistungspflicht des Herstellers für die emissionsrelevanten und -mindernden Bauteile.

Als ordnungsgemäße Wartung gilt, wenn die vom Hersteller vorgeschriebenen Arbeiten entsprechend seinen Spezifikationen beim vorgeschriebenen Kilometerstand (± 2 000 km) oder zum vorgeschriebenen Zeitpunkt (± drei Monate) durchgeführt und von der Werkstatt dokumentiert werden, und wenn gegebenenfalls erforderliche Ersatzteile verwendet werden, die den Spezifikationen des Herstellers entsprechen. Als ordnungsgemäße Wartung gilt auch, wenn der Fahrzeughalter zur Behebung einer Notlage unvorschriftsmäßige Arbeiten durchführen lässt, vorausgesetzt der Fahrzeughalter bringt das Fahrzeug innerhalb eines angemessenen Zeitraums wieder in den vorschriftsmäßigen Zustand.

3 Durchführung der Prüfungen der gas- und partikelförmigen luftverunreinigenden Emissionen

3.1 Einleitung

Dieser Anhang beschreibt die Verfahren und die Einrichtungen, die erforderlich sind, um die Einhaltung der für die Erteilung der Betriebserlaubnis von Fahrzeugen erlassenen Emissionsvorschriften prüfen zu können. Darüber hinausgehende Vorschriften zur Durchführung der Dauerlaufprüfung sind in Abschnitt 4 beschrieben.

3.2 Übersicht über die Prüfungen

Die unter den Nummern 3.2.1 und 3.2.3 beschriebenen Prüfabläufe für die Bestimmung der Abgas- bzw. Verdunstungsemissionen sind schematisch in Figur 1 bis 3 dargestellt.

Die Umgebungstemperaturen für das Testfahrzeug während der gesamten Testfolge sollen nicht tiefer als 20 °C und nicht höher als 30 °C liegen. Das Fahrzeug soll während aller Phasen der Testfolge annähernd eben stehen.

3.2.1 Vorbereitung

Vor der Durchführung der Emissionsmessungen sind die Prüffahrzeuge in einheitlicher Weise zu konditionieren, um die Reproduzierbarkeit der Ergebnisse sicherzustellen. Die Konditionierung besteht aus einer Fahrt auf einem Fahrleistungsprüfstand sowie einer Abstellphase bei definierter Umgebungstemperatur.

3.2.2 Prüfung der Abgasemissionen

Die Prüfung der Abgasemissionen im Rahmen des Verfahrens zur Erteilung einer Betriebserlaubnis umfasst zwei Fahrtests auf einem Fahrleistungsprüfstand, während der die Mengen luftverunreinigender Gase und Partikel ermittelt werden. Bei den Fahrzeugen werden die Kohlenmonoxid-, Kohlenwasserstoff- und Stickoxidemissionen, bei Fahrzeugen mit Selbstzündungsmotoren (Dieselmotoren) zusätzlich die Partikelemissionen ermittelt. Die beiden Fahrtests werden im Folgenden als Fahrkurve I und Fahrkurve II bezeichnet und sind in Nummer 3.8 beschrieben. Nach dem Abschluss der Fahrtests wird die Prüfung nach § 47a durchgeführt.

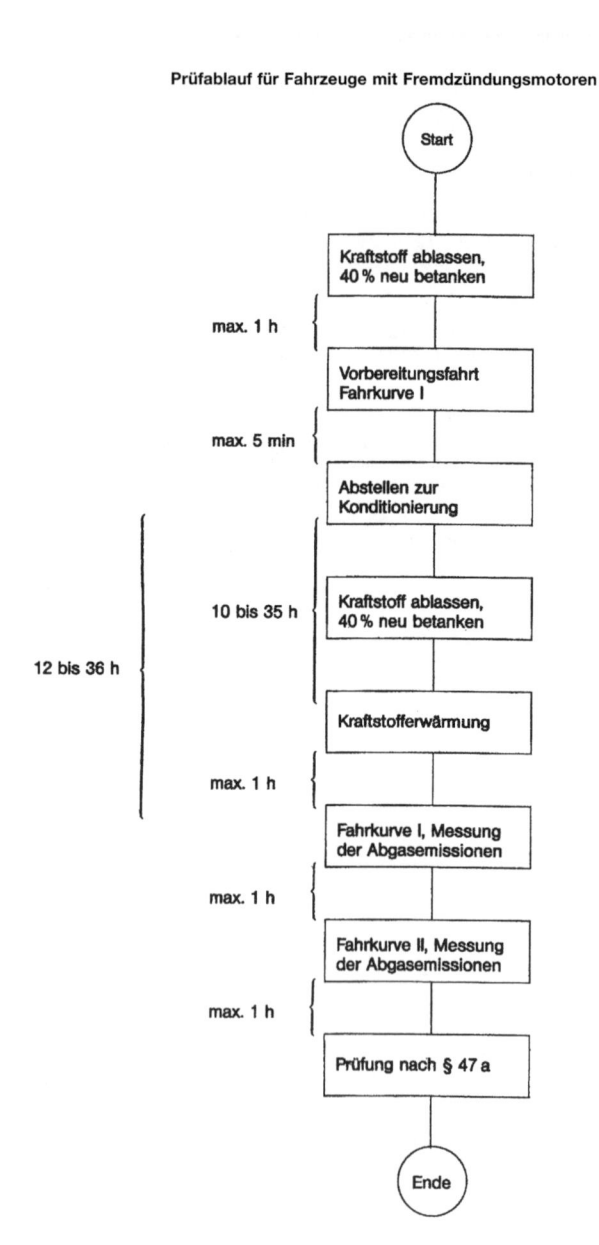

03 | StVZO – Anlage XXIII Straßenverkehrs-Zulassungs-Ordnung

Figur 1

Prüfablauf für Fahrzeuge mit Fremdzündungsmotoren

```
                    Start
                      │
                      ▼
            ┌─────────────────────┐
            │ Kraftstoff ablassen,│
            │ 40 % neu betanken   │
            └─────────────────────┘
  max. 1 h           │
                     ▼
            ┌─────────────────────┐
            │ Vorbereitungsfahrt  │
            │ Fahrkurve I         │
            └─────────────────────┘
  max. 5 min         │
                     ▼
            ┌─────────────────────┐
            │ Abstellen zur       │
            │ Konditionierung     │
            └─────────────────────┘
  10 bis 35 h        │
                     ▼
            ┌─────────────────────┐
12 bis 36 h │ Kraftstoff ablassen,│
            │ 40 % neu betanken   │
            └─────────────────────┘
                     │
                     ▼
            ┌─────────────────────┐
            │ Kraftstofferwärmung │
            └─────────────────────┘
  max. 1 h           │
                     ▼
            ┌─────────────────────┐
            │ Fahrkurve I, Messung│
            │ der Abgasemissionen │
            └─────────────────────┘
  max. 1 h           │
                     ▼
            ┌─────────────────────┐
            │ Fahrkurve II, Messung│
            │ der Abgasemissionen │
            └─────────────────────┘
  max. 1 h           │
                     ▼
            ┌─────────────────────┐
            │ Prüfung nach § 47 a │
            └─────────────────────┘
                     │
                     ▼
                    Ende
```

Straßenverkehrs-Zulassungs-Ordnung Anlage XXIII – StVZO | 03

Figur 2

Prüfablauf für Fahrzeuge mit Fremdzündungsmotoren

Verdunstungsemissionen

```
                              ┌───────┐
                              │ Start │
                              └───┬───┘
                                  │
                    ┌─────────────▼─────────────┐
                    │ Kraftstoff ablassen,      │
                    │ 40 % neu betanken         │
                    └─────────────┬─────────────┘
          max. 1 h                │
                    ┌─────────────▼─────────────┐
                    │ Vorbereitungsfahrt        │
                    │ Fahrkurve I               │
                    └─────────────┬─────────────┘
          max. 5 min              │
                    ┌─────────────▼─────────────┐
                    │ Abstellen zur             │
                    │ Konditionierung           │
                    └─────────────┬─────────────┘
          10 bis 35 h             │
                    ┌─────────────▼─────────────┐
                    │ Kraftstoff ablassen,      │
                    │ 40 % neu betanken         │
                    └─────────────┬─────────────┘
                                  │
  12 bis 36 h       ┌─────────────▼─────────────┐
                    │ Kraftstofferwärmung,      │
                    │ Messung der               │
                    │ Tankatmungsverluste       │
                    └─────────────┬─────────────┘
                                  │
          max. 1 h           ◇ Verdunstungs-
                             emissionen im     ── ja ──┐
                             Betrieb möglich? ◇         │
                                  │ nein                │
                    ┌─────────────▼─────────────┐   ┌───▼──────────────────────┐
                    │ Fahrkurve I, Messung      │   │ Fahrkurve I, Messung der │
                    │ der Abgasemissionen       │   │ Abgas- und Verdunstungs- │
                    └─────────────┬─────────────┘   │ emissionen im Betrieb    │
          max. 7 min              │                 └───┬──────────────────────┘
                    ┌─────────────▼─────────────┐       │
                    │ Heißabstellen, Messung    │◄──────┘
                    │ der                       │
                    │ Verdunstungsemissionen    │
                    └─────────────┬─────────────┘
                              ┌───▼───┐
                              │ Ende  │
                              └───────┘
```

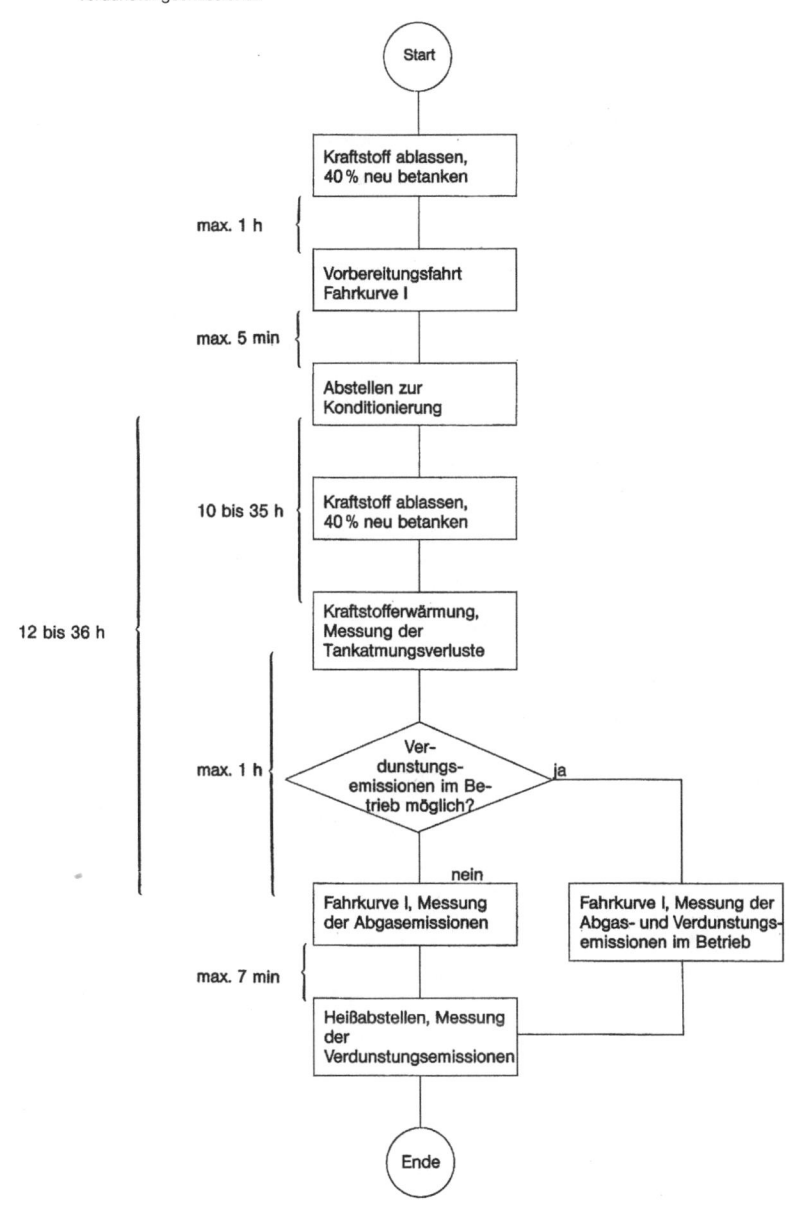

03 | StVZO – Anlage XXIII

Straßenverkehrs-Zulassungs-Ordnung

Figur 3

Prüfablauf für Fahrzeuge mit Selbstzündungsmotoren

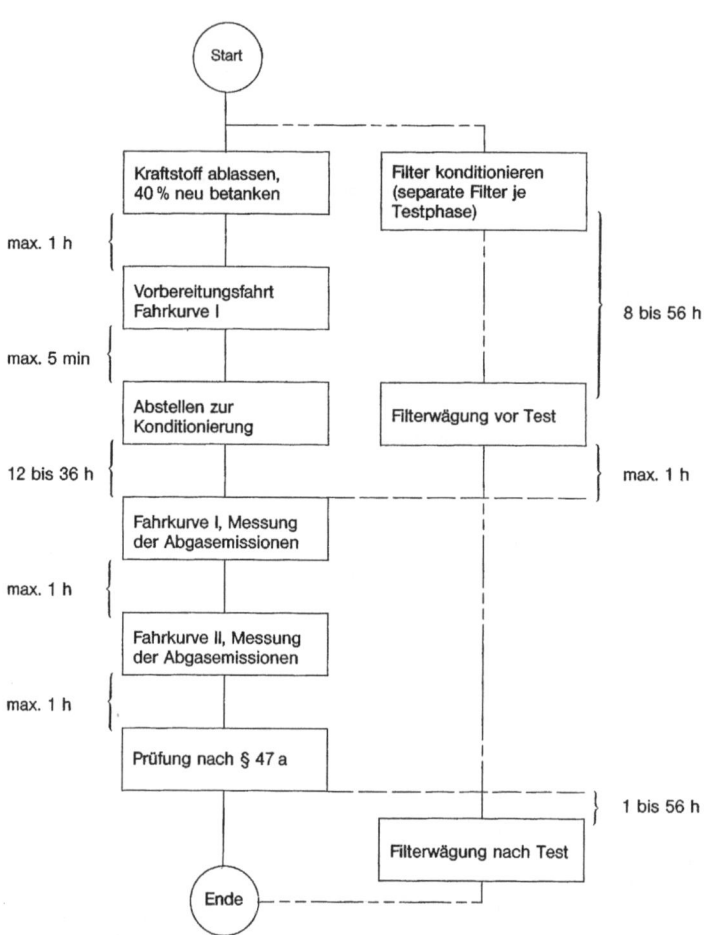

```
                    ( Start )
                        |
        +---------------+---------------+
        |                               |
+------------------+          +----------------------+
| Kraftstoff ablassen,|       | Filter konditionieren |
| 40 % neu betanken   |       | (separate Filter je   |
+------------------+          | Testphase)            |
                              +----------------------+
max. 1 h

+------------------+
| Vorbereitungsfahrt |
| Fahrkurve I       |
+------------------+                          8 bis 56 h

max. 5 min

+------------------+          +----------------------+
| Abstellen zur    |          | Filterwägung vor Test |
| Konditionierung  |          +----------------------+
+------------------+

12 bis 36 h                                    max. 1 h

+------------------------+
| Fahrkurve I, Messung   |
| der Abgasemissionen    |
+------------------------+

max. 1 h

+------------------------+
| Fahrkurve II, Messung  |
| der Abgasemissionen    |
+------------------------+

max. 1 h

+------------------------+
| Prüfung nach § 47 a    |
+------------------------+
                                              1 bis 56 h

                              +----------------------+
                              | Filterwägung nach Test|
                              +----------------------+
                    ( Ende )
```

3.2.3 Prüfung der Verdunstungsemissionen

Die Prüfung der Verdunstungsemissionen im Rahmen des Verfahrens zur Erteilung der Betriebserlaubnis wird bei Fahrzeugen mit Ottomotoren durchgeführt. Dabei werden die Tankatmungsverluste und die Verdunstungsemissionen während des Heißabstellens in einer gasdichten Messkammer ermittelt. Zwischen diesen beiden Prüfungen muss eine Prüfung der Abgasemissionen in der Fahrkurve I erfolgen. Falls erforderlich, werden zusätzlich die Verdunstungsemissionen während dieses Fahrbetriebs durch Messfallen ermittelt.

3.3 Prüffahrzeug und Kraftstoff

3.3.1 Prüffahrzeug

3.3.1.1 Das Prüffahrzeug muss sich in einwandfreiem Betriebszustand befinden. Es muss insoweit eingefahren sein, dass weitgehend die Stabilität der Abgasemissionen gewährleistet ist. Das Fahrzeug darf aber vor der Prüfung nicht mehr als 6 400 km zurückgelegt haben.

3.3.1.2 Die Auspuffanlage darf kein Leck aufweisen.

3.3.1.3 Die Dichtigkeit des Ansaugsystems kann überprüft werden, um sicherzustellen, dass der Verbrennungsvorgang nicht durch eine ungewollte Luftzufuhr geändert wird.

3.3.1.4 Die Einstellung des Motors und der Betätigungseinrichtungen des Fahrzeugs muss den Angaben des Herstellers in den Wartungsvorschriften entsprechen und mit den Einstellungen der Serienfahrzeuge übereinstimmen.

Dies gilt insbesondere auch für die Einstellung des Leerlaufs (Drehzahl und CO-Gehalt im Abgas), der Kaltstarteinrichtung und der für die Abgasreinigung maßgeblichen Systeme.

Das zu prüfende oder ein gleichwertiges Fahrzeug muss erforderlichenfalls mit einer Einrichtung zur Messung der charakteristischen Parameter versehen sein, die nach den Vorschriften der Nummern 3.5 und 3.9 für die Einstellung des Fahrleistungsprüfstands erforderlich sind.

Der Technische Dienst kann prüfen, ob das Leistungsverhalten des Fahrzeugs den Angaben des Herstellers entspricht, ob es für normales Fahren und vor allem, ob es für Kalt- und Warmstart geeignet ist.

3.3.2 Zusätzliche Vorrichtungen am Prüffahrzeug

3.3.2.1 Bei Fahrzeugen mit Fremdzündung (Ottomotoren) ist ein Temperaturfühler zur Registrierung der Temperatur des Tankinhalts anzubringen. Der Temperaturfühler ist so anzubringen, dass bei einem Füllvolumen von 40 Prozent des Tanknennvolumens die Temperatur in der Mitte des eingefüllten Kraftstoffs gemessen wird.

3.3.2.2 Eine Einrichtung am Fahrzeugtank, die eine vollständige Entleerung des Kraftstoffs ermöglicht, ist erforderlich.

3.3.3 Kraftstoff

Als Kraftstoff ist der in Nummer 5 spezifizierte Prüfkraftstoff zu verwenden.

3.4 Prüfeinrichtungen

3.4.1 Fahrleistungsprüfstand

3.4.1.1 Auf dem Fahrleistungsprüfstand wird eine Straßenfahrt simuliert. Dabei werden die Fahrzeugmassen bei Beschleunigungen und Verzögerungen durch zuschaltbare Schwungscheiben an den Rollen oder durch elektrische Schwungmassensimulationen berücksichtigt.

Die während der Straßenfahrt auftretenden Leistungsverluste, bedingt durch Luft- und Rollwiderstand, werden durch einstellbare Leistungsbremsen simuliert. Der Fahrleistungsprüfstand ist in regelmäßigen Abständen (ein Monat) nach einem der in Nummer 3.9 genannten Verfahren zu kalibrieren.

3.4.1.2 Das Betriebsverhalten des Prüffahrzeugs darf durch den Prüfstand zum Beispiel infolge von Schwingungen nicht beeinträchtigt werden. Das Fahrzeug muss auf dem Prüfstand eine annähernd horizontale Lage einnehmen.

3.4.1.3 Der Prüfstand muss mit einer Einrichtung ausgerüstet sein, mit der dem Fahrer die momentane Fahrgeschwindigkeit des Prüffahrzeugs relativ zu der Sollgeschwindigkeit derart angezeigt wird, dass der Fahrer die Fahrkurven I und II mit der verlangten Genauigkeit nachfahren kann.

3.4.1.4 Die Einrichtungen, mit denen die Schwungmasse und die Fahrwiderstände simuliert werden, müssen bei Prüfständen mit zwei Rollen von der vorderen Rolle angetrieben werden, sofern nicht beide Rollen gekoppelt sind.

3.4.1.5 Die Fahrzeuggeschwindigkeit muss entsprechend der Umdrehungsgeschwindigkeit der Prüfstandsrolle bestimmt werden. Sie muss bei Geschwindigkeiten über 10 km/h auf ± 1 km/h genau gemessen werden. Mit der Einrichtung zur Geschwindigkeitsmessung muss eine Einrichtung gekoppelt sein, mit der die auf dem Prüfstand zurückgelegte Fahrstrecke ermittelt wird.

3.4.1.6 Bei dem Fahrleistungsprüfstand muss die Einstellung der auf der Straße aufgenommenen Leistung bei 80, 60 und 40 km/h auf ± 5 Prozent und bei 20 km/h auf ± 10 Prozent genau angeglichen werden. Der Wert muss positiv sein.

3.4.1.7 Die Gesamtschwungmasse muss bekannt sein und der Schwungmassenklasse für die Prüfung auf ± 20 kg entsprechen.

3.4.1.8 Kühlgebläse

Während der Fahrprüfungen ist ein Kühlgebläse mit konstanter Drehzahl so aufzustellen, dass dem Fahrzeug bei geöffneter Motorhaube Kühlluft in geeigneter Weise zugeführt wird. Bei Fahrzeugen mit Frontmotor ist das Gebläse in einem Abstand von 300 mm mitten vor dem Fahrzeug aufzustellen. Bei Fahrzeugen mit Heckmotor (oder wenn eine besondere Konstruktion die obige Anordnung unzweckmäßig macht) ist das Kühlgebläse so anzuordnen, dass es ausreichend Luft zur Aufrechterhaltung der Fahrzeugkühlung liefert. Die Gebläsekapazität soll normalerweise 2,50 m^3/s nicht überschreiten. Wenn jedoch der Hersteller nachweisen kann, dass eine zusätzliche Kühlung erforderlich ist, um eine repräsentative Prüfung durchführen zu können, kann die Gebläsekapazität erhöht werden oder es können zusätzliche Gebläse verwendet werden, wenn dies zuvor vom Technischen Dienst genehmigt wurde.

3.4.2 Abgas- und Partikelentnahmeeinrichtung

3.4.2.1 Mit den in Nummer 3.10 beschriebenen Auffangeinrichtungen müssen die luftverunreinigenden Gase und Partikel in den Abgasen gemessen werden. Dabei wird das Entnahmesystem mit konstantem Volumen (CVS) verwendet. Dazu müssen die Abgase des Fahrzeugs kontinuierlich mit der Umgebungsluft unter kontrollierten Bedingungen verdünnt werden. Um die emittierten Mengen mit diesen CVS-Verfahren messen zu können, müssen zwei Bedingungen erfüllt sein: Das Gesamtvolumen der Mischung aus Abgasen und Verdünnungsluft muss gemessen und eine anteilige Probe dieses Volumens muss kontinuierlich für die Analyse aufgefangen werden.

Die emittierte Partikelmenge wird bestimmt, indem aus einem anteiligen Teilstrom über die gesamte Dauer des Tests die Partikel auf geeigneten Filtern abgeschieden werden und die Menge gravimetrisch bestimmt wird (siehe Nummer 3.4.4.2).

Die emittierten Mengen luftverunreinigender Gase werden aus den Konzentrationen in der Probe unter Berücksichtigung der Konzentration dieser Gase in der Umgebungsluft und aus der Durchflussmenge während der Prüfdauer bestimmt.

3.4.2.2 Der Durchfluss durch die Geräte muss groß genug sein, um unter allen Bedingungen eine Wasserdampfkondensation, die bei einer Prüfung auftreten könnte, entsprechend den Vorschriften in Nummer 3.10 zu verhindern.

3.4.2.3 Die schematische Darstellung des Entnahmesystems ist in der nachstehenden Abbildung, Figur 4 dargestellt. In Nummer 3.10 werden Beispiele von CVS-Entnahmesystemen beschrieben, die die Bedingungen dieses Abschnitts erfüllen.

3.4.2.4 Die Luft/Abgas-Mischung muss in den Entnahmesonden homogen sein.

3.4.2.5 Die Sonden müssen eine repräsentative Probe verdünnter Abgase entnehmen.

Figur 4

Schema eines Probenahme- und Analysesystems
zur Bestimmung gasförmiger Emissionen bei Pkw mit Ottomotoren

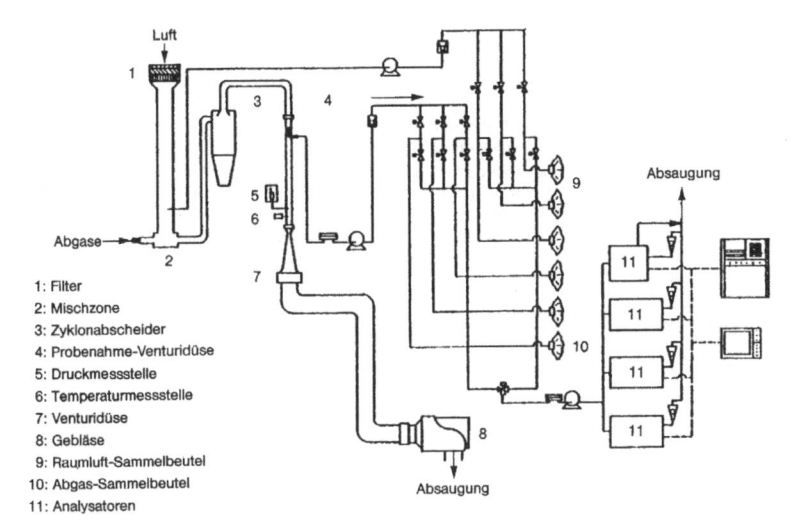

1: Filter
2: Mischzone
3: Zyklonabscheider
4: Probenahme-Venturidüse
5: Druckmessstelle
6: Temperaturmessstelle
7: Venturidüse
8: Gebläse
9: Raumluft-Sammelbeutel
10: Abgas-Sammelbeutel
11: Analysatoren

3.4.2.6 Die Entnahmeeinrichtung muss gasdicht sein. Sie muss so beschaffen sein und aus solchen Werkstoffen bestehen, dass die Konzentrationen der Abgasbestandteile in den verdünnten Abgasen nicht beeinflusst werden. Beeinflusst ein Geräteteil (Wärmetauscher, Ventilator usw.) die Konzentration eines luftverunreinigenden Gases in den verdünnten Gasen, so muss die Probe dieses Gases vor diesem Teil entnommen werden, wenn die Beeinflussung nicht ausgeschaltet werden kann.

3.4.2.7 Hat das zu prüfende Fahrzeug eine Auspuffanlage, die mehrere Endrohre aufweist, so sind diese Rohre so nahe wie möglich am Fahrzeug miteinander zu verbinden.

3.4.2.8 Bei angeschlossener Entnahmeeinrichtung dürfen die Druckschwankungen am (an den) Endrohr(en) sich um nicht mehr als ± 1,25 kPa gegenüber den Druckschwankungen ändern, die während der Fahrkurven auf dem Prüfstand gemessen wurden, wenn das (die) Auspuffendrohr(e) nicht mit der Entnahmeeinrichtung verbunden ist (sind). Eine Entnahmeeinrichtung, mit dem diese Druckunterschiede auf ± 0,25 kPa gesenkt werden können, ist dann zu verwenden, wenn der Hersteller unter Nachweis der Notwendigkeit einer solchen Verringerung dies schriftlich von der Genehmigungsbehörde verlangt. Der Gegendruck muss im Auspuffendrohr möglichst am äußeren Ende oder einem Verlängerungsrohr mit gleichem Durchmesser gemessen werden.

3.4.2.9 Die einzelnen Ventile zur Weiterleitung der Gasproben müssen Schnellschaltventile sein.

3.4.2.10 Die Gasproben sind in genügend großen Beuteln aufzufangen. Diese Beutel müssen aus Werkstoffen bestehen, die den Gehalt an luftverunreinigenden Gasen 20 Minuten nach dem Auffangen um nicht mehr als ± 2 Prozent verändern.

3.4.3 Einrichtung zur Ermittlung der Verdunstungsemissionen

Die Einrichtung zur Ermittlung der Verdunstungsemissionen besteht aus den nachfolgend beschriebenen Komponenten.

3.4.3.1 Gasdichte Hülle

Durch eine gasdichte Hülle wird eine rechteckige Messkammer gebildet, in welcher das zu prüfende Fahrzeug steht. Der freie Zugang zum Fahrzeug muss von allen Seiten gewährleistet sein. Im verschlossenen Zustand muss die Kammer gasdicht sein gemäß Prüfung nach Nummer 3.12. Die innere Oberfläche der Hülle muss für Kohlenwasserstoffe undurchlässig sein. Mindestens eine Fläche muss aus flexiblem undurchlässigem Material bestehen, um aus Temperaturschwankungen resultierende kleinere Druckschwankungen durch Volumenveränderungen ausgleichen zu können. Bei der Gestaltung der Wände ist eine gute Wärmeverteilung anzustreben. Wird die Kammer gekühlt, so darf die Temperatur der inneren Wandoberfläche 20 °C an keiner Stelle unterschreiten.

3.4.3.2 Kohlenwasserstoffanalysator

Die Kohlenwasserstoffkonzentration in der Kammer wird mit Hilfe eines Flammen-Ionisations-Detektors (FID) bestimmt. Der nicht verbrannte Teil des Probengasstroms muss in die Kammer zurückgeführt werden. Die Anforderungen an die Genauigkeit des Geräts und die Kalibrierung werden in Nummer 3.11 beschrieben. Der FID muss mit Einrichtungen zur kontinuierlichen Aufzeichnung oder Speicherung der Messdaten ausgerüstet sein.

3.4.3.3 Tankbeheizung, Temperaturmessung

Die Beheizung des Kraftstofftanks erfolgt durch eine in der Heizleistung verstellbare Wärmequelle. Geeignet ist beispielsweise eine Heizmatte mit einer Leistung von 2 000 W. Die Einstellung der Heizleistung kann manuell oder automatisch erfolgen. Die Wärmezuführung muss gleichmäßig an die Tankwandungen unterhalb des Kraftstoffspiegels erfolgen.

Die Einrichtung zur Tankbeheizung muss die gleichmäßige Erwärmung des Kraftstoffs im Tank von 16 °C um 14 K innerhalb von 60 Minuten ermöglichen. Die Kraftstofftemperatur ist etwa in der Mitte des im Tank befindlichen Kraftstoffvolumens zu messen.

Die Raumtemperatur wird an zwei Stellen von Temperaturgebern erfasst, die so geschaltet sein müssen, dass ein Mittelwert angezeigt wird. Die Messstellen befinden sich etwa 10 cm entfernt von der vertikalen Mittellinie jeder Seitenwand in einer Höhe von 90 ± 10 cm.

Die Temperaturen müssen während der Verdunstungsmessungen in Abständen von je einer Minute aufgezeichnet oder gespeichert werden. Die Messgenauigkeit einschließlich der Aufzeichnung muss ± 1,5 K betragen. Das Aufzeichnungs- oder Speichersystem muss die Zeiten mit einer Auflösung von ± 15 s und die Temperaturen mit einer Auflösung von ± 0,4 K wiedergeben können.

3.4.3.4 Gebläse

Durch Verwendung eines Gebläses oder mehrerer Gebläse muss erreicht werden können, dass

a) die CH-Konzentration in der Kammer vor einer Messung auf die Umgebungskonzentration gesenkt wird,

b) eine gleichmäßige Temperatur- und CH-Verteilung in der Kammer während der Messung erreicht wird. Das zu prüfende Fahrzeug darf dabei keiner direkten Strömung ausgesetzt werden.

3.4.3.5 CH-Sammelstellen

Mit den CH-Sammelstellen – soweit diese gemäß Nummer 3.6.2.2 Buchstabe m erforderlich sind – müssen die beim Betrieb nach Fahrkurve I entstehenden Verdunstungsemissionen aufgefangen werden können.

3.4.4 Analysegeräte

3.4.4.1 Allgemeine Vorschriften

3.4.4.1.1 Die Analyse der luftverunreinigenden Gase und Partikel ist mit folgenden Geräten durchzuführen:

a) Kohlenmonoxid (CO) und Kohlendioxid (CO_2):

Nichtdispersiver Infrarot-Absorptionsanalysator (NDIR);

b) Kohlenwasserstoffe (CH) – Fahrzeuge mit Fremdzündungsmotor:

Flammenionisations-Detektor (FID) propankalibriert, ausgedrückt in Kohlenstoffatom-Äquivalent (C_1);

c) Kohlenwasserstoffe (CH) – Fahrzeuge mit Dieselmotor:

Flammenionisations-Detektor mit Ventilen, Rohrleitungen usw. beheizt auf 190 °C ± 10 °C (HFID); propankalibriert, ausgedrückt in Kohlenstoffatom-Äquivalent (C_1);

d) Stickoxide (NO_x):

Chemilumineszens-Analysator (CLA) mit NO_x/NO-Konverter;

e) Partikel:

Gravimetrische Bestimmung der abgeschiedenen Partikel. Die Partikel werden an jeweils zwei im Probengasstrom hintereinander angeordneten Filtern abgeschieden. Die abgeschiedene Partikelmenge soll je Filterpaar zwischen 2 und 5 mg liegen. Die Filteroberfläche soll aus einem Material bestehen, das hydrophob und gegen die Abgasbestandteile inert ist (PTFE oder gleichwertiges Material).

3.4.4.1.2 Messgenauigkeit

Die Analysatoren müssen einen Messbereich mit der erforderlichen Genauigkeit aufweisen, der für Messungen der jeweiligen Gaskonzentration in den Abgasproben geeignet ist. Der Messfehler darf nicht mehr als ± 3 Prozent betragen, wobei der tatsächliche Wert der Kalibriergase unberücksichtigt bleibt.

Bei Konzentrationen von weniger als 100 ppm darf der Messfehler nicht mehr als ± 3 ppm betragen. Die Analyse der Umgebungsluftprobe wird mit dem gleichen Analysator und mit dem gleichen Messbereich wie die entsprechende Probe der verdünnten Abgase durchgeführt.

Die Wägung der abgeschiedenen Partikel muss eine Genauigkeit von 1 mg gewährleisten.

Straßenverkehrs-Zulassungs-Ordnung Anlage XXIII – StVZO | 03

3.4.4.1.3 Gastrocknungsanlage

Vor dem Analysator darf keine Gastrocknungsanlage verwendet werden, sofern nicht nachgewiesen wird, dass sie sich nicht nachweisbar auf den Gehalt der luftverunreinigenden Gase des verdünnten Abgasstroms auswirkt.

3.4.4.2 Besondere Vorschriften für Dieselmotoren

Es ist eine beheizte Entnahmeleitung im Verdünnungstunnel für die kontinuierliche Analyse der Kohlenwasserstoffe (CH) mit einem beheizten Flammenionisations-Detektor (HFID) und Registriergerät zu verwenden. Die durchschnittliche Konzentration der gemessenen Kohlenwasserstoffe wird durch Integration bestimmt. Während der gesamten Prüfung muss die Temperatur dieser Leitung auf 190 °C eingestellt sein. Die Leitung muss mit einem beheizten Filter mit einem 99-prozentigen Wirkungsgrad für die Teilchen > 0,3 μm versehen sein, mit dem die Partikel aus dem für die Analyse verwendeten kontinuierlichen Gasstrom herausgefiltert werden. Die Ansprechzeit des Entnahmesystems (von der Sonde bis zum Eintritt in den Analysator) muss weniger als 4 Sekunden betragen.

Der beheizte Flammenionisations-Detektor (HFID) muss mit einem System für konstanten Durchfluss versehen werden, um die Entnahme einer repräsentativen Probe zu gewährleisten, sofern nicht Durchflussschwankungen im CFV-System (Critical Flow Venturi – siehe Nummer 3.10) kompensiert werden.

Die Partikel-Probenahmeeinheit besteht aus Verdünnungstunnel, Probenahmesonde, Filtereinheit, Teilstrompumpe, Durchflussregelung und -messeinrichtung. Der Partikel-Probenahmeteilstrom wird jeweils über zwei hintereinander angeordnete Filter gezogen. Nach Abschluss der Partikelentnahme ist auf eine parallel angeordnete Filtereinheit umzuschalten. Die Entnahmesonde für den Partikel-Probengasstrom muss im Verdünnungskanal derart angeordnet sein, dass ein repräsentativer Probengasstrom dem homogenen Luft/Abgas-Gemisches entnommen werden kann und dass an der Entnahmestelle die Temperatur des Luft/Abgas-Gemisches 52 °C nicht überschreitet. Die Temperatur des Probengasstroms darf über die Länge der Entnahmeleitung (Entnahmesonde-Durchflussmessgeräte) um nicht mehr als ± 3 K, der Durchfluss um nicht mehr als ± 5 Prozent schwanken. Die Masse der während der Testphase abgeschiedenen Partikel wird durch Differenzwägung ermittelt.

3.4.4.3 Kalibrierung

Jeder Analysator muss so oft wie nötig und auf jeden Fall im Monat vor der Prüfung und der Überprüfung der Übereinstimmung der Produktion kalibriert werden. In Nummer 3.11 wird das Kalibrierverfahren für die in Nummer 3.4.4.1 genannten Analysatortypen beschrieben.

3.4.5 Volumenmessung

3.4.5.1 Das Verfahren zur Messung des Gesamtvolumens der verdünnten Abgase, das beim CVS-System verwendet wird, muss eine Genauigkeit von ± 2 Prozent aufweisen.

3.4.5.2 Kalibrierung des CVS-Systems

Das Volumenmessgerät des CVS-Systems muss in einer Weise und in so kurzen Zeitabständen kalibriert werden, dass die erforderliche Genauigkeit gewährleistet und erhalten bleibt. Nummer 3.11 zeigt ein Beispiel für ein Kalibrierverfahren, mit dem die erforderliche Genauigkeit erzielt wird. Bei diesem Verfahren wird für das CVS-System ein dynamisches Durchflussmessgerät verwendet, das für die auftretenden hohen Durchsätze geeignet ist. Die Genauigkeit des Gerätes muss bescheinigt sein und einer nationalen oder internationalen Norm entsprechen.

3.4.6 Gase

3.4.6.1 Reine Gase

Die für die Kalibrierung und für den Einsatz der Geräte verwendeten reinen Gase müssen folgende Bedingungen erfüllen:

a) gereinigter Stickstoff (Reinheit ≤ 1 ppm C, ≤ 1 ppm CO, ≤ 400 ppm CO_2, ≤ 0,1 ppm NO),

b) gereinigte synthetische Luft (Reinheit ≤ 1 ppm C, ≤ 1 ppm CO, ≤ 400 ppm CO_2, ≤ 0,1 ppm NO) Sauerstoffgehalt zwischen 18 und 21 Volumenprozent,

c) gereinigter Sauerstoff (Reinheit ≤ 99,5 Volumenprozent O_2),

d) gereinigter Wasserstoff (und wasserstoffhaltiges Gemisch) (Reinheit ≤ 1 ppm C, ≤ 400 ppm CO_2).

3.4.6.2 Prüfgase

Die für die Kalibrierung verwendeten Gasgemische müssen die nachstehend genannte chemische Zusammensetzung haben:

a) C_3H_8 und gereinigte synthetische Luft

b) CO und gereinigter Stickstoff

c) CO_2 und gereinigter Stickstoff

d) NO und gereinigter Stickstoff

(der NO_2-Anteil im Kalibriergas darf 5 Prozent des NO-Gehalts nicht überschreiten).

365

Die tatsächliche Konzentration eines Prüfgases muss auf ± 2 Prozent mit dem Nennwert übereinstimmen. Dies muss durch regelmäßige Vergleiche mit nationalen oder internationalen Standards sichergestellt werden.

Die in Nummer 3.11 vorgeschriebenen Konzentrationen der Prüfgase dürfen auch mit einem Gas-Mischdosierer durch Verdünnung mit gereinigtem Stickstoff oder mit gereinigter synthetischer Luft erzielt werden. Das Mischgerät muss so genau arbeiten, dass die Konzentration der verdünnten Prüfgase auf ± 2 Prozent bestimmt werden kann.

3.4.7 Zusätzliche Messgeräte

3.4.7.1 Temperatur

Die Temperaturen müssen, sofern nichts anderes bestimmt ist, auf ± 1,5 K genau gemessen werden.

3.4.7.2 Druck

Der Luftdruck muss auf ± 0,1 kPa genau gemessen werden.

3.4.7.3 Absolute Feuchte

Die absolute Feuchte muss auf ± 5 Prozent genau bestimmt werden.

3.4.8 Abgasentnahmesystem

Das Abgasentnahmesystem muss mit der in Nummer 3.11.4 beschriebenen Methode geprüft werden. Die höchstzulässige Abweichung zwischen eingeführter und gemessener Gasmenge darf 5 Prozent betragen.

3.5 Vorbereitung der Prüfungen

3.5.1 Anpassung der äquivalenten Schwungmassen an die translatorisch bewegten Massen des Fahrzeugs

Es wird eine Schwungmasse verwendet, mit der eine Gesamtträgheit der umlaufenden Massen erzielt wird, die der Bezugsmasse des Fahrzeugs gemäß den nachstehenden Werten entspricht. Wenn die zugehörige Schwungmasse am Prüfstand nicht verfügbar ist, muss die nächsthöhere Masse verwendet werden (die Differenz zur Bezugsmasse darf nicht höher als 120 kg sein).

Bezugsmasse des Fahrzeugs Pr (kg)	Äquivalente Schwungmasse I (kg)
Pr ≦ 480	450
480 < Pr ≦ 540	510
540 < Pr ≦ 600	570
600 < Pr ≦ 650	625
650 < Pr ≦ 700	680
700 < Pr ≦ 780	740
780 < Pr ≦ 820	800
820 < Pr ≦ 880	850
880 < Pr ≦ 940	910
940 < Pr ≦ 990	960
990 < Pr ≦ 1 050	1 020
1 050 < Pr ≦ 1 110	1 080
1 110 < Pr ≦ 1 160	1 130
1 160 < Pr ≦ 1 220	1 190
1 220 < Pr ≦ 1 280	1 250
1 280 < Pr ≦ 1 330	1 300
1 330 < Pr ≦ 1 390	1 360
1 390 < Pr ≦ 1 450	1 420
1 450 < Pr ≦ 1 500	1 470
1 500 < Pr ≦ 1 560	1 530
1 560 < Pr ≦ 1 620	1 590
1 620 < Pr ≦ 1 670	1 640
1 670 < Pr ≦ 1 730	1 700

Bezugsmasse des Fahrzeugs Pr (kg)	Äquivalente Schwungmasse I (kg)
1 730 < Pr ≦ 1 790	1 760
1 790 < Pr ≦ 1 870	1 810
1 870 < Pr ≦ 1 980	1 930
1 980 < Pr ≦ 2 100	2 040
2 100 < Pr ≦ 2 210	2 150
2 210 < Pr ≦ 2 320	2 270
2 320 < Pr ≦ 2 440	2 380
2 440 < Pr ≦ 2 610	2 490
2 610 < Pr ≦ 2 830	2 720
2 830 < Pr	2 940

3.5.2 Einstellung der Bremse auf dem Prüfstand

Die Bremsleistung ist nach dem in Nummer 3.9 beschriebenen Verfahren einzustellen. Das angewendete Verfahren und die ermittelten Werte (äquivalente Schwungmasse, Einstellkennwert) sind im Prüfbericht anzugeben.

3.5.3 Vorbereitung der Messeinrichtungen

Die verwendeten Analysatoren sind entsprechend den in Nummer 3.11 erläuterten Vorschriften zu kalibrieren.

3.5.4 Vorbereitung des Fahrzeugs

3.5.4.1 Nach Ankunft des Fahrzeugs im Prüffeld werden die folgenden Testvorbereitungen durchgeführt. Die Umgebungstemperatur des Fahrzeugs muss zwischen 20 und 30 °C liegen.

a) Der/die Kraftstoffbehälter wird/werden entleert und mit dem vorgeschriebenen Volumen Prüfkraftstoff befüllt. Das System zur Begrenzung der Verdunstungsemissionen muss sich im Normalzustand befinden, das heißt weder frisch gereinigt noch voll beladen sein.

b) Innerhalb einer Stunde nach der Betankung soll das Fahrzeug zur Vorkonditionierung die Fahrkurve I (ohne Parkphase und dritte Fahrphase) nach Nummer 3.8 auf einem Fahrleistungsprüfstand absolvieren.

c) Nach Ermessen des Technischen Dienstes oder auf Verlangen des Herstellers mit Zustimmung des Technischen Dienstes kann in Ausnahmefällen der Vorgang der Vorkonditionierung erweitert werden, wenn es zur Stabilisierung des Emissionsverhaltens erforderlich ist. In dem Fall kann die Fahrkurve jeweils nach einer Standzeit von einer Stunde bis zu dreimal wiederholt werden.

d) Innerhalb von fünf Minuten nach Abschluss der Vorkonditionierung werden die Fahrzeuge vom Fahrleistungsprüfstand zu einem Abstellplatz gebracht. Die Umgebungstemperatur muss zwischen 20 und 30 °C liegen.

e) Fahrzeuge mit Fremdzündungsmotoren (Ottomotoren) müssen dort zwischen zehn und 35 Stunden verbleiben, bis die Vorbereitungen zur Prüfung der Tankatmungsverluste gemäß Nummer 3.6.2.2 beginnen. Innerhalb einer Stunde nach Beendigung dieses Vorgangs müssen die Prüfungen zur Ermittlung der durchschnittlichen Abgasemissionen im Fahrbetrieb beginnen.

f) Fahrzeuge mit Selbstzündungsmotoren (Dieselmotoren) müssen dort zwischen zwölf und 36 Stunden verbleiben, bis die Prüfung der durchschnittlichen Abgasemissionen im Fahrbetrieb gemäß Nummer 3.6.3 beginnen.

3.5.4.2 Zur Schonung der Reifen während der Fahrprüfungen kann der Reifendruck in den Antriebsrädern auf bis zu 310 kPa erhöht werden. Der Reifendruck ist im Prüfprotokoll zu vermerken.

3.6 Emissionsprüfungen

3.6.1 Allgemeine Vorschriften

3.6.1.1 Die Umgebungstemperatur des Fahrzeugs muss während der nachfolgend genannten Prüfungen zwischen 20 und 30 °C liegen. Die absolute Luftfeuchte (H) im Prüfraum oder der Ansaugluft des Motors muss folgender Bedingung genügen:

5,5 g ≤ H ≤ 12,2 g H_2O/kg trockener Luft.

3.6.1.2 Das Fahrzeug muss während der Prüfung annähernd horizontal stehen, um eine abnormale Kraftstoffverteilung zu vermeiden.

3.6.2 Fahrzeuge mit Fremdzündungsmotoren

3.6.2.1 Allgemeines zum Prüfablauf

Die Fahrzeugvorbereitung wurde mit dem Abstellen des Fahrzeugs bei einer Umgebungstemperatur zwischen 20 und 30 °C zur Konditionierung für die Emissionsprüfungen abgeschlossen. Mindestens zehn und höchstens 35 Stunden nach dem Abstellen des Fahrzeugs beginnt die Messung der Tankatmungsverluste im Rahmen der Prüfung der Verdunstungsemissionen. Die Tankatmung tritt auf als Folge der Temperaturänderung des Kraftstoffs. Bei der Prüfung wird der Kraftstoff im Tank gemäß den folgenden Anweisungen um 14 K erwärmt. Auch an Fahrzeugen, die nicht einer Prüfung der Verdunstungsemissionen unterzogen werden sollen, ist die Kraftstofferwärmung durchzuführen, um evtl. Rückwirkungen des Verdunstungsemissions-Minderungssystems auf die Abgasemissionen zu berücksichtigen. Bei solchen Fahrzeugen kann dann auf die Prüfkammer und die CH-Konzentrationsmessungen verzichtet werden. Die Verdunstungsmessungen werden nach dem Durchfahren der Fahrkurve I abgeschlossen mit der Prüfung der Verdunstung beim Heißabstellen.

Fahrzeuge, an denen die Verdunstungsemissionen bestimmt werden sollen, müssen die Abgasgrenzwerte einhalten.

3.6.2.2 Prüfung der Tankatmungsverluste

a) Die Messkammer ist unmittelbar vor der Prüfung mehrere Minuten zu spülen.

b) Das/die Gebläse zum Durchmischen der Kammer ist/sind einzuschalten.

c) Der/die Kraftstoffbehälter des Prüffahrzeugs wird/werden entleert und mit dem Prüfkraftstoff nach Abschnitt 5 befüllt. Das Füllvolumen soll 40 Prozent des Tankvolumens betragen. Die Temperatur des Kraftstoffs muss vor dem Einfüllen zwischen 10 und 16 °C liegen. Der/die Tank(s) ist/sind zunächst unverschlossen zu lassen.

d) Bei Fahrzeugen mit mehreren Tanks müssen alle Tanks wie nachfolgend beschrieben in gleicher Weise aufgeheizt werden. Die Temperaturen der Tanks müssen auf ± 1,5 K übereinstimmen.

e) Das Prüffahrzeug ist mit abgestelltem Motor in die Messkammer zu bringen, Fenster und Kofferraumdeckel sind zu öffnen, Tanktemperaturfühler sind anzuschließen, und ggf. ist die Erwärmungseinrichtung für den Kraftstoff anzuschließen. Die Temperaturen des Kraftstoffs und der Raumluft sind von nun an aufzuzeichnen bzw. zu registrieren.

f) Der Kraftstoff kann künstlich bis auf die Temperatur des Messbeginns (16 ± 1 °C) erwärmt werden.

g) Sobald der Kraftstoff 14 °C erreicht hat,

– ist der Tank zu schließen

– ist das Gebläse auszuschalten, falls nicht schon früher geschehen

– ist die Messkammer gasdicht zu schließen.

h) Sobald der Kraftstoff 16 ± 1 °C erreicht hat,

– ist die CH-Konzentration in der Messkammer zu messen (Anfangswert für die Auswertung)

– ist mit einer linearen, 60 ± 2 Minuten dauernden Erwärmung zu beginnen.

i) Die zulässige Abweichung von der Solltemperatur beträgt während des Erwärmungsvorgangs ± 1,5 K.

k) Wenn 60 ± 2 Minuten nach der Anfangsmessung und dem Erwärmungsbeginn die Kraftstofftemperatur um 14 ± 0,5 K zugenommen hat, ist die CH-Konzentration in der Kammer zu messen (Endwert für die Auswertung).

l) Nach dem Öffnen der Kammer und Lösen aller Anschlüsse für die vorgenannte Messprozedur ist das Fahrzeug mit abgestelltem Motor aus der Messkammer zu entfernen und für die anschließende Prüfung vorzubereiten.

m) Eine Bestimmung der Verdunstungsemissionen im Fahrbetrieb ist nur erforderlich, wenn nach Prüfung der technischen Gegebenheiten nicht ausgeschlossen werden kann, dass derartige Emissionen im Fahrbetrieb auftreten. Die Messung im Fahrbetrieb erfolgt mittels CH-Sammelfallen, die an allen Öffnungen des Kraftstoffsystems angebracht werden. Die Fallen müssen vorher gewogen worden sein. Nach Beendigung der ersten beiden Phasen (Abstellen zur Zehn-Minuten-Pause) der Fahrkurve I, in der wie nachstehend beschrieben die Abgasemissionen geprüft werden, sind die Fallen innerhalb einer Minute abzunehmen, zu verschließen und innerhalb einer Stunde zu wägen. Die Verdunstungsemissionen im Fahrbetrieb ergeben sich aus der Massendifferenz der Fallen vor und nach den ersten beiden Phasen der Fahrkurve I.

Straßenverkehrs-Zulassungs-Ordnung   Anlage XXIII – StVZO | 03

3.6.2.3 Prüfung der Abgasemissionen

3.6.2.3.1 Allgemeines

Die Prüfung gemäß Fahrkurve I und II wird auf dem Rollenprüfstand durchgeführt. Der Fahrgeschwindigkeitsverlauf über der Zeit ist aufzuzeichnen, um die Gültigkeit der Prüfstandsprüfung beurteilen zu können. Die Geschwindigkeit und die zurückgelegte Strecke werden anhand der Umdrehungen derselben Prüfstandsrolle oder -welle gemessen. Die während der Sammelzeit der einzelnen Probengasmengen zurückgelegten Fahrstrecken sind getrennt zu ermitteln.

Die Motor- und Fahrzeugtemperaturen werden dabei durch Gebläse auf den bei Straßenfahrbetrieb üblicherweise auftretenden Temperaturen gehalten.

Fahrzeuge mit Vierradantrieb werden im Zweiradantrieb geprüft. Bei Fahrzeugen mit ständigem Vierradantrieb wird ein Satz Antriebsräder zeitweise ausgeschaltet.

Aus dem mit Umgebungsluft verdünnten Abgas wird ein proportionaler Teilstrom entnommen und den Sammelbeuteln zugeführt.

Während des Durchfahrens der Fahrkurve I wird der Probengasstrom nacheinander in drei Sammelbeutel geleitet, wobei der erste Sammelbeutel die Abgasprobe während der ersten 505 Sekunden des Kaltstarttests, der zweite Sammelbeutel die Abgasprobe während des restlichen Teils des Kaltstarttests und der dritte Beutel die Abgasprobe während der 505 Sekunden nach dem Warmstart aufnimmt.

Während des Durchfahrens der Fahrkurve II wird der Probengasstrom in einen Sammelbeutel geleitet. Der Inhalt der Probenbeutel wird anschließend auf die Konzentrationen an Kohlenmonoxid, Kohlendioxid, Kohlenwasserstoffe und Stickoxide analysiert. Um den Einfluss der Umgebungsluftkonzentrationen berücksichtigen zu können, werden parallel jeweils Umgebungsluftproben gezogen. Die Berechnung der streckenbezogenen Emissionsmengen erfolgt nach Nummer 3.13.

3.6.2.3.2 Vorbereitungen auf die Prüffahrten

a) Das Fahrzeug muss mit den Antriebsrädern ohne Anlassen des Motors auf die Rolle des Fahrleistungsprüfstands gebracht werden.

b) Die Motorraumabdeckung ist zu öffnen und das Kühlgebläse in Position zu bringen.

c) Mit den Proben-Umschaltventilen in Wartestellung sind die geleerten Sammelbeutel für die verdünnten Abgas- und Umgebungsluftproben anzuschließen.

d) Die CVS-Anlage (Entnahmesystem mit konstantem Volumen) muss spätestens jetzt eingeschaltet werden, ebenso die Probenpumpen. Die Temperatur des Abgas-Luft-Gemisches an der Probenentnahmestelle ist von jetzt an aufzuzeichnen. Das Kühlgebläse ist einzuschalten. Ein evtl. vorhandener Wärmetauscher in der CVS-Anlage muss auf seine Betriebstemperatur vorgeheizt worden sein.

f) Die Probengas-Durchflussmengen sind auf die gewünschten Werte, mindestens jedoch auf 5 l/min einzustellen.

g) Das Abgasrohr ist gasdicht an das (die) Abgasendrohr(e) des Fahrzeugs anzuschließen.

h) Das Gasdurchflussmessgerät und die Umschaltventile sind so einzustellen, dass der Abgasprobenstrom in den ersten Beutel für die erste Phase sowie der Umgebungsluftprobenstrom in seinen entsprechenden Beutel gelangt.

Durch Betätigung des Zündschlüssels wird sofort anschließend der Startvorgang eingeleitet.

3.6.2.3.3 Durchfahren der Fahrkurve I

Mit dem Prüffahrzeug ist die Fahrkurve I unter Berücksichtigung der dort niedergelegten Bestimmungen zu durchfahren. Besondere Vorschriften sind nachfolgend aufgeführt.

a) Anlassen des Motors

Der Motor muss gemäß den Empfehlungen des Herstellers in der Betriebsanleitung angelassen werden.

Die erste, 20 Sekunden dauernde Leerlaufphase der Fahrkurve I beginnt, sobald der Motor anspringt. 15 Sekunden nach dem Motor angesprungen ist, ist der Gang einzulegen. Falls erforderlich, zum Beispiel bei Fahrzeugen mit automatischem Getriebe, kann die Bremse betätigt werden, um die Antriebsräder am vorzeitigen Drehen zu hindern. Wenn der Motor nach zehn Sekunden Durchdrehzeit nicht angesprungen ist, muss der Startvorgang abgebrochen werden. Ist der Fehlstart auf einen Bedienungsfehler zurückzuführen, kann die Prüfung mit erneutem Kaltstart fortgesetzt werden. Beruht der Fehlstart auf einem Fahrzeugfehler, ist die Prüfung abzubrechen und für ungültig zu erklären.

b) Stehenbleiben des Motors

Wenn der Motor während eines Leerlaufs stehenbleibt, ist er sofort wieder zu starten und die Prüfung ist fortzusetzen. Außerhalb einer Leerlaufphase ist der Fahrprogrammzeiger anzuhalten bis die Fahrkurve fortgesetzt werden kann. Springt der Motor nicht innerhalb einer Minute wieder an, wird die Prüfung abgebrochen.

Wenn in der Betriebsanleitung ein Anlassverfahren für warmen Motor vom Hersteller nicht vorgeschrieben ist, dann ist der Motor (Motoren mit Startautomatik und mit manuellem Choke) anzulassen, indem das Gaspedal etwa um die Hälfte heruntergedrückt und der Motor durchgedreht wird bis er anspringt.

c) Ende der ersten Phase der Fahrkurve I

Mit dem Ende der Verzögerung zum Zeitpunkt 505 Sekunden nach Beginn der Fahrkurve I endet die erste Phase der Fahrkurve I. Von diesem Zeitpunkt an müssen der Probengasstrom und die Umgebungsluftprobe in die jeweils nachfolgenden Sammelbeutel geleitet werden.

Vor dem Beginn der bei 511 Sekunden anschließenden Beschleunigung ist die Zahl der in der ersten Phase gemessenen Rollen- bzw. Wellenumdrehungen festzuhalten, der Zähler ist dann auf Null zu stellen oder es muss auf einen zweiten Zähler umgeschaltet werden.

d) Abstellen nach der zweiten Phase der Fahrkurve I

Der Motor ist zwei Sekunden nach dem Ende der letzten Verzögerung, also bei 1 369 Sekunden abzustellen. Fünf Sekunden, nachdem der Motor zu laufen aufgehört hat, sind die Proben-Umschaltventile auf Wartestellung zu schalten. Das Kühlgebläse ist sofort abzuschalten, die Motorhaube ist zu schließen. Die CVS-Anlage ist abzuschalten oder das Abgasrohr ist vom Endrohr (den Endrohren) des Fahrzeugs zu trennen. Die Zahl der in der zweiten Phase gemessenen Rollen- bzw. Wellenumdrehungen des Fahrleistungsprüfstands ist festzuhalten, der Zähler ist dann auf Null zu stellen oder es muss auf einen dritten Zähler umgeschaltet werden.

e) Vorbereitung und Durchführung der dritten Phase der Fahrkurve I

Vor der dritten Phase sind die vorbereitenden Arbeiten gemäß Nummer 3.6.2.3.2 Buchstabe b bis h zu wiederholen, die Arbeit nach Nummer 3.6.2.3.2 Buchstabe h muss innerhalb von neun bis elf Minuten nach dem Ende der Probensammlung der zweiten Phase durchgeführt werden.

Nach dem Ende der Verzögerung zum Zeitpunkt 505 Sekunden nach dem Beginn der dritten Phase sind die Probenumschaltventile auf Wartestellung zu schalten. Die Zahl der gemessenen Rollen- bzw. Wellenumdrehungen ist festzuhalten. Der Motor kann jetzt abgestellt werden.

f) Sobald wie möglich müssen jeweils die Abgas- und Umgebungsluftproben aus den einzelnen Phasen der Analysenanlage zugeführt werden, das heißt gegebenenfalls schon vor dem Abschluss der gesamten Fahrkurve. Zwischen dem Ende der jeweiligen Sammelphase und der Ablesung der zugehörigen stabilen Analysenwerte auf allen Analysatoren darf nicht mehr als 20 Minuten vergehen.

g) Für Prüffahrzeuge, die der vollständigen Prüfung der Abgasemissionen unterzogen werden, schließt sich die Fahrkurve II an. Es ist weiter nach Nummer 3.6.2.3.4 zu verfahren.

Für Prüffahrzeuge, die der Prüfung der Verdunstungsemissionen unterzogen werden, schließt sich der Heißabstelltest an. Es ist weiter nach Nummer 3.6.2.4 zu verfahren.

3.6.2.3.4 Durchfahren der Fahrkurve II

Bei der Prüfung der Abgasemissionen in der Fahrkurve II ist der in der Nummer 3.8 beschriebene Geschwindigkeits-Zeit-Ablauf zweimal zu durchfahren, wobei der erste Durchlauf der Konditionierung des Fahrzeugs dient, und die Emissionsmengen lediglich im zweiten Durchlauf bestimmt werden.

Der Ablauf der Prüfung ist wie folgt:

a) Die vorbereitenden Arbeiten gemäß Nummer 3.6.2.3.2 Buchstabe a bis g sind durchzuführen. Die Proben-Umschaltventile verbleiben in Wartestellung. (Es sind lediglich je ein Beutel für das Probengas und ein Beutel für die Umgebungsluftprobe erforderlich.)

b) Das Fahrzeug ist gemäß Empfehlungen des Herstellers zu starten. Bezüglich des Nicht-Anspringens bzw. Stehenbleibens des Motors gelten die Bestimmungen in Nummer 3.6.2.3.3 Buchstabe a und b.

c) Die Fahrkurve II ist entsprechend Nummer 3.8 zum ersten Mal zu durchfahren.

d) Wenn der Stillstand des Fahrzeugs am Ende des ersten Durchlaufs der Fahrkurve II erreicht wird, stehen 17 Sekunden zur Verfügung bis der zweite Durchlauf beginnt. Der Zähler zur Ermittlung der Fahrstrecke ist auf Null zu stellen.

e) Zwei Sekunden, bevor die erste Beschleunigung in dem zweiten Durchlauf beginnt, müssen die Proben-Umschaltventile auf den Probengas- und den Umgebungsluftprobenbeutel geschaltet werden.

f) Die Fahrkurve II ist entsprechend Nummer 3.8 zum zweiten Mal zu durchfahren.

g) Zwei Sekunden, nachdem das Fahrzeug den Stillstand am Ende der Fahrkurve II erreicht hat, sind die Umschaltventile auf Wartestellung zu schalten. Die Zahl der gemessenen Rollen- bzw. Wellenumdrehungen ist festzuhalten. Der Motor kann abgestellt werden.

Straßenverkehrs-Zulassungs-Ordnung   Anlage XXIII – StVZO | 03

h) Die Konzentrationen der Abgasbestandteile CO, CO_2, CH, NO_x müssen innerhalb von 20 Minuten ermittelt werden.

i) Die Berechnung der Menge der emittierten Luftverunreinigungen je Fahrkilometer erfolgt nach Nummer 3.13.

3.6.2.4 Prüfung der Verdunstungsemissionen beim Heißabstellen

Mit der Bestimmung der Verdunstungsemissionen während eines 60-minütigen Heißabstellens nach der Fahrkurve I wird die Prüfung des Verdunstungsemissionsverhaltens beendet.

a) Vor dem Ende der Fahrt nach der Fahrkurve I muss die Messkammer mehrere Minuten gespült worden sein.

b) Nach Beendigung der Fahrkurve I ist die Motorhaube zu schließen, und es sind alle Verbindungen vom Fahrzeug zum Prüfstand zu lösen. Das Fahrzeug ist dann unter möglichst geringer Betätigung des Fahrpedals zur Messkammer zu fahren. Vor der Messkammer ist der Motor abzustellen; der Zeitpunkt der Motorabstellung ist zu notieren. Das Fahrzeug muss dann antriebslos in die Messkammer gebracht werden.

c) Das/die Gebläse zum Durchmischen der Kammer muss/müssen eingeschaltet werden, bevor das Fahrzeug in die Messkammer kommt.

d) Fenster und Kofferraumdeckel des Fahrzeugs müssen jetzt offen sein.

e) Die Temperatur der Raumluft ist von nun an aufzuzeichnen.

f) Innerhalb von zwei Minuten nach dem Abstellen des Motors und innerhalb von sieben Minuten nach dem Ende der Fahrkurve I muss die Messkammer gasdicht verschlossen werden.

g) Die CH-Konzentration in der Messkammer wird mit dem FID (Analysator mit Flammenionisations-Detektor) gemessen und von nun an fortlaufend registriert. Der kurz nach dem Schließen der Messkammer gemessene Wert der CH-Konzentration bildet den Anfangswert für die Auswertung nach Abschnitt 3.12.

h) Das Fahrzeug muss 60 Minuten (± 0,5 Minuten) innerhalb der Messkammer stehen. Am Ende der 60 Minuten (± 0,5 Minuten) dauernden Prüfzeit wird die CH-Konzentration in der Messkammer bestimmt. Dieser Wert bildet den Endwert für die Auswertung nach Nummer 3.12.

i) Die Prüfung der Verdunstungsemissionen ist damit abgeschlossen.

3.6.3 Fahrzeuge mit Selbstzündungsmotoren (Dieselmotoren)

3.6.3.1 Allgemeines zum Prüfablauf

Die Fahrzeugvorbereitung wird mit dem Abstellen des Fahrzeugs bei einer Umgebungstemperatur zwischen 20 und 30 °C zur Konditionierung für die Emissionsprüfungen abgeschlossen. Mindestens zwölf und höchstens 36 Stunden nach dem Abstellen des Fahrzeugs beginnt die Prüfung der Abgasemissionen in der Fahrkurve I.

3.6.3.2 Prüfung der Abgasemissionen von Fahrzeugen mit Selbstzündungsmotoren (Dieselmotoren)

Es gelten die Ausführungen, die in Nummer 3.6.2.3 für die Prüfung der Abgasemissionen von Fahrzeugen mit Fremdzündungsmotoren (Ottomotoren) gemacht worden sind, mit den folgenden Ergänzungen und Abänderungen (siehe Figur 5).

3.6.3.2.1 Allgemeines

Das Abgas wird in einem Verdünnungstunnel mit Umgebungsluft vermischt.

Zur Partikelmessung wird ein proportionaler Teilstrom über eine Sonde entnommen. Die Partikel werden aus dem Abgas-Luft-Probenstrom zur nachfolgenden Wägung abgeschieden.

Die sechs Filter sind in der Partikelprobenleitung derart angeordnet, dass sie drei parallele Filterpaare bilden, das heißt in jedem Verzweigungsteil sind zwei Filter in Richtung des Probengasstroms hintereinander geschaltet. In jeder Verzweigung müssen gleiche Strömungsverhältnisse herrschen. Schnellschaltventile sind derart angeordnet, dass die Filterpaare nacheinander mit dem Probengasstrom beaufschlagt werden können. Die zeitliche Abfolge der Beaufschlagung entspricht der in Nummer 3.6.2.3.1 beschriebenen Probenzuführung für die drei Phasen der Fahrkurve I. Die CH-Konzentration wird im verdünnten Abgas mit einem beheizten FID (HFID) fortlaufend gemessen, registriert und integriert. Das Probengas wird über eine separate Sonde entnommen.

Die Probeentnahme für die Sammelbeutel zum Zwecke der anschließenden Konzentrationsmessungen entspricht dem in Nummer 3.6.2.3.1 beschriebenen Verfahren.

371

Figur 5

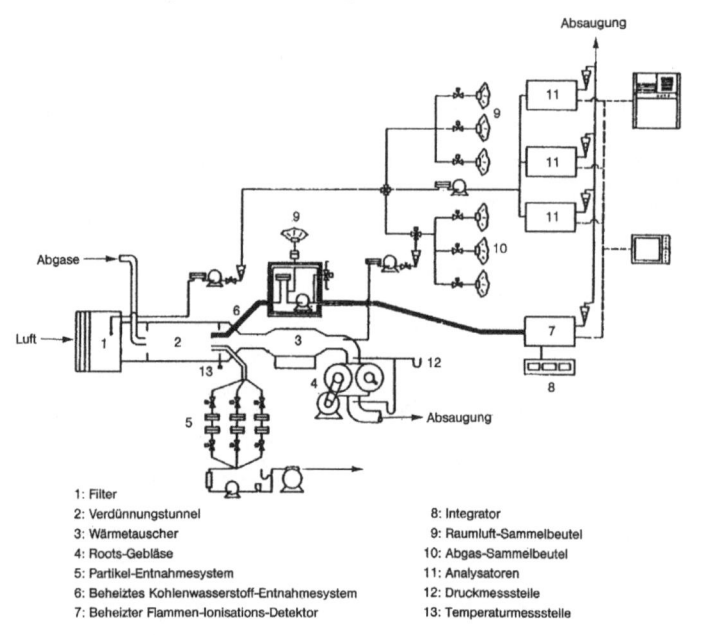

**Schema eines Probenahme- und Analysesystems
zur Bestimmung gas- und partikelförmiger Emissionen bei Pkw mit Dieselmotoren**

1: Filter
2: Verdünnungstunnel
3: Wärmetauscher
4: Roots-Gebläse
5: Partikel-Entnahmesystem
6: Beheiztes Kohlenwasserstoff-Entnahmesystem
7: Beheizter Flammen-Ionisations-Detektor
8: Integrator
9: Raumluft-Sammelbeutel
10: Abgas-Sammelbeutel
11: Analysatoren
12: Druckmessstelle
13: Temperaturmessstelle

3.6.3.2.2 Vorbereitungen auf die Prüffahrten

Der Ablauf entspricht dem in Nummer 3.6.2.3.2 für Fahrzeuge mit Fremdzündungsmotoren (Ottomotoren) beschriebenen Verfahren mit folgenden Ergänzungen:

zu d) Die Aufzeichnungs- bzw. Registriereinrichtungen des beheizten FID (HFID) ist einzuschalten.

zu f) Der Probengasstrom für den beheizten FID (HFID) muss mindestens 2 l/min betragen.

Während der Prüfung ist die Durchflussmenge durch die Partikelfilter so einzustellen, dass die Durchflussmenge auf ± 5 Prozent konstant bleibt. Die mittlere Temperatur und der Druck am Einlass des Durchflussmessgeräts sind aufzuzeichnen. Wenn die Durchflussmenge sich wegen einer zu hohen Filterbeladung unzulässig verändert, muss die Prüfung abgebrochen werden. Bei der Wiederholung muss eine geringere Durchflussrate eingestellt oder ein größerer Filter verwendet werden (gegebenenfalls beides).

3.6.3.2.3 Durchfahren der Fahrkurve I

Die Bestimmungen aus Nummer 3.6.2.3.3 gelten mit folgenden Ergänzungen oder Änderungen.

zu c) Von dem Zeitpunkt 505 Sekunden an wird das zweite Partikelfilterpaar beaufschlagt. An der Aufzeichnungseinrichtung für die Kohlenwasserstoffkonzentrationsmessung ist eine Markierung vorzunehmen, derzufolge die erste und zweite Phase identifiziert werden können. Die Integration der CH-Werte erfolgt getrennt nach den einzelnen Sammelphasen.

zu d) Ebenfalls fünf Sekunden, nachdem der Motor zu laufen aufgehört hat, ist die Aufzeichnung der CH-Konzentration entsprechend zu markieren, ist die Integration über die zweite Phase zu beenden und ist der Probenstrom-Durchfluss durch das zweite Partikelfilterpaar zu beenden.

Die bisher beaufschlagten beiden Partikelfilterpaare sind vorsichtig aus ihren jeweiligen Halterungen zu nehmen und zur nachfolgenden Wägung jede für sich in je eine Petrischale zu legen. Die Probenschalen sind abzudecken.

Straßenverkehrs-Zulassungs-Ordnung Anlage XXIII – StVZO | 03

zu e) Die für die Durchführung und Beendigung der CH-Messung sowie der Partikelabscheidung in der dritten Phase erforderlichen Schritte sind in Anlehnung an die zu den Buchstaben c und d beschriebenen Ergänzungen durchzuführen.

zu f) Sobald wie möglich, keinesfalls jedoch später als eine Stunde nach der Beendigung der dritten Phase der Fahrkurve I, sind die sechs Partikelfilter für die Wägung zu konditionieren.

3.6.3.2.4 Durchfahren der Fahrkurve II

Es gelten die Bestimmungen und der Ablauf nach Nummer 3.6.2.3.4. Eine Messung der Partikelemissionen ist nicht erforderlich.

3.6.4 Prüfung gemäß § 47a

Nach Abschluss der Prüfung der Abgasemissionen in den Fahrkurven I und II durchlaufen die Prüffahrzeuge die Prüfung gemäß § 47a.

3.7 Gas-, Partikelentnahme, Analyse

3.7.1 Probenahme

3.7.1.1 Prüfung nach Fahrkurve I

Die Entnahme beginnt, wie nach Nummer 3.6.2.4 festgelegt, gleichzeitig mit dem Anlassen des Fahrzeugmotors. In getrennten Beuteln bzw. Filterpaaren werden während der

a) Kaltstart-Übergangsphase (505 Sekunden nach Kaltstartbeginn)

b) Kaltstart-stabilisierten Phase (von der 506. Sekunde bis zum Abstellen)

c) Warmstart-Übergangsphase (505 Sekunden nach Warmstartbeginn)

der Fahrkurve I die dazugehörigen Abgas- und Partikelproben entnommen. Die Entnahme endet nach der dritten Phase mit laufendem Motor. Parallel zu jedem Abgasprobenbeutel werden Beutel mit Umgebungsluftproben gefüllt.

3.7.1.2 Prüfung nach Fahrkurve II

Die Probennahme beginnt und endet mit laufendem Fahrzeugmotor. Während der gesamten Fahrtdauer gelangt die Abgas- und die Umgebungsluft in je einen Probenbeutel.

3.7.2 Analyse

3.7.2.1 Die Analyse der in den Beuteln enthaltenen Gase ist so bald wie möglich nach Beendigung der einzelnen Phasen der Prüfung durchzuführen; das unverdünnte Abgas in den Probenbeuteln muss innerhalb von 20 Minuten nach Phasenende analysiert werden. Die erforderlichen Partikelfilter sind wenigstens acht, höchstens 56 Stunden in einer offenen, gegen Staubeinfall geschützten Schale vor dem Test in einer klimatisierten Kammer zu konditionieren (Temperatur, Feuchte). Nach dieser Konditionierung werden die leeren Filter gewogen und bis zur Verwendung aufbewahrt.

Frühestens eine Stunde vor Beginn der Prüfung werden Filter der Kammer entnommen.

Die beladenen Partikelfilter müssen spätestens eine Stunde nach dem Ende der Abgasprüfung in die Kammer gebracht, dort zwischen einer und 56 Stunden konditioniert und anschließend gewogen werden.

3.7.2.2 Vor jeder Probenanalyse wird der Nullpunkt des jeweiligen Analysators mit dem jeweiligen Prüfgas eingestellt.

3.7.2.3 Die Kalibrierkurven der Analysatoren werden dann mit Prüfgasen eingestellt, deren Nennkonzentrationen zwischen 70 und 100 Prozent des Skalenendwerts liegen.

3.7.2.4 Anschließend wird die Nullstellung des Analysators erneut überprüft. Weicht der abgelesene Wert um mehr als 2 Prozent des Skalenendwerts von dem Wert ab, der bei der in Nummer 3.7.2.2 vorgeschriebenen Einstellung erzielt wurde, so ist der Vorgang zu wiederholen.

3.7.2.5 Anschließend sind die Proben zu analysieren.

3.7.2.6 Nach der Analyse werden Nullstellung und Einstellwerte mit den gleichen Gasen überprüft. Weichen diese Werte um nicht mehr als 2 Prozent von denen ab, die nach der in Nummer 3.7.2.3 vorgeschriebenen Einstellung erzielt wurden, so können die Ergebnisse der Analyse für die Berechnung der Prüfungswerte herangezogen werden.

3.7.2.7 Bei allen in diesem Abschnitt beschriebenen Vorgängen müssen die Durchflussmengen und Drücke der verschiedenen Gase die gleichen sein wie bei der Kalibrierung der Analysatoren.

3.7.2.8 Die Konzentration der Kohlenwasserstoffe aus Motoren mit Selbstzündung wird am beheizten FID über die Dauer der Testphasen registriert und integriert. Nach Nummer 3.13 wird die emittierte Menge an Kohlenwasserstoffen bestimmt.

3.7.3 Bestimmung der Menge der emittierten luftverunreinigenden Gase und Partikel

3.7.3.1 Maßgebliches Volumen

Das maßgebliche Volumen ist auf die Normalbedingungen 101,33 kPa und 273,2 K zu korrigieren.

3.7.3.2 Gesamtmasse der emittierten luftverunreinigenden Gase und Partikel

Die Masse m der vom Fahrzeug während der Prüfung emittierten gasförmigen Luftverunreinigungen wird für die einzelnen Testphasen durch das Produkt aus Volumenkonzentration und dem entsprechenden Gasvolumen basierend auf den nachstehenden Dichtewerten nach den vorgenannten Bezugsbedingungen berechnet:

a) für Kohlenmonoxid (CO): $d = 1,25$ kg/m³

b) für Kohlenwasserstoffe ($CH_{1,85}$): $d = 0,619$ kg/m³

c) für Stickoxide (NO_2): $d = 2,05$ kg/m³

Die Masse m der vom Fahrzeug während der Prüfung emittierten Partikel wird für die einzelnen Testphasen aus der gewogenen Partikelmasse auf den Filterpaaren ermittelt. Mindestens 95 Prozent der Partikel müssen sich auf dem ersten Filter befinden. Unter diesen Bedingungen ist es ausreichend, die Massenbelegung des ersten Filters für die Berechnung der emittierten Partikelmasse heranzuziehen.

Nummer 3.13 enthält die entsprechenden Berechnungsmethoden für die Bestimmung der Massen der emittierten luftverunreinigenden Gase und Partikel.

3.8 Fahrkurven zur Bestimmung der durchschnittlichen Emissionsmengen

3.8.1 Allgemeines

Das Prüffahrzeug durchfährt auf dem Fahrleistungsprüfstand die nachfolgend grafisch und tabellarisch beschriebenen Fahrkurven I und II, um die in den Abgasen enthaltenen gasförmigen und festen Luftverunreinigungen bestimmen zu können.

3.8.2 Zulässige Abweichungen

Die Abweichungen von der vorgeschriebenen Geschwindigkeit zu einem beliebigen Zeitpunkt der Fahrkurven sind wie folgt begrenzt:

Die Abweichung nach oben liegt um 3,2 km/h höher als die höchste Geschwindigkeit zum betreffenden Zeitpunkt ± 1 Sekunde.

Die Abweichung nach unten liegt um 3,2 km/h tiefer als die niedrigste Geschwindigkeit zum betreffenden Zeitpunkt ± 1 Sekunde.

Geschwindigkeitsabweichungen, die diese Toleranzen übersteigen, sind nur zulässig, wenn sie jeweils weniger als zwei Sekunden dauern. Geschwindigkeiten, die niedriger sind als vorgeschrieben, sind nur zulässig, falls das Fahrzeug dabei die höchste verfügbare Leistung abgibt.

3.8.3 Verwendung des Getriebes

Bei Fahrzeugen mit Handschaltgetriebe werden die Schaltpunkte beim Durchfahren der Fahrkurve nach den Angaben des Herstellers festgelegt.

Diese müssen den Empfehlungen des Herstellers an den Kunden sowie dem üblichen Fahrverhalten eines Fahrers entsprechen und das Nachfahren der Fahrkurven ermöglichen. Die Wahl der Schaltpunkte ist vom Technischen Dienst zu genehmigen.

Werden vom Hersteller keine Schaltpunkte angegeben, werden diese vom Technischen Dienst ausgewählt.

Fahrzeuge mit Automatikgetriebe sind in der höchsten Fahrstufe (drive) zu fahren.

3.8.4 Weitere Hinweise zum Durchfahren der Fahrkurven

3.8.4.1
Die Fahrkurven sind unter Einhaltung der vorgeschriebenen Toleranzen bei möglichst geringer Bewegung des Fahrpedals zu durchfahren. Unter Beachtung der angegebenen Schaltpunkte muss dabei stetig beschleunigt oder verzögert werden.

3.8.4.2
Ein Schaltvorgang muss so schnell wie möglich erfolgen; das Fahrpedal darf während des Gangwechsels nicht betätigt werden.

3.8.4.3
Falls die durch die Fahrkurve vorgegebenen Beschleunigungswerte nicht erreicht werden, muss das Fahrzeug so lange mit Volllast beschleunigt werden, bis der vorgeschriebene Geschwindigkeitswert der Fahrkurve erreicht wird.

3.8.4.4
Bei den Leerlaufphasen der Fahrkurve muss der Gang eingelegt und der Motor ausgekuppelt sein. Dies gilt nicht für die erste Leerlaufphase der Fahrkurve. Bei Fahrzeugen mit Automatikgetriebe muss die Fahrstufe drive gewählt und die Bremse betätigt sein.

3.8.4.5
Die Verzögerungsphasen der Fahrkurve werden bei eingelegtem Gang, eingekuppeltem Motor und entlastetem Fahrpedal durchfahren. Konstante Verzögerungen lassen sich gegebenenfalls durch Gebrauch der Fahrzeugbremse einhalten. Wird bis auf Stillstand verzögert, so ist bei 24 km/h auszukuppeln.

Straßenverkehrs-Zulassungs-Ordnung Anlage XXIII – StVZO | 03

Fahrkurve I

Fahrgeschwindigkeit (km/h)

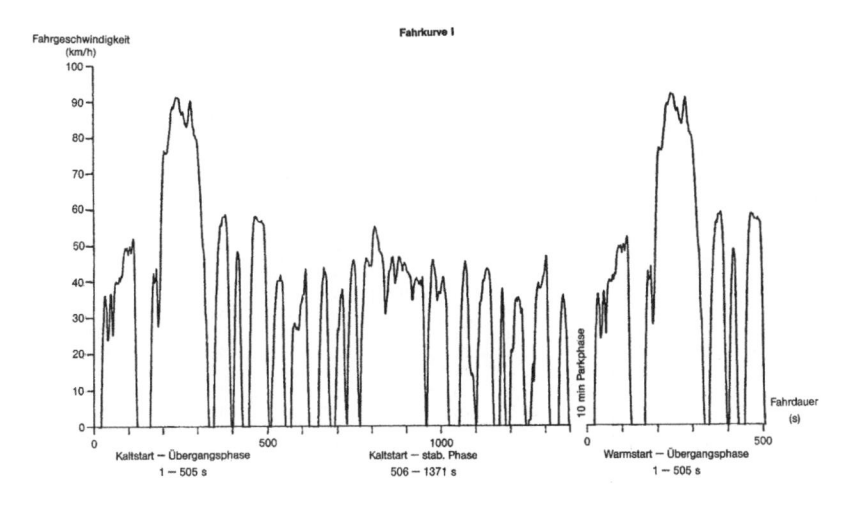

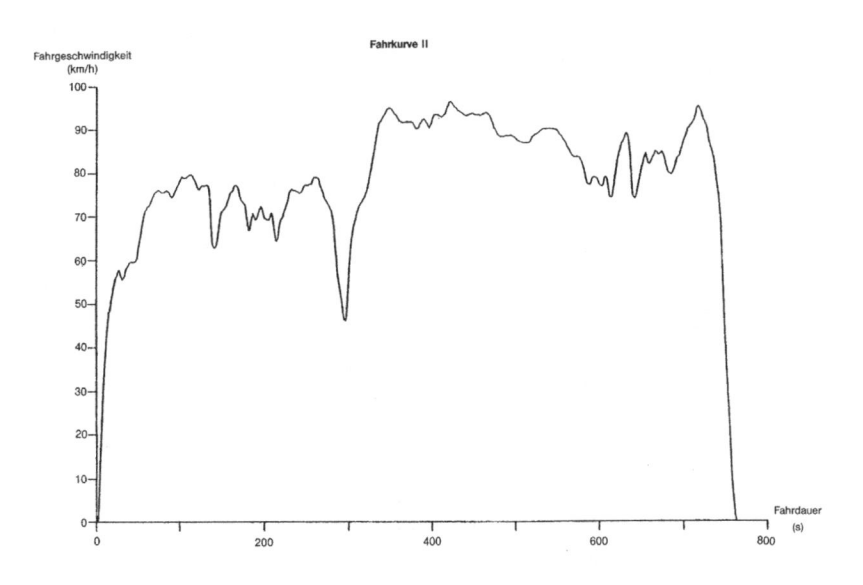

Kaltstart – Übergangsphase
1 – 505 s

Kaltstart – stab. Phase
506 – 1371 s

10 min Parkphase

Warmstart – Übergangsphase
1 – 505 s

Fahrdauer (s)

Fahrkurve II

Fahrgeschwindigkeit (km/h)

Fahrdauer (s)

375

Tabelle zur Fahrkurve I
Fahrdauer (t) in (s) – Fahrgeschwindigkeit (v) in (km/h)

t	v	t	v	t	v	t	v	t	v	t	v	t	v
0	0,0	20	0,0	40	24,0	60	38,5	80	41,4	100	48,8	120	24,8
1	0,0	21	4,8	41	24,5	61	39,6	81	42,0	101	49,4	121	19,5
2	0,0	22	9,5	42	24,9	62	40,1	82	43,0	102	49,7	122	14,2
3	0,0	23	13,8	43	25,7	63	40,2	83	44,3	103	49,9	123	8,9
4	0,0	24	18,5	44	27,5	64	39,6	84	46,0	104	49,7	124	3,5
5	0,0	25	23,0	45	30,7	65	39,4	85	47,2	105	46,9	125	0,0
6	0,0	26	27,2	46	34,0	66	39,8	86	48,0	106	48,0	126	0,0
7	0,0	27	27,8	47	36,5	67	39,9	87	48,4	107	48,1	127	0,0
8	0,0	28	29,1	48	36,9	68	39,8	88	48,9	108	48,6	128	0,0
9	0,0	29	33,3	49	36,5	69	39,6	89	49,4	109	49,4	129	0,0
10	0,0	30	34,9	50	36,4	70	39,6	90	49,4	110	50,2	130	0,0
11	0,0	31	36,0	51	34,3	71	40,4	91	49,1	111	51,2	131	0,0
12	0,0	32	36,2	52	30,6	72	41,2	92	48,9	112	51,8	132	0,0
13	0,0	33	35,6	53	27,5	73	41,4	93	48,8	113	52,1	133	0,0
14	0,0	34	34,6	54	25,4	74	40,9	94	48,9	114	51,8	134	0,0
15	0,0	35	33,6	55	25,4	75	40,1	95	49,6	115	51,0	135	0,0
16	0,0	36	32,8	56	28,5	76	40,2	96	48,9	116	46,0	136	0,0
17	0,0	37	31,9	57	31,9	77	40,9	97	48,1	117	40,7	137	0,0
18	0,0	38	27,4	58	34,8	78	41,8	98	47,5	118	35,4	138	0,0
19	0,0	39	24,0	59	37,3	79	41,8	99	48,0	119	30,1	139	0,0
t	v	t	v	t	v	t	v	t	v	t	v	t	v
140	0,0	160	0,0	180	41,5	200	67,8	220	80,5	240	91,2	260	87,1
141	0,0	161	0,0	181	43,8	201	70,0	221	81,4	241	91,2	261	86,6
142	0,0	162	0,0	182	42,6	202	72,6	222	82,1	242	90,9	262	85,9
143	0,0	163	0,0	183	38,6	203	74,0	223	82,9	243	90,9	263	85,3
144	0,0	164	5,3	184	36,5	204	75,3	224	84,0	244	90,9	264	84,7
145	0,0	165	10,6	185	31,2	205	76,4	225	85,6	245	90,9	265	83,8
146	0,0	166	15,9	186	28,5	206	76,4	226	87,1	246	90,9	266	84,3
147	0,0	167	21,2	187	27,7	207	76,1	227	87,9	247	90,9	267	83,7
148	0,0	168	26,6	188	29,1	208	76,0	228	88,4	248	90,6	268	83,5
149	0,0	169	31,9	189	29,9	209	75,6	229	88,5	249	90,3	269	83,2
150	0,0	170	35,7	190	32,2	210	75,6	230	88,4	250	89,8	270	82,9
151	0,0	171	39,1	191	35,7	211	75,6	231	87,9	251	88,7	271	83,0
152	0,0	172	41,5	192	39,4	212	75,6	232	87,9	252	87,9	272	83,4
153	0,0	173	42,5	193	43,9	213	75,6	233	88,2	253	87,2	273	83,8
154	0,0	174	41,4	194	49,1	214	76,0	234	88,7	254	86,9	274	84,5
155	0,0	175	40,4	195	53,9	215	76,3	235	89,3	255	86,4	275	85,3
156	0,0	176	39,8	196	58,3	216	77,1	236	89,6	256	86,3	276	86,1
157	0,0	177	40,2	197	60,0	217	78,1	237	90,3	257	86,7	277	86,9
158	0,0	178	40,6	198	63,2	218	79,0	238	90,6	258	86,9	278	88,4
159	0,0	179	40,9	199	65,2	219	79,7	239	91,1	259	87,1	279	89,2
t	v	t	v	t	v	t	v	t	v	t	v	t	v
280	89,5	300	79,0	320	44,3	340	0,0	360	49,6	380	58,7	400	0,0
281	90,1	301	78,2	321	39,9	341	0,0	361	50,9	381	58,6	401	0,0
282	90,1	302	77,4	322	34,6	342	0,0	362	51,7	382	57,9	402	0,0
283	89,8	303	76,0	323	32,3	343	0,0	363	52,3	383	56,5	403	4,2
284	88,8	304	74,2	324	30,7	344	0,0	364	54,1	384	54,9	404	9,5
285	87,7	305	72,4	325	29,8	345	0,0	365	55,5	385	53,9	405	14,5
286	86,3	306	70,5	326	27,4	346	0,0	366	55,7	386	50,5	406	20,1
287	84,5	307	68,6	327	24,9	347	1,6	367	56,2	387	46,7	407	25,4
288	82,9	308	66,8	328	20,1	348	6,9	368	56,0	388	41,4	408	30,7
289	82,9	309	64,9	329	17,4	349	12,2	369	55,5	389	37,0	409	36,0
290	82,9	310	62,0	330	12,9	350	17,5	370	55,8	390	32,7	410	40,2
291	82,2	311	59,5	331	7,6	351	22,9	371	57,1	391	28,2	411	41,2
292	80,6	312	56,6	332	2,3	352	27,8	372	57,9	392	23,3	412	44,3
293	80,5	313	54,4	333	0,0	353	32,2	373	57,9	393	19,3	413	46,7
294	80,6	314	52,3	334	0,0	354	36,2	374	57,9	394	14,0	414	48,3
295	80,5	315	50,7	335	0,0	355	38,1	375	57,9	395	8,7	415	48,4
296	79,8	316	49,2	336	0,0	356	40,6	376	57,9	396	3,4	416	48,3
297	79,7	317	49,1	337	0,0	357	47,8	377	57,9	397	0,0	417	47,8
298	79,7	318	48,3	338	0,0	358	45,2	378	58,1	398	0,0	418	47,2
299	79,7	319	46,7	339	0,0	359	48,3	379	58,6	399	0,0	419	46,3

Straßenverkehrs-Zulassungs-Ordnung   Anlage XXIII – StVZO | 03

t	v	t	v	t	v	t	v	t	v	t	v	t	v
420	45,1	440	0,0	460	54,1	480	56,6	500	21,2	520	25,7	540	40,6
421	40,2	441	0,0	461	56,0	481	56,3	501	16,6	521	28,5	541	40,2
422	34,9	442	0,0	462	56,5	482	56,5	502	11,6	522	30,6	542	40,2
423	29,6	443	0,0	463	57,3	483	56,6	503	6,4	523	32,3	543	40,2
424	24,3	444	0,0	464	58,1	484	57,1	504	1,6	524	33,8	544	39,3
425	19,0	445	0,0	465	57,9	485	56,6	505	0,0	525	35,4	545	37,2
426	13,7	446	0,0	466	58,1	486	56,3	506	0,0	526	37,0	546	31,9
427	8,4	447	0,0	467	58,3	487	56,3	507	0,0	527	38,3	547	26,6
428	3,1	448	5,3	468	57,9	488	56,3	508	0,0	528	39,4	548	21,2
429	0,0	449	10,6	469	57,5	489	56,0	509	0,0	529	40,1	549	15,9
430	0,0	450	15,9	470	57,9	490	55,7	510	0,0	530	40,2	550	10,6
431	0,0	451	21,2	471	57,9	491	55,8	511	1,9	531	40,2	551	5,3
432	0,0	452	26,6	472	57,3	492	53,9	512	5,6	532	40,2	552	0,0
433	0,0	453	31,0	473	57,1	493	51,5	513	8,9	533	40,2	553	0,0
434	0,0	454	37,2	474	57,0	494	48,4	514	10,5	534	40,2	554	0,0
435	0,0	455	42,5	475	56,6	495	45,1	515	13,7	535	40,2	555	0,0
436	0,0	456	44,7	476	56,6	496	41,0	516	15,4	536	41,2	556	0,0
437	0,0	457	46,8	477	56,6	497	36,2	517	16,9	537	41,5	557	0,0
438	0,0	458	50,7	478	56,6	498	31,9	518	19,2	538	41,8	558	0,0
439	0,0	459	53,1	479	56,6	499	26,6	519	22,5	539	41,2	559	0,0
t	v	t	v	t	v	t	v	t	v	t	v	t	v
560	0,0	580	28,5	600	34,8	620	0,0	640	0,0	660	41,2	680	0,0
561	0,0	581	28,2	601	35,4	621	0,0	641	0,0	661	41,8	681	0,0
562	0,0	582	27,4	602	36,0	622	0,0	642	0,0	662	43,9	682	0,0
563	0,0	583	27,2	603	36,2	623	0,0	643	0,0	663	43,1	683	0,0
564	0,0	584	26,7	604	36,2	624	0,0	644	0,0	664	42,3	684	0,0
565	0,0	585	27,4	605	36,2	625	0,0	645	0,0	665	42,5	685	0,0
566	0,0	586	27,5	606	36,5	626	0,0	646	3,2	666	42,6	686	0,0
567	0,0	587	27,4	607	38,1	627	0,0	647	7,2	667	42,6	687	0,0
568	0,0	588	26,7	608	40,4	628	0,0	648	12,6	668	41,8	688	0,0
569	5,3	589	26,6	609	41,8	629	0,0	649	16,4	669	41,0	689	0,0
570	10,6	590	26,6	610	42,6	630	0,0	650	20,1	670	38,0	690	0,0
571	15,9	591	26,7	611	43,5	631	0,0	651	22,5	671	34,4	691	0,0
572	20,9	592	27,4	612	42,0	632	0,0	652	24,6	672	29,8	692	0,0
573	23,5	593	28,3	613	36,7	633	0,0	653	28,2	673	26,4	693	0,0
574	25,7	594	29,8	614	31,4	634	0,0	654	31,5	674	23,3	694	2,3
575	27,4	595	30,9	615	26,1	635	0,0	655	33,8	675	18,7	695	5,3
576	27,4	596	32,5	616	20,8	636	0,0	656	35,7	676	14,0	696	7,1
577	21,4	597	33,8	617	15,4	637	0,0	657	37,5	677	9,3	697	10,5
578	28,2	598	34,0	618	10,1	638	0,0	658	39,4	678	5,6	698	14,8
579	28,5	599	34,1	619	4,8	639	0,0	659	40,7	679	3,2	699	18,2
t	v	t	v	t	v	t	v	t	v	t	v	t	v
700	21,7	720	24,1	740	41,0	760	15,1	780	44,3	800	45,1	820	50,9
701	23,5	721	19,3	741	42,6	761	10,0	781	45,1	801	45,9	821	50,7
702	26,4	722	14,5	742	43,6	762	4,8	782	45,5	802	48,3	822	49,2
703	26,9	723	10,0	743	44,4	763	2,4	783	46,5	803	49,9	823	48,3
704	26,6	724	7,2	744	44,9	764	2,4	784	46,5	804	51,5	824	48,1
705	26,6	725	4,8	745	45,5	765	0,8	785	46,5	805	53,1	825	48,1
706	29,3	726	3,4	746	46,0	766	0,0	786	46,3	806	53,1	826	48,1
707	30,9	727	0,8	747	46,0	767	4,8	787	45,9	807	54,1	827	48,1
708	32,3	728	0,8	748	45,5	768	10,1	788	45,5	808	54,7	828	47,6
709	34,6	729	5,1	749	45,4	769	15,4	789	45,5	809	55,2	829	47,5
710	36,2	730	10,5	750	45,1	770	20,8	790	45,5	810	55,0	830	47,5
711	36,2	731	15,4	751	44,3	771	25,4	791	45,4	811	54,7	831	47,2
712	35,6	732	20,1	752	43,1	772	28,2	792	44,4	812	54,7	832	46,5
713	36,5	733	22,5	753	41,0	773	29,6	793	44,3	813	54,4	833	45,4
714	37,5	734	25,7	754	37,8	774	31,4	794	44,3	814	54,1	834	44,6
715	37,8	735	29,0	755	34,6	775	33,3	795	44,3	815	53,3	835	43,5
716	36,2	736	31,5	756	30,6	776	35,4	796	44,3	816	53,1	836	41,0
717	34,8	737	34,6	757	26,7	777	37,3	797	44,3	817	52,3	837	38,1
718	33,0	738	37,2	758	24,0	778	40,2	798	44,3	818	51,5	838	35,4
719	29,0	739	39,4	759	20,1	779	42,5	799	44,4	819	51,3	839	33,0

t	v	t	v	t	v	t	v	t	v	t	v	t	v	t	v	t	v	t	v
840	30,9	860	46,7	880	46,8	900	43,3	920	36,4	940	40,2	960	3,2						
841	30,9	861	46,8	881	46,7	901	42,8	921	37,7	941	39,6	961	8,5						
842	32,3	862	46,7	882	46,5	902	42,6	922	38,6	942	39,6	962	13,8						
843	33,6	863	45,2	883	45,9	903	42,6	923	38,9	943	38,8	963	19,2						
844	34,4	864	44,3	884	45,2	904	42,6	924	39,3	944	39,4	964	24,5						
845	35,4	865	43,5	885	45,1	905	42,3	925	40,1	945	40,4	965	28,2						
846	36,4	866	41,5	886	45,1	906	42,2	926	40,4	946	41,2	966	29,9						
847	37,3	867	40,2	887	44,4	907	42,2	927	40,6	947	40,4	967	32,2						
848	38,6	868	39,4	888	43,8	908	41,7	928	40,7	948	38,6	968	34,0						
849	40,2	869	39,9	889	42,8	909	41,2	929	41,0	949	35,4	969	35,4						
850	41,8	870	40,4	890	43,5	910	41,2	930	40,6	950	32,3	970	37,0						
851	42,8	871	41,0	891	44,3	911	41,7	931	40,2	951	27,2	971	39,4						
852	42,8	872	41,4	892	44,7	912	41,5	932	40,3	952	21,9	972	42,3						
853	43,1	873	42,2	893	45,1	913	41,0	933	40,2	953	16,6	973	44,3						
854	43,5	874	43,3	894	44,7	914	39,6	934	39,8	954	11,3	974	45,2						
855	43,8	875	44,3	895	45,1	915	37,8	935	39,4	955	6,0	975	45,7						
856	44,7	876	44,7	896	45,1	916	35,7	936	39,1	956	0,6	976	45,9						
857	45,2	877	45,7	897	45,1	917	34,8	937	39,1	957	0,0	977	45,9						
858	46,3	878	46,7	898	44,6	918	34,8	938	39,4	958	0,0	978	45,9						
859	46,5	879	47,0	899	44,1	919	34,9	939	40,2	959	0,0	979	44,6						
t	v	t	v	t	v	t	v	t	v	t	v	t	v	t	v	t	v	t	v
980	44,3	1000	37,8	1020	12,2	1040	0,0	1060	32,2	1080	29,0	1100	0,0						
981	43,8	1001	38,6	1021	6,9	1041	0,0	1061	35,1	1081	24,1	1101	0,2						
982	43,1	1002	39,6	1022	1,6	1042	0,0	1062	37,0	1082	19,8	1102	1,0						
983	42,6	1003	39,9	1023	0,0	1043	0,0	1063	38,7	1083	17,9	1103	2,6						
984	41,8	1004	40,4	1024	0,0	1044	0,0	1064	39,9	1084	17,1	1104	5,8						
985	41,4	1005	41,0	1025	0,0	1045	0,0	1065	41,2	1085	16,1	1105	11,1						
986	40,6	1006	41,2	1026	0,0	1046	0,0	1066	42,6	1086	15,3	1106	16,1						
987	38,6	1007	41,0	1027	0,0	1047	0,0	1067	43,1	1087	14,6	1107	20,6						
988	35,4	1008	40,2	1028	0,0	1048	0,0	1068	44,1	1088	14,0	1108	22,5						
989	34,6	1009	38,8	1029	0,0	1049	0,0	1069	44,9	1089	13,8	1109	23,3						
990	34,6	1010	38,1	1030	0,0	1050	0,0	1070	45,5	1090	14,2	1110	25,7						
991	35,1	1011	37,3	1031	0,0	1051	0,0	1071	45,1	1091	14,5	1111	29,1						
992	36,2	1012	36,9	1032	0,0	1052	0,0	1072	44,3	1092	14,0	1112	32,2						
993	37,0	1013	36,2	1033	0,0	1053	1,9	1073	43,5	1093	13,8	1113	33,6						
994	36,7	1014	35,4	1034	0,0	1054	6,4	1074	43,5	1094	12,9	1114	34,1						
995	36,7	1015	34,8	1035	0,0	1055	11,7	1075	42,3	1095	11,3	1115	34,3						
996	37,0	1016	33,0	1036	0,0	1056	17,1	1076	39,4	1096	8,0	1116	34,4						
997	36,5	1017	28,2	1037	0,0	1057	22,4	1077	36,2	1097	6,8	1117	34,9						
998	36,5	1018	22,9	1038	0,0	1058	27,4	1078	34,6	1098	4,2	1118	36,2						
999	36,5	1019	17,5	1039	0,0	1059	29,8	1079	33,2	1099	1,6	1119	37,0						
t	v	t	v	t	v	t	v	t	v	t	v	t	v	t	v	t	v	t	v
1120	38,3	1140	41,8	1160	0,0	1180	32,2	1200	10,5	1220	34,6	1240	9,7						
1121	39,4	1141	41,0	1161	0,0	1181	26,9	1201	15,8	1221	35,1	1241	6,4						
1122	40,2	1142	39,6	1162	0,0	1182	21,6	1202	19,3	1222	35,4	1242	4,0						
1123	40,1	1143	37,8	1163	0,0	1183	16,3	1203	20,8	1223	35,2	1243	1,1						
1124	39,9	1144	34,6	1164	0,0	1184	10,9	1204	20,9	1224	34,9	1244	0,0						
1125	40,2	1145	32,2	1165	0,0	1185	5,6	1205	20,3	1225	34,6	1245	0,0						
1126	40,9	1146	28,2	1166	0,0	1186	0,3	1206	20,6	1226	34,6	1246	0,0						
1127	41,5	1147	25,7	1167	0,0	1187	0,0	1207	21,1	1227	34,4	1247	0,0						
1128	41,8	1148	22,5	1168	0,0	1188	0,0	1208	21,1	1228	32,3	1248	0,0						
1129	42,5	1149	17,2	1169	3,4	1189	0,0	1209	22,5	1229	31,4	1249	0,0						
1130	42,8	1150	11,9	1170	8,7	1190	0,0	1210	24,9	1230	30,9	1250	0,0						
1131	43,3	1151	6,6	1171	14,0	1191	0,0	1211	27,4	1231	31,5	1251	0,0						
1132	43,5	1152	1,3	1172	19,3	1192	0,0	1212	29,9	1232	31,9	1252	1,6						
1133	43,5	1153	0,0	1173	24,6	1193	0,0	1213	31,7	1233	32,2	1253	1,6						
1134	43,5	1154	0,0	1174	29,9	1194	0,0	1214	33,8	1234	31,4	1254	1,6						
1135	43,3	1155	0,0	1175	34,0	1195	0,0	1215	34,6	1235	28,2	1255	1,6						
1136	43,1	1156	0,0	1176	37,0	1196	0,0	1216	35,1	1236	24,9	1256	1,6						
1137	43,1	1157	0,0	1177	37,8	1197	0,3	1217	35,1	1237	20,9	1257	2,6						
1138	42,6	1158	0,0	1178	37,0	1198	2,4	1218	34,6	1238	16,1	1258	4,8						
1139	42,5	1159	0,0	1179	36,2	1199	5,6	1219	34,1	1239	12,8	1259	6,4						

t	v	t	v	t	v	t	v	t	v	t	v	t	v
1260	8,0	1280	39,4	1300	45,5	1320	0,0	1340	13,0	1360	26,6		
1261	10,1	1281	38,6	1301	46,7	1321	0,0	1341	18,3	1361	24,9		
1262	12,9	1282	37,8	1302	46,8	1322	0,0	1342	21,2	1362	22,5		
1263	16,1	1283	37,8	1303	46,7	1323	0,0	1343	24,3	1363	17,7		
1264	16,9	1284	37,8	1304	45,1	1324	0,0	1344	27,0	1364	12,9		
1265	15,3	1285	37,8	1305	39,8	1325	0,0	1345	29,5	1365	8,4		
1266	13,7	1286	37,8	1306	34,4	1326	0,0	1346	31,4	1366	4,0		
1267	12,2	1287	37,8	1307	29,1	1327	0,0	1347	32,7	1367	0,0		
1268	14,2	1288	38,6	1308	23,8	1328	0,0	1348	34,3	1368	0,0		
1269	17,7	1289	38,8	1309	18,5	1329	0,0	1349	35,2	1369	0,0		
1270	22,5	1290	39,4	1310	13,2	1330	0,0	1350	35,6	1370	0,0		
1271	27,4	1291	39,8	1311	7,9	1331	0,0	1351	36,0	1371	0,0		
1272	31,4	1292	40,2	1312	2,6	1332	0,0	1352	35,4				
1273	33,8	1293	40,9	1313	0,0	1333	0,0	1353	34,8				
1274	35,1	1294	41,2	1314	0,0	1334	0,0	1354	34,0				
1275	35,7	1295	41,4	1315	0,0	1335	0,0	1355	33,0				
1276	37,0	1296	41,8	1316	0,0	1336	0,0	1356	32,2				
1277	38,0	1297	42,2	1317	0,0	1337	0,0	1357	31,5				
1278	38,8	1298	43,5	1318	0,0	1338	2,4	1358	29,8				
1279	39,4	1299	44,7	1319	0,0	1339	7,7	1359	28,2				

Tabelle zur Fahrkurve II
Fahrdauer (t) in (s) – Fahrgeschwindigkeit (v) in (km/h)

t	v	t	v	t	v	t	v	t	v	t	v	t	v
0	0,0	20	52,9	40	59,3	60	71,6	80	75,4	100	78,0	120	77,3
1	0,0	21	53,9	41	59,5	61	72,0	81	75,4	101	78,5	121	76,7
2	0,0	22	54,8	42	59,5	62	72,2	82	75,6	102	79,0	122	76,2
3	3,2	23	55,6	43	59,5	63	72,4	83	75,7	103	79,1	123	76,1
4	7,8	24	56,1	44	59,5	64	72,5	84	75,7	104	79,0	124	76,4
5	13,0	25	56,4	45	59,5	65	73,0	85	75,9	105	79,0	125	76,9
6	18,1	26	57,4	46	59,5	66	73,5	86	75,7	106	78,8	126	77,0
7	23,3	27	57,7	47	59,6	67	74,0	87	75,6	107	78,8	127	77,2
8	27,8	28	57,6	48	60,0	68	74,4	88	75,4	108	79,0	128	77,0
9	31,5	29	56,7	49	60,4	69	74,8	89	74,8	109	79,1	129	77,0
10	35,0	30	56,1	50	62,1	70	75,3	90	74,4	110	79,3	130	77,0
11	38,6	31	55,5	51	63,2	71	75,4	91	74,3	111	79,4	131	77,2
12	41,5	32	55,6	52	64,3	72	75,6	92	74,4	112	79,6	132	77,2
13	43,6	33	55,9	53	65,4	73	75,7	93	74,8	113	79,6	133	77,2
14	46,0	34	56,4	54	66,6	74	75,9	94	75,4	114	79,6	134	77,0
15	48,1	35	57,4	55	67,8	75	76,1	95	75,7	115	79,4	135	76,1
16	48,2	36	58,0	56	69,0	76	75,9	96	76,2	116	79,0	136	74,0
17	49,3	37	58,2	57	69,9	77	75,7	97	76,7	117	78,6	137	69,6
18	50,6	38	58,7	58	70,7	78	75,6	98	77,2	118	78,1	138	66,2
19	51,8	39	59,0	59	71,2	79	75,4	99	77,5	119	77,8	139	63,5

t	v	t	v	t	v	t	v	t	v	t	v	t	v
140	63,0	160	75,3	180	69,3	200	69,8	220	69,3	240	75,6	260	79,0
141	62,7	161	75,4	181	67,8	201	69,5	221	69,5	241	75,4	261	79,0
142	62,7	162	75,6	182	66,7	202	69,5	222	69,8	242	75,3	262	79,0
143	62,9	163	75,7	183	66,7	203	69,3	223	70,6	243	75,4	263	79,0
144	63,5	164	76,5	184	67,7	204	69,1	224	71,2	244	75,6	264	78,8
145	64,5	165	77,0	185	69,0	205	69,1	225	71,9	245	75,9	265	78,6
146	65,9	166	77,2	186	69,9	206	69,3	226	72,5	246	76,4	266	77,5
147	67,5	167	77,2	187	70,6	207	69,8	227	73,0	247	77,0	267	76,7
148	69,3	168	77,0	188	70,1	208	70,6	228	73,6	248	77,2	268	76,4
149	70,3	169	76,9	189	69,6	209	70,7	229	74,8	249	77,2	269	75,9
150	70,9	170	76,1	190	69,1	210	69,9	230	75,4	250	77,2	270	75,1
151	71,2	171	75,1	191	69,3	211	68,5	231	75,9	251	77,2	271	74,3
152	71,4	172	74,3	192	69,8	212	66,7	232	76,2	252	77,2	272	74,0
153	71,7	173	73,8	193	70,6	213	65,4	233	76,1	253	77,3	273	73,6
154	71,9	174	73,5	194	71,2	214	64,3	234	76,1	254	77,5	274	73,3
155	72,2	175	73,2	195	71,7	215	64,3	235	75,9	255	77,5	275	73,0
156	72,7	176	73,0	196	72,2	216	64,8	236	75,9	256	77,3	276	72,7
157	73,5	177	72,8	197	72,0	217	65,9	237	75,9	257	78,1	277	72,4
158	73,8	178	72,4	198	71,4	218	67,5	238	75,7	258	78,6	278	71,9
159	74,4	179	70,7	199	70,6	219	68,7	239	75,6	259	79,0	279	71,6

t	v	t	v	t	v	t	v	t	v	t	v	t	v
280	71,1	300	53,2	320	74,8	340	92,1	360	92,3	380	90,4	400	91,8
281	69,9	301	57,2	321	75,3	341	92,6	361	92,0	381	90,1	401	92,5
282	68,8	302	60,3	322	75,7	342	93,0	362	91,8	382	90,1	402	93,0
283	67,5	303	62,9	323	76,7	343	93,3	363	91,7	383	90,1	403	93,3
284	64,5	304	64,6	324	77,7	344	93,4	364	91,7	384	90,2	404	93,3
285	62,1	305	66,1	325	78,8	345	93,9	365	91,5	385	90,7	405	93,3
286	60,3	306	67,2	326	79,9	346	94,4	366	91,5	386	91,2	406	93,3
287	57,6	307	68,2	327	80,9	347	94,6	367	91,5	387	91,5	407	93,3
288	55,8	308	68,8	328	82,0	348	94,7	368	91,7	388	91,8	408	93,3
289	54,7	309	69,6	329	83,1	349	94,9	369	91,7	389	92,1	409	93,1
290	53,5	310	70,4	330	84,3	350	94,9	370	91,7	390	92,3	410	93,0
291	52,2	311	71,2	331	85,4	351	94,7	371	91,7	391	92,3	411	92,8
292	51,0	312	71,9	332	86,5	352	94,6	372	91,7	392	92,0	412	92,8
293	49,2	313	72,4	333	87,6	353	94,2	373	91,7	393	91,7	413	93,0
294	47,6	314	72,7	334	88,8	354	93,9	374	91,7	394	91,5	414	93,1
295	46,3	315	73,0	335	89,7	355	93,6	375	91,7	395	91,0	415	93,3
296	46,1	316	73,2	336	90,7	356	93,4	376	91,7	396	90,5	416	93,4
297	46,0	317	73,6	337	91,5	357	93,3	377	91,5	397	90,2	417	93,9
298	47,4	318	74,0	338	91,7	358	93,1	378	91,3	398	90,7	418	94,7
299	50,5	319	74,1	339	91,8	359	92,6	379	90,9	399	91,2	419	95,0

t	v	t	v	t	v	t	v	t	v	t	v	t	v
420	95,5	440	93,1	460	93,3	480	88,6	500	88,0	520	88,1	540	90,1
421	96,2	441	93,1	461	93,4	481	88,4	501	87,8	521	88,3	541	90,1
422	96,3	442	93,1	462	93,4	482	88,3	502	87,5	522	88,4	542	90,1
423	96,3	443	93,1	463	93,6	483	88,3	503	87,3	523	88,6	543	90,1
424	96,2	444	93,1	464	93,8	484	88,3	504	87,3	524	88,8	544	90,1
425	95,8	445	93,3	465	93,8	485	88,3	505	87,2	525	88,8	545	90,1
426	95,5	446	93,4	466	93,8	486	88,3	506	87,0	526	88,9	546	90,1
427	95,2	447	93,4	467	93,6	487	88,3	507	87,0	527	89,1	547	89,9
428	95,0	448	93,6	468	93,4	488	88,4	508	87,0	528	89,2	548	89,9
429	94,9	449	93,6	469	93,3	489	88,4	509	86,8	529	89,4	549	89,9
430	94,7	450	93,6	470	93,0	490	88,4	510	86,8	530	89,6	550	89,7
431	94,4	451	93,4	471	92,5	491	88,4	511	86,8	531	89,7	551	89,4
432	94,2	452	93,3	472	91,8	492	88,4	512	86,8	532	89,9	552	89,1
433	94,1	453	93,3	473	91,7	493	88,4	513	86,8	533	90,1	553	88,8
434	93,9	454	93,3	474	91,0	494	88,6	514	86,8	534	90,1	554	88,6
435	93,9	455	93,3	475	90,2	495	88,6	515	86,8	535	90,1	555	88,4
436	93,8	456	93,3	476	90,1	496	88,4	516	86,8	536	90,1	556	88,3
437	93,6	457	93,3	477	89,7	497	88,3	517	87,0	537	90,1	557	87,8
438	93,4	458	93,1	478	89,2	498	88,3	518	87,2	538	90,1	558	87,5
439	93,3	459	93,1	479	88,8	499	88,1	519	87,6	539	90,1	559	87,2

t	v	t	v	t	v	t	v	t	v	t	v	t	v
560	87,0	580	82,2	600	77,7	620	79,9	640	74,8	660	82,0	680	81,2
561	86,5	581	81,5	601	77,2	621	81,4	641	74,3	661	82,2	681	80,6
562	85,9	582	80,9	602	77,0	622	82,8	642	74,0	662	82,7	682	80,1
563	85,7	583	80,2	603	76,9	623	83,9	643	74,0	663	83,1	683	79,9
564	85,4	584	79,3	604	76,7	624	84,7	644	74,4	664	83,6	684	79,8
565	85,1	585	78,3	605	77,0	625	85,2	645	75,3	665	83,9	685	79,6
566	84,6	586	77,5	606	77,7	626	86,2	646	76,4	666	84,4	686	79,6
567	84,3	587	77,3	607	78,8	627	86,8	647	77,5	667	84,9	687	79,9
568	83,9	588	77,2	608	79,0	628	87,0	648	78,5	668	84,7	688	80,4
569	83,8	589	77,2	609	78,8	629	87,5	649	79,6	669	84,6	689	80,7
570	83,6	590	77,3	610	78,6	630	88,0	650	80,7	670	84,1	690	81,4
571	83,6	591	77,8	611	77,2	631	88,6	651	81,5	671	84,1	691	82,2
572	83,6	592	78,6	612	75,7	632	89,1	652	82,2	672	84,3	692	83,0
573	83,6	593	78,8	613	74,3	633	89,1	653	83,1	673	84,4	693	83,5
574	83,8	594	79,0	614	74,1	634	88,4	654	83,9	674	84,7	694	83,6
575	83,6	595	79,0	615	74,1	635	87,6	655	84,4	675	84,7	695	83,8
576	83,6	596	78,8	616	74,3	636	86,2	656	83,8	676	84,3	696	84,3
577	83,5	597	78,8	617	75,4	637	84,4	657	83,0	677	83,8	697	85,1
578	83,0	598	78,6	618	76,9	638	80,7	658	82,2	678	83,1	698	85,7
579	82,7	599	78,1	619	78,8	639	77,5	659	82,0	679	82,2	699	86,4

t	v	t	v	t	v	t	v	t	v	t	v	t	v
700	87,2	720	94,6	740	78,0	760	5,3						
701	87,6	721	94,1	741	76,5	761	3,2						
702	88,1	722	93,4	742	75,3	762	1,1						
703	88,4	723	92,8	743	73,3	763	0,0						
704	89,2	724	92,1	744	71,1	764	0,0						
705	89,9	725	91,8	745	68,3	765	0,0						
706	90,2	726	91,3	746	63,0								
707	90,2	727	90,9	747	57,7								
708	90,7	728	90,4	748	52,4								
709	90,9	729	89,2	749	47,1								
710	91,2	730	87,8	750	43,1								
711	91,5	731	87,0	751	39,4								
712	91,7	732	86,4	752	34,5								
713	92,1	733	85,5	753	31,3								
714	92,8	734	85,1	754	27,9								
715	93,6	735	84,4	755	24,2								
716	94,6	736	83,6	756	19,9								
717	95,0	737	82,5	757	15,6								
718	95,2	738	81,2	758	11,1								
719	95,0	739	79,6	759	8,0								

3.9 Fahrleistungsprüfstand

3.9.1 Verfahren zur Kalibrierung des Fahrleistungsprüfstands

3.9.1.1 Allgemeines

Dieser Abschnitt beschreibt das Verfahren zur Bestimmung der von einem Fahrleistungsprüfstand aufgenommenen Leistung. Diese umfasst die durch die Reibung und die von der Bremse aufgenommene Leistung. Der Fahrleistungsprüfstand wird auf eine Geschwindigkeit angetrieben, die größer ist als die höchste Prüfgeschwindigkeit. Dann wird der Antrieb abgestellt; die Drehgeschwindigkeit der angetriebenen Rolle verringert sich. Die kinetische Energie der Rollen wird von der Bremse und der Reibung aufgebraucht. Hierbei wird die unterschiedliche innere Reibung der Rollen bei belastetem und unbelastetem Zustand nicht berücksichtigt. Ebenfalls unberücksichtigt bleibt die Reibung der hinteren Rolle, wenn sie leerläuft.

3.9.1.2 Kalibrierung der Leistungsanzeige in Abhängigkeit von der aufgenommenen Leistung

Die Leistungsanzeige muss bei den Geschwindigkeiten 80 km/h, 60 km/h, 40 km/h und 20 km/h kalibriert werden.

Nachstehend wird der Vorgang für die Geschwindigkeit 80 km/h beschrieben. Die Kalibrierung ist für die übrigen genannten Geschwindigkeiten zu wiederholen, wobei die Anfangs- und Endgeschwindigkeiten sinngemäß zu wählen sind.

Messung der Drehgeschwindigkeit der Rolle, falls nicht schon erfolgt. Dazu kann ein fünftes Rad, ein Drehzahlmesser oder eine andere Einrichtung verwendet werden.

Das Fahrzeug wird auf den Prüfstand gebracht oder es wird eine andere Methode benutzt, um den Prüfstand in Gang zu setzen.

Verwendung eines Schwungrades oder eines anderen Schwungmassensystems für die entsprechende Schwungmassenklasse.

Der Prüfstand wird auf eine Geschwindigkeit von 80 km/h gebracht.

Aufzeichnung der angezeigten Leistung (Pi).

Erhöhung der Geschwindigkeit auf 97 km/h.

Lösung der Einrichtung zum Antrieb des Prüfstands.

Aufzeichnung der Verzögerungszeit des Prüfstands von 88 km/h auf 72 km/h.

Einstellen der Bremsbelastung auf einen anderen Wert.

Wiederholung der beschriebenen Vorgänge so lange, bis der Leistungsbereich auf der Straße abgedeckt ist.

Berechnung der aufgenommenen Leistung nach folgender Formel:

$$P_a = \frac{M_1(v_1^2 - v_2^2)}{2\,000\,t}$$

hierbei bedeuten:

P_a: aufgenommene Leistung in kW

M_1: äquivalente Schwungmasse in kg (unberücksichtigt bleibt die Schwungmasse der leerlaufenden hinteren Rolle)

v_1: Anfangsgeschwindigkeit in m/s (88 km/h = 24,4 m/s)

v_2: Endgeschwindigkeit in m/s (72 km/h = 20 m/s)

t: Zeit für die Verzögerung der Rolle von 88 km/h auf 72 km/h.

Diagramm der angezeigten Leistung bei 80 km/h in Abhängigkeit von der aufgenommenen Leistung bei der gleichen Geschwindigkeit:

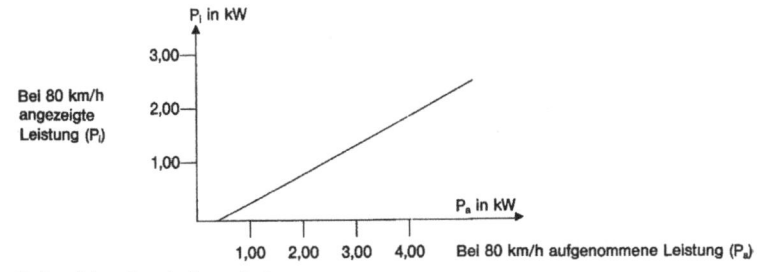

Bei 80 km/h angezeigte Leistung (P_i)

P_i in kW

Bei 80 km/h aufgenommene Leistung (P_a)

P_a in kW

3.9.2 Fahrwiderstand eines Fahrzeugs

3.9.2.1 Allgemeines

Mit den nachstehend beschriebenen Verfahren soll der Fahrwiderstand eines Fahrzeugs, das mit konstanter Geschwindigkeit auf der Straße fährt, gemessen und dieser Widerstand bei einer Prüfung auf dem Fahrleistungsprüfstand gemäß den Bedingungen nach Nummer 3.9.1.2 simuliert werden. Der Technische Dienst kann andere Verfahren zur Bestimmung des Fahrwiderstands zulassen.*)

3.9.2.2 Beschreibung der Fahrbahn

Die Fahrbahn muss horizontal und lang genug sein, um die nachstehend genannten Messungen durchführen zu können. Die Neigung muss auf ± 0,1 Prozent konstant sein und darf 1,5 Prozent nicht überschreiten.

3.9.2.3 Meteorologische Bedingungen

Während der Prüfung darf die durchschnittliche Windgeschwindigkeit 3 m/s nicht überschreiten bei Windböen von weniger als 5 m/s. Außerdem muss die Windkomponente in Querrichtung zur Fahrbahn weniger als 2 m/s betragen. Die Windgeschwindigkeit ist 0,7 m über der Fahrbahn zu messen.

Die Straße muss trocken sein.

Die Luftdichte während der Prüfung darf um nicht mehr als ± 7,5 Prozent von den Bezugsbedingungen P = 100 kPa und t = 293,2 K abweichen.

3.9.2.4 Zustand und Vorbereitung des Prüffahrzeugs

3.9.2.4.1 Das Fahrzeug muss sich in normalem Fahr- und Einstellungszustand befinden. Es ist zu prüfen, ob das Fahrzeug hinsichtlich der nachgenannten Punkte den Angaben des Herstellers für die betreffende Verwendung entspricht:

a) Räder, Zierkappen, Reifen (Marke, Typ, Druck)

b) Geometrie der Vorderachse

c) Einstellung der Bremsen (Beseitigung von Störeinflüssen)

d) Schmierung der Vorder- und Hinterachse

e) Einstellung der Radaufhängung und des Fahrzeugniveaus

f) usw.

3.9.2.4.2 Das Fahrzeug ist mindestens bis zu seiner Bezugsmasse zu beladen. Das Fahrzeugniveau muss so eingestellt sein, dass sich der Beladungsschwerpunkt in der Mitte zwischen den „R"-Punkten der äußeren Vordersitze und auf einer durch diese Punkte verlaufenden Geraden befindet.

3.9.2.4.3 Bei Prüfungen auf der Fahrbahn sind die Fenster zu schließen. Eventuelle Abdeckungen für Klimaanlagen, Scheinwerfer usw. müssen sich in den Stellungen befinden, die sich bei ausgeschalteten Einrichtungen ergeben.

3.9.2.4.4 Unmittelbar vor der Prüfung muss das Fahrzeug auf geeignete Weise auf normale Betriebstemperatur gebracht werden.

3.9.2.5 Messverfahren für die Energieänderung beim Auslaufversuch

3.9.2.5.1 Auf der Fahrbahn

3.9.2.5.1.1 Messgeräte und zulässige Messfehler

Die Zeitmessung darf mit einem Fehler von nicht mehr als 0,1 Sekunden, die Geschwindigkeit mit einem Fehler von nicht mehr als 2 Prozent behaftet sein.

---

*) Die Anforderungen werden im Verkehrsblatt veröffentlicht.

3.9.2.5.1.2 Prüfverfahren

a) Das Fahrzeug ist auf eine Geschwindigkeit zu bringen, die mehr als 10 km/h über der gewählten Prüfgeschwindigkeit v liegt.

b) Das Getriebe ist in Leerlaufstellung zu bringen.

c) Gemessen wird die Verzögerungszeit t_1 des Fahrzeugs von der Geschwindigkeit $v_2 = (v + \Delta v)$ km/h bis $v_1 = (v - \Delta v)$ km/h, wobei Δv 5 km/h.

d) Durchführung der gleichen Prüfung in der anderen Richtung zur Bestimmung von t_2.

e) Bestimmung des Mittelwerts T_1 aus t_1 und t_2.

f) Diese Prüfung ist so oft zu wiederholen, dass die statistische Genauigkeit (p) für den Mittelwert

$$T = \frac{1}{N} \sum_{i=1}^{n} T_i$$

gleich oder kleiner 2 % ist ($p \leq 2$ %).

Die statistische Genauigkeit wird definiert durch:

$$p = \frac{t \cdot s}{\sqrt{n}} \cdot \frac{100}{T}$$

dabei bedeuten:

t: Koeffizient entsprechend nachstehender Tabelle

n: Anzahl der Prüfungen

s: Standardabweichung, $s = \sqrt{\sum_{i=1}^{n} \frac{(T_i - T)^2}{n - 1}}$

n	4	5	6	7	8	9
t	3,2	2,8	2,6	2,5	2,4	2,3
$\frac{t}{\sqrt{n}}$	1,6	1,25	1,06	0,94	0,85	0,77

n	10	11	12	13	14	15
t	2,3	2,2	2,2	2,2	2,2	2,2
$\frac{t}{\sqrt{n}}$	0,73	0,66	0,64	0,61	0,59	0,57

g) Berechnung der Leistung nach der Formel:

$$P = \frac{M \cdot v \cdot \Delta v}{500\, T}$$

dabei bedeuten:

P: Leistung in kW

v: Prüfgeschwindigkeit in m/s

Δv: Abweichung von der Geschwindigkeit v in m/s

M: Bezugsmasse in kg

T: Zeit in Sekunden

3.9.2.5.2 Auf dem Prüfstand

3.9.2.5.2.1 Messgeräte und zulässige Messfehler

Es sind die gleichen Geräte wie bei der Prüfung auf der Fahrbahn zu verwenden.

3.9.2.5.2.2 Prüfverfahren

a) Das Fahrzeug wird auf den Fahrleistungsprüfstand gebracht.

b) Der Reifendruck (kalt) der Antriebsräder ist auf den für den Prüfstand erforderlichen Wert zu bringen.

c) Einstellen der äquivalenten Schwungmasse I des Prüfstands. Fahrzeug und Prüfstand sind durch ein geeignetes Verfahren auf Betriebstemperatur zu bringen.

Straßenverkehrs-Zulassungs-Ordnung Anlage XXIII – StVZO | 03

d) Durchführung der beschriebenen Maßnahmen nach Nummer 3.9.2.5.1.2 Buchstabe a bis c, f und g, wobei in der Formel g M durch I ersetzt wird.

e) Einstellen der Prüfstandsbremse nach Nummer 3.9.1.

3.9.2.5.3 Andere gleichwertige Messverfahren für die Energieänderung beim Auslaufversuch können nach Zustimmung des Technischen Dienstes angewandt werden.

3.9.2.6 Messverfahren für das Drehmoment bei konstanter Geschwindigkeit

3.9.2.6.1 Auf der Fahrbahn

3.9.2.6.1.1 Messgeräte und zulässige Messfehler

a) Das Drehmoment muss mit einem Messgerät einer Genauigkeit von 2 Prozent gemessen werden,

b) die Geschwindigkeit muss auf 2 Prozent genau bestimmt werden.

3.9.2.6.1.2 Prüfverfahren

a) Das Fahrzeug ist auf die gewählte konstante Geschwindigkeit V zu bringen.

b) Das Drehmoment C(t) und die Geschwindigkeit sind während der Dauer von mindestens zehn Sekunden mit einem Instrument der Klasse 1000 gemäß ISO-Norm Nummer 970 aufzuzeichnen.

c) Die Veränderungen des Drehmoments C(t) und der Geschwindigkeit in Abhängigkeit von der Zeit dürfen in jeder Sekunde der Aufzeichnungszeit 5 Prozent nicht überschreiten.

d) Das maßgebliche Drehmoment C_{t_1} ist das mittlere Drehmoment, ermittelt nach folgender Formel:

$$C_{t_1} = \frac{1}{\Delta t} \cdot \int_t^{t+\Delta t} C(t)\,dt$$

e) Durchführung der Prüfung in der anderen Fahrtrichtung zur Bestimmung von C_{t_2}.

f) Ermittlung des Mittelwerts C_t aus den beiden Werten für das Drehmoment C_{t_1} und C_{t_2}.

3.9.2.6.2 Auf dem Prüfstand

3.9.2.6.2.1 Messgeräte und zulässige Messfehler

Es sind die gleichen Geräte wie bei der Prüfung auf der Fahrbahn zu verwenden.

3.9.2.6.2.2 Prüfverfahren

a) Durchführung der unter Nummer 3.9.2.5.2.2 Buchstabe a bis d beschriebenen Maßnahmen.

b) Durchführung der unter Nummer 3.9.2.6.1.2 Buchstabe a bis d beschriebenen Maßnahmen.

c) Einstellung der Prüfstandsbremse nach Nummer 3.9.1.

3.9.3 Überprüfung der Gesamtschwungmassen des Fahrleistungsprüfstands bei elektrischer Simulation

3.9.3.1 Allgemeines

Mit dem nachfolgend beschriebenen Verfahren soll nachgeprüft werden, ob die Gesamtschwungmasse des Fahrleistungsprüfstands die tatsächlichen Werte in den verschiedenen Phasen der Fahrkurve ausreichend simuliert.

3.9.3.2 Prinzip

3.9.3.2.1 Aufstellung der Arbeitsgleichung

Die an der (den) Rolle(n) auftretenden Kräfte lassen sich durch folgende Gleichung ausdrücken:

$$F = I \cdot \gamma = I_M \cdot \gamma + F_I$$

hierbei bedeuten:

F: Kraft an der (den) Rolle(n)

I: Gesamtschwungmasse des Prüfstandes (äquivalente Schwungmasse des Fahrzeugs)

I_M: Schwungmasse der mechanischen Massen das Prüfstands

g: Tangentialbeschleunigung am Umfang der Rolle

F_I: Schwungmassenkraft

Anmerkung: Diese Formel wird unter Nummer 3.9.3.5.3 für Prüfstände mit mechanisch simulierten Schwungmassen erläutert.

Die Gesamtschwungmasse wird durch folgende Formel ausgedrückt:

hierbei kann $I = I_M + \dfrac{F_I}{\gamma}$

I_M mit herkömmlichen Methoden berechnet oder gemessen werden,

F_I auf dem Prüfstand gemessen werden,
γ aus der Umfanggeschwindigkeit der Rollen berechnet werden.

Die Gesamtschwungmasse „I" wird bei einer Beschleunigungs- oder Verzögerungsprüfung ermittelt, die gleich oder größer ist als die bei einer Fahrkurve gemessenen Werte.

3.9.3.2.2 Zulässiger Fehler bei der Berechnung der Gesamtschwungmasse

Mit den Prüf- und Berechnungsverfahren muss die Gesamtschwungmasse I mit einem relativen Fehler (Δ I/I) von weniger als 2 Prozent ermittelt werden können.

3.9.3.3 Vorschriften

3.9.3.3.1 Die simulierte Gesamtschwungmasse I muss die gleiche bleiben wie der theoretische Wert der äquivalenten Schwungmasse (siehe Nummer 3.5.1), und zwar in folgenden Grenzen:

a) ± 5 Prozent des theoretischen Werts für jeden Momentanwert,

b) ± 2 Prozent des theoretischen Werts für den Mittelwert, der für jeden Vorgang der Fahrkurve berechnet wird.

3.9.3.3.2 Die in Nummer 3.9.3.3.1 Buchstabe a genannten Grenzen werden beim Hochfahren eine Sekunde lang und bei Fahrzeugen mit Handschaltgetriebe beim Gangwechsel zwei Sekunden lang um jeweils + 50 Prozent geändert.

3.9.3.4 Kontrollverfahren

3.9.3.4.1 Die Kontrolle wird bei jeder Prüfung während der gesamten Dauer einer Fahrkurve durchgeführt.

Werden jedoch die Vorschriften unter Nummer 3.9.3.3 erfüllt und liegen die momentanen Beschleunigungswerte mindestens um den Faktor drei unter oder über den Werten, die bei der Fahrkurve auftreten, ist die oben beschriebene Kontrolle nicht erforderlich.

3.9.3.5 Technische Anmerkung

Erläuterung zur Aufstellung der Arbeitsgleichungen.

3.9.3.5.1 Kräftegleichgewicht auf der Straße

$$CR = k_1 \cdot \varphi r_1 \cdot \frac{dQ_1}{dt} + k_2 \, \varphi r_2 \cdot \frac{dQ_2}{dt} + k_3 M \gamma \cdot r_1 + k_3 F_s r_1$$

3.9.3.5.2 Kräftegleichgewicht auf dem Prüfstand mit mechanisch simulierten Schwungmassen

$$Cm = k_1 \varphi r_1 \frac{dQ_1}{dt} + k_3 \cdot \frac{\varphi Rm \cdot dWm}{Rm \cdot dt} \cdot r_1 + k_3 F_s r_1$$

$$= k_1 \gamma r_1 \frac{dQ_1}{dt} + k_3 \cdot I \cdot \gamma \cdot r_1 + k_3 F_s r_1$$

3.9.3.5.3 Kräftegleichgewicht auf dem Prüfstand mit nicht mechanisch (elektrisch) simulierten Schwungmassen

$$Ce = k_1 \varphi r_1 \frac{dQ_1}{dt} + k_3 \left(\frac{\varphi Re \cdot dWe}{Re \cdot dt} \, r_1 + \frac{C_1}{Re} \, r_1 \right) + k_3 F_s r_1$$

$$= k_1 \varphi r_1 \frac{dQ_1}{dt} + k_3 (I_M \cdot \gamma + F_1) r_1 + k_3 F_s r_1$$

In diesen Formeln bedeuten:

CR:	Motordrehmoment auf der Straße
Cm:	Motordrehmoment auf dem Prüfstand mit mechanisch simulierten Schwungmassen
Ce:	Motordrehmoment auf dem Prüfstand mit elektrisch simulierten Schwungmassen
φr_1	Trägheitsmoment des Fahrzeugantriebs bezogen auf die Antriebsräder
φr_2:	Trägheitsmoment der nicht angetriebenen Räder
φRm:	Trägheitsmoment des Prüfstands mit mechanisch simulierten Schwungmassen
φRe:	Mechanisches Trägheitsmoment des Prüfstands mit elektrisch simulierten Schwungmassen
M:	Masse des Fahrzeugs auf der Fahrbahn
I:	äquivalente Schwungmasse des Prüfstands mit mechanisch simulierten Schwungmassen
I_M:	mechanische Schwungmasse eines Prüfstands mit elektrisch simulierten Schwungmassen

F_s:		resultierende Kraft bei konstanter Geschwindigkeit
C_1:		resultierendes Drehmoment der elektrisch simulierten Schwungmassen
F_1:		resultierende Kraft der elektrisch simulierten Schwungmassen
$\frac{dQ_1}{dt}$:		Winkelbeschleunigung der Antriebsräder
$\frac{dQ_2}{dt}$:		Winkelbeschleunigung der nicht angetriebenen Räder
$\frac{dWm}{dt}$:		Winkelbeschleunigung des Prüfstands mit mechanischen Schwungmassen
$\frac{dWe}{dt}$:		Winkelbeschleunigung des Prüfstands mit elektrischen Schwungmassen
y:		lineare Beschleunigung
r_1:		Reifenradius der Antriebsräder unter Last
r_2:		Reifenradius der nicht angetriebenen Räder unter Last
Rm:		Rollenradius des Prüfstands mit mechanischen Schwungmassen
Re:		Rollenradius des Prüfstands mit elektrischen Schwungmassen
k_1:		Koeffizient, der von der Getriebeübersetzung und den verschiedenen Schwungmassen der Kraftübertragung sowie vom „Wirkungsgrad" abhängig ist
k_2:		Übersetzungsverhältnis der Kraftübertragung $\cdot \frac{r_1}{r_2} \cdot$ „Wirkungsgrad"
k_3:		Übersetzungsverhältnis der Kraftübertragung $\cdot$ „Wirkungsgrad"

Unter der Annahme, dass die beiden Prüfstandtypen (siehe die Nummern 3.9.3.5.2 und 3.9.3.5.3) die gleichen Merkmale aufweisen, erhält man folgende vereinfachte Formel:

$$k_3(I_M \cdot \gamma + F_1)r_1 = k_3 I \cdot \gamma \cdot r_1$$

hierbei ist

$$I = I_M + \frac{F_1}{\gamma}$$

3.10 Beschreibung der Gas- und Partikelentnahmesysteme

3.10.1 Einleitung

Es gibt mehrere Typen von Entnahmesystemen, welche die Vorschriften nach Nummer 3.4.2 erfüllen können. Die unter Nummer 3.10.3 beschriebenen Systeme entsprechen diesen Vorschriften. Andere Entnahmesysteme können verwendet werden, wenn sie den wesentlichen Kriterien für Entnahmesysteme mit variabler Verdünnung genügen.

Der Technische Dienst muss im Gutachten das Entnahmesystem angeben, das für die Prüfung verwendet wird.

3.10.2 Kriterien für das System mit variabler Verdünnung beim Messen gas- und partikelförmiger Luftverunreinigungen im Abgas

3.10.2.1 Anwendungsbereich

Angabe der Funktionsmerkmale eines Abgasentnahmesystems, das zur Messung der tatsächlichen Mengen emittierter gasförmiger Luftverunreinigungen aus Fahrzeugabgasen nach den Bestimmungen dieser Verordnung verwendet wird.

Das Entnahmesystem mit variabler Verdünnung zur Bestimmung der Massenemissionen muss drei Bedingungen erfüllen:

a) Die Abgase des Fahrzeugs müssen fortlaufend unter festgelegten Bedingungen mit Umgebungsluft verdünnt werden.

b) Das Gesamtvolumen des Gemisches aus Abgasen und Verdünnungsluft muss genau gemessen werden.

c) Es ist fortlaufend ein Teilstrom aus verdünntem Abgas und Verdünnungsluft für Analysenzwecke zu entnehmen.

Die Menge der gasförmigen Luftverunreinigungen wird nach den anteilmäßigen Probenkonzentrationen und den während der Prüfdauer gemessenen Gesamtvolumen bestimmt. Die Probenkonzentrationen werden entsprechend dem Gehalt gasförmiger Luftverunreinigungen der Umgebungsluft korrigiert.

3.10.2.2 Erläuterungen des Verfahrens

Figur 4 zeigt eine schematische Darstellung des Entnahmesystems.

Die Abgase des Fahrzeugs sind mit genügend Umgebungsluft so zu verdünnen, dass im Entnahme- und Messsystem kein Kondenswasser auftritt.

Das Abgasentnahmesystem muss so konzipiert sein, dass die mittleren volumetrischen CO_2-, CO-, CH und NO_x-Konzentrationen, die in den während der Prüfung emittierten Abgasen enthalten sind, gemessen werden können.

Das Abgas/Luft-Gemisch muss an den Entnahmesonden homogen sein (siehe Nummer 3.10.2.3.1).

An den Sonden muss eine repräsentative Probe der verdünnten Abgase entnommen werden können.

Das Gerät muss die Messung des Gesamtvolumens der verdünnten Abgase des zu prüfenden Fahrzeugs ermöglichen.

Das Entnahmesystem muss gasdicht sein. Bauart und Werkstoff des Entnahmesystems müssen eine Beeinflussung der Konzentration der Luftverunreinigungen im verdünnten Abgas verhindern. Falls die Konzentration einer gasförmigen Luftverunreinigung oder der Partikel in dem verdünnten Gas durch ein Teil des Entnahmesystems (Wärmetauscher, Zyklon-Abscheider, Gebläse usw.) verändert wird, so muss diese Luftverunreinigung vor diesem Teil entnommen werden, falls dieser Fehler nicht anders behoben werden kann.

Hat das zu prüfende Fahrzeug mehrere Auspuffrohre, so sind diese durch ein Sammelrohr so nahe wie möglich am Fahrzeug zu verbinden.

Die Gasproben sind in ausreichend großen Entnahmebeuteln aufzufangen, damit die Gasentnahme während der Entnahmezeit nicht beeinträchtigt wird. Die Beutel müssen aus einem Material bestehen, das die Konzentrationen der gasförmigen Luftverunreinigungen in den Abgasen nicht beeinflusst (siehe Nummer 3.10.2.3.4.4).

Das Entnahmesystem mit variabler Verdünnung muss so beschaffen sein, dass das Abgas ohne wesentliche Auswirkungen auf den Gegendruck im Auspuffendrohr entnommen werden kann (siehe Nummer 3.10.2.3.1).

3.10.2.3 Besondere Vorschriften

3.10.2.3.1 Einrichtungen zur Abgasentnahme und -verdünnung

Das Verbindungsrohr zwischen dem (den) Auspuffrohr(en) und der Mischkammer muss möglichst kurz sein; es darf in keinem Fall

– den statischen Druck an den Endrohren des Prüffahrzeugs um mehr als ± 0,75 kPa bei 50 km/h oder ± 125 kPa während der gesamten Prüfdauer gegenüber dem statischen Druck, der ohne Verbindungsrohr am Auspuffendrohr gemessen wurde, verändern. Der Druck muss im Endrohr oder in einem Verlängerungsrohr mit gleichem Durchmesser gemessen werden, und zwar möglichst am äußersten Ende;

– die Art der Abgase verändern oder beeinflussen.

Es ist eine Mischkammer vorzusehen, in der die Abgase des Fahrzeugs und die Verdünnungsluft so zusammengeführt werden, dass an der Probeentnahmestelle ein homogenes Gemisch vorliegt.

In diesem Bereich darf die Homogenität des Gemischs um höchstens ± 2 Prozent vom Mittelwert aus mindestens fünf gleichmäßig über den Durchmesser des Gasstroms verteilten Punkten abweichen. Der Druck in der Mischkammer darf vom Luftdruck um höchstens ± 0,25 kPa abweichen, um die Auswirkung auf die Bedingungen an den Endrohren möglichst gering zu halten und den Druckabfall in einer Konditionierungseinrichtung für die Verdünnungsluft zu begrenzen.

3.10.2.3.2 Hauptdurchsatzpumpe

Die Förderkapazität der Pumpe muss ausreichend sein, um eine Wasserkondensation zu verhindern. Dies kann im Allgemeinen dadurch sichergestellt werden, dass die CO_2-Konzentration der verdünnten Abgase im Probebeutel auf einem Wert von weniger als 3 Volumenprozent gehalten wird.

3.10.2.3.3 Volumenmessung

Das Volumenmessgerät muss eine Kalibriergenauigkeit von ± 2 Prozent unter allen Betriebsbedingungen beibehalten. Kann das Gerät Temperaturschwankungen des verdünnten Abgasgemisches am Messpunkt nicht ausgleichen, so muss ein Wärmetauscher benutzt werden, um die Temperatur auf ± 6 K der vorgesehenen Betriebstemperatur zu halten. Falls erforderlich, kann zum Schutz des Volumenmessgeräts ein Zyklon-Abscheider vorgesehen werden.

Ein Temperaturfühler ist unmittelbar vor dem Volumenmessgerät anzubringen. Das Temperaturmessgerät muss eine Genauigkeit von ± 1 K und eine Ansprechzeit von 0,1 s bei 62 Prozent einer Temperaturänderung (gemessen in Silikonöl) haben.

Druckmessungen während der Prüfung müssen eine Genauigkeit von ± 0,4 kPa aufweisen.

Die Messung des Druckes, bezogen auf den Luftdruck, ist vor und – falls erforderlich – hinter dem Durchflussmessgerät vorzunehmen.

3.10.2.3.4 Gasentnahme

3.10.2.3.4.1 Verdünntes Gas

Die Probe des verdünnten Abgases ist vor der Hauptdurchsatzpumpe, jedoch nach der Konditionierungseinrichtung (sofern vorhanden) zu entnehmen.

Der Durchfluss darf um nicht mehr als ± 2 Prozent vom Mittelwert abweichen.

Die Durchflussmenge muss mindestens 5 l/min und darf höchstens 0,2 Prozent der Durchflussmenge des verdünnten Abgases betragen.

3.10.2.3.4.2 Verdünnungsluft

Eine Probe der Verdünnungsluft ist bei konstantem Durchfluss in unmittelbarer Nähe der Umgebungsluft (nach dem Filter, wenn vorhanden) zu entnehmen.

Das Gas darf nicht durch Abgase aus der Mischzone verunreinigt werden.

Die Durchflussmenge der Verdünnungsluftprobe muss ungefähr derjenigen des verdünnten Abgases (≥ 5 l/min) entsprechen.

3.10.2.3.4.3 Entnahmeverfahren

Die bei der Entnahme verwendeten Werkstoffe müssen so beschaffen sein, dass die Konzentration der gasförmigen Luftverunreinigungen nicht verändert wird.

Es können Filter zum Abscheiden von Partikeln aus der Probe vorgesehen werden.

Mit Hilfe von Pumpen sind die Proben in die Sammelbeutel zu fördern.

Zur Gewährleistung der erforderlichen Durchflussmenge der Probe sind Durchflussregler und -messer zu verwenden.

Zwischen den Dreiweg-Ventilen und den Sammelbeuteln können gasdichte Schnellkupplungen verwendet werden, die auf der Beutelseite automatisch abschließen. Es können auch andere Verbindungen zur Weiterleitung der Proben zum Analysengerät benutzt werden (zum Beispiel Dreiweg-Absperrhähne).

Bei den verschiedenen Ventilen zur Weiterleitung der Gasproben sind Schnellschalt- und Schnellregelventile zu verwenden.

3.10.2.3.4.4 Aufbewahrung der Proben

Die Gasproben sind in ausreichend großen Probenbeuteln (ca. 150 l) aufzufangen, um die Durchflussmenge der Proben nicht zu verringern. Diese Beutel müssen aus einem Material hergestellt sein, das die Konzentration der Gasprobe innerhalb von 20 Minuten nach Ende der Probeentnahme um nicht mehr als ± 2 Prozent verändert.

3.10.2.4 Zusätzliches Entnahmegerät zur Prüfung von Fahrzeugen mit Dieselmotoren

Abweichend zur Gasentnahme bei Fahrzeugen mit Ottomotoren (Fremdzündung) befinden sich die Probenahmestellen zur Entnahme der Kohlenwasserstoff- und Partikelproben in einem Verdünnungstunnel.

Zur Verminderung von Wärmeverlusten im Abgas vom Auspuffendrohr bis zum Eintritt in den Verdünnungstunnel darf die hierfür verwendete Rohrleitung höchstens 3,6 m bzw. 6,1 m, falls thermisch isoliert, lang sein. Ihr Innendurchmesser darf höchstens 105 mm betragen.

Im Verdünnungstunnel, einem geraden aus elektrisch leitendem Material bestehenden Rohr müssen turbulente Strömungsverhältnisse herrschen (Reynoldszahlen ≫ 4 000), damit das Abgas an den Entnahmestellen homogen und die Entnahme repräsentativer Gas- und Partikelproben gewährleistet ist. Der Verdünnungstunnel muss einen Durchmesser von mindestens 200 mm haben. Das System muss geerdet sein.

Das Partikel-Probenahmesystem besteht aus einer Entnahmesonde im Verdünnungstunnel, drei Filtereinheiten, bestehend aus jeweils zwei hintereinander angeordneten Filtern, auf die der Probengasstrom einer Testphase umgeschaltet werden kann.

Die Partikelentnahmesonde muss folgendermaßen beschaffen sein:

Sie muss in Nähe der Tunnelmittellinie, ungefähr zehn Tunneldurchmesser stromabwärts vom Abgaseintritt eingebaut sein und einen Innendurchmesser von mindestens 12 mm haben.

Der Abstand von der Probenahmespitze bis zum Filterhalter muss mindestens fünf Sondendurchmesser, jedoch höchstens 1 020 mm betragen.

Die Messeinheit des Probengasstroms besteht aus Pumpen, Gasmengenreglern und Durchflussmessgeräten.

Das Kohlenwasserstoff-Probenahmesystem besteht aus beheizter Entnahmesonde, -leitung, -filter, -pumpe.

Die Entnahmesonde muss im gleichen Abstand vom Abgaseintritt wie die Partikelentnahmesonde so eingebaut sein, dass eine gegenseitige Beeinflussung der Probenahmen vermieden wird. Sie muss einen Mindestinnendurchmesser von 4,5 mm haben.

Alle beheizten Teile müssen durch das Heizsystem auf einer Temperatur von 190 °C + 10 °C gehalten werden.

Ist ein Ausgleich der Durchflussschwankungen nicht möglich, so sind Wärmetauscher und ein Temperaturregler nach Nummer 2.3.3.1 erforderlich, um einen konstanten Durchfluss durch das System und somit die Proportionalität des Durchflusses der Probe sicherzustellen.

3.10.3 Beschreibung der Systeme

3.10.3.1 Entnahmesystem mit variabler Verdünnung und Verdrängerpumpe (PDP-CVS-System) (Figur 5)

3.10.3.1.1 Das Entnahmesystem mit konstantem Volumen und Verdrängerpumpe (PDP-CVS) erfüllt die in Nummer 3.4.2 aufgeführten Bedingungen, indem die durch die Pumpe fließende Gasmenge bei konstanter Temperatur und konstantem Druck ermittelt wird. Zur Messung des Gesamtvolumens wird die Zahl der Umdrehungen der kalibrierten Verdrängerpumpe gezählt. Das Probengas erhält man durch Entnahme bei konstanter Durchflussmenge mit einer Pumpe, einem Durchflussmesser und einem Durchflussregelventil.

Figur 5 zeigt das Schema eines solchen Entnahmesystems. Da gültige Ergebnisse mit unterschiedlichen Versuchsanordnungen erzielt werden können, braucht die Anlage nicht ganz genau dem Schema zu entsprechen. Es können zusätzliche Teile verwendet werden, wie zum Beispiel Instrumente, Ventile, Magnetventile und Schalter, um zusätzliche Daten zu erhalten und die Funktion der einzelnen Teile der Anlage zu koordinieren.

Zur Sammeleinrichtung gehören:

1. Ein Filter (1) für die Verdünnungsluft, der – soweit erforderlich – vorgeheizt werden kann. Dieser Filter besteht aus einer Aktivkohleschicht zwischen zwei Lagen Papier; er dient zur Senkung und Stabilisierung der Kohlenwasserstoffkonzentration der umgebenden Emissionen in der Verdünnungsluft;

2. eine Mischkammer (2), in der Abgase und Luft homogen gemischt werden;

3. ein Wärmetauscher (3), dessen Kapazität groß genug ist, um während der gesamten Prüfdauer die Temperatur des Luft/Abgas-Gemisches, das unmittelbar vor der Verdrängerpumpe gemessen wird, innerhalb von ± 6 K der vorgesehenen Temperatur zu halten. Dieses Gerät darf den Gehalt gasförmiger Luftverunreinigungen der später für die Analyse entnommenen verdünnten Abgase nicht verändern;

4. ein Temperaturregler zum Vorheizen des Wärmetauschers vor der Prüfung und zur Einhaltung der Temperatur während der Prüfung innerhalb von 6 K der vorgesehenen Temperatur;

5. eine Verdrängerpumpe (PDP) (4) zur Weiterleitung einer konstanten Durchflussmenge des Luft/Abgas-Gemisches. Die Kapazität der Pumpe muss groß genug sein, um eine Wasserkondensation in der Anlage unter allen Bedingungen zu vermeiden, die sich bei einer Prüfung einstellen können. Dazu wird normalerweise eine Verdrängerpumpe verwendet, mit

   a) einer Kapazität, die der doppelten maximalen Abgas-Durchflussmenge entspricht, die bei den Beschleunigungsphasen der Fahrkurven erzeugt wird oder die

   b) ausreicht, um die CO_2-Konzentration der verdünnten Abgase im Entnahmebeutel unterhalb von 3 Volumprozent zu halten;

6. ein Temperaturmessgerät (Genauigkeit ± 1 K), das unmittelbar vor der Verdrängerpumpe angebracht wird. Mit diesem Gerät muss die Temperatur des verdünnten Abgasgemisches während der Prüfung kontinuierlich überwacht werden können;

7. ein Druckmesser (12) (Genauigkeit ± 0,4 kPa), der direkt vor der Verdrängerpumpe angebracht wird und das Druckgefälle zwischen dem Gasgemisch und der Umgebungsluft aufzeichnet;

8. ein weiterer Druckmesser (12) (Genauigkeit ± 0,4 kPa), der so angebracht wird, dass die Druckdifferenz zwischen Ein- und Auslass der Pumpe aufgezeichnet wird;

9. Entnahmesonden, mit denen konstante Proben der Verdünnungsluft und des verdünnten Abgas/Luft-Gemisches entnommen werden können;

10. Filter (5) zum Abscheiden von Partikeln aus den für die Analyse entnommenen Gasen;

11. Pumpen zur Entnahme einer konstanten Durchflussmenge der Verdünnungsluft sowie des verdünnten Abgas/Luft-Gemisches während der Prüfung;

12. Durchflussregler, welche die Durchflussmenge bei der Gasentnahme während der Prüfung durch die Entnahmesonden konstant halten; diese Durchflussmenge muss so groß sein, dass am Ende der Prüfung Proben von ausreichender Größe für die Analyse (≥ 5 l/min) verfügbar sind;

13. Durchflussmesser zur Einstellung und Überwachung einer konstanten Gasprobenmenge während der Prüfung;

14. Schnellschaltventile zur Weiterleitung der konstanten Gasprobenmenge entweder in die Entnahmebeutel oder in die Atmosphäre;

15. gasdichte Schnellkupplungen zwischen den Schnellschaltventilen und den Entnahmebeuteln. Die Kupplung muss auf der Beutelseite automatisch abschließen. Es können auch andere Mittel verwendet werden, um die Probe in den Analysator zu bringen (zum Beispiel Dreiweg-Absperrhähne);

16. Beutel (9, 10) zum Auffangen der Proben verdünnter Abgase und der Verdünnungsluft während der Prüfung. Sie müssen groß genug sein, um den Gasproben-Durchfluss nicht zu verringern. Sie müssen aus einem Material hergestellt sein, das weder die Messungen selbst noch die chemische Zusammensetzung der Gasproben beeinflusst (beispielsweise Polyethen/Polyamid- oder Polyfluorkohlenstoff-Verbundfolien);

17. ein Digitalzähler zur Aufzeichnung der Zahl der Umdrehungen der Verdrängerpumpe während der Prüfung.

3.10.3.1.2 Zusätzliche Geräte für die Prüfung von Fahrzeugen mit Dieselmotoren

Für die Prüfung der Fahrzeuge mit Dieselmotor sind die in Figur 5 dargestellten Geräte zu verwenden:

Verdünnungstunnel

beheiztes Kohlenwasserstoff-Probenahmesystem

a) Entnahmesonde im Verdünnungstunnel

b) Filter

c) Entnahmeleitung

d) Mehrwegventil

e) Pumpe, Durchflussmessgeräte, Durchflussregler

f) Flammen-Ionisations-Detektor (HFID)

g) Integrations- und Aufzeichnungsgeräte für die momentanen Kohlenwasserstoffkonzentrationen

h) Schnellkupplung für die Analyse der Probe der Umgebungsluft mit dem HFID

Partikel-Probenahmesystem

i) Entnahmesonde im Verdünnungstunnel

j) Filtereinheit, bestehend aus zwei hintereinander angeordneten Filtereinheiten; Umschaltvorrichtung für weitere parallel angeordnete Filterpaare

k) Entnahmeleitung

l) Pumpen, Durchflussregler, Durchflussmessgeräte

3.10.3.2 Verdünnungssystem mit Venturi-Rohr und kritischer Strömung (CFV-CVS-System) (Figur 4)

3.10.3.2.1 Die Verwendung eines Venturi-Rohrs mit kritischer Strömung im Rahmen des Entnahmeverfahrens mit konstantem Volumen basiert auf den Grundsätzen der Strömungslehre unter den Bedingungen der kritischen Strömung. Die Durchflussmenge am Venturi-Rohr (7) wird während der gesamten Prüfung fortlaufend überwacht, berechnet und integriert.

Die Verwendung eines weiteren Probenahme-Venturi-Rohrs (4) gewährleistet die proportionale Entnahme der Gasproben. Da Druck und Temperatur am Eintritt beider Venturi-Rohre gleich sind, ist das Volumen der Gasentnahme proportional zum Gesamtvolumen des erzeugten Gemisches aus verdünnten Abgasen. Das System erfüllt somit die in diesem Anhang festgelegten Bedingungen.

Figur 4 zeigt das Schema eines solchen Entnahmesystems. Da gültige Ergebnisse mit unterschiedlichen Versuchsanordnungen erzielt werden können, braucht die Anlage nicht ganz genau dem Schema zu entsprechen. Es können zusätzliche Teile verwendet werden, wie zum Beispiel Instrumente, Ventile, Magnetventile und Schalter, um zusätzliche Daten zu erhalten und die Funktionen der einzelnen Teile der Anlage zu koordinieren.

Zur Sammeleinrichtung gehören:

1. Ein Filter (1) für die Verdünnungsluft, der – soweit erforderlich – vorbeheizt werden kann. Dieser Filter besteht aus einer Aktivkohleschicht zwischen zwei Lagen Papier; er dient zur Senkung und Stabilisierung der Kohlenwasserstoffkonzentration der umgebenden Emissionen in der Verdünnungsluft;

2. eine Mischkammer (2), in der Abgase und Luft homogen gemischt werden;

3. ein Zyklon-Abscheider (3) zum Abscheiden von Partikeln;

4. Entnahmesonden, mit denen Proben der Verdünnungsluft und der verdünnten Abgase entnommen werden können;

5. ein Entnahme-Venturi-Rohr (4) mit kritischer Strömung, mit dem anteilmäßige Proben verdünnter Abgase an der Entnahmesonde entnommen werden können;

6. Filter zum Abscheiden von Partikeln aus den für die Analyse entnommenen Gasen;

7. Pumpen zum Sammeln eines Teils der Luft und der verdünnten Abgase in den Beuteln während der Prüfung;

8. Durchflussregler, um die Durchflussmenge bei der Gasentnahme während der Prüfung durch die Entnahmesonde konstant zu halten. Diese Durchflussmenge muss so groß sein, dass am Ende der Prüfung Proben von ausreichender Größe für die Analyse verfügbar sind (55 l/min);

9. Durchflussmesser zur Einstellung und Überwachung der Durchflussmenge während der Prüfung;

10. Schnellschaltventile zur Weiterleitung der konstanten Gasprobenmenge entweder in die Entnahmebeutel oder in die Atmosphäre;

11. gasdichte Schnellkupplungen zwischen den Schnellschaltventilen und den Entnahmebeuteln. Die Kupplung muss auf der Beutelseite automatisch abschließen. Es können auch andere Mittel verwendet werden, um die Probe in den Analysator zu bringen (zum Beispiel Dreiweg-Absperrhähne);

12. Beutel (9, 10) zum Auffangen der Proben verdünnter Abgase und Verdünnungsluft während der Prüfung. Die Beutel müssen groß genug sein, um den Gasprobendurchfluss nicht zu verringern. Sie müssen aus einem Material hergestellt sein, das weder die Messungen selbst noch die chemische Zusammensetzung der Gasproben beeinflusst (zum Beispiel Polyethen/Polyamid- oder Polyfluorkohlenstoff-Verbundfolien);

13. ein Druckmesser (5) mit einer Genauigkeit von ± 0,4 kPa;

14. ein Temperaturmessgerät (6) mit einer Genauigkeit von ± 1 K und einer Ansprechzeit von 0,1 Sekunden bei 62 Prozent einer Temperaturänderung (gemessen in Silikonöl);

15. ein Venturi-Rohr mit kritischer Messströmung (7) zur Messung der Durchflussmenge der verdünnten Abgase;

16. ein Gebläse (8) mit ausreichender Leistung, um das gesamte Volumen der verdünnten Gase anzusaugen.

Das Entnahmesystem CFV-CVS muss eine ausreichend große Kapazität haben, damit eine Wasserkondensation im Gerät unter allen Bedingungen vermieden wird, die sich bei einer Prüfung einstellen können. Dazu wird normalerweise ein Gebläse verwendet mit einer Kapazität, die der doppelten der maximalen Abgasdurchflussmenge entspricht, die bei den Beschleunigungsphasen der Fahrkurve erzeugt wird oder die ausreicht, um die CO_2-Konzentration der verdünnten Abgase im Entnahmebeutel unterhalb von 3 Volumenprozent zu halten.

3.10.3.2.2 Zusätzliche Geräte für die Prüfung von Fahrzeugen mit Dieselmotor

Für die Prüfung der Fahrzeuge mit Dieselmotor sind die in Figur 5 dargestellten Geräte zu verwenden (siehe Nummer 3.10.3.1). Ist ein Ausgleich der Durchflussschwankungen nicht möglich, so sind ein Wärmetauscher (3) und ein Temperaturregler erforderlich, um einen konstanten Durchfluss durch das Probenahme-Venturi-Rohr und somit die Proportionalität des Durchflusses durch die Entnahmesonde sicherzustellen.

3.10.4 Ermittlung der Massenemissionen

Der CO-, CO_2-, NO_x- und CH-Massenausstoß während der verschiedenen Testphasen der Fahrkurven I und II wird bestimmt, indem deren mittlere volumetrische Konzentrationen der in Beuteln gesammelten verdünnten Abgase gemessen werden.

Der CH-Massenausstoß von Fahrzeugen mit Dieselmotor wird demgegenüber mit einem kontinuierlich registrierenden beheizten Flammen-Ionisations-Detektor bestimmt. Die mittlere volumetrische Konzentration wird durch Integration über die Dauer der Testphasen ermittelt (siehe Nummer 3.1.3).

Die kontinuierliche Messung der CO-, CO_2-, und NO_x-Konzentrationen des verdünnten Abgases können gleichermaßen zur Bestimmung des Massenausstoßes während der einzelnen Testphasen herangezogen werden, sofern der dabei ermittelte Massenausstoß von den in den Beuteln ermittelten Werten um nicht mehr als ± 3 Prozent abweicht.

3.11 Kalibrierverfahren für die Geräte

3.11.1 Erstellung der Kalibrierkurve des Analysators

Jeder normalerweise verwendete Messbereich muss nach Nummer 3.4.4.3 nach dem nachstehend festgelegten Verfahren kalibriert werden.

Die Kalibrierkurve wird durch mindestens fünf Kalibrierpunkte festgelegt, die in möglichst gleichem Abstand anzuordnen sind. Die Nennkonzentration des Prüfgases der höchsten Konzentration muss mindestens 80 Prozent des Skalenendwerts betragen.

Die Kalibrierkurve wird nach der Methode der „kleinsten Quadrate" berechnet. Ist der resultierende Grad des Polynoms größer als drei, so muss die Zahl der Kalibrierpunkte zumindest so groß wie der Grad dieses Polynoms plus zwei sein.

Die Kalibrierkurve darf um nicht mehr als 2 Prozent vom Nennwert eines jeden Kalibriergases abweichen.

Der Chemilumineszenz-Analysator muss in der Stellung „NO_x" kalibriert werden.

Es können auch andere Verfahren (Rechner, elektronische Messbereichsumschaltung usw.) angewendet werden, wenn dem Technischen Dienst zufriedenstellend nachgewiesen wird, dass sie eine gleichwertige Genauigkeit bieten.

3.11.1.1 Verlauf der Kalibrierung

Anhand des Verlaufs der Kalibrierkurve und der Kalibrierpunkte kann die einwandfreie Durchführung der Kalibrierung überprüft werden. Es sind die verschiedenen Kennwerte des Analysators anzugeben, insbesondere:

a) die Skaleneinteilung

b) die Empfindlichkeit

c) der Nullpunkt

d) der Zeitpunkt der Kalibrierung.

3.11.1.2 Überprüfung der Kalibrierkurve

Jeder normalerweise verwendete Messbereich muss vor jeder Analyse wie folgt überprüft werden:

Die Kalibrierung wird mit einem Nullgas und einem Prüfgas überprüft, dessen Nennwert in etwa der verdünnten Abgaszusammensetzung entspricht.

Beträgt für die beiden betreffenden Punkte die Differenz zwischen dem theoretischen Wert und dem bei der Überprüfung erzielten Wert nicht mehr als ± 5 Prozent des Skalenwerts, so dürfen die Einstellkennwerte neu justiert werden. Andernfalls muss eine neue Kalibrierkurve nach Nummer 3.11.1 erstellt werden.

Nach der Überprüfung werden das Nullgas und das gleiche Prüfgas für eine erneute Überprüfung verwendet. Die Analyse ist gültig, wenn die Differenz zwischen beiden Messungen weniger als 2 Prozent beträgt.

3.11.2 Überprüfung der Wirksamkeit des NO_x-Konverters

Es ist die Wirksamkeit des Konverters für die Umwandlung von NO_2 in NO zu überprüfen.

Diese Überprüfung kann mit einem Ozonisator entsprechend dem Prüfungsaufbau nach Figur 6 und dem nachstehend beschriebenen Verfahren durchgeführt werden.

Der Analysator wird in dem am häufigsten verwendeten Messbereich nach den Anweisungen des Herstellers mit dem Nullgas und Kalibriergas (letzteres muss einen NO-Gehalt aufweisen, der etwa 80 Prozent des Skalenendwerts entspricht, die NO_2-Konzentration im Gasgemisch darf nicht mehr als 5 Prozent der NO-Konzentration betragen) kalibriert. Der NO_x-Analysator muss auf NO-Betrieb eingestellt werden, so dass das Kalibriergas nicht in den Konverter gelangt. Die angezeigte Konzentration ist aufzuzeichnen.

Durch ein T-Verbindungsstück wird dem Gasstrom kontinuierlich Sauerstoff oder synthetische Luft zugeführt, bis die angezeigte Konzentration etwa 10 Prozent geringer ist als die angezeigte Kalibrierkonzentration.

Figur 6

Schaltschema für NO_2-NO-Konverterprüfung

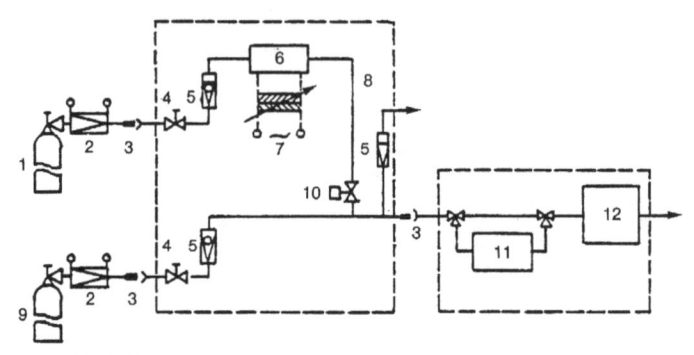

Legende:
1: Sauerstoff/Luft-Vorrat
2: Flaschendruckminderer
3: Schnellkupplung
4: Regelventil
5: Strömungsmesser
6: Ozonisator
7: Regelbare Spannungsquelle
8: Bypass
9: NO-Prüfgas
10: Magnetventil
11: NO_2/NO-Konverter
12: Chemilumineszenzdetektor

Die angezeigte Konzentration (c) ist aufzuzeichnen. Während dieses ganzen Vorgangs muss der Ozonisator ausgeschaltet sein.

Anschließend wird der Ozonisator eingeschaltet und so eingeregelt, dass die angezeigte NO-Konzentration auf 20 Prozent (Minimum 10 Prozent) der angegebenen Kalibrierkonzentration sinkt. Die angezeigte Konzentration (d) ist aufzuzeichnen.

Der Analysator wird dann auf den Betriebszustand NO_x geschaltet, und das Gasgemisch, bestehend aus NO, NO_2, O_2 und N_2, strömt nur durch den Konverter. Die angezeigte Konzentration (a) ist aufzuzeichnen.

Danach wird der Ozonisator ausgeschaltet. Das Gasgemisch strömt durch den Konverter in den Messteil. Die angezeigte Konzentration (b) ist aufzuzeichnen.

Bei noch immer ausgeschaltetem Ozonisator wird auch die Zufuhr von Sauerstoff und synthetischer Luft unterbrochen. Der vom Analysator angezeigte NO_x-Wert darf dann den Kalibrierwert um nicht mehr als 5 Prozent übersteigen.

Der Wirkungsgrad (Z) des NO_2-Konverters wird wie folgt berechnet:

$$\eta(\%) = 1 + \frac{a-b}{c-d} \cdot 100$$

Der so erhaltene Wert darf nicht kleiner als 95 Prozent sein. Der Wirkungsgrad ist mindestens einmal pro Woche zu überprüfen.

3.11.3 **Kalibrierung des Entnahmesystems mit konstantem Volumen (CVS-System)**

Das CVS-System wird mit einem Präzisions-Durchflussmesser und einem Durchflussregler kalibriert. Der Durchfluss im System wird bei verschiedenen Druckwerten gemessen, ebenso werden die Regelkennwerte des Systems ermittelt; danach wird das Verhältnis zwischen letzteren und den Durchflüssen ermittelt.

Es können mehrere Typen von Durchflussmessern verwendet werden (zum Beispiel kalibriertes Venturi-Rohr, Laminar-Durchflussmesser, kalibrierter Flügelrad-Durchflussmesser), vorausgesetzt, es handelt sich um ein dynamisches Messgerät, und die Vorschriften nach Nummer 3.11.3.1 werden erfüllt.

In den folgenden Absätzen wird die Kalibrierung von PDP- und CFV-Entnahmegeräten mit Laminar-Durchflussmesser beschrieben. Die Genauigkeit der Laminar-Durchflussmesser ist ausreichend, um die Gültigkeit der Kalibrierung bei ausreichender Zahl von Messungen überprüfen zu können (Figur 7).

3.11.3.1 Kalibrierung der Verdrängerpumpe (PDP)

3.11.3.1.1 Kalibrierverfahren

Bei dem nachstehend festgelegten Kalibrierverfahren werden Geräte, Versuchsanordnung und verschiedene Kennwerte beschrieben, die für die Ermittlung des Durchsatzes der Pumpe im CVS-System gemessen werden müssen. Alle Kennwerte der Pumpe werden gleichzeitig mit den Kennwerten des Durchflussmessers gemessen, der mit der Pumpe in Reihe geschaltet ist. Danach kann die Kurve des berechneten Durchflusses (ausgedrückt in m^3/min am Pumpeneinlass bei absolutem Druck und absoluter Temperatur) als Korrelationsfunktion aufgezeichnet werden, die einer bestimmten Kombination von Pumpenkennwerten entspricht. Die Lineargleichung, die das Verhältnis zwischen dem Pumpendurchsatz und der Korrelationsfunktion ausdrückt, wird sodann aufgestellt. Hat die Pumpe des CVS-Systems mehrere Übersetzungsverhältnisse, so muss jede verwendete Übersetzung kalibriert werden.

Dieses Kalibrierverfahren beruht auf der Messung der absoluten Werte der Pumpen- und Durchflussmesskennwerte, die an jedem Punkt in Beziehung zum Durchfluss stehen. Drei Bedingungen müssen eingehalten werden, damit Genauigkeit und Vollständigkeit der Kalibrierkurve garantiert sind:

a) Die Pumpendrücke müssen an den Anschlussstellen der Pumpe selbst gemessen werden und nicht an den äußeren Rohrleitungen, die am Pumpenein- und -auslass angeschlossen sind. Die Druckanschlüsse am oberen und unteren Punkt der vorderen Antriebsplatte sind den tatsächlichen Drücken ausgesetzt, die im Pumpeninnenraum vorhanden sind und so die absoluten Druckdifferenzen widerspiegeln;

b) während des Kalibrierens muss eine konstante Temperatur aufrechterhalten werden. Der Laminar-Durchflussmesser ist gegen Schwankungen der Einlasstemperatur empfindlich, die eine Streuung der gemessenen Werte verursachen. Temperaturschwankungen von ± 1 K sind zulässig, sofern sie allmählich innerhalb eines Zeitraums von mehreren Minuten auftreten;

c) alle Anschlussrohrleitungen zwischen dem Durchflussmesser und der CVS-Pumpe müssen dicht sein.

Bei der Prüfung zur Bestimmung der Abgasemissionen kann durch Messung dieser Pumpenkennwerte der Durchfluss aus der Kalibriergleichung berechnet werden.

Figur 7
Schematische Darstellung einer Kalibriervorrichtung für CVS-Geräte

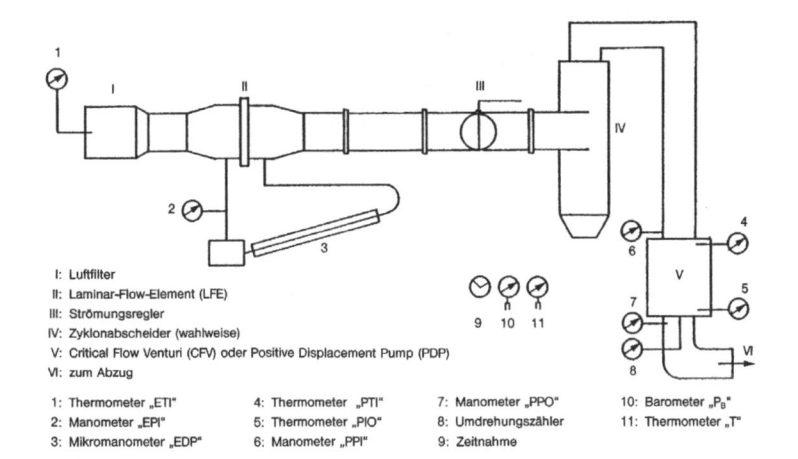

I: Luftfilter
II: Laminar-Flow-Element (LFE)
III: Strömungsregler
IV: Zyklonabscheider (wahlweise)
V: Critical Flow Venturi (CFV) oder Positive Displacement Pump (PDP)
VI: zum Abzug

1: Thermometer „ETI"
2: Manometer „EPI"
3: Mikromanometer „EDP"
4: Thermometer „PTI"
5: Thermometer „PIO"
6: Manometer „PPI"
7: Manometer „PPO"
8: Umdrehungszähler
9: Zeitnahme
10: Barometer „P_B"
11: Thermometer „T"

Figur 7 zeigt ein Beispiel für eine Kalibriervorrichtung. Änderungen sind zulässig, sofern sie vom Technischen Dienst als gleichwertig anerkannt werden. Bei Verwendung der in Figur 7 beschriebenen Einrichtung müssen folgende Daten den angegebenen Genauigkeitstoleranzen genügen:

Luftdruck (korrigiert) (P_B)	± 0,03	kPa
Umgebungstemperatur (T)	± 0,3	K
Lufttemperatur am LFE-Eintritt (ETI)	± 0,15	K
Unterdruck vor LFE (EPI)	± 0,01	kPa
Druckabfall durch LFE-Düse (EDP)	± 0,001	kPa
Lufttemperatur am Einlass der PDP-CVS-Pumpe (PTI)	± 0,3	K
Lufttemperatur am Auslass der PDP-CVS-Pumpe (PTO)	± 0,3	K
Unterdruck am Einlass der CVS-Pumpe (PPI)	± 0,022	kPa
Druckhöhe am Auslass der CVS-Pumpe (PPO)	± 0,022	kPa
Pumpendrehzahl während der Prüfung (n)	± 1	Umdrehung
Dauer der Prüfung (t) (bei mind. 120 s)	± 0,05	s

Ist der Aufbau nach Figur 7 durchgeführt, so ist das Durchflussregelventil voll zu öffnen. Die PDP-CVS-Pumpe muss 20 Minuten in Betrieb sein, bevor die Kalibrierung beginnt.

Das Durchflussregelventil wird teilweise geschlossen, damit der Unterdruck am Pumpeneinlass höher wird (ca. 1 kPa) und auf diese Weise mindestens eine Zahl von sechs Messpunkten für die gesamte Kalibrierung verfügbar ist. Das System muss sich innerhalb von drei Minuten stabilisieren, danach sind die Messungen zu wiederholen.

3.11.3.1.2 Analyse der Ergebnisse

Die Luftdurchflussmenge Q_s an jedem Prüfpunkt wird nach den Angaben des Herstellers aus den Messwerten des Durchflussmessers in m³/min ermittelt (Normalbedingungen).

Die Luftdurchflussmenge wird dann auf den Pumpendurchsatz V_o in m³ je Umdrehung bei absoluter Temperatur und absolutem Druck am Pumpeneinlass umgerechnet.

$$V_o = \frac{Q_s}{n} \cdot \frac{T_p}{273,2} \cdot \frac{101,33}{P_p}$$

hierbei bedeuten:

V_o: Pumpendurchflussmenge bei T_p und P_p in m³/Umdrehung

Q_s: Luftdurchflussmenge bei 101,33 kPa und 273,2 K in m³/min

T_p: Temperatur am Pumpeneinlass in K

P_p: absoluter Druck am Pumpeneinlass in kPa

n: Pumpendrehzahl in min^{-1}

Zur Kompensierung der gegenseitigen Beeinflussung der Druckschwankungen mit der Pumpendrehzahl und den Rückströmverlusten der Pumpe wird die Korrelationsfunktion (x_o) zwischen der Pumpendrehzahl (n), der Druckdifferenz zwischen Ein- und Auslass der Pumpe und dem absoluten Druck am Pumpenauslass mit folgender Formel berechnet:

$$x_o = \frac{1}{n} \cdot \sqrt{\frac{\Delta P_p}{P_e}}$$

hierbei bedeuten:

x_o: Korrelationsfunktion

ΔP_p: Druckdifferenz zwischen Pumpeneinlass und Pumpenauslass (kPa)

P_e: absoluter Druck am Pumpenauslass (PPO + P_B) (kPa)

Mit der Methode der kleinsten Quadrate wird eine lineare Angleichung vorgenommen, um nachstehende Kalibriergleichungen zu erhalten

$V_o = D_o - M (x_o)$

$n = A - B (\Delta P_p)$

D_o, M, A und B sind Konstanten für die Steigung der Geraden und für die Achsabschnitte (Ordinaten).

Hat das CVS-System mehrere Übersetzungen, so muss für jede Übersetzung eine Kalibrierung vorgenommen werden. Die für diese Übersetzung erzielten Kalibrierkurven müssen in etwa parallel sein, und die Ordinatenwerte D_o müssen größer werden, wenn der Durchsatzbereich der Pumpe kleiner wird. Bei sorgfältiger Kalibrierung müssen die mit Hilfe der Gleichung berechneten Werte innerhalb von ± 0,5 Prozent des gemessenen Werts V_o liegen. Die Werte M sollten je nach Pumpe verschieden sein. Die Kalibrierung muss bei Inbetriebnahme der Pumpe und nach jeder größeren Wartung vorgenommen werden.

3.11.3.2 Kalibrierung des Venturi-Rohrs mit kritischer Strömung (CFV)

Bei der Kalibrierung des CFV-Venturi-Rohrs bezieht man sich auf die Durchflussgleichung für ein Venturi-Rohr mit kritischer Strömung:

$$Q_s = \frac{K_v \cdot P}{\sqrt{T}}$$

dabei bedeuten:

Q_s: Durchflussmenge
K_v: Kalibrierkoeffizient
P: absoluter Druck in kPa
T: absolute Temperatur in K

Die Gasdurchflussmenge ist eine Funktion des Eintrittsdrucks und der Eintrittstemperatur.

Das nachstehend beschriebene Kalibrierverfahren ermittelt den Wert des Kalibrierkoeffizienten bei gemessenen Werten für Druck, Temperatur und Luftdurchsatz.

Bei der Kalibrierung der elektronischen Geräte des CFV-Venturi-Rohrs ist das vom Hersteller empfohlene Verfahren anzuwenden.

Bei den Messungen für die Kalibrierung des Durchflusses des Venturi-Rohrs mit kritischer Strömung müssen die nachstehend genannten Parameter den angegebenen Genauigkeitstoleranzen genügen:

Parameter	Toleranz	Einheit
Luftdruck (korrigiert) (P_B)	± 0,03	kPa
Lufttemperatur am LFE-Eintritt (ETI)	± 0,15	K
Unterdruck von LFE (EPI)	± 0,01	kPa
Druckabfall durch LFE-Düse (EDP)	± 0,001	kPa
Luftdurchflussmenge (Q_s)	± 0,5	%
Unterdruck am CFV-Eintritt (PPI)	± 0,02	kPa
Temperatur am Venturi-Rohr-Eintritt (T_v)	± 0,2	K

Die Geräte sind entsprechend Figur 7 aufzubauen und auf Dichtheit zu überprüfen. Jede undichte Stelle zwischen Durchflussmessgerät und Venturi-Rohr mit kritischer Strömung würde die Genauigkeit der Kalibrierung stark beeinträchtigen.

Das Durchflussregelventil ist voll zu öffnen, das Gebläse ist einzuschalten und das System muss stabilisiert werden. Es sind die von allen Geräten angezeigten Werte aufzuzeichnen.

Die Einstellung des Durchflussregelventils ist zu verändern, und es sind mindestens acht Messungen im kritischen Durchflussbereich des Venturi-Rohrs durchzuführen:

Die bei der Kalibrierung aufgezeichneten Messwerte sind für die nachstehenden Berechnungen zu verwenden. Die Luftdurchflussmenge Q_s an jedem Messpunkt ist aus den Messwerten des Durchflussmessers nach dem vom Hersteller angegebenen Verfahren zu bestimmen.

Es sind die Werte des Kalibrierkoeffizienten K_v für jeden Messpunkt zu berechnen:

$$K_v = \frac{Q_s \cdot \sqrt{T_v}}{P_v}$$

dabei bedeuten:

Q_s: Durchflussmenge in m³/min bei 273,2 K und 101,33 kPa
T_v: Temperatur am Eintritt des Venturi-Rohrs in K
P_v: absoluter Druck am Eintritt des Venturi-Rohrs in kPa

Es ist eine Kurve K_v in Abhängigkeit vom Druck am Eintritt des Venturi-Rohrs aufzunehmen. Bei Schallgeschwindigkeit ist K_v fast konstant. Fällt der Druck (das heißt bei wachsendem Unterdruck), nimmt K_v oberhalb eines bestimmten Eingangs-Unterdrucks ab. Die hieraus resultierenden Veränderungen von K_v sind nicht zu berücksichtigen. Bei einer Mindestanzahl von acht Messpunkten im kritischen Bereich sind der Mittelwert von K_v und die Standardabweichung zu berechnen. Beträgt die Standardabweichung des Mittelwerts von K_v mehr als 0,3 Prozent, so müssen Korrekturmaßnahmen getroffen werden.

3.11.4 Überprüfung des Gesamtsystems

Zur Überprüfung der Übereinstimmung mit den Vorschriften der Nummer 3 wird die Gesamtgenauigkeit des CVS-Entnahmesystems und der Analysengeräte ermittelt, indem eine bekannte Menge eines luftverunreinigenden Gases in das System eingeführt wird, wenn dieses wie für eine normale Prüfung in Betrieb ist; danach wird die Analyse durchgeführt und die Masse der Schadstoffe nach den Formeln der Anlage berechnet, wobei jedoch als Propandichte der Wert von 1,967 kg/m³ unter Normalbedingungen zugrunde gelegt wird. Nachstehend werden zwei ausreichend genaue Verfahren beschrieben.

3.11.4.1 Die Messung eines konstanten Durchflusses eines reinen Gases (CO oder C_3H_8) ist mit einer Messblende für kritische Strömung durchzuführen.

Durch eine kalibrierte Messblende für kritische Strömung wird eine bekannte Menge reinen Gases (CO oder C_3H_8) in das CVS-System eingeführt. Ist der Eintrittsdruck groß genug, so ist die von der Messblende eingestellte Durchflussmenge unabhängig vom Austrittsdruck der Messblende (Bedingungen für kritische Strömung). Übersteigen die festgestellten Abweichungen 5 Prozent, so ist die Ursache festzustellen und zu beseitigen. Das CVS-System wird wie für eine Prüfung der Abgasemissionen fünf bis zehn Minuten lang betrieben. Die in einem Beutel aufgefangenen Gase werden mit einem normalen Gerät analysiert und die erzielten Ergebnisse mit der bereits bekannten Konzentration der Gasproben verglichen.

3.11.4.2 Überprüfung des CVS-Systems durch gravimetrische Bestimmung eines reinen Gases (CO oder C_3H_8).

Die Überprüfung des CVS-Systems mit dem gravimetrischen Verfahren ist wie folgt durchzuführen: Es ist eine kleine mit Kohlenmonoxid oder Propan gefüllte Flasche zu verwenden, deren Masse auf ± 0,01 g zu ermitteln ist. Danach wird das CVS-System fünf bis zehn Minuten lang wie für eine normale Prüfung zur Bestimmung der Abgasemissionen betrieben, wobei CO oder Propan in das System eingeführt wird. Die eingeführte Menge reinen Gases wird durch Messung der Massendifferenz der Flasche ermittelt. Danach werden die in einem normalerweise für die Abgasanalyse verwendeten Beutel aufgefangenen Gase analysiert. Die Ergebnisse werden sodann mit den zuvor berechneten Konzentrationswerten verglichen.

3.12 Kalibrierung der Messkammer und Berechnung der Verdunstungsemissionen

3.12.1 Kalibrierung der gasdichten Kammer zur Ermittlung der Verdunstungsemissionen

Der Vorgang der Kalibrierung besteht aus drei Abschnitten:

a) Bestimmung des Kammervolumens

b) Bestimmung der Hintergrundkonzentrationen in der Kammer

c) Prüfung der Kammer auf Dichtheit

3.12.1.1 Bestimmung des Kammervolumens

Vor der Inbetriebnahme muss das Kammervolumen wie folgt bestimmt werden:

a) Sorgfältiges Ausmessen der inneren Länge, Weite und Höhe der Kammer (unter Beachtung der Unregelmäßigkeiten) zur Berechnung des inneren Volumens.

b) Überprüfung des Kammervolumens nach Nummer 3.12.1.3. Falls die daraus berechnete Propanmasse nicht mit der Genauigkeit von mindestens 2 Prozent mit der zudosierten Masse übereinstimmt, ist das Kammervolumen zu korrigieren.

3.12.1.2 Bestimmung der Hintergrundkonzentration in der Kammer

Vor der Inbetriebnahme und danach mindestens einmal jährlich sowie nach jeder Maßnahme, die die Stabilität der Hintergrundkonzentration beeinflussen könnte, ist wie folgt zu verfahren:

Die CH-Messungen sind mit dem in Nummer 3 spezifizierten FID durchzuführen.

Durchlüften der Kammer mit Umgebungsluft, bis sich eine konstante CH-Konzentration eingestellt hat.

Inbetriebnahme der (des) für die Durchmischung des Kammervolumens erforderlichen Gebläse(s).

Verschließen der Kammer. Messung und Aufzeichnung der Temperatur, des Drucks und der CH-Konzentration in der Kammer. Dies sind die Ausgangswerte für die Berechnung der Hintergrundkonzentration.

Der Kammerinhalt soll vier Stunden fortlaufend ohne Entnahme eines Probengasstroms durchmischt werden.

Wiederholung der Messungen. Dies sind die Endwerte für die Berechnung der Hintergrundkonzentration der Messkammer.

Die Differenz beider Werte muss kleiner als 0,4 g sein. Liegen die Werte darüber, müssen die Störeinflüsse beseitigt werden.

3.12.1.3 Prüfung der Kammer auf Dichtheit

Vor der Inbetriebnahme der Kammer und danach mindestens einmal monatlich muss die Kammer wie folgt auf Dichtheit überprüft werden:

Durchlüften der Kammer mit Umgebungsluft, bis sich eine konstante CH-Konzentration in der Kammer eingestellt hat.

Straßenverkehrs-Zulassungs-Ordnung   Anlage XXIII – StVZO | 03

Inbetriebnahme der (des) für die Durchmischung des Kammervolumens vorgesehenen Gebläse(s).

Verschließen der Kammer, Messung und Aufzeichnung der Werte für die Temperatur, den Druck und die CH-Konzentration in der Kammer. Dies sind die Eingangswerte für die Rechnung zur Kammerkalibrierung.

Einbringen einer auf mindestens 0,5 Prozent genau bestimmten Menge reinen Propans. Die Propanmenge kann durch Volumenstrommessung oder durch Wägung ermittelt werden.

Nach mindestens fünf Minuten Durchmischung werden CH-Konzentration, Temperatur und Druck in der Kammer gemessen und aufgezeichnet. Dies sind die Endwerte für die Rechnung zur Kammerkalibrierung und gleichzeitig die Ausgangswerte für die Rechnungen zur Prüfung der Dichtheit der Kammer.

Der Kammerinhalt soll vier Stunden ohne Entnahme eines Probengasstroms durchmischt werden.

Messung und Aufzeichnung der Werte für die Temperatur, den Druck und die CH-Konzentration in der Kammer. Dies sind die Endwerte für die Rechnung zur Prüfung der Dichtheit der Kammer.

Die berechnete Endmenge darf um nicht mehr als 4 Prozent von der berechneten Anfangsmenge abweichen.

3.12.2 Berechnung der Verdunstungsemissionen

3.12.2.1 Kalibrierung

Mit dem in Nummer 3.12.1 beschriebenen Verfahren lässt sich die zeitliche Änderung der Kohlenwasserstoffmenge in der Prüfkammer wie folgt berechnen:

$$M_{CH} = 17{,}6 \cdot V \cdot 10^{-4} \left(\frac{C_{CHf} \cdot P_f}{T_F} - \frac{C_{CHi} \cdot P_i}{T_i} \right)$$

dabei bedeuten:

M_{CH}: zeitliche Änderung der Kohlenwasserstoffmenge in der Prüfkammer in g

C_{CH}: gemessene Kohlenwasserstoffkonzentration in der Prüfkammer in ppm C_1-Äquivalente

i: Eingangswert
f: Endwert
P: Druck in kPa
T: Temperatur in der Kammer in K
V: Kammervolumen in m³

3.12.2.2 Berechnung der Verdunstungsemissionen nach Nummer 3.6

Die in den Nummern 3.6.2.2 und 3.6.2.4 beschriebene Prüfung der Tankatmungsverluste und der Verdunstungsemissionen beim Heißabstellen ermittelt die emittierte Kohlenwasserstoffmenge mithilfe folgender Gleichung:

$$M_{CH} = k \cdot V \cdot 10^{-4} \left(\frac{C_{CHf} \cdot P_1}{T_F} - \frac{C_{CHi} \cdot P_i}{T_i} \right)$$

dabei bedeuten:

M_{CH}: zeitliche Änderung der Kohlenwasserstoffmenge in der Prüfkammer in g

C_{CH}: gemessene Kohlenwasserstoffkonzentration in der Prüfkammer in ppm C_1-Äquivalente

V: Kammervolumen abzüglich des Fahrzeugvolumens (geöffnete Fenster, geöffneter Kofferraum). Wurde das Fahrzeugvolumen nicht bestimmt, ist ein Volumen 1,42 m³ zu verwenden.

k: 1,2 (12 +H/C)
H/C-Verhältnis der Kohlenwasserstoffe für Tankatmungsverluste = 2,33
H/C-Verhältnis der Kohlenwasserstoffe für Heißabstellphase = 2,20

Die gesamte Verdunstungsemission in g/Test ergibt sich durch Addition der

a) Tankatmungsverluste
b) Emissionen während der Heißabstellphase
c) Emissionen während des Fahrzeugbetriebs.

3.13 Berechnung der emittierten Mengen gas- und partikelförmiger Luftverunreinigungen

3.13.1 Allgemeines

Die während der Prüfung in der Fahrkurve I emittierten Massen gasförmiger und fester luftverunreinigender Stoffe werden mit nachstehender Gleichung berechnet:

$$M_l = 0{,}43 \frac{m_{iCT} + m_{iS}}{S_{CT} + S_S} + 0{,}57 \frac{m_{iHT} + m_{iS}}{S_{HT} + S_S}$$

dabei bedeuten:

M_i: während der Fahrkurve I emittierte Menge der Komponente i in g/km

m_{iCT}: während der Fahrkurve I in der Phase 1 emittierte Menge der Komponente i in g

m_{iHT}: während der Fahrkurve I in der Phase 3 emittierte Menge der Komponente i in g

m_{iS}: während der Fahrkurve I in der Phase 2 emittierte Menge der Komponente i in g

S_{CT}: während der Fahrkurve I gemessene Fahrstrecke der Phase 1 in km

S_{HT}: während der Fahrkurve I gemessene Fahrstrecke der Phase 3 in km

S_S: während der Fahrkurve I gemessene Fahrstrecke der Phase 2 (Stabilisierungsphase) in km

Die während der Prüfung in der Fahrkurve II emittierten Massen gasförmiger Luftverunreinigungen werden mit nachstehender Gleichung berechnet:

$$M_i = \frac{m_{iHW}}{S_{HW}}$$

dabei bedeuten:

M_i: während der Fahrkurve II emittierte Menge der Komponente i in g/km

m_{iHW}: während der Fahrkurve II emittierte Menge der Komponente i in g

S_{HW}: während der Fahrkurve II gemessene Fahrstrecke in km

Die in den einzelnen Testphasen emittierten Massen luftverunreinigender Gase werden nach folgender Gleichung berechnet:

$$m_i = V_{verd} \cdot \varrho_i C_i \cdot 10^{-6} \cdot k_H$$

dabei bedeuten:

m_i: emittierte Menge der gasförmigen Luftverunreinigung i in g/Testphase

V_{verd}: Volumen der verdünnten Abgase korrigiert auf Normalbedingungen (273,2 K, 101,33 kPa) in l/Testphase

ϱ_i: rel. Dichte der gasförmigen Luftverunreinigung unter Normalbedingungen (273,2 K, 101,33 kPa)

k_H: Feuchtigkeitskorrekturfaktor für die Berechnung der emittierten Stickoxidmengen (bei CH und CO keine Feuchtekorrektur zulässig)

C_i: Konzentration der gasförmigen Luftverunreinigung in den verdünnten Abgasen, ausgedrückt in ppm und korrigiert mit deren Konzentration in der Verdünnungsluft.

3.13.2 Volumenbestimmungen

3.13.2.1 Berechnung des Volumens bei einem Entnahmesystem mit Venturi-Rohr zur Messung des konstanten Durchflusses.

Es sind Kennwerte, mit denen das Volumen des Durchflusses ermittelt werden kann, kontinuierlich aufzuzeichnen, das Gesamtvolumen während der Prüfdauer ist daraus zu berechnen.

3.13.2.2 Berechnungen des Volumens bei einem Entnahmesystem mit Verdrängerpumpe. Das bei den Entnahmesystemen mit Verdrängerpumpe gemessene Volumen der verdünnten Abgase ist mit folgender Formel zu berechnen:

$$V = V_o \cdot N$$

hierbei bedeuten:

V: Volumen der verdünnten Abgase (vor der Korrektur) in l/Testphase

V_o: von der Verdrängerpumpe gefördertes Gasvolumen unter Prüfbedingungen in l/Umdrehung

N: Zahl der Umdrehungen der Pumpe während der Prüfung

3.13.2.3 Korrektur des Volumens der verdünnten Abgase auf Normalbedingungen. Das Volumen der verdünnten Abgase wird durch folgende Formel auf Normalbedingungen korrigiert:

$$V_{mix} = V \cdot K_1 \cdot \frac{P_B - P_1}{T_p}$$

hierbei bedeuten:

$$K_1 = \frac{273,2\,K}{101,33\,kPa} = 2,6961\,(K \cdot kPa^{-1})$$

P_B: Luftdruck im Prüfraum in kPa

P_1: Druckdifferenz zwischen dem Unterdruck am Einlass der Verdrängerpumpe und dem Umgebungsdruck in kPa

T_p: Mittlere Temperatur in K der verdünnten Abgase beim Eintritt in die Verdrängerpumpe während der Prüfung.

3.13.3 Berechnung der korrigierten Konzentration luftverunreinigender Gase im Auffangbeutel

$$C_i = C_e - C_d \left(1 - \frac{1}{DF}\right)$$

hierbei bedeuten:

C_i: Konzentration des luftverunreinigenden Gases i in den verdünnten Abgasen, ausgedrückt in ppm und korrigiert mit dessen Konzentration in der Verdünnungsluft

C_e: Gemessene Konzentration des luftverunreinigenden Gases i in den verdünnten Abgasen, ausgedrückt in ppm

C_d: Gemessene Konzentration des luftverunreinigenden Gases i in der Verdünnungsluft, ausgedrückt in ppm

DF: Verdünnungsfaktor

Der Verdünnungsfaktor wird wie folgt berechnet:

$$DF = \frac{13,4}{c_{CO_2} + (c_{CH} + c_{CO}) \cdot 10^{-4}}$$

hierbei bedeuten:

c_{CO_2}: CO_2-Konzentration in den verdünnten Abgasen im Auffangbeutel, ausgedrückt in Volumprozent

c_{CH}: CH-Konzentration in den verdünnten Abgasen im Auffangbeutel, ausgedrückt in ppm Kohlenstoffäquivalent

c_{CO}: CO-Konzentration in den verdünnten Abgasen im Auffangbeutel, ausgedrückt in ppm.

3.13.4 Berechnung des Feuchtekorrekturfaktors für NO

Um die Auswirkungen der Feuchte auf die für die Stickoxide erzielten Ergebnisse zu korrigieren, ist folgende Formel anzuwenden:

$$k_H = \frac{1}{1 - 0,0329\,(H - 10,71)}$$

wobei

$$H = \frac{6,211 \cdot R_a \cdot P_d}{P_B - (P_d \cdot R_a) \cdot 10^{-2}}$$

In diesen Formeln bedeuten:

H: Absolute Feuchte, ausgedrückt in Gramm Wasser pro Kilogramm trockener Luft

R_a: Relative Feuchte der Umgebungsluft, ausgedrückt in Prozent

P_d: Sättigungsdampfdruck bei Umgebungstemperatur, ausgedrückt in kPa

P_B: Luftdruck im Prüfraum, ausgedrückt in kPa.

3.13.5 Bestimmung der mittleren CH-Konzentration bei Selbstzündungsmotoren

Zur Bestimmung der Masse der CH-Emissionen für Dieselmotoren wird die mittlere CH-Konzentration mit Hilfe folgender Formel berechnet:

$$C_e = \frac{\int_{t_1}^{t_2} c_{CH} \cdot dt}{t_2 - t_1}$$

hierbei bedeuten:

$\int_{t_1}^{t_2} c_{CH} \cdot dt$: Integral der vom beheizten HFID-Analysator während der Prüfzeit ($t_2 - t_1$) aufgezeichneten Werte

C_e: CH-Konzentration, gemessen in den verdünnten Abgasen in ppm

C_e: ersetzt direkt C_{CH} in allen entsprechenden Gleichungen

4 Ermittlung des Verschlechterungsfaktors und des Verschlechterungswerts

4.1 Allgemeines

Die Verschlechterungsfaktoren für die Abgasemissionen und der Verschlechterungswert für die Verdunstungsemissionen werden in einem Dauerlauf über 80 000 km ermittelt. Der Dauerlauf, der für die normalen Fahrbedingungen repräsentativ sein soll, ist nach einem definierten Fahrprogramm auf der Straße oder auf einem den normalen Witterungsbedingungen ausgesetzten Fahrleistungsprüfstand durchzuführen.

Zum Nachweis, dass die emissionsmindernden und -relevanten Bauteile der Prüffahrzeuge ihre Funktion zur Einhaltung der Abgas- und Verdunstungsemissionsgrenzwerte über die Lebensdauer der Fahrzeuge beibehalten, kann auf Antrag des Herstellers im Einvernehmen mit dem Technischen Dienst statt des nachfolgend definierten Dauerlaufs ein anderes gleichwertiges Testverfahren zugelassen werden.*)

4.2 Durchführung der Dauerlaufprüfung

4.2.1 Auswahl der Dauerlauffahrzeuge

Für den Dauerlauftest ist ein Fahrzeug des Fahrzeugtyps auszuwählen. Für den Fall der Ausdehnung der Betriebserlaubnis auf weitere Fahrzeugtypen ist ein Fahrzeug desjenigen Fahrzeugtyps auszuwählen, das nach Angaben des Herstellers die höchsten Zulassungs-/Verkaufszahlen erwarten lässt.

Hält die Genehmigungsbehörde diesen Fahrzeugtyp nicht für repräsentativ, so kann sie ein weiteres Prüffahrzeug bestimmen.

Bevor der Hersteller mit der Dauerlaufprüfung beginnt, muss die Genehmigungsbehörde der Wahl der Prüffahrzeuge zustimmen. Der Antrag ist mit den Angaben über das Prüffahrzeug zu versehen.

4.2.2 Zugang während der Prüfung

Der Genehmigungsbehörde ist während des Dauerlaufs jederzeit Zugang zu dem Prüfgebäude bzw. Prüfgelände zu gewähren. Außerdem sind der Genehmigungsbehörde auf Verlangen alle Prüfungsunterlagen jederzeit vorzulegen.

4.2.3 Fahrbetrieb und Prüfungen

Der Fahrbetrieb wird auf einem im Freien liegenden Fahrleistungsprüfstand durchgeführt, der nach den Anforderungen für die Abgasprüfungen eingestellt ist. Dabei ist das Fahrprogramm nach Nummer 4.2.3.1 zu absolvieren.

Mit Erlaubnis der Genehmigungsbehörde kann der Fahrbetrieb auch auf einer festgelegten Rundstrecke durchgeführt werden.

4.2.3.1 Fahrprogramm

Das Fahrprogramm besteht aus elf Zyklen zu je 6 km (Figur 8).

Während der ersten neun Zyklen muss innerhalb des Zyklus viermal angehalten werden, mit einem Leerlaufbetrieb von jeweils 15 Sekunden. Es ist normal zu beschleunigen und zu verzögern. Zudem ist innerhalb jedes Zyklus fünfmal zu verzögern – von der Zyklusgeschwindigkeit auf 32 km/h – und wieder leicht zu beschleunigen bis auf die Zyklusgeschwindigkeit. Der zehnte Zyklus wird mit einer konstanten Geschwindigkeit von 89 km/h gefahren. Der elfte Zyklus beginnt mit einer Beschleunigung mit Vollgas aus dem Stillstand auf 113 km/h. Auf halber Strecke erfolgt eine Normalbremsung bis zum Stillstand mit einer anschließenden Leerlaufphase von 15 Sekunden, gefolgt von einer zweiten Beschleunigung mit Vollgas.

Anschließend ist das Fahrprogramm sofort von vorne zu beginnen.

---

*) Beurteilungskriterien werden im Verkehrsblatt veröffentlicht.

Figur 8

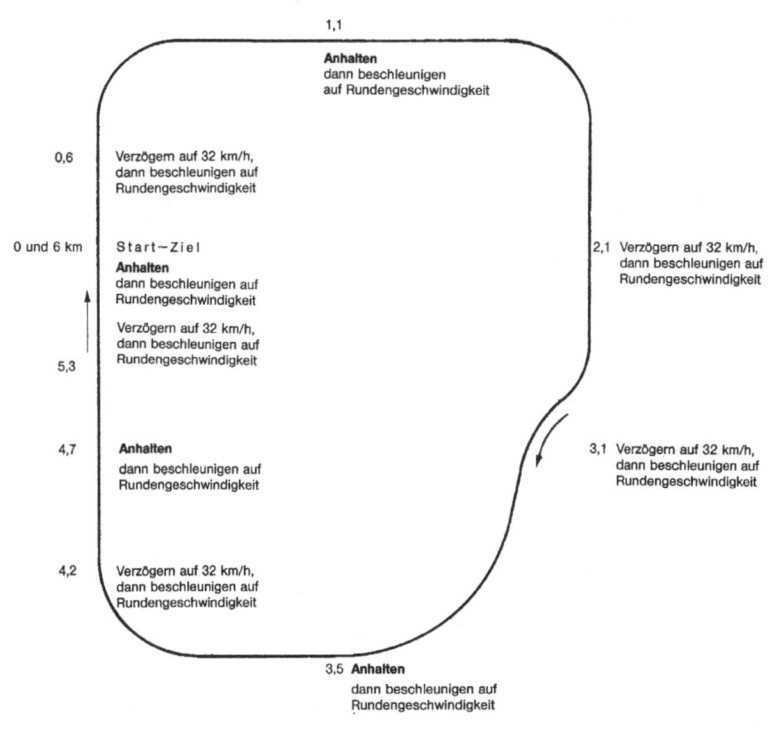

Programm für den Fahrbetrieb

```
                              1,1
                         Anhalten
                         dann beschleunigen
                         auf Rundengeschwindigkeit

 0,6    Verzögern auf 32 km/h,
        dann beschleunigen auf
        Rundengeschwindigkeit

 0 und 6 km   Start-Ziel                              2,1  Verzögern auf 32 km/h,
              Anhalten                                     dann beschleunigen auf
              dann beschleunigen auf                       Rundengeschwindigkeit
              Rundengeschwindigkeit

              Verzögern auf 32 km/h,
              dann beschleunigen auf
 5,3          Rundengeschwindigkeit


 4,7    Anhalten                                      3,1  Verzögern auf 32 km/h,
        dann beschleunigen auf                             dann beschleunigen auf
        Rundengeschwindigkeit                              Rundengeschwindigkeit


 4,2    Verzögern auf 32 km/h,
        dann beschleunigen auf
        Rundengeschwindigkeit

                              3,5 Anhalten
                                  dann beschleunigen auf
                                  Rundengeschwindigkeit
```

Das Programm besteht grundsätzlich aus elf Zyklen zu je 6 km; die Zyklusgeschwindigkeit für jeden Zyklus ist in folgender Tabelle angegeben:

Zyklus	Zyklusgeschwindigkeit in km/h
1	64
2	48
3	64
4	64
5	56
6	48
7	56
8	72
9	56
10	89
11	113

Zur Durchführung des Dauerbetriebs muss handelsüblicher Kraftstoff nach DIN 51 607, der in seinen Eigenschaften typisch für den in der Bundesrepublik erhältlichen Kraftstoff ist, verwendet werden. Eine Analyse des Kraftstoffs ist durchzuführen und der Genehmigungsbehörde vorzulegen.

Im Neuzustand und nach jeweils 10 000 ± 400 km sind während des Dauerlauftests Abgasprüfungen nach Nummer 3.6 und nach Bedarf Verdunstungsprüfungen nach Nummer 3.6 durchzuführen. Der Fahrzeughersteller hat einen begonnenen Dauerlauf bis zum Kilometerstand 80 000 km durchzuführen. Die Prüfergebnisse jeder Prüfung sind der Genehmigungsbehörde unter Beilage der Fahrprotokolle unverzüglich zuzustellen. Falls ein Emissionsmesswert über den Abgas- bzw. Verdunstungsemissionsgrenzwerten liegt, kann der Dauerlauf abgebrochen werden. Die Genehmigungsbehörde ist in diesem Fall sofort mit der Angabe von Gründen für das Überschreiten zu informieren.

4.2.4 Wartung der Prüffahrzeuge

Die Wartung der emissionsrelevanten und emissionsmindernden Bauteile während des Dauerlaufs soll mit den Empfehlungen des Herstellers für den Fahrzeugtyp übereinstimmen. Die Wartungsarbeiten dürfen jedoch den vom Hersteller im Wartungsplan aufgeführten Umfang nicht überschreiten und nicht in kürzeren Intervallen durchgeführt werden.

Jede während des Dauerlaufs durchgeführte außerplanmäßige Wartung ist der Genehmigungsbehörde sofort mitzuteilen. Die Genehmigungsbehörde entscheidet innerhalb von sieben Tagen, ob der Dauerlauf fortgeführt wird.

In den vom Hersteller vorgeschriebenen Zeitabständen ist das Wechseln von Motor- und Getriebeöl, Öl-, Kraftstoff- und Luftfilter zulässig.

4.3 Berechnung

4.3.1 Berechnung des Verschlechterungsfaktors

Nach Beendigung des Dauerlaufs sind alle Ergebnisse der Abgasmessungen zusammenzustellen. Alle gemessenen Abgaswerte müssen unterhalb der Abgasgrenzwerte liegen. Mit Hilfe der Methoden der kleinsten Fehlerquadrate wird für jeden Schadstoff getrennt die Regressionsgerade berechnet; diese Funktion dient zur Berechnung der Emissionswerte bei 80 000 km und 6 400 km. Der Quotient der Emission bei 80 000 km und 6 400 km ist der Verschlechterungsfaktor. Liegt der Quotient unter 1,00, so wird der Verschlechterungsfaktor mit 1,00 festgesetzt. Der Verschlechterungsfaktor ist auf zwei Stellen nach dem Komma genau für jeden Schadstoff anzugeben.

4.3.2 Berechnung des Verschlechterungswerts

Nach Beendigung des Dauerlaufs sind alle Ergebnisse der Verdunstungsmessungen zusammenzustellen. Mit Hilfe der Methode der kleinsten Fehlerquadrate wird die Regressionsgerade berechnet; diese Funktion dient zur Berechnung der Emissionswerte bei 80 000 km und 6 400 km.

Der Verschlechterungswert für die Verdunstungsemissionen berechnet sich durch Subtraktion der Verdunstungsemissionen bei 6 400 km von denen bei 80 000 km. Der Verdunstungsemissionswert ist auf zwei Stellen nach dem Komma anzugeben.

4.4 Schlussbericht

Nach Abschluss der Arbeiten sind der Genehmigungsbehörde alle Ergebnisse des Dauerlaufs vorzulegen. Diesen Ergebnissen muss eine Erklärung beigelegt werden, dass der Dauerlauf nach den Vorschriften dieser Anlage durchgeführt worden ist.

5 Prüfkraftstoffspezifikation

5.1 Technische Daten des Prüfkraftstoffs für die Prüfung der Fahrzeuge mit Fremdzündungsmotor
Typ: Super, unverbleit

Anforderungen		Prüfung nach
ROZ	min. 96,0	DIN 51 756
MOZ	min. 86,0	DIN 51 756
Dichte bei 15 °C	min. 0,750 kg/l max. 0,770	DIN 51 757
Dampfdruck nach Reid	min. 0,56 bar max. 0,64	DIN 51 754
Siedeverlauf		DIN 51 751
Siedebeginn	min. 24 °C max. 40	
10 Vol.-%-Punkt	min. 42 °C max. 58	
50 Vol.-%-Punkt	min. 90 °C max. 110	
90 Vol.-%-Punkt	min. 150 °C max. 170	

Anforderungen		Prüfung nach
Siedeende	min. 185 °C max. 205 °C	
Rückstand	max. 2 Vol.-%	
Kohlenwasserstoffanalyse (FIA)		DIN EN 10
Olefine	max. 15 Vol.-%	
Aromaten	max. 45 Vol.-%	
Gesättigte Kohlenwasserstoffe	Rest	
Oxidationsstabilität	min. 480 Minuten	DIN EN 9
Abdampfrückstand	max. 4 mg/100 ml	DIN EN 5
Schwefelgehalt	max. 0,04 Gew.-%	DIN EN 41 oder DIN 51 400
Bleigehalt	max. 0,010 g/l	DIN 51 769 Gaschromatographie

Der Kraftstoff darf keine phosphorhaltigen Additive enthalten. Die Anforderungen an den Siedeverlauf beinhalten insgesamt verdampfte Mengen.

5.2 **Technische Daten des Prüfkraftstoffs für die Prüfung der Fahrzeuge mit Selbstzündungsmotor Typ: Dieselkraftstoff**

Anforderungen		Prüfung nach
Dichte bei 15 °C	min. 0,835 kg/l max. 0,845 kg/l	DIN 51 757
Cetanzahl	min. 48 max. 54	DIN 51 773
Siedeverlauf		DIN 51 751
50 Vol.-%-Punkt	min. 245 °C	
90 Vol.-%-Punkt	min. 320 °C max. 350 °C	
Siedeende	max. 370 °C	
Viskosität bei 20 °C	min. 3 mm^2/s max. 5 mm^2/s	DIN 51 561
Schwefelgehalt	min. 0,10 Gew.-% max. 0,30 Gew.-%	DIN EN 41
Flammpunkt	min. 55 °C	DIN 51 755
Grenzwert der Filtrierbarkeit	max. −5 °C	DIN 51 428
Koksrückstand nach Conradson	max. 0,1 Gew.-%	DIN 51 551
Asche	max. 0,01 Gew.-%	DIN EN 7
Wassergehalt	max. 0,05 Gew.-%	DIN 51 777
Kupferkorrosion	max. 1–50 A 3	DIN 51 769
Neutralisationszahl	max. 0,2 mg KOH/g	DIN 51 558

Die Anforderungen an den Siedeverlauf beinhalten insgesamt verdampfte Mengen.

5.3 **Prüfkraftstoff für die Prüfung von Flüssiggasfahrzeugen mit Fremdzündungsmotor**
Bei Kraftfahrzeugen mit Flüssiggasantrieb ist als Prüfkraftstoff Flüssiggas nach DIN 51 622 Ausgabe 1973 zu verwenden.

6 **Formblatt: Mitteilung über die Betriebserlaubnis**
Muster
Maximalformat: A4
Nummer der Betriebserlaubnis ....
1. Fahrzeugart ....
   2.1 Fabrik- oder Handelsmarke des Fahrzeugs
   ....
   2.2 Fahrzeugtyp ....
   ....
   ....
3. Fahrzeugtypen, auf die die Betriebserlaubnis ausgedehnt wird
   ....
4. Name und Anschrift des Herstellers
   ....
5. Gegebenenfalls Name und Anschrift des Beauftragten des Herstellers
   ....
6. Massen der genehmigten Fahrzeugtypen in fahrbereitem Zustand
   ....
   6.1 Bezugsmassen der geprüften Fahrzeuge
   ....
7. Technisch zulässige Gesamtmassen der Fahrzeuge
   ....
8. Getriebe ....
   8.1 Anzahl der Gänge bzw. Schaltstufen ....
   8.2 Übersetzungsverhältnisse aller Fahrzeuge ....
   8.3 Leistung der geprüften Fahrzeuge ....
9. Datum und Nummer der Prüfbescheinigung ....
10. Ergebnisse der Prüfungen ....
    10.1 Fahrkurve I ....
    10.2 Fahrkurve II ....
    10.3 § 47a ....
    10.4 Verdunstungsmessung ....
    10.5 Dauertest (Verschlechterungsfaktor/-wert) ....
11. Ort und Datum ....
12. Unterschrift ....

Anhang I
Fahrzeugbeschreibung gemäß Anlage XXIII

Fahrzeugtyp*)

0	**Allgemeines**	
0.1	Fabrikmarke:	
0.2	Typ und Handelsbezeichnung:	
0.3	Art:	
0.4	Klasse des Fahrzeugs:	
0.5	Name und Anschrift des Herstellers:	
0.6	Name und Anschrift des Beauftragten des Herstellers (ggf.):	
1	**Allgemeine Baumerkmale des Fahrzeugs**	
1.2	Angetriebene Räder:	
2	**Abmessungen und Gewichte**	
2.6	Leermasse: Bezugsmasse:	
2.7	Technisch zulässige Gesamtmasse:	
3	**Antriebsmaschine** (s. Anhang II)	
4	**Kraftübertragung**	
4.3	Schaltgetriebe: – Bauart – automatisch/mechanisch	

4.5 Übersetzungsverhältnis:
1. Gang
2. Gang
3. Gang
4. Gang
5. Gang
Übersetzungsverhältnis des Achsgetriebes

4.12 Schaltpunkte (mechanisches Getriebe) zwischen den einzelnen Gängen in km/h:

6 Aufhängung

6.1 Normalbereifung
 – Abmessungen:
 – Dynamischer Rollumfang (nach DIN bzw. WdK):

Anlagen:

1. Lichtbilder und/oder Zeichnungen einer repräsentativen Fahrzeugausführung
2. Beschreibung des Motors nach Anhang II einschließlich der dort geforderten Anlagen
3. Lichtbilder des Motors und des Motorraums
4. ff. (ggf. weitere Anlagen auflisten)

Anhang II
Hauptmerkmale des Motors und Angaben über die Durchführung der Prüfungen gemäß Anlage XXIII

1	**Beschreibung des Motors**	
1.1	Marke*)	
1.2	Typ*)	
1.3	Arbeitsweise: Fremdzündung/Selbstzündung, mit Viertakt/Zweitakt[2])	
1.4	Bohrung	
1.5	Hub	
1.6	Zahl und Anordnung der Zylinder und Zündfolge	
1.7	Hubraum	
1.8	Verdichtungsverhältnis[3])	
1.9	Zeichnungen der Brennräume und Kolben	
1.10	Kühlsystem	Art des Kühlsystems (Wasser, Luft)
1.11	Aufladung, Art, Kurzbeschreibung	ggf. Typ, Antrieb und/oder Ladedruck, Ladeluftkühlung
1.12	Ansaugsystem	(Beschreibung, Einrichtung zur Anpassung der Luftvorwärmung an Außentemperatur)
	Ansaugkrümmer	Zeichnung mit Hauptabmessungen
	Luftfilter	
	Marke	Zeichnung mit Hauptabmessungen
	Typ	
	Ansaugschalldämpfer Marke Typ	ggf.
1.13	Kurbelgehäuseentlüftung	Beschreibung und Skizzen einschließlich der Charakteristik der Drosselstelle(n)
2	**Zusätzliche Einrichtungen zur Abgasreinigung**	
	Beschreibung und Skizzen (mit Angabe aller wesentlichen Daten einschließlich Regelbereiche) sowie Kennzeichnung	z. B. Sekundärluftzufuhr Leerlaufsteller Drehzahlschaltgerät Taktventil O_2-Sonde Lambda-Steuergerät Katalysator Abgasrückführung Partikelfilter Warneinrichtung für Wartung/Fehlfunktionen Verdunstungsemissionsrelevante Bauteile
3	**Ansaug- und Kraftstoffsystem**	
3.1	Beschreibung und Skizzen der Ansaugleitung nebst Zubehör	z. B. Drosselklappendämpfer, Vorwärmer, zusätzliche Luftanschlüsse
3.2	Kraftstoffzufuhr	ggf. Angaben über Schubabschaltung und Leerlaufregelung
3.2.1	durch Vergaser Zahl der Vergaser	Angabe der Art
3.2.1.1	Marke	Hersteller
3.2.1.2	Typ	Typangabe
3.2.1.3	Einstellelemente[1])	(bei elektronischem Vergaser: z. B. Steuergerät, Temperatursensoren, Drosselklappenansteller usw.)
	Leerlaufeinstellung und Eingriffssicherung	Beschreibung und Skizzen
3.2.1.3.1	Düsen	Angaben über Düsenbestückung, Durchmesserangaben
3.2.1.3.2	Lufttrichter	Durchmesser
3.2.1.3.3	Füllstand in der Schwimmerkammer	Höhe des Füllstands unter Angabe der Prüfbedingungen
3.2.1.3.4	Gewicht des Schwimmers	Gewichtsangabe

3.2.1.3.5	Schwimmernadel	Durchmesser
3.2.1.4	Starthilfe	handbedient oder automatisch
	Einstellung der Schließanlage³)	Angabe über die Justierung
3.2.1.5	Kraftstoffpumpe	Druckangabe oder Kennlinie³)
3.2.2	Durch Einspritzeinrichtung Beschreibung des Systems	z. B. K-Jetronic und ggf. Luftmengenmesser*) Steuergerät*) Mengenteiler*) Warmlaufregler*) Thermozeitschalter*) Kaltstartventil*) Kraftstoff-Förderpumpe (Typ angeben) Systemdruck (Druck angeben)³) Eingriffssicherung**) Taktventil *) Kennzeichnung angeben **) Beschreibung und Skizzen
	Arbeitsweise	z. B. Einspritzung in den Ansaugkrümmer/Vorkammer/Wirbelkammer, Direkteinspritzung
3.2.2.1	Einspritzpumpe	falls nicht in Nummer 3.2.2 enthalten
3.2.2.1.1	Marke	ggf.
3.2.2.1.2	Typ	ggf.
3.2.2.1.3	Einspritzmenge mm^3 je Hub bei min^{-1} der Pumpe²)³) oder Kennlinie²)³) Kalibrierverfahren: auf dem Prüfstand/am Motor²)	
3.2.2.1.4	Einspritzzeitpunkt	ggf.
3.2.2.1.5	Einspritzkurve	ggf.
3.2.2.2	Einspritzdüse	Kennzeichnung
3.2.2.3	Regler	
3.2.2.3.2	Typ	
3.2.2.3.3	Abregeldrehzahl unter Last	min^{-1}
3.2.2.3.4	Höchstdrehzahl ohne Last	min^{-1}
3.2.2.3.5	Leerlaufdrehzahl:	
3.2.2.4	Kaltstarteinrichtung:	
3.2.2.4.1	Marke:	
3.2.2.4.2	Typ:	
3.2.2.4.3	Beschreibung:	
3.2.2.5	Starthilfe:	
3.2.2.5.1	Marke:	
3.2.2.5.2	Typ:	
3.2.2.5.3	Beschreibung:	
4	**Ventilsteuerzeiten oder gleichwertige Daten**	
4.1	Maximale Ventilhübe und Öffnungs- sowie Schließwinkel oder gleichwertige Merkmale anderer Steuerungen bezogen auf den oberen Totpunkt	Angabe von Ventilhub Angabe von Einlass/Auslass vor/nach OT
4.2	Bezugs- und/oder Einstellbereiche²)	Angabe von Einlass/Auslass-Spiel
5	**Zündung**	
5.1	Art der Zündsysteme	
	Beschreibung	z. B. Transistor-Zündanlage
5.1.1	Marke	ggf.
5.1.2	Typ	ggf.
5.1.3	Zündverstellkurve**)³)	Zeichnung (bei zusätzlichen Maßnahmen zur Zündverstellung Verstellbereich)

5.1.4	Zündzeitpunkt[3]	Angabe der Randbedingungen
5.1.5	Unterbrecherkontaktabstand und Schließwinkel	ggf. Angaben über Kontaktabstand und Art der Regelung
6	**Schalldämpferanlage**	
6.1	Beschreibung und Skizzen	Zeichnungen von Schalldämpfer und Katalysator sowie Schema der Gesamtanlage mit Hauptabmessungen der Bauteile
7	**Zusätzliche Angaben über die Prüfbedingungen**	
7.1	Zündkerzen	
7.1.1	Marke	
7.1.2	Typ	Angaben über Hersteller Typ Kennzeichnung
7.1.3	Elektrodenabstand	
7.2	Zündspule	
7.2.1	Marke	
7.2.2	Typ	
7.3	Zündkondensator	
7.3.1	Marke	falls vorhanden
7.3.2	Typ	
8	**Motorleistung** (vom Hersteller anzugeben)	
8.1	Leerlaufdrehzahl[3]	
8.2	Kohlenmonoxidgehalt im Abgas bei Leerlauf nach Angabe des Herstellers (Vol.-%)	CO-Angaben in % ggf. vor und nach Katalysator, ggf. Referenzwert gem. § 47a angeben
8.3	Nennleistungsdrehzahl[3]	
8.4	Nennleistung	Leistung in kW (Messmethode angeben)
9	**Verwendete Schmiermittel**	
9.1	Marke	
9.2	Typ	
10	**Information über Startvorgang**	
11	**Austausch der O$_2$-Sonde**	
	nach km	ggf.
	Austausch des Katalysators	
	nach km	ggf.

---

[1]) Bei nicht herkömmlichen Motortypen und Systemen sind vom Hersteller Angaben zu machen, die den nachstehend geforderten gleichwertig sind.
[2]) Nichtzutreffendes streichen.
[3]) Toleranz angeben.
*) Bei Vorlage einer Abgasgenehmigung entsprechend Nummer 1.12 der Anlage XXIII auch Angabe der für den jeweiligen Markt vorgesehenen Bezeichnung.
**) Bei kennfeldgesteuerten Zündungen Zündkennfeld oder charakteristische Punkte.

Straßenverkehrs-Zulassungs-Ordnung   Anlage XXIV – StVZO | 03

Anlage XXIV
(zu § 47)

Maßnahmen gegen die Verunreinigung der Luft durch Gase von Kraftfahrzeugen mit Fremd- und Selbstzündungsmotoren

(Definition bedingt schadstoffarmer Personenkraftwagen)

1 **Bedingungen für die Einstufung als bedingt schadstoffarmes Kraftfahrzeug**

1.1 Anwendungsbereich

Diese Anlage regelt die Anforderungen hinsichtlich der Emissionen luftverunreinigender Gase, die

1. Personenkraftwagen sowie
2. Wohnmobile mit einer zulässigen Gesamtmasse von nicht mehr als 2 800 kg

mit Fremdzündungsmotoren (Ottomotoren) oder Selbstzündungsmotoren (Dieselmotoren) mit mindestens vier Rädern, höchstens neun Sitzplätzen einschließlich des Führersitzes, einer zulässigen Gesamtmasse von mindestens 400 kg und einer bauartbedingten Höchstgeschwindigkeit von mindestens 50 km/h erfüllen müssen, um als bedingt schadstoffarm anerkannt zu werden. Sie gilt auch für Personenkraftwagen sowie Wohnmobile mit einer zulässigen Gesamtmasse von nicht mehr als 2 800 kg mit nachträglich eingebauten Abgasreinigungssystemen (Umrüstung) zur Verringerung der Emissionen luftverunreinigender Gase.

1.2 Definition

1.2.1 Bedingt schadstoffarme Personenkraftwagen der Stufe A

Als bedingt schadstoffarme Personenkraftwagen der Stufe A gelten:

a) Personenkraftwagen mit Fremdzündungsmotoren, wenn sie bei reihenweiser Fertigung die Anforderungen nach Nummer 1.5.1.1, im Falle der Umrüstung zusätzlich die Anforderungen nach Nummer 1.5.1.2 erfüllen,

b) Personenkraftwagen mit Flüssiggasanlagen, wenn sie im Flüssiggasbetrieb die Anforderungen nach den Nummern 1.5.1.1 und 1.5.1.2 erfüllen,

c) Personenkraftwagen mit Selbstzündungsmotoren, wenn sie die Anforderungen nach Nummer 1.5.1.1 erfüllen.

1.2.2 Bedingt schadstoffarme Personenkraftwagen der Stufe B

Als bedingt schadstoffarme Personenkraftwagen der Stufe B gelten:

a) Personenkraftwagen, wenn sie durch Einbau von Abgasreinigungssystemen die Anforderungen nach Nummer 1.5.2.1 erfüllen; bereits im Verkehr befindliche Fahrzeuge müssen zusätzlich den Anforderungen nach Nummer 1.5.2.2 genügen,

b) Personenkraftwagen mit Flüssiggasanlagen, wenn sie im Flüssiggasbetrieb die Anforderungen nach den Nummern 1.5.2.1 und 1.5.2.2 erfüllen.

1.2.3 Bedingt schadstoffarme Personenkraftwagen der Stufe C

Als bedingt schadstoffarme Personenkraftwagen der Stufe C gelten Personenkraftwagen mit Motoren mit einem Hubraum von weniger als 1 400 cm^3,

a) wenn sie die Anforderungen nach Nummer 1.5.3 erfüllen,

b) wenn sie als Fahrzeuge mit Flüssiggasanlagen im Flüssiggasbetrieb die Anforderungen nach Nummer 1.5.3 in Verbindung mit Nummer 1.5.2.2 erfüllen.

1.3 Anforderungen

Die Funktionsfähigkeit der emissionsmindernden und emissionsrelevanten Bauteile muss durch die in Nummer 1.5 näher beschriebenen Prüfungen nachgewiesen werden; der Antragsteller muss glaubhaft machen, dass die Funktionsfähigkeit dieser Bauteile über eine angemessene Lebensdauer bei bestimmungsgemäßem Betrieb gewährleistet ist. Die Abgasreinigungssysteme dürfen nicht mit Einrichtungen ausgerüstet sein, die diese Systeme außer Funktion setzen.

Dies gilt nicht für Einrichtungen, die zum störungsfreien Betrieb des Fahrzeugs zwingend erforderlich sind. Einrichtungen zur Umschaltung zwischen Benzin- und Flüssiggasbetrieb sind in Fahrzeugen mit Flüssiggasanlagen zulässig. Bei reihenweise gefertigten Kraftfahrzeugen, die mit einem Abgasreinigungssystem ausgerüstet sind und für deren Betrieb unverbleiter Kraftstoff erforderlich ist, muss der Tankeinfüllstutzen so beschaffen sein, dass diese Fahrzeuge ausschließlich mit unverbleitem Kraftstoff betankt werden können. Diese Bedingung gilt als erfüllt, wenn diese Fahrzeuge mit einem Zapfhahn mit einem äußeren Durchmesser der Endöffnung von mehr als 2,134 cm nicht betankt werden können.

Bei umgerüsteten Kraftfahrzeugen, für deren Betrieb unverbleiter Kraftstoff erforderlich ist, muss ein entsprechender Hinweis in der Nähe des Tankeinfüllstutzens an gut sichtbarer Stelle angebracht sein.

1.4 **Antrag auf Erteilung einer Allgemeinen Betriebserlaubnis und Nachweis über Schadstoffverringerungen auf der Grundlage bereits erteilter Allgemeiner Betriebserlaubnisse**

1.4.1 Für Kraftfahrzeuge kann der Fahrzeughersteller oder sein Beauftragter den Antrag auf Erteilung einer Allgemeinen Betriebserlaubnis oder auf Erteilung eines Nachtrags zur Allgemeinen Betriebserlaubnis des Fahrzeugs unter Beifügung der in Nummer 2.1 aufgeführten Unterlagen und Erklärungen stellen.

1.4.2 Sollen durch nachträglichen Einbau von Abgasreinigungssystemen die Emissionen luftverunreinigender Gase von Kraftfahrzeugen verringert werden, so ist, soweit nicht nach Nummer 1.4.1 verfahren wird, für die Abgasreinigungssysteme eine Allgemeine Betriebserlaubnis für Fahrzeugteile nach § 22 erforderlich. Der Antrag kann entweder vom Fahrzeughersteller oder vom Hersteller des Abgasreinigungssystems oder von deren Beauftragten unter Beifügung der in Nummer 2.2 aufgeführten Unterlagen und Erläuterungen gestellt werden.

1.4.3 Für bereits im Verkehr befindliche Kraftfahrzeuge mit Fremdzündungsmotoren, die die Anforderungen nach Nummer 1.5.1.1 ohne Umrüstung erfüllen, kann der Fahrzeughersteller oder sein Beauftragter aufgrund der für den Fahrzeugtyp erteilten Allgemeinen Betriebserlaubnis nachweisen, dass das Kraftfahrzeug als bedingt schadstoffarm nach Stufe A oder C gilt. Außerdem muss er bestätigen, dass die reihenweise gefertigten Fahrzeuge diese Anforderungen unter Berücksichtigung der Nummer 1.5 einhalten.

1.4.4 Für bereits im Verkehr befindliche Kraftfahrzeuge mit Selbstzündungsmotor, die die Anforderungen nach Nummer 1.5.1.1 erfüllen, kann der Fahrzeughersteller oder sein Beauftragter auf Grund der für den Fahrzeugtyp erteilten Allgemeinen Betriebserlaubnis und gegebenenfalls nachträglich durchgeführter Prüfungen nachweisen, dass das Kraftfahrzeug als bedingt schadstoffarm nach Stufe A oder C gilt. Außerdem muss er bestätigen, dass die reihenweise gefertigten Fahrzeuge diese Anforderungen unter Berücksichtigung der Nummer 1.5 erfüllen.

1.4.5 Die Vorschriften der Nummern 1.4.1 bis 1.4.4 gelten für Fahrzeuge, die auf Grund einer Betriebserlaubnis nach § 21 erstmals in den Verkehr kommen oder gekommen sind und für in diese Fahrzeuge eingebaute Abgasreinigungssysteme entsprechend.

1.5 **Prüfungen**

Die Prüfungen sind nach Nummer 3 durchzuführen.

1.5.1 **Stufe A**

Für Kraftfahrzeuge mit Fremd- oder Selbstzündungsmotoren und für Abgasreinigungssysteme, für die nach den Nummern 1.4.1, 1.4.2 oder 1.4.5 eine Betriebserlaubnis für die Anerkennung nach Stufe A beantragt wird, gelten bei der Typprüfung folgende Anforderungen:

1.5.1.1 Grenzwerte für gasförmige Schadstoffe, gemessen nach Europa-Fahrzyklus des Anhangs I der Richtlinie 83/351/EWG des Rates vom 16. Juni 1983 zur Änderung der Richtlinie 70/220/EWG über die Angleichung der Rechtsvorschriften der Mitgliedstaaten über Maßnahmen gegen die Verunreinigung der Luft durch Abgase von Kraftfahrzeugmotoren mit Fremdzündung (ABl. L 197 vom 20.7.1983, S. 1):

Bezugsmasse Pr	Summe $CH + NO_x$	NO_x
(kg)	(g/Test)	(g/Test)
Pr ≤ 1 250	12,75	6
Pr > 1 250	15	6

Bei erstmals in den Verkehr kommenden Kraftfahrzeugen müssen die CO-Typprüfgrenzwerte nach der Richtlinie 83/351/EWG oder der ECE-Regelung Nr. 15/04 bzw. nach der Richtlinie 78/665/EWG der Kommission vom 14. Juli 1978 zur Anpassung der Richtlinie 70/220/EWG des Rates über die Angleichung der Rechtsvorschriften der Mitgliedstaaten über Maßnahmen gegen die Verunreinigung der Luft durch Abgase von Kraftfahrzeugmotoren mit Fremdzündung an den technischen Fortschritt (ABl. L 223 vom 14.8.1978, S. 48) oder der ECE-Regelung Nr. 15/03 und bei den anderen Kraftfahrzeugen der für den jeweiligen Fahrzeugtyp auf Grund der Genehmigung geltende CO-Typprüfgrenzwert eingehalten werden.

Bei Kraftfahrzeugen mit Flüssiggasanlagen, die wahlweise mit Flüssiggas oder Benzin betrieben werden können, müssen die vorgenannten Schadstoffgrenzwerte nur im Flüssiggasbetrieb eingehalten werden; im Benzinbetrieb müssen mindestens die für den Fahrzeugtyp geltenden Typprüfgrenzwerte eingehalten werden.

1.5.1.2 Kraftstoffverbrauch und Betriebsverhalten

Für Kraftfahrzeuge mit Fremdzündungsmotoren, deren Schadstoffemissionen durch Umrüstung nachträglich vermindert werden, ist zusätzlich folgendes im Vergleich zum Prüffahrzeug ohne Umrüstung nachzuweisen:

1.5.1.2.1 Der nach DIN 70 030 ermittelte Kraftstoffverbrauch darf um nicht mehr als 5 Prozent ansteigen, wobei die arithmetischen Mittelwerte aus den beiden Verbrauchsmessungen verglichen werden. Dabei sind Verbrauchsnachteile durch geringere Oktanzahlen des unverbleiten Benzins (1 Prozent je Oktanzahl) vom Messergebnis abzuziehen.

1.5.1.2.2 Das Betriebsverhalten darf sich bei den üblichen Betriebstemperaturen des Fahrzeugs nicht verschlechtern, wobei die Beurteilung wie folgt auf dem Rollenprüfstand vorzunehmen ist:

1.5.1.2.2.1 Betriebsverhalten bei Normaltemperatur

Betriebsverhalten beim Startvorgang

Betätigung des Starters (zehn Sekunden maximal)

Dauer der Pausen zwischen den Startversuchen 15 Sekunden

Bei Anspringen des Motors 60 Sekunden Leerlauf unter Beachtung der Betriebsanleitung (Kick-down, Einstellung der Starterklappe)

Betriebsverhalten während der Warmlaufphase

Durchfahren eines Fahrzyklus in Anlehnung an die Prüfung Typ I des Anhangs I der Richtlinie 83/351/EWG des Rates der Anlage XIV mit einer zusätzlichen Beschleunigungsphase im dritten Abschnitt des Fahrzyklus von 40 km/h auf 100 km/h im höchst möglichen Gang. Die Prüfung umfasst drei Zyklen und ist ohne Unterbrechung durchzuführen.

1.5.1.2.2.2 Betriebsverhalten bei niedriger Temperatur

Betriebsverhalten in der Kältekammer auf dem Rollenprüfstand bei -10 °C Luft- und Motoröltemperatur, sofern durch das Abgasreinigungssystem eine Verschlechterung des Betriebsverhaltens bei niedrigen Temperaturen zu erwarten ist.

Das Betriebsverhalten ist beim Startvorgang und während der Warmlaufphase entsprechend Nummer 1.5.1.2.2.1 zu überprüfen.

1.5.1.2.3 Falls der Fahrzeughersteller schriftlich die Gewährleistung für einwandfreies Betriebsverhalten des Fahrzeugtyps übernimmt, kann auf die Prüfungen nach Nummer 1.5.1.2.2 verzichtet werden.

1.5.1.2.4 Die Nummern 1.5.1.2.1 und 1.5.1.2.2.2 sind auf Fahrzeuge mit Flüssiggasanlagen nicht anzuwenden.

1.5.2 Stufe B

Für Kraftfahrzeuge mit Fremdzündungsmotoren und für Abgasreinigungssysteme, für die nach den Nummern 1.4.1, 1.4.2 oder 1.4.5 eine Betriebserlaubnis für die Anerkennung nach Stufe B beantragt wird, gelten bei der Typprüfung folgende Anforderungen:

1.5.2.1 Grenzwerte für gasförmige Schadstoffe, gemessen nach Europa-Fahrzyklus des Anhangs I der Richtlinie 83/351/EWG des Rates:

Die NO_x-Emission des Prüffahrzeugs mit eingebautem Abgasreinigungssystem muss um mindestens 30 Prozent geringer sein als die NO_x-Emission des Prüffahrzeugs ohne Abgasreinigungssystem.

Zusätzlich muss das Prüffahrzeug mit eingebautem Abgasreinigungssystem den für diesen Fahrzeugtyp nach Richtlinie 78/665/EWG bzw. 77/102/EWG der Kommission vom 30. November 1976 zur Anpassung der Richtlinie des Rates 70/220/EWG vom 20. März 1970 zur Angleichung der Rechtsvorschriften der Mitgliedstaaten über Maßnahmen gegen die Verunreinigung der Luft durch Abgase von Kraftfahrzeugmotoren mit Fremdzündungsmotor an den technischen Fortschritt (ABl. L 32 vom 3.2.1977, S. 32) oder nach ECE-Regelung Nr. 15/03 bzw. 15/02 geltenden NO_x-Typprüfgrenzwert um mindestens 30 Prozent unterschreiten; gehört das Prüffahrzeug zu einem nach Richtlinie 83/351/EWG oder nach ECE-Regelung Nr. 15/04 genehmigten Fahrzeugtyp, so muss die NO_x-Emission des Prüffahrzeugs mit eingebautem Abgasreinigungssystem den für diesen Fahrzeugtyp nach der Richtlinie 78/665/EWG oder nach ECE-Regelung Nr. 15/03 bestimmten NO_x-Typprüfgrenzwert um mindestens 30 Prozent unterschreiten.

Weiterhin dürfen die CH- und CO-Emissionen bei Durchführung nur je einer Prüfung vor und nach Einbau des Abgasreinigungssystems nach Einbau höchstens um 5 Prozent ansteigen, andernfalls ist anhand von je drei Messungen nachzuweisen, dass die CH- und CO-Emissionen nicht signifikant ansteigen.

Außerdem müssen beim Prüffahrzeug vor Einbau des Abgasreinigungssystems die für den jeweiligen Fahrzeugtyp geltenden Typprüfgrenzwerte für die entsprechenden Schadstoffe eingehalten werden.

Bei Kraftfahrzeugen mit Flüssiggasanlagen, die wahlweise mit Flüssiggas oder Benzin betrieben werden können, müssen die vorgenannten Anforderungen nur im Flüssiggasbetrieb eingehalten werden; im Benzinbetrieb müssen mindestens die für den Fahrzeugtyp geltenden Typprüfgrenzwerte eingehalten werden.

1.5.2.2 Kraftstoffverbrauch und Betriebsverhalten

Für im Verkehr befindliche Kraftfahrzeuge, die die Anforderungen nach Nummer 1.5.2.1 nach Einbau eines Abgasreinigungssystems erfüllen, ist ferner im Vergleich zum Prüffahrzeug ohne Abgasreinigungssystem nachzuweisen, dass hinsichtlich des Kraftstoffverbrauchs und des Betriebsverhaltens

		die Anforderungen nach Nummer 1.5.1.2 eingehalten werden.
		Hierbei sind bei Fahrzeugen mit Flüssiggasanlagen die Nummern 1.5.1.2.1 und 1.5.1.2.2.2 nicht anzuwenden.
1.5.3		Stufe C
		Für Kraftfahrzeuge mit Fremd- oder Selbstzündungsmotoren und für Abgasreinigungssysteme, für die nach den Nummern 1.4.1, 1.4.2 oder 1.4.5 eine Betriebserlaubnis für die Anerkennung nach Stufe C beantragt wird, gelten bei der Typprüfung folgende Anforderungen:
1.5.3.1		Grenzwerte für gasförmige Schadstoffe, gemessen nach Europa-Fahrzyklus des Anhangs I der Richtlinie 83/351/EWG des Rates:

Hubraum	CO	Summe $CH + NO_x$	NO_x
(cm^3)	(g/Test)	(g/Test)	(g/Test)
weniger als 1 400	38,25	12,75	6

		Im Übrigen gelten die Vorschriften der Abschnitte 1.5.1.1 bis 1.5.1.2.
1.5.4		Bestehen Anhaltspunkte, dass Kraftfahrzeuge die Anforderungen der Nummer 1.3 Sätze 2 und 3 nicht erfüllen, so kann der Technische Dienst Vergleichsmessungen durchführen, mit denen das Emissionsverhalten auch bei höheren Geschwindigkeiten überprüft wird.
1.5.5		Serienprüfungen durch den Technischen Dienst
1.5.5.1		Bei serienmäßig hergestellten, bedingt schadstoffarmen Fahrzeugen kann die Genehmigungsbehörde nach § 20 Prüfungen zur Überwachung des Emissionsverhaltens der Fahrzeuge aus der Produktion durch den Technischen Dienst durchführen lassen.
		Zur Beurteilung der Übereinstimmung der Produktion sind die für den betroffenen Fahrzeugtyp erforderlichen Abgasprüfungen nach Nummer 1.5 durchzuführen, wobei die für die jeweiligen Prüfungen geltenden Grenzwerte um 20 Prozent überschritten werden dürfen.
1.5.5.2		Bei Abgasreinigungssystemen zum nachträglichen Einbau kann die Genehmigungsbehörde nach § 22 Prüfungen zur Überwachung der Übereinstimmung der Produktion durch den Technischen Dienst durchführen lassen.
		Werden von der Genehmigungsbehörde Abgasprüfungen der Abgasreinigungssysteme in Verbindung mit einem bestimmten Fahrzeugtyp gefordert, so gelten hierfür die Schadstoffgrenzwerte nach Nummer 1.5.5.1 entsprechend.
1.6		(weggefallen)
1.7		Genehmigungsbehörde
		Genehmigungsbehörde im Sinne dieser Anlage – ausgenommen Nummer 1.4.5 – ist das Kraftfahrt-Bundesamt, Fördestraße 16, 24944 Flensburg.
1.8		Anerkennung von Prüfungen anderer Staaten
		Prüfungen, denen ein Fahrzeugtyp in einem EG-Mitgliedstaat oder einem anderen europäischen Land, mit dem ein gegenseitiges Übereinkommen besteht, unterzogen worden ist, werden anerkannt, wenn Prüfungen bei einer dortigen Genehmigungsbehörde oder einer amtlichen Prüfstelle durchgeführt wurden und hierbei nach den Prüfbedingungen dieser Anlage verfahren wurde. Die Anforderungen dieser Anlage müssen erfüllt sein. Der Nachweis muss durch die Vorlage des Prüfberichts und der vollständigen Antragsunterlagen nach Anhang I bis III bei der Genehmigungsbehörde erfolgen; zu fremdsprachlichen Unterlagen sind deutsche Übersetzungen beizufügen. Die Genehmigungsbehörde erteilt aufgrund der vorgelegten Antragsunterlagen und Prüfergebnisse eine Genehmigung unter der Auflage, dass der Antragsteller die sich aus dieser Anlage ergebenden Verpflichtungen einhält.
2		**Beschreibung des Kraftfahrzeugs, Hauptmerkmale des Motors, der emissionsmindernden und emissionsrelevanten Bauteile des Fahrzeugtyps, für die die Betriebserlaubnis beantragt wird, sowie Beschreibung des Abgasreinigungssystems in Verbindung mit dem betreffenden Fahrzeugtyp, Prüfberichte**
2.1		Für die Allgemeine Betriebserlaubnis für Kraftfahrzeuge sind zusammen mit dem Prüfbericht des Technischen Dienstes die Fahrzeugbeschreibung, die Hauptmerkmale des Motors und Angaben über die Durchführung der Prüfungen nach den Anhängen I und II vorzulegen.
2.2		Für die Allgemeine Betriebserlaubnis für Abgasreinigungssysteme, die nachträglich in Kraftfahrzeuge eingebaut werden, sind die Angaben und der Prüfbericht nach Anhang III vorzulegen.
3		**Durchführung der Prüfungen**
3.1		Die Prüfungen zur Ermittlung der gasförmigen Emissionen sind in Anlehnung an den Anhang I der Richtlinie 83/351/EWG des Rates, Prüfung Typ I, unter Verwendung der dort vorgeschriebenen Prüf- und Messeinrichtungen durchzuführen.

Straßenverkehrs-Zulassungs-Ordnung   Anlage XXIV – StVZO | 03

3.2 Die Messung des Kraftstoffverbrauchs ist nach DIN 70 030 Teil 1 Ausgabe 78 oder nach Richtlinie 80/1268/EWG durchzuführen, und es sind dabei die dort vorgeschriebenen Messeinrichtungen zu verwenden.

3.3 Bei der Prüfung von im Verkehr befindlichen Kraftfahrzeugen, die nachträglich mit Abgasreinigungssystemen ausgerüstet werden, ist weiterhin zu beachten:

3.3.1 Vorbereitung der Kraftfahrzeuge

Die Fahrzeuge und insbesondere die Motoren müssen sich in einwandfreiem Zustand befinden, das heißt sie müssen nach den Anweisungen des Fahrzeugherstellers gewartet und eingestellt sein.

3.3.2 Prüfung und Einstellung des Motors

Vor Versuchsbeginn sind neue Zündkerzen und gegebenenfalls Unterbrecherkontakte einzubauen. Weiterhin sind die nachstehend aufgeführten Merkmale des Motors zu überprüfen und gegebenenfalls nach den Angaben des Fahrzeugherstellers einzustellen:

Kompressionsdruck

Ventilspiel

Zündzeitpunkt

gegebenenfalls Schließwinkel

Leerlaufdrehzahl

CO-Gehalt im Leerlauf

Dichtheit der Auspuffanlage

Startautomatik, gegebenenfalls Batterie.

3.3.3 Überprüfung der Einbau- und Einstellanweisung beim nachträglichen Einbau des Abgasreinigungssystems

Der Einbau und die Einstellung des Abgasreinigungssystems sind vom Antragsteller in Gegenwart des Technischen Dienstes anhand der mitgelieferten Einbau- und Einstellanleitung am Prüffahrzeug vorzunehmen; gegebenenfalls sind die Einbau- und Einstellanleitungen zu korrigieren.

3.4 Kraftstoff

Bei Kraftfahrzeugen mit Fremdzündungsmotoren und Abgasreinigungssystemen, die den Betrieb mit unverbleitem Benzin erfordern, ist der Prüfkraftstoff nach Anlage XXIII Nummer 5.1 zu verwenden.

Bei Kraftfahrzeugen mit Fremdzündungsmotoren, die für den Flüssiggasbetrieb umgerüstet wurden, ist Flüssiggas nach Anlage XXIII Nummer 5.3 zu verwenden.

Bei Kraftfahrzeugen mit Fremdzündungsmotoren und Abgasreinigungssystemen, die mit verbleitem Benzin betrieben werden können, ist der Prüfkraftstoff nach Anhang VI der Richtlinie 83/351/EWG des Rates zu verwenden.

Bei Kraftfahrzeugen mit Selbstzündungsmotoren ist der Prüfkraftstoff nach Anlage XXIII Nummer 5.2 zu verwenden.

Anhang I
Fahrzeugbeschreibung gemäß Anlage XXIV

Fahrzeugtyp:

0 Allgemeines
0.1 Fabrikmarke: ....
0.2 Typ und Handelsbezeichnung: ....
0.3 Art: ....
0.4 Klasse des Fahrzeugs: ....
0.5 Name und Anschrift des Herstellers: ....
0.6 Name und Anschrift des Beauftragten des Herstellers (ggf.): ....

1 Allgemeine Baumerkmale des Fahrzeugs
1.2 Angetriebene Räder: ....

2 Abmessungen und Gewichte
2.6 Leermasse: ....
Bezugsmasse: ....
2.7 Technisch zulässige Gesamtmasse: ....

3 Antriebsmaschine
(s. Anhang II)

4 Kraftübertragung
4.3 Schaltgetriebe: ....
– Bauart ....
– automatisch/mechanisch ....
4.5 Übersetzungsverhältnis: ....
1. Gang ....
2. Gang ....
3. Gang ....
4. Gang ....
5. Gang ....
Übersetzungsverhältnis des Achsgetriebes: ....

6 Aufhängung
6.1 Normalbereifung ....
– Abmessungen: ....
– Dynamischer Rollumfang (nach DIN bzw. WdK): ....

Anlagen:
1. Lichtbilder und/oder Zeichnungen einer repräsentativen Fahrzeugausführung
2. Beschreibung des Motors nach Anhang II einschließlich der dort geforderten Anlagen
3. Lichtbilder des Motors und des Motorraums
4. ff. (ggf. weitere Anlagen auflisten)

Anhang II
Hauptmerkmale des Motors und Angaben über die Durchführung der Prüfungen[1]
gemäß Anlage XXIV

1	**Beschreibung des Motors**	
1.1	Marke	
1.2	Typ	
1.3	Arbeitsweise: Fremdzündung/Selbstzündung, mit Viertakt/Zweitakt[2])	
1.4	Bohrung	
1.5	Hub	
1.6	Zahl und Anordnung der Zylinder und Zündfolge	
1.7	Hubraum	
1.8	Verdichtungsverhältnis[3])	
1.9	Zeichnungen der Brennräume und Kolben	
1.10	Kühlsystem	Art des Kühlsystems (Wasser, Luft)
1.11	Aufladung, Art, Kurzbeschreibung	ggf. Typ, Antrieb und/oder Ladedruck, Ladeluftkühlung
1.12	Ansaugsystem	(Beschreibung, Einrichtung zur Anpassung der Luftvorwärmung an Außentemperatur)
	Ansaugkrümmer	Zeichnung mit Hauptabmessungen
	Luftfilter Marke Typ	Zeichnung mit Hauptabmessungen
	Ansaugschalldämpfer Marke Typ	ggf.
1.13	Kurbelgehäuseentlüftung	Beschreibung und Skizzen einschließlich der Charakteristik der Drosselstelle(n)
2	**Zusätzliche Einrichtungen zur Abgasreinigung**	
	Beschreibung und Skizzen (mit Angabe aller wesentlichen Daten einschließlich Regelbereiche) sowie Kennzeichnung	z. B. Sekundärluftzufuhr Leerlaufsteller Drehzahlschaltgerät Katalysator Abgasrückführung Partikelfilter Warneinrichtung für Wartung/Fehlfunktionen
3	**Ansaug- und Kraftstoffsystem**	
3.1	Beschreibung und Skizzen der Ansaugleitung nebst Zubehör	z. B. Drosselklappendämpfer, Vorwärmer, zusätzliche Luftanschlüsse
3.2	Kraftstoffzufuhr	ggf. Angaben über Schubabschaltung und Leerlaufregelung
3.2.1	durch Vergaser Zahl der Vergaser	Angabe der Art
3.2.1.1	Marke	Hersteller
3.2.1.2	Typ	Typangabe
3.2.1.3	Einstellelemente[1])	(bei elektronischem Vergaser: z. B. Steuergerät, Temperatursensoren, Drosselklappensteller usw.)
	Leerlaufeinstellung und Eingriffssicherung	Beschreibung und Skizzen
3.2.1.3.1	Düsen	Angaben über Düsenbestückung, Durchmesserangaben
3.2.1.3.2	Lufttrichter	Durchmesser
3.2.1.3.3	Füllstand in der Schwimmerkammer	Höhe des Füllstands unter Angabe der Prüfbedingungen
3.2.1.3.4	Gewicht des Schwimmers	Gewichtsangabe
3.2.1.3.5	Schwimmernadel	Durchmesser
3.2.1.4	Starthilfe Einstellung der Schließanlage[3])	handbedient oder automatisch Angabe über die Justierung

---

[1]) Bei nicht herkömmlichen Motortypen und Systemen sind vom Hersteller Angaben zu machen, die den nachstehend geforderten gleichwertig sind.
[2]) Nichtzutreffendes streichen.
[3]) Toleranz angeben.

3.2.1.5	Kraftstoffpumpe	Druckangabe oder Kennlinie[3])
3.2.2	Durch Einspritzeinrichtung Beschreibung des Systems	z. B. K-Jetronic und ggf. Luftmengenmesser*) Steuergerät*) Mengenteiler*) Warmlaufregler*) Thermozeitschalter*) Kaltstartventil*) Kraftstoff-Förderpumpe (Typ angeben) Systemdruck (Druck angeben)[3]) Eingriffssicherung**)
		*) Kennzeichnung angeben
		**) Beschreibung und Skizzen
	Arbeitsweise	z. B. Einspritzung in den Ansaugkrümmer/Vorkammer/Wirbelkammer; Direkteinspritzung
3.2.2.1	Einspritzpumpe	falls nicht in 3.2.2 enthalten
3.2.2.1.1	Marke	
3.2.2.1.2	Typ	ggf.
3.2.2.1.3	Einspritzmenge mm^3 je Hub bei min^{-1} der Pumpe[2])[3]) oder Kennlinie[2])[3]) Kalibrierverfahren: auf dem Prüfstand/am Motor[2])	
3.2.2.1.4	Einspritzzeitpunkt	ggf.
3.2.2.1.5	Einspritzkurve	ggf.
3.2.2.2	Einspritzdüse	Kennzeichnung
3.2.2.3	Regler	
3.2.2.3.2	Typ	
3.2.2.3.3	Abregeldrehzahl unter Last	min^{-1}
3.2.2.3.4	Höchstdrehzahl ohne Last	min^{-1}
3.2.2.3.5	Leerlaufdrehzahl:	
3.2.2.4	Kaltstarteinrichtung:	
3.2.2.4.1	Marke:	
3.2.2.4.2	Typ:	
3.2.2.4.3	Beschreibung:	
3.2.2.5	Starthilfe:	
3.2.2.5.1	Marke:	
3.2.2.5.2	Typ:	
3.2.2.5.3	Beschreibung:	
4	**Ventilsteuerzeiten oder gleichwertige Daten**	
4.1	Maximale Ventilhübe und Öffnungs- sowie Schließwinkel oder gleichwertige Merkmale anderer Steuerungen bezogen auf den oberen Totpunkt	Angabe von Ventilhub
		Angabe von Einlass/Auslass vor/nach OT
4.2	Bezugs- und/oder Einstellbereiche[2])	Angabe von Einlass/Auslass-Spiel
5	**Zündung**	
5.1	Art des Zündsystems Beschreibung	z. B. Transistor-Zündanlage
5.1.1	Marke	ggf.
5.1.2	Typ	ggf.
5.1.3	Zündverstellkurve *)[3])	Zeichnung (bei zusätzlichen Maßnahmen zur Zündverstellung Verstellbereich)

---

*) Bei kennfeldgesteuerten Zündungen Zündkennfeld oder charakteristische Punkte.

[2]) Nichtzutreffendes streichen.

[3]) Toleranz angeben.

5.1.4	Zündzeitpunkt[3]	Angabe der Randbedingungen
5.1.5	Unterbrecherkontaktabstand und Schließwinkel	ggf. Angaben über Kontaktabstand und Art der Regelung
6	**Schalldämpferanlage**	
6.1	Beschreibung und Skizzen	Zeichnungen von Schalldämpfer und Katalysator sowie Schema der Gesamtanlage mit Hauptabmessungen der Bauteile
7	**Zusätzliche Angaben über die Prüfbedingungen**	
7.1	Zündkerzen	
7.1.1	Marke	
7.1.2	Typ	Angaben über Hersteller Typ Kennzeichnung
7.1.3	Elektrodenabstand	
7.2	Zündspule	
7.2.1	Marke	
7.2.2	Typ	
7.3	Zündkondensator	
7.3.1	Marke	falls vorhanden
7.3.2	Typ	
8	**Motorleistung** (vom Hersteller anzugeben)	
8.1	Leerlaufdrehzahl[3]	
8.2	Kohlenmonoxidgehalt im Abgas bei Leerlauf nach Angabe des Herstellers (Vol. %)	CO-Angaben in % ggf. vor und nach Katalysator ggf. Referenzwert gem. § 47a angeben
8.3	Nennleistungsdrehzahl[3]	
8.4	Nennleistung (kW, Messmethode)	
9	**Verwendete Schmiermittel**	
9.1	Marke	
9.2	Typ	
10	**Austausch des Katalysators**	
	nach km	ggf.

Anhang III
Erforderliche Unterlagen für den Antrag auf Erteilung einer Allgemeinen Betriebserlaubnis nach § 22 für Abgasreinigungssysteme

1. Prüfbericht

   Der Technische Dienst bestätigt in seinem Prüfbericht, dass der geprüfte Fahrzeugtyp nach Einbau des Abgasreinigungssystems die Anforderungen nach Anlage XXIV erfüllt und der Fahrzeugtyp somit als bedingt schadstoffarm entsprechend der Stufe A, B oder C gilt.

   Der Prüfbericht muss enthalten:

   Beschreibung des Prüffahrzeugs

   Fahrzeug
   Hersteller
   Typ
   Ausführung
   ABE-Nummer, ggf. Nachtrag
   Erstzulassung
   Fahrzeug-Identifizierungsnummer
   Kilometerstand

   Motor
   Hersteller
   Typ
   Ausführung
   Hubraum
   Leistung/Drehzahl
   Gemischbildungssystem

   Abgasreinigungssystem
   Art
   Hersteller
   Typ und Kennzeichnung
   Prüfergebnisse

   Angabe der Fahrzeugtypen, auf die die Genehmigung ggf. ausgedehnt werden kann.

2. Zeichnungen und Stücklisten für die eindeutige Beschreibung des Abgasreinigungssystems, Abbildungen und Texte der Einbau- und Einstellanleitung,

   Beschreibung aller Änderungen von Teilen und Einstellungen, die nach dem Einbau des Abgasreinigungssystems vorgenommen werden müssen,

   ggf. Angaben über Auflagen für den Betrieb (z. B. unverbleiter Kraftstoff).

3. Ggf. Angabe der geänderten Sollwerte für die Prüfung nach § 47a.

4. Eine Bestätigung des Antragstellers, dass das Abgasreinigungssystem bei bestimmungsgemäßer Verwendung das Betriebsverhalten des Fahrzeugs nach Nummer 1.5.1.2.2 bzw. in Verbindung mit Nummer 1.5.2.2 nicht verschlechtert.

5. Bestätigung des Antragstellers, dass die Funktionsfähigkeit des Abgasreinigungssystems über eine angemessene Lebensdauer bei bestimmungsgemäßer Verwendung gewährleistet ist.

Anlage XXV
(zu § 47)

Maßnahmen gegen die Verunreinigung der Luft durch Gase von Kraftfahrzeugen mit Fremd- oder Selbstzündungsmotoren

(Definition schadstoffarmer Personenkraftwagen gemäß Europa-Norm)

1 Anwendungsbereich

Diese Anlage regelt die zulässigen Emissionen luftverunreinigender Gase von Personenkraftwagen und Wohnmobilen mit Fremd- oder mit Selbstzündungsmotoren, mit mindestens vier Rädern, höchstens neun Sitzplätzen einschließlich des Führersitzes, einer zulässigen Gesamtmasse von mindestens 400 kg und höchstens 2 500 kg, einer bauartbedingten Höchstgeschwindigkeit von mindestens 50 km/h und einem Hubraum ab 1 400 ccm.

2 Text gestrichen

3 Anforderungen

Im Sinne dieser Anlage gelten Kraftfahrzeuge mit Fremd- oder Selbstzündungsmotoren als schadstoffarm, wenn sie die technischen Anforderungen der Anhänge I bis VI der Richtlinie 83/351/EWG erfüllen, soweit in den nachfolgenden Nummern 4 und 5 nichts anderes bestimmt ist.

4 Grenzwerte

4.1 Abweichend von Anhang I der Richtlinie 83/351/EWG des Rates gelten folgende Änderungen:

4.1.1 Folgende Nummer 3.2.4 ist einzufügen:

Beschreibung der Maßnahmen, mit denen sichergestellt werden soll, dass Fahrzeuge mit Fremdzündungsmotoren nur mit unverbleitem Benzin nach den Bestimmungen der Richtlinie 85/210/EWG des Rates vom 20. März 1985 zur Angleichung der Rechtsvorschriften der Mitgliedstaaten über den Bleigehalt von Benzin (ABl. L 96 vom 3.4.1985, S. 25) versorgt werden können. Diese Bestimmung kann beispielsweise als erfüllt betrachtet werden, wenn nachgewiesen wird, dass der Einfüllstutzen des Tanks so beschaffen ist, dass er das Auffüllen mit einem Benzinzapfventil unmöglich macht, dessen Einführstutzen einen Außendurchmesser von mehr als 2,1 cm hat.

4.1.2 Anstelle von Nummer 5.2.1.1.4 gilt:

Vorbehaltlich der Bestimmung nach den Nummern 5.2.1.1.4.2 und 5.2.1.1.5 ist die Prüfung dreimal durchzuführen. Die festgestellte Kohlenmonoxidmasse, die Summe der Massen der Kohlenwasserstoffe und Stickoxide und die Stickoxidmasse müssen für die entsprechenden Fahrzeugklassen unter den nachstehenden Werten liegen:

Hubraum	Kohlenmonoxidmasse	Summe der Massen der Kohlenwasserstoffe und Stickoxide	Stickoxidmasse
C (in ccm)	L1 (g je Prüfung)	L2 (g je Prüfung)	L3 (g je Prüfung)
C > 2 000	25	6,5	3,5
1 400 < C ≤ 2 000	30	8	–

Kraftfahrzeuge mit einem Motor mit Kompressionszündung und einem Hubraum ab 1 400 ccm müssen den entsprechenden Grenzwerten der Hubraumklasse zwischen 1 400 ccm und 2 000 ccm genügen.

4.1.3 In den Nummern 5.2.1.1.4.1, 5.2.1.1.4.2, 5.2.1.1.5.1 und 5.2.1.1.5.2 ist nach dem Ausdruck „Summe der Massen (Emissionen) der Kohlenwasserstoffe und Stickoxide" zu ergänzen „sowie die Masse (Emission) der Stickoxide".

4.1.4 In Nummer 7.1.1.1 gelten als zulässige Grenzwerte:

Hubraum	Kohlenmonoxidmasse	Summe der Massen der Kohlenwasserstoffe und Stickoxide	Stickoxidmasse
C (in ccm)	L1 (g je Prüfung)	L2 (g je Prüfung)	L3 (g je Prüfung)
C > 2 000	30	8,1	4,4
1 400 < C ≤ 2 000	36	10	–

Kraftfahrzeuge mit einem Motor mit Kompressionszündung und einem Hubraum ab 1 400 ccm müssen den entsprechenden Grenzwerten der Hubraumklasse zwischen 1 400 ccm und 2 000 ccm genügen.

4.1.5 In Nummer 7.1.1.2 gilt als Definition für L der folgende Text:

L: Grenzwert nach Nummer 7.1.1.1 für Kohlenmonoxidemissionen, die Summe der Emissionen von Kohlenwasserstoffen und Stickoxiden sowie die Stickoxidemissionen

4.1.6 Die Nummer 8 gilt nicht.

4.2 Ergänzend gilt:

4.2.1 Fahrzeuge mit Fremdzündungsmotoren müssen so ausgelegt sein, dass sie mit unverbleitem Benzin nach der Richtlinie 85/210/EWG betrieben werden können.

4.2.2 Bei Kraftfahrzeugen mit Flüssiggasantrieb ist als Bezugskraftstoff Flüssiggas nach DIN 51 622, Ausgabe November 1973, zu verwenden, dessen Gehalt an Propan 95 Prozent ± 3 Prozent beträgt. Bei Kraftfahrzeugen mit Flüssiggasanlagen, die wahlweise mit Flüssiggas oder Benzin betrieben werden können, müssen die vorgenannten Schadstoffgrenzwerte auch im Benzinbetrieb eingehalten werden.

Die Norm ist im Beuth Verlag GmbH, Burggrafenstraße 6, 10787 Berlin, erschienen und beim Deutschen Patentamt archivmäßig gesichert niedergelegt.

4.2.3 Die Funktionsfähigkeit der emissionsmindernden und emissionsrelevanten Bauteile muss durch Prüfungen gemäß Nummer 3 nachgewiesen werden; der Antragsteller muss glaubhaft machen, dass die Funktion dieser Bauteile über eine angemessene Lebensdauer bei bestimmungsgemäßem Betrieb gewährleistet ist. Die Abgasreinigungssysteme dürfen nicht mit Einrichtungen ausgerüstet sein, die diese Systeme außer Funktion setzen.

Dies gilt nicht für Einrichtungen, die zum störungsfreien Betrieb des Fahrzeugs zwingend erforderlich sind. Einrichtungen zur Umschaltung zwischen Benzin- und Flüssiggasbetrieb sind in Fahrzeugen mit Flüssiggasanlagen zulässig.

4.2.4 Bestehen Anhaltspunkte, dass Kraftfahrzeuge die Anforderungen der Nummer 4.2.3 nicht erfüllen, so kann der Technische Dienst Vergleichsmessungen durchführen, mit denen das Emissionsverhalten auch bei höheren Geschwindigkeiten überprüft wird.

5 In Anhang III ist der Abschnitt 3.1.7 nicht anzuwenden.

6 In Anhang VI gilt als Abschnitt 1 Folgendes:

Es sind die Prüfkraftstoffe entsprechend den Spezifikationen nach Nummer 5 der Anlage XXIII zu verwenden.

Anlage XXVI
(zu § 47 Absatz 3a)

Maßnahmen gegen die Verunreinigung der Luft durch Partikel von Kraftfahrzeugen mit Selbstzündungsmotor

Inhaltsverzeichnis

1	**Allgemeines**
1.1	Anwendungsbereich
1.2	Begriffsbestimmungen und Abkürzungen
2	**Definitionen der Minderungsstufen**
2.1	Nachrüstungsstand
2.1.1	Stufe PM 01
2.1.2	Stufe PM 0
2.1.3	Stufe PM 1
2.1.4	Stufe PM 2
2.1.5	Stufe PM 3
2.1.6	Stufe PM 4
2.2	Erstausrüstungsstand
2.2.1	Stufe PM 5
3	**Anforderungen an ungeregelte Partikelminderungssysteme**
3.1	Übereinstimmungskriterien für ungeregelte Partikelminderungssysteme
3.2	Prüfung des ungeregelten Partikelminderungssystems
3.3	Durchführung des Dauerlaufs
3.3.1	Im neuen europäischen Fahrzyklus (NEFZ); nur Teil 1
3.3.2	Im neuen europäischen Fahrzyklus (NEFZ); mit V_{max} 70 km/h
3.3.3	Nach einem innerstädtischen Fahrprofil
3.4	Prüfungen im Dauerlauf
3.5	Abgasuntersuchung
3.6	„Worst-Case-Regeneration" nach dem Dauerlauf
3.7	Abgasmessungen während des Dauerlaufs
3.7.1	Ermittlung der Partikelemission im NEFZ
3.7.2	Ermittlung der gasförmigen Emissionen (NO_x, CO, HC) und des Kraftstoffverbrauchs in CO_2
3.8	Bewertung des ungeregelten Partikelminderungssystems
3.8.1	Partikelemission
3.8.2	Rückhaltegrad
3.8.3	Rückhaltegrad während der Rußoxidation
3.8.4	Partikelemission nach „Worst-Case-Regeneration"
3.8.5	Limitierte Schadstoffe
3.8.6	Trübungsmessungen
4	**Anforderungen an ein ungeregeltes Partikelminderungssystem zur Bildung einer Fahrzeugfamilie**
4.1	Übereinstimmungskriterien für Fahrzeugfamilien
4.2	Auswahl der Prüffahrzeuge
4.3	Prüfkriterien des Verwendungsbereiches innerhalb einer Familie nach Anhang I Nummer 1.2
4.4	Prüf- und Messablauf auf dem Rollenprüfstand
4.5	Bewertung der ungeregelten Partikelminderungssysteme für den Verwendungsbereich innerhalb einer Fahrzeugfamilie
4.5.1	Partikelemission
4.5.2	Kraftstoffverbrauch in CO_2
4.5.3	Limitierte Schadstoffe
5	**Anforderungen an periodisch regenerierende Partikelminderungssysteme**
5.1	Übereinstimmungskriterien für geregelte Partikelminderungssysteme
5.2	Prüfung und Bewertung des geregelten Partikelminderungssystems
5.3	Rückhaltegrad
5.4	K_i-Faktor
5.5	Limitierte Schadstoffe
5.6	Kraftstoffverbrauch in CO_2
5.7	Trübungskoeffizient
5.8	Anforderungen an ein geregeltes Partikelminderungssystem zur Bildung einer Fahrzeugfamilie
6	**Genehmigung**
6.1	Neue Kraftfahrzeuge
6.1.1	EG-Typgenehmigung oder Allgemeine Betriebserlaubnis
6.1.2	Betriebserlaubnis für Einzelfahrzeuge
6.2	Für den Verkehr zugelassene Kraftfahrzeuge
6.2.1	EG-Typgenehmigung oder Allgemeine Betriebserlaubnis
6.2.2	Betriebserlaubnis für Einzelfahrzeuge
6.2.3	Partikelminderungssystem für die Nachrüstung
7	**Genehmigungsbehörde**
8	**Rücknahme der Genehmigung**
9	**Zusätzliche Anforderungen**
9.1	Betriebsverhalten
9.2	Geräuschverhalten
9.3	Additivierung
9.4	Elektromagnetische Verträglichkeit
10	**Einbau und Abnahme der Nachrüstung mit einem genehmigten Partikelminderungssystem**
10.1	Einbau
10.2	Abnahme
Anhang I	**Übersicht über Prüfabläufe**
1	Ungeregelte Partikelminderungssysteme
1.1	Partikelminderungssystem
1.2	Verwendungsbereich für Fahrzeugfamilien
2	Geregelte Partikelminderungssysteme
2.1	Partikelminderungssystem
2.2	Verwendungsbereich für Fahrzeugfamilien
Anhang II	Bescheinigung des Inhabers der EG-Typgenehmigung oder Allgemeinen Betriebserlaubnis für das Kraftfahrzeug nach Anlage XXVI Nummer 6.1.1, 6.2.1 oder 6.2.3 Buchstabe b
Anhang III	Bescheinigung zu § 21 Betriebserlaubnis für Einzelfahrzeuge nach Anlage XXVI Nummer 6.1.2, 6.2.2 oder 6.2.3
Anhang IV	Antrag auf Erteilung einer Betriebserlaubnis für Fahrzeugteile nach § 22 für Partikelminderungssysteme und erforderliche Unterlagen
Anhang V	Abnahmebescheinigung über den ordnungsgemäßen Einbau eines genehmigten Partikelminderungssystems zur Vorlage bei der Zulassungsbehörde

1 Allgemeines

1.1 Anwendungsbereich

Diese Anlage regelt die Anforderungen an das Abgasverhalten von Personenkraftwagen und Wohnmobilen mit Selbstzündungsmotor, die

1. durch Nachrüstung mit einem Partikelminderungssystem oder
2. ab dem Tage, an dem sie erstmals für den Verkehr zugelassen werden nach § 47 Absatz 3a als besonders partikelreduziert gelten. Im Sinne dieser Vorschrift gelten als

a) Personenkraftwagen: Kraftfahrzeuge der Klasse M_1 nach Anhang II Abschnitt A Nummer 1

b) Wohnmobile: Kraftfahrzeuge nach Anhang II Abschnitt A Nummer 5.1

der Richtlinie 70/156/EWG, die mit Selbstzündungsmotor angetrieben und mit Dieselkraftstoff nach der Richtlinie 98/70/EG des Europäischen Parlaments und des Rates vom 13. Oktober 1998 über die Qualität von Otto- und Dieselkraftstoffen und zur Änderung der Richtlinie 93/12/EWG des Rates (ABl. L 350 vom 28.12.1998, S. 58), die zuletzt durch die Richtlinie 2009/30/EG (ABl. L 140 vom 5.6.2009, S. 88) geändert worden ist, betrieben werden.

Diese Anlage regelt auch die Anforderungen an die Partikelminderungssysteme, die für die Nachrüstung der Kraftfahrzeuge vorgesehen sind.

Die Anforderungen dieser Anlage können sinngemäß auch für Nutzfahrzeuge der Klasse N_1, die unter den Anwendungsbereich des § 47 Absatz 1 fallen, angewendet werden. Der Verwendungsbereich genehmigter Partikelminderungssysteme für Personenkraftwagen oder Wohnmobile kann dabei auf die entsprechenden Nutzfahrzeuge der Klasse N_1 erweitert werden. Die Einhaltung der Anforderungen nach Nummer 4 dieser Anlage ist nachzuweisen. Für die Zuordnung der Partikelminderungsklasse gilt Anlage XIV Nummer 3.4.

1.2 Begriffsbestimmungen und Abkürzungen

Beladungszustand:

Konstanter Partikelbeladungszustand des Partikelminderungssystems unter bestimmten Fahrzuständen ohne externe Regenerationsmaßnahmen.

Bypassverhältnis:

Verhältnis aus freiem geometrischen Querschnitt, durch den ein Teilabgasstrom konstruktionsbedingt ungereinigt das Partikelminderungssystem teilweise oder ganz umgehen kann, bezogen auf den gesamten Filtereintrittsquerschnitt.

Geregeltes Partikelminderungssystem:

Partikelminderungssystem, das einen nach Nummer 5.3 ermittelten gravimetrischen Partikelrückhaltegrad von mindestens 90 Prozent besitzt.

K_i-Faktor:

Verhältnis jedes limitierten Schadstoffs „n" zwischen der gemittelten Gesamtemission von periodisch regenerierenden Systemen während der Regeneration und der gemittelten Gesamtemission von periodisch regenerierenden Systemen während der gesamten Partikelbeladungsphase ohne Regeneration aus dem NEFZ.

Kontinuierlich regenerierendes Partikelminderungssystem:

Partikelminderungssystem, bei dem nicht durch veränderte Motorsteuerungsparameter, Zusatzsysteme oder Motorvolllastbetriebspunkte eine Regeneration eingeleitet wird. Die kontinuierliche Regeneration eines Partikelminderungssystems findet in bestimmten Abgastemperaturbereichen kontinuierlich von selbst statt.

NEFZ:

Neuer Europäischer Fahrzyklus nach Anhang III Anlage 1 der Richtlinie 70/220/EWG in der Fassung der Richtlinie 98/69/EWG.

Ungeregeltes Partikelminderungssystem:

Partikelminderungssystem, das einen nach Nummer 3.8.2 ermittelten gravimetrischen Partikelrückhaltegrad zwischen 30 Prozent und < 90 Prozent besitzt.

Partikelminderungssystem:

Eine Abgasnachbehandlung zur Verringerung der Partikelemission durch mechanische und/oder aerodynamische Separation sowie durch Diffusions- und/oder Trägheitseffekte. Motorspezifische Änderungen an elektronischen Bauteilen und elektronischen Komponenten zählen nicht zu den Partikelminderungssystemen.

Partikelminderungssystemfamilie:

Familie aller Partikelminderungssysteme, die in ihrer Funktion als technisch identisch gemäß den Übereinstimmungskriterien in Nummer 4.1 angesehen werden.

Periodisch regenerierendes Partikelminderungssystem:
Partikelminderungssystem, bei dem eine periodische Regeneration über Zusatzeinrichtungen (zum Beispiel elektrische Beheizung, Additiv, geänderte Motorparameter) eingeleitet wird. Während der Regeneration können die Emissionsgrenzwerte überschritten werden. Diese sind über den K_i-Faktor zu berücksichtigen.

Rückhaltegrad:
Verhältnis von zurückgehaltener Partikelmasse durch das Partikelminderungssystem zu der Partikelmasse im Ausgangszustand des Fahrzeugs, gemessen im NEFZ.

„Worst-Case-Regeneration":
Regeneration eines ungeregelten Partikelminderungssystems bei maximaler Partikelbeladung nach einem Dauerlauf von 4 000 km unter geringster Abgaskühlung durch den Motor sowie hohem Sauerstoffüberschuss im Abgas. Die „Worst-Case-Regeneration" dient zum Beweis der thermischen Stabilität des Partikelminderungssystems.

Abkürzungen:

η:	Rückhaltegrad
f_a:	Wichtungsfaktor der Partikelemission im Zustand I
f_b:	Wichtungsfaktor der Partikelemission im Zustand II
f_c:	Wichtungsfaktor der Partikelemission im Zustand III
f_D:	Anzahl der Zyklen zwischen zwei Regenerationen
f_d:	Anzahl der für die Regeneration erforderlichen Zyklen
M_{pi}:	gewichtete Gesamtemission (g/km) bei geregelten Partikelminderungssystemen
M_{si}:	über mehrere Zyklen (NEFZ) gemessene gemittelte Emission ohne Regeneration (g/km)
M_{ri}:	Emission während der Regeneration (NEFZ)
N_g:	nachgerüsteter Zustand
P_I:	arithmetisch gemittelte Partikelemission im Zustand I
P_{II}:	arithmetisch gemittelte Partikelemission im Zustand II
P_{III}:	arithmetisch gemittelte Partikelemission im Zustand III
P_{IVT2}:	arithmetisch gemittelte Partikelemissionen im Zustand IV, gemessen in Teil 2 des NEFZ
P_{IV}:	arithmetisch gemittelte Partikelemission im Zustand IV
PMS:	Partikelminderungssystem
P_{Ng}:	arithmetisch gemittelte Partikelemission im nachgerüsteten Zustand bei ungeregelten Systemen
P_{NgFe}:	Partikelemission für ungeregeltes System einer Familie, gemessen nach Anhang I Nummer 1.2 Buchstabe e
P_{NgFg}:	Partikelemission für offenes System einer Familie, gemessen nach Anhang I Nummer 1.2 Buchstabe g
P_{NFG}:	Partikelgesamtemission im nachgerüsteten Zustand für geschlossenes System einer Familie, gemessen nach Anhang I Nummer 2.2 Buchstabe e
P_S:	arithmetisch gemittelte Partikelemission im Ausgangszustand (ohne PMS)
V_F:	Volumen des Partikelminderungssystems
V_H:	Hubvolumen des Motors

2 Definitionen der Minderungsstufen

Personenkraftwagen oder Wohnmobile mit Selbstzündungsmotor gelten als besonders partikelreduziert,

2.1 sofern sie nach der Zuteilung eines amtlichen Kennzeichens mit einem Partikelminderungssystem ausgerüstet worden sind (Nachrüstungsstand) als

2.1.1 Stufe PM 01, wenn sie die im Anhang zur Vorschrift des § 47 Absatz 1 aufgeführten Bestimmungen nach den Buchstaben m, n oder o erfüllen, nicht bereits die Grenzwerte für die Gruppe I der Tabelle in Nummer 5.3.1.4 des Anhangs I einhalten und mit einem nach Nummer 6.2.3 genehmigten Partikelminderungssystem ausgerüstet worden sind, das sicherstellt, dass der Grenzwert für die Partikelmasse von 0,170 g/km nicht überschritten wird;

2.1.2 Stufe PM 0, wenn

a) sie den Anforderungen des § 47 Absatz 3 Nummer 3 oder 4 entsprechen oder

b) sie bei mehr als sechs Sitzplätzen einschließlich des Fahrersitzes oder bei einer zulässigen Gesamtmasse von mehr als 2 500 kg den Anforderungen des § 47 Absatz 3 Nummer 6 oder 7 entsprechen

		und dabei nur die Grenzwerte für die Gruppe II oder III der Tabelle in Nummer 5.3.1.4 des Anhangs I eingehalten werden
		und mit einem nach Nummer 6.2.3 genehmigten Partikelminderungssystem ausgerüstet worden sind, das sicherstellt, dass der Grenzwert für die Partikelmasse von 0,100 g/km nicht überschritten wird;

2.1.3 Stufe PM 1, wenn

a) sie den Anforderungen des § 47 Absatz 3 Nummer 3, 4, 5, 6 oder 7 entsprechen, in den Fahrzeugpapieren nicht bereits als schadstoffarm D3 oder D4 beschrieben sind oder

b) sie bei einer zulässigen Gesamtmasse von mehr als 2 500 kg den Anforderungen des § 47 Absatz 3 Nummer 8, 9, 10, 11, 12 oder 13 entsprechen und dabei nur die Grenzwerte nach Zeile A für die Gruppen II oder III der Tabelle in Nummer 5.3.1.4 des Anhangs I eingehalten werden

und mit einem nach Nummer 6.2.3 genehmigten Partikelminderungssystem ausgerüstet worden sind und das sicherstellt, dass der Grenzwert für die Partikelmasse von 0,050 g/km nicht überschritten wird;

2.1.4 Stufe PM 2, wenn

a) sie den Anforderungen des § 47 Absatz 3 Nummer 5 oder einer der danach folgenden Nummern entsprechen, in den Fahrzeugpapieren nicht bereits als schadstoffarm D4, Euro 3 und D4 oder Euro 4 beschrieben sind oder

b) sie bei einer zulässigen Gesamtmasse von mehr als 2 500 kg den Anforderungen nach § 47 Absatz 3 Nummer 8 oder einer der danach folgenden Nummern entsprechen und dabei nur die Grenzwerte nach Zeile B für die Gruppe II oder III der Tabelle in Nummer 5.3.1.4 des Anhangs I eingehalten werden

und mit einem nach Nummer 6.2.3 genehmigten Partikelminderungssystem ausgerüstet worden sind und das sicherstellt, dass der Grenzwert für die Partikelmasse von 0,025 g/km nicht überschritten wird;

2.1.5 Stufe PM 3, wenn sie den Anforderungen des § 47 Absatz 3 Nummer 5, 6, 7, 8, 9, 10, 11, 12 oder 13 entsprechen und mit einem nach Nummer 6.2.3 genehmigten Partikelminderungssystem ausgerüstet worden sind und das sicherstellt, dass der Grenzwert für die Partikelmasse von 0,0125 g/km nicht überschritten wird;

2.1.6 Stufe PM 4, wenn sie den Anforderungen des § 47 Absatz 3 Nummer 8, 9, 10, 11, 12 oder 13 entsprechen und mit einem nach Nummer 6.2.3 genehmigten Partikelminderungssystem ausgerüstet worden sind und das sicherstellt, dass der Grenzwert für die Partikelmasse von 0,005 g/km nicht überschritten wird;

2.2 sofern sie ab dem Tage, an dem sie erstmals für den Verkehr zugelassen werden (Erstausrüstungsstand) als

2.2.1 Stufe PM 5, wenn

a) sie den Anforderungen des § 47 Absatz 3 Nummer 8, 9, 10, 11, 12 oder 13 entsprechen, die Grenzwerte L_1, L_3, L_{2+3} nach Zeile A oder Zeile B Fahrzeugklasse M oder bei einer zulässigen Gesamtmasse von mehr als 2 500 kg die für die Gruppe II oder III der Tabelle in Nummer 5.3.1.4 des Anhangs I der Richtlinie 70/220/EWG in der jeweils genannten Fassung einhalten und

b) bei der Partikelmasse als Grenzwert L_4 den Wert von 0,005 g/km nicht überschreiten und die Voraussetzungen für die Genehmigung nach Nummer 6.1 oder 6.2 erfüllt sind.

3 Anforderungen an ungeregelte Partikelminderungssysteme

Der Antragsteller, der die Betriebserlaubnis für ein Partikelminderungssystem nach Anhang IV beantragt, muss durch die in der Nummer 3.2 beschriebenen Prüfungen belegen und bestätigen, dass die Funktionsfähigkeit dieses Systems bei bestimmungsgemäßem Betrieb über eine Lebensdauer von bis zu fünf Jahren oder bis zu einer Kilometerleistung von 80 000 km – je nachdem, welches Kriterium zuerst erreicht wird – gewährleistet ist. Die Partikelminderungssysteme dürfen nicht mit Einrichtungen versehen sein, die diese Systeme außer Funktion setzen.

3.1 Übereinstimmungskriterien für ungeregelte Partikelminderungssysteme

Das ungeregelte Partikelminderungssystem darf in folgenden Merkmalen nicht abweichen:

a) Rückhalteart, Arbeitsweise, Minderungsmaterial (Metall, Keramik),

b) Minderungskonstruktion des Filtermaterials (Platten, Geflecht, gewickelt, minimale Zellen-/Material-/Vliesdichte, maximale Porosität, Porendurchmesser, Taschen-/Kugelanzahl, Oberflächenrauhigkeit, Draht-/Kugel-/Faserdurchmesser),

c) Mindestbeschichtung des Partikelminderungssystems (g/ft^3),

d) Canning/Verpackung (Lagerung/Halterung des Trägers),

e) Volumen ± 20 Prozent,

f) Regenerationstyp (periodisch oder kontinuierlich),

g) Regenerationsstrategie (katalytische, thermische, elektrothermische Regeneration),

h) Art der Additivierung (falls vorhanden).

i) Typ des Additivs (falls vorhanden),
j) Bypassverhältnis,
k) mit oder ohne vorgeschaltetem Oxidationskatalysator.

Weiterverwendung des/der vorhandenen Oxidationskatalysator(s/en):
Dem Minderungssystem vorgeschaltete Oxidationskatalysatoren können bei der Nachrüstung im Einzelfall weiter verwendet werden, wenn diese nachweislich:

a) nicht älter als fünf Jahre sind,
b) nicht länger als 80 000 km im Fahrzeug verbaut waren (Nachweis der Laufleistung über Serviceheft und Wegstreckenzähler) und
c) nicht mit sichtbaren Mängeln behaftet sind oder
d) der Hersteller des Partikelminderungssystems im Rahmen der unter Nummer 6.2.3 geforderten Betriebserlaubnis nachweist, dass die entsprechend geforderten Grenzwerte auch ohne den/die seriemäßigen Oxidationskatalysator(en) eingehalten werden (Betriebserlaubnis muss Nachweis enthalten).

Wird keiner der vorgenannten Nachweise erbracht, sind die Oxidationskatalysatoren vor der Nachrüstung mit dem Partikelminderungssystem zu erneuern.

3.2 Prüfung des ungeregelten Partikelminderungssystems

Für die Begutachtung des Partikelminderungssystems nach Nummer 3.1 muss zum Beweis der Funktionstüchtigkeit im späteren Feldeinsatz ein Dauerlauf nach Nummer 3.3 von mindestens 4 000 km durchgeführt werden. Der Dauerlauf dient dem Nachweis der Funktionstüchtigkeit und der Stabilität des Systems sowie dessen Wirkungsgrad.

Das dazu verwendete Kraftfahrzeug muss den Anforderungen der Stufe PM 2 entsprechen; bei Kraftfahrzeugen mit einer zulässigen Gesamtmasse von mehr als 2 500 kg den Anforderungen der Stufe PM 1. Die Partikelemission des Dauerlauffahrzeugs im Ausgangszustand darf im NEFZ 0,030 g/km nicht unterschreiten. Sofern kein Dauerlauffahrzeug mit entsprechender Partikelemission zur Verfügung steht, sind die Stufen bei 2 000 km bzw. 4 000 km um das Verhältnis der vorgeschriebenen Partikelmasse von 0,030 g/km zu der tatsächlichen Fahrzeugemission zu verlängern (Beispiel: bei 0,020 g/km verschieben sich die Messungen von 2 000 km auf 3 000 km und von 4 000 km auf 6 000 km).

Das für den Dauerlauf ausgewählte Kraftfahrzeug muss nicht vom selben Fahrzeughersteller wie der angestrebte Verwendungsbereich sein. Der Verwendungsbereich eines Systems umfasst einen Motorleistungsbereich zwischen 65 Prozent und 130 Prozent, bezogen auf die Motorleistung des Prüffahrzeugs.

Als Prüfzyklus für die Abgasmessungen auf dem Rollenprüfstand ist der NEFZ mit inner- und außerstädtischem Anteil (Teil 1 und Teil 2) nach Anhang III Anlage 1 der Richtlinie 70/220/EWG in der Fassung der Richtlinie 98/69/EWG anzuwenden.

3.3 Durchführung des Dauerlaufs

Der Dauerlauf ist über eine Fahrstrecke von mindestens 4 000 km durchzuführen. Auf Wunsch des Antragstellers kann vor Beginn des Dauerlaufs eine Fahrzeuginspektion durch den mit der Begutachtung beauftragten technischen Dienst sowie das Auslesen des OBD-Systems vorgenommen werden.

3.3.1 Die Streckenakkumulation kann auf dem Rollenprüfstand durch Wiederholung des innerstädtischen Anteils des NEFZ (Teil 1) durchgeführt werden.

3.3.2 Die Streckenakkumulation auf dem Rollenprüfstand kann im NEFZ mit inner- (Teil 1) und außerstädtischem (Teil 2, reduziert) Anteil durchgeführt werden. Dabei darf im Teil 2 des NEFZ eine Fahrgeschwindigkeit von 70 km/h und eine maximale Abgastemperatur von 300 °C unmittelbar vor dem Minderungssystem nicht überschritten werden.

3.3.3 Alternativ kann die in der Prüfdokumentation ausführlich zu beschreibende Dauerlaufstrecke von der begutachtenden Stelle so gewählt werden, dass sie einem realistischen innerstädtischen Fahrprofil entspricht. Dabei muss die Durchschnittsgeschwindigkeit zwischen 25 bis 35 km/h, die maximale Geschwindigkeit unter 70 km/h, der zeitliche Leerlaufanteil unter 7 Prozent und der zeitliche Geschwindigkeitsanteil zwischen 50 bis 70 km/h unter 10 Prozent (nicht am Ende des Dauerlaufs gefahren) liegen. Die maximale Abgastemperatur unmittelbar vor und nach dem Partikelminderungssystem muss ohne externe Regeneration im Mittel immer unter 300 °C, die Motordrehzahl unterhalb von 60 Prozent der Nenndrehzahl liegen. Während des ganzen Dauerlaufs sind Fahrzeuggeschwindigkeit, Weg, Motordrehzahl und Differenzdruck zwischen Ein- und Ausgang des Partikelminderungssystems in der Prüfdokumentation mit aufzunehmen.

3.4 Prüfungen im Dauerlauf

Die Abgasmessungen mit eingebautem ungeregeltem Partikelminderungssystem werden nach Anhang I Nummer 1.1

a) vor Dauerlaufstart (Grundvermessung, Zustand I),
b) nach mindestens 2 000 km (Zustand II) und

c) nach mindestens 4 000 km (Zustand III) und
d) nach der „Worst-Case-Regeneration" (Zustand IV)
durchgeführt.

Vor und nach dem Dauerlauf wird das Fahrzeug zur späteren Bestimmung der Partikelminderungseffizienz im Ausgangszustand ohne Partikelminderungssystem vermessen.

Der Hersteller kann jeweils nach den 2 000 km- und den 4 000 km-Messungen zusätzliche Abgasmessungen im Ausgangszustand beantragen. Nach dem Wiedereinbau des Systems ist in diesem Falle die Abgasmessung zu wiederholen. Der dabei jeweils höchste Abgaswert ist für die Bestimmung des Rückhaltegrads heranzuziehen. Die Abweichung der Abgasmessungen mit Partikelminderungssystem vor/nach Ein-/Ausbau darf 15 Prozent nicht überschreiten.

3.5 Abgasuntersuchung

Sollen ungeregelte Partikelminderungssysteme Verwendung finden, sind zusätzlich Abgasuntersuchungen nach Nummer 3.2 der Anlage XIa mit Ermittlung des Spitzenwertes für die Rauchgastrübung durchzuführen.

3.6 „Worst-Case-Regeneration" nach dem Dauerlauf

Zur Absicherung der thermischen Stabilität im späteren Feldeinsatz von nachgerüsteten Fahrzeugen wird nach den 4 000-km-Abgasmessungen und nach der Abgasuntersuchung eine „Worst-Case-Regeneration" durchgeführt.

Die thermische „Worst-Case-Regeneration" wird mit dem Prüffahrzeug auf dem Rollenprüfstand über die Motorlast eingeleitet (zügiger Lastwechsel von unterer Teillast nach Volllast). Nach Erkennen der Zündung der Partikel im Minderungssystem wird der Leerlaufpunkt über Motorschub angefahren. Das Prüffahrzeug verbleibt so lange im Leerlauf, bis kein Rußabbrand im Rückhaltesystem mehr stattfindet. Sofern unter den vorgenannten Betriebsbedingungen nicht spätestens nach zehn Minuten Abgastemperaturen von 600 °C aufgetreten sind, ist der „Worst-Case-Test" zu beenden.

Bei Fahrzeugen oberhalb einer Motorleistung von 160 kW kann die Einleitung der „Worst-Case-Regeneration" auf der Straße erfolgen.

Sofern keine thermische Regeneration eingeleitet werden konnte, ist eine Regeneration des Partikelminderungssystems nach Herstellervorgaben im Fahrzeugbetrieb durchzuführen.

In allen Fällen werden anschließend Abgasmessungen durchgeführt. Die dabei arithmetisch gemittelte Partikelemission darf um nicht mehr als 15 Prozent von der Partikelemission P_{Ng} abweichen.

Darüber hinaus muss der Hersteller nachweisen und bestätigen, dass die verbrannte Partikelmasse und die dabei aufgetretenen Abgastemperaturen bezüglich der Haltbarkeit des Systems als unkritisch anzusehen sind.

3.7 Abgasmessung während des Dauerlaufs

3.7.1 Ermittlung der Partikelemission im NEFZ:

Die Abgasemissionswerte im Ausgangszustand (P_S), Zustand I (Grundvermessung) (P_I), Zustand II (P_{II}), Zustand III (P_{III}) und Zustand IV (P_{IV}) ergeben sich jeweils als Mittelwert aus jeweils zwei, sofern die Messungen nicht mehr als 15 Prozent voneinander abweichen, ansonsten drei Messungen im NEFZ.

3.7.2 Ermittlung der gasförmigen Emissionen (NO_x, CO, HC) und des Kraftstoffverbrauchs in CO_2:
  – Arithmetisches Mittel aus NEFZ im Ausgangszustand ohne Minderungssystem (HC_S, CO_S, $NO_{x\,S}$) und ($CO_{2\,S}$);
  – Arithmetisches Mittel aus NEFZ im nachgerüsteten Zustand mit Minderungssystem ($HC_{(I, II, III)}$, $CO_{(I, II, III)}$, $NO_{x\,(I, II, III)}$ und $CO_{2\,(I, II, III)}$). Die Emissionen während der „Worst-Case-Regeneration" werden nicht berücksichtigt.

3.8 Bewertung des ungeregelten Partikelminderungssystems

Die Prüfung des Partikelminderungssystems für das System gilt als bestanden, wenn folgende Kriterien erfüllt sind:

3.8.1 Die Partikelemission mit $P_{Ng} = (f_a \cdot P_I + f_b \cdot P_{II} + f_c \cdot P_{III}) / (f_a + f_b + f_c)$ mit $f_a = 1$; $f_b = 2$ und $f_c = 4$ muss unter dem Grenzwert von 0,025 g/km liegen; bei Kraftfahrzeugen mit einer zulässigen Gesamtmasse von mehr als 2 500 kg unter dem Grenzwert von 0,050 g/km.

3.8.2 Der Rückhaltegrad $\eta = 1 - (P_{Ng} / P_S)$ muss mindestens 0,3 (= 30 Prozent) erreichen mit $P_S = (P_{S1} + P_{S2}) / 2$.

3.8.3 Der Rückhaltegrad während der Rußoxidation $\eta_R = 1 - (P_{IVT2}/P_{ST2})$ aus den jeweiligen Messungen P_{IV} aus dem Teil 2 des NEFZ (außerstädtischer Anteil) muss mindestens 0,3 (= 30 Prozent) erreichen.

3.8.4 Die gemessene Partikelemission P_{IV} muss kleiner sein als 1,15 $\cdot$ P_{Ng}.

3.8.5 Die limitierten Schadstoffe müssen im Ausgangszustand und im nachgerüsteten Zustand die Grenzwerte der ursprünglichen homologierten Schadstoffklasse unterschreiten.

3.8.6 Bei den Trübungsmessungen nach Anhang I Nummer 1.1 dürfen im Ausgangszustand und im nachgerüsteten Zustand die Herstellertrübungskoeffizienten nicht überschritten werden.

4 Anforderungen an ein ungeregeltes Partikelminderungssystem zur Bildung einer Fahrzeugfamilie

Fahrzeugfamilien können mit ungeregelten Partikelminderungssystemen unterschiedlicher Größe (Volumen) unter Einhaltung der Übereinstimmungskriterien nach Nummer 3.1 gebildet werden.

4.1 Übereinstimmungskriterien für Fahrzeugfamilien

4.1.1 Für die Festlegung des Verwendungsbereichs eines baugleichen Partikelminderungssystems nach Nummer 3.1, aber mit unterschiedlichen Volumina, für verschiedene Fahrzeugtypen, dürfen sich die Versuchsträger in den Merkmalen nach Nummer 4.1.2 nicht unterscheiden. Die obere und untere Grenze des Verwendungsbereichs eines Systems wird je Fahrzeughersteller durch Vermessen zweier unterschiedlicher Prüffahrzeuge nach Nummer 4.2 auf dem Rollenprüfstand bestimmt.

4.1.2 Die zur Familie gehörenden Fahrzeugtypen sowie die Prüffahrzeuge selbst müssen in folgenden Kriterien übereinstimmen:

- Fahrzeughersteller (Verwenden andere Fahrzeughersteller den gleichen Antriebsmotor des geprüften Fahrzeugherstellers, so können, falls alle übrigen Anforderungen erfüllt sind, auch diese Fahrzeugtypen in den Verwendungsbereich mit aufgenommen werden.)
- Saugmotor, aufgeladener Motor
- Schadstoffklassen:

    o Klasse 0:   Euro 1

    o Klasse I: Euro 1, Euro 2

    o Klasse II: D3, Euro 3

    o Klasse III: D4, Euro 4

- Einbauort in den Abgasstrang (Anschluss Auspuffkrümmer bis Eintritt PMS ± 300 mm vom Dauerlauffahrzeug). Dabei ist vom Antragsteller zu bestätigen, dass auch für die im Verwendungsbereich genannten Kraftfahrzeuge das Temperaturprofil bei Durchführung eines Dauerlaufs nach Nummer 3.3 um nicht mehr als 30 °C – bezogen auf das Basisfahrzeug für den Dauerlauf – nach unten abweicht.

4.2 Auswahl der Prüffahrzeuge

Die Prüffahrzeuge für einen gewählten Verwendungsbereich müssen folgende Kriterien erfüllen:

4.2.1 Prüffahrzeug I:

- maximale Leistung im Verwendungsbereich
- größtes Filtervolumen (V_{FI})
- höchste Schwungmassenklasse
- häufig verbaute Getriebekonfiguration
- hohe häufig auftretende Rollenlast

4.2.2 Prüffahrzeug II:

- niedrigste Leistung im Verwendungsbereich
- kleinstes Filtervolumen (V_{FII})
- kleinste Schwungmassenklasse
- häufig verbaute Getriebekonfiguration
- geringste häufig auftretende Rollenlast

Sollen innerhalb der Klasse I die Schadstoffklassen Euro 1 und Euro 2 für Kraftfahrzeuge eines Herstellers durch die Prüfungen abgedeckt werden, so muss eines der Prüffahrzeuge Euro 1 und das andere Euro 2 abdecken.

4.3 Prüfkriterien des Verwendungsbereichs innerhalb einer Familie nach Anhang I Nummer 1.2

Die Prüffahrzeuge müssen eine Laufleistung von mindestens 15 000 km aufweisen. Die Prüffahrzeuge müssen im Ausgangszustand und im nachgerüsteten Zustand bei allen limitierten Emissionen die Werte ihrer ursprünglich homologierten Grenzwertstufe einhalten. Die Verschlechterungsfaktoren sind nicht anzuwenden.

Der Umbau am Prüffahrzeug muss dem beantragten späteren Ausgangsstand der Umrüstung entsprechen.

Fahrzeuge mit „On-Board-Diagnose" dürfen durch den Einbau des Nachrüstsystems in ihrer Überwachungsfunktion nicht eingeschränkt werden. Das elektronische Motorsteuergerät (zum Beispiel für Einspritzung, Luftmassenmesser, Abgasminderung) darf durch die Nachrüstung nicht verändert werden.

4.4 Prüf- und Messablauf auf dem Rollenprüfstand

4.4.1 Die Fahrzeuge werden durch 2 x 10 NEFZ (220 km) konditioniert (siehe Anhang I Nummer 1.2).

4.4.2 Ermittlung aller limitierten Schadstoffe im NEFZ für:

a) Ausgangszustand;

arithmetisches Mittel aus zwei bis drei Abgasmessungen für jede Schadstoffkomponente

b) Nachrüststand;

arithmetisches Mittel aus zwei bis drei Abgasmessungen für jede Schadstoffkomponente.

4.4.3 Ermittlung des Kraftstoffverbrauchs (CO_2) im NEFZ für:

a) Kraftstoffverbrauch (Ausgangszustand);

arithmetisches Mittel aus zwei bis drei Abgasmessungen

b) Kraftstoffverbrauch (Nachrüststand);

arithmetisches Mittel aus zwei bis drei Abgasmessungen.

4.5 Bewertung der ungeregelten Partikelminderungssysteme für den Verwendungsbereich innerhalb einer Fahrzeugfamilie

Die Prüfung eines Partikelminderungssystems für den Verwendungsbereich einer Fahrzeugfamilie gilt als bestanden, wenn folgende Kriterien erfüllt sind:

4.5.1 Partikelemission

4.5.1.1 Die Partikelemission P_{NgFe} im nachgerüsteten Zustand muss unter dem Grenzwert der entsprechenden Minderungsstufe PM 1, PM 2, PM 3, PM 4, PM 5 liegen. P_{NgFe} (Anhang I Nummer 1.2 Buchstabe e) ergibt sich als Mittelwert aus maximal drei Messungen im NEFZ nach der Systemvorbereitung.

4.5.1.2 Der Rückhaltegrad $\eta_{NgFe} = 1 - (P_{NgFe} / ((P_{S1F} + P_{S2F})/2)$ muss im nachgerüsteten Zustand mindestens 0,3 (= 30 Prozent) betragen.

4.5.1.3 P_{NgFg} darf nicht größer sein als 1,15 • P_{NgFe}. P_{NgFg} (Anhang I Nummer 1.2 Buchstabe g) ergibt sich als Mittelwert aus maximal drei Messungen im NEFZ nach Systemstabilität.

4.5.1.4 Bei den Trübungsmessungen nach Anhang I Nummer 1.2 dürfen im Ausgangszustand und im nachgerüsteten Zustand die Herstellertrübungskoeffizienten nicht überschritten werden.

4.5.2 Der gemittelte Kraftstoffverbrauch im nachgerüsteten Zustand darf den Kraftstoffverbrauch im Ausgangszustand um nicht mehr als 4 Prozent übersteigen.

4.5.3 Die limitierten Schadstoffe müssen im Ausgangszustand und im nachgerüsteten Zustand die Grenzwerte der ursprünglichen homologierten Schadstoffklasse unterschreiten.

5 Anforderungen an periodisch regenerierende Partikelminderungssysteme

Der Antragsteller, der die Betriebserlaubnis für ein Partikelminderungssystem nach Anhang IV beantragt, muss durch die in Anhang I Nummer 2 beschriebene Prüfung belegen und bestätigen, dass die Funktionsfähigkeit dieses Systems bei bestimmungsgemäßem Betrieb über eine Lebensdauer von bis zu fünf Jahren oder bis zu einer Kilometerleistung von 80 000 km – je nachdem, welches Kriterium zuerst erreicht wird – gewährleistet ist. Die Partikelminderungssysteme dürfen nicht mit Einrichtungen versehen sein, die diese Systeme außer Funktion setzen.

5.1 Übereinstimmungskriterien für geregelte Partikelminderungssysteme

Es gelten die Übereinstimmungskriterien entsprechend ECE-Regelung Nr. 83 über einheitliche Bedingungen für die Genehmigung der Fahrzeuge hinsichtlich der Emission von Schadstoffen aus dem Motor entsprechend den Kraftstofferfordernissen des Motors, Anhang 13, Nummer 2.1 (VkBl. 2005 S. 767).

5.2 Prüfung und Bewertung des geregelten Partikelminderungssystems

Bei periodisch regenerierenden Systemen muss die Partikelemission M_{Pi} bei allen Messungen, ermittelt gemäß ECE-R 83, Anhang 13, Nummer 3.3, unter dem Grenzwert von 0,005 g/km liegen mit $M_{Pi} = [(M_{si} \bullet fD) + (Mri \bullet fd)] / (fD + fd)$.

5.3 Bei geregelten Systemen muss der Rückhaltegrad $\eta_{Ng} = 1 - (M_{Pi} / P_{S1})$ im nachgerüsteten Zustand mindestens 0,9 (= 90 Prozent) betragen.

5.4 Die Ermittlung des K_i-Faktors bei periodisch regenerierenden Systemen erfolgt nach ECE-R 83 mit $K_i = M_{pi} / M_{si}$.

5.5 Die limitierten Schadstoffe (CO, HC, NO_x) dürfen unter Berücksichtigung des K_i-Faktors bei allen Abgasmessungen mit PMS (Ausnahme: während der periodischen Regeneration) die Grenzwerte der jeweiligen Stufe nicht überschreiten. Die mittlere Emission errechnet sich jeweils aus dem Produkt der Emissionen gemessen im Zyklus ohne Regeneration mit dem K_i-Faktor.

5.6 Der gemittelte Kraftstoffverbrauch ($CO_{2\ Ng}$) darf den Kraftstoffverbrauch im Ausgangszustand ($CO_{2\ S}$) um nicht mehr als 4 Prozent übersteigen.

5.7 Der gemittelte Trübungskoeffizient im Zustand P_{Ngh} (Anhang I Nummer 2.1 Buchstabe h) darf den Herstellergrenzwert nicht überschreiten.

Straßenverkehrs-Zulassungs-Ordnung　　　　　　　　　　　Anlage XXVI – StVZO | 03

5.8 **Anforderungen an ein geregeltes Partikelminderungssystem zur Bildung einer Fahrzeugfamilie**

Fahrzeugfamilien können mit geregelten Partikelminderungssystemen gemäß der Übereinstimmungskriterien nach ECE-R 83 Anhang 13 Nummer 2.1 gebildet werden. Der Nachweis der Funktionsfähigkeit innerhalb der Familie gilt als erbracht, wenn die Anforderungen nach Nummern 5.2 und 5.3 unter Berücksichtigung des K_i-Faktors nach Nummer 5.4, gemessen nach Anhang I Nummer 2.2, erfüllt sind.

6 Genehmigung

6.1 Neue Kraftfahrzeuge

6.1.1 EG-Typgenehmigung oder Allgemeine Betriebserlaubnis

Bei erstmals für den Verkehr zuzulassenden Kraftfahrzeugen mit Selbstzündungsmotor, die die Anforderungen nach Nummer 2.2 erfüllen, hat der Fahrzeughersteller oder sein Beauftragter auf der Grundlage der für den Fahrzeugtyp erteilten EG-Typgenehmigung oder Allgemeinen Betriebserlaubnis gegenüber der Genehmigungsbehörde eine Erklärung darüber abzugeben, dass die von ihm reihenweise gefertigten Kraftfahrzeuge als besonders partikelreduziert nach Stufe PM 5 gelten und er die Bescheinigung nach Anhang II nur ausstellt, wenn unter Berücksichtigung der für die Stufe PM 5 geltenden Grenzwerte weiterhin alle Bestimmungen der Richtlinie 70/220/EWG eingehalten werden.

6.1.2 Betriebserlaubnis für Einzelfahrzeuge

Bei Kraftfahrzeugen, die mit einer Betriebserlaubnis nach § 21 für den Verkehr zugelassen werden sollen, hat der mit der Begutachtung beauftragte amtlich anerkannte Sachverständige festzustellen, ob das Kraftfahrzeug den Anforderungen der Stufe PM 5 genügt. Es können auch Bescheinigungen nach Anhang II herangezogen werden. Ist das der Fall, hat er zudem nach pflichtgemäßem Ermessen zu beurteilen und gegebenenfalls mit einer Bescheinigung entsprechend Anhang III zu bestätigen, dass nicht zu erwarten ist, dass sich das Abgasverhalten des Kraftfahrzeugs bei bestimmungsgemäßem Betrieb in einem Zeitraum von bis zu fünf Jahren oder bis zu einer Kilometerleistung von 100 000 km, je nachdem, welches Kriterium zuerst erreicht wird, wesentlich verschlechtern wird.

6.2 Für den Verkehr zugelassene Kraftfahrzeuge

6.2.1 EG-Typgenehmigung oder Allgemeine Betriebserlaubnis

Für den Verkehr zugelassene Kraftfahrzeuge mit Selbstzündungsmotor, die die Anforderungen nach Nummer 2.2 ohne Nachrüstung erfüllen, hat der Fahrzeughersteller oder sein Beauftragter auf der Grundlage der für den Fahrzeugtyp erteilten EG-Typgenehmigung oder der Allgemeinen Betriebserlaubnis gegenüber der Genehmigungsbehörde eine Erklärung darüber abzugeben, dass die von ihm reihenweise gefertigten Kraftfahrzeuge als besonders partikelreduziert nach Stufe PM 5 gelten und er die Bescheinigung nach Anhang II nur ausstellt, wenn unter Berücksichtigung der für die Stufe PM 5 geltenden Grenzwerts bisher alle Bestimmungen der Richtlinie 70/220/EWG eingehalten wurden und auch weiterhin eingehalten werden.

6.2.2 Betriebserlaubnis für Einzelfahrzeuge

Bei Kraftfahrzeugen, die mit einer Betriebserlaubnis nach § 21 für den Verkehr zugelassen worden sind, hat der mit der Begutachtung beauftragte amtlich anerkannte Sachverständige festzustellen, ob das Kraftfahrzeug den Anforderungen der Stufe PM 5 genügt. Es können auch Bescheinigungen nach Anhang II herangezogen werden. Ist das der Fall, hat er zudem nach pflichtgemäßem Ermessen zu beurteilen und gegebenenfalls mit einer Bescheinigung entsprechend Anhang III zu bestätigen, dass nicht zu erwarten ist, dass sich das Abgasverhalten des Kraftfahrzeugs bei bestimmungsgemäßem Betrieb in einem Zeitraum von bis zu fünf Jahren oder bis zu einer Kilometerleistung von 100 000 km, je nachdem, welches Kriterium zuerst erreicht wird, wesentlich verschlechtern wird.

6.2.3 Partikelminderungssystem für die Nachrüstung

Sollen durch Einbau von Partikelminderungssystemen die Emissionen luftverunreinigender Partikel von bereits für den Verkehr zugelassenen Kraftfahrzeugen verringert werden, so ist für das Partikelminderungssystem eine

a) Betriebserlaubnis für Fahrzeugteile nach § 22 oder

b) Systemgenehmigung für das Fahrzeug nach den Bestimmungen der Richtlinie 70/220/EWG oder nach der ECE-R 83 erforderlich.

Im Falle von Buchstabe a muss die Betriebserlaubnis für das Partikelminderungssystem die Einhaltung einer der Partikelminderungsstufen PM 01 bis PM 4 nach den Bestimmungen dieser Anlage nachweisen. Einzelheiten über die Verwendung des Partikelminderungssystems und des Einbaus ergeben sich aus der Betriebserlaubnis.

Wird im Falle von Buchstabe b für einen Fahrzeugtyp, der für die Nachrüstung mit einem Partikelminderungssystem vorgesehen ist, durch die Systemgenehmigung nach den Bestimmungen der Richtlinie 70/220/EWG oder nach der ECE-R 83 bereits nachgewiesen, dass die Anforderungen nach Nummer 2.2.1 bei Ausrüstung mit dem Partikelminderungssystem eingehalten werden, gelten die Kraftfahrzeuge dieses Typs bei nachträglicher Ausrüstung mit dem Partikelminderungssystem als besonders partikelreduziert nach Stufe PM 4. Hinsichtlich der Weiterverwendung des Oxidationskatalysators gelten die Bestimmungen nach Nummer 3.1. Die Teile für die Nachrüstung des Kraftfahrzeugs einschließlich der Montageanweisungen sind vom Fahrzeughersteller bereitzustellen. Der Hersteller stellt eine Bescheinigung nach Anhang II aus. Diese ist mit den Teilenummern des Nachrüstsatzes und den Montagebedingungen zu ergänzen und der Abnahmebescheinigung nach Anhang V beizufügen.

7 Genehmigungsbehörde

7.1 Genehmigungsbehörde im Sinne dieser Anlage ist das Kraftfahrt-Bundesamt, Fördestraße 16, 24944 Flensburg. Dies gilt nicht im Falle des Verfahrens nach § 21.

7.2 Partikelminderungssysteme aus anderen Mitgliedstaaten der Europäischen Gemeinschaft oder der Türkei oder einem EFTA-Staat, der Vertragspartei des EWR-Abkommens ist, für die Nachrüstung von Kraftfahrzeugen mit Dieselmotor werden anerkannt, wenn dasselbe Niveau für die Partikelminderung gewährleistet wird, das diese Anlage beinhaltet.

8 Rücknahme der Genehmigung

Eine Genehmigung ist zurückzunehmen, wenn festgestellt wird, dass die Voraussetzungen für die Genehmigung nicht mehr gegeben sind oder erfüllt werden oder der Inhaber der Genehmigung gegen die Pflichten aus der Genehmigung verstoßen hat.

9 Zusätzliche Anforderungen

9.1 Betriebsverhalten

Durch den Einbau des Partikelminderungssystems dürfen keine Beeinträchtigungen des Betriebsverhaltens und keine zusätzlichen Gefährdungen der Fahrzeugsicherheit eintreten.

9.2 Geräuschverhalten

Partikelminderungssysteme dürfen keine negativen Auswirkungen auf das Geräuschverhalten erwarten lassen.

9.3 Additivierung

Handelt es sich um ein additiv unterstütztes Partikelminderungssystem, so ist eine Unbedenklichkeitserklärung des Umweltbundesamtes bezüglich des Systems in Verbindung mit dem verwendeten Additiv der mit der Begutachtung beauftragten Stelle vorzulegen.

9.4 Elektromagnetische Verträglichkeit

Werden elektronische Bauteile und/oder Steuergeräte verwendet, so müssen diese den Bestimmungen des § 55a entsprechen.

10 Einbau und Abnahme der Nachrüstung mit einem genehmigten Partikelminderungssystem

10.1 Einbau

10.1.1 Die Nachrüstung mit einem genehmigten Partikelminderungssystem ist von einer für die Durchführung der Abgasuntersuchung an Kraftfahrzeugen mit Kompressionszündungsmotor nach Anlage VIIIc Nummer 1 in Verbindung mit Anlage VIII Nummer 3.1.1.1 anerkannten AU-Kraftfahrzeugwerkstatt durchzuführen. Abweichend von Satz 1 kann die Nachrüstung auch von einer anderen Stelle durchgeführt werden. In diesem Falle gilt Nummer 10.2 Buchstabe b.

10.1.2 Das nachzurüstende Kraftfahrzeug muss sich in einem technisch einwandfreien Zustand befinden. Sofern erforderlich, sind vor der Nachrüstung Mängel zu beseitigen, die das Erreichen der durch die Betriebserlaubnis des Partikelminderungssystems nachgewiesenen Partikelminderung oder die Dauerhaltbarkeit in Frage stellen.

10.2 Abnahme

Der ordnungsgemäße Einbau aller Teile und die einwandfreie Funktion des Partikelminderungssystems sind

a) von der anerkannten AU-Kraftfahrzeugwerkstatt, sofern diese die Nachrüstung selbst vorgenommen hat, auf einer dem Anhang V entsprechenden Abnahmebescheinigung für Partikelminderungssysteme zur Vorlage bei der Zulassungsbehörde oder

b) durch einen amtlich anerkannten Sachverständigen oder Prüfer für den Kraftfahrzeugverkehr oder durch einen Kraftfahrzeugsachverständigen oder Angestellten nach den Bestimmungen der Anlage VIIIb auf einer Abnahmebescheinigung im Sinne von Anhang V

zu bestätigen.

Straßenverkehrs-Zulassungs-Ordnung　　　　　　　　　　　　　　Anlage XXVI – StVZO | 03

Anhang I
(zu Nummer 3.4, 4.3, 4.4.1, 4.5.1 oder 5 der Anlage XXVI)

Übersicht über Prüfabläufe

1　Ungeregelte Partikelminderungssysteme

1.1　Partikelminderungssystem:
Ausgangszustand S_1:
　　a)　Konditionierung: 3 x Teil 2 des NEFZ
　　b)　Abgasmessung: 2 – 3 x NEFZ (kalt)
　　c)　Abgasuntersuchung (AU) Trübungskoeffizient Serie

Einbau Partikelminderungssystem
Zustand I (Grundvermessung):
　　d)　Konditionierung: 3 x Teil 2 des NEFZ
　　e)　Abgasmessung: 2 – 3 x NEFZ (kalt)

2 000 km Dauerlauf
Zustand II:
　　f)　Konditionierung: 3 x Teil 2 des NEFZ
　　g)　Abgasmessung: 2 – 3 x NEFZ (kalt)

2 000 km Dauerlauf bis 4 000 km gesamt
Zustand III:
　　h)　Konditionierung: 3 x Teil 2 des NEFZ
　　i)　Abgasmessung: 2 – 3 x NEFZ (kalt)
　　k)　AU Trübungskoeffizient Nachrüstung

„Worst-Case-Regeneration"
Zustand IV (thermisch gealterter Zustand):
　　l)　Konditionierung: 3 x Teil 2 des NEFZ
　　m)　Abgasmessung: 2 – 3 x NEFZ (kalt)

Ausbau Partikelminderungssystem
Ausgangszustand S_2:
　　n)　Konditionierung: 3 x Teil 2 des NEFZ
　　o)　Abgasmessung: 2 – 3 x NEFZ (kalt)
　　p)　AU Trübungskoeffizient Serie

1.2　Verwendungsbereich für Fahrzeugfamilien
Ausgangszustand S_{1F}:
　　a)　Konditionierung: 3 x Teil 2 des NEFZ
　　b)　Abgasmessung: 2 – 3 x NEFZ (kalt)
　　c)　AU Trübungskoeffizient Serie

Einbau des Partikelminderungssystems
Nachrüstzustand N_{gF}:
　　d)　Systemvorbereitung: 10 x NEFZ
　　e)　Abgasmessung: 2 – 3 NEFZ (kalt)
　　f)　Systemstabilität: 10 x NEFZ
　　g)　Abgasmessung: 2 – 3 x NEFZ (kalt)
　　h)　AU Trübungskoeffizient Nachrüstung

Ausbau des Partikelminderungssystems
Ausgangszustand S_{2F}:
- i) Konditionierung: 3 x Teil 2 des NEFZ
- k) Abgasmessung: 2 – 3 x NEFZ (kalt)

2 Geregelte Partikelminderungssysteme

2.1 Partikelminderungssystem:
Ausgangszustand S_{1G}:
- a) Konditionierung: 3 x Teil 2 des NEFZ
- b) Abgasmessung: 2 – 3 x NEFZ (kalt)
- c) AU Trübungskoeffizient Serie

Einbau Partikelminderungssystem
Zustand I_G (Grundvermessung):
- d) Konditionierung: 3 x Teil 2 des NEFZ
- e) Bestimmung des K_i-Faktors (Prüfung nach ECE-R 83)
- f) Abgasmessung während der Regeneration
- g) Abgasmessung: 2 – 3 x NEFZ (kalt) ohne Regeneration
- h) AU Trübungskoeffizient Serie

Ausbau des Partikelminderungssystems
Ausgangszustand S_{2G}:
- i) Konditionierung: 3 x Teil 2 des NEFZ
- k) Abgasmessung: 2 – 3 x NEFZ (kalt)

2.2 Verwendungsbereich für Fahrzeugfamilien
Herstellervorschläge zur Vorkonditionierung
Ausgangszustand S_{FG}:
- a) Konditionierung: 3 x Teil 2 des NEFZ
- b) Abgasmessung: 2 – 3 x NEFZ (kalt)
- c) AU Trübungskoeffizient Serie

Einbau des Partikelminderungssystems
Nachrüstzustand P_{NFG}:
- d) Konditionierung: 7 x NEFZ
- e) Abgasmessung: 2 – 3 x NEFZ (kalt)
- f) AU Trübungskoeffizient Nachrüstung

Anhang II
(zu Nummer 6.1.1, 6.2.1 oder 6.2.3 Buchstabe b der Anlage XXVI)

**Bescheinigung
des Inhabers der EG-Typgenehmigung
oder Allgemeinen Betriebserlaubnis für das Kraftfahrzeug
nach Anlage XXVI Nummer 6.1.1, 6.2.1 oder 6.2.3 Buchstabe b**

Fahrzeughersteller:

Inhaber der EG-Typgenehmigung/Allgemeinen Betriebserlaubnis:

Nummer der EG-Typgenehmigung/Allgemeinen Betriebserlaubnis:

1	2	3	4	5
Typ und Ausführung*)	Typ Schlüsselnummer	Emissions-Schlüsselnummer	Genehmigung des Partikelminderungssystems	Eintragung der Partikelminderungsstufe

*) Anstelle Typ und Ausführung müssen die Fahrzeug-Identifizierungsnummer angegeben werden, wenn nicht alle Kraftfahrzeuge die Bedingungen erfüllen.

Es wird bescheinigt, dass die aufgeführten Fahrzeugtypen und Ausführungen die Anforderungen der in Spalte 5 eingetragenen Partikelminderungsstufe nach Anlage XXVI zu § 47 Absatz 3a einhalten und in den Fahrzeugpapieren im Feld „Bemerkungen" entsprechend gekennzeichnet werden dürfen. Für die Kennzeichnung gelten die Vorgaben in Anlage III oder V.

Gegenüber der Genehmigungsbehörde ist die nach Anlage XXVI Nummer 6.1.1, 6.2.1 und/oder 6.2.3 Buchstabe b geforderte Erklärung abgegeben worden.

Datum ....

Unterschrift: ....
(Genehmigungsinhaber oder für die Ausstellung
der Fahrzeugpapiere ermächtigter Vertreter)

Anhang III
(zu Nummer 6.1.2, 6.2.2 oder 6.2.3 der Anlage XXVI)

**Bescheinigung zu § 21 Betriebserlaubnis
für Einzelfahrzeuge nach Anlage XXVI Nummer 6.1.2, 6.2.2 oder 6.2.3**

Fahrzeughersteller:

Fahrzeug-Identifizierungsnummer:

1	2	3	4
Typ- Schlüsselnummer	Emissions- Schlüsselnummer	Genehmigung des Partikelminderungssystems	Eintragung der Partikelminderungsstufe

Es wird bescheinigt, dass das oben beschriebene Fahrzeug/die oben beschriebenen Fahrzeuge die Anforderungen der in Spalte 4 eingetragenen Partikelminderungsstufe nach Anlage XXVI zu § 47 Absatz 3a einhält/einhalten und in den Fahrzeugpapieren im Feld „Bemerkungen" bei Einhaltung der

– Partikelminderungsstufen PM 01 bis PM 4: entsprechend den Vorgaben in Anhang V
– Partikelminderungsstufe PM 5: als „Stufe PM 5 ab Tag Erstzul."

gekennzeichnet werden darf/dürfen. Verwendete Unterlagen für die jeweilige Bewertung wie Bescheinigungen nach Anhang II, Anhang V oder Allgemeine Betriebserlaubnisse nach § 22 sind zu nennen.

Es ist nicht zu erwarten, dass sich das Abgasverhalten des Fahrzeugs bei bestimmungsgemäßem Betrieb in einem Zeitraum von bis zu fünf Jahren oder bis zu einer Kilometerleistung von 100 000 km, je nachdem, welches Kriterium zuerst erreicht wird, wesentlich verschlechtern wird.

Technischer Dienst: ....

Datum, Unterschrift: ....

Anhang IV
(zu Nummer 3 oder 5 der Anlage XXVI)

Antrag auf Erteilung einer Betriebserlaubnis für Fahrzeugteile nach § 22 für Partikelminderungssysteme und erforderliche Unterlagen

1. Es ist ein formloser Antrag auf Erteilung einer Allgemeinen Betriebserlaubnis für ein Partikelminderungssystem bei der Genehmigungsbehörde zu stellen.
2. Der Antragsteller muss die verwaltungsrechtlichen und technischen Anforderungen für die Erteilung einer Allgemeinen Betriebserlaubnis nach § 20 in Verbindung mit § 22 erfüllen und die erforderlichen Unterlagen nach Vorgabe der Genehmigungsbehörde vorlegen.
3. Grundlage für die Erteilung ist der Technische Bericht eines akkreditierten Technischen Dienstes, in dem das Partikelminderungssystem beschrieben ist, die nach Anlage XXVI durchzuführenden Prüfungen dokumentiert sind und bestätigt wird, dass die entsprechenden Bestimmungen der Anlage XXVI eingehalten werden.
4. Im Genehmigungsverfahren wird ein genehmigter Typ eines Partikelminderungssystems hinsichtlich der Form und Abmessung des Trägers festgelegt. Nachträgliche Änderungen an der Trägerlänge und dem -querschnitt sind im Rahmen einer Erweiterung mit maximalen Abweichungen bis zu ± 10 Prozent möglich. Durch diese Änderungen darf das Volumen bis zu maximal 10 Prozent vergrößert werden. Eine Verringerung des ursprünglichen Volumens ist unzulässig.

Anhang V
(zu Nummer 10.2 der Anlage XXVI)

**Abnahmebescheinigung über den ordnungsgemäßen Einbau
eines genehmigten Partikelminderungssystems zur Vorlage bei der Zulassungsbehörde**

1 **Bestätigung des ordnungsgemäßen Einbaus**
1.1 Vor dem Einbau des Partikelminderungssystems ist der technisch einwandfreie Zustand des Kraftfahrzeugs festgestellt/hergestellt*) worden.
1.2 Das unter Nummer 2 beschriebene Kraftfahrzeug wurde mit dem unter Nummer 3 benannten Partikelminderungssystem ausgerüstet; der ordnungsgemäße Einbau aller Teile und die einwandfreie Funktion des Partikelminderungssystems werden hiermit bestätigt.
1.3 Die Erneuerung des eingebauten Oxidationskatalysators war
– nicht erforderlich.*)
– erforderlich und ist vorgenommen worden.*)

2 **Angaben zum Kraftfahrzeug**
2.1 Amtliches Kennzeichen:
2.2 Name und Anschrift des Fahrzeughalters:
2.3 Fahrzeughersteller:
2.4 Typ:
2.5 Fahrzeug-Identifizierungsnummer:
2.6 Datum der Erstzulassung:
2.7 Stand des Wegstreckenzählers:

3 **Angaben zum Partikelminderungssystem (PMS)**
3.1 Hersteller des PMS:
3.2 Typ/Ausführung:
3.3 Genehmigungsnummer:
3.3.1 Abdruck der ABE für das PMS nach § 22 StVZO*),
3.3.2 Abdruck der ABE nach § 21 StVZO für das Einzelfahrzeug*) oder
3.3.3 Herstellerbescheinigung*) ist beigefügt.

4 **Angaben zu den Fahrzeugpapieren:**
4.1 Durch die Ausrüstung mit dem unter Nummer 3 beschriebenen Partikelminderungssystem erfüllt das Kraftfahrzeug die Anforderungen der nachfolgend aufgeführten Partikelminderungsstufe und ist in den Fahrzeugpapieren im Feld „Bemerkungen" wie folgt zu kennzeichnen:
– „Stufe PM 01 nachger. m. Typ: (eintragen); KBA (Nr. eintragen), ab (Datum)" *)
– „Stufe PM 0 nachger. m. Typ: (eintragen); KBA (Nr. eintragen), ab (Datum)" *)
– „Stufe PM 1 nachger. m. Typ: (eintragen); KBA (Nr. eintragen), ab (Datum)" *)
– „Stufe PM 2 nachger. m. Typ: (eintragen); KBA (Nr. eintragen), ab (Datum)" *)
– „Stufe PM 3 nachger. m. Typ: (eintragen); KBA (Nr. eintragen), ab (Datum)" *)
– „Stufe PM 4 nachger. m. Typ: (eintragen); KBA (Nr. eintragen), ab (Datum)" *)

Ausführende Stelle: ....
(Name, Anschrift, Kontrollnummer
der anerkannten AU-Werkstatt)

....
Ort, Datum, Unterschrift der verantwortlichen Person nach § 29 Absatz 12 oder § 47a Absatz 3 StVZO

Anlage XXVII
(zu § 48 Absatz 2 und Anlage XIV Nummer 3.4)

Maßnahmen
gegen die Verunreinigung der Luft durch Partikel von
Nutzfahrzeugen sowie von mobilen Maschinen und Geräten mit Selbstzündungsmotor

Inhaltsverzeichnis

1	Allgemeines	7.3	Prüf- und Messablauf auf dem Motorenprüfstand
1.1	Anwendungsbereich	7.4	Bewertung der Partikelminderungssysteme für den Verwendungsbereich innerhalb einer Motoren-/ Fahrzeugfamilie
1.2	Begriffsbestimmungen und Abkürzungen		
2	**Definitionen der Partikelminderungsklassen**	7.4.1	Partikelemission
3	**Anforderungen an Partikelminderungssysteme**	7.4.2	Rückhaltegrad
		7.4.3	Rauchgastrübung
3.1	Übereinstimmungskriterien	7.4.4	Limitierte gasförmige Komponenten
3.2	Aktive Einrichtungen		
3.3	Kraftstoff	8	**Genehmigung**
3.3.1	Kraftstoffqualität	9	**Genehmigungsbehörde**
3.3.2	Kraftstoffverbrauch	10	**Rücknahme der Genehmigung**
4	**Prüfung eines Partikelminderungssystems**	11	**Zusätzliche Anforderungen**
4.1	Nachweis der kontinuierlichen Regeneration	11.1	Betriebsverhalten
4.2	Auswahl des Familien-Prüfmotors	11.2	Geräuschverhalten
4.3	Prüfung des Regenerationsverhaltens bei ungeregelten Systemen	11.3	Additivierung
		11.4	Elektromagnetische Verträglichkeit
4.4	Prüfung der Rauchgastrübung im ELR-Prüfzyklus	12	**Einbau und Abnahme der Nachrüstung mit einem genehmigten Partikelminderungssystem**
5	**Bewertungskriterien für kontinuierlich regenerierende Partikelminderungssysteme**	12.1	Einbau
		12.2	Abnahme
5.1	Rückhaltegrad		
5.2	Limitierte Schadstoffe	Anhang I	Übersicht über Prüfabläufe
5.3	Rauchgastrübung		
6	**Bewertungskriterien für periodisch regenerierende Partikelminderungssysteme**	Anhang II	Bescheinigung zu § 21 Betriebserlaubnis für Einzelfahrzeuge nach Anlage XXVII
6.1	Rückhaltegrad	Anhang III	Antrag auf Erteilung einer Betriebserlaubnis für Fahrzeugteile nach § 22 für Partikelminderungssysteme und erforderliche Unterlagen
6.2	Limitierte Schadstoffe		
6.2.1	Gewichtete gasförmige Emissionen		
6.3	Rauchgastrübung	Anhang IV	Abnahmebescheinigung über den ordnungsgemäßen Einbau eines genehmigten Partikelminderungssystems zur Vorlage bei der Zulassungsbehörde
7	**Anforderungen an Partikelminderungssysteme zur Bildung einer Systemfamilie**		
7.1	Übereinstimmungskriterien für Systemfamilien		
7.2	Anforderungen an den Prüfmotor	Anhang V	Angepasster ESC-Zyklus

1 Allgemeines

1.1 Anwendungsbereich

Diese Anlage regelt die Anforderungen an Partikelminderungssysteme, die für eine Nachrüstung von mit Selbstzündungsmotor angetriebenen Nutzfahrzeugen oder mobilen Maschinen und Geräten, für die oder deren Motor § 47 Absatz 6 oder Absatz 8b gilt, vorgesehen sind. Im Sinne dieser Vorschrift gelten als Nutzfahrzeuge

a) Kraftfahrzeuge der Klasse M, ausgenommen Personenkraftwagen (M_1)

b) Kraftfahrzeuge der Klasse N

nach Anhang II Abschnitt A und Abschnitt C der Richtlinie 70/156/EWG die mit Selbstzündungsmotor angetrieben und mit Dieselkraftstoff nach der Richtlinie 98/70/EG betrieben werden.

1.2 Begriffsbestimmungen und Abkürzungen

Beladungszustand:

Konstanter Partikelbeladungszustand des Partikelminderungssystems unter bestimmten Fahrzuständen ohne externe Regenerationsmaßnahmen.

ESC-Prüfzyklus:

Prüfzyklus – bestehend aus 13 stationären Prüfphasen – nach Anhang III Anlage 1 der Richtlinie 2005/55/EG in der Fassung der Richtlinie 2006/51/EG (ABl. L 152 vom 7.6.2006, S. 11).

ELR-Prüfzyklus:

Prüfzyklus – bestehend aus einer Folge von Belastungsschritten bei gleich bleibenden Drehzahlen – nach Anhang III Anlage 1 der Richtlinie 2005/55/EG in der Fassung der Richtlinie 2006/51/EG.

ETC-Prüfzyklus:

Prüfzyklus – bestehend aus instationären, wechselnden Phasen – nach Anhang III Anlage 2 der Richtlinie 2005/55/EG in der Fassung der Richtlinie 2006/51/EG.

NRSC-Zyklus:

Stationärer Test für mobile Maschinen und Geräte nach Anhang III Nummer 3 der Richtlinie 97/68/EG in der Fassung der Richtlinie 2004/26/EG.

NRTC:

Dynamischer Test für mobile Maschinen und Geräte nach Anhang III Nummer 4 der Richtlinie 97/68/EG in der Fassung der Richtlinie 2004/26/EG.

Partikelminderungssystem (PMS):

Eine Abgasnachbehandlung zur Verringerung der Partikelemission durch mechanische und/oder aerodynamische Separation sowie durch Diffusions- und/oder Trägheitseffekte. Motorspezifische Änderungen an Bauteilen und elektronischen Bauteilen und elektronischen Komponenten zählen nicht zu den Partikelminderungssystemen. Sind jedoch für die Nachrüstung mit dem PMS zusätzliche Maßnahmen an emissionsrelevanten Bauteilen und/oder Systemkomponenten wie beispielsweise eine Änderung der Abgasrückführungs(AGR)-Regelung zur weiteren einwandfreien Funktion notwendig, muss hierfür eine Freigabe durch den Motorenhersteller vorliegen.

Geregeltes Partikelminderungssystem:

Partikelminderungssystem, das einen nach Nummer 5 oder Nummer 6 ermittelten gravimetrischen Partikelrückhaltegrad von mindestens 90 Prozent besitzt.

Kontinuierliche Regeneration:

Regenerationsprozess eines Nachbehandlungssystems, der dauerhaft oder wenigstens einmal pro Prüfzyklus abläuft.

Ungeregeltes Partikelminderungssystem:

Partikelminderungssystem, welches einen nach Nummer 5 oder Nummer 6 ermittelten gravimetrischen Partikelrückhaltegrad von mindestens 50 Prozent besitzt. Für Motoren mit einem Hubraum von unter 0,75 dm^3 je Zylinder und einer Nennleistungsdrehzahl von über 3 000 min^{-1} gilt ein Partikelrückhaltegrad von mindestens 30 Prozent.

Partikelminderungssystemfamilie:

Familie aller Partikelminderungssysteme, die in ihrer Funktion als technisch identisch nach den Übereinstimmungskriterien für Systemfamilien in Nummer 7.1 angesehen werden.

Periodisch regenerierendes Partikelminderungssystem:

Partikelminderungssystem, bei dem eine periodische Regeneration wiederkehrend in weniger als 100 Stunden Motorbetrieb abläuft.

Rückhaltegrad:
Verhältnis von zurückgehaltener Partikelmasse durch das Partikelminderungssystem zu der Partikelmasse im Ausgangszustand des Fahrzeugs, gemessen im ESC-Prüfzyklus für PMK 0 und PMK 1 und im ETC-Prüfzyklus für PMK 2 bzw. im NRSC-Zyklus für PMK 0, PMK 1 und NRTC-Zyklus für PMK 2 und berechnet nach der Formel in Nummer 5.1 oder Nummer 6.1.

Abkürzungen:

η: Rückhaltegrad

M_{pi}: gewichtete Gesamtemission (g/kWh) bei geregelten Partikelminderungssystemen

M_{ri}: Emission während der Regeneration

M_{si}: über mehrere Zyklen gemessene gemittelte Emission ohne Regeneration (g/kWh)

MGas: Emission der gasförmigen Komponenten

PT: Partikelemission

PT_{Ng}: arithmetisch gemittelte Partikelemission im nachgerüsteten Zustand nach Nummer 4.1 oder Nummer 6

PT_S: arithmetisch gemittelte Partikelemission des Motors ohne Partikelminderungssystem aus mindestens zwei Zykluswerten des jeweils anzuwendenden Zyklus

V_F: Volumen des Partikelminderungssystems

V_H: Hubvolumen des Motors

2 Definitionen der Partikelminderungsklassen

Mit einem Partikelminderungssystem nachgerüstete Nutzfahrzeuge gehören zur Partikelminderungsklasse

a) PMK 01, wenn sie die in Nummer 3.4.1,

b) PMK 0, wenn sie die in Nummer 3.4.2 unter Abschnitt 1, 2 oder 3,

c) PMK 1, wenn sie die in Nummer 3.4.3 unter Abschnitt 1, 2 oder 3,

d) PMK 2, wenn sie die in Nummer 3.4.4 unter Abschnitt 1, 2 oder 3,

e) PMK 3, wenn sie die in Nummer 3.4.5 unter Abschnitt 1,

f) PMK 4, wenn sie die in Nummer 3.4.6

der Anlage XIV beschriebenen Anforderungen einhalten.

3 Anforderungen an Partikelminderungssysteme

Der Antragsteller muss durch die in den Nummern 4 und 5 oder 6 beschriebenen Prüfungen belegen und bestätigen, dass die Funktionsfähigkeit des Systems bei bestimmungsgemäßem Betrieb in

a) Nutzfahrzeugen über eine Kilometerleistung von 80 000 km bei Motoren mit einem Hubraum von unter 0,75 dm^3 je Zylinder und einer Nennleistungsdrehzahl von über 3 000 min^{-1}, ansonsten von 200 000 km oder über eine Lebensdauer von bis zu sechs Jahren – je nachdem, welches Kriterium zuerst erreicht wird –,

b) mobilen Maschinen oder Geräten über 4 000 Betriebsstunden oder über eine Lebensdauer von bis zu sechs Jahren – je nachdem, welches Kriterium zuerst erreicht wird –

gewährleistet ist. Die Partikelminderungssysteme dürfen nicht mit Einrichtungen ausgerüstet sein, die diese Systeme außer Funktion setzen; ansonsten gelten die Anforderungen nach Nummer 3.2.

3.1 Übereinstimmungskriterien

Das Partikelminderungssystem darf in folgenden Merkmalen nicht abweichen:

a) Rückhalteart und Arbeitsweise Minderungsmaterial (Metall, Keramik),

b) Minderungskonstruktion des Filtermaterials (Platten, Geflecht, gewickelt, Zellen-/Material-/Vliesdichte, Porosität, Porendurchmesser, Taschen-/Schaufel-/Kugelanzahl, Oberflächenrauigkeit, Draht-/Kugel-/ Faserdurchmesser),

c) Mindestbeschichtung des Partikelminderungssystems bzw. vorgeschalteter Katalysatoren (g/ft^3),

d) Canning/Verpackung (Lagerung/Halterung des Trägers),

e) Volumen ± 30 Prozent,

f) Regenerationstyp (periodisch oder kontinuierlich),

g) Regenerationsstrategie (katalytische, thermische, elektrothermische Regeneration),

h) Art der Additivierung/des Dosiersystems (falls vorhanden),

i) Typ des Additivs (falls vorhanden),

j) Anbringungsgegebenheiten (max. + 0,5 m Anbringungsdifferenz zwischen Turboladerausgang (Turbine) und Einlass Partikelminderungssystem),

k) mit oder ohne vorgeschaltetem Oxidationskatalysator.

Weiterverwendung des oder der vorhandenen Oxidationskatalysator(en):
Dem Minderungssystem vorgeschaltete Oxidationskatalysatoren können bei der Nachrüstung im Einzelfall weiter verwendet werden, wenn diese nachweislich:

a) nicht älter als fünf Jahre sind,

b) bei Motoren mit einem Hubraum von unter 0,75 dm³ je Zylinder und einer Nennleistungsdrehzahl von über 3 000 min^{-1} nicht länger als 80 000 km, ansonsten 150 000 km im Fahrzeug verbaut waren (Nachweis der Laufleistung über Serviceheft und Wegstreckenzähler) und

c) nicht mit sichtbaren Mängeln behaftet sind oder

d) der Hersteller des Partikelminderungssystems im Rahmen der unter Nummer 8 geforderten Betriebserlaubnis nachweist, dass die entsprechend geforderten Grenzwerte auch ohne den/die serienmäßigen Oxidationskatalysator(en) eingehalten werden (Betriebserlaubnis muss Nachweis enthalten).

Wird keiner der vorgenannten Nachweise erbracht, sind die Oxidationskatalysatoren vor der Nachrüstung mit den Partikelminderungssystemen zu erneuern.

Zur Prüfung des Partikelminderungssystems auf dem Motorenprüfstand muss das System mindestens in einem Abstand von 2 m zum Ausgang des Turboladers (Turbine) angebracht werden. Kann der Antragsteller nachweisen, dass innerhalb seines späteren Verwendungsbereichs ein kürzerer Abstand als maximaler Abstand zu betrachten ist, kann die Leitungslänge entsprechend gekürzt werden. Isolationen oder Ähnliches sind nur zulässig, wenn diese auch im späteren Fahrzeugeinsatz Verwendung finden.

3.2 Aktive Einrichtungen

Sind im oder mit dem PMS Einrichtungen vorhanden und verbaut, die dazu führen, dass unter bestimmten Voraussetzungen die für das System nach Nummer 2 bestimmten Grenzwerte nicht mehr eingehalten werden, so muss der Antragsteller nachweisen,

a) unter welchen Bedingungen solche Einrichtungen aktiviert/deaktiviert werden,

b) dass sie lediglich zum Schutze des PMS oder des Motors und/oder der Regeneration des PMS dienen und nicht dauerhaft aktiviert werden,

c) dass nach einer Aktivierung die Einrichtung nach spätestens zwei für das System nach Nummer 2 bestimmten Prüfzyklen derart deaktiviert wird, dass der ursprüngliche Zustand wieder hergestellt ist. Der Nachweis muss in einem Dauerlauf, der mindestens fünf Aktivierungen/Deaktivierungen beinhaltet, erbracht werden,

d) dass die vorgegebenen Dauerhaltbarkeitskriterien eingehalten werden und

e) dass der Fahrer über die Aktivierung einer solchen Einrichtung informiert wird.

3.3 Kraftstoff

3.3.1 Kraftstoffqualität

Die zur Prüfung der Partikelminderungssysteme heranzuziehenden Messungen erfolgen mit handelsüblichen Kraftstoffen nach Nummer 1.1.

3.3.2 Kraftstoffverbrauch

Der auf den jeweilig anzuwendenden Prüfzyklus bezogene spezifische Kraftstoffverbrauch darf im nachgerüsteten Zustand maximal 4 Prozent über dem spezifischen Verbrauch im nicht nachgerüsteten Zustand liegen. Die Messungen zur Bestimmung des Kraftstoffverbrauchs erfolgen parallel zu den Messungen nach Nummer 4.1 für kontinuierlich regenerierende Systeme oder nach Nummer 6.2.1 für periodisch regenerierende Systeme.

4 Prüfung eines Partikelminderungssystems

Der Ablauf der Prüfung erfolgt nach den Vorgaben von Anhang I.

Für die Begutachtung des Partikelminderungssystems muss zum Beweis der Funktionstüchtigkeit im späteren Feldeinsatz ein Dauerlauf von mindestens 100 ETC-Prüfzyklen bzw. 50 NRTC-Zyklen durchgeführt werden. Der Dauerlauf dient dem Nachweis der Funktionstüchtigkeit und der Stabilität des Systems sowie dessen Wirkungsgrad. Die Messung der gasförmigen Emissionen sowie die der Partikel sollte mindestens in jedem fünften Prüfzyklus durchgeführt werden. Die Prüfung des Partikelminderungssystems erfolgt system- oder familiengebunden für den jeweiligen Verwendungsbereich, das heißt je Verwendungsbereich erfolgt eine Systemprüfung.

Darüber hinaus wird durch den Dauerlauf der Nachweis erbracht, ob es sich um ein kontinuierlich oder periodisch regenerierendes Partikelminderungssystem handelt.

Kann der Antragsteller nachweisen, dass ein für Fahrzeuge der Klasse M, ausgenommen M_1, oder der Klasse N geprüftes Partikelminderungssystem baugleich Verwendung an Selbstzündungsmotoren zum Einsatz in mobilen Maschinen und Geräten Verwendung findet und der Familien-Prüfmotor nach Num-

Straßenverkehrs-Zulassungs-Ordnung Anlage XXVII – StVZO | 03

mer 4.2 sowie die Übereinstimmungskriterien nach Nummer 7.1.2 ebenso für solche Anwendungen repräsentativ sind, kann der Anwendungsbereich auch auf Selbstzündungsmotoren zum Einsatz in mobilen Maschinen und Geräten erweitert werden. Eine umgekehrte Erweiterung ist nicht möglich.

4.1 Nachweis der kontinuierlichen Regeneration

Der Nachweis für einen kontinuierlich ablaufenden Regenerationsprozess gilt als erbracht, wenn über einen Zeitraum von mindestens 25 Prüfzyklen eine geeignete Bewertungsgröße am Partikelminderungssystem als konstant betrachtet werden kann. Als geeignete Bewertungsgrößen sind die Partikelemission sowie der Abgasgegendruck anzusehen. Diese Größen gelten bei einer Varianz unter 15 Prozent über 25 Prüfzyklen als konstant im Sinne dieser Prüfvorschrift. Die Messung des Abgasgegendrucks erfolgt hierbei kontinuierlich, die Messung der Partikelemission mindestens in jedem fünften Prüfzyklus.

Die Varianz berechnet sich wie folgt:

mit:
$$\text{Varianz} = \frac{\text{Standardabweichung } X(n)}{\text{Mittelwert } X(n)}$$

und:
$$\text{Standardabweichung} = \sqrt{\frac{n\Sigma x^2 - (\Sigma x)^2}{n^2}}$$

mit
Mittelwert $= (x_1 + x_2 + \ldots + x_n)/n$

n = Anzahl der Messwerte
x = jeweiliger Einzelmesswert

4.2 Auswahl des Familien-Prüfmotors

Der für die Prüfungen ausgewählte Motor sollte aus einer dem späteren Verwendungsbereich entsprechenden Motorenfamilie stammen.

Der Prüfmotor für den gewählten Verwendungsbereich muss folgende Kriterien erfüllen:

- 100 Prozent bis 60 Prozent Leistung des Stamm-Motors im Verwendungsbereich (Stamm-Motor einer Motorenfamilie nach Anhang I Nummer 8.2 bzw. Anhang I Nummer 7 der in Nummer 7.1.2 genannten Richtlinien),
- kleinstes angewendetes Filtervolumen (VFI) für den gewählten Prüfmotor entsprechend der späteren Verwendung.

Als Prüfzyklus für die Abgasmessungen von Motoren für Nutzfahrzeuge auf dem Motorenprüfstand ist in allen Fällen der angepasste ESC-Prüfzyklus nach Anhang V und für PMK 2 auch der ETC-Prüfzyklus anzuwenden. Für Motoren für mobile Maschinen und Geräte ist für PMK 0 und PMK 1 der NRSC-Zyklus und für PMK 2 der NRTC-Zyklus anzuwenden. Die Messung der gasförmigen Emissionen sowie die der Partikel soll mindestens in jedem fünften Prüfzyklus innerhalb der Messungen zum Nachweis des Regenerationsverhaltens erfolgen.

4.3 Prüfung des Regenerationsverhaltens bei ungeregelten Systemen

Ungeregelte Partikelminderungssysteme nach Nummer 1.2 sind einer weiteren Prüfung zum Nachweis des Regenerationsverhaltens zu unterziehen.

Diese Prüfung erfolgt über eine Systembeladung bis zum Erreichen eines konstanten Abgasgegendrucks oder über eine Zeitdauer von höchstens 100 Stunden. Der Abgasgegendruck gilt als konstant, wenn frühestens nach 50 Stunden innerhalb eines Zeitraums von 30 Minuten der Abgasgegendruck innerhalb eines Bereichs von 4 mbar liegt. Die Prüfpunkte des Beladungs-Zyklus sind so zu wählen, dass eine maximale Abgastemperatur von 180 °C vor dem Partikelminderungssystem nicht überschritten wird. Die Beladung erfolgt vorzugsweise durch Anfahren einer konstanten Drehzahl im Bereich zwischen 50 Prozent bis 75 Prozent der Nenndrehzahl des Prüfmotors.

Nach Erreichung der Systembeladung oder nach höchstens 100 Stunden wird eine Regeneration eingeleitet. Diese kann beispielsweise durch das Anfahren der Prüfphase 8 im angepassten ESC-Prüfzyklus nach Anhang V veranlasst werden. Nach Abschluss der Regeneration sind Abgasmessungen in mindestens drei ESC-Prüfzyklen nach Anhang V und/oder drei ETC-Prüfzyklen bzw. drei NRSC- oder NRTC-Zyklen durchzuführen. Die dabei gemessenen Abgaswerte dürfen um nicht mehr als 15 Prozent für die gasförmigen Emissionen und 20 Prozent für die Emissionen der Partikelmasse von den gemessenen Abgaswerten vor dem Beladungs-Dauerlauf abweichen.

Der Hersteller muss bestätigen, dass die bei der Regeneration eintretenden Temperaturen maximal als unkritisch einzustufen sind.

Alternativ zum Beladungs-Dauerlauf kann der Hersteller ein bereits grenzbeladenes Partikelminderungssystem zur Regenerations-Prüfung vorstellen.

4.4 Prüfung der Rauchgastrübung im ELR-Prüfzyklus

Die Prüfung der Rauchgastrübung ist nach den Bestimmungen von Anhang III Anlage 1 Nummer 3 in Verbindung mit Nummer 6 der Richtlinie 2005/55/EG in der Fassung der Richtlinie 2006/51/EG (ABl. L 152 vom 7.6.2006, S. 11) durchzuführen. Im Anhang I ist festgelegt, wann diese Prüfung erfolgen muss.

5 Bewertungskriterien für kontinuierlich regenerierende Partikelminderungssysteme

Der Ablauf der Prüfung erfolgt nach den Vorgaben von Anhang I. Die Systemprüfung des Partikelminderungssystems gilt als bestanden, wenn folgende Kriterien erfüllt sind:

5.1 Rückhaltegrad

Der Rückhaltegrad η muss im nachgerüsteten Zustand

a) bei ungeregelten Systemen für Motoren mit einem Hubraum von unter 0,75 dm^3 je Zylinder und einer Nennleistungsdrehzahl von über 3 000 min^{-1} mindestens 0,3 (= 30 Prozent), ansonsten mindestens 0,5 (= 50 Prozent),

b) bei geregelten Systemen mindestens 0,9 (= 90 Prozent)

erreichen.

Der Rückhaltegrad η berechnet sich wie folgt: $\eta = 1 - (PT_{Ng}/PT_S)$.

5.2 Limitierte Schadstoffe

Die limitierten Schadstoffe (CO, HC, NO$_x$) müssen im Ausgangszustand und im nachgerüsteten Zustand die Grenzwerte der ursprünglich homologierten Schadstoffklasse einhalten. Das NO$_2$/NO$_x$-Verhältnis ist für den Ausgangs- und Nachrüstzustand zu dokumentieren und im Prüfbericht anzugeben.

Die Bestimmung der NO$_2$- und NO$_x$-Massenemissionen ist durch simultane Messung zu bestimmen. Die Messung kann durch jeweils einen NO$_2$- und NO$_x$-Analysator oder durch einen kombinierten NO$_2$-/NO$_x$-Analysator erfolgen.

5.3 Rauchgastrübung

Die nach Anhang III Anlage 1 Nummer 3 in Verbindung mit Nummer 6 der Richtlinie 2005/55/EG ermittelte Rauchgastrübung darf im Ausgangszustand und im nachgerüsteten Zustand den Wert von 0,8 m^{-1} nicht überschreiten.

6 Bewertungskriterien für periodisch regenerierende Partikelminderungssysteme

Der Ablauf der Prüfung erfolgt nach den Vorgaben von Anhang I.

Die Systemprüfung des Partikelminderungssystems gilt als bestanden, wenn folgende Kriterien erfüllt sind:

Für periodisch regenerierende Systeme wird die Partikelemission wie folgt bestimmt:

$$PT = (n1 \times PT,n1 + n2 \times PT,n2)/(n1 + n2)$$

mit:

n1 = Anzahl der angepassten ESC-Prüfzyklen nach Anhang V (PMK 0, PMK 1)/ETC-Prüfzyklus (PMK 2) zwischen zwei Regenerationen

n2 = Anzahl der angepassten ESC-Prüfzyklen nach Anhang V (PMK 0, PMK 1)/ETC-Prüfzyklus (PMK 2) während der Regeneration (Minimum jeweils 1 Prüfzyklus)

PT,n1 = Emission während der Beladung (arithmetischer Mittelwert aus der Messung zu Beginn der Beladung und aus der Messung zum Ende der Beladung; es sind auch mehr Messungen zulässig)

PT,n2 = Emission während der Regeneration

Für eine periodisch regenerierende Abgasnachbehandlung müssen die Emissionen mindestens in drei angepasste ESC-Prüfzyklen nach Anhang V (einmal zu Beginn, einmal zu Ende der Beladung und einmal während der Regeneration) bestimmt werden. Der Regenerationsprozess muss wenigstens einmal während eines angepassten ESC-Prüfzyklus nach Anhang V auftreten. Die Messungen können innerhalb des Dauerlaufs zu Nummer 4.1 erfolgen.

Werden mehr als zwei Messungen zwischen den Regenerationsphasen zur Emissionsbestimmung herangezogen, müssen diese weiteren Messungen in äquidistanten Abständen erfolgen und per arithmetischer Mittelwertbildung zusammengefasst werden.

Der Hersteller muss angeben, unter welchen Bedingungen (Beladung, Temperatur, Gegendruck, Zeitdauer usw.) die Regeneration im Normalfall auftritt. Für die Messungen während der Regeneration kann der Antragsteller ein grenzbeladenes System zur Messung beistellen.

Während der Regenerationsphasen dürfen die jeweiligen heranzuziehenden Grenzwerte überschritten werden.

6.1 Rückhaltegrad

Der Rückhaltegrad η muss im nachgerüsteten Zustand

a) bei ungeregelten Systemen für Motoren mit einem Hubraum von unter 0,75 dm³ je Zylinder und einer Nennleistungsdrehzahl von über 3 000 min⁻¹ mindestens 0,3 (= 30 Prozent), ansonsten mindestens 0,5 (= 50 Prozent),

b) bei geregelten Systemen mindestens 0,9 (= 90 Prozent)

erreichen.

Der Rückhaltegrad η berechnet sich wie folgt: $\eta = 1 - (PT/PT_S)$.

6.2 Limitierte Schadstoffe

Die limitierten Schadstoffe (CO, HC, NO_x) müssen unter Berücksichtigung der Berechnung in Nummer 6.2.1 im Ausgangszustand und im nachgerüsteten Zustand die Grenzwerte der ursprünglich homologierten Schadstoffklasse einhalten. Das NO_2-/NO_x-Verhältnis ist entsprechend Nummer 5.2 für den Ausgangs- und Nachrüstzustand zu dokumentieren und im Prüfbericht anzugeben.

6.2.1 Gewichtete gasförmige Emissionen

Für periodisch regenerierende Systeme wird die Emission der gasförmigen Komponenten wie folgt bestimmt:

$$MGas = (n1 \times MGas,n1 + n2 \times MGas,n2)/(n1 + n2)$$

mit:

n1 = Anzahl der angepassten ESC-Prüfzyklen nach Anhang V (PMK 0, PMK 1)/ETC-Prüfzyklus (PMK 2) zwischen zwei Regenerationen

n2 = Anzahl der angepassten ESC-Prüfzyklen nach Anhang V (PMK 0, PMK 1)/ETC-Prüfzyklus (PMK 2) während der Regeneration (Minimum jeweils 1 Prüfzyklus)

MGas,n1 = Emission während der Beladung (arithmetischer Mittelwert aus der Messung zu Beginn der Beladung und aus der Messung zum Ende der Beladung; es sind auch mehr Messungen zulässig)

MGas,n2 = Emission während der Regeneration

6.3 Rauchgastrübung

Die nach Anhang III Anlage 1 Nummer 3 in Verbindung mit Nummer 6 der Richtlinie 2005/55/EG ermittelte Rauchgastrübung darf im Ausgangszustand und im nachgerüsteten Zustand den Wert von 0,8 m⁻¹ nicht überschreiten.

7 Anforderungen an Partikelminderungssysteme zur Bildung einer Systemfamilie

Systemfamilien können mit Partikelminderungssystemen unterschiedlicher Größe (Volumen) unter Einhaltung der Übereinstimmungskriterien nach Nummer 7.1 gebildet werden.

7.1 Übereinstimmungskriterien für Systemfamilien

7.1.1 Für die Festlegung des Verwendungsbereichs eines baugleichen Partikelminderungssystems, mit unterschiedlichen Volumina, für verschiedene Motoren oder Fahrzeugtypen, dürfen sich die Versuchsträger in den Merkmalen nach Nummer 3 nicht unterscheiden. Die Grenze des Verwendungsbereichs eines Systems wird je Motoren- bzw. Fahrzeughersteller durch Vermessen eines Prüfmotors nach Nummer 4.2 auf dem Motorenprüfstand bestimmt.

7.1.2 Der Verwendungsbereich einer PMS-Systemfamilie erstreckt sich über die mit dem jeweiligen Prüfmotor nach Nummer 4.2 abgedeckte Motorenfamilie nach der Richtlinie 2005/55/EG oder der Richtlinie 97/68/EG in der Fassung der Richtlinie 2004/26/EG (ABl. L 225 vom 25.6.2004, S. 3) eines Motorenherstellers. Kann der Antragsteller nachweisen, dass weitere Motorenfamilien des durch den Prüfmotor abgedeckten Verwendungsbereichs eines Herstellers oder Motorenfamilien weiterer Hersteller hinsichtlich der Familienbildungskriterien identisch sind, kann der Verwendungsbereich auf diese Motorenfamilien ausgeweitet werden. Für die Ausweitung des Verwendungsbereichs gelten als Familienbildungskriterien ± 15 Prozent des Einzelzylinderhubvolumens sowie das Ansaugverfahren (Turbo-/Saugmotor).

7.2 Anforderungen an den Prüfmotor

Der Prüfmotor muss im Serienzustand und im nachgerüsteten Zustand bei allen limitierten Emissionen die Werte der ursprünglich homologierten Grenzwertstufe einhalten.

Der Umbau am Prüfmotor muss dem beantragten späteren Serienstand der Umrüstung entsprechen.

Fahrzeuge mit „On-Board-Diagnose" dürfen durch den Einbau des Nachrüstsystems in ihrer Überwachungsfunktion nicht eingeschränkt werden. Das elektronische Motorsteuergerät (z. B. für Einspritzung, Luftmassenmesser, Abgasmessung) darf durch die Nachrüstung nicht verändert werden.

Hat der Prüfmotor keine Abgasrückführung (AGR), darf der Verwendungsbereich auf Motoren mit AGR nur dann ausgeweitet werden, wenn der Antragsteller nachweisen kann, dass das Partikelminderungssystem keinen negativen Einfluss auf die limitierten gasförmigen Schadstoffkomponenten nimmt. Liegt eine entsprechende Freigabe des Motorenherstellers vor, ist kein Nachweis erforderlich.

7.3 Prüf- und Messablauf auf dem Motorenprüfstand

Im Anhang I ist der Prüfablauf für ungeregelte und geregelte Partikelminderungssysteme dargestellt.

7.4 Bewertung der Partikelminderungssysteme für den Verwendungsbereich innerhalb einer Motoren-/ Fahrzeugfamilie

Die Prüfung eines Partikelminderungssystems für den Verwendungsbereich gilt als bestanden, wenn folgende Kriterien erfüllt sind:

7.4.1 Partikelemission

Die Partikelemission im nachgerüsteten Zustand muss unter dem Grenzwert der entsprechenden Minderungsstufe PMK 0, PMK 1 oder PMK 2 liegen.

7.4.2 Rückhaltegrad

Der Rückhaltegrad η muss im nachgerüsteten Zustand

a) bei ungeregelten Systemen für Motoren mit einem Hubraum von unter 0,75 dm^3 je Zylinder und einer Nennleistungsdrehzahl von über 3 000 min^{-1} mindestens 0,3 (= 30 Prozent), ansonsten mindestens 0,5 (= 50 Prozent),

b) bei geregelten Systemen mindestens 0,9 (= 90 Prozent)

erreichen.

7.4.3 Rauchgastrübung

Die nach Anhang III Anlage 1 Nummer 3 in Verbindung mit Nummer 6 der Richtlinie 2005/55/EG ermittelte Rauchgastrübung darf im Ausgangszustand und im nachgerüsteten Zustand den Wert von 0,8 m^{-1} nicht überschreiten.

7.4.4 Limitierte gasförmige Komponenten

Die limitierten gasförmigen Komponenten müssen im Serienzustand und im nachgerüsteten Zustand die Grenzwerte der ursprünglich homologierten Schadstoffklasse unterschreiten.

8 Genehmigung

Sollen durch Einbau von Partikelminderungssystemen die Emissionen luftverunreinigender Partikel von bereits für den Verkehr zugelassenen Kraftfahrzeugen verringert werden, so ist für das Partikelminderungssystem eine

a) Betriebserlaubnis für Fahrzeugteile nach § 22 oder

b) Genehmigung im Rahmen einer Betriebserlaubnis für das Fahrzeug nach § 21

erforderlich.

Im Falle von Buchstabe a muss die Betriebserlaubnis für das Partikelminderungssystem die Einhaltung einer der Partikelminderungsklassen PMK 0, PMK 1 oder PMK 2 nach den Bestimmungen dieser Anlage nachweisen. Einzelheiten über die Verwendung des Partikelminderungssystems und des Einbaus ergeben sich aus der Betriebserlaubnis.

Im Falle von Buchstabe b hat der mit der Begutachtung beauftragte amtlich anerkannte Sachverständige festzustellen, ob das Kraftfahrzeug den Anforderungen der Partikelminderungsklasse PMK 0, PMK 1 oder PMK 2 genügt. Er hat zudem nach pflichtgemäßem Ermessen zu beurteilen und gegebenenfalls mit einer Bescheinigung entsprechend Anhang II zu bestätigen, dass nicht zu erwarten ist, dass sich das Abgasverhalten des Kraftfahrzeugs bei bestimmungsgemäßem Betrieb in der entsprechenden, in Nummer 3 vorgegebenen Laufleistungszeit nicht wesentlich verschlechtern wird.

9 Genehmigungsbehörde

9.1 Genehmigungsbehörde im Sinne dieser Anlage ist das Kraftfahrt-Bundesamt, Fördestraße 16, 24901 Flensburg. Dies gilt nicht für das Verfahren nach § 21.

9.2 Partikelminderungssysteme aus anderen Mitgliedstaaten der Europäischen Gemeinschaft oder der Türkei oder einem EFTA-Staat, der Vertragspartei des EWR-Abkommens ist, für die Nachrüstung von Kraftfahrzeugen mit Dieselmotor werden anerkannt, wenn dieselbe Ebene für die Partikelminderung gewährleistet wird, den diese Anlage beinhaltet.

10 Rücknahme der Genehmigung

Eine Genehmigung ist zurückzunehmen, wenn festgestellt wird, dass die Voraussetzungen für die Genehmigung nicht mehr gegeben sind oder erfüllt werden oder der Inhaber der Genehmigung gegen die Pflichten aus der Genehmigung grob verstoßen hat.

11 Zusätzliche Anforderungen

11.1 Betriebsverhalten

Durch den Einbau des Partikelminderungssystems dürfen keine Beeinträchtigungen des Betriebsverhaltens und keine zusätzlichen Gefährdungen der Fahrzeugsicherheit eintreten.

11.2 Geräuschverhalten

Der Antragsteller muss nachweisen, dass durch die Nachrüstung eines Partikelminderungssystems keine Verschlechterung des Geräuschverhaltens zu erwarten ist. Bei zusätzlich zu der serienmäßigen Schalldämpfungsanlage angebrachten Partikelminderungssystemen kann auf eine Geräuschmessung verzichtet werden.

11.3 Additivierung

Handelt es sich um ein additiv unterstütztes Partikelminderungssystem, so ist eine Unbedenklichkeitserklärung des Umweltbundesamtes bezüglich des Systems in Verbindung mit dem verwendeten Additiv der mit der Begutachtung beauftragten Stelle vorzulegen.

11.4 Elektromagnetische Verträglichkeit

Werden elektronische Bauteile und/oder Steuergeräte verwendet, so müssen diese den Bestimmungen des § 55a entsprechen.

12 Einbau und Abnahme der Nachrüstung mit einem genehmigten Partikelminderungssystem

12.1 Einbau

12.1.1 Die Nachrüstung mit einem genehmigten Partikelminderungssystem ist von einer für die Durchführung der Abgasuntersuchung an Kraftfahrzeugen mit Kompressionszündungsmotor nach Anlage VIIIc Nummer 1 in Verbindung mit Anlage VIIIa Nummer 3.1.1.1 anerkannten AU-Kraftfahrzeugwerkstatt durchzuführen. Abweichend von Satz 1 kann die Nachrüstung auch von einer anderen Stelle durchgeführt werden. In diesem Falle gilt Nummer 12.2 Buchstabe b.

12.1.2 Das nachzurüstende Kraftfahrzeug muss sich in einem technisch einwandfreien Zustand befinden. Sofern erforderlich sind vor der Nachrüstung Mängel zu beseitigen, die das Erreichen des durch die Betriebserlaubnis des Partikelminderungssystems nachgewiesene Partikelminderung oder die Dauerhaltbarkeit in Frage stellen.

12.2 Abnahme

Der ordnungsgemäße Einbau aller Teile und die einwandfreie Funktion des Partikelminderungssystems sind

a) von der anerkannten AU-Kraftfahrzeugwerkstatt, sofern diese die Nachrüstung selbst vorgenommen hat, auf einer dem Anhang IV entsprechenden Abnahmebescheinigung für Partikelminderungssysteme zur Vorlage bei der Zulassungsbehörde oder

b) durch einen amtlich anerkannten Sachverständigen oder Prüfer für den Kraftfahrzeugverkehr oder durch einen Kraftfahrzeugsachverständigen oder Angestellten nach den Bestimmungen der Anlage VIIIb auf einer Abnahmebescheinigung im Sinne von Anhang IV

zu bestätigen.

Anhang I
(zu Nummer 4, 5 oder 6)

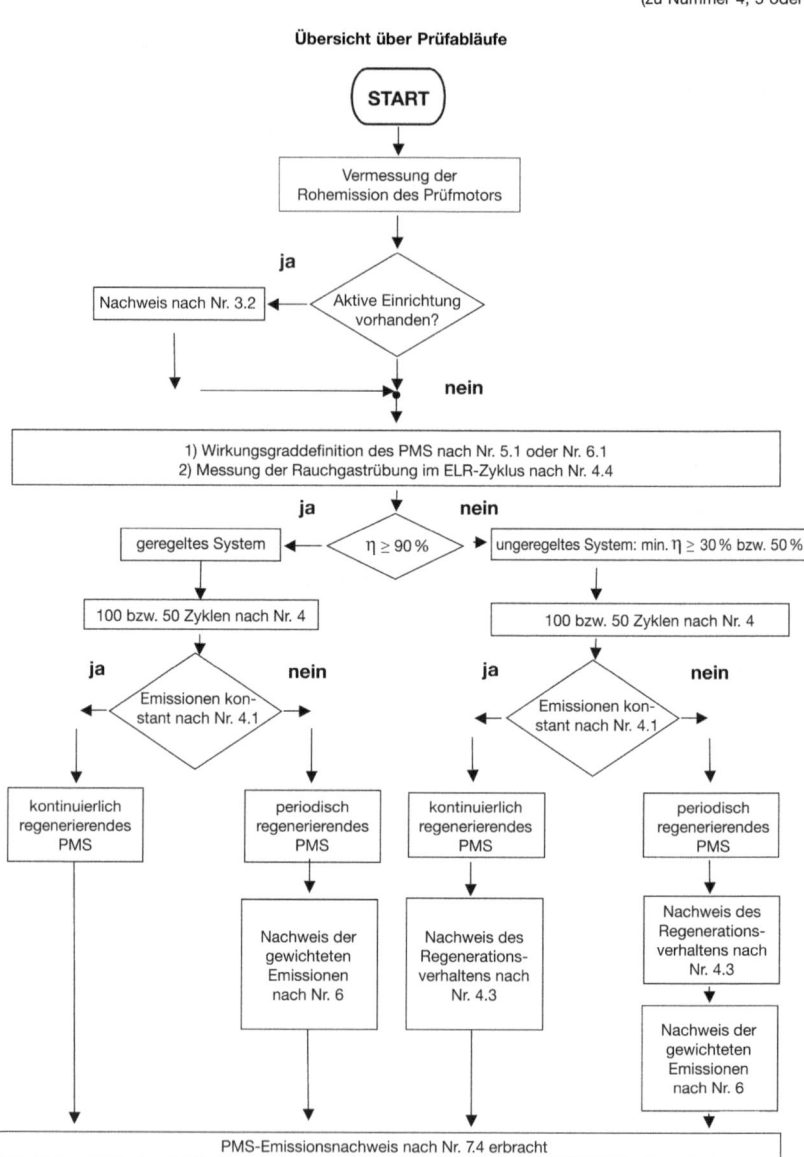

Übersicht über Prüfabläufe

```
                            ┌─────────┐
                            │  START  │
                            └────┬────┘
                                 ▼
                    ┌──────────────────────┐
                    │    Vermessung der    │
                    │ Rohemission des Prüfmotors │
                    └──────────┬───────────┘
                               ▼
                          ja  ◇ Aktive Einrichtung vorhanden?
       Nachweis nach Nr. 3.2 ◄──┤
                               │ nein
                               ▼
   1) Wirkungsgraddefinition des PMS nach Nr. 5.1 oder Nr. 6.1
   2) Messung der Rauchgastrübung im ELR-Zyklus nach Nr. 4.4

                    ja      ◇ η ≥ 90 %      nein
         geregeltes System ◄──┤        ├──► ungeregeltes System: min. η ≥ 30 % bzw. 50 %

         100 bzw. 50 Zyklen nach Nr. 4        100 bzw. 50 Zyklen nach Nr. 4

      ja  ◇ Emissionen konstant nach Nr. 4.1  nein      ja  ◇ Emissionen konstant nach Nr. 4.1  nein

   kontinuierlich      periodisch         kontinuierlich      periodisch
   regenerierendes     regenerierendes    regenerierendes     regenerierendes
   PMS                 PMS                PMS                 PMS

                       Nachweis der       Nachweis des        Nachweis des
                       gewichteten        Regenerations-      Regenerations-
                       Emissionen         verhaltens nach     verhaltens nach
                       nach Nr. 6         Nr. 4.3             Nr. 4.3

                                                              Nachweis der
                                                              gewichteten
                                                              Emissionen
                                                              nach Nr. 6

              PMS-Emissionsnachweis nach Nr. 7.4 erbracht
```

Anhang II
(zu Nummer 8 Buchstabe b)

**Bescheinigung zu § 21
Betriebserlaubnis für Einzelfahrzeuge nach Anlage XXVII**

Fahrzeughersteller:

Fahrzeug-Identifizierungsnummer:

1	2	3	4
Typ-Schlüsselnummer	Emissions-Schlüsselnummer	Genehmigung des Partikelminderungssystems	Eintragung der Partikelminderungsklasse

Es wird bescheinigt, dass das oben beschriebene Fahrzeug/die oben beschriebenen Fahrzeuge die Anforderungen der in Spalte 4 eingetragenen Partikelminderungsklasse nach Anlage XIV zu § 48 in Verbindung mit Anlage XXVII einhält/einhalten und in den Fahrzeugpapieren im Feld „Bemerkungen" entsprechend den Vorgaben in Anhang V gekennzeichnet werden dürfen.

Verwendete Unterlagen für die jeweilige Bewertung, wie Bescheinigungen nach Anhang IV oder Allgemeine Betriebserlaubnisse nach § 22, sind zu nennen.

Es ist nicht zu erwarten, dass sich das Abgasverhalten des Fahrzeugs bei bestimmungsgemäßem Betrieb in einem Zeitraum von bis zu fünf Jahren oder bis zu einer Kilometerleistung von 80 000 km bei Motoren mit einem Hubraum unter 0,75 dm^3 je Zylinder und einer Nennleistungsdrehzahl von über 3 000 m^{-1}, ansonsten von 200 000 km, je nachdem, welches Kriterium zuerst erreicht wird, wesentlich verschlechtern wird.

Technischer Dienst: ....

Datum, Unterschrift: ....

Anhang III
(zu den Nummern 3 und 8 Buchstabe a)

**Antrag auf Erteilung
einer Betriebserlaubnis für Fahrzeugteile
nach § 22 für Partikelminderungssysteme und erforderliche Unterlagen**

1. Es ist ein formloser Antrag auf Erteilung einer Allgemeinen Betriebserlaubnis für ein Partikelminderungssystem bei der Genehmigungsbehörde zu stellen.

2. Der Antragsteller muss die verwaltungsrechtlichen und technischen Anforderungen für die Erteilung einer Allgemeinen Betriebserlaubnis nach § 20 in Verbindung mit § 22 erfüllen und die erforderlichen Unterlagen nach Vorgabe der Genehmigungsbehörde vorlegen.

3. Grundlage für die Erteilung ist der Technische Bericht eines akkreditierten Technischen Dienstes, in dem das Partikelminderungssystem beschrieben ist, die nach Anlage XXVII durchzuführenden Prüfungen dokumentiert sind und bestätigt wird, dass die entsprechenden Bestimmungen der Anlage XXVII eingehalten werden.

4. Im Genehmigungsverfahren wird ein genehmigter Typ eines Partikelminderungssystems hinsichtlich der Form und Abmessung des Trägers festgelegt. Nachträgliche Änderungen an der Trägerlänge und dem -querschnitt sind im Rahmen einer Erweiterung mit maximalen Abweichungen bis zu ± 10 Prozent möglich. Durch diese Änderungen darf das Volumen bis zu maximal 10 Prozent vergrößert werden. Eine Verringerung des ursprünglichen Volumens ist unzulässig.

Straßenverkehrs-Zulassungs-Ordnung   Anlage XXVII – StVZO | 03

Anhang IV
(zu Nummer 12.2)

**Abnahmebescheinigung über den ordnungsgemäßen Einbau
eines genehmigten Partikelminderungssystems zur Vorlage bei der Zulassungsbehörde**

1 Bestätigung des ordnungsgemäßen Einbaus
1.1 Vor dem Einbau des Partikelminderungssystems ist der technisch einwandfreie Zustand des Kraftfahrzeugs festgestellt/hergestellt*) worden.
1.2 Das unter Nummer 2 beschriebene Kraftfahrzeug wurde mit dem unter Nummer 3 benannten Partikelminderungssystem ausgerüstet; der ordnungsgemäße Einbau aller Teile und die einwandfreie Funktion des Partikelminderungssystems werden hiermit bestätigt.
1.3 Die Erneuerung des eingebauten Oxidationskatalysators war
  – nicht erforderlich*)
  – erforderlich und ist vorgenommen worden*)

2 Angaben zum Kraftfahrzeug
2.1 Amtliches Kennzeichen:
2.2 Name und Anschrift des Fahrzeughalters:
2.3 Fahrzeughersteller:
2.4 Typ:
2.5 Fahrzeug-Identifizierungsnummer:
2.6 Datum der Erstzulassung:
2.7 Stand des Wegstreckenzählers:

3 Angaben zum Partikelminderungssystem (PMS)
3.1 Hersteller des PMS:
3.2 Typ/Ausführung:
3.3 Genehmigungsnummer:
3.3.1 Abdruck der ABE für das PMS nach § 22 StVZO*)
3.3.2 Abdruck der ABE nach § 21 StVZO für das Einzelfahrzeug*)

4 Angaben zu den Fahrzeugpapieren:
4.1 Durch die Ausrüstung mit dem unter Nummer 3 beschriebenen Partikelminderungssystem erfüllt das Kraftfahrzeug die Anforderungen der nachfolgend aufgeführten Partikelminderungsklasse und ist in den Fahrzeugpapieren im Feld „Bemerkungen" wie folgt zu kennzeichnen:
  – „PMK 0 nachger. m. Typ: (eintragen); KBA (Nr. eintragen), ab (Datum)"*)
  – „PMK 1 nachger. m. Typ: (eintragen); KBA (Nr. eintragen), ab (Datum)"*)
  – „PMK 2 nachger. m. Typ: (eintragen); KBA (Nr. eintragen), ab (Datum)"*)

Ausführende Stelle: ....
....
(Name, Anschrift, Kontrollnummer der anerkannten AU-Werkstatt)

Ort, Datum, Unterschrift der nach § 29 Absatz 12 oder § 47a Absatz 3 StVZO für die Untersuchung der Abgase verantwortlichen Person ....
....

---

*) Nichtzutreffendes ist zu streichen.

Anhang V
(zu Nummer 4.2, 4.3 oder 6)

Angepasster ESC-Zyklus

1 ESC-Zyklus zur Bestimmung der Partikelemission bei periodisch regenerierenden Systemen

1.1 Zur Bestimmung der Partikelemission bei periodisch regenerierenden Systemen wird ein ESC-Zyklus mit folgenden Stufen- und Sammelzeiten herangezogen:

Prüfphase	Motordrehzahl	Teillastverhältnis	Dauer der Prüfphase	PM-Sammelzeit
1	Leerlauf	–	240 sec	210 sec
2	A	100	120 sec	90 sec
3	B	50	120 sec	90 sec
4	B	75	120 sec	90 sec
5	A	50	120 sec	90 sec
6	A	75	120 sec	90 sec
7	A	25	120 sec	90 sec
8	B	100	120 sec	90 sec
9	B	25	120 sec	90 sec
10	C	100	120 sec	90 sec
11	C	25	120 sec	90 sec
12	C	75	120 sec	90 sec
13	C	50	120 sec	90 sec

1.2 Die Bestimmung der effektiven Wichtungsfaktoren entfällt bei der Beurteilung von periodisch regenerierenden Systemen nach Nummer 6.

Anlage XXVIII
(§ 35a Absatz 8)

**Beispiel für einen Warnhinweis
vor der Verwendung einer nach hinten gerichteten
Rückhalteeinrichtung für Kinder auf Beifahrerplätzen mit Airbag**

Anmerkungen: Das Piktogramm ist rot.
Sitz, Kindersitz und Umrandung des Airbags sind schwarz.
Das Wort Airbag und der Airbag sind weiß.
Der Durchmesser des Piktogramms beträgt mindestens 60 mm.

Anlage XXIX
(zu § 20 Absatz 3a Satz 4)

EG-Fahrzeugklassen

Abschnitt 1
Kraftfahrzeuge mit mindestens vier Rädern und einer bauartbedingten Höchstgeschwindigkeit von mehr als 25 km/h und ihre Anhänger, jeweils soweit nicht unter Abschnitt 2 oder Abschnitt 3 gesondert aufgeführt, sowie selbstfahrende Arbeitsmaschinen und Anhänger-Arbeitsmaschinen[1]

In den nachstehenden Begriffsbestimmungen ist unter „zulässiger Gesamtmasse" die vom Hersteller angegebene „technisch zulässige Gesamtmasse in beladenem Zustand" zu verstehen.

1   Klasse M: Für die Personenbeförderung ausgelegte und gebaute Kraftfahrzeuge mit mindestens vier Rädern.

Klasse M_1: Für die Personenbeförderung ausgelegte und gebaute Kraftfahrzeuge mit höchstens acht Sitzplätzen außer dem Fahrersitz.

Klasse M_2: Für die Personenbeförderung ausgelegte und gebaute Kraftfahrzeuge mit mehr als acht Sitzplätzen außer dem Fahrersitz und einer zulässigen Gesamtmasse bis zu 5 Tonnen.

Klasse M_3: Für die Personenbeförderung ausgelegte und gebaute Kraftfahrzeuge mit mehr als acht Sitzplätzen außer dem Fahrersitz und einer zulässigen Gesamtmasse von mehr als 5 Tonnen.

2   Klasse N: Für die Güterbeförderung ausgelegte und gebaute Kraftfahrzeuge mit mindestens vier Rädern.

Klasse N_1: Für die Güterbeförderung ausgelegte und gebaute Kraftfahrzeuge mit einer zulässigen Gesamtmasse bis zu 3,5 Tonnen.

Klasse N_2: Für die Güterbeförderung ausgelegte und gebaute Kraftfahrzeuge mit einer zulässigen Gesamtmasse von mehr als 3,5 Tonnen bis zu 12 Tonnen.

Klasse N_3: Für die Güterbeförderung ausgelegte und gebaute Kraftfahrzeuge mit einer zulässigen Gesamtmasse von mehr als 12 Tonnen.

Im Fall eines Zugfahrzeugs, das zur Verbindung mit einem Sattelanhänger oder Zentralachsanhänger bestimmt ist, besteht die für die Klasseneinteilung des Fahrzeugs maßgebliche Masse aus der Summe der fahrfertigen Masse des Zugfahrzeugs, der Stützlast entsprechenden Masse, die von dem Sattel- oder Zentralachsanhänger auf das Zugfahrzeug übertragen wird, und gegebenenfalls der Höchstmasse der Ladung des Zugfahrzeugs.

3   Klasse O: Anhänger (einschließlich Sattelanhänger).

Klasse O_1: Anhänger mit einer zulässigen Gesamtmasse bis zu 0,75 Tonnen.

Klasse O_2: Anhänger mit einer zulässigen Gesamtmasse von mehr als 0,75 Tonnen bis zu 3,5 Tonnen.

Klasse O_3: Anhänger mit einer zulässigen Gesamtmasse von mehr als 3,5 Tonnen bis zu 10 Tonnen.

Klasse O_4: Anhänger mit einer zulässigen Gesamtmasse von mehr als 10 Tonnen.

Im Fall eines Sattelanhängers oder Zentralachsanhängers ist die für die Klasseneinteilung maßgebliche Höchstmasse gleich der von der oder den Achsen des Anhängers auf den Boden übertragenen Last, wenn der Anhänger mit dem Zugfahrzeug verbunden ist und bis zum zulässigen Höchstwert beladen ist.

4   Geländefahrzeuge (Symbol G)

4.1   Fahrzeuge der Klasse N_1 mit einer zulässigen Gesamtmasse von nicht mehr als 2 Tonnen und Fahrzeuge der Klasse M_1 gelten als Geländefahrzeuge, wenn sie wie folgt ausgestattet sind:

– mit mindestens einer Vorderachse und mindestens einer Hinterachse, die so ausgelegt sind, dass sie gleichzeitig angetrieben werden können, wobei der Antrieb einer Achse abschaltbar sein kann;

– mit mindestens einer Differenzialsperre oder mindestens einer Einrichtung, die eine ähnliche Wirkung gewährleistet; als Einzelfahrzeug müssen sie eine Steigung von 30 Prozent überwinden können, nachgewiesen durch Berechnung.

---

[1] Klasseneinteilung nach Anhang II der Richtlinie 70/156/EWG des Rates vom 6. Februar 1970 zur Angleichung der Rechtsvorschriften der Mitgliedstaaten über die Betriebserlaubnis für Kraftfahrzeuge und Kraftfahrzeuganhänger (ABl. L 42 vom 23.2.1970, S. 1) in der Fassung der Richtlinie 2001/116/EG der Kommission vom 20. Dezember 2001 zur Anpassung der Richtlinie 70/156/EWG des Rates zur Angleichung der Rechtsvorschriften der Mitgliedstaaten über die Betriebserlaubnis für Kraftfahrzeuge und Kraftfahrzeuganhänger an den technischen Fortschritt (ABl. L 18 vom 21.1.2002, S. 1).

Außerdem müssen sie mindestens fünf der folgenden sechs Anforderungen erfüllen:

- der vordere Überhangwinkel muss mindestens 25 Grad betragen,
- der hintere Überhangwinkel muss mindestens 20 Grad betragen,
- der Rampenwinkel muss mindestens 20 Grad betragen,
- die Bodenfreiheit unter der Vorderachse muss mindestens 180 mm betragen,
- die Bodenfreiheit unter der Hinterachse muss mindestens 180 mm betragen,
- die Bodenfreiheit zwischen den Achsen muss mindestens 200 mm betragen.

4.2 Fahrzeuge der Klasse N_1 mit einer zulässigen Gesamtmasse von mehr als 2 Tonnen sowie Fahrzeuge der Klassen N_2 und M_2 und der Klasse M_3 mit einer zulässigen Gesamtmasse von nicht mehr als 12 Tonnen gelten als Geländefahrzeuge, wenn alle Räder gleichzeitig angetrieben werden können, wobei der Antrieb einer Achse abschaltbar sein kann, oder wenn die drei folgenden Anforderungen erfüllt sind:

- Mindestens eine Vorderachse und mindestens eine Hinterachse sind so ausgelegt, dass sie gleichzeitig angetrieben werden können, wobei der Antrieb einer Achse abschaltbar sein kann,
- es ist mindestens eine Differenzialsperre oder mindestens eine Einrichtung vorhanden, die eine ähnliche Wirkung gewährleistet,
- als Einzelfahrzeug müssen sie eine Steigung von 25 Prozent überwinden können, nachgewiesen durch Berechnung.

4.3 Fahrzeuge der Klasse M_3 mit einer zulässigen Gesamtmasse von mehr als 12 Tonnen und Fahrzeuge der Klasse N_3 gelten als Geländefahrzeuge, wenn alle Räder gleichzeitig angetrieben werden können, wobei der Antrieb einer Achse abschaltbar sein kann, oder wenn die folgenden Anforderungen erfüllt sind:

- Mindestens 50 Prozent der Räder sind angetrieben,
- es ist mindestens eine Differenzialsperre oder mindestens eine Einrichtung vorhanden, die eine ähnliche Wirkung gewährleistet,
- als Einzelfahrzeug muss das Fahrzeug eine Steigung von 25 Prozent überwinden können, nachgewiesen durch Berechnung,

und mindestens vier der folgenden sechs Anforderungen erfüllt sind:

- der vordere Überhangwinkel muss mindestens 25 Grad betragen,
- der hintere Überhangwinkel muss mindestens 25 Grad betragen,
- der Rampenwinkel muss mindestens 25 Grad betragen,
- die Bodenfreiheit unter der Vorderachse muss mindestens 250 mm betragen,
- die Bodenfreiheit zwischen den Achsen muss mindestens 300 mm betragen,
- die Bodenfreiheit unter der Hinterachse muss mindestens 250 mm betragen.

4.4 Belastungs- und Prüfbedingungen

4.4.1 Fahrzeuge der Klasse N_1 mit einer zulässigen Gesamtmasse von nicht mehr als zwei Tonnen und Fahrzeuge der Klasse M_1 müssen fahrbereit sein, das heißt mit Kühlflüssigkeit, Schmiermitteln, Kraftstoff, Werkzeug und Ersatzrad versehen sowie mit dem Fahrer besetzt sein. (Die Masse des Fahrers wird mit 75 kg veranschlagt – davon entfallen nach der ISO-Norm 2416-1992 68 kg auf die Masse des Insassen und 7 kg auf die Masse des Gepäcks –, der Kraftstoffbehälter ist zu 90 Prozent und die andere Flüssigkeiten enthaltenden Systeme – außer für Wasser genutzte Systeme – sind zu 100 Prozent des vom Hersteller angegebenen Fassungsvermögens gefüllt.)

4.4.2 Andere als die unter Nummer 4.4.1 genannten Fahrzeuge müssen mit der vom Hersteller angegebenen technisch zulässigen Gesamtmasse beladen sein.

4.4.3 Die Prüfung der geforderten Steigfähigkeit (25 Prozent und 30 Prozent) erfolgt durch einfache Berechnungen. In Grenzfällen kann der technische Dienst jedoch verlangen, dass ein Fahrzeugtyp einem praktischen Fahrversuch unterzogen wird.

4.4.4 Bei der Messung des vorderen und hinteren Überhangwinkels und des Rampenwinkels werden die Unterfahrschutzeinrichtungen nicht berücksichtigt.

4.5 Definitionen und Skizzen der Bodenfreiheit. (Definitionen für den vorderen und hinteren Überhangwinkel und den Rampenwinkel gemäß ISO-Norm 612-1978 Nummer 6.10, 6.11 und 6.9.)

4.5.1 Die „Bodenfreiheit zwischen den Achsen" ist der kleinste Abstand zwischen der Standebene und dem niedrigsten festen Punkt des Fahrzeugs. Mehrachsaggregate gelten als eine einzige Achse.

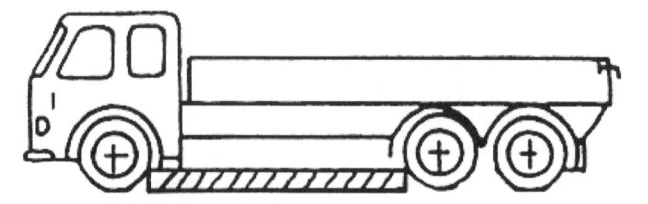

4.5.2 Die „Bodenfreiheit unter einer Achse" ist durch die Scheitelhöhe eines Kreisbogens bestimmt, der durch die Mitte der Aufstandsfläche der Reifen einer Achse (der Innenreifen bei Zwillingsreifen) geht und den niedrigsten Festpunkt zwischen den Rädern berührt.

Kein starres Teil des Fahrzeugs darf in den gestrichelten Kreisabschnitt der Zeichnung hineinragen. Gegebenenfalls ist die Bodenfreiheit mehrerer Achsen in der Reihenfolge ihrer Anordnung anzugeben, beispielsweise 280/250/250.

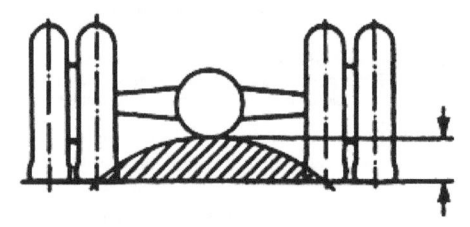

4.6 Kombinierte Bezeichnung

Das Symbol „G" wird mit dem Symbol „M" oder „N" kombiniert. So wird beispielsweise ein Fahrzeug der Klasse N_1, das als Geländefahrzeug verwendet werden kann, mit N_1G bezeichnet.

5 Fahrzeuge mit besonderer Zweckbestimmung: Fahrzeuge der Klasse M, N oder O zur Personen- oder Güterbeförderung mit einer speziellen Funktion, für die der Aufbau oder die Ausrüstung entsprechend angepasst werden muss.

5.1 Wohnmobil: Fahrzeug der Klasse M mit besonderer Zweckbestimmung, das so konstruiert ist, dass es die Unterbringung von Personen erlaubt und mindestens die folgende Ausrüstung umfasst:

a) Tisch und Sitzgelegenheiten,

b) Schlafgelegenheiten, die u. U. tagsüber als Sitze dienen können,

c) Kochgelegenheit und

d) Einrichtungen zur Unterbringung von Gepäck und sonstigen Gegenständen.

Diese Ausrüstungsgegenstände sind im Wohnbereich fest anzubringen, mit Ausnahme des Tischs, der leicht entfernbar sein kann.

5.2 Beschussgeschützte Fahrzeuge: Fahrzeuge, die zum Schutz der beförderten Insassen bzw. Güter kugelsicher gepanzert sind.

5.3 Krankenwagen: Kraftfahrzeuge der Klasse M, die zur Beförderung Kranker oder Verletzter ausgerüstet sind.

5.4 Leichenwagen: Kraftfahrzeuge der Klasse M, die zur Beförderung von Leichen ausgerüstet sind.

5.5 Wohnanhänger: siehe ISO-Norm 3833-1977, Begriff Nummer 3.2.1.3.

5.6 Mobilkrane: Fahrzeuge mit besonderer Zweckbestimmung der Klasse N_3, die nicht für die Güterbeförderung geeignet und mit einem Kran mit einem zulässigen Lastmoment bis 400 kNm ausgerüstet sind.

5.7 Sonstige Fahrzeuge mit besonderer Zweckbestimmung: Fahrzeuge im Sinne der Nummer 5 mit Ausnahme von Fahrzeugen nach den Nummern 5.1 bis 5.6.

Abschnitt 2
Zwei-, drei- und vierrädrige Kraftfahrzeuge[2])

Klasse L1e: zweirädrige Kleinkrafträder mit einer bauartbedingten Höchstgeschwindigkeit von bis zu 45 km/h und einem Hubraum von bis zu 50 cm³ im Falle von Verbrennungsmotoren oder einer maximalen Nenndauerleistung von bis zu 4 kW im Falle von Elektromotoren;

Klasse L2e: dreirädrige Kleinkrafträder mit einer bauartbedingten Höchstgeschwindigkeit von bis zu 45 km/h und einem Hubraum von bis zu 50 cm³ im Falle von Fremdzündungsmotoren oder einer maximalen Nutzleistung von bis zu 4 kW im Falle anderer Verbrennungsmotoren oder einer maximalen Nenndauerleistung von bis zu 4 kW im Falle von Elektromotoren;

Klasse L3e: Krafträder, das heißt zweirädrige Kraftfahrzeuge ohne Beiwagen mit einem Hubraum von mehr als 50 cm³ im Falle von Verbrennungsmotoren und/oder einer bauartbedingten Höchstgeschwindigkeit von mehr als 45 km/h;

Klasse L4e: Krafträder mit Beiwagen;

Klasse L5e: dreirädrige Kraftfahrzeuge, das heißt mit drei symmetrisch angeordneten Rädern ausgestattete Kraftfahrzeuge mit einem Hubraum von mehr als 50 cm³ im Falle von Verbrennungsmotoren und/oder einer bauartbedingten Höchstgeschwindigkeit von mehr als 45 km/h;

Klasse L6e: vierrädrige Leichtkraftfahrzeuge mit einer Leermasse von bis zu 350 kg, ohne Masse der Batterien im Falle von Elektrofahrzeugen, mit einer bauartbedingten Höchstgeschwindigkeit von bis zu 45 km/h und einem Hubraum von bis zu 50 cm³ im Falle von Fremdzündungsmotoren oder einer maximalen Nutzleistung von bis zu 4 kW im Falle anderer Verbrennungsmotoren oder einer maximalen Nenndauerleistung von bis zu 4 kW im Falle von Elektromotoren. Diese Fahrzeuge müssen den technischen Anforderungen für dreirädrige Kleinkrafträder der Klasse L2e genügen, sofern in den Einzelrichtlinien nichts anderes vorgesehen ist;

Klasse L7e: vierrädrige Kraftfahrzeuge, die nicht unter Klasse L6e fallen, mit einer Leermasse von bis zu 400 kg (550 kg im Falle von Fahrzeugen zur Güterbeförderung), ohne Masse der Batterien im Falle von Elektrofahrzeugen, und mit einer maximalen Nutzleistung von bis zu 15 kW. Diese Fahrzeuge gelten als dreirädrige Kraftfahrzeuge und müssen den technischen Anforderungen für dreirädrige Kraftfahrzeuge der Klasse L5e genügen, sofern in den Einzelrichtlinien nichts anderes vorgesehen ist.

Diese Einteilung gilt nicht für die nachstehend genannten Fahrzeuge:

1. Fahrzeuge mit einer bauartbedingten Höchstgeschwindigkeit von bis zu 6 km/h;
2. durch Fußgänger geführte Fahrzeuge;
3. Fahrzeuge, die zur Benutzung durch körperlich behinderte Personen bestimmt sind;
4. Fahrzeuge, die für den sportlichen Wettbewerb auf der Straße oder im Gelände bestimmt sind;
5. land- oder forstwirtschaftliche Zugmaschinen;
6. selbstfahrende Arbeitsmaschinen;
7. für Freizeitzwecke konzipierte Geländefahrzeuge mit drei symmetrisch angeordneten Rädern (ein Vorderrad und zwei Hinterräder);
8. Fahrräder mit Trethilfe, die mit einem elektromotorischen Hilfsantrieb mit einer maximalen Nenndauerleistung von 0,25 kW ausgestattet sind, dessen Unterstützung sich mit zunehmender Fahrzeuggeschwindigkeit progressiv verringert und beim Erreichen einer Geschwindigkeit von 25 km/h oder früher, wenn der Fahrer im Treten einhält, unterbrochen wird.

Abschnitt 3
Land- oder forstwirtschaftliche Zugmaschinen
mit einer bauartbedingten Höchstgeschwindigkeit
von mindestens 6 km/h, ihre Anhänger und die von ihnen gezogenen auswechselbaren Maschinen[3])

1 Klasse T: Zugmaschinen auf Rädern

Klasse T1: Zugmaschinen auf Rädern mit einer bauartbedingten Höchstgeschwindigkeit bis 40 km/h, einer Spurweite der dem Fahrer am nächsten liegenden Achse – bei Zugmaschinen mit umkehrbarem Fahrerplatz (Sitz und Lenkrad sind umkehrbar) gilt die Achse, die mit den Reifen mit dem größten Durchmesser ausgerüstet ist, als dem Fahrer am nächsten liegende Achse – von mindestens 1 150 mm, einer Leermasse in fahrbereitem Zustand von mehr als 600 kg und einer Bodenfreiheit bis 1 000 mm.

---

[2]) Klasseneinteilung gemäß Richtlinie 2002/24/EG des Europäischen Parlaments und des Rates vom 18. März 2002 über die Typgenehmigung für zweirädrige oder dreirädrige Kraftfahrzeuge und zur Aufhebung der Richtlinie 92/61/EWG des Rates (ABl. L 124 vom 9.5.2002, S. 1).

[3]) Klasseneinteilung gemäß Richtlinie 2003/37/EG des Europäischen Parlaments und des Rates vom 26. Mai 2003 über die Typgenehmigung für land- oder forstwirtschaftliche Zugmaschinen, ihre Anhänger und die von ihnen gezogenen auswechselbaren Maschinen sowie für Systeme, Bauteile und selbstständige technische Einheiten dieser Fahrzeuge und zur Aufhebung der Richtlinie 74/150/EWG (ABl. L 171 vom 9.7.2003, S. 1).

Klasse T2: Zugmaschinen auf Rädern mit einer bauartbedingten Höchstgeschwindigkeit bis 40 km/h, einer Mindestspurweite von weniger als 1 150 mm, einer Leermasse in fahrbereitem Zustand von mehr als 600 kg und einer Bodenfreiheit bis 600 mm. Beträgt der Quotient aus der Höhe des Schwerpunkts der Zugmaschine (nach ISO-Norm 789-6:1982) über dem Boden und der mittleren Mindestspurweite der Achsen jedoch mehr als 0,90, so ist die bauartbedingte Höchstgeschwindigkeit auf 30 km/h begrenzt.

Klasse T3: Zugmaschinen auf Rädern mit einer bauartbedingten Höchstgeschwindigkeit bis 40 km/h und einer Leermasse in fahrbereitem Zustand bis 600 kg.

Klasse T4: Zugmaschinen auf Rädern mit besonderer Zweckbestimmung mit einer bauartbedingten Höchstgeschwindigkeit bis 40 km/h (T4.1: Stelzradzugmaschinen, T4.2: überbreite Zugmaschinen, T4.3: Zugmaschinen mit geringer Bodenfreiheit).

Klasse T5: Zugmaschinen auf Rädern mit einer bauartbedingten Höchstgeschwindigkeit über 40 km/h.

2 Klasse C: Zugmaschinen auf Gleisketten

Zugmaschinen auf Gleisketten, die über die Gleisketten angetrieben werden und gelenkt werden und deren Klassen C1 bis C5 analog zu den Klassen T1 bis T5 definiert sind.

3 Klasse R: Anhänger

Klasse R1: Anhänger, bei denen die Summe der technisch zulässigen Massen je Achse bis zu 1 500 kg beträgt.

Klasse R2: Anhänger, bei denen die Summe der technisch zulässigen Massen je Achse mehr als 1 500 kg und bis zu 3 500 kg beträgt.

Klasse R3: Anhänger, bei denen die Summe der technisch zulässigen Massen je Achse mehr als 3 500 kg und bis zu 21 000 kg beträgt.

Klasse R4: Anhänger, bei denen die Summe der technisch zulässigen Massen je Achse mehr als 21 000 kg beträgt.

Ferner wird jede Klasse von Anhängern je nach der Höchstgeschwindigkeit, für die sie ausgelegt ist, mit dem Buchstaben „a" oder „b" gekennzeichnet:
– Buchstabe „a" für Anhänger mit einer bauartbedingten Höchstgeschwindigkeit kleiner oder gleich 40 km/h;
– Buchstabe „b" für Anhänger mit einer bauartbedingten Höchstgeschwindigkeit über 40 km/h.

Beispiel: Bei einem Anhänger der Klasse Rb3 beträgt die Summe der technisch zulässigen Massen je Achse mehr als 3 500 kg und bis zu 21 000 kg, und er ist für die Beförderung durch eine Zugmaschine der Klasse T5 ausgelegt.

4 Klasse S: Gezogene auswechselbare Maschinen

Klasse S1: Gezogene auswechselbare Maschinen für den Einsatz in der Land- oder Forstwirtschaft, bei denen die Summe der technisch zulässigen Massen je Achse bis zu 3 500 kg beträgt.

Klasse S2: Gezogene auswechselbare Maschinen für den Einsatz in der Land- und Forstwirtschaft, bei denen die Summe der technisch zulässigen Massen je Achse mehr als 3 500 kg beträgt.

Ferner wird jede Klasse von gezogenen auswechselbaren Maschinen je nach der Höchstgeschwindigkeit, für die sie ausgelegt ist, mit dem Buchstaben „a" oder „b" gekennzeichnet:
– Buchstabe „a" für gezogene auswechselbare Maschinen mit einer bauartbedingten Höchstgeschwindigkeit kleiner oder gleich 40 km/h,
– Buchstabe „b" für gezogene auswechselbare Maschinen mit einer bauartbedingten Höchstgeschwindigkeit über 40 km/h.

Beispiel: Bei einer gezogenen auswechselbaren Maschine der Klasse Sb2 beträgt die Summe der technisch zulässigen Massen je Achse mehr als 3 500 kg, und sie ist für die Beförderung durch eine Zugmaschine der Klasse T5 ausgelegt.

Die Einteilung gilt nicht für speziell zum Einsatz in der Forstwirtschaft bestimmte Maschinen wie Seilschlepper (Skidder) und Rückezüge (Forwarder) nach ISO-Norm 6814:2000, für Forstmaschinen auf Fahrgestell für Erdbaumaschinen nach ISO-Norm 6165:2001und für auswechselbare Maschinen, die im öffentlichen Straßenverkehr von einem anderen Fahrzeug in vollständig angehobener Stellung mitgeführt werden.

Anhang

Zur Vorschrift des/der	sind folgende Bestimmungen anzuwenden:	
§ 30a Absatz 1a	Kapitel 7	der Richtlinie 97/24/EG des Europäischen Parlaments und des Rates vom 17. Juni 1997 über bestimmte Bauteile und Merkmale von zweirädrigen oder dreirädrigen Kraftfahrzeugen (ABl. L 226 vom 18.8.1997, S. 1), geändert durch die a) Berichtigung vom 17. Juni 1997 (ABl. L 65 vom 5.3.1998, S. 35).
§ 30a Absatz 3	Anhang I, Anlage 1, Anhang II, Anlage 1, Anlage 2 mit Unterlage 1, Anlage 3	der Richtlinie 95/1/EG des Europäischen Parlaments und des Rates vom 2. Februar 1995 über die bauartbedingte Höchstgeschwindigkeit sowie das maximale Drehmoment und die maximale Nutzleistung des Motors von zweirädrigen oder dreirädrigen Kraftfahrzeugen (ABl. L 52 vom 8.3.1995, S. 1).
§ 30c Absatz 2	Anhang I, Nr. 1, 2, 5 und 6, Anhang II	der Richtlinie 74/483/EWG des Rates vom 17. September 1974 zur Angleichung der Rechtsvorschriften der Mitgliedstaaten über die vorstehenden Außenkanten bei Kraftfahrzeugen (ABl. L 266 vom 2.10.1974, S. 4), geändert durch a) Richtlinie 79/488/EWG der Kommission vom 18. April 1979 (ABl. L 128 vom 26.5.1979, S. 1), b) Richtlinie 87/354/EWG des Rates vom 25. Juni 1987 (ABl. L 192 vom 11.7.1987, S. 43).
§ 30c Absatz 3	Kapitel 3 Anhänge I und II	der Richtlinie 97/24/EG des Europäischen Parlaments und des Rates vom 17. Juni 1997 über bestimmte Bauteile und Merkmale von zweirädrigen oder dreirädrigen Kraftfahrzeugen (ABl. L 226 vom 18.8.1997, S. 1).
§ 30c Absatz 4	Anhang I	der Richtlinie 2005/66/EG des Europäischen Parlaments und des Rates vom 26. Oktober 2005 über die Verwendung von Frontschutzsystemen an Fahrzeugen und zur Änderung der Richtlinie 70/156/EWG des Rates (ABl. L 309 vom 25.11.2005, S. 37), Entscheidung der Kommission vom 20. März 2006 über die ausführlichen technischen Vorschriften für die Durchführung der in der Richtlinie 2005/66/EG des Europäischen Parlaments und des Rates über die Verwendung von Frontschutzsystemen an Kraftfahrzeugen genannten Prüfungen (ABl. L 140 vom 29.5.2006, S. 33).
§ 30d Absatz 1, 2, 3	Anhänge I bis VI, VIII, IX	der Richtlinie 2001/85/EG des Europäischen Parlaments und des Rates vom 20. November 2001 über besondere Vorschriften für Fahrzeuge zur Personenbeförderung mit mehr als acht Sitzplätzen außer dem Fahrersitz und zur Änderung der Richtlinien 70/156/EWG und 97/27/EG (ABl. L 42 vom 13.2.2002, S. 1).
§ 30d Absatz 4	Anhang VII	der Richtlinie 2001/85/EG des Europäischen Parlaments und des Rates vom 20. November 2001 über besondere Vorschriften für Fahrzeuge zur Personenbeförderung mit mehr als acht Sitzplätzen außer dem Fahrersitz und zur Änderung der Richtlinien 70/156/EWG und 97/27/EG (ABl. L 42 vom 13.2.2002, S. 1).
§ 32b Absatz 4	Anhang II	der Richtlinie 2000/40/EG des Europäischen Parlaments und des Rates vom 26. Juni 2000 zur Angleichung der Rechtsvorschriften der Mitgliedstaaten über den vorderen Unterfahrschutz von Kraftfahrzeugen und zur Änderung der Richtlinie 70/156/EWG des Rates (ABl. L 203 vom 10.8.2000, S. 9).
§ 32c Absatz 4	Anhang	der Richtlinie 89/297/EWG des Rates vom 13. April 1989 zur Angleichung der Rechtsvorschriften der Mitgliedstaaten über seitliche Schutzvorrichtungen (Seitenschutz) bestimmter Kraftfahrzeuge und Kraftfahrzeuganhänger (ABl. L 124 vom 5.5.1989, S. 1).
§ 34 Absatz 5a	Anhang Nummer 3.2 bis 3.2.3.4.2	der Richtlinie 93/93/EWG des Rates vom 29. Oktober 1993 über Massen und Abmessungen von zweirädrigen und dreirädrigen Kraftfahrzeugen (ABl. L 311 vom 14.12.1993, S. 76).
§ 34 Absatz 10	(aufgehoben)	

Zur Vorschrift des/der	sind folgende Bestimmungen anzuwenden:	
§ 34 Absatz 11	Anhang IV	der Richtlinie 97/27/EG des Europäischen Parlaments und des Rates vom 22. Juli 1997 über die Massen und Abmessungen bestimmter Klassen von Kraftfahrzeugen und Kraftfahrzeuganhängern und zur Änderung der Richtlinie 70/156/EWG (ABl. L 233 vom 25.8.1997, S. 1), geändert durch die a) Richtlinie 2003/19/EG der Kommission vom 21. März 2003 (ABl. L 79 vom 26.3.2003, S. 6).
§ 35a Absatz 2	Anhang I, Abschnitt 6, Anhang II, III und IV	der Richtlinie 74/408/EWG des Rates vom 22. Juli 1974 zur Angleichung der Rechtsvorschriften der Mitgliedstaaten über die Innenausstattung der Kraftfahrzeuge (Widerstandsfähigkeit der Sitze und ihrer Verankerung) (ABl. L 221 vom 12.8.1974, S. 1), geändert durch die a) Richtlinie 81/577/EWG des Rates vom 20. Juli 1981 (ABl. L 209 vom 29.7.1981, S. 34), b) Richtlinie 96/37/EG der Kommission vom 17. Juni 1996 (ABl. L 186 vom 25.7.1996, S. 28, ABl. L 214 vom 23.8.1996, S. 27, ABl. L 221 vom 31.8.1996, S. 71), c) Richtlinie 2005/39/EG (ABl. L 255 vom 30.9.2005, S. 143).
§ 35a Absatz 3, 6 und 7	Anhang I, Abschnitt 1, 4 und 5 Anhang II und III	der Richtlinie 76/115/EWG des Rates vom 18. Dezember 1975 zur Angleichung der Rechtsvorschriften der Mitgliedstaaten über die Verankerungen der Sicherheitsgurte in Kraftfahrzeugen (ABl. L 24 vom 30.1.1976, S. 6), geändert durch die a) Richtlinie 81/575/EWG des Rates vom 20. Juli 1981 (ABl. L 209 vom 29.7.1981, S. 30), b) Richtlinie 82/318/EWG der Kommission vom 2. April 1982 (ABl. L 139 vom 19.5.1982, S. 9), c) Richtlinie 90/629/EWG der Kommission vom 30. Oktober 1990 (ABl. L 341 vom 6.12.1990, S. 14), d) Richtlinie 96/38/EG der Kommission vom 17. Juni 1996 (ABl. L 187 vom 26.7.1996, S. 95, ABl. L 76 vom 18.3.1997, S. 35), e) Richtlinie 2005/41/EG (ABl. L 255 vom 30.9.2005, S. 149).
§ 35a Absatz 4, 6, 7 und 12	Anhang I, Abschnitt 1 und 3, Anhänge XV und XVII	der Richtlinie 77/541/EWG des Rates vom 28. Juni 1977 zur Angleichung der Rechtsvorschriften der Mitgliedstaaten über Sicherheitsgurte und Haltesysteme für Kraftfahrzeuge (ABl. L 220 vom 29.8.1977, S. 95), geändert durch die a) Beitrittsakte vom 24. Mai 1979 (ABl. L 291 vom 19.11.1979, S. 110), b) Richtlinie 81/576/EWG des Rates vom 20. Juli 1981 (ABl. L 209 vom 29.7.1981, S. 32), c) Richtlinie 82/319/EWG der Kommission vom 2. April 1982 (ABl. L 139 vom 19.5.1982, S. 17, ABl. L 209 vom 17.7.1982, S. 48), d) Beitrittsakte vom 11. Juni 1985 (ABl. L 302 vom 15.11.1985, S. 211), e) Richtlinie 87/354/EWG des Rates vom 25. Juni 1987 (ABl. L 192 vom 11.7.1987, S. 43), f) Richtlinie 90/628/EWG der Kommission vom 30. Oktober 1990 (ABl. L 341 vom 6.12.1990, S. 1), g) EWR-Abkommen vom 2. Mai 1992 (ABl. L 1 vom 3.1.1994, S. 1), h) Richtlinie 96/36/EG der Kommission vom 17. Juni 1996 (ABl. L 178 vom 17.7.1996, S. 15), i) Richtlinie 2000/3/EG der Kommission vom 22. Februar 2000 (ABl. L 53 vom 25.2.2000, S. 1), j) Richtlinie 2005/40/EG (ABl. L 255 vom 30.9.2005, S. 146).

Straßenverkehrs-Zulassungs-Ordnung   Anhang – StVZO | 03

Zur Vorschrift des/der	sind folgende Bestimmungen anzuwenden:	
§ 35a Absatz 4a	Anhang XI Anlage 3	der Verordnung (EU) Nr. 214/2014 der Kommission vom 25. Februar 2014 zur Änderung der Anhänge II, IV, XI, XII und XVIII der Richtlinie 2007/46/EG des Europäischen Parlaments und des Rates zur Schaffung eines Rahmens für die Genehmigung von Kraftfahrzeugen und Kraftfahrzeuganhängern sowie von Systemen, Bauteilen und selbstständigen technischen Einheiten für diese Fahrzeuge (ABl. L 69 vom 8.3.2014, S. 3).
§ 35a Absatz 11	Kapitel 11 Anhang I bis IV und VI	der Richtlinie 97/24/EG des Europäischen Parlaments und des Rates vom 17. Juni 1997 über bestimmte Bauteile und Merkmale von zweirädrigen oder dreirädrigen Kraftfahrzeugen (ABl. L 226 vom 18.8.1997, S. 1).
§ 35a Absatz 13	Artikel 2 Absatz 1 Buchstabe c Doppelbuchstabe ii	Richtlinie 91/671/EWG des Rates vom 16. Dezember 1991 über die Gurtanlegepflicht und die Pflicht zur Benutzung von Kinderrückhalteeinrichtungen in Kraftfahrzeugen (ABl. L 373 vom 31.12.1991, S. 26), die zuletzt durch Artikel 1 Absatz 2 der Durchführungsrichtlinie 2014/37/EU vom 27. Februar 2014 (ABl. L 59 vom 28.2.2014, S. 32) geändert worden ist, hinsichtlich der ECE-Regelung Nr. 129 über einheitliche Bedingungen für die Genehmigung von verbesserten Kinderrückhalteeinrichtungen zur Nutzung in Kraftfahrzeugen (ABl. L 97 vom 29.3.2014, S. 21).
§ 35c Abasatz 2	Anhänge II bis IX	der Richtlinie 2001/56/EG des Europäischen Parlaments und des Rates vom 27. September 2001 über Heizanlagen für Kraftfahrzeuge und Kraftfahrzeuganhänger und zur Änderung der Richtlinie 70/156/EWG des Rates sowie zur Aufhebung der Richtlinie 78/548/EWG des Rates (ABl. L 292 vom 9.11.2001, S. 21), geändert durch die a) Richtlinie 2004/78/EG (ABl. L 153 vom 30.4.2004, S. 104), b) Berichtigung der Richtlinie 2004/78/EG (ABl. L 231 vom 30.6.2004, S. 69), c) Richtlinie 2006/119/EG (ABl. L 330 vom 28.11.2006, S. 12).
§ 35j	Anhänge IV bis VI	der Richtlinie 95/28/EG des Europäischen Parlaments und des Rates vom 24. Oktober 1995 über das Brennverhalten von Werkstoffen der Innenausstattung bestimmter Kraftfahrzeugklassen (ABl. L 281 vom 23.11.1995, S. 1).
§ 36 Absatz 2	Anhänge II und IV Abschnitte 1, 2, 3 und 6,	der Richtlinie 92/23 EWG des Rates vom 31. März 1992 über Reifen von Kraftfahrzeugen und Kraftfahrzeuganhängern und über ihre Montage (ABl. L 129 vom 14.5.1992, S. 95).
	Anhänge 3 bis 7 Abschnitte 1, 2, 3 und 6,	der Revision 1 der ECE-Regelung Nr. 30 über einheitliche Bedingungen für die Genehmigung der Luftreifen für Kraftfahrzeuge und Anhänger vom 9. März 1995 (BGBl. 1995 II S. 228).
	Anhänge 3 bis 8 Abschnitte 1, 2, 3 und 6,	der ECE-Regelung Nr. 54 über einheitliche Bedingungen für die Genehmigung von Luftreifen für Nutzfahrzeuge und ihre Anhänger vom 20. Juni 1986 (BGBl. 1986 II S. 718),
	Anhänge 3 bis 9 Kapitel 1 Anhang II Anhang III (ohne Anlagen)	der ECE-Regelung Nr. 75 über einheitliche Bedingungen für die Genehmigung der Luftreifen für Krafträder vom 25. Februar 1992 (BGBl. 1992 II S. 184), der Richtlinie 97/24/EG des Europäischen Parlaments und des Rates vom 17. Juni 1997 über bestimmte Bauteile und Merkmale von zweirädrigen oder dreirädrigen Kraftfahrzeugen (ABl. L 226 vom 18.8.1997, S. 1),
	„Abschnitte 1, 2, 4 und 6, Anhänge 3 bis 7	der Ergänzung 8 zur Änderungsserie 02 der Regelung Nr. 117 der Wirtschaftskommission der Vereinten Nationen für Europa (UNECE) – Einheitliche Bedingungen für die Genehmigung der Reifen hinsichtlich der Rollgeräuschemissionen und der Haftung auf nassen Oberflächen und/oder des Rollwiderstandes (ABl. L 218 vom 12.8.2016, S. 1),
	Abschnitte 1, 2, 3 und 7, Anhänge 3, 4, 5, 6, 7 und 8	der Regelung Nr. 109 der Wirtschaftskommission der Vereinten Nationen für Europa (UNECE) – Einheitliche Bedingungen für die Genehmigung der Herstellung runderneuerter Luftreifen für Nutzfahrzeuge und ihre Anhänger (ABl. L 181 vom 4.7.2006, S. 3).

Zur Vorschrift des/der	sind folgende Bestimmungen anzuwenden:	
§ 38 Absatz 2	Anhänge I, III, IV, V	der Richtlinie 70/311/EWG des Rates vom 8. Juni 1970 zur Angleichung der Rechtsvorschriften der Mitgliedstaaten über die Lenkanlagen von Kraftfahrzeugen und Kraftfahrzeuganhängern (ABl. L 133 vom 18.6.1970, S. 10), geändert durch die a) Berichtigung der Richtlinie 70/311/EWG (ABl. L 196 vom 3.9.1970, S. 14), b) Beitrittsakte vom 22. Januar 1972 (ABl. L 73 vom 27.3.1972, S. 116), c) Richtlinie 92/62/EWG vom 2. Juli 1992 (ABl. L 199 vom 18.7.1992, S. 33).
§ 38 Absatz 3	Anhang	der Richtlinie 75/321/EWG des Rates vom 20. Mai 1975 zur Angleichung der Rechtsvorschriften der Mitgliedstaaten über die Lenkanlage von land- oder forstwirtschaftlichen Zugmaschinen auf Rädern (ABl. L 147 vom 9.6.1975, S. 24), geändert durch die a) Richtlinie 82/890/EWG vom 17. Dezember 1982 (ABl. L 378 vom 31.12.1982, S. 45), b) Berichtigung der Richtlinie 82/890/EWG (ABl. L 118 vom 6.5.1988, S. 42), c) Richtlinie 88/411/EWG vom 21. Juni 1988 (ABl. L 200 vom 26.7.1988, S. 30), d) Richtlinie 97/54/EG vom 23. September 1997 (ABl. L 277 vom 10.10.1997, S. 24), e) Richtlinie 98/39/EG vom 5. Juni 1998 (ABl. L 170 vom 16.6.1998, S. 15).
§ 38a Absatz 1	Anhänge IV und V	der Richtlinie 74/61/EWG des Rates vom 17. Dezember 1973 zur Angleichung der Rechtsvorschriften der Mitgliedstaaten über die Sicherungseinrichtung gegen unbefugte Benutzung von Kraftfahrzeugen (ABl. L 38 vom 11.2.1974, S. 22), geändert durch die Richtlinie 95/56/EG der Kommission vom 8. November 1995 (ABl. L 286 vom 29.11.1995, S. 1).
§ 38a Absatz 2	Anhänge I und II	der Richtlinie 93/33/EWG des Rates vom 14. Juni 1993 über die Sicherungseinrichtung gegen unbefugte Benutzung von zweirädrigen oder dreirädrigen Kraftfahrzeugen (ABl. L 188 vom 29.7.1993, S. 32), geändert durch die a) Richtlinie 1999/23/EG der Kommission vom 9. April 1999 (ABl. L 104 vom 21.4.1999, S. 13).
§ 38b	Anhang VI	der Richtlinie 74/61/EWG des Rates vom 17. Dezember 1973 zur Angleichung der Rechtsvorschriften der Mitgliedstaaten über die Sicherungseinrichtung gegen unbefugte Benutzung von Kraftfahrzeugen (ABl. L 38 vom 11.2.1974, S. 22), geändert durch die a) Richtlinie 95/56/EG der Kommission vom 8. November 1995 (ABl. L 286 vom 29.11.1995, S. 1), b) Berichtigung der Richtlinie 95/56/EG (ABl. L 103 vom 3.4.1998, S. 19).
§ 39a Absatz 1	Anhänge I bis IV	der Richtlinie 78/316/EWG des Rates vom 21. Dezember 1977 zur Angleichung der Rechtsvorschriften der Mitgliedstaaten über die Innenausstattung der Kraftfahrzeuge (Kennzeichnung der Betätigungseinrichtungen, Kontrollleuchten und Anzeiger) (ABl. L 81 vom 28.3.1978, S. 3), geändert durch die a) Richtlinie 93/91/EWG der Kommission vom 29. Oktober 1993 (ABl. L 284 vom 19.11.1993, S. 25), b) Richtlinie 94/53/EG der Kommission vom 15. November 1994 (ABl. L 299 vom 22.11.1994, S. 26).
§ 39a Absatz 2	Anhang I	der Richtlinie 93/29/EWG des Rates vom 14. Juni 1993 über die Kennzeichnung der Betätigungseinrichtungen, Kontrollleuchten und Anzeiger von zweirädrigen oder dreirädrigen Kraftfahrzeugen (ABl. L 188 vom 29.7.1993, S. 9).

Straßenverkehrs-Zulassungs-Ordnung Anhang – StVZO | 03

Zur Vorschrift des/der	sind folgende Bestimmungen anzuwenden:	
§ 39a Absatz 3	Anhänge II bis IV	der Richtlinie 86/415/EWG des Rates vom 24. Juli 1986 über Einbau, Position, Funktionsweise und Kennzeichnung der Betätigungseinrichtungen von land- oder forstwirtschaftlichen Zugmaschinen auf Rädern (ABl. L 240 vom 26.8.1986, S. 1), geändert durch die Richtlinie 97/54/EG des Europäischen Parlaments und des Rates vom 23. September 1997 (ABl. L 277 vom 10.10.1997, S. 24).
§ 40 Absatz 3	Kapitel 12, Anhang I (ohne Anlagen) Anhang II, Anlage 1 und 2	der Richtlinie 97/24/EG des Europäischen Parlaments und des Rates vom 17. Juni 1997 über bestimmte Bauteile und Merkmale von zweirädrigen oder dreirädrigen Kraftfahrzeugen (ABl. L 226 vom 18.8.1997, S. 1).
§ 41 Absatz 18 § 41b	Anhänge I bis VIII, X bis XII und XV	der Richtlinie 71/320/EWG des Rates vom 26. Juli 1971 zur Angleichung der Rechtsvorschriften der Mitgliedstaaten über die Bremsanlagen bestimmter Klassen von Kraftfahrzeugen und deren Anhängern (ABl. L 202 vom 6.9.1971, S. 37), geändert durch die a) Richtlinie 74/132/EWG der Kommission vom 11. Februar 1974 (ABl. L 74 vom 19.3.1974, S. 7), b) Richtlinie 75/524/EWG der Kommission vom 25. Juli 1975 (ABl. L 236 vom 8.9.1975, S. 3), c) Richtlinie 79/489/EWG der Kommission vom 18. April 1979 (ABl. L 128 vom 26.5.1979, S. 12), d) Richtlinie 85/647/EWG der Kommission vom 23. Dezember 1985 (ABl. L 380 vom 31.12.1985, S. 1), e) Richtlinie 88/194/EWG der Kommission vom 24. März 1988 (ABl. L 92 vom 9.4.1988, S. 47), f) Richtlinie 91/422/EWG der Kommission vom 15. Juli 1991 (ABl. L 233 vom 22.8.1991, S. 21), g) Richtlinie 98/12/EG der Kommission vom 27. Januar 1998 (ABl. L 81 vom 18.3.1998, S. 1).
§ 41 Absatz 19	Anhang	der Richtlinie 93/14/EWG des Rates vom 5. April 1993 über Bremsanlagen für zweirädrige oder dreirädrige Kraftfahrzeuge (ABl. L 121 vom 15.5.1993, S. 1).
§ 41 Absatz 20	Anhänge I bis IV	der Richtlinie 76/432/EWG des Rates vom 6. April 1976 zur Angleichung der Rechtsvorschriften der Mitgliedstaaten über die Bremsanlagen von land- und forstwirtschaftlichen Zugmaschinen auf Rädern (ABl. L 122 vom 8.5.1976, S. 1), geändert durch die a) Richtlinie 82/890/EWG des Rates vom 17. Dezember 1982 (ABl. L 378 vom 31.12.1982, S. 45), b) Berichtigung der Richtlinie 82/890/EWG (ABl. L 118 vom 6.5.1988, S. 42), c) Richtlinie 96/63/EG der Kommission vom 30. September 1996 (ABl. L 253 vom 5.10.1996, S. 6), d) Richtlinie 97/54/EG des Europäischen Parlaments und des Rates vom 23. September 1997 (ABl. L 277 vom 10.10.1997, S. 24).
§ 41a Absatz 1 Nummer 1 und Absatz 4 Satz 1	Teil II	der ECE-Regelung Nr. 67 über einheitliche Bedingungen für die I. Genehmigung der speziellen Ausrüstung von Kraftfahrzeugen, in deren Antriebssystem verflüssigtes Gase verwendet werden; II. Genehmigung eines Fahrzeugs, das mit der speziellen Ausrüstung für die Verwendung von verflüssigten Gasen in seinem Antriebssystem ausgestattet ist, in Bezug auf den Einbau dieser Ausrüstung vom 1. Juni 1987 in der Fassung der Änderungsserie 01 (Verkehrsblatt 2002 S. 339).

463

Zur Vorschrift des/der	sind folgende Bestimmungen anzuwenden:	
§ 41a Absatz 1 Nummer 2 und Absatz 4 Satz 1	Teil II	der ECE-Regelung Nr. 110 über einheitliche Bedingungen für die Genehmigung der I. speziellen Bauteile von Kraftfahrzeugen, in deren Antriebssystem komprimiertes Erdgas (CNG) verwendet wird; II. Fahrzeuge hinsichtlich des Einbaus spezieller Bauteile eines genehmigten Typs für die Verwendung von komprimiertem Erdgas (CNG) in ihrem Antriebssystem vom 18. Dezember 2000 (Verkehrsblatt 2002 S. 339).
§ 41a Absatz 2 und Absatz 4 Satz 1		ECE-Regelung Nr. 115 über einheitliche Bedingungen für die Genehmigung der I. speziellen Nachrüstsysteme für Flüssiggas (LPG) zum Einbau in Kraftfahrzeuge zur Verwendung von Flüssiggas in ihrem Antriebssystem; II. speziellen Nachrüstsysteme für komprimiertes Erdgas (CNG) zum Einbau in Kraftfahrzeuge zur Verwendung von komprimiertem Erdgas in ihrem Antriebssystem vom 30. Oktober 2003 (Verkehrsblatt 2004 S. 5).
§ 41a Absatz 3 Satz 1 Nummer 1 und Absatz 4 Satz 1	Teil I	der ECE-Regelung Nr. 67 über einheitliche Bedingungen für die I. Genehmigung der speziellen Ausrüstung von Kraftfahrzeugen, in deren Antriebssystem verflüssigte Gase verwendet werden; II. Genehmigung eines Fahrzeugs, das mit der speziellen Ausrüstung für die Verwendung von verflüssigten Gasen in seinem Antriebssystem ausgestattet ist, in Bezug auf den Einbau dieser Ausrüstung vom 1. Juni 1987 in der Fassung der Änderungsserie 01 (Verkehrsblatt 2002 S. 339).
§ 41a Absatz 3 Satz 1 Nummer 2 und Absatz 4 Satz 1	Teil I	der ECE-Regelung Nr. 110 über einheitliche Bedingungen für die Genehmigung der I. speziellen Bauteile von Kraftfahrzeugen, in deren Antriebssystem komprimiertes Erdgas (CNG) verwendet wird; II. Fahrzeuge hinsichtlich des Einbaus spezieller Bauteile eines genehmigten Typs für die Verwendung von komprimiertem Erdgas (CNG) in ihrem Antriebssystem vom 18. Dezember 2000 (Verkehrsblatt 2002 S. 339).
§ 41a Absatz 3 Satz 2 und Absatz 4 Satz 1		ECE-Regelung Nr. 115 über einheitliche Bedingungen für die Genehmigung der I. speziellen Nachrüstsysteme für Flüssiggas (LPG) zum Einbau in Kraftfahrzeuge zur Verwendung von Flüssiggas in ihrem Antriebssystem; II. speziellen Nachrüstsysteme für komprimiertes Erdgas (CNG) zum Einbau in Kraftfahrzeuge zur Verwendung von komprimiertem Erdgas in ihrem Antriebssystem vom 30. Oktober 2003 (Verkehrsblatt 2004 S. 5).
§ 41a Absatz 8		Richtlinie 87/404/EWG des Rates vom 25. Juni 1987 zur Angleichung der Rechtsvorschriften der Mitgliedstaaten für einfache Druckbehälter (ABl. L 220 vom 8.8.1987, S. 48, ABl. L 31 vom 2.2.1990, S. 46), geändert durch die a) Richtlinie 90/488/EWG des Rates vom 17. September 1990 (ABl. L 270 vom 2.10.1990, S. 25), b) Richtlinie 93/68/EWG des Rates vom 22. Juli 1993 (ABl. L 220 vom 30.8.1993, S. 1).
§ 43 Absatz 5	Kapitel 10 Anhang I, Anlage 1 bis 3	der Richtlinie 97/24/EG des Europäischen Parlaments und des Rates vom 17. Juni 1997 über bestimmte Bauteile und Merkmale von zweirädrigen oder dreirädrigen Kraftfahrzeugen (ABl. L 226 vom 18.8.1997, S. 1).

Straßenverkehrs-Zulassungs-Ordnung Anhang – StVZO | 03

Zur Vorschrift des/der	sind folgende Bestimmungen anzuwenden:	
§ 45 Absatz 1a	Anhang I Nummer 5.4 bis 5.8 sowie die Anlagen 1 und 2	der Richtlinie 70/221/EWG des Rates vom 20. März 1970 über die Behälter für flüssigen Kraftstoff und den Unterfahrschutz von Kraftfahrzeugen und Kraftfahrzeuganhängern (ABl. L 76 vom 6.4.1970, S. 23), geändert durch die
		a) Richtlinie 79/490/EWG (ABl. L 128 vom 26.5.1979, S. 22),
		b) Richtlinie 81/333/EWG (ABl. L 131 vom 18.5.1981, S. 4),
		c) Richtlinie 97/19/EWG (ABl. L 125 vom 16.5.1997, S. 1),
		d) Richtlinie 2000/8/EG (ABl. L 106 vom 3.5.2000, S. 7).
§ 45 Absatz 4	Kapitel 6 Anhang I, Anlage 1, Anhang II (ohne Anlagen)	der Richtlinie 97/24/EG des Europäischen Parlaments und des Rates vom 17. Juni 1997 über bestimmte Bauteile und Merkmale von zweirädrigen oder dreirädrigen Kraftfahrzeugen (ABl. L 226 vom 18.8.1997, S. 1).
§ 47 Absatz 1	Anhang I,	der Richtlinie 70/220/EWG des Rates vom 20. März 1970 zur Angleichung der Rechtsvorschriften der Mitgliedstaaten über Maßnahmen gegen die Verunreinigung der Luft durch Emissionen von Kraftfahrzeugmotoren (ABl. L 76 vom 6.4.1970, S. 1), geändert durch die
		a) Beitrittsakte vom 22. Januar 1972 (ABl. L 73 vom 27.3.1972, S. 115),
		b) Richtlinie 74/290/EWG des Rates vom 28. Mai 1974 (ABl. L 159 vom 15.6.1974, S. 61),
		c) Richtlinie 77/102/EWG der Kommission vom 30. November 1976 (ABl. L 32 vom 3.2.1977, S. 32),
		d) Richtlinie 78/665/EWG der Kommission vom 14. Juli 1978 (ABl. L 223 vom 14.8.1978, S. 48),
		e) Richtlinie 83/351/EWG des Rates vom 16. Juni 1983 (ABl. L 197 vom 20.7.1983, S. 1),
		f) Richtlinie 88/76/EWG des Rates vom 3. Dezember 1987 (ABl. L 36 vom 9.2.1988, S. 1),
		g) Richtlinie 88/436/EWG des Rates vom 16. Juni 1988 (ABl. L 214 vom 6.8.1988, S. 1),
		h) Berichtigung der Richtlinie 88/436/EWG (ABl. L 303 vom 8.11.1988, S. 36),
		i) Richtlinie 89/491/EWG der Kommission vom 17. Juli 1989 (ABl. L 238 vom 15.8.1989, S. 43).

Zur Vorschrift des/der	sind folgende Bestimmungen anzuwenden:
§ 47 Absatz 1 (Forts.)	j) Richtlinie 89/458/EWG des Rates vom 18. Juli 1989 (ABl. L 226 vom 3.8.1989, S. 1), k) Berichtigung der Richtlinie 89/458/EWG (ABl. L 270 vom 19.9.1989, S. 16), l) Richtlinie 91/441/EWG des Rates vom 26. Juni 1991 (ABl. L 242 vom 30.8.1991, S. 1), m) Richtlinie 93/59/EWG des Rates vom 28. Juni 1993 (ABl. L 186 vom 28.7.1993, S. 21), n) Richtlinie 94/12/EG des Europäischen Parlaments und des Rates vom 23. März 1994 (ABl. L 100 vom 19.4.1994, S. 42), o) Richtlinie 96/44/EG der Kommission vom 1. Juli 1996 (ABl. L 210 vom 20.8.1996, S. 25), p) Richtlinie 96/69/EG des Europäischen Parlaments und des Rates vom 8. Oktober 1996 (ABl. L 282 vom 1.11.1996, S. 64), q) Berichtigung vom 8. Oktober 1996 (ABl. L 83 vom 25.3.1997, S. 23), r) Richtlinie 98/77/EG der Kommission vom 2. Oktober 1998 (ABl. L 286 vom 23.10.1998, S. 34), s) Richtlinie 98/69/EG des Europäischen Parlaments und des Rates vom 13. Oktober 1998 (ABl. L 350 vom 28.12.1998, S. 1), t) Berichtigung vom 21. April 1999 (ABl. L 104 vom 21.4.1999, S. 31), u) Richtlinie 1999/102/EG der Kommission vom 15. Dezember 1999 (ABl. L 334 vom 28.12.1999, S. 43), **Anlage 1,** v) Richtlinie 2001/1/EG des Europäischen Parlaments und des Rates vom 22. Januar 2001 (ABl. L 35 vom 6.2.2001, S. 34), w) Richtlinie 2001/100/EG des Europäischen Parlaments und des Rates vom 7. Dezember 2001 (ABl. L 16 vom 18.1.2002, S. 32), x) Richtlinie 2002/80/EG der Kommission vom 3. Oktober 2002 (ABl. L 291 vom 28.10.2002, S. 20), y) Richtlinie 2003/76/EG der Kommission vom 11. August 2003 (ABl. L 206 vom 15.8.2003, S. 29).

Zur Vorschrift des/der	sind folgende Bestimmungen anzuwenden:	
§ 47 Absatz 1a	Anhang II	Die Verordnung (EG) Nr. 715/2007 des Europäischen Parlaments und des Rates vom 20. Juni 2007 über die Typgenehmigung von Kraftfahrzeugen hinsichtlich der Emissionen von leichten Personenkraftwagen und Nutzfahrzeugen (Euro 5 und Euro 6) und über den Zugang zu Reparatur- und Wartungsinformationen für Fahrzeuge (ABl. L 171 vom 29.6.2007, S. 1), geändert durch a) die Verordnung (EG) Nr. 692/2008 der Kommission vom 18. Juli 2008 zur Durchführung und Änderung der Verordnung (EG) Nr. 715/2007 (ABl. L 199 vom 28.7.2008, S. 1), b) die Verordnung (EG) Nr. 566/2011 der Kommission vom 8. Juni 2011 zur Änderung der Verordnung (EG) Nr. 715/2007 des Europäischen Parlaments und des Rates und der Verordnung (EG) Nr. 692/2008 der Kommission über Zugang zu Reparatur- und Wartungsinformationen für Fahrzeuge (ABl. L 158 vom 16.6.2011, S. 1), c) die Verordnung (EG) Nr. 595/2009 des Europäischen Parlaments und des Rates vom 18. Juni 2009 (ABl. L 188 vom 18.7.2009, S. 1), d) die Verordnung (EU) Nr. 459/2012 der Kommission vom 29. Mai 2012 (ABl. L 142 vom 1.6.2012, S. 16),
	(ohne Anlagen)	die Verordnung (EG) Nr. 692/2008 der Kommission vom 18. Juli 2008 zur Durchführung und Änderung der Verordnung (EG) Nr. 715/2007 (ABl. L 199 vom 28.7.2008, S. 1), geändert durch a) die Verordnung (EG) Nr. 566/2011 der Kommission vom 8. Juni 2011 zur Änderung der Verordnung (EG) Nr. 715/2007 des Europäischen Parlaments und des Rates und der Verordnung (EG) Nr. 692/2008 der Kommission über Zugang zu Reparatur- und Wartungsinformationen für Fahrzeuge (ABl. L 158 vom 16.6.2011, S. 1), b) die Berichtigung der Verordnung (EG) Nr. 692/2008 (ABl. L 336 vom 21.12.2010, S. 68), c) die Verordnung (EU) Nr. 459/2012 der Kommission vom 29. Mai 2012 (ABl. L 142 vom 1.6.2012, S. 16), d) die Verordnung (EU) Nr. 630/2012 der Kommission vom 12. Juli 2012 (ABl. L 182 vom 13.7.2012, S. 14), e) die Verordnung (EU) Nr. 143/2013 der Kommission vom 19. Februar 2013 (ABl. L 47 vom 20.2.2013, S. 51), f) die Verordnung (EU) Nr. 171/2013 der Kommission vom 26. Februar 2013 (ABl. L 55 vom 27.2.2013, S. 9), g) die Verordnung (EU) Nr. 195/2013 der Kommission vom 7. März 2013 (ABl. L 65 vom 8.3.2013, S. 1), h) die Verordnung (EU) Nr. 519/2013 der Kommission vom 21. Februar 2013 (ABl. L 158 vom 10.6.2013, S. 74), i) die Verordnung (EU) Nr. 136/2014 der Kommission vom 11. Februar 2014 (ABl. L 43 vom 13.2.2014, S. 12), j) die Verordnung (EU) 2015/45 der Kommission vom 14. Januar 2015 (ABl. L 9 vom 15.1.2015, S. 1).

Zur Vorschrift des/der	sind folgende Bestimmungen anzuwenden:	
§ 47 Absatz 2	a) Artikel 1 bis 6 Anhänge I bis X	der Richtlinie 72/306/EWG des Rates vom 2. August 1972 zur Angleichung der Rechtsvorschriften der Mitgliedstaaten über Maßnahmen gegen die Emission verunreinigender Stoffe aus Dieselmotoren zum Antrieb von Fahrzeugen (ABl. L 190 vom 20.8.1972, S. 1), geändert durch die Richtlinie 89/491/EWG der Kommission vom 17. Juli 1989 (ABl. L 238 vom 15.8.1989, S. 43),
	b) Artikel 1 bis 6 Anhänge I bis VIII	der Richtlinie 72/306/EWG des Rates vom 2. August 1972 zur Angleichung der Rechtsvorschriften der Mitgliedstaaten über Maßnahmen gegen die Emission verunreinigender Stoffe aus Dieselmotoren zum Antrieb von Fahrzeugen (ABl. L 190 vom 20.8.1972, S. 1), geändert durch die Richtlinie 97/20/EG der Kommission vom 18. April 1997 (ABl. L 125 vom 16.5.1997, S. 21).
	c) Artikel 1 bis 5 Anhang	der Richtlinie 2005/21/EG der Kommission vom 7. März 2005 zur Anpassung der Richtlinie 72/306/EWG des Rates zur Angleichung der Rechtsvorschriften der Mitgliedstaaten über Maßnahmen gegen die Emission verunreinigender Stoffe aus Dieselmotoren zum Antrieb von Fahrzeugen (ABl. L 61 vom 8.3.2005, S. 25).
§ 47 Absatz 6	Artikel 1 bis 7 Anhänge	der Richtlinie 88/77/EWG des Rates vom 3. Dezember 1987 zur Angleichung der Rechtsvorschriften der Mitgliedstaaten über Maßnahmen gegen die Emission gasförmiger Schadstoffe und luftverunreinigender Partikel aus Selbstzündungsmotoren zum Antrieb von Fahrzeugen und die Emission gasförmiger Schadstoffe aus mit Erdgas oder Flüssiggas betriebenen Selbstzündungsmotoren zum Antrieb von Fahrzeugen (ABl. L 36 vom 9.2.1988, S. 33), geändert durch die a) Richtlinie 91/542/EWG des Rates vom 1. Oktober 1991 (ABl. L 295 vom 25.10.1991, S. 1), b) Beschluss 94/1/EGKS, EG des Rates und der Kommission vom 13. Dezember 1993 (ABl. L 1 vom 3.1.1994, S. 1, 274), c) Beschluss 94/2/EGKS, EG des Rates und der Kommission vom 13. Dezember 1993 (ABl. L 1 vom 3.1.1994, S. 571, 583), d) Richtlinie 96/1/EG des Europäischen Parlaments und des Rates vom 22. Januar 1996 (ABl. L 40 vom 12.2.1996, S. 1), e) Richtlinie 1999/96/EG des Europäischen Parlaments und des Rates vom 13. Dezember 1999 (ABl. L 44 vom 16.2.2000, S. 1), f) Richtlinie 2001/27/EG der Kommission vom 10. April 2001 (ABl. L 107 vom 18.4.2001, S. 10), g) Berichtigung vom 6. Oktober 2001 (ABl. L 266 vom 6.10.2001, S. 15).
§ 47 Absatz 6a		Die Richtlinie 2005/55/EG des Europäischen Parlaments und des Rates vom 28. September 2005 zur Angleichung der Rechtsvorschriften der Mitgliedstaaten über Maßnahmen gegen die Emission gasförmiger Schadstoffe und luftverunreinigender Partikel aus Selbstzündungsmotoren zum Antrieb von Fahrzeugen und die Emission gasförmiger Schadstoffe aus mit Flüssiggas oder Erdgas betriebenen Fremdzündungsmotoren zum Antrieb von Fahrzeugen (ABl. L 275 vom 20.10.2005, S. 1), geändert durch a) die Richtlinie 2006/51/EG der Kommission vom 6. Juni 2006 zur Änderung, zwecks Anpassung an den technischen Fortschritt, von Anhang I der Richtlinie 2005/55/EG des Europäischen Parlaments und des Rates sowie der Anhänge IV und V der Richtlinie 2005/78/EG hinsichtlich der Anforderungen an Überwachungssysteme emissionsmindernder Einrichtungen zum Einbau in Fahrzeuge und hinsichtlich der Ausnahmen für Gasmotoren (ABl. L 152 vom 7.6.2006, S. 11),

Zur Vorschrift des/der		sind folgende Bestimmungen anzuwenden:
§ 47 Absatz 6a (Forts.)		b) die Richtlinie 2008/74/EG der Kommission vom 18. Juli 2008 zur Änderung der Richtlinie 2005/55/EG des Europäischen Parlaments und des Rates und der Richtlinie 2005/78/EG in Bezug auf die Typgenehmigung von Kraftfahrzeugen hinsichtlich der Emissionen von leichten Personenkraftwagen und Nutzfahrzeugen (Euro 5 und Euro 6) und des Zugangs zu Reparatur- und Wartungsinformationen für Fahrzeuge (ABl. L 192 vom 19.7.2008, S. 51)
	und	die Richtlinie 2005/78/EG der Kommission vom 14. November 2005 zur Durchführung der Richtlinie 2005/55/EG des Europäischen Parlaments und des Rates zur Angleichung der Rechtsvorschriften der Mitgliedstaaten über Maßnahmen gegen die Emission gasförmiger Schadstoffe und luftverunreinigender Partikel aus Selbstzündungsmotoren zum Antrieb von Fahrzeugen und die Emission gasförmiger Schadstoffe aus mit Flüssiggas oder Erdgas betriebenen Fremdzündungsmotoren zum Antrieb von Fahrzeugen und zur Änderung ihrer Anhänge I, II, III, IV und VI (ABl. L 313 vom 29.11.2005, S. 1), geändert durch:
		a) die Richtlinie 2006/51/EG der Kommission vom 6. Juni 2006 zur Änderung, zwecks Anpassung an den technischen Fortschritt, von Anhang I der Richtlinie 2005/55/EG des Europäischen Parlaments und des Rates sowie der Anhänge IV und V der Richtlinie 2005/78/EG hinsichtlich der Anforderungen an Überwachungssysteme emissionsmindernder Einrichtungen zum Einbau in Fahrzeuge und hinsichtlich der Ausnahmen für Gasmotoren (ABl. L 152 vom 7.6.2006, S. 11),
		b) die Richtlinie 2008/74/EG der Kommission vom 18. Juli 2008 zur Änderung der Richtlinie 2005/55/EG des Europäischen Parlaments und des Rates und der Richtlinie 2005/78/EG in Bezug auf die Typgenehmigung von Kraftfahrzeugen hinsichtlich der Emissionen von leichten Personenkraftwagen und Nutzfahrzeugen (Euro 5 und Euro 6) und des Zugangs zu Reparatur- und Wartungsinformationen für Fahrzeuge (ABl. L 192 vom 19.7.2008, S. 51).
§ 47 Absatz 6b		Die Verordnung (EG) Nr. 595/2009 des Europäischen Parlaments und des Rates vom 18. Juni 2009 über die Typgenehmigung von Kraftfahrzeugen und Motoren hinsichtlich der Emissionen von schweren Nutzfahrzeugen (Euro VI) und über den Zugang zu Fahrzeugreparatur- und -wartungsinformationen, zur Änderung der Verordnung (EG) Nr. 715/2007 und der Richtlinie 2007/46/EG sowie zur Aufhebung der Richtlinien 80/1269/EWG, 2005/55/EG und 2005/78/EG (ABl. L 188 vom 18.7.2009, S. 1), geändert durch a) die Berichtigung der Verordnung (EG) Nr. 595/2009 (ABl. L 200 vom 31.7.2009, S. 52), b) die Verordnung (EU) Nr. 582/2011 der Kommission vom 25. Mai 2011 (ABl. L 167 vom 25.6.2011, S. 1), c) die Verordnung (EU) Nr. 133/2014 der Kommission vom 31. Januar 2014 (ABl. L 47 vom 18.2.2014, S. 1) und die Verordnung (EU) Nr. 582/2011 der Kommission vom 25. Mai 2011 zur Durchführung und Änderung der Verordnung (EG) Nr. 595/2009 des Europäischen Parlaments und des Rates hinsichtlich der Emissionen von schweren Nutzfahrzeugen (Euro VI) und zur Änderung der Anhänge I und III der Richtlinie 2007/46/EG des Europäischen Parlaments und des Rates (ABl. L 167 vom 25.6.2011, S. 1), geändert durch: a) die Verordnung (EU) Nr. 64/2012 der Kommission vom 23. Januar 2012 (ABl. L 28 vom 31.1.2012, S. 1), b) die Verordnung (EU) Nr. 519/2013 der Kommission vom 21. Februar 2013 (ABl. L 158 vom 10.6.2013, S. 74), c) die Verordnung (EU) Nr. 133/2014 der Kommission vom 31. Januar 2014 (ABl. L 47 vom 18.2.2014, S. 1), d) die Verordnung (EU) Nr. 136/2014 der Kommission vom 11. Februar 2014 (ABl. L 43 vom 13.2.2014, S. 12), e) die Verordnung (EU) Nr. 627/2014 der Kommission vom 12. Juni 2014 (ABl. L 174 vom 13.6.2014, S. 28), f) die Berichtigung der Verordnung (EU) Nr. 627/2014 (ABl. L 239 vom 15.9.2015, S. 190).

Zur Vorschrift des/der	sind folgende Bestimmungen anzuwenden:	
§ 47 Absatz 8a	Kapitel 5	der Richtlinie 97/24/EG des Europäischen Parlaments und des Rates vom 17. Juni 1997 über bestimmte Bauteile und Merkmale von zweirädrigen oder dreirädrigen Kraftfahrzeugen (ABl. L 226 vom 18.8.1997, S. 1), geändert durch die a) Berichtigung vom 17. Juni 1997 (ABl. L 65 vom 5.3.1998, S. 35), b) Richtlinie 2002/51/EG des Europäischen Parlaments und des Rates vom 19. Juli 2002 (ABl. L 252 vom 20.9.2002, S. 20), c) Richtlinie 2003/77/EG der Kommission vom 11. August 2003 (ABl. L 211 vom 21.8.2003, S. 24), d) Richtlinie 2005/30/EG der Kommission vom 22. April 2005 zur Änderung der Richtlinien 97/24/EG und 2002/24/EG des Europäischen Parlaments und des Rates über die Typgenehmigung für zweirädrige oder dreirädrige Kraftfahrzeuge im Hinblick auf die Anpassung an den technischen Fortschritt (ABl. L 106 vom 27.4.2005, S. 17), e) Richtlinie 2006/72/EG der Kommission vom 18. August 2006 zur Änderung der Richtlinie 97/24/EG des Europäischen Parlaments und des Rates über bestimmte Bauteile und Merkmale von zweirädrigen oder dreirädrigen Kraftfahrzeugen zwecks Anpassung an den technischen Fortschritt (ABl. L 227 vom 19.8.2006, S. 43), f) Richtlinie 2006/120/EG der Kommission vom 27. November 2006 zur Berichtigung und Änderung der Richtlinie 2005/30/EG zur Änderung der Richtlinien 97/24/EG und 2002/24/EG des Europäischen Parlaments und des Rates über die Typgenehmigung für zweirädrige oder dreirädrige Kraftfahrzeuge zwecks Anpassung an den technischen Fortschritt (ABl. L 330 vom 28.11.2006, S. 16), g) Richtlinie 2009/108/EG der Kommission vom 17. August 2009 (ABl. L 213 vom 18.8.2009, S. 10), h) Richtlinie 2013/60/EU der Kommission vom 27. November 2013 (ABl. L 329 vom 10.12.2013, S. 15), i) Berichtigung der Richtlinie 2013/60/EU (ABl. L 305 vom 21.11.2015, S. 51).
§ 47 Absatz 8c		Richtlinie 2000/25/EG des Europäischen Parlaments und des Rates vom 22. Mai 2000 über Maßnahmen zur Bekämpfung der Emissionen gasförmiger Schadstoffe und luftverunreinigender Partikel aus Motoren, die für den Antrieb von land- und forstwirtschaftlichen Zugmaschinen bestimmt sind, und zur Änderung der Richtlinie 74/150/EWG des Rates (ABl. L 173 vom 12.7.2000, S. 1), geändert durch die a) Richtlinie 2005/13/EG der Kommission vom 21. Februar 2005 zur Änderung der Richtlinie 2000/25/EG des Europäischen Parlaments und des Rates über Maßnahmen zur Bekämpfung der Emission gasförmiger Schadstoffe und luftverunreinigender Partikel aus Motoren, die für den Antrieb von land- oder forstwirtschaftlichen Zugmaschinen bestimmt sind, und zur Änderung von Anhang I der Richtlinie 2003/37/EG des Europäischen Parlaments und des Rates betreffend die Typgenehmigung für land- oder forstwirtschaftliche Zugmaschinen (ABl. L 55 vom 1.3.2005, S. 35), b) Richtlinie 2010/22/EU der Kommission vom 15. März 2010 zur Anpassung der Richtlinien 80/720/EWG, 86/298/EWG, 86/415/EWG und 87/402/EWG des Rates sowie der Richtlinien 2000/25/EG und 2003/37/EG des Europäischen Parlaments und des Rates über die Typgenehmigung für land- oder forstwirtschaftliche Zugmaschinen an den technischen Fortschritt (ABl. L 91 vom 10.4.2010, S. 1), c) Richtlinie 2011/72/EU des Europäischen Parlaments und des Rates vom 14. September 2011 (ABl. L 246 vom 23.9.2011, S. 1), d) Berichtigung der Richtlinie 2011/72/EU (ABl. L 254 vom 30.9.2011, S. 22).

Zur Vorschrift des/der	sind folgende Bestimmungen anzuwenden:	
§ 47 Absatz 8c (Forts.))		e) Richtlinie 2011/87/EU des Europäischen Parlaments und des Rates vom 16. November 2011 (ABl. L 301 vom 18.11.2011, S. 1), f) Richtlinie 2013/15/EU des Rates vom 13. Mai 2013 (ABl. L 158 vom 10.6.2013, S. 172), g) Richtlinie 2014/43/EU der Kommission vom 18. März 2014 (ABl. L 82 vom 20.3.2014, S. 12).
§ 47d	Artikel 1 bis 5 Anhänge I und II	der Richtlinie 80/1268/EWG des Rates vom 16. Dezember 1980 über die Kohlendioxidemissionen und über den Kraftstoffverbrauch von Kraftfahrzeugen (ABl. L 375 vom 31.12.1980, S. 36), geändert durch die a) Richtlinie 89/491/EWG der Kommission vom 17. Juli 1989 (ABl. L 238 vom 15.8.1989, S. 43), b) Richtlinie 93/116/EG der Kommission vom 17. Dezember 1993 (ABl. L 329 vom 30.12.1993, S. 39), c) Berichtigung vom 15. Februar 1994 (ABl. L 42 vom 15.2.1994, S. 27), d) Richtlinie 1999/100/EG der Kommission vom 15. Dezember 1999 zur Anpassung der Richtlinie 80/1268/EWG über die Kohlendioxidemissionen und den Kraftstoffverbrauch von Kraftfahrzeugen an den technischen Fortschritt (ABl. L 334 vom 28.12.1999, S. 36), e) Berichtigung vom 15.12.1999 (ABl. L 163 vom 4.7.2000, S. 38), f) Richtlinie 2004/3/EG des Europäischen Parlaments und des Rates vom 11. Februar 2004 zur Änderung der Richtlinien 70/156/EWG und 80/1268/ EWG des Rates im Hinblick auf die Messung der Kohlendioxidemissionen und des Kraftstoffverbrauchs von Fahrzeugen der Klasse N_1 (ABl. L 49 vom 19.2.2004, S 36).
	Artikel 5 Absatz 3e	der Verordnung (EG) Nr. 715/2007 des Europäischen Parlaments und des Rates vom 20. Juni 2007 über die Typgenehmigung von Kraftfahrzeugen hinsichtlich der Emissionen von leichten Personenkraftwagen und Nutzfahrzeugen (Euro 5 und Euro 6) und über den Zugang zu Reparatur- und Wartungsinformationen für Fahrzeuge (ABl. L 171 vom 29.6.2007, S. 1) und
	Artikel 3 Absatz 3 Anhang XII	der Verordnung (EG) Nr. 692/2008 der Kommission vom 18. Juli 2008 zur Durchführung und Änderung der Verordnung (EG) Nr. 715/2007 (ABl. L 199 vom 28.7.2008, S. 1).
§ 47e		Richtlinie 2006/40/EG des Europäischen Parlaments und des Rates vom 17. Mai 2006 über Emissionen aus Klimaanlagen in Kraftfahrzeugen und zur Änderung der Richtlinie 70/156/EWG (ABl. L 161 vom 14.6.2006, S. 12)
	und	Verordnung (EG) Nr. 706/2007 der Kommission vom 21. Juni 2007 zur Festlegung von Verwaltungsvorschriften für die EG-Typgenehmigung von Kraftfahrzeugen und eines harmonisierten Verfahrens für die Messung von Leckagen aus bestimmten Klimaanlagen nach der Richtlinie 2006/40/EG des Europäischen Parlaments und des Rates (ABl. L 161 vom 22.6.2007, S. 33).

Zur Vorschrift des/der	sind folgende Bestimmungen anzuwenden:		
§ 49 Absatz 2 Nummer 1	Artikel 1 bis 5 Anhänge I bis IV	\multicolumn{2}{l	}{der Richtlinie 70/157/EWG des Rates vom 6. Februar 1970 zur Angleichung der Rechtsvorschriften der Mitgliedstaaten über den zulässigen Geräuschpegel und die Auspuffvorrichtung von Kraftfahrzeugen (ABl. L 42 vom 23.2.1970, S. 16), geändert durch die}
		a)	Beitrittsakte vom 22. Januar 1972 (ABl. L Nr. 73 vom 27.3.1972, S. 115),
		b)	Richtlinie 73/350/EWG der Kommission vom 7. November 1973 (ABl. L 321 vom 22.11.1973, S. 33),
		c)	Richtlinie 77/212/EWG des Rates vom 8. März 1977 (ABl. L 66 vom 12.3.1977, S. 33),
		d)	Richtlinie 81/334/EWG der Kommission vom 13. April 1981 (ABl. L 131 vom 18.5.1981, S. 6),
		e)	Richtlinie 84/372/EWG der Kommission vom 3. Juli 1984 (ABl. L 196 vom 26.7.1984, S. 47),
		f)	Richtlinie 84/424/EWG des Rates vom 3. September 1984 (ABl. L 238 vom 6.9.1984, S. 31),
		g)	Beitrittsakte vom 11. Juni 1985 (ABl. L 302 vom 15.11.1985, S. 211),
		h)	Richtlinie 87/354/EWG des Rates vom 25. Juni 1985 (ABl. L 192 vom 11.7.1987, S. 43),
		i)	Richtlinie 89/491/EWG der Kommission vom 17. Juli 1989 (ABl. L 238 vom 15.8.1989, S. 43),
		j)	Richtlinie 92/97/EWG des Rates vom 10. November 1992 (ABl. L 371 vom 19.12.1992, S. 1),
		k)	Beschluss 94/1/EGKS, EG des Rates und der Kommission vom 13. Dezember 1993 (ABl. L 1 vom 3.1.1994, S. 1, 264),
		l)	Beschluss 94/2/EGKS, EG des Rates und der Kommission vom 13. Dezember 1993 (ABl. L 1 vom 3.1.1994, S. 571, 583),
		m)	Richtlinie 96/20/EG der Kommission vom 27. März 1996 (ABl. L 92 vom 13.4.1996, S. 23),
		n)	Richtlinie 1999/101/EG der Kommission vom 15. Dezember 1999 (ABl. L 334 vom 28.12.1999, S. 41),
		o)	Richtlinie 2007/34/EG der Kommission vom 14. Juni 2007 (ABl. L 155 vom 15.6.2007, S. 49),
		p)	Richtlinie 2013/15/EU des Rates vom 13. Mai 2013 (ABl. L 158 vom 10.6.2013, S. 172).
§ 49 Absatz 2 Nummer 2	Artikel 1 bis 6 Anhang I bis VI	\multicolumn{2}{l	}{der Richtlinie 74/151/EWG des Rates vom 4. März 1974 zur Angleichung der Rechtsvorschriften über bestimmte Bestandteile und Merkmale von land- oder forstwirtschaftlichen Zugmaschinen auf Rädern (ABl. L 84 vom 28.3.1974, S. 25), geändert durch die}
		a)	Richtlinie 82/890/EWG des Rates vom 17. Dezember 1982 (ABl. L 378 vom 31.12.1982, S. 45),
		b)	Berichtigung der Richtlinie 82/890/EWG (ABl. L 118 vom 6.5.1988, S. 42),
		c)	Richtlinie 88/410/EWG der Kommission vom 21. Juni 1988 (ABl. L 200 vom 26.7.1988, S. 27).

Zur Vorschrift des/der	sind folgende Bestimmungen anzuwenden:	
§ 49 Absatz 2 Nummer 4	Kapitel 9	der Richtlinie 97/24/EG des Europäischen Parlaments und des Rates vom 17. Juni 1997 über bestimmte Bauteile und Merkmale von zweirädrigen oder dreirädrigen Kraftfahrzeugen (ABl. L 226 vom 18.8.1997, S. 1), geändert durch die a) Berichtigung vom 17. Juni 1997 (ABl. L 65 vom 5. März 1998, S. 35), b) Berichtigung vom 17. Juni 1997 (ABl. L 244 vom 3. September 1998, S. 20).
§ 49a Absatz 5 Satz 2 Nummer 5		ECE-Regelung Nr. 87 über einheitliche Bedingungen für die Genehmigung von Tagfahrleuchten für Kraftfahrzeuge (BGBl. 1995 II S. 36).
§ 50 Absatz 8 § 51b	Anhang II	der Richtlinie 76/756/EWG des Rates vom 27. Juli 1976 zur Angleichung der Rechtsvorschriften der Mitgliedstaaten über den Anbau der Beleuchtungs- und Lichtsignaleinrichtungen für Kraftfahrzeuge und Kraftfahrzeuganhänger (ABl. L 262 vom 27.9.1976, S. 1), geändert durch die a) Richtlinie 80/233/EWG der Kommission vom 21. November 1979 (ABl. L 51 vom 25.2.1980, S. 8), b) Richtlinie 82/244/EWG der Kommission vom 17. März 1982 (ABl. L 109 vom 22.4.1982, S. 31), c) Richtlinie 83/276/EWG des Rates vom 26. Mai 1983 (ABl. L 151 vom 9.6.1983, S. 47), d) Richtlinie 84/8/EWG der Kommission vom 14. Dezember 1983 (ABl. L 9 vom 12.1.1984, S. 24), e) Richtlinie 91/663/EWG der Kommission vom 10. Dezember 1991 (ABl. L 366 vom 31.12.1991, S. 17), f) Berichtigung der Richtlinie 91/663/EWG (ABl. L 172 vom 27.6.1992, S. 87), g) Richtlinie 97/28/EG der Kommission vom 11. Juni 1997 (ABl. L 171 vom 30.6.1997, S. 1).
§ 53 Absatz 10 Nummer 1		ECE-Regelung Nr. 69 über einheitliche Bedingungen für die Genehmigung von Tafeln zur hinteren Kennzeichnung von bauartbedingt langsamfahrenden Kraftfahrzeugen und ihrer Anhänger vom 6. Juli 1994 (BGBl. 1994 II S. 1023).
§ 53 Absatz 10 Nummer 2		ECE-Regelung Nr. 70 über einheitliche Bedingungen für die Genehmigung von Tafeln zur hinteren Kennzeichnung schwerer und langer Fahrzeuge vom 27. Juni 1994 (BGBl. 1994 II S. 970).
§ 53 Absatz 10 Satz 1 Nummer 3 und Satz 2		ECE-Regelung Nr. 48 der Wirtschaftskommission der Vereinten Nationen für Europa (UN/ECE) – Einheitliche Bedingungen für die Genehmigung der Fahrzeuge hinsichtlich des Anbaus von Beleuchtungs- und Lichtsignaleinrichtungen (ABl. L 323 vom 6.12.2011, S. 46).
§ 53 Absatz 10 Satz 1 Nummer 4 und Satz 3		ECE-Regelung Nr. 104 über einheitliche Bedingungen für die Genehmigung retroreflektierender Markierungen für Fahrzeuge der Klassen M, N und O (BGBl. 1998 II S. 1134).
§ 55 Absatz 2a	Anhänge I und II (jeweils ohne Anlagen)	der Richtlinie 93/30/EWG des Rates vom 14. Juni 1993 über die Einrichtungen für Schallzeichen von zweirädrigen oder dreirädrigen Kraftfahrzeugen (ABl. L 188 vom 29.7.1993, S. 11).
§ 55a Absatz 1	Anhänge I, IV bis IX	der Richtlinie 72/245/EWG des Rates vom 20. Juni 1972 zur Angleichung der Rechtsvorschriften der Mitgliedstaaten über die Funkentstörung von Kraftfahrzeugmotoren mit Fremdzündung (ABl. L 152 vom 6.7.1972, S. 15), geändert durch die Richtlinie 95/54/EG der Kommission vom 31. Oktober 1995 (ABl. L 266 vom 8.11.1995, S. 1).
§ 55a Absatz 2	Kapitel 8 Anhänge I bis VII	der Richtlinie 97/24/EG des Europäischen Parlaments und des Rates vom 17. Juni 1997 über bestimmte Bauteile und Merkmale von zweirädrigen oder dreirädrigen Kraftfahrzeugen (ABl. L 226 vom 18.8.1997, S. 1).

Zur Vorschrift des/der	sind folgende Bestimmungen anzuwenden:	
§ 56 Absatz 2 Nummer 1 und 2	Anhang I Nr. 1, Anhang II, Anhang III	der Richtlinie 2003/97/EG des Europäischen Parlaments und des Rates vom 10. November 2003 zur Angleichung der Rechtsvorschriften der Mitgliedstaaten für die Typgenehmigung von Einrichtungen für indirekte Sicht und von mit solchen Einrichtungen ausgestatteten Fahrzeugen sowie zur Änderung der Richtlinie 70/156/EWG und zur Aufhebung der Richtlinie 71/127/EWG (ABl. L 25 vom 29.1.2004, S. 1), geändert durch die a) Richtlinie 2005/27/EG der Kommission vom 29. März 2005 zur Änderung der Richtlinie 2003/97/EG des Europäischen Parlaments und des Rates über die Angleichung der Rechtsvorschriften der Mitgliedstaaten für die Typgenehmigung von Einrichtungen für indirekte Sicht und von mit solchen Einrichtungen ausgestatteten Fahrzeugen im Hinblick auf die Anpassung an den technischen Fortschritt (ABl. L 81 vom 30.3.2005, S. 44).
§ 56 Absatz 2 Nummer 3		Richtlinie 2007/38/EG des Europäischen Parlaments und des Rates vom 11. Juli 2007 über die Nachrüstung von in der Gemeinschaft zugelassenen schweren Lastkraftwagen mit Spiegeln (ABl. L 184 vom 14.7.2007, S. 25).
§ 56 Absatz 2 Nummer 4	Anhang	der Richtlinie 74/346/EWG des Rates vom 25. Juni 1974 zur Angleichung der Rechtsvorschriften der Mitgliedstaaten über die Rückspiegel von land- oder forstwirtschaftlichen Zugmaschinen auf Rädern (ABl. L 191 vom 15.7.1974, S. 1), geändert durch die a) Richtlinie 82/890/EWG des Rates vom 17. Dezember 1982 (ABl. L 378 vom 31.12.1982, S. 45, ABl. L 118 vom 6.5.1988, S. 42), b) Richtlinie 97/54/EG des Europäischen Parlaments und des Rates vom 23. September 1997 (ABl. L 277 vom 10.10.1997, S. 24), c) Richtlinie 98/40/EG der Kommission vom 8. Juni 1998 (ABl. L 171 vom 17.6.1998, S. 28, L 351 vom 29.12.1998, S. 42).
§ 56 Absatz 2 Nummer 5	Kapitel 4, Anhang I, Anhang II, Anlage 1 und 2 und Anhang III (ohne Anlagen)	der Richtlinie 97/24/EG des Europäischen Parlaments und des Rates vom 17. Juni 1997 über bestimmte Bauteile und Merkmale von zweirädrigen oder dreirädrigen Kraftfahrzeugen (ABl. L 226 vom 18.8.1997, S. 1).
§ 57 Absatz 2	a) Anhang II (ohne Anlagen)	der Richtlinie 75/443/EWG des Rates vom 26. Juni 1975 zur Angleichung der Rechtsvorschriften der Mitgliedstaaten über den Rückwärtsgang und das Geschwindigkeitsmessgerät in Kraftfahrzeugen (ABl. L 196 vom 26.7.1975, S. 1), geändert durch die a) Richtlinie 97/39/EG der Kommission vom 24. Juni 1997 (ABl. L 177 vom 5.7.1997, S. 15).
	b) Anhang (ohne Anlagen)	der Richtlinie 2000/7/EG des Europäischen Parlaments und des Rates vom 20. März 2000 über den Geschwindigkeitsmesser von zweirädrigen oder dreirädrigen Kraftfahrzeugen (ABl. L 106 vom 3.5.2000, S. 1).
§ 57c Absatz 4	Anhang I und III	der Richtlinie 92/24/EWG des Rates vom 31. März 1992 zur Angleichung der Rechtsvorschriften der Mitgliedstaaten über Geschwindigkeitsbegrenzungseinrichtungen und vergleichbare Geschwindigkeitsbegrenzungssysteme (ABl. L 129 vom 14.5.1992, S. 154).

Straßenverkehrs-Zulassungs-Ordnung — Anhang – StVZO | 03

Zur Vorschrift des/der	sind folgende Bestimmungen anzuwenden:	
§ 59 Absatz 1a	Anhang	der Richtlinie 76/114/EWG des Rates vom 18. Dezember 1975 zur Angleichung der Rechtsvorschriften der Mitgliedstaaten über Schilder, vorgeschriebene Angaben, deren Lage und Anbringungsart an Kraftfahrzeugen und Kraftfahrzeuganhängern (ABl. L 24 vom 30.1.1976, S. 1), geändert durch die a) Richtlinie 78/507/EWG der Kommission vom 19. Mai 1978 (ABl. L 155 vom 13.6.1978, S. 31), b) Beitrittsakte vom 24. Mai 1979 (ABl. L 291 vom 19.11.1979, S. 110), c) Berichtigung der Richtlinie 76/114/EWG (ABl. L 329 vom 25.11.1982, S. 31), d) Beitrittsakte vom 11. Juni 1985 (ABl. L 302 vom 15.11.1985, S. 211), e) Richtlinie 87/354/EWG des Rates vom 25. Juni 1987 (ABl. L 192 vom 11.7.1987, S. 43).
§ 59 Absatz 1b	Anhang	der Richtlinie 93/34/EWG des Rates vom 14. Juni 1993 über vorgeschriebene Angaben an zweirädrigen oder dreirädrigen Kraftfahrzeugen (ABl. L 188 vom 29.7.1993, S. 38), geändert durch die Richtlinie 1999/25/EG der Kommission vom 9. April 1999 (ABl. L 104 vom 21.4.1999, S. 19).
§ 59a	Artikel 6	der Richtlinie 96/53/EG des Rates vom 25. Juli 1996 zur Festlegung der höchstzulässigen Abmessungen für bestimmte Straßenfahrzeuge im innerstaatlichen und grenzüberschreitenden Verkehr in der Gemeinschaft sowie zur Festlegung der höchstzulässigen Gewichte im grenzüberschreitenden Verkehr (ABl. L 235 vom 17.9.1996, S. 59), geändert durch die Richtlinie 2002/7/EG (ABl. L 67 vom 9.3.2002, S. 47).
§ 61 Absatz 1	Anhang (ohne Anlagen)	der Richtlinie 93/32/EWG des Rates vom 14. Juni 1993 über die Halteeinrichtung für Beifahrer von zweirädrigen Kraftfahrzeugen (ABl. L 188 vom 29.7.1993, S. 28), geändert durch die Richtlinie 1999/24/EG der Kommission vom 9. April 1999 (ABl. L 104 vom 21.4.1999, S. 16).
§ 61 Absatz 3	Anhang (ohne Anlagen)	der Richtlinie 93/31/EWG des Rates vom 14. Juni 1993 über den Ständer von zweirädrigen Kraftfahrzeugen (ABl. L 188 vom 29.7.1993, S. 19), geändert durch die a) Richtlinie 2000/72/EG der Kommission vom 22. November 2000 (ABl. L 300 vom 29.11.2000, S. 18).

Muster 1 bis 13 (mit Ausnahme von Muster 2d):

(weggefallen)

Muster 2d (§ 20)

Vorbemerkungen

Ausgestaltung der Datenbestätigung

1. Trägermaterial

   Die Datenbestätigung muss fälschungserschwerend gestaltet sein. Zu diesem Zweck muss für den Druck Papier verwendet werden, das entweder durch farbige grafische Darstellung geschützt ist oder das Herstellerzeichen als Wasserzeichen enthält.

   Die Datenbestätigung hat das Format DIN A4. Sie kann zweiseitig bedruckt sein oder aus zwei Seiten bestehen, die jeweils einseitig bedruckt sind. Die Anfügung weiterer Seiten ist zulässig, wenn der Schreibraum im Feld (22) und/oder im Feld (22a) nicht ausreicht. Auf jeder weiteren Seite sind die Angaben entsprechend der Kopfzeile der Seite 2 des Musters anzugeben.

2. Aufbau und Inhalt der Datenbestätigung

   Aufbau und Inhalt der Datenbestätigung müssen dem Muster 2d entsprechen. Abweichungen sind nur zulässig, wenn die Datenbestätigung den Regelungen betreffend die Übereinstimmungsbescheinigung gemäß der Richtlinie 2007/46/EG, der Richtlinie 2002/24/EG des Europäischen Parlaments und des Rates vom 18. März 2002 über die Typgenehmigung für zweirädrige oder dreirädrige Kraftfahrzeuge und zur Aufhebung der Richtlinie 92/61/EWG des Rates (ABl. L 124 vom 9.5.2002, S. 1), der Richtlinie 2003/37/EG des Europäischen Parlaments und des Rates vom 26. Mai 2003 über die Typgenehmigung für land- oder forstwirtschaftliche Zugmaschinen, ihre Anhänger und die von ihnen gezogenen auswechselbaren Maschinen sowie für Systeme, Bauteile und selbstständige technische Einheiten dieser Fahrzeuge und zur Aufhebung der Richtlinie 74/150/EWG (ABl. L 171 vom 9.7.2003, S. 1) in ihrer jeweils geltenden Fassung entspricht. Hierbei müssen jedoch der Kopf der ersten Seite sowie der Folgeseiten und die Bescheinigung der Angaben durch den Ausstellungsberechtigten im Wesentlichen dem Muster der Datenbestätigung entsprechen.

Straßenverkehrs-Zulassungs-Ordnung   Muster 2d – StVZO | 03

Datenbestätigung
für das nachfolgend beschriebene Fahrzeug zum Zwecke der Vorlage

- bei der Zulassungsbehörde für die Zulassung des Fahrzeugs, soweit ein Gutachten/Zusatzgutachten für die Zulassung nicht erforderlich ist[1]

oder

- beim amtlich anerkannten Sachverständigen in den Fällen, in denen für die Erteilung der Betriebserlaubnis ein Gutachten/Zusatzgutachten erforderlich ist.[1]

Feld[2]	Teil II[3]	Bezeichnung		Daten[2]
D.1	X	Marke		
D.2	X	Typ		
		Variante		
		Version		
D.3	X	Handelsbezeichnung(en)		
E	X	Fahrzeug-Identifizierungsnummer		
F.1		Technisch zulässige Gesamtmasse in kg		
F.2		Im Zulassungsmitgliedstaat zulässige Gesamtmasse in kg		
G		Masse des in Betrieb befindlichen Fahrzeugs in kg (Leermasse)		
J	X	Fahrzeugklasse		
K	X	Nummer der EG-Typgenehmigung oder ABE		
L		Anzahl der Achsen		
O		Technisch zulässige Anhängelast in kg	O.1 gebremst in kg	
			O.2 ungebremst in kg	
P.1	X	Hubraum in cm³		
P.2 / P.4	X	Nennleistung in kW / Nenndrehzahl bei min^{-1}		
P.3	X	Kraftstoffart oder Energiequelle		
Q		Leistungsgewicht in kW/kg (nur bei Krädern)		
R	X	Farbe des Fahrzeugs		
S.1		Sitzplätze einschließlich Fahrersitz		
S.2		Stehplätze		
T		Höchstgeschwindigkeit in km/h		
U.1		Standgeräusch in dB (A)		
U.2		Drehzahl in min^{-1} zu U.1		
U.3		Fahrgeräusch in dB (A)		
V.7		CO_2 (in g/km)		
V.9		Für die EG-Typgenehmigung maßgebliche Schadstoffklasse		
(2)	X	Hersteller-Kurzbezeichnung		
(2.1)	X	Code zu (2)		
(2.2)	X	Code zu (D.2) mit Prüfziffer	Typ/Variante/Variation	
			Prüfziffer	
(3)	X	Prüfziffer zur Fahrzeug-Identifizierungsnummer		
(4)	X	Art des Aufbaus		
(5)	X	Bezeichnung der Fahrzeugklasse und des Aufbaus		
(6)	X	Datum zu K		
(7.1)		Technisch zulässige maximale Achslast/Masse je Achsgruppe in kg:	Achse 1	
(7.2)			Achse 2	
(7.3)			Achse 3	
(8.1)		Zulässige maximale Achslast im Zulassungsmitgliedstaat in kg	Achse 1	
(8.2)			Achse 2	
(8.3)			Achse 3	
(9)		Anzahl der Antriebsachsen		

---

[1] Ob ein Gutachten/Teilgutachten erforderlich ist, ergibt sich aus der Bescheinigung der Angaben durch die Ausstellungsberechtigten.
[2] Für die Ausfüllung ist der Leitfaden zur Zulassungsbescheinigung Teil I und II zu beachten.
[3] Soweit für das Fahrzeug eine Zulassungsbescheinigung Teil II ausgefüllt wurde, kann auf die Angabe der mit „X" gekennzeichneten Felder in der Datenbestätigung verzichtet werden.

Fortsetzung[4]:
(2) Hersteller-Kurzbezeichnung
E Fahrzeug-Identifizierungsnummer

Datenbestätigung für das Fahrzeug

Feld	Teil II	Bezeichnung	Daten
(10)	X	Code zu P.3	
(11)	X	Code zu R	
(12)		Rauminhalt des Tanks bei Tankfahrzeugen in m^3	
(13)		Stützlast in kg	
(14)		Bezeichnung der nationalen Emissionsklasse	
(14.1)		Code zu V.9 oder (14)	
(15.1)		Bereifung – Achse 1	
(15.2)		Bereifung – Achse 2	
(15.3)		Bereifung – Achse 3	
(18)		Länge in mm	
(19)		Breite in mm	
(20)		Höhe in mm	
(22)		Bemerkungen und Ausnahmen	
		[Hinweis: Es sind nur solche Angaben einzutragen, die nach dem Leitfaden vorgesehen sind]	
(22a)			
		[Hinweis: Raum für weitere Angaben des Genehmigungsinhabers zur technischen Fahrzeugbeschreibung, die nicht in die Zulassungsbescheinigung übernommen werden]	
(23)	X	Raum für interne Vermerke des Herstellers	*[Hinweis:* *Bei Ausstellung einer Zulassungsbescheinigung Teil II ist zwingend anzugeben:* Zulassungsbescheinigung Teil II ausgegeben am: ...., mit der Nummer: .... *ansonsten weitere interne Herstellerangaben,* *z. B. Fahrzeug-Identifizierungsnummer als Barcode möglich]*

Bescheinigung der Angaben durch den Ausstellungsberechtigten[5]):
- Die Richtigkeit der vorstehenden Angaben wird heute bescheinigt.
- Die Übereinstimmung mit der unter Feld K und (6) angegebenen ABE und dem gleichnamigen Typ ggf. nebst Variante/Version bzw. Ausführung wird bestätigt.
- Für die Zulassung ist ein Gutachten/Teilgutachten erforderlich.

Datum ....
Firma

Unterschrift   i. V. (xxxx)

---

[4]) Jede Fortsetzungsseite ist als solche zu kennzeichnen und mit den Angaben (2) Hersteller-Kurzbezeichnung und E Fahrzeug-Identifizierungsnummer des Fahrzeugs zu versehen.
[5]) Nichtzutreffendes bitte streichen.

Verordnung
über die Prüfung und Genehmigung der Bauart von Fahrzeugteilen sowie deren Kennzeichnung (Fahrzeugteileverordnung – FzTV)

Vom 12. August 1998 (BGBl. I S. 2142),
die zuletzt durch Artikel 171 des Gesetzes vom 29. März 2017
(BGBl. I S. 626) geändert worden ist

– Fassung ab 5. April 2017 –

Auf Grund des § 6 Abs. 1 Nr. 3 Buchstabe b und Abs. 3 des Straßenverkehrsgesetzes in der im Bundesgesetzblatt Teil III, Gliederungsnummer 9231-1, veröffentlichten bereinigten Fassung, die Eingangsworte in Absatz 1 Nr. 3 zuletzt geändert durch Artikel 1 Nr. 10 Buchstabe a Doppelbuchstabe ee Dreifachbuchstabe aaa des Gesetzes vom 24. April 1998 (BGBl. I S. 747), Absatz 3 eingefügt durch § 70 Abs. 1 Nr. 3 des Gesetzes vom 15. März 1974 (BGBl. I S. 721) und geändert gemäß Artikel 22 Nr. 3 der Verordnung vom 26. November 1986 (BGBl. I S. 2089), verordnet das Bundesministerium für Verkehr, hinsichtlich § 6 Abs. 3 nach Anhörung der zuständigen obersten Landesbehörden:

ABSCHNITT 1
Allgemeines

§ 1
Arten der Genehmigung von Fahrzeugteilen

(1) Die in § 22a Abs. 1 der Straßenverkehrs-Zulassungs-Ordnung vorgeschriebene Genehmigung der Bauart von Fahrzeugteilen kann für die Bauart eines Typs (Allgemeine Bauartgenehmigung) oder eines einzelnen Fahrzeugteils (Bauartgenehmigung im Einzelfall – Einzelgenehmigung –) erteilt werden.

(2) Der in § 22a Abs. 1 der Straßenverkehrs-Zulassungs-Ordnung vorgeschriebenen Genehmigung steht die Genehmigung gleich, die ein anderer Staat für die Bauart eines der in § 22a Abs. 1 der Straßenverkehrs-Zulassungs-Ordnung genannten Fahrzeugteils unter Beachtung der mit der Bundesrepublik Deutschland vereinbarten Bedingungen erteilt hat.

ABSCHNITT 2
Allgemeine Bauartgenehmigung und Prüfzeichen

§ 2
Zulässigkeit der Bauartgenehmigung

(1) ¹Für reihenweise zu fertigende oder gefertigte Fahrzeugteile kann die Bauartgenehmigung dem Hersteller nach einer auf seine Kosten vorgenommenen Prüfung allgemein erteilt werden, wenn er die Gewähr für eine zuverlässige Ausübung der durch die Bauartgenehmigung verliehenen Befugnisse bietet. ²Bei Herstellung eines Typs durch mehrere Beteiligte kann diesen die Bauartgenehmigung gemeinsam erteilt werden. ³Für Fahrzeugteile, die im Ausland hergestellt worden sind, kann die Bauartgenehmigung erteilt werden

1. dem Hersteller oder seinem Beauftragten, wenn die Fahrzeugteile in einem Vertragsstaat des Abkommens über den Europäischen Wirtschaftsraum hergestellt worden sind,

2. dem Beauftragten des Herstellers, wenn die Fahrzeugteile zwar nicht in einem Vertragsstaat des Abkommens über den

Europäischen Wirtschaftsraum hergestellt worden sind, sie aber in das Inland aus einem Vertragsstaat des Abkommens über den Europäischen Wirtschaftsraum eingeführt wurden,
3. in anderen Fällen dem Händler, der seine Berechtigung zum alleinigen Vertrieb der Fahrzeugteile im Inland nachweist.
[4]In den Fällen des Satzes 3 Nr. 1 und 2 muss der Beauftragte seinen Sitz in einem Vertragsstaat des Abkommens über den Europäischen Wirtschaftsraum haben. [5]In den Fällen des Satzes 3 Nr. 3 muss der Händler im Inland ansässig sein.

(2) [1]Der Antragsteller nach Absatz 1 hat gegenüber dem Kraftfahrt-Bundesamt den Nachweis zu erbringen, dass in Bezug auf die Übereinstimmung der reihenweise gefertigten Fahrzeugteile mit dem genehmigten Typ ein ausreichendes Qualitätssicherungssystem zugrunde liegt. [2]Dieses liegt auch vor, wenn es den Grundsätzen der harmonisierten Norm EN ISO 9002 oder einem gleichwertigen Standard entspricht; §§ 19, 20 und 21 des Artikels 1 der Zwanzigsten Verordnung zur Änderung straßenverkehrsrechtlicher Vorschriften (Verordnung über die EG-Typgenehmigung für Fahrzeuge und Fahrzeugteile) vom 9. Dezember 1994 (BGBl. I S. 3755), geändert durch Artikel 2 der Verordnung vom 12. August 1997 (BGBl. I S. 2051), in der jeweils geltenden Fassung, sind entsprechend anzuwenden.

§ 3
Anträge auf Bauartgenehmigung und Prüfung

(1) [1]Der Antrag auf Erteilung einer Bauartgenehmigung ist schriftlich oder elektronisch unter Angabe der Typbezeichnung beim Kraftfahrt-Bundesamt zu stellen. [2]Dem Antrag ist das Gutachten der Prüfstelle nach § 6 beizufügen.

(2) [1]Abweichend von Absatz 1 kann der Antrag an das Kraftfahrt-Bundesamt über die zuständige Prüfstelle nach § 5 mit dem an die Prüfstelle gerichteten Antrag auf Prüfung eingereicht werden. [2]Dem an die Prüfstelle zu richtenden Antrag auf Prüfung sind für die jeweiligen Fahrzeugteile Muster und Unterlagen nach Anlage 1 beizufügen. [3]Weitere sachdienliche Muster und Unterlagen sind der Prüfstelle auf Anforderung zur Verfügung zu stellen.

(3) Bei Prüfungen im Genehmigungsverfahren nach § 7 Abs. 2 sind dem Antrag auf Bauartgenehmigung die in den Bedingungen für das jeweilige Genehmigungsverfahren vorgeschriebenen Unterlagen und Muster beizufügen.

§ 4
Erteilung der Bauartgenehmigung

(1) [1]Das Kraftfahrt-Bundesamt erteilt die Bauartgenehmigung schriftlich. [2]In der Bauartgenehmigung werden der genehmigte Typ, das zugeteilte Prüfzeichen sowie Nebenbestimmungen (§ 36 des Verwaltungsverfahrensgesetzes) und, soweit erforderlich, Ausnahmen von den Bestimmungen der Straßenverkehrs-Zulassungs-Ordnung festgelegt.

(2) Abweichungen vom genehmigten Typ sind nur zulässig, wenn die Bauartgenehmigung durch einen entsprechenden Nachtrag ergänzt worden ist oder wenn das Kraftfahrt-Bundesamt auf Anfrage schriftlich erklärt, dass für die vorgesehene Änderung eine Nachtragsgenehmigung nicht erforderlich ist.

§ 5
Prüfstellen

(1) [1]Für die Prüfungen sind Prüfstellen zuständig. [2]Prüfstelle ist
1. eine der in Anlage 2 Teil 1 genannten für die Prüfung bestimmter Fahrzeugteile zuständigen Prüfstellen nach der vor dem 19. November 1998 geltenden Fassung der Fahrzeugteileverordnung,
2. die Technische Prüfstelle der ehemaligen Deutschen Demokratischen Republik in Dresden entsprechend Anlage 2 Teil 1 dieser Verordnung nach Anlage I Kapitel XI Sachgebiet B Abschnitt III Nr. 5 des Einigungsvertrages (BGBl. 1990 II S. 885, 1103),

3. ein nach § 30 der EG-Fahrzeuggenehmigungsverordnung anerkannter Technischer Dienst.

(2) Abweichend von Absatz 1 werden auch Prüfungen anerkannt, die von den zuständigen Prüfstellen eines Vertragsstaates des Abkommens über den Europäischen Wirtschaftsraum durchgeführt und bescheinigt sind und mit denen die nach dieser Verordnung vorgeschriebenen Anforderungen gleichermaßen dauerhaft erreicht werden.

§ 6
Aufgaben der Prüfstelle

(1) [1]Die Prüfstelle hat zu prüfen, ob die Fahrzeugteile den Anforderungen entsprechen, die zur Einhaltung der Bestimmungen über den Bau und Betrieb von Fahrzeugen und Fahrzeugteilen zu stellen sind. [2]Bei Fahrzeugteilen, die auch in eingebautem Zustand geprüft werden müssen, bestimmt die Prüfstelle das Nähere über die Durchführung.
(2) [1]Die Prüfstelle hat über die Ergebnisse der Prüfungen ein Gutachten anzufertigen und zwei Ausfertigungen mit den geprüften und bestätigten Unterlagen dem Kraftfahrt-Bundesamt zu übersenden; eine Ausfertigung der geprüften und bestätigten Unterlagen verbleibt bei der Prüfstelle. [2]Form und Gliederung der Gutachteninhalte bestimmt das Kraftfahrt-Bundesamt.
(3) Das Kraftfahrt-Bundesamt kann Ergänzungen zur Prüfung anordnen, insbesondere vom Antragsteller weitere sachdienliche Muster und Unterlagen anfordern oder bestimmen, dass Fahrzeugteile auch in eingebautem Zustand zu prüfen sind.

§ 7
Prüfzeichen

(1) [1]Das Prüfzeichen besteht aus einer Wellenlinie von drei Perioden, einem oder zwei Kennbuchstaben, einer Nummer und, soweit erforderlich, zusätzlichen Zeichen. [2]Der Kennbuchstabe bezeichnet die Art der Fahrzeugteile nach folgender Aufstellung:
D für Sicherheitsglas und Folien zur Aufbringung auf Scheiben von Fahrzeugen
E für Fahrtschreiber
F für Auflaufbremsen und Teile davon
G (weggefallen)
K für lichttechnische Einrichtungen
L für Gleitschutzeinrichtungen
M für Einrichtungen zur Verbindung von Fahrzeugen
R für Reifen
S für Heizungen
W für Warneinrichtungen mit einer Folge von Klängen verschiedener Grundfrequenzen (Einsatzhorn).

[3]Werden Fahrzeugteile aus zwei unterschiedlichen Arten gemeinsam genehmigt, so enthält das Prüfzeichen beide Kennbuchstaben. [4]Das Prüfzeichen wird vom Kraftfahrt-Bundesamt nach dem Muster in Anlage 3 zugeteilt.
(2) [1]Ist das Genehmigungsverfahren unter Bedingungen durchgeführt worden, die von der Bundesrepublik Deutschland mit anderen Staaten vereinbart worden sind, so ist für das entsprechende Fahrzeugteil ein Prüfzeichen zuzuteilen. [2]Dieses Fahrzeugteil darf weder von einer anderen Vertragspartei aufgrund der gleichen Bedingungen genehmigt, noch darf ihm ein Prüfzeichen zugeteilt worden sein. [3]Das Prüfzeichen besteht aus einem Kreis, in dessen Innerem sich der Buchstabe „E" und die Kennzahl 1 für die Bundesrepublik Deutschland befinden, sowie aus der Genehmigungsnummer. [4]Letztere muss außerhalb des Kreises angebracht sein. [5]Im Übrigen bestimmt das Kraftfahrt-Bundesamt aufgrund der internationalen Vereinbarungen, wie das Prüfzeichen anzuordnen ist. [6]Es ergänzt das Prüfzeichen unter Beachtung der internationalen Vereinbarungen, wenn dieses erforderlich ist, um Missverständnisse zu vermeiden.
(3) Prüfzeichen, die vor dem 19. November 1998 aufgrund von Bauartgenehmigungen zugeteilt wurden und Kennbuchstaben nach Anlage 2 Teil 2 enthalten, dürfen bis zum Erlöschen der jeweiligen Bauartgenehmigung weiterhin angebracht werden und gelten unverändert fort; dies gilt auch für den Unterscheidungsbuchstaben E für Fahrtschreiber, geprüft durch die Landeseichdirektion Nordrhein-Westfalen in Köln.

(4) Das zugeteilte Prüfzeichen ist auf jedem dem genehmigten Typ entsprechenden Fahrzeugteil in der vorgeschriebenen Anordnung gut lesbar, dauerhaft und jederzeit feststellbar anzubringen; dies gilt auch für das entsprechend der Bauartgenehmigung an- oder eingebaute Fahrzeugteil.

§ 8
Verwahrung und Rückgabe der Muster und Unterlagen

(1) ¹Ist die Bauartgenehmigung erteilt worden, so ist je eine Ausfertigung der nach § 3 eingereichten und von der Prüfstelle geprüften und bestätigten Unterlagen beim Kraftfahrt-Bundesamt zu verwahren. ²Waren nach Anlage 1 zwei oder mehr Muster einzureichen, so hat die Prüfstelle je zwei Muster des genehmigten Fahrzeugteils mit dem Prüfzeichen zu versehen. ³Ein mit dem Prüfzeichen versehenes Muster ist bei der Prüfstelle zu verwahren, das andere und etwa vorgelegte weitere Muster sowie nicht mehr benötigte Unterlagen sind dem Antragsteller zurückzugeben. ⁴Die Prüfstelle hat dem Kraftfahrt-Bundesamt auf Verlangen das dem Hersteller zurückzugebende Muster vorzulegen. ⁵In diesem Fall versieht das Kraftfahrt-Bundesamt das Muster mit dem durch die Bauartgenehmigung zugeteilten Prüfzeichen und gibt es dem Antragsteller zurück. ⁶Mit Zustimmung des Kraftfahrt-Bundesamtes kann davon abgesehen werden, ein Muster bei der Prüfstelle aufzubewahren. ⁷In diesen Fällen hat der Antragsteller auf Verlangen des Kraftfahrt-Bundesamtes oder der Prüfstelle ein Muster oder Teile davon aufzubewahren und dem Kraftfahrt-Bundesamt oder der Prüfstelle auf Anforderung zur Verfügung zu stellen.
(2) Ist der Antrag auf Erteilung der Bauartgenehmigung abgelehnt worden, so sind die Muster und auf Antrag auch die sonstigen Unterlagen dem Antragsteller erst dann auszuhändigen, wenn die Ablehnung unanfechtbar geworden ist.

§ 9
Übereinstimmung der Produktion

(1) ¹Das Kraftfahrt-Bundesamt kann die in den einzelnen Produktionsstätten angewandten Verfahren zur Kontrolle der Übereinstimmung der Produktion (Qualitätssicherungssysteme) überprüfen. ²Ist ein nach § 2 Abs. 2 Satz 2 zertifiziertes Qualitätssicherungssystem nachgewiesen, so gilt dies nur in begründeten Fällen.
(2) ¹Das Kraftfahrt-Bundesamt kann ohne vorherige Ankündigung während der üblichen Geschäftszeiten bei Inhabern der Genehmigung prüfen oder prüfen lassen, ob Fahrzeugteile, deren Bauart amtlich genehmigt ist und die das zugeteilte Prüfzeichen tragen, mit den amtlichen Bauartgenehmigungen übereinstimmen und ob Fahrzeugteile, die in amtlich genehmigter Bauart ausgeführt sein müssen, in Ausführungen feilgeboten werden, an denen das vorgeschriebene Prüfzeichen fehlt oder unbefugt angebracht ist (Produktprüfung). ²Es kann zu diesem Zweck auch Proben entnehmen oder entnehmen lassen. ³In den Fällen des § 2 Abs. 1 Satz 4 kann das Kraftfahrt-Bundesamt die Erteilung der Bauartgenehmigung davon abhängig machen, dass die zur Produktprüfung nach Satz 1 notwendigen Maßnahmen ermöglicht werden.
(3) ¹Die Kosten der Überprüfung nach Absatz 1 Satz 1 trägt der Inhaber der Genehmigung, wenn ein Verstoß gegen die Vorschriften des § 2 Abs. 2 festgestellt wird. ²Die Kosten der Proben nach Absatz 2, ihrer Entnahme, ihres Versandes und der Prüfung trägt der Inhaber der Genehmigung, wenn ein Verstoß gegen die Vorschriften über die Bauartgenehmigung oder die Prüfzeichen festgestellt wird.

§ 10
Nachträgliche Nebenbestimmungen, Widerruf, Rücknahme und Erlöschen der Allgemeinen Bauartgenehmigung

(1) Das Kraftfahrt-Bundesamt kann zur Beseitigung aufgetretener Mängel und zur Gewährleistung der Vorschriftsmäßigkeit auch

bereits im Verkehr befindlicher Fahrzeugteile nachträglich Nebenbestimmungen anordnen.

(2) Die allgemeine Bauartgenehmigung erlischt bei Rückgabe, nach Ablauf einer etwa festgesetzten Frist und dann, wenn sie den Rechtsvorschriften nicht mehr entspricht und dies durch die zuständige Stelle festgestellt worden ist.

(3) Das Kraftfahrt-Bundesamt kann die Allgemeine Bauartgenehmigung ganz oder teilweise widerrufen oder zurücknehmen, insbesondere wenn festgestellt wird, dass
1. Fahrzeugteile mit einem vorgeschriebenen Prüfzeichen nicht mit dem genehmigten Typ übereinstimmen,
2. Fahrzeugteile, obwohl sie mit einem gültigen Prüfzeichen versehen sind, die Sicherheit des Straßenverkehrs gefährden,
3. der Inhaber der Allgemeine Bauartgenehmigung nicht über ein vorgeschriebenes Qualitätssicherungssystem verfügt oder dieses nicht mehr in der vorgeschriebenen Weise anwendet oder
4. Nebenbestimmungen nicht eingehalten werden.

(4) [1]Das Kraftfahrt-Bundesamt ist unverzüglich vom Inhaber der Allgemeinen Bauartgenehmigung zu benachrichtigen, wenn die reihenweise Fertigung oder der Vertrieb des genehmigten Fahrzeugteils endgültig eingestellt, innerhalb eines Jahres nach Erteilung der Allgemeinen Bauartgenehmigung nicht aufgenommen oder länger als ein Jahr eingestellt wird. [2]Die Aufnahme der Fertigung oder des Vertriebs ist nach Unterbrechung oder Aufschub dem Kraftfahrt-Bundesamt unaufgefordert innerhalb eines Monats mitzuteilen.

(5) Ist die Allgemeine Bauartgenehmigung erloschen, kann das Kraftfahrt-Bundesamt die Veräußerung der aufgrund einer solchen Genehmigung hergestellten Fahrzeugteile zur Verwendung im Straßenverkehr im Geltungsbereich dieser Verordnung untersagen und hierüber die für die Zulassung und Überwachung zuständigen Stellen unterrichten.

ABSCHNITT 3
Bauartgenehmigung im Einzelfall – Einzelgenehmigung

§ 11
Antrag auf Einzelgenehmigung

[1]Gehört eines der in § 22a Abs. 1 der Straßenverkehrs-Zulassungs-Ordnung genannten Fahrzeugteile nicht zu einem genehmigten Typ, so kann eine Einzelgenehmigung unter Vorlage des Gutachtens eines amtlich anerkannten Sachverständigen für den Kraftfahrzeugverkehr oder der Prüfstelle (§ 5) bei der nach § 68 der Straßenverkehrs-Zulassungs-Ordnung zuständigen Verwaltungsbehörde (Zulassungsbehörde) beantragt werden. [2]§ 6 Abs. 1 ist entsprechend anzuwenden.

§ 12
Prüfung durch die Verwaltungsbehörde (Zulassungsbehörde)

(1) Die Zulassungsbehörde ist an das Gutachten des amtlich anerkannten Sachverständigen für den Kraftfahrzeugverkehr oder der Prüfstelle nicht gebunden.

(2) [1]Die Zulassungsbehörde trifft die zur Prüfung etwa erforderlichen weiteren Maßnahmen. [2]Sie kann hierzu die Vorführung des Fahrzeugteils sowie die Vorlage eines weiteren Gutachtens verlangen und ähnliche Anordnungen erlassen.

§ 13
Erteilung der Einzelgenehmigung

[1]Die Verwaltungsbehörde (Zulassungsbehörde) erteilt die Einzelgenehmigung, indem sie auf dem Gutachten des amtlich anerkannten Sachverständigen für den Kraftfahrzeugverkehr oder der Prüfstelle unter Angabe von Ort und Datum vermerkt: „Einzelgenehmigung erteilt". [2]Etwaige Beschränkungen oder Ausnahmen von den Bestimmungen der Straßenverkehrs-Zulassungs-Ordnung sind in den Vermerk aufzunehmen. [3]Wird das Fahrzeugteil an einem Kraftfahrzeug oder Kraftfahrzeuganhänger verwendet, so ist die Einzelgenehmigung in den Fahrzeugbrief

und in den Fahrzeugschein einzutragen und in den etwa ausgestellten Anhängerverzeichnissen kenntlich zu machen.

§ 14
Widerruf, Rücknahme und Erlöschen der Einzelgenehmigung

(1) Die Einzelgenehmigung erlischt bei Rückgabe, nach Ablauf einer etwa festgesetzten Frist, bei Rücknahme oder Widerruf durch die nach § 68 der Straßenverkehrs-Zulassungs-Ordnung zuständige Verwaltungsbehörde (Zulassungsbehörde), ferner dann, wenn sie den jeweils geltenden Rechtsvorschriften nicht mehr entspricht und dies durch die zuständige Stelle festgestellt worden ist.

(2) Die Einzelgenehmigung kann widerrufen werden, wenn sich herausstellt, dass das Fahrzeugteil den Erfordernissen der Verkehrssicherheit nicht entspricht.

(3) Nach dem Erlöschen der Einzelgenehmigung ist der Genehmigungsvermerk (§ 13) der Zulassungsbehörde zur Löschung unaufgefordert vorzulegen, nötigenfalls von dieser einzuziehen.

ABSCHNITT 4
Bestandsschutz

§ 15
Bisherige Genehmigungen

[1]Allgemeine Bauartgenehmigungen und Einzelgenehmigungen, die vor dem 19. November 1998 erteilt worden sind, bleiben gültig. [2]Die §§ 10 und 14 gelten sinngemäß.

ABSCHNITT 5
Schlussvorschriften

§ 16
(Inkrafttreten, Außerkrafttreten)

Fahrzeugteileverordnung FzTV | 04

Anlage 1
(zu § 3 Abs. 2)

Bei Antrag auf Erteilung
der Allgemeinen Bauartgenehmigung einzureichende Muster und Unterlagen

Teileart	Anzahl der Muster Bemerkungen	Unterlagen
1. Heizungen (§ 35c StVZO)	2 Muster; die Prüfstelle kann zusätzliche Muster zur Prüfung anfordern.	Je vierfach 1. ein Nachweis darüber, dass die Dichtheit des Heizraummantels durch eine Druckprobe mit 3 bar – bei Wärmetauschern mit 2 bar – geprüft worden ist, 2. eine Erklärung des Herstellers, dass sämtliche Heizmäntel und Wärmetauscher während der Fertigung einer Druckprobe mit dem Prüfdruck unterzogen werden, 3. ein Nachweis darüber, dass der für Heizmäntel und Wärmetauscher verwendete Baustoff bei den im Betrieb auftretenden Höchsttemperaturen ausreichend beständig ist, 4. eine ausführliche und leicht verständliche Bedienungsanweisung und – im Falle der Nachrüstung – Einbauanleitung.
2. Sicherheitsglas einschließlich Folien zur Aufbringung auf Scheiben von Fahrzeugen (§ 40 Abs. 1 StVZO)		
2.1 Einscheiben-Sicherheitsglas (Windschutzscheiben)	18 plane Scheiben 1100 mm x 500 mm, 12 zylindrisch gebogene Windschutzscheiben mit einer Stichhöhe von ca. 100 mm, 12 sphärisch gebogene Windschutzscheiben mit einer Stichhöhe von ca. 100 mm in einer Richtung und mindestens 6 mm in der dazu senkrechten Richtung.	
2.2 Einscheiben-Sicherheitsglas (andere als Windschutzscheiben)	35 plane Scheiben 300 mm x 300 mm, 15 plane Scheiben 1100 mm x 500 mm, 15 plane Scheiben 800 mm x 800 mm, 15 zylindrisch gebogene Heckscheiben mit einer Stichhöhe von ca. 100 mm, 15 sphärisch gebogene Heckscheiben mit einer Stichhöhe von ca. 100 mm in einer Richtung und mindestens 6 mm in der dazu senkrechten Richtung.	

Teileart	Anzahl der Muster Bemerkungen	Unterlagen
2.3 Normales Verbund-Sicherheitsglas (Windschutzscheiben)	50 plane Scheiben 300 mm x 300 mm mit feinjustierten Kanten, 12 Teilstücke von ca. 300 mm x 300 mm aus dem Teil geringster Krümmung von Windschutzscheiben herausschneiden, 3 Teilstücke von ca. 300 mm x 300 mm aus dem Teil größter Krümmung von Windschutzscheiben herausschneiden, 20 plane Scheiben 1100 mm x 500 mm mit feinjustierten Kanten, 6 zylindrisch gebogene Windschutzscheiben mit einer Stichhöhe von ca. 100 mm, 6 sphärisch gebogene Windschutzscheiben mit einer Stichhöhe von ca. 100 mm in einer Richtung und mindestens 6 mm in der dazu senkrechten Richtung.	
2.4 Normales Verbund-Sicherheitsglas (andere als Windschutzscheiben)	50 plane Scheiben 300 mm x 300 mm mit feinjustierten Kanten, 20 plane Scheiben 1100 mm x 500 mm mit feinjustierten Kanten, 6 zylindrisch gebogene Heckscheiben mit einer Stichhöhe von ca. 100 mm, 6 sphärisch gebogene Heckscheiben mit einer Stichhöhe von ca. 100 mm in einer Richtung und mindestens 6 mm in der dazu senkrechten Richtung.	
2.5 Vorbehandeltes Verbund-Sicherheitsglas (Windschutzscheiben)	60 plane Scheiben 300 mm x 300 mm mit feinjustierten Kanten, 12 Teilstücke von ca. 300 mm x 300 mm aus dem Teil geringster Krümmung von Windschutzscheiben herausschneiden, 3 Teilstücke von ca. 300 mm x 300 mm aus dem Teil größter Krümmung von Windschutzscheiben herausschneiden, 30 plane Scheiben 1100 mm x 500 mm mit feinjustierten Kanten, 20 zylindrisch gebogene Windschutzscheiben mit einer Stichhöhe von ca. 100 mm, 20 sphärisch gebogene Windschutzscheiben mit einer Stichhöhe von ca. 100 mm in einer Richtung und mindestens 6 mm in der dazu senkrechten Richtung.	

Teileart	Anzahl der Muster Bemerkungen	Unterlagen
2.6 Glasähnliche Stoffe (harte Kunststoffe)	Je nach Anwendungsfall 6 plane Proben 570 mm x 1170 mm, 40 plane Proben 300 mm x 300 mm, 1 plane Probe 25 mm x 300 mm, 5 plane Proben 100 mm x 356 mm, 16 plane Proben 25 mm x 180 mm, 3 plane Proben 40 mm x 130 mm, 4 plane Proben 100 mm x 100 mm oder 46 Fertigteile und folgende gleichartig gefertigte Proben 1 plane Probe 25 mm x 300 mm, 5 plane Proben 100 mm x 356 mm, 16 plane Proben 25 mm x 180 mm, 3 plane Proben 40 mm x 130 mm, 4 plane Proben 100 mm x 100 mm.	
2.7 Glasähnliche Stoffe (weiche Kunststoffe)	30 plane Proben 300 mm x 300 mm, 5 plane Proben 1 000 mm x 500 mm.	
2.8 Doppelscheiben (aus bauartgenehmigten Einzelscheiben)	Für jede Dicke und Sicherheitsglasart sowie für jede Kombination und Verbindungsart sind je 10 Scheiben zur Prüfung vorzulegen.	
2.9 Folien	5 Proben 356 mm x 100 mm, 6 Proben 300 mm x 300 mm, 10 Proben 1170 mm x 570 mm, 6 Proben 1200 mm x 600 mm.	

Teileart	Anzahl der Muster Bemerkungen	Unterlagen
3. Auflaufbremsen, ausgenommen Übertragungseinrichtungen (§ 41 Abs. 10 StVZO)	1 Muster; die Prüfstelle kann zusätzliche Muster zur Prüfung anfordern. Die Muster müssen der Serie entsprechen; sie sind ohne Farbbehandlung vorzulegen.	Angaben über das Anhänger-Gesamtgewicht, für das die Bremse zugelassen werden soll, ferner folgende Unterlagen in dreifacher Ausfertigung: 1. Beschreibung der Wirkungsweise der Bremsanlage für jeden Typ und jede Größe, Angabe der vorgesehenen Höchstgeschwindigkeit (Betriebsvorschrift), 2. entsprechend dem beantragten Genehmigungsumfang, 2.1 maßstäbliche Zeichnungen der Auflaufeinrichtung, aus der der Typ, die Ausführung(en), die Abmessungen und die Werkstoffe der einzelnen Bauteile ersichtlich sind, Angabe der statischen Stützlast, des vorgesehenen Auflaufwegs und der Wegübersetzung, 2.2 maßstäbliche Zeichnung(en) der Radbremsen, aus der der Typ, die Ausführung(en), die Abmessungen und die Werkstoffe der einzelnen Bauteile ersichtlich sind, Angabe des vorgesehenen Reifenhalbmessers.
4. Einrichtungen zur Verbindung von Fahrzeugen (§ 43 Abs. 1 StVZO)	1 Muster; die Prüfstelle kann zusätzliche Muster zur Prüfung anfordern. Die Muster müssen der Serie entsprechen; sie sind ohne Farbbehandlung vorzulegen.	Angaben über die Typbezeichnung der zu prüfenden Einrichtung und über die zulässigen Gesamtgewichte der Fahrzeuge, die durch die Einrichtungen miteinander verbunden werden sollen, sowie Angabe des D-Wertes und ggf. des zulässigen Gesamtgewichts des Starrdeichselanhängers, bzw. des V-Wertes, der statischen Stütz- bzw. Sattellast und der vorgesehenen Fahrgeschwindigkeit (Betriebsvorschrift), ferner folgende Unterlagen in dreifacher Ausfertigung: 1. Beschreibung der Einrichtung und ihrer Wirkungsweise für jeden Typ und jede Größe mit Angabe von Hersteller und Typbezeichnung, 2. maßstäbliche Zusammenstellungszeichnung für jeden Typ, jede Größe und jede Ausführung mit den Hauptmaßen, Zeichnungen der einzelnen Bauteile und Angaben über die verwendeten Werkstoffe, 3. Zeugnis des Herstellers über die Prüfung der Eigenschaften des Werkstoffs entsprechend der vom Kraftfahrt-Bundesamt anerkannten besonderen Bedingungen, wenn für tragende Bauteile der Verbindungseinrichtung weder Stahl noch Stahlguss verwendet werden.

Fahrzeugteileverordnung FzTV | 04

Teileart	Anzahl der Muster Bemerkungen	Unterlagen
5. Lichtquellen (§ 49a Abs. 6 § 67 Abs. 10 StVZO und § 22 Abs. 4 und 5 der StVO)		Zeichnungen in dreifacher Ausfertigung über die Vorder- und Seitenansicht im Maßstab 2 zu 1.
5.1 Lichtquellen allgemein	15 Muster	
5.2 Lichtquellen für asymmetrisches Abblendlicht	5 Muster	
6. Scheinwerfer für Fernlicht und für Abblendlicht sowie für Fern- und Abblendlicht (§ 50 StVZO) Fahrradscheinwerfer (§ 67 Abs. 3 und 11 StVZO)		Zeichnung(en) in dreifacher Ausfertigung einschließlich Schnittdarstellung und Vorderansicht der Abschlussscheibe.
6.1 Scheinwerfer mit Abschlussscheibe aus Glas	2 Muster	
6.2 Scheinwerfer mit Abschlussscheibe aus Kunststoff	2 Muster; das Kraftfahrt-Bundesamt kann erforderlichenfalls zusätzliche Muster anfordern.	
7. Begrenzungsleuchten (§ 51 Abs. 1 und 2, § 53b Abs. 1 StVZO) Spurhalteleuchten (§ 51 Abs. 4 StVZO) Seitenmarkierungsleuchten (§ 51a Abs. 6 StVZO) Parkleuchten (§ 51c StVZO Abs. 1 bis 4) Umrissleuchten (§ 51b StVZO) Nebelscheinwerfer (§ 52 Abs. 1 StVZO) Kennleuchten für blaues, rotes und gelbes Blinklicht (§ 52 Abs. 3, 3a und 4 StVZO) Rückfahrscheinwerfer (§ 52a StVZO) Schlussleuchten (§ 53 Abs. 1 und 6, § 53b Abs. 1 und 2, § 67 Abs. 4, 5 und 11 StVZO) Bremsleuchten (§ 53 Abs. 2 StVZO) Nebelschlussleuchten (§ 53d StVZO) Fahrtrichtungsanzeiger und Blinkleuchten (§ 53b Abs. 5 und § 54 StVZO) Leuchten zur Sicherung hinausragender Ladung (§ 22 Abs. 4 und 5 der StVO)	jeweils 2 Muster	Unterlagen jeweils in dreifacher Ausfertigung (Erläuterungen, Zeichnungen, Ein- oder Anbauanweisungen für die Verbraucher), aus denen eindeutig hervorgeht, in welcher Lage die Fahrzeugteile am Fahrzeug angebracht werden sollen (Abstand und Ausrichtung zur Fahrzeuglängsmittelebene und zur Fahrbahnoberfläche).

489

Teileart	Anzahl der Muster Bemerkungen	Unterlagen
8. Rückstrahler (§ 51 Abs. 2, § 51a Abs. 1, § 53 Abs. 4, 6 und 7, § 53b Abs. 1 und 2, § 66a Abs. 4, § 67 Abs. 3, 4 und 6 StVZO, § 22 Abs. 4 StVO)	10 Muster	Unterlagen jeweils in dreifacher Ausfertigung (Erläuterungen, Zeichnungen, Ein- oder Anbauanweisungen für die Verbraucher), aus denen eindeutig hervorgeht, in welcher Lage die Fahrzeugteile am Fahrzeug angebracht werden sollen (Abstand und Ausrichtung zur Fahrzeuglängsmittelebene und zur Fahrbahnoberfläche).
9. Warndreiecke sowie Blinkleuchten und Warnleuchten zur Sicherung haltender Fahrzeuge (§ 53a Abs. 1 und 3, § 53b Abs. 5 StVZO)		Zeichnung(en) in dreifacher Ausfertigung.
9.1 Warndreiecke	3 Muster	
9.2 Blinkleuchten und Warnleuchten	4 Muster, davon zwei mit Hilfsvorrichtungen, die die fortlaufende Messung der an der Lichtquelle (z. B. Glühlampe) liegenden Spannung während des Betriebs in einfacher Weise sowie die Messung der Batteriespannung bei Geräten mit eigener Spannungsquelle ermöglichen.	
9.3 Blinkleuchten und Warnleuchten mit nicht regenerierbaren Spannungsquellen	für jedes Muster nach 9.2 zusätzliche Spannungsquellen der für die Verwendung beabsichtigten Art in der erforderlichen Anzahl (mindestens zwei).	
10. Beleuchtungseinrichtungen für amtliche Kennzeichen (§ 10 Abs. 6 Satz 2 FZV) Beleuchtungseinrichtungen für transparente amtliche Kennzeichen (§ 10 FZV)	2 Muster	Zeichnung(en) in dreifacher Ausfertigung, aus der die Lage der Leuchte(n) zum Kennzeichen eindeutig hervorgeht; das Muster der zu prüfenden Beleuchtungseinrichtung muss mit dem Muster des zu beleuchtenden Kennzeichens fest verbunden sein.
11. Sicherheitsgurte in Kraftfahrzeugen (§ 35a Abs. 4 StVZO)	Muster, Zeichnungen und Beschreibungen sind nach der von der Prüfstelle anzuwendenden Vorschrift und den darin enthaltenen Bestimmunger über den Antrag beizufügen.	
12. Gleitschutzeinrichtungen (§ 37 Abs. 1 StVZO)	2 Muster; die Prüfstelle kann zusätzliche Muster zur Prüfung anfordern.	Folgende Unterlagen in je dreifacher Ausfertigung: 1. Zeichnung(en) der Gleitschutzeinrichtung, aus der die Abmessungen aller Einzelteile sowie der gesamten Einrichtung und die Art der Verschlüsse ersichtlich sind und, soweit erforderlich, Beschreibung unterschiedlicher Größen, 2. Stückliste aller zur Gleitschutzeinrichtung gehörenden Einzelteile mit vollständiger, normgerechter Werkstoffangabe, 3. Beschreibung der Gleitschutzeinrichtung, 4. Montageanleitung, 5. Größenbezeichnungen der Reifen, auf die sich der Verwendungsbereich erstrecken soll, 6. Fotografien der auf ein Rad montierten Gleitschutzeinrichtung, auf denen die Radinnenseite, die Radaußenseite und die Lauffläche erkennbar sind.

Fahrzeugteileverordnung FzTV | 04

Teileart	Anzahl der Muster Bemerkungen	Unterlagen
13. Retroreflektierende Streifen an Reifen oder in den Speichen von Fahrrädern (§ 67 Abs. 7 StVZO)	2 Muster; die Prüfstelle kann erforderlichenfalls zusätzliche Reifen mit aufgebrachten Streifen oder Streifen für die Speichen als Muster anfordern.	Zeichnung(en) in dreifacher Ausfertigung.
14. Park-Warntafeln (§ 51c Abs. 1, 2 und 5 sowie § 53b StVZO) Warnmarkierungen für Hubladebühnen (§ 53b Abs. 5 StVZO)		Zeichnung(en) in dreifacher Ausfertigung.
14.1 Park-Warntafeln	2 Muster; bei aufgebrachten retroreflektierenden Folien zusätzlich 9 Muster der Folien, Mindestgröße 40 mm x 100 mm.	
14.2 Warnmarkierungen für Hubladebühnen	9 Muster der aufzubringenden retroreflektierenden Materialien, Mindestgröße 40 mm x 100 mm.	
15. Lichtmaschinen für Fahrräder (§ 67 Abs. 1 StVZO)	2 Muster	Zeichnung(en) und Beschreibung der Wirkungsweise in dreifacher Ausfertigung.
16. (aufgehoben)		
17. Reifen (§ 36 Abs. 1a StVZO)	Muster, Zeichnungen und Beschreibungen sind nach der von der Prüfstelle angewandten Vorschrift und den darin festgelegten Bestimmungen über den Antrag beizufügen.	
18. Fahrtschreiber (§ 57a StVZO)	Muster, Zeichnungen und Beschreibungen sind nach der von der Prüfstelle angewandten Vorschrift und den darin enthaltenen Bestimmungen über den Antrag beizufügen.	
19. Warneinrichtungen mit einer Folge von Klängen verschiedener Grundfrequenz (§ 55 Abs. 3 und 3a StVZO)	2 Muster	Zeichnung(en) und Beschreibung der Wirkungsweise in zweifacher Ausfertigung.

**Anlage 2
Teil 1**
(zu § 5 Abs. 1 Satz 2 Nr. 1 und 2, § 7 Abs. 3)

Zuständige Prüfstellen für bestimmte Fahrzeugteile
und ihre bisher zugeteilten Kennbuchstaben

bisher zugeteilter Kennbuchstabe	Prüfstelle	Teileart, für die die Prüfstellen bisher zuständig waren
D	Materialprüfungsamt Nordrhein-Westfalen 44285 Dortmund	– Sicherheitsglas einschließlich Folien zur Aufbringung auf Scheiben von Fahrzeugen
E	TÜV NORD Mobilität GmbH & Co. KG IFM – Institut für Fahrzeugtechnik und Mobilität Am TÜV 1 30519 Hannover	– Fahrtschreiber
F	RWTÜV Fahrzeug GmbH Adlerstraße 7 45307 Essen	– Auflaufbremsen – Einrichtungen zur Verbindung von Fahrzeugen
G	Staatliche Materialprüfungsanstalt an der Universität Stuttgart Postfach 80 11 40 70511 Stuttgart	– Sicherheitsgurte – Rückhalteeinrichtungen für Kinder in Kraftfahrzeugen
K	Lichttechnisches Institut der Universität Karlsruhe Prüfstelle für Lichttechnische Einrichtungen an Fahrzeugen Kaiserstraße 12 76128 Karlsruhe	– lichttechnische Einrichtungen
L	Prüfungskommission für Gleitschutzeinrichtungen beim Kraftfahrt-Bundesamt 24932 Flensburg	– Gleitschutzeinrichtungen
M	TÜV AUTOMOTIVE GMBH Unternehmensgruppe TÜV Süddeutschland Bereich München Daimlerstraße 11 85748 Garching	– Einrichtungen zur Verbindung von Fahrzeugen – Auflaufbremsen – Warneinrichtungen mit einer Folge vor Klängen verschiedener Grundfrequenz - Einsatzhorn
N	DEKRA Typprüfstelle/Technischer Dienst der DEKRA Automobil AG Bernhardstraße 62 01187 Dresden	– Heizungen – Gleitschutzeinrichtungen – Scheiben aus Sicherheitsglas – Auflaufbremsen – Einrichtungen zur Verbindung von Fahrzeugen – Warneinrichtungen mit einer Folge von Klängen verschiedener Grundfrequenzen – Einsatzhorn – Sicherheitsgurte – Rückhalteeinrichtungen für Kinder in Kraftfahrzeugen – Fahrtschreiber und Kontrollgeräte
S	Prüfstelle für Fahrzeugteile im Forschungsinstitut für Kraftfahrwesen und Fahrzeugmotoren Pfaffenwaldring 12 70569 Stuttgart	– Heizungen

Fahrzeugteileverordnung FzTV | 04

Anlage 2
Teil 2
(zu § 7 Abs. 3)

Kennbuchstaben, die nicht mehr zugeteilt werden

weiterhin gültiger Kennbuchstabe, der nicht mehr zugeteilt wird	Prüfstelle	Teileart, für die die Prüfstelle zuständig war; Grund für die aufgehobene Zuständigkeit
A	Technische Prüfstelle für den Kraftfahrzeugverkehr des TÜV Berlin-Brandenburg e. V.	Beiwagen von Krafträdern;
T	alle anderen Technischen Prüfstellen für den Kraftfahrzeugverkehr	Beiwagen müssen nicht mehr in amtlich genehmigter Bauart nach § 22a Abs. 1 StVZO ausgeführt sein.
B	Physikalisch-Technische Bundesanstalt in Braunschweig	Fahrtschreiber; die Zuständigkeit wurde auf die Landeseichdirektion Nordrhein-Westfalen übertragen (Kennbuchstabe E).
C	Technische Prüfstelle für den Kraftfahrzeugverkehr an der Technischen Universität Berlin in Berlin-Charlottenburg	– Heizungen – Auflaufbremsen – Einrichtungen zur Verbindung von Fahrzeugen; Übernahme durch DEKRA e. V.

Anlage 3
(zu § 7 Abs. 1)

Muster für das Prüfzeichen

1. ∿∿∿ K 10833

Beispiel für ein Genehmigungszeichen an einer lichttechnischen Einrichtung

2. ∿∿∿ FM 1196

Beispiel für ein Genehmigungszeichen an einer Auflaufeinrichtung mit Zugeinrichtung

3. ∿∿∿ K S3 31485

Beispiel für ein Genehmigungszeichen an einer zusätzlichen zentralen Bremsleuchte der Kategorie „S3"

Verordnung
über die Teilnahme elektronischer Mobilitätshilfen am Verkehr (Mobilitätshilfenverordnung – MobHV)
Vom 16. Juli 2009 (BGBl. I S. 2097)[1]

Das Bundesministerium für Verkehr, Bau und Stadtentwicklung verordnet
- auf Grund des § 6 Absatz 1 Nummer 1 Buchstabe a bis e, g bis r, u, w und x, Nummer 2 Buchstabe b und f, Nummer 3 Buchstabe c und i sowie Nummer 4a, 5a, 15 und 17 des Straßenverkehrsgesetzes in der Fassung der Bekanntmachung vom 5. März 2003 (BGBl. I S. 310, 919), § 6 Absatz 1 geändert durch Artikel 1 des Gesetzes vom 3. Februar 2009 (BGBl. I S. 150), sowie
- auf Grund des § 7 Nummer 1 des Pflichtversicherungsgesetzes vom 5. April 1965 (BGBl. I S. 213), § 7 zuletzt geändert durch Artikel 1 Nummer 5 des Gesetzes vom 10. Dezember 2007 (BGBl. I S. 2833), im Einvernehmen mit dem Bundesministerium der Justiz, dem Bundesministerium für Wirtschaft und Technologie und dem Bundesministerium für Umwelt, Naturschutz und Reaktorsicherheit:

§ 1
Anwendungsbereich, Grundsatz der Verwendung

(1) Diese Verordnung gilt für Fahrzeuge mit elektrischem Antrieb und einer bauartbedingten Höchstgeschwindigkeit von nicht mehr als 20 km/h, die folgende Merkmale aufweisen:
1. zweispuriges Kraftfahrzeug mit zwei parallel angeordneten Rädern mit integrierter elektronischer Balance-, Antriebs-, Lenk- und Verzögerungstechnik,
2. eine Gesamtbreite von nicht mehr als 0,7 m,
3. eine Plattform als Standfläche für einen Fahrer,
4. eine lenkerähnliche Haltestange, über die der Fahrer durch Schwerpunktverlagerung die Beschleunigung oder Abbremsung sowie die Lenkung beeinflusst,
5. entspricht den Anforderungen der Richtlinie 72/245/EWG des Rates vom 20. Juni 1972 zur Angleichung der Rechtsvorschriften der Mitgliedstaaten über von Fahrzeugen verursachte Funkstörungen (elektromagnetische Verträglichkeit) (ABl. L 152 vom 6.7.1972, S. 15), die zuletzt durch die Richtlinie 2006/96/EG (ABl. L 363 vom 20.12.2006, S. 81) geändert worden ist, in der jeweils geltenden Fassung,
6. eine Anzeige für den Energievorrat.

(2) [1]Fahrzeuge im Sinne des Absatzes 1 (Mobilitätshilfen) sind Kraftfahrzeuge im Sinne der Straßenverkehrs-Ordnung. [2]Sie dürfen nur nach Maßgabe der folgenden Vorschriften auf öffentlichen Straßen verwendet werden.

§ 2
Anforderungen an das Inbetriebsetzen

(1) [1]Eine Mobilitätshilfe darf auf öffentlichen Straßen nur in Betrieb gesetzt werden, wenn sie
1. einem genehmigten Typ entspricht sowie

---
1 Anm. d. Red.:
   Erlassen als Artikel 1 der Verordnung über die Teilnahme elektronischer Mobilitätshilfen am Verkehr und zur Änderung der Fahrerlaubnis-Verordnung und der Fahrzeug-Zulassungsverordnung vom 16. Juli 2009 (BGBl. I S. 2097). Die Verordnung ist gemäß ihrem Artikel 4 am 25. Juli 2009 in Kraft getreten.

2. ein gültiges Versicherungskennzeichen nach § 26 in Verbindung mit § 27 der Fahrzeug-Zulassungsverordnung führt.
²Abweichend von Satz 1 Nummer 1 darf eine Mobilitätshilfe auch in Betrieb gesetzt werden, wenn für sie eine Einzelgenehmigung erteilt worden ist.
(2) ¹Es richtet sich die Erteilung
1. der Typgenehmigung im Falle des Absatzes 1 Nummer 1 nach den Anforderungen des § 20 der Straßenverkehrs-Zulassungs-Ordnung,
2. der Einzelgenehmigung im Falle des Absatzes 1 Satz 2 nach den Anforderungen des § 21 der Straßenverkehrs-Zulassungs-Ordnung.

²Die Erteilung der in Satz 1 bezeichneten Genehmigungen setzt voraus, dass die Anforderungen des § 1 Absatz 1 und der §§ 4 bis 6 erfüllt sind.
(3) § 4 Absatz 5 Satz 1 und Absatz 6 der Fahrzeug-Zulassungsverordnung gilt für den Führer und den Halter einer Mobilitätshilfe entsprechend.

§ 3
Berechtigung zum Führen

Für das Führen einer Mobilitätshilfe gilt die Fahrerlaubnis-Verordnung in der jeweils geltenden Fassung mit der Maßgabe, dass für das Führen einer Mobilitätshilfe mindestens die Berechtigung zum Führen eines Mofas nachzuweisen ist.

§ 4
Anforderung an die Verzögerungseinrichtung

Eine Mobilitätshilfe darf nur in Betrieb gesetzt werden, wenn sie mit einer dem in § 1 Absatz 1 Nummer 1 bis 4 beschriebenen Fortbewegungskonzept entsprechenden Verzögerungseinrichtung ausgerüstet ist, die
1. das Fahrzeug bis zum Stillstand abbremsen kann und
2. mindestens einen Verzögerungswert von 3,5 m/s² erreicht.

§ 5
Anforderung an die lichttechnischen Einrichtungen

(1) ¹Eine Mobilitätshilfe darf nur in Betrieb gesetzt werden, wenn sie mit folgenden lichttechnischen Einrichtungen ausgerüstet ist, die den Technischen Anforderungen an Fahrzeugteile bei der Bauartprüfung nach § 22a Straßenverkehrs-Zulassungs-Ordnung vom 5. Juli 1973 (VkBl. S. 558), die zuletzt am 21. Juni 2006 (VkBl. S. 645) geändert worden sind, in der jeweils geltenden Fassung entsprechen müssen:
1. nach vorne wirkendem Scheinwerfer für weißes Licht (TA 23),
2. nach vorne wirkendem weißem Rückstrahler (TA 18),
3. an der Rückseite mit einer Schlussleuchte für rotes Licht (TA 14b),
4. an der Rückseite mit einem roten Rückstrahler (TA 18),
5. mit gelben Rückstrahlern nach beiden Seiten wirkend (TA 18).

²Die lichttechnischen Werte sind in allen Betriebszuständen zu erfüllen, insbesondere ist eine Blendwirkung des Gegenverkehrs durch den vorderen Scheinwerfer auszuschließen.
(2) Die Einrichtungen nach Absatz 1 Nummer 1 und 3 können mit einer Lichtmaschine, über das Bordnetz der Mobilitätshilfe oder ausschließlich über Batterie- oder Akku-Versorgung betrieben werden, wenn dem Fahrzeugführer deren Ladezustand ständig angezeigt wird.

§ 6
Anforderung an die Schalleinrichtung

Eine Mobilitätshilfe darf nur in Betrieb gesetzt werden, wenn sie mit einer Glocke ausgerüstet ist.

§ 7
Zulässige Verkehrsflächen, Anforderungen an die Teilnahme am Straßenverkehr

(1) Wer elektronische Mobilitätshilfen im Verkehr führt, unterliegt den Vorschriften der Straßenverkehrs-Ordnung.

(2) [1]Innerhalb geschlossener Ortschaften dürfen abweichend von Absatz 1 nur Schutzstreifen, Radfahrstreifen, Radwegefurten und Radwege befahren werden. [2]Wenn solche nicht vorhanden sind, darf auf Fahrbahnen gefahren werden.

(3) [1]Außerhalb geschlossener Ortschaften dürfen abweichend von Absatz 1 nur Schutzstreifen, Radfahrstreifen, Radwegefurten und Radwege befahren werden. [2]Wenn solche nicht vorhanden sind, darf auf Fahrbahnen von Straßen, die nicht Bundes-, Landes- oder Kreisstraßen sind, und auf Wegen gefahren werden.

(4) [1]Abweichend von Absatz 1 darf mit elektronischen Mobilitätshilfen von dem Gebot, auf Fahrbahnen mit mehreren Fahrstreifen möglichst weit rechts zu fahren, nicht abgewichen werden. [2]Wer elektronische Mobilitätshilfen führt, muss einzeln hintereinander fahren, darf sich nicht an Fahrzeuge anhängen und nicht freihändig fahren. [3]In Fahrradstraßen darf auch nebeneinander gefahren werden. [4]Ist ein Verbot für Fahrzeuge aller Art (Zeichen 250) angezeigt, dürfen elektronische Mobilitätshilfen geschoben werden. [5]Soweit keine Fahrtrichtungsanzeiger vorhanden sind, sind Richtungsänderungen durch Handzeichen anzuzeigen.

(5) [1]Wer eine Mobilitätshilfe auf anderen Verkehrsflächen als Fahrbahnen führt, muss seine Geschwindigkeit anpassen. [2]Fußgänger haben Vorrang, sie dürfen weder gefährdet noch behindert werden. [3]Radfahrern ist das Überholen zu ermöglichen. [4]Ist eine Richtung durch Zusatzzeichen vorgegeben, so gilt diese entsprechend für den Verkehr mit elektronischen Mobilitätshilfen.

(6) Abweichend von den Absätzen 1 bis 3 können die Straßenverkehrsbehörden Ausnahmen für das Fahren mit elektronischen Mobilitätshilfen auf anderen Verkehrsflächen für bestimmte Einzelfälle oder allgemein für bestimmte Antragsteller zulassen.

§ 8
Ordnungswidrigkeiten

Ordnungswidrig im Sinne des § 24 des Straßenverkehrsgesetzes handelt, wer vorsätzlich oder fahrlässig
1. entgegen § 2 Absatz 1, § 4, § 5 oder § 6 eine elektronische Mobilitätshilfe in Betrieb setzt,
2. entgegen § 3 eine Mobilitätshilfe führt, ohne mindestens die Berechtigung zum Führen eines Mofas nachgewiesen zu haben, oder
3. einer Vorschrift des § 7 Absatz 2 oder Absatz 3 über zulässige Verkehrsflächen oder des § 7 Absatz 4 Satz 1, 2 oder Satz 5 über Anforderungen an die Teilnahme am Straßenverkehr zuwiderhandelt.

Verordnung
über die EG-Genehmigung für Kraftfahrzeuge und ihre Anhänger sowie für Systeme, Bauteile und selbstständige technische Einheiten für diese Fahrzeuge (EG-Fahrzeuggenehmigungsverordnung – EG-FGV)[*]

**Vom 3. Februar 2011 (BGBl. I S. 126),
die durch Artikel 7 der Verordnung 23. März 2017 (BGBl. I S. 522)
geändert worden ist**

– Fassung ab 1. Oktober 2017 –

Auf Grund
- des § 6 Absatz 1 Nummer 2 Buchstabe a bis c, e bis k, t bis v und Nummer 7 und Absatz 3a des Straßenverkehrsgesetzes in der Fassung der Bekanntmachung vom 5. März 2003 (BGBl. I S. 310, 919), von denen § 6 Absatz 1 Nummer 2 Buchstabe b durch Artikel 1 Nummer 2 Buchstabe a Doppelbuchstabe aa des Gesetzes vom 3. Mai 2005 (BGBl. I S. 1221) geändert und § 6 Absatz 3a durch Artikel 1 Nummer 1 des Gesetzes vom 22. Dezember 2008 (BGBl. I S. 2965) eingefügt worden sind, verordnet das Bundesministerium für Verkehr, Bau und Stadtentwicklung,
- des § 6 Absatz 1 Nummer 5a und 7 in Verbindung mit Absatz 2a des Straßenverkehrsgesetzes in der Fassung der Bekanntmachung vom 5. März 2003 (BGBl. I S. 310, 919) verordnen das Bundesministerium für Verkehr, Bau und Stadtentwicklung und das Bundesministerium für Umwelt, Naturschutz und Reaktorsicherheit,
- des § 6 Absatz 1 Nummer 10 in Verbindung mit Absatz 2 des Straßenverkehrsgesetzes in der Fassung der Bekanntmachung vom 5. März 2003 (BGBl. I S. 310, 919) verordnen das Bundesministerium für Verkehr, Bau und Stadtentwicklung und das Bundesministerium des Innern:

INHALTSÜBERSICHT

KAPITEL 1
Allgemeines

§ 1 Anwendungsbereich
§ 2 Genehmigungsbehörde

---

[*] Diese Verordnung dient der Umsetzung folgender Rechtsakte:
1. Richtlinie 2007/46/EG des Europäischen Parlaments und des Rates vom 5. September 2007 zur Schaffung eines Rahmens für die Genehmigung von Kraftfahrzeugen und Kraftfahrzeuganhängern sowie von Systemen, Bauteilen und selbständigen technischen Einheiten für diese Fahrzeuge (ABl. L 263 vom 9.10.2007, S. 1);
2. Richtlinie 2002/24/EG des Europäischen Parlaments und des Rates vom 18. März 2002 über die Typgenehmigung für zweirädrige oder dreirädrige Kraftfahrzeuge und zur Aufhebung der Richtlinie 92/61/EWG des Rates (ABl. L 124 vom 9.5.2002, S. 1), die zuletzt durch die Richtlinie 2005/30/EG (ABl. L 106 vom 27.4.2005, S. 17) geändert worden ist;
3. Richtlinie 2003/37/EG des Europäischen Parlaments und des Rates vom 26. Mai 2003 über die Typgenehmigung für land- oder forstwirtschaftliche Zugmaschinen, ihre Anhänger und die von ihnen gezogenen auswechselbaren Maschinen sowie für Systeme, Bauteile und selbständige technische Einheiten dieser Fahrzeuge und zur Aufhebung der Richtlinie 74/150/EG (ABl. L 171 vom 9.7.2003, S. 1), die zuletzt durch die Richtlinie 2005/67/EG (ABl. L 273 vom 19.10.2005, S. 17) geändert worden ist.

Die Verpflichtung aus der Richtlinie 98/34/EG des Europäischen Parlaments und des Rates vom 22. Juni 1998 über ein Informationsverfahren auf dem Gebiet der Normen und technischen Vorschriften und der Vorschriften für die Dienste der Informationsgesellschaft (ABl. L 204 vom 21.7.1998, S. 37), die zuletzt durch die Richtlinie 2006/96/EG (ABl. L 363 vom 20.12.2006, S. 81) geändert worden ist, sind beachtet worden.

KAPITEL 2
Genehmigung für Kraftfahrzeuge mit mindestens vier Rädern und ihre Anhänger sowie deren Systeme, Bauteile und selbstständige technische Einheiten

Abschnitt 1
Anwendungsbereich und EG-Typgenehmigung
- § 3 Anwendungsbereich und Voraussetzungen
- § 4 Erteilung der EG-Typgenehmigung
- § 5 Änderung der EG-Typgenehmigung
- § 6 Übereinstimmungsbescheinigung und Kennzeichnung
- § 7 Erlöschen der EG-Typgenehmigung, Folgemaßnahmen
- § 8 Besondere Verfahren

Abschnitt 2
Kleinserien-Typgenehmigung
- § 9 Erteilung der EG-Kleinserien-Typgenehmigung
- § 10 Übereinstimmungsbescheinigung
- § 11 Erteilung der nationalen Kleinserien-Typgenehmigung
- § 12 Datenbestätigung

Abschnitt 3
Einzelgenehmigung
- § 13 Einzelgenehmigung für Fahrzeuge

Abschnitt 4
EG-Autorisierung
für risikobehaftete Teile und Ausrüstungen
- § 14 Erteilung, Änderung, Widerruf, Rücknahme und Erlöschen der Autorisierung

KAPITEL 3
EG-Typgenehmigung
für zweirädrige oder dreirädrige Kraftfahrzeuge
- § 15 Anwendungsbereich und Voraussetzungen
- § 16 Erteilung und Änderung der EG-Typgenehmigung
- § 17 Übereinstimmungsbescheinigung und Kennzeichnung
- § 18 Erlöschen der EG-Typgenehmigung, Folgemaßnahmen
- § 19 Besondere Verfahren

KAPITEL 4
EG-Typgenehmigung
für land- oder forstwirtschaftliche Zugmaschinen, ihre Anhänger und die von ihnen gezogenen auswechselbaren Maschinen sowie für Systeme, Bauteile und selbstständige technische Einheiten dieser Fahrzeuge
- § 20 Anwendungsbereich und Voraussetzungen
- § 21 Erteilung und Änderung der EG-Typgenehmigung
- § 22 Übereinstimmungsbescheinigung und Kennzeichnung
- § 23 Erlöschen der EG-Typgenehmigung, Folgemaßnahmen
- § 24 Besondere Verfahren

KAPITEL 5
Gemeinsame Vorschriften
- § 25 Sicherstellung der Übereinstimmung der Produktion, Widerruf und Rücknahme
- § 26 EG-Typgenehmigungen aus anderen Mitgliedstaaten
- § 27 Zulassung und Veräußerung
- § 28 Informationen des Herstellers
- § 29 Zusammenarbeit mit den anderen Mitgliedstaaten der Europäischen Union und mit der Kommission der Europäischen Gemeinschaften

KAPITEL 6
Anerkennung von Technischen Diensten
- § 30 Anerkennung und Anerkennungsstelle
- § 31 Verfahren der Anerkennung der Technischen Dienste
- § 32 Änderung der Anerkennung
- § 33 Erlöschen, Widerruf und Rücknahme der Anerkennung
- § 34 Überwachung der anerkannten Stellen
- § 35 *(aufgehoben)*
- § 36 Freistellungsklausel

KAPITEL 7
Durchführungs- und Schlussvorschriften
§ 37 Ordnungswidrigkeiten
§ 38 Harmonisierte Normen
§ 39 Übergangsvorschriften
§ 40 Inkrafttreten, Außerkrafttreten

KAPITEL 1
Allgemeines

§ 1
Anwendungsbereich

Diese Verordnung gilt für die Genehmigung von
1. Kraftfahrzeugen und Kraftfahrzeuganhängern sowie von Systemen, Bauteilen und selbstständigen technischen Einheiten für diese Fahrzeuge nach der Richtlinie 2007/46/EG des Europäischen Parlaments und des Rates vom 5. September 2007 zur Schaffung eines Rahmens für die Genehmigung von Kraftfahrzeugen und Kraftfahrzeuganhängern sowie von Systemen, Bauteilen und selbstständigen technischen Einheiten für diese Fahrzeuge (ABl. L 263 vom 9.10.2007, S. 1) in ihrer jeweils geltenden Fassung,
2. zwei-, drei- und vierrädrigen Kraftfahrzeugen sowie Systemen, selbstständigen technischen Einheiten und Bauteilen nach der Richtlinie 2002/24/EG des Europäischen Parlaments und des Rates vom 18. März 2002 über die Typgenehmigung für zweirädrige oder dreirädrige Kraftfahrzeuge und zur Aufhebung der Richtlinie 92/61/EWG des Rates (ABl. L 124 vom 9.5.2002, S. 1) in ihrer jeweils geltenden Fassung,
3. land- oder forstwirtschaftliche Zugmaschinen, ihre Anhänger und die von ihnen gezogenen auswechselbaren Maschinen sowie für Systeme, Bauteile und selbstständige technische Einheiten nach der Richtlinie 2003/37/EG des Europäischen Parlaments und des Rates vom 26. Mai 2003 über land- oder forstwirtschaftliche Zugmaschinen, ihre Anhänger und die von ihnen gezogenen auswechselbaren Maschinen sowie für Systeme, Bauteile und selbstständige technische Einheiten (ABl. L 171 vom 9.7.2003, S. 1) in ihrer jeweils geltenden Fassung.

§ 2
Genehmigungsbehörde

(1) Genehmigungsbehörde für Typgenehmigungen und Genehmigungen für den Verkauf, das Anbieten zum Verkauf oder die Inbetriebnahme von Teilen oder Ausrüstungen, von denen ein erhebliches Risiko für das einwandfreie Funktionieren von Systemen ausgehen kann, die für die Sicherheit des Fahrzeugs oder für seine Umweltwerte von wesentlicher Bedeutung sind (Autorisierung von Teilen oder Ausrüstungen), ist das Kraftfahrt-Bundesamt.
(2) Genehmigungsbehörde für Einzelgenehmigungen sind die nach Landesrecht zuständigen Stellen.

KAPITEL 2
Genehmigung für Kraftfahrzeuge mit mindestens vier Rädern und ihre Anhänger sowie deren Systeme, Bauteile und selbstständige technische Einheiten

Abschnitt 1
Anwendungsbereich und EG-Typgenehmigung

§ 3
Anwendungsbereich und Voraussetzungen

(1) Für die Genehmigung von
1. Kraftfahrzeugen mit mindestens vier Rädern und mit einer bauartbedingten Höchstgeschwindigkeit von mehr als 25 km/h und ihren Anhängern (Fahrzeuge), die in einer oder in mehreren Stufen zur Teilnahme am Straßenverkehr konstruiert und gebaut werden, sowie
2. Systemen, Bauteilen und selbstständigen technischen Einheiten

nach der Richtlinie 2007/46/EG sind die Bestimmungen dieser Richtlinie anzuwenden.
(2) Die Bestimmungen der Richtlinie 2007/46/EG gelten nicht für die Typgenehmigung oder die Einzelgenehmigung folgender Fahrzeuge:
1. land- oder forstwirtschaftliche Zugmaschinen im Sinne des Kapitels 4 und Anhänger, die speziell dafür konstruiert und gebaut sind, von einer solchen Zugmaschine gezogen zu werden;
2. vierrädrige Kraftfahrzeuge im Sinne des Kapitels 3;
3. Gleiskettenfahrzeuge;
4. Prototypen von Fahrzeugen, die unter der Verantwortung eines Herstellers zur Durchführung eines speziellen Testprogramms auf der Straße betrieben werden, sofern sie speziell für diesen Zweck konstruiert und gebaut wurden.
(3) ¹Die Typgenehmigung oder Einzelgenehmigung nach der Richtlinie 2007/46/EG kann für folgende Fahrzeuge erteilt werden:
1. Fahrzeuge, die hauptsächlich für den Einsatz auf Baustellen, in Steinbrüchen, in Häfen oder auf Flughäfen konstruiert und gebaut sind;
2. Fahrzeuge, die für den Einsatz durch die Streitkräfte, den Katastrophenschutz, die Feuerwehr und die Ordnungskräfte konstruiert und gebaut sind, und
3. selbstfahrende Arbeitsmaschinen, sofern diese Fahrzeuge in der Lage sind, die Anforderungen dieser Richtlinie zu erfüllen.
²Die Anwendung der Richtlinie 2006/42/EG des Europäischen Parlaments und des Rates vom 17. Mai 2006 über Maschinen und zur Änderung der Richtlinie 95/16/EG (ABl. L 157 vom 9.6.2006, S. 24) bleibt unberührt.
(4) Die Einzelgenehmigung nach der Richtlinie 2007/46/EG kann für Fahrzeuge, die ausschließlich für Straßenrennen bestimmt sind, erteilt werden.
(5) ¹Die Genehmigung wird dem Hersteller oder einem anderen Verfügungsberechtigten auf Antrag erteilt. ²Ein außerhalb des Gebietes, in dem der Vertrag zur Gründung der Europäischen Wirtschaftsgemeinschaft oder das Abkommen über den Europäischen Wirtschaftsraum gilt, ansässiger Hersteller hat für die Zwecke dieser Verordnung einen in diesem Gebiet ansässigen Bevollmächtigten zu benennen, der ihn bei der Genehmigungsbehörde vertritt.
(6) Für die Begriffsbestimmungen gilt Artikel 3 der Richtlinie 2007/46/EG.

§ 4
Erteilung der EG-Typgenehmigung

(1) ¹Für das Antragsverfahren gelten die Artikel 6 und 7 der Richtlinie 2007/46/EG. ²Der Antragsteller hat der Genehmigungsbehörde zu erklären, dass für denselben Typ in einem anderen Mitgliedstaat eine EG-Typgenehmigung nicht beantragt worden ist.
(2) Die Vorlage der EG-Typgenehmigungsbögen für Systeme, selbstständige technische Einheiten und Bauteile entfällt, soweit die betreffenden EG-Typgenehmigungen bereits vom Kraftfahrt-Bundesamt erteilt wurden.
(3) ¹Mit dem Antrag kann ein Prüfbericht eines benannten Technischen Dienstes vorgelegt werden, der Angaben über die Erfüllung der Bedingungen zur Erteilung der Typgenehmigung enthält. ²Das Kraftfahrt-Bundesamt kann anordnen, dass für den Fahrzeugtyp, für den eine EG-Typgenehmigung beantragt wird, ein entsprechendes Fahrzeug bei ihm oder beim Hersteller vorzuführen ist.
(4) Die EG-Typgenehmigung darf nur erteilt werden, wenn die Voraussetzungen für den zu genehmigenden Fahrzeugtyp oder die zu genehmigenden Systeme, Bauteile oder selbstständigen technischen Einheiten nach Artikel 8 Absatz 1 der Richtlinie 2007/46/EG vorliegen und nach Artikel 8 Absatz 2 der Richtlinie 2007/46/EG die Erfüllung der spezifischen Bestimmungen der Artikel 9 und 10 sichergestellt ist und die erforderlichen Prüfverfahren ordnungsgemäß und mit zufriedenstellendem Ergebnis durchgeführt wurden und der Antragsteller nachweist, dass er nach Anhang X der Richtlinie 2007/46/EG über ein wirksames System zur Überwachung der Übereinstimmung der Produktion verfügt, um zu gewährleisten, dass die herzustellenden Fahrzeuge, Systeme, Bauteile und selbstständigen technischen Einheiten jeweils mit dem genehmigten Typ übereinstimmen.

(5) Die EG-Typgenehmigung kann mit Nebenbestimmungen versehen werden.

§ 5
Änderung der EG-Typgenehmigung

[1]Der Inhaber der EG-Typgenehmigung hat das Kraftfahrt-Bundesamt unverzüglich über jede Änderung zu den Angaben, die in den Beschreibungsunterlagen enthalten sind, zu unterrichten. [2]Hat der Inhaber der Genehmigung einen benannten Technischen Dienst beauftragt, kann das Kraftfahrt-Bundesamt im Benehmen mit dem Technischen Dienst darüber entscheiden, ob die Änderung Auswirkungen auf die Beschreibungsunterlagen hat. [3]Hat die Änderung Auswirkungen auf die Beschreibungsunterlagen, so erfolgt die notwendige Revision oder Erweiterung der EG-Typgenehmigung nur auf Antrag. [4]Das Kraftfahrt-Bundesamt nimmt die Änderungen der Beschreibungsunterlagen und des Genehmigungsbogens nach den Artikeln 14 bis 16 der Richtlinie 2007/46/EG vor.

§ 6
Übereinstimmungsbescheinigung und Kennzeichnung

(1) [1]Für jedes dem genehmigten Typ entsprechende Fahrzeug hat der Inhaber der EG-Typgenehmigung eine Übereinstimmungsbescheinigung nach Artikel 18 in Verbindung mit Anhang IX der Richtlinie 2007/46/EG auszustellen und dem Fahrzeug beizufügen. [2]Die Übereinstimmungsbescheinigung muss nach Artikel 18 Absatz 3 der Richtlinie 2007/46/EG fälschungssicher sein.

(2) Der Inhaber einer EG-Typgenehmigung für ein Bauteil oder eine selbstständige technische Einheit hat alle in Übereinstimmung mit dem genehmigten Typ hergestellten Bauteile oder selbstständigen technischen Einheiten nach Artikel 19 der Richtlinie 2007/46/EG zu kennzeichnen und, soweit die EG-Typgenehmigung Verwendungsbeschränkungen oder besondere Einbauvorschriften nach Artikel 10 Absatz 4 der Richtlinie 2007/46/EG enthält, jedem Bauteil oder jeder selbstständigen technischen Einheit ausführliche Angaben über die Beschränkungen mitzuliefern und etwa erforderliche Vorschriften über den Einbau beizufügen.

§ 7
Erlöschen der EG-Typgenehmigung, Folgemaßnahmen

(1) [1]Die EG-Typgenehmigung für Fahrzeuge erlischt, wenn neue Anforderungen eines für das genehmigte Fahrzeug geltenden Rechtsakts im Sinne des Artikels 3 Nummer 1 der Richtlinie 2007/46/EG für die Zulassung, den Verkauf oder die Inbetriebnahme neuer Fahrzeuge verbindlich werden und eine Änderung der Genehmigung nicht möglich ist. [2]Sie erlischt auch bei endgültiger Einstellung der Produktion des genehmigten Typs eines Fahrzeugs. [3]Der Hersteller hat die Einstellung der Produktion dem Kraftfahrt-Bundesamt mitzuteilen.

(2) [1]Muss der Genehmigungsinhaber bereits verkaufte, zugelassene oder in Betrieb genommene Fahrzeuge nach Artikel 32 der Richtlinie 2007/46/EG zurückrufen, weil von einem oder mehreren Systemen oder Bauteilen oder von einer oder mehreren selbstständigen technischen Einheiten, mit denen diese Fahrzeuge ausgerüstet sind, unabhängig davon, ob sie nach dieser Verordnung ordnungsgemäß genehmigt sind, ein erhebliches Risiko für die Verkehrssicherheit, die Gesundheit oder die Umwelt ausgeht, hat er dies unverzüglich dem Kraftfahrt-Bundesamt zu melden. [2]Die Meldung ist entbehrlich, wenn er bereits eine Meldung nach § 6 Absatz 4 des Produktsicherheitsgesetzes vom 8. November 2011 (BGBl. I S. 2178, 2179) an das Kraftfahrt-Bundesamt abgegeben hat. [3]Führt der Hersteller keine wirksamen Abhilfemaßnahmen im Sinne des Artikels 32 Absatz 2 und 3 der Richtlinie 2007/46/EG durch, kann das Kraftfahrt-Bundesamt Abhilfemaßnahmen anordnen oder die EG-Typgenehmigung ganz oder teilweise widerrufen oder zurücknehmen. [4]Maßnahmen nach dem Geräte- und Produktsicherheitsgesetz bleiben unberührt.

§ 8
Besondere Verfahren

(1) Die den Mitgliedstaaten nach Artikel 20 Absatz 1, 2 und 4 der Richtlinie 2007/46/EG obliegenden Aufgaben werden für die Bundesrepublik Deutschland vom Kraftfahrt-Bundesamt wahrgenommen.

(2) Das Kraftfahrt-Bundesamt kann für Fahrzeuge aus auslaufenden Serien im Sinne des Artikels 27 der Richtlinie 2007/46/EG Ausnahmen erteilen, die die Zulassung, den Verkauf und die Inbetriebnahme in einer begrenzten Stückzahl weiterhin erlauben, obwohl die Fahrzeuge einem Fahrzeugtyp entsprechen, dessen EG-Typgenehmigung nicht mehr wirksam ist.

Abschnitt 2
Kleinserien-Typgenehmigung

§ 9
Erteilung der EG-Kleinserien-Typgenehmigung

(1) Für Fahrzeuge wird eine EG-Kleinserien-Typgenehmigung nach Artikel 22 der Richtlinie 2007/46/EG erteilt, wenn die in der Anlage zum Anhang IV Teil I der Richtlinie 2007/46/EG genannten Anforderungen erfüllt und die in Anhang XII Teil A Abschnitt 1 genannten höchstzulässigen Stückzahlen nicht überschritten werden.

(2) Für das Genehmigungsverfahren gelten die §§ 4, 5, 7 und 8 entsprechend.

§ 10
Übereinstimmungsbescheinigung

Für die Ausstellung der Übereinstimmungsbescheinigung ist § 6 Absatz 1 und 2 mit der Maßgabe anzuwenden, dass die nach Artikel 18 Absatz 6 der Richtlinie 2007/46/EG geforderten Zusätze einzutragen sind.

§ 11
Erteilung der nationalen Kleinserien-Typgenehmigung

(1) [1]Für Fahrzeuge wird eine nationale Kleinserien-Typgenehmigung nach Artikel 23 der Richtlinie 2007/46/EG erteilt, wenn die in Anhang IV oder Anhang XI der Richtlinie 2007/46/EG genannten Anforderungen erfüllt und die in Anlage XII Teil A Abschnitt 2 der Richtlinie 2007/46/EG genannten höchstzulässigen Stückzahlen nicht überschritten werden. [2]Der Einhaltung einzelner in Anhang IV oder Anhang XI der Richtlinie 2007/46/EG genannter Vorschriften bedarf es nicht, wenn das Fahrzeug die entsprechenden Bestimmungen der Straßenverkehrs-Zulassungs-Ordnung erfüllt.

(2) [1]Für das Genehmigungsverfahren finden die §§ 4, 5, 7 und 8 Absatz 2 entsprechend Anwendung. [2]Beim Antrag ist die Notwendigkeit der Anwendung entsprechender Anforderungen der Straßenverkehrs-Zulassungs-Ordnung nach Absatz 1 Satz 2 an Stelle der in Anhang IV oder Anhang XI der Richtlinie 2007/46/EG genannten Vorschriften darzulegen.

(3) Abweichungen von den technischen Angaben, die das Kraftfahrt-Bundesamt bei Erteilung der nationalen Kleinserien-Typgenehmigung durch Bescheid in Schriftform oder elektronischer Form für den genehmigten Typ festgelegt hat, sind dem Inhaber der Typgenehmigung nur gestattet, wenn diese durch einen entsprechenden Nachtrag ergänzt worden ist oder wenn das Kraftfahrt-Bundesamt auf Antrag festgestellt hat, dass für die vorgesehene Änderung eine Nachtragserlaubnis nicht erforderlich ist.

(4) [1]Auf Antrag desjenigen, der ein Fahrzeug in einem anderen Mitgliedstaat verkaufen, zulassen oder in Betrieb nehmen will, fertigt das Kraftfahrt-Bundesamt eine Kopie des Typgenehmigungsbogens einschließlich der Beschreibungsunterlagen aus. [2]Auf Antrag des Herstellers übermittelt es den Genehmigungsbehörden der vom Hersteller angegebenen Mitgliedstaaten eine Kopie des Typgenehmigungsbogens und der zugehörigen Anlagen.

§ 12
Datenbestätigung

(1) ¹Der Inhaber einer nationalen Kleinserien-Typgenehmigung für Fahrzeuge ist verpflichtet, für jedes dem Typ entsprechende Fahrzeug eine Datenbestätigung nach Muster 2d der Straßenverkehrs-Zulassungs-Ordnung auszufüllen und dem Fahrzeug beizufügen. ²Die Datenbestätigung nach Satz 1 ist entbehrlich, wenn
1. das Kraftfahrt-Bundesamt für den Fahrzeugtyp Typdaten zur Verfügung gestellt hat und
2. der Inhaber der Typgenehmigung durch Eintragung der vom Kraftfahrt-Bundesamt für den Abruf der Typdaten zugeteilten Typ- sowie Varianten-/Versionsschlüsselnummer in der Zulassungsbescheinigung Teil II bestätigt hat, dass das genannte Fahrzeug mit den Typdaten, die dieser Schlüsselnummer entsprechen, übereinstimmt.

(2) Für Fahrzeuge, die für die Bundeswehr zugelassen werden sollen, braucht die Datenbestätigung abweichend von Absatz 1 Satz 1 nur für eine Fahrzeugserie ausgestellt zu werden, wenn der Inhaber der nationalen Typgenehmigung die Fahrzeug-Identifizierungsnummer jedes einzelnen Fahrzeugs der Fahrzeugserie der Zentralen Militärkraftfahrtstelle mitteilt.

Abschnitt 3
Einzelgenehmigung

§ 13
Einzelgenehmigung für Fahrzeuge

(1) ¹Für ein Fahrzeug wird eine Einzelgenehmigung nach Artikel 24 der Richtlinie 2007/46/EG erteilt, wenn die in Anhang IV oder Anhang XI der Richtlinie 2007/46/EG genannten Vorschriften erfüllt werden. ²Der Einhaltung einzelner in Anhang IV oder Anhang XI der Richtlinie 2007/46/EG genannten Vorschriften bedarf es nicht, wenn das Fahrzeug die entsprechenden Bestimmungen der Straßenverkehrs-Zulassungs-Ordnung erfüllt.

(2) ¹Sollen für ein Kraftfahrzeug der Klasse M_1 jährlich mehr als 20 vom Hundert der in Anhang XII Teil A Nummer 2 der Richtlinie 2007/46/EG genannten höchstzulässigen Stückzahlen von neuen Kraftfahrzeugen eines gleichen Typs zugelassen oder in Betrieb genommen werden, muss eine EG-Kleinserien-Typgenehmigung nach § 9, eine nationale Kleinserien-Typgenehmigung nach § 11 oder eine EG-Typgenehmigung nach § 4 beantragt werden. ²Im Antrag hat der Antragsteller zu erklären, welche Anzahl gleichartiger Fahrzeuge genehmigt werden soll und dass die maximal mögliche Stückzahl nach Satz 1 nicht überschritten wird. ³Die Sätze 1 und 2 finden keine Anwendung für die Einzelgenehmigung von Kraftfahrzeugen eines Herstellers, der bereits Inhaber einer Typgenehmigung ist, wenn
a) diese Fahrzeuge die Anforderungen der Anhänge IV oder XI der Richtlinie 2007/46/EG erfüllen und für sie bereits eine Typgenehmigung beantragt worden ist und die zuständige Genehmigungsbehörde die Beantragung bestätigt, oder
b) es sich um Fahrzeuge nach Artikel 24 Absatz 8 der Richtlinie 2007/46/EG handelt.

(3) ¹Mit dem Antrag auf Erteilung der Einzelgenehmigung nach Artikel 24 der Richtlinie 2007/46/EG ist der Genehmigungsbehörde das auf Kosten des Antragstellers erstellte Gutachten einer amtlich anerkannten Sachverständigen oder eines amtlich anerkannten Sachverständigen, die oder der einer Technischen Prüfstelle für den Kraftfahrzeugverkehr angehört, oder eines Technischen Dienstes, der für die Begutachtung von Gesamtfahrzeugen benannt ist, vorzulegen. ²Das Gutachten muss einen Genehmigungsbogen nach Anhang VI der Richtlinie 2007/46/EG enthalten. ³Der Genehmigungsbogen muss mindestens die Angaben enthalten, die notwendig sind, um die Zulassungsbescheinigung Teil I und Teil II vollständig auszufüllen. ⁴Dem Genehmigungsbogen ist eine Anlage beizufügen, aus der die technischen Vorschriften hervorgehen, nach denen das Fahrzeug genehmigt werden soll. ⁵In dem Antrag ist die Notwendigkeit der Anwendung entsprechender Anforderungen der Straßenverkehrs-Zulassungs-Ordnung nach

Absatz 1 Satz 2 an Stelle der in Anhang IV oder Anhang XI der Richtlinie 2007/46/EG genannten Vorschriften stichhaltig darzulegen. ⁶Die Genehmigungsbehörde kann eine Nachprüfung des Gutachtens veranlassen.
(4) ¹Im Gutachten für die Einzelgenehmigung hat die oder der amtlich anerkannte Sachverständige oder der Technische Dienst zu bescheinigen, dass das Fahrzeug richtig beschrieben und vorschriftsmäßig ist. ²Für die im Gutachten zusammengefassten Ergebnisse müssen Prüfprotokolle vorliegen, aus denen hervorgeht, dass die notwendigen Prüfungen durchgeführt und die geforderten Ergebnisse erreicht wurden. ³Auf Anforderung sind die Prüfprotokolle der Genehmigungs- oder der zuständigen Aufsichtsbehörde vorzulegen. ⁴Die Aufbewahrungsfrist für die Gutachten und Prüfprotokolle beträgt zehn Jahre.
(5) ¹Der Leiter der Technischen Prüfstelle und der Leiter des benannten Technischen Dienstes sind für die Sicherstellung der gleichmäßigen Qualität aller Tätigkeiten des befugten Personenkreises verantwortlich. ²Sie haben der zuständigen Aufsichtsbehörde jährlich sowie zusätzlich auf konkrete Anforderung hin einen Qualitätssicherungsbericht vorzulegen. ³Der Bericht muss in transparenter Form Aufschluss über die durchgeführten Qualitätskontrollen und die eingeleiteten Qualitätsmaßnahmen geben, sofern diese auf Grund eines Verstoßes erforderlich waren. ⁴Der Leiter der Technischen Prüfstelle und der Leiter des benannten Technischen Dienstes haben sicherzustellen, dass fehlerhafte Begutachtungen, auf Grund derer ein Fahrzeug in Verkehr gebracht wurde oder werden soll, von dem ein erhebliches Risiko für die Verkehrssicherheit, die öffentliche Gesundheit oder die Umwelt ausgeht, nach Feststellung unverzüglich der zuständigen Genehmigungsbehörde und der zuständigen Aufsichtsbehörde gemeldet werden.
(6) Die Genehmigungsbehörde kann die Genehmigung ganz oder teilweise widerrufen oder zurücknehmen, insbesondere wenn festgestellt wird, dass
1. das im Gutachten beschriebene Fahrzeug mit dem genehmigten Sachverhalt nicht übereinstimmt oder

2. trotz der Genehmigung vom Fahrzeug ein erhebliches Risiko für die Verkehrssicherheit, die öffentliche Gesundheit oder die Umwelt ausgeht.

Abschnitt 4
EG-Autorisierung für risikobehaftete Teile und Ausrüstungen

§ 14
Erteilung, Änderung, Widerruf, Rücknahme und Erlöschen der Autorisierung

(1) ¹Für Teile oder Ausrüstungen nach Anhang XIII der Richtlinie 2007/46/EG kann auf Antrag vom Kraftfahrt-Bundesamt eine Autorisierung nach Artikel 31 der Richtlinie 2007/46/EG erteilt werden, wenn die in Artikel 31 Absatz 4 der Richtlinie 2007/46/EG genannten Anforderungen erfüllt werden. ²Die Autorisierung wird dem Hersteller nach Artikel 31 Absatz 5 und 7 bis 10 der Richtlinie 2007/46/EG erteilt und durch eine Bescheinigung nachgewiesen.
(2) Der Hersteller hat sicherzustellen, dass alle Teile oder Ausrüstungen, für die in Anwendung dieses Artikels eine Autorisierung erteilt wurde, entsprechend gekennzeichnet sind.
(3) ¹Der Hersteller hat dem Kraftfahrt-Bundesamt jede Änderung, die sich auf die Bedingungen auswirkt, unter denen die Bescheinigung nach Absatz 1 ausgestellt wurde, unverzüglich mitzuteilen. ²Das Kraftfahrt-Bundesamt entscheidet dann, ob die Bescheinigung geändert oder neu ausgestellt werden muss und ob neue Prüfungen erforderlich sind. ³Der Hersteller ist dafür verantwortlich, dass die Teile und Ausrüstungen jederzeit unter den Bedingungen hergestellt werden, auf Grund derer die Bescheinigung ausgestellt wurde.
(4) Das Kraftfahrt-Bundesamt kann die Autorisierung ganz oder teilweise widerrufen oder zurücknehmen, insbesondere wenn festgestellt wird, dass
1. Teile oder Ausrüstungen mit einer Bescheinigung nach Absatz 1 nicht mit dem autorisierten Teil oder der Ausrüstung übereinstimmen oder

2. von Teilen oder Ausrüstungen ein erhebliches Risiko für die Verkehrssicherheit, die öffentliche Gesundheit oder die Umwelt ausgeht, obwohl sie mit einer Kennzeichnung nach Absatz 2 versehen sind, oder
3. der Hersteller nicht über ein wirksames System zur Überwachung der Übereinstimmung der Produktion nach Artikel 31 Absatz 9 der Richtlinie 2007/46/EG verfügt oder dieses System nicht mehr in der vorgesehenen Weise anwendet.

KAPITEL 3
EG-Typgenehmigung für zweirädrige oder dreirädrige Kraftfahrzeuge

§ 15
Anwendungsbereich und Voraussetzungen

(1) Für die Genehmigung von
1. zwei-, drei- und vierrädrigen Kraftfahrzeugen sowie
2. Systemen, selbstständigen technischen Einheiten und Bauteilen

nach der Richtlinie 2002/24/EG sind die Bestimmungen dieser Richtlinie anzuwenden.

(2) Die Bestimmungen der Richtlinie 2002/24/EG gelten nicht für
1. Fahrzeuge mit einer durch die Bauart bestimmten Höchstgeschwindigkeit von nicht mehr als 6 km/h;
2. durch Fußgänger geführte Fahrzeuge;
3. Fahrzeuge, die zur Benutzung durch körperlich behinderte Personen bestimmt sind;
4. Fahrzeuge, die für den sportlichen Wettbewerb auf der Straße oder im Gelände bestimmt sind;
5. land- oder forstwirtschaftliche Zugmaschinen;
6. selbstfahrende Arbeitsmaschinen;
7. für Freizeitzwecke konzipierte Geländefahrzeuge mit drei symmetrisch angeordneten Rädern, wobei diese ein Vorderrad und zwei Hinterräder umfassen;
8. Fahrräder mit Trethilfe, die mit einem elektromotorischen Hilfsantrieb mit einer maximalen Nenndauerleistung von 0,25 Kilowatt ausgestattet sind, dessen Unterstützung sich mit zunehmender Fahrzeuggeschwindigkeit progressiv verringert und beim Erreichen einer Geschwindigkeit von 25 km/h oder früher, wenn der Fahrer im Treten einhält, unterbrochen wird;
9. selbstständige technische Einheiten oder Bauteile für die unter den Nummern 1 bis 8 genannten Fahrzeuge.

(3) Die Genehmigung nach Absatz 1 wird dem Hersteller auf Antrag erteilt.

(4) Für die Begriffsbestimmungen gilt Artikel 2 der Richtlinie 2002/24/EG.

§ 16
Erteilung und Änderung der EG-Typgenehmigung

(1) Für das Antragsverfahren gilt Artikel 3 in Verbindung mit Artikel 11 der Richtlinie 2002/24/EG.

(2) Der Antragsteller hat dem Kraftfahrt-Bundesamt zu erklären, dass für denselben Typ in einem anderen Mitgliedstaat eine EG-Typgenehmigung nicht beantragt worden ist.

(3) [1]Mit dem Antrag kann ein Prüfbericht eines benannten Technischen Dienstes vorgelegt werden, der Angaben nach Maßgabe des Artikels 4 Absatz 1 der Richtlinie 2002/24/EG über die Erfüllung der Bedingungen zur Erteilung der Typgenehmigung enthält. [2]Das Kraftfahrt-Bundesamt kann anordnen, dass für den Fahrzeugtyp, für den eine EG-Typgenehmigung beantragt wird, ein entsprechendes Fahrzeug bei ihm oder beim Hersteller vorzuführen ist.

(4) [1]Der Antragsteller hat gegenüber dem Kraftfahrt-Bundesamt das Vorhandensein eines wirksamen Systems zur Überwachung der Übereinstimmung der Produktion nach Anhang VI der Richtlinie 2002/24/EG nachzuweisen. [2]Die hierfür notwendige Überprüfung kann durch das Kraftfahrt-Bundesamt erfolgen; sie kann auch durch eine akkreditierte Zertifizierungsstelle oder die Behörde eines anderen Mitgliedstaates vorgenommen werden, wenn diese vom Kraftfahrt-Bundesamt hierzu beauftragt wurden. [3]Den nach

Satz 1 erforderlichen Nachweis kann der Antragsteller auch durch Vorlage eines ordnungsgemäßen Zertifikats über das Vorhandensein eines Qualitätsmanagementsystems nach EN ISO 9002-1994, EN ISO 9001-2000 oder eines gleichwertigen Standards erbringen, das
1. vom Kraftfahrt-Bundesamt als Zertifizierungsstelle,
2. von einer durch die Akkreditierungsstelle akkreditierten Zertifizierungsstelle oder
3. von einer durch die zuständige Stelle eines anderen Mitgliedstaates akkreditierten Zertifizierungsstelle, die von der EG-Typgenehmigungsbehörde dieses Mitgliedstaates anerkannt wird,

ausgestellt ist. [4]Die Zertifizierung nach Satz 3 Nummer 3 wird nur unter der Voraussetzung der Gegenseitigkeit anerkannt.

(5) Das Kraftfahrt-Bundesamt kann die Überprüfung nach Anhang VI der Richtlinie 2002/24/EG durchführen oder durch eine Zertifizierungsstelle nach Absatz 4 Satz 3 Nummer 2 durchführen lassen.

(6) [1]Die EG-Typgenehmigung darf nur erteilt werden, wenn die Voraussetzungen nach Artikel 4 Absatz 1 der Richtlinie 2002/24/ EG vorliegen und der Antragsteller über ein wirksames System zur Überwachung der Übereinstimmung der Produktion nach Anhang VI der Richtlinie 2002/24/EG verfügt, um zu gewährleisten, dass die herzustellenden Fahrzeuge, Systeme, selbstständigen technischen Einheiten und Bauteile jeweils mit dem genehmigten Typ übereinstimmen. [2]Hinsichtlich Inhalt und Form der EG-Typgenehmigung gilt Artikel 5 der Richtlinie 2002/24/EG.

(7) Für das weitere Verfahren der Erteilung findet § 4 Absatz 2 und 5 entsprechende Anwendung.

(8) [1]Der Inhaber der EG-Typgenehmigung hat das Kraftfahrt-Bundesamt über jede Änderung zu den Angaben, die im Beschreibungsbogen enthalten sind, zu unterrichten. [2]Hat der Inhaber der EG-Typgenehmigung einen Technischen Dienst mit der Unterrichtung beauftragt, kann dieser im Einvernehmen mit dem Kraftfahrt-Bundesamt darüber entscheiden, ob die Änderung Auswirkungen auf den EG-Typgenehmigungsbogen hat. [3]Hat die Änderung Auswirkungen auf den EG-Typgenehmigungsbogen, so bedarf es für die notwendige Änderung oder Erweiterung der EG-Typgenehmigung eines Antrags an das Kraftfahrt-Bundesamt. [4]Das Kraftfahrt-Bundesamt nimmt die Änderungen des EG-Typgenehmigungsbogens nach Maßgabe des Artikels 9 Absatz 3 und 4 der Richtlinie 2002/24/EG vor.

§ 17
Übereinstimmungsbescheinigung und Kennzeichnung

(1) [1]Für jedes dem genehmigten Typ entsprechende Fahrzeug hat der Inhaber der EG-Typgenehmigung eine Übereinstimmungsbescheinigung nach Anhang IV Teil A der Richtlinie 2002/24/EG auszustellen und diese dem Fahrzeug beizufügen. [2]Die Übereinstimmungsbescheinigung muss nach Artikel 7 Absatz 1 der Richtlinie 2002/24/EG fälschungssicher sein. [3]Für jede selbstständige technische Einheit oder jedes Bauteil, bei dem es sich nicht um ein Originalteil aus der Baureihe des genehmigten Fahrzeugtyps handelt, das aber dem genehmigten Typ entspricht, hat der Inhaber der EG-Typgenehmigung für diese Teile eine Übereinstimmungsbescheinigung nach Anhang IV Teil B der Richtlinie 2002/24/EG auszustellen und diese der selbstständigen technischen Einheit oder dem Bauteil beizufügen; dies gilt nicht, wenn die Anbringung des Typgenehmigungszeichens nach der in Anhang I der Richtlinie 2002/24/ EG genannten jeweiligen Einzelrichtlinie vorgeschrieben ist.

(2) Der Inhaber einer EG-Typgenehmigung für eine selbstständige technische Einheit oder ein Bauteil hat alle in Übereinstimmung mit dem genehmigten Typ hergestellten selbstständigen technischen Einheiten oder Bauteile nach Artikel 7 Absatz 4 der Richtlinie 2002/24/EG zu kennzeichnen.

(3) Der Inhaber einer EG-Typgenehmigung, die für eine selbstständige technische Einheit oder ein Bauteil Verwendungsbeschränkungen nach Artikel 7 Absatz 3 der Richtlinie

2002/24/EG enthält, hat nach Artikel 7 Absatz 5 der Richtlinie 2002/24/EG mit jeder hergestellten selbstständigen technischen Einheit oder jedem Bauteil ausführliche Angaben über die Beschränkungen und etwa erforderliche Vorschriften über den Einbau mitzuliefern.
(4) Der Inhaber einer EG-Typgenehmigung für eine selbstständige technische Einheit, bei der es sich nicht um ein Originalteil aus der Baureihe des genehmigten Fahrzeugtyps handelt, hat nach Artikel 7 Absatz 6 der Richtlinie 2002/24/EG jeder hergestellten selbstständigen technischen Einheit ausführliche Angaben über die Zuordnung zu den Fahrzeugen, für die die Verwendung vorgesehen ist, beizufügen.
(5) Hinsichtlich der Ausführung des Typgenehmigungszeichens gilt Artikel 8 der Richtlinie 2002/24/EG.

§ 18
Erlöschen der EG-Typgenehmigung, Folgemaßnahmen

[1]Die EG-Typgenehmigung erlischt, wenn eine oder mehrere der EG-Typgenehmigungen nach den in Anhang I der Richtlinie 2002/24/EG genannten Einzelrichtlinien ungültig werden, die Bestandteil des betreffenden Beschreibungsbogens sind. [2]Sie erlischt auch bei endgültiger Einstellung der Produktion des genehmigten Typs eines Fahrzeugs, einer selbstständigen technischen Einheit oder eines Bauteils.

§ 19
Besondere Verfahren

(1) Die den Mitgliedstaaten nach Artikel 15 Absatz 3 und 4 sowie Artikel 16 der Richtlinie 2002/24/EG obliegenden Aufgaben werden für die Bundesrepublik Deutschland vom Kraftfahrt-Bundesamt wahrgenommen.
(2) [1]Für Fahrzeuge, Systeme, selbstständige technische Einheiten und Bauteile, die in Kleinserien oder für die Bundeswehr, die Polizei, die Bundespolizei, den Zolldienst, die Feuerwehr und die anderen Einheiten und Einrichtungen des Katastrophenschutzes im Sinne des Artikels 15 Absatz 3 Buchstabe a der Richtlinie 2002/24/EG hergestellt werden, können Allgemeine Betriebserlaubnisse nach § 20 der Straßenverkehrs-Zulassungs-Ordnung erteilt werden. [2]Das Kraftfahrt-Bundesamt kann für Fahrzeuge, für die in einem anderen Mitgliedstaat eine Typgenehmigung nach Artikel 15 Absatz 3 Buchstabe a der Richtlinie 2002/24/EG erteilt worden ist, auf Antrag diese Typgenehmigung für die Zulassung im Inland anerkennen. [3]Im Übrigen gilt Artikel 15 Absatz 3 Buchstabe a der Richtlinie 2002/24/EG.
(3) Auf Antrag kann das Kraftfahrt-Bundesamt für Fahrzeuge aus auslaufenden Serien im Sinne des Artikels 16 Absatz 1 und 2 der Richtlinie 2002/24/EG die Zulassung, den Verkauf und die Inbetriebnahme trotz nicht mehr gültiger Typgenehmigung erlauben.
(4) [1]Für Fahrzeuge, Systeme, selbstständige technische Einheiten oder Bauteile im Sinne des Artikels 16 Absatz 3 der Richtlinie 2002/24/EG kann eine EG-Typgenehmigung erteilt werden. [2]Die Vorschriften der §§ 15 bis 18 sind entsprechend anzuwenden. [3]Im Übrigen gilt Artikel 16 Absatz 3 der Richtlinie 2002/24/EG.

KAPITEL 4
EG-Typgenehmigung für land- oder forstwirtschaftliche Zugmaschinen, ihre Anhänger und die von ihnen gezogenen auswechselbaren Maschinen sowie für Systeme, Bauteile und selbstständige technische Einheiten dieser Fahrzeuge

§ 20
Anwendungsbereich und Voraussetzungen

(1) Für die Genehmigung von
1. Zugmaschinen, Anhängern oder gezogenen auswechselbaren Maschinen, die zum Einsatz in der Land- oder Forstwirtschaft bestimmt sind, unabhängig davon,

ob sie in einer oder in mehreren Stufen gefertigt werden, sowie
2. Systemen, selbstständigen technischen Einheiten und Bauteilen nach der Richtlinie 2003/37/EG sind die Bestimmungen dieser Richtlinie anzuwenden.
(2) Die Bestimmungen der Richtlinie 2003/37/EG gelten nicht für
1. Fahrzeuge mit einer durch die Bauart bestimmten Höchstgeschwindigkeit von weniger als 6 km/h;
2. speziell zum Einsatz in der Forstwirtschaft bestimmte Maschinen wie Seilschlepper (Skidder) und Rückezüge (Forwarder) nach ISO-Norm 6814:2000;
3. Forstmaschinen auf Fahrgestell für Erdbaumaschinen nach ISO-Norm 6165:2001;
4. auswechselbare Maschinen, die im öffentlichen Straßenverkehr von einem anderen Fahrzeug in vollständig angehobener Stellung mitgeführt werden (Anbaugeräte).
(3) Die Genehmigung nach Absatz 1 wird dem Hersteller auf Antrag erteilt.
(4) Für die Begriffsbestimmungen gilt Artikel 2 der Richtlinie 2003/37/EG.

§ 21
Erteilung und Änderung der EG-Typgenehmigung

(1) Für das Antragsverfahren gilt Artikel 3 in Verbindung mit Artikel 12 der Richtlinie 2003/37/EG.
(2) Der Antragsteller hat dem Kraftfahrt-Bundesamt nach Artikel 3 Absatz 4 der Richtlinie 2003/37/EG zu erklären, dass für denselben Typ in einem anderen Mitgliedstaat eine EG-Typgenehmigung nicht beantragt worden ist.
(3) [1]Mit dem Antrag kann ein Prüfbericht eines benannten Technischen Dienstes vorgelegt werden, der Angaben nach Maßgabe des Artikels 4 Absatz 1 der Richtlinie 2003/37/EG über die Erfüllung der Bedingungen zur Erteilung der Typgenehmigung enthält. [2]Das Kraftfahrt-Bundesamt kann anordnen, dass für den Fahrzeugtyp, für den eine EG-Typgenehmigung beantragt wird, ein entsprechendes Fahrzeug bei ihm oder beim Hersteller vorzuführen ist.
(4) [1]Der Antragsteller hat gegenüber dem Kraftfahrt-Bundesamt nach dessen näherer Bestimmung das Vorhandensein eines wirksamen Systems zur Überwachung der Übereinstimmung der Produktion nach Anhang IV der Richtlinie 2003/37/EG nachzuweisen. [2]Die hierfür notwendige Überprüfung kann durch das Kraftfahrt-Bundesamt erfolgen; sie kann auch durch eine akkreditierte Zertifizierungsstelle oder die Behörde eines anderen Mitgliedstaates vorgenommen werden, wenn diese vom Kraftfahrt-Bundesamt hierzu beauftragt wurden. [3]Den nach Satz 1 erforderlichen Nachweis kann der Antragsteller auch durch Vorlage eines ordnungsgemäßen Zertifikats über das Vorhandensein eines Qualitätsmanagementsystems entsprechend EN ISO 9001-2000 oder eines gleichwertigen Standards erbringen, das
1. vom Kraftfahrt-Bundesamt als Zertifizierungsstelle,
2. von einer durch die Akkreditierungsstelle akkreditierten Zertifizierungsstelle oder
3. von einer durch die zuständige Stelle eines anderen Mitgliedstaates akkreditierten Zertifizierungsstelle, die von der EG-Typgenehmigungsbehörde dieses Mitgliedstaates anerkannt wird,
ausgestellt ist. [4]Die Zertifizierung nach Satz 3 Nummer 3 wird nur unter der Voraussetzung der Gegenseitigkeit anerkannt.
(5) Das Kraftfahrt-Bundesamt kann die Überprüfung nach Anhang IV der Richtlinie 2003/37/EG durchführen oder durch eine Zertifizierungsstelle nach Absatz 4 Satz 3 Nummer 2 durchführen lassen.
(6) Die EG-Typgenehmigung darf nur erteilt werden, wenn die Voraussetzungen nach Artikel 4 Absatz 1 der Richtlinie 2003/37/EG vorliegen und der Antragsteller über ein wirksames System zur Sicherstellung der Übereinstimmung der Produktion nach Anhang IV der Richtlinie 2003/37/EG verfügt, um zu gewährleisten, dass die herzustellenden Fahrzeuge, Systeme, selbstständigen technischen Einheiten und Bauteile jeweils mit dem genehmigten Typ übereinstimmen.

(7) Für das weitere Verfahren der Erteilung findet § 4 Absatz 2 und 5 entsprechend Anwendung.
(8) ¹Der Inhaber der EG-Typgenehmigung hat das Kraftfahrt-Bundesamt über jede Änderung der Angaben, die in den Beschreibungsunterlagen enthalten sind, zu unterrichten. ²Hat der Inhaber der EG-Typgenehmigung einen Technischen Dienst mit der Unterrichtung beauftragt, kann dieser im Einvernehmen mit dem Kraftfahrt-Bundesamt darüber entscheiden, ob die Änderung Auswirkungen auf den EG-Typgenehmigungsbogen hat. ³Hat die Änderung Auswirkungen auf den EG-Typgenehmigungsbogen, so bedarf es für die notwendige Änderung oder Erweiterung der EG-Typgenehmigung eines Antrags an das Kraftfahrt-Bundesamt. ⁴Das Kraftfahrt-Bundesamt nimmt die Änderungen nach Maßgabe des Artikels 5 der Richtlinie 2003/37/EG vor.

§ 22
Übereinstimmungsbescheinigung und Kennzeichnung

(1) ¹Für jedes dem genehmigten Typ entsprechende Fahrzeug hat der Inhaber der EG-Typgenehmigung eine Übereinstimmungsbescheinigung nach Anhang III der Richtlinie 2003/37/EG auszustellen und diese dem Fahrzeug beizufügen. ²Die Übereinstimmungsbescheinigung muss nach den Anforderungen in Anhang III der Richtlinie 2003/37/EG fälschungssicher sein.
(2) ¹Der Inhaber einer EG-Typgenehmigung für ein Bauteil oder eine selbstständige technische Einheit hat alle in Übereinstimmung mit dem genehmigten Typ hergestellten Bauteile oder selbstständigen technischen Einheiten nach Artikel 6 Absatz 3 der Richtlinie 2003/37/EG zu kennzeichnen und, soweit die EG-Typgenehmigung Verwendungsbeschränkungen nach Artikel 4 Absatz 1 Buchstabe c der Richtlinie 2003/37/EG enthält, jedem hergestellten Bauteil und jeder hergestellten selbstständigen technischen Einheit ausführliche Angaben über die Beschränkungen und etwa erforderliche Vorschriften über den Einbau beizufügen. ²Stellt das Kraftfahrt-Bundesamt fest, dass Fahrzeuge, Systeme, selbstständige technische Einheiten oder Bauteile nicht mit dem genehmigten Typ übereinstimmen, trifft es nach Artikel 16 Absatz 2 in Verbindung mit Artikel 13 der Richtlinie 2003/37/EG die erforderlichen Maßnahmen, um die Übereinstimmung der Produktion mit dem genehmigten Typ erneut sicherzustellen.

§ 23
Erlöschen der EG-Typgenehmigung, Folgemaßnahmen

¹Die EG-Typgenehmigung erlischt, wenn eine oder mehrere der EG-Typgenehmigungen nach den in Anhang II Kapitel B der Richtlinie 2003/37/EG aufgeführten Einzelrichtlinien ungültig werden, die Bestandteil des zugrunde liegenden Beschreibungsbogens sind. ²Sie erlischt auch bei endgültiger Einstellung der Produktion des genehmigten Typs eines Fahrzeugs, eines Systems, einer selbstständigen technischen Einheit oder eines Bauteils.

§ 24
Besondere Verfahren

(1) Die den Mitgliedstaaten nach Artikel 8 Absatz 2 der Richtlinie 2003/37/EG obliegenden Aufgaben werden für die Bundesrepublik Deutschland vom Kraftfahrt-Bundesamt wahrgenommen.
(2) ¹Für Fahrzeuge, die in Kleinserien im Sinne des Artikels 9 der Richtlinie 2003/37/EG oder für die Bundeswehr, die Polizei, die Bundespolizei, den Zolldienst, die Feuerwehr und die anderen Einheiten und Einrichtungen des Katastrophenschutzes im Sinne des Artikels 8 Absatz 1 der Richtlinie 2003/37/EG hergestellt werden, können Allgemeine Betriebserlaubnisse nach § 20 der Straßenverkehrs-Zulassungs-Ordnung erteilt werden. ²Das Kraftfahrt-Bundesamt kann für Fahrzeuge, für die in einem anderen Mitgliedstaat eine Typgenehmigung nach Artikel 9 der Richtlinie 2003/37/EG erteilt worden ist, auf Antrag diese Typgenehmigung für die Zulassung im Inland anerkennen.
(3) Auf Antrag kann das Kraftfahrt-Bundesamt für Fahrzeuge aus auslaufenden Seri-

en im Sinne des Artikels 10 der Richtlinie 2003/37/EG die Zulassung, den Verkauf und die Inbetriebnahme von Fahrzeugen trotz nicht mehr gültiger Typgenehmigung nach Maßgabe des Artikels 10 der Richtlinie 2003/37/EG erlauben.

(4) [1]Für Fahrzeuge, Systeme, selbstständige technische Einheiten oder Bauteile im Sinne des Artikels 11 der Richtlinie 2003/37/EG kann nach Maßgabe des Artikels 11 Buchstabe a, c, d und e der Richtlinie 2003/37/EG eine EG-Typgenehmigung erteilt werden. [2]Die Vorschriften der §§ 20 bis 22 sind entsprechend anzuwenden.

KAPITEL 5
Gemeinsame Vorschriften

§ 25
Sicherstellung der Übereinstimmung der Produktion, Widerruf und Rücknahme

(1) Stellt das Kraftfahrt-Bundesamt fest, dass Fahrzeuge, Systeme, Bauteile und selbstständige technische Einheiten nicht mit dem genehmigten Typ übereinstimmen, kann es die erforderlichen Maßnahmen nach den für den jeweiligen Typ anwendbaren Richtlinien 2007/46/EG, 2002/24/EG und 2003/37/EG anordnen, um die Übereinstimmung der Produktion mit dem genehmigten Typ sicherzustellen.

(2) Das Kraftfahrt-Bundesamt kann zur Beseitigung aufgetretener Mängel und zur Gewährleistung der Vorschriftsmäßigkeit auch bereits im Verkehr befindlicher Fahrzeuge, selbstständiger technischer Einheiten oder Bauteile nachträglich Nebenbestimmungen anordnen.

(3) Das Kraftfahrt-Bundesamt kann die Typgenehmigung ganz oder teilweise widerrufen oder zurücknehmen, insbesondere wenn festgestellt wird, dass
1. Fahrzeuge mit einer Übereinstimmungsbescheinigung oder selbstständige technische Einheiten oder Bauteile mit einer vorgeschriebenen Kennzeichnung nicht mit dem genehmigten Typ übereinstimmen,
2. von Fahrzeugen, selbstständigen technischen Einheiten oder Bauteilen ein erhebliches Risiko für die Verkehrssicherheit, die öffentliche Gesundheit oder die Umwelt ausgeht,
3. der Hersteller nicht über ein wirksames System der Überwachung der Übereinstimmung der Produktion verfügt oder dieses System nicht in der vorgesehenen Weise anwendet oder
4. der Inhaber der Typgenehmigung gegen die mit der Typgenehmigung verbundenen Auflagen verstößt.

§ 26
EG-Typgenehmigungen aus anderen Mitgliedstaaten

(1) [1]In den anderen Mitgliedstaaten nach
1. der Richtlinie 2007/46/EG,
2. der Richtlinie 2002/24/EG oder
3. der Richtlinie 2003/37/EG
erteilte EG-Typgenehmigungen und Autorisierungen gelten auch im Inland. [2]Die nach Artikel 23 der Richtlinie 2007/46/EG erteilten nationalen Kleinserien-Typgenehmigungen anderer Mitgliedstaaten gelten im Inland, wenn sie nach Maßgabe des Artikels 23 Absatz 6 der Richtlinie 2007/46/EG vom Kraftfahrt-Bundesamt anerkannt sind. [3]Die nach Artikel 24 der Richtlinie 2007/46/EG erteilten Einzelgenehmigungen anderer Mitgliedstaaten gelten im Inland nach Maßgabe des Artikels 24 Absatz 6 oder 7 der Richtlinie 2007/46/EG.

(2) [1]Stellt das Kraftfahrt-Bundesamt fest, dass Fahrzeuge, Systeme, selbstständige technische Einheiten oder Bauteile nicht mit dem genehmigten Typ übereinstimmen, kann es die zuständigen Stellen des Mitgliedstaates, in dem die EG-Typgenehmigung erteilt wurde, um eine Prüfung nach einer der in Absatz 1 Satz 1 genannten Richtlinie ersuchen. [2]Dies gilt auch für Teile und Ausrüstungen, die nicht mit der nach Artikel 31 der Richtlinie 2007/46/EG bescheinigten Autorisierung übereinstimmen.

(3) [1]Stellt das Kraftfahrt-Bundesamt fest, dass Fahrzeuge, Systeme, selbstständige technische Einheiten oder Bauteile des genehmigten Typs die Sicherheit des Straßenverkehrs gefährden, kann es deren Veräußerung zur Verwendung im Straßenverkehr im Inland

für die Dauer von höchstens sechs Monaten untersagen und teilt dies den übrigen Mitgliedstaaten und der Kommission der Europäischen Gemeinschaften unter Angabe der Gründe für seine Entscheidung umgehend mit. ²Absatz 2 Satz 2 gilt entsprechend.
(4) ¹Die Zulassungsbehörde kann die Zulassung von Fahrzeugen, die unter Absatz 3 fallen, versagen. ²Sind die betreffenden Fahrzeuge zugelassen oder in den Verkehr gekommen, kann die Zulassungsbehörde nach § 5 der Fahrzeug-Zulassungsverordnung verfahren. ³Verbote oder Beschränkungen für neue Fahrzeuge dürfen die Dauer von sechs Monaten nicht überschreiten.

§ 27
Zulassung und Veräußerung

(1) ¹Neue Fahrzeuge, selbstständige technische Einheiten oder Bauteile, für die eine Übereinstimmungsbescheinigung nach Anhang IX der Richtlinie 2007/46/EG, nach Anhang IV der Richtlinie 2002/24/EG oder nach Anhang III der Richtlinie 2003/37/EG vorgeschrieben ist, dürfen im Inland zur Verwendung im Straßenverkehr nur feilgeboten, veräußert oder in den Verkehr gebracht werden, wenn sie mit einer gültigen Übereinstimmungsbescheinigung versehen sind. ²Dies gilt nicht für Fahrzeuge im Sinne des Artikels 8 der Richtlinie 2003/37/EG.
(2) ¹Selbstständige technische Einheiten oder Bauteile, die nach Artikel 19 der Richtlinie 2007/46/EG gekennzeichnet werden müssen, dürfen zur Verwendung im Straßenverkehr nur feilgeboten, veräußert oder in den Verkehr gebracht werden, wenn sie den Anforderungen der in Anhang IV in Verbindung mit Artikel 3 Nummer 1 der Richtlinie 2007/46/EG genannten Rechtsakte genügen und entsprechend gekennzeichnet sind. ²Selbstständige technische Einheiten oder Bauteile, die nach Artikel 7 Absatz 4 der Richtlinie 2002/24/EG gekennzeichnet werden müssen, dürfen zur Verwendung im Straßenverkehr nur feilgeboten, veräußert oder in den Verkehr gebracht werden, wenn sie den Anforderungen der in Anhang I der Richtlinie 2002/24/EG genannten Einzelrichtlinien genügen und entsprechend gekennzeichnet sind. ³Sofern für selbstständige technische Einheiten oder Bauteile, die in den Anwendungsbereich der Richtlinie 2002/24/EG fallen, die jeweilige Einzelrichtlinie oder Einzelverordnung auch die Anbringung eines Typgenehmigungszeichens vorschreibt, ist die Übereinstimmungsbescheinigung nach Absatz 1 entbehrlich. ⁴Selbstständige technische Einheiten oder Bauteile, die nach Artikel 6 Absatz 3 der Richtlinie 2003/37/EG entsprechend gekennzeichnet werden müssen, dürfen zur Verwendung im Straßenverkehr nur feilgeboten, veräußert oder in den Verkehr gebracht werden, wenn sie den Anforderungen der in Anhang II der Richtlinie 2003/37/EG genannten Einzelrichtlinien genügen und entsprechend gekennzeichnet sind.
(3) ¹Neue Fahrzeuge, für die eine nationale Kleinserien-Typgenehmigung nach Artikel 23 der Richtlinie 2007/46/EG erteilt wurde, dürfen im Inland zur Verwendung im Straßenverkehr nur feilgeboten, veräußert oder in den Verkehr gebracht werden, wenn sie mit einem gültigen Typgenehmigungsbogen nach Artikel 23 Absatz 5, 6 und 7 der Richtlinie 2007/46/EG oder einer Datenbestätigung nach § 12 versehen sind. ²§ 12 Absatz 1 Satz 2 findet Anwendung.
(4) Neue Fahrzeuge, für die eine Einzelgenehmigung nach Artikel 24 der Richtlinie 2007/46/EG erteilt wurde, dürfen im Inland zur Verwendung im Straßenverkehr nur feilgeboten, veräußert oder in den Verkehr gebracht werden, wenn sie mit einem gültigen Einzelgenehmigungsbogen nach Artikel 24 Absatz 5 der Richtlinie 2007/46/EG versehen sind.
(5) Teile oder Ausrüstungen nach Anhang XIII der Richtlinie 2007/46/EG dürfen zur Verwendung im Straßenverkehr nur feilgeboten, veräußert, in den Verkehr gebracht oder in Betrieb genommen werden, wenn für diese eine Autorisierung nach Artikel 31 der Richtlinie 2007/46/EG erteilt wurde und durch eine Bescheinigung nachgewiesen wird.

§ 28
Informationen des Herstellers

(1) Technische Informationen des Herstellers zu Angaben, die in der Richtlinie 2007/46/EG oder in den in Anhang IV der Richtlinie 2007/46/EG aufgeführten Rechtsakten vorgesehen sind, dürfen nicht von den Angaben abweichen, die von der Genehmigungsbehörde genehmigt worden sind.
(2) ¹Wenn ein Rechtsakt nach Absatz 1 dies ausdrücklich vorsieht, hat der Hersteller den Nutzern alle relevanten Informationen und erforderlichen Anweisungen, aus denen alle für ein Fahrzeug, ein Bauteil oder eine selbstständige technische Einheit geltenden besonderen Nutzungsbedingungen oder Nutzungseinschränkungen zu ersehen sind, zur Verfügung zu stellen. ²Das Fahrzeug, das Bauteil oder die selbstständige technische Einheit darf nur feilgeboten, veräußert oder in den Verkehr gebracht werden, wenn die nach Satz 1 zur Verfügung gestellten Informationen und Anweisungen beigefügt sind.

§ 29
Zusammenarbeit mit den anderen Mitgliedstaaten der Europäischen Union und mit der Kommission der Europäischen Gemeinschaften

(1) ¹Das Kraftfahrt-Bundesamt übermittelt den Genehmigungsbehörden der anderen Mitgliedstaaten nach den Richtlinien nach § 1 die erforderlichen Unterlagen für jeden Typ eines Fahrzeugs, eines Systems, einer selbstständigen technischen Einheit oder eines Bauteils, für den es die EG-Typgenehmigung erteilt, verweigert, geändert, widerrufen oder zurückgenommen sowie Ausnahmeregelungen zugelassen hat. ²Satz 1 gilt entsprechend im Falle des Erlöschens einer EG-Typgenehmigung nach § 7 Absatz 2, § 18 Absatz 3 und § 23 Absatz 3.
(2) Die Genehmigungsbehörde leistet Amtshilfe, wenn die zuständigen Stellen der anderen Mitgliedstaaten der Europäischen Union oder die Kommission der Europäischen Gemeinschaften unter Berufung auf die Richtlinien 2007/46/EG, 2002/24/EG oder 2003/37/EG oder die in Anhang IV der Richtlinie 2007/46/EG, Anhang I der Richtlinie 2002/24/EG und Anhang II Kapitel B der Richtlinie 2003/37/EG aufgeführten Rechtsakte hierum ersuchen.
(3) ¹Das Kraftfahrt-Bundesamt nimmt Anfragen anderer Mitgliedstaaten zu erteilten Einzelgenehmigungen entgegen und leitet sie zur zuständigen Genehmigungsbehörde weiter. ²Anfragen der Genehmigungsbehörden zu Einzelgenehmigungen, die durch andere Mitgliedstaaten erteilt wurden, können dem Kraftfahrt-Bundesamt zur Weiterleitung an die zuständige ausländische Genehmigungsbehörde übersandt werden.

KAPITEL 6
Anerkennung von Technischen Diensten

§ 30
Anerkennung und Anerkennungsstelle

(1) Stellen, die die Aufgaben von Technischen Diensten nach den Richtlinien 2007/46/EG, 2002/24/EG oder 2003/37/EG oder den in Anhang IV der Richtlinie 2007/46/EG, Anhang I der Richtlinie 2002/24/EG und Anhang II Kapitel B der Richtlinie 2003/37/EG aufgeführten Rechtsakten oder nach den für diese als gleichwertig anerkannten Regelungen wahrnehmen, müssen nach der jeweiligen Richtlinie anerkannt und als solche gegenüber der Kommission der Europäischen Gemeinschaften und den zuständigen Stellen der anderen Mitgliedstaaten benannt sein.
(2) Die Aufgaben der Anerkennungsstelle nimmt das Kraftfahrt-Bundesamt in Anlehnung an die Norm DIN EN ISO/IEC 17011:2004 wahr.

§ 31
Verfahren der Anerkennung der Technischen Dienste

(1) ¹Der Antrag auf Anerkennung mit den erforderlichen Unterlagen ist schriftlich zu stellen. ²Es sind die Formblätter und Muster zu verwenden, die vom Kraftfahrt-Bundesamt

dafür vorgesehen sind und die von ihm auf Anforderung zur Verfügung gestellt werden. (2) ¹Die Anerkennung ist zu erteilen, wenn der Antragsteller die Gewähr dafür bietet, dass für die beantragte Prüfzuständigkeit die ordnungsgemäße Wahrnehmung der Prüfaufgaben nach den allgemeinen Kriterien nach den Normen DIN EN ISO/IEC 17025:2005, DIN EN ISO/IEC 17020:2004 oder ISO/IEC 17021:2006 und nach den erforderlichen kraftfahrzeugspezifischen Kriterien an die Personal- und Sachausstattung erfolgen wird. ²Das Kraftfahrt-Bundesamt kann näher bestimmen, auf welche Weise der Antragsteller den Nachweis, dass die Voraussetzungen des Satzes 1 erfüllt sind, zu erbringen hat.
(3) ¹Die Anerkennung wird durch einen schriftlichen Bescheid bekannt gegeben, aus dem sich Art und Umfang der Prüfzuständigkeiten der benannten Stelle ergeben. ²Der Bescheid kann mit Nebenbestimmungen versehen werden, um die ordnungsgemäße Wahrnehmung der Prüfaufgaben durch die Stelle zu gewährleisten.

§ 32
Änderung der Anerkennung

(1) Die anerkannte Stelle hat dem Kraftfahrt-Bundesamt jede Änderung der Angaben, die in den Antragsunterlagen nach § 31 Absatz 1 enthalten sind, unverzüglich mitzuteilen.
(2) ¹Die Anerkennung kann durch Erteilung eines Änderungsbescheides geändert werden. ²Für das Änderungsverfahren gilt § 31.

§ 33
Erlöschen, Widerruf und Rücknahme der Anerkennung

(1) Die Anerkennung erlischt mit Ablauf einer festgesetzten Frist oder bei Einstellung des Betriebs der benannten Stelle.
(2) Die Anerkennung kann insbesondere dann widerrufen werden, wenn die nach § 31 zu fordernden Kriterien nicht erfüllt sind, wenn Nebenbestimmungen nicht eingehalten werden oder wenn die Prüfaufgaben nicht ordnungsgemäß wahrgenommen werden.

(3) Die Anerkennung kann insbesondere dann zurückgenommen werden, wenn die nach § 31 zu fordernden Kriterien zum Zeitpunkt des Erlasses des Anerkennungsbescheides nicht erfüllt waren.

§ 34
Überwachung der anerkannten Stellen

¹Das Kraftfahrt-Bundesamt kann jederzeit die Erfüllung der Anerkennungskriterien, die Einhaltung der Nebenbestimmungen und die Beachtung der mit der Anerkennung verbundenen Pflichten bei den nach § 30 Absatz 1 benannten Technischen Diensten überprüfen oder überprüfen lassen. ²Gegebenenfalls haben Technische Dienste dies auch für die von ihnen zu beaufsichtigenden Prüfungen sicherzustellen. ³Die mit der Überprüfung beauftragten Personen sind befugt, Grundstücke und Geschäftsräume der anerkannten Stelle während der Geschäfts- und Betriebszeiten zu betreten, dort Prüfungen und Besichtigungen vorzunehmen und in die vorgeschriebenen Aufzeichnungen Einsicht zu nehmen. ⁴Der Inhaber der Anerkennung hat die Maßnahmen zu ermöglichen. ⁵Technische Dienste der Kategorie B nach Artikel 41 Absatz 3 der Richtlinie 2007/46/EG haben dies auch für die Einrichtungen des Herstellers oder des Dritten sicherzustellen, in denen die zu beaufsichtigenden Prüfungen stattfinden.

§ 35
(aufgehoben)

§ 36
Freistellungsklausel

Die anerkannte oder akkreditierte Stelle hat die Bundesrepublik Deutschland und die Länder von allen Ansprüchen Dritter wegen Schäden freizustellen, die durch die Ausübung der mit der Anerkennung übertragenen Befugnisse verursacht werden.

KAPITEL 7
Durchführungs- und Schlussvorschriften

§ 37
Ordnungswidrigkeiten

(1) Ordnungswidrig im Sinne des § 24 Absatz 1 Satz 1 des Straßenverkehrsgesetzes handelt, wer vorsätzlich oder fahrlässig entgegen § 27 Absatz 1 Satz 1, Absatz 2 Satz 1, 2 oder 4, Absatz 3 Satz 1, Absatz 4, 5 oder § 28 Absatz 2 Satz 2 ein Fahrzeug, eine selbstständige technische Einheit, ein Bauteil, ein Teil oder eine Ausrüstung feilbietet, veräußert oder in den Verkehr bringt.

(2) Ordnungswidrig im Sinne des § 23 Absatz 2 des Straßenverkehrsgesetzes handelt, wer vorsätzlich oder fahrlässig eine Handlung nach Absatz 1 begeht, indem er ein Fahrzeug, eine selbstständige technische Einheit, ein Bauteil, ein Teil oder eine Ausrüstung gewerbsmäßig feilbietet.

§ 38
Harmonisierte Normen

¹Soweit in dieser Verordnung auf DIN-, EN- oder ISO/IEC-Normen Bezug genommen wird, sind diese im Beuth-Verlag GmbH, Berlin, erschienen. ²Sie sind beim Deutschen Patent- und Markenamt in München archivmäßig gesichert niedergelegt.

§ 39
Übergangsvorschriften

(1) Die Bestimmungen der Richtlinie 2007/46/EG sind wie folgt anzuwenden:
1. Die Erteilung der EG-Typgenehmigungen für Fahrzeugtypen erfolgt ab den in Anhang XIX der Richtlinie 2007/46/EG genannten Terminen. ²Für die Erteilung nationaler Genehmigungen bis zu diesem Zeitpunkt findet Artikel 44 Absatz 1 der Richtlinie 2007/46/EG Anwendung.
2. Auf Antrag des Herstellers werden bis zu den in Spalte 3 Zeilen 6 und 9 der Tabelle des Anhangs XIX der Richtlinie 2007/46/EG genannten Terminen für die Fahrzeugklasse M_2 oder M_3 weiterhin nationale Typgenehmigungen anstelle der EG-Typgenehmigung erteilt, sofern für die Fahrzeuge sowie für die Systeme, Bauteile und selbstständigen technischen Einheiten dieser Fahrzeuge eine Typgenehmigung nach den in Anhang IV Teil I dieser Richtlinie aufgeführten Rechtsakten erteilt wurde.
3. EG-Typgenehmigungen, die vor dem 29. April 2009 für einen Fahrzeugtyp der Klasse M_1 nach der Richtlinie 70/156/EWG des Rates vom 6. Februar 1970 zur Angleichung der Rechtsvorschriften der Mitgliedstaaten über die Betriebserlaubnis für Kraftfahrzeuge und Kraftfahrzeuganhänger (ABl. L 42 vom 23.2.1970, S. 1), die zuletzt durch die Verordnung Nr. 715/2007 des Europäischen Parlaments und des Rates vom 20. Juni 2007 (ABl. L 171 vom 29.6.2007, S. 1) geändert worden ist, in ihrer jeweils geltenden Fassung erteilt wurden, bleiben, einschließlich vorgenommener Erweiterungen, weiterhin gültig, soweit sie nicht aus anderen Gründen erloschen sind. ²Ihre Erweiterung ist zulässig.
4. EG-Typgenehmigungen, die vor dem 29. April 2009 für ein System, ein Bauteil oder eine selbstständige technische Einheit erteilt wurden, bleiben, einschließlich vorgenommener Erweiterungen, weiterhin gültig, soweit sie nicht aus anderen Gründen erloschen sind. ²Ihre Erweiterung ist zulässig.

(2) ¹Vor dem 9. November 2003 erteilte EG-Typgenehmigungen für Fahrzeuge, Systeme, technische Einheiten und Bauteile nach der Richtlinie 92/61/EWG des Rates vom 30. Juni 1992 über die Betriebserlaubnis für zweirädrige oder dreirädrige Kraftfahrzeuge (ABl. L 225 vom 18.6.1999, S. 72), die durch die Richtlinie 2002/24/EG aufgehoben worden ist, bleiben, soweit sie nicht vorher aus anderen Gründen erlöschen, weiterhin gültig. ²Ab dem 9. November 2004 müssen jedoch alle vom Hersteller ausgestellten Übereinstimmungsbescheinigungen dem Muster nach Anhang IV der Richtlinie 2002/24/EG entsprechen.

(3) Allgemeine Bauartgenehmigungen nach § 22 oder § 22a der Straßenverkehrs-Zulassungs-Ordnung für Fahrzeugteile, die in den Anwendungsbereich einer Einzelrichtlinie nach Anhang I der Richtlinie 2002/24/EG fallen, sind, soweit sie nicht vorher aus anderen Gründen erlöschen, noch vier Jahre ab dem Zeitpunkt gültig, an dem die Einzelrichtlinie in Kraft getreten ist.

(4) Für Fahrzeuge der Klassen T1, T2 und T3 nach Anhang II Kapitel A der Richtlinie 2003/37/EG des Europäischen Parlaments und des Rates vom 26. Mai 2003 über die Typgenehmigung für land- oder forstwirtschaftliche Zugmaschinen, ihre Anhänger und die von ihnen gezogenen auswechselbaren Maschinen sowie für Systeme, Bauteile und selbstständige technische Einheiten dieser Fahrzeuge und zur Aufhebung der Richtlinie 74/150/EWG (ABl. L 171 vom 9.7.2003, S. 1), die zuletzt durch die Richtlinie 2005/67/EG der Kommission vom 18. Oktober 2005 (ABl. L 273 vom 19.10.2005, S. 17) geändert worden ist, ist § 27
1. ab dem 1. Juli 2005 für neue Fahrzeugtypen,
2. ab dem 1. Juli 2009 für alle Neufahrzeuge anzuwenden.

(5) Für Fahrzeuge der anderen als der in Absatz 4 genannten Klassen nach Anhang II Kapitel A der Richtlinie 2003/37/EG ist § 27
1. drei Jahre nach dem Inkrafttreten der letzten noch zu verabschiedenden Einzelrichtlinie für neue Fahrzeugtypen,
2. sechs Jahre nach dem Inkrafttreten der letzten noch zu verabschiedenden Einzelrichtlinie für alle Neufahrzeuge anzuwenden.

(6) EG-Typgenehmigungen, die für Fahrzeugtypen vor dem 1. Juli 2005 nach der Richtlinie 74/150/EWG des Rates vom 4. März 1974 zur Angleichung der Rechtsvorschriften der Mitgliedstaaten über die Betriebserlaubnis für land- oder forstwirtschaftliche Zugmaschinen auf Rädern (ABl. L 84 vom 28.3.1974, S. 10), die zuletzt durch die Richtlinie 2001/3/EG der Kommission vom 8. Januar 2001 (ABl. L 28 vom 30.1.2001, S. 1) geändert worden ist, erteilt worden sind, bleiben einschließlich der im Rahmen der Typabgrenzungsmerkmale nach Anhang II Kapitel A der Richtlinie 74/150/EWG auch nach dem 1. Juli 2005 vorgenommenen Erweiterungen weiterhin gültig, soweit sie nicht vorher aus anderen Gründen erlöschen.

(7) Vor dem 1. Juli 2005 nach § 20 der Straßenverkehrs-Zulassungs-Ordnung erteilte Allgemeine Betriebserlaubnisse für Fahrzeugtypen der Klassen T1, T2 und T3 im Sinne des Anhangs II Kapitel A der Richtlinie 2003/37/EG bleiben einschließlich der auch nach dem 1. Juli 2005 vorgenommenen Erweiterungen bis zum 30. Juni 2009 gültig, soweit sie nicht vorher aus anderen Gründen erlöschen.

§ 40
(Inkrafttreten, Außerkrafttreten)

Gebührenordnung
für Maßnahmen im Straßenverkehr
(GebOSt – *Auszug*)
Vom 25. Januar 2011 (BGBl. I S. 98),
die zuletzt durch Artikel 2 der Verordnung vom 14. August 2017
(BGBl. I S. 3232) geändert worden ist

– Fassung ab 1. Oktober 2017 –[1)]

Auf Grund des § 6a Absatz 2 in Verbindung mit Absatz 3 und 4 des Straßenverkehrsgesetzes in der Fassung der Bekanntmachung vom 5. März 2003 (BGBl. I S. 310, 919), des § 18 Absatz 2 in Verbindung mit Absatz 3 des Kraftfahrsachverständigengesetzes vom 22. Dezember 1971 (BGBl. I S. 2086) und des § 34a Absatz 2 in Verbindung mit Absatz 3 des Fahrlehrergesetzes vom 25. August 1969 (BGBl. I S. 1336), von § 6a Absatz 2 durch Artikel 2 Nummer 1 des Gesetzes vom 14. August 2006 (BGBl. I S. 1958), § 18 Absatz 2 zuletzt durch Artikel 291 der Verordnung vom 31. Oktober 2006 (BGBl. I S. 2407), § 18 Absatz 3 durch Artikel 6 Nummer 12 Buchstabe b des Gesetzes vom 24. April 1998 (BGBl. I S. 747), § 34a Absatz 2 zuletzt durch Artikel 289 der Verordnung vom 31. Oktober 2006 (BGBl. I S. 2407) und § 34a Absatz 3 zuletzt durch Artikel 2 des Gesetzes vom 24. April 1998 (BGBl. I S. 747) geändert worden sind, jeweils in Verbindung mit dem 2. Abschnitt des Verwaltungskostengesetzes vom 23. Juni 1970 (BGBl. I S. 821), verordnet das Bundesministerium für Verkehr, Bau und Stadtentwicklung:

§ 1
Gebührentarif

(1) ¹Für Amtshandlungen, einschließlich der Prüfungen und Untersuchungen im Sinne des § 6a des Straßenverkehrsgesetzes, des § 34a *[ersetzt durch „§ 55"]*[1b] und des § 18 des Kraftfahrsachverständigengesetzes, werden Gebühren nach dieser Verordnung erhoben. ²Die gebührenpflichtigen Tatbestände und die Gebührensätze ergeben sich aus dem Gebührentarif für Maßnahmen im Straßenverkehr (Anlage).

(2) Bei der Erhebung der Gebühren dürfen mehrere miteinander verbundene, im Gebührentarif genannte Amtshandlungen, Prüfungen oder Untersuchungen in einer Gesamtbezeichnung, die zugehörigen Beträge in einem Gesamtbetrag zusammengefasst werden.

§ 2
Auslagen

(1) Soweit im Gebührentarif nichts anderes bestimmt ist, hat der Gebührenschuldner folgende Auslagen zu tragen:
1. Entgelte für Zustellungen durch die Post mit Postzustellungsurkunde und für Nachnahmen sowie im Einschreibeverfahren; Entgelte für Eil- und Expresszustellungen, soweit sie auf besonderen Antrag des Gebührenschuldners erfolgen,
2. Aufwendungen für weitere Ausfertigungen, Abschriften und Auszüge, die auf besonderen Antrag erteilt werden; für die Berechnung der Schreibauslagen gilt Nummer 31000 des Kostenverzeichnisses zum Gerichts- und Notarkostengesetz,

---
1) a) Zu den Änderungen **mit Wirkung ab 1. Januar 2018** ist sowohl die zum Redaktionsschluss geltende als auch die zukünftige Fassung dargestellt (d. Red.).
   b) Die Änderungen durch Artikel 6 der Verordnung zur Neufassung fahrlehrrechtlicher Vorschriften und zur Änderung anderer straßenverkehrsrechtlicher Vorschriften sind bereits berücksichtigt und gesondert kenntlich gemacht. Der Bundesrat hat in seiner 959. Sitzung am 7. Juli 2017 der Verordnung gemäß Artikel 80 Absatz 2 des Grundgesetzes mit Änderungen zugestimmt. Diese Verordnung wird am Tag nach der – zum Redaktionsschluss noch ausstehenden –Verkündung im Bundesgesetzblatt Teil I in Kraft treten.

3. Aufwendungen für Übersetzungen, die auf besonderen Antrag gefertigt werden,
4. Kosten, die durch öffentliche Bekanntmachung entstehen, mit Ausnahme der hierbei erwachsenden Entgelte für Postdienstleistungen,
5. die in entsprechender Anwendung des Justizvergütungs- und -entschädigungsgesetzes zu zahlenden Beträge; erhält ein Sachverständiger auf Grund des § 1 Absatz 2 Satz 2 jenes Gesetzes keine Vergütung, ist der Betrag zu entrichten, der ohne diese Vorschrift nach dem Gesetz zu zahlen wäre,
6. die bei Geschäften außerhalb der Dienststelle den Bediensteten auf Grund gesetzlicher oder tarifvertraglicher Vorschriften gewährten Vergütungen (Reisekostenvergütung, Auslagenersatz) und die Kosten für die Bereitstellung von Räumen; für Personen, die weder Bundes- noch Landesbedienstete sind, gelten die Vorschriften über die Vergütung der Reisekosten der Bundesbeamten entsprechend,
6a. die Aufwendungen für den Einsatz von Dienstwagen bei Dienstgeschäften außerhalb der Dienststelle,
7. die Beträge, die anderen in- und ausländischen Behörden, öffentlichen Einrichtungen oder Beamten zustehen; und zwar auch dann, wenn aus Gründen der Gegenseitigkeit, der Verwaltungsvereinfachung und dergleichen an die Behörden, Einrichtungen oder Beamten keine Zahlungen zu leisten sind,
8. die Kosten für die Beförderung von Sachen, mit Ausnahme der hierbei erwachsenden Entgelte für Postdienstleistungen, und die Verwahrung von Sachen,
9. die auf die Kosten der amtlich anerkannten Sachverständigen und Prüfer für den Kraftfahrzeugverkehr und der amtlich anerkannten Begutachtungsstellen für Fahreignung entfallende Mehrwertsteuer,
10. die Kosten der amtlich anerkannten Sachverständigen und Prüfer sowie der Prüfstellen für Nachprüfungen im Auftrage des Kraftfahrt-Bundesamtes nach § 20 Absatz 6 der Straßenverkehrs-Zulassungs-Ordnung und § 9 der Fahrzeugteileverordnung sowie für Nachprüfungen nach international vereinbartem Recht, soweit ein Verstoß gegen diese Vorschriften nachgewiesen wird,
11. die Aufwendungen für die Übersendung oder Überbringung der Mitteilung der Zulassungsbehörde an den Versicherer auf Grund der Versicherungsbestätigung nach § 24 Absatz 1 der Fahrzeug-Zulassungsverordnung oder der Anzeige nach § 25 Absatz 2 der Fahrzeug-Zulassungsverordnung.

(2) [1]Die Erstattung der in Absatz 1 aufgeführten Auslagen kann auch verlangt werden, wenn für die Amtshandlung, Prüfung oder Untersuchung Gebührenfreiheit besteht, bei Auslagen nach Absatz 1 Nummer 1 bis 9 jedoch nur, soweit ihr Gesamtbetrag 3 Euro übersteigt. [2]Auslagen für die Versendung von Akten im Wege der Amtshilfe werden nicht erhoben.

§ 3
Kostengläubiger

(1) Kostengläubiger ist der Rechtsträger, dessen Stelle eine kostenpflichtige Amtshandlung, Prüfung oder Untersuchung vornimmt.
(2) Bei den Gebühren der amtlich anerkannten Sachverständigen und Prüfer für den Kraftfahrzeugverkehr ist der Träger der Technischen Prüfstelle für den Kraftfahrzeugverkehr Kostengläubiger.

§ 4
Kostenschuldner

(1) Zur Zahlung der Kosten ist verpflichtet,
1. wer die Amtshandlung, Prüfung und Untersuchung veranlasst oder zu wessen Gunsten sie vorgenommen wird,
2. wer die Kosten durch eine vor der zuständigen Behörde abgegebene oder ihr mitgeteilte Erklärung übernommen hat,
3. wer für die Kostenschuld eines anderen kraft Gesetzes haftet.

(2) Bei Amtshandlungen, Prüfungen und Untersuchungen zur Überwachung von

Betrieben ist der Inhaber des Betriebs Kostenschuldner.
(3) Mehrere Kostenschuldner haften als Gesamtschuldner.

§ 5
Persönliche Gebührenfreiheit

(1) Von der Zahlung der Gebühren nach dem 1. und 2. Abschnitt des Gebührentarifs sind befreit:
1. Die Bundesrepublik Deutschland und die bundesunmittelbaren juristischen Personen des öffentlichen Rechts, deren Ausgaben ganz oder teilweise auf Grund gesetzlicher Verpflichtung aus dem Haushalt des Bundes getragen werden;
2. die Länder und die juristischen Personen des öffentlichen Rechts, die nach den Haushaltsplänen eines Landes für Rechnung eines Landes verwaltet werden;
3. die Gemeinden und Gemeindeverbände sowie Zweckverbände und die sonstigen kommunalen Körperschaften des öffentlichen Rechts, sofern die Amtshandlungen, Prüfungen und Untersuchungen nicht ihre wirtschaftlichen Unternehmen betreffen;
4. die ausländischen ständigen diplomatischen Missionen;
5. die Mitglieder der ausländischen ständigen diplomatischen Missionen sowie die mit ihnen im gemeinsamen Haushalt lebenden Familienmitglieder, wenn der Fahrzeughalter weder Deutscher noch im Geltungsbereich dieser Verordnung ständig ansässig ist und dort keine private Erwerbstätigkeit ausübt. ²Bei Mitgliedern des dienstlichen Hauspersonals sowie den mit ihnen im gemeinsamen Haushalt lebenden Familienmitgliedern ist außerdem erforderlich, dass der Fahrzeughalter Angehöriger des Entsendestaats ist;
6. die zugelassenen berufskonsularischen Vertretungen;
7. die Mitglieder der berufskonsularischen Vertretungen sowie die mit ihnen im gemeinsamen Haushalt lebenden Familienmitglieder, wenn der Fahrzeughalter weder Deutscher noch im Geltungsbereich dieser Verordnung ständig ansässig ist und dort keine private Erwerbstätigkeit ausübt. ²Nummer 5 Satz 2 gilt entsprechend;
8. die Berufskonsularbeamten oder Bediensteten des Verwaltungs- oder technischen Personals bei den von Wahlkonsularbeamten geleiteten konsularischen Vertretungen, sofern sie Angehörige des Entsendestaats sind, sowie die mit solchen Personen im gemeinsamen Haushalt lebenden Familienmitglieder, wenn der Fahrzeughalter weder Deutscher noch im Geltungsbereich dieser Verordnung ständig ansässig ist und dort keine private Erwerbstätigkeit ausübt;
9. die amtlichen zwischenstaatlichen Organisationen und Einrichtungen anderer Staaten oder deren Mitglieder, soweit ihnen auf Grund völkerrechtlicher Übereinkünfte mit der Bundesrepublik Deutschland oder auf Grund von Rechtsverordnungen der Bundesregierung Vorrechte und Befreiungen wie diplomatischen Missionen oder diplomatischen Vertretern gewährt werden;
10. die Ehegatten der in Nummer 9 genannten Personen.

(2) Von der Zahlung der Gebühren nach den Nummern 413 und 414 des Gebührentarifs sind, soweit es sich um eine Vollprüfung im Rahmen des § 21 StVZO handelt, die in Absatz 1 Nummer 4 bis 10 aufgeführten Missionen, Vertretungen, Organisationen und Personen befreit.

(3) Die Befreiung tritt nicht ein, soweit die in Absatz 1 Genannten berechtigt sind, die Gebühren Dritten aufzuerlegen.

(4) Gebührenfreiheit nach Absatz 1 besteht nicht für Sondervermögen und Bundesbetriebe im Sinne des Artikels 110 Absatz 1 des Grundgesetzes, für gleichartige Einrichtungen der Länder sowie für öffentlich-rechtliche Unternehmen, an denen der Bund oder ein Land beteiligt ist.

(5) Zur Zahlung von Gebühren bleiben die in Absatz 1 genannten Rechtsträger für Amtshandlungen folgender Behörden verpflichtet:
1. Physikalisch-Technische Bundesanstalt,
2. Bundesanstalt für Materialprüfung.

(6) Die für die Erhebung der Gebühren zuständige Stelle kann Körperbehinderten aus Billigkeitsgründen Gebührenermäßigung oder Gebührenbefreiung für Amtshandlungen, Prüfungen oder Untersuchungen gewähren, die wegen der Behinderung erforderlich werden.

§ 6
Übergangs- und Anwendungsbestimmungen

(1) Die Vorschriften des Verwaltungskostengesetzes in der bis zum 14. August 2013 geltenden Fassung sind anzuwenden, soweit nicht die §§ 1 bis 5 abweichende Regelungen über die Kostenerhebung, die Kostenbefreiung, den Umfang der zu erstattenden Auslagen, der Kostengläubiger- und Kostenschuldnerschaft enthalten.

(2) Die Gebühren-Nummer 259 der Anlage ist mit Ablauf des 31. Dezember 2026 nicht mehr anzuwenden.

§ 7
(Inkrafttreten, Außerkrafttreten)

Anlage
(zu § 1)

1. Abschnitt
Gebühren des Bundes

Gebühren-Nummer	Gegenstand	Gebühr Euro
A.	Straßenverkehrs-Zulassungs-Ordnung, Fahrzeug-Zulassungsverordnung, Fahrerlaubnis-Verordnung, Straßenverkehrs-Ordnung, EG-Fahrzeuggenehmigungsverordnung, Fahrzeugteileverordnung, Fahrpersonalverordnung und Internationale Vereinbarungen	
1.	Erlaubnisse und Genehmigungen für Fahrzeuge und Fahrzeugteile sowie Autorisierungen	
111	Erteilung	
111.1	einer Allgemeinen Betriebserlaubnis (ABE) oder EG-Typgenehmigung (Mehrphasen-Typgenehmigung nach §§ 3, 11, 15, 20 EG-FGV) für Fahrzeugtypen bei Vorlage aller relevanten Systemgenehmigungen nach Einzelrichtlinien	534,00 bis 734,00
111.1.1	einer EG-Typgenehmigung (Einphasen-Typgenehmigung und gemischte Typgenehmigung nach §§ 3, 11, 15, 20 EG-FGV) für Fahrzeugtypen ohne Vorlage aller relevanten Systemgenehmigungen nach Einzelrichtlinien	785,00 bis 4 853,00
111.2	einer Allgemeinen Betriebserlaubnis (ABE) oder amtlichen Bauartgenehmigung (ABG) für Fahrzeugteiletypen sowie einer Erlaubnis oder Genehmigung für selbstständige technische Einheiten, Autorisierung sowie nach Anlagen zur StVZO; je Erlaubnis- oder Genehmigungssachverhalt	404,00 bis 537,00

Gebühren-Nummer	Gegenstand	Gebühr Euro
111.2.1	von Genehmigungen nach ECE-Regelung Nummer 90 für unterschiedliche Bremsbelag-Einheiten mit gleichem Reibmaterial	Gebühr nach Gebührennummer 111.2 (einmalig) zzgl. 22,00 Euro für jede weitere Folgegenehmigung
112	Erteilung eines Nachtrags	
112.1	zu einer Allgemeinen Betriebserlaubnis (ABE) oder EG-Typgenehmigung für Fahrzeugtypen	
112.1.1	ohne Gutachten	169,00 bis 179,00
112.1.2	mit Gutachten	340,00 bis 360,00
112.1.3	zu einer EG-Typgenehmigung (Einphasen-Typgenehmigung und gemischte Typgenehmigung nach §§ 3, 11, 15, 20 EG-FGV) für einen Fahrzeugtyp ohne Vorlage aller relevanten Systemgenehmigungen nach Einzelrichtlinien	169,00 bis 2 429,00
112.2	zu einer Allgemeinen Betriebserlaubnis (ABE) oder amtlichen Bauartgenehmigung (ABG) für Fahrzeugteiletypen sowie zu einer Erlaubnis oder Genehmigung für selbstständige technische Einheiten, Autorisierung sowie nach Anlagen zur StVZO; je Erlaubnis- oder Genehmigungssachverhalt	
112.2.1	ohne Gutachten	125,00 bis 135,00
112.2.2	mit Gutachten	251,00 bis 266,00
112.3	Erteilung von Nachträgen ohne Gutachten für mehrere Erlaubnisse oder Genehmigungen gleichzeitig auf Grund desselben Sachverhalts	Gebühr nach Gebührennummer 112.1 bzw. 112.2 (einmalig) zzgl. 22,00 Euro für jeden weiteren Folgenachtrag
113	Erteilung einer Unbedenklichkeitserklärung bei nachträglichen Änderungen genehmigter Fahrzeug- und Fahrzeugteiletypen	die Hälfte der jeweiligen Gebühr nach den Gebührennummern 112.1.1 bis 112.2.2
114	Nachprüfung der Übereinstimmung der Produktion auf Grund einer durch das Kraftfahrt-Bundesamt erteilten Erlaubnis oder Genehmigung, wenn	
114.1	ein Verstoß gegen Meldepflichten festgestellt wird	141,00
114.2	eine Abweichung vom Typ oder von den Vorschriften über die Erlaubnis oder Genehmigung festgestellt wird	361,00

Gebühren-Nummer	Gegenstand	Gebühr Euro
1a.	Anerkennung von Stellen zur Prüfung von Fahrzeugen und Fahrzeugteilen, Anerkennung von Stellen zur Kontrolle des Qualitätsmanagements bei der Herstellung von Fahrzeugen und Fahrzeugteilen, behördliche Bewertung von Maßnahmen zum Qualitäts- und Sicherheitsmanagement bei der Produktion von Fahrerkarte, Führerschein und Zulassungsbescheinigung, Anfangsbewertung und Überprüfung der Übereinstimmung der Produktion	
115	Anerkennung von Stellen zur Prüfung/Inspektion/Begutachtung von Fahrzeugen und Fahrzeugteilen	
115.1	Anerkennung (ohne Begehung und Reisezeit)	5 113,00 bis 23 622,00
115.2	Nachtrag zur Anerkennung (ohne Begehung und Reisezeit)	2 556,00 bis 11 453,00
115.3	Begehung	2 045,00 bis 7 158,00
115.4	Überwachung (mit Begehung)	2 045,00 bis 10 737,00
115.5	Re-Anerkennung (ohne Begehung und Reisezeit)	1 534,00 bis 7 669,00
116	Anerkennung von Stellen als Technischer Dienst im Genehmigungsverfahren nach EG-FGV	
116.1	Anerkennung (ohne Begutachtung und Reisezeit)	7 669,00 bis 41 517,00
116.2	Nachtrag zur Anerkennung (ohne Begutachtung und Reisezeit)	4 090,00 bis 20 758,00
116.3	Begutachtung	2 556,00 bis 15 748,00
116.4	Überwachung (mit Begutachtung)	4 090,00 bis 21 474,00
116.5	Re-Anerkennung (ohne Begutachtung und Reisezeit)	2 556,00 bis 9 715,00
117	Anerkennung von Stellen zur Kontrolle des Qualitätsmanagements bei der Herstellung von Fahrzeugen und Fahrzeugteilen	
117.1	Anerkennung (ohne Begutachtung und Reisezeit)	7 158,00 bis 20 452,00
117.2	Nachtrag zur Anerkennung (ohne Begutachtung und Reisezeit)	3 579,00 bis 7 669,00
117.3	Begutachtung	2 556,00 bis 8 692,00
117.4	Überwachung (mit Begutachtung)	2 045,00 bis 8 692,00
117.5	Re-Anerkennung (ohne Begehung und Reisezeit)	4 090,00 bis 10 226,00
118	Stundensatz für Leistungen, die außerhalb der von den Gebührennummern 115 bis 117 erfassten Pflichtaufgaben erbracht werden	97,10
119	Bewertung der qualitätssichernden Maßnahmen bei Herstellern im Rahmen des Typgenehmigungsverfahrens (Anfangsbewertung und laufende Konformitätsprüfungen)	

Gebühren-Nummer	Gegenstand	Gebühr Euro
119.1	Konformitätsbericht für Unternehmen mit einer Fertigungsstätte	716,00
119.2	Konformitätsbericht je weitere Fertigungsstätte	562,00
119.3	Vorprüfung gemäß Recyclingrichtlinie	1 278,00 bis 8 181,00
119.4	Verlängerung der Vorprüfungsbescheinigung	614,00 bis 2 965,00
119.5	Bewertung der an Herstellung oder Verteilung von Zulassungsbescheinigungen Teil I, EG-Führerscheinen, Stempeln, Plaketten, Plakettenträgern, Prüfmarken, oder anderen Dokumenten beteiligten Unternehmen	2 659,00 bis 3 477,00
119.6	Bewertung von Überwachungsorganisationen	5 062,00 bis 6 442,00
119.7	Überwachung der an Herstellung oder Verteilung von Zulassungsbescheinigungen Teil I, EG-Führerscheinen, Stempeln, Plaketten, Plakettenträgern, Prüfmarken, oder anderen Dokumenten beteiligten Unternehmen	1 483,00 bis 1 892,00
119.8	Überwachung von Überwachungsorganisationen	1 892,00 bis 2 914,00
119.9	(weggefallen)	
120	Zulassung zur Selbstprüfung für Hersteller von Kleinserienfahrzeugen	
120.1	Feststellen der Eignung und Zulassung zur Selbstprüfung (ohne Begutachtung von Prüfverfahren)	3 120,00
120.2	Überwachung (ohne Begutachtung von Prüfverfahren)	1 270,00
120.3	Begutachtung je Prüfverfahren	195,00
120.4	Stundensatz für Nachträge, Erweiterungen oder Änderungen der Urkunde in Sprache oder Format	97,10
121	Stundensatz für Leistungen, die außerhalb der von den Gebührennummern 119 bis 120 erfassten Pflichtaufgaben erbracht werden	84,40
122	Stundensatz für Reisezeiten für Maßnahmen nach den Gebührennummern 115 bis 120	61,40
2.	**Erfassung von Fahrzeugen und Fahrerlaubnissen**	
123	Zuteilung einer Zulassungsbescheinigung Teil II (einschließlich der Aufstellung der Erfassungsunterlagen)	
123.1	*Fassung bis 31.12.2017:* *Zuteilung einer Zulassungsbescheinigung Teil II nach § 12 Absatz 3 Nummer 2 FZV über die Zulassungsbehörde*	3,60
	Fassung ab 01.01.2018: *Zuteilung einer Zulassungsbescheinigung Teil II nach § 12 Absatz 4 Nummer 1 FZV über die Zulassungsbehörde*	3,80

Gebühren-Nummer	Gegenstand	Gebühr Euro
123.2	*Fassung bis 31.12.2017:* *Zuteilung einer Zulassungsbescheinigung Teil II nach § 12 Absatz 3 Nummer 1 FZV zur Ausfüllung durch den Hersteller oder dessen bevollmächtigten Vertreter nebst Überwachung*	6,45
	Fassung ab 01.01.2018: *Zuteilung einer Zulassungsbescheinigung Teil II nach § 12 Absatz 4 Nummer 2 FZV zur Ausfüllung durch den Hersteller oder dessen bevollmächtigten Vertreter nebst Überwachung*	6,70
124	Aufstellung von Erfassungsunterlagen für das Zentrale Fahrzeugregister(ZFZR) – bei Fahrzeugen ohne Zulassungsbescheinigung Teil II – bei der Ausgabe der roten Kennzeichen oder der Kurzzeitkennzeichen oder Berichtigung der Erfassungsunterlagen bei Halterwechsel	2,60
125	Berichtigung der Erfassungsunterlagen für das ZFZR in anderen Fällen	0,60
126	Aufstellung der Erfassungsunterlagen für das Zentrale Fahrerlaubnisregister (ZFER)	
126.1	bei Fahrerlaubnissen auf Probe	1,80
126.2	in den übrigen Fällen	1,00
127	Registrierung einer elektronischen Mitteilung über die Zuteilung eines Versicherungskennzeichens im ZFZR	0,20
3.	**Mitwirkung bei der Aufbietung von Urkunden**	
131	Aufbietung einer verlorenen Zulassungsbescheinigung Teil II, einschließlich der Kosten der öffentlichen Bekanntmachung	5,10
4.	**Auskünfte**	
141	Auskunft über ein Kraftfahrzeug oder einen Anhänger	
141.1	– im automatisierten Verfahren	0,10
141.2	– im teilautomatisierten Verfahren (digitalisierte, formatgerechte Anfragen)	4,00
141.3	– im schriftlichen Verfahren	5,10
142	Sammelauskünfte im Rahmen von Rückrufaktionen	
142.1	– bei erstmaliger Durchführung	1 500,00 bis 5 000,00
142.2	– im Wiederholungsfall	1 000,00 bis 4 000,00
144	Schriftliche Auskunft über den Verbleib eines Fahrzeugs	6,10

Gebühren-Nummer	Gegenstand	Gebühr Euro
145	Auskunft aus dem Fahreignungsregister an eine Behörde in Fahrerlaubnisangelegenheiten und sonstigen in § 30 Absatz 1 Nummer 3, Absatz 2, 4, 4a und 4b StVG aufgeführten Verwaltungsmaßnahmen, soweit sie durch einen Antragsteller veranlasst werden	3,30

Gebühren aus den vorstehenden Unterabschnitten 2 und 4 werden teilweise für den Bund von den Behörden im Landesbereich erhoben.

5. Ausnahmegenehmigungen

151	Erteilung einer Ausnahme bei Erteilung oder in Ergänzung einer Allgemeinen Betriebserlaubnis oder EG-Typgenehmigung oder Allgemeinen Bauartgenehmigung	132,00
152	Entscheidung über eine Ausnahme von einer Vorschrift der StVZO in anderen Fällen je Ausnahmetatbestand und je Fahrzeug	10,20 bis 511,00
	Bei einer zum Zeitpunkt der Erteilung der Ausnahme bekannten Anzahl betroffener Fahrzeuge bzw. gleichartiger Fälle kann unter Berücksichtigung des geringeren Verwaltungsaufwandes eine verminderte Gesamtgebühr berechnet werden; dabei darf die Untergrenze des Gebührenrahmens von 10,20 Euro je Fahrzeug und je Ausnahmetatbestand nicht unterschritten werden.	

8. Digitales Kontrollgerät und Kontrollgerätkarten

181	Sicherheitstechnische Überprüfungen	
181.1	Bewertung der an Herstellung oder Verteilung von EG-Kontrollgeräten und deren Komponenten beteiligten Stellen. Die Stundensätze für Audit und Reisezeit bemessen sich nach den Gebührennummern 119.9 und 122	2 659,00 bis 6 900,00
181.2	Überwachung der an Herstellung oder Verteilung von EG-Kontrollgeräten und deren Komponenten beteiligten Stellen. Die Stundensätze für Audit und Reisezeit bemessen sich nach den Gebührennummern 119.9 und 122	1 483,00 bis 2 518,00
182	Digitale Zertifikate und Verschlüsselungsdienstleistungen	
182.1	Zuteilung eines Zertifikats für eine Fahrzeugeinheit als eine Komponente des digitalen Kontrollgeräts	1,20
182.2	Zuteilung eines kryptographischen Schlüssels für einen Weg- und Geschwindigkeitsgeber als eine Komponente des digitalen Kontrollgeräts	0,65

B. Sonstige Maßnahmen auf dem Gebiet des Straßenverkehrs

198	Für Maßnahmen außerhalb der Dienststelle, je Amtsperson	102,00 bis 3 068,00
199	Für andere als die in diesem Abschnitt aufgeführten Maßnahmen nach Personal- und Sachaufwand je Stunde und Person	15,30 bis 61,40

2. Abschnitt
Gebühren der Behörden im Landesbereich2)

Gebühren-Nummer	Gegenstand	Gebühr Euro
	A. Straßenverkehrsgesetz, Straßenverkehrs-Zulassungs-Ordnung, Fahrzeug-Zulassungsverordnung, EG-Fahrzeuggenehmigungsverordnung, Fahrerlaubnis-Verordnung	
	2. Zulassung/Umkennzeichnung von Kraftfahrzeugen/ Anhängern	
221	Zulassung eines Kraftfahrzeugs/Anhängers	
	Die Gebühren nach Nummern 221.1, 221.2, 221.3, 221.6 und 221.8 erhöhen sich bei gleichzeitiger Änderung technischer Daten um die Gebühr nach Nummer 225.	
	Die Gebühren nach Nummern 221.1, 221.2 und 221.3 erhöhen sich, wenn der Abruf von Daten gemäß § 12 *Absatz 2 Satz 4 [kursive Wörter lauten ab 01.01.2018: Absatz 3 Satz 3]* FZV beim Kraftfahrt-Bundesamt nicht möglich ist und die Daten im örtlichen Fahrzeugregister nicht verfügbar sind, um 15,30 Euro.	
	Die Gebühren nach Nummern 221.1 und 221.2 erhöhen sich im Falle der Zuteilung eines Wunschkennzeichens um 10,20 Euro.	
	Die Gebühren nach Nummern 221.1, 221.2, 221.6 und 221.7 erhöhen sich im Falle des Umtauschs des Fahrzeugbriefs in eine Zulassungsbescheinigung Teil II um 5,10 Euro.	
	Die Gebühren nach Nummern 221.1 und 221.2 erhöhen sich im Falle der Zuteilung eines Wechselkennzeichens um 6,00 Euro.	
221.1	Zulassung, Änderung des Kennzeichens, Änderung des Betriebszeitraums beim Saisonkennzeichen, Wechsel der Kennzeichenart, wobei in diesen Fällen eine erneute Zulassungsgebühr oder eine Gebühr nach Nummer 221.2, 221.6 oder 221.8 nicht zusätzlich anfällt	27,00
221.2	Umschreibung aus einem anderen Zulassungsbezirk und Zuteilung eines neuen Kennzeichens – mit und ohne Halterwechsel –	27,00
221.3	Entscheidung über die Zuteilung eines Ausfuhrkennzeichens	31,40
221.4	Entscheidung über die Zuteilung von Kurzzeitkennzeichen	10,20
221.5	Entscheidung über die Zuteilung von roten Kennzeichen	25,60 bis 205,00

---

2) Die Behörden im Landesbereich erheben auch die Gebühren für den Bund, soweit diese im Zusammenhang mit den jeweiligen Amtshandlungen stehen.

Gebühren-Nummer	Gegenstand	Gebühr Euro
221.6	Wiederzulassung nach Außerbetriebsetzung innerhalb desselben Zulassungsbezirks – ohne Halterwechsel und ohne Änderung des Kennzeichens –, außer im Fall der Nummer 221.7	11,60
221.7	Internetbasierte Wiederzulassung	12,50
221.8	Umschreibung innerhalb desselben Zulassungsbezirks – Halterwechsel –	16,70
221.9	Umschreibung aus einem anderen Zulassungsbezirk bei Beibehaltung des bisherigen Kennzeichens – ohne Halterwechsel –	16,70
222	Zuteilung und Ausfertigung eines Vordrucks einer Zulassungsbescheinigung Teil II außerhalb eines Zulassungsverfahrens	
	Diese Gebühr erhöht sich, wenn der Abruf von Daten gemäß § 12 *Absatz 2 Satz 4 [kursive Wörter lauten ab 01.01.2018: Absatz 3 Satz 3]* FZV beim Kraftfahrt-Bundesamt nicht möglich ist und die Daten im örtlichen Fahrzeugregister nicht verfügbar sind, um 15,30 Euro.	10,20
223	Zuteilung und Ausfertigung der Zulassungsbescheinigung Teil II außerhalb eines Zulassungsverfahrens einschließlich Erteilung der Betriebserlaubnis/Einzelgenehmigung nach § 13 EG-FGV	49,70
	Diese Gebühr erhöht sich, wenn der Abruf von Daten gemäß § 12 *Absatz 2 Satz 4 [kursive Wörter lauten ab 01.01.2018: Absatz 3 Satz 3]* FZV beim Kraftfahrt-Bundesamt nicht möglich ist und die Daten im örtlichen Fahrzeugregister nicht verfügbar sind, um 15,30 Euro.	
223.1	Erteilung der Betriebserlaubnis nach § 21 StVZO/Einzelgenehmigung nach § 13 EG-FGV	39,50
224	Außerbetriebsetzung	
224.1	innerhalb oder außerhalb des Zulassungsbezirks	6,90
224.2	internetbasiert	5,70
224.3	Entgegennahme eines Verwertungsnachweises gemäß § 15 FZV gleichzeitig mit der Außerbetriebsetzung außer bei internetbasierter Außerbetriebsetzung	5,10
224.4	Entgegennahme eines Verwertungsnachweises gemäß § 15 FZV zu einem anderen Zeitpunkt als dem der Außerbetriebsetzung	10,20

Gebühren-Nummer	Gegenstand	Gebühr Euro
225	Ausfertigung, Ersatz oder Änderung der nationalen oder internationalen Fahrzeugpapiere oder -bescheinigungen wegen Änderung persönlicher oder technischer Daten oder Unbrauchbarkeit oder Verlust einschließlich Erteilung einer Betriebserlaubnis sowie Fahrzeugidentitätsprüfung in anderen als in den nach Nummern 221 und 227 erfassten Fällen Diese Gebühr erhöht sich bei der Ausstellung einer Zulassungsbescheinigung Teil I um 0,90 Euro.	10,20
226	Auskunft aus dem Fahrzeugregister	
226.1	Auskunft aus dem Fahrzeugregister an die Auskunftsstelle nach § 8a des Pflichtversicherungsgesetzes	3,10
226.2	Auskunft aus dem Fahrzeugregister bei Verrechnung über eine Zentralstelle der Versicherer	3,10
226.3	Entscheidung über die Auskunft aus dem Fahrzeugregister in sonstigen Fällen, gegebenenfalls einschließlich der Auskunftserteilung	5,10
227	Zulassungsfreie Fahrzeuge Die Gebühren nach Nummern 227.1 bis 227.5 erhöhen sich bei gleichzeitiger Änderung technischer Daten um die Gebühr nach Nummer 225. Die Gebühren nach Nummer 227.3 erhöhen sich, wenn der Abruf von Daten gemäß § 12 *Absatz 2 Satz 4 [kursive Wörter lauten ab 01.01.2018: Absatz 3 Satz 3]* FZV beim Kraftfahrt-Bundesamt nicht möglich ist und die Daten im örtlichen Fahrzeugregister nicht verfügbar sind, um 15,30 Euro. Die Gebühren nach Nummern 227.2 und 227.3 erhöhen sich im Falle der Zuteilung eines Wunschkennzeichens um 10,20 Euro. Die Gebühren nach Nummern 227.1 bis 227.5 erhöhen sich im Falle des Umtauschs des Fahrzeugbriefs in eine Zulassungsbescheinigung Teil II um 5,10 Euro.	
227.1	Erteilung der Betriebserlaubnis nach § 21 StVZO/Einzelnehmigung nach § 13 EG-FGV	39,50
227.2	Erteilung der Betriebserlaubnis/Einzelgenehmigung nach § 13 EG-FGV und Zuteilung eines eigenen Kennzeichens	55,60
227.3	Umschreibung eines zulassungsfreien kennzeichenpflichtigen Fahrzeugs aus einem anderen Zulassungsbezirk und Zuteilung eines neuen Kennzeichens – mit und ohne Halterwechsel –	27,00

Gebühren-Nummer	Gegenstand	Gebühr Euro
227.4	Wiederinbetriebnahme eines zulassungsfreien kennzeichenpflichtigen Fahrzeugs nach Außerbetriebsetzung innerhalb desselben Zulassungsbezirks – ohne Halterwechsel und ohne Änderung der Kennzeichen –	11,60
227.5	Umschreibung eines zulassungsfreien kennzeichenpflichtigen Fahrzeugs innerhalb des Zulassungsbezirks – Halterwechsel –	16,70
227.6	Änderung der Erkennungsnummer oder des Betriebszeitraums beim Saisonkennzeichen	27,00
227.7	Umschreibung eines zulassungsfreien kennzeichenpflichtigen Fahrzeugs aus einem anderen Zulassungsbezirk bei Beibehaltung des bisherigen Kennzeichens – ohne Halterwechsel –	16,70
228	Abstempeln von Kennzeichen sowie Zuteilung einer Prüfmarke in anderen als in den nach Nummern 221 und 227 erfassten Fällen	2,60
	Zusätzlich	
228.1	je HU-Plakette sowie Prüfmarke	0,50
228.2	je Stempelplakette	
	ohne farbiges Landeswappen	0,70
	mit farbigem Landeswappen	1,20
228.3	je Plakettenträger	0,30
229	Ausgabe eines Fahrzeugscheinheftes nach Zuteilung eines roten Kennzeichens	10,20 bis 15,30
230	Vorwegzuteilung von Erkennungsnummern an Fahrzeughalter, Fahrzeughändler oder Zulassungsdienste, je Erkennungsnummer	2,60
	Diese Gebühr erhöht sich im Falle der Zuteilung eines Wunschkennzeichens um 10,20 Euro.	
231	Amtshandlungen im Zusammenhang mit der Sicherungsübereignung eines Kraftfahrzeugs	
231.1	Eintragung, Aufhebung oder Verwahrung, jeweils	5,10
231.2	Übersendung der Zulassungsbescheinigung Teil II einschließlich Einschreibegebühr	10,20
232	Ausstellung, Berichtigung oder Ergänzung eines Anhängerverzeichnisses	
232.1	Ausstellung eines Anhängerverzeichnisses je einzutragendes Fahrzeug	2,60
232.2	Berichtigung oder Ergänzung eines Anhängerverzeichnisses je hinzugetragenes bzw. je zu streichendes Fahrzeug	2,60

Gebühren-Nummer	Gegenstand	Gebühr Euro
232.3	Jede weitere Ausfertigung eines Anhängerverzeichnisses	1,00
233	Bei Verwendung von Klebesiegeln erhöhen sich die Gebühren des Unterabschnitts 2 je Klebesiegel um 0,30 Euro.	
234	Verlängerung der Frist für die nächste Hauptuntersuchung gemäß Nummer 2.4 der Anlage VIII zu § 29 StVZO	15,30
235	Aushändigung oder Anbringung des SP-Schildes	5,10 bis 20,50
236	Aufbietung der Zulassungsbescheinigung Teil II	8,70
	3. Amtliche Anerkennung und Überprüfung von Betrieben und Organisationen im Bereich der Überwachung	
241	Entscheidung über die Erteilung, Änderung, Versagung, Rücknahme oder den Widerruf und im Falle der Anerkennung einschließlich der Ausfertigung einer Anerkennungsurkunde sowie die Überprüfung	
241.1	einer Kraftfahrzeugwerkstatt zur Durchführung von Sicherheitsprüfungen, Gassystemeinbauprüfungen oder Gasanlagenprüfungen	128,00 bis 256,00
241.2	einer Schulungsstätte zur Schulung von Fachkräften, die Sicherheitsprüfungen, Gassystemeinbauprüfungen oder Gasanlagenprüfungen durchführen	256,00 bis 409,00
241.3	eines Fahrtschreiber- oder EG-Kontrollgeräteherstellers oder eines Fahrzeugherstellers nach § 57b Absatz 3 und 4 StVZO oder eines Geschwindigkeitsbegrenzerherstellers nach § 57d Absatz 4 StVZO	56,20 bis 225,00
241.4	einer Überwachungsorganisation Bei einer Überprüfung jeweils zuzüglich der Kosten für eine etwaige Überprüfung an Ort und Stelle.	128,00 bis 1 023,00
241.5	einer Kraftfahrzeugwerkstatt zur Durchführung der Abgasuntersuchung	38,30 bis 153,00
242	Entscheidung über die Erteilung, Änderung, Versagung, Rücknahme oder den Widerruf der Bestätigung der Bestellung des technischen Leiters einer Überwachungsorganisation oder dessen Vertreters	25,60 bis 102,00
243	Entscheidung über die Erteilung, Änderung, Versagung, Rücknahme oder den Widerruf der Zustimmung zur Betrauung von Kraftfahrzeugsachverständigen mit der Durchführung von Untersuchungen nach Nummer 3.7 und Nummer 4.1.3 der Anlage VIIIb zur StVZO	33,20 bis 256,00
244	Prüfung von Bewerbern für die Durchführung von Hauptuntersuchungen einschließlich Abnahmen nach § 19 Absatz 3 StVZO für Überwachungsorganisationen	481,00

Gebühren-Nummer	Gegenstand	Gebühr Euro
	Diese Gebühr schließt die Kosten für die Mitglieder des Prüfungsausschusses ein. Werden ein oder mehrere Teile der Prüfung nicht durchgeführt, ermäßigt sich die Gebühr für die Gesamtprüfung um jeweils 33 1/3 v. H. für jeden ausgefallenen Teil. Die sich dadurch ergebenden Teilbeträge werden auf volle Euro aufgerundet. Die Ermäßigung tritt nicht für die Teile ein, die ohne Verschulden des Prüfungsausschusses und ohne ausreichende Entschuldigung des Bewerbers am festgesetzten Termin nicht stattfinden oder nicht zu Ende geführt werden konnten.	
	4. Sonstige Maßnahmen im Bereich des StVG, der StVZO, FZV, FeV	
251	Entscheidung über einen Antrag auf Tilgung einer Eintragung im Fahreignungsregister nach § 29 Absatz 3 Nummer 2 StVG	12,80 bis 102,00
252	Anordnung zum Führen eines Fahrtenbuches einschließlich der Prüfung der Eintragung	21,50 bis 200,00
253	Nachprüfung der Mängelbeseitigung an einem Fahrzeug durch die Zulassungsbehörde	7,20
254	Sonstige Anordnungen nach dem Kraftfahrzeugsteuergesetz, der Straßenverkehrs-Zulassungs-Ordnung, der Fahrzeug-Zulassungsverordnung, der EG-Fahrzeuggenehmigungsverordnung, der Fahrerlaubnis-Verordnung	14,30 bis 286,00
	Die Gebühr ist auch fällig, wenn die Voraussetzungen für die Anordnung erst nach Einleiten der Zwangsmaßnahme beseitigt sowie nachgewiesen worden sind. Die Gebühr umfasst auch die im Zusammenhang mit der Vollstreckung der Anordnung entstehenden Kosten.	
255	Entscheidung über eine Ausnahme von einer Vorschrift des Straßenverkehrsgesetzes, der Straßenverkehrs-Zulassungs-Ordnung, der Fahrzeug-Zulassungsverordnung, je Ausnahmetatbestand und je Fahrzeug/Person	10,20 bis 511,00
	Bei einer zum Zeitpunkt der Erteilung der Ausnahme bekannten Anzahl betroffener Fahrzeuge bzw. gleichartiger Fälle kann unter Berücksichtigung des geringeren Verwaltungsaufwandes eine verminderte Gesamtgebühr berechnet werden; dabei darf die Untergrenze des Gebührenrahmens von 10,20 Euro je Fahrzeug und je Ausnahmetatbestand nicht unterschritten werden.	

Gebühren-Nummer	Gegenstand	Gebühr Euro
256	Abnahme einer Versicherung an Eides statt durch Niederschrift bei der Verwaltungsbehörde (§ 5 StVG)	30,70
257	Bewertung alternativer Lehr- und Lernmethoden und Medien zur Gestaltung der verkehrspädagogischen Teilmaßnahme des Fahreignungsseminars nach § 42 Absatz 2 FeV einschließlich der Auslagen für eine externe Begutachtung	1 000,00 bis 10 000,00
258	Anerkennung eines Qualitätssicherungssystems für die verkehrspsychologische Teilmaßnahme des Fahreignungsseminars nach § 4a Absatz 8 StVG	nach dem Zeitaufwand mit 12,80 Euro je angefangene Viertelstunde Bearbeitungszeit
259	Zuteilung einer Plakette zur Kennzeichnung von Fahrzeugen nach § 4 EmoG in Verbindung mit § 9a Absatz 4 FZV	11,00
	E. Kraftfahrsachverständigengesetz	
321	Prüfung für die	
321.1	amtliche Anerkennung als Sachverständiger	685,00
321.2	amtliche Anerkennung als Sachverständiger mit Teilbefugnissen	608,00
321.3	amtliche Anerkennung als Prüfer	562,00
321.4	amtliche Anerkennung als Prüfer mit Teilbefugnissen	481,00
321.5	Erweiterung der amtlichen Anerkennung als Sachverständiger oder als Prüfer	481,00
	Diese Gebühren schließen die Kosten für die Mitglieder des Prüfungsausschusses ein. Werden ein oder mehrere Teile der Prüfung für die amtliche Anerkennung nicht durchgeführt, ermäßigt sich die Gebühr für die Gesamtprüfung um jeweils 33 1/3 v. H. für jeden ausgefallenen Teil. Die sich dadurch ergebenden Teilbeträge werden auf volle Euro aufgerundet. Die Ermäßigung tritt nicht für die Teile ein, die ohne Verschulden des Prüfungsausschusses und ohne ausreichende Entschuldigung des Bewerbers am festgesetzten Termin nicht stattfinden oder nicht zu Ende geführt werden konnten.	
322	Entscheidung über die amtliche Anerkennung als Sachverständiger oder Prüfer, gegebenenfalls einschließlich der Ausfertigung des Ausweises	25,60 bis 102,00
323	Ausfertigung des Ausweises über die Anerkennung als Ersatz für einen verlorenen oder unbrauchbar gewordenen, außer den Kosten einer etwaigen öffentlichen Ungültigerklärung	10,20

Gebühren-Nummer	Gegenstand	Gebühr Euro
324	Entscheidung über die Bestätigung der Bestellung oder Abberufung des Leiters einer Technischen Prüfstelle oder einer dieser unmittelbar nachgeordneten Dienststelle sowie von deren Stellvertretern	25,60 bis 102,00
325	Rücknahme oder Widerruf der amtlichen Anerkennung oder ihrer Erweiterung, ausgenommen Ausscheiden aus Altersgründen	28,10 bis 71,60
326	Zwangsweise Einziehung des Ausweises über die Anerkennung	7,70 bis 40,90
	Die Gebühr ist auch fällig, wenn die Voraussetzung für die zwangsweise Einziehung erst nach Einleiten der Zwangsmaßnahme beseitigt worden ist.	
329	Entscheidung über eine Ausnahme von den Vorschriften des Kraftfahrsachverständigengesetzes	25,60 bis 511,00
	G. Sonstige Maßnahmen auf dem Gebiet des Straßenverkehrs	
398	Androhung der Anordnung der im 2. Abschnitt genannten Maßnahmen, soweit bei den einzelnen Gebührennummern die Androhung nicht bereits selbst genannt ist	10,20
399	Für andere als die in diesem Abschnitt aufgeführten Maßnahmen können Gebühren nach den Sätzen für vergleichbare Maßnahmen oder, soweit solche nicht bewertet sind, nach dem Zeitaufwand mit 12,80 Euro je angefangene Viertelstunde Arbeitszeit erhoben werden.	
400	Zurückweisung eines Widerspruchs oder Rücknahme des Widerspruchs nach Beginn der sachlichen Bearbeitung	Gebühr in Höhe der Gebühr für die beantragte oder angefochtene Amtshandlung, mindestens jedoch 25,60 Euro; bei gebührenfreien angefochtenen Amtshandlungen 25,60 Euro. Von der Festsetzung einer Gebühr ist abzusehen, soweit durch die Rücknahme des Widerspruchs das Verfahren besonders rasch und mit geringem Verwaltungsaufwand abgeschlossen werden kann, wenn dies der Billigkeit nicht widerspricht.

3. Abschnitt
Gebühren der amtlich anerkannten Sachverständigen und Prüfer für den Kraftfahrzeugverkehr, der Prüfstellen nach der Fahrzeugteileverordnung, der Begutachtungsstellen für Fahreignung und der Sehteststellen

Gebühren-Nummer	Gegenstand	Gebühr Euro
	2. Prüfungen von Fahrzeugen und Fahrzeugteilen	
410	Grundgebühr für Typprüfungen oder Musterprüfungen nach StVZO/EU/ECE/FzTV Mit den Grundgebühren ist folgender Aufwand abgedeckt: – Vorhaltung und Benutzung von Geräten, Einrichtungen und Anlagen, die zur technischen Prüfung und zur Erstellung der Gutachten notwendig sind, gleichgültig ob diese im Besitz der Technischen Prüfstelle stehen oder von ihr angemietet wurden; – Anlegen der Verwaltungsakte bei der Technischen Prüfstelle entsprechend den üblichen organisatorischen Verfahren für die Entgegennahme und Bearbeitung eines Auftrags zur Erstellung eines Gutachtens; – Durchsicht der Unterlagen/Anlagen, d. h. Überprüfung der vom Antragsteller zu liefernden Unterlagen/Anlagen durch den amtlich anerkannten Sachverständigen auf Vollständigkeit; – schreibtechnische Erstellung des Gutachtens einschließlich der vorgeschriebenen Anzahl von Mehrausfertigungen und einer Ausfertigung für den Antragsteller; – Porto, Telefon-, Telex- und sonstige Übermittlungskosten, die mit dem Prüf- und Bearbeitungsablauf anfallen.	
410.1	Die Grundgebühr beträgt je Prüfung für 1. Schilder 2. Amtliche Kennzeichen 3. Innenausstattung (Kontrolle, Symbole) 4. Anordnung der fußbetätigten Einrichtungen 5. Andere vergleichbare Fahrzeuge/Fahrzeugteile	61,00
410.2	Die Grundgebühr beträgt je Prüfung für 1. Warnvorrichtung mit einer Folge von verschieden hohen Tönen 2. Abschleppeinrichtungen 3. Radabdeckungen	153,00

Gebühren-Nummer	Gegenstand	Gebühr Euro
	4. Ladepritsche land- oder forstwirtschaftlicher Zugmaschinen	
	5. Abgase aus Ottomotoren Typ III (Kurbelgehäuse)	
	6. Betätigungsraum, Zugänge zum Fahrersitz, Türen und Fenster land- oder forstwirtschaftlicher Zugmaschinen	
	7. Vorstehende Außenkanten	
	8. Gleitschutzeinrichtungen	
	9. Anhänger ohne Bremsanlage	
	10. Fahrtschreiber und ähnliche Kontrollgeräte	
	11. Andere vergleichbare Fahrzeuge/Fahrzeugteile	
410.3	Die Grundgebühr beträgt je Prüfung für	245,00
	1. Rückwärtsgang, Geschwindigkeitsmessgerät und Höchstgeschwindigkeit	
	2 Sicherungseinrichtung gegen unbefugte Benutzung	
	3. Rückspiegel	
	4. Kraftstoffbehälter aus Blech	
	5. Beiwagen von Krafträdern	
	6. Vorrichtung für Schallzeichen	
	7. Andere vergleichbare Fahrzeuge/Fahrzeugteile	
410.4	Die Grundgebühr beträgt je Prüfung für	305,00
	1. Sichtfeld	
	2. Heizungen	
	3. Unterfahrschutz	
	4. Scheibenwischer, Wascher	
	5. Lenkanlagen	
	6. Anbau lichttechnischer Einrichtungen	
	7. Abgase aus Ottomotoren, Typ II (Leerlauf)	
	8. Türen	
	9. Kopfstützen	
	10. Bremsanlagen	
	11. Kraftrad, Fahrrad mit Hilfsmotor, Krankenfahrstuhl	
	12. Andere vergleichbare Fahrzeuge/Fahrzeugteile	
410.5	Die Grundgebühr beträgt je Prüfung für	398,00
	1. Geräuschpegel und Auspuffeinrichtungen	

Gebühren-Nummer	Gegenstand	Gebühr Euro
	2. Einrichtungen zur Verbindung von Fahrzeugen	
	3. Teile im Insassenraum (Aufprallschutz)	
	4. Anhänger mit Bremsanlage	
	5. Scheiben aus Sicherheitsglas	
	6. Andere vergleichbare Fahrzeuge/Fahrzeugteile	
410.6	Die Grundgebühr beträgt je Prüfung für	458,00
	1. Entfrostungs- und Trocknungsanlagen für Scheiben	
	2. Kraftstoffverbrauch	
	3. Widerstandsfähigkeit der Sitze und ihrer Verankerung	
	4. Verhalten der Lenkanlagen bei Unfallstößen	
	5. Verankerung der Sicherheitsgurte	
	6. Stoßstangen	
	7. Andere Kraftfahrzeuge	
	8. Andere vergleichbare Fahrzeuge/Fahrzeugteile	
410.7	Die Grundgebühr beträgt je Prüfung für	550,00
	1. Kraftstoffbehälter (Kunststoff)	
	2. Motorleistung	
	3. Reifenprüfung	
	4. Abgase von Ottomotoren Typ I	
	5. Abgase von Dieselmotoren	
	6. Verhütung von Bränden	
	7. Andere vergleichbare Fahrzeuge/Fahrzeugteile	
410.8	Die Grundgebühr beträgt je Prüfung für	714,00
	1. Abgase von Ottomotoren Typ IV (Verdunstungsemissionen)	
	2. Abgase von Ottomotoren Typ VI (-7 C)	
	3. EMV Komplettfahrzeug	
	4. Andere vergleichbare Fahrzeuge/Fahrzeugteile	
411	Grundgebühr für Nachprüfungen und Begutachtungen für Nachträge	

Gebühren-Nummer	Gegenstand	Gebühr Euro
411.1	Nachprüfungen Die Grundgebühr für Nachprüfungen im Auftrage des Kraftfahrt-Bundesamtes beträgt zwei Drittel der Grundgebühr nach den Nummern 410.1 bis 410.8. Erfordert die Nachprüfung in Abstimmung mit dem Auftraggeber ausnahmsweise eine Anmietung fremder Geräte, Einrichtungen oder Anlagen, können außerdem die nachgewiesenen Fremdkosten in Rechnung gestellt werden, soweit sie durch die Gebühr nach Satz 1 nicht abgegolten sind.	
411.2	Nachtragsgutachten Die Grundgebühr für Begutachtungen für Nachträge zu Typprüfungen oder Musterprüfungen nach StVZO/EU/ECE/FzTV beträgt zwei Drittel der Grundgebühr nach den Nummern 410.1 bis 410.8.	
412	Soweit der Aufwand nicht durch die Grundgebühren nach den Nummern 410.1 bis 410.8, 411.1 und 411.2 abgegolten ist, wird zusätzlich der Zeitaufwand berechnet. Die Gebühr hierfür beträgt je Sachverständigen und je angefangene Viertelstunde mindestens 20,30 Euro und höchstens 27,00 Euro. Der Stundensatz kann bis zu 50 v.H. überschritten werden, wenn die Schwierigkeit der Leistung und besondere Umstände den Einsatz besonders spezialisierter Sachverständiger erfordern (z. B. Elektronikexperten). Der Einsatz mehrerer Sachverständiger bei einem Prüfauftrag und die Hinzuziehung von Prüfgehilfen wird mit dem Auftraggeber vorher abgestimmt. Der Zeitaufwand für den Prüfgehilfen wird mit 70 v.H. der vorgenannten Sätze berechnet.	

Gebühren-Nummer	Gegenstand					Gebühr Euro	
413	Prüfung einzelner Fahrzeuge						
	Begutachtung nach §§ 21 und 23 StVZO oder § 13 EG-FGV[1)]						
	Komplettfahrzeug		Gutachten nach § 21 StVZO nach technischen Änderungen (§ 19 Absatz 2 StVZO)	Änderungsabnahme nach § 19 Absatz 3 StVZO[1)]	Hauptuntersuchung (HU) nach § 29 StVZO [3) 4) 5) 6) 7) 8)]	Sicherheitsprüfung (SP) nach § 29 StVZO[5)]
	Voll-Gutachten (GA) nach § 21 StVZO oder § 13 EG-FGV und GA nach § 23 StVZO[2) 6)]	Gutachten nach § 21 StVZO auf Grund § 14 Absatz 2 Satz 4 FZV[6)]					
	1	2	3	4	5	6	
	Euro	Euro	Euro	Euro	Euro	Euro	
413.1	Kleinkrafträder, Fahrräder mit Hilfsmotor, vierrädrige Leichtkraftfahrzeuge, Krankenfahrstühle	49,70	31,10	17,00 bis 28,40	12,80 bis 23,00	–	–
413.2	Anhänger ohne Bremsanlage	49,70	31,10	17,00 bis 28,40	12,80 bis 23,00	12,60 bis 23,30	–
413.3	Krafträder	58,00	37,00	19,20 bis 35,30	15,70 bis 29,30	22,70 bis 34,20	–
413.4	Kraftfahrzeuge oder Anhänger mit einer zulässigen Gesamtmasse ...						
413.4.1	... von nicht mehr als 3,5 t, soweit nicht unter den Nummern 413.1 bis 413.3 genannt	87,40	57,10	29,20 bis 49,40	22,20 bis 42,90	29,40 bis 46,10	24,40 bis 29,80
413.4.2	... von nicht mehr als 7,5 t, soweit nicht unter den Nummern 413.1 bis 413.4.1 genannt	95,50	70,70	37,60 bis 66,40	26,30 bis 52,20	50,00 bis 63,40	43,40 bis 54,20

		Begutachtung nach §§ 21 und 23 StVZO oder § 13 EG-FGV[1]					
		Komplettfahrzeug		Gutachten nach § 21 StVZO nach technischen Änderungen (§ 19 Absatz 2 StVZO)	Änderungsabnahme nach § 19 Absatz 3 StVZO[1]	Hauptuntersuchung (HU) nach § 29 StVZO [3) 4) 5) 6) 7) 8)]	Sicherheitsprüfung (SP) nach § 29 StVZO[5]
		Voll-Gutachten (GA) nach § 21 StVZO oder § 13 EG-FGV und GA nach § 23 StVZO[2) 6)]	Gutachten nach § 21 StVZO auf Grund § 14 Absatz 2 Satz 4 FZV[6]				
		1	2	3	4	5	6
		Euro	Euro	Euro	Euro	Euro	Euro
413.4.3	... von nicht mehr als 12 t, soweit nicht unter den Nummern 413.1 bis 413.4.2 genannt	108,00	83,10	43,30 bis 69,30	26,30 bis 52,20	63,00 bis 79,60	48,80 bis 62,30
413.4.4	... von nicht mehr als 18 t, soweit nicht unter den Nummern 413.1 bis 413.4.3 genannt	120,00	89,40	46,20 bis 72,10	26,30 bis 52,20	68,40 bis 87,70	54,20 bis 67,70
413.4.5	... von nicht mehr als 32 t, soweit nicht unter den Nummern 413.1 bis 413.4.4 genannt	138,00	95,50	49,00 bis 74,90	26,30 bis 52,20	76,50 bis 95,80	59,60 bis 75,90
413.4.6	... über 32 t, soweit nicht unter den Nummern 413.1 bis 413.4.5 genannt	157,00	102,00	51,80 bis 77,80	26,30 bis 52,20	90,10 bis 112,00	73,10 bis 92,10

1) Werden für die Begutachtung nach § 21 StVZO (Spalten 1 bis 3), § 13 EG-FGV oder für die Änderungsabnahme nach § 19 Absatz 3 StVZO (Spalte 4) die erforderlichen Unterlagen und Nachweise vom Antragsteller nicht vorgelegt, kann der zusätzliche Zeitaufwand für die Datenbeschaffung oder für (weitere) erforderliche Prüfungen entsprechend der Gebührennummer 499 berechnet werden.
2) Wird das Gutachten nach § 23 StVZO gleichzeitig mit einem Gutachten nach § 21 StVZO erstellt, darf für das Gutachten nach § 23 StVZO nur die Hälfte der Gebühr zusätzlich zur Gebühr für das Gutachten nach § 21 StVZO erhoben werden.
3) Wird eine Hauptuntersuchung und eine Sicherheitsprüfung nach Nummer 2.3 der Anlage VIIIa StVZO durchgeführt, ist die Gebühr für diese Untersuchung aus der Gebühr für Hauptuntersuchungen (Spalte 5) zuzüglich dem 0,6-Fachen der Gebühr für Sicherheitsprüfungen (Spalte 6) zu bilden.

4) Bei Hauptuntersuchungen an land- und forstwirtschaftlichen Zugmaschinen ist nicht die zulässige Gesamtmasse, sondern die Masse der von den gebremsten Achsen auf den Boden übertragenen zulässigen Last oder die durch die Bauart bestimmte Höchstgeschwindigkeit maßgeblich; beträgt die durch die Bauart bestimmte Höchstgeschwindigkeit von land- und forstwirtschaftlichen Zugmaschinen nicht mehr als 40 km/h, gilt für die Hauptuntersuchung die Gebührennummer 413.4.1.
5) Bei Hauptuntersuchungen und Sicherheitsprüfungen an Sattelanhängern und Starrdeichselanhängern ist nicht die zulässige Gesamtmasse, sondern die Masse der von den Achsen auf den Boden übertragenen zulässigen Last maßgeblich.
6) Die Gebührennummern 413.3 und 413.4 erhöhen sich für Kraftfahrzeuge, die mit Fremd- oder Kompressionszündungsmotor angetrieben werden bei einer Hauptuntersuchung nach § 29 StVZO oder eine Begutachtung nach § 21 StVZO um einen der Gebührennummer 413.5 entsprechenden Betrag, wenn kein Nachweis über eine durchgeführte Untersuchung nach Nummer 3.1.1.1 der Anlage VIII StVZO durch eine entsprechend anerkannte Kraftfahrzeugwerkstatt vorliegt. (Bei den in Nummer 1.2.1.2 der Anlage VIII StVZO genannten Kraftfahrzeugen entfällt eine Überprüfung der Abgase nach Nummer 6.8.2 der Anlage VIIIa StVZO).
7) Zusätzlich zu den Gebühren für Hauptuntersuchungen (Spalte 5) – Gebührennummern 413.1 bis 413.4.6 – wird für die Bereitstellung von Vorgaben nach Nummer 1 der Anlage VIIIa StVZO eine zusätzliche Gebühr von 1,00 Euro je Hauptuntersuchung erhoben.
8) Wird eine Hauptuntersuchung nach Nummer 2.2 der Anlage VIIIa StVZO nach Überschreitung des Vorführtermins um mehr als zwei Monate an einem Fahrzeug durchgeführt, ist die Gebühr für diese Untersuchung aus der Gebühr für die Hauptuntersuchung (Spalte 5) zuzüglich dem 0,2-Fachen dieser Gebühr zu bilden.

Gebühren-Nummer	Gegenstand	Gebühr Euro
413.5	Abgasuntersuchung bestimmter Kraftfahrzeuge entsprechend der Durchführungs-Richtlinie für die Untersuchung der Abgase Wird die Abgasuntersuchung als Teiluntersuchung der Hauptuntersuchung durchgeführt, ergibt sich der zulässige Gebührenrahmen durch Multiplikation der festgeschriebenen Gebühren mit 0,85.	
413.5.1	Kraftfahrzeuge – ohne Krafträder	
413.5.1.1	Abgasuntersuchungen mit Abgasmessung am Auspuffendrohr	21,20 bis 98,00
413.5.1.2	Abgasuntersuchungen ohne Abgasmessung am Auspuffendrohr	11,95 bis 55,20
413.5.2	Krafträder	8,20 bis 24,50
413.6	Gasanlagenprüfungen	
413.6.1	Für die Untersuchung der Gasanlage im Rahmen der Hauptuntersuchung nach § 29 StVZO ohne vorliegenden Nachweis über eine durchgeführte Gasanlagenprüfung durch eine entsprechend anerkannte Kraftfahrzeugwerkstatt wird zur Gebühr nach den Nummern 413.3 und 413.4 folgende zusätzliche Gebühr erhoben	22,00
413.6.2	Gassystemeinbauprüfung nach § 41a Absatz 5 StVZO	110,00

Gebühren-Nummer	Gegenstand	Gebühr Euro
413.6.3	Gasanlagenprüfung ohne Hauptuntersuchung	28,00
414	Nachprüfung einzelner Fahrzeuge im Sinne der Nummern 413.1 bis 413.6	1,50 Euro bis 2/3 der Gebühr nach den Nummern 413.1 bis 413.6.3
415	Prüfungen nach den §§ 41 und 42 BOKraft Im Rahmen der Hauptuntersuchung nach § 29 StVZO werden zur Gebühr nach Nummer 413 folgende zusätzliche Gebühren erhoben:	
415.1	Kraftomnibusse	13,50 bis 30,30
415.2	Taxen, Mietwagen	6,70 bis 15,20
415.3	Nachprüfungen	4,50 Euro bis 2/3 der Gebühr nach Nummer 415.1 beziehungsweise 415.2
	Im Bereich einer Technischen Prüfstelle dürfen in einem Land bei den Gebührennummern 413 bis 415 jeweils nur einheitliche Gebühren erhoben werden. Die Höhe der jeweiligen Gebühr kann von der Zustimmung der nach § 13 des Kraftfahrsachverständigengesetzes zuständigen Behörde abhängig gemacht werden.	
416	Zuteilung einer Prüfplakette oder Prüfmarke auf Grund des § 29 StVZO	0,50
417	Erstellen einer Zweitschrift des Berichts über die Hauptuntersuchung nach § 29 oder der Prüfbescheinigung über die Abgasuntersuchung nach Nummer 1.2.1.1 der Anlage VIII StVZO	3,00
418	Kann eine der unter den Nummern 413, 414 und 415 genannten Prüfungen am festgesetzten Tag nicht begonnen oder nicht zu Ende geführt werden aus Gründen, die der amtlich anerkannte Sachverständige oder Prüfer nicht zu vertreten hat, ist die für die Prüfung vorgesehene Gebühr fällig; waren mehrere Fahrzeuge zur Prüfung angemeldet, ist die Gebühr nur für das Fahrzeug fällig, für das die höchste Gebühr vorgesehen ist. Für die Fortsetzung einer derartig unterbrochenen Prüfung ist eine Gebühr bis zur Hälfte der Gebührensätze zu berechnen. Dies gilt auch, wenn die Prüfung wegen der Notwendigkeit besonderer Untersuchungen am festgesetzten Tag nicht beendet werden kann.	

Gebühren-Nummer	Gegenstand	Gebühr Euro
419	Reisekosten/Reisezeiten Bei Prüfungen und Leistungen außerhalb der Anlagen der Technischen Prüfstelle werden zu den Gebühren die anfallenden Reisekosten in Rechnung gestellt, soweit in den einzelnen Gebührennummern nichts anderes bestimmt ist. Sie setzen sich zusammen aus den Fahrtkosten für öffentliche Verkehrsmittel und den steuerrechtlichen Höchstsätzen für Kilometer-, Tage- und Übernachtungsgeld. Höhere Kosten müssen begründet und nachgewiesen werden. Dies gilt auch für Reisenebenkosten. Bei Flugreisen von mehr als 12 Stunden Dauer können Kosten der Business-Klasse berechnet werden. Für die im Zusammenhang mit der Prüftätigkeit anfallenden Reisezeiten wird für jede begonnene Viertelstunde eine Gebühr nach Gebührennummer 499 berechnet.	
420	Bei Verwendung von Klebesiegeln oder Klebestempeln erhöhen sich die Gebühren des Unterabschnitts 2 je Klebesiegel oder Klebestempel um 0,30 Euro.	

4. Terminzuschläge

460	Soweit Überstunden oder Einsatz außerhalb der normalen Arbeitszeit mit dem Auftraggeber vereinbart sind, werden auf die Gebühren oder den Stundensatz – an normalen Werktagen zwischen 6.00 und 20.00 Uhr 30 v. H., – an dienstfreien Werktagen zwischen 6.00 und 20.00 Uhr 60 v. H., – in den Nachtstunden zwischen 20.00 und 6.00 Uhr 60 v. H., – an Sonntagen zwischen 0.00 und 24.00 Uhr 80 v. H., – an Feiertagen zwischen 0.00 und 24.00 Uhr 120 v. H. als Zuschlag erhoben.	

5. Sonstige Maßnahmen auf dem Gebiet des Straßenverkehrs

499	Für andere als die in diesem Abschnitt aufgeführten Prüfungen und Untersuchungen können Gebühren nach den Sätzen für vergleichbare Prüfungen oder Untersuchungen der Gebührennummern 401 bis 460 oder, soweit solche nicht bewertet sind, je angefangene Viertelstunde mindestens 20,30 Euro und höchstens 27,00 Euro erhoben werden. Der Zeitaufwand für Prüfgehilfen wird mit 70 v. H. des vorgenannten Satzes berechnet.	

Übersicht aktueller Ausnahmeverordnungen
(mit Fundstellen und letzter Änderung)

6. Ausnahmeverordnung zur StVZO in der im Bundesgesetzblatt Teil III, Gliederungsnummer 9232-1-6, veröffentlichten bereinigten Fassung, die zuletzt durch Artikel 3 der Verordnung vom 25. April 2006 (BGBl. I S. 988) geändert worden ist,

15. Ausnahmeverordnung zur StVZO vom 28. Februar 1967 (BGBl. I S. 263), die zuletzt durch Artikel 4 der Verordnung vom 25. April 2006 (BGBl. I S. 988) geändert worden ist,

23. Ausnahmeverordnung zur StVZO vom 13. März 1974 (BGBl. I S. 744), die zuletzt durch Artikel 24 des Gesetzes vom 19. September 2006 (BGBl. I S. 2146) geändert worden ist,

25. Ausnahmeverordnung zur StVZO vom 1. Juli 1976 (BGBl. I S. 1778), die zuletzt durch Artikel 13 Abs. 29 des Gesetzes vom 12. April 2012 (BGBl. I S. 579) geändert worden ist,

35. Ausnahmeverordnung zur StVZO vom 22. April 1988 (BGBl. I S. 562), die zuletzt durch Artikel 3 der Verordnung vom 26. Juli 2013 (BGBl. I S. 2803) geändert worden ist,

39. Ausnahmeverordnung zur StVZO vom 27. Juni 1991 (BGBl. I S. 1431), die durch Artikel 2 Abs. 1 der Verordnung vom 23. Juni 1993 (BGBl. I S. 1024) geändert worden ist,

40. Ausnahmeverordnung zur StVZO vom 20. Dezember 1991 (BGBl. I S. 2392), die zuletzt durch Artikel 4 Nr. 1 der Verordnung vom 23. März 2000 (BGBl. I S. 310) geändert worden ist,

42. Ausnahmeverordnung zur StVZO vom 22. Dezember 1992 (BGBl. I S. 2479), die zuletzt durch Artikel 7 der Verordnung vom 25. April 2006 (BGBl. I S. 988) geändert worden ist,

43. Ausnahmeverordnung zur StVZO vom 18. März 1993 (BGBl. I S. 361), die durch Artikel 4 Nr. 2 der Verordnung vom 23. März 2000 (BGBl. I S. 310) geändert worden ist,

47. Ausnahmeverordnung zur StVZO vom 20. Mai 1994 (BGBl. I S. 1094), die zuletzt durch Artikel 1 der Verordnung vom 19. Dezember 1996 (BGBl. I S. 2158) geändert worden ist,

52. Ausnahmeverordnung zur StVZO vom 13. August 1996 (BGBl. I S. 1319), die durch Artikel 1 der Verordnung vom 18. Februar 1998 (BGBl. I S. 390) geändert worden ist,

53. Ausnahmeverordnung zur StVZO vom 2. Juli 1997 (BGBl. I S. 1665), die durch Artikel 4 der Verordnung vom 26. Juli 2013 (BGBl. I S. 2803) geändert worden ist,

54. Ausnahmeverordnung zur StVZO vom 10. Dezember 1998 (BGBl. I S. 3651),

Zweite Verordnung über Ausnahmen von straßenverkehrsrechtlichen Vorschriften vom 28. Februar 1989 (BGBl. I S. 481), die zuletzt durch Verordnung vom 13. Juni 2013 (BGBl. I S. 1609) geändert worden ist,

Dritte Verordnung über Ausnahmen von straßenverkehrsrechtlichen Vorschriften vom 5. Juni 1990 (BGBl. I S. 999), die durch Artikel 1 der Verordnung vom 22. Dezember 1992 (BGBl. I S. 2480) geändert worden ist,

Leichtmofa-Ausnahmeverordnung vom 26. März 1993 (BGBl. I S. 394), die zuletzt durch Artikel 7 § 1 der Verordnung vom 18. August 1998 (BGBl. I S. 2214) geändert worden ist

Verordnung über Ausnahmen von straßenverkehrsrechtlichen Vorschriften für Fahrzeuge und Fahrzeugkombinationen mit Überlänge (LKWÜberlStVAusnV) vom 19. Dezember 2011 (eBAnz AT144 2011 V2), die zuletzt durch Artikel 1 der Verordnung vom 19. Dezember 2016 (BAnz AT 27.12.2016 V2) geändert worden ist.